Gregor Rohmann

Das Ehrenbuch der Fugger

Darstellung – Transkription – Kommentar

VERÖFFENTLICHUNGEN
DER SCHWÄBISCHEN FORSCHUNGSGEMEINSCHAFT
Reihe 4   Band 30/1

STUDIEN ZUR FUGGERGESCHICHTE
Band 39/1

Herausgegeben von
JOHANNES BURKHARDT

Gregor Rohmann

Das Ehrenbuch der Fugger

Darstellung – Transkription – Kommentar

Wißner

Gedruckt mit Unterstützung des Bezirks Schwaben

Abbildung Umschlag vorne: Das Ehrenbuch der Fugger, Babenhausener Handschrift,
                             Medaillon auf der Vorderseite
Abbildung Umschlag hinten: Das Ehrenbuch der Fugger, Babenhausener Handschrift,
                             Medaillon auf der Rückseite

Bibliografische Information Der Deutschen Bibliothek

Die Deutsche Bibliothek verzeichnet diese Publikation in der Deutschen Nationalbibliografie; detaillierte bibliografische Daten sind im Internet über http://dnb.ddb.de abrufbar.

ISBN 3-89639-445-2

© Wißner-Verlag, Augsburg 2004
www.wissner.com

Druck: Joh. Walch, Augsburg

Das Werk und seine Teile sind urheberrechtlich geschützt. Jede Verwertung in anderen als den gesetzlich zugelassenen Fällen bedarf deshalb der vorherigen schriftlichen Einwilligung des Verlages.

Vorwort des Herausgebers

Seit jeher genießt unter den Werken, die sich zu Beginn der Neuzeit der historischen Gedächtnispflege angenommen haben, das Ehrenbuch der Fugger einen besonderen Ruf. Die klar strukturierte, kräftige Farbigkeit der Bilderhandschrift, die uns aus den Halbfiguren, Wappen und Bordüren des 16. Jahrhunderts immer noch unverblaßt entgegenleuchtet, zieht den Betrachter bis heute in ihren Bann, wenn die eine oder andere Seite unter Museumsglas aufgeschlagen liegt oder in guten Einzelreproduktionen zugänglich wird. Aber erst das ganze Ensemble erlaubt es, sich von der kunstgeschichtlichen Qualität der Bilder aus der Werkstatt Jörg Breus d. J. zwischen Standardisierung und Variation ein Urteil zu bilden und der sinnreichen Komposition der vorbeiziehenden männlichen und weiblichen Gestalten in ihren Linien und Generationen nachzuspüren.

Natürlich ist es von besonderem Reiz, daß es dabei die großen und die manchmal noch interessanter ins Bild gerückten anderen Gestalten des legendären Geschlechtes der Fugger zu entdecken gibt, deren einzigartig dichte Bildüberlieferung von Einzelgemälden erstrangiger Künstler bis zur Kupferstichfolge reicht, aber nur hier in farbiger Serialität erscheint. Aber die durch ihr Handels- und Bankimperium wohl bekanntesten Vertreter früher Kapitalwirtschaft sind nicht mit Schatztruhen ausgestattet, sondern mit ausdifferenzierten und angeheirateten Familienwappen. Das Ehrenbuch der Fugger gehört zur Gattung der Geschlechter- oder Familienbücher, in dieser Zeit mehrfach auftretende bebilderte Genealogien von Adeligen oder Patriziern.

Gregor Rohmann hat dieses memoriale Genre, für das es nicht nur Grafikeraufträge, sondern beauftragte historische Rechercheure und Texter gab, am Beispiel des auch hier tätig gewordenen Clemens Jäger untersucht. Neben der handwerklichen Seite erkundet Rohmann vor allem das Selbstverständnis, die Wahrnehmung und die Legitimationsstrategien des Fuggerschen Auftraggebers, der sich zwischen Hochfinanz und Aristokratisierung eine Identität aufzubauen hatte. Die memoriale Tradition, gegebenenfalls auch phantasievolle Anbindungen an uralten Adel oder große Vergangenheiten, haben in dieser Zeit eine legitimierende Schlüsselrolle gespielt. Nicht so aber bei den Fuggern, die sich als Aufsteigerfamilie aus niedrigen Anfängen zunächst mit ihren Warenzeichen präsentieren, um nach den Entdeckungen von Rohmann mit anderen, subtileren Mitteln mit dem Ehrenbuch Ehre einzulegen.

Nach Sicherung der konservatorischen Voraussetzung ist dieses in der glanzvollen Bildqualität und singulären Konzeption herausragende Familienbuch von Hubertus Fürst Fugger-Babenhausen nun zur Reproduktion freigegeben worden. In einer gewaltigen Kraftanstrengung des ganzen Hauses Fugger, der Schwäbischen Forschungsgemeinschaft und des Verlages Wißner können die Fuggerstudien das Ehrenbuch in einer vollständigen Replik, einschließlich der Nürnberger Entwurfsskizzen präsentieren, deren bibliographisch-technische Seite der Experte in Gestalt des Verlegers im Reproduktionsband selbst erläutert. Zugleich wird hier die große Untersuchung von Gregor Rohmann vorgelegt, die als ein umfassender historischer wie kunstgeschichtlicher Kommentarband genutzt werden kann. Neben den darstellenden Teilen, Studien und Thesen enthält sie auch eine Edition der vollständig transkribierten Texte sowie eine Beschreibung und Analyse aller Bildelemente. Der besonderen Aufmerksamkeit empfohlen seien die augenöffnenden Angaben zu den unglaublich reichen mythologischen wie alltagsgeschichtlichen Miniaturen in den Bordüren. Typographisch sind in einem leserfreundlichen Verfahren in allen – darstellenden, edierenden wie kommentierenden – Teilen dieses Bandes einheitlich alle Quellentexte durch Kursivdruck vom Autorentext abgesetzt, bei nachträglichen Zusätzen aus dem 18. Jahrhundert zusätzlich durch spitze Klammern gekennzeichnet. Dem Rang des Ehrenbuches entsprechend erfährt es die umfassendste Erschließungsleistung, die für ein derartiges Unternehmen erbracht werden kann.

Die Fuggerstudien wollen mit den beiden einander zugeordneten Bänden das Ehrenbuch der Fugger der wissenschaftlichen Forschung zur Verfügung stellen und zugleich einer kulturell und geschichtlich interessierten Öffentlichkeit den Zugang ermöglichen.

Johannes Burkhardt

Inhaltsverzeichnis

Einführung ... 1

Teil I: ›On allen verdienst‹. Verwandtschaft, Status und historisches Wissen im Ehrenbuch der Fugger ... 3

1 Ehre, Status und soziale Mobilität: Die Fugger in der Gesellschaft des 16. Jahrhunderts ... 3
- 1.1 Individuum und Gruppe – Ehre und Status ... 4
- 1.2 Geblütsadel, Tugendadel und Leistungsadel ... 7
- 1.3 Oligarchie und Herrschaft in Augsburg im 16. Jahrhundert ... 10
- 1.4 Die Ehre der Fugger ... 12
- 1.5 Hans Jakob Fugger ... 18

2 Clemens Jäger und die Geschichtsschreibung seiner Zeit ... 24
- 2.1 Clemens Jäger: Vom Schustermeister zum ›Historicus‹ ... 24
- 2.2 Verwandtschaft, Status und historisches Wissen: Familienbuchschreibung im 15. und 16. Jahrhundert ... 25
- 2.3 Familienbuchschreibung im Umfeld der Fugger ... 28

3 Das Fuggersche Ehrenbuch als Familienbuch und Ahnengalerie ... 31
- 3.1 Der ›Fundator‹ und sein Buch ... 31
  - 3.1.1 Kollektive und individuelle Repräsentation – ›Herkommen‹ und Stifterandenken ... 31
  - 3.1.2 Adressatenkreis und räumlicher Bezugsrahmen ... 35
  - 3.1.3 Das Fuggersche Ehrenbuch als Ehrenbuch des Raymundzweiges ... 36
- 3.2 Konkurrierende Konzeptionen ... 38
- 3.3 Das Fuggersche Ehrenbuch als Ahnengalerie ... 42
  - 3.3.1 Bildnis und Allianzbildnis ... 42
  - 3.3.2 Attribute als bildliches Zeichen der Heiratsverbindung ... 45
  - 3.3.3 Gestik und Mimik der Figuren: Dokumentation von Allianzen und bildliches Exempel ... 47
- 3.4 Fallbeispiele ... 51
  - 3.4.1 Einzelbildnis: Hans Fugger ... 51
  - 3.4.2 Allianzbildnis: Georg Fugger und Ursula von Liechtenstein ... 51
  - 3.4.3 Doppeltes Allianzbildnis: Lukas der Ältere Fugger vom Reh, Anna Doninger und Clara Conzelmann ... 52
  - 3.4.4 Mehrfachbildnis: Die Söhne Ulrich Fuggers ... 53
- 3.5 ›Herkommen‹ als Kostümgeschichte ... 54
  - 3.5.1 Kleidung als historisches und ständisches Phänomen ... 54
  - 3.5.2 Goldschmuck als Medium der Statusrepräsentation ... 60
- 3.6 Individualität und Rollenerwartung ... 63
- 3.7 Das Fuggersche Ehrenbuch als Familienbuch ... 65
  - 3.7.1 Die Texteinträge in den Schriftbändern ... 65
  - 3.7.2 Die biographischen Erläuterungen ... 67

4 Die Ehre im Fuggerschen Ehrenbuch ... 68
- 4.1 Memoria, Gemeiner Nutzen und Tugend ... 68
  - 4.1.1 Zum Titelbild ... 68
  - 4.1.2 Memoria und ›Gedechtnus‹ im Fuggerschen Ehrenbuch ... 68
  - 4.1.3 Der Kaufmann und der Gemeine Nutzen ... 71
  - 4.1.4 Tugend und gottgefälliges Leben ... 73
- 4.2 Paradoxe Legitimationsstrategien ... 76
  - 4.2.1 Herrscherdienst und adelige Legitimität ... 76
  - 4.2.2 Das ›Herkommen‹ der Aufsteiger ... 77
  - 4.2.3 Adel und adelige Repräsentation ... 78

4.3	Normalität und Devianz	81
4.3.1	Jakob Fuggers uneheliche Kinder	81
4.3.2	Sibylla Artzt und der Konflikt um ihre zweite Ehe	82
4.3.3	Markus Fugger und der Domkapitelstreit 1474–1478	82
4.3.4	Hieronymus Fugger	84
4.3.5	Die verlorene Ehrbarkeit der Sibylla Fugger	85
4.3.6	Möglichkeiten der Normalisierung: Bemerkungen zu den Einträgen des 18. Jahrhunderts	87
4.3.7	Der kaufmännische Aufstieg der Fugger – ein Werk von Männern?	88
4.4	Die Fugger vom Reh im Fuggerschen Ehrenbuch	90
4.4.1	Die Grenzen der Erinnerung	90
4.4.2	Die reichen und die armen Fugger	91
4.4.3	Die Fugger vom Reh als Klientel der Fugger von der Lilie	96
5	Die Bordüren der Textseiten	101
5.1	Die Groteskenornamente der Bordüren	101
5.2	Nicht-ornamentale Szenen in den oberen und unteren Rahmenleisten	104
5.2.1	Jagdbilder	105
5.2.2	Kinderspiele und Puttenscherze	106
5.2.3	Monatsbilder	107
5.2.4	Biblische und hagiographische Motive	109
5.2.5	Antike Mythologie und Geschichte	112
5.2.6	Sonstiges	114
5.2.7	Dekoration, Exemplum und Legitimation	115
6	Ergebnisse	118
Teil II:	Kommentar und Transkription	121
7	Beschreibung der Handschriften	121
7.1	Entwürfe: Germanisches Nationalmuseum Nürnberg, Hs. 1668 (Bg. 3731) Fugger	121
7.1.1	Kodikologischer Befund	121
7.1.2	Inhalt	123
7.1.3	Kunsthistorischer Befund	124
7.1.4	Paläographischer Befund	125
7.1.5	Provenienz	127
7.2	Endfassung: Fugger-Museum Babenhausen, Nr. 544	128
7.2.1	Kodikologischer Befund	128
7.2.2	Inhalt	129
7.2.3	Kunsthistorischer Befund	131
7.2.4	Paläographischer Befund	133
7.2.5	Zu den Nachträgen des 18. Jahrhunderts und zur Provenienz	134
7.3	Datierung und Entstehungsprozeß	136
7.3.1	Zur heraldischen Gestaltung	136
7.3.2	Zur Datierung der Entwürfe	139
7.3.3	Von der Konzeption zur Endfassung	141
7.3.4	Kooperation und Koordination bei der Bearbeitung von Entwurf und Endfassung	145
7.3.5	Zur Datierung der Endfassung	146
8	Transkription und Bildbeschreibungen	149
8.1	Vorbemerkung	149
8.2	Entwürfe: Germanisches Nationalmuseum Nürnberg, Hs. 1668 (Bg. 3731) Fugger	151
8.3	Endfassung: Fugger-Museum Babenhausen, Nr. 544	201
Anhang		289
Abkürzungs- und Siglenverzeichnis		289
Quellen- und Literaturverzeichnis		290
Personen- und Ortsregister		307

Einführung

Das Selbstverständnis der spätmittelalterlichen und frühneuzeitlichen Menschen, ihre Wahrnehmung der eigenen Stellung in der Gegenwart war begründet durch die Vergangenheit. Doch auch wie diese Menschen von anderen wahrgenommen wurden, zeigte sich in dem Bild, das man sich von ihrer Vergangenheit machte. Umgekehrt mußte das wahrgenommene Bild von der Vergangenheit zwingend dem gesellschaftlichen Zustand entsprechen, den es begründete. Verwandtschaft, Status und historisches Wissen bedingten so einander wechselseitig. Was also wußte eine Verwandtschaftsgruppe von ihrer Vergangenheit? Was konnte und wollte sie von sich wissen? Und was wollte sie die anderen von sich wissen lassen?

Wie viele ihrer Zeitgenossen haben auch die Fugger in Augsburg, das wohl bekannteste deutsche Kaufherrengeschlecht des 16. Jahrhunderts, Bücher hinterlassen, in denen sie Auskunft geben über ihre eigene Sicht der Geschichte oder zumindest über das, was sie als solche festhalten wollten. Als »Fürstenstand der kommenden Zeit«[1] stehen sie in der heutigen Forschung für die Entstehung des Kapitalismus, für die Überwindung des für mittelalterlich gehaltenen Feudaladels durch das für neuzeitlich oder gar modern gehaltene Bürgertum. Reichtum statt Herkunft, Aufstieg aus eigener Leistung statt Adel aus Tradition, Dynamik statt Statik sollen ihren Horizont bestimmt haben. Die Fugger in ihrer Zeit mußten nun in der Tat eine ganz spezifische Selbstwahrnehmung entwickeln und nach einer ganz spezifischen Fremdwahrnehmung streben, wollten sie ihre außergewöhnliche gesellschaftliche Position legitimieren. Nur an einer Analyse des Selbstverständnisses der Fugger wie ihrer Wahrnehmung unter den Zeitgenossen ließe sich das Bild messen, das das Geschichtsbewußtsein der Späteren sich von ihnen gemacht hat. Was also, so ist zu fragen, haben die Fugger selbst von sich und ihrem Aufstieg gedacht? Und was wollten sie andere von sich denken machen?

Für eine Untersuchung der Familienbuchschreibung des 15. und 16. Jahrhunderts bietet sich unter den zahlreichen familiengeschichtlichen und genealogischen Schriften im Umfeld der Fugger das sogenannte Ehrenbuch der Fugger besonders an, nicht etwa nur wegen der Prominenz der Familie oder der hervorragenden künstlerischen Gestaltung, sondern vor allem, weil es in mancherlei Hinsicht einen bezeichnenden Sonderfall markiert. Gerade die Untersuchung einer Ausnahme kann allgemeine Schlüsse über die Gattungstypologie der Familienbuchschreibung ermöglichen. Wie also wurde Wissen über die Vergangenheit einer Familie bereitgestellt? Wie wurde es vermittelt? Wer bestimmte über seine Produktion und Vermittlung?

Nach einem Aufriß zur Sozialgeschichte der Fugger und ihrer Wahrnehmung in der Gesellschaft des 16. Jahrhunderts (Kap. 1) und einer kurzen Zusammenfassung der Ergebnisse zum historiographiegeschichtlichen Kontext (Kap. 2) folgt eine eingehende inhaltliche Untersuchung des Ehrenbuches: zunächst der konzeptionellen Struktur und der spezifischen Formen und Funktionsweisen der Vermittlung von historischem Wissen (Kap. 3), sodann der vermittelten Selbstwahrnehmung der Fugger (Kap. 4) und abschließend der den Text begleitenden Bordüren in ihren dekorativen wie inhaltlichen Dimensionen (Kap. 5). Eine systematische Untersuchung der einzelnen Bestandteile der Handschrift erfolgt integriert in den Fortgang der Gesamtanalyse. Das Ehrenbuch der Fugger liegt heute in zwei Fassungen vor: in Entwurfspapieren im Germanischen Nationalmuseum in Nürnberg und vor allem in einem prächtigen Codex im Fugger-Museum in Babenhausen. Eigentlicher Ausgangspunkt der vorliegenden Untersuchung sind die hier im Anschluß dokumentierte Beschreibung und Untersuchung der Handschriften in ihrer Wechselwirkung (Kap. 7). Text und Bild beider Handschriften werden sodann vollständig ediert bzw. beschrieben (Kap. 8). Die Entwurfspapiere werden schwarz-weiß zum Schluß des Textbandes abgebildet. Die farbigen Abbildungen der Endfassung finden sich vollständig im Reproduktionsband.

Die vorliegende Untersuchung geht zurück auf eine im Juni 1999 von der Philosophischen Fakultät der Georg-August-Universität Göttingen angenommene Dissertation. Um die geplante Einzelfallstudie über das Fuggersche Ehrenbuch leisten zu können, war zunächst eine Klärung des weiteren Kontextes notwendig. So wuchs die Arbeit in Umfang wie thematischer Breite schnell über den ihr gesteckten Rahmen hinaus. Für die Veröffentlichung wurde sie daher zweigeteilt: Alle Ausführungen zum historischen, literarischen und personellen Kontext wurden zu einer eigenständigen Abhandlung zusammengefaßt, die bereits im Jahr 2001 erschienen ist[2]. Mit der vorliegenden Untersuchung folgt nun die – noch einmal aktualisierte[3] – Fallstudie zu den Fuggern und ihrem Ehrenbuch.

---

[1] Götz Frhr. von PÖLNITZ, Die Fugger, 4. Aufl. Tübingen 1981, S. 133–135.

[2] Gregor ROHMANN, ›Eines Erbaren Raths gehorsamer amptman‹. Clemens Jäger und die Geschichtsschreibung des 16. Jahrhunderts (Veröff. der SFG 1/28), Augsburg 2001.

[3] Bis Sommer 2003 bekannt gewordene relevante Literatur wurde eingearbeitet.

Die gesamte Studie steht weiterhin im Andenken an Herrn Prof. Dr. Hartmut Boockmann. Wenn seine tiefe und vielseitige Klugheit, seine freundliche und bei aller Zurückhaltung doch sorgfältige Betreuung sich zumindest hier und da niedergeschlagen haben sollten, wäre mir dies eine große Freude.

Herr Prof. Dr. Ernst Schubert ist nicht nur bereitwillig als Betreuer eingesprungen, sondern hat auch den weiteren Gang mit Zurückhaltung und Geduld begleitet.

Besonders zu danken habe ich in diesem Band Hubertus Fürst Fugger-Babenhausen für die Erlaubnis zur fotografischen Aufnahme und zur Veröffentlichung der Handschrift des Fugger-Museums sowie Markus Graf Fugger-Babenhausen für die freundliche Unterstützung vor Ort.

Ebenso danke ich der Bibliothek des Germanischen Nationalmuseums in Nürnberg für die Erlaubnis, die Entwurfspapiere zum Fuggerschen Ehrenbuch bearbeiten, edieren und reproduzieren zu dürfen.

Herrn Prof. Dr. Johannes Burkhardt als Wissenschaftlichem Leiter des Fuggerschen Familienarchivs und als Direktor des Instituts für Europäische Kulturgeschichte der Universität Augsburg sowie Herrn Prof. Dr. Rolf Kießling als 1. Vorsitzendem der Schwäbischen Forschungsgemeinschaft ist für die Aufnahme der Veröffentlichung in die von ihnen betreuten Reihen und für die vielfältige Hilfe bei der Veröffentlichung beider Teile zu danken.

Möglich geworden ist die Drucklegung in der vorliegenden Form erst durch die überaus großzügige Unterstützung von seiten des Fürstlich und Gräflich Fuggerschen Familienseniorats.

Für die vielfältigen Mühen der Manuskriptbetreuung bin ich Frau Dr. Doris Pfister von der Schwäbischen Forschungsgemeinschaft und Frau Gabriele Wißner vom Wißner-Verlag zutiefst verbunden.

Freundinnen und Freunde haben zum Gelingen beigetragen, sei es durch Gespräche, durch kritische und korrigierende Lektüre oder sonstige Hilfestellungen. Nennen möchte ich Katharina Braun, Henning Engelke, Martin Gorecki, Arne Karsten, Guido Komatsu, Sabine Marheineke, meine Schwester Johanna Rohmann, Monika Schaefer, Sebastian Schlawski und Mathias Steinbrecher, vor allen anderen meine Freundin Julia Roth und meine Eltern Ursula und Konrad Rohmann.

Teil I:
›On allen verdienst‹. Verwandtschaft, Status und historisches Wissen im Ehrenbuch der Fugger

1 Ehre, Status und soziale Mobilität: Die Fugger in der Gesellschaft des 16. Jahrhunderts

Secht an das ist das Buch der Eern, so spricht der Herold der Fugger von der Lilie alle an, die das prachtvolle Ehrenbuch aufschlagen. Warum aber nannten die Fugger ihre Familienchronik ›Ehrenbuch‹? Was bedeutete den Zeitgenossen die ›Ehre‹?

Die Ehre als zentrale Kategorie der Konstruktion von gesellschaftlicher Wirklichkeit im Spätmittelalter und in der Frühen Neuzeit hat in der neueren historisch-anthropologischen und kulturgeschichtlichen Forschung großes Interesse gefunden. Die ältere sozialwissenschaftliche Diskussion hatte Ehre nach Max Weber als ›ständische Lage‹ definiert, d.h. als auf normativ regulierter Lebensführung, auf Abstammung und Beruf sowie auf dem monopolisierten Zugang zu spezifischen Erwerbschancen und Machtpositionen beruhendes Prestige ständischer Eliten. Dagegen hat die neuere Forschung die Dynamik der Ehre als Mittel der gesamtgesellschaftlichen Kommunikation, als schichtenübergreifend verhaltensleitender Code betont. Ehre ist demnach nicht zu verstehen als eine einem Stand innewohnende Qualität, sondern als ein variables Zeichensystem mit konkurrierenden symbolischen und semantischen Dimensionen. Abstammung und Stand, Beruf, Tugend und Leistung stehen nicht eindimensional in Widerspruch zueinander, sondern werden in der Ehre als multivalentem, paradoxem Code in ihrer Wechselwirkung ausgehandelt[1]. Ehre steht an der Schnittstelle von individueller Selbstwahrnehmung und gesellschaftlicher Interaktion. Sie erlaubt die Transformation von Kommunikation in einen symbolisch konstituierten Kontext, in dem die Reproduktion der gesellschaftlichen Ordnung trotz konkurrierender Interessen regulierbar wird[2]. Das Verhalten des Einzelnen wie der Gruppe wird permanent an den normativen Ansprüchen der Ehre gemessen und bestimmt so den Zugang zu materiellen, sozialen und symbolischen Ressourcen[3]. Die Dynamik der Ehre als Konstituente der gesellschaftlichen Ordnung liegt also in der ständigen gegenseitigen Bewertung im gesellschaftlichen Zusammenleben[4]. Ehre ist demnach zu verstehen als eine spezifische Form des gesellschaftlichen Kapitals im Sinne von Pierre Bourdieu: Sie bietet ein Zeichensystem, innerhalb dessen die Zirkulation, Akkumulation und wechselseitige Transformation von materiellem, sozialem, kulturellem und symbolischem Kapital kommunizierbar wird[5].

[1] Martin DINGES, Die Ehre als Thema der historischen Anthropologie. Bemerkungen zur Wissenschaftsgeschichte und zur Konzeptualisierung, in: Klaus SCHREINER/Gerd SCHWERHOFF (Hg.), Verletzte Ehre. Ehrkonflikte in Gesellschaften des Mittelalters und der Frühneuzeit (Norm und Struktur. Studien zum sozialen Wandel im Mittelalter und der Frühneuzeit 5), Köln 1995, S. 29–62, hier S. 33–36, 52 f.

[2] Martin DINGES, Die Ehre als Thema der Stadtgeschichte. Eine Semantik am Übergang vom Ancien Régime zur Moderne, in: ZHF 16 (1989), S. 409–440, hier S. 411; Sibylle BACKMANN/Hans-Georg KÜNAST, Einführung, in: DIES./Sabine ULLMANN/B. Ann TLUSTY (Hg.), Ehrkonzepte in der Frühen Neuzeit. Identitäten und Abgrenzungen (Colloquia Augustana 8), Berlin 1998, S. 13–23, hier S. 15.

[3] BACKMANN/KÜNAST, Einführung, S. 15.

[4] DINGES, Ehre als Thema der Stadtgeschichte, S. 423.

[5] BACKMANN/KÜNAST, Einführung, S. 15; DINGES, Ehre als Thema der historischen Anthropologie, S. 54; DERS., Ehre als Thema der Stadtgeschichte, S. 419–421, hat für die Konzeptualisierung der ›Ehre‹ in der Frühneuzeitforschung Zweifel angemeldet gegenüber einer Analogisierung mit der Konzeption Bourdieus. Indem Bourdieu »Habitus« als Medium der »Verschleierung« realer gesellschaftlicher Herrschaftsstrukturen fasse, bleibe er gefangen in einem eindi-

Während jedoch in vormodernen Gesellschaften die Zirkulation gegenüber Möglichkeiten zur dauerhaften, institutionell abgesicherten Akkumulation von sozialem Kapital dominiert, die Menschen also ihre Ehre durch permanente Anstrengung reproduzieren müssen, ist nach Bourdieu mit zunehmender Intensivierung und Verstaatlichung der Herrschaft eine Objektivierung der Distribution von sozialem Kapital verbunden: Die Zirkulation und Akkumulation der Ehre wird der herrschaftlichen Regulierung unterworfen[6]. Die Ehre als symbolisch repräsentierte Position im gesellschaftlichen Zusammenleben konstituiert die individuelle wie die kollektive Identität[7]. Vermittels der Kategorien von Ehre und Ehrbarkeit konditioniert die Gesellschaft die Selbstwahrnehmung ihrer Mitglieder, indem sie zentrale Normen der Interaktion als Erwartungen an ehrbares Verhalten bereitstellt, die das Individuum als persönliches wie kollektives Ehrgefühl internalisiert[8]. Die sukzessive Intensivierung und Objektivierung der Herrschaft erfolgt so auch über die Monopolisierung der Definitions- und Distributionsmittel der Ehre[9].

Zugleich bietet die Ehre den semantischen Fundus der Repräsentation und Legitimation von Herrschaft[10]. Wie die Ehre die Untertanen zum Gehorsam verpflichtet[11], so setzt sie auch Standards der legitimen Herrschaft, die von den Untertanen gegenüber der Obrigkeit eingefordert werden können[12]. Wie jeder hegemonial strukturierte Diskurs ist auch die Ehre als Medium der Objektivierung von Herrschaft einer Wechselwirkung unterworfen, einem dynamischen Prozeß stetiger Neuaushandlung, innerhalb dessen sie auch auf die Verhaltensnormierung der Herrschenden zurückwirkt.

In der Ehre sind so immer kollektive bzw. schichtenspezifische und individuelle Selbstwahrnehmung und Verhaltensnormung wechselseitig aufeinander bezogen. Die Ehre des Kollektivs, der Familie, der genossenschaftlichen Korporation oder auch eines Standes ist rückgekoppelt mit der Ehre und Ehrbarkeit ihrer Mitglieder[13].

1.1 Individuum und Gruppe – Ehre und Status

Im 15. und 16. Jahrhundert ist ein, wenn nicht das zentrale Feld der Aushandlung der individuellen wie der kollektiven Ehre das Verhalten in der Sphäre von Sexualität, Ehe und häuslichem Leben, in der Sphäre der geschlechtsspezifischen Rollenerwartungen[14]. Im medizinischen Wahrnehmungshorizont des späten Mittelalters und der frühen Neuzeit war eine binäre Konzeption von Geschlechtlichkeit nicht angelegt. Statt dessen wurde Männlichkeit als das essentielle Geschlecht kategorisiert, von dem sich ein Kontinuum defizitärer Formen ableitete. Weiblichkeit war so nur eine von Fall zu Fall anhand körperlicher und habitueller Merkmale bestimmbare Schwundform des einen, positiven Geschlechts[15]. Um so mehr mußten die Konditionierung der Selbstwahrnehmung und die Vermittlung gesellschaftlicher Handlungsnormen immer neu

---

mensionalen Basis-Überbau-Konzept. Die Stärke des Habitus-Begriffs liegt doch aber gerade in der Aufhebung einer dichotomischen Konzeption von Herrschaft und Repräsentation. Ebenso liegt die Stärke der Konzeption einer ›Ökonomie der Praxis‹ doch gerade in der Auffassung gegenseitig transformierbarer Formen des ›Kapitals‹, d.h. des Zugangs zu gesellschaftlichen Ressourcen, und damit in der Aufhebung des klassisch-marxistischen Basis-Überbau-Schemas. Die exzessive Verausgabung von materiellem Kapital zur Erlangung von symbolischem beim frühneuzeitlichen Adel ist so entgegen der Kritik Dinges' durchaus innerhalb der Bourdieuschen Konzeption hinreichend analysierbar.

6 Pierre BOURDIEU, Entwurf einer Theorie der Praxis auf der ethnologischen Grundlage der kabylischen Gesellschaft, Frankfurt am Main 1976, S. 357–367.
7 BACKMANN/KÜNAST, Einführung, S. 16; DINGES, Ehre als Thema der Stadtgeschichte, S. 413; Harald WEINRICH, Identität und Ehre, in: Odo MARQUARD/Karlheinz STIERLE (Hg.), Identität (Poetik und Hermeneutik 8), München 1979, S. 642–644.
8 Wolfgang WEBER, Honor, fama, gloria. Wahrnehmungen und Funktionszuschreibungen der Ehre in der Herrschaftslehre des 17. Jahrhunderts, in: BACKMANN u.a. (Hg.), Ehrkonzepte, 1998, S. 70–98, hier S. 71–73.
9 WEBER, Honor, S. 73–75, 83 f.; Peter SCHUSTER, Ehre und Recht. Überlegungen zu einer Begriffs- und Sozialgeschichte zweier Grundbegriffe der mittelalterlichen Gesellschaft, in: BACKMANN u.a. (Hg.), Ehrkonzepte, 1998, S. 40–66, hier S. 61–63; DINGES, Ehre als Thema der Stadtgeschichte, S. 415 f.; DERS., Ehre als Thema der historischen Anthropologie, S. 52; ebenda, S. 61 f., weist DINGES auf das Desiderat einer präzisen Fassung dieses Monopolisierungsprozesses hin, die auch zur Relativierung eindimensionaler Konzeptionen von Sozialdisziplinierung/Zivilisationsprozeß etc. führen könnte.
10 WEBER, Honor, S. 78–80, 86 f.; ebenda, S. 92 mit Anm. 67, zitiert WEBER als Beispiel für die herrschaftliche Repräsentation u.a. die Druckfassung des Habsburgischen Ehrenwerkes durch Sigmund von Birken im Jahr 1668.
11 WEBER, Honor, S. 92.
12 WEBER, Honor, S. 75, 96.
13 Jörg ROGGE, Ehrverletzungen und Entehrungen in politischen Konflikten in spätmittelalterlichen Städten, in: SCHREINER/SCHWERHOFF (Hg.), Verletzte Ehre, 1995, S. 110–143, hier S. 110–112; DINGES, Ehre als Thema der historischen Anthropologie, S. 48 f.
14 DINGES, Ehre als Thema der historischen Anthropologie, S. 47 f., 54 f.; Jean-Marie MOEGLIN, Fürstliche Ehre und verletzte Ehre im spätmittelalterlichen deutschen Reich, in: SCHREINER/SCHWERHOFF (Hg.), Verletzte Ehre, 1995, S. 77–91, hier S. 78; wenig neues bietet hierzu und zum folgenden Martin DINGES, Ehre und Geschlecht in der frühen Neuzeit, in: BACKMANN u.a. (Hg.), Ehrkonzepte, 1998, S. 123–147; vgl. außerdem Anette VÖLKER-RASOR, Bilderpaare – Paarbilder. Die Ehe in Autobiographien des 16. Jahrhunderts (Rombach Wissenschaft, Historiae 2), Freiburg i. Br. 1993, zumal S. 75–85; Helmut PUFF, Die Ehre der Ehe – Beobachtungen zum Konzept der Ehre in der Frühen Neuzeit an Johannes Fischarts ›Philosophisch Ehzuchtbüchlein‹ (1578) und anderen Ehelehren des 16. Jahrhunderts, in: BACKMANN u.a. (Hg.), Ehrkonzepte, 1998, S. 99–119.
15 Thomas LAQUEUR, Auf den Leib geschrieben. Die Inszenierung der Geschlechter von der Antike bis Freud, Frankfurt am Main-New York 1992, S. 134–171.

die für die gesellschaftliche Ordnung konstitutive Distinktion von Männlichkeit und Weiblichkeit als diskursiv vermittelte Rollen reproduzieren[16]. Die Kontrolle über den weiblichen Körper, über die weibliche Sexualität, aber auch über die Handlungsnormen und Handlungsmöglichkeiten weiblichen Lebens, diente so zur Aufrechterhaltung der gesellschaftlichen Ordnung[17]. Dabei waren die Ehre des Mannes und die der Frau asymmetrisch aufeinander bezogen[18]. Während die Ehre der Frau konstituiert war durch ihre Keuschheit, d.h. durch ihr normenkonformes Sexualverhalten, bezog sich die Ehre des Mannes auf sein Auftreten und Handeln im öffentlichen Raum[19]. Die sexuelle Integrität der Frau[20] und die Erfüllung ihrer reproduktiven Funktionen im biologischen Sinn der Mutterschaft wie im ökonomischen Sinn der Verantwortung für die Haushaltung waren dabei auch bestimmend für die Ehre ihres Mannes[21]. Die Hausehre, die *hûsêre*, konnte begrifflich synonym für die Hausfrau stehen, die mit ihrer Person für sie einstand[22]. Da die Ehre der Frau durch die der Weiblichkeit im frühneuzeitlichen Verständnis innewohnende psychische wie physische Labilität dauernd bedroht war, ging von ihr eine Gefährdung auch für die Ehre des Mannes aus, die um so mehr die Notwendigkeit einer intensiven Kontrolle bedingte.

Umgekehrt war die Ehre des Mannes jedoch auch für die der Frau eine Bedrohung, beinhaltete sie doch ganz zentral die Anforderung einer Virilität im Sinne sexueller Aktivität[23]. Die Frau mußte ihre Keuschheit bewahren, während der Mann sie ihr nehmen mußte.

Widersprüchliche Konzeptionen von männlicher Ehre bildeten dabei schon in der zeitgenössischen Wahrnehmung eine latente Bedrohung der gesellschaftlichen Ordnung. Insbesondere die Konnotation der männlichen Ehre mit physischer Potenz, die sich in Gewaltandrohung oder -anwendung, aber auch im hohen Stellenwert des Alkoholkonsums artikulierte, und der ausgeprägt agonale Charakter männlicher Ehre, der jede Repräsentation als Konkurrenzverhalten mit Ehrverletzungen gegenüber dem Gegenüber sich artikulieren ließ, standen dem obrigkeitlichen Disziplinierungsanspruch entgegen[24]. Die zunehmende Intensivierung der Herrschaft ging so auch einher mit einem Streben nach Disziplinierung der männlichen Ehre, die gegen die Unbezähmtheit des Mannes die Selbstkontrolle und Verantwortlichkeit des Hausvaters stellte[25]. Die Position des Hausvaters als die Herrschaft innerhalb der durch die Ehe konstituierten Kernfamilie[26], die überhaupt erst zur gleichberechtigten Teilhabe in der Gesellschaft befähigte, war so nicht nur von der alltäglichen Akzeptanz im Zusammenleben von Mann und Frau abhängig[27]. Sie unterlag als Basisstruktur der patriarchalen Gesellschaft auch dem Kontrollzugriff von oben. Auch die Väter waren

---

[16] Lyndal ROPER, Was there a Crisis in Gender Relations in 16th Century Germany?, in: DIES., Oedipus and the Devil. Witchcraft, Sexuality and Religion in Early Modern Europe, London-New York 1994, S. 36–52.

[17] ROPER, Crisis, S. 41 f.; Françoise BORIN, Frauenbilder, in: Georges DUBY/Michelle PERROT (Hg.), Geschichte der Frauen, Bd. 3: Frühe Neuzeit, hg. von Arlette FARGE/Natalie Zemon DAVIS, Frankfurt am Main 1997, S. 211–271, hier S. 247, 271; Claudia OPITZ, Mutterschaft und Vaterschaft im 14. und 15. Jahrhundert, in: Karin HAUSEN/Heide WUNDER (Hg.), Frauengeschichte – Geschlechtergeschichte (Geschichte und Geschlechter 1), Frankfurt am Main 1992, S. 137–153, hier S. 143–145; Susanna BURGHARTZ, Geschlecht – Körper – Ehre. Überlegungen zur weiblichen Ehre in der frühen Neuzeit am Beispiel der Basler Ehegerichtsprotokolle, in: SCHREINER/SCHWERHOFF (Hg.), Verletzte Ehre, 1995, S. 214–234, hier S. 233 f.; Sabine ALFING, Weibliche Lebenswelten und die Normen der Ehre, in: DIES./Christine SCHEDENSACK (Hg.), Frauenalltag im frühneuzeitlichen Münster, Bielefeld 1994, S. 17–185, hier S. 20, 32, 38–40.

[18] PUFF, Ehre der Ehe, S. 110, 115.

[19] Lyndal ROPER, ›Wille‹ und ›Ehre‹. Sexualität, Sprache und Macht in Augsburger Kriminalprozessen, in: Heide WUNDER/Christina VANJA (Hg.), Wandel der Geschlechterbeziehungen zu Beginn der Neuzeit, Frankfurt am Main 1991, S. 180–197, hier S. 191; engl.: DIES., Will and Honour: Sex, Words and Power in Augsburg Criminal Trials, in: DIES., Oedipus and the Devil, 1994, S. 53–77; zuerst in: Radical History Review 43 (1989), S. 45–71; DIES., Männlichkeit und männliche Ehre, in: HAUSEN/WUNDER (Hg.), Frauengeschichte – Geschlechtergeschichte, 1992, S. 154–171, hier S. 154–156; Valentin GROEBNER, Das Gesicht wahren. Abgeschnittene Nasen, abgeschnittene Ehre in der spätmittelalterlichen Stadt, in: SCHREINER/SCHWERHOFF (Hg.), Verletzte Ehre, 1995, S. 361–380, hier S. 377, nennt drei Bedeutungsebenen der Ehre in der oberdeutschen Stadt des 15. Jahrhunderts: Die körperliche Unversehrtheit des Mannes; die sexuelle Normenkonformität der Frau; die ökonomische Normenkonformität, diese weniger geschlechtsspezifisch konnotiert.

[20] Diese weniger im Sinne der rein biologischen Integrität der ›Jungfräulichkeit‹, als vielmehr im Sinne einer gesellschaftlich ausgehandelten Ehrbarkeit, die z.B. auch die Möglichkeit einer situativen Bewertung von Normenverstößen oder einer Kompensation von Beeinträchtigungen beinhaltete und so auf eine flexible Kontrolle und Selbstkontrolle der weiblichen Sexualität zielte, vgl. ROPER, ›Wille‹ und ›Ehre‹, S. 191; Susanna BURGHARTZ, Rechte Jungfrauen oder unverschämte Töchter? Zur weiblichen Ehre im 16. Jahrhundert, in: HAUSEN/WUNDER (Hg), Frauengeschichte – Geschlechtergeschichte, 1992, S. 173–183; DIES., Geschlecht – Körper – Ehre, passim.

[21] B. Ann TLUSTY, Crossing Gender Boundaries: Women as Drunkards in Early Modern Augsburg, in: BACKMANN u.a. (Hg.), Ehrkonzepte, 1998, S. 185–198, hier S. 185 f.

[22] Michael DALLAPIAZZA, Minne, hûsêre, und das ehlich leben. Zur Konstitution bürgerlicher Lebensmuster in spätmittelalterlichen und frühhumanistischen Didaktiken, Frankfurt am Main 1981, S. 39–51.

[23] ROPER, ›Wille‹ und ›Ehre‹, S. 193.

[24] ROPER, Männlichkeit, S. 155, 157–159.

[25] ROPER, Männlichkeit, S. 163–165.

[26] OPITZ, Mutterschaft und Vaterschaft, S. 140–142.

[27] Heide WUNDER, Wie wird man ein Mann? Befunde am Beginn der Neuzeit (15. bis 17. Jahrhundert), in: Christiane EIFERT u.a. (Hg.), Was sind Frauen? Was sind Männer? Geschlechtskonstruktion im historischen Wandel, Frankfurt am Main 1996, S. 122–155, hier S. 141.

der väterlichen Herrschaft der Obrigkeit unterworfen, deren Medien im häuslichen Raum sie zugleich waren[28]. Das Eingreifen der Obrigkeit in die häusliche Sphäre, etwa in Ehekonflikten, vermittelte wiederum gleichermaßen die Disziplinierung der Hausväter wie die Möglichkeit der Interessenartikulation der ihrer Herrschaft Unterworfenen, der Ehefrauen[29].

Ehre als hegemonial strukturierter Diskurs über die Normen der Selbstwahrnehmung und des Verhaltens durchzog so die Interaktion auf allen gesellschaftlichen Ebenen, von der exekutiven Herrschaftsausübung bis zum häuslichen Zusammenleben von Mann und Frau.

Die Ehre des Mannes, die Ehre der Frau und die Ehre der Verwandtschaftsgruppe traten in ein Verhältnis gegenseitiger Bedingung in der Institution der Ehe. Mit der Durchsetzung der Ehe als durch eine öffentliche, kirchliche Zeremonie legitimierte Lebensgemeinschaft seit dem Spätmittelalter wurde zwar die Verbindung zweier Individuen rechtlich konstituiert[30]. Die Eheschließung blieb jedoch formal in ihrer zeremoniellen Ausgestaltung, erbrechtlich in ihrer materiellen Vertragsbasis und gesellschaftlich bezüglich ihrer statusreproduzierenden Wirkung eine Verbindung von Verwandtschaftsgruppen, eine Allianz von Hausvätern[31]. Ebenso waren Heiratsverbindungen der Mitglieder von Klientelsystemen bestimmt durch den Patron und seine Interessen[32]. Das vom kanonischen Recht geforderte Konsensprinzip als Grundlage der ehelichen Verbindung blieb demgegenüber zumindest in den Oberschichten sekundär. Die Praxis war vielmehr von einem internalisierten Gehorsamspostulat und einer Interessenkonvergenz der zu verheiratenden Individuen mit ihren durch die Eltern vertretenen Verwandtschaftsgruppen geprägt[33]. Das von den an einer Heiratsallianz beteiligten Verwandtschaftsgruppen mobilisierbare gesellschaftliche Kapital floß nun direkt in die Vertragsbedingungen ein in Gestalt der materiellen Tauschleistungen beider Seiten: Mitgift der Frau wie Morgengabe und Widerlage des Mannes waren bestimmt durch variable Tarife je nach Ehrbarkeit, d.h. sexueller Integrität der Braut und ständischer Position beider Heiratspartner. Im Verkehr städtischbürgerlicher und ländlich-adeliger Kreise wurde das Konnubium so zu einem zentralen Mittel der Transformation von materiellem in symbolisches Kapital und umgekehrt: Nutzten bürgerliche Familien ihr Vermögen, um durch teuer erkaufte Heiratsverbindungen zu adeligen Häusern ihren Status zu verbessern, so konnten sich adelige Familien durch Heiratsverbindungen zu bürgerlich-kaufmännischen Familien finanzielle Ressourcen erschließen[34].

Jede Heiratsverbindung war für die beteiligten Verwandtschaftsgruppen auch selbst Medium der Repräsentation und Reproduktion des gesellschaftli-

---

[28] WUNDER, Wie wird man ein Mann?, S. 139.

[29] Heinrich R. SCHMIDT, Hausväter vor Gericht. Der Patriarchalismus als zweischneidiges Schwert, in: Martin DINGES (Hg.), Hausväter – Priester – Kastraten. Zur Konstruktion von Männlichkeit in Spätmittelalter und Früher Neuzeit, Göttingen 1998, S. 212–236.

[30] Michael SCHRÖTER, ›Wo zwei zusammenkommen in rechter Ehe …‹. Sozio- und psychogenetische Studien über Eheschließungsvorgänge vom 12. bis 15. Jahrhundert. Mit einem Vorwort von Norbert ELIAS, Frankfurt am Main 1990, S. 260–267; vgl. die Rezension von Günter JEROUSCHEK, in: Zs. der Savigny-Stiftung für Rechtsgeschichte, Germanistische Abt. 108 (1991), S. 462–464; Schröters Analyse ist geprägt durch die Orientierung an Norbert Elias' Konzept vom »Prozeß der Zivilisation«; vgl. über dessen Rezeptionsmöglichkeiten in der Sozial- und Kulturgeschichte Richard van DÜLMEN, Norbert Elias und der Prozeß der Zivilisation. Die Zivilisationstheorie im Lichte der historischen Forschung, in: DERS., Gesellschaft der Frühen Neuzeit. Kulturelles Handeln und sozialer Prozeß. Beiträge zur historischen Kulturforschung (Kulturstudien 28), Wien-Köln-Weimar 1993, S. 361–371.

[31] SCHRÖTER, ›Wo zwei zusammenkommen …‹, S. 52, 154–156; VÖLKER-RASOR, Bilderpaare, S. 178–183; Katarina SIEH-BURENS, Oligarchie, Konfession und Politik im 16. Jahrhundert. Zur sozialen Verflechtung der Augsburger Bürgermeister und Stadtpfleger 1518–1618 (Schr. der Philosophischen Fakultäten der Universität Augsburg 29), München 1986. S. 48–50.

[32] SCHRÖTER, ›Wo zwei zusammenkommen …‹, S. 196–205.

[33] SCHRÖTER, ›Wo zwei zusammenkommen …‹, S. 269 f., 369 f.; Sarah F. Matthews GRIECO, Körper, äußere Erscheinung und Sexualität, in: DUBY/PERROT (Hg.), Geschichte der Frauen, Bd. 3, 1997, S. 61–102, hier S. 84 f.; Karl-Heinz SPIESS, Familie und Verwandtschaft im deutschen Hochadel des Spätmittelalters (13. bis 16. Jahrhundert) (VSWG, Beiheft 111), Stuttgart 1993, S. 35; Natalie Zemon DAVIS, Die Geister der Verstorbenen. Verwandtschaftsgrade und die Sorge um die Nachkommen. Veränderungen des Familienlebens in der frühen Neuzeit, in: DIES., Frauen und Gesellschaft am Beginn der Neuzeit. Studien über Familie, Religion und die Wandlungsfähigkeit des sozialen Körpers, 2. Aufl. Frankfurt am Main 1989, S. 19–51, hier S. 47–50.

[34] Ulf DIRLMEIER, Merkmale sozialen Aufstiegs und der Zuordnung zur Führungsschicht in süddeutschen Städten des Spätmittelalters, in: Hans-Peter BECHT (Hg.), Pforzheim im Mittelalter. Studien zur Geschichte einer landesherrlichen Stadt (Pforzheimer Geschichtsblätter 6), Sigmaringen 1983, S. 77–106, hier S. 87–94; Rudolf ENDRES, Adel und Patriziat in Oberdeutschland, in: Winfried SCHULZE (Hg.), Ständische Gesellschaft und soziale Mobilität (Schr. des Historischen Kollegs, Kolloquien, 12), München 1988, S. 221–238, hier S. 226; SPIESS, Familie und Verwandtschaft, S. 344–368; SPIESS, ebenda, S. 364, hat für die Aushandlung von Heiratsallianzen im deutschen Hochadel des 15. und 16. Jahrhunderts die Existenz von Marktmechanismen verneint mit dem Hinweis, die von der Partei des Bräutigams gezahlten Heiratsgaben hätten nicht direkt mit dem Angebot an heiratsfähigen Frauen korreliert. Zumindest für sozial asymmetrische Verbindungen, zumal solche aufstiegsorientierter, bürgerlicher Familien mit adeligen Geschlechtern, wird doch aber als nachgefragtes Angebot weniger die heiratsfähige Frau als vielmehr die erheiratete Allianz zu verstehen sein. Der von einem bürgerlichen Hausvater zu zahlende Preis für die Verheiratung seines Kindes an eine adelige Partnerin bzw. einen adeligen Partner war insofern durchaus durch Marktmechanismen bestimmt. Die ausgetauschte Ware jedoch war nicht etwa die Braut, sondern die durch ihren Übergang konstituierte Verbindung zu einem ständisch überlegenen Haus.

chen Status[35]. Gerade die kognatischen Verbindungen wurden so maßgeblich für die Ehre einer Verwandtschaftsgruppe. Nicht nur in der gesellschaftlichen Vernetzung traten die Heiratsverbindungen gleichwertig neben die agnatische Deszendenz[36]. Die familiengeschichtliche Summe der Konnubien bestimmte vielmehr das ›Herkommen‹ einer Verwandtschaftsgruppe. Eben deshalb trat in der historischen Repräsentation in Genealogie oder Wappenreihe die agnatische Rückführung auf einen Stammvater oder ein Stammwappen vielfach zurück hinter der Dokumentation der kognatischen Allianzen eines Hauses[37]. Eben deshalb auch eignete sich kaum ein Ereignis besser zur Mobilisierung aller verfügbaren gesellschaftlichen Ressourcen als das Zeremoniell der Hochzeit. Der Abschluß und der öffentliche Vollzug einer Heiratsallianz boten den Anlaß, zu zeigen, wo man stand und stehen wollte. So wurden die verfügbaren gesellschaftlichen Verbindungen durch die Einladungen zu den Feierlichkeiten, die materiellen und symbolischen Ressourcen durch den Ausstattungsaufwand und durch den materiellen wie den symbolischen Wert der getauschten Gaben und Gegengaben von Brauteltern, Gästen und gesellschaftlichem Umfeld mobilisiert[38]. Diese Repräsentation der gesellschaftlichen Ressourcen erforderte folgerichtig eine penible Dokumentation, sei es im Rahmen der Familienbuchschreibung, wie z.B. bei Christoph Scheurl in Nürnberg[39], sei es sogar im Druck, wie bei der Hochzeit von Anton II. Fugger mit Barbara von Montfort im Jahr 1591[40].

Die kognatischen Allianzen konnten so einerseits Medium sozialer Aufstiegsprozesse sein, sie konnten jedoch auch durch die ständische Abschließung nach unten zur Abwehr von Aufsteigern dienen[41]. Ebenso konnte auch die Ehre als schichtenspezifisches Zeichensystem zum Medium sozialer Konflikte werden, zumal in der Konkurrenz städtischer und adeliger Eliten. Gerade in einer Situation starker Abhängigkeit des ländlichen Adels vom ökonomischen Austausch mit den städtisch-kaufmännischen Eliten[42] wurde die spezifisch adelige Ehre auch als ständische Abgrenzungsideologie gegen konkurrierende bürgerlich-kaufmännische bzw. städtisch-patrizische Eliten mobilisiert[43].

1.2 Geblütsadel, Tugendadel und Leistungsadel

Es handelte sich bei dieser Konkurrenz städtischer und ländlicher Eliten jedoch weder um einen Prozeß der Feudalisierung bürgerlicher Eliten, die im Zuge ihres gesellschaftlichen Aufstiegs die Dynamik des Unternehmertums gegen die ihnen quasi wesensfremde Statik der ländlichen Grundherrschaft eingetauscht hätten[44], noch um den Ausdruck einer tiefgreifenden Krise des spätmittelalterlichen Adels[45]. Der Erwerb von Grund und Boden durch städtische Kaufleute war vielmehr ein altes Phänomen, das der ökonomischen Absicherung durch Kapitalanlagen in Immobilien und dem Einbezug ländlicher Produktionszweige in die

---

[35] SCHRÖTER, ›Wo zwei zusammenkommen ...‹, S. 381.
[36] SPIESS, Familie und Verwandtschaft, S. 531.
[37] SPIESS, Familie und Verwandtschaft, S. 516 f., übersieht diese zentrale Funktion der Repräsentation kognatischer Verwandtschaft und bleibt so gefangen in der Annahme einer eindimensionalen Polarität von agnatischer und kognatischer Deszendenz in der Analyse der Relevanz verwandtschaftlicher Verbindungen für die Selbstwahrnehmung: »Das Stammwappen förderte zwar das Zusammengehörigkeitsgefühl aller Agnaten, doch hinderte dies die Grafen und Herren nicht daran, in erster Linie die Wappen ihrer weiblichen Vorfahren und die der Vorfahren ihrer Ehegattinnen optisch in den Vordergrund zu stellen.«
[38] SIEH-BURENS, Oligarchie, S. 52; SCHRÖTER, ›Wo zwei zusammenkommen ...‹, S. 124; Richard van DÜLMEN, Fest der Liebe. Heirat und Ehe in der Frühen Neuzeit, in: DERS., Gesellschaft der Frühen Neuzeit, 1993, S. 194–235, hier S. 227.
[39] Vgl. Wilhelm GRAF, Dr. Christoph Scheurl von Nürnberg (Beiträge zur Kulturgeschichte des Mittelalters und der Renaissance 43), Leipzig-Berlin 1930, ND Hildesheim 1972, S. 73; Eugen Frhr. LÖFFELHOLZ VON KOLBERG, Dr. Christoph II. Scheurls Hochzeit mit Katharina Fütterin am 29. August 1519, in: MVGN 3 (1881), S. 155–168; vgl. dazu ROHMANN, Clemens Jäger, S. 160–166; vgl. z.B. auch Ulrich Linck über seine zweite Eheschließung: StB Augsburg 2° Cod. Aug. 489, Ehrenbuch der Linck, fol. 21r; dazu ROHMANN, Clemens Jäger, S. 256–261.
[40] Vgl. Christian MEYER (Hg.), Chronik der Familie Fugger vom Jahr 1599, München 1902, S. 74: *Allda hat man vil seltzame aufzüg gesehen [...] davon wol ein ganz libell zu schreiben wer, wie dann dise historien seind offentlich im truck ausgangen, wie dann hernach soll vermelt werden.* Über die Hochzeiten der Fugger allgemein Dana KOUTNÁ-KARG, Die Ehre der Fugger. Zum Selbstverständnis einer Familie, in: Johannes BURKHARDT (Hg.), Augsburger Handelshäuser im Wandel des historischen Urteils (Colloquia Augustana 3), Berlin 1996, S. 87–106, hier S. 90 f.
[41] SPIESS, Familie und Verwandtschaft, S. 72–74, 383–385.
[42] Barbara STOLLBERG-RILINGER, Gut vor Ehre oder Ehre vor Gut? Zur sozialen Distinktion zwischen Adels- und Kaufmannsstand in der Ständeliteratur der Frühneuzeit, in: BURKHARDT (Hg.), Augsburger Handelshäuser, 1996, S. 32–45, hier S. 35–37.
[43] STOLLBERG-RILINGER, Gut vor Ehre, S. 36 f., 40; DINGES, Ehre als Thema der historischen Anthropologie, S. 32–34; DERS., Ehre als Thema der Stadtgeschichte, S. 412–414; SCHUSTER, Ehre und Recht, S. 52–54; Friedrich ZUNKEL, (Art.) Ehre, Reputation, in: Otto BRUNNER / Werner CONZE / Reinhard KOSELLECK (Hg.), Geschichtliche Grundbegriffe. Historisches Lexikon zur politisch-sozialen Sprache in Deutschland, Bd. 2, Stuttgart 1975, S. 1–63, hier S. 17–19.
[44] H. SOLY, The ›Betrayal‹ of the 16th Century Bourgeoisie: A Myth?, in: Acta Historiae Neerlandicae 8 (1975), S. 31–49; DIRLMEIER, Merkmale, S. 91 f.
[45] So noch bei STOLLBERG-RILINGER, Gut vor Ehre; dagegen Joseph MORSEL, Die Erfindung des Adels. Zur Soziogenese des Adels am Ende des Mittelalters. Das Beispiel Franken, in: Otto Gerhard OEXLE / Werner PARAVICINI (Hg.), Nobilitas. Funktion und Repräsentation des Adels in Alteuropa (Veröff. des MPI G 133), Göttingen 1997 S. 312–375, hier S. 353 f.

kaufmännische Tätigkeit diente⁴⁶. Wenn städtische Aufsteiger durch den Erwerb von Landbesitz den Anschluß an das feudale Milieu suchten, so entsprach dies schlicht den gesellschaftlichen Bedingungen sozialer Mobilität⁴⁷. Die Ehre als zentrale Kategorie der ständischen Ordnung implizierte in ihrer agonalen Anlage die soziale Dynamik unter Durchsetzung der eigenen Interessen gegen Konkurrenten⁴⁸. Je mehr zudem im Lauf des 16. Jahrhunderts den Höfen neue politisch-kulturelle Zentralität zukam und die Städte an Bedeutung einbüßten, desto eher mußte sich die Attraktivität des Adels als Aufstiegsziel noch verstärken⁴⁹. Freilich strebte nicht jeder Städter oder jede städtische Verwandtschaftsgruppe nach dem Aufstieg in den Adel: Individuen wie Familien konnten ebenso den Status quo gutheißen oder andere soziale und ökonomische Strategien wählen⁵⁰.

Der Austausch von städtischen und ländlichen Eliten war auch keineswegs ein neues Phänomen. Seit dem Hochmittelalter hatten städtische und ländliche Oberschichten offenbar problemlos ökonomisch, gesellschaftlich wie konnubial-verwandtschaftlich miteinander verkehrt. Erst seit der Wende zum 15. Jahrhundert verstärkten sich im oberdeutschen Raum Abschließungstendenzen des ländlichen Adels gegenüber den städtischen Patriziaten, insbesondere bezüglich der Heiratsverbindungen, der ständischen Egalität im neu belebten Turnierwesen oder im Zugang zu ländlichen Herrschaftsrechten⁵¹.

Joseph Morsel hat diese Polarität von Stadt und Adel als diskursives Formierungselement der von ihm für Franken postulierten Soziogenese des Adels als homogener sozial-ständische Einheit herausgearbeitet⁵². Im Zuge dieser tiefgreifenden diskursiven wie soziostrukturellen Transformation sei seit der Wende zum 15. Jahrhundert aus dem unverbundenen Nebeneinander soziopolitisch dominierender Personen und Verwandtschaftsgruppen, der »Adeligen«, erst ein in sich strukturierter Stand geworden, der »Adel«⁵³. Zum Teil konkurrierende gesellschaftliche Strategien adeliger Personengruppen der sich intensivierenden Herrschaft und der städtischen Oligarchien in ihrer Konfliktstellung zur ländlichen Herrschaft hätten in ihrem Zusammenwirken beigetragen zu diesem Formierungsprozeß⁵⁴. Neben der zielgerichtet betriebenen Erneuerung des Turniers und der Ritterkultur als einer spezifisch adeligen Gruppenideologie⁵⁵ bildete das zentrale Moment dieser Transformation der herrschaftliche Zugriff auf die soziale Selbstverortung des Adeligen: Durch die Verrechtlichung und Verschriftlichung des Lehnswesens, der landesherrlichen Verwaltung und des Zugangs zu kirchlichen Ämtern vermittelte die landesherrliche Obrigkeit der Selbstwahrnehmung ihrer Vasallen die Unterscheidung von edel und unedel, d.h. von adelig und stadtbürgerlich. Diese Unterscheidung nahm ältere Konfliktlinien auf. Ihre Durchsetzung im Lehnswesen diente nun jedoch zur Unterbindung von Interessenkonvergenzen oder gar Koalitionen von Adel und Stadt gegen die Landesherrschaft⁵⁶. Ein Mittel der Disziplinierung durch Aufsplitterung adeliger Interessenlagen war auch die lehns- und erbrechtliche Förderung der Ausformung eines patrimonial-agnatischen Geschlechtsbewußtseins als Konstitutivum adeliger Identität. Gegen die korporativen und kognatisch-konnubialen Vernetzungen der adeligen Eliten, gegen die Heterogenität ihrer Herrschafts- und Besitzrechte und gesellschaftlichen Posi-

---

⁴⁶ Folgerichtig setzten sich die Kaufleute auf ihrem ländlichen Besitz keineswegs zur Ruhe, sondern bemühten sich vielfach durch Rationalisierungsmaßnahmen um die Rentabilität der grundherrschaftlichen Wirtschaft; vgl. für die Fugger Robert MANDROU, Die Fugger als Grundbesitzer in Schwaben, 1560–1618. Eine Fallstudie sozioökonomischen Verhaltens am Ende des 16. Jahrhunderts. Übersetzt von Eckart BIRNSTIEL (Veröff. des MPI G 136; Veröff. der SFG 4/26, Studien zur Fuggergeschichte 35), Göttingen 1997 S. 194–196.

⁴⁷ DIRLMEIER, Merkmale, S. 105 f. Über die anachronistische Identifizierung des spätmittelalterlichen Stadtbürgers mit dem modernen ›Bürger‹ vgl. Hartmut BOOCKMANN, Spätmittelalterliche deutsche Stadt-Tyrannen, in: BfdL 119 (1983), S. 73–91, hier S. 90.

⁴⁸ WEBER, Honor, S. 81 f.

⁴⁹ Schon Norbert ELIAS, Über den Prozeß der Zivilisation. Soziogenetische und psychogenetische Untersuchungen, Bd. 1: Wandlungen des Verhaltens in den weltlichen Oberschichten des Abendlandes; Bd. 2: Wandlungen der Gesellschaft. Entwurf einer Theorie der Zivilisation, 14. Aufl. Frankfurt am Main 1989, hier 1, S. 94, 103; 2, S. 411, 424, hat darauf hingewiesen, daß es sich keineswegs um ein Zurückfallen in alte ständische Distinktionsmuster handelt, sondern um die Folge einerseits der verstärkten Interdependenz von Stadt und Land, andererseits um eine Reaktion auf die Ausbildung einer neuen höfisch-funktionalen Aristokratie aus Gruppen ländlich-adeliger und bürgerlich-städtischer Herkunft.

⁵⁰ In diesem Sinn hat Mark HÄBERLEIN, Sozialer Wandel in der Augsburger Führungsschicht des 16. und frühen 17. Jahrhunderts, in: Günther SCHULZ (Hg.), Sozialer Aufstieg. Funktionseliten im Spätmittelalter und in der frühen Neuzeit. Büdinger Forschungen zur Sozialgeschichte 2000 und 2001 (Deutsche Führungsschichten der Neuzeit 25), München 2002, S. 73–96, hier S. 83, auf den »Normenpluralismus« der städtischen Gesellschaft hingewiesen.

⁵¹ ENDRES, Adel und Patriziat, S. 222–227; Heinz LIEBERICH, Rittermäßigkeit und bürgerliche Gleichheit. Anmerkungen zur gesellschaftlichen Stellung des Bürgers im Mittelalter, in: Sten GAGNÉR/Hans SCHLOSSER/Wolfgang WIEGAND u.a. (Hg.), Festschrift für Hermann Krause, Köln-Wien 1975, S. 66–93; Lieberich datiert den Prozeß der Exklusion der städtischen Geschlechter vom ländlichen Adel erst auf die Zeit um 1500; dagegen MORSEL, Die Erfindung, S. 369 mit Anm. 142.

⁵² MORSEL, Die Erfindung, S. 341–343; vgl. zum folgenden jetzt auch die Beiträge in: Kurt ANDERMANN/Peter JOHANEK (Hg.), Zwischen Nicht-Adel und Adel (VuF 53), Stuttgart 2001, dazu die Rezension von Gregor ROHMANN, in: ZfG 50 (2002), Heft 8, S. 747–749.

⁵³ MORSEL, Die Erfindung, S. 316 f.

⁵⁴ MORSEL, Die Erfindung, S. 331–333, 364 f.

⁵⁵ MORSEL, Die Erfindung, S. 353–358.

⁵⁶ MORSEL, Die Erfindung, S. 334 f.

tionen förderte die sich intensivierende Landesherrschaft die Nivellierung des Adels als geschlossener Stand, der sich aus konkurrierenden agnatischen Verwandtschaftsgruppen zusammensetzte[57]. Auch die Monopolisierung der Partizipation an Herrschaftsrechten und des Zugangs zu höheren kirchlichen Ämtern für den sich formierenden Adel war als Exklusionsmechanismus Teil dieses Domestizierungsprozesses.

Die Konkurrenz von etablierten gesellschaftlichen Eliten und sozialen Aufsteigergruppen war seit dem Hochmittelalter eine gängige Erfahrung[58]. Ebenso war es das Nebeneinander konkurrierender Legitimationsstrategien, insbesondere das Nebeneinander von Vorstellungen über die durch das ›Herkommen‹ und solchen über die durch die Tugend vermittelte Legitimität. Tugendadel und Geblütsadel wurden vielfach gegeneinander argumentativ mobilisiert[59], sie standen jedoch schon im Hochmittelalter auch in Synthese: Die Tugend war in der Ehre des Geschlechts angelegt, sie war eine der Verwandtschaftsgruppe inhärente Qualität, die ihren gesellschaftlichen Vorrang als gottgewollt legitimierte[60]. Tugendadel war abgeleitet von der Autorität einer übergeordneten Instanz, die definierte, was Tugend war und so die Legitimität der gesellschaftlichen Ordnung garantierte. Es ging dem Tugendadel nicht etwa darum, einen individuellen oder kollektiven Aufstieg aus eigener Kraft zu legitimieren, sondern darum, durch Anerkennung der gesellschaftlichen Ordnung in eine vorgegebene Position einzutreten. Tugendadel ist so das Gegenteil modernen Leistungsdenkens: Während die Idee einer sozialen Mobilität aus eigener Leistung die Legitimität des sich auf sein Alter berufenden Geblütsadels angreift, ist Tugendadel affirmativ. Die gesellschaftliche Ordnung, von der er sich ableitet, ist strukturiert durch den Geblütsadel.

Neben dem Alter des Adels, dieses als Legitimationsmuster ergänzend und überlagernd und sozialgeschichtlich die Formierung adeliger Eliten viel präziser widerspiegelnd als jedes genealogische Konstrukt, steht jedoch seit dem hohen Mittelalter eine Kategorie, die dem angeblich modernen Leistungsdenken viel näher steht: das Eroberungsrecht[61]. Adel als Recht zur Herrschaft ist so zunächst hinreichend begründet durch seine gewaltsame Erringung. Diese Vorstellung von einer selbstreferentiellen Legitimität des Adels aus seiner eigenen Gewalt heraus wurde nun unter dem Zugriff der sich intensivierenden Herrschaft überformt durch ein vom monarchischen Herrschaftszentrum aus installiertes System institutionalisierter Herrschaftspartizipation, durch Titel, Zeremoniell und symbolische Medien der Ehre, durch eine Verrechtlichung und Bürokratisierung des gesellschaftlichen Status[62]. Der Adel als symbolische oder real-politische Teilhabe an der Macht leitete sich nun von der Person des Herrschers ab. Adel konstituierte sich durch den Dienst für den König bzw. für den Kaiser[63], durch die Potenz des Kaisers oder Königs, aus seinem Willen heraus Adel zu erteilen[64]. Diese vom Herrscher kraft seines Amtes verliehene adelige Qualität wurde auch zur Legitimationsgrundlage eines Aufstiegs städtischbürgerlicher Gruppen in den Adel[65].

Die dem Adel inhärente, für seine Ehre konstitutive Tugend wurde im 16. Jahrhundert neu formuliert als eine Synthese von Abstammungs- und Tugendadel: In der *race*, dem Geblüt der Verwandtschaftsgruppe, wurde die Tugend, die Qualifikation zur Teilhabe an der Herrschaft als vererbbare Qualität des Adels begriffen. Unter Aufnahme älterer Muster artikulierte sich zumal im Umfeld des französischen Hofes in der Auseinandersetzung konkurrierender Eliten eine geschlossene Konzeption von Adel[66]. Der Adel als erbli-

---

[57] MORSEL, Die Erfindung, S. 346–351.

[58] Klaus SCHREINER, Sozialer Wandel im Geschichtsdenken und in der Geschichtsschreibung des späten Mittelalters, in: Hans PATZE (Hg.), Geschichtsschreibung und Geschichtsbewußtsein im Spätmittelalter (VuF 31), Sigmaringen 1987, S. 237–286, hier S. 250–256.

[59] Klaus SCHREINER, Religiöse, historische und rechtliche Legitimation spätmittelalterlicher Adelsherrschaft, in: OEXLE/PARAVICINI (Hg.), Nobilitas, 1997, S. 376–430, hier S. 393 f., mit zahlreichen Beispielen.

[60] SCHREINER, Legitimation, S. 394 f.; Gerhild S. WILLIAMS, Adelsdarstellung und adeliges Selbstverständnis im Spätmittelalter. Politische und soziale Reflexionen in den Werken J. Rothes und U. Füetrers, in: Peter Uwe HOHENDAHL/Paul Michael LÜTZELER (Hg.), Legitimationskrisen des deutschen Adels 1200–1900 (Literaturwissenschaft und Sozialwissenschaften 11), Stuttgart 1979, S. 45–60; Volker HONEMANN, Aspekte des ›Tugendadels‹ im europäischen Spätmittelalter, in: Ludger GRENZMANN/Karl STACKMANN (Hg.), Literatur und Laienbildung im Spätmittelalter und in der Reformationszeit (Germanistische Symposien, Berichtsbände 5), Stuttgart, 1984 S. 274–288; DERS., Gesellschaftliche Mobilität in Dichtungen des deutschen Mittelalters, in: ANDERMANN/JOHANEK (Hg.), Zwischen Nicht-Adel und Adel, 2001, S. 27–48, hier S. 44–46; Ulrike KNALL-BRSKOWSKY, Ethos und Bilderwelt des Adels, in: Adel im Wandel. Politik – Kultur – Konfession, 1500–1700, Katalog Rosenburg, Wien 1990, S. 481–497, hier S. 481–485.

[61] Arlette JOUANNA, Die Legitimierung des Adels und die Erhebung in den Adelsstand in Frankreich (16. bis 18. Jahrhundert), in: SCHULZE (Hg.), Ständische Gesellschaft und soziale Mobilität, 1988, S. 165–178, hier S. 171–173.

[62] DINGES, Ehre als Thema der historischen Anthropologie, S. 33, 36 f.

[63] Vgl. Philippe CONTAMINE, Noblesse et service: L'idée et la réalité dans la France de la fin du moyen âge, in: OEXLE/PARAVICINI (Hg.), Nobilitas, 1997, S. 299–311.

[64] JOUANNA, Legitimierung des Adels, S. 166 f.; SCHREINER, Legitimation, S. 379 mit Anm. 12, bemängelt an der Konzeption Jouannas die Ausblendung der religiös-sakralen Dimension gesellschaftlicher Legitimität; vgl. ebenda, S. 418–423.

[65] Vgl. jetzt Karl-Heinz SPIESS, Aufstieg in den Adel und Kriterien der Adelszugehörigkeit im Spätmittelalter, in: ANDERMANN/JOHANEK (Hg.), Zwischen Adel und Nicht-Adel, 2001, S. 1–26, hier S. 21–26.

[66] JOUANNA, Legitimierung des Adels, S. 167–171; Roberto BIZZOCCHI, La culture généalogique dans l'Italie de seizième siècle, in: Annales E.S.C. 46 (1991), S. 789–805, hier

che Überlegenheit begründete den gesellschaftlichen Vorrang, bildete jedoch auch die legitimatorische Basis für die königliche Distribution von adeliger Ehre: Wenn die Qualität dem Geschlecht inhärent war, mußte sie nicht jederzeit gesellschaftliche Wirklichkeit sein. Sie konnte auch aus der Macht des Herrschers heraus erst sichtbar, wirksam werden. Der König sanktionierte mit einer Erhebung in den Adel so nur die gesellschaftliche Umsetzung einer gegebenen natürlichen Tatsache. Der grundlegende Widerspruch von sozialer Mobilität in der ständischen Gesellschaft, wie er mit der zunehmenden Objektivierung und Verrechtlichung der Reproduktion der gesellschaftlichen Ordnung aufbrechen mußte, wurde so aufgehoben in der Synthese der drei grundlegenden Legitimationsmuster adeliger Ehre[67]: der Tugend, des ›Herkommens‹, und der herrschaftlichen Gnade.

Hatte sich Teilhabe an der Herrschaft vor der Soziogenese des Adels im Zusammenspiel von konkurrierenden Akteuren immer neu reproduziert, so wurde durch Einschaltung der Herrschaft als Vermittlungsinstanz diese stetige Reproduktion stillgestellt durch die rechtliche und verwaltungstechnische Institutionalisierung ihrer Mechanismen. Soziale Mobilität wurde so vielleicht erst seit dem 15. Jahrhundert als Problem wahrnehmbar, weil sie in dem sich wandelnden System nicht mehr integrierbar war. Die Fluktuation zwischen Stadt und Land wurde prekär, weil die Grenzen geschlossen wurden. Integrierbar gehalten wurde soziale Mobilität durch die Konzeption eines gottgewollten gesellschaftlichen Aufstiegs, eines Aufstiegs, der die sich verfestigenden Grenzen der ständischen Ordnung nicht sprengte, weil er nicht sprunghaft-unkontrolliert, sondern schrittweise erfolgte, indem ein Geschlecht von Generation zu Generation die ›gradus nobilitatis‹ hinaufstieg[68]. Nur so konnte Aufstieg auch sozial akzeptabel sein[69]. Die sich verfestigende ständische Ordnung stabilisierte sich durch eine Formalisierung ihrer Durchlässigkeit, einer Durchlässigkeit, die die Grenzen nicht sprengte, sondern erst konstituierte.

1.3 Oligarchie und Herrschaft in Augsburg im 16. Jahrhundert

Auch für die Ehre städtischer Eliten war Tugend (›virtus‹) als die Befähigung zur Ausübung von Herrschaft im Sinne des Gemeinen Nutzens durch besondere individuelle oder familiäre Qualifikation konstitutiv[70]. Sie speiste sich bei den patrizischen Geschlechtern aus dem ›Herkommen‹, bei ihnen wie bei den nicht-patrizischen Eliten jedoch auch aus der Monopolisierung von Handlungs- und Herrschaftswissen. Prägend war dabei die Einbindung in die kommunikativen Netzwerke der soziopolitisch dominierenden Gruppen.

In Augsburg wurde bis zur Verfassungsänderung von 1548 das politische Leben bestimmt von einem Nebeneinander der Zünfte als den politisch konstituierten Korporationen der Gemeinde und den Herren, den altpatrizischen Geschlechtern[71]. Bis 1538 waren von jenen 53 Familien, die nach 1368 einen Eintritt in eine der Zünfte verweigert und sich zu einem Rückzug aus kaufmännischer und handwerklicher Betätigung verpflichtet hatten, nur mehr acht übriggeblieben[72]. Sie waren in der Herrentrinkstube als korporativem Kollektivorgan vereinigt[73].

Freilich bezeichnete die Zugehörigkeit zu einer dieser Korporationen nicht zwingend eine entsprechende Wirtschaftsweise. Auch die patrizischen Familien betrieben Handel, freilich keinen Kleinhandel, und umgekehrt bildeten Grundrenten auch für viele nicht-patrizische Familien die ökonomische Basis. So gab es auch in den Zünften kaufmännisch tätige Unternehmer, zumal in jenen Handwerken, die einem verlagsmäßigen Großhandel zugänglich waren, wie der Salzfertiger- und der Weberzunft. Diese kaufmännischen Führungsgruppen bildeten gemeinsam mit dem Patriziat die politische und wirtschaftliche Elite der Reichsstadt, innerhalb derer es auch zu Heiratsverbindungen kam. Diejenigen Familien, die durch Heiratsverbindungen mit dem Patriziat die Trinkstubengerechtigkeit, d.h. das Zugangsrecht zur Korporation des

---

S. 797 f.; Jürgen PETERSOHN, Die Vita des Aufsteigers. Sichtweisen gesellschaftlichen Erfolgs in der Biographik des Quattrocento, in: HZ 250 (1990), S. 1–31, hier S. 28–30.

[67] SCHREINER, Legitimation, S. 419 f.; JOUANNA, Legitimierung des Adels, S. 174 f.

[68] SCHREINER, Sozialer Wandel, S. 256–258, über Johannes Rothe (1360–1434) und Felix Hemmerli und ihre Modelle des legitimen Aufstiegs; DERS., Legitimation, S. 387; STOLLBERG-RILINGER, Gut vor Ehre, S. 38–40.

[69] Zur Bedeutung der sozialen Akzeptanz für gelungene Aufstiegsprozesse vgl. nun SPIESS, Aufstieg in den Adel, S. 17; Christine REINLE, Wappengenossen und Landleute. Der bayerische Niederadel zwischen Aufstieg und Ausgrenzung, in: ANDERMANN/JOHANEK (Hg.), Zwischen Nicht-Adel und Adel, 2001, S. 105–156, hier S. 106; Kurt ANDERMANN, Zwischen Zunft und Patriziat. Beobachtungen zur sozialen Mobilität in oberdeutschen Städten des späten Mittelalters, in: Ebenda, S. 361–382, hier S. 368, 379 f.

[70] HONEMANN, Aspekte des ›Tugendadels‹, S. 287 f.; SCHUSTER, Ehre und Recht, S. 47–51.

[71] Vgl. zur Netzwerkanalyse am Beispiel Augsburgs Wolfgang REINHARD (Hg.), Augsburger Eliten des 16. Jahrhunderts. Prosopographie wirtschaftlicher und politischer Führungsgruppen 1500–1620, Berlin 1996, S. VII–XI; SIEH-BURENS, Oligarchie, S. 15–17.

[72] Katarina SIEH-BURENS, Die Augsburger Stadtverfassung um 1500, in: ZHVS 77 (1983), S. 125–149, hier S. 130 f.

[73] Vgl. zur Problematik der angeblichen ständischen Abschließung der Herrentrinkstube Friedrich Peter GEFFCKEN, Soziale Schichtung in Augsburg 1396–1521, München 1995 [Diss. phil. München 1983], S. 225 f.; Jörg ROGGE, Für den Gemeinen Nutzen. Politisches Handeln und Politikverständnis von Rat und Bürgerschaft in Augsburg im Spätmittelalter (Studia Augustana 6), Tübingen 1996 [Diss. phil. Bielefeld 1993], S. 188–190; SIEH-BURENS, Oligarchie, S. 24–26.

Patriziats, erlangt hatten, sammelten sich in der Kaufleutezunft⁷⁴. Sie wurden zwar in die Herrentrinkstube, nicht jedoch in die Geschlechter kooptiert. Mit der Kaufleutestube als Verband der nominell noch zünftischen, diesen aber ökonomisch und sozial entwachsenen Familien bildete sich seit 1479 parallel eine korporative Einheit der nicht-patrizischen Oligarchie aus⁷⁵. Nachdem im späten 15. Jahrhundert ein erster Versuch, das zusammengeschrumpfte Patriziat durch die Aufnahme von zünftischen Familien zu verstärken, gescheitert war, wurden 1538 aus dem Kreis der durch Heiraten mit den Geschlechtern verbundenen Familien und zugezogener Vertreter des Patriziats der Reichsstädte Ulm, Straßburg und Nürnberg 39 Familien mit insgesamt 80 erwachsenen männlichen Vertretern in das Patriziat aufgenommen⁷⁶. Erst in diesem Zuge bekamen auch die Fugger von der Lilie Zugang zu den Geschlechtern. 1548 wurde mit der von Karl V. erzwungenen Verfassungsänderung die seit 1368 praktizierte Wahl der Ratsherren und Amtsinhaber in den Zünften und im Patriziat abgeschafft. Die Besetzung der städtischen Ämter und Würden wurde zunächst fast vollständig in der Hand der Geschlechter vereinigt. Erst nach und nach kam es im Lauf des 16. Jahrhunderts wiederum zu einer verstärkten politischen Teilhabe der Gemeinde als neuer institutionalisierter Vertretung der zünftischen Bevölkerung.

Die durch diese korporativen und verfassungsrechtlichen Institutionen strukturierte Oligarchie war in sich geprägt durch eine Netzwerk von vielfältigen Loyalitäten und Beziehungen⁷⁷. Als Verflechtungskategorien hat Katharina Sieh-Burens Verwandtschaft, Nachbarschaft, privatrechtliche Beziehungen wie Vormundschaft, Treuhänderschaft, Testamentszeugen und -vollstreckerschaft, wirtschaftliche Kontakte und Dienstverhältnisse benannt⁷⁸. Mittels einer statistischen Aufnahme der in den städtischen Archivalien und der genealogischen Überlieferung greifbaren Verflechtungsmomente für jene Familien, die in der Zeit von 1518 bis 1618 Bürgermeister und Stadtpfleger⁷⁹ stellten, hat Sieh-Burens die Herausbildung von vier Netzwerken innerhalb der Ratsoligarchie nachvollzogen. Eines dieser Netzwerke gruppierte sich um die altpatrizische Kaufmannsfamilie Welser⁸⁰, eines um den aus der Kaufleutestube aufgestiegenen Bürgermeister Jakob Herbrot⁸¹, ein wenig ausgebildetes um den 1544 verstorbenen Zunftmeister der Weberzunft und Bürgermeister Mang Seitz⁸² und eines um die Fugger⁸³. Diese Interaktionsnetze sieht Sieh-Burens untereinander wiederum verknüpft durch übergreifende Kontakte, z.B. durch die Mittlerposition der Familie Rehlinger, die zwar vor allem dem Umfeld der Fugger zuzurechnen ist, aber auch enge Beziehungen zu den Vernetzungen um die Welser und um Jakob Herbrot unterhält. Typisch ist auch die Verknüpfung der Netzwerke in gemeinsamen Geschäften mit Firmen der jeweils anderen Netzwerke⁸⁴.

Peter Steuer hat die Verflechtung der Augsburger Oberschicht nach außen untersucht, genauer: zu den Habsburgischen Höfen in Wien, Prag und Innsbruck und dem Wittelsbacher-Hof in München⁸⁵, sowie zu den benachbarten Städten Memmingen und Ulm und zu Straßburg als bevorzugtem Rekrutierungsfeld für protestantische Prädikanten. Die konfessionellen Konfliktlinien wurden dabei durchbrochen durch Beziehungen der protestantischen Repräsentanten und ihrer Netzwerke zu den Habsburgischen Höfen. Diese Kontakte konnten auch zur Konfliktregulierung und zur Rückversicherung bei politischen Vorstößen mobili-

---

⁷⁴ SIEH-BURENS, Oligarchie, S. 25 f.; ROGGE, Für den Gemeinen Nutzen, S. 188 f., hat nachgewiesen, daß die Bezeichnung ›Mehrer‹ keinen eigenen Stand der durch Konnubium mit den Geschlechtern verbundenen Familien bezeichnet, wie noch Sieh-Burens annahm, sondern als umfassende Bezeichnung für alle Familien mit Zugang zur Herrentrinkstube steht. Vgl. Friedrich Peter GEFFCKEN, (Art.) Mehrer, in: Augsburger Stadtlexikon, hg. von Günther GRÜNSTEUDEL/ Günter HÄGELE/Rudolf FRANKENBERGER in Zusammenarbeit mit Wolfram BAER, 2. Aufl. Augsburg 1998, S. 647 f.
⁷⁵ Vgl. SIEH-BURENS, Stadtverfassung; DIES., Oligarchie, S. 27.
⁷⁶ SIEH-BURENS, Oligarchie, S. 24 f.; Benedikt MAUER, Patrizisches Bewußtsein in Augsburger Chroniken, Wappen- und Ehrenbüchern, in: Werner RÖSENER (Hg.), Adelige und bürgerliche Erinnerungskulturen des Spätmittelalters und der Frühen Neuzeit (Formen der Erinnerung 8), Göttingen 2000, S. 163–176, hier S. 171 f., 174 f.
⁷⁷ SIEH-BURENS, Oligarchie, S. 11–18, 41–73.
⁷⁸ SIEH-BURENS, Oligarchie, S. 41–73.
⁷⁹ Von 1368 bis 1548 stellten die Zünfte und die Geschlechter jährlich jeweils einen Bürgermeister, der durch Wahl bestimmt wurde. 1548 wurden mit der von Karl V. erzwungenen Regimentsänderung nicht nur die Zünfte als politische Korporationen abgeschafft und zusammengefaßt in der Gemeinde, sondern auch in Anlehnung an die politische Ordnung vor 1368 das Amt des Stadtpflegers, der zunächst von Karl. V. benannt, später von den patrizischen Mitgliedern des Kleinen Rates gewählt wurde, wieder eingeführt. Mit der Wahl wurde der Stadtpfleger auch zum Kaiserlichen Rat ernannt. Daneben wurde ein Gremium von sechs Bürgermeistern gewählt, die freilich nur mehr exekutives und iurisdiktionelles Organ der Stadtverwaltung waren. Stadtpfleger und Bürgermeister blieben nun zumeist langjährig, oft lebenslänglich im Amt. Die zentrale Institution der Legislative und Kontrolle über Exekutive und Iurisdiktion war somit nicht mehr ein städtisches Wahlamt, sondern de iure eine obrigkeitliche Beamtung durch den Kaiser und den Geheimen Rat der Stadt. Die Bürgermeister rekrutierten sich zunächst ebenfalls nur aus dem Patriziat, nach 1555 wurden sie vom gesamten Kleinen Rat gewählt; vgl. SIEH-BURENS, Oligarchie, S. 36–38.
⁸⁰ SIEH-BURENS, Oligarchie, S. 75–88.
⁸¹ SIEH-BURENS, Oligarchie, S. 110–115.
⁸² SIEH-BURENS, Oligarchie, S. 116–122.
⁸³ SIEH-BURENS, Oligarchie, S. 90–108.
⁸⁴ SIEH-BURENS, Oligarchie, S. 132.
⁸⁵ Peter STEUER, Die Außenverflechtung der Augsburger Oligarchie von 1500–1620. Studien zur sozialen Verflechtung der politischen Führungsschichten der Reichsstadt Augsburg (Materialien zur Geschichte des bayerischen Schwaben 10), Augsburg 1988, S. 4 f., 85 f.

siert werden. Die unmittelbare Durchsetzung konfessioneller und politischer Interessen wurde so vielfach abgefedert durch gegenläufige Loyalitätsbindungen und Interessen der jeweils maßgeblichen Vertreter[86].

Für die Rekrutierung von Hofbeamten aus der reichsstädtischen Oligarchie scheint das Streben der Habsburger und Wittelsbacher prägend gewesen zu sein, die finanzstarken Augsburger Handelshäuser an sich zu binden[87]. So lassen sich für alle Fürstendiener aus Augsburg verwandtschaftliche Beziehungen zu den großen Handelsgesellschaften der Reichsstadt nachweisen. Daß bis auf eine Ausnahme alle Reichspfennigmeister des 16. Jahrhunderts Augsburger waren, erklärt sich aus dem Umstand, daß die Finanzbeamten mit ihrem Namen und ihren Beziehungen für die Kreditvergabe an den Hof einstanden[88].

1.4 Die Ehre der Fugger

Die Fugger nehmen in der Augsburger Politik, Wirtschaft und Gesellschaft in vielerlei Hinsicht eine Sonderrolle ein. Im Gegensatz zu den anderen großen Handelshäusern blieb die Geschäftsführung bei ihren Unternehmungen immer an die patrilineare Verwandtschaft gebunden[89]. Sie unterhielten zwar Geschäftskontakte zu Vertretern der anderen Netzwerke, es kam jedoch kaum zu verwandtschaftlichen Verbindungen. Vielmehr verbanden sich die Fugger mit Familien, aus denen sich die städtischen Funktionseliten rekrutierten, wie den Rehlinger, Ilsung, Artzt und Baumgartner. Nur mittelbar über diese gab es auch verwandtschaftliche Beziehungen zu dem zweiten großen Netzwerk um die altpatrizische Familie Welser[90]. Auch die Verknüpfung mit den Eliten anderer Reichsstädte erfolgte eher vermittelt durch das verwandtschaftliche Umfeld als durch eigene Heiratsverbindungen[91].

Kennzeichnend für die Stellung der Fugger innerhalb der augsburgischen Oligarchie waren vielmehr ihre Verbindungen zum ländlichen Adel. Die Heirat Anton Fuggers mit Anna Rehlinger im Jahr 1527 war zugleich die erste mit einer patrizischen Familie und für längere Zeit die letzte mit einer Augsburger Familie überhaupt[92]. Anton Fugger selbst betrieb für seine Kinder und die seines verstorbenen Bruders Raymund eine zielgerichtete Heiratspolitik, die sich in einer Aufstiegsbewegung von Konnubien mit reichsritterlichen Geschlechtern über solche mit Herren und Freiherren bis zu solchen mit Reichsgrafenhäusern zeigt[93]. Ausschlaggebend für den Erfolg dieser Bemühungen war die Finanzstärke der Fugger: Bei der Verheiratung der Regina Fugger mit Johann Jakob von Mörsperg im Jahr 1538[94] betrug das von Anton Fugger bereitgestellte Heiratsgut 30.000 fl.[95]. Ebenso hoch war der Betrag bei der Eheschließung der Ursula Fugger, auch sie eine Tochter Raymunds, mit dem Grafen Joachim von Ortenburg 1549[96]. Üblich waren bei vergleichbaren Verbindungen im bayerischen Adel Heiratsgaben von ca. 5000 fl. pro Tochter[97]. Bei der Verheiratung der Ursula Fugger mit dem reichsunmittelbaren Ritter

---

[86] STEUER, Außenverflechtung, S. 78–80.
[87] STEUER, Außenverflechtung, S. 134–136.
[88] STEUER, Außenverflechtung, S. 140–142.
[89] SIEH-BURENS, Oligarchie, S. 91, 102 f.
[90] SIEH-BURENS, Oligarchie, S. 92 f.; Wolfgang WÜST, Das Bild der Fugger in der Reichsstadt Augsburg und in der Reiseliteratur, in: BURKHARDT (Hg.), Augsburger Handelshäuser, 1996, S. 69–86, hier S. 84, vermutet, die geschäftliche Konkurrenz der Fugger zu den anderen Augsburger Handelsgesellschaften habe eine frühere Integration in die städtische Oligarchie verhindert. Konkurrenz war doch aber unter den Handelsgesellschaften ganz üblich. Warum ausgerechnet die Fugger deswegen von der ebenso üblichen Knüpfung von Allianzen ausgeschlossen worden sein sollten, bleibt unklar.
[91] Erkennbar sind jedoch strategische Heiraten mit Geschäftspartnern außerhalb Augsburgs, vgl. nur MEYER (Hg.), Chronik der Fugger, S. 21, über Anna Fugger, die Tochter des Ulrich Fugger: *Und als dise Anna Fuggerin 16 jar ires alters erlangt, da ist sie durch iren herrn vatern zu beförderung des Fuggerischen handls dem edlen und vesten herrn Georg Turzo von Wetlachembstorf […] ehelichen vermehlet worden.* Vgl. Fugger-Museum Babenhausen Nr. 544, ›Das

gehaim Eernbuch Mans stammens vnd Namens des Eerlichen vnd altloblichen Fuggerischen Geschlechts. aufgericht A[nno] .1545.‹ [im folgenden zitiert: Endfassung], fol. 29r.
[92] SIEH-BURENS, Oligarchie, S. 93 f.; Gerhart NEBINGER, Die Standesverhältnisse des Hauses Fugger (von der Lilie) im 15. und 16. Jahrhundert, in: Blätter des Bayerischen Landesvereins für Familienkunde 49 (1986), Heft 9/10, S. 261–276, hier S. 264. Die Heirat des Jakob, eines Sohnes des Anton (1542–1598), im Jahr 1570 mit Anna Ilsung von Tratzberg (Endfassung, fol. 67v) ist hier nur bedingt als Ausnahme zu nennen, da auch die Ilsung zu diesem Zeitpunkt längst eng in die höfische Gesellschaft im Umfeld der Habsburger eingebunden waren. Der Vater der Braut, Georg Ilsung (1510–1580), war u.a. Reichspfennigmeister (1566–1580); vgl. Gerhart NEBINGER/Albrecht RIEBER, Genealogie des Hauses Fugger von der Lilie (Veröff. der SFG 4/17, Studien zur Fuggergeschichte 26), Tübingen 1978, Taf. 16; STEUER, Außenverflechtung, S. 209 f.; freilich waren die Fugger zu diesem Zeitpunkt ständisch schon an den Ilsung vorbeigezogen; vgl. NEBINGER, Standesverhältnisse, S. 274.
[93] SIEH-BURENS, Oligarchie, S. 93–95; allgemein NEBINGER, Standesverhältnisse, insbesondere S. 271–273, mit zahlreichen Daten zu den Heiratsabreden der Fugger.
[94] Endfassung, fol. 51r.
[95] SIEH-BURENS, Oligarchie, S. 94 f.
[96] Endfassung, fol. 59r; Martha SCHAD, Die Frauen des Hauses Fugger von der Lilie (15.–17. Jahrhundert). Augsburg – Ortenburg – Trient (Veröff. der SFG 4/22, Studien zur Fuggergeschichte 31), Tübingen 1989, S. 74–81: Wegen der schleppenden Auszahlung dieses Betrages prozessierte der Ortenburger noch 1567 beim Rat der Stadt Augsburg gegen die Fugger. Ausschlaggebend mag zu diesem Zeitpunkt freilich schon der erbitterte Konflikt gewesen sein zwischen der reichsunmittelbaren Grafschaft Ortenburg und den bayerischen Herzögen um die Einführung der Reformation in Ortenburg und die bayerischen Versuche, die Grafschaft zu mediatisieren. Hans Jakob Fugger nahm dabei für seinen bayerischen Dienstherren gegen seinen Schwager und seine maßgeblich beteiligte Schwester Partei.
[97] SCHAD, Frauen des Hauses Fugger, S. 78.

Philipp vom Stain zu Jettingen im Jahr 1503[98] schüttete man sogar ein zehnfach erhöhtes Heiratsgut aus[99]. Die Widerlagen der männlichen Seite hingegen bewegten sich durchaus im Rahmen des üblichen[100]. Umgekehrt zahlten die Fugger bei der Verheiratung männlicher Familienmitglieder vielfach Widerlagen und Morgengaben, die die Mitgiften der Frauen überstiegen[101].

Zwar kam spätestens seit der Einführung des Fuggerschen Fideikommiß, mit dem das Erbrecht gemäß dem Usus im Hochadel auf die männlichen Nachkommen beschränkt wurde, das Heiratsgut der Töchter einer Auszahlung ihres Erbteils gleich, da diese bei der Eheschließung eine Verzichtserklärung abgeben mußten[102]. Dennoch wird man festhalten können, daß Anton Fugger die Knüpfung von Heiratsverbindungen zum bayerischen, schwäbischen und österreichischen Adel vor allem mit Geld erkaufte[103]. Mittels dieser zielgerichteten Heiratspolitik gelang es, das Haus eng an die habsburgischen und wittelsbachischen Höfe heranzuführen[104]. Besonders dicht ist die Verflechtung der Fugger mit der Administration des Tiroler Hofes in Innsbruck[105] und mit dem Reichshofrat[106]. Die im Entwurf des Fuggerschen Ehrenbuches enthaltene biographische Erläuterung zu Anton Fugger attestiert diesem denn auch: […] *Vnd hat auch herrn Raymunden seines bruders kinder, mit Reilichen heiratguetern versehen, vnd hoch angepracht.*[107]

Angesichts dieser Orientierung der Heiratsverbindungen aus der Stadt heraus nimmt es nicht wunder, daß die Fugger in der reichsstädtischen Politik bis zum Ende des Schmalkaldischen Krieges eine zurückhaltende Rolle einnahmen. Ulf Dirlmeier hat darauf hingewiesen, daß städtische Aufsteigerfamilien häufig nur zögerlich in maßgebliche politische Positionen eintraten[108]. Schon in der Einwanderergeneration hatten die Fugger durch Heirat mit der Zunftmeisterfamilie Gfattermann Zugang zu den im Kleinen Rat vertretenen Zunfteliten gewonnen[109]. Das Bürgermeisteramt erlangte jedoch mit Hans Jakob Fugger erst nach der Verfassungsänderung von 1548 – die im übrigen eine deutliche Entwertung dieser Position gegenüber dem wieder eingeführten Stadtpflegeramt mit sich brachte[110] – erstmals ein Vertreter der Familie[111]. Anton Fugger war lediglich Mitglied im Großen Rat[112]. Jakob Fugger wurde als »Zusatz« des Kleinen Rates in den Jahren 1523–1525 nicht als Vollmitglied geführt[113]. Ein unmittelbarer personaler Einbezug der

---

[98] Endfassung, fol. 29v; Ursula Fugger war eine Tochter des Ulrich I. Fugger und damit eine Cousine Anton Fuggers, vgl. NEBINGER/RIEBER, Genealogie, Taf. 3.

[99] SCHAD, Frauen des Hauses Fugger, S. 22; SPIESS, Familie und Verwandtschaft, S. 141; SIEH-BURENS, Oligarchie, S. 95.

[100] In Einzelfällen konnten die Leistungen der männlichen Seite freilich ebenfalls beträchtliche Summen umfassen; vgl. NEBINGER, Standesverhältnisse, S. 271: Johann Jacob von Mörsberg: 21.000 fl. Widerlage; Wilhelm von Kuenring: 20.000 fl. Widerlage; vgl. auch SIEH-BURENS, Oligarchie, S. 95 mit Anm. 502: Vergleich des von den Fugger jeweils ausgeschütteten Heiratsguts mit der jeweiligen Widerlage des Mannes.

[101] NEBINGER, Standesverhältnisse, S. 271–273: Jakob Fugger, Sohn des Anton, gibt 1570 bei seiner Heirat mit Anna Ilsung von Tratzberg 4000 fl. Widerlage und 2000 fl. Morgengabe, die Mitgift der Braut beträgt 2000 fl.

[102] SCHAD, Frauen des Hauses Fugger, S. 76–78.

[103] SCHAD, Frauen des Hauses Fugger, S. 76–78, zumal zum Teil neben dem eingebrachten Heiratsgut der Frauen gesondert ihr ererbtes Eigengut verzeichnet wurde, so bei Ursula Fugger und ihren Heiraten mit (Hans) Caspar von Megau bzw. mit Hans Jakob Löwel von Grienburg; vgl. NEBINGER, Standesverhältnisse, S. 273. Auch die Kinder des Hans Baumgartner und der Regina Fugger, vgl. Endfassung, fol. 44v, wurden mittels deutlich überhöhter Mitgiften bzw. Widerlagen adelig verheiratet; vgl. DIRLMEIER, Merkmale, S. 94. Freilich wird man genauere Aussagen diesbezüglich erst treffen können unter Einbezug aller greifbaren Quelleninformationen zur zur Höhe der Zahlungen, vor allem jedoch zu den genauen Modalitäten des Güteraustauschs im Zusammenhang mit Heiratsabreden. Zu einem weniger deutlichen Urteil kommt allgemein SIEH-BURENS, Oligarchie, S. 95.

[104] SIEH-BURENS, Oligarchie, S. 95 f.

[105] SIEH-BURENS, Oligarchie, S. 98: Wolf von Montfort (Endfassung, fol. 64r) ist Vizestatthalter, Daniel Felix von Spaur (Endfassung, fol. 54v) Erbschenk von Tirol, Ferdinand von Vels (Endfassung, fol. 57r) Erbkämmerer des Bistums Brixen, Balthasar von Trautson (Endfasung, fol. 67r) Erbmarschall von Tirol; mittelbar ergeben sich Verschwägerungen mit weiteren Inhabern maßgeblicher Hofämter, wie auch den die Bistümer Trient und Brixen kontrollierenden Familien. Ursächlich für diese Einbindung der Fugger in die Innsbrucker Hofgesellschaft dürften zunächst zweifellos die wirtschaftlichen Interessen des Hauses in Tirol gewesen sein.

[106] SIEH-BURENS, Oligarchie, S .95.

[107] GNM Hs. 1668 (Bg. 3731) Fugger, ›Das gehaim Ernbuch Mans Stammens vnd Namens des Eerlichen vnd altloblichen Fuggerischen geschlechts. aufgericht Anno 1546‹ [im folgenden zitiert: Entwurf], fol. 28r; vgl. auch ebenda, fol. 15r, über Ulrich Fugger: *Neun kinder hat er Eelichen erzeuget, welche er den merrn tail vnder den Adel verheirat, vnd mit reichen heiratsguetern versehen.* Vgl. MEYER (Hg.), Chronik der Fugger, S. 49, über die Heirat des Georg Fugger mit Ursula von Liechtenstein: *Und als diser herr Georg Fugger sein 24. jar alters erraicht, da hat er sich durch herrn Anthoni Fuggers, als diser zeit der eltist unter den Fuggern von der gilgen, mit der edlen, schönen und tugentsamen junckfrawn Ursula von Liechtenstain, […] ehelichen vermehlet […].*

[108] DIRLMEIER, Merkmale, S. 105.

[109] Vgl. Endfassung, fol. 10r.

[110] SIEH-BURENS, Oligarchie, S. 36.

[111] SIEH-BURENS, Oligarchie, S. 91.

[112] REINHARD (Hg.), Eliten, Nr. 238: Anton Fugger war 1537 und 1538 als Zwölfer der Kaufleutezunft Mitglied des Großen Rates, freilich nach 1548 bis 1551 Mitglied des Geheimen Rates; vgl. Olaf MÖRKE, Die Fugger im 16. Jahrhundert. Städtische Elite oder Sonderstruktur?, in: AfR 74 (1983), S. 141–162, hier S. 144.

[113] MÖRKE, Die Fugger, S. 144 f.: Jakob Fugger war 1520, 1521, 1523–1525 Mitglied im Großen Rat, 1523–1525 *Kleiner Rat Zusatz*; REINHARD (Hg.), Eliten, Nr. 245: 1509–1525 als Zwölfer der Kaufleutezunft Mitglied des Großen Rates; vgl. Entwurf, fol. 19v, über Anträge Jakob Fuggers im Kleinen Rat.

Fugger in das politische Leben der Stadt erfolgte letztlich erst, als sie dieses mittels ihrer außerstädtischen Vernetzung praktisch längst maßgeblich bestimmten. Mit Hans Jakob, Markus[114] und Octavian Secundus Fugger[115] stellt die Familie in der zweiten Hälfte des 16. Jahrhunderts mehrere Inhaber zentraler Machtpositionen in der Stadt[116].

Olaf Mörke hat daher die Fugger und ihr Umfeld innerhalb der städtischen Führungsschicht als »Sonderstruktur« aufgefaßt[117]. Auffällig ist nun auch, daß diese Sonderrolle in der zeitgenössischen Chronistik, soweit sie nicht im Umfeld des Hauses steht wie der Benediktinermönch Clemens Sender, durchaus kritisch wahrgenommen wird: Hervorgehoben wird sowohl bei Georg Breu dem Älteren als auch bei Wilhelm Rem die Beobachtung, daß die Fugger als gesellschaftliche Aufsteiger gegenüber dem städtischen Sozialgefüge mit seiner spezifischen Ethik in Distanz gerieten, aus ihm hinauswuchsen[118]. Daß den Fugger in der Wahrnehmung der Zeit eine Sonderrolle zukam, beweist umgekehrt auch die auffällig positive Aufmerksamkeit, die sie in der Reiseliteratur des 16. und 17. Jahrhunderts fanden[119].

Im Frauentrachtenbuch des Jost Amman von 1586[120] sind die Fugger in einer langen Reihe von nach geographischer Zuordnung und ständischer Position unterschiedenen Kostümbildern das einzige Geschlecht, das mit einem eigenen Bild bedacht wird. Das Trachtenbuch, in dem weniger reale Kostümgewohnheiten als vielmehr die durch die Kleidung repräsentierte ständische Hierarchie dokumentiert wird[121], zeigt – bezeichnenderweise nicht etwa unter den Patrizierinnen der deutschen Reichsstädte, sondern unter den Frauen des europäischen Hochadels – *Ein Jungfraw ausz der Fugger Geschlecht,* bzw. *Virgo ex illustri Fuggerorum familia,* mit offenem Haar und einem prächtigen Kleid, einer kleinen Brautkrone, dazu einem Fähnlein als Attribut auch in der Ausstattung deutlich abgesetzt von den zahlreichen Darstellungen städtischer Frauen und ihrer Kostüme.

Daß der explosionsartige ökonomische Erfolg wie der aus diesem resultierende gesellschaftliche Aufstieg und erst recht der politische Einfluß der Fugger von der Lilie schon in der zeitgenössischen Wahrnehmung als einzigartig wahrgenommen wurden, zeigt auch das Ausmaß, in dem sich die Kritik an den frühkapitalistischen Handelsgesellschaften auf die Fugger und insbesondere auf Jakob Fugger den Reichen konzentrierte. Die seit der Wende zum 16. Jahrhundert reichsweit mit großem publizistischem und politischem Aufwand betriebene Diskussion über die Monopolgesetzgebung und über die Macht der Handelsgesellschaften entzündete sich immer wieder an Jakob Fugger als Personifikation der frühkapitalistischen Wirtschaft, an der *fukkerey* als dem Synonym für wucherische Geldgeschäfte, monopolistische Preistreiberei, korrumpierende Einflußnahme bei Hofe und reformationsfeindliche Umtriebe[122].

Als 1525 im Tiroler Bergwerksrevier die Knappen es den Bauern gleichtaten und sich gegen ihre Herren erhoben, wurden auch die Besitzungen der Fugger in

---

[114] REINHARD (Hg.), Eliten, Nr. 246: Geheimer Rat 1566–1592; Stadtpfleger 1576–1584; vgl. Endfassung, fol. 59v.

[115] REINHARD (Hg.), Eliten, Nr. 248: Geheimer Rat 1593–1600; Stadtpfleger 1594–1600; vgl. Endfassung, fol. 104r.

[116] MÖRKE, Die Fugger, S. 145 f.

[117] MÖRKE, Die Fugger, insbesondere S. 159 f.; vgl. WÜST, Bild der Fugger, S. 69 f.; vgl. dagegen jetzt MAUER, Patrizisches Bewußtsein, S. 165, 171–173.

[118] MÖRKE, Die Fugger, S. 146–153; WÜST, Bild der Fugger, S. 71–73; Benedikt MAUER, ›Gemain Geschrey‹ und ›teglich Reden‹. Georg Kölderer – ein Augsburger Chronist des konfessionellen Zeitalters (Veröff. der SFG 1/29), Augsburg 2001, S. 101–108.

[119] WÜST, Bild der Fugger, S. 76–82.

[120] Jost AMMAN, Im Frauenzimmer wirt vermeldet von allerley schoenen Kleidungen vnnd Trachten der Weiber hohes vnd niders Stands […] durch den weitberuehmbten Jost Amman […] gerissen. Sampt einer kurtzen Beschreibung durch den wolgelehrten Thrasibulum Torrentinum Mutistarinsem an allen ehrliebsamen Frauwen vnd Jungfrauwen zu Ehren in Rheimen verfaßt. M.D.LXXXVI. Getruckt zu Frankfurt am Mayen […]. [StUB Göttingen, 4° Bibl. Uff. 487]; lateinische Fassung: DERS., Gynaeceum, Siue THEATRVM MVLIERVM. IN QVO PRAECIPVARVM OMNIVM PER EVROPAM IN PRIMIS, […] foemineos habitus videre est […] expressos à IODOCO AMANO. ADDITIS AD SINGVLAS FIGVRAS SINGVLIS octostichis FRANCISCI MODII BRVG. […]. M.D.LXXXVI. Francoforti. [StUB Göttingen, 8° Stat. 2537]. Beide Exemplare ohne Paginierung oder Foliierung.

[121] So werden in der deutschen und lateinischen Fassung zum Teil die Bildstöcke abweichend genutzt, zum Teil mehrfach verwandt. Die Fuggersche Jungfrau wird mit demselben Bild gezeigt wie *Ein Venedisch Braut von Geschlechtern,* bzw. *Veneta Sponsa Patricia.* In der lateinischen Fassung haben die *Patritia Augustana* und die *Francofurtensis ad Moenum patricia* ebenfalls den gleichen Bildstock, ebenso in der deutschen Fassung *Ein Fraw aus Engelland* und *Ein fuerneme Fraw von Rom.*

[122] Vgl. nur BURKHARDT, Einführung, in: DERS. (Hg.), Augsburger Handelshäuser, 1996, S. 11–28, hier S. 13 f.; DERS., Luther und die Augsburger Handelsgesellschaften, in: Helmut GIER/Reinhard SCHWARZ (Hg.), Reformation und Reichsstadt. Luther in Augsburg, Augsburg 1996, S. 50–64; Götz Frhr. von PÖLNITZ, Jakob Fugger. Bd. 1: Kaiser, Kirche und Kapital in der oberdeutschen Renaissance; Bd. 2: Quellen und Erläuterungen, Tübingen 1949, 1951, hier 1, S. 183–192, 313, 451–453, 482–495, 505–507, 529–531; DERS., Die Fugger, S. 138–140; STOLLBERG-RILINGER, Gut vor Ehre, S. 34 f.; Clemens BAUER, Konrad Peutingers Gutachten zur Monopolfrage. Eine Untersuchung zur Wandlung der Wirtschaftsanschauungen im Zeitalter der Reformation, in: AfR 45 (1954), S. 1–43, 145–196; Rolf KIESSLING, Problematik und zeitgenössische Kritik des Verlagssystems, in: BURKHARDT (Hg.), Augsburger Handelshäuser, 1996, S. 175–190, hier S. 176–178; Mark HÄBERLEIN, ›Die Tag und Nacht auf Fürkauff trachten‹. Augsburger Großkaufleute des 16. und beginnenden 17. Jahrhunderts in der Beurteilung ihrer Zeitgenossen und Mitbürger, in: Ebenda, S. 46–68.

Bozen geplündert. Die Schwazer Bergleute forderten von Erzherzog Ferdinand die Vertreibung der Fugger und aller anderen Handelsgesellschaften[123]. Sie hatten die Fugger und ihre Mitbewerber alltäglich erlebt. Doch auch die Bauern nördlich der Alpen forderten die Ausschaltung der großen Handelsgesellschaften[124].

Die Fugger reagierten auf die Angriffe so prominenter Gestalten wie Luther und Ulrich von Hutten nicht nur, indem sie Gelehrte ihres Vertrauens wie Johannes Eck oder Konrad Peutinger zur Beeinflussung der religions- und wirtschaftspolitischen Meinungsbildung aufboten. Sie entwickelten auch eine ganz individuelle Legitimationsstrategie. Im Zusammenhang mit der maßgeblichen Beteiligung des Hauses Fugger an der Königswahl Karls V. schrieb Jakob der Reiche an Herzog Georg von Sachsen: *Viele, wie der Welt Lauf, sind mir feind. Sagen, ich sei reich, und ich bin reich von Gottes Gnaden, jedermann ohn Schaden.*[125] Er postulierte so zwei zentrale Elemente der zeitgenössischen Konzeption legitimer Herrschaft für sich: Den gottgegebenen Status als Konsequenz der Tugend und die Orientierung am Gemeinen Nutzen.

Jakob Fugger bezog diese Argumentationsmuster auf seinen Status als reich gewordener Kaufmann. Ebenso wurde die gesellschaftliche Stellung der Fugger auch in der Chronik des ihnen nahestehenden Clemens Sender legitimiert durch eine sorgfältige Stilisierung der angeblichen Tugendhaftigkeit des Fuggerschen Handels im Zusammenspiel mit einer Projektion der einschlägigen Kritik auf die Konkurrenz. So stellt Sender etwa den 1529 in Bankrott gegangenen Ambrosius Höchstetter als Inbegriff des egoistischen Kaufmanns dar[126]. Über die Fugger jedoch urteilt er: *Ir groser handel mit kauffmanschafft, on anderer nachtail, sunder zuo gemeinem nutz und auffenthaltung der armen ist mit grosem lob durch die gantze welt gangen.*[127]

In der Tat erwarben sich die Fugger durch eine vergleichsweise milde Herrschaft gegenüber ihren ländlichen Untertanen[128], wie durch reiche Stiftungen und Almosen den Ruf einer familientypischen Mildtätigkeit.[129] Gegen die Klage über die *fuckerey* stellte Jakob Fugger der Reiche die von ihm gestiftete Armensiedlung, die ›Fuggerei‹[130]. Der Nürnberger Sigmund von Birken formulierte noch 1668 den Zusammenhang zwischen Mildtätigkeit und ständischem Aufstieg ganz ausdrücklich: *Es ist an den Ersten Fuggern wahr worden, die Zusage unsres Heilands; Gebet! So wird euch gegeben, Jemehr sie den Armen gaben, jemehr ihnen Gott wiedergabe.*[131]

Jakob Fugger war durch Maximilian I. 1511 geadelt und 1514 persönlich in den Grafenstand erhoben worden. Nachdem mit seinem Tod dieser persönliche Grafentitel erloschen war, wurden seinen Neffen Anton, Raymund und Hieronymus 1526 und 1530 und erneut 1533 und 1534 durch Karl V. die Privilegien Maximilians bestätigt[132] – eine Maßnahme also, die der mehrmaligen Wiederholung bedurfte, um von der Umwelt akzeptiert zu werden. Diese schon an sich ganz singuläre Erhebung städtischer Kaufleute – die zudem noch nicht einmal aus den adelsnahen Geschlechtern stammten – in den Hohen Adel zielte zunächst auf eine Absicherung der Fugger in lehnsrechtlichen Auseinandersetzungen mit ihren ländlichen Nachbarn und vor allem den Lehnsleuten in den von ihnen erworbenen Grundherrschaften und Ämtern[133].

---

[123] Josef RIEDMANN, Geschichte Tirols, Wien 1982, S. 99 f.
[124] RIEDMANN, Geschichte Tirols, S. 103 f.
[125] PÖLNITZ, Die Fugger, S. 133–135; DERS., Jakob Fugger 1, S. 495; Pölnitz interpretiert das »Gottesgnadentum« der Fugger als Zeugnis des selbstgewissen Fortschrittsdenkens der frühkapitalistischen Kaufmannschaft, des »Fürstenstand[s] der kommenden Zeit«. Man wird freilich einerseits den Defensivcharakter dieser Konzeption, andererseits ihre Rückbindung an die ganz zeitgenössischen Konzepte von Tugendadel, gottgewollter Obrigkeit und Gemeinem Nutzen nicht unterbewerten dürfen.
[126] MÖRKE, Die Fugger, S. 149 f.; WÜST, Bild der Fugger, S. 73–75; STOLLBERG-RILINGER, Gut vor Ehre, S. 75.
[127] (Die) Chroniken der schwäbischen Städte. Augsburg, Bd. 4, hg. von Friedrich ROTH (StChr. 23), Leipzig 1894, ND Göttingen 1966, S. 165 f.
[128] PÖLNITZ, Jakob Fugger 1, S. 579; die Großzügigkeit der Fugger gegenüber der Bevölkerung ihrer Herrschaften entsprang freilich eher einem Rentabilitätskalkül und dem im Vergleich zu nicht-kaufmännischen Grundherren geringeren Bedarf an unmittelbaren Geldertragen. Sie korrespondierte im übrigen mit einem ausgeprägten patriarchalen Unverständnis gegenüber Aufständen unter den Bauern und Bergknappen, vgl. ebenda, S. 599–601.
[129] WÜST, Bild der Fugger, S. 73.
[130] Marion TIETZ-STRÖDEL, Die Fuggerei in Augsburg. Studien zur Entwicklung des sozialen Stiftungsbaus im 15. und 16. Jahrhundert (Veröff. der SFG 4/19, Studien zur Fuggergeschichte 28), Tübingen 1982, S. 15–26, insbesondere S. 24–26.
[131] Sigmund von BIRKEN, Spiegel der Ehren des Hoechstloeblichsten Kayser- und koeniglichen Erzhauses Oesterreich oder Ausführliche GeschichtSchrift […]. Erstlich vor mehr als C Jahren verfasset, Durch Den Wohlgebornen Herrn Herrn Johann Jacob Fugger, Herrn zu Kirchberg und Weissenhorn, […] Nunmehr aber auf Roem. Kaeys. Mai. allergnaedigsten Befehl […] Durch Sigmund von Birken […] Nürnberg […] ANNO CHRISTI MCDLXVIII. [Mikrofilm-Ausgabe: Yale University Library, Collection of German Baroque Literature 126, No. 539], S. 784; vgl. ebenda, S. 783, über die Stiftungen Jakob Fuggers, S. 784, über jene Georg Fuggers. Birken stützt sich in seinem Exkurs über das *Ehrengedächtnis* der Fugger erkennbar auf Überlieferungen aus dem Umfeld der Fugger, wahrscheinlich auf eine Fassung der Fuggerchronik. Seine Argumentation dürfte so zumindest mittelbar durch die Rezeption der innerhalb des Hauses formulierten Selbstwahrnehmung beeinflußt sein.
[132] NEBINGER, Standesverhältnisse, S. 266–268.
[133] NEBINGER, Standesverhältnisse, S. 266–268; PÖLNITZ, Die Fugger, S. 100 f.; DERS., Jakob Fugger 1, S. 565–567; 2, S. 593–595; zum Erwerb von Ämtern und Pflegschaften als Aufstiegsstrategie vgl. Christine REINLE, Spätmittelalterliche Landesverwaltung als Karrieresprungbrett? Das Beispiel Bayern auf dem Prüfstand, in: SCHULZ (Hg.), Sozialer Aufstieg, 2002, S. 221–242; Heinz NOFLATSCHER,

Die ständische Position mußte nachträglich der materiellen und herrschaftsrechtlichen angepaßt werden. Erst in der zweiten Hälfte des 16. Jahrhunderts übernahmen die Fugger ihre adeligen Titel auch für die eigene Benennung, dies zunächst im Verkehr mit ihrem höfischen Umfeld. Wiederholt ließen sie sich nun auch kaiserliche Intimationsprivilegien ausstellen[134].

Denn ihre Herkunft blieb ein wunder Punkt, an den politische oder gesellschaftliche Gegenspieler zu rühren verstanden. So faßten die Räte Herzog Christophs von Württemberg 1553 ihre Bedenken gegen den Beitritt zu dem vom Kaiser initiierten Memminger Bund in dem Satz zusammen: [...] *da must ein frommer furst seinen nechsten gelieptten freund helfen verjagen, wan es dem parchatweber von Augsburg gefiele oder den prior von Ochsenhausen fur gut ansehe.*[135] Der *prior von Ochsenhausen* war Gerwig Blarer, Abt von Weingarten, aus dem katholischen Zweig der Konstanzer Patrizierfamilie[136]. Der *parchatweber von Augsburg* war Anton Fugger.

Und auch hochadelige Häuser, die sich mit den Fugger verbanden, hielten dynastisch Distanz. So galt bei den Grafen von Montfort noch 1652 die Regel, daß die erstgeborenen Söhne ausschließlich Frauen aus alten gräflichen Häusern heiraten sollten. Nur Nachgeborene sollten für die unvermeidlichen Verbindungen mit dem neuen Adel zur Verfügung stehen[137].

Zudem waren die Fugger von der Lilie zwar schon Grafen und Reichsstand bevor sie in der Stadt überhaupt Zugang zum Patriziat erlangten, sie durften jedoch innerhalb Augsburgs weder ihre adeligen Titel verwenden, noch gegenüber der städtischen Obrigkeit ihre entsprechenden Vorrechte einfordern. Schon unter Maximilian I. hatte sich die Stadt bestätigen lassen, daß Stadtbürger, die Hofämter annahmen, ihres Wohnrechts in der Stadt verlustig gehen sollten, wenn sie nicht weiterhin bereit waren, die städtischen Steuern zu zahlen[138]. Anläßlich der Mehrung der Geschlechter von 1538 dekretierte der Rat, daß adelige oder freiherrliche Rechte und Titel bei Androhung des Verlustes der Geschlechtergerechtigkeit und der bürgerlichen Ehrbarkeit in der Stadt nicht geführt werden durften[139].

Der Prozeß des Hineinwachsens der Fugger in ein adelig-höfisches Umfeld ist auch insofern keinesfalls als Feudalisierung zu begreifen. Die Familie blieb vielmehr weiterhin kaufmännisch aktiv. Ein Rückzug in eine durch feudale Ökonomie geprägte Lebensweise erfolgte eher als Folge der ökonomischen Krisenerfahrung des späteren 16. Jahrhunderts[140] und auch, weil die Firma spätestens nach der Teilung des Hauses in Raymund- und Antonzweig nicht mehr allen männlichen Mitgliedern ein kaufmännisches Betätigungsfeld bieten konnte[141]. Die Familie blieb jedoch räumlich, ökonomisch und politisch eng in das städtische Leben eingebunden[142]. Abgesehen von den Jahren der Exilierung Anton Fuggers nach 1536 und seiner Neffen von 1546 bis 1548 blieben die Fuggerhäuser am Weinmarkt das unbestrittene Zentrum ihrer Aktivitäten. Hier fanden auch die Hochzeiten der Fugger in ihrer ganz überwiegenden Mehrheit statt, nachdem die entgegenstehenden konfessionellen Konflikte zu einem für die Familie vorteilhaften Abschluß gekommen waren[143].

Die Stadt war jedoch auch der Ort für die außergewöhnlich aufwendigen Bemühungen der Fugger um Statusrepräsentation, sei es in der Architektur, zumal der Innenausstattung ihrer Häuser, sei es in der Ausrichtung von verschiedensten Feierlichkeiten oder in der symbolisch-zeremoniellen Aufladung ihres Auftretens und des Auftretens ihrer Bediensteten[144]. Gerade die Stadt wurde so zur Bühne adeliger Repräsentation eines Geschlechts, das eben beides zugleich war: *Burger zu Augspurg und Stend des römischen Reichs* (1592)[145].

So war es auch die städtische Kirche St. Anna, in der die Fugger zwischen 1509 und 1519 ihre prächtige Grablege einrichteten. Auch andere bürgerliche Häuser stifteten Familienkapellen. Jakob Fugger nutzte also eine dem städtischen Milieu bekannte Form, um mit dem ersten Renaissancebau nördlich der Alpen und mit einem alles übliche weit übertreffenden materiellen und künstlerischen Aufwand seinem Haus eine Memoria zu schaffen. Diese Memoria sollte die Fug-

---

Funktionseliten an den Habsburgerhöfen um 1500, in: Ebenda, S. 291–314, hier S. 310 f.

[134] NEBINGER, Standesverhältnisse, S. 270–276.

[135] Viktor ERNST (Hg.), Briefwechsel des Herzogs Christoph von Württemberg, 4 Bde., Stuttgart 1899–1907, hier 2, S. 75.

[136] Vgl. Hans GÜNTER (Hg.), Gerwig Blarer, Abt von Weingarten 1520–1567. Briefe und Akten, 2 Bde. (Württembergische Geschichtsquellen 16, 17), Stuttgart 1914–1921. Ich danke Guido Komatsu für den Hinweis auf diese Stelle.

[137] Beatrix BASTL, Das Tagebuch des Philipp Eduard Fugger (1560–1569) als Quelle zur Fuggergeschichte. Edition und Darstellung (Veröff. der SFG 4/21, Studien zur Fuggergeschichte 30), Tübingen 1987, S. 299; Gerhard FOUQUET, Stadt-Adel. Chancen und Risiken sozialer Mobilität im späten Mittelalter, in: SCHULZ (Hg.), Sozialer Aufstieg, 2002, S. 171–192, hier S. 191.

[138] Christoph BÖHM, Die Reichsstadt Augsburg und Kaiser Maximilian I. Untersuchungen zum Beziehungsgeflecht zwischen Reichsstadt und Herrscher an der Wende zur Neuzeit (Abh. zur Geschichte der Stadt Augsburg 36), Sigmaringen 1998, S. 363–365.

[139] NEBINGER, Standesverhältnisse, S. 269.

[140] STOLLBERG-RILINGER, Gut vor Ehre, S. 45.

[141] KOUTNÁ-KARG, Ehre der Fugger, S. 106 mit Anm. 84.

[142] MÖRKE, Die Fugger, S. 153 f.

[143] MÖRKE, Die Fugger, S. 155, zählt 1500–1548 16 Hochzeiten, von denen sieben in Augsburg stattfanden, 1548–1599 36 Hochzeiten, von denen 21 in Augsburg stattfanden.

[144] KOUTNÁ-KARG, Ehre der Fugger, S. 90–96, 99 f.; MAUER, Patrizisches Bewußtsein, S. 175.

[145] KOUTNÁ-KARG, Ehre der Fugger, S. 89, 106; MÖRKE, Die Fugger, S. 157.

ger jedoch nicht etwa einfach zu einem adeligen Haus machen[146]. Sie hob die städtische Herkunft der Fugger nicht auf, sondern verankerte das Haus vielmehr gerade in der Stadt.

Wenn die Fugger in der zweiten Hälfte des 16. Jahrhunderts einen adeligen Status beanspruchten, legitimierten sie ihn doch wiederum durch die ihnen innewohnende Tugendhaftigkeit. So vermerkt die Fuggerchronik über Hans Jakob Fugger: *Und alldieweil laut aller gelerten mainung der ware adl allain aus gueten künsten und tugenten herfliesset, so mag diser herr Hans Jacob Fugger mit aller warhait also genannt und gehalten werden: dann menigelichen, der so mit im zu schaffen gehabt, wissentlich und bekannt ist, daß er von herzen frumb gewesen, auch ein liebhaber aller gueten künsten.*[147]

Der Adel der Fugger entsprang dieser Vorstellung entsprechend keineswegs ihren eigenen Prätentionen, sondern vielmehr dem Interesse ihres adeligen Umfeldes, wie zumindest Sigmund von Birken 1668 nicht ohne polemischen Unterton anmerkte: *Dannenhero sie so reich, beliebt und beruehmt im Reich worden, daß Fuersten und Herren sie vermahnten, sie solten, weil sie das Glueck mit sovielen Graf- und Herrschaften, auch AdelSitzen, Schloessern, Flecken und Doerfern begabet, beym Keyser um hoehere StandsWuerde ansuchen: und mochten dieses etliche vielleicht darum gethan haben, damit sie mit ihnen sich befreunden, und also ihres Reichtums auch teilhaft werden moechten.*[148]

Der Ingolstädter Rhetorikprofessor Johannes Engerd verfaßte 1579 in seiner ›Epaenesis Duarum Illustrium Germaniae Familiarum‹, einer den Söhnen des Grafen Jakob von Montfort und der Katharina Fugger[149] gewidmeten Druckschrift, eine panegyrische Synthese der Montforter und der Fugger, des alten und des neuen Adels[150]. Die Fugger, *vera genus a virtute profectum*, also mit ihrem ›Herkommen‹ unmittelbar in der Tugend wurzelnd, treten da in die adelige Stellung zunächst der Grafen von Kirchberg, dann der Grafen von Montfort ein, und verwirklichen so den in ihnen gottgewollt angelegten Adel[151]. Die spezifische Qualität der Fugger, der Gelderwerb, wird als gottgewollt tugendhafte Lebensgrundlage dem ländlichen Grundbesitz und dem Eroberungsrecht des Adels gleichgestellt[152]. Ganz dementsprechend sollte noch Sigmund von Birken über Jakob Fugger und die Erwerbung von Kirchberg und Weißenhorn unter der bezeichnenden Rubrik schreiben: *Erobert die Gravschaft Kirchberg und Weissenhorn, durch Pfandschaft.*[153]

Die zentralen Tugenden der Fugger sind Johannes Engerd zufolge ihre (konfessionell-gegenreformatorisch konnotierte) *pietas* und ihre Treue zum Kaiserhaus[154]. Vermittelt durch die Kirchberger Lokalheilige St. Itha erhält das Eintreten der Fugger in den Adel eine sakrale Grundlage[155]. Die kognatische Verbindung mit dem alten Adel ersetzt das fehlende agnati-

---

[146] So noch Otto Gerhard OEXLE, Adel, Memoria und kulturelles Gedächtnis. Bemerkungen zur Memorial-Kapelle der Fugger in Augsburg, in: Chantal GRELL/Werner PARAVICINI/Jürgen VOSS (Hg.), Les princes et l'histoire du XIVᵉ au XVIIIᵉ siècle. Actes du colloque organisé par l'Université de Versailles-Saint Quentin et l'Institut Historique Allemand (Pariser Historische Studien 47), Paris-Versailles 1996, Bonn 1998, S. 339–357. OEXLE, ebenda, S. 347–354, stellt die Fuggerkapelle in einen Zusammenhang mit der Bautätigkeit Papst Julius' II. und Kaiser Maximilians I. Wie schon Bruno Bushart nimmt er an, Jakob Fugger habe sich in einen Wettstreit mit Papst und Kaiser um die repräsentativste Memorialstiftung begeben. Die kunsthistorische Bedeutung der Fuggerkapelle sollte freilich nicht darüber hinwegtäuschen, daß es sich nur um eine Familienkapelle in einer städtischen Klosterkirche handelt, nicht um die mit Abstand größte Grabkappelle in der Hauptkirche der abendländischen Christenheit (Papst Julius II.) oder ein Ensemble von insgesamt sieben Kanonikerstiften (Kaiser Maximilian I.). Ein solcher Wettstreit mit den Oberhäuptern von Kirche und Reich wäre politisch wohl auch nicht eben klug gewesen. Daß die Fugger mit der Stiftung für *nomen et progenies et arma* ihres Hauses sorgen wollten, steht außer Frage, ebenso der Zusammenhang mit den Heiratsverbindungen zu ritterlichen und freiherrlichen Häusern (vgl. OEXLE, ebenda, S. 354–356). Eben diese, und nicht Papst und Kaiser, waren aber auch die Zielgruppe, abgesehen von dem städtischen Milieu, in dem die Kapelle schließlich stand. Der Versuch, »durch Memoria und kulturelles Gedächtnis die Adelsqualität ihres Geschlechts zu erweisen, das adlige Geschlecht gewissermaßen erst hervorzubringen«, so OEXLE, ebenda, S. 346, steht im Übergang zwischen Stadt und Adel – ein Aspekt, den Oexle völlig ignoriert. Den Dank für die Güte Gottes als Motiv für die Stiftung hält OEXLE, ebenda, S. 353, für zweitrangig, obwohl damit doch der zentrale Topos fuggerischer Statuslegitimation angesprochen ist.

[147] MEYER (Hg.), Chronik der Fugger, S. 40; vgl. MÖRKE, Die Fugger, S. 156; STOLLBERG-RILINGER, Gut vor Ehre, S. 44 mit Anm. 41.

[148] BIRKEN, Spiegel der Ehren, S. 784.

[149] Endfassung, fol. 64r.

[150] Markus VÖLKEL, Der alte und der neue Adel. Johannes Engerds panegyrische Symbiose von Fugger und Montfort, in: BURKHARDT (Hg.), Augsburger Handelshäuser, 1996, S. 107–117, hier S. 107–110, über den Verfasser und das Werk. Völkel interpretiert die ›Epaenesis‹ als Zeugnis für die gesellschaftliche Wahrnehmung der Fugger, ohne präzise den Umstand zu fassen, daß die Schrift sich an die Montfort-Söhne richtet, denen durch ihre Mutter ein ständischer Malus drohte. Die Symbiose des alten und des neuen Adels richtet sich insofern weniger auf die Fugger als auf die Montforter. Die Fugger sollten bei Engerd nicht in die Linie der Montforter eintreten, wie Völkel meint, sondern gerade zu deren Erneuerung beitragen. Ganz fraglich ist im übrigen die Rezeption und etwaige Wirkung, die Engerds Schrift fand, oder gar ihre Relevanz für die Wahrnehmung der Montfort, der Fugger oder auch eines breiteren Publikums. Der Text kann jedoch unbeschadet dieser Zweifel als Quelle für die möglichen Legitimationsstrategien der Fugger herangezogen werden.

[151] VÖLKEL, Der alte und der neue Adel, S. 111–117.

[152] VÖLKEL, Der alte und der neue Adel, S. 114 f.

[153] BIRKEN, Spiegel der Ehren, S. 783.

[154] VÖLKEL, Der alte und der neue Adel, S. 110 f., 117.

[155] VÖLKEL, Der alte und der neue Adel, S. 113.

sche ›Herkommen‹. Die Tugend als eine dem Adel erblich innewohnende Qualität, die göttlichem Willen entspricht und durch die Treue zum Herrscherhaus mobilisiert wird – Engerds Konzeption erinnert wohl nicht von ungefähr an die von Arlette Jouanna herausgearbeitete Idee von der *race* des Adels[156]. So wurden der plötzliche Reichtum der Fugger und ihr rasanter gesellschaftlicher Aufstieg legitimierbar als gottgewollter Eintritt in eine in ihnen angelegte gesellschaftliche Position. Vermittelt wurde diese Legitimität durch die Hoheit des Kaisers über die Distribution gesellschaftlicher Ehre. Der Herrscherdienst, der den Adel der Fugger stiftete, war freilich nicht der Kriegs- oder Hofdienst, sondern die finanzielle Versorgung des Herrschers[157].

Daß der Aufstieg der Fugger keineswegs grenzensprengend, sondern den ›gradus nobilitatis‹ folgend und somit legitim erfolgt war, mußte noch Sigmund von Birken 1668 durch eine erkennbar manipulierte Darstellung der *Fuggerische[n] Stammstiege, zum Ehren-Thron* untermauern: *Noch ettwas weniges beyzufuegen, so ist von denselben merkwuerdig, daß deren erste fuenf Gradus oder StammStuffen, EhrenStuffen gewesen, und jede derselben sie in hoehern Stand erhoben: indem des ersten Fuggers Sohn Jacob, ein reicher vornehmer Burger in Augsburg; dessen Soehne Georg und Jacob, in den Adelstand; Georgens Soehne Raimund und Antonius in den Freyherren-Stand erhoben; deren Kinder […] ihren GravenStand durch altGraevliche Heuraten […] befaestet; und Hn. Johann Jacobs Sohn, H. Raimunds Enkel, H. Sigmund Friderich, Bischof zu Regensburg und Furst des Reichs worden.*[158]

1.5 Hans Jakob Fugger

Nach dem Sieg des Kaisers im Schmalkaldischen Krieg waren es die Fugger mit ihren weitgespannten Beziehungen, die in der städtischen Politik Augsburgs wie in der Vermittlung nach außen die entscheidende Rolle übernahmen. Anton Fugger vermittelte durch sein persönliches Eintreten maßgeblich den Friedensschluß zwischen dem Kaiser und der Reichsstadt[159]. Mit seinem Schwager Heinrich Rehlinger (1509–1575)[160] und dem ältesten Sohn seines älteren Bruders Raymund, Hans Jakob, bestimmten in den folgenden Jahren – neben verschiedenen Vertretern der Welser – zwei Repräsentanten des Fuggerschen Netzwerkes die reichsstädtische Politik[161].

Hans Jakob Fugger (1516–1575) hatte von 1531 bis 1536 in Bourges, Padua und Bologna studiert, anschließend war er zur Ausbildung in der Fugger-Faktorei in Antwerpen tätig gewesen[162]. Später hielt er sich längere Zeit am Hof Ferdinands I. auf[163]. Wenn Raymund Fugger, der – nach dem geistlich gewordenen Markus und vor dem späteren Firmenchef Anton – zweitgeborene Sohn Georg Fuggers, seinem zweiten Sohn (nach dem offenbar kränklichen Erstgeborenen mit dem ebenfalls nicht anspruchslosen Namen Jakob, 1515–1518) die Namen des Stammvaters der Familie und ihres alles überstrahlenden Oberhaupts gab, meldete er schon damit Erwartungen an dessen Werdegang an. Anton Fugger führte seinen Neffen denn auch langfristig als Nachfolger in der Geschäftsführung ein. Schon 1535, nach dem Tod des Raymund, bestellte er unter den Söhnen seines Bruders den ältesten zum Vertreter in der Firma[164]. Im erneuerten Gesellschaftsvertrag von 1538 wird Hans Jakob als potentieller Nachfolger geführt, freilich mit einem von

---

[156] JOUANNA, Legitimierung des Adels, S. 168–171. Daß Engerd kaufmännisches Verhalten und adelige Tugenden überblendet und so alte berufsständische Distinktionen auflöst, indem er gerade das Erwerbsstreben der Fugger als tugendhaft deklariert, daß er weiterhin substitutiv als weitere Legitimationsgründe für den Adel der Fugger ein Herkunftsrecht über das ›Herkommen‹ der Stadt Augsburg konstruiert, läßt Schwächen in seiner Argumentation erkennen, vgl. VÖLKEL, Der neue und der alte Adel, S. 116 f.

[157] Über die positive Prägekraft der Nähe zum Kaiser für die zeitgenössische Fuggerrezeption vgl. BURKHARDT, Einführung, S. 18; WÜST, Bild der Fugger, S. 86.

[158] BIRKEN, Spiegel der Ehren, S. 785; ebenda, S. 784, berichtet BIRKEN ausführlich von der Verleihung des Grafenstandes an Anton, Raymund und Hieronymus. Er spielt hier erkennbar mit der Unterscheidung von Titelverleihung und ständischer Gebürtigkeit: Die Erlangung einer Standeserhöhung durch den Vater brachte erst den Kindern die geburtsmäßige Legitimität. Auch Jakob Fugger der Reiche war im übrigen schon – freilich nur persönlich – sowohl vom Kaiser zum Reichsgrafen als auch vom Papst zum *Comes sacri Palacii Lateranensis* erhoben worden. BIRKEN verschweigt erstere Nobilitierung auch in seinem Bericht über Jakob Fugger, ebenda, S. 783; vgl. dazu NEBINGER, Standesverhältnisse, S. 267–269. Ganz im Sinne des hier Gesagten hat MAUER, Patrizisches Bewußtsein, S. 163, unlängst die historische Selbstdarstellung der Fugger als

»Ersatz- nicht als Gegenbild altpatrizischer Erinnerung« bezeichnet.

[159] Götz Frhr. von PÖLNITZ, Anton Fugger, 1. Bd. 1453–1535; 2. Bd. 1536–1548 (Teil I: 1536–1543); 2. Bd. 1536–1548 (Teil II: 1544–1548); 3. Bd. 1548–1560 (Teil I: 1548–1554) (Veröff. der SFG 4/6, 4/8, 4/11, 4/13, Studien zur Fuggergeschichte 13, 17, 20, 22), Tübingen 1958, 1963, 1967, 1971; DERS./Hermann KELLENBENZ, Anton Fugger, 3. Bd. 1548–1560, Teil II: 1555–1560. Die letzten Jahre Anton Fuggers, Anton Fuggers Persönlichkeit und Werk (Veröff. der SFG 4/20, Studien zur Fuggergeschichte 29), Tübingen 1986, hier 2.II, S. 463–592; Hermann Joseph KIRCH, Die Fugger und der Schmalkaldische Krieg (Studien zur Fuggergeschichte 5), München-Leipzig 1915, S. 117–138; Bernd MOELLER, Das Zeitalter der Reformation (Deutsche Geschichte, Sonderausgabe 2) Göttingen 1985, S. 129–135.

[160] REINHARD (Hg.), Eliten, Nr. 1016.

[161] SIEH-BURENS, Oligarchie, S. 171.

[162] REINHARD (Hg.), Eliten, Nr. 243; Wilhelm MAASEN, Hans Jakob Fugger (1516–1575). Ein Beitrag zur Geschichte des 16. Jahrhunderts, hg. von Paul RUF (Historische Forschungen und Quellen 5), München 1922, S. 4–6.

[163] MAASEN, Hans Jakob Fugger, S. 8.

[164] PÖLNITZ, Anton Fugger 1, S. 349.

Anton auszuwählenden Treuhänder¹⁶⁵. Noch im gleichen Jahr mußten er und seine Brüder ihrem Onkel jedoch auch eine Generalvollmacht als *Principal, gubernator, regierer, herr und das höchste haubt* der Firma erteilen¹⁶⁶. 1550 zog sich Anton Fugger mit der Handelsgesellschaft zugunsten der Raymundsöhne aus dem spanischen Handel der Fugger zurück. Hans Jakob übernahm diesen Bereich unter Mithilfe des erfahrenen Faktors Georg Hörmann in eigene Verantwortung¹⁶⁷. Anton Fuggers erstes Testament von 1550 benennt Hans Jakob Fugger als Testamentsvollstrecker und potentiellen Vormund seiner Kinder¹⁶⁸.

1540 heiratete Hans Jakob Fugger Ursula von Harrach, die Tochter des Reichshofrates Leonhard Graf von Harrach¹⁶⁹. 1542 bis 1546 war er für die Herren Mitglied im Kleinen Rat, 1544 bis 1546 Einnehmer. Im Juni 1546, bei Ausbruch des Schmalkaldischen Krieges, verließ Hans Jakob Fugger Augsburg und ging zunächst nach Regensburg. Später ist er in Passau und am Münchener Hof nachweisbar. Im April 1547 kehrte er nach Augsburg zurück, verließ die Stadt aber schon im Mai wieder gegen Zahlung einer Ablösung an den Rat. Wohl in Regensburg wartete er bis zum Beginn des ›Geharnischten Reichstags‹, um dann im September 1547 nach Augsburg zurückzukehren¹⁷⁰.

Hier nun wurde er zur Führungsgestalt jener patrizischen Fraktion innerhalb der Oligarchie, die in enger Abstimmung mit dem Kaiser die Abschaffung der Zunftverfassung zugunsten eines katholisch dominierten Herrenregiments betrieb. 1548 wurde er Bürgermeister. Von 1551 bis 1565 war er Mitglied des Kleinen und des Geheimen Rates, des Schaltzentrums des neuen Regiments. Wie sein Onkel seine Position in die Waagschale legen konnte, um zwischen Kaiser und Reichsstadt zu vermitteln, so mobilisierte auch der Neffe sein vielschichtiges Netz von Verbindungen und Loyalitäten, um in den Entscheidungsprozessen der politischen, konfessionellen und sozialen Umbruchssituation eine Vermittlerfunktion einzunehmen¹⁷¹. Den Augsburger Bischof Otto Truchseß von Waldburg kannte er vom Studium in Bologna her¹⁷², ebenso die kaiserlichen Räte Georg Sigmund Seld – der spätere Vizekanzler wurde seit seinem Studium von den Fuggern protegiert¹⁷³ – und Johann Ulrich Zasius, seinen ehemaligen Lehrer, den Geheimen Rat Karls V. und Marias von Burgund am Brüsseler Hof, Viglius van Zwichem (1507–1577)¹⁷⁴, aber auch Wigulens Hundt, den Kanzler der Bayernherzöge¹⁷⁵. Mit dem Herzog Albrecht V. selbst verband Hans Jakob Fugger eine enge Vertrautheit. In Augsburg war er eingebunden in einen gemischtkonfessionellen Kreis humanistischer Gelehrter um Achilles Pirmin Gasser¹⁷⁶, seinen Bibliothekar Hieronymus Wolf¹⁷⁷ und die Gebrüder Johann Baptist und Hieronymus Haintzel, über die er Kontakte zur protestantischen Prädikantenschaft der Stadt, aber auch zu Schweizer Reformatoren und nach Wittenberg unterhielt¹⁷⁸. Während des Reichstages beherbergte er den kaiserlichen Gesandten, den Bischof von Arras, Granvella, mit dem er bereits 1543 in diplomatischen Diensten der Stadt zusammengetroffen war¹⁷⁹. So waren auch die Ausgleichsbemühungen Anton Fuggers geprägt durch ein Zusammenspiel mit seinem Neffen¹⁸⁰. Zur Vermittlung zwischen dem Kaiser und der Stadt Bremen wurde ausdrücklich auch Hans Jakob Fugger herangezogen¹⁸¹.

1550/51, während der Verhandlungen über die Durchsetzung des Interim unter den Augsburger Prädikanten und Schulmeistern, konnte Hans Jakob Fugger seine vielfältigen Kontakte erneut ausspielen: Sowohl zum Umfeld des Kaisers als auch in seinem Amt als Oberscholarch zu den städtischen Schulmeistern und über seine protestantischen Kontaktpersonen zur evangelischen Prädikantenschaft reichten seine Verbindungen¹⁸².

Als nach der Eroberung Augsburgs im Fürstenkrieg im April 1552 Jakob Herbrot und sein Umfeld die Wiederherstellung der Zunftverfassung betrieben,

---

¹⁶⁵ MAASEN, Hans Jakob Fugger, S. 10 f.; PÖLNITZ, Anton Fugger 2.I, S. 54, 379.
¹⁶⁶ PÖLNITZ, Anton Fugger 2.I, S. 69; MAASEN, Hans Jakob Fugger, S. 11.
¹⁶⁷ PÖLNITZ, Anton Fugger 3.I, S. 115; MAASEN, Hans Jakob Fugger, S. 32; Hörmann war schon früher als Vertrauensperson der Raymundsöhne und insbesondere Hans Jakob Fuggers in Erscheinung getreten, vgl. PÖLNITZ, Anton Fugger 2.I, S. 156 f.; MAASEN, Hans Jakob Fugger, S. 11.
¹⁶⁸ PÖLNITZ, Anton Fugger 3.I, S. 121.
¹⁶⁹ MAASEN, Hans Jakob Fugger, S. 9 f.; SIEH-BURENS, Oligarchie, S. 98.
¹⁷⁰ MAASEN, Hans Jakob Fugger, S. 14 f.
¹⁷¹ SIEH-BURENS, Oligarchie, S. 178–180.
¹⁷² MAASEN, Hans Jakob Fugger, S. 7; PÖLNITZ, Anton Fugger 2.II, S. 179 f.
¹⁷³ STEUER, Außenverflechtung, S. 95–97, 233 f.
¹⁷⁴ SIEH-BURENS, Oligarchie, S. 178 f.; das Verhältnis zwischen Viglius van Zwichem und Hans Jakob Fugger war freilich nicht frei von Spott insbesondere über die Alkoholabstinenz Fuggers (genannt: ›Aquarius‹), vgl. MAASEN, Hans Jakob Fugger, S. 11; zur Person vgl. ADB 39 (1895), S. 699–703; Ursula MORAW, Die Gegenwartschronistik in Deutschland im 15. und 16. Jahrhundert, Heidelberg 1966 [Diss. phil. Heidelberg 1963], S. 141–143.
¹⁷⁵ SIEH-BURENS, Oligarchie, S. 179; MAASEN, Hans Jakob Fugger, S. 7.
¹⁷⁶ SIEH-BURENS, Oligarchie, S. 171.
¹⁷⁷ PÖLNITZ, Anton Fugger 3.I, S. 217; auch Wolf mokierte sich bei Gelegenheit über den ungenießbaren Wein, den der Wassertrinker Hans Jakob Fugger seinen Gästen vorzusetzen pflegte, vgl. MAASEN, Hans Jakob Fugger, S. 11.
¹⁷⁸ SIEH-BURENS, Oligarchie, S. 171, 178 f.; über die Kontakte Hans Jakob Fuggers zu protestantischen Kreisen vgl. auch PÖLNITZ, Anton Fugger 2.I, S. 272, 278; MAASEN, Hans Jakob Fugger, S. 53–55.
¹⁷⁹ MAASEN, Hans Jakob Fugger, S. 12 f., 16; PÖLNITZ, Anton Fugger 2.I, S. 254, 272.
¹⁸⁰ PÖLNITZ, Anton Fugger 2.II, S. 582–585.
¹⁸¹ MAASEN, Hans Jakob Fugger, S. 16; KIRCH, Fugger und der Schmalkaldische Krieg, S. 139–142.
¹⁸² MAASEN, Hans Jakob Fugger, S. 17–19; PÖLNITZ, Anton Fugger 3.I, S. 214–218.

blieb Hans Jakob Fugger wie andere potente Mitglieder des Herrenregiments im Amt, korrespondierte jedoch zugleich mit dem Kaiserhof, an den sich Anton Fugger begeben hatte, über Möglichkeiten zur Rückeroberung der Stadt[183]. Nach der auch durch Anton Fuggers riskantes finanzielles Engagement ermöglichten Rückkehr der kaiserlichen Truppen war es wiederum Hans Jakob Fugger, der zwischen der Stadt und Karl V. vermittelte[184]. Später sorgte er durch Übernahme ausstehender Schuldforderungen der Stadt an den Kaiser wegen der Einquartierung der Truppen – durch einen ökonomisch schädlichen politischen Kredit auf Firmenkosten also – für einen Ausgleich anstehender Interessenkonflikte[185].

Doch es waren nicht nur die persönlichen Kontakte der maßgeblichen Akteure, die das politische Spiel bestimmten, sondern auch die Mobilisierung von Klientelbeziehungen. Gerade die Fugger delegierten nach 1548 systematisch Dienstpersonal und geschäftlich an sie gebundene Handwerker als Vertreter der nichtpatrizischen Stände in den Rat, so Konrad Mair, den Vertrauten Anton Fuggers, als Bürgermeister von 1549, oder den Kistler Heinrich Kron als Bürgermeister von 1561–1574[186]. Ende des 16. Jahrhunderts waren phasenweise beide Stadtpfleger, vier von sechs Bürgermeistern und im Geheimen Rat die ganz überwiegende Mehrheit dem Umfeld der Fugger zuzurechnen[187].

Es nimmt vor diesem Hintergrund nicht wunder, wenn am 3. Juni 1561 der Kardinal Zaccaria Delfino, päpstlicher Nuntius am Wiener Hof, nach Rom berichtete: *Venendomi a visitare il S^r. Giov. Giacomo Fuccaro amico mio di molt' anni, et non solo die richezze ma di autorità principale in questa città, io feci seco quanto seppi per indurlo a fare tutto il poter suo, perchè il senato rispondesse convenientemente alla mia proposta.*[188]

Seit dem Eintritt in das politische Leben der Reichsstadt handelte Hans Jakob Fugger als der politische Repräsentant des Hauses Fugger in Augsburg in einer klaren Arbeitsteilung mit dem kaufmännischen ›Regierer‹, seinem Onkel Anton Fugger[189]. War dieser dabei seit 1548 mit seinem persönlichen Gewicht zumindest noch als Mitglied im Geheimen Rat auch in der städtischen Politik präsent, so gab er 1551 auch diese Machtposition an seinen Neffen ab[190].

Nach dem Tod Anton Fuggers im September 1560 wurde Hans Jakob Fugger aufgrund der testamentarischen Verordnung Antons zum ›Regierer‹ der Gesellschaft ›Anton Fugger und Brüder Söhne‹, die auf ihn und Antons ältesten Sohn Markus (1529–1597)[191] überging[192]. Schon 1563 kam es zum persönlichen Bankrott Hans Jakob Fuggers und zur Generalabrechnung der Firma[193]. 1564 wurde die Gesellschaft geteilt, die ›Regiererschaft‹ für die Antonsöhne an Markus Fugger, für den Handel der Raymundsöhne an Georg Fugger gegeben[194]. Die folgenden Jahre waren geprägt von Auseinandersetzungen zwischen Hans Jakob Fugger und seinem Vetter Hans (1531–1598)[195], aber auch zwischen den anderen Nachkommen der Brüder Anton und Raymund[196]. Die unmittelbaren finanziellen Verpflichtungen Hans Jakobs deckte Albrecht V. von Bayern[197]. Er hatte schon 1560 die zweite Ehe mit der bayerischen Hofdame Sidonia Watzler von Colaus vermittelt[198]. Hans Jakob Fugger begab sich nun an den Hof nach München, und wurde 1570 formell zum Hof- und Kammerrat bestellt[199]. 1572 wurde er der erste Bayerische Hofkammerpräsident[200]. Bereits seit 1570 zog er sich jedoch mehr und mehr auf das Schloß Taufkirchen zurück. Nach seinem Tod am 14. Juli 1575 wurde der Leichnam auf Kosten des Herzogs nach Augsburg überführt und dort beigesetzt[201].

Während die Kinder seines Bruders Georg, zumal Philipp Eduard (1546–1618)[202] und Octavian Secundus (1549–1600)[203], in der reichsstädtischen Politik präsent

---

[183] MAASEN, Hans Jakob Fugger, S. 20 f.
[184] PÖLNITZ, Die Fugger, S. 237.
[185] Richard HIPPER, Die Beziehungen der Faktoren Georg und Christoph Hörmann zu den Fuggern (ZHVS, Beilage 46), Augsburg 1926, S. 26 f.
[186] SIEH-BURENS, Oligarchie, S. 171 f.
[187] SIEH-BURENS, Oligarchie, S. 188.
[188] Nuntiaturberichte aus Deutschland 1560–1572 nebst ergänzenden Actenstücken, Bd. 1: Die Nuntien Hosius und Delfino 1560–1561, bearb. von S. STEINHERZ (Nuntiaturberichte aus Deutschland nebst ergänzenden Actenstücken, hg. von der Historischen Commission der Kayserlichen Akademie der Wissenschaften, Zweite Abth., 1), Wien 1897, Anhang, Nr. VIIIa., S. 375–379, hier S. 376; über Zaccaria Delfino, seit 1553 Nuntius bei Ferdinand I., vgl. ebenda, S. XXXII–XXXIV; vgl. MAASEN, Hans Jakob Fugger, S. 27.
[189] Vgl. PÖLNITZ, Anton Fugger 2.I, S. 278; 2.II, S. 93, 106, 247 f., 479, 507; 3.I, S. 26, 38, 45.
[190] PÖLNITZ, Anton Fugger, 3.I, S. 211.
[191] NEBINGER/RIEBER, Genealogie, Taf. 16; REINHARD (Hg.), Eliten, Nr. 246.
[192] MAASEN, Hans Jakob Fugger, S. 30 f.
[193] MAASEN, Hans Jakob Fugger, S. 38–40; Götz Frhr. von PÖLNITZ, Die Fuggersche Generalrechnung von 1563, in: Kyklos. Internationale Zs. für Sozialwissenschaften 20 (1967), S. 355–370.
[194] REINHARD (Hg.), Eliten, Nr. 246; MAASEN, Hans Jakob Fugger, S. 39 f.
[195] REINHARD (Hg.), Eliten, Nr. 242.
[196] MAASEN, Hans Jakob Fugger, S. 43.
[197] MAASEN, Hans Jakob Fugger, S. 46 f.
[198] STEUER, Außenverflechtung, S. 125.
[199] MAASEN, Hans Jakob Fugger, S. 49; STEUER, Außenverflechtung, S. 194 f.; Maximilian LANZINNER, Fürst, Räte und Landstände. Die Entstehung der Zentralbehörden in Bayern 1511–1598 (Veröff. MPI G 61), Göttingen 1980, S. 208, 343.
[200] MAASEN, Hans Jakob Fugger, S. 50; STEUER, Außenverflechtung, S. 124 f.
[201] MAASEN, Hans Jakob Fugger, S. 56–58.
[202] REINHARD (Hg.), Eliten, Nr. 249.
[203] REINHARD (Hg.), Eliten, Nr. 248: Stadtpfleger von 1594–1600.

blieben, wurde für den Werdegang der Kinder Hans Jakobs die Einbindung in die höfische Gesellschaft prägend. Dies gilt für die Heiratsverbindungen der Töchter wie für die Karrieren der Söhne, zumeist in bayerischen oder habsburgischen Diensten. Allein acht seiner Söhne gingen in wittelsbachische Dienste[204].

In der Literatur ist Hans Jakob Fugger vor allem als Geschichtsschreiber[205], Gelehrter, Mäzen und Büchersammler wahrgenommen worden. Vor allem auf seine Bibliothek als Kernbestand der von Albrecht V. gegründeten Bayerischen Hofbibliothek ist immer wieder hingewiesen worden[206]. Auch gilt er als einer der hervorragenden mäzenatischen Förderer von Kunst und Gelehrsamkeit[207]. Für die Bewertung seiner Persönlichkeit ist bis heute das von Götz Frhr. von Pölnitz formulierte vernichtende Urteil prägend geblieben, der Hans Jakob Fugger als den »einzige[n] Bankerotteur im Verlauf der großen drei Generationen der Familie« disqualifiziert hatte[208]. Seine literarisch-künstlerischen Interessen wurden dabei nur als läppischer Zeitvertreib eines reichen Erben gesehen. Daß sein Mäzenatentum für Kunst, Literatur und Gelehrsamkeit eine eminente Bedeutung für die gesellschaftliche und politische Stellung des Hauses Fugger hatte, wurde übersehen. Der erhebliche Aufwand, den Albrecht V. betrieb, um die finanziellen und gesellschaftlichen Kalamitäten Hans Jakob Fuggers auszugleichen und ihm die Befriedigung seiner Interessen zu ermöglichen, wurden in diesem Sinne entweder als Freundschaftsdienst oder als eher eigennützige Ausbeutung des finanziell abhängigen Gelehrten verstanden. Peter Steuer jedoch hat nachdrücklich auf den Wert hingewiesen, den auch ein alternder, geschäftlich gescheiterter Mann mit seinen Kenntnissen und seinen Verbindungen für den Herzog haben konnte[209].

Auch ist der Zusammenbruch der Firma Fugger im Jahr 1563 unter dem Eindruck des Urteils von Pölnitz' wohl zu Unrecht nur als Folge geschäftlichen Unvermögens ihres neuen ›Regierers‹ gesehen worden. Schon in den vorangegangenen Jahren war die Gesellschaft unter dem gleichbleibend hohen Druck des habsburgischen Finanzbedarfs wiederholt in erhebliche Schwierigkeiten geraten. Anton Fugger betrieb schon seit den fünfziger Jahren die Liquidierung der Firma, solange der Überhang an unsicheren Forderungen das Geschäft noch nicht zu sehr belastete. Die testamentarische Bestellung des Neffen zum Nachfolger sprach ganz ausdrücklich von der Aufgabe, den Fuggerschen Handel zu liquidieren[210].

Anton Fugger hatte zwar schon 1546 hart über seine Neffen, insbesondere die ältesten Hans Jakob und Georg, geurteilt: [...] *und daß meine Vettern auch lieber vom gewonnenen Gut zehren, weder arbeiten wollen.*[211] Die zahlreichen Fälle von Resignation städtischer Führungspersonen von ihren Ämtern, vielfach ausdrücklich mit der großen Arbeitsbelastung begründet[212], weisen dem Verständnis des geschäftlichen wie politischen Zusammenbruchs Hans Jakob Fuggers jedoch einen anderen Weg: Max Webers Konzeption der »Abkömmlichkeit« als Voraussetzung politischer

---

204 STEUER, Außenverflechtung, S. 91–118, 189–199.
205 Nachdem das Fuggersche Ehrenbuch und das Habsburgische Ehrenwerk Clemens Jäger zugeschrieben werden konnten, verbleibt als eigenes Werk Fuggers freilich nur eine Geschichte des Schmalkaldischen Krieges, die ihren Quellenwert aus der Verwertung der umfassenden Korrespondenz der Fugger bezieht; vgl. MAASEN, Hans Jakob Fugger, S. 70 f.; Friedrich ROTH, Clemens Jäger, nacheinander Schuster und Ratsherr, Stadtarchivar und Ratsdiener, Zolleinnehmer und Zolltechniker in Augsburg – der Verfasser des Habsburgisch-Oesterreichischen Ehrenwerks, in: ZHVS 46 (1926), S. 1–75 [Teil I]; 47 (1927), S. 1–105 [Teil II], hier I, S. 49.
206 Otto HARTIG, Die Gründung der Münchener Hofbibliothek durch Albrecht V. und Johann Jacob Fugger (Abh. der Bayerischen Akademie der Wissenschaften 28/3), München 1917; Paul LEHMANN, Eine Geschichte der alten Fuggerbibliotheken, 2 Bde.; I. Teil; II. Teil: Quellen und Rekonstruktionen (Veröff. der SFG 4/3, 4/5, Studien zur Fuggergeschichte 12, 15), Tübingen 1956, 1960, hier I, S. 41–73; Werner ARNOLD, Büchermäzene der frühen Neuzeit in Deutschland, in: Wolfgang DINKELACKER u.a. (Hg.), ›Ja muz ich sunder riuwe sin.‹ Festschrift für Karl Stackmann zum 15. Februar 1990, Göttingen 1990, S. 1–28, hier S. 10; für die teils groteske Verzerrung des Bildes Hans Jakob Fuggers in der Forschung vgl. auch Gerrit WALTHER, Adel und Antike. Zur politischen Bedeutung gelehrter Kultur für die Führungselite der frühen Neuzeit, in: HZ 266 (1998), S. 359–385, hier S. 373: »Als 1562 der Sohn und Erbe Raymund Fuggers in Konkurs ging, kaufte Herzog Albrecht V. dessen berühmte Sammlung Zug um Zug auf und stellte den bisherigen Besitzer als Bibliothekar an – was, angesichts der humanistischen Aufwertung dieses Amtes zum intimen Berater des Fürsten, durchaus keine Erniedrigung sein mußte.«
207 Vgl. MAASEN, Hans Jakob Fugger, S. 74–91.
208 PÖLNITZ, Die Fugger, S. 219; vgl. ebenda, S. 188, 190, 207: Anton Fugger versäumt es 1546, die Firma durch Thesaurierung zu stabilisieren: »Auch sein Neffe Johann Jacob bemühte sich lieber um die Gewinnung eines Erasmus-Porträts als um klare Analysen der Situation.« S. 221, 230, 247 (zum Jahr 1554): »Die Ahnungslosigkeit einer Generation, die Anton wohl zu lange von der Mitverantwortung fernhielt, wurde offenbar.« S. 254 (über das Verhältnis zu den Habsburgern 1556): »Unglückseligerweise gingen die außenpolitischen Kontakte zunehmend auf Johann Jacob über, der Wachs in den Händen des spanischen Königs und seiner Vertreter war.«
209 STEUER, Außenverflechtung, S. 125–127.
210 MAASEN, Hans Jakob Fugger, S. 31–33; zu den geschäftlichen Krisen der fünfziger Jahre vgl. PÖLNITZ, Die Fugger, S. 225–227, 250, 257; DERS., Anton Fugger 2.II, S. 589; DERS., Die Fuggersche Generalrechnung, S. 356 f.: Nachdem schon das erste Testament Anton Fuggers von 1550 die Möglichkeit einer Liquidation erwogen hatte, enthielt das zweite von 1560 konkrete Anweisungen zur Geschäftsauflösung; Ludwig SCHEUERMANN, Die Fugger als Montanindustrielle in Tirol und Kärnten. Ein Beitrag zur Wirtschaftsgeschichte des 16. und 17. Jahrhunderts (Studien zur Fuggergeschichte 8), München-Leipzig 1929, S. 118.
211 PÖLNITZ, Anton Fugger 2.II, S. 263, im Zusammenhang mit Überlegungen zu einer allgemeinen Geschäftsauflösung.
212 SIEH-BURENS, Oligarchie, S. 173.

Partizipation folgend hat Peter Steuer darauf hingewiesen, daß es sich bei einem oligarchischen System wie dem reichsstädtischen Regiment Augsburgs um eine »Gerontokratie der Wohlhabenden« handelte, daß letztlich nur Rentiers – im zeitgenössischen Sprachgebrauch ›Müsziggänger‹[213] – die Zeit hatten, sich der Ausübung städtischer Ämter zu widmen[214]. So vermerkte Anton Fugger in seinem zweiten Testament vom Frühjahr 1560 zur Frage der Nachfolge in der Firmenleitung: *Darauff hab ich mit meinem vettern herr Hannss Jacoben ernstlich geredt, daß er solliche regierung annemmen, der sich aber dessen verwidert mit anzaigen, hab sonst mit gemainer statt, auch sein selbst sachen sovil zuschaffen, daß er disem nit künde auswarthen.*[215] In diesem Sinne dürfte Hans Jakob Fugger gescheitert sein, als die jahrzehntelang bewährte Arbeitsteilung mit seinem Onkel Anton Fugger unmöglich wurde und ihm die vielleicht tatsächlich ungeliebte Aufgabe zufiel, nun auch die Firmengeschäfte selbständig zu führen[216].

Die vielfältigen Loyalitäten, die ihn zunächst für eine politische Führungsposition gerade prädestiniert hatten, könnten Hans Jakob Fugger letztlich auch in den buchstäblichen Ruin getrieben haben. Schon 1556 hatte der Rat den Bayernherzog Albrecht V. bitten müssen, Fugger nach Augsburg zurückzusenden, da er bei seinen häufigen Aufenthalten am Hof die Ratsgeschäfte vernachlässige. 1557 nennt Johann Ulrich Zasius ihn in einem Brief an Ferdinand I. den engsten Berater Albrechts V.[217]. Der entgültige Wechsel an den Hof, in eine Klientelbindung an einen mit der Stadt Augsburg in einem Konkurrenzverhältnis stehenden Fürsten, könnte auch Ausdruck einer Loyalitätskrise sein, in die geraten mußte, wer zu sehr zwischen den Fronten agierte[218]. Die Eingebundenheit in ein vielfältiges, für die politische Umgebung nicht mehr durchschaubares und in seinen letztlich gegenläufigen Verpflichtungen auch für den Betreffenden selbst nicht mehr kontrollierbares Netzwerk konnte für einen städtischen Amtsinhaber lebensgefährlich werden, wo sich Zweifel an seiner Loyalität oder auch an der schützenden Rückendeckung der einen oder anderen Beziehung auftaten. Der Gleichheitsanspruch innerhalb der reichsstädtischen Oligarchie konnte dann mit rücksichtsloser Härte durchgesetzt werden. Hans Jakob Fugger war wohl nicht auf dem Weg, zum ›Stadttyrannen‹ zu werden[219]. Doch sein wenig rühmlicher Abgang aus der augsburgischen Szenerie könnte sich ebenso aus der Sonderrolle des Hauses Fugger erklären lassen wie sein Aufstieg. Wohl nicht ganz von ungefähr verteidigt die Fuggerchronik den Bankrott Hans Jakob Fuggers mit seinen Aufwendungen zur systematischen Knüpfung eben jenes Klientelnetzes, das für das wirtschaftliche und politische Handeln von zentraler Bedeutung war:

Und wie dann zuvor gemelt, hat diser wolgemelt herr Hans Jacob Fugger grosse lieb zu allerlai künsten gehapt und nicht allain denselben ein liebhaber, wo sie dern bekomen, in seinen dienst aufgenomen und verrer auf hohe schuel gesandt und mit seinen uncosten unterhalten, so ist er auch mit den fürnembsten potentaten bekannt gewest; wann von denen orten was fürgangen ist, ein soliches vor andern zuekomen; derowegen er yederzeit mit gueten, vertigen schreibern ist versehen gewest; wo er dern ein erfaren, kain costen gespart, bis er in bekomen, und dise alsdann in Jtalia oder anderer ort gesant. Die haben sich als-

---

213 Vgl. Deutsches Wörterbuch von Jacob GRIMM und Wilhelm GRIMM, Bde. 1–16 (32 Teilbde.), Leipzig 1854–1954; Bd. 17 (33): Quellenverzeichnis, Leipzig 1910, ND München 1984, hier 6 (12), Sp. 2780: Der Terminus (im Sinne der Bedeutung von *müszig* = ledig/frei) bezeichnet im schwäbisch-allemanischen Raum im 15. Jahrhundert den von seinen Renten lebenden, keiner körperlichen Arbeit nachgehenden Stadtbewohner, ohne die später prägende pejorative Wertung. In diesem positiven Sinn findet sich der Begriff in oberdeutschen Städten auch als spezifische sozialständische Benennung für die Mitglieder der Ratsfamilien im Unterschied zu den auf tägliche Arbeit angewiesenen Stadtbürgern; vgl. LIEBERICH, Rittermäßigkeit, S. 85 mit Anm. 37.

214 STEUER, Außenverflechtung, S. 9 f. Der zeitlichen Beanspruchung wird gegenüber der materiellen vielleicht größere Bedeutung zukommen, zumal nach 1548 eine Besoldung der städtischen Amtsinhaber eingeführt wurde. Auch diese schützte jedoch die politischen Repräsentanten offenbar nicht wirkungsvoll vor materiellen Notlagen; vgl. SIEH-BURENS, Oligarchie, S. 35, 40.

215 Zitiert nach SCHEUERMANN, Fugger als Montanindustrielle, S. 118; vgl. MAASEN, Hans Jakob Fugger, S. 31.

216 Vgl. ROTH, Clemens Jäger I, S. 40: »Wenn er sich später, als er Leiter der Firma Fugger geworden war, als solcher schlecht bewährte, so hat dies seinen Grund nicht in der Abneigung vor Geschäftlichem, sondern einfach darin, daß er bei seiner Vielseitigkeit und der dadurch veranlaßten Zersplitterung der Kräfte nicht die Zeit fand, seinen kaufmännischen Pflichten die Sorgfalt zuzuwenden, die verwickelte und schwer übersichtliche Geschäfte unbedingt verlangen.«

217 MAASEN, Hans Jakob Fugger, S. 45–47.

218 Den Nürnberger Patrizier Niklas Muffel kostete schon Mitte des 15. Jahrhunderts ein ebensolcher Loyalitätskonflikt den Kopf. Er wurde in einem zeitgenössisch Aufsehen erregenden Verfahren seiner Ämter enthoben und in verdächtig kurzer Zeit hingerichtet; vgl. Gerhard FOUQUET, Die Affäre Niklas Muffel. Die Hinrichtung eines Nürnberger Patriziers im Jahr 1469, in: VSWG 83 (1996), S. 459–500.

219 FOUQUET, Die Affäre Muffel, S. 494 f., 499; zum Begriff vgl. BOOCKMANN, Stadt-Tyrannen. Das Ausweichen von Vertretern der städtischen Oligarchie, die in ihrer gesellschaftlichen Stellung und/oder ihrer politischen Dominanz das Gleichheitspostulat der städtischen Oligarchien bedrohten, in die adelig-höfische Sphäre ist seit dem späten 15. Jahrhundert in den oberdeutschen Reichsstädten ein häufiger zu beobachtendes Phänomen; vgl. Rolf KIESSLING, Städtischer Republikanismus. Regimentsformen des Bürgertums in oberschwäbischen Stadtstaaten im ausgehenden Mittelalter und der beginnenden Frühneuzeit, in: Peter BLICKLE (Hg.), Politische Kultur in Oberschwaben, Tübingen 1993, S. 175–205, hier S. 184 f.

dann, wie billich, etliche jar verschreiben muessen. Dergestalt haben J. g. mit den kämerling auch mitgefahrn, dann er der jederzeit etliche vom adl und andere guete leut gehabt. […] Dann nicht allain etliche fürsten und herren, sondern auch der romische kinig Ferdinanto, auch der grosmechtig kayser Caroli der fünft herrn doctor Selden bekomen, welichen die herrn Fugger verlegt und J. mt. vicecanzler worden, und herr doctor Donner, des yetzigen regierenden remischen kayser Ruedolphen precepter. Als nun, wie leichtlich zu erwegen, auf soliches alles ein grosser uncosten gangen […], ain grosse mächtige summa gelt auf interesse muessen aufnemen, […] ist er verursacht worden, sich mit haus von Augspurg in das fürstenthumb Bayrn […] zu begeben anno 1563.[220]

Das Ausscheiden Hans Jakob Fuggers aus seiner geschäftlichen Funktion im Haus Fugger wie aus seiner politischen Stellung in der Stadt Augsburg hat seine tiefere Ursache jedoch auch in dem Wandel, dem die interne Struktur der Verwandtschaftsgruppe wie des Handelshauses gleichzeitig zu seinem Werdegang ausgesetzt war. Die Teilung des Fuggerschen Handels unter den Söhnen Antons und Raymunds war lediglich der Endpunkt eines längeren Prozesses, in dessen Verlauf die alte, für den Erfolg der Fugger so maßgebliche Zusammengehörigkeit des Gesamthauses abgelöst wurde durch die zunächst sich selbst verpflichteten, bis heute für die Genealogie der Fugger bestimmenden Familienzweige. Zwei Generationen zuvor hatten die drei Brüder Ulrich, Georg und Jakob Fugger noch vereinbart, […] *Das Jre Erben vnd Nachkomen, was mansstam[m]ens vnd namens aus Jnen geboren, vnzertailt in dem handel beleiben, Vnd die töchtern mit eerlichen heyratguetern, verheirat, vnd one was getestirt wirdet, abgesondert werdenn sollen, auff das der fuggerisch handel Jn allweg vnzertailt beleibe* […].[221] Hans Jakob Fugger erwirkte schon 1546/47 im Regensburger Exil von Karl V. fideikommißartige Erbrechts-Privilegien ausdrücklich nur für sich und seine Brüder[222]. Nach 1546 wurde zudem von Anton und Hans Jakob eine tiefgreifende Umstrukturierung der Firma in Angriff genommen, in deren Verlauf unter anderem 1546 der ungarische Handel aufgelöst und 1548 das Tiroler Montangeschäft aus dem ›Gemeinen Handel‹ ausgegliedert wurde[223]. Im Juli und September 1548 kam es nach Maßgabe einer Gesamtabrechnung des Fuggerschen Handels vom Dezember 1546 zur Aufteilung der liegenden Güter der Fugger unter Anton Fugger, seine Söhne und Neffen[224]. Zuvor hatten bereits die Söhne Raymunds ihr väterliches Erbe unter sich aufgeteilt[225]. Seit 1548 schließlich erwirkten Anton und Hans Jakob unabhängig voneinander Fideikommißprivilegien von Karl V.[226]. Das dynastischem Erbrecht angeglichene Hausrecht der Fugger diente nicht mehr der Integration der Gesamtfamilie, sondern jener der partikularen Zweige. Hans Jakob Fugger gab in seinem Gesuch vom April 1548 als Zweck des angestrebten kaiserlichen Privilegs ausdrücklich an: […] *quod cum omnio studio desiderio cupiat bona sua quam maxime retineri in agnatione sua, quo decus et honor familiae ipsius, quantum fieri possit, melius conservetur.*[227] Die Einheit des Fuggerschen Hauses blieb zwar besitzrechtlich wie geschäftlich durchaus intakt unter der Federführung seines ›Regierers‹[228], in den folgenden Jahren zeigte sich aber eine zunehmende Tendenz zum unabhängigen Agieren der Familienzweige[229].

Die Arbeitsteilung zwischen Anton Fugger als Oberhaupt und Hans Jakob Fugger als potentiellem Erben und politischem Repräsentanten der Firma ist so auch vor dem Hintergrund einer zunehmenden Auflösung des Familienverbandes zu sehen. Die erneute Kombination von politischer und geschäftlicher Führung des Gesamthauses, wie sie Hans Jakob Fugger nach dem Tod seines Onkels vielleicht tatsächlich widerwillig versuchte, mußte scheitern, je mehr die Interessen der Familienzweige auseinanderliefen. Hans Jakob Fugger agierte nicht mehr, zumindest nicht mehr nur, als Kronprinz des Gesamthauses, sondern auch als Familienoberhaupt seines Familienzweiges. Er war der Hausvater des Raymundzweiges der Fugger von der Lilie. Daß dieser Interessengegensatz erst seit den sechziger Jahren offen zum Austrag kam, sollte nicht über den Umstand hinwegtäuschen, daß er für die Beteiligten schon spätestens seit der Erbteilung und der Grundlegung der Fideikommißregelungen in der zweiten Hälfte des Jahres 1548 wirksam war, dies um so mehr für Hans Jakob in der prekären Position zwischen Unterordnung im Gesamthaus, Patriarchenrolle im Raymundzweig und Führungsposition in der Stadt. Das Aufbrechen des Familienkonsenses mag bis zum Tod Anton Fuggers durch die Arbeitsteilung zwischen ›Regierer‹ und politischem Repräsentanten überlagert worden sein. Mit dem Eintreten des Erbfalls jedoch war mit dem Gesamthaus Fugger auch sein dritter ›Regierer‹ zum Scheitern verurteilt.

---

[220] MEYER (Hg.), Chronik der Fugger, S. 46 f.
[221] Entwurf, fol. 15r.
[222] MAASEN, Hans Jakob Fugger, S. 14; PÖLNITZ, Anton Fugger 2.II, S. 179 f., 537.
[223] Eike Eberhard UNGER, Die Fugger in Hall i. T. (Veröff. der SFG 4/10, Studien zur Fuggergeschichte 19), Tübingen 1967, S. 118–129; SCHEUERMANN, Fugger als Montanindustrielle, S. 5–7; PÖLNITZ, Anton Fugger 2.II, S. 554 f.
[224] PÖLNITZ, Die Fuggersche Generalrechnung, S. 355 f.; DERS., Anton Fugger 2.II, S. 589; 3.I, S. 29 f.; MAASEN, Hans Jakob Fugger, S. 10.
[225] PÖLNITZ, Anton Fugger 3.I, S. 29.
[226] PÖLNITZ, Anton Fugger 2.II, S. 578 f.; 3.I, S. 153 f.
[227] PÖLNITZ, Anton Fugger 2.II, S. 578 f. mit Anm. 152.
[228] PÖLNITZ, Anton Fugger 3.I, S. 29 f., gegen eine Überinterpretation des Befundes.
[229] Vgl. PÖLNITZ, Anton Fugger 2.II, S. 557, 586, 589; 3.I, S. 105, 175, 214.

2 Clemens Jäger und die Geschichtsschreibung seiner Zeit

2.1 Clemens Jäger: Vom Schustermeister zum ›Historicus‹

Wer aber war der Mann, der für Hans Jakob Fugger das Ehrenbuch schrieb[1]? Clemens Jäger wurde um 1500 in Augsburg geboren. Wie sein Vater Hans Jäger und sein mutmaßlicher Schwiegervater Peter Waiblinger wurde er Schustermeister, Zunftmeister seiner Zunft und als solcher Mitglied im Kleinen Rat der Stadt. Bereits nach einem Jahr im Rat jedoch ließ er sich 1541 zum dritten Ratsdiener bestellen – ein Amt, das im Vergleich zum Einkommen eines durch die Ratsmitgliedschaft belasteten einfachen Schusters finanziell ausgesprochen attraktiv sein mußte. Jäger war eingestellt worden mit der besonderen Aufgabe, einen auf dem Rathaus lagernden Teil der städtischen Papiere zu ordnen – ein Auftrag, der ihm in der Forschung hartnäckig die ganz anachronistische Bezeichnung eines ersten Augsburger Stadtarchivars eingetragen hat, ein Auftrag jedoch, der ihm selbst die Möglichkeit eröffnete, sein ausgeprägtes dilettantisches Geschichtsinteresse zur Profession zu machen: Clemens Jäger wurde zum ›Historicus‹ der Reichsstadt und ihrer Eliten. Nachdem er 1553 aus dem Ratsdieneramt ausgeschieden war, versorgte ihn der Rat mit der Zollstelle am Wertachbrucker Tor und einer verminderten Pension. Diese materielle Absicherung durch ein städtisches Amt kam jedoch einem Mann zugute, der sein Geld längst als semiprofessioneller Geschichtsschreiber verdiente.

Schon 1532 hatte er aus eigenem Interesse einen Bericht über den Volksauflauf um den Prediger Johannes Schilling im Jahr 1524 verfaßt. Zum Zwölfer und Büchsenmeister der Schusterzunft gewählt, stellte Clemens Jäger 1536 eine Chronik seiner Zunft zusammen. Wohl 1541 schrieb er ein umfangreiches Gedicht über das ›Herkomen der uralten des heil. reichs stat Augspurg‹, das auf eine Tafel gezogen in der Stube der Schusterzunfthauses aufgehängt wurde. 1543 verehrte er dem Rat eine weitere Fassung dieses ›Sieben-Tafel-Spruches‹ und wandte sich so von seiner eigenen Zunft erstmals an ein breiteres Publikum.

Zwischen 1544 und 1548 schrieb er für die Weberzunft eine Zunftchronik; für den Rat zwei sogenannte Ehrenbücher, eines über die Geschichte der von den Zünften dominierten Stadtverfassung, das andere über jene der Vogteirechte der Reichsstadt; für den Bürgermeister und Protagonisten der zünftischen Oberschichten Jakob Herbrot ein ›Ehrenbuch‹ ebenfalls mit der Geschichte des Zunftregiments; für dessen Kollegen, den Vertreter der Geschlechter Georg Herwart ein Familienbuch seines Geschlechts; und eben das ›Ehrenbuch‹ der Fugger für die mit Abstand reichste Familie in der Stadt. Eine in diesen Werken häufiger wiederkehrende Abhandlung über die Geschichte der Augsburger Ratsverfassung gab er zudem auch als gesonderte Schrift weiter. Er etablierte sich so als Geschichtsschreiber seiner Stadt, der gegen ein angemessenes Entgelt den verschiedensten Auftraggebern ihr ›Herkommen‹ lieferte. Neben zahlreichen kleineren Arbeiten, historischen und zollrechtlichen Gutachten, einer Denkschrift gegen den pro-schmalkaldischen Ratsherren Georg Österreicher mit einer sehr tendenziösen Geschichte des Bürgermeisters Ulrich Schwarz († 1478), dem Hochzeitsbuch der Herrentrinkstube, einem Entwurf zu einer umfassenden Stadtgeschichte und dem Beginn einer Reformationsgeschichte verfaßte der Ratsdiener und spätere Zöllner bis zu seinem Tod im Jahr 1561 eine ganze Reihe von Familiengeschichten Augsburger Häuser. Ähnlich dem Herwartschen und Fuggerschen ›Ehrenbuch‹ entstanden prächtig ausgestattete Familienbücher der Pfister und der Linck, aber auch eine Stammtafel der Welser, ein standesrechtliches Gutachten und wohl auch ein Familienbuch für die Rehlinger und – bei Jägers Tod unvollendet – eine Familiengeschichte der Langenmantel. Dieses oder jenes dieser Werke wurde bald auch Vorbild für die Familienbücher anderer Augsburger Familien, etwa für die von Stetten, die Thenn, die Sulzer, die Bimmel und die Seitz.

Für Hans Jakob Fugger schrieb Clemens Jäger nicht nur das Fuggersche Ehrenbuch. Nach dem bisherigem – freilich das Wort kaum verdienenden – Forschungsstand geht auch die sogenannte Fuggerchronik auf ihn zurück, eine seit dem späten 16. Jahrhundert in über 50 textlich stark voneinander abweichenden Handschriften überlieferte Geschichte der Familie[2]. Zudem ist er der Verfasser des sogenannten Habsburgischen Ehrenwerks, einer zweibändigen Geschichte des Kai-

---

[1] Für Belege und weitere Literatur zu den folgenden Ausführungen vgl. ROHMANN, Clemens Jäger, S. 5–40, 206–307; außerdem MAUER, Patrizisches Bewußtsein; Heiko DROSTE, Schreiben über Lüneburg. Wandel von Funktion und Gebrauchssituation der Lüneburger Historiographie (1350–1639) (Veröff. der Historischen Kommission für Niedersachsen und Bremen 195), Hannover 2000 [Diss. phil. Hamburg 1994]; Susanne RAU, Geschichte und Konfession. Städtische Geschichtsschreibung und Erinnerungskultur im Zeitalter von Reformation und Konfessionalisierung in Bremen, Breslau, Hamburg und Köln (Hamburger Veröff. zur Geschichte Mittel- und Osteuropas 9), Hamburg-München 2002 [Diss. phil. Hamburg 2001].

[2] Zum Verhältnis von Fuggerschem Ehrenbuch und Fuggerchronik vgl. Kap. 7.1.5, und ROHMANN, Clemens Jäger, S. 271–274.

serhauses, mit der Hans Jakob Fugger seinen Nachkommen die zentrale Bedeutung der Habsburger für den Status und das Selbstverständnis seines Hauses vermitteln wollte.

Aus der früh literarisch interessierten Oberschicht der Handwerkerzünfte stammend, wurde Clemens Jäger so wie andere städtische oder fürstliche Amtleute seiner Zeit zum politisch-historischen Auftragsschreiber: Sie waren nicht Publizisten, die eine eigene politische Position öffentlich zu vertreten gehabt hätten, sondern Stimmen ihrer Herrschaft bzw. all jener, die sie angemessen bezahlten. Geschichtsschreibung war in Spätmittelalter und früher Neuzeit ein »Arcanum«, nicht nur der Kontrolle durch die Obrigkeit unterworfen, sondern selbst ein Mittel und eine Funktion der Herrschaft[3]. Männer wie Clemens Jäger personifizierten diese Rolle der Geschichtsschreibung als Medium der Legitimation und Reproduktion der gesellschaftlichen Ordnung.

Wie diese gesellschaftliche Ordnung von der höchsten Ebene der Herrschaft eines Fürsten oder einer städtischen Obrigkeit bis zur niedrigsten Ebene der Herrschaft des Hausvaters über sein Haus aufeinander aufbaute, so diente die Geschichte einer Verwandtschaftsgruppe ebenso zur Erneuerung und Aufrechterhaltung der gesellschaftlichen Ordnung wie die einer Fürstendynastie, einer Stadt oder eines Reichs.

2.2 Verwandtschaft, Status und historisches Wissen: Familienbuchschreibung im 15. und 16. Jahrhundert

Ein gängiger Weg, die Geschichte der eigenen Familie auszuarbeiten und ihre Überlieferung zu sichern, war in deutschen wie in italienischen und französischen Städten des 15. und 16. Jahrhunderts die Anlage eines Familienbuches[4]:

»Der Sohn verzeichnet zu Nutz und Frommen der Angehörigen, was er vom Vater gehört hat, stellt aus alten Urkunden und Familienpapieren die Geschichte des Geschlechts, mit besonderer Berücksichtigung der Besitzverhältnisse zusammen, fügt die eigene Geschichte und die seiner Kinder und Kindeskinder samt Lebensregeln oder sprichwörtlichen Lehren, auch in Form direkter Anrede, hinzu, bald als Bürger aufgehend in die Chronik der Commune, bald als Familienmitglied verschwindend unter der Unzahl von Anverwandten, dann aber auch mit Bewußtsein sich selbst in den Mittelpunkt rückend oder die Selbstbiographie reinlich absondernd innerhalb einer Chronik der Vaterstadt.«[5]

Es ist der Familienvater, der Hausherr, der das Familienbuch für seine Kinder und Kindeskinder schreibt. Er steht mit seiner Autorität für die Geschichte und damit für die Identität seiner Familie ein. So war es im städtischen Milieu auch kaum vorstellbar, die Aufzeichnung der Familiengeschichte an professionelle ›Experten‹, etwa einen Priester an der

---

[3] Vgl. jetzt auch Thomas FUCHS, Fürstliche Erinnerungspolitik und Geschichtsschreibung im frühneuzeitlichen Hessen, in: RÖSENER (Hg.), Adelige und bürgerliche Erinnerungskulturen, 2000, S. 205–226.

[4] Die folgenden Ausführungen beruhen auf einer Untersuchung der ediert vorliegenden deutschsprachigen Familienbücher: ROHMANN, Clemens Jäger, S. 123–205. Vgl. neuerdings auch Hartmut BOCK, Die Chronik Eisenberger. Edition und Kommentar. Bebilderte Geschichte einer Beamtenfamilie der deutschen Renaissance – Aufstieg in den Wetterauer Niederadel und das Frankfurter Patriziat (Schr. des Historischen Museums Frankfurt am Main 22), Frankfurt am Main 2001; Gerhard WOLF, Von der Chronik zum Weltbuch. Sinn und Anspruch südwestdeutscher Hauschroniken am Ausgang des Mittelalters (QuF zur Literatur- und Kulturgeschichte 18), Berlin-New York 2002; Helmut Frhr. HALLER VON HALLERSTEIN, Nürnberger Geschlechterbücher, in: MVGN 65 (1978), S. 212–235; Urs Martin ZAHND, Die autobiographischen Aufzeichnungen Ludwigs von Diesbach. Studien zur spätmittelalterlichen Selbstdarstellung im oberdeutschen und schweizerischen Raume (Schr. der Berner Burgerbibliothek 1986), Bern 1986; DERS., Einige Bemerkungen zu spätmittelalterlichen Familienbüchern aus Nürnberg und Bern, in: Rudolf ENDRES (Hg.): Nürnberg und Bern. Zwei Reichsstädte und ihre Landgebiete (Erlanger Forschungen A 46), Erlangen 1990, S. 7–37; Heike SAHM, Dürers kleinere Texte: Konventionen als Spielraum für Individualität (Hermaea NF 97), Tübingen 2002 [Diss. phil. Tübingen 1997], S. 7–45; Thomas ZOTZ, Der Stadtadel im spätmittelalterlichen Deutschland und seine Erinnerungskultur, in: RÖSENER (Hg.), Adelige und bürgerliche Erinnerungskulturen, 2000, S. 145–161; Pierre MONNET, Les Rohrbach de Francfort: Pouvoirs, affaires, et parenté a l'aube de la renaissance allemande (Travaux d'humanisme et renaissance 317), Genf 1997; DERS., La ville et le nom. Le livre des Melem, une source pour l'histoire privée des élites francfortois à la fin du moyen âge, in: Journal des Savants 1999, S. 491–538; Holger JACOB-FRIESEN, Das Hausbuch der Herren von Hallwill. Beschreibung, Datierung und Deutung der beiden Fassungen in Zürich und Basel, in: Basler Zs. für Geschichte und Altertumskunde 94 (1994), S. 29–74; Dorothea A. CHRIST, Das Familienbuch der Herren von Eptingen. Kommentar und Transkription (QuF zur Geschichte und Landeskunde des Kantons Basel-Landschaft 41), Liestal 1992 [Diss. phil. Basel 1991]; Christiane KLAPISCH-ZUBER, Les généalogies florentines du XIVe et du XVe siècle, in: Le modèle familial européen. Normes, déviances, contrôle du pouvoir. Actes des séminaires organisés par l'École française de Rome et l'Università di Roma (1984) (Collection de l'École française de Rome), Rom 1986, S. 101–131; DIES., L'invention du passé familial à Florence (XIVe–XVe siècle), in: Temps, mémoire, tradition au moyen âge. Actes du XIIIe congres de la société des historiens médiévistes de l'enseignement superieur public, 1982, Aix-en-Provence 1983, S. 95–118; deutsch: DIES., Die Erfindung der Familientradition, in: DIES., Das Haus, der Name, der Brautschatz. Strategien und Rituale im gesellschaftlichen Leben der Renaissance (Geschichte und Geschlechter 7), Frankfurt am Main-New York 1995, S. 7–23; Nathalie Zemon DAVIS, Gender and Genre. Women as historical Writers 1400–1820, in: Patricia H. LABALME (Hg.), Beyond their Sex. Learned women of the European Past, New York 1984, S. 153–182, hier S. 161–165.

[5] Georg MISCH, Geschichte der Autobiographie, 4 Bde., Frankfurt am Main 1949–1969, hier 4.2, S. 585.

Familiengrablege oder einen genealogischen Dilettanten im Umfeld der Familie, zu delegieren. Vielfach ging bei der Erbschaft mit der Verwaltung der Familienpapiere die Führung des Familienbuches an den mündigen Sohn über. Dieser setzte die Aufzeichnungen auf den beinahe regelmäßig dafür freigelassenen Seiten fort, oder legte ein neues Familienbuch an – dies zumeist nicht, ohne sich ausdrücklich auf die Autorität seiner Vorlage zu berufen.

Die Familie als überzeitlicher Verband bekam so eine schriftliche Grundlage. Sie wurde zur Gruppe erst in der Besinnung auf die gemeinsamen Vorfahren: Der Name, das Wappen, vor allem jedoch das Haus begründeten die Verwandtschaft. Das Haus – sei es das tatsächliche oder angebliche Stammhaus, sei es das gerade bewohnte Haus – konnte auch zum Synonym für das Geschlecht werden: Der Hausvater stand verantwortlich für sein ›Haus‹ ein, und er bestimmte die Grenzen dieses ›Hauses‹. Indem er die Erinnerung im Familienbuch festschrieb, wurde er eigentlich erst zum Stifter seines ›Hauses‹, so wie der Stifter einer Familiengrablege in der Sicherstellung der Memoria mittelbar auch sein Geschlecht erst begründete.

Das Familienbuch konnte als Archiv oder zumindest als Findbuch zu den Archivalien dienen: Abschriften der wichtigsten Rechtstitel ließen es zum rechtserheblichen Beweismittel bei Besitz- und Erbstreitigkeiten, in Fragen der adeligen oder patrizischen Herkunft oder der Memorialstiftungen der Familie werden. Erst recht diente die genaue Verzeichnung der Begräbnisse und Stiftungen der Vorfahren, oft bis hin zu Abzeichnungen von Epitaphien, Altären oder Grabmälern, zur Sicherstellung der Sorge um das Seelenheil, der sakralen Memoria[6].

Der Verfasser selbst konnte dabei entweder mehr oder weniger breit auch das eigene Leben autobiographisch thematisieren, so gleichermaßen die eigenen Erfahrungen für die Nachkommen überliefern und die positive Erinnerung an seine Person sicherstellen. Oder aber er konnte ganz hinter seiner Verwandtschaft zurücktreten und nur als ein Glied in der ununterbrochenen Kette der Genealogie erscheinen[7]. Diese nämlich, soweit sie bekannt oder rekonstruierbar war, war der Dreh- und Angelpunkt der Familienbuchschreibung. Das Wissen von den Vorfahren vermittelte den Gegenwärtigen gleichermaßen ihre Stellung in der Welt wie ein Vorbild für ihr Handeln – die Geschichte war, wie Klaus Graf gesagt hat, zugleich »Herkommen« und »Exemplum«[8]. Für die oligarchischen Eliten der spätmittelalterlichen und frühneuzeitlichen Städte hielten Familienbücher auch das Wissen um die verwandtschaftlichen und freundschaftlichen Verbindungen fest, auf denen die eigene gesellschaftliche wie politische Stellung beruhte: ›Herkommen‹ war auch die Summe der Allianzen, und das Wissen um diese Allianzen war ganz unmittelbar und pragmatisch Herrschaftswissen.

Dieses besondere Interesse an der Geschichte der Vorfahren unterscheidet das Familienbuch von verwandten Formen wie der Autobiographie, dem ›liber amicorum‹ oder Stammbuch, dem Hausbuch, dem Wappen-, Trachten- oder Turnierbuch. Je nach der ständischen Position der Familie und den hauptsächlichen Intentionen ihres Familienbuches reichte diese Familiengeschichte bis zur Großelterngeneration – dem üblichen Wahrnehmungshorizont mündlicher Überlieferungen entsprechend –, oder aber weit zurück mit einer mehr oder weniger kontinuierlichen Genealogie.

Von Fall zu Fall konnten Familienbücher gleichermaßen als Teil der alltäglichen Schriftlichkeit als ganz schmucklose Notizen geführt oder auch als repräsentative »coffee-table-books«[9] mit Porträts, Wappen, kalligraphischer Schriftgestalt und jedem erdenklichen weiteren Schmuck ausgestattet werden. Weder die Familienbuchschreibung im allgemeinen noch die verschiedenen Grade des Ausstattungsaufwandes lassen sich dabei ohne weiteres ständisch näher zuordnen: Auch reiche Patrizierfamilien konnten schmucklose Kladden hinterlassen. Und auch Mittelschichtfamilien gaben prächtige Codices in Auftrag. Auch diese reich ausgestatteten Handschriften jedoch waren keine Repräsentationsobjekte im landläufigen Sinne: Wie ein großer Teil der Porträts der Vorfahren, die sogenannten Privatporträts, wurden sie verschlossen aufbewahrt und nur innerhalb der Verwandtschaft und des engeren sozialen Umfelds gezeigt[10]. Und wie die

---

[6] Martial STAUB, Zwischen Denkmal und Dokument. Nürnberger Geschlechterbücher und das Wissen von der Vergangenheit, in: DERS./Klaus A. VOGEL (Hg.), Wissen und Gesellschaft in Nürnberg um 1500 (Pirckheimer-Jb. 14), Nürnberg 1999, S. 83–104.

[7] So schon Heinrich SCHMIDT, Die Deutschen Städtechroniken als Spiegel des bürgerlichen Selbstverständnisses im Mittelalter (SchR der Historischen Kommission bei der Bayerischen Akademie der Wissenschaften 3), Göttingen 1958 [Diss. phil. Göttingen 1954], S. 130–132.

[8] Klaus GRAF, Exemplarische Geschichten. Thomas Lirers ›Schwäbische Chronik‹ und die ›Gmünder Kaiserchronik‹ (Forschungen zur Geschichte der älteren deutschen Literatur 7), München 1987 [Diss. phil. Tübingen 1985], S. 21–24; DERS., Gmünder Chroniken im 16. Jahrhundert. Texte und Untersuchungen zur Geschichtsschreibung der Reichsstadt Schwäbisch Gmünd, Schwäbisch Gmünd 1984, S. 69–74.

[9] So Werner PARAVICINI, Gruppe und Person. Repräsentation durch Wappen im späteren Mittelalter, in: Otto Gerhard OEXLE/Andrea von HÜLSEN-ESCH (Hg.), Die Repräsentation der Gruppen. Texte – Bilder – Objekte (Veröff. des MPI G 141), Göttingen 1998, S. 327–389, hier S. 344 f., über den Gebrauch von Wappenbüchern im allgemeinen.

[10] Angelica DÜLBERG, Privatporträts. Geschichte und Ikonologie einer Gattung im 15. und 16. Jahrhundert, Berlin 1990 [Diss. phil. Köln 1985]. Über Privatporträts im Besitz des Octavian Secundus Fugger vgl. ROHMANN, Clemens Jäger, S. 185.

›Privatporträts‹ das Bild der Vorfahren bewahrten, so konnte bei reich ausgestatteten Familienbüchern der Text reduziert werden auf knappe Namenslegenden: Aus der Familiengeschichte wurde so eine Ahnengalerie in Buchform, ein Porträtbuch.

So mag für manchen patrizischen Verfasser oder Auftraggeber die Erfahrung des Ausschlusses durch den ländlichen Adel Anlaß gewesen zu sein, sich der eigenen adeligen oder adelsgleichen Herkunft zu versichern. Der Entstehung nach war das Familienbuch jedoch eine zunächst städtische Gattung. Erst später, vielleicht nach dem Vorbild der Konkurrenz in den Städten oder auch im Rückgriff auf ältere Traditionen der dynastischen Geschichtsschreibung, begannen auch Adelige, selbst Familienchroniken zu schreiben. Viel mehr Tradition hatte bei ihnen freilich die Delegation dieser Aufgabe an Untergebene und Klienten oder auch an geschichtsinteressierte Standesgenossen. Der Hausvater als eigenverantwortlicher Verfasser der Familiengeschichte und damit autoritativer Wächter über die Selbstwahrnehmung seines Hauses spielte daher für die adelige Familienbuchschreibung keine Rolle. Wenn sich ihrer Herkunft nach stadtbürgerliche Geschlechter wie adelige Häuser Familienbücher anlegen ließen, wie im Fall des Clemens Jäger in Augsburg, blieb der Verfasser jedoch gleich einem ›ghostwriter‹ versteckt hinter seinem Auftraggeber als angeblichem Autor. Hans Jakob Fugger und Jägers andere Auftraggeber stehen so in einer eigentümlichen Mittlerstellung zwischen städtischer und höfisch-adeliger Familiengeschichtsschreibung.

Wie andere chronikalische Aufzeichnungen[11] unterlagen Familienbücher ganz häufig einem ausdrücklichen Geheimhaltungsgebot und einem Kontroll- und Bestätigungsrecht der jeweiligen Obrigkeit[12]. Die Grenzen des Zugangs dürften freilich flexibel gewesen sein, und gerade in dieser Flexibilität vermittelte das Familienbuch die Zugehörigkeit zur Verwandtschaft und ihrem gesellschaftlichen Umfeld: Wer an dem Wissen um die Geschichte teil hatte, hatte auch teil am Haus.

Wir kennen derartige Familienbücher in Deutschland vor allem aus den Reichsstädten Oberdeutschlands, zudem aus Frankfurt und Köln. Vereinzelt lassen sie sich jedoch auch in Norddeutschland nachweisen[13].

Wie kam nun der Familienvater zu dem Wissen um die Vergangenheit seiner Familie, wie er es in seinem Buch festschrieb? Gewiß konnte er sich vielfach tatsächlich auf mündliche Überlieferungen stützen. Wo es um den rechtserheblichen Nachweis von Besitztiteln oder Vertragsbindungen ging, mußte es ihm um eine möglichst genaue Aufzeichnung mit verwertbaren Belegen in archivalischen Quellen gehen, wollte er nicht Gefahr laufen, von seinen Kontrahenten der Lüge überführt zu werden. Soweit er sich seiner Sache sicher fühlte, dürfte er jedoch vielfach seinen Interessen entsprechend die Papiere geschönt haben. Und dies war insbesondere dann der Fall, wenn es galt, durch ein möglichst altes ›Herkommen‹ den gesellschaftlichen Rang zu belegen – sei es die Mitgliedschaft im Patriziat der eigenen Stadt, sei es der adelige Stand außerhalb ihrer Mauern. Wie der Hochadel seit dem Spätmittelalter seine Genealogien mit Vorliebe auf Aeneas oder Priamus, zumindest jedoch auf das antike Rom zurückführte[14], wie Maximilian I. seine kaiserliche Stellung legitimierte, indem er seine Standesgenossen zu übertreffen suchte in der Rekonstruktion einer Ahnenreihe bis zu Noah[15], so konnten städtische Oberschichten sich – sozialgeschichtlich vielleicht gar nicht so abwegig – als Nachkommen der staufischen Reichsministerialität oder auch angeblicher Adelshäuser der Zeit Karls des Großen ausgeben[16]. Den Geschlechtern Kölns glaubte man bekanntlich, daß sie vom römischen Ritteradel der Zeit Kaiser Trajans abstammten[17].

Solche historischen Rekonstruktionen waren keine bloßen Fälschungen, sondern vielfach Produkte ge-

---

[11] SCHMIDT, Städtechroniken, S. 21–23; GRAF, Chroniken, S. 130, 172.

[12] MISCH, Geschichte der Autobiographie 4.2, S. 583; KLAPISCH-ZUBER, Les généalogies, S. 106.

[13] ROHMANN, Clemens Jäger, S. 169–179; Gregor ROHMANN, Gab es in Hamburg ein ›Patriziat‹? Beobachtungen zum ›Slechtbok‹ der Moller vom Hirsch, in: Olaf MATTHES/Arne STEINERT (Hg.), Museum. Musen. Meer. Jörgen Bracker zum 65. Geburtstag, Hamburg 2001, S. 138–168.

[14] Gert MELVILLE, Troja: Die integrative Wiege europäischer Mächte im ausgehenden Mittelalter, in: Ferdinand SEIBT/Winfried EBERHARD (Hg.), Europa 1500. Integrationsprozesse im Widerstreit: Staaten, Regionen, Personenverbände, Christenheit, Stuttgart 1987, S. 415–432; DERS., Vorfahren und Vorgänger. Spätmittelalterliche Genealogien als dynastische Legitimation zur Herrschaft, in: Peter Johannes SCHULER (Hg.), Die Familie als sozialer und historischer Verband. Untersuchungen zum Spätmittelalter und der frühen Neuzeit, Sigmaringen 1987, S. 203–310; SCHREINER, Legitimation, S. 408–418.

[15] Dieter MERTENS, Geschichte und Dynastie – Zu Methode und Ziel der ›Fürstlichen Chronik‹ Jacob Mennels, in: Kurt ANDERMANN (Hg.), Historiographie am Oberrhein im späten Mittelalter und der frühen Neuzeit (Oberrheinische Studien 7), Sigmaringen 1988, S. 121–153; Gerd ALTHOFF, Studien zur habsburgischen Merowingersage, in: MIÖG 87 (1979), S. 71–100; DERS., Genealogische und andere Fiktionen in mittelalterlicher Historiographie, in: Fälschungen im Mittelalter. Internationaler Kongreß der Monumenta Germaniae Historica, Bd. 1–3 (Schr. der MGH 33.1–33.3), München 1986, hier 1, S. 417–441.

[16] Zu Herkunftsrekonstruktionen vgl. jetzt auch MAUER, Patrizisches Bewußtsein, S. 165–170; FUCHS, Fürstliche Erinnerungspolitik, S. 209–215, 219–226.

[17] Wilfried EHBRECHT, ›Uppe dat sulch grot vorderfnisse jo nicht meer enscheghe‹. Konsens und Konflikt als eine Leitfrage städtischer Historiographie, nicht nur im Hanseraum, in: Peter JOHANEK (Hg.), Städtische Geschichtsschreibung im Spätmittelalter und in der Frühneuzeit (Städteforschungen A 47), Köln-Wien-Weimar 2000, S. 51–109, hier S. 93–99; RAU, Geschichte und Konfession, S. 324 f., 396.

lehrter Forschung auf der Höhe der zeitgenössischen Geschichtsschreibung. Wo die Geschichte eines Geschlechts mit seinem gesellschaftlichen Rang in Deckung gebracht werden konnte, handelte es sich nicht um Fiktionen, sondern darum, den fehlenden Nachweis zu erbringen für einen Ist-Zustand, der außer Frage stand. Soweit ein ›Herkommen‹ dem Status dessen, der es behauptete, entsprach, soweit dieser also auch mit der Autorität seiner gesellschaftlichen Stellung für dieses ›Herkommen‹ eintrat, war seine Geschichte nicht nur glaubwürdig, sondern wahrhaftig. Oder besser: Sie war wirklich (im Sinne von: wirkend), weil sie in der gesellschaftlichen Gegenwart Relevanz hatte[18]. In diesem Sinne waren »story« und »history«, erzählte Fiktion und erlebte historische Realität, noch nicht durchgängig unterscheidbar[19]. Die Frage, ob eine Behauptung auch wahr im Sinne von faktischer historischer Realität war, kam nur dann auf, wenn die Vergangenheit zum Gegenstand konkurrierender Interessen wurde, wenn die gesellschaftliche oder besitzrechtliche Stellung, die diese Vergangenheit begründen sollte, nicht unumstritten war[20]. Dann kam es darauf an, die besseren Belege zu haben, und eben aus dieser Notwendigkeit erwuchs das Bemühen der frühneuzeitlichen Geschichtsschreibung, und zwar gleichermaßen bei humanistischen Gelehrten wie bei dilettierenden Kaufleuten, um eine methodisch sicherbare Arbeitsweise. Quellenbelege dienten dazu, möglichst viel Autorität für die eigenen genealogischen und etymologischen Konjekturen zu sammeln[21]. Die Kritik an den methodischen Schwächen der Konkurrenten sollte die Glaubwürdigkeit der eigenen Behauptungen erhöhen[22]. Und wo es für einen Sohn opportun war, wird er das, was er selbst über die Vorfahren herausbekommen hatte, in seinem Familienbuch als Erzählung seines Vaters ausgegeben haben, ganz so, wie es den Vorstellungen seiner Zeit und der modernen Definition Georg Mischs entspricht. Wo bei alledem die Grenzen zwischen aufrichtig betriebener histori-

scher Recherche, unwillkürlicher subjektiver Tendenz und bewußter Manipulation verliefen, dürfte schwer zu eruieren sein. Gelang es, die Umwelt von der eigenen historischen Rekonstruktion zu überzeugen, dann konnte auch eine historische ›Fiktion‹ gesellschaftliche Realität werden, indem sie einen Aufstieg als Eintritt in einen alten Anspruch legitimierte. Geschichte und Status begründeten sich so wechselseitig[23].

2.3 Familienbuchschreibung im Umfeld der Fugger

In Augsburg gehörten Familienbücher zur Zeit Hans Jakob Fuggers längst zur üblichen Ausstattung der Geschlechter wie der Zunftoberen und reich gewordenen Kaufleute[24]. In einer ganzen Reihe von Familien im verwandtschaftlichen und klientelären Umfeld der Fugger entstanden Familienbücher und ähnliche Aufzeichnungen. Man denke an Matthäus Schwarz, der seit 1516 als Hauptbuchhalter der Firma in Augsburg wirkte[25], oder auch an die mit den Fugger durch Heirat verbundenen Ehinger[26].

Für mehrere Familien, deren Söhne als Faktoren in Diensten der Fugger standen, sind Familienbücher überliefert, so für die Occo[27], für den Faktor Jacob Sauerzapf (ca. 1515–1585)[28], für Titus Neukomm aus

---

[18] Suzanne FLEISCHMANN, On the Representation of History and Fiction in the Middle Ages, in: History and Theory 22 (1983), S. 278–310.

[19] GRAF, Exemplarische Geschichten, S. 119; Jan-Dirk MÜLLER, Volksbuch/Prosaroman im 15./16. Jahrhundert – Perspektiven der Forschung, in: Internationales Archiv für Sozialgeschichte der deutschen Literatur, Sonderheft 1, Tübingen 1985, S. 1–128, hier S. 61–75.

[20] BIZZOCCHI, La culture généalogique, S. 794 f., 800.

[21] Birgit STUDT, Fürstenhof und Geschichte. Legitimation durch Überlieferung (Norm und Struktur 2), Köln-Weimar-Wien 1992, S. 393–399.

[22] Rudolf SEIGEL, Zur Geschichtsschreibung beim schwäbischen Adel in der Zeit des Humanismus. Aus den Vorarbeiten zur Textausgabe der Hauschronik der Grafen von Zollern, in: Hans-Martin MAURER/Franz QUARTHAL (Hg.), Speculum Sueviae. Beiträge zu den historischen Hilfswissenschaften und zur geschichtlichen Landeskunde Südwestdeutschlands. Festschrift für Hansmartin Decker-Hauff (ZWLG 40/41, 1981/82), Stuttgart 1982, Bd. 1, S. 93–118, hier S. 103 f.

[23] PETERSOHN, Vita des Aufsteigers, S. 19–21, 24–26; BIZZOCCHI, La culture généalogique, S. 801; für einen tragisch gescheiterten Fall von genealogischer Kontinuitätsbehauptung vgl. Gregor ROHMANN, Der Lügner durchschaut die Wahrheit. Verwandtschaft, Status und historisches Wissen bei Hermann von Weinsberg, in: Jb. des Kölnischen Geschichtsvereins 71 (2000), S. 43–76. Wäre mir die wesentlich bessere Untersuchung von Birgit STUDT, Der Hausvater. Haus und Gedächtnis bei Hermann von Weinsberg, in: Rheinische Vierteljahrsblätter 61 (1997), S. 135–160, nicht viel zu spät bekannt geworden, wäre meine ungeschrieben geblieben.

[24] Vgl. ROHMANN, Clemens Jäger, S. 170–174; MAUER, Patrizisches Bewußtsein.

[25] August FINK, Die Schwarzschen Trachtenbücher, Berlin 1963, S. 11–16.

[26] Vgl. Endfassung, fol. 30r; HALLER, Geschlechterbücher, S. 234; Albrecht RIEBER, Das Patriziat von Ulm, Augsburg, Ravensburg, Memmingen und Biberach, in: Helmuth RÖSSLER (Hg.), Deutsches Patriziat (Deutsche Führungsschichten in der Neuzeit 3), Limburg a.d. Lahn 1968, S. 299–351, hier S. 307, Anm. 48; Johannes MÜLLER, Die Ehinger von Konstanz, in: ZGO 59, NF 20 (1905), S. 19–40, hier S. 19; DERS., Der Anteil der Familien Ehinger-Güttingen und der Österreicher Ehinger von Ulm an den überseeischen Unternehmungen der Welser, in: VSWG 22 (1930), S. 373–387, hier S. 374; auf die Verbindung zu den Fugger verweist die Handschrift StB Augsburg 4° Cod. Aug. 74, in der ein Familienbuch der Ehinger und eine Fassung der Fuggerchronik zusammengestellt sind.

[27] StB Augsburg 2° Cod. S. 97: Stamm und Geschlecht der Occo, 1634/35.

[28] HALLER, Geschlechterbücher, S. 236; Hans NIKOL, Die Herren von Sauerzapf. Geschichte eines Hammerherrengeschlechts der Oberpfalz, in: Verhandlungen des Histori-

Lindau, der für die Fugger auf Amerikafahrt gegangen war[29], für Andreas Wanner († 1619), Pflegvogt der Fuggerschen Herrschaft Donauwörth[30] und für die aus Kaufbeuren stammenden Hörmann[31].

Schwiegersohn des Georg Hörmann, eines wichtigen Vertrauten Antons und dann auch Hans Jakob Fuggers, war Lukas Geizkofler, Sohn eines Sterzinger Gewerken, Syndikus der Fugger und Bruder eines Rentmeisters der Firma. Schon der Vater hatte ein Familienbuch angelegt. Der Sohn führte ein stark durch Familiendenkwürdigkeiten und Bemerkungen über die Fugger und ihr Umfeld geprägtes Tagebuch[32].

Das Familienbuch des Nürnberger Humanisten Hartmann Schedel befand sich nach dem Verkauf seiner Bibliothek an Hans Jakob Fugger 1552 kurzzeitig in dessen Besitz[33].

Auch im schwäbischen und oberrheinischen Adel wurden vor, während und nach der Entstehungszeit des Fuggerschen Ehrenbuches Familienbücher geführt. So führt der Bericht in der Familienchronik des Froben Christoph von Zimmern über die eigene Verheiratung im Jahr 1544 direkt in den Umkreis der Fugger[34]: Die Braut ist eine Gräfin von Eberstein[35], an den Heiratsabreden sind weitere später mit den Fugger verbundene Häuser wie die Königseck[36], Montfort[37], Mörsperg[38] oder Truchseß von Waldburg[39] beteiligt. Georg Truchseß von Waldburg, Georg von Tengen und Bernhard IV. von Eberstein trugen auch durch Hilfestellung zur Chronik der Grafen von Zimmern bei[40]. Auch die Grafen von Zollern, mit Hans Jakob Fugger über die Familie seiner ersten Frau verschwägert, führten eine Familienchronik[41]. Der Augsburger Domherr Matthäus von Pappenheim erstellte nicht nur 1495 eine Chronik seines eigenen Geschlechts, sondern auch 1525/26 eine Chronik der Truchsessen von Waldburg und eine Chronik der Herren von Geroldseck[42]. Caspar Baldung schrieb ein ›Herkommen‹ der Grafen von Eberstein und ist ebenfalls als Beiträger zur Chronik der Grafen von Zimmern überliefert[43]. Über die Truchsessen von Waldburg und die Marschälle von Pappenheim[44] schrieb auch Matthäus von Biberbach[45]. Der Württembergische Hofregistrator Oswald Gabelkover verfaßte eine Familienchronik der Grafen von Helfenstein[46]. Jakob von Rammingen, der auch die Stadt Augsburg bei der Ordnung ihrer Archivalien beriet, schrieb an einer Familienchronik der Grafen von Fürstenberg und recherchierte zur Geschichte der Montforter[47]. Schon Graf Hugo X. von Montfort († 1491) hatte selbst eine eigene Familienchronik geschrieben[48]. Auch der Wiener Wolfgang

---

schen Vereins für die Oberpfalz und Regensburg 114 (1974), S. 127–215, hier S. 127–129.

[29] Franz JOETZE (Hg.), Brief eines Lindauers aus Venezuela vom Jahr 1535, in: Forschungen zur Geschichte Bayerns 15 (1905), S. 271–278, hier S. 271 f.

[30] BaySB Oefeleana, Nr. 242, geführt von 1594–1678; vgl. Endfassung, fol. 182v.

[31] Theodor HAMPE, Allgäuer Studien zur Kunst und Kultur der Renaissance, in: Mitt. aus dem Germanischen Nationalmuseum 1918/1919, S. 36–38, 82–84: Die Hörmann bildeten eine Art Faktorendynastie in der Firma der über seine Frau Barbara Reihing und die Imhof auch mit ihm verschwägerten Fugger; vgl. auch HIPPER, Beziehungen.

[32] Harald TERSCH, Österreichische Selbstzeugnisse des Spätmittelalters und der frühen Neuzeit (1400–1650). Eine Darstellung in Einzelbeiträgen, Wien-Köln-Weimar 1998, S. 404–417.

[33] ROHMANN, Clemens Jäger, S. 153 f.; BOCK, Chronik Eisenberger, S. 476 mit Anm. 101; Hannes KÄSTNER, Die Autobiographie Melchior Schedels (1516–1571) aus Nürnberg, in: Hans-Gert ROLOFF (Hg.), Editionsdesiderate zur Frühen Neuzeit. Beiträge zur Tagung der Kommission für die Edition von Texten der Frühen Neuzeit, Bd. 2 (Chloe. Beihefte zum Daphnis 25), Amsterdam-Atlanta 1997, S. 995–1003; Hugo WETSCHEREK, Hartmann Schedels Liber genealogiae et rerum familiarum. Ein unpubliziertes Manuskript aus Fuggerbesitz (Antiquariat Inlibris 8), Wien 2000, S. 4, 11, 13 f., 23, hat nun darauf hingewiesen, daß Hans Jakob Fugger das Familienbuch zwar an Melchior Schedel zurückerstattete, zuvor jedoch eine Abschrift anfertigen ließ. Damit wäre die Vertraulichkeit des Familienbuches ohne Zweifel verletzt, wobei die Abschrift im Rückgabevermerk wohl nicht ohne Grund unerwähnt geblieben ist.

[34] Hansmartin DECKER-HAUFF/Rudolf SEIGEL (Hg.), Die Chronik der Grafen von Zimmern. Handschriften 580 und 581 der Fürstlich Fürstenbergischen Hofbibliothek Donaueschingen, 3 Bde., Sigmaringen 1964–1967, hier 3, S. 285–287.

[35] Vgl. Endfassung, fol. 59v: Markus Fugger heiratet 1557 Sibylla Gräfin von Eberstein.

[36] Vgl. Endfassung, fol. 102v: Philipp Eduard Fugger heiratet 1573 Maria Magdalena von Königseck.

[37] Vgl. Endfassung, fol. 64r: Katharina Fugger heiratet 1553 Jakob Graf von Montfort; vgl. außerdem NEBINGER/RIEBER, Genealogie, Taf. 21, 36, zur doppelten Verbindung der Antonlinie mit den Montfort: Anton Fugger, Sohn des Markus, heiratet 1591 Barbara von Montfort; Sibylla Fugger, Tochter des Jakob, heiratet 1587 Johann IV. von Montfort.

[38] Vgl. Endfassung, fol. 51r: Regina Fugger heiratet 1538 Johann Jakob von Mörsperg.

[39] Über die Kontakte der Fugger zu den Truchsessen von Waldburg vgl. mit zahlreichen Belegen NEBINGER/RIEBER, Genealogie.

[40] Vgl. mit weiteren Belegen für Beiträger Beat Rudolf JENNY, Graf Froben Christoph von Zimmern. Geschichtsschreiber, Erzähler, Landesherr. Ein Beitrag zur Geschichte des deutschen Humanismus, Lindau-Konstanz 1959, S. 176–185.

[41] WOLF, Von der Chronik zum Weltbuch, S. 438.

[42] JENNY, Froben Christoph von Zimmern, S. 30–32; WOLF, Von der Chronik zum Weltbuch, S. 18, 58 f.

[43] JENNY, Froben Christoph von Zimmern, S. 176; Dr u. j. Caspar Baldung war der Bruder des Malers Hans Baldung Grien.

[44] Vgl. Endfassung, fol. 118r: Carl Philipp Fugger heiratet 1648 Margaretha Ursula von Pappenheim.

[45] Wilhelm KRAFT (Hg.), Die Eichstätter Bischofschronik des Grafen Wilhelm Werner von Zimmern (Veröff. der GffG, Fränkische Chroniken 3), Würzburg 1956, S. 15.

[46] Vgl. Endfassung, fol. 93r: Severin Fugger heiratet 1583 Catharina von Helfenstein; ebenda, fol. 96r: Joachim Fugger heiratet 1590 Maria Magdalena von Helfenstein.

[47] Zuvor hatte er Eitelfriedrich I. von Zollern vergebens seine Dienste angeboten; vgl. SEIGEL, Zur Geschichtsschreibung, S. 110.

[48] JENNY, Froben Christoph von Zimmern, S. 32 f.

Lazius, der in Augsburg mit Clemens Jäger und Hans Jakob Fugger kooperierte, und Johannes Basilius Herold, ein Protegé Anton Fuggers, waren für den schwäbischen Adel tätig[49].

Die aus Mengen im Allgäu stammende Familie Beck führte über drei Generationen eine Familienchronik, in der ihr Weg an den Wiener Hof und ihr Aufstieg bis zu Markus Beck (* 1491), Rat und Kammerprokurator des späteren Königs Ferdinands I. und Kanzler für Niederösterreich, und Hieronymus Beck Freiherr von Leopoldsdorf (* 1521), Hofkammerrat und oberster Proviantmeister des kaiserlichen Heeres in Ungarn, ablesbar wird[50]. Nach 1571 wurde die Chronik vernachlässigt. Statt dessen ließ Hieronymus Beck sich ein umfassendes Porträtbuch anlegen, in dem Bildnisse seiner Vorfahren und prominenter Personen aus der Umgebung der Familie gesammelt sind. Die Beck bewegten sich am Habsburgerhof in einem Milieu, dem auch die Fugger von der Lilie nahestanden. So war noch in Mengen Hans Truchseß von Waldburg Pate eines Kindes des Konrad Beck (1437–1512)[51]. Markus Beck kooperierte in den Türkenkriegen eng mit Sigmund von Herberstein und einem Freiherrn von Vels[52]. Hieronymus Becks Aufstieg zum Hofkammerrat wurde befördert von dem Oberstofmeister Johann von Trautson[53]. Die Fugger hatten auch direkte Kontakte zu Markus Beck von Leopoldsdorf[54].

Das Familienbuch der Sarah von Wildenstein auf Wildbach verweist ebenfalls auf das Umfeld der Fugger: Taufpatin ihrer Tochter Susanna und ihres Sohnes Friedrich wurde 1580 und 1583 Justina Benigna Fugger, eine Tochter Hans Jakob Fuggers, gemeinsam mit ihrem Mann Friedrich von Hollnegg und Kainach[55].

Von Joseph Freiherr von Lamberg, Oberhofmarschall und österreichischer Landeshauptmann[56], und dem bereits erwähnten Sigmund von Herberstein, Hofmarschall und Diplomat[57], sind Autobiographien überliefert.

Über mehrere Generationen führten die Tiroler Jörger, die über die Heirat des Christoph Jörger mit Barbara von Harrach mit Hans Jakob Fugger verschwägert waren, familiengeschichtliche Aufzeichnungen[58].

Das Ehrenbuch der Fugger steht also in einer ganzen Reihe verwandter Aufzeichnungen, die sich in der ersten Hälfte des 16. Jahrhunderts zunächst unter den Mitarbeitern des Handelshauses und im schwäbischen Adel festmachen läßt. Mit der Entstehungszeit des Ehrenbuches kommen ähnliche Formen auch im österreichischen und Tiroler Umfeld der Fugger auf, wo sie dann bis zum frühen 17. Jahrhunderts große Verbreitung finden[59]. Mit vielen jener Adelshäuser, in denen Familienbücher angelegt wurden, sollten die Fugger in der Generation Hans Jakobs, jener seiner Kinder oder Kindeskinder Heiratsverbindungen eingehen. Sie gehörten zu jenem Milieu, auf das sich die gesellschaftlichen Prätentionen der Fugger richteten. Hans Jakob Fugger steht mit seinem ›Ehrenbuch‹ auch insofern zwischen den Sphären, die sein Leben und das seines Hauses bestimmten.

---

[49] SEIGEL, Zur Geschichtsschreibung, S. 111–117; JENNY, Froben Christoph von Zimmern, S. 62, 183; zum Kontakt Lazius' nach Augsburg vgl. ROHMANN, Clemens Jäger, S. 12; zu Herold vgl. ebenda, S. 44 f.

[50] K. LIND, Die Chronik der Familie Beck von Leopoldsdorf, in: Blätter des Vereins für Landeskunde in Niederösterreich NF 9 (1875), S. 129–134, 221–223, 329–339 [Teil I]; 10 (1876), S. 96–101, 210–218 [Teil II]; 11 (1877), S. 131–142 [Teil III]; Günther HEINZ, Das Porträtbuch des Hieronimus Beck von Leopoldsdorf, in: Jb. der Kunsthistorischen Sammlungen Wien 71 (1975), S. 165–305, hier S. 168 f.; TERSCH, Österreichische Selbstzeugnisse, S. 226–231.

[51] LIND, Chronik der Beck I, S. 130.

[52] LIND, Chronik der Beck II, S. 97–99; vgl. Endfassung, fol. 57r: Ferdinand von Vels heiratet 1548 Barbara Fugger; ebenda, fol. 99v: Bernhard von Herberstein heiratet 1592 Konstantia Fugger.

[53] LIND, Chronik der Beck I, S. 133 f.; vgl. Endfassung, fol. 67r: Balthasar von Trautson († 1590/97) heiratet Susanna Fugger (1539–1588).

[54] PÖLNITZ, Anton Fugger 1, S. 470, Anm. 6.

[55] Vgl. Endfassung, fol. 90r.

[56] MISCH, Geschichte der Autobiographie 4.2, S. 603; vgl. Endfassung, fol. 79r: Sigmund von Lamberg heiratet 1558 Eleonora Siguna Fugger.

[57] MISCH, Geschichte der Autobiographie 4.2, S. 604.

[58] TERSCH, Österreichische Selbstzeugnisse, S. 235–239.

[59] Die hier aufgeführten Verbindungen beschränken sich auf die direkten Heiratsverbindungen. Zahlreiche weitere Kontakte zu weiteren Häusern, in denen Familienbücher geführt wurden, ließen sich innerhalb der adeligen Heiratskreise unschwer nachweisen.

3 Das Fuggersche Ehrenbuch als Familienbuch und Ahnengalerie

3.1 Der ›Fundator‹ und sein Buch

3.1.1 Kollektive und individuelle Repräsentation – ›Herkommen‹ und Stifterandenken

Zu Beginn des Fuggerschen Ehrenbuches stehen nach einem Titelbild, unterbrochen von einer Textseite mit einem Gebet, vier Heroldsbilder, die sich im Aufbau stark ähneln[1]. Zwei der Seiten haben neben dem Heroldsbild einen Schriftrahmen mit einem Widmungsgedicht. Dabei steht als Heroldsfigur jeweils ein bärtiger Mann in einem in mi-parti[2] gehaltenen Kostüm: in einem knielangen Heroldsrock, dazu Strümpfen und Schnabelschuhen, all dies in den Farben der Fugger, blau und gold, mit grün bzw. rot abgesetzten Borten. Die Figur hält im ersten Fall das Wappen der Fugger von der Lilie als Grafen von Kirchberg und Weißenhorn[3], im zweiten das Wappen der Fugger vom Reh[4], und zusätzlich jeweils einen Heroldsstab in der Form eines großen Stempels, bei den Fugger von der Lilie mit dem zweiten, bei den Fugger vom Reh mit dem ersten Warenzeichen der Fugger[5]. Der Rock des ersten Wappenhalters ist mit der Doppellilie des Fuggerwappens gestaltet. Er trägt einen Lorbeerkranz, der zweite Mann eine Mütze in den Farben seines Kostüms. Hierin und ganz deutlich in der Körperhaltung der Gestalten wird ein Bedeutungsgefälle vermittelt: Während der Wappenhalter des Lilienwappens dem Betrachter im Halbprofil zugewandt steht und den Warenstempel aufrecht über die Schulter gelegt hat, steht die Heroldsfigur des Rehwappens abgewandt und senkt ihren Heroldsstab unter dem Schriftrahmen ab. In der Entwurfsfassung standen sich die beiden Heroldsbilder zudem verso und recto gegenüber, so daß ein direkter Bezug der Demutsformeln des zweiten auf das erste gegeben war[6].

In der Endfassung stehen zwischen beiden zwei weitere ganzseitige Wappenbilder mit Putten als Wappenhaltern. Diese halten Schilde mit den beiden Warenzeichen der Fugger. Darüber sind jeweils in breiten Schriftkartuschen kurze Erläuterungen gegeben[7].

Alle vier Figuren stehen mit ihren Wappenschilden jeweils in einer Landschaft, in der im Hintergrund Schlösser bzw. Burgen zu sehen sind. Die beiden Putten mit den Warenzeichen und der Herold mit dem gräflich Fuggerschen Wappen sind dabei an oder auf einen Weg gestellt, der zu einem Schloß hin führt. Die vierte Figur mit dem Wappen der Fugger vom Reh steht an einem Fluß, der sie von der Burg auf einem Berg im Hintergrund trennt. Zumindest eines der abgebildeten Gebäude läßt sich identifizieren: Das Schloß im rechten Bildhintergrund des dritten Bildes – mit dem Putto und dem zweiten Warenzeichen der Fugger – ist identifizierbar als Schloß Oberndorf[8]. Die Neugestaltung des Schlosses Oberndorf war die letzte umfassende Baumaßnahme des Raymund Fugger, Vater Hans Jakob Fuggers, vor seinem Tod 1535[9].

Mit diesen vier Heroldsbildern wird als bildliche Einleitung des Ehrenbuches die Entwicklung der Familie vom Weberhandwerk bis zum Grafenstand anhand der jeweils geführten Wappen und Hausmarken vermittelt. Dabei ist die Reihenfolge umgekehrt und das chronologisch die Reihe abschließende Kirchberg-Weißenhornische Wappen an den Anfang gestellt, da es ge-

---

[1] Endfassung, fol. 1v, 2v–3r, 4r; Entwurf, fol. 1v–2r, 3v–4r.

[2] Veronika MERTENS, Mi-parti als Zeichen. Zur Bedeutung von geteiltem Kleid und geteilter Gestalt in der Ständetracht, in literarischen und bildnerischen Quellen sowie im Fastnachtsbrauch vom Mittelalter bis zur Gegenwart (Kulturgeschichtliche Forschungen 1), Remscheid 1983, S. 15–20, hat anhand frühneuzeitlicher Bildquellen, unter anderem der großformatigen Monatsbilder aus der Werkstatt der Breus, mi-parti als Design der Kleidung städtischer Bediensteter nachgewiesen. Auch Herolde trugen derartige Kleidung in den Farben ihrer Stadt oder ihres Herren.

[3] Endfassung, fol. 1v; Entwurf, fol. 1v.

[4] Endfassung, fol. 4r; Entwurf, fol. 2r.

[5] Stempel oder Brenneisen dieser Art dürften zur Markierung von Waren und Besitz gedient haben; vgl. das Brenneisen der Hamburger Feldbrunnen-Interessentenschaft aus dem 18./19. Jh., Museum für Hamburgische Geschichte, Inv.-Nr. 1931,174.

[6] Entwurf, fol. 1v–2r; die geänderte Reihenfolge in der Endfassung ist durch die Umstellung der folgenden Seiten und die größere Zahl benötigter Textseiten bedingt; vgl. Kap. 7.3.3.

[7] Endfassung, fol. 2v–3r; Entwurf, fol. 3v–4r. Im Entwurf sind, wie erwähnt, die Warenzeichen vertauscht.

[8] Endfassung, fol. 3r; vgl. Norbert LIEB, Die Fugger und die Kunst im Zeitalter der Hohen Renaissance (Veröff. der SFG 4/4, Studien zur Fuggergeschichte 14), München 1958 [Teil II], Taf. 160 (Zeichnung von Jost Amman, BaySB). Rolf BIEDERMANN, (Art.) Das Geheim Ehrenbuch des Fuggerischen Geschlechts, in: Welt im Umbruch. Augsburg zwischen Renaissance und Barock, Katalog Augsburg, 3 Bde., Augsburg 1980, hier 1, Nr. 162, S. 224 f., vermutet, daß es sich im Hintergrund des anderen von einem Putto gehaltenen Wappens um das Schloß Babenhausen handelt. Dies läßt sich nicht verifizieren.

[9] KOUTNÁ-KARG, Ehre der Fugger, S. 102 mit Anm. 69; die Herrschaft Oberndorf, ein Würzburgisches Lehen, hatte Anton Fugger 1533 im Namen Raymund Fuggers von dem letzten männlichen Sproß, Wolf von Oberndorf-Donnersberg, Marschall und Truchseß des Bischofs von Augsburg, gekauft. 1546 bzw. 1548 wurde Oberndorf bei den Güterteilungsverhandlungen zwischen Anton und den Raymundsöhnen ersterem zugeschlagen; vgl. Lieb, Fugger und Kunst II, S. 219–221.

meinsam mit dem bei ihm stehenden Widmungsgedicht zugleich als Einleitung für das Familienbuch dient.

Wenn nun die Heroldsfigur mit dem Wappen der Fugger vom Reh nicht wie die anderen an einem Weg zu einem Schloß hin, sondern durch einen Fluß von einem solchen abgeschnitten gezeigt wird, liegt die Vermutung nahe, daß auch hier eine bildliche Vermittlung des sozialen Ungleichgewichts zwischen den Fugger von der Lilie und den Fugger vom Reh, eine bildliche Umsetzung ihrer entgegengesetzten sozialen Bewegung vorliegt. Wappenbilder auf den Rückseiten zeitgenössischer Privatporträts zeigen häufiger Steinboden oder Felsplateaus im Unter- oder Hintergrund als Symbol der Beständigkeit und Dauer, während Gewässer vielfach als Symbol für Vergänglichkeit und Unbeständigkeit verstanden wurden[10]. Während der Wappenhalter des Lilienwappens an seinem Heroldsrock eine grüne Borte hat, also die Farbe der Hoffnung zeigt, trägt jener des Rehwappens einen rot besetzten Rock: Rot galt als Farbe der Liebe, als Farbe Gottes, vor allem aber als Farbe von Tod und Verderben[11]. In der Endfassung ist noch vor dem letzten der vier Heroldsbilder ein ganzseitiges Wappenbild eingefügt mit dem Wappen der Fugger vom Reh, vollständig mit Stechhelm und Helmzier, darüber ergänzt durch einen Schriftrahmen[12]. Das Wappen ist umgekehrt: Das Reh springt nach (heraldisch) links. In der rekonstruierbaren ursprünglichen Lagenstruktur der Entwurfsfassung stand diese Seite verso einer weiteren Seite recto gegenüber, die das Wappen der Fugger von der Lilie als ganzseitiges Wappenbild zeigt[13]. Die Wendung des Wappens ist im Allianzwappen ein Zeichen der höflichen Hochachtung des Mannes gegenüber der Frau. In der sakralen Kunst ist die Umwendung von Stifterwappen ein Zeichen der demütigen Zuwendung zum Altar[14]. Die heraldische Demutsformel der Wappenumkehrung ist hier auf die Fugger von der Lilie und ihr Wappen bezogen, dies im ursprünglichen Entwurf deutlicher als in der Endfassung.

Das letzterwähnte ganzseitige Wappenbild des Lilienwappens der Fugger steht in der Endfassung nach dem vierten Heroldsbild und der dreiseitigen Vorrede[15], wiederum komplett mit Stechhelm, Helmzier und Helmdecke[16]. Es folgt dann das ganzseitige Wappen des *Fundators* des Ehrenbuches, das gräfliche Wappen der Fugger von Kirchberg und Weißenhorn. Im Text auf der Seite oben wird die Verleihung dieses Wappens durch Karl V. für Raymund, Anton und Hieronymus Fugger geschildert[17]. Mit diesem Wappen beginnt eine Folge von vier Seiten, die komplementär zueinander stehen: Das Wappen des Stifters und das seiner Frau[18] stehen jeweils zusammen mit einer vierahnigen Ahnenprobe[19]. Wie Ahnenproben auf Grabsteinen und Epitaphien zeigen diese Seiten in der Mitte in einem Medaillon das Wappen des Probanden bzw. der Probandin, in der Rahmung des Medaillons eine Umschrift, die wiederum deutlich an Epitaphien- oder Stifterinschriften an Erbbegräbnissen erinnert: † IOHANNES IACOBVS FVGGERVS DOMINVS IN KIRCHBERG ET WEISSENHORN ROMANAE CAESARIAE ET REGIAE M[AIESTATIS] CONSIL[IVS] HONEST[I] HVIVS OPERIS AVTOR CVM BIGEMINO PROGENITOR[VM] SVOR[VM] STEMMATE †.[20]

Dazu stehen in den Ecken die Wappen der Großeltern, hier wie überall im Ehrenbuch durch Schriftbänder mit Legenden ergänzt und durch dünne farbige Kordeln miteinander und mit dem Medaillon im Zentrum verbunden.

Im Entwurf war hier zusätzlich je ein ganzseitiges Porträt mit ganzfiguriger Darstellung eingeplant[21]. Diese hätten im aufgeschlagenen Buch ein diptychonartiges Ehepaarbildnis ergeben. Der Stifter und seine Frau stehen dort wie im Pendantbildnis einander zugewandt, getrennt durch den Bindungsfalz des Buches. Hans Jakob Fugger ist in leichter Schrittstellung nach links, zur Buchmitte hin gegeben, sein Blick geht zur Frau, der linke Arm ist am Körper angewinkelt, so daß die nach oben geöffnete Hand nach vorn weist. Die Rechte hält neben der Hüfte gesenkt ein Nelkensträußchen, als Zeichen der Liebe ein häufiges Attribut in Ehepaarbildnissen[22]. Ursula von Harrach steht leicht nach rechts gewandt, ebenfalls zur Buchmitte hin. Sie hält in den vor dem Bauch gefalteten Händen ein Paar Handschuhe. An einer langen Schnur am

---

10 DÜLBERG, Privatporträts, S. 125 f.
11 Manfred LURKER (Hg.), Wörterbuch der Symbolik, 5. Aufl. Stuttgart 1991, S. 267 f., 634.
12 Endfassung, fol. 3v; in den Entwürfen stand es deutlich weiter hinten, wurde jedoch bei den Korrekturen umgestellt: fol. 6r.
13 Entwurf, fol. 6r: Fugger vom Reh (ursprünglich: fol. 5v); fol. 5r: Fugger von der Lilie (fol. 6r); vgl. Kap. 7.1.1.
14 Carl Alexander von VOLBORTH, Heraldik. Eine Einführung in die Welt der Wappen, 2. Aufl. Stuttgart-Zürich 1992, S. 87.
15 Endfassung, fol. 4r–5v.
16 Endfassung, fol. 6r; in den Entwürfen stehen die beiden Wappenbilder auf fol. 5r, 6r, nacheinander, die verso-Seiten sind jeweils leer. In der Endfassung ist nun durch die Umstellungen infolge des erhöhten Bedarfs an Textseiten der Zusammenhang zerrissen.
17 Endfassung, fol. 6v; in den Entwürfen stand es deutlich weiter vorn: fol. 4v, mit dem zweiten Warenzeichen der Fugger recto. Hier ist also eine Änderung der Konzeption zum Tragen gekommen dahingehend, daß das Wappen des *Fundators* an die sich anschließende Ahnenprobe angenähert wird.
18 Endfassung, fol. 7v.
19 Ahnenprobe Hans Jakob Fuggers: Endfassung, fol. 7r; Ahnenprobe der Ursula von Harrach: Endfassung, fol. 8v; in der rekonstruierbaren ursprünglichen Lagenstruktur der Entwürfe, fol. 7r, 8r, könnten die Ahnenproben verso und recto zusammengestanden haben, vgl. Kap. 7.1.1.
20 Endfassung, fol. 7r.
21 Entwurf, fol. 8v–9r.
22 Zu den Attributen und ihrer symbolischen Bedeutung vgl. Kap. 3.3.2.

Gürtel hängt eine Beuteltasche. Ihr Blick geht aus der Bildebene heraus zum Betrachter[23]. Jeweils auf der Seite neben dem Kopf der Person, innen an dem Buchfalz und damit in enger Nachbarschaft zueinander, stehen zwei Devisen. Diese verstärken noch den Eindruck der Verknüpfung der beiden Bildhälften. Die Devise für Hans Jakob Fugger lautet: *IN TE DOMINE SPERAVI*; jene für Ursula von Harrach: *FIAT VOLVNTAS TVA*. Diese Bibelverse dürften hier jedoch nicht unbedingt als persönliche Wahlsprüche zu verstehen sein[24]: Beide Devisen finden sich auch in dem Ehepaarbildnis des Herwartschen Ehrenbuches, in dem sich Georg Herwart und seine Frau Veronika Bimmel in ganz ähnlicher Weise porträtieren ließen[25].

Wie dort hätte für den Fall der Aufnahme in die Endfassung auch das ganzfigurige Ehepaarbildnis des Hans Jakob Fugger und der Ursula von Harrach gestaltet sein können. Die Bilder im Herwartbuch sind jeweils mit einer schmalen Randleiste gerahmt, auf die oben ein Schriftband mit einer Namenslegende aufgesetzt ist. Georg Herwart trägt eine schwarze, knielange, pelzgefütterte Schaube, ein schwarzes Wams, dunkelgraue Strümpfe und Kuhmaulschuhe, dazu ein schlichtes Barett über einer dunklen Kopfhaube, einer sogenannten Kalotte. Eine Goldkette um den Hals und ein Säbel sind erkennbar. Er steht annähernd frontal zum Betrachter. Die Rechte hält vor der Brust ein eingerolltes Schriftstück, wohl ein Hinweis auf den Heiratsvertrag. Die Linke zeigt neben dem Körper nach oben auf ein kleines gerahmtes Schriftfeld mit der erwähnten Devise: *IN TE DOMINE SPERAVI / 1544*. Der Blick geht zum Betrachter. Die Figur steht in einer reich gegliederten Landschaft mit einem Fluß, Wegen, Siedlungen und Schlössern. Rechts unterhalb der Figur steht ein Kranich, mit der Kralle einen Stein haltend, wie er als Symbol für Klugheit und Wachsamkeit bekannt war[26]. Die Frau trägt eine bodenlange Schaube, ein schwarzes Wams und ein weißes Hemd, dazu eine weiße Wulsthaube mit über die Schulter fallendem Tuchende. Die Hände liegen vor dem Bauch übereinander. Die linke hält Handschuhe – wiederum ein in Ehepaarbildnissen bekanntes Zeichen der rechtskräftigen Eheverbindung. Sie steht leicht nach rechts, zum Mann hin gewandt. Ihr Blick jedoch geht aus den Augenwinkeln zum Betrachter. Auch sie ist in eine Landschaft gestellt, wiederum mit zwei Schlössern im Hintergrund. Links neben ihrem Kopf ist ein Schriftrahmen eingefügt mit der Devise: *FIAT VOLVNTAS TVA / 1544*. Links zu Füßen der Frau hockt am Boden eine Taube, Symbol für weibliche Mäßigung, für eheliche Treue und Liebe[27]. Die Figuren sind deutlich weniger aufeinander bezogen als in dem vorliegenden Entwurf für das Fuggersche Ehrenbuch. Allenfalls die symbolisch verbindenden Attribute und die deutlich sichtbare Materialgleichheit ihrer Kleidung verknüpfen sie miteinander. Wie im Pendantbildnis häufiger zu beobachten, sind sie jedoch durch die Raumkontinuität des Hintergrundes beider Bilder aufeinander bezogen: Die Konturen der Landschaft setzen sich über die trennenden Bildgrenzen hinweg fort[28]. Dargestellt sind vermutlich die Besitzungen der Herwart in Hainhofen und Ottmarshausen bei Augsburg[29]. Auch hier also dient das Pendantbildnis im Buch deutlich zur Repräsentation der Heiratsallianz des Stifters und seiner Familie mit seiner Frau und ihrer Familie.

Im Fuggerschen Ehrenbuch wurde der Entwurf eines solchen Pendantbildnisses in ganzer Figur bei der Endfassung nicht berücksichtigt. Georg Fugger, der Bruder Hans Jakobs, hatte sich bereits 1541 von Jakob Seissenegger in Öl auf großformatiger Leinwand in ganzer Figur porträtieren lassen[30]. Seissenegger, dessen Werke prägend für den Typus des ganzfigurigen Porträts werden sollten, war auch nachweislich bei der

---

[23] Vgl. Bertold HINZ, Studien zur Geschichte des Ehepaarbildnisses, in: Marburger Jb. für Kunstwissenschaft 19 (1974), S. 139–218, hier S. 177, über den Blick aus der Bildebene heraus: (in diesem Fall der Mann) »[...] blickt nicht in die Richtung seiner Frau, vielmehr auf den Betrachter und präsentiert ihm sich selbst, seine Frau und die Allianz.« Die Verlagerung des Blickes zur Frau hin wird aufgefangen durch die deutlich auf diese bezogene Haltung des Mannes. Die Frau im vorliegenden Bild lenkt, so könnte man sagen, die durch die Körperhaltung des Mannes konstituierten Bezüge aus dem Bild heraus.

[24] Vgl. Ps. 31,1 bzw. Mt. 6,10.

[25] StadtA Augsburg Reichsstadt ›Schätze‹, Nr. 194b, Ehrenbuch der Herwart, S. 26 f.; Abb.: ›Kurzweil viel ohn' Maß und Ziel‹. Augsburger Patrizier und ihre Feste zwischen Mittelalter und Neuzeit, hg. von Pia Maria GRÜBNER, Katalog Augsburg, München 1994, S. 33 (zu Nr. 11). Ein ähnliches Arrangement von Ahnenproben und (hier halbfigurigen) Porträts des (hier) Verfassers und seiner Frauen bietet das nach dem Vorbild des Herwartschen Ehrenbuches gestaltete Ehrenbuch des Christoph von Stetten, Familienarchiv von Stetten, Aystetten, Nr. 239, S. 24–28.

[26] Der Kranich hält den Stein in der erhobenen Kralle, um bei der Wache für den schlafenden Schwarm selbst nicht einzuschlafen; vgl. LCI 2, Sp. 557 f.; Arthur HENKEL/Albrecht SCHÖNE (Hg.), Emblemata. Handbuch zur Sinnbildkunst des 16. und 17. Jahrhunderts, Stuttgart 1967, Sp. 818–822. Vgl. im für Jakob Herbrot erstellten Zunftehrenbuch, StB Augsburg, 2° Cod. Aug. 199, fol. 62r, die Abbildung zweier vornehm gekleideter Männer in einer Landschaft, wiederum mit dem einen Stein haltenden Kranich als Attribut.

[27] Handwörterbuch des Deutschen Aberglaubens (Handwörterbuch zur Deutschen Volkskunde, Abt. 1: Aberglauben), hg. von Hans BÄCHTOLD-STÄUBLI/Eduard HOFFMANN-KRAYER, 10 Bde., Berlin-Leipzig 1927–1942, ND Berlin-New York 1987, hier 8, Sp. 693–705; LCI 4, Sp. 242–244.

[28] Vgl. VÖLKER-RASOR, Bilderpaare, S. 317.

[29] Elias Holl und das Augsburger Rathaus, hg. von Wolfram BAER, Katalog Augsburg, Regensburg 1985, Nr. 176, S. 305 f.

[30] (Kat.) Welt im Umbruch 2, Nr. 477, S. 129 f.; Kurt LÖCHER, Das Bildnis in ganzer Figur. Quellen und Entwicklung, in: Zs. für Schweizerische Archäologie und Kunstgeschichte 42 (1985), S. 74–82, hier S. 78.

Hochzeit Hans Jakob Fuggers und Ursulas von Harrach anwesend[31]. Den Fugger als Reichsgrafen stand der adelige Typ des ganzfigurigen Bildnisses also durchaus offen. Zudem hätte der spezifische Kontext der Porträtmalerei im Familienbuch in ihrer Anlehnung an die Trachtendokumentation eine ganzfigurige Abbildung legitimieren können. Wenn Hans Jakob Fugger dennoch bei der Bearbeitung des Ehrenbuches von der Verwendung des Typs abrückte, wird dies noch am ehesten eine Konsequenz des Status der Fugger im Übergang zwischen städtischem und höfischem Milieu im allgemeinen und seines individuellen Statuswandels in den Jahren 1543 bis 1548 im besonderen sein. Der Bürgermeister des neuen Stadtregiments, der maßgebliche politische Repräsentant seines Hauses in der Reichsstadt zog eine dem städtischen Wahrnehmungshorizont entsprechende Repräsentation vor, während der junge Hans Jakob Fugger und erst recht der Exulant der Jahre der Konfrontation eher auf einen adelig-höfischen Kontext hin orientiert gewesen sein mag. Auch die Beuteltasche der Ursula von Harrach, ein typisches Attribut der stadtbürgerlichen Frau im ansonsten ganz adeligem Comment verpflichteten Porträt einer Freiherrntochter, dokumentiert die symbolische Einordnung in den städtischen Kosmos[32]. Als Repräsentant seines Hauses konnte ein Fugger sich als Reichsgraf porträtieren lassen, nicht jedoch als Repräsentant seines städtischen Amtes[33]. Georg Herwart als Vertreter eines alten patrizischen Geschlechts konnte demgegenüber freier agieren. Für die Fugger als beinahe idealtypisches Exempel einer Aufsteigerfamilie konnte es opportun sein, Bescheidenheit zu üben, wo die Herwart ihren beanspruchten Status selbstverständlich dokumentieren konnten.

Wahrscheinlich sollte jedoch auch die merkliche Dominanz der individuellen Stifterrepräsentation, wie sie durch die Kombination aus Wappen, Ahnenprobe und Porträt des *Fundators* und seiner Frau vermittelt worden wäre, zurückgenommen werden zugunsten einer Ausrichtung des Buches auf die Familie als Ganzes[34]. In der ursprünglich geplanten Anlage hätte dieser Abschnitt im direkten Anschluß an die Vorrede des *Fundators* das Ehrenbuch überdeutlich in die Tradition des individuellen Memorialbildes gestellt: Ahnenprobe, Stifterwappen und Bilddiptychon erinnern an die Repräsentation des Verstorbenen bzw. des Stifters im Grabmal, im Epitaph oder im gestifteten Altar. Der *Fundator* hätte dabei eine inhaltliche Dominanz beansprucht, die mit dem kollektiv-genealogisch geprägten Verständnis von Verwandtschaft kollidiert wäre. Hans Jakob Fugger und seine Frau Ursula von Harrach blieben jedoch mit ihren Wappen auf dem Einband der Endfassung als Stifterpaar des Ehrenbuches präsent[35].

Auch das ebenfalls zu Beginn der Handschrift stehende Widmungsgebet ist in der Konzeptfassung zunächst ganz auf die Person des *Fundators* hin orientiert. Er spricht zu Gott als Ich-Erzähler und als Vertreter seines Hauses: […] *Der du mich sambt meinem gantzen geschlecht* […] *in deinen väterlichen schutz vnd schirm genomen,* […]. […] *So bitt Jch, O lieber Herr mein Got, das du mein vnd meines gantzen Geschlechts ein getrewer Got vnd Vater sein wollest* […].[36] In der Korrektur wurde das Gebet auf die Familie als Bezugsrahmen ausgeweitet: *Ich, mir* und *mein* wurden ersetzt durch *wir, uns* und *unsers*. Diese Verschiebung von der individuellen Perspektive des *Fundators* zur kollektiven des Gesamthauses wurde jedoch in der Endfassung nicht berücksichtigt[37]. Der Zuschnitt auf Hans Jakob Fugger als Zentralgestalt des Ehrenbuches blieb erhalten[38]. Er wurde jedoch offensichtlich als problematisch empfunden.

Der erste Abschnitt des Ehrenbuches zerfällt also in drei Teile, die sich in der vorliegenden, aber auch in der im Entwurf überlieferten Seitenabfolge zwar überlappen, aber dennoch ganz deutlich zu unterscheiden sind. Dabei bilden Eingangsgebet, Adresse und Vorrede als mittlerer Abschnitt die Verknüpfung zwischen dem ersten und dem dritten. Oder umgekehrt: Das, was der Verfasser seinen *Fundator* äußern läßt über die Abfassung des Ehrenbuches, über die Bedeutung der Geschichte und des Gedenkens und über seine angeblichen oder tatsächlichen Intentionen, wird gerahmt von zwei in ihrer Perspektive gegenläufigen, in der Summe aber einander ergänzenden bildlichen Vermittlungen von ›Herkommen‹ und ›Gedechtnus‹. Im ersten Abschnitt wird anhand der Hausmarken und Wappen in geraffter Form das ›Herkommen‹ der Fugger als die

---

[31] (Kat.) Welt im Umbruch 2, Nr. 477, S. 129.
[32] Vgl. Jutta ZANDER-SEIDEL, Textiler Hausrat. Kleidung und Haustextilien in Nürnberg vom 1500 bis 1650 (Kunstwissenschaftliche Studien 59), München 1990, S. 18, 145–147.
[33] Vgl. LÖCHER, Bildnis in ganzer Figur, S. 81, über die Funktion von Porträts als Repräsentation von Amtsinhabern und ihrer Amtsgewalt.
[34] Im Familienbuch des Lazarus Holzschuher in Nürnberg wird die im Entwurf angelegte Repräsentation des Auftraggebers und seiner drei ersten Ehefrauen jeweils im Vollporträt und 16 Ahnenwappen in der ausgeführten Endfassung zurückgenommen, indem die Abbildungen der Frauen auf einer Seite zusammengezogen werden; vgl. Georg HIRSCHMANN, Das Geschlechterbuch der Familie Holzschuher im Stadtarchiv Nürnberg, in: Genealogisches Jb. 19 (1979) (Festschrift zum 75jährigen Bestehen der Zentralstelle für Personen- und Familiengeschichte, Teil 1), S. 105–119, hier S. 108.

[35] Der heutige Einband ist eine Arbeit des 18. Jh.; die Grubenschmelzmedaillons mit dem Wappen der Fugger von Kirchberg und Weißenhorn (vorn) und dem der Harrach (hinten) lassen sich jedoch ins 16. Jh. datieren und dürften somit von einem älteren Einband übernommen sein; vgl. Kap. 7.2.1.
[36] Entwurf, fol. 3r.
[37] Endfassung, fol. 2r.
[38] Da die entsprechenden Passagen auch in der Endfassung relativ früh bearbeitet wurden, ist denkbar, daß die durchgeführten Korrekturen nicht mehr umgesetzt werden konnten, weil die Seite schon vorlag.

Geschichte einer zweifachen Bewegung sozialer Mobilität erzählt: Des Aufstiegs der Fugger von der Lilie und des Scheiterns der Fugger vom Reh. Im dritten Abschnitt, in der Endfassung zurückgenommen, konzentriert die bildliche Vermittlung sich auf die Person des Stifters und seiner Frau, auf die Vermittlung ihrer Herkunft und die Sicherstellung ihres Andenkens. Der *Fundator* des Ehrenbuches steht so neben dem Stifter eines Erbbegräbnisses oder einer Familienkapelle.

3.1.2 Adressatenkreis und räumlicher Bezugsrahmen

Gnad, Frid vnd Freud Jn dem hailigen gaist wünschet Herr Hans Jacob fugger, Herr zu Kirchberg vnd Weissenhoren, Römischer Kaiserlicher vnd Königclicher Majesteten. etc. Rat vnd fundator dises fuggerischen Eerenbuchs, allen vnd Jeden Eerliebenden, So dem Eerlichenn fuggerischen Namen, mit gesippter freuntschafft vnnd gunst der Eern, Jetzund vnd Jnn kunfftig Zeit Zugethon vnnd verwandt sein, von hertzenn Amenn.[39]

Die zu Beginn der Vorrede stehende Adresse des Ehrenbuches bewegt sich ganz in den traditionellen Bahnen der Familienbuchschreibung: Angesprochen wird die *gesippte freuntschafft*, d.h. die weitere agnatische und kognatische Verwandtschaft. Erweitert wird der Adressatenkreis um das der Familie verbundene Umfeld, um jene, die dem Haus Fugger *mit [...] gunst der Eern* verbunden sind. An anderer Stelle wird der direkte Empfängerkreis enger gezogen: *[...] Auch allen meinen Erben vnd Nachkomen zu ainem Spiegel, Exempel vnnd anraitzung aller redligkait, eern vnd guten tugenden [...].*[40] Ebenso heißt es jedoch auch: *[...] Auf das alle meine Erben vnd Nachkomen, Jn ansehung meiner vilfältigen, langen vnd mhuesamen arbait, Zu Eern dem gantzen fuggerischen Namen, von mir beschehen, Jngedenck, Vnd das vileruent fuggerisch Eernwerck, zu seiner Zeit, [...] weiter aufzufueren [...] angeraitzet werden, des Jch an alle Nachkomen des Eerlichen vnd altloblichen Fuggerischen Geschlechts [...] gebeten haben will.*[41]

Hans Jakob Fugger spricht als legitimen Rezipientenkreis demnach das weitere verwandtschaftliche Umfeld der Fugger an, als direkte Empfänger zunächst seine eigenen Nachkommen, zumindest in zweiter Linie das ganze Haus Fugger. Dies entspricht nun dem allgemeinen Befund, daß Familienbücher im Kreis der durch Heiratsallianzen vernetzten oligarchischen Eliten zur gegenseitigen Einsicht verfügbar waren. Ganz ähnlich richtet sich das Herwartsche Ehrenbuch an alle, *welche dem Eerlichen Herwartschen Namen, mit Sipschafft vnnd gunst der Eeren, Jetzund vnnd in kunfftig zeit, zugethon vnnd verwandt sein.*[42]

Bei den weit verzweigten Verwandtschaftsverbindungen eines Hans Jakob Fugger mochten die Grenzen zwischen innen und außen verschwimmen. Wenn sein Ehrenbuch sich nur an all diejenigen richtete, die selbst oder mittelbar über ihre Verwandtschaft darin angesprochen waren, dann umfaßte der Adressatenkreis schon weite Kreise sowohl der Oberschicht Augsburgs als auch des Adels in Schwaben, Bayern, Tirol und im Umfeld des Habsburgerhofes. Wer es von Fall zu Fall einsah oder zumindest einsehen konnte, wird zwar kaum mehr zu eruieren sein. In seiner Anlage richtete sich das Ehrenbuch jedoch an ein Publikum, das sich mehr oder weniger mit dem Kreis der verwandtschaftlichen Vernetzungen der Fugger von der Lilie deckte. Dabei sollte das Ehrenbuch jedoch immer im Kreis der direkten Nachkommen weitergetragen werden. Die einschlägigen Anweisungen des *Fundators* richten sich ausdrücklich zunächst nur an die Kinder und Kindeskinder, die Kernfamilie also. Erst in einem zweiten Schritt wird auch die Möglichkeit eines Einbezugs des Gesamthauses gegeben.

Initiiert hatte Hans Jakob Fugger die Bearbeitung des Ehrenbuches um 1542/43, zu Beginn seines Aufstiegs zum politischen Repräsentanten seines Hauses in der Reichsstadt Augsburg. Mit zunehmender Konfrontation innerhalb der städtischen Oligarchie geriet das ihn tragende und von ihm maßgeblich vertretene Umfeld in den Jahren 1545–1547 jedoch mehr und mehr ins Hintertreffen – eine Entwicklung, die 1546 im Ausweichen der Fugger aus der Stadt gipfelte[43]. Im Passauer und Regensburger Exil trat für die Selbstwahrnehmung Hans Jakob Fuggers zumindest zwischenzeitlich die Stadt als Bezugsrahmen zurück gegenüber einer Öffnung des räumlichen Horizonts: An zahlreichen Stellen der früheren Entwürfe des Ehrenbuches steht als Ortsangabe für die Stadt Augsburg knapp: *alhie* bzw. *hieher*. Während des abschließenden Korrekturdurchgangs nun verbesserte Hans Jakob Fugger (zumeist eigenhändig) diese Angaben durch ein neutraleres *in der Stat (Augspurg)*[44]. Das familiengeschichtliche Gedächtnis des Exilanten erfuhr so eine merkliche Dezentrierung. Die Stadt Augsburg als sozialer wie geographischer Bezugspunkt der Fugger rückte fern. Der Standpunkt des *Fundators* verschob sich aus der städtischen Sphäre heraus in eine Position des Übergangs, ohne fest umrissenen räumlichen Be-

---

[39] Endfassung, fol. 4v.
[40] Endfassung, fol. 5r; vgl. ebenda: *[...] vnd den allen meinen Erben vnd Erbens Erben, zu Eern, Wirde, vnnd guter Gedechtnus, nach meinem absterben verlassen wollen, [...].*
[41] Endfassung, fol. 5v.
[42] StadtA Augsburg, Reichsstadt ›Schätze‹, Nr. 194b, Ehrenbuch der Herwart, S. 10; vgl. ROTH, Clemens Jäger II, S. 67.
[43] SIEH-BURENS, Oligarchie, S. 156–158.
[44] Entwurf, fol. 10r, 14r, 15r, 16v–18r, 19r, 23r, 24v, 26r–26v, 28r–28v (hier von Hand C).

zugsrahmen⁴⁵. Prägend mußten nun eher das weite Umfeld der Familie und des Handelshauses sowie der Kontakt zu den Höfen der Habsburger und Wittelsbacher sein. Der Text sprach nun nicht mehr einen Leser an, der unhinterfragt als in Augsburg befindlich gedacht wurde. Er richtete sich vielmehr aus der Außenperspektive an einen ebenfalls außerhalb der Stadt Stehenden. War das Ehrenbuch in seiner ursprünglichen Anlage dem städtischen Entstehungskontext der Familienbuchschreibung, dem städtischen Lebensumfeld seines Verfassers Clemens Jäger und dem städtischen Handlungsraum des jungen Hans Jakob Fugger verpflichtet gewesen, so öffnete es sich in der korrigierten Fassung dem weiteren Bezugsrahmen, den Familie wie Handelsgesellschaft der Fugger realiter hatten.

3.1.3 Das Fuggersche Ehrenbuch als Ehrenbuch des Raymundzweiges

*[...] Derhalben [...] Habe Jch mich (dieweil mir Got der Almechtig, vor andern meines Geschlechts, die gnad, ein solch eernwerck aufzurichten, so gnediglichen verlihen) allain aus warer vnd steter trew vnnd liebe, so Jch Zu Got, dem gedechtnus wurdigen alter, vnd dem gantzen fuggerischen Namen trage [...] ainen fuggerischen Plutstammen auf vnd anZurichten, vnnd Zusamen Zuordnen, vnderfangen [...].*⁴⁶

So läßt Clemens Jäger den *Fundator* in der Vorrede erläutern. Ebenso heißt es im Widmungsgedicht des ersten Heroldsbildes: *[...] Durch ainen fugger auserkoren / Von der Lilgen wolgeboren / Welchem vergunt hat Got die gnad / Das ers also geordnet hat / Auf das des fuggerisch Geschlecht / Inn guter gedechtnus pleiben möcht / Derhalb Im billich danck nachsagen / all die fuggerischen Namen tragen [...].*⁴⁷

Die Verfasserschaft des Familienbuches – normalerweise gebunden an die Position des Familienoberhaupts – bedurfte bei Hans Jakob Fugger der Legitimation durch die göttliche Gnade. Die biographische Erläuterung zum ›Regierer‹ Anton Fugger muß denn auch ausdrücklich seine Position anerkennen: *Herr Anthoni fugger, Herren Georgen fuggers jungster Eelicher Sone, diser Zeit als dis fuggerisch Eernbuch aufgericht, noch Jnn gesunden leben, vnd der eltist fugger von der Lilien [...].*⁴⁸

Hans Jakob Fugger datiert das Ehrenbuch freilich anhand seiner eigenen Hausvaterschaft: *[...] welchs Jch mit hilff götlicher gnaden, meines alters von Got Jn dem NeunvndZwaintzigisten, vnd meines lieben eerlichen vnd freuntlichen Gemahels, Jn dem dreivndZwaintzigisten, vnd vnser baider haushaltung des hailigen Eelichen stands, Jn dem dem Sibenden Jarn, [...] beschlossen habe.*⁴⁹

Seine Position als *Fundator* des Ehrenbuches ist erkennbar ambivalent zwischen Unterordnung unter die ›Regiererschaft‹ des Onkels und Beanspruchung einer eigenen, autonomen Patriarchenrolle. So ist auch in der Endfassung seinem Porträt ein Siegelstempel als Attribut beigegeben, Symbol seiner geschäftsmäßigen Eigenständigkeit⁵⁰. Hans Jakob Fugger stellt sich damit ausdrücklich in die Tradition seines Vaters Raymund: Auch dieser hält in seinem Allianzbildnis eine Petschaft in der rechten Hand⁵¹.

In den biographischen Angaben zu dessen Person wird entsprechend deutlich hervorgehoben, daß Raymund Fugger als älterem der Georgsöhne innerhalb der Familie eigentlich ein höherer Status zugestanden hätte als Anton: *Diser Herr Raymundus, Jst nach absterben der Dreien alten Herren fuggern, der eltist gewesen, vnd den handel, mit Herren Anthonio seinem Bruder gefueret, [...].*⁵² Jakob Fugger der Reiche hatte vor seinem Tod den jüngeren Neffen Anton in der Nachfolge bewußt dem älteren Raymund vorgezogen⁵³. Das Fuggersche Ehrenbuch betont nun gegen diese testamentarische Regelung die Ansprüche des älteren Sohnes. So wird auch die kaiserliche Erhebung der beiden Brüder, ihres Vetters Hieronymus und ihrer Nachkommen in den Grafenstand nicht etwa bei Anton, sondern bei Raymund Fugger erwähnt⁵⁴. Der Vater des *Fundators* wird zum dynastischen Oberhaupt des Hauses Fugger stilisiert, in dessen Primogenitur der Bruder erst nach seinem Tod eingerückt sei. Auch wird Antons Stellung auf die geschäftliche Führung konzentriert: *Diser Herr Anthoni Jst als der eltest Fugger, des Fuggerischen handls zufieren, gantz embsig vnd geflissen, [...].*⁵⁵ Mit dem schon erwähnten Siegelstempel und der betont kostbaren Kleidung ist Raymund Fugger im Bild besonders ausgezeichnet⁵⁶. Der ins Profil gewandte Kopf zeichnet ihn – und außer ihm nur Jakob Fugger den Reichen – mit einer belieb-

---

45 Vgl. MONNET, Les Rohrbach, S. 29, 76–114, über die Rohrbach in Frankfurt.
46 Endfassung, fol. 4v–5r.
47 Endfassung, fol. 1v.
48 Entwurf, fol. 28r; vgl. das Allianzbildnis Entwurf, fol. 27v (Endfassung, fol. 40v): *Der Wolgeboren Herr Anthoni Fugger, welcher Herren Georgen fuggers dritter Eelicher Sone gewesen, vnd diser zeit noch in gluckseligem leben, [...].*
49 Endfassung, fol. 5v.
50 Endfassung, fol. 45v.
51 Endfassung, fol. 37v; Entwurf, fol. 26v.
52 Entwurf, fol. 27r.
53 PÖLNITZ, Die Fugger, S. 155–158.
54 Entwurf, fol. 27r.
55 Entwurf, fol. 28r. Es folgen Angaben zu grundlegenden kaufmännischen Entscheidungen, zur Verheiratung der Raymundkinder, zur Herrschaftsbildung der Fugger und schließlich zu Anton Fuggers Vermittlerrolle nach dem Schmalkaldischen Krieg. Zur ambivalenten Bewertung Anton Fuggers im Fuggerschen Ehrenbuch vgl. auch PÖLNITZ, Anton Fugger 2.II, S. 550–553.
56 Endfassung, fol. 37v, Entwurf, fol. 26v; zur Kleidung vgl. Kap. 3.5.

ten Pathosformel der zeitgenössischen Porträtkunst aus. Raymund greift mit dem angewinkelten Arm kraftvoll den Kragen seiner Schaube – ein Imponiergestus, der den selbständigen Mann kennzeichnete⁵⁷.

Besonders betont wird für Raymund Fugger auch die für die Selbst- wie Außenwahrnehmung auch seines Sohnes maßgebliche Betätigung als Mäzen und Förderer von Kunst und Gelehrsamkeit: *[...] Nicht allain ein besonderer liebhaber, sonder ein Eer aller warhafften historicis, der Antiquiteten vnd medeyen seer begirlich, Ja aller vorgemelter gutwissender sachen, ein gantz fleissiger erfrager vnd begaber aller guten Kunsten, wie dann sein fleis in seiner verlasnen Kunstkamer, wol gespurt, gesehen, vnd Jedem sehenden verwunderliche zeugknus von sich gibet.*⁵⁸ Das Ehrenbuch stellt so die gelehrten und künstlerischen Interessen Hans Jakob Fuggers, seine repräsentativen Funktionen als Vertreter des Hauses nach außen, in die Tradition des Vaters⁵⁹.

Die Stilisierung einer dynastischen Vorrangstellung des verstorbenen Vaters gegenüber dem dominanten Onkel wird auch durch eine ausführliche Schilderung der reichen Bau- und Kauftätigkeit Raymunds unterfüttert. Die einschlägigen Angaben bei Anton Fugger betonen, daß *[...] Des alles dem gantzen fuggerischen Namen, Jn gemain zu eern, nutz vnd wolfart, von Jm, wie gemelt, erkaufft, vnd an sie gepracht worden ist.*⁶⁰ Bei Raymund Fugger hingegen wird sorgfältig differenziert: *Die Herrschafften, Burckstall, schlos vnd Herrlichkaiten [...] hat Er dem fuggerischen Namen in gemain, zu ern vnnd nutz erkaufft, Aber die Herrschafft, schlos vnd flecken mikhausen, hat Er aus vrsachen der pawenslust allain auf Jn vnnd seine Söne, aigenthumblichen [...] erkauffet, vnd an sich pracht, welches Schlos Er von newem erpawet, vnnd sein Son Herr Hans Jacob fundator dises Buchs solche Herrschafft hernacher mit langenmeisnach gezieret hat, [...].*⁶¹ Ausdrücklich stellt Hans Jakob Fugger sich so in die Tradition einer schon von seinem Vater begonnenen besitzrechtlichen Sonderentwicklung.

Den individuellen Bedürfnissen des *Fundators* ist auch die Todesmeldung des Vaters verpflichtet, die im Vergleich durch ihre Emphase und den individuellen Zuschnitt der Memorialformeln auffällt: *Vnd als Er .45. Jar seines alters, mit grossem lob vnd eern erlebt, Jst er, nachdem sein erlicher lieber Gemahel imm Monat Januario zuuor, mit tot in Got verschiden, [...] aus diser welt verschaiden, vnd folgends mit grosser clag [...] gantz Eerlichen begraben worden, denen baiden meinen geliebten eltern, Vater vnd muter, Der Almechtig Got von himel, ein gnedig vnd fröliche vrstend (von hertzen wunschende) gnedigclichen verleihen wolle. Amen. Amen. Amen.*⁶² Das Fuggersche Ehrenbuch zeugt so von einem besonderen Bemühen seines *Fundators* um das Seelenheil des Vaters – ein Bemühen, auf das Raymund als Ahnherr der Nachfahren seines Sohnes Anspruch erheben konnte.

Der sich hier abzeichnenden Verschiebung auf den Raymundzweig als Bezugsrahmen des Ehrenbuches entspricht die ganz auffällige Betonung der Verbindung zu den Thurzo, jenem polnisch-ungarischen Kaufmanns- und Adelsgeschlecht, das durch Katharina Thurzo, die Frau des Raymund, das matrilaterale ›Herkommen‹ des Raymundzweigs bildete⁶³. Die Stammutter wird denn auch mit ausgestopfter Stirnhaube, einem reich verzierten Kleid und einer Schaube aus edlem Tuch als ehrbare Frau gezeigt⁶⁴. Auch betont die Kurzbiographie Jakob Fuggers des Reichen als maßgeblichen Aspekt des kaufmännischen Erfolgs unter seiner Ägide die Kooperation mit den Thurzo: *[...] zu welchem Jm herr Georg Turtzo von betlahemsdorff, herren Alexi Turtzo Stathalters Jm Königreich Hungern gevatter, zu welches Sune herr Jorgen genant Herr Vlrich fugger sein tochter Anna genant, verheirat, vnd dem fuggerischen Namen mit Schwagerschafft gefreundt, gegenn Kaiserlichen vnd Königlichen Höfen mit grosser furderung gantz treffenlichen seer verholffen was.*⁶⁵

Das Fuggersche Ehrenbuch ist jedoch auch in seiner Gesamtanlage auf die partikularen Interessen des Raymundzweiges des Hauses Fugger hin orientiert. Während die vorliegenden Entwurfspapiere bis zur Generation des Hans Jakob Fugger die Kinder Raymunds und Antons gleichermaßen erfassen, ist in der Endfassung die folgende Generation nur mehr mit den bereits geborenen Kindern der Raymundsöhne Hans

---

57 Vgl. Kap. 3.3.3.
58 Entwurf, fol. 27r.
59 Zwischen Anton und Raymund zeichnet sich in den frühen Jahren eine ähnliche Arbeitsteilung ab, vgl. PÖLNITZ, Die Fugger, S. 155 f.
60 Entwurf, fol. 28r.
61 Entwurf, fol. 27r; die Passage ab *vnnd sein Son* bei der Korrektur gestrichen.
62 Entwurf, fol. 27r; da Anton Fugger zur Abfassungszeit noch lebte, bieten sich zum Vergleich die Kurzbiographien zu den älteren Generationen an, vgl. z.B. Entwurf, fol. 10r, 11r, 14r, 15r, 17r, 19r.
63 Analog läßt sich anhand der Überlieferungsgeschichte der Fuggerchronik ein besonderes Interesse des Antonzweiges an der Familiengeschichte der Rehlinger beobachten; vgl. ROHMANN, Clemens Jäger, S. 273.
64 Entwurf, fol. 26v; Endfassung, fol. 37v; im Entwurf trägt sie sogar die adelig bzw. patrizisch konnotierte Kinnbinde.
65 Entwurf, fol. 19r; vgl. Endfassung, fol. 29r: *Der Edel vnd Vest Herr Georg Turtzo von Betlahemsdorf, königclicher wirdin zu Hungern, Camergraf auf der Cremnitz, in dem Konigreich Hungern, welcher hernach zu Augspurg gewonet, vnd mit Herren Vlrichen fuggers eeliche tochter, Anno .1497. hochtzeit gehabt [...]*. Jakob Fugger hatte 1498 das für die Montanunternehmungen der Thurzo und Fugger im ungarischen Raum als Kontrollorgan über den Kupferbergbau maßgebliche Amt des Kammergrafen in der Kremnitz von König Ladislaus von Ungarn für die Thurzo gepachtet; vgl. PÖLNITZ, Jakob Fugger 1, S. 101; 2, S. 78.

Jakob und Georg vertreten[66]. Angesichts der fragmentarischen Überlieferung der Entwürfe sind zwar präzisere Annahmen zum Termin und Anlaß dieser begrenzten Erweiterung kaum möglich, man wird in ihr jedoch einen Reflex auf die gerade in den Jahren 1546–1548 sich verfestigende erb- und besitzrechtliche Teilung des Gesamthauses sehen können. Für die eigene Gegenwart, die sechste Generation (die fünfte *Linie* des Ehrenbuches) gibt Hans Jakob Fugger in seinem Ehrenbuch noch die Gesamtheit des Hauses Fugger. Für die familiäre Zukunft jedoch verengt sich die Perspektive auf die Nachkommen seines Familienzweigs. Mit seiner Vollendung in den Jahren 1548 und 1549 wird das Ehrenbuch so zum deutlichen Ausdruck des Auseinanderfallens des Hauses Fugger von der Lilie. Hans Jakob Fugger stiftete es nicht mehr als Familienbuch der Fugger als Gesamtheit, sondern nur mehr als das des Raymundzweigs[67].

So ist es vielleicht nur folgerichtig, wenn – soweit die tatsächliche Überlieferungsgeschichte des Ehrenbuches rekonstruierbar ist – der Codex nicht unter den Nachkommen Hans Jakob Fuggers, sondern unter denen seines Bruders Georg weiter überliefert wurde. Georg war nach dem Zusammenbruch von 1563 zum Oberhaupt der Raymundsöhne geworden, zu dessen Aufgabenbereich die Aufbewahrung des Familienbuches gehört haben könnte. Die weitere Überlieferung in der Nachkommenschaft seines ältesten Sohnes Philipp Eduard könnte so Ausdruck einer weiteren Verengung des Bezugsrahmens sein, in deren Verlauf die Handschrift nicht mehr als Teil des Gemeineigentums der Raymundnachkommen, sondern als Erbe innerhalb eines Familienastes behandelt wurde.

Das Fuggersche Ehrenbuch ist gerade in dieser Ambivalenz zwischen Gesamthaus und Familienzweig auch Medium der individuellen Statusstabilisierung Hans Jakob Fuggers. Ebenso werden die von ihm später bei Clemens Jäger in Auftrag gegebenen weiteren Werke, die Fuggerchronik und das Habsburgische Ehrenwerk, in diesem Kontext zu sehen sein. Wenn Hans Jakob Fugger zudem gerade seit 1547 (und bis 1566) durch Jakob von Rammingen eine Geschichte der Grafen von Kirchberg bearbeiten ließ, jenes Geschlechts, in deren Herrschaft die Fugger eingetreten waren[68], so ist auch dies deutlicher Ausdruck seiner Bemühungen um eine historische Rückbindung der gesellschaftlichen Position der Fugger – Bemühungen jedoch, die sich zumindest auch auf die eigene Stellung in der Familie bezogen. In der innerfamiliären Statuskonkurrenz zog Hans Jakob Fugger die Deutungshoheit über die Familiengeschichte an sich und beanspruchte für sich so eine der zentralen Funktionen des Hausvaters. So konnte er die Grenzen der Verwandtschaft definieren und die familiäre Selbstwahrnehmung auf seine Person hin ausrichten. Im gegebenen Kontext konnte dieses Mittel freilich nicht zur Überwindung der Konkurrenz innerhalb des Gesamthauses, sondern nur mehr zur Verfestigung einer partikularen Untereinheit beitragen. Als Instanz der familiären Identitätsbildung wurde das Ehrenbuch selbst zum Medium der Spaltung in Familienzweige mit eigener verwandtschaftlicher Selbstwahrnehmung.

3.2 Konkurrierende Konzeptionen

In der Vorrede des Ehrenbuches läßt Clemens Jäger den *Fundator* erläutern: *Wie Jch aber dises mein gantzes Fuggerisch Eernwerck aufgetailt vnnd geordnet habe, will Jch auch ertzelen. Erstlich habe Jch gedacht, das Eerlich vnnd gut were, wann Jch kondt oder möchte, den anfang vnd eintrit des fuggerischen Namens in die Stat Augspurg zuwegen pringen vnd bekomen, vnd alle vnd Jede Personen, so dem fuggerischen Namen mit freuntschaft vnd Sipschaft zugethon vnd verwandt, auch wie die Jmmer einander Eelichen geboren, von dem anfang her, bis auf das Tausentfunfhundert funfvndviertzigsten Jars, bester form vnd Ordnung nach, Jnn ainen algemainen fuggerischen Stammen Zusamen ordnen, richten vnd pringen möchte. [...] Also, das Jch solchen Generalstammen [...] Auf das best so Jch Jmmer gemöcht, vnd noch vor augen gesehen wirt, glucklich vollendet habe. [...] Zu dem andern Habe Jch Jnn dis Eernbuch allain die Jhenigen, so dem fuggerischen Geschlecht vom geblut Mansstammens, Namens, vnd Sipschaft, erboren, vnd souil möglich, wo jeder gewonet, was sein Stand vnd handlung gewesen, rechter Ordnung nach, mit Wappen vnd Geschriften, verzaichnen vnd pringen wöllen. Vnd auf das Jedes dester verstendiger gesehen werde, habe Jch den gantzenn fuggerischen Mansstammen, Jnn einen abgesenckten Stammen, fein ordenlich gebracht, vnd Jnn dis mein Eernwerck gelegt, Also das ein Jeder Lesender dises Eernbuchs, alle Eelich geborne Fugger [...] gesehen werden mögen, wie dann das gantz fuggerisch Eernwerck an Jm selbs, ainem Jeden nach seinem begern vnd fragen, guten bericht vnd erkantnus, von sich geben wirt, [...]*.[69]

---

[66] Kinder des Hans Jakob: Endfassung, fol. 79r–90r, im 18. Jh. fortgesetzt bis fol. 101r; Kinder des Georg: Ebenda, fol. 101v–104r, fortgesetzt bis fol. 113r.

[67] Wenn in der Kurzbiographie Ulrich Fuggers, Entwurf, fol. 15r, die Unteilbarkeit des Hauses und der Gesellschaft betont wird, steht dies dem nicht unbedingt entgegen, da sich dies primär auf die Generation der Gebrüder Ulrich, Georg und Jakob bezieht. Die Unteilbarkeit der Firma war notwendige Voraussetzung des legitimen Bestands des Fuggerschen Handels über den Tod der jeweiligen Gesellschafter und ›Regierer‹ hinweg. In der Situation der Jahre nach 1548 wurde sie zwar zunehmend dysfunktional, auch Hans Jakob Fugger hielt jedoch bis zu seinem Zusammenbruch an der geschäftlichen Einheit fest.

[68] SEIGEL, Zur Geschichtsschreibung, S. 97.
[69] Endfassung, fol. 5r–5v.

Zunächst erstellte der *Fundator* bzw. sein Auftragsschreiber demnach einen *Generalstammen*, in dem *alle vnd Jede Personen, so dem fuggerischen Namen mit freuntschaft vnd Sipschaft zugethon vnd verwandt* waren, erfaßt wurden, also wohl gleichermaßen die Agnaten und Kognaten des Hauses Fugger[70]. Dieser Stammbaum wurde zur Entstehungszeit des Ehrenbuches *noch vor augen gesehen*, lag also noch vor[71].

Von diesem zu unterscheiden ist das eigentliche Ehrenbuch mit seiner langen Reihe der Porträts allein derjenigen, *so dem fuggerischen Geschlecht vom geblut Mansstammens, Namens vnd Sipschaft erboren*, also nur der Agnaten und ihrer Ehepartner. Und *auf das Jedes dester verstendiger gesehen werde*, zur besseren Übersicht also, wurde drittens dem Ehrenbuch als Beilage ein *abgesenckt*[er] *Stammen*[72] hinzugefügt, eine Stammtafel mit dem *gantzen fuggerischen Mansstammen*, wiederum der agnatischen Deszendenz also. Diese zweite, agnatische Stammtafel und das Ehrenbuch in seiner heute vorliegenden Form bildeten zusammen *das gantz fuggerisch Eernwerck*. Eine wohl großformatige Stammtafel als Beilage zur Übersicht hatte auch das von Clemens Jäger bearbeitete Ehrenbuch der Pfister. In diesem Fall ist heute ebenfalls nur mehr das eigentliche Ehrenbuch erhalten[73].

Die erste Stammtafel des Hans Jakob Fugger, die auch die kognatische Verwandtschaft erfaßte, ist ebenfalls nicht überliefert. Der Vorrede zufolge könnte sie bereits 1543 anhand der städtischen Archivalien erstellt worden sein[74]. Naheliegend ist die Annahme, daß es sich bei diesem im Vorfeld der Bearbeitung des Ehrenbuches entstandenen *Generalstammen* um jene Vorlage handelt, die Clemens Jäger in den Entwürfen zumindest einmal direkt zitiert: *JCH Befünde aus vnserem Stammen dass Görg fugger noch einen erben mitt namen Petter so der Jungst gewesen Gehabt hatt.*[75] Freilich sind aus dem Umkreis der Fugger schon seit dem späten 15. Jahrhundert genealogische Aufzeichnungen bekannt[76].

Aufgezeichnet werden sollte jedoch auch […] *souil möglich, wo Jeder gewonet, was sein Stand vnd handlung gewesen, rechter Ordnung nach, mit Wappen vnd Geschriften* […].[77] Diese Erweiterung der reinen Genealogie um biographische und familiengeschichtliche Nachrichten erreichte man nun, indem man die einschlägigen Ausführungen im Anschluß an das Bildnis der jeweiligen Person auf gesonderten Textseiten einschob. Offenbar hatte man zunächst geplant, Textseiten und (Allianz-)Bildnisse durchgehend abwechselnd aufeinander folgen zu lassen[78]: Sowohl in den Entwurfspapieren als auch in der Reinschrift sind über lange Strecken auf den recto-Seiten mit Blei oder Blindgriffel vorgezeichnete Textseitenrahmen zu erkennen[79]. In der ausgeführten Endfassung sind dann

---

[70] Deutsches Wörterbuch von GRIMM 16 (10.1), Sp. 1224–1226; 4 (4.1.1), Sp. 128–130, und Matthias LEXER, Mittelhochdeutsches Handwörterbuch, 3 Bde., Leipzig 1869–1878, hier 2, Sp. 938–940; 3, Sp. 526–528, geben für »Sippe« / »Sipschaft« und »Vriuntschaft« / »Freundschaft« gleichermaßen ein unspezifisches Bedeutungsfeld: »Verwandtschaft« / »Consanguinitas«; ebenso Ingrid BAUMANN-ZWIRNER, Der Wortschatz Augsburger Volksbuchdrucke der Inkunabelzeit im Vergleich mit dem südwestdeutscher Paralleldrucke (Europäische Hochschulschriften, Reihe 1: Deutsche Sprache und Literatur 1215), Frankfurt am Main u.a. 1991 [Diss. phil. München 1987], S. 416 f.; weiterreichender Aufschluß über den Inhalt der beiden Genealogien ist insofern anhand der im Ehrenbuch verwendeten Terminologie nicht zu gewinnen. Unklar muß auch bleiben, bis zu welchem Grad die kognatische Genealogie erfaßt gewesen sein könnte.

[71] Die hier ausgewertete Passage aus der Vorrede des Fuggerschen Ehrenbuches ist wiederholt als Zeugnis zum intentionalen Hintergrund und zur Bearbeitungsweise herangezogen worden, so bei BIEDERMANN, in: (Kat.) Welt im Umbruch 1, Nr. 162, S. 224; und Arnd REITEMEIER, in: (Kat.) ›Kurzweil‹. Augsburger Patrizier, Nr. 15, S. 40. Die einschlägigen Zitate beziehen sich jedoch nicht auf das Ehrenbuch, sondern auf den erwähnten heute verlorenen *Generalstammen*.

[72] Vgl. zu Beginn der genealogischen Reihe, Endfassung, fol. 9v: *Hernach volgt der abgesenckt Mansstammen des Eerlichen vnd altloblichen fuggerischen gschlechts* […]; ebenda, fol. 11r: […] *auf das die Ordnung dises Fuggerischen Mansstammens verstendig pleibe* […]; ebenda, fol. 13v: […] *auf das der gesenckt Stammen auch verstendtlich pleib*, […].

[73] ROHMANN, Clemens Jäger, S. 248.

[74] Endfassung, fol. 5r: *Zu welchem meinem furnemen (mir eben der Zeit, als Jch des clainen Jnnersten Rats, vnd Einnemer der Stat Augspurg gewesen) wol gelungen, Vnd aus den alten Steur Leibgeding, vnd Baumaister Buechern, von etlichen guten waren bericht, erlernet vnd erlangt habe* […].

[75] Entwurf, fol. 28v.

[76] Max JANSEN, Die Anfänge der Fugger (bis 1494) (Studien zur Fuggergeschichte 1), Leipzig 1907, S. 28 f., zitiert eine Kinderliste der Kinder Jakobs des Älteren († 1469), die mit Ergänzungen des 16. Jahrhunderts auf das 15. zurückgehen soll. In MEYER (Hg.), Chronik der Fugger, wird wiederholt auf eine andere Genealogie verwiesen, so S. 6 (über Barbara Fugger vom Reh und Thoman Grander): […] *Weliche dann in werender ehe eheliche kinder mit einander erzeugt haben, wie dann in dem Fuggerischen bluetstamen clar zu sehen ist.* Freilich könnte es sich bei letzterem auch um den verlorenen *abgesenckt Mansstammen* des Ehrenbuches oder die erste Stammtafel des Hans Jakob Fugger handeln.

[77] Endfassung, fol. 5v. Die Vorrede expliziert nicht das Nebeneinander von Bild und Text. Jedoch richtet sie sich an *den Leser vnd besichtiger dises Fuggerischen Eernbuchs*; ebenda, fol. 4v.

[78] In ganz ähnlicher Form bietet das Familienbuch des Nürnbergers Hans Rieter verso jeweils die Allianzwappen und Porträts der männlichen Rieter und ihrer Frauen, recto biographische Erläuterungen; vgl. Albert BARTELMESS, Lebensbeschreibung des Hans Rieter von Kornburg (1522–1584) und seine beiden Kopial- und Stammbücher, in: MVGN 56 (1969), S. 360–383, hier S. 378.

[79] Im Entwurf auf fast allen Seiten, in der Endfassung bis auf die ersten Seiten und die leer gebliebenen am Ende; vgl. insbesondere Endfassung, fol. 105r; bei den Nachträgen des 18. Jahrhunderts scheint man sich dann für die Ergänzungen unter den Kindern Hans Jakob und Georg Fuggers an diesem Muster orientiert zu haben: Ebenda, fol. 93v–98v sind jeweils leer. Die Blindgriffel-Vorzeichnungen recto finden sich auch hier.

jedenfalls zu den meisten männlichen Nachkommen[80] und unter den männlichen Vorfahren bei jenen, die das Erwachsenenalter erreicht hatten, Textseiten eingebunden. In den Ornamentrahmen dieser Textseiten sind auch die Wappen der zu behandelnden Männer eingezeichnet. Die Schriftspiegel jedoch blieben bis auf diejenigen zu den ersten beiden *Linien* des Hauses leer[81]. In den überlieferten Entwürfen ist der familiengeschichtliche und biographische Teil noch für alle Oberhäupter der Familie in den verschiedenen Generationen ausgearbeitet worden[82]. Noch in der Mitte des Jahres 1548, während oder nach Abschluß des ›Geharnischten Reichstages‹, führte Clemens Jäger die biographischen Angaben zu Anton Fugger fort[83]. An diesen familiengeschichtlichen Teilen des Ehrenbuches jedoch bestand zu diesem Zeitpunkt offenbar kein Interesse mehr. Die Bearbeitung des Ehrenbuches beschränkte sich vollends auf die Erstellung der Galerie von Ahnenbildern. Zumindest in der letzten Bearbeitungsphase wurden nicht einmal mehr die Namenslegenden in den Schriftbändern ausgeführt[84].

Wie in der Buchmalerei des 16. Jahrhunderts allgemein das Bild zunehmend von der reinen Illustration zum eigenständigen Medium neben dem Text wird[85], haben wir es auch beim Fuggerschen Ehrenbuch mit zwei konkurrierenden Vermittlungsformen zu tun: In der Tradition als Familienbuch ist in ihm Familiengeschichtsschreibung angelegt als Form der schriftlichen Vermittlung von historischem Wissen. Als genealogisch strukturierte Aneinanderreihung von Bildern der Vorfahren ist in ihm der Typus der Ahnengalerie, des Porträtbuches angelegt als Form der visuellen Vermittlung historischen Wissens[86].

Auf den Schlössern der adeligen Standesgenossen eines Hans Jakob Fugger wurden große Serien von Tafelbildern mit Ahnenporträts gezeigt[87]. Im späteren 16. Jahrhundert sollten auch die Fugger richtiggehende Ahnengalerien in Auftrag geben, so eine heute im Schloß Babenhausen erhaltene Reihe von Tafelbildern mit Brustporträts und längeren Textlegenden[88], eine Bildnisreihe für das von Hans Fugger, dem Sohn des Anton, erneuerte Schloß Kirchheim, oder die Ahnenreihe des Octavian Secundus Fugger[89].

Während des mehrjährigen Entstehungsprozesses der Handschrift verschob sich zwischen diesen konkurrierenden Konzeptionen das Gewicht von einer zunächst starr dualen Abfolge von Bild und Text über eine Inserierung der in ihrem möglichen Umfang nun verlängerten Textbausteine an den betreffenden Orten im Fortgang der Bildreihe bis zu einer weitestgehenden Konzentration auf die Fertigstellung des Bildbestandes unter Auslassung der Texteinträge. Da diese konzeptionelle Verschiebung mit dem Bearbeitungsgang parallel lief und man währenddessen offenbar aus arbeitsökonomischen und materiellen Gründen nicht mit einer grundlegenden Neubearbeitung reagieren konnte oder wollte, ist sie heute an der vorliegenden Handschrift ablesbar[90].

Hatte sich in der Konkurrenz der Konzeptionen schlußendlich die Ahnengalerie in Buchform durchgesetzt, so mußte diese Anlage jedoch zwangsläufig kollidieren mit dem für das frühneuzeitliche Familienbuch typischen Postulat des Verfassers an die Nachgeborenen, wie es auch der *Fundator* des Ehrenbuches ausdrücklich formuliert: […] *Auf das alle meine Erben vnd Nachkomen, Jn ansehung meiner vilfältigen, langen vnd mhuesamen arbait, Zu Eern dem gantzen fuggerischen Namen, von mir beschehen, Jngedenck, Vnd das vileruent fuggerisch Ernwerk, zu seiner zeit, auf das die fuggerisch Eer, vber lange Jar vnd kunftig*

---

[80] In der siebten Generation, die in den überlieferten Entwürfen nicht enthalten ist, für alle lebenden Söhne des Hans Jakob (vgl. Endfassung, nach fol. 79v, 82r, 85r, 87v) und von den Kindern Georgs für Philipp Eduard, ebenda, fol. 102v, für diesen jedoch nur eine Textseite vorgesehen; der erst 1549 geborene Octavian Secundus, ebenda, fol. 104r, konnte im Bild noch aufgenommen, jedoch nicht mehr mit Textseiten ausgestattet werden.

[81] Endfassung: fol. 2r: Gebet; fol. 4v–5v: Vorrede; fol. 10r–10v: Hans Fugger d. J.; fol. 11v–12r: Ulrich Fugger und seine Söhne; fol. 15r–15v: Jakob Fugger d. Ä.; fol. 169v: Andreas Fugger der Reiche; fol. 171r: Lukas Fugger d. Ä.

[82] Entwurf: Hans d. J.: fol. 10r; Ulrich: fol. 11r; Andreas der Reiche und Lukas d. Ä.; die Ahnherren der Fugger vom Reh, sind hier nicht erfaßt: Lukas taucht logischerweise gar nicht auf, Andreas (fol. 12v) nur mit einem Allianzbildnis; Jakob d. Ä.: fol. 14r; Ulrich d. Ä.: fol. 15r; Georg d. Ä.: fol. 17r; Jakob der Reiche: fol. 19r–19v; Raymund: fol. 27r; Anton: fol. 28r; Hans Jakob: fol. 30v. Die Brüder Hans Jakob Fuggers sind diesbezüglich in den überlieferten Papieren nicht erfaßt, ebenso die ohne Nachkommen gebliebenen Ulrich d. J. (fol. 24r: sein Allianzbildnis) und Hieronymus (fol. 24v, mit langem Text, für den bei der Korrektur eine Textseite angemahnt wird). Die Seite mit der biographischen Erläuterung zu Georg d. Ä. (fol. 17r) hat auch bei der Korrektur-Numerierung keine Nummer erhalten.

[83] Entwurf, fol. 28r.

[84] Vgl. Kap. 7.3.3 und 7.3.4.

[85] Horst KUNZE, Geschichte der Buchillustration in Deutschland. Das 16. und 17. Jahrhundert, 2 Bde., Leipzig 1993, hier 1, S. 12–15.

[86] Mit der Fortsetzung des späten 18. Jahrhunderts schließlich wurde das Ehrenbuch zum Wappenbuch. Zum Typus des Porträtbuches vgl. ROHMANN, Clemens Jäger, S. 179–188.

[87] HEINZ, Porträtbuch, S. 165 f.; Sabine FELLNER, Das adelige Porträt. Zwischen Typus und Individualität, in: (Kat.) Adel im Wandel, 1990, S. 498–519.

[88] Heute im Schloß Babenhausen; SCHAD, Frauen des Hauses Fugger, nach S. 24, nach S. 144, bietet Abbildungen aus dieser Reihe; Walther GRÄBNER, Über Ursprung und Art bildlicher Darstellungen von Stammtafel und Ahnentafel mit besonderer Berücksichtigung der deutschen genealogischen Kunst des 16. bis 19. Jahrhunderts, Görlitz 1902 [Diss. phil. Jena 1901], S. 36, Anm. 1, erwähnt eine von Hans Burgkmair 1546 gezeichnete Stammtafel der Fugger im Germanischen Nationalmuseum in Nürnberg. Gemeint ist vermutlich nichts anderes als die Entwurfshandschrift des Fuggerschen Ehrenbuches, die lange Zeit Hans Burgkmair zugeschrieben wurde.

[89] KOUTNÁ-KARG, Ehre der Fugger, S. 100.

[90] JANSEN, Anfänge, S. 75, hat in den »mißlichen Vermögensverhältnisse[n]« Hans Jakob Fuggers den Grund vermutet.

zeit, Jnn guter gedechtnus beleibe, zuerstrecken, vnd weiter aufzufueren, mir nachzuuolgen, desterbasz angeraitzet werden, des Jch an alle Nachkomen des Eerlichen vnd altloblichen Fuggerischen Geschlechts, nicht allain zu dem freuntlichisten begere, Sonder Zu dem allerfleissigisten sich in kunftig Zeit darinnen zuuben, gebeten haben will.[91]

Dieser Anforderung zu entsprechen hätte eine kontinuierliche Weiterführung der Allianzbildnisse erfordert, wie man sie in den ersten Monaten auch noch versucht hat[92]. Längerfristig jedoch mußte sich dieser Anspruch als uneinlösbar erweisen: Angesichts der zunehmenden Verzweigung des Gesamthauses Fugger hätte eine kontinuierliche Aktualisierung das Werk unbrauchbar gemacht, da es permanent in der Werkstatt hätte sein müssen. Die Symbiose aus Familienchronik und Ahnengalerie mußte demnach scheitern, solange das aus der Familiengeschichtsschreibung übernommene Fortführungsgebot Bestand hatte.

Auch konnte dem universalen Anspruch eines Familienbuches des Hauses Fugger spätestens nach der konfliktreichen Aufteilung von Familie und Firma in keinem Falle entsprochen werden. Die Vermittlung des enthaltenen historischen Wissens hätte nur mehr einen kleinen Teil des potentiellen Publikums überhaupt erreichen können, es sei denn, man hätte mehrere Handschriften des Ehrenbuches für die verschiedenen Zweige der Familie erstellt. In einem ähnlichen Fall ließ zwischen 1530 und 1533 Bartholomäus Haller in Nürnberg einen auch mit Porträts ausgeführten Entwurf für die verschiedenen Zweige seiner Familie mehrmals kopieren[93].

So war das Fuggersche Ehrenbuch als aufwendige Großform eines Familienbuches, als Produkt einer Professionalisierung der Geschichtsvermittlung, in der Praxis letztlich unbrauchbar. Clemens Jäger und sein Auftraggeber jedoch reagierten vermutlich schon wenige Jahre später auf das konzeptionelle Dilemma, in das sie mit dem Ehrenbuch geraten waren: Auf der Grundlage der für dieses verfaßten familiengeschichtlichen Abschnitte arbeitete Jäger bis zu seinem Tod an einer tatsächlichen Familienchronik im Wortsinn, der Fuggerchronik[94]. Sie konnte bequem sowohl vervielfältigt als auch kontinuierlich aktualisiert werden und gewann so eine ungleich größere Wirkung als das Ehrenbuch.

1592 schließlich gaben Philipp Eduard Fugger und seine Brüder Octavian Secundus und Anton[95] bei dem aus Antwerpen stammenden Kupferstecher Dominicus Custos eine Sammlung von Kupferstichen nach Bildnissen der Fugger in Auftrag. Später überarbeiteten und aktualisierten dessen Stiefsöhne und Mitarbeiter, die Gebrüder Wolfgang und Lukas Kilian, das Werk. 1618 erschien es in Augsburg bei Andreas Aperger im Druck[96]. Unter dem Namen ›FVGGERORVM ET FVGGERARVM QVAE IN FAMILIA NATAE QVAEVE IN FAMILIAM TRANSIERVNT QVOT EXTANT AERE EXPRESSAE IMAGINES‹[97] enthält es auf über 120 Seiten eine Kupferstichgalerie der Fugger von der Lilie, angefangen mit Jakob dem Älteren[98] – also die Geschichte der Einwanderung in die Stadt auslassend – bis in die Generation der Kinder des Auftraggebers, geteilt in Raymund- und Antonlinie[99]. Dabei wird im aufgeschlagenen Buch links, also verso, jeweils der Name und eine kurze Biographie mitgeteilt, bei den Männern auch eine Kinderliste[100], und recto, also rechts im aufgeschlagenen Buch, ein Kupferstichporträt der bzw. des Betreffenden. Die Konzeption entspricht also der ursprünglich für das Fuggersche Ehrenbuch vorgesehenen Doppel-

---

[91] Endfassung, fol. 5v.
[92] Vgl. Kap. 7.3.5.
[93] Georg HIRSCHMANN, 600 Jahre Genealogie in Nürnberg, in: Blätter für fränkische Familienkunde 8 (1965), S. 173–184, hier S. 176; HALLER, Geschlechterbücher, S. 220–222; auch im weiteren Verlauf des 16. Jahrhunderts wurden noch Abschriften erstellt; vgl. ebenda, S. 216–218.
[94] Vgl. ROHMANN, Clemens Jäger, S. 271–274, 311–315.
[95] Unklar bleibt, warum der jüngste Georgsohn Raymund nicht beteiligt war; vgl. NEBINGER/RIEBER, Genealogie, Taf. 13a.
[96] NEBINGER/RIEBER, Genealogie, S. V; Georg LILL (Hg.), Fuggerorum et Fuggerarum Imagines. Tomus secundus, 1618–1938, 322 Porträts auf 179 Kupferdrucktafeln. Im Auftrage des fürstlich und gräflich Fuggerschen Familienseniorats, Augsburg 1938, S. IV-VI; Augsburger Stadtlexikon (1998), S. 338.
[97] FVGGERORVM ET FVGGERARVM QVAE IN FAMILIA NATAE, QVAEVE IN FAMILIAM TRANSIERVNT. QVOT EXTANT AERE EXPRESSAE IMAGINES. // OPVS QVOD ILLVSTRIVM DOMINORVM FVGGERORVM, BARONVM IN KHIERCHBERG ET WEISSENHORN, SVMPTV, ANNOS ABHINC XXVI. DOMINICVS CVSTODIS ANTWERPIANVS E SVO DIAGRAMMATE IN AERE INCISVM EDIDIT NVNQVE LVCAS ET VVOLFGANGVS KILIANI FRATRES, CHALCOGRAPHI AVGVSTANI, GENEALOGIA FVGGARICAE PROSAPIAE PER ALIVM FIDELITER COLLECTA ET DE NOVO ADICTA, AMPLIARVNT, DENVO PROPONITVR. [...] AVGVSTA VINDELICORVM MDCXIIX [...]. [StUB Göttingen, 2° Hist. Bav. I, 6060]
[98] FVGGERORVM ET FVGGERARVM, fol. I.
[99] FVGGERORVM ET FVGGERARVM: Ulrich d. Ä.: fol. II; Georg d. Ä.: fol. III; Raymundus-Linie: fol. IV (Jakob der Reiche) bis LXXI (Ferdinand Fugger, ein Sohn des Octavian Secundus); Antonlinie: fol. LXXII (Markus Fugger) bis CXXIV (Maria Elisabetha Truchsessin von Waldburg, zweite Frau des Ottheinrich Fugger); anschließend noch Nachträge, Errata etc. Den Umstand, daß in den ersten Generationen eine erhebliche Anzahl von Personen nicht erfaßt wurde, erklärt LILL (Hg.), Fuggerorum Imagines, S. VI, aus dem unbedingten Streben des Auftraggebers und Bearbeiter nach Porträtähnlichkeit. Wo keine Vorlagen für die Porträts existierten, habe man anders als im Ehrenbuch nicht auf typisierende Darstellungen zurückgreifen wollen. Man wird die selektive Überlieferung gerade für die Frühgeschichte jedoch zumindest auch als Mittel der Stilisierung des Fuggerschen ›Herkommens‹ sehen müssen.
[100] Diese ist gelegentlich auch auf die Seite der Ehefrau gerückt, so, wenn ein Fugger zwei Frauen und mit beiden Kinder hatte, wie Markus Fugger, FVGGERORVM ET FVGGERARVM, fol. XCVIII.

struktur, freilich seitenverkehrt. Bei den Töchtern des Hauses Fugger wird der Ehemann lediglich im Text mitgeteilt, bei den Männern jedoch die Ehefrau(en) jeweils mit einer eigenen Seite behandelt[101]. Philipp Eduard Fugger als Senior der Georgsöhne hatte vielleicht auch das Fuggersche Ehrenbuch in seiner Obhut[102]. Auch arbeitete er nachweislich selbst an einer Genealogie oder Familiengeschichte der Fugger[103]. Die ›FVGGERORVM ET FVGGERARVM IMAGINES‹ sind so wiederum Produkt eines umfassenderen Bemühens um historische Traditionsbildung, dies wiederum von einem maßgeblichen Vertreter des Raymundzweiges der Fugger.

Mit der Fuggerchronik und den ›FVGGERORVM ET FVGGERARVM IMAGINES‹ war jedenfalls das Dilemma durchbrochen, vor dem man mit dem Ehrenbuch gestanden hatte. Die Familienchronik als rein textliche Vermittlung von historischem Wissen ließ sich beliebig aktualisieren und abschreiben. Die Ahnengalerie als Kupferstichsammlung ließ sich zumindest den Bedürfnissen einer weit verzweigten Verwandtschaftsgruppe entsprechend vervielfältigen[104]. Mit der Kombination aus biographischer Erläuterung und Bild war sie praktisch ein gedrucktes Ehrenbuch, allgemeiner: ein gedrucktes Familienbuch.

3.3 Das Fuggersche Ehrenbuch als Ahnengalerie

3.3.1 Bildnis und Allianzbildnis

Der ganz überwiegende Teil des Fuggerschen Ehrenbuches besteht aus Bildseiten. Jedes einzelne Mitglied des Hauses Fugger wird dargestellt durch ein etwa halbfiguriges Porträt über einem Schild mit seinem Wappen. Dabei ist das Wappen gegenüber der Figur nicht etwa in rein identifizierender Funktion in die Peripherie gerückt[105], sondern steht gleichwertig als Repräsentation der Person und ihres Status. Bei unverheiratet gestorbenen Familienmitgliedern wird ein Einzelbildnis in Kombination mit dem Wappen gezeigt[106]. Wo die betreffenden Personen wenig bedeutend schienen, zumal bei jung gestorbenen Kindern, wurden mehrere solcher Einzelbildnisse auf einer Seite zusammengestellt[107]. Bei Paaren hat man aus dem Motiv des Allianzwappens und dem Typus des Ehepaarbildnisses eine Konzeption entwickelt, in der Bild und Wappen als gleichwertige Medien der Repräsentation in ein komplementäres Wechselverhältnis gestellt sind[108]. Analog zum Usus bei Allianzwappen und entsprechend der typischen Gestaltung des Ehepaarbildnisses steht dabei der Mann immer auf der Seite links, d.h. auf der heraldisch bevorrechtigten rechten Seite. Wenn ein Familienmitglied zweimal verheiratet war, werden sein Porträt und Wappen im Bild zwischen die der beiden Partnerinnen bzw. Partner gestellt, wobei die erste Ehe in der heraldisch rechten Position, die zweite in der linken dokumentiert wird[109]. Ist das Familienmitglied der Fugger ein Mann, so steht er zwischen den Ehefrauen erhöht[110]. Ist es eine Frau, so steht sie zwischen den Ehemännern unterhalb[111]. Diese geschlechtspezifisch hierarchische Anordnung wird in den Nachträgen des 18. Jahrhunderts aufgegeben: Nun steht das Fuggerwappen immer über den Wappen der Ehepartner, egal ob es eine Frau oder einen Mann bezeichnet[112].

Die Kombination von Wappen und Bildnis steht jeweils zusammen mit einem Schriftband über dem Kopf der Figur[113]. Als schriftliche Identifikation des Bildes

---

[101] Wo es innerhalb des Gesamthauses Fugger zu Heiraten kam, wird die Frau bei dem Mann eingereiht und auch nur dort erwähnt.
[102] Vgl. Kap. 7.2.5.
[103] LILL (Hg.), Fuggerorum Imagines, S. VII.
[104] Tatsächlich muß eine erhebliche Nachfrage innerhalb und vielleicht auch außerhalb der Familie bestanden haben, da sonst die Drucklegung wirtschaftlich wenig Sinn gemacht hätte. 1620 erschien zusätzlich eine Ausgabe in deutscher Sprache *Contrafehe der Herren Fugger und Frauen Fuggerinnen*, die man jedoch schwerlich mit NEBINGER/RIEBER, Genealogie, S. V, als »Volksausgabe« wird qualifizieren können.
[105] HINZ, Studien, S. 147–149, verdeutlicht dies an dem von Jörg Breu d. Ä. stammenden Ehepaarbildnis des Coloman Helmschmied und der Agnes Breu.
[106] Erstmals Endfassung, fol. 28r.
[107] Endfassung, fol. 12v: Die Söhne Ulrich Fuggers d. Ä., die für die weitere Familiengeschichte bedeutungslos bleiben; ebenda, fol. 14r: die jung gestorbenen Söhne Hans Fuggers d. J.; ebenda, fol. 18v–19r, sind die vier unverheiratet gestorbenen Söhne Jakobs d. Ä. auf zwei Seiten behandelt. Im Entwurf, fol. 16r, war für sie nur eine Seite vorgesehen, offensichtlich aus ästhetischen Erwägungen wurde dies gestreckt. Dabei nähert sich die Abbildung in der Konzeption weit an das Allianzbildnis an: Selbst die Umkehrung des (heraldisch) rechten Wappens ist nachvollzogen. Endfassung, fol. 13r: Heinrich (Konrad?) Meuting und Anna Fugger, Tochter des Hans d. J., und Kunigunde, ihre Schwester, stehen in einem Allianzbildnis und einem Einzelbildnis zusammen. Ebenda, fol. 36v: Für Hans und Peter, Söhne Georg Fuggers, ist nachträglich zu einem Einzelbildnis ein zweites hinzugefügt worden. Im zweiten Bearbeitungsdurchgang, nach 1760, sind bis zu fünf Personen auf einer Seite behandelt, hier freilich jeweils mit nur einem Wappen im Bildzentrum und ohne Porträts; vgl. z.B. Endfassung, fol. 122v.
[108] Erstmals Endfassung, fol. 11v: Ulrich Fugger und Radigunda Mundsam.
[109] Endfassung, fol. 9v, 54v, 170r, 173r, und häufiger in den Wappenbildern des 18. Jahrhunderts; vgl. die ganz ähnliche Bildanlage in der Chronik der Eisenberger: BOCK, Chronik Eisenberger, S. 49, 51, 110, 119, 167, 169, 177, 181, 187 f., 191, 196 f., 201, 205, 207.
[110] Endfassung, fol. 170v.
[111] Endfassung, fol. 54r.
[112] Endfassung, fol. 112r, 114r, 127r.
[113] Abweichend wird auf Seiten, auf denen drei Personen gemeinsam behandelt werden, das Schriftband hinter dem

mit einer historischen Person in einer streng schematisierten Formulierung, jedoch hier und da auch in ergänzenden Bemerkungen, vermittelt die Legende zwischen der bildlichen Statusrepräsentation und dem historischen Wissen, vermittelt jedoch auch selbst historisches Wissen. Der Text ist somit nicht nur Erläuterung, sondern wird zu einem eigenständigen Medium, komplementär zu den beiden anderen Komponenten und konstitutiv für die Gesamtkonzeption[114].

Für diese Bildanlage wurde in der vorliegenden Arbeit der Terminus Allianzbildnis gewählt, um gegenüber dem Ehepaarporträt die Orientierung am Motiv des Allianzwappens, die gleichwertige Stellung von Wappen, Bildnis und Schriftband in einer vertikalen Dreigliederung hervorzuheben. Eine ähnliche Kombination findet sich gelegentlich in Stammtafeln des 16. Jahrhunderts[115]. Die Repräsentation der Personen und ihrer Allianz erfolgt so im Zusammenspiel dreier Medien: Name, Porträt und Wappen. Entwickelt sich das Ehepaarbildnis aus der genealogischen Kunst, so findet es sich hier an seinen Entstehungszusammenhang zurückgebunden.

Zwar sind die Porträts mit einem lebendigen Variantenreichtum gestaltet, die Figuren stehen jedoch in einem ganz plakativ und formell abgebildeten Netz von Bezugsmomenten. Dies gilt zumal in der das Ehrenbuch ausmachenden Serialität der Bilder: Nicht ein Konnubium ist hier repräsentiert, sondern die Summe aller Heiratsverbindungen, die zusammengenommen das ›Herkommen‹ des Hauses Fugger bilden. Die sorgfältige Differenzierung der Porträts in den engen Grenzen der Grundkonzeption, was ihre Physiognomie, Kostümierung und Körperhaltung angeht, mag bei den zeitgenössischen Personen und bei etwa nach Vorlagen gestalteten Bildnissen aus einem Bemühen um Porträtähnlichkeit resultieren. Ausschlaggebend jedoch ist ein Streben nach individueller Variation bei der Darstellung des Immergleichen. Das Andenken des Ehrenbuches bezieht sich zwar auf das Kollektiv einer Verwandtschaftsgruppe, innerhalb dieses Kollektivs jedoch auf identifizierbare Individuen.

Soll das Allianzbildnis die Legitimität des Rechtsverhältnisses Ehe und damit die für den Status des einzelnen wie der Gruppe konstitutive Allianz repräsentieren, so müssen die Figuren im Bild in ganz spezifischer Weise aufeinander bezogen sein. Einerseits gilt es, die Heirat als Verbindung von Verwandtschaftsgruppen präzise und erkennbar zu vermitteln, andererseits erfordert die lange Reihe der Bilder im Rahmen des Ehrenbuches eine gewisse Variationsbreite der Darstellung, weniger um der bloßen Abwechslung Willen, als vielmehr, um dem Stellenwert des Bildes als Repräsentation des einzelnen Menschen, wenn auch als Teil des Ganzen, Genüge zu tun. Dazu werden Mann und Frau in ihrer figürlichen Gestaltung zueinander in immer neuen Formationen aufeinander bezogen. Die Blicke treffen sich, oder eine der beiden Figuren blickt zur anderen, und diese lenkt den Blick aus der Bildebene heraus, manchmal zum Betrachter. Die Blickrichtungen der Figuren konstituieren so ein Netz von Bezugslinien zwischen ihnen und zwischen Bildebene und Betrachter. Auch Bewegungen und Körperhaltung sind aufeinander bezogen[116], so zum Beispiel, wenn der Mann in Richtung der Frau zeigt oder nach ihr greift[117], oder ebenso die Frau nach dem Mann[118]. Gelegentlich reicht eine der beiden Personen der anderen ein Attribut und diese greift danach[119]. Weitere Bezugslinien gehen zum Wappen[120] und – seltener – zum Schriftband (und zwar im Entwurf in der Regel zum eigenen, in der Endfassung häufiger zu dem der anderen Position), indem die Personen entweder direkt nach diesem oder jenem greifen oder darauf zeigen, oder aber ihre Armbewegungen indirekt darauf verweisen[121]. Die Figuren selbst vermitteln also zwischen den einzelnen Bestandteilen ihrer Bildhälfte und den beiden Positionen auf der Seite[122]. In den

---

Kopf der Figur hindurchgezogen und links und rechts beschriftet; z.B. Endfassung, fol. 13r.

[114] Vgl. Endfassung, fol. 5v: *mit Wappen und Geschriften.*

[115] So z.B. in der Bilderstammtafel der Ketzel in Nürnberg von 1595: Die Familienmitglieder sind im Baumschema jeweils mit ihren Ehepartnern ganz im Stil des Allianzbildnisses dargestellt. Allein der Ahnherr und seine Frau am Fuß des Stammbaumes sind als kniende Beter nach dem Muster des Stifterbildes gegeben; vgl. die Abb. bei Theodor AIGN, Die Ketzel. Ein Nürnberger Handelsherren- und Jerusalempilgergeschlecht (Freie Schriftenfolge der Gesellschaft für Familienforschung in Franken 12), Neustadt a.d. Aisch 1961, S. 80 mit Abb. 2, 3; Götz Frhr. von PÖLNITZ, Clemens Jäger, der Verfasser der Fuggerchronik, in: HZ 164 (1941), S. 91–101, hier S. 96, nennt zum Vergleich die Stammtafeln der Schedelschen Weltchronik.

[116] Vor allem im Entwurf, fol. 12r, 13v, 18r, 24r, 28v, 30r, 31r, 32v.

[117] Z.B. Endfassung, fol. 13v, 174r; Entwurf, fol. 12v, 17v, 24r.

[118] Wesentlich seltener: Endfassung, fol. 14v, 37r, 40v, 44r, 173v; Entwurf, fol. 22v, 26v, 27v, 33r, 35r.

[119] Der Mann reicht einen Ring: Endfassung, fol. 59r; Entwurf, fol. 31v. Die Frau reicht einen Ring, der Mann greift danach: Endfassung, fol. 168v. Die Frau reicht eine Nelke, der Mann greift danach: Endfassung, fol. 48v. Der Mann reicht der Frau Handschuhe: Endfassung, fol. 22v. Der Mann hält der Frau einen Apfel hin: Entwurf, fol. 35r.

[120] Gleichermaßen Männer und Frauen greifen nach dem Wappen, oder lassen ihre Arme auf dessen Kante ausruhen: Endfassung, fol. 9v, 13r, 22v, 40v, 54v, 59r, 87r, 170r, 173v; Entwurf, fol. 9v, 18r, 22r, 27v, 31v.

[121] Hier erweist sich der Entwurf als ergiebiger, was sich durch den größeren Spielraum bei der flüchtigen Skizzierung einerseits und das infolge ebendieser Flüchtigkeit herabgesetzte Variationspotential bezüglich der Feinstruktur von Bewegungen, Mimik und Attributvergabe andererseits erklären läßt. Auch sind die Enden der Schriftbänder in den Entwürfen vielfach bis in den Einzugsbereich der Figuren hinein spielerisch verlängert, so daß diese danach greifen können: Entwurf, fol. 9v, 12r, 16r, 22v, 24v, 32v, 34r–35r, 37r–37v; Endfassung, fol. 9v, 12v–13r, 16r, 57r, 87v, 170r, 171v, 173v.

[122] Es wird hier aus der Summe der zu beobachtenden Formen eine idealtypische Quintessenz formuliert. Von Fall zu Fall

Allianzbildnissen sind die beiden Einzelwappen nicht nur einander zugewandt und zugeneigt, sondern durchgehend auch durch eine farbige Kordel verbunden, die hinter den Wappenschilden liegt und sich zwischen ihnen verknotet[123]. Bezeichnenderweise sind im hinteren Teil der Genealogie der Fugger vom Reh, der nur mehr in Allianz- und Einzelwappen gegeben ist, auch die Einzelwappen der unverheiratet gestorbenen oder geistlichen Personen mit ebensolchen Kordeln geschmückt. Diese jedoch hängen mit offenen Enden neben dem Wappenschild herab: Sie sind beredte Zeugnisse nicht eingesetzter Tauschmöglichkeiten auf dem Heiratsmarkt[124].

Notwendige Bedingung dieser komplementären Bildstruktur war die Verwendung des Typs des halbfigurigen Bildnisses. Die Figuren stehen nicht in einem Bildraum, sondern plan im Wechselspiel der Bildbestandteile und ohne einen Hintergrund auf dem unbehandelten weißen Papier. Während der Hintergrund gerade im Ehepaarbildnis unschätzbare Möglichkeiten zur allegorisch-attributiven Ausgestaltung bot, beschränkt sich die Gestaltung im Fuggerschen Ehrenbuch ganz auf Wappen, Figur und Schriftband. Das Zusammenspiel dieser abstrakten Bildbestandteile war nur möglich unter Auslassung einer räumlichen Gliederung. Insbesondere das ganz auf die Repräsentation der Heiratsverbindung abgestellte halbfigurige Bildnis hätte in seinem abstrakten Schematismus in einem gegliederten Raum nicht beibehalten werden können. In der vorliegenden Bildstruktur begrenzt die Oberkante des Wappens die Figur nach unten, d.h. diese ist weder stehend noch sitzend zu denken. In einen Hintergrund gestellt hätten die Figuren mit einiger Zwangsläufigkeit als Wappenhalter dienen müssen, was eine vollständig andere Bildkonzeption bedingt hätte. Das Zusammenspiel der komplementären Bildbestandteile wäre somit vor einem Hintergrund kaum möglich gewesen. Auch wäre die Einfügung eines Bildrahmens notwendig geworden, während in der vorliegenden Form die Bestandteile selbst das Bild in sich und nach außen definieren. Die Ikonographie des Ehepaarbildnisses erfährt so eine Reduktion auf die ganz eindimensionale, plakative Artikulation von Bezugslinien. Die allegorisch-symbolische Aufladung tritt zurück gegenüber dem intentionalen und inhaltlichen Kern: der bildlichen Vermittlung legitimer Heiratsallianzen[125].

Folgerichtig fehlen die verschiedenen Mittel zur Abbildung sozialer Beziehungen bei den Einzelbildnissen fast völlig: Die Figuren stehen auf sich selbst und ihr Wappen bezogen im Bild[126]. Wie bei den Einzelbildnissen und den Einzelwappen den Kordeln der Anknüpfungspunkt zu fehlen scheint, so stehen auch diese Bildnisse selbst uneingebunden im Raum. Unsicherheit in der Bildumsetzung ist dabei zumal bei den männlichen Figuren erkennbar, deren Körperhaltung, Gestik und Mimik eher auf eine Repräsentation von Aktivität und Stärke abgestellt war. Die idealtypisch eher passiven Frauengestalten ließen sich erkennbar einfacher im Bildraum unterbringen[127]. Wo mehrere unverheiratete Geschwister auf einer Seite stehen, sind die Figuren dem Allianzbildnis analog aufeinander bezogen, ohne daß dies inhaltlich sinnvoll wäre[128]. Gelegentlich werden durch Zeigegesten oder die Körperhaltung Bezüge aus dem einzelnen Bild heraus konstituiert, in der Regel wohl zu den folgenden oder vorhergehenden Bildnissen der Geschwister bzw. der Vorfahren. Die Einzelbildnisse werden so in den Kontext der genealogischen Abfolge gestellt[129].

---

finden sich auch Seiten, auf denen die Interaktion der Bildbestandteile nur durch wenige Faktoren erfolgt oder sogar die Umsetzung der hier angenommenen Grundkonzeption schlicht nicht stringent erfolgt oder gescheitert ist, so z.B. auf den letzten Seiten der Entwurfsfassung.

[123] Ebenso sind im Herwartschen Ehrenbuch die Allianzwappen durch Kordeln miteinander verbunden: StadtA Augsburg, Reichsstadt ›Schätze‹, Nr. 194b; ebenda, S. 76 f., werden bei Allianzwappen jeweils die Wappen von Zwillingsgeschwistern eines der Partner ergänzt. Die Wappen der Zwillinge sind durch sich greifende Hände verbunden. Zu Schnur und Kordel als Symbol für Liebe und Treue in Allianzwappen und Ehepaarporträts vgl. Hartmut BOCK, Die Verlobung Eppstein-Eppstein 1494 und das ›Gothaer Liebespaar‹, in: Mainzer Zs., Mittelrheinisches Jb. für Archäologie, Kunst und Geschichte 87/88, 1992/93 (1995), S. 157–182, hier S. 172 mit Anm. 175.

[124] Endfassung, ab fol. 175r.

[125] BOCK, Chronik Eisenberger, S. 414, kritisiert diese Interpretation des Bildaufbaus im Fuggerschen Ehrenbuch als »nicht zwingend«, da etwa in den Frankfurter Familienbüchern der Eisenberger und Melem Porträts in ganzer Figur aufträten. Bei diesen freilich fehlt das für das Fuggersche Ehrenbuch typische komplementäre Zusammenspiel von Wappen, Figur und Schriftband, das insbesondere durch die Gesten und die Körperhaltung der Figuren bestimmt wird; vgl. Kap. 3.3.3. Eine entsprechende Analyse des Bildaufbaus für seinen eigenen Untersuchungsgegenstand bietet Bock nicht. Weiterführend ist BOCKS Hinweis, ebenda, Anm. 1198, daß durch die Kombination von halbfigurigem Porträt und Wappen die heraldische Rangdifferenzierung durch Helm und Helmzier unmöglich wurde. Daß diese im Fuggerschen Ehrenbuch dann nur unsystematisch in den Bordüren einiger Textseiten erfolgte, hat seinen Grund in der spezifischen Plot-Struktur des Ehrenbuches: Für die nivellierte, normalisierte Aufstiegsgeschichte der Fugger wäre eine zu präzise Dokumentation der Rangunterschiede ihrer Heiratspartner schlicht kontraproduktiv gewesen; vgl. Kap. 4.2.2.

[126] Z.B. Endfassung, fol. 28r.

[127] Vgl. z.B. Entwurf, fol. 29r–29v; Endfassung, fol. 44v–45r.

[128] Endfassung, fol. 11v: die Söhne Ulrich Fuggers; eine ähnliche konzeptionelle Unsicherheit zeigt das Bild der zum Entstehungszeitpunkt noch jungen Ursula Fugger, Tochter des Raymund: Im Entwurf, fol. 35v, ist diese mit einem Einzelbildnis, jedoch in der Wendung ins Linksprofil deutlich dem Allianzbildnis entsprechend, dargestellt. Ein zweites Wappen ist für den Mann nachträglich skizziert worden. In der Endfassung, fol. 59r, wird diese singuläre Konstellation durch das übliche Allianzwappen mit leer vorangelegter Seite des Mannes ersetzt.

[129] Entwurf, fol. 12r: Kunigunda Fugger zeigt mit der Hand nach rechts, auf die folgenden Seiten; in der Endfassung, fol. 13r, ist diese Bewegung zurückgenommen, dafür zeigt

Bei der Abbildung der noch Unverheirateten in den nur angelegten Allianzbildnissen hat man sich in den Entwürfen, in denen ja für die potentiellen Heiratspartner fakultativ auch bereits Porträts ausgeführt wurden, um eine größtmögliche Annäherung an die Konzeption des Allianzbildnisses auch dahingehend bemüht, daß die auf der Seite stehenden Figuren sich dem potentiellen Gegenüber zuwenden[130]. Die konzeptionelle Unsicherheit, die hier Raum greifen mußte, hat nun dazu geführt, daß das formalisierte, Distanz gegenüber individueller Nähe ausdrückende Grundschema letztlich durchbrochen wurde: Der potentielle Gemahl der Susanna Fugger hält die Hand seiner Braut[131], ebenso jener der gleichnamigen Tochter Raymund Fuggers[132]. Ersterer zieht sogar seinen Hut vor der Frau[133]. Gerade hier, wo realiter von einer Verbindung keine Rede sein konnte, wurde die strenge Konzeption durchbrochen. Die unmittelbare, auch körperliche Annäherung zwischen den Parteien ist reine Abstraktion. Gerade sie dient nur zur rechtserheblichen Repräsentation einer Allianz, freilich einer nur potentiellen[134]. Jedoch wird auch auf anderen Seiten der Entwürfe die körperliche Nähe der Figuren – und dies durchaus auch in einer zärtlichen Bezogenheit aufeinander – betont und dagegen das schematische Spiel der Bezugslinien und Attribute zurückgenommen[135]. Bei der flüchtigen Skizzierung scheint überhaupt ein größerer Spielraum vorhanden gewesen zu sein, gerade was die Variationsbreite und die Ausdrucksstärke der Körperhaltung, aber auch ironische Untertöne bis hin zu karikierenden Zügen[136] angeht. Demgegenüber wurde in der Endfassung die Formulierung von Bezügen durch Körperhaltung, Gestik und Mimik der Figuren zurückgenommen, schematisiert und durch die verstärkte Beigabe von Attributen ersetzt.

3.3.2 Attribute als bildliches Zeichen der Heiratsverbindung

In der Mehrzahl sind den Figuren Attribute beigegeben, die sie entweder für sich halten, oder der jeweils anderen Figur hinhalten. Es handelt sich dabei um ganz wenige, immer wiederkehrende Motive. Gelegentlich hält eine der Figuren eine Petschaft, Geldbörse[137] oder Goldmünzen[138], ein Zepter[139] oder einen Streithammer[140]. Bei diesen Attributen handelt es sich um spezifische Statuszeichen oder individuelle Anspielungen. Die Frauen halten häufiger ein Buch[141], ebenso alle Personen geistlichen Standes[142]. Beide Geschlechter können einen Rosenkranz bzw. Paternoster mit sich führen[143]. Paternosterketten wurden nicht nur wegen ihres materiellen Wertes testamentarisch vielfach gesondert erwähnt und in Luxusordnungen der städtischen Obrigkeiten mit speziellen Auflagen bedacht[144]. Als Mittel des Gebets waren sie auch eine häufiges Attribut auf Memorialbildern[145].

Zur Herstellung von Bezügen im Bild dienen Attribute, wenn sie zwischen den Personen weitergegeben

---

hier die verheiratete Schwester Anna aus dem Bild heraus; Endfassung, fol. 13v; Endfassung, fol. 34v (Entwurf, fol. 24v): Hieronymus Fugger greift bzw. zeigt aus dem Bild heraus; ebenda, fol. 36v: Hans und Peter Fugger verweisen beide gleichermaßen auf die folgenden Bilder der Geschwister; ebenda, fol. 45r: Während Jakob Fugger, früh verstorbener Bruder Hans Jakobs, hier nach rechts weist, also auf die vorhergehende verso-Seite, verweist er in den Entwürfen (fol. 29v) nach links, auf das recto folgende Allianzbildnis des *Fundators*; ebenda, fol. 70r: (Allianzbildnis) Veronika Fugger wendet sich mit Körperhaltung und Blickrichtung von der Position ihres potentiellen Gemahls ab nach links; ebenda, fol. 84v: Alexander Augustus Fugger blickt nach links, zu seinem recto abgebildeten Bruder Alexander Secundus.

[130] Endfassung, fol. 55r, 62r, 64r, 104r.
[131] Entwurf, fol. 39r.
[132] Entwurf, fol. 33v; ebenso Christoph Fugger, fol. 32v.
[133] Entwurf, fol. 39r.
[134] HINZ, Studien, S. 175, postuliert für das bürgerliche Ehepaarporträt des frühen 16. Jahrhunderts eine Öffnung gegenüber individuellen emotionalen Äußerungen, die freilich im weiteren Verlauf zurücktrete hinter einen erneuten Schematismus, eine resignative Übernahme feudaler Formalität. Hinz' Konzeption ist geprägt vom marxistischen Paradigma der ›frühbürgerlichen Revolution‹. Zumindest im Fuggerschen Ehrenbuch findet sie keine Bestätigung.
[135] Entwurf, fol. 24r, 28r.
[136] Vgl. Entwurf, fol. 22r, 38r, die die ikonographische Konzeption des Allianzbildnisses erkennbar persiflieren, indem sie die Figuren in Mimik und Gestik in eine Auseinandersetzung stellen.
[137] Endfassung, fol. 44r; dies vielleicht eine individuelle Anspielung: Hans II. Baumgartner war seit 1502 Verwalter des österreichischen Staatshaushalts Maximilians I.; vgl. BÖHM, Reichsstadt, S. 79. Er stand in (nicht immer störungsfreien) Geschäftskontakten mit den Fugger; vgl. REINHARD (Hg.), Eliten, Nr. 37.
[138] Endfassung, fol. 31r: Felicitas Fugger; vgl. Abb. und Erläuterung bei SCHAD, Frauen des Hauses Fugger, S. 110–112.
[139] Endfassung, fol. 29r.
[140] Endfassung, fol. 29v.
[141] Endfassung, fol. 11v, 29v, 173v; Entwurf, fol. 10v, 21v; in der Endfassung, fol. 12v, hält auch ein männlicher Laie ein Buch.
[142] Endfassung, fol. 19r, 37r, 169v; Entwurf, fol. 23r, 26r.
[143] Frauen: Endfassung, fol. 170v, 173v; Entwurf, fol. 14v; Männer: Endfassung, fol. 32r; Entwurf, fol. 9v, 10v, 12v.
[144] Vgl. Hartmut BOOCKMANN, Leben und Sterben in einer spätmittelalterlichen Stadt. Über ein Göttinger Testament des 15. Jahrhunderts, Göttingen 1983, S. 12 mit Anm. 14; Leonie VON WILCKENS, Schmuck auf Nürnberger Bildnissen und in Nürnberger Nachlaßinventaren, in: Gerhard BOTT (Hg.), Wenzel Jamnitzer und die Nürnberger Goldschmiedekunst 1500–1700: Goldschmiedearbeiten, Entwürfe, Modelle, Medaillen, Ornamentstiche, Schmuck, Porträts, Katalog Nürnberg, München 1985, S. 87–105, hier S. 89 f.
[145] Franz MACHILEK, Frömmigkeitsformen des spätmittelalterlichen Adels am Beispiel Frankens, in: Klaus SCHREINER (Hg.), Laienfrömmigkeit im späten Mittelalter (Schr. des Historischen Kollegs 20), München 1992, S. 157–189, hier S. 179.

werden[146], oder wenn beide Seiten das gleiche Attribut aufweisen[147]. Viele häufiger auftretende Attribute lassen sich jedoch auch selbst als Symbole der dargestellten Heiratsverbindung lesen: Gelegentlich hält der Mann[148] oder – deutlich seltener – die Frau[149] Handschuhe in den Händen. Angezogene Handschuhe sind nur selten zu beobachten[150]. Man wird sie daher weniger als Gegenstand repräsentativen Konsums und damit hier als repräsentative Attribute werten können. Für das Ehezeremoniell des 16. und 17. Jahrhunderts lassen sich vielmehr Handschuhe als symbolischer Tauschgegenstand zum Vertragsabschluß zwischen Brautvater und Bräutigam bzw. Vater des Bräutigams nachweisen[151]. Sie stehen demnach auch im Bild als Symbol der Eheverbindung. Beinahe nur Männer halten eingerollte Schriftstücke und Umschläge oder reichen diese den Frauen[152]. Dieses eindeutig geschlechtsspezifische Attribut steht symbolisch für die vertragliche Fixierung von Heiratsabreden durch die Männer der Familien[153]. Weiße, zusammengefaltete oder offene Tücher in den Händen der Frauen[154] verweisen auf die Verwendung kostbarer Textilien als Gegenstand des repräsentativen Konsums[155], vor allem jedoch auf ihre symbolische Bedeutung als Liebespfand und Tauschgegenstand bei Eheabschlüssen[156]. Vergleichsweise selten treten der Ring[157] oder anderer Schmuck[158] als Symbol der rechtlich bindenden Heiratsverbindung auf, ebenso der Apfel bzw. die Orange, denen ebenfalls die Bedeutung eines Treue- und Liebessymbols zukommen konnte[159]. Die Nelke bzw. ein mit einem goldenen Stab eingefaßtes Nelkensträußchen tritt vor allem bei Frauen und oft dort auf, wo für noch Unverheiratete fakultativ ein Allianzbildnis angelegt wird[160]. Die Nelke stand in einer deutlichen Ambivalenz zwischen der Konnotation als Symbol der Passion Christi und des Todes einerseits und jener als Zeichen der Liebe, Treue und Jungfräulichkeit andererseits[161]. Auch die von Barbara Fugger im Entwurf

---

[146] Z.B.: Endfassung, fol. 22v, 45v: Der Mann reicht der Frau Handschuhe; Entwurf, fol. 31v und Endfassung, fol. 59r, 168v: Weiterreichen eines Rings; Entwurf: fol. 31r: Weiterreichen einer Nelke; Entwurf, fol. 33r: Weiterreichen eines Umschlags.

[147] Endfassung, fol. 30r: Beide Figuren halten Handschuhe.

[148] Endfassung, fol. 22v, 30r (in diesem Fall hält auch die Frau einen Handschuh), 45v, 54v, 57r, 59v, 79v, 171v, 173r; Entwurf, fol. 10v, 27v, 30r, 34r.

[149] Endfassung, fol. 30r, 51r, 79r, 101v, 170v; Entwurf, fol. 9v, 35v.

[150] In der Endfassung bei zwei Klerikern, deren Kleidung und Attribute auch ansonsten fast deckungsgleich sind: Beide sind mit einer grauen Almutie gekleidet, mit einem schwarzen Barett und einem Buch, dazu der zweite mit einer Reitgerte: fol. 19r, 37r (Markus Fugger d. J. und Markus Fugger d. Ä.).

[151] Ruth SCHMIDT-WIEGAND, Hochzeit, Vertragsehe und Ehevertrag in Mitteleuropa, in: Gisela VÖLGER/Karin von WELCK (Hg.), Die Braut: geliebt, verkauft, getauscht, geraubt. Zur Rolle der Frau im Kulturvergleich, Katalog Köln, Köln 1985, Bd. 1, S. 264–273, hier S. 269; Bianca M. DU MORTIER, Zur Symbolik und Bedeutung von Hochzeitshandschuhen, in: Ebenda, S. 336–343; Berent SCHWINEKÖPER, Der Handschuh im Recht, Ämterwesen, Brauch und Volksglauben (Neue Deutsche Forschungen, Abt. Mittelalterliche Geschichte 5), Berlin 1938, S. 90–95, 157; SCHRÖTER, ›Wo zwei zusammenkommen ...‹, S. 89 f.; auch in den Allianzbildnissen des Ehrenbuchs der Linck, StB Augsburg, 2° Cod. Aug. 489, fol. 18v–19r, 21v–22r, 40v–41r, ist den Figuren jeweils ein Handschuh beigegeben.

[152] Endfassung, fol. 11v, 13v, 40v, 45r (dieses freilich ein Einzelbildnis), 62r, 67v, 84v, 87v, 104v; ebenda, fol. 23v, hält eine Frau einen Umschlag; Entwurf, fol. 14v, 16v, 18v, 23v, 33r, 37r; ebenda, fol. 35r, hält eine Frau ein Schriftstück.

[153] Vgl. im Ehrenbuch des Christoph von Stetten, FamA von Stetten, Aystetten, Archiv-Nr. 239, S. 28–30, das Allianzporträt des Christoph von Stetten, der ebenfalls ein Schriftstück hält; ebenso Maximilian I. im Pendantbildnis mit seinen drei Frauen bzw. Verlobten, Habsburgisches Ehrenwerk, BaySB Cgm 896, fol. 334v.

[154] Endfassung, fol. 13v, 28r (dies ein Einzelbildnis), 90r, 103v; ebenda, fol. 11v, hält ein Mann ein Tuch; Entwurf, fol. 34r–34v, 37r.

[155] Vgl. ELIAS, Prozeß der Zivilisation 1, S. 201–203.

[156] Vgl. SCHMIDT-WIEGAND, Hochzeit, S. 269; DÜLMEN, Fest der Liebe, S. 214 f.; DÜLBERG, Privatporträts, S. 122 f., 132 f., 166; Karl MEISEN, Liebespfänder in mittelalterlicher und neuerer Zeit, in: Rheinisches Jb. für Volkskunde 4 (1953), S. 142–204, hier S. 175–177, 184–186, 201–203; im Habsburgischen Ehrenwerk, BaySB Cgm 896, fol. 336r, hält im Ehepaarbildnis Maximilians I. die Verlobte des Kaisers, Anna von Britannien, ebenfalls ein Tuch; ebenso die zweite Frau des Christoph von Stetten in dessen Ehrenbuch, FamA von Stetten, Aystetten, Archiv-Nr. 239, S. 30.

[157] Mann gibt Ring an Frau: Endfassung, fol. 59r; Entwurf, fol. 31v; Frau gibt Ring an Mann: Endfassung, fol. 168v. Über die Funktion des Rings im Ehezeremoniell vgl. SCHMIDT-WIEGAND, Hochzeit, S. 269 f.; MEISEN, Liebespfänder, S. 172 f.; Angelica DÜLBERG, Das Gothaer Liebespaar. Braut- und Hochzeitsbildnisse des 15. Jahrhunderts, in: Allmuth SCHUTTWOLF (Hg.), Jahreszeiten der Gefühle. Das Gothaer Liebespaar und die Minne im Spätmittelalter. Mit Beiträgen von Angelica DÜLBERG u.a., Katalog Gotha, Ostfildern 1998, S. 126–136, hier S. 133; DÜLMEN, Fest der Liebe, S. 214 f.

[158] Endfassung, fol. 32r, hält der Mann eine goldene Kette in den erhobenen Händen; vgl. allgemein MEISEN, Liebespfänder, S. 173 f.

[159] Vom Mann an die Frau: Entwurf, fol. 35r; Frau hält einen Apfel oder Ball: Endfassung, fol. 45v; über den (Granat-)Apfel, die Orange und die Kugel als Liebeszeichen vgl. DU MORTIER, Zur Symbolik, S. 340; DÜLBERG, Privatporträts, S. 142 f., 149; Anna RAPP-BURI/Monica STUCKY-SCHÜRER (Hg.), Zahm und wild. Basler und Straßburger Bildteppiche des 15. Jahrhunderts, 3. Aufl. Mainz 1993, S. 71, 195 f.

[160] Attribut der Frau: Endfassung, fol. 48v, 55r, 57r, 64r, 70r, 101v; Entwurf, fol. 30r, 31r; Attribut des Mannes: Endfassung, fol. 57v; Entwurf, fol. 8v, 16r (hier bei einem jung verstorbenen Sohn).

[161] Zur Nelke als Liebessymbol vgl. VÖLKER-RASOR, Bilderpaare, S. 321; zur Ambivalenz: RAPP-BURI/STUCKY-SCHÜRER (Hg.), Zahm und wild, S. 72; DÜLBERG, Gothaer Liebespaar, S. 129 f., 132; im Habsburgischen Ehrenwerk, BaySB Cgm 896, fol. 335v, hält Maria von Burgund ebenfalls eine Nelke an einem Goldstab.

in der Hand gehaltene Beuteltasche[162] könnte eine symbolische Bedeutungsebene als Liebespfand oder erotisches Motiv haben[163].

Während Tuch und Nelkensträußchen als Liebes- und Treuepfänder demnach eher weibliche Attribute sind, halten die männlichen Figuren oft Schriftstücke und Handschuhe als Zeichen der Rechtsgeschäftlichkeit der abgebildeten Eheverbindung. Das Allianzbildnis weist so Mann und Frau spezifische Rollen in der abgebildeten Allianz zu: Während der Mann für den Rechtscharakter eintritt, steht die Frau für die individuelle Verbindung und ihre Aufrechterhaltung.

3.3.3 Gestik und Mimik der Figuren: Dokumentation von Allianzen und bildliches Exempel

Körperhaltung und Gestik der Figuren dienen nicht nur zum Aufbau von Bezugslinien zwischen den Bildbestandteilen Wappen, Figur und Schriftband[164]. In ihrem spezifischen Symbolgehalt bezeichnen einzelne, zum Teil immer wiederkehrende Gesten auch rechtliche und soziale Inhalte. Gestik und Mimik folgen in den Bildnissen des Fuggerschen Ehrenbuches einer spezifischen Bildsemantik und leisten so einen eigenständigen Beitrag zur Gesamtkonzeption. Im einzelnen Bild tragen sie zur Formulierung des Allianzcharakters der dargestellten Verbindung bei[165].

In der langen Reihe von Ahnenbildern, in der die Bildnisse zusammengenommen das ›Herkommen‹ des Hauses Fugger repräsentieren, kommt der spezifischen Konzeption der Figuren in Gestik und Mimik jedoch immer zugleich auch eine exemplarische Bedeutungsebene zu. Wie die Attribute formulieren auch die Gesten geschlechtsspezifische Verhaltensnormen[166]. Die buchförmige Ahnengalerie der Fugger ist so zugleich auch eine bildliche Geschlechterdidaxe[167].

Nur in einer geringen Zahl von Fällen korrespondieren die Gebärden von Mann und Frau direkt miteinander als bildliche Dokumentation der dargestellten Heiratsallianz[168]. In den vorgefertigten Allianzbildnissen der Kindergenerationen wird bei der Umsetzung der Entwürfe diese direkte Korrespondenz mit der anderen Figur – sei sie ausgeführt oder lediglich mit einer Leerstelle besetzt – fast durchgehend zurückgenommen[169].

Häufiger ist die Formulierung eines Bezugs zwischen den Figuren durch die Gebärde nur einer der beiden Figuren oder durch nicht direkt korrespondierende Gebärden beider Figuren. In der ganz überwiegenden Zahl der Fälle nimmt dabei die männliche

---

[162] Entwurf, fol. 34v; vgl. jedoch auch das Pendantbildnis des Hans Jakob Fugger und der Ursula von Harrach, ebenda, fol. 9r.

[163] MEISEN, Liebespfänder, S. 200; Hans WENTZEL, (Art.) Beutel, in: RDK 2, Sp. 452–456, hier Sp. 453.

[164] Hand oder Arm am oder auf dem Schildrand, Griff zum Schildrand, Griff oder Zeigebewegung zum Schriftband; während die Bewegung zum Wappenschild, der zugleich den Bildraum der Porträtfigur nach unten begrenzt, nicht geschlechtsspezifisch verteilt ist, zeigt sich für die Bewegung zum Schriftband, die eine raumgreifende Öffnung der Haltung nach aufwärts verlangt, eine deutliche Dominanz der männlichen Figuren: Mann zeigt oder greift zum Schriftband: Entwurf, fol. 9v, 34r–35r, 37r–37v; Endfassung, fol. 9v, 16r, 22v, 171v, 173v; Frau zeigt oder greift zum Schriftband: Endfassung, fol. 22v, 170r.

[165] Norbert H. OTT, Der Körper als konkrete Hülle des Abstrakten. Zum Wandel der Rechtsgebärde im Spätmittelalter, in: Klaus SCHREINER/Norbert SCHNITZLER (Hg.), Gepeinigt, begehrt, vergessen. Symbolik und Sozialbezug des Körpers im späten Mittelalter und der frühen Neuzeit, München 1992, S. 223–241, hier S. 224–226, hat auf die Polyfunktionalität und Polyvalenz von Gesten hingewiesen, außerdem auf den eigenständigen semantischen Wert der Körpersprache, die als Rechtsgebärde nicht einen Rechtsvorgang symbolisiere, sondern selbst Rechtsvorgang sei. Die Geste im Bild hingegen stelle die Rechtsgebärde in eine Distinktion von Handlung und Bedeutung. Die abgebildete Körpersprache wird so zum ikonographischen Verweis auf eine nichtschriftliche Rechtlichkeit, in der dem Körper konkrete rechtliche Potenz zukam. Je mehr sich in Rechtsgeschäften die Schriftlichkeit durchsetzt, desto stärker verschieben sich die Bedeutungen von Gesten von der Rechtserheblichkeit zu emotional-affektiven Konnotationen; vgl. ebenda, S. 237. Vor diesem Hintergrund ist auch für die Gebärdensprache des Fuggerschen Ehrenbuches besonderes Augenmerk auf die Ambivalenz von individuell-affektiver und rechtlich-sozialer Bedeutung zu legen. Für den spezifischen Kontext des Ehepaarbildnisses wenig weiteren Aufschluß brachte François GARNIER, Le langage de l'image au moyen âge, 2 Bde., Paris 1989.

[166] Zur geschlechtsspezifischen Modellierung von Körperlichkeit und Identität im Bild vgl. Sabine LORENZ-SCHMIDT, Vom Wert und Wandel weiblicher Arbeit. Geschlechtsspezifische Arbeitsteilung in der Landwirtschaft in Bildern des Spätmittelalters und der Frühneuzeit (VSWG, Beiheft 137), Stuttgart 1998 [Diss. phil. Hamburg 1995], S. 29–31, 247–249; Helga MÖBIUS, Die Moralisierung des Körpers. Frauenbilder und Männerwünsche im frühneuzeitlichen Holland, in: Ilsebill BARTA u.a. (Hg.), Frauen, Bilder, Männer, Mythen. Kunsthistorische Beiträge, Berlin 1987 [Ergebnisse der 3. Kunsthistorikerinnentagung, Wien 1986], S. 69–83, hier S. 72–74; VÖLKER-RASOR, Bilderpaare, S. 321; Joneath SPICER, The Renaissance Elbow, in: Jan BREMMER/Herman ROODENBURG (Hg.), A Cultural History of Gesture, From Antiquity to the Present Day, 3. Aufl. Oxford 1994, S. 84–128, hier S. 85.

[167] Eine Untersuchung der Gebärdensprache in den Allianzbildnissen des Fuggerschen Ehrenbuches findet ihre Grenze in der Mehrdeutigkeit der Gesten, erst recht jedoch in der beschränkten Nachvollziehbarkeit individueller Anspielungen. Möglich scheint ein Aufschluß so nur anhand einer Erfassung des Gesamtbestandes und einer exemplarischen Behandlung von Einzelfällen.

[168] Endfassung, fol. 13r (Entwurf, fol. 12r); ebenda, fol. 19v (Entwurf, fol. 17v, undeutlicher); ebenda, fol. 40v (Entwurf, fol. 27v); ebenda, fol. 45v (Entwurf, fol. 30r, konzeptionell klarer); ebenda, fol. 48v (Entwurf, fol. 31r); ebenda, fol. 87v (Entwurf, fol. 39v, abweichende Konzeption, jedoch ebenfalls deutlich Korrespondenz der Figuren); ebenda, fol. 168v, 171v.

[169] Endfassung, fol. 51r (Entwurf, fol. 31v); ebenda, fol. 51v, 54v–55r, 59v, 67r (Entwurf, fol. 32r, 33r–33v, 36r, 39r).

Figur die aktivere Position ein[170]. Die Gestik als Medium der bildlichen Vermittlung einer Heiratsverbindung reflektiert so die gesellschaftliche Praxis, in der die Ehe als Rechtsgeschäft von Vater und Bräutigam dominiert wurde. Dieser Effekt verstärkt sich im Bearbeitungsgang von den Entwürfen zur Endfassung: Wo in den Federzeichnungen der Entwürfe dem Maler ein gewisser Spielraum offengestanden hatte, dominiert in der Babenhausener Handschrift eine schematische Passivität der weiblichen Figuren[171]. So wurden auch der Stilisierungsfreiheit der Entwurfssituation entsprungene auffällige Abweichungen von der Grundkonzeption ausgeglichen[172].

Die Bezugslinie nach außen, d.h. der Blick zum Betrachter oder zumindest aus der Bildebene heraus, geht jedoch häufiger von der Frauenfigur als vom Mann aus[173]. Besonders in den Entwürfen sind es die Frauenfiguren, die den Blickkontakt zum Betrachter herstellen[174]. In der Endfassung ist dieser direkte Außenbezug zurückgenommen. Auch in der neutralisierten Gestaltung dominiert jedoch die Zuschreibung dieser Funktion zu der weiblichen Figur[175]. Die Frauenfiguren sind es also, die gegenüber dem Publikum des Ehrenbuches, d.h. gegenüber den Mitgliedern des Hauses Fugger und seiner Umgebung, für den Bestand der Eheverbindung eintreten. Die keusche Ehrbarkeit der verheirateten Frau begründet die Ehre des Hauses und seine Integrität in der Öffentlichkeit. Der Mann begründet die Ehe als Rechtsinstitut, die Frau – als der im zeitgenössischen Verständnis moralisch schwache Teil der Verbindung – garantiert ausdrücklich ihren Bestand.

Wo die grundlegende Norm weiblicher Passivität in der Endfassung nicht umgesetzt wurde, ist dies denn auch weniger Ausdruck weiblicher Freiräume als vielmehr konkurrierender Bedeutungsebenen im Bild: Ausgerechnet die Frauen Anton und Raymund Fuggers und die erste Frau des Hans Jakob Fugger, Anna Rehlinger, Katharina Thurzo und Ursula von Harrach, werden auch in der Endfassung mit einer aktiven Rolle im Bild dargestellt[176]. Offenbar fungierten diese Porträts der Stammütter des Hauses Fugger und des Hauses des *Fundators* weniger als Rollenporträts idealer Weiblichkeit, denn als Repräsentationen der durch sie mit den Fugger verbundenen Häuser und der von ihnen in die Familie gebrachten Ehre. Dieser Mehrdeutigkeit konnten die Allianzbildnisse durch die in ihrer Grundkonzeption angelegte Variationsbreite gerecht werden. Einer heutigen Analyse werden sich diese aus einem spezifischen historischen Kontext erwachsenden Variationen jedoch nur im Einzelfall erschließen.

Ausgangsstellung ist bei einem Großteil der männlichen Figuren die aufrechte Körperhaltung mit mehr oder weniger nah am Oberkörper angewinkelten Armen[177]. Dabei können die Hände in Bauch- oder Brusthöhe neben oder vor dem Körper in gleicher oder unterschiedlicher Höhe nach innen geöffnet gehalten sein – eine Gebärde, die in der zeitgenössischen Malerei als Redegestus verbreitet war[178], jedoch auch eine Öffnung zur Frau hin anzeigt. In den meisten Fällen

---

[170] Erfaßt wurden alle Allianzbildnisse, doppelten Allianzbildnisse und potentiellen bzw. unvollständigen Allianzbildnisse, dazu im Entwurf das Pendantbildnis des Hans Jakob Fugger und der Ursula von Harrach. Dabei erweist sich eine Bewertung der einzelnen Allianzbildnisse nach Dominanz der männlichen oder weiblichen Figur im Bild als nur begrenzt objektivierbar. Statt dessen wurden männliche und weibliche Figuren in drei Kategorien getrennt erfaßt: passiv, neutral, aktiv. Die Untersuchung ergab für die männlichen Figuren in den Entwürfen ein Verhältnis von 1 : 3 : 34, für die Endfassung von 1 : 10 : 48; Verhältnis für die weiblichen Figuren: Entwürfe 14 : 10 : 13; Endfassung: 31 : 9 : 9. Weder für die männlichen noch für die weiblichen Figuren läßt sich ein signifikanter Unterschied je nach Herkunft aus dem Haus Fugger oder Zuheirat feststellen.

[171] Zurücknahme der weiblichen Aktivität im Bild gegenüber dem Entwurf: Endfassung, fol. 13r, 30v, 32r, 48v, 51r, 54v, 55r, 59r, 61v, 66v–67r; nur in einem Fall wird die männliche Figur erkennbar neutralisiert: ebenda, fol. 19v.

[172] Figuren überschneiden, berühren oder greifen einander: Entwurf, fol. 24r, 32r, 33r, 39r; in einigen Fällen konterkarieren die skizzierten Gebärden einer der beiden oder beider Figuren erkennbar die Bildkonzeption, ohne daß spezifische Gründe greifbar wären: Entwurf, fol. 22r, 38r; auch diese Abweichungen wurden ausgeglichen; ähnliche Fälle finden sich jedoch auch in der Endfassung, fol. 70r, 173r.

[173] Vgl. HINZ, Studien, S. 177, der die Vermittlung nach außen als Funktion der männlichen Figur sieht. Gegenüber dieser geschlechtsspezifischen Tendenz bleibt die Zuordnung der Außenvermittlung zwischen den Mitgliedern des Hauses Fugger und den Angeheirateten unscharf: In den Entwürfen ist die Vermittlung des Außenbezuges in zehn Fällen angeheirateten Frauen, in zwei Fällen angeheirateten Männern, jedoch ebenso in neun Fällen Fuggerinnen, in drei Fällen Fuggern attribuiert. In der Endfassung geht der Blick nach außen oder zum Betrachter zwar häufiger von einer Fuggerin als von einer angeheirateten Frau aus (Verhältnis 15 : 10). Zieht man jedoch Sonderfälle wie die potentiellen Allianzbildnisse der jungen Generationen ab, so ergibt sich ein Gleichstand. Ebenso ist das Verhältnis bei den männlichen Blicken nach außen zwischen Familienmitgliedern und Heiratspartnern ausgeglichen (je drei Fälle).

[174] In drei Fällen blickt der Mann zum Betrachter, in elf die Frau. Davon sind in fünf Fällen die Frauen Fuggertöchter, in sechs Fällen Angeheiratete. In sechs weiteren Fällen blickt die Frau aus der Bildebene heraus, während der Blick des Mannes zu ihr geht. In 13 Fällen besteht Blickkontakt zwischen den Figuren, dies vor allem in der zweiten Hälfte der Entwürfe, ab fol. 23v.

[175] Nur noch in fünf Fällen, davon vier mit einer Fuggertochter, geht der Blick der Frau zum Betrachter, der Blick des Mannes in drei Fällen. In nur einem weiteren Fall blickt der Mann aus dem Bild heraus, die Frau in 18 Fällen. Auf 13 Bildern haben die Figuren Blickkontakt. Bei den unvollständigen Bildern der noch Unverheirateten geht der Blick fast regelmäßig zu dem potentiellen Gegenüber.

[176] Endfassung, fol. 37v, 40v, 45v.

[177] Entwurf, fol. 12r, 13v, 18r, 30r, 31r, 32r, 38r; Endfassung, fol. 23v, 48v, 54r, 67v, 102v.

[178] SPICER, Renaissance Elbow, S. 115; Dietmar KOEPPLIN/Tilman FALK, Lucas Cranach. Gemälde, Zeichnungen, Druckgraphik, 2 Bde., Basel-Stuttgart 1974–1976, hier 1, S. 208–210.

hält die Figur in beiden oder einer der beiden Hände ein Attribut, vielfach deutlich in Richtung der Frau[179]. Die freie Hand kann in solchen Fällen auch auf dem Bauch aufliegen[180]. Eine direkte Bezugnahme auf die Frau zeigt sich in Bewegungen in Richtung ihres Körpers. So greifen männliche Figuren mit nach vorn geöffneter Hand nach der Frau[181]. Sie zeigen mit einem oder mehreren Fingern auf den Körper der Frau[182], oder machen mit nach oben geöffneter Hand eine Heischegeste zur Frau hin[183]. Sind schon diese Bewegungen geschlechtsspezifisch männlich konnotiert, so dienen andere häufiger zu beobachtende Gebärden wohl primär der Stilisierung eines männlichen Habitus: So werden die fast durchgehend angewinkelten Arme in einigen Fällen bei in die Hüfte gestützter Hand raumgreifend vom Körper abgespreizt, eine Bewegung, die in der Porträtmalerei des 16. und 17. Jahrhunderts als typisches Muster männlicher Gebärdensprache bekannt ist[184]: Die Präsenz schaffende, imponierende Wirkung wird verstärkt durch den Griff zum Schwert- bzw. Säbelgriff, zu jenem Attribut also, das wie wohl kein zweites die gesellschaftliche Handlungsfähigkeit des mündigen Mannes anzeigte[185]. Als gestisches Zeichen männlicher Willenskraft, wie es aus der zeitgenössischen Malerei z.B. der Cranach-Schule bekannt ist[186], greifen männliche Figuren gelegentlich mit einer oder beiden Händen in den Pelzkragen der Schaube[187]. Daß diese Gebärden eher geschlechtsspezifisch-habituell als allianzkonstituierend gemeint waren, zeigt der Umstand, daß sie auch in Einzelbildnissen Unverheirateter auftreten.

Während die männliche Gebärdensprache so eine deutliche Tendenz zur raumgreifenden Aktivität zeigt, sind die Frauenfiguren in ihrer Gestik in der großen Mehrheit eher auf den eigenen Körper, auf eine passive, räumlich geschlossene Haltung festgelegt. Zumal in der Endfassung zeigen die Frauen nur selten eine aktive Gebärdensprache, so wenn sie auf den Mann zeigen[188], nach ihm greifen[189], oder in seine Richtung mit der nach oben offenen Hand eine Heischebewegung ausführen[190]. Besonders auffällig ist die vor dem Körper mit dem Handrücken nach vorn und mit aufwärts ausgestrecktem Zeigefinger gehaltene rechte Hand, bei energisch in die Hüfte gestütztem linken Arm[191]. Diese Geste, die im Fuggerschen Ehrenbuch nur selten und nur bei Frauen auftritt und in der Umsetzung erkennbar Unsicherheit hervorrief, ist als Rechtsgebärde mit Gelöbnischarakter bekannt[192]. Die Zuschreibung der für die dargestellte Eheverbindung rechtserheblichen Gebärde zu der Figur der Frau blieb jedoch Einzelfall, wie überhaupt der in die Hüfte gestützte Arm als weibliche Geste[193]. Ebenso selten übernimmt die Frau den eher männlich besetzten Redegestus mit in Bauchhöhe erhobenen Händen bei neben dem Körper angewinkelten Armen[194]. Gelegentlich sind die Hände vor dem Bauch näher zusammengeführt in einer leichten Öffnung nach oben – eine Gebärde, die als empfangende Geste mit den Rede- und Gebegebärden des Mannes korreliert[195]. Recht häufig hält die Frau ein Attribut in der vor oder neben dem Körper etwa in Bauchhöhe erhobenen Hand[196]. Die freie Hand liegt in solchen und ähnlichen Fällen auf oder an dem Bauch[197]. Häufiger liegen beide Hände auf dem Bauch zusammen, wobei die Figur in einer oder beiden ein Attribut hält[198]. Die ganz überwiegende Zahl der Frauenfiguren jedoch hält die Hände bei angewinkelten Armen vor oder auf dem Bauch zu-

---

[179] Entwurf, fol. 11r, 14v, 18v, 21r–21v, 23v, 26v, 27v, 31v, 33r, 35r, 44r, 45v; Endfassung, fol. 13v, 22v, 29r–30r, 32r, 37v, 40v, 54v, 57r–57v, 59r, 62r, 67v, 79v, 87v, 104r, 171v, 173r.

[180] Entwurf, fol. 15v, 16r, 23v, 36v; Endfassung, fol. 20r, 54v, 57r, 168v, 172v.

[181] Entwurf, fol. 12v, 13v, 18r, 30r, 31r, 32v, 38r; Endfassung, fol. 23v, 48v, 54r, 67v, 102v.

[182] Entwurf, fol. 22v; Endfassung, fol. 11r, 13v, 22v–23r, 40v, 171v, 172v.

[183] Entwurf, fol. 8v (Ehepaarbild des Hans Jakob Fugger), 16v, 18v, 28v; Endfassung, fol. 20r, 62r, 87v, 168v.

[184] Entwurf, fol. 13r, 36r; Endfassung, fol. 13v, 18v, 30r, 51v, 59v, 79v, 174r; vgl. SPICER, Renaissance Elbow.

[185] Entwurf, fol. 31r, 34v, 36r–37v; Endfassung, fol. 23v, 30r, 34r, 48v, 51r–51v, 54r, 59v, 85r, 102v, 170r, 174r; über die Waffe als obligatorisches Attribut des freien Mannes vgl. FINK, Schwarzsche Trachtenbücher, S. 75.

[186] KOEPPLIN/FALK, Lucas Cranach 1, S. 210, vgl. ebenda, Taf. 14, S. 235, zu Nr. 481, 2, S. 582.

[187] Entwurf, fol. 14v, 22r, 26v; Endfassung, fol. 16r, 23v, 28v, 37v, 55v, 57v, 172r, 173r.

[188] Entwurf, fol. 26v, 33r.

[189] Entwurf, fol. 12r, 33r–33v, 35r, 38v–39r; Endfassung, fol. 16r, 40v.

[190] Entwurf, fol. 28v, 31v; Endfassung, fol. 14r, 173v; Elisabeth VAVRA, Neue Medien – Neue Inhalte. Zur Entwicklung der Druckgraphik im 15. Jahrhundert, in: Kommunikation und Alltag im Spätmittelalter und früher Neuzeit (Veröff. des Instituts für Realienkunde des Mittelalters und der Frühen Neuzeit 15) Wien 1992, S. 339–378, hier S. 341, wertet für die Druckgraphik des 15. Jahrhunderts die nach oben offene Hand der Frau als Heischegeste, als Anspielung auf Käuflichkeit und Prostitution.

[191] Entwurf, fol. 31r, 36r (in beiden Fällen in der Endfassung neutralisiert); Endfassung, fol. 37v (im Entwurf unklare Anlage mit anatomisch unglücklich vorgestrecktem Zeigefinger wird präzisiert).

[192] OTT, Der Körper, S. 226 f.

[193] Entwurf, fol. 39r; Endfassung, fol. 79r, 170r; MÖBIUS, Moralisierung, S. 72 f., sieht den ausgestellten Ellenbogen der Frau als Zeichen jugendlicher Leichtfertigkeit; SPICER, Rennaissance Elbow, S. 106, 112, als Gestus der Herrscherin und Frau aus vornehmem Haus.

[194] Entwurf, fol. 13v, 27v; Endfassung, fol. 171v, 173v.

[195] Entwurf, fol. 13v, 32r, 35v, 38v; Endfassung, fol. 14v.

[196] Entwurf, fol. 30r, 31r, 37r; Endfassung, fol. 22v, 45v, 48v, 70v, 168v, 173v.

[197] Entwurf, fol. 30r, 33v, 36v; Endfassung, fol. 30v, 44r, 45v, 48v, 69v–70v, 79r, 168v, 173v.

[198] Entwurf, fol. 22r, 34r–34v; Endfassung, fol. 23v, 55v, 57r, 64r, 90r, 101v, 103v; ein spezifisch weibliches Attribut ist das Buch: Entwurf, fol. 10v, 21v, 35v; Endfassung, fol. 11r, 29v, 173v.

sammengelegt, sei es in Gebetshaltung[199], sei es mit ineinander oder übereinander gelegten, verschränkten oder an den Handgelenken greifenden Händen[200].

Die weibliche Gebärdensprache zeigt so im Gegensatz zur männlichen nur in Ausnahmefällen Muster, die als rechtlich oder zumindest kommunikativ wirksame Gesten in sich konstitutiv für die im Bild repräsentierte Allianz sind. Das Repertoire der weiblichen Gebärden ist im ganzen weniger breit und weniger variabel als das der männlichen. Vor allem jedoch sind die weiblichen Figuren in ihrer Gestik eng auf den eigenen Körper bezogen. Als idealer weiblicher Habitus wird eine introvertierte, wenig raumgreifende Passivität vermittelt[201].

Die Bewegungen der Frauen sind so in der Regel zentriert auf ihren Bauch. In allen vollständigen oder unvollständigen Allianzbildnissen, d.h. bei allen verheirateten oder als zu verheiraten gedachten Frauen fällt nun der zusätzlich durch eine Hohlkreuzbewegung des Oberkörpers wie durch die Kostüme unterstrichene vorgeschobene Bauch auf. Alle legitim zeugungsfähigen Frauen werden als Schwangere dargestellt[202]. Demgegenüber sind die unverheiratet gestorbenen Töchter und die Nonnen ohne die charakteristischen Bäuche gezeigt[203]. Diese Ausnahmen – und auch der Umstand, daß auch die Witwe Sibylla Fugger in der Endfassung mit einem Bauch als Zeichen ihrer Rolle als (ehemals) verheiratete Frau gezeigt wird[204] – zeigen deutlich, daß es sich bei diesem charakteristischen Muster um die ganz gezielt stilisierte bildliche Repräsentation der gesellschaftlich relevanten Aufgabe der Frau handelt. Außer als Tauschgut in Heiratsverbindungen kommt der Frau eine Funktion nur als Gebärerin zu, dies freilich nur dann, aber auch immer dann, wenn die dazu notwendige sexuelle Aktivität durch die Ehe legitimiert ist. Wenn der quasi virtuell schwangere Bauch das allen verheirateten Frauen gemeinsame körperliche Merkmal ist, dürfen einerseits Unverheiratete ihn nicht aufweisen, definiert sich jedoch andererseits der Status der ehrbaren Ehefrau auch durch die bildliche Repräsentation der Gebärfähigkeit, sei es als Vorwegnahme in den potentiellen Allianzbildnissen der noch kindlichen Töchter, sei es in dem real durchaus prekären Fall der Sibylla Fugger[205] in Nachvollzug einer mit der Verwitwung verlorenen Berechtigung. Dieses in der spätmittelalterlichen Malerei häufig vorkommende Motiv ist so im Fuggerschen Ehrenbuch weniger unspezifischer Ausdruck des vom weiblichen Körper und der ihm eigenen Gebärfähigkeit ausgehenden Faszinosums[206], als vielmehr ganz gezielte Abbildung einer der Frau im Wahrnehmungshorizont der Familienbuchschreibung zukommenden und sie geschlechtsspezifisch definierenden Funktion[207].

Viele der in den Allianzbildnissen zu beobachtenden Gebärden implizieren ein Sprechen der Figuren zueinander. Insbesondere den Rede-, Zeige- und Heische-

---

[199] Entwurf, fol. 14v, 15v; Endfassung, fol. 20r, 170r.

[200] Entwurf, fol. 9r (Ehepaarbild der Ursula von Harrach), 9v, 12v, 16v, 17v–18v, 21r, 23v, 32v, 37v, 39v; Endfassung, fol. 9v, 13v, 14v, 19v, 23r, 29v, 30r, 31v–32r, 51r, 54r–54v, 59r, 61v, 66v–67v, 172r–173r; umgekehrt finden sich die zusammengelegten Hände beim Mann lediglich im Entwurf, fol. 39v.

[201] Vgl. für das niederländische Ehepaarbildnis MÖBIUS, Moralisierung, S. 72–74; für Darstellungen bäuerlicher Arbeiten LORENZ-SCHMIDT, Wert und Wandel, S. 229–231, 248.

[202] Undeutlich: Entwurf, fol. 9v: Ursula von Harrach; überdeutlich dafür ihr Allianzbildnis: Entwurf, fol. 30r; Endfassung, fol. 45v. Undeutlich auch bei der zweiten Frau: Entwurf, fol. 9v, 28v; auch die Frauenfiguren in den potentiellen Allianzbildnissen, Endfassung, ab fol. 55r, haben den vorgeschobenen Bauch. Vgl. außerdem Endfassung, fol. 23r: Wilhelm Rem zeigt auf den Bauch seiner Frau.

[203] Entwurf, fol. 20r (Endfassung, fol. 28r); Entwurf, fol. 23r (Endfassung, fol. 31r); als Ausnahme steht Entwurf, fol. 29r (Endfassung, fol. 44v), bei der der ausladende Rock ähnlich dem der Verheirateten gestaltet ist; Entwurf, fol. 35v: Das fälschlich eingesetzte Einzelbildnis der Ursula Fugger hat keinen Bauch, wohl aber das richtig ersetzte Allianzbildnis: Endfassung, fol. 59r.

[204] Entwurf, fol. 32v (Endfassung, fol. 54r): im Entwurf als junges Mädchen ganz den Einzelbildern entsprechend ohne Bauch, in der Endfassung als Witwe mit Bauch gezeigt.

[205] Vgl Kap 4 3 5

[206] So BORIN, Frauenbilder, S. 217–231; vgl. auch OPITZ, Mutterschaft und Vaterschaft, S. 144; Cordula BISCHOFF, Die Schwäche des starken Geschlechts. Herkules und Omphale und die Liebe in bildlichen Darstellungen des 16. bis 18. Jahrhunderts, in: DINGES (Hg.), Hausväter – Priester – Kastraten, 1998, S. 153–186, hier S. 157; auch im Habsburgischen Ehrenwerk, BaySB Cgm 896, fol. 336v–337r, im Ehepaarbildnis Maximilians I. und Marias von Burgund, ist der ›schwangere‹ Bauch der Frau betont. Ihre Hände liegen auf dem Bauch, während der Mann nach diesem greift.

[207] Männliche Entsprechung des weiblichen Bauches als geschlechtsspezifisches Fruchtbarkeitsattribut könnte die Schamkapsel im Schoß der Männer sein. Freilich ist der weibliche Bauch zumindest auch ein körperliches Merkmal, die Schamkapsel in erster Linie eines der Ausstattung. Vor allem jedoch wird letztere in den Bildnissen des Fuggerschen Ehrenbuches erkennbar unspezifisch als modisches Accessoire eingesetzt, wo die Figurengestaltung dies in den jüngeren Generationen bedingte: Entwurf, fol. 8v (ganzseitiges Allianzbildnis), 22v, 34r–34v, 36r, 38r, 39v; Endfassung, fol. 18v, 29v, 30v, 51v, 54r, 55v, 57v, 64v, 79v, 82r, 84v–85r, 87v, 102r, 173r, 174r. Oft wird der entsprechende Körperbereich von der Schaube, einer Hand der Figur oder dem Schwert bedeckt, so Endfassung, fol. 54v, 62r, 67v, 102v. Die Schamkapsel ist erkennbar nicht zentraler Bildbestandteil, wo sie hinter einer solchen Überlagerung nur angedeutet ist: Ebenda, fol. 79v, 85r. Dennoch fällt eine Konzentration bei den Bildern der jungen, unverheirateten oder früh verstorbenen Männer auf, so schon Endfassung, fol. 18v; vgl. Entwurf, ab fol. 34r. Diese keineswegs durchgehende Tendenz wird aber eher einer altersspezifischen modischen Orientierung als einer bildlichen Gestaltungsabsicht folgen. Auffällig häufig jedoch werden Adelige mit einer Schamkapsel gezeigt, so Entwurf, fol. 22v; Endfassung, fol. 29v (an der Rüstung), 30v, 54r; unklar bleibt, ob in diesen Fällen der größere Bildausschnitt der Figurengestaltung (fast bis hin zum Kniestück) die Ausstattung mit der Schamkapsel bedingte oder ein Bedürfnis nach letzterer ersteren notwendig machte.

gesten könnte eine Gesprächssituation entsprechen. Tatsächlich jedoch zeigen die Figuren nur in den seltensten Fällen einen sprechend geöffneten Mund[208]. Die Blicke der ernsten oder freundlich lächelnden Gesichter bleiben stumm. Bei den Gebärden der männlichen wie weiblichen Figuren handelt es sich um ikonographisch formalisierte Artikulationen des Bildinhalts, nicht etwa um die Abbildung realer oder als realistisch gedachter Kommunikation der Dargestellten.

3.4 Fallbeispiele

3.4.1 Einzelbildnis: Hans Fugger

Hans Fugger, der erstgeborene Sohn Ulrich Fuggers des Älteren, starb vor 1515 im Alter von etwa 30 Jahren unverheiratet[209].

In der unteren Bildhälfte steht das Lilienwappen der Fugger mit den für die Einzelbildnisse charakteristischen, frei in der Luft hängenden Kordelenden. Darüber steht ein junger Mann – im Entwurf erkennbar dem Sterbealter entsprechend, in der Endfassung eher jungenhaft gezeigt – frontal zum Betrachter in etwas mehr als halbfiguriger Darstellung. In der Endfassung trägt er ein rotes Wams mit mehrfach gepufften, weiß unterlegten, geschlitzten Ärmeln und ebensolchem Kragen, darüber eine braune Schaube mit schwarzen Zierborten und schmal angeschnittenen Ärmelschlitzen. Im halblangen, glatten Haar trägt er einen Lorbeerkranz. Am Hals sind eine längere und eine kurze Goldkette erkennbar. Der Blick geht nach links aus dem Bild heraus. Die Linke ruht an der äußeren Oberkante des Wappenschildes, die Rechte greift in Brusthöhe nach dem Revers der Schaube. Im Entwurf, der in diesem Fall ansonsten eng als Vorlage für die Endfassung gedient hat, ist die Körperhaltung abweichend gestaltet: Die Figur steht etwas nach links gewandt, der Blick geht jedoch aus den Augenwinkeln nach rechts aus der Bildebene heraus. Die rechte Hand greift nach den herabhängenden Enden des Schriftbandes. Außerdem ist das Haar im Vergleich zur Endfassung lockig.

Die Figur steht isoliert auf der Seite. Die Hand am Wappen und der Griff zum Schriftband stellen Bezüge zu den komplementären Bildkomponenten her. Es fehlt jedoch ein Anknüpfungspunkt für Bezugslinien nach außen. In der Endfassung ermöglicht der Griff an den Schaubenkragen als männlich konnotierte Geste

eine Schließung der Konzeption unter Vermeidung weiblich wirkender körperlicher Passivität. Der Blick nach links stellt die Figur innerhalb des Buches gewissermaßen in die Einheit der Familie, indem er auf den Fortgang der Abbildungen, insbesondere auf die folgenden jüngeren Geschwister verweist. Im Entwurf war diese Wendung zur Seite gespalten in eine Bewegung des Körpers nach links und die Blickrichtung nach rechts. Diese lebendige Interpretation ist in der Endfassung stark zurückgenommen zugunsten einer geschlosseneren Gestaltung der Figur. Es gelingt so eine schlüssige Lösung der paradoxen Aufgabenstellung des Bildes: einer Repräsentation der Bindungslosigkeit des unverheirateten Kindes einerseits und einer geschlechtsspezifisch normenkonformen Darstellung der Person andererseits.

Zum Vergleich bieten sich Einzelbildnisse jung gestorbener Töchter an, z.B. jenes der Regina Fugger[210]. Mit gesenktem Blick und vor dem Bauch verschränkten Armen steht die junge Frau frontal zum Betrachter, ganz in sich ruhend und passiv. Das männliche Einzelbildnis des Alexander Augustus Fugger[211] hingegen zeigt die Figur in einer ganz expressiven Haltung: Mit dem Oberkörper frontal zum Betrachter stehend, doch den Kopf ins Profil nach links gewandt, den rechten Arm eng am Körper angelegt, den linken in einer eigentümlich verdrehten Bewegung über der Oberkante des Schildes in der Schwebe, steht der junge Fugger ganz ungebunden auf der Seite. Mit seiner Blickrichtung jedoch weist er wiederum auf die folgenden jüngeren Geschwister, insbesondere den ihm recto gegenüberstehenden Alexander Secundus. So wird im Bild das auch namentliche Eintreten des Alexander Secundus in die Position seines verstorbenen Bruders repräsentiert.

Demgegenüber ist Hans Fugger wenig pathetisch, in sich geschlossen gezeigt, in einer schlüssigen Variation des ikonographischen Grundmusters. Männliche Aktivität und Ungebundenheit des unverheiratet Gestorbenen stehen zueinander in einem Gleichgewicht.

3.4.2 Allianzbildnis: Georg Fugger und Ursula von Liechtenstein

Auch für diese Seite ist anzunehmen, daß die überlieferte Entwurfsfassung direkt Vorlage war[212]. Die in diesem Fall ganz deutliche Ähnlichkeit beider Fassungen in Körperhaltung, Bekleidung und Physiognomie dürfte freilich auch dem Umstand entspringen, daß es sich um lebende Personen handelte, bei denen die idealtypische Stilisierung gegenüber der individuellen Porträtähnlichkeit zurücktrat. Georg II. Fugger (1518–

---

[208] Ein sprechend geöffneter Mund findet sich: Entwurf, fol. 22r, bei der Frau (in der Endfassung neutralisiert); Entwurf, fol. 38r, bei dem Mann (dito); fol. 39v, bei der Frau (dito); Endfassung, fol. 103v, 170r, 171v.

[209] Endfassung, fol. 28v; Entwurf, fol. 20v. Die Exemplifizierung der eben idealtypisch nachvollzogenen Bildkonzeption an je einem Fall für jeden der Haupttypen muß hier genügen, kann dies aber angesichts der Serialität der Abbildungen wohl auch.

[210] Endfassung, fol. 44v.
[211] Endfassung, fol. 84v.
[212] Endfassung, fol. 48v; Entwurf, fol. 31r; vgl. (Kat.) ›Kurzweil‹. Augsburger Patrizier, S. 39–41.

1569) war der jüngere Bruder Hans Jakob Fuggers. Er heiratete 1542 Ursula von Liechtenstein († 1573)[213].

Im Entwurf steht der Mann im Halbprofil nach links gewandt als Halbfigur. Er trägt ein vielfach geschlitztes und gepufftes Wams, ein Halshemd mit leichter Krause und darüber einen über die Schulter geworfenen Radmantel, die ›Kappe‹. Das kurz geschnittene Haar ist von einem schmalen Barett mit Schleifenbesatz und einer Straußenfeder an einem Medaillon geschmückt. Zwei schwere Ketten liegen vor der Brust. Er hat einen zweigeteilten Vollbart. Während die Rechte in der Hüfte oberhalb des Schildrandes, halb unter dem Umhang verborgen am Schwertknauf ruht, greift die Linke in Brusthöhe leicht nach einem Nelkensträußchen in der Hand der Frau. Diese steht im Halbprofil nach rechts gewandt mit dem Kopf im Profil. Sie trägt ein Kleid, ein Mieder mit gepufften Ärmeln und weitem Ausschnitt, halbrundem Bruststück und geschnürtem Bauch sowie ein Halshemd mit angedeuteter Fältung am Stehkragen. Auch sie trägt zwei schwere Ketten. Das Haar ist in einem Haarnetz geborgen, unter einem Barett mit Straußenfedern. Die linke Hand, nur flüchtig skizziert, ist bei ausgestelltem Arm in die Hüfte gestützt, die rechte hält mit dem Handrücken nach außen gewandt das besagte Nelkensträußchen. Die Handhaltung erinnert so an den aus der zeitgenössischen Malerei bekannten Schwurgestus. Der Blick der Frau geht zum Mann hin, dieser jedoch blickt undeutlich an ihr vorbei aus dem Bild heraus. Das Bildzentrum wird beherrscht von der Nelke und den einander beinahe berührenden Händen. Der Effekt der Konzentration auf diesen Ausschnitt wird durch die spiegelbildliche gestische Gestaltung der Figuren verstärkt.

In der Endfassung nun sind mehrere Änderungen vorgenommen worden, die in der Summe ganz erhebliche Folgen für den Bildaufbau haben. Zunächst hat man den Mantel des Mannes durch eine schwarze Schaube ersetzt, dadurch einerseits zwar vielleicht einen modischen Anspruch zurückgenommen, andererseits jedoch den Blick auf den rechten Arm geöffnet, dessen Bewegung zum Schwertgriff nun viel deutlicher auf den darunter stehenden Wappenschild verweist. Auch scheint die Kollision der Hände in der Bildmitte in ihrer Unmittelbarkeit deutlich der Konzeption des Bildes entgegengestanden zu haben. Die abgewandte Haltung der Hand der Frau genügte als Ausdruck von körperlicher Distanz wohl nicht. Statt dessen wird nun ihr Arm näher an den Körper herangeführt, der Schwurgestus aufgelöst, das Nelkensträußchen etwas schräggestellt und so aus dem Bildzentrum genommen. Der Arm des Mannes wird weiter gehoben, so daß die Hand nun die Bildmitte dominiert und der Griff eindeutiger zu der Nelke hin geht. Außerdem weist die Fluchtlinie des Unterarmes nun auf das Schriftband der Frau. Der linke Arm der Frau, der energisch in die Hüfte gestützt war, ist nun neben dem Körper in der Schwebe, so daß die Hand zwar die Oberkante des Schildes nicht berührt, wohl aber deutlich auf diesen gerichtet ist. Wiederum also entsprechen sich die Gebärden von Mann und Frau spiegelbildlich, jedoch sind die der Frau deutlich kraftloser, zurückhaltender gestaltet als im Entwurf und vor allem als die des Mannes. Die Blickrichtungen werden unverändert übernommen, so daß die Frau auf den Mann schaut, dieser an ihr vorbei aus dem Bild heraus. Zusätzlich ist wie in den anderen Allianzbildnissen zwischen den Wappenschilden eine sich symmetrisch-ornamental verschränkende Kordel eingesetzt.

Die Wirkung der Änderungen ist signifikant. Zum einen werden durch die Figuren die Bezüge zu den Wappen und den Schriftbändern verdeutlicht. Zum zweiten wird die Frau, die im Entwurf mit ihrer Gabe im Bildzentrum stand, in eine passivere Rolle versetzt. Die Verknüpfung der Bildhälften erfolgt nun nicht mehr durch die Gabe und den Schwurgestus der Frau, sondern durch die greifende Hand des Mannes. Ebenso wird die Aktivität des Mannes durch die Verdeutlichung seines Griffes zum Schwert unterstrichen. Zudem wird die offenbar als kritisches Moment empfundene Kollision der Hände aufgelöst. Die körperliche Distanz bleibt nun gewährleistet.

3.4.3 Doppeltes Allianzbildnis: Lukas der Ältere Fugger vom Reh, Anna Doninger und Clara Conzelmann

Eine der in Konzeption und Ausführung gelungensten Seiten ist zweifellos das Allianzbildnis des älteren Lukas Fugger vom Reh (1439–1494) und seiner beiden Frauen[214].

Im Bildzentrum steht das Wappen des Mannes, hier nicht wie sonst im Allianzwappen umgekehrt. Links und rechts unterhalb, nach innen geneigt, stehen die Wappen der Frauen. Wappen, Bildnis und Schriftband des Mannes sind so in das Zentrum des Bildes gerückt[215]. Eine rote Kordel verbindet die drei Schilde, hinter dem des Mannes hervorkommend, links und rechts zu denen der Frauen verlaufend und dann in der Mitte zwischen diesen sich symmetrisch-ornamental verknotend. Über dem Rehwappen, fast frontal etwa in Halbfigur steht der Mann in einem schlichten weinroten Reitrock und einem schwarzen Mantel, der vor der Brust geschlossen ist. Er trägt einen langen, dunklen

---

[213] REINHARD (Hg.), Eliten, Nr. 241; NEBINGER/RIEBER, Genealogie, Taf. 5, 13.

[214] Endfassung, fol. 170r.

[215] Bei dem Bildnis der Sibylla Fugger und ihrer zwei Männer, Endfassung, fol. 54r, steht die Frau zwar auch in der Mitte, bezeichnenderweise jedoch etwas verkleinert und zwischen den Bildensembles der beiden Männer nach unten versetzt, vgl. Kap. 4.3.5.

Bart und ebensolche, jedoch kürzere Haare, dazu ein schwarzes Barett. Am Gürtel ist ein Dolch erkennbar. Die erste Frau, auf der Seite links, ist im Halbprofil von rechts gegeben. Die Hände liegen vor dem Bauch zum Gebet gefaltet. Sie trägt ein schlichtes violettes Kleid mit abgesetzten Bündchen aus Pelz und einen schwarzen Mantel, der vor der Brust mit einer goldenen Fibel geschlossen ist, dazu eine Haube mit um das Kinn gewickeltem Tuchende. Die zweite Frau ist im Halbprofil von links gegeben. Sie trägt ein blaues Kleid und einen schwarzen Mantel mit einer Goldfibel, dazu eine weit nach hinten ausladende Tuchhaube ähnlich dem typischen ›Sturz‹[216], die jedoch das Kinn freiläßt. In den vor der Brust zum Gebet gefalteten Händen hält sie einen Paternoster.

Über den Köpfen der Figuren sind die Schriftbänder dergestalt angeordnet, daß sie neben und über dem Kopf des Mannes in einer harmonisch schwingenden Bewegung das Bild nach oben abschließen, indem die inneren Kanten der äußeren Bänder (der Frauen) fast unmittelbar an die inneren, umgeschlagenen Kanten des oberen Schriftbandes (des Mannes) anschließen.

Die Figuren sind in einem ebenso klaren wie dichten Bezugsnetz miteinander verwoben. Mit der rechten Hand greift der Mann nach dem Kopf der ersten Frau, auch sein Blick geht zu ihr herab. Mit der linken jedoch zeigt er auf das Schriftband über dem Kopf der zweiten Frau. Die erste Frau blickt zu der zweiten hin. Diese blickt vorwärts an der ersten vorbei aus dem Bild heraus. Beide Frauen haben die Hände zum Gebet vor dem Bauch zusammengelegt. Die Figuren sind also miteinander jeweils mindestens in doppelter Weise verknüpft. Der Mann als agierende Partei vermittelt in einer fast symmetrischen, offenen Bewegung einerseits zwischen den Frauen und ist andererseits Ausgangspunkt der dominierenden Abfolge von Bezugslinien: Von ihm, durch seinen Blick und seine Handbewegung ausgedrückt, zur ersten Frau; von dieser, vermittelt durch die auf das Schriftband zeigende Hand des Mannes und ihren Blick, zur zweiten Frau; von dieser durch den Blick aus der Bildebene heraus. Die Verbindung zwischen den Frauen erfolgt durch die ihnen gemeinsame Geste, die zugleich einen geschlechtsspezifischen Habitus exemplarisch formuliert. Zusätzlich sind die Parteien durch die Verbindung der Wappen verknüpft und durch die sich zeltförmig über ihnen spannenden Schriftbänder vereint.

3.4.4 Mehrfachbildnis: Die Söhne Ulrich Fuggers

In der ersten Generation bzw. *Linie* der genealogischen Reihe werden neben Hans Fugger, dem nach Augsburg eingewanderten Stammvater der Familie, auch dessen Bruder und seine Söhne erfaßt[217]. Die Söhne Ulrich Fuggers werden dabei zusammengefaßt auf einer Seite, die entgegen der dem Ehrenbuch zugrundeliegenden Generationenfolge der ersten *Linie* direkt angeschlossen wird[218]. Da ihre weitere Nachkommenschaft nicht weiter behandelt werden sollte[219], konnte man sie nach Art der Einzelbildnisse unverheiratet gestorbener Kinder ohne ihre Ehefrauen behandeln. Fünf Einzelbildnisse sind dabei dergestalt auf der Seite angeordnet, daß dem Alter nach oben links und rechts zwei, im Bildzentrum eine, unten wiederum zwei Figuren stehen. Die Wappenschilde sind als oben und unten nach innen geneigte, im Bildzentrum aufrechte Dreiecksschilde mit dem zweiten Hauszeichen der Fugger gegeben, die Schriftbänder aus Platzgründen knapp gehalten und gewölbt um die Köpfe der Figuren herumgeführt, jedoch in den Zipfeln weit ornamental auslaufend. In der Endfassung sind die Wappenschilde durch schwarze Kordeln verbunden, die sternförmig hinter dem mittleren zusammenlaufen, ganz dem Typus des Allianzbildnisses entsprechend.

Der Maler stellte die fünf Söhne Ulrich Fuggers jedoch nicht etwa in fünf einzelnen Bildnissen unverbunden nebeneinander. Vielmehr werden neben den Bezügen zwischen Schild, Figur und Schriftband durch die Gebärden der Figuren auch Verbindungen zwischen den Bildnissen hergestellt, die das Mehrfachbildnis als Synthese aus dem Typ des Einzelbildnisses und dem des Allianzbildnisses erscheinen lassen. Recht undeutlich ist diese Tendenz noch im Entwurf: Lediglich der Blick des Andreas (auf der Seite rechts oben) zu seinem Gegenüber entspricht dem Muster des Allianzbildnisses, ebenso die Korrespondenz der Armgebärden der unteren Figuren: Während Heinrich (auf der Seite unten links) die Arme neben dem Körper angewinkelt nach vorn hält, wobei die Linke in einer Griffbewegung nach vorn und zugleich zum Schild im Bildzentrum geht, sind die nach vorn ausgestreckten Arme des Hans ihm gegenüber (unten rechts) deutlich auf ihn bezogen. Der Blick der mittleren Figur zum Betrachter vermittelt aus der Bildebene heraus. In der Endfassung sind die Figuren oben durch Blickkontakt verbunden. Außerdem richtet sich der erste Bruder mit einer Zeigegeste auf den zweiten und das Schriftband des dritten. Sein Gegenüber antwortet mit einer Heischegeste der erhobenen Linken zum Schriftband. Ebenso zeigt und blickt der fünfte Sohn Hans, hier ins Halbprofil gewandt, auf den vierten, ihm gegenüber. Dieser lenkt den Bezug weiter zur Figur im Zentrum, auf welches sein Blick, sein sprechend geöffneter Mund und die Zeigebewegung seines vor dem Körper angewinkelten linken Armes verweisen. Auch der dritte Bruder im Bildzentrum ist in das

---

[216] Vgl. Kap. 3.5.1.

[217] Endfassung, fol. 11r–12v; Entwurf, fol. 10v–11v.
[218] Entwurf, fol. 11v; Endfassung, fol. 12v.
[219] Vgl. Kap. 4.4.1.

im Bild konstituierte Beziehungsnetz eingebunden. Nicht nur die Neigung der ihn umgebenden Wappen und die Kordeln stellen Bezüge her. Auch die vor dem Bauch liegenden Hände sind nicht allein auf den eigenen Körper der Figur bezogen, sondern lenken durch die in einer Redegeste ausgestreckten Zeigefinger den Blick des Betrachters zu den unteren Figuren. Der Blick der mittleren Figur geht nach links aus dem Bild heraus und stellt die Gesamtanlage so in den Kontext der genealogischen Reihe.

Da die Söhne des Ulrich und ihre Nachkommenschaft für das weitere ›Herkommen‹ der Fugger nicht relevant waren, konnten die Angaben in den Schriftbändern auf das Nötigste reduziert, die Bildnisse frei von einem realen historischen Hintergrund stilisiert werden. Besonders bei den Kostümen und der Physiognomie nutzte der Maler erkennbar den daraus erwachsenden Spielraum. Insbesondere was die Variationsbreite der Kopfbedeckungen angeht, zeigen Entwürfe wie ausgeführte Endfassung ein reges Interesse an Abwechslung. Grobe Pelzkappen stehen da neben feinen Hüten, Baretts neben schlichten Kopfhauben. Diesbezüglich und auch, was die Bekleidung angeht, sind die Figuren der Endfassung erkennbar feiner ausgestattet. Auch wird die Darstellung weiter neutralisiert: Schürze, grobe Jacke, Fellkappe und Wollknäuel als berufs- und ständespezifische Attribute des Seitz Fugger im Bildzentrum werden so ersetzt durch eine recht vornehm wirkende, jedoch für Personen des ausgehenden 14. Jahrhunderts sicherlich anachronistische Kombination aus schwarzem Wams und violetter Schaube mit ebensolchem Hut. Die Söhne Ulrich Fuggers werden so in der Ausstattung dem in der Bildergenealogie der Nachkommen ihres Onkels formulierten Anspruch angepaßt.

3.5 ›Herkommen‹ als Kostümgeschichte

3.5.1 Kleidung als historisches und ständisches Phänomen

Die lange Reihe der Porträts des Hauses Fugger dokumentiert in Bekleidung und Ausstattung der Figuren die Familiengeschichte als kollektive Kostümgeschichte. Wie in anderen Familienbüchern auch wird die bildliche oder schriftliche Schilderung der Bekleidung zum Medium der individuellen wie kollektiven Selbstthematisierung[220].

Die Kleidung als Zeichensystem definiert die Zugehörigkeit zu einer Gruppe und bestimmt so auch die Stellung dieser Gruppe in der Gesellschaft[221]. Kleidung als gesellschaftlicher Distinktionsmechanismus funktioniert im späten Mittelalter und der frühen Neuzeit zentral über die ständespezifische Normierung der Kleidungsgewohnheiten und die stetig dynamische Neuformulierung ihrer Grenzen[222]. Die hohe soziale Mobilität in der städtischen Gesellschaft führte nicht nur zur Reflexion über fundamentale soziale Strukturen, wie sie in der Semantik der Kleidung sichtbar und wirksam wurden und werden sollten[223], sondern auch zu einer sich verdichtenden herrschaftlichen Reglementierung der Bekleidungsnormen. Die Kleidung als auf dem Körper getragene Repräsentation der gesellschaftlichen Position war in ihrer Funktion bedroht durch die gesellschaftliche Dynamik[224]. Der Prozeß der dauernden gesellschaftlichen Neuaushandlung der Kleidungsnormen erhielt seine Dynamik nun vielleicht gerade dadurch, daß die obrigkeitlichen Normierungsversuche ein Raster boten, an dem sich eine Instrumentalisierung der Kleidung als Medium der Statusbildung und Statusstabilisierung orientieren konnte. Erst die Grenzen ermöglichten das Spiel mit ihrer Überschreitung. Die Dokumentation von Kostümen im Familienbuch kann so gemessen werden an den von zeitgenössisch gültigen Kleidungsordnungen vorgegebenen Normen. Welchen Status ein Familienbuch definieren und repräsentieren wollte, wird so ablesbar im Vergleich der abgebildeten Kostümausstattung mit den geltenden Normen. Das Kostüm im Bild dokumentiert nicht die Kleidung im tatsächlichen Zusammenleben, sondern die Kleidung als Code des Aus-

---

220 Vgl. z.B. das Trachtenbuch des Matthäus Schwarz, FINK, Schwarzsche Trachtenbücher; dazu jetzt Valentin GROEBNER, Die Kleider des Körpers des Kaufmanns. Zum ›Trachtenbuch‹ eines Augsburger Bürgers im 16. Jahrhundert, in: ZHF 25 (1998), S. 323–358; das Familienbuch des Hieronymus Koeler: Hannah S. M. AMBURGER, Die Familiengeschichte der Koeler. Ein Beitrag zur Autobiographie des 16. Jahrhunderts, in: MVGN 30 (1931), S. 153–288, hier S. 217, 219–221; dazu zuletzt WUNDER, Wie wird man ein Mann?, S. 129 f., 134–136; das Hausbuch der Melem in Frankfurt vgl. MONNET, La ville et le nom; die Gestaltschilderungen bei Hermann von Weinsberg vgl. ROHMANN, Der Lügner durchschaut die Wahrheit, hier S. 59 f.
221 Vgl. WUNDER, Wie wird man ein Mann?, S. 137 f.
222 Martin DINGES, Der ›feine Unterschied‹. Die soziale Funktion der Kleidung in der höfischen Gesellschaft, in: ZHF 19 (1992), S. 49–76, hier S. 51 f.; Jutta ZANDER-SEIDEL, Ständische Kleidung in der mittelalterlichen und frühneuzeitlichen Stadt, in: Terminologie und Typologie mittelalterlicher Sachgüter: Das Beispiel der Kleidung (Österreichische Akademie der Wissenschaften, Phil.-Hist. Klasse, Sitzungsberichte 511; Veröff. des Instituts für mittelalterliche Realienkunde Österreichs 10), Wien 1988, S. 59–75, hier S. 59 f.; DIES., Textiler Hausrat, S. 290–292.
223 DINGES, Der ›feine Unterschied‹, S. 52–54.
224 DINGES, Der ›feine Unterschied‹, S. 57–59; Neithard BULST, Kleidung als sozialer Konfliktstoff. Probleme kleidergesetzlicher Normierung im sozialen Gefüge, in: DERS./Robert JÜTTE (Hg.), Zwischen Sein und Schein. Kleidung und Identität in der ständischen Gesellschaft, Saeculum 44/1, Sonderheft 1 (1993), S. 32–46, hier S. 35–37; Gerhard JARITZ, Kleidung und Prestigekonkurrenz. Unterschiedliche Identitäten in der städtischen Gesellschaft unter Normierungszwängen, in: Ebenda, S. 8–31, hier S. 14 f.; ZANDER-SEIDEL, Ständische Kleidung, S. 60–62.

tauschs über Status und Statusansprüche²²⁵. Es konnte so einen ungleich größeren Spielraum zur Stilisierung nutzen als der Mensch in seiner realen Lebenswelt²²⁶.

Für Augsburg freilich fehlt für den Entstehungszeitraum des Fuggerschen Ehrenbuches eine einschlägige Überlieferung. Zwischen 1537 und 1568 ist keine Kleiderordnung überliefert²²⁷. Eine Untersuchung muß sich daher auf sicherbare Analogentwicklungen in anderen Städten und greifbare Anhaltspunkte in anderen Quellen stützen²²⁸.

Inwieweit die Porträts im einzelnen auf Vorlagen zurückgehen, ist kaum sicherbar, da der erhebliche Bestand an Fugger-Porträts des 16. Jahrhunderts nicht präzise erschlossen ist²²⁹. Sicher ist, daß in der überwiegenden Zahl der Fälle die überlieferten Entwürfe tatsächlich Vorlage für die Endfassung waren – bis hin zu direkten Übernahmen, aber auch mit ganz entscheidenden Abweichungen, wo es inhaltlich und konzeptionell sinnvoll war. Gestik und Körperhaltung der Figuren entsprechen dabei wenigen immer wiederkehrenden Mustern aus der Ikonographie des Ehepaarporträts. Dies dürfte eher gegen eine heterogene Zusammenstellung älterer Vorlagen und für ein geschlossenes Gesamtkorpus sprechen. Auch dann wird man jedoch immer mit der Verwendung von Musterblättern und Vorlagensammlungen rechnen müssen²³⁰. Auch eine solche wäre jedoch nicht wahllos erfolgt, sondern den spezifischen Stilisierungsabsichten des Ehrenbuches entsprechend: Beim Bildnis Jakobs des Reichen ist zwar sicher der Holzschnitt Hans Burgkmairs Vorlage gewesen²³¹. Das Schulterstück wurde jedoch der Konzeption des Ehrenbuches entsprechend zur Halbfigur erweitert, zudem mit prächtiger Kleidung und reichem Goldschmuck ausgestattet.

Für die Entwürfe hat Leonie von Wilckens schon 1961 angemerkt, daß die Mitglieder der ersten *Linie* in der Tracht in etwa der Zeit nach 1450²³², die der zweiten und dritten *Linie* in jener der Jahrhundertwende²³³ und die zur Entstehungszeit lebenden Personen in zeitgenössischer Tracht abgebildet werden²³⁴. Zumindest eine Figur der jüngsten Generation ist mit ihrer spanischen Tracht – runder Hut, ›Kappe‹, enges Wams, spanische Hosen – einem zur Entstehungszeit des Ehrenbuches auch in Augsburg, der Stadt der Reichstage, noch ganz neuartigen modischen Comment verpflichtet²³⁵. Die Historisierung der Kostümierung früherer Generationen in der frühneuzeitlichen Kunst, so hat von Wilckens an anderer Stelle ausgeführt, äußert sich zunächst nicht im detailgenauen Nachvollzug der sachgeschichtlichen Entwicklung, der ja zumeist schon an einem Mangel an präzisen Kenntnissen gescheitert wäre, sondern in der Beigabe besonders aussagekräftiger Details zur Vermittlung der Ungleichzeitigkeit²³⁶. In diesem Sinne hat man auch nicht historisch korrekt die Bekleidungsnormen des späten 14. Jahrhunderts für die Abbildung der ersten Generationen gewählt, sondern diejenigen der

---

²²⁵ Vgl. MONNET, La ville et le nom, S. 529–531.

²²⁶ Insofern dürfte das Urteil von ZANDER-SEIDEL, Textiler Hausrat, S. 33 f., 44 f., über Kostümschilderungen in Familienbüchern und Chroniken und ihren beschränkten sachgeschichtlichen Wert einseitig sein. Vgl. zur Kostümausstattung von Porträts jedoch ebenda, S. 30.

²²⁷ Heinrich DORMEIER, Kurzweil und Selbstdarstellung. Die ›Wirklichkeit‹ der Augsburger Monatsbilder, in: ›Kurzweil viel ohn' Maß und Ziel‹. Alltag und Festtag auf den Augsburger Monatsbildern der Renaissance, hg. vom Deutschen Historischen Museum Berlin. Mit Beiträgen von Hartmut BOOCKMANN u.a., München 1994, S. 148–221, hier S. 170; GROEBNER, Die Kleider des Körpers, S. 347 f.; Augsburger Stadtlexikon (1998), S. 562. Auch die Recherchen im Rahmen des Bielefelder Projekts zur Kleider- und Luxusgesetzgebung unter der Leitung von Neithard Bulst brachten keinen neuen Befund; freundliche Auskunft von Peter Schuster, Bielefeld, vom 19.3.1999.

²²⁸ Auch mit Blick auf die grundsätzlichen Bedenken gegen eine katalogisierende und kategorisierende Aufnahme von kostümkundlichen Informationen, wie sie Elisabeth VAVRA, Kritische Bemerkungen zur Kostümliteratur, in: Terminologie und Typologie mittelalterlicher Sachgüter, 1988, S. 21–46, hier S. 44 f., geäußert hat, beschränken sich die folgenden Überlegungen ausdrücklich auf eine Analyse der Funktion von Bekleidung als Bedeutungsträger im Bild; vgl. dazu vor allem ZANDER-SEIDEL, Ständische Kleidung, S. 59 f.; zur Terminologie vgl. außerdem DORMEIER, Kurzweil, S. 161–170; FINK, Schwarzsche Trachtenbücher, S. 63–98; und die in Kap. 8.1 zitierte Literatur.

²²⁹ Vgl. Kap. 7.2.3; KOUTNÀ-KARG, Ehre der Fugger, S. 100 f.; Norbert LIEB, Die Fugger und die Kunst im Zeitalter der Spätgotik und der Frühen Renaissance (Veröff. der SFG 4/1, Studien zur Fuggergeschichte 10), München 1952 [Teil I], passim; DERS., Fugger und Kunst II, passim; LILL (Hg.), Fuggerorum Imagines, passim. Zur Frage der Porträtähnlichkeit und der Vorlagen des Ehrenbuches vgl. ebenda, S. IV; LIEB, Fugger und Kunst I, S. 268, 280; PÖLNITZ, Clemens Jäger, S. 96.

²³⁰ Vgl. ZANDER-SEIDEL, Textiler Hausrat, S. 23 f.

²³¹ Vgl. Tilman FALK, Hans Burgkmair. Studien zu Leben und Werk des Augsburger Malers, München 1968, S. 57, 148 mit Abb. 30.

²³² Entwurf, fol. 9v–12r.

²³³ Entwurf, fol. 12r–18r; die Grenze stimmt nicht genau mit der Generationengrenze überein: Schon Jakob Fugger der Reiche (ebenda, fol. 18v) ist mit einer weit fallenden Schaube mit Hängeärmeln deutlich aufwendiger und moderner bekleidet. Hier wird wohl auch ein materieller Sprung in der Entwicklung dokumentiert. Freilich mag diese Verschiebung auch einfach aus der Entwurfssituation zu erklären sein.

²³⁴ Leonie VON WILCKENS, Das ›historische‹ Kostüm im 16. Jahrhundert, in: Waffen- und Kostümkunde 2 (1961), S. 28–47, hier S. 30; für die Babenhauser Handschrift vgl. LILL (Hg.), Fuggerorum Imagines, S. IV: »Die Ahnenbilder nehmen in gewisser Beziehung auf die historische bürgerliche Tracht Rücksicht, aber es sind doch wesentlich Phantasiegestaltungen um 1545.«

²³⁵ Entwurf, fol. 38v; über die Durchsetzung der spanischen Mode seit dem zweiten Viertel des 16. Jahrhunderts vgl. FINK, Schwarzsche Trachtenbücher, S. 93 f.; ZANDER-SEIDEL, Textiler Hausrat, S. 175–177.

²³⁶ Leonie VON WILCKENS, Terminologie und Typologie spätmittelalterlicher Kleidung. Hinweise und Erläuterungen, in: Terminologie und Typologie mittelalterlicher Sachgüter, 1988, S. 48–58, hier S. 57.

Zeit, in der die Familiengeschichte des Hauses Fugger für die durch orale Übermittlung geprägte zeitgenössische Wahrnehmung erst Kontur gewinnen konnte: Es fehlten nicht nur schlicht die Informationen über einen 150 Jahre zurückliegenden Zustand. Vielmehr war das Verständnis von Zeitlichkeit auf die in oraler Überlieferung direkt nachvollziehbare Zeit der Großelterngeneration hin orientiert[237]. Hinzu kommt, daß die zweite Hälfte des 15. Jahrhunderts die Zeit des Aufstiegs der Fugger war, den es zu dokumentieren galt. Das seit dem späten 15. Jahrhundert zunehmende Interesse an historischer Kleidung, wie es sich in historisierenden Kostümierungen oder in Trachtenbüchern äußerte[238], speiste sich nicht zuletzt auch aus einer Tendenz zur Wertung altertümlicher (›konservativer‹) Kleidungsgewohnheiten als vornehm, wie es auch obrigkeitlich normierte ständische Trachten prägte[239]. Die Darstellung der frühen Generationen der Fugger im Ehrenbuch kombiniert denn auch chronologisch ganz unterschiedlich einzuordnende Kleidungsstücke zu anachronistischen Arrangements: So tragen schon Personen der ersten *Linien* Schauben und Hüte[240], wie sie wohl erst in der zweiten Hälfte des 15. Jahrhunderts aufkamen[241]. In der Endfassung wird der in den Entwürfen angelegte Wandel weitergeführt. Allgemein sind dabei die Kleidungsstücke in der künstlerischen Ausführung wie in der angedeuteten materiellen Beschaffenheit feiner und aufwendiger gestaltet[242]. Die weiterreichenden Differenzierungsmöglichkeiten der ausgeführten Tuschzeichnungen gegenüber den skizzierenden Federzeichnungen führten zu einer sorgfältigeren Stilisierung.

Weitaus prägender als die historisierende Bekleidung ist jedoch die sozial-ständische Stilisierung einzelner Personen wie der gesamten Reihe von Bildnissen. Schon Andreas Fugger der Reiche wird mit einer rot gefütterten, vielleicht schamlotten Schaube ganz anachronistisch, jedenfalls aber als reicher Mann gezeigt[243]. Besonders hervorgehoben wird auch Jakob Fugger der Reiche mit einem voluminösen Wams aus kostbarem Stoff und einer weit fallenden Schaube, ebenso seine Frau Sibylla Artzt als erste Frauenfigur mit dem reich gestalteten Ziermieder, wie es in der ersten Hälfte des 16. Jahrhunderts üblich wurde[244].

Die Bildnisse der vierten *Linie* leben von der ganz individuellen Gestaltung je nach dem spezifischen Status der Dargestellten. Sorgfältig werden die adeligen Heiratspartner der Fugger aus dem durch städtisch-bürgerliche Tracht geprägten Umfeld hervorgehoben. Philipp vom Stain zu Jettingen, mit dessen Heirat der Zugang zur schwäbischen Reichsritterschaft gelang, wird gar im Vollharnisch mit Bewaffnung gezeigt[245]. Die außergewöhnliche Gestaltung seines Porträts markiert so einen entscheidenden Schritt des gesellschaftlichen Aufstiegs der Fugger. Daß die Rüstung des Ritters eher der zweiten Hälfte des 15. Jahrhunderts zugehört[246], entspricht dem für die Mitte des 16. Jahrhunderts altertümlichen Charakter dieses Bildes. Im weiteren stilisiert das Ehrenbuch den Adel als Zielgruppe der Fuggerschen Prätentionen nicht mehr dem Ritterideal, sondern dem neuen Ideal des Hofmanns entsprechend[247]. So wird Hans Marx von Bubenhofen mit prächtigem rotem Wams, blauer, reich gesäumter und am Kragen mit Zadeln besetzter Schaube sowie einem federbesetzten Barett als höfischer Edelmann präsentiert[248]. Mit einem roten Wams mit goldenen Schließen, einer mit goldenen Knöpfen besetzten Schaube, einem golddurchwirkten Haarnetz und einem Zepter als Zeichen seiner Amtshoheit als Kammergraf in der Kremnitz wird Georg Thurzo sorgfältig als fremdländischer Adeliger stilisiert[249]. Das schlichte, braune Wams und die dunkle (blaue bzw. schwarze) Schaube, dazu das schmale Barett kennzeichnen hingegen Walter Ehinger[250] oder Georg von Stetten[251] als ehrbare Patrizier.

---

[237] Historische Erinnerung in oral geprägten Gesellschaften zeigt häufig eine »structural time depth«, d.h. eine stereotype Datierung historischen Geschehens in den Zeithorizont der Großelterngeneration; vgl. Jan VANSINA, Oral Tradition as History, Wisconsin-London 1985, S. 114–117.

[238] FINK, Schwarzsche Trachtenbücher, S. 93.

[239] ZANDER-SEIDEL, Ständische Kleidung, S. 62; MÖBIUS, Moralisierung, S. 72; WILCKENS', Das ›historische‹ Kostüm, S. 30, Bemerkung, Jörg Breu habe hier »unbekümmert um die absolute historische Richtigkeit« gearbeitet, geht insofern an der Sache wohl vorbei.

[240] Entwurf, fol. 11v; Endfassung, fol. 12v, 14v.

[241] Vgl. ZANDER-SEIDEL, Textiler Hausrat, S. 36, 225–228; FINK, Schwarzsche Trachtenbücher, S. 71–72, datiert die Verwendung von Hüten als männliche Kopfbedeckung erst in das 16. Jh.; für die Schaube vgl. ebenda, S. 66 f.

[242] So wird schon in der zweiten Generation (ab fol. 13v) an den Schauben der Männer der grobe Fellbesatz durch Tuchkragen ersetzt, ebenso an den Baretts die Pelzkrempe vielfach durch eine Tuchkrempe. Deutlich ist auch die reichere Ausstattung der Frauen; vgl. z.B. Entwurf, fol. 17r; Endfassung, fol. 19v.

[243] Entwurf, fol. 12v; Endfassung, fol. 13v.

[244] Endfassung, fol. 23v.

[245] Entwurf, fol. 21v; Endfassung, fol. 29v; zur Bedeutung der Heirat als erstes Konnubium mit einem ritterschaftlichen Geschlecht vgl. PÖLNITZ, Anton Fugger 1, S. 22.

[246] Freundlicher Hinweis von Frau Prof. Dr. Ruth Bleckwenn, Münster (†).

[247] Zum Wandel der Adelsikonographie vgl. KNALL-BRSKOWSKY, Ethos und Bilderwelt, S. 484 f.

[248] Entwurf, fol. 22v; Endfassung, fol. 30v.

[249] Entwurf, fol. 21r; Endfassung, fol. 29r. In der Endfassung trägt zu dem exotischen Eindruck auch das auffällig dunkle Inkarnat der Figur bei.

[250] Entwurf, fol. 22r; Endfassung, fol. 30r. In diesem Fall wurde die Bekleidung der Figur erkennbar sozialständisch spezifiziert: Die reiche Schlitzung und Puffung des Entwurfes wurde zurückgenommen gegenüber einer biederen Vornehmheit. Zur Familie des aus Ulm stammenden Patriziersohnes Walter Ehinger vgl. STEUER, Außenverflechtung, S. 35.

[251] Entwurf, fol. 23v; Endfassung, fol. 31v; REINHARD (Hg.), Eliten, Nr. 1353: Georg von Stetten war Mitglied der

Fein differenziert werden schließlich auch die männlichen Fugger dieser fünften Generation. Ulrich Fugger[252], mit goldenem Haarnetz unter dem geschlitzten Barett und einer edlen, blauen Schaube, sein Bruder Hieronymus[253] mit beinahe stutzerhaftem Kleidungsaufwand, und auch Raymund[254], der Vater des *Fundators*, mit violettem, vielfach geschlitztem und gepufftem Wams und schwerer Schaube, werden mit einem erkennbar repräsentativen Anspruch gezeigt. Dagegen steht Anton Fugger als ›Regierer‹ der Gesellschaft in schlichter Zurückhaltung im Bild, ohne jeden vordergründigen Luxus. Unter dem Barett trägt er eine Kalotte, eine Kopfhaube, die wie das golddurchwirkte Haarnetz seines Vetters Ulrich oder seines Onkels Jakob ein Zeichen von männlichem Ernst gewesen sein dürfte[255].

Mit schlichten, geschlossenen Kleidern oder mit Kleidern und den zeitgenössisch modernen, an Bauch und Brust sichtbaren Ziermiedern sind die Frauen der vierten *Linie* den Kleidungsgewohnheiten städtischer Oberschichten des frühen 16. Jahrhunderts entsprechend gekleidet[256]. Auch die schlichten, dunklen Schauben erlauben kaum eine weitere Differenzierung[257]. Erkennbar heben sie sich jedoch von den Frauen der ersten Generationen ab, deren schlichte Kleider oder Schürzenkleider, Röcke oder Umhänge vielfach an die von Porträts und Epitaphien bekannte Kirchgangkleidung erinnern[258]. Der am Gürtel befestigte Beutel als Attribut der bürgerlichen Hausfrau findet sich nur bei den ersten Frauen der Fugger[259], mit einer Ausnahme: Im Entwurf für ein ganzseitiges Pendantbildnis des Hans Jakob Fugger und der Ursula von Harrach steht die Beuteltasche als Attribut für den Status der ansonsten ganz ihrer adelig-höfischen Herkunft entsprechend gezeigten Frau eines städtischen Würdenträgers[260].

Ein ständisch spezifischer Bestandteil der Kleidung war die Kopfbedeckung der verheirateten Frau. Zumindest im ersten Drittel des 16. Jahrhunderts galt in den oberdeutschen Städten als obligatorische Kopfbedeckung der Ehefrau die Tuchhaube, bei patrizischen Frauen mit dem Kinnband, als Zeichen der ständischen wie individuellen Ehrbarkeit[261]. Auch als sich in der Damenmode längst das Barett durchgesetzt hatte, hielt zum Beispiel in Nürnberg die Obrigkeit an der Haube mit Kinnbinde als Standestracht der verheirateten Patrizierin fest[262]. Bis in die dreißiger Jahre wurde sie in Form des sogenannten Sturzes, einer nach hinten weit ausladenden Flügelhaube, getragen. Nach zum Teil offenen Auseinandersetzungen zwischen dem Nürnberger Rat und den betroffenen Frauen setzte sich im zweiten Drittel des 16. Jahrhunderts das ›Bündlein‹, eine mit einer kugelförmigen Wulst am Hinterkopf ausgestattete modischere Form, durch[263]. Auch im adelig-höfischen Milieu ersetzte etwa gleichzeitig das Barett als Kopfbedeckung der verheirateten Frau die als altertümlich empfundene Haube mit Kinnband[264]. Für Augsburg in den dreißiger Jahren hat man analog zu Nürnberg die Verwendung des ›Sturzes‹ als patrizische Frauentracht annehmen wollen[265]. Der Chronist Wilhelm Rem, der mit einer Schwester Jakob Fuggers des Reichen verheiratet war[266], schreibt jedoch über den Augsburger Reichstag von 1518: *Anno dni. 1518 a die 11. febrer begert der kaiser Maximilian an die burger ainen tantz, also ward ain tantz gehalten. und bei dem tantz begert er an die burgerin*

Kaufleutezunft; 1538 wurde er ins Patriziat aufgenommen, 1548 nobilitiert.

[252] Entwurf, fol. 24r; Endfassung, fol. 32r.
[253] Entwurf, fol. 24v; Endfassung, fol. 34r.
[254] Entwurf, fol. 26v; Endfassung, fol. 37v.
[255] Vgl. Entwurf, fol. 19v (über Jakob Fugger den Reichen): [...] *sein har gewonlich mit ainer guldin hauben eingebunden, das haubt frey auffrecht getragen,* [...]. Über das Haarnetz als Kopfbedeckung (älterer) Respektspersonen vgl. FINK, Schwarzsche Trachtenbücher, S. 70. Das Porträt Jakobs des Reichen geht zurück auf einen Holzschnitt Hans Burgkmairs, der sich selbst 1517 in einer Kohlezeichnung mit einer ganz ähnlichen Haube gemalt hat; vgl. Werner HOFMANN (Hg.), Köpfe der Lutherzeit, Katalog Hamburg, Hamburg 1983, Nr. 32 f.
[256] Eine auffällige Ausnahme bildet Veronika Gassner, die Frau des Ulrich Fugger, Endfassung, fol. 32r, mit einem roten Kleid mit goldenem Bruststück und einem goldenen Haarnetz.
[257] ZANDER-SEIDEL, Ständische Kleidung, S. 65 f., hat für Nürnberg auf die ausgefeilte sozialständische Differenzierung der weiblichen Schaube/des Rocks nach Material, Farbe und Ausstattungsdetails hingewiesen. Ein vergleichbares Raster liegt für Augsburg nicht vor.
[258] Entwurf, fol. 9v, 10v, 12r, 13v, 14v, 15v, 16v, 21v, 22v; Endfassung, fol. 9v, 11r, 16r, 20r, 22v, 44r, 170v, 172v, 173v; vgl. ZANDER-SEIDEL, Textiler Hausrat, S. 18, 258–261.
[259] Endfassung, fol. 11r, 13v, 168v, außerdem ebenda, fol. 31r, bei der Dominikanerin Felicitas Fugger; vgl. jedoch Entwurf, fol. 34v, exponiert in der Hand der Barbara Fugger: In diesem Fall dürfte die konzeptionelle Unsicherheit der Gestaltung der potentiellen Allianzbildnisse prägend sein; vgl. ZANDER-SEIDEL, Textiler Hausrat, S. 16, 145–147.
[260] Entwurf, fol. 9r.
[261] Vgl. für Nürnberg ZANDER-SEIDEL, Ständische Kleidung, S. 64. Bei Ehebruch konnte das Tragen der Haube mit Kinnbinde zum Zeichen des Ehrverlustes verboten werden.
[262] Für Nürnberg ZANDER-SEIDEL, Ständische Kleidung, S. 62–65, 113–118.
[263] ZANDER-SEIDEL, Ständische Kleidung, S. 63 f.; DIES., Textiler Hausrat, S. 104–139.
[264] Im Donaueschinger Codex der Chronik der Grafen von Zimmern werden die Frauen der älteren Generationen mit Kinnbinde gezeigt, so z.B. Kunigunda Gräfin von Sonnenberg († 1535), die jüngeren Frauen in zeitgenössischem höfischen Kostüm; vgl. DECKER-HAUFF/SEIGEL (Hg.), Chronik der Grafen von Zimmern 3, S. 329, 357. Bei Lukas Cranach d. Ä.: Herkules und Omphale (1537), trägt die als höfisch-adelige Dame gezeigte Prinzessin Omphale ein Barett mit Straußenfeder, die typische Kopfbedeckung der deutschen adeligen Dame; vgl. BISCHOFF, Die Schwäche, S. 162 f., 184.
[265] DORMEIER, Kurzweil, S. 162–164, anhand der großformatigen Monatsbilder des älteren Jörg Breu.
[266] Endfassung, fol. 23r.

und ließ sie bitten, daß sie seiner kai. mt. zu eren und zu ainer gedächtnus wellten kain grossen schlair mer tragen und kainen sturtz; wellche frau aber 50 jar alt wer, die mecht wol ain sturtz tragen. Also fiengen des Fuggers und Adlers volck an und trugen schlairlin wie die edlen frauen. man sagt des Fuggers volck hett es an den kaiser lassen bringen, daß er die frauen bitten solt, er hett es sunst nit gethon. Und die andren burgerin trugen hernach klaine schlairlin, doch nit auff den edlen sitten.[267]

Die Fugger also betrieben schon 1518 die Abschaffung des ›Sturzes‹ oder ›Großen Schleiers‹, jener hinten weit ausladenden Tuchhaube der vornehmen Ehefrauen. Sie mobilisierten, so der Argwohn Rems, die Autorität des Kaisers, um ihre Vorstellungen durchzusetzen – dies offenbar gegen Widerstände in der städtischen Gesellschaft. Denn nur die neu aufgestiegenen Fugger und Adler, nicht aber die alten Geschlechter[268] paßten sich dem kaiserlichen Wunsch entsprechend den adelig-höfischen Kleidungssitten an. Daß gerade den Aufsteigern an einer Nivellierung oder Öffnung ständisch-spezifischer Kleidungsgewohnheiten gelegen sein mußte, liegt auf der Hand. Mit der Übernahme des höfischen ›Kleinen Schleiers‹, wohl einer bescheideneren Haube mit Kinnband ähnlich dem Nürnberger ›Bündlein‹, an Stelle des städtischen ›Sturzes‹ oder ›Großen Schleiers‹, eröffnete sich ihnen sogar die Möglichkeit, den Standard der eingesessenen städtischen Eliten zu übertreffen[269].

Im Ehrenbuch der Fugger sind nun die verheirateten Frauen der frühen Generationen fast durchgehend mit weißen Tuchhauben ausgestattet[270]. Das Kinnband an der Haube der verheirateten Frau findet als patrizisches oder adeliges Standeszeichen keine systematische Verwendung. Vielmehr ist es lediglich Teil einer erheblichen Variationsbreite bei der Gestaltung der Tuchhaube. Wo in den ersten beiden Generationen die Frauen mit Kinnbinden oder gar mit dem klassischen ›Sturz‹ dargestellt werden, wird ein Bemühen um Historisierung durch ›konservative‹ Bekleidungs-Chiffren maßgeblich sein[271]. Ab der Generation des *Fundators* tragen die Frauenfiguren durchweg keine Haube mehr, sondern ein golddurchwirktes Haarnetz und dazu ein schmales, meist schwarzes Barett mit Goldschleifchenbesatz und Straußenfedern[272]. Schon

---

[267] (Die) Chroniken der schwäbischen Städte. Augsburg, Bd. 5, hg. von Friedrich ROTH (StChr. 25), Leipzig 1896, ND Göttingen 1966, S. 82 f.; vgl. DIRLMEIER, Merkmale, S. 95; PÖLNITZ, Jakob Fugger 1, S. 384; 2, S. 388, interpretiert die Episode als exklusive Privilegierung der Fugger und Adler gegenüber dem Patriziat. Gestützt auf die Walthersche Fortsetzung der Chronik des Hektor Mülich, (Die) Chroniken, Augsburg 4, S. 423 f., sieht er dies als Antwort des Kaisers auf die Weigerung der Geschlechter, Jakob Fugger die Anbringung seines Wappens an der Herrentrinkstube zu genehmigen (1495/96), bzw. Philipp Adler die Trinkstubengerechtigkeit zu erteilen (1495/96 und 1518); zu diesem vgl. REINHARD (Hg.), Eliten, Nr. 7. Zumindest die Episode um Jakob Fugger und die von Walther erzählten Ereignisse um Adler dürften jedoch 1518 zu weit zurückgelegen haben, als daß sie noch hätten handlungsleitend sein können. Auch spricht Wilhelm Rem ausdrücklich von einer Aufforderung des Kaisers an alle anwesenden Frauen.

[268] Da es sich um einen Tanz im Beisein des Kaisers handelt, wird man die *burgerin*[en] als die Frauen der *merern gesellschaft*, also des Patriziats und der Familien mit Trinkstubengerechtigkeit, auffassen können.

[269] Vgl. zu diesem Fall Jutta ZANDER-SEIDEL, ›… er sei danne fünftzick iar oder dar über‹. Zur Kleidung des Alters im Mittelalter und in der frühen Neuzeit, in: Frank Matthias KAMMEL / Carola Bettina GRIES (Hg.), Begegnungen mit alten Meistern. Altdeutsche Tafelmalerei auf dem Prüfstand, Nürnberg 2000, S. 277–288, hier S. 286. ZANDER-SEIDEL wertet hier eine chronikalische Nachricht aus, obwohl sie selbst den Quellenwert chronikalischer Nachrichten zur Kostümgeschichte sehr kritisch beurteilt; vgl. DIES., Textiler Hausrat, S. 44.

[270] Bis zum Ende der fünften Generation: Entwurf, bis fol. 28v; Endfassung, bis fol. 44r.

[271] Im einzelnen ist dabei in der Gestaltung eine erhebliche Variationsbreite festzustellen. In der Regel wird ein gelegentlich mit goldenen Borten verziertes Tuch über einer Wulst am Hinterkopf um Kopf und Hals oder nur um den Kopf gewickelt (Entwurf, fol. 10v, 17v–18v, 21r, 27v, 28v; Endfassung, fol. 9v, 13r, 19v, 22v–23v, 29r, 30v, 40v, 44r, 170r–170v, 171v–173r). In den ersten Generationen findet sich gelegentlich die weit ausladende Tuchhaube, der ›Sturz‹, ohne Kinnbinde (Endfassung, fol. 11r, 173v). Die Kinnbinde findet sich bei eingeheirateten Frauen, die patrizischen Geschlechtern entstammten, wie Regina Imhof (Endfassung, fol. 20r; die Imhof, aus dem Nürnberger Patriziat zugewandert, wurden 1538 in das Augsburger Patriziat aufgenommen), durchaus jedoch nicht durchgehend: Clara Conzelmann, die zweite Frau des Lukas Fugger vom Reh, hat sie nicht (Endfassung, fol. 170v). Den klassischen ›Sturz‹ mit Kinnbinde hat auch die Salzfertigertochter Veronika Laugniger (Endfassung, fol. 16r); zur gesellschaftlichen Stellung der Laugniger vgl. SCHAD, Frauen des Hauses Fugger, S. 17. Bei Einheiraten von Fuggerinnen in patrizische Geschlechter findet sie sich gelegentlich, wie bei Veronika Fugger, der Frau des aus dem Ulmer Patriziat stammenden Walter Ehinger (Endfassung, fol. 30r), jedoch auch bei Heiraten mit Mitgliedern der Kaufleutezunft und anderer Zünfte (Entwurf, fol. 9v: Clara Widolff; Endfassung, fol. 13v: Barbara Stammler vom Ast; Endfassung, fol. 14v: Barbara Bäsinger, Tochter des Münzmeisters Ulrich Bäsinger; Endfassung, fol. 22v: Barbara Fugger heiratet Konrad Meuting). In Fällen von Konnubium mit dem außerstädtischen Adel bietet sich ebenfalls ein gemischtes Bild: Bei Anna Fugger, der Frau des Georg Thurzo, dessen Familie parallel zu den Fugger in den Adel aufgestiegen war, findet sich keine Kinnbinde (Endfassung, fol. 29v); ebenso nicht bei Sibylla Fugger, der Frau des Hans Marx von Bubenhofen (Endfassung, fol. 30v; vgl. jedoch Entwurf, fol. 22v: mit Kinnband); wohl aber bei Ursula Fugger, der Frau des Ritters Philipp vom Stain (Endfassung, fol. 29v). Auch für die Generation der Anton und Raymund Fugger läßt sich kein positiver Befund sicherstellen: Katharina Thurzo, die Gemahlin des Raymund, trägt ein Kinnband (Endfassung, fol. 37v). Anna Rehlinger, die Frau Antons, die erste und für lange Zeit letzte Heiratspartnerin aus dem Augsburger Patriziat, keines (Endfassung, fol. 40v).

[272] Erstmals Entwurf, fol. 29r: Regina Fugger; diese trägt in der Endfassung, fol. 44v, ein Haarnetz mit Diadem; hier erstmals fol. 45v: Ursula von Harrach. Das Barett der Ve-

Susanna Fugger und Veronika Gassner in der vierten *Linie* tragen statt der Tuchhaube ein golddurchwirktes Haarnetz mit einem Diadem über der Stirn, ein sogenanntes Stickelchen[273]. Die Tuchhaube oder Kugelhaube als die klassische Kopfbedeckung der städtischen Ehefrau wird nun verdrängt durch den Einfluß der adelig-höfischen Mode. Sie ist im Ehrenbuch nur mehr Gegenstand historisierender Stilisierung und dies in (unbewußter oder bewußter) Ignoranz gegenüber der früheren ständespezifischen Ausdifferenzierung ihrer Formen.

Die Darstellung der Männer bleibt in der fünften *Linie*, der sechsten Generation, erkennbar individuell. So wird Georg Fugger mit einem kostbaren, reich geschlitzten und gepufften, an den Armen engen Wams und einer voluminösen Schaube gezeigt[274], während Hans Jakob Fugger sich im Allianzbildnis der Endfassung im Gegensatz zum Entwurf und dem in den Entwürfen skizzierten ganzfigurigen Bildnis in einem schlichten, braunen Wams abbilden läßt[275] – wohl wie bei seinem Onkel Anton Zeichen der Verantwortlichkeit und Zurückhaltung des familiären Oberhaupts und städtischen Repräsentanten. Mit einer prächtigen Schaube und einem geschlitzten und mit goldenen Schleifchen belegten Barett ist jedoch auch er durchaus repräsentativ ausgestattet. Die weiteren Männer seiner Generation, seien sie Fuggersöhne oder angeheiratete Adelige[276], werden nun durchgehend mit einer dem höfisch-adeligen Milieu entsprechenden Kleidung gezeigt[277]. Mit federbesetzten, geschlitzten und mit Goldschleifen besetzten Baretts, voluminösen Schauben – teils mit breitem Fellkragen und goldenen Schleifchen an den gepufften Ärmelansätzen – oder spanischen ›Kappen‹ und reich verzierten, zum Teil in leuchtenden Farben gehaltenen Wämsen zeigt das Ehrenbuch hier Edelmänner der Zeit in ihrer ganzen Pracht[278].

Während sich Hans Jakob Fugger in der Endfassung auffällig schlicht abbilden ließ, markiert das Bildnis seiner Frau Ursula von Harrach eine neue Qualität in der Bekleidung der Frauen[279]. Mit einem schwarzen Kleid, gold und rubinrot abgesetztem Mieder mit aufwendig geschlitzten und gepufften Ärmeln, feder- und schleifchenbesetztem Barett sowie golddurchwirktem Haarnetz wird hier für die Generation der Töchter und Schwiegertöchter Anton und Raymund Fuggers prägende Bekleidungstyp eingeführt[280]. Repräsentierten die Frauen der Elterngeneration den Typus der Frau aus der stadtbürgerlichen Oberschicht, so tritt das Ehrenbuch nun aus dem städtischen Kontext heraus: Es ist das Kostüm der höfischen Dame des zweiten Viertels des 16. Jahrhunderts, das den Frauen der sechsten Generation beigegeben ist[281]. Mit der siebenten Generation schließlich, den Töchtern Hans Jakob Fuggers und seines Bruders Georg[282] wird die Entwicklung fortgesetzt zur höfischen Mode der Jahrhundertmitte[283]. Sie tragen nunmehr geschlossene ›Brüstlein‹, also Mieder als Oberteil des Kleides[284], aus schweren Stoffen mit breiten, goldgewebten Saumborten, dazu feine Halshemden

---

ronika Fugger (Endfassung, fol. 54v) ist rot, passend zu ihrem Kleid.
273 Entwurf, fol. 23v–24r; Endfassung, fol. 31v–32r; ähnlich Regina Fugger, Endfassung, fol. 44v, zu Beginn der Generation des *Fundators*. Zur Kombination von Goldhaube und Barett als höfischer Kopfbedeckung vgl. ZANDER-SEIDEL, Textiler Hausrat, S. 54 mit Abb. 41.
274 Entwurf, fol. 31r; Endfassung, fol. 48v.
275 Entwurf, fol. 30r; Endfassung, fol. 45v.
276 Johann Jakob von Mörsberg, Endfassung, fol. 51r, und Christoph Fugger, ebenda, fol. 51v, sind in der Bekleidung beinahe deckungsgleich.
277 Zur höfischen Männertracht vor der Mitte des 16. Jahrhunderts vgl. z.B. Bildnisse der Cranach-Schule, so KOEPPLIN/FALK, Lucas Cranach 2, Nr. 481, S. 582: Mund der Wahrheit, von 1528 (1, Taf. 14, S. 235). Die reich geschlitzten und gepufften Wämse wird man nicht als spezifisch höfisch werten können. Im städtischen Umfeld herrschte diesbezüglich jedoch offenbar eine gewisse Zurückhaltung; vgl. FINK, Schwarzsche Trachtenbücher, S. 85–87.
278 Vgl. insbesondere die beiden Männer der Sibylla Fugger, Endfassung, fol. 54r; Daniel Felix von Spaur, ebenda, fol. 54v; Ferdinand von Vels, ebenda, fol. 57r; Joachim von Ortenburg, ebenda, fol. 59r; ebenso der nachgetragene Octavian Secundus Fugger, Endfassung, fol. 104r, und die potentiellen Allianzbildnisse im Raymund- und Antonzweig im Entwurf, ab fol. 35v.
279 Entwurf, fol. 30r; Endfassung, fol. 45v.
280 Vgl. das Allianzbildnis des Daniel Felix von Spaur und der Veronika Fugger, Endfassung, fol. 54v: Die Frau ist in einem prächtigen roten Kleid mit goldenen Saumborten und gold abgesetztem ›Gesperr‹ gezeigt, dazu mit einem roten Barett mit Schleifchen und Straußenfeder. Zum ›Gesperr‹ vgl. ZANDER-SEIDEL, Textiler Hausrat, S. 48. Einzige Ausnahme bildet das Bild der Sibylla Fugger in der Endfassung, fol. 54r; vgl. Kap. 4.3.5.
281 Im Gegensatz zum höfischen Porträt ist im Fuggerschen Ehrenbuch freilich das Dekolleté mit einem weißen Hemd oder Brusttuch bedeckt. Zum Vergleich bieten sich an: DÜLBERG, Privatporträts, Nr. 30, S. 568 f.: Barthel Beham: Bildnis der Maria Jakobäa von Baden, Herzogin von Bayern, um 1535; KOEPPLIN/FALK, Lucas Cranach, Nr. 484 (2, S. 583 f., dazu 1, S. 194): Lucas Cranach d. Ä.: Hoffräulein mit Blume, 1526; ebenda, Nr. 481 (2, S. 582, dazu: 1, S. 235): Mund der Wahrheit, um 1528; ebenda, Nr. 184 f. (1, S. 279): Bildnisscheiben junger Frauen; Erika THIEL, Geschichte des Kostüms. Die europäische Mode von den Anfängen bis zur Gegenwart, 6. Aufl. Berlin 1997, Abb. 310, S. 176: Lucas Cranach d. J.: Bildnis der Anna von Minchwitz, 1543; die Abb. bei DECKER-HAUFF/SEIGEL (Hg.), Chronik der Grafen von Zimmern 1, S. 192 f., 216 f., 298 f., 338 f., 356 f., dazu S. 367 f.
282 Endfassung, ab fol. 79r.
283 Zum Vergleich: DÜLBERG, Privatporträts, Nr. 272 f.: Unbekannter Maler, nach 1550: Barbara Radziwill, Königin von Polen, und Elisabeth von Habsburg, Königin von Polen.
284 Vgl. ZANDER-SEIDEL, Textiler Hausrat, S. 74–76; Annemarie BÖNSCH, Adelige Bekleidungsformen zwischen 1500 und 1700, in: (Kat.) Adel im Wandel, 1990, S. 169–193, hier S. 169.

und goldschleifchenbesetzte Baretts sowie schweren Schmuck[285].

Das Ehrenbuch vollzieht so auch den Prozeß des gesellschaftlichen Herauswachsens aus der städtischen Sphäre nach, wie er die Selbstwahrnehmung der Generation des Hans Jakob Fugger prägte. Blieb dieser selbst in seiner Stellung als politischer Funktionsträger noch gebunden zumindest an grundsätzliche Bescheidenheitsanforderungen, so artikulierte er für seine Kinder und für die seines Bruders Georg auch in der Kostümierung ihrer Bildnisse eine Erwartungshaltung: Die Perspektive auf das Konnubium mit der höfischen Gesellschaft[286]. Die Porträtreihe des Fuggerschen Ehrenbuches formuliert so die Familiengeschichte als einen gesellschaftlichen Aufstiegsprozeß, ablesbar an der Kostümierung der Figuren im Durchgang der Gesamtreihe, und insbesondere an den Bildnissen einzelner zentraler Gestalten der Familiengeschichte.

Die Allianzbildnisse der ersten zwei Generationen der Fugger vom Reh zu Beginn der Wappengenealogie des Zweiges[287] vollziehen nun in wenigen Schritten diese Entwicklung nach, wobei sich die Reihenfolge kostümgeschichtlich wie sozial-ständisch überschlägt. Andreas der Reiche und seine Frau werden etwa dem Entwurf entsprechend als Kaufmannspaar des 15. Jahrhunderts gezeigt[288], ebenso Lukas der Ältere mit Reitrock und Dolch des fahrenden Kaufmanns, seine beiden Frauen als altehrwürdige Bürgersfrauen im Kirchgangskostüm mit züchtigen Hauben, schlichten Kleidern und altertümlichen Umhängen[289]. Thoman Grander[290], Gastel Haug[291], Conrad Schneider[292] und Hans Fugger vom Reh[293] jedoch repräsentieren mit ihren Frauen eher den Typ der städtischen Oberschicht an der Wende zum 16. Jahrhundert. Jakob Fugger vom Reh, der dem Ehrenbuch zufolge für seine Familie das namengebende Wappen aufbrachte, steht im Bild als stolzer Kaufmann, mit beiden Händen energisch in den Pelzkragen der prächtigen Schaube greifend, dazu mit einem goldgewirkten Haarnetz unter dem schwarzen Barett. Auch seine Frau trägt ein recht aufwendig mit gold-rotem Bruststück gearbeitetes Mieder[294]. Seinem ersichtlichen Stolz steht das jugendlich-stutzerhafte Äußere des Matthäus Fugger gegenüber, der mit seinem naseweisen Gesicht, dazu einem Hut mit farbigem Hutband und einem roten Wams erkennbar nicht eben wie ein solider Kaufmann aussieht. Seine Frau hingegen, Helena Mülich, erscheint mit schlichtem, braunem Kleid und züchtiger Haube als ehrbare Frau[295]. Die Legende im Schriftband erläutert den Hintergrund dieser negativen Stilisierung: *Matheus Fugger, Herren Andreas fuggers Eelicher Sone, ist ein hinlessiger kaufman gewesen, ist Jm handel verarmt, das die kinder haben muessen Handwerck lernen, Jst zu letst Jm Gartsee ertruncken.*

Mit dem letzten Allianzbildnis der Fugger vom Reh schließlich wird dem aus Ulm gebürtigen Kaufmann und *Junckherr* Georg Roggenburger und seiner Frau Felicitas eine Ausstattung gegeben, die dem der sechsten Generation der Fugger von der Lilie entspricht: Der Mann mit einem in rosé und schwarz reich geschlitzten und gepufften Wams, einer weit geschnittenen Schaube und einer schwarzen Kalotte unter dem Barett, die Frau in einem dunkelroten, schwarz und gold gesäumten Kleid und einem goldgewirkten ›Gesperr‹[296], dazu einem goldenen Haarnetz und einem schmalen, mit Goldschleifen besetzten Barett stehen für den gesellschaftlichen Aufstieg der Fugger vom Reh. Sie gehören freilich zur zweiten Generation des Zweigs, wie der *hinlessige* Kaufmann Matthäus und der hochmütige Jakob. Die Porträtreihe der Fugger vom Reh markiert gerade in ihrer Kürze und in der Konfusion der Reihenfolge den überstürzten Aufstieg des Zweiges. Vor dieser Folie nimmt sich der im Kostüm stilisierte gesellschaftliche Werdegang der Fugger von der Lilie als ein langsamer, kontinuierlicher und damit legitimer Prozeß aus. Die Familiengeschichte als Kostümgeschichte spielt so zweierlei Arten sozialer Mobilität durch. Die Disqualifikation der zweiten legitimiert zugleich die erste.

3.5.2 Goldschmuck als Medium der Statusrepräsentation

Den frühen Reichtum der Fugger vom Reh dokumentieren die Bildnisse des Ehrenbuches auch durch die reiche Ausstattung der Figuren mit Schmuck[297]. Schon Andreas der Reiche, dem in der ersten Fassung seines Allianzbildnisses zu Beginn der Reihe lediglich ein Siegelring zugestanden wird, trägt nun vier goldene Ringe, seine Frau einen Ring und eine Halskette mit Anhänger[298]. Auch Thoman Grander[299], Gastel

---

[285] Endfassung, fol. 90r, 101v, 103v.
[286] Vgl. NEBINGER, Standesverhältnisse, S. 264, 274.
[287] Endfassung, fol. 168v–174r.
[288] Endfassung, fol. 168v.
[289] Endfassung, fol. 170v.
[290] Endfassung, fol. 170r.
[291] Endfassung, fol. 171v.
[292] Endfassung, fol. 173r.
[293] Endfassung, fol. 173v.
[294] Endfassung, fol. 172r.

[295] Endfassung, fol. 172v.
[296] Vgl. ZANDER-SEIDEL, Textiler Hausrat, S. 48.
[297] Zur Schmuckausstattung der Porträts im Fuggerschen Ehrenbuch vgl. jetzt auch BOCK, Chronik Eisenberger, S. 429; und zukünftig Hartmut BOCK, Goldene Ketten und Wappenhelme. Distinktion zwischen Patriziat und Adel in der frühen Neuzeit, [erscheint] in: Marian FÜSSEL/Thomas WELLER (Hg.), Ordnung und Distinktion. Praktiken sozialer Repräsentation in der ständischen Gesellschaft, Münster 2004.
[298] Endfassung, fol. 168v; vgl. ebenda, fol. 13v.

Haug[300], Conrad Schneider[301] und Georg Roggenburger[302], die angeheirateten Männer mit ihren Frauen, sind stattlich mit Schmuck ausgestattet, ebenso Hans Fugger in Nürnberg[303] und der nachlässige Kaufmann Matthäus Fugger vom Reh[304]. Lukas und insbesondere Jakob Fugger vom Reh jedoch werden mit einem Gepränge gezeigt, das in den frühen Generationen der Fugger von der Lilie keine Entsprechung findet: mit je vier Goldringen, dazu goldenen Ketten. Daß die Porträts ihrer Frauen demgegenüber deutlich bescheidener gestaltet sind, verstärkt nur den Eindruck individueller Stilisierung[305].

Die Beigabe von Schmuck im Porträt diente allgemein zur Repräsentation von Reichtum und sozialem Status, dies vielfach in offener Übertretung der fein differenzierten Vorschriften städtischer Kleiderordnungen bezüglich des Schmuckaufwands. Die städtische Luxusgesetzgebung definierte einen Sollzustand, an dem sich die symbolische Ausstattung im Bild orientierte. Dem Schmuck kommt so schon zeitgenössisch eine Leitfunktion bei der schichtenspezifischen Differenzierung der Tracht sowohl im Alltag als auch im Bild zu[306]. Die Ausstattung der Allianzbildnisse mit Ringen und Ketten ermöglicht am Einzelbefund einen exemplarischen Zugang zur ständischen Differenzierung innerhalb der Gesamtreihe[307].

Im Vergleich zur Ausstattung der Fugger vom Reh sind die ersten Generationen der Fugger von der Lilie deutlich bescheidener gestaltet, jedoch keineswegs gänzlich ohne Schmuck.

Schon Hans Fugger und seine beiden Frauen tragen in der Endfassung je zwei goldene Ringe[308]. Bis auf Ulrich Fugger, seine Frau und seine Söhne[309] sowie die als Kinder oder Jugendliche dargestellten unverheiratet verstorbenen männlichen Personen[310] tragen durchgehend alle Figuren der ersten Generationen einen oder mehrere goldene Ringe. Die Ausstattung der Porträts mit Goldschmuck hat demnach Methode: Sie zeigt den im Haus Fugger von Anfang an angelegten wirtschaftlichen und gesellschaftlichen Erfolg und schließt zugleich die für dieses Haus und sein ›Herkommen‹ bedeutungslosen Personen aus.

Einen differenzierteren Aufschluß bieten die Bildnisse bezüglich der Beigabe von Goldketten. Mehr noch als der goldene Ring war die goldene Kette ein ausdrückliches Statuszeichen. Sie war nicht allein wegen des materiellen Aufwandes nur wenigen erschwinglich, sondern auch in Kleider- und Luxusordnungen nach Wert, Gewicht und Länge strikt reglementiert. Das Tragen einer goldenen Kette war in den frühneuzeitlichen Städten in aller Regel den Mitgliedern des Patriziats vorbehalten[311]. Die Luxusordnung des Augsburger Reichstages von 1530 versuchte sogar, das Tragen von goldenen Ketten grundsätzlich auf den ländlichen Adel vom reichsunmittelbaren Ritter aufwärts sowie auf Amtspersonen zu beschränken[312].

Tauchen Ketten bei den Frauen vereinzelt bereits in der dritten Generation auf[313], so werden sie bei den Männern erst ab der vierten Generation üblich, nun jedoch bei erwachsenen Männern wie bei Frauen obligatorisch. Je nach Status der Person variieren dabei wie die Zahl der Ringe[314] auch die Zahl, Länge und Schwere der Ketten: Schon Ulrich Fugger dem Älteren, der 1473 für sich und seine Brüder das Lilienwappen verliehen bekam, sind mit seiner Frau je drei Ringe und eine recht schwere Gliederkette beigegeben[315]. Jakob Fugger der Reiche trägt vier Ringe, zwei lange Ketten und zusätzlich goldene Knöpfe am Wams, seine Frau drei Ringe, eine lange Kette und

---

[299] Endfassung, fol. 170r: Er: zwei Ringe, eine Kette; Sie: zwei Ringe, eine lange und schwere Kette.

[300] Endfassung, fol. 171v: Er: zwei Ringe, eine Kette; Sie: eine lange Kette.

[301] Endfassung, fol. 173r: Er: zwei Ringe; Sie: drei Ringe, eine lange Kette.

[302] Endfassung, fol. 174r: Er: ein Ring, eine lange Kette; Sie: drei Ringe, eine lange Kette.

[303] Endfassung, fol. 173v: Er: zwei Ringe, eine Kette; erste Frau: drei Ringe und eine goldene Agraffe; zweite Frau: eine lange Kette.

[304] Endfassung, fol. 172v: Er: zwei Ringe; Sie: zwei Ringe, eine lange Kette.

[305] Endfassung, fol. 170v (Lukas): Er: vier Ringe, eine Kette; erste Frau: zwei Ringe, eine Kette; zweite Frau: eine goldene Fibel. Ebenda, fol. 172r (Jakob): Er: vier Ringe, zwei Ketten; Sie: zwei Ringe, eine lange, schwere Kette.

[306] Die bei WILCKENS: Schmuck, S. 99–101, unterschiedenen Kettenformen lassen sich im Fuggerschen Ehrenbuch nicht sicher identifizieren. Es wird daher hier nur nach Länge und Gewicht differenziert. Vereinzelt finden sich Perlenketten, so Entwurf, fol. 9r, 21r, 33v; entgegen der Angabe bei WILCKENS, ebenda, S. 117, handelt es sich im Ehrenbuch nicht um ein rein weibliches Attribut.

[307] In der Entwurfsfassung sind die Figuren nur unsystematisch mit Schmuck ausgestattet. Ringe an den Händen finden sich nur im Entwurf, fol. 18v, 24v, 26v, 28v, 29v, 31r, 33r; Ketten finden sich in den ersten beiden Generationen nur vereinzelt (ebenda, fol. 12v: Schmuckband; ab Entwurf, fol. 16v (Georg Fugger d. Ä. und Regina Imhof), durchgehend und in verschiedenen Variationen, bei Hieronymus Fugger (ebenda, fol. 24v) sowie einsetzend mit Hans Jakob Fugger und seiner Frau (ebenda, fol. 30r) vielfach auch zwei Ketten pro Person und in sehr langen und kräftigen Formen. In der individuellen Differenzierung entspricht die Schmuckbeigabe nun weitgehend dem Befund in der Endfassung. Für die letzte Generation, die potentiellen Allianzbildnisse der Kinder des Anton Fugger, nehmen die Ketten der Frauen in der Länge zu.

[308] Endfassung, fol. 9v: Die erste Frau trägt zudem eine goldene Gewandschließe.

[309] Endfassung, fol. 11r, 12v: Die Frau Ulrich Fuggers trägt eine goldene Fibel.

[310] Endfassung, fol. 14r, 18v–19r.

[311] WILCKENS, Schmuck, S. 87–89; ZANDER-SEIDEL, Ständische Kleidung, S. 62 f.

[312] Vgl. Karl-Eduard FÖRSTEMANN (Hg.), Urkundenbuch zu der Geschichte des Reichstages zu Augsburg im Jahre 1530, Bd. 2, Halle 1835, ND Osnabrück 1966, S. 341–344.

[313] Endfassung, fol. 13r: Anna und Kunigunda Fugger.

[314] Ein Einzelfall ist Endfassung, fol. 28r: Ursula Fugger trägt sechs Ringe.

[315] Endfassung, fol. 16r.

einen goldenen Gürtel[316]. In der vierten *Linie*, der fünften Generation, nimmt die Ausstattung im allgemeinen zu. Männer und Frauen tragen nun jeweils zwei bis drei Ringe und eine oder zwei Ketten. Adelige Heiratspartner wie Georg Thurzo[317] und Hans Marx von Bubenhofen[318], aber auch der im Entstehungsjahr des Ehrenbuches 1548 nobilitierte Augsburger Patrizier Georg von Stetten[319] werden dabei besonders reich ausgestattet. Während die Vettern Ulrich[320], Raymund[321] und Anton Fugger[322] nicht erkennbar hervorgehoben sind, hat der mit den beiden letzteren in den Reichsgrafenstand vorgerückte Hieronymus Fugger wie der von Bubenhofen zwei schwere Gliederketten über die Schulter und unter dem Arm hindurch um die Hüfte gelegt[323].

Bei den Kindern Raymunds ist bei Mann und Frau die Ausstattung mit mindestens einer, in der Regel zwei oder sogar drei Ketten, dazu mindestens zwei, oft drei oder vier Ringen obligatorisch[324]. Innerhalb der Reihe ist die Zuteilung des Schmucks eher zufällig. Relativ hervorgehoben sind jedoch der *Fundator* Hans Jakob Fugger mit seiner Frau[325] und eines der adeligen Konnubien: Johann Jakob von Mörsberg und Regina Fugger[326]. Während die unverheirateten Söhne Raymund Fuggers reich ausgestattet werden[327], ist die Schmuckbeigabe bei den jungen Töchtern zurückgenommen[328]. Diese Tendenz setzt sich bei den Kindern Antons für männliche wie weibliche Kinder fort[329], ebenso in der folgenden Generation bei den Kindern des Hans Jakob[330] und des Georg[331]. Die Schmuckbeigabe im Porträt als Medium der Statusrepräsentation blieb offenbar gebunden an die reale Person. Es war offenbar nicht opportun, auch durch eine Steigerung der Schmuckbeigaben in der Kindergeneration eine Fortsetzung des sozialen Aufstiegs bildlich vorwegzunehmen[332]. Schmuck als unmittelbares Zeichen von pekuniärem Reichtum war als Statuszeichen offenbar ambivalent: In einer Ahnengalerie der beinahe sprichwörtlich reichen Fugger durfte man es mit dem goldenen Gepränge nicht übertreiben.

Schmuck als reglementiertes Standeszeichen jedoch wird im Ehrenbuch ganz gezielt eingesetzt, um die dargestellten Personen und ihren individuellen Stellenwert zu differenzieren und im Gesamtbild den ständischen Aufstiegsprozeß der Familie zu dokumentieren[333]. Stärker noch bei den Männern als bei den Frauen ist die Beigabe insbesondere von Ketten überhaupt, erst recht aber in Zahl, Länge und Stärke gebunden an den individuellen Status des Dargestellten. Bezeichnenderweise ist dabei nicht der Status innerhalb der städtischen Sozialordnung ausschlaggebend, sondern die Stellung in der ständischen Hierarchie der feudalen Welt. Schon die Schmuckbeigaben für die

---

[316] Endfassung, fol. 23v; vgl. Entwurf, fol. 18v.

[317] Endfassung, fol. 29r: Er: goldene Schließen am Wams; zwei Ringe, zwei Ketten; Sie: ein Ring, eine kurze und eine lange Kette; vgl. Entwurf, fol. 21r.

[318] Endfassung, fol. 30v: Er: ein Ring, eine Kette über der Brust und unter der Achsel hindurchgeführt; Sie: zwei Ringe und eine lange, schwere Kette.

[319] Endfassung, fol. 31v: Er: fünf Ringe, zwei Ketten, davon eine mit Anhänger; Sie: zwei Ringe, eine kurze und eine lange Kette sowie einen goldenen Gürtel. Im Entwurf, fol. 23v, trägt Georg von Stetten lediglich eine schwere Kette. Diese signifikante Veränderung der Ausstattung könnte den aktuellen Statuswechsel des Dargestellten direkt abbilden. Vgl. REINHARD (Hg.), Eliten, Nr. 1353.

[320] Endfassung, fol. 32r: Er: zwei Ringe, zwei Ketten und eine Kette in den Händen; Sie: zwei Ringe, eine lange Kette und ein Schmuckband.

[321] Endfassung, fol. 37v: Er: drei Ringe, zwei lange, schwere Ketten; Sie: ein Ring, eine Kette.

[322] Endfassung, fol. 40v: Er: drei Ringe, eine Kette; Sie: vier Ringe, eine kurze und eine lange Kette.

[323] Endfassung, fol. 34r; außerdem zwei Ringe.

[324] Endfassung, fol. 44v–59r. Eine Ausnahme bildet das für den Mann nachträglich bearbeitete letzte Bildnis, fol. 59r (Joachim von Ortenburg und Ursula Fugger): Er: ein Ring, zwei Ketten; Sie: eine Kette.

[325] Endfassung, fol. 45v: Er: zwei Ringe, zwei lange Ketten; Sie: vier Ringe, drei Ketten, ein goldener Gürtel. Vgl. nur den Bruder Georg, ebenda, fol. 48v: Er: zwei Ringe, zwei Ketten; Sie: zwei Ringe, zwei Ketten.

[326] Endfassung, fol. 51r: Er: zwei Ringe, zwei schwere, lange Ketten; Sie: drei Ringe, zwei schwere, lange Ketten, eine kurze Kette, ein goldener Gürtel.

[327] Endfassung, fol. 55v (Ulrich): vier Ringe, eine kurze, eine lange Kette; ebenda, fol. 57v (Raymund): zwei Ringe, eine kurze Kette, eine Kette unter der Achsel hindurch.

[328] Endfassung, fol. 55r (Susanna): zwei Ringe, eine lange, dünne Kette; ebenda, fol. 57r (Barbara): eine lange Kette; ebenda, fol. 59r (Ursula): eine Kette; die Bildnisse der Ehemänner Ferdinand von Vels (fol. 57r) und Joachim von Ortenburg (fol. 59r) sind zum Ende der Bearbeitung nachgetragen worden; zumindest ersteres zeigt noch ganz durchschnittliche Ausstattung.

[329] Endfassung, fol. 59v–70v: Frauen haben in der Regel keinen Ring oder bis zu zwei Ringe und eine lange Kette, Männer einen Ring und eventuell eine Kette. Markus Fugger, der älteste, hat zwei Ketten, ebenso Peter, der jüngste. Jakob und Maria haben je drei Ringe, Hieronymus vier.

[330] Endfassung, fol. 79r–90r.

[331] Endfassung, fol. 101v–104r.

[332] Im Gegensatz dazu ist in den Entwürfen der potentiellen Allianzbildnisse, ab fol. 33v, die Ausstattung mit langen, schweren Ketten recht prächtig.

[333] Durchschnittswerte (für die Endfassung):

Generation	Männer		Frauen	
	Ringe	Ketten	Ringe	Ketten
1. und 2.	0,6	0,0	1,7	0,3
3.	1,9	0,8	2,2	0,8
3. (bereinigt)	1,8	0,6	1,0	1,0
4.	1,7	1,6	2,1	1,3
5. (Raymundzweig)	2,3	1,7	2,3	1,6
5. (Antonzweig)	1,8	1,4	1,2	1,0
6. (Kinder Hans Jakobs)	1,3	2,0	1,0	1,5
6. (Kinder Georgs)	0,5	1,3	0,0	1,0
Fugger vom Reh	2,6	0,8	1,9	0,8

Der statistische Sprung in der 3. Generation entsteht durch die reichere Ausstattung des Jakob Fugger und seiner Frau (Endfassung, fol. 23v) sowie der Ursula Fugger (ebenda, fol. 28r: sechs Ringe). Zieht man diese Extremwerte ab, ergibt sich der bereinigte Wert.

frühen Generationen übertreten erkennbar die Grenzen städtischer Luxusordnungen. Erst recht für die Generationen des Anton und des Hans Jakob Fugger wird eine Position außerhalb der städtischen Sphäre postuliert. In den Folgegenerationen jedoch wird nicht etwa eine weitere Steigerung antizipiert, sondern vielmehr eine Mäßigung des Anspruchs formuliert. Das Ehrenbuch markiert so in seiner Bilderreihe einen Endpunkt der Aufstiegsbewegung des Hauses Fugger, eine erneute Einordnung in ein ständisches Gefüge.

3.6 Individualität und Rollenerwartung

Schon bei der Korrektur der Entwürfe wurde die vorwegnehmende Porträtierung der potentiellen Heiratspartner abgelehnt: Die skizzierten Figuren sind mit Blei gestrichen[334]. In der Endfassung wurden denn auch nur die Porträts der Fugger-Kinder ausgeführt, mit leeren Wappenkartuschen als Gegenüber. Für die Porträts nun bemühte man sich, wie vereinzelt auch bei Einzelbildnissen, um eine weitestgehende Schematisierung und Neutralisierung. Zu diesem Zweck wurde die Beigabe von Attributen beschränkt auf Schriftstücke und Nelken. Vor allem jedoch wiederholt sich die Bekleidung der Figuren. Schon in den Einzelbildnissen der Entwürfe sind hier und da Redundanzen zu beobachten[335]. In der Endfassung gleichen sich nun die Kostüme zum Teil bis in Einzelheiten[336]. In zwei Fällen benutzte der Maler für die Gesichter junger Mädchen die gleiche Vorlage[337]. Dabei wurde jedoch größter Wert auf Abwechslung bei der Stellung der Figur im Bild und bei Körperhaltung, Gestik und Mimik gelegt. Es handelt sich hier also nicht um eine weitere Folge routinemäßiger Massenfertigung, sondern um einen bewußten Ausdruck von Uniformität.

Bei der Abbildung von in jungen Jahren unverheiratet Verstorbenen wird für die Töchter der immergleiche Typ des jungen Mädchens in heiratsfähigem Alter gewählt[338]. Bei den männlichen Nachkommen hingegen sind die Abbildungen gekennzeichnet durch einen größeren Spielraum bezüglich der Anpassung des dargestellten Alters an das Lebensalter zum Zeitpunkt des Todes[339]. Gezeigt wird freilich nicht das reale Alter,

---

[334] Entwurf, fol. 32r, 33v–34r, 36r–39v; ebenda, auf fol. 34, vermerkt Hans Jakob Fugger (Hand D) unter dem Wappen der Frau: *allain d*[a]*z wappen*.

[335] Deutlich: Entwurf, fol. 33v, 34v–35v; ein Typ, der wiederum eng an den ersten Frauenbekleidungstyp in der Endfassung erinnert (dort: fol. 55r, 57r, 59r); aber auch ebenda, fol. 36v, 37v, 38v–39r; dies gilt jedoch auch für Allianzbildnisse: ebenda, fol. 21v–22r, 31r–32r. Die Serialität mag in den Entwürfen noch eher der Arbeitssituation entsprungen sein. Dafür spricht auch ein beredter Fehler: ebenda, fol. 36v, 38v, gleichen sich in der Gestaltung der Frauenfiguren bis in Einzelheiten. Bei der Beschriftung der Schriftbänder nun hat Clemens Jäger (Hand C) zunächst die beiden Schwestern Regina und Anna Fugger verwechselt: Der Eintrag *Regina* auf fol. 36v ist gestrichen und mit *Anna* über der Zeile korrigiert, dafür folgt Regina Fugger auf fol. 38v.

[336] Die einzelnen Chargen lassen sich nicht präziser in der Lagenstruktur des Codex verorten. Jedenfalls wurden sie nicht lagenweise gemalt. Sie stehen jedoch grob hintereinander. Eine Ausnahme bildet die Reihe der nachträglich eingefügten Männer: Endfassung, fol. 36v, 59v, 104r. Gerade bei dieser nun dürfte die Redundanz der Darstellung noch am ehesten auf arbeitsökonomische Serialität zurückzuführen sein. Die anderen Serien der Endfassung im einzelnen:
1. Zwei Männerfiguren: fol. 28v, 36v.
2. Zwei Männerfiguren: fol. 34r, 51v.
3. Zwei Männerfiguren: fol. 55v, 57v.
4. Drei Männerfiguren: fol. 62r, 64v, 67v.
5. Fünf Männerfiguren: fol. 79v, 82v, 84v–85r, 87v.
6. Zwei Männerfiguren: fol. 102r–102v. Bei diesen trägt der zweite eine schwarze Schaube und ein Barett, der erste nur das beiden gemeinsame gelb-blaue Wams, dazu einen Lorbeerkranz. Es handelt sich um Philipp Eduard Fugger, der zum Zeitpunkt der Abbildung noch ein Kind war (als junger Mann mit Schaube und Barett), und seinen als Kind verstorbenen Bruder Julius Octavian (als kindliche Betergestalt).
7. Drei Frauenfiguren: fol. 55r, 57r, 59r.
8. Sechs Frauenfiguren: fol. 64r, 66v–67r, 69v–70r, 173r (leicht abgewandelt).
9. Zwei Frauenfiguren: fol. 101v, 103v.
Wenn in der achten Reihe auch ein Bild aus der weit entfernt stehenden Genealogie der Fugger vom Reh steht (ebenda, fol. 173r), deutet dies vielleicht auf einen zeitlichen Bearbeitungszusammenhang hin.

[337] Endfassung, fol. 64r, 66v.

[338] Entwurf, fol. 12r, 20r, 23r, 29r, 35v; Endfassung, fol. 13r, 28r, 44v, 55r.

[339] Vgl. Endfassung, fol. 70v: Peter Fugger, der 1548 kurz nach der Geburt verstorbene jüngste Sohn Anton Fuggers, als sprichwörtlicher kleiner Engel; ebenda, fol. 102r: Julius Octavian (1544–1546), Sohn Georg Fuggers, ebenfalls in Beterhaltung, als vorpubertärer Knabe. Der Maler könnte sich an der Angabe im Schriftband orientiert haben: *Jn der Jugent gestorben*. Der Lorbeerkranz nähert die Figur auch eher den adoleszenten Männern an, die Beterhaltung hingegen dem Peter. Innerhalb der Kategorie ›Knabe‹ gab es offenbar eine Bandbreite, ohne daß das reale Sterbealter entscheidend gewesen wäre. Endfassung, fol. 14r (Entwurf, fol. 13r): die jung gestorbenen Söhne Hans Fuggers als Knaben; Endfassung, fol. 18v–19r (Entwurf, fol. 16r): drei der vier unverheiratet gestorbenen Söhne Jakob Fuggers d. Ä. als Jugendliche; ansonsten in verschiedenen physiognomischen Ausprägungen junge Männer; vgl. Entwurf, fol. 20v, 29v; Endfassung, fol. 28v, 36v, 45r. Da die Dargestellten zum Teil noch sehr jung waren, sind die Bilder nicht auf Porträtähnlichkeit, sondern auf Typisierung als Rollenporträt abgestellt bis hin zu einer graduellen Austauschbarkeit: Endfassung, fol. 57v: Raymund Fugger, Sohn des Raymund, (in der Anlage ein Allianzbildnis), entspricht der Figur in Entwurf, fol. 34r: sein Bruder Ulrich Fugger; für diese wiederum ist Endfassung, fol. 55v, eine gänzlich andere Physiognomie gewählt worden. Eine auffällige Ausnahme von der Regel der tendenziell altersgemäßen Darstellung der verstorbenen männlichen Kinder bildet Endfassung, fol. 84v: Alexander Augustus Fugger, der jung gestorbene Sohn Hans Jakob Fuggers, der in der Gestaltung ganz seinen noch lebenden Brüdern auf den umliegenden Seiten entspricht. Vgl. auch die potentiellen Allianzbildnisse der jüngeren Generationen: durchgehend Jugendliche oder junge Erwachsene, jedenfalls heiratsfähige Personen.

sondern eine typisierende Einteilung in Altersgruppen. Sehr jung verstorbene Söhne werden als Knaben, nicht etwa als Säuglinge gezeigt[340]; Jugendliche und junge Männer mit Lorbeerkränzen[341], wie sie junge Männer und Frauen vor und bei der Heirat trugen, mit federbesetzten Haarbändern[342], mit Dolchen[343] oder gar mit Schwertern, so die während ihrer kaufmännischen Ausbildung gestorbenen Söhne des älteren Jakob Fugger[344]. Von diesen trägt einer zudem den Reitrock des reisenden Kaufmanns. Es handelt sich um spezifische Beigaben, die ihre Altersklasse und den ihr entsprechenden Grad der gesellschaftlichen Selbständigkeit markieren. So werden die jung verstorbenen Kinder im Bild nicht als Individuum wahrnehmbar, sondern nur in den ihnen angetragenen gesellschaftlichen Rollenerwartungen: Die Jungen je nach Altersgruppe dem Grad ihrer gesellschaftlichen Handlungsfähigkeit entsprechend als Knaben oder Adoleszente, die Mädchen allein in ihrer uneingelösten Funktion als Objekt des Austausches von Heiratsallianzen[345].

Zumindest die umfangreichste der Serien von gleichgekleideten Mädchen[346] verweist mit ihrer Kombination aus rotem Kleid und grünem Mieder mit roten, grüngefütterten Ärmeln auch farbsymbolisch auf die Rolle der jungen Töchter im Zusammenhang mit Heiratsallianzen: Beide Farben sind in zeitgenössischen Ehepaarbildnissen als Symbolfarben von Brautkleidern überliefert[347]. Auch der Federschmuck an den Baretts der Männer vor allem in den Kindergenerationen[348] mag auf Hochzeitsbekleidung verweisen: Federn oder Reiherstürze am Barett des Bräutigams sind zumindest im späten 15. Jahrhundert als Hochzeitsschmuck auf Ehepaarbildern nachweisbar[349].

In einem Zusammenhang, in dem das Bildnis allein aus seiner Funktion für Statuslegitimation und Statusrepräsentation heraus zu verstehen ist, kann die Darstellung des Einzelnen Individualität nur gewinnen, soweit er als Teil des Ganzen funktioniert und mit seiner Person beiträgt zu der Summe von Allianzen, die das ›Herkommen‹ bildet. Man arbeitete nicht nur vor für die Zukunft. Man formulierte an der Bruchstelle zwischen der abgebildeten Vergangenheit und der Zukunft, für deren Einträge ein großer Teil des Codex freigehalten wurde, auch eine Rollenerwartung an die Nachkommen. Darum wird den unverheiratet Gestorbenen die Individualität selbst noch in der Bekleidung abgesprochen. Und darum kommt den Unverheirateten eine personelle Autonomie nur in dem Maße zu, in

---

[340] Endfassung, fol. 70v, 102r.

[341] Entwurf, fol. 13r, 20v, 29v; Endfassung, fol. 14r, 28r–28v, 45r; jedoch auch Endfassung, fol. 102r; auch jugendlich verstorbene Mädchen haben den Lorbeerkranz als Kopfschmuck; vgl. Entwurf, fol. 35v; Endfassung, fol. 28r; andere altersgleiche Figuren jedoch haben ihn nicht, so daß er wohl eher als unspezifisches, fakultatives Altersattribut, weniger als spezifisches Statuszeichen oder Teil etwa der Hochzeitstracht steht. Über den Lorbeer- oder allgemein den Blätterkranz als Teil der Brauttracht vgl. Eva NIENHOLDT, Die bürgerliche Tracht in Nürnberg und Augsburg vom Anfang des 15. bis zur Mitte des 16. Jahrhunderts (ca. 1420–1550). Ein Beitrag zur Kostümgeschichte, Leipzig 1925, S. 63; DÜLBERG, Privatporträts, S. 123, 143, 162; DIES., Gothaer Liebespaar, S. 128 f.; als Festschmuck junger Männer FINK, Schwarzsche Trachtenbücher, S. 76; BOCK, Verlobung Eppstein-Eppstein, S. 168 f.

[342] Entwurf, fol. 16r; Endfassung, fol. 18v–19r; ein ganz ähnliches Haarband trägt Maximilian I. als junger Schüler in der Miniatur des ›Lehrbüchermeisters‹ in der sog. Grammatik Maximilians I. und im ›Doctrinale‹ (Alexander de Villa Dei), beide Handschriften: Wien um 1465; vgl. Percy Ernst SCHRAMM/Hans FILLITZ, Denkmale der deutschen Kaiser und Könige, Bd. II: Ein Beitrag zur Herrschergeschichte von Rudolf I. bis Maximilian I. 1273–1519 (Veröff. des Zentralinstituts für Kunstgeschichte 7), München 1978, Nr. 123 f., S. 87 f. mit Abb. S. 240 f.; ganz ähnlich als höfischer Jüngling kostümiert ist auch Graf Philipp der Aufrichtige von der Pfalz auf dem Widmungsblatt eines Heidelberger Codex von 1480; vgl. die Abb. bei Daniel HESS, Das Gothaer Liebespaar. Ein ungleiches Paar im Gewand höfischer Minne, Frankfurt am Main 1996, S. 33.

[343] Entwurf, fol. 13r; Endfassung, fol. 14r.

[344] Endfassung, fol. 18v–19r; im entsprechenden Bild der Entwürfe, fol. 16r, nicht aufgenommen.

[345] Vgl. den ähnlichen Befund für österreichische Adelsporträts bei Beatrix BASTL, Adeliger Lebenslauf. Die Riten um Leben und Sterben in der frühen Neuzeit, in: (Kat.) Adel im Wandel, 1990, S. 377–389, hier S. 385 f.; in anderen bebilderten Familienbüchern hingegen wird das Alter der Kinder zum Entstehungszeitpunkt der Porträts sorgfältig berücksichtigt, so im Codex des Hans Rieter in Nürnberg, vgl. BARTELMESS, Hans Rieter, S. 382.

[346] Endfassung, fol. 64r, 66v–67r, 70r, 173r (Serie Nr. 8).

[347] Helga KESSLER-AURISCH, Hochzeitsmode als Spiegel der sozialen Wirklichkeit, in: VÖLGER/WELCK (Hg.), Die Braut, 1985, Bd. 1, S. 316–329, hier S. 318. Gegen die Annahme, daß es sich bei den sich wiederholenden Kostümen um tatsächliche Brautkleider gehandelt haben könnte, spricht ihre z. T. betonte Schlichtheit, so bei der Serie Endfassung, fol. 55r, 57r, 59r. Die bei KESSLER-AURISCH, ebenda, S. 319–321, zitierten Trachtenbücher des Jost Amman stammen erst aus dem letzten Viertel des 16. Jahrhunderts. Sie sind im übrigen nur begrenzt realienkundlich auswertbar, da sie z. T. Druckstöcke mehrfach verwenden. Zumindest um die Wende zum 16. Jahrhundert war in Augsburg als Teil der Brautkleidung ein ›Schleier‹ üblich, wohl eine besondere Tuchhaube. 1497 war es die Hochzeit der Anna Fugger mit Georg Thurzo (vgl. Endfassung, fol. 29r), bei der erstmals eine Braut statt mit dem langen ›Schleier‹ und einem weiten Rock im engen Überrock, mit offenem Haar, einem bunten Blumenkranz darin und lediglich einem schmalen Schleier auftrat; vgl. Wilhelm REM, (Die) Chroniken. Augsburg 5, S. 272, dazu PÖLNITZ, Jakob Fugger 1, S. 98; WÜST, Bild der Fugger, S. 84; DORMEIER, Kurzweil, S. 169; zur Hochzeitskleidung der Frau allgemein vgl. ZANDER-SEIDEL, Textiler Hausrat, S. 261–265.

[348] Entwurf, ab fol. 31r (Georg Fugger), durchgehend bei den Antonkindern; Endfassung, ab fol. 45v: Hans Jakob Fugger, danach für die Raymundsöhne durchgehend (bis fol. 59r). Die Söhne Anton Fuggers sind ohne Federn am Barett gezeigt (fol. 59v–67v); diejenigen Hans Jakobs und Georgs wiederum mit Federschmuck (fol. 79r–104r).

[349] DÜLBERG, Gothaer Liebespaar, S. 155 f. zu Nr. 79: Meister des Landauer Altars: Berthold Tucher und Christina Schmidtmayer, 1484.

dem sich für die Zukunft die obligatorische Erwartung an sie knüpft, daß sie Gegenstand eines Heiratstauschs sein werden.

Diese Einheitlichkeit der Kostümierung betrifft auch Personen ganz unterschiedlicher Generationen, so daß an einigen Stellen das Bemühen um eine Historisierung der Bekleidung zurücktritt[350]. Die unverheiratet verstorbenen Familienmitglieder fallen so gewissermaßen aus der durch die Historisierung der Kleidung abgebildeten Zeitlichkeit heraus. Auch geschichtliche Relevanz erlangen Individuen für die Familiengeschichte nur insofern, als sie ihre Rollenerwartungen erfüllen.

3.7 Das Fuggersche Ehrenbuch als Familienbuch

3.7.1 Die Texteinträge in den Schriftbändern

Die Einträge in den Schriftbändern sind überwiegend von einer ganz ausgeprägten schematischen Formelhaftigkeit, die wenig Raum für stilistische Variationen läßt. Genannt werden beim Mann Name, Stand und Herkunft (bei Männern des Hauses Fugger der Name des Vaters), wenn möglich Ort und Jahr der Heirat. Der Name der Frau wird im Schriftband des Mannes nur in den zeitgenössisch noch lebenden Generationen vermerkt[351], häufig jedoch der Name des Brautvaters. Auch die Zahl der Kinder wird vermerkt, bei den Männern des Hauses Fugger hier und da mit Hinweis auf deren folgende Bildnisse[352]. Die Kinder der Fuggertöchter werden als kognatische Verwandte des Hauses Fugger nur in summarischen Formeln, nicht namentlich genannt[353]. Anschließen kann sich noch das Sterbedatum,

bzw. bei noch lebenden Personen ein entsprechender Satzanfang mit Freiraum für eventuelle Nachträge. Im Schriftband der Frau wird der Name vermerkt, dazu der Name des Vaters – ergänzt durch Angaben zu seinem Status – und der des Ehemannes, bei Heiraten von Fuggerinnen ergänzt um Statusangaben. Hinzutreten können Geburts- und Sterbedatum. Wie die Allianzporträts bei den unverheirateten Töchtern eine Ehe antizipierten, so wurden auch die Texte der Schriftbänder offengehalten für eine spätere Ergänzung[354].

Ein ganz typisches Muster bietet das Allianzbildnis des Anton Fugger und der Anna Rehlinger[355]:

Der Wolgeboren Herr Anthoni Fugger, welcher Herren Georgen fuggers dritter Eelicher Sone gewesen, vnd diser zeit noch in gluckseligem leben, der auch etliche vil kinder eelichen ertzeuget hat.

Fraw Anna Rechlingerin, Herren Hansen Rechlingers, datzumal burger tzu Augsburg eeliche tochter vnd Herren anthonien fuggers eelicher gemahel.

Ein zweites Beispiel verdeutlicht den Befund: Wilhelm Rem und Walburga Fugger, eine Tochter Jakobs des Älteren[356]:

Herr Wilhalm Rem, Burger zu Augspurg, wellicher herren Jacoben fuggers eeliche tochter, zu der Ee gehabt, vnd mit der Anno .1484. zu Augspurg hochtzeit gehalten, auch zehen kinder miteinander Eelichen ertzeuget haben. Stirbt Anno. 1529.

Fraw Walpurga fuggerin, Herrn Jacoben fuggers Eeliche tochter, vnd Herren Wilhalm Remen Eeliche hausfraw. Jst geborenn Anno 1457. stirbt A[nn]o. 1500.

Im Schriftband des Mannes stand im Entwurf zunächst: *[…] zehenn kinder Eelichen ertzeuget hat.* Clemens Jägers korrigierte diese Fassung zu: *[…] zehenn kinder miteinander Eelichen ertzeuget haben.*[357] Bei der Nennung der Kinder im Schriftband des Mannes wird, wenn die Frau eine Fuggerin ist, ihre aktive Beteiligung an Zeugung und Geburt vermerkt. Wo die Frau angeheiratet ist, wird nur die Aktivität des Mannes erwähnt[358]. Die Frau wird hier nur

---

[350] Endfassung: fol. 28v entspricht der ersten Figur auf fol. 36v; die zweite Figur, ebenda, entspricht fol. 59r, dem nachgetragenen Bildnis des Joachim von Ortenburg. Höfische Mode der sechsten *Linie* und städtische der vierten werden hier also nebeneinander gestellt. Ebenda, fol. 45r, in der fünften *Linie* (der sechsten Generation) entspricht wiederum dem ersten Typ.

[351] Endfassung, fol. 31v, 44r, 48v, 51r, 54r–54v, 57r.

[352] Die Formelhaftigkeit dieser Angabe zeigt sich deutlich, wenn bei der Übertragung des Textes vom Entwurf zur Endfassung die bei der Zahl der Kinder gelassene Textlücke ausfällt, so Endfassung, fol. 22v: *[…] vnd kinder eelichen mit Jr erzeuget hat.* Die gängige Formel kann bei den zeitgenössischen Generationen auch den allemal erwarteten Kindersegen antizipieren, so bei den erst seit 1545 verheirateten Caspar Ostermaier und Veronika Fugger vom Reh (Endfassung, fol. 199v): *[…] hat auch etliche kinder eelichen mit Jr ertzeuget.*

[353] Dies mit einer Ausnahme: Entwurf, fol. 23v; Endfassung, fol. 31v (Georg von Stetten und Susanna Fugger): *[…] vnd ein ainigen Son Georg genant, eelichen ertzeuget, welcher noch in leben ist.* Georg II. von Stetten (1520–1573) war seit 1548/49 als Vertreter der Geschlechter Mitglied im Großen Rat und im Stadtgericht; vgl. REINHARD (Hg.), Eli-

ten, Nr. 1354. Dieses freilich nicht überdurchschnittliche Engagement mag die besondere Aufmerksamkeit erklären, die seine Person im Ehrenbuch fand.

[354] War in den Entwürfen, ab fol. 36r, zu den unverheirateten Töchtern des Anton noch vermerkt worden: *der zeit noch vnverheirat*, so wurde in der Endfassung Schriftraum für den Nachtrag des Ehemannes gelassen. Bei der Aktualisierung des 18. Jahrhunderts wurden diese Lücken vielfach tatsächlich gefüllt.

[355] Endfassung, fol. 40v.

[356] Endfassung, fol. 23r.

[357] Entwurf, fol. 18r.

[358] Die Ausnahmen bestätigen nur den Befund, daß in der Wahrnehmung der Frauen ein Bedeutungsgefälle formuliert wurde abhängig von ihrem Status als gebürtige Fuggerinnen oder Eingeheiratete. Endfassung: fol. 48v (Georg Fugger und Ursula von Liechtenstein): Hier mag die reichsständisch-hochadelige Herkunft der Frau maßgeblich für ihre Wahrnehmung gewesen sein; fol. 174v (Lukas d. J. Fugger vom Reh und Justina Ridler), fol. 180v (Andreas Fugger vom Reh und Dorothea Koeppel): In beiden Fällen

als Objekt (im grammatikalischen Sinn des Wortes: als Akkusativ-Objekt) des Austausches zwischen dem Vater und dem Ehemann vorgestellt. Individualität kommt ihr in diesem Verhältnis nur zu, wenn sie eine Fuggerin ist. Bei der Namensnennung in den Bildnissen der zeitgenössischen Generationen kommt dabei wohl schlicht die zeitliche Nähe zum Tragen, bei der Ergänzung ihrer Beteiligung an der Fortpflanzung in einer Präpositional-Phrase der Umstand, daß die Frau auch nach dem Wechsel in ein anderes Haus als Repräsentantin ihrer Familie wahrgenommen wurde. Ihre Kinder blieben als Kognaten relevant für die verwandtschaftliche Selbstwahrnehmung. Für die agnatische Sukzession hingegen, die Nachkommenschaft der Männer des Hauses Fugger, war die Mutterschaft im Text zu vernachlässigen[359].

Auffällig ist auch, daß bei der Angabe der Herkunft der Heiratspartner nur der Vater, nicht aber die Mutter erwähnt wird. Erst in den Nachträgen des 18. Jahrhunderts wird wo irgend möglich zu jeder Person die Herkunft durch Vater und Mutter bestimmt[360]:

Albert Fugger Ehelicher Sohn des Joh[ann] *Jacob und der Sidonia von Colaus. geb*[oren] *1563. Heirathet Anna Katharina Freyin von Gumppenberg.*

Anna Katharina Freyin von Gumppenberg Tochter des Johann Ludwig, und der Maria Elisabetha von Seibolsdorf, Ehegemahlin des Albert Graf Fuggers verm[ählt] *1600.*[361]

Die Akzente verschieben sich hier von der Dokumentation der Muntübergabe zwischen Vater und Bräutigam, wie sie in den Einträgen des 16. Jahrhunderts prägend ist, zum Nachweis des stiftsmäßigen Adels durch Beleg der beiderseitigen Herkunft. Auch werden nun vielfach Geburts- und Sterbedaten nachgetragen, vielleicht Ausdruck eines verstärkten Interesses an der dargestellten Person abseits ihrer Funktion als Objekt des Austauschs zur Allianzenbildung.

Bei den Einzelbildnissen der unverheirateten Kinder beschränken sich die Texteinträge des 16. Jahrhunderts auf einen Vermerk des Namens, des Vaters und der Todesmeldung. In Einzelfällen durchbrechen sie jedoch den strengen Rahmen und wachsen sich zu biographischen Notizen aus. In den Entwürfen ist dies deutlich bei Hieronymus Fugger. Während dieser Eintrag jedoch in der Endfassung gekürzt wurde[362], wurde für Markus Fugger, einen Sohn Jakobs d. Ä., der im Entwurf nachgetragene Text übernommen[363]. Einen längeren Text haben auch der gleichnamige Sohn Georgs d. Ä.[364] und Peter, der während der abschließenden Bearbeitung der Handschrift kurz nach der Geburt gestorbene letzte Sohn Antons[365].

Auch in Allianzbildnissen wird das strenge Formular gelegentlich durchbrochen, wenn es gilt, zusätzliche Informationen zur Person des Mannes oder zu den Begleitumständen der Hochzeit zu geben – Informationen, die nur dann gegeben werden, wenn sie für den Status des Hauses Fugger relevant sind. So heißt es über die Eheschließung der Sibylla Fugger, Tochter Ulrich Fuggers, mit dem Obervogt von Weißenhorn, Hans Marx von Bubenhofen: *Der Edel vnd Vest Herr Hans Marx von Bubenhofen, welcher Herren Vlrichen Fuggers eeliche Tochter zu der Ee gehabt, Vnd als sein Vest das beischlaffen vnd hochtzeit mit benanter fuggerin Anno .1512. zu Augspurg gehalten hat, seind Jm die von Augspurg mit zwaien der Stat fendlein in seinem einreiten fur die Stat zu eeren entgegen zogen, mit welcher vorbenanter fuggerin sein Vest vier kinder Eelichen ertzeuget hat. Stirbt Anno.*[366]

Über die Hochzeit der Barbara Fugger und des Ferdinand von Vels am 8. Januar 1548 wird noch im Zuge der abschließenden Bearbeitung in den Entwürfen wie in der Endfassung eine ähnlich prestigeträchtige Information aufgenommen: *Der Wolgeboren Herr Ferdinandus freiherr zu Fels, welcher mit frewlin Barbara fuggerin, Jnn dem grossen vnd langkwirigen Reichstag zu Augspurg, Anno 1548. gantz kostlich vnd herrlich seinen Beischlaf vnd hochtzeit gehalten, Graf Haug von Montfort, vnd Graf Carl von Zollern haben*

---

mag die Distanz zu den Fugger vom Reh maßgeblich gewesen sein; die Zuordnung einer aktiven Rolle, fol. 9v (Hans Fugger d. J. und seine beiden Frauen), zu den Frauen: *Clara Widolffin Hansen fuggers erste Eeliche hausfraw, mit dem sie zwo Töchtern eelichen ertzeuget hat,* ist Folge des Umstandes, daß auf dieser Seite für den Mann aus Platzgründen kein Schriftband eingezeichnet wurde, sondern seine Benennung im Schriftrahmen am Kopf der Seite aufgenommen ist. Dieser Sonderfall machte eine Modifizierung der Formel notwendig.

[359] Für Franken im 14. und 15. Jahrhundert hat Joseph MORSEL, Adelsgeschlecht als Repräsentation. Beobachtungen zur adeligen Verwandtschaftspraxis im spätmittelalterlichen und frühneuzeitlichen Franken, in: OEXLE/HÜLSEN-ESCH (Hg.), Die Repräsentation der Gruppen, 1998, S. 259–325, hier S. 265 f., 277, einen Wandel von der Identifikation mit dem Namen und Wappen des Ehemannes über die doppelte Identifikation durch Vaternamen und Name des Mannes sowie das Allianzwappen hin zu einer Benennung mit dem Patronym und Wappen des Vaters beobachtet. Der Status der Frau im Heiratstausch verlagert sich demnach von der Integration in die Gruppe des Mannes über die Mittlerstellung innerhalb der Allianz hin zu einem Fortbestand der Bindung an das Vaterhaus. Die Frau repräsentiert in der Eheverbindung die Verwandtschaftsgruppe, aus der sie kommt.

[360] Auch hier bleiben die Frauen freilich noch deutlich Objekt, abgeleitet vom Mann. Eine vereinzelte Abweichung ist nur beredte Bestätigung der Regel: *Christoph Freyherrn* [!] *von Welsperg Heirathet Adelberta Gräfin von Fugger*; Endfassung, fol. 94r.

[361] Endfassung, fol. 98r.

[362] Entwurf, fol. 24v; Endfassung, fol. 34r; vorgesehen war den Korrekturbemerkungen zufolge eine Einarbeitung der ausgefallenen Textbestandteile in die geplante, jedoch nicht ausgeführte Kurzbiographie.

[363] Endfassung, fol. 19r.

[364] Endfassung, fol. 37r.

[365] Endfassung, fol. 70v.

[366] Endfassung, fol. 30v.

die praut gefuert, vnd haben die fursten vnd hohen Potentaten grosse freud gehabt.[367]

Die starre Formelhaftigkeit der Einträge entspricht nun allgemein ganz dem, was Urs Martin Zahnd für die Familienbuchschreibung als typisch herausgestellt hat. In der Genese des Familienbuches ist diese Formelhaftigkeit Folge der analog zur Geschäftsschriftlichkeit sich entwickelnden sukzessiven Führung[368]. Von einer solchen kann in einem professionell angelegten und konzeptionell durchstrukturierten Werk wie dem Fuggerschen Ehrenbuch jedoch keine Rede sein. Vielmehr ist die Beschränkung auf die immergleiche Formel hier eine gezielte Beschränkung auf das funktional Wesentliche: Auf die durch eine Ehe konstituierte Allianz des Hauses Fugger mit einer anderen Verwandtschaftsgruppe. Die Schriftbänder der Allianzbildnisse stehen somit zwar in der Tradition des seriellen Familienbucheintrags. In der Übernahme der Formelhaftigkeit verweisen sie jedoch auf eine hauptsächliche Funktion der Familienbuchschreibung: auf die Präsentation von ›Herkommen‹ als Summe von Allianzen.

Eine gewisse Variationsbreite eröffnen nur drei Faktoren: Eher marginal, aber im Einzelfall des kleinen Peter Fugger[369] deutlich hervortretend, ist eine zeitliche Nähe zu der dargestellten Person bzw. zu ihrer Geburt und ihrem Tod. Stärker ist der Impuls, zwischen Töchtern und eingeheirateten Frauen bei der Darstellung der Allianzen ein Bedeutungsgefälle zu formulieren. Freilich wird hier nur ein Gefälle in der Relevanz für die Selbstwahrnehmung der Fugger als Verwandtschaftsgruppe artikuliert, nicht jedoch eine persönliche Autonomie. Am ehesten möglich ist der Verstoß gegen das Formular dort, wo eingefügte Informationen einer Allianz zusätzliches symbolisches oder soziales Kapital hinzufügen können.

3.7.2 Die biographischen Erläuterungen

Die Bildlegenden werden in den Entwürfen ergänzt um kurze personengeschichtliche Ausführungen zu den erwachsen gewordenen Männern des Hauses Fugger. Für Ulrich d. J.[370] und Hieronymus, die Söhne Ulrichs des Älteren, sind keine Textseiten angelegt worden, wohl, da sie beide kinderlos geblieben waren. Für Hieronymus jedoch wurde im Entwurf ein ungewöhnlich langer Text in dem Schriftband seines Bildnisses eingetragen, der inhaltlich dem entspricht, was an anderer Stelle in den biographischen Ausführungen enthalten ist. Folgerichtig ist dieses Mißverhältnis bei der Korrektur aufgelöst worden[371].

Aufgeführt werden in diesen Kurzbiographien zunächst Datum der Heirat und Name und Herkunft der Braut, sodann der Wohnort innerhalb der Stadt Augsburg – bei den älteren Generationen unter Angabe der Quellen in den Ratsarchivalien[372] – und Angaben über die wirtschaftliche Betätigung und den Erwerb von Häusern und Grundbesitz. In den ersten Generationen, zumal wenn die betreffenden Personen nicht in der Deszendenz der späteren Fugger von der Lilie stehen, folgen dann Angaben über die Nachkommenschaft. In den jüngeren Generationen bemüht sich der Verfasser um eine Charakterisierung der betreffenden Person entsprechend den spezifischen Rollenerwartungen. Sorgfältig vermerkt werden Angaben zur Stiftungstätigkeit und zur politischen und geschäftlichen Stellung, wodurch sich in der Summe eine geraffte Geschichte des Aufstiegs der Familie ergibt.

Eine deutliche Abweichung von diesem Muster zeigen die biographischen Einträge zu Andreas Fugger dem Reichen, dem Stammvater der Fugger vom Reh[373], und zu Hans Jakob Fugger, dem *Fundator* des Ehrenbuchs[374], bei denen es sich um kaum mehr als einen um die Angabe des Lebensalters bei der Hochzeit erweiterten Schriftbandtext handelt. Hans Jakob Fugger übte so die einem (fiktiven) Verfasser genealogischer Aufzeichnungen angemessene Zurückhaltung bezüglich der eigenen Person. Die Kurzbiographie des Andreas Fugger jedoch wurde offenbar erst im Zuge der Bearbeitung zusammengestrichen: Bei den Angaben zu seinem Sohn Lukas finden sich Passagen, die textkritisch sinnvoll nicht auf diesen, sondern nur auf den Vater zu beziehen sind[375]. Sie wurden offenbar aus einer älteren Fassung der Kurzbiographie des Andreas in die seines Sohnes übertragen. Vermutlich sollten die familiengeschichtlichen Aussagen über die Fugger vom Reh bei der Behandlung des Lukas Fugger konzentriert werden.

---

367 Endfassung, fol. 57r; Entwurf, fol. 34v.
368 Vgl. ROHMANN, Clemens Jäger, S. 123–140.
369 Endfassung, fol. 70v.
370 Entwurf, fol. 24r.
371 Entwurf, fol. 24v: Über dem Schriftband steht ein Vermerk der Hand D (Hans Jakob Fugger): *dise schrifft nicht in daß ein ander plat darfur*; unter dem Band in Blei von Hand F: *nit so groß*.
372 Z.B. Entwurf, fol. 11r, zu Ulrich Fugger, dem Bruder des Hans d. J.: *Jnn der Herren alten Baumaister Buecher werden gefunden dise wort, Anno 1402. Respice Bernhardi haben wir .21 lb. pfenning aufgeben vmb Scheflach vnd wasser zefieren, als des Vlrich fuggers drey heuser in der Klebsatler gassen verprunnen sein [...]*.
373 Endfassung, fol. 169r.
374 Entwurf, fol. 30v.
375 Endfassung, fol. 171r: *Seinen Tail Erbguts [...] hat er mit Jacoben fugger von der lilien, seinem Bruder, vnZertailt lange Jar Jnnen gehalten, [...]*. Laut Deutsches Wörterbuch von GRIMM 2, Sp. 417–420, kann »Bruder« auch Stiefbrüder, Schwager, Verbrüderungsgenossen und Ammenbrüder bezeichnen, nicht jedoch Vettern und Neffen (bzw. hier Onkel). Auch die Formulierung *[...] vnd auch sein Sone matheus fugger in dem Gartsee ertruncken [...]*, ist auf Andreas Fugger zu beziehen.

4 Die Ehre im Fuggerschen Ehrenbuch

4.1 Memoria, Gemeiner Nutzen und Tugend

4.1.1 Zum Titelbild

Die erste reguläre Seite des Codex[1] zeigt ein halbfiguriges Bildnis des Jesus Sirach über einem Schriftrahmen, in den ein Vers aus dem Buch Jesus Sirach, dem seit Cyprian sogenannten ›Liber Ecclesiasticus‹, eingetragen ist: *RESPICITE AD GENERATIONES ANTIQVAS ET VIDETE NVMQUIS SPERANS IN DOMINVM, CONFVSVS AVT IN TIMORE ILLIVS PERMANENS DERELICTVS SIT. ECCLE[SIASTICVS] II.*[2]

Die Figur ist dargestellt im Ornat eines jüdischen Hohepriesters[3] als weiser Mann, der mit erhobenem Zeigefinger die Aufmerksamkeit auf den Titel der Handschrift in einer Schriftkartusche im oberen Viertel der Seite lenkt: *Hernach volget das gehaim Eernbuch Mansstammens vnd Namens des eerlichen vnd altloblichen Fuggerischen Geschlechts. aufgericht A[nno] 1545.*[4]

Die Handbewegung ist wohl in erster Linie als Belehrungsgestus zu verstehen. Im Entwurf geht der Fingerzeig eher nach rechts aus dem Bild heraus, in der Endfassung eher nach oben, zum Schriftband hin. Auch durch den Blickkontakt zum Betrachter vermittelt die Figur aus dem Bild heraus[5].

Das vorliegende Motiv wurde ganz ähnlich auch im Ehrenbuch der Herwart[6], dem Zunftehrenbuch für Jakob Herbrot[7] und dem Pfisterschen Ehrenbuch[8] zur Illustration des Titels, im Ehrenbuch der Linck[9] als Frontispiz auf der Rückseite des Titels herangezogen. Gegenüber der sich in der Buchillustration der Renaissance durchsetzenden Titelblattgestaltung mit ornamentalen Bordüren oder architekturähnlichen Rahmungen zeichnet sich hier eine spezifische Sonderform ab[10].

Die Figur des Jesus Sirach vermittelt zwischen dem biblischen Auftrag zum Gedenken an die Vorfahren und dem im Titel vorgestellten Ehrenbuch. Dieses wird so als Medium der Erinnerung eingeführt, dessen Rezeption für die Nachfahren zur religiösen Verpflichtung gemacht wird. Indem das Gottvertrauen der Vorfahren als Exempel für die Gegenwart eingeschärft wird, werden die eschatologische Dimension von Memoria und die traditionale Sinnstiftung der Familiengeschichtsschreibung verknüpft[11]. Der Auftrag zur Weiterführung der familiären Erinnerung, zur Aufnahme und Weitergabe historischen Wissens wird sakral legitimiert. Der wohl nach dem Vorbild des Autorenbildes gestaltete[12], vielleicht direkt auf ein solches in einem gedruckten oder handschriftlichen ›Ecclesiasticus‹-Band zurückgehende Bildaufbau erfährt so eine semantische Verschiebung: Das Ehrenbuch wird unter die Autorität des Jesus Sirach gestellt.

4.1.2 Memoria und ›Gedechtnus‹ im Fuggerschen Ehrenbuch

Das Widmungsgedicht im ersten Heroldsbild mit dem Wappen der Fugger von Kirchberg und Weißenhorn nennt als Zweck des Ehrenbuches: *Auf das des fuggerisch Geschlecht / Inn guter gedechtnus pleiben möcht.*[13] Die Vorrede des Ehrenbuches sucht für die *gedechtnus* jedoch nicht etwa eine biblische – oder allgemeiner: christlich-religiöse – sondern vielmehr eine antik-gelehrte Grundlegung. In einer bei Clemens Jäger häufiger vorkommenden Formulierung[14] wird eine Stelle aus den ›Paradoxa ad Brutum‹ des Cicero zitiert[15]: *Marcus Tullius Cicero Schreibet in seinen*

---

1. Entwurf und Endfassung, fol. 1r.
2. Vgl. Biblia Sacra iuxta Latinam vulgatam versionem ad codicem fidem iussu Pauli P. P. VI. cura et studio monachorum abbatiae Pontificae Sancti Hieronymi in Urbe ordinis sancti Benedicti edita, Vol. XII: Sapientia Salomonis. Liber Hiesu filii Sirach, Romae MDCCCCLXIIII: Jesus Sirach II, 11–13 (Varianten in Klammern): [11.]*Respicite filii nationes hominum (ad priores generationes) et vitote (videte) quis speravit in Dominum et confusus est.* [12.]*permansit (permanens) in mandatis eius et derelictus est* [13.]*et quis invocavit illum et despexit illum.*
3. Im skizzierten Entwurf, fol. 1r, sind die Saumborten des paramentenartigen Gewands mit Umrissen von christlichen Heiligenfiguren besetzt.
4. Endfassung, fol. 1r; im Entwurf, fol. 1r: *1546.*
5. Im Entwurf, fol. 1r, geht der undeutlich skizzierte Blick leicht nach unten links.
6. StadtA Augsburg Reichsstadt ›Schätze‹, Nr. 194b, S. 9, mit deutscher Textfassung der Perikope.
7. StB Augsburg 2° Cod. Aug. 199, fol. 1r, mit deutscher Textfassung, jedoch leicht von jener im Herwartbuch abweichend; Pius DIRR, Clemens Jäger und seine Augsburger Ehrenbücher und Zunftchroniken. Zur Kenntnis der Historiographie des 16. Jahrhunderts, in: ZHVS 36 (1910), S. 1–32, hier S. 17, nennt fälschlich auch das Consulatehrenbuch.
8. StadtA Augsburg Reichsstadt ›Schätze‹, Nr. 24, fol. Iv.
9. StB Augsburg 2° Cod. Aug. 489, fol. 1v.
10. KUNZE, Buchillustration 1, S. 143–145.
11. Vgl. ROHMANN, Clemens Jäger, S. 110–118.
12. Vgl. LCI 1, Sp. 232–234.
13. Endfassung, fol. 1v; vgl. ähnlich in der Vorrede ebenda, fol. 5r.
14. Vgl. StadtA Augsburg Reichsstadt ›Schätze‹, Nr. 194b, Ehrenbuch der Herwart, S. 16; BayNM Nr. 5171, Consulatehrenbuch, fol. 1v.
15. Vgl. Max SCHNEIDER (Hg.), M. Tullii Ciceronis Paradoxa ad M. Brutum, Leipzig 1891, S. 35 f., II. § 18; behandelt wird das Paradoxon: *Die Tugend ist zur Glückseligkeit ausreichend.* Der offensichtlich sachfremde Kontext, in wel-

Paradoxis, wie das der Tod gantz erschrocken vnd grausam denen menschen seye, mit deren leben sich alle ding enden vnd erleschen, Aber mit nichten denen, welcher lob in guter gedechtnus beleibt, vnd nimmer ersterben mag, […].[16] Die Kontinuität der Erinnerung nimmt dem Tod seinen Schrecken – ein Konzept, das erkennbar in der Ambivalenz von profaner Geschichte und sakraler Memoria, von säkularer Erinnerung und Sorge um das Seelenheil steht.

Das Ehrenbuch erfaßt nun nicht etwa nur die erwachsen gewordenen Familienmitglieder, sondern auch die früh verstorbenen Kinder. Diese sind zwar für das Familienbuch als Dokumentation von Vernetzungswissen, für die Familiengeschichte als Summe der Heiratsallianzen, nur von geringer Relevanz. Ihre personale Individualität gewinnen sie jedoch aus dem Einbezug in die sakrale Memoria, in das Bemühen um das Seelenheil. In zwei Fällen werden daher während der Bearbeitungszeit des Ehrenbuches früh verstorbene Kinder gezielt abweichend vom üblichen Bildaufbau dargestellt, um den Umstand zu dokumentieren, daß sie erst nach Empfang der Taufe gestorben waren: Peter Fugger, der im März 1548 kurz nach der auch für die Mutter tödlichen Geburt verstorbene letzte Sohn Anton Fuggers, wird als kleiner Engel mit Flügeln, betend zusammengelegten Händen und einem Kreuz über dem Kopf gezeigt[17]. Ebenso steht Julius Octavian Fugger, der 1546 im Alter von zwei Jahren verstorbene älteste Sohn des Georg Fugger, in Beterhaltung mit zum Himmel erhobenem Blick im Bild[18].

Eine der Münchener Handschriften der Fuggerchronik vermerkt über Peter Fugger ebenfalls ausdrücklich seinen ›guten Tod‹: *So ist herr Petter fugger, herrn Anthonij fuggers 5ter ehlicher Sohn An[no] d[omi]ni 1548 an die Weltt geborn, Aber den Achten tag nach seiner geburt in Gott ergeben worden.*[19] Die von Christian Meyer edierte Fassung der Fuggerchronik erwähnt hingegen nur die erwachsen gewordenen Familienmitglieder und vermerkt dazu mehrmals ausdrücklich: *[…] ausser disen seind etliche in der jugent gott ergeben worden, von denen zu schreiben ohne noth.*[20] Der summarische Hinweis auf die Teilhabe am Seelenheil ist hier ausreichend. Nähere Angaben sind für eine profan-familiengeschichtlich orientierte Chronik nicht notwendig. Im Ehrenbuch hingegen unterliegt der profanen Familiengeschichte eine deutlichere eschatologische Funktion. Die Wahrnehmung der früh

verstorbenen Kinder ist jedoch zumindest labil: Ursula Fugger, eine jung gestorbene Tochter des Raymund, fiel im Zuge der Bearbeitung aus der Reihe der Bildnisse heraus[21]. Ist sie in den Entwürfen noch mit ihrem Bruder Raymund auf einer Seite zusammengefaßt, so wurde diese unglückliche Konzeption aufgelöst, Ursula Fugger jedoch schlicht ausgelassen. In der Endfassung steht an ihrer Stelle ihre gleichnamige, jedoch erwachsen gewordene Schwester, die 1549 den Grafen Joachim von Ortenburg heiraten sollte[22].

Früh verstorbene Kinder unterlagen offenbar der Gefahr, aus der Erinnerung herauszufallen, dies zumal, wenn jüngere Geschwister in ihren Namen eingetreten waren[23]. Georg Fugger hatte nacheinander drei Töchter namens Maria[24]. Sowohl Hans Jakob als auch Georg Fugger verwendeten Namen früh verstorbener Söhne für weitere Kinder nochmals, wobei sie diese als *Secundus* namentlich kennzeichneten. So übernahm Octavian Secundus den Namen des Julius Octavian[25], Alexander Secundus den seines Bruders Alexander Augustus[26], dessen zweiter Vorname auf den jüngeren Bruder Viktor Augustus überging[27]. Wenn nun zudem im Ehrenbuch die Figur des Alexander Augustus auf die seines jüngeren Bruders zeigt, dokumentiert dies eine besondere Beziehung zwischen gleichnamigen Geschwistern: Der verstorbene Ältere bezieht Stellung im Raum der Ahnenreihe durch den Verweis auf den überlebenden Jüngeren.

Das Ehrenbuch steht so in der Kontinuität der sakralen Memoria nicht nur individuell in der Ikonographie des Stifterandenkens zu Beginn der Handschrift, sondern auch kollektiv in der Gesamtanlage seiner Ahnenreihe. Auch das einleitende Widmungsgebet des *Fundators* bittet ausdrücklich: *So bitt Ich O lieber Herr mein Got, das du mein vnd meines gantzen Geschlechts, ein getrewer Got vnd Vater sein wollest, Alle vnd Jede meines Geschlechts, so die schuld der natur betzalt, vnd aus dieser welt verschaiden seind, durch den Prunnen deiner gruntlosen barmhertzigkait, Inn der schos vnd rw Abrahe, Väterlichen erhalten, […].*[28]

Der Sorge um das Seelenheil verpflichtet zeigen sich auch die in den Entwürfen erhaltenen biographischen Erläuterungen zu den männlichen Familienmitgliedern:

---

chem Clemens Jäger die Sentenz einsetzt, spricht für die Annahme, daß er sie in Übersetzung aus einer unbekannten Quelle ohne nähere Kenntnis des Textzusammenhangs übernommen hat.

[16] Endfassung, fol. 4v.
[17] Endfassung, fol. 70v.
[18] Endfassung, fol. 102r.
[19] BaySB Cgm 2276, fol. 63v.
[20] MEYER (Hg.), Chronik der Fugger, S. 43; vgl. ähnlich ebenda, S. 55, 65, 70, 81, 87.

[21] Entwurf, fol. 35r; vgl. Endfassung, fol. 57v.
[22] Endfassung, fol. 59r; Entwurf, fol. 35v.
[23] Zur Auflösung der individuellen Identität gleichnamiger Geschwister vgl. für die florentinische Familienbuchschreibung Christiane KLAPISCH-ZUBER, Das Haus, der Name, die Person, in: DIES., Das Haus, der Name, der Brautschatz, 1995, S. 24–51, hier S. 48–51.
[24] Endfassung, fol. 108r: Maria Virginia, stirbt im Alter von zwei Jahren; fol. 111r: Maria (Secunda), stirbt einen Tag nach der Geburt. Eine weitere Tochter Maria starb als Kind im Kloster Holzen; vgl. SCHAD, Frauen des Hauses Fugger, S. 131 f.
[25] Endfassung, fol. 102r, 104r.
[26] Endfassung, fol. 84v–85r.
[27] Endfassung, fol. 87v.
[28] Endfassung, fol. 2r.; vgl. Kap. 3.1.1.

Besonderes Augenmerk wird auf die Umstände des Todes und der Bestattung gelegt. Schon über den Stammvater Hans Fugger heißt es da: [...] *vnd darnach sein leben in Got geendet, dem Got der Almechtig gnedig vnnd barmhertzig sein wolle.*[29] Ähnlich wird der Tod *in Got* vermerkt für Ulrich Fugger, den Bruder des Hans[30], den älteren Jakob Fugger und seine Frau Barbara Bäsinger[31], für seinen Bruder Ulrich[32], aber auch für ihren Vetter Lukas Fugger vom Reh[33]. Für Georg Fugger, den Großvater des *Fundators*, vermerkt der Entwurf nicht nur, daß er *mit einem senften Jn Got gnedigclichen end, aus diser welt verschaiden* sei, sondern auch die Todesursache: Harnsteine und eine wegen seiner körperlichen Angegriffenheit tödliche Operation[34]. Hans Jakob Fugger jedoch korrigierte diese Angabe: *Nota er ist kains namlichen todes gestorben, vlrich fugger ist am stain gschniten worden der dann schire Jn ein hennen ays grosse noch vorhanden ist.*[35] Das Interesse an den Todesumständen der Vorfahren richtete sich also durchaus auf das Individuum, nicht etwa nur auf ein in der Zuschreibung unspezifisches topisches Muster des ›guten Todes‹[36]. Dieses Interesse an den Todesumständen der Vorfahren erweist sich bei Jakob Fugger dem Reichen jedoch wiederum als bestimmt durch das Ideal des gottergebenen Todes: *Vnd als er .66. jar seines alters [...] erlebt, hat er ein gewechs jn seinem leib vnderhalb des Nabels vberkomen, welchs er aus rat der Artzet, het lassen schneiden sollen, des er aber alles abgeschlagen, vnd die sach seinem Got beuolhen hat, Jst er anno .1525. den .30. Decembris, mit gar ainem gnedigen end, vnd grosser clag menigclich aus diser welt verschiden, vnd Jn der Herren fugger begrebnus, so er zuuor erbawt, gelegt worden, Dem der Allmechtig ewig Got, genedig vnd barmhertzig sein wölle. Amen.*[37] Den ›guten Tod‹ garantiert die große Trauer vieler Menschen. Der angeblich doch so neuzeitlich-rationale Kaufherr stirbt einen betont ›mittelalterlichen‹ Tod: Er schlägt den Rat der Ärzte aus und nimmt in frommer Demut Gottes Ratschluß an. Und für das Seelenheil grundlegend ist das Begräbnis in der Familiengrabstätte, hier der Fugger-Kapelle in St. Anna in Augsburg.

Ebenso wird für Raymund Fugger geschildert, wie er nach seinem Tod auf dem Schloß Mickhausen nach Augsburg überführt wurde: *[...] Jst er, [...] Jn Got gnedig, vnd mit grosser vnd schmertzlicher Clag aller armen, in der stat vnd auf dem land, aus diser welt verschaiden, vnd volgends mit grosser clag alher gen Augspurg, ongspart aller gutthaten vnd ergetzlichait der armen, gefuert, Jn der Herren fugger begrebnus, gantz eerlichen begraben worden, [...].*[38]

Die kollektive Sorge um das Seelenheil findet ihren Ausdruck auch in dem wiederholten Verweis auf Memorialstiftungen sowie auf Mildtätigkeit und Almosen. Die *grosse clag* lebt vor allem von *gutthaten vnd ergetzlichait der armen*. So wird für Hieronymus Fugger, den ohne Leibserben gestorbenen Vetter des Anton, die testamentarische Stiftung eines Hospitals in Waltenhausen vermerkt[39]. Breiteren Raum jedoch nehmen in der Kurzbiographie des Jakob Fugger die Stiftung der Kapelle der Fugger in St. Anna und der Fuggerei in Augsburg ein. Erstere wird unter den Baumaßnahmen des berühmten Kaufmanns[40] gleichermaßen als Projekt der Repräsentation wie als Memorialleistung behandelt, getragen von dem Bedürfnis, den künstlerisch wie materiell exzeptionellen Stellenwert hervorzuheben: *Desgleichen hat er Anno .1515. die Begrebnus aller fugger von der Lilien, zu Sanct Anna mit aller kostlichkait auf das zierlichst, mit gold, silber vnd gutem edlen holtz, auch auf welsche art, der zeit gar new erfunden, sambt ainer vber allen beruembten kunstwerck, seer kostliche Orgel gezieret vnd machen lassen, Welche Cappel vnd Orgel, vber 16000. guldin Zupawen vnd machen, gestanden hat.*[41]

Ganz in der Tradition der Familienbuchschreibung dienen diese Angaben auch der rechtserheblichen Sicherstellung des durch die Stiftung konstituierten Vertragsverhältnisses, der memorialen Gegenleistungen des Konvents von St. Anna und aller Betenden. Ebenso wird die Einrichtung der Fuggerei geschildert, insbesondere ihr stiftungsrechtlicher Hintergrund. Der Sicherstellung der – nicht eigens erwähnten – Gegenleistungen der Bewohner dient die Anbringung des Fuggerwappens an den Gebäuden der Fuggerei, wie das Ehrenbuch ausdrücklich vermerkt: *Vnd auf das sein freuntlich gemuet, dester basz gesehen werde, hat er an dreien Orten bemelter fuggery, gar ein schön fuggerisch Epithauium aufgerichtet, darein nicht allain seinen, sonder seiner gebrueder Namen, die dann vor etlichen Jaren gestorben waren, Zu ainer ewigen gedechtnus einuerleibet, wie dann alle sach dis gepews, solchs anzaigen vnnd beweisen.*[42] Die Gebäude der

---

[29] Entwurf, fol. 10r.
[30] Entwurf, fol. 11r.
[31] Entwurf, fol. 14r.
[32] Entwurf, fol. 15r.
[33] Endfassung, fol. 171r.
[34] Entwurf, fol. 17r.
[35] Entwurf, fol. 17r (von Hand D); vgl. ebenda, fol. 15r (von Hand D): *Nota dißer Jst am stain gschniten worden vnd nit sein bruder Jorg.*
[36] Zur Schilderung des ›schlechten Todes‹ als Mittel der moralischen Disqualifizierung in Chroniken des 16. Jahrhunderts vgl. MAUER, Georg Kölderer, S. 159.
[37] Entwurf, fol. 19v.
[38] Entwurf, fol. 27r.
[39] Entwurf, fol. 24v; zur Einrichtung des Hospitals durch Anton Fugger vgl. fol. 28r; dazu KOUTNÁ-KARG, Ehre der Fugger, S. 102 mit Anm. 66; LIEB, Fugger und Kunst II, S. 286–288.
[40] Entwurf, fol. 19r: *Ein seer grossen lust zu dem gepew hat diser Jacob fugger gehabt, [...].* Erwähnt werden zunächst der Kauf und Ausbau der Fuggerhäuser am Weinmarkt, dann die Fuggerkapelle bei St. Anna.
[41] Entwurf, fol. 19r–19v.
[42] Entwurf, fol. 19v.

Fuggerei werden so zum materiellen Ausdruck des *freuntlich*[en] *gemuet*[s], der Tugendhaftigkeit ihres Stifters. Zugleich dienen sie jedoch *Zu einer ewigen gedechtnus* auch seiner bereits verstorbenen Brüder. Zu diesem Zweck richtet Jakob Fugger ein *Epithauium* auf, im wörtlichen Sinn also ein sakrales Memorialbild. Die Fuggerei ist so zugleich Medium der Sorge um das Seelenheil und eines profanen Legitimationsdiskurses.

4.1.3 Der Kaufmann und der Gemeine Nutzen

Die Sorge um die Armen zeigte sich nicht nur in Memorialstiftungen, sondern auch in wirtschaftspolitischen Vorschlägen Jakob Fuggers. Der Entwurf zu seiner Kurzbiographie erwähnt Bemühungen des Kaufmanns um die obrigkeitliche Fixierung eines Festpreises für Grundnahrungsmittel: *Den armen zuhelffen, Jst diser Jacob fuger seer genaigt gewesen, Hat als ein Senator des clainen Rats der Stat Augspurg, Jn sitzendem Rat, weg vnnd mittel furgeschlagen, das der gmain Man in der Stat Augspurg in ewig Zeit das Schaf Roggen nicht vber ainen guldin het kauffen mogen, Welchs aber aus einred der Göttin Auaritia seinen furgang nicht hat gehaben mögen.*[43]

Jakob Fuggers Engagement für den *gmain Man* und gegen die Marktmechanismen scheitert an der *Göttin Auaritia*, an der Habsucht der Ratsherren. Der Eigennutz der den Rat kontrollierenden Kaufleute steht hier gegen das Bemühen Jakob Fuggers um den Gemeinen Nutzen. Der *Fundator* und sein Geschichtsschreiber lassen hier ausgerechnet Jakob Fugger den Reichen gegen die wirtschaftlichen Interessen seines Standes (und gegen die oft gerade auf ihn projizierte ökonomische Vernunft des neuzeitlichen Kapitalismus) Politik machen. Sie stellen die Geschichte der Fugger so in den Zusammenhang der zeitgenössischen Diskussion über die Legitimität des Eigennutzes im wirtschaftlichen und politischen Handeln[44]. Es war dies Ausdruck einer spezifischen Legitimationsstrategie: Die Fugger beanspruchten so für sich und ihr Handeln die Ausrichtung am Gemeinen Nutzen. Die zeitgenössische Kritik an der frühkapitalistischen Kaufmannschaft betraf demnach nur die Standesgenossen.

Doch auch das kaufmännische Handeln der Fugger als solches diente dem Ehrenbuch zufolge dem Wohl der Allgemeinheit: Ganz der von Konrad Peutinger im Monopolstreit im Auftrag der Augsburger Handelsgesellschaften entwickelten Argumentationslinie entsprechend verweist die geplante Kurzbiographie Anton Fuggers auf die positiven Auswirkungen individuellen Strebens für das Wohl aller: *Auch den Barchathandel zu Weissenhorn, vnd derselben Refier, hat Er dem armen mann zu gut, vnd dem fuggerischen Namen zu nutz vnd Eern, auf vnd angerichtet, [...].*[45] Die Zentralisierung und Rationalisierung der Textilverarbeitung in der seit 1507 fuggerischen Herrschaft Weißenhorn, ein auch gegen die Dominanz der nahen Stadt Ulm gerichteter langfristiger Umstrukturierungsprozeß in Kooperation mit der Landstadt Weißenhorn, war gekennzeichnet durch die Ausbildung eines Verlagsmonopols der Fugger. Rohstofflieferung und Abnahme des Endprodukts lagen bei den Fugger, die damit die Weber des von ihnen zudem grundherrlich verwalteten ländlichen Produktionszentrums weitgehend in der Hand hatten[46]. Daß das Ehrenbuch ausgerechnet für diese Bemühungen Anton und schon Jakob Fuggers deren Gemeinnützigkeit herausstellt, ist sicherlich eine Reaktion auf die seit dem späten 15. Jahrhundert in den oberdeutschen Städten lebhaft geführte Diskussion um den Verlagshandel und seine Auswirkungen auf die Produktionsbedingungen und die materielle Lebenssituation der Weber. Gegen die Kritik an den ausbeuterischen Verlagskaufleuten stellt Clemens Jäger den Hinweis auf die positiven Auswirkungen einer guten Konjunktur auch für die Armen.

Besondere Verdienste um das Gemeinwohl in der Stadt Augsburg erwarb sich Anton Fugger mit seiner Vermittlerrolle nach dem Sieg Karls V. im Schmalkaldischen Krieg. Der Krieg hatte das Zerwürfnis zwischen den altgläubigen und kaisertreuen Fugger und ihrer schmalkaldischen Heimatstadt auf die Spitze getrieben. Es kommt so nicht von ungefähr, daß Clemens Jäger und Hans Jakob Fugger auch das Ende dieser Konfrontation noch in ihre Kurzbiographie des Onkels aufnahmen. In die Endfassung fand diese Episode freilich keinen Eingang mehr: *Aines solchen freuntlichen vnd Burgerlichen gemuets vnd gutenn willens ist Er gegen Augspurg seinem geliebten Vatterlands gewesenn, Das Er Jnn der verderblichen handlung des Kaiserlichen Kriegs, widerr die protestirende Stende Anno 1546 angefangen, sich dermassen so getrew gehalten vnd erzaiget hat, Das er durch sein ansehen vnd flehentlich gebet, die Kay*[serliche] *m*[aieste]*t erwaichet, Vnnd nicht allain die Stat Augspurg mit Jrer maiestat versoenet vnd an der furgenommen straff ob so gross bey J*[rer] *m*[aiestet] *behalten, Sonder auch sein aigen leib, sambt seinem vnnd aller fugger hab vnd gut, fur die redlichkait des Rats der Stat Augspurg, dem Kaiser zuuerpurgen, angebo-*

---

[43] Entwurf, fol. 19v; ROGGE, Für den Gemeinen Nutzen, S. 210–230, erwähnt diese Initiative Jakob Fuggers für einen politischen Preis für Grundnahrungsmittel in seiner Behandlung der städtischen Sozialpolitik nicht.

[44] Vgl. für Augsburg ROGGE, Für den Gemeinen Nutzen, S. 287–289; für die italienische Familienbuchschreibung des Spätmittelalters Christof WEIAND, ›Libri di famiglia‹ und Autobiographien in Italien zwischen Tre- und Cinquecento. Studien zur Entwicklung des Schreibens über sich selbst (Romanica et comparatistica 19), Tübingen 1993 [Habilschrift Mainz 1990], S. 11 f.

[45] Entwurf, fol. 28r.

[46] Vgl. KIESSLING, Kritik des Verlagssystems, S. 181–183.

ten, auch Burgermaister, Raht vnd gemaind der stat augspurg ain merckliche summa gelt do zu mahlen furgestrecket hat, Welche gutthat Jme vnd alle des fuggerischen Namens von der Lilien geboren, zu billicher Eerngedechtnus von mir zubeschreiben, Jch mit nichten hab vnderlassen mögen.[47]

Die Aufforderung zur *Eerngedechtnus*, d.h. hier primär zum säkularen ehrenden Andenken, richtet sich deutlich auf ein neutrales Publikum, ihr Objekt soll das Haus Fugger sein[48]. Die Gemeinnützigkeit wird so zum Kristallisationspunkt der Familienehre der Fugger. Im abschließenden Segenswunsch der Vorrede formuliert der *Fundator* diese Orientierung denn auch als Erwartung an die Zukunft: *Der Allmechtig ewig Got, wölle durch sein gnad vnd guete, des gantz fuggerisch Geschlecht, auf das es menigclich, zu gutem gedienen, Jetzund vnd Jn kunfftig zeit, vor allem vbel gnedigclich behueten vnnd bewaren. Amen.*[49]

Dementsprechend werden auch die einzelnen Vorfahren als mildtätige, redliche, anspruchslose Männer charakterisiert, *[…] gegen den guten milt vnd freuntlich, aber den Jhenigen, so die billichkait gehasset vnd hochmut gegen Jm geubet, seer herdt vnd streng, […]*.[50] Über Raymund Fugger heißt es: *Senft, milt vnd gabrelch, gegen menigclich, vnd Jnsonders ein Vater aller armen, ist er gewesen, Reiche vnd wol angelegte almusen, seind (gleichsam angeborn) gantz miltigclich von Jm geflossen, […]*[51]. Der Vater des *Fundators* ist also zugleich ein *Vater aller armen*. Dem Stammvater des Raymundzweigs ist die Wohltätigkeit *gleichsam angeborn*. Die Betonung der Gemeinnützigkeit überlagert sich mit einem weiteren zentralen Muster der Statuslegitimation: Es ist die erbliche Tugend der Fugger, die sich in der Person des Raymund zeigt[52].

Die Tugend der Fugger war in erster Linie die Tugend des Kaufmanns. Tugend und soziale Stellung jedoch manifestierten sich im frühneuzeitlichen Denken unmittelbar in der körperlichen Erscheinung[53]. Die Tugend als der Verwandtschaftsgruppe innewohnende Qualität fand ihren Ausdruck in der Schönheit ihrer Mitglieder. Der Körper des Kaufmanns mußte die moralische Integrität seines Handels spiegeln[54]. Die Bildnisse vermitteln so auch selbst die ›virtus‹ der Fugger. Sie zeigen durchgehend starke, gesunde, aufrechte Männer und wohlgestaltete, gebärfähige Frauen. Nicht nur Kleidung und Ausstattung, auch die Körper der Fugger sind so Teil ihres im Bild vermittelten Habitus. Die schönen Körper der Fugger spiegeln die ihnen erblich innewohnende Tugend und legitimieren so ihren gesellschaftlichen Aufstieg. So heißt es über Ulrich Fugger: *Ein schöner, starcker wolgeprufter Personierter Herr, doch nicht vberiger lenge, ist diser Vlrich fugger gewesen, ein dick toschet har, das Jm alter gantz weis worden, hat er gehabt, […].*[55] Von Jakob Fugger dem Reichen vermerkt der Entwurf, er habe *[…] sein har gewonlich mit einer guldin hauben eingebunden, das haubt frey auffrecht getragen, […].*[56] *Einer schönen langen vnd vast lustigen Person, starck von leib vnd gemuet […],*[57] also etwa: von einer sehr schönen körperlichen wie charakterlichen Erscheinung war Raymund Fugger, der Vater des Hans Jakob, der Mann, dem dem Ehrenbuch zufolge auch die Wohltätigkeit gleichsam angeboren war.

Unterschlagen werden im Fuggerschen Ehrenbuch hingegen all jene Aspekte der Geschichte des Hauses, die dem sorgfältig stilisierten Bild von Tugend und Gemeinnützigkeit widersprechen konnten: Schon die für den Aufstieg zur Weltfirma mit ursächliche heimliche Einlage des Brixener Bischofs Melchior von Meckau 1496 und der existenzbedrohliche Streit um dessen Erbe 1509 werden nicht erwähnt[58]. Ebenso nicht thematisiert werden das umstrittene Engagement der Fugger in Rom, die enge geschäftliche wie politische Verzahnung mit der Kurie und die maßgebliche Rolle der Fugger in den Konflikten der Reformation und beginnenden Konfessionalisierung. Erwähnung findet die römische Kirche nur dort, wo es für die ständische Position der Fugger von Bedeutung ist: Dort nämlich, wo jüngere Söhne durch die Übernahme kirchlicher Pfründen den Aufstieg ihrer Familie hätten fördern können, wie Markus Fugger, Sohn des älteren Jakob, der sich vergeblich um eine Pfründe im Augs-

---

[47] Entwurf, fol. 28r. Der Nachlaß Jägers, StaatsA Augsburg Reichsstadt Augsburg, Literalien (MüB), Nr. 105, fol. 324–326, enthält einen Bericht über die Friedensverhandlungen; vgl. außerdem MEYER (Hg.), Chronik der Fugger, S. 60 f.

[48] Die kaiserfeindliche Diktion wie der panegyrische Ton legen zunächst die Vermutung nahe, es handele sich hier um eine Äußerung nicht mehr des *Fundators* als fiktiven Erzähler-Ichs, sondern des Verfassers Clemens Jäger. Die von der Hand Hans Jakob Fuggers (D) an dieser Passage angebrachten Korrekturen lassen jedoch keinen Zweifel, daß sie zumindest grundsätzlich seinen Vorstellungen entsprach.

[49] Endfassung, fol. 5v.

[50] Entwurf, fol. 14r: Jakob Fugger d. Ä.; vgl. ebenda, fol. 17r, über Georg Fugger: Zu der Angabe: *vnd seer gaistlich im gebet* vermerkt Hans Jakob Fugger: *Nota das soll dem vlrich hiruor steendt attribuiret sein* (Ulrich Fugger, ebenda, fol. 15r). Die charakterisierenden Zeilen sind demnach durchaus als individuelle Personenbeschreibungen, nicht etwa nur als topisch zu verstehen.

[51] Entwurf, fol. 27r; vgl. beinahe textgleich MEYER (Hg.), Chronik der Fugger, S. 31.

[52] Zwei Bildnismedaillen von Friedrich Hagenauer (1527) und Matthes Gebel (1530) zeigen auf der Rückseite Raymund Fugger als Personifikation der *LIBERALITAS*, stehend auf einem Geldsack, dem Münzen entströmen, mit einer Kanne und einer gefüllten Schale in den Händen, von Vögeln um-

flogen; vgl. Kaiser Karl V. (1500–1558). Macht und Ohnmacht Europas, Katalog Bonn, Bonn-Wien 2000, Nr. 185, S. 217 f.

[53] GRIECO, Körper, S. 73.

[54] GROEBNER, Die Kleider des Körpers, S. 351–353.

[55] Entwurf, fol. 15r.

[56] Entwurf, fol. 19v.

[57] Entwurf, fol. 28r.

[58] Vgl. nur PÖLNITZ, Die Fugger, S. 80–82, 102–104.

burger Domstift bemühte, oder sein gleichnamiger Neffe, Sohn des Georg, der als Propst von St. Peter in Augsburg und päpstlicher Scriptor und Protonotar starb[59]. In der Zeit des Schmalkaldischen Krieges, des Exils der Fugger außerhalb ihrer Heimatstadt, waren jene Konflikte prägend für das Bild der Fugger in der Öffentlichkeit. Im Ehrenbuch jedoch hätten sie gestört: Im Umgang mit den zum Teil reformatorisch gesinnten Standesgenossen, erst recht jedoch in der politischen Stellung Hans Jakob Fuggers in Augsburg und schließlich in dem Bemühen der Fugger um ein Bild von der ihnen wesenseigenen Gemeinnützigkeit waren diese kirchlichen Angelegenheiten Stolpersteine.

Auch die Debatte um den Zins und das Zinsverbot findet keine Erwähnung. Wie in die Diskussion um die Monopolgesetzgebung griff Jakob Fugger der Reiche auch in diese Debatte direkt ein, indem er gelehrte Parteigänger förderte, in diesem Fall den Theologen Johannes Eck[60]. Aus der Darstellung des Fuggerischen Handels im Ehrenbuch wird das ethisch sensible Kreditgeschäft jedoch weitgehend ausgeblendet. Jakob Fugger der Reiche verlegt die Aktivitäten der Firma zwar *in merere vnd gewinlichere handlungen*. Es handelt sich hierbei auch ausdrücklich um *wechsel vnd Bergwerck*. Die Kreditvergabe an Kaiser, Könige und Fürsten jedoch ist nur eine *zu hohen Eern vnd nutz raichende merckliche hilff vnnd furstreckung*[61]. Allein die Fugger vom Reh geben dem Ehrenbuch zufolge Kredite *auf Jnteresse*, also gegen Zins[62]. Diese Praxis wird zwar keineswegs ausdrücklich negativ beurteilt. Jede weiterreichende Thematisierung des Problems hätte jedoch Angriffsflächen geboten und so das Bild von der angeborenen Gemeinnützigkeit der Fugger gefährdet.

4.1.4 Tugend und gottgefälliges Leben

Oligarchische Eliten in den Städten des 15. und 16. Jahrhunderts legitimierten ihre politische wie gesellschaftliche Stellung durch den Hinweis auf ihre überlegene Handlungskompetenz und ihre besondere Tugendhaftigkeit. Familienbücher als Medien der Statuslegitimation greifen daher oft auf die Tugend als Argumentationsmuster zurück[63]. So entwickelt Hieronymus Koeler in Nürnberg in seinem von 1537 bis 1560 geführten Familienbuch eine ganz präzise Vorstellung über die Wechselwirkung von familiengeschichtlicher Erinnerung, Tugend und gesellschaftlichem Status: *Ferner, dieweilen man die alten erbarn geschlecht vor augen erhebt, handhabt und in ehren erhalten hat, kompt daher, do Gott der herr spricht (Exod. 20): Ich bin der herr dein Gott, der uber die, so mich hassen, die sünde der vetter heimsucht an den kindern bis ins dritte und virde gelid, aber denen, so mich lieben und meine gepotte halten, thue ich woll in taussendt gelid. In dissen worten wir genügsam zu versten haben den willen und wolgefallen Gottes, in zechen gebotten uns fürgepildet und geschriben, nemlich, das die frumen und gehorsamen haben den segen, das sy lang in guter ruche leben und irer kinds kinder sechen, wie gesagt, im dritten und virden gelid, wie man dan auch erferet, das so feine alte geschlecht sind [...]*.[64] Gottgefälliges Verhalten bewirkt weltlichen Segen. Das Wissen um die Vergangenheit der Vorfahren ist Vorbild für die Nachkommen. So erneuert sich das Geschlecht in der Tugend seiner Mitglieder. In späteren Vorarbeiten zu einer Vorrede für ein geplantes Wappenbuch verschiebt Hieronymus Koeler die Gewichte. Nun ist es die Sorge um das Seelenheil, die das gottgefällige Leben ausmacht: *Hiemit ermane und bit ich meine nachkomende kindlein und leibserben meines stamen und namens der Cöler, sy wollen unsern Herrgott vor augen haben, den vorchten, [...] und hüeten sich vor leichtfertigen bösen leuten, haben acht auf gute geschlecht, erbarkeit und tugend, bitten Gott, heyraten auch darnach, so wirt inen Gott der herr, unser heyland, gnedigklichen, wie auch mir, und etwan merers oder höhers aus allen widerwertigkeiten leibs und der seelen heraus helfen und sy entlich wol erhalten.*[65]

Zentraler Ausdruck eines gottesfürchtigen Lebens, das zur Erlösung führt, ist für Koeler der Umgang mit ehrbaren Geschlechtern. Die Tugend ist nicht etwa eine ethische Kategorie, sondern eine gesellschaftliche Qualität, die den Familien der Oligarchie per se innewohnt. Teilhabe an der durch ihre Ehrbarkeit konstituierten Oligarchie ist unmittelbar tugendhaft und gottgefällig. Sakrale Memoria, Wissen um die Vergangenheit und gesellschaftliche Statuslegitimität stehen so in einer Wechselwirkung im Begriff der Tugend.

Hieronymus Koeler erwähnt sichtlich stolz, daß er mit Philipp Melanchthon verschwägert ist[66]. Er zitiert Predigten Melanchthons und Luthers, die er in Wittenberg gehört hatte[67]. War seine Konzeption von Erinnerung, Tugend und Status also spezifisch reformatorisch? Es ist ein rein innerweltlicher Zusammenhang, den er darstellt: Die Erinnerung an die Tugend der Vorfahren bestimmt das Verhalten der Gegenwärtigen und damit ihren Status und den der Zukünftigen.

---

[59] Endfassung, fol. 19r, 37r; vgl. Kap. 4.3.3.
[60] Vgl. nur PÖLNITZ, Die Fugger, S. 113–115.
[61] Entwurf, fol. 19r.
[62] Endfassung, fol. 171r; vgl. Kap. 4.4.2.
[63] Vgl. z.B. Eugen HILLENBRAND, Die Chronik der Konstanzer Patrizierfamilie Schulthaiss, in: Kaspar ELM/Eberhard GÖNNER/Eugen HILLENBRAND u.a. (Hg.), Landesgeschichte und Stadtgeschichte, Festschrift für Otto Herding, Stuttgart 1977, S. 341–360, hier S. 352–354.

[64] AMBURGER, Koeler, S. 206.
[65] AMBURGER, Koeler, S. 256 f.: *Volgt was zu einer vorred in einem wappenbuch dienstlich sey [...]*.
[66] AMBURGER, Koeler, S. 175.
[67] AMBURGER, Koeler, S. 220 f.

Gott greift hier nur *gnedigklichen* ein, nicht etwa für gute Werke belohnend.

Koeler bezieht sich in seiner Argumentation auf Exodus 20, 5f., die Strafandrohung Gottes zum ersten Gebot. Auch das Ehrenbuch der altgläubigen Fugger zitiert diese Perikope im Anschluß an das Widmungsgebet zu Beginn: *EXOD[VS] XX. CAP[ITVLO] / Vnd thu gnad an vil Tausenten die mich liebhabenn, vnd meine Gebot haltenn.*[68] Es beruft sich so ebenfalls auf die Gnade Gottes und das gottgefällige Leben der Fugger als Ursachen ihres Aufstiegs. Den *Fundator* läßt das vorhergehende Gebet sagen: […] *Der du mich sambt meinem gantzen Geschlecht on allenn verdienst, aus lautern gnaden vnd guete, Inn deinen Väterlichen schutz vnd schirm, genomen, vnd durch etlich hundert Jar, Jn reichem Eerlichem wesen hergebracht, vnnd erhalten hast, […] Vnd letstlich vnser Haubt aus dem Staub erhebt, vnd andere Völcker Zuregiern, beruffen hast.*[69] Gottes grundlose Gnade wird so zur Basis der Fuggerschen Erfolgsgeschichte[70]. Clemens Jäger und Hans Jakob Fugger, dessen konfessionelle Indifferenz schon unter Zeitgenossen Gesprächsstoff bot, wählten hier aus dem argumentativen Fundus Jägers Formulierungen, die der altgläubigen Orientierung des Hauses Fugger widersprachen. Der von der Werkfrömmigkeit geprägten Legitimationsstrategie eines Jakob Fugger, wie sie im Bau der Fuggerei Stein geworden war, gaben sie eine zeitgemäße Wendung und machten sie so auch für Protestanten nachvollziehbar. Wollte er in der zerrissenen Stadt Augsburg seinen Status verteidigen, mußte Hans Jakob Fugger es offenbar allen recht machen. Die aufbrechenden theologischen Gegensätze waren den Zeitgenossen wohl durchaus bewußt. Wo es um die Reproduktion gesellschaftlicher Legitimität ging, um das historisch fundierte Selbstverständnis, durften sie jedoch keine Rolle spielen, mußte man sie durch Formelkompromisse überbrücken[71].

Die letzten Zeilen des Gebets beziehen sich auf biblische Formulierungen, ohne daß sie sicher auf eine bestimmte zurückzuführen wären[72]. Das Ehrenbuch strebt so nach einer religiösen Legitimation für den sozialen Aufstieg der Fugger. Es sucht dabei die Assoziation mit biblischen Formulierungen, welche in der Ständelehre des späten Mittelalters und der frühen Neuzeit zur Legitimation sozialen Wandels herangezogen wurden: Gottes Wille war es, der den Niedrigen zur Herrschaft führte[73]. Diesem Herrscherwillen Gottes ordneten sich auch die Fugger fromm unter: *Auf das wir Inn allen Eern dir O Herr, als dem waren König der eern gantz gehorsam Inn allem erfunden werden, […].*[74] So fehlt der Hinweis auf die Gnade Gottes als Grund für den Erfolg der Fugger auch nicht in der Lebensbeschreibung Jakobs des Reichen: *Als aber aus gotlichen genadenn der fuggerisch handel sich gemeret vnd Zugenomen, […].*[75] Im Heroldsbild des Wappens der Fugger von Kirchberg von Weißenhorn ergänzt Hans Jakob Fugger während der Korrekturen einen Vers aus Ovid, der ebenfalls auf den göttlichen Willen als Grundlage der sozialen Stellung der Fugger verweist: *In Speties translata nouas sic omnia / Verti Cernimus atque alias asssumere / robora gentes.*[76] Der Heroldsspruch des ersten Heroldsbildes schließlich faßt den Zusammenhang von Tugend, göttlicher Gnade und Wohltätigkeit präzise zusammen: *Durch tugent vnd durch redligkait / Vnd die milt holdseligkait / Hat Got die Lilgen hoch erhebt / Dus die Jetzund in eern lebt / Vnd andern vil guts mögen thon / Des preis Ich Got Jnn Himels Thron / Der wirt die Lilgen nicht verlon.*[77]

Und wie bei Hieronymus Koeler enthält auch das Ehrenbuch die Exempel der Vorfahren für die Gegenwärtigen und die Nachkommen: Seine Bemühungen, so der *Fundator* in der Vorrede, dienten […] *Auch allen meinen Erben vnnd Nachkomen Zu ainem Spiegel, Exempel vnnd anraitzung aller redligkait, eern vnd guten tugenden, […].*[78] Handelt es sich bei dieser Passage zunächst um eine stereotype Formulierung, wie sie in Vorreden von Familienbüchern vielfach ihren Platz hat, so erweist sich das Ehrenbuch in seinem Inhalt doch deutlich als der exemplarischen Funktion historischen Wissens verpflichtet.

Die Legitimation ihres Erfolges aus dem Willen Gottes heraus bedingte für die Fugger notwendig eine Leugnung aller eigenen gesellschaftlichen Prätentionen. Gegen den Vorwurf eigennützigen Leistungsstrebens stellte das Ehrenbuch fromme Demut und anständige Bescheidenheit: *on allenn verdienst, aus lau-*

---

[68] Endfassung, fol. 2r; vgl. ähnlich StadtA Augsburg Reichsstadt ›Schätze‹, Nr. 194b, Ehrenbuch der Herwart, S. 22; der Text entspricht der Luther-Übersetzung bis auf eine Abweichung: Statt *gnad* steht bei Luther *Barmherzigkeit*.

[69] Endfassung, fol. 2r. In Verkennung der Provenienz dieser Formulierung merkt Fürst Anselm Maria Fugger, der Käufer des Ehrenbuches, hierzu an: *Solte hierinn nicht eine art v[on] Prophezeihung liegen? oder jacob geglaubt haben wir würden ein Reich in Amerika Stiften? Da andre Völker eine fremde Nation bedeutet.* Anselm Maria Fugger bezog die *Prophezeiung* offenbar auf seinen eigenen Rang als erster regierender Fürst des Hauses Fugger; vgl. zur Person Wolfgang ZORN, Fürst Anselm Maria Fugger zu Babenhausen. 1766–1821, in: Götz Frhr. von PÖLNITZ (Hg.), Lebensbilder aus dem Bayerischen Schwaben, Bd. 2 (Veröff. der SFG 3/2) München 1953, S. 329–348.

[70] Die für die Fugger ganz unpassende Formulierung *durch etlich hundert Jar* ist noch am ehesten Rudiment der Jägerschen Textbaustein-Technik.

[71] Vgl. ROHMANN, Clemens Jäger, S. 230–238; DERS., Gab es in Hamburg ein ›Patriziat‹?, S. 152–154.

[72] Vgl. 1. Sam. 2,8; 1. Kön. 16,2; Ps. 113,7; vgl. auch im ›Magnificat‹, Lk. 1,52: *Er stürzt die Mächtigen vom Thron und erhöht die Niedrigen.*

[73] Vgl. dazu SCHREINER, Sozialer Wandel, S. 247–249.

[74] Endfassung, fol. 2r.

[75] Entwurf, fol. 19r.

[76] Entwurf, fol. 1v: Nachtrag von Hand D; Endfassung, fol. 1v; vgl. Kap. 4.4.2, Fußnote 262.

[77] Endfassung, fol. 1v.

[78] Endfassung, fol. 5r.

tern gnaden vnd guete, so der *Fundator*, sei der Werdegang seines Hauses geschehen.

Über Jakob Fugger den Reichen heißt es, er habe *menigclich Eer erboten*, d.h. er sei keineswegs überheblich gewesen, und weiter: *Ainer solchen gewonhait ist er gewesen, das er bey aller seiner grossen handlung, ein solchs gerings gemut vnd sinn gehabt, vnd mermalen selbs gesagt hat, wann er zu nachts schlaffen gang, hab er gar kain hinderung des schlafs, sonder lege mit dem hemmet alle sorg vnd anfechtung des handels von sich, [...]*.[79] Bescheidenheit und Mäßigkeit werden den Fugger von der Lilie auch in den hier und da in den Textseitenrahmungen enthaltenen Devisen zugeschrieben. So heißt es bei Jakob Fugger dem Älteren, dem Stammvater der Fugger von der Lilie in Anlehnung an das Motto Maximilians I.: *Leid Meid / Halt Masz*.[80] Bei Hans Jakob Fugger findet sich in der Bordüre der leeren Textseite der Wahlspruch: *Messig / Bstendig*.[81] Für seine Ahnenprobe wählt er das Motto: *Got gibt / Got nimbt*[82], für die seiner Frau: *Alles Gott / Ergeben*.[83]

So als gottgewollt legitimiert, kann der kaufmännische Erfolg in den biographischen Mitteilungen der Entwürfe durchaus breiteren Raum einnehmen. Schon über die nach Augsburg eingewanderten Brüder Hans und Ulrich wird ihr aus den Steuerbüchern erschließbares Vermögen vermerkt[84]. Über Jakob Fugger den Älteren heißt es: *Dartzu ist er auch ein handelszman gewesen, vnd weren wol etliche Historien, wie es Jm durch kriegsleuff in dem kaufmanshandel ergangen, Zue melden, [...]*.[85] Ebenso wird Georg Fugger, der Vater Antons und Raymunds, als *des handels geflissen* vorgestellt. Auch habe er *[...] die fuggerisch handlung vnd gueter, vast helffen meren, [...]*.[86] Ausführlicher behandelt die Lebensbeschreibung seines Bruders Ulrich den wirtschaftlichen Aufstieg der Familie, insbesondere den Eintritt des Bruders Jakob, der zunächst Stiftsherr gewesen war, in die Firma: *Vnd hat sich des fuggerisch handels dermassen angenomenn, das Jm alle fugger von der Lilien billich dancknachsagen mögen, alsdann an seinem ort daruon beschriben steet*.[87]

Tatsächlich werden bei Jakob Fugger dem Reichen ausführlich seine Pfründenresignation, seine Heirat und seine Lehrzeit in der Gesellschaft seiner Brüder beschrieben. Ebenso ausführlich wird Jakob dann als der für den geschäftlichen Erfolg der Fugger maßgebliche Mann eingeführt: *Bey disen zwaien gebrudern hat er sich des fuggerischen handels, dermassen angenomen, vnd von Jnen souil erlernet, das er nicht allain (solchen Jren angefangen handel mit Seidin, Specerey vnd wullin gewand) vermaint ferrer Zutreyben vnd heben, sonder sich nach baider brueder absterben in merere vnd gewinlichere handlungen, namlich auf wechsel vnd Bergwerck, vnderstund zubegeben, [...]. Derhalben diser Jacob fugger, der vorigen handlung mit Seiden, Specerey vnd wullin gewand, etwas vrtrutz ward, vnd die Jmmerzu gemach fallen liesz, Den Kupferkauff zu dem ersten, vnd nachmalen das gantz Bergwerck Jm newen vnd alten Sol Jn Hungaren, auch die Königclich handlung Jm Tyrolischen Bergwerck, hat der gantz fuggerisch nam durch seine anschläg vnd ratsamen besinligkait vberkomen*.[88]

Der Neffe Anton, der ›Regierer‹ der Firma zur Zeit des Ehrenbuches, führt das Werk Jakobs des Reichen weiter. Ihm wird freilich eine geringere Bedeutung für die Erfolgsgeschichte des Hauses zugemessen. Da heißt es zunächst: *Diser Herr Anthoni Jst als der eltest Fugger, des Fuggerischen handls zufieren, gantz embsig vnd geflissen, gantz senfter red, gros in ratschlegen, vnd treffenlicher besinlichkait, Die Jntrat Jn Hispania, hat er vonn Kay[serlicher] m[ajeste]t erlangt, [...]*.[89] Als einzige geschäftliche Maßnahme Anton Fuggers – außer der Einrichtung des Weißenhorner Barchenthandels – wird die Expansion der Fugger nach Spanien erwähnt. Hans Jakob Fugger, der 1550 den spanischen Handel in Eigenregie übernehmen sollte, vermerkte jedoch auch diesbezüglich eine (zum Teil nicht mehr lesbare) Korrektur: *Nota diss hat herr Jacob erstlich erl... [...]*.

Das kaufmännische Handeln als materielle Basis des Erfolgs ist so im Ehrenbuch durchaus thematisierbar. Der gottgewollte und tugendhafte Aufstieg manifestiert sich gerade in ihrem geschäftlichen Erfolg. Individuell bestimmt der wirtschaftliche Erfolg den Status eines Mannes innerhalb der Familiengeschichte. Als Gründergestalt wird Jakob Fugger der Reiche herausgestellt, dessen kaufmännischer Erfolg als Basis des Aufstiegs seiner Neffen in den Adel dargestellt wird. Kaufmannschaft wird zur legitimen Basis von Adel. Freilich wird der kaufmännische Erfolg der Fugger keineswegs in seinen singulären Dimensionen dokumentiert. Das Ehrenbuch erzählt die normale Erfolgsgeschichte einer oberdeutschen Familie, nicht den einzigartigen Aufstieg zu sagenhaftem Reichtum. Das Ehrenbuch rekonstruiert die Aufstiegsgeschichte der Fugger als Normalfall.

---

[79] Entwurf, fol. 19v. Das Motto der Buddenbrooks bei Thomas Mann lautet: [...] *sey mit Lust bey den Geschäften am Tage, aber mache nur solche, daß wir bey Nacht ruhig schlafen können!* Vgl. Thomas MANN, Die Buddenbrooks. Verfall einer Familie (Gesammelte Werke 1), Frankfurt am Main 1990, Bd. 1, S. 175.
[80] Endfassung, fol. 15v; *Halt Maß* ist als Devise Maximilians I. auf der sogenannten Ehrenpforte nachweisbar.
[81] Endfassung, fol. 48r.
[82] Entwurf und Endfassung, fol. 7r; vgl. Endfassung, fol. 169r.
[83] Entwurf und Endfassung, fol. 7v.
[84] Entwurf, fol. 10r, 11r.
[85] Entwurf, fol. 14r.
[86] Entwurf, fol. 17r.
[87] Entwurf, fol. 15r.
[88] Entwurf, fol. 19r.
[89] Entwurf, fol. 28r.

4.2 Paradoxe Legitimationsstrategien

4.2.1 Herrscherdienst und adelige Legitimität

Schon für die ersten Erwerbungen adeliger Herrschaften – die Pfandgüter Kirchberg, Weißenhorn, Marstetten, Schmiechen und Biberbach – durch Ulrich, Georg und Jakob Fugger wird als Ursache angegeben: *Dann diser Zeit ist der fuggerisch Nam mit anfang der reichtumb, nicht allain bey den fursten, Sonder auch an den kaiserlichen Hofen, treffenlichen seer berueft gewesen.*[90]

Die biographische Erläuterung zu Jakob Fugger dem Reichen präzisiert das Verhältnis: *Der Römisch König vnnd theur Held Maximilianus hochloblicher gedechtnus, sambt andern fuersten vnd hohen Potentaten, Haben Jn vmb seiner freuntlichen hilff vnd holdselig erbieten, treffenlich seer geliebet, Dardurch nicht allain Er, Sonder der gantz fuggerisch nam vnd handel in ein hohe Reputation vnd Reichtumb geraten, Also das Sie hernacher vilen Königen, fuersten vnd Herren Jnen zu hohen Eern vnd nutz raichende merckliche hilff vnnd furstreckung bewisen haben.*[91]

Die persönliche Nobilitierung und Erhebung in den Reichsgrafenstand für Jakob Fugger wird nicht erwähnt. Dieser Schritt in der gesellschaftlichen Hierarchie wird vielmehr erst bei den Neffen erwähnt – mit denen er erblich wurde –, um so dem sprunghaften Aufstieg Jakobs seine Einzigartigkeit zu nehmen. Über diese Nobilitierung und die Erhebung in den Grafenstand schließlich heißt es bei Raymund Fugger: *Vnd nachdem er, als ein Kaiserlicher vnd Königclicher Rat, zu offtermalen von vilen hohen Potentaten, das er sich sambt dem fuggerischen Geschlecht von der Lilien, adlen lassen solt, bitlich angesucht worden, Hat er doch zuletst bewilligt, Darauf Jn dann die Kay[serliche] m[ajeste]t Carolus V. nachdem Er, sein bruder anthon vnd Vetter Jheronimus mit Graffschafften sambt andern Herrschafften reichlich versehen gewesen, Jn ansehung seines redlichen vnnd freuntlichen gemuets vnd tugend, sambt allen herren fuggern der Zeit in leben, auch Jre Erben vnd Erbens Erben, in ewig Zeit, herliehen mit allen Gräflichen vnd Adels Titulen, Eern vnd wirden, datzu mit ainem quatierten Schilt vnd Wappen, als es die Herren Fugger der Zeit noch fieren, gantz gnedig vnd miltigclichen gezieret, begabet vnd versehen hat.*[92]

Der Adel der Fugger ist so begründet aus der Kompetenz des Kaisers. Es ist der Herrscherdienst der Fugger, der ihren Adel ausmacht. Dieser Herrscherdienst freilich ist nicht ein militärischer oder höfisch-administrativer, sondern ausdrücklich ein finanzieller. Dieser spezifische Herrscherdienst der Fugger und ihr Reichtum bedingen sich wechselseitig und legitimieren so die materielle und herrschaftsrechtliche Macht, mit der die ständische Position in Entsprechung gebracht werden muß. Es ist der Dienst des Bankiers, der den Adel der Fugger legitimiert. Dieser Adel schließlich entspringt nicht dem Willen der Fugger. Er wird vom Herrscher und dem alten Adel an sie herangetragen. Raymund, Anton und Hieronymus willigen lediglich in die Bitten des Hofes ein. Der Adel der Fugger wird so durch den Hinweis auf die Initiative der neuen Standesgenossen gegen Kritik an der Nobilitierung einer neureichen Kaufleutefamilie stabilisiert, eine Argumentation, wie sie noch Sigmund von Birken in seinem ›Österreichischen Ehrenspiegel‹ von 1668 ganz ähnlich führen sollte[93].

Hans Jakob Fugger war sich der Ausnahmestellung seiner Familie indessen durchaus bewußt. Bei der Korrektur ergänzte er die Ausführungen über seinen Vater noch eigenhändig: *Inen auch ain privilegium gegeben des geleichen K[öni]gl[iche] m[ajeste]t selbst bekhant nie keins zuuor bewilligt hab noch zu willigen gedachte.*[94] Die Betonung der Normalität des Fuggerschen Aufstiegs wird an dieser Stelle konterkariert durch eine konkurrierende Defensivargumentation, durch den Hinweis gerade auf die Einzigartigkeit der Situation. Aus dem Normalfall wird die Ausnahme. Doch beide bestätigen die Regel. Zentral nämlich ist auch hier die Demut der Fugger, die Ausblendung jedes eigenen Aufstiegswillens.

Wenige Jahre nach Beendigung der Arbeiten am Fuggerschen Ehrenbuch beauftragte Hans Jakob Fugger Clemens Jäger mit einer zweibändigen Geschichte des Habsburgerhauses. Dieses ›Habsburgische Ehrenwerk‹ sollte den Nachkommen des Hauses Fugger die Geschichte des Kaiserhauses vor Augen führen, vor allem jedoch die Geschichte der Verbundenheit ihrer Familie mit den Habsburgern[95]. Die Fugger knüpften damit an Vorstellungen an, wie sie am Habsburgerhof offenbar gängig waren: Auch in den Autobiographien Sigmund von Herbersteins und Joseph von Lambergs und im Familienbuch der Beck von Leopoldsdorff ist die Legitimität des Adels vermittelt durch die Loyalität zum Herrscherhaus[96]. Während andere Augsburger Familien ihre historische Traditionsbildung an die Geschichte ihrer Stadt banden wie die Herwart oder an antike Anknüpfungspunkte wie die Langenmantel[97], war für Hans Jakob Fugger die traditionale Legitimation vermittelt durch das Herrscherhaus. Das historische Selbstverständnis der Fugger war abgeleitet aus der Geschichte der Habsburger.

---

[90] Entwurf, fol. 15r.
[91] Entwurf, fol. 19r.
[92] Entwurf, fol. 27r.
[93] Vgl. Kap. 1.4.
[94] Entwurf, fol. 27r.
[95] ROHMANN, Clemens Jäger, S. 274–288.
[96] TERSCH, Österreichische Selbstzeugnisse, S. 204–206, 218–220, 231–233.
[97] Vgl. ROHMANN, Clemens Jäger, S. 239–241, 297–299.

4.2.2 Das ›Herkommen‹ der Aufsteiger

Die den Fugger von der Lilie innewohnende Tugend als Ausdruck der ihnen zuteil gewordenen göttlichen Gnade und als Voraussetzung ihres Dienstes für das Herrscherhaus bedingte so ihren gesellschaftlichen Aufstieg. Die Erhebung Raymund Fuggers, seines Bruders Anton und seines Vetters Hieronymus in den Reichsgrafenstand erfolgte laut seiner Kurzbiographie [...] *Jn ansehung seines redlichen vnnd freuntlichen gemuets vnnd tugend, [...]*.[98]

Der Aufstieg der Fugger nun wird im Ehrenbuch als ein sukzessiver, kontinuierlicher Prozeß stilisiert: Sowohl in den Wappen- und Heroldsbildern der einleitenden Passagen[99] als auch in der heraldischen Gestaltung der Wappen im ganzen Durchgang des Ehrenbuches[100] und in der Kostümierung und Ausstattung der Porträts[101] wird der Werdegang der Fugger nachvollzogen als ein Hinaufsteigen auf der Leiter der ›gradus nobilitatis‹. Freilich wäre die konsequente historische Rekonstruktion eines schrittweise erfolgten Aufstiegs schwerlich mit dem in Einklang zu bringen gewesen, was man über die Geschichte der Fugger wußte. Das Ehrenbuch lebt so auch eher von der Überblendung verschiedener textlicher und bildlicher Stränge, die je für sich in unterschiedlicher Weise den Werdegang des Hauses abbilden und gemeinsam ein nicht kohärent geschlossenes, jedoch im Wahrnehmungshorizont der Zeit vermittelbares Bild ergeben. Die historische Selbstwahrnehmung der Fugger mußte widersprüchlich bleiben, um allen möglichen Angriffen standhalten zu können.

Gegen die Kritik am kaufmännischen Eigennutz und an der angemaßten Macht der Aufsteiger rekurrierte ihre Legitimationsstrategie auf die zeitgenössischen Konzepte von Tugend, Adel und Geblüt[102]. Der Aufstieg selbst legitimierte sein Ergebnis, da er nur der gottgewollte Eintritt in einen in der Familie erblich angelegten Status war. Nicht etwa »modernes« Leistungsdenken prägte das Selbstverständnis der Fugger[103], sondern religiös fundierte zeitgenössische Adelstheorie.

Das Ehrenbuch bietet folgerichtig nicht etwa eine genealogische Rückführung auf einen möglichst prestigeträchtigen, möglichst alten Urahnen, wie es im zeitgenössischen Adel üblich war. Vielmehr ist gerade die niedere Herkunft der Dreh- und Angelpunkt der Selbstwahrnehmung der Fugger: *Es hat aus alten der Stat Augspurg Steur vnnd Burger Buecher, nicht clarer bericht, woher der erst fugger Hans genant, burtig gewesen sey, vernomen werden mögen, dann Er das Burgerrecht nicht erkauft, Sonder Eelichenn erheurat hat; Aber laut brieflicher vrkund wirt souil verstanden, das Er zu Graben aim Dorf an der Obern strass etliche Gueter vnd AchtvndZwaintzig Tagwerck Wismads gehabt, [...] Derhalben warhafftig Zuerachten, das er daselbsther burtig mus gewesen sein, dann souil von alten leuten erkundiget hat mögen werden, Haben sie antzaigt, das Sie alltzeit ghört, das die fugger von Graben komen vnd daher burtig seien.*[104]

Dieser Webermeister aus Graben freilich taugt durchaus zum Stammvater eines Adelshauses. Seine Person muß denn auch besonders authentisch geschildert sein: Nur bei seinem Porträt bemerkt das Ehrenbuch, daß es auf alte Vorlagen zurückgeht[105].

Hans Jakob Fugger kokettierte freilich nicht mit seiner ländlichen Herkunft, um den Glanz des erreichten Adels um so heller erstrahlen zu lassen, wie sein Zeitgenosse Sigmund von Herberstein, der sich einen Bauern als angeblichen Vorfahren ausdachte[106]. Die Fugger hatten keinen Spielraum für Stilisierungen: Jedermann wußte, daß sie Weber aus Graben waren. Als der schon in der zeitgenössischen Wahrnehmung exemplarischen Aufsteigerfamilie stand ihnen der übliche Weg der historischen Statuslegitimation schlechterdings nicht offen. Der Status, welchen sie zu legitimieren hatten, war gerade konstituiert durch den überstürzten sozialen Aufstieg. Die geschichtliche Wahrheit der Fugger mußte immer die des neuen Adels sein[107]. Es war nicht der angebliche kaufmännische Realismus[108] oder gar ein erkenntnistheoretischer Modernitätsvorsprung der Geschichtswahrnehmung der Fugger oder ihres Geschichtsschreibers Clemens Jäger, der ihre Selbstwahrnehmung prägte. Es waren schlicht die spezifischen Rahmenbedingungen der historischen Traditionsbildung einer Familie, die für die Zeitgenossen gerade wegen ihres rasanten Aufstiegs bemerkenswert war. So handelt es sich bei dem ›Herkommen‹ der Fugger nicht etwa um eine im Sinne von Faktizität authentische Geschichte. Auch das Ehrenbuch der Fugger rekonstruiert die Geschichte dem gesellschaftlichen Status der Familie entsprechend. Auch Clemens Jäger formulierte eine Ursprungserzählung. Doch ist es die einer Aufsteigerfamilie.

Nach Claude Lévi-Strauss lassen sich Formen kollektiver Erinnerung grundsätzlich unterscheiden zwischen »kalten« und »heißen«, also zwischen solchen, die sich auf einen zeitlosen Ursprung zurückführen und die Geschichte als veränderungslose Kontinuität sehen, und solchen, die gerade aus dem Wandel ihren Sinn beziehen und daher die Geschichte als etwas

---

[98] Entwurf, fol. 27r.
[99] Vgl. Kap. 3.1.1.
[100] Vgl. Kap. 7.3.1.
[101] Vgl. Kap. 3.5.
[102] Vgl. Kap. 1.2 und 1.4.
[103] So noch MÖRKE, Die Fugger, S. 159 f.
[104] Endfassung, fol. 10r.
[105] Endfassung, fol. 9v.
[106] TERSCH, Österreichische Selbstzeugnisse, S. 203–205; vgl. für Italien PETERSOHN, Vita des Aufsteigers.
[107] Vgl. die Andeutungen bei KOUTNÁ-KARG, Ehre der Fugger, S. 97.
[108] So z.B. LILL (Hg.), Fuggerorum Imagines, S. III.

Dynamisches konstruieren, zwischen Formen der Erinnerung also, die die Geschichte »einfrieren«, und solchen, die sie »erhitzen«. Innerhalb einer Gesellschaft stehen freilich »heiße« und »kalte« Erinnerungen immer nebeneinander. Beide Formen sind bestimmt durch gesellschaftliche Interessen und somit nicht die eine oder andere an sich »moderner«, »authentischer« oder gar »freier«[109]. Das bipolare Modell von Statik und Dynamik erweist sich in der Praxis der Erinnerung also eher als ein Kontinuum: Die Fugger suchen ihren Ursprung, dies jedoch in der Bewegung. Und auch diese Erinnerung ist eine zielgerichtete Konstruktion. Wenn die im frühneuzeitlichen Adel übliche Form der historischen Legitimation aus einem möglichst weit zurückreichenden Ursprung in diesem Sinne als »kalt« zu fassen ist, so konzipiert Clemens Jäger für die Fugger eine »warme« Erinnerung.

4.2.3 Adel und adelige Repräsentation

Die Geschichtswahrnehmung des Ehrenbuches ist einerseits bezogen auf das Kaiserhaus, andererseits jedoch gebunden an den Horizont der Reichsstadt Augsburg. Die Familiengeschichte beginnt erst mit dem Eintritt des Hans Fugger (und seines Bruders Ulrich) in die Stadt[110]. Der Aufstieg der Nachkommen ist jedoch schon in der Person des Stammvaters angelegt: *Vnd wirt in alten Steurbuechern warhafft zu vilmalen befundenn, das er vber .3000. guldin, welchs dann derselben zeit, für ein gar grosse Reichtumb geschetzt worden, reich gewesen ist.*[111]

Bescheidenheit und gottgefällige Demut hinderten denn auch keineswegs daran, prestigeträchtige Informationen und Wendemarken der Familiengeschichte im Ehrenbuch gebührend herauszustellen. So wird in den Kurzbiographien die gesellschaftliche, politische und geschäftliche Position der Vorfahren präzise umrissen: *Diser Hans Fugger Jst auch lange Zeit ein Zwelffer vnd des grossen Rats gewesen, [...].*[112] Ähnliches erscheint gelegentlich in den Textlegenden der Schriftbänder: *Herr Hector Muelich, des Rats zu Augspurg [...].*[113]

Gesellschaftliche Kontakte der Vorfahren werden erwähnt, so schon für Ulrich Fugger den Älteren: *Wolf Pfister vnd Jörg Muelich haben die Praut zu Kirchen gefieret.*[114] Vereinzelt gilt dies ebenso für die Texteinträge in den Schriftbändern, und um so mehr, wenn es sich um Kontakte zu ständisch überlegenen Kreisen handelt: *Graf Haug von Montfort, vnd Graf Carl von Zollern haben die praut gefuert, vnd haben die fursten vnd hohen Potentaten grosse freud gehabt.*[115]

Wo es dem ›Herkommen‹ der Fugger zuträglich ist, werden Heiratspartner auch in den Textlegenden ausführlicher ständisch eingeordnet: *Der Edel vnd Vest Herr Georg Turtzo von Betlahemsdorf, königclicher wirdin zu Hungern Camergraf auf der Cremnitz, in dem Konigreich Hungern, [...].*[116] Oder auch: *Der Wolgeboren herr Daniel felix freiherr zu Spaur vnd Erbschenck Jnn der Grafschaft Tirol, [...].*[117]

Vereinzelt werden Angaben über repräsentatives Zeremoniell eingestreut: *Der Edel vnd Vest Herr Hans Marx von Bubenhofen, welcher Herren Vlrichen Fuggers eeliche Tochter zu der Ee gehabt, Vnd als sein Vest das beischlaffen vnd hochzeit mit benanter fuggerin Anno .1512. zu Augspurg gehalten hat, seind Jm die von Augspurg mit zwaien der Stat fendlein in seinem einreiten fur die Stat zu eeren entgegen zogen, [...].*[118]

Die Kurzbiographie Anton Fuggers im Entwurf vermerkt über seine Hochzeit mit Anna Rehlinger: *[...] vil were von der reichen erlichen miltigkait seines heirats vnd hochzeit zuschreiben, kain man in Augspurg, hat kainer solchen kostlichen erlichen hochzeit in allen thon, zuuor gedacht oder gesehen.*[119]

Niederlagen in der gesellschaftlichen Ehrkonkurrenz hingegen werden als Fehlverhalten der Gegner hingestellt: *Vnd wo Jm [Jakob Fugger] die gantz geselschaft der Herren Stuben geuolgt hette, So hatt er das haus auf dem Berlach, darinnen sie der Zeit Jr Trinckstuben noch halten, vnd zwey tail daran schuldig gewesen sein, nicht allain bezalen, sonder von grund wider auferpawen wöllen, allain das sie jme der herren fugger Wappen von der Lilien, zu ainer danckbarkait vnd Eer dem fuggerischen Namen darein zumachen vergonnen wöllen, welchs Jme von Jnen abgeschlagen, Aber sie hernach zu mermalen seer gerewet hat.*[120] Denn eingeleitet wird die Episode durch eine Aufzählung der Verdienste Jakob Fuggers um die Herrentrinkstube: *Wirt Jnn der burgerlichen Gesellschafft der herren Trinckstuben, seer lieb gehalten, Hat vil schöne Mumereyen vnd gewonlichem Schlitenfaren, tantzen vnd sonst vil eerlicher freude gemachet, [...].*

Indessen werden derartige Angaben über prestigerelevante Ereignisse nur unsystematisch, von Fall zu

---

[109] Vgl. dazu Jan ASSMANN, Das kulturelle Gedächtnis. Schrift, Erinnerung und politische Identität in frühen Hochkulturen, München 1992, S. 66–78; ROHMANN, Clemens Jäger, S. 75 f., Anm. 203.
[110] Vgl. Kap. 4.4.1.
[111] Endfassung, fol. 9v. Laut PÖLNITZ, Jakob Fugger 1, S. 8, betrug das Erbe des Hans Fugger 1200 fl., womit er bei seinem Tod schon an 41. Stelle einer aus den Steuerbüchern rekonstruierbaren Augsburger Vermögensstatistik gelegen hätte; JANSEN, Anfänge, S. 20, errechnet für das Lebensende Hans Fuggers eine Vermögen von ca. 2000 fl.
[112] Entwurf, fol. 10v.
[113] Endfassung, fol. 19v.
[114] Entwurf, fol. 15r.
[115] Endfassung, fol. 57r; vgl. für weitere Beispiele Kap. 3.7.1.
[116] Endfassung, fol. 29r.
[117] Endfassung, fol. 54v.
[118] Endfassung, fol. 30v.
[119] Entwurf, fol. 28r.
[120] Entwurf, fol. 19v.

Fall gemacht. Vergleichsweise akribisch vermerkt wird hingegen die Bautätigkeit der Männer der Familie in der Stadt wie auf dem ländlichen Besitz. Durch repräsentative Bauten konnten gesellschaftliche Aufsteiger unmittelbar symbolisches Kapital gewinnen[121]. Die Kurzbiographien des Ehrenbuchs berichten daher ausführlich über die Bauvorhaben der Vorfahren. So heißt es über Jakob Fugger den Reichen: *Ein seer grossen lust zu dem gepew hat diser Jacob fugger gehabt, […].*[122] Raymund Fugger baut *aus vrsachen der pawenslust* das Schloß Mickhausen aus. *Desgleichen hat er auch die alten fuggerische heuser vnd gueter, in clebsatler gassen gelegen, zusamen geprochen, vnd dieselben zu guter gedechtnus des fuggerischen Namens, mit erbawung ainer gar lustigen vnnd kostlichen behausung auff sein aigen kosten gezieret vnd ersetzt.*[123] Wirksam ist hier auch ein auffälliges Interesse an der topographischen Verortung der Vorfahren, die vielfach anhand von Angaben in den städtischen Archivalien belegt wird[124].

Konkrete Angaben zur gesellschaftlichen Stellung, zum repräsentativen Konsum und zum zeremoniellen und rituellen Gepränge spielen in den Textentwürfen also nicht die zentrale Rolle. Die Dokumentation von Formen der symbolischen Statusrepräsentation bleibt im Ganzen subsidiär.

Eine gewisse Sorgfalt hingegen verwendet Hans Jakob Fugger auf eine einheitliche Fassung der ständischen Titulaturen und schichtenspezifisch konnotierter Termini. So wird in den frühen Generationen in den Textlegenden der Verwandtschaftsterminus *gemahel* durch *hausfraw* ersetzt – eine Maßnahme, die sich wohl aus einem sozial-ständischen Bedeutungsgefälle erklärt: Während das (geschlechtlich neutrale) *gemahel* für Ehepartner zumindest seit dem 17. Jahrhundert den oberen Ständen vorbehalten blieb, ist der Terminus *hausfraw* sozial neutraler[125]. Ebenso werden die ständischen Attribute der Namensangaben in den Legenden der Porträts präzisiert[126]: Bei dem zum ungarischen Adel erhobenen Georg Thurzo, dem reichsunmittelbaren Ritter Philipp vom Stain, dem Freiherren Hans Marx von Bubenhofen sowie bei Hans Baumgartner, dem geadelten Finanzier des Kaisers[127], bleibt die ritterliche Titulatur *Edel vnd Vest* bzw. *Edel vnd Gestreng* erhalten[128]. Bei Georg Thurzo wird eigens die Herkunftsbezeichnung *von Craca* durch den Adelstitel *von betlahemsdorff* ersetzt[129]. Bei den Fugger selbst wie auch bei ihren Heiratspartnern werden die ständischen Attribute entweder getilgt oder durch ein *wolgeboren* ersetzt[130]. Gestrichen werden das demgegenüber einen geringeren Rang markierende *edel*[131], vor allem jedoch bei den Angeheirateten das Attribut *gnedig*, welches in der Anrede die ständische Unterlegenheit des Sprechenden, d.h. der Fugger, bezeichnet hätte[132].

Auch im Heroldsspruch des ersten Heroldsbildes wird Hans Jakob Fugger als *wolgeboren* bezeichnet. Es heißt dort jedoch auch: *Secht an das ist das Buch der Eern / Darinn verleibt vil Edler Herren […].*[133] Die verwandten Heroldsverse in den Ehrenbüchern der Linck und Pfister geben hier: *Erberer Herren.*[134] Diese Bezeichnung der Fugger als *Edel* steht nun im Fugger-

---

[121] So unter Hinweis u.a. auf die Fugger DIRLMEIER, Merkmale, S. 96 f.
[122] Entwurf, fol. 19r.
[123] Entwurf, fol. 27r; vgl. PÖLNITZ, Anton Fugger 1, S. 346 mit Anm. 172.
[124] Vgl. schon Entwurf, fol. 11r: zu Ulrich Fugger und seinen Söhnen.
[125] Korrigiert: Entwurf, fol. 13v, 14v, 15v, 16v, 17v–18r; nicht korrigiert u.a.: ebenda, fol. 18v (Mann: Jakob Fugger der Reiche), 21r (Mann: Georg Thurzo), 22v (Mann: Hans Marx von Bubenhofen); ebenda: fol. 23v (Georg von Stetten) steht schon ursprünglich: *hausfraw*; ab fol. 26v (Raymund Fugger) steht durchgehend und unkorrigiert *gemahel*. In der Endfassung sind diese Korrekturen übernommen. Für die Fugger vom Reh steht bei Andreas Fugger dem Reichen, ebenda, fol. 168v, bei der Frau abweichend von der ersten Fassung seines Allianzbildnisses: *gemahel*; ansonsten durchgehend *hausfraw*, mit einer beredten Ausnahme: fol. 179v, für Cassandra Arcamone, die aus einem freiherrlichen Geschlecht stammende Frau des Andreas Fugger zu Bari: *Gemahel*. Laut Deutsches Wörterbuch von GRIMM 5 (4.1.2), Sp. 3150–3156, hier Sp. 3154, beschränkt sich die Verwendung des Begriffs »Gemahel« seit dem 17. Jahrhundert auf ständisch gleichwertige Verbindungen im adelig-höfischen Milieu. Vgl. zu »Hausfrau«: Ebenda, 10 (4.2), Sp. 662; laut BAUMANN-ZWIRNER, Wortschatz Augsburger Volksbuchdrucke, S. 426–428, wurden beide Begriffe nicht schichtenspezifisch gebraucht.
[126] Über die Verwendung adeliger Titel und Prädikate als Medium des sozialen Aufstiegs der Fugger vgl. NEBINGER, Standesverhältnisse.
[127] Bei Hans Baumgartner, Entwurf, fol. 28v, könnte seine Betätigung am Hof Maximilians ausschlaggebend für die Beibehaltung des adeligen Attributs gewesen sein. Freilich wird er ausdrücklich als *burger zu Augspurg* vorgestellt.
[128] Entwurf, fol. 21r–21v, 22v, 28v; vgl. Deutsches Wörterbuch von GRIMM 3, Sp. 25 f.: »edel« als Attribut des Adels allgemein; ebenda, 12.2: »vest« markiert im Kanzleigebrauch den ritterlichen Niederadel; ebenda, 10.3 und 4.1.2: »streng / gestreng« als Attribut des Ritterstandes, später verallgemeinert für Standespersonen.
[129] Entwurf, fol. 19r.
[130] Ersatzlos gestrichen: Entwurf, fol. 4v, 30r (für den *Fundator*), 31r (für Georg Fugger), 32r (Christoph Fugger); ersetzt bzw. reduziert: fol. 7v, 24v, 26v, 27v, 30r, 31r–31v, 32v–33v, 34v; »wolgeboren« als Attribut des Freiherrn und Grafen, dem »edel« genannten Adeligen überlegen: Deutsches Wörterbuch von GRIMM 30 (14.2), Sp. 1120 f.; vgl. NEBINGER, Standesverhältnisse, S. 273: »wolgeboren« als Attribut der »hochrangigen alten Adelsgeschlechter« (gemeint sind freiherrliche Geschlechter).
[131] Entwurf, fol. 7v, 26v, 27v, 30r.
[132] Entwurf, fol. 31v–33r; aber auch ebenda, fol. 31r: *sein gnad vnd Herrlichkait* für Georg Fugger, geändert zu: *sein Herrlichkait*; vgl. Deutsches Wörterbuch von GRIMM 8 (4.1.5), Sp. 604.
[133] Endfassung, fol. 1v.
[134] StB Augsburg 2° Cod. Aug. 489, Ehrenbuch der Linck, fol. 4r: *Erberer Herren*; StadtA Augsburg Reichsstadt ›Schätze‹, Nr. 24, Ehrenbuch der Pfister, fol. XVIIIr: *Erbarer Herren*.

schen Ehrenbuch einzigartig dar. Man wird sie als Rudiment einer früheren Bearbeitungsphase sehen können.

Für die Kinder Hans Jakobs und Georgs und für die Fugger vom Reh werden durchgehend die neutralen Titel *Herr* und *Frau* bzw. *Junckherr* und *Junckfraw* gewählt[135]. Das den Fugger von der Lilie als Grafen mit Reichsstandschaft zustehende *hochgeboren* oder *hochwohlgeboren* wird nicht genutzt[136].

Die Titulatur wird jedoch nivelliert auf einem Niveau, das durchaus die ständische Überlegenheit der fünften und sechsten Generation der Fugger gegenüber dem Ritterstand und dem städtischen Umfeld markiert. Die Bezeichnung als *wohlgeboren* hob die Fugger deutlich aus dem Geltungsbereich städtischer Verbote der Führung adeliger Titel heraus[137]. Daß Hans Jakob Fugger für seine eigene Person die ständischen Attribute vollständig tilgen ließ[138], war demgegenüber individuelles Zugeständnis an seine Position als Repräsentant in der Stadt. Während die Familienmitglieder allgemein durchaus adelige Attribute tragen konnten, mußte sich der Ratsherr Hans Jakob Fugger für seine Person dem städtischen Gleichheitsgebot unterwerfen. Gottesfürchtige Bescheidenheit und Anpassung an den städtischen Wahrnehmungshorizont bedingten auch allgemein eine Nivellierung der ständischen Attribute auf – gemessen an der ständischen Position der Generation des *Fundators* – niedrigem Niveau.

Gegen die zweifellos vielfach die reale Situation zusätzlich überhöhende Wahrnehmung durch die Zeitgenossen stellte das Ehrenbuch einen Anspruch auf Bescheidenheit und Normalität. Da ihr politischer und wirtschaftlicher Einfluß mit den Kategorien der ständischen Sozialordnung kaum angemessen abbildbar war, nivellierte und neutralisierte das Ehrenbuch den Status der Fugger, bis er innerhalb des zeitgenössischen Wahrnehmungshorizonts darstellbar war. Der prekären gesellschaftlichen Sonderstellung entzogen sie sich durch die Einordnung in die höfische Sphäre, wie sie sich im Ehrenbuch in der Entwicklung der Kostümierung und Ausstattung der Bildnisse gleichermaßen historisch nachvollzogen und als Erwartung an die Zukunft vorweggenommen findet. Das ›Herkommen‹ der Fugger wurde so rekonstruiert als eine innerhalb der gesellschaftlichen Normen akzeptable Tradition.

Die Ehre der Fugger lebt demnach von einer spezifischen Tiefstapelei. Ihre politische, soziale und ökonomische Stellung im kontinentalen Rahmen findet in einer ganz auf das städtische und höfische Umfeld der Familie bezogenen historischen Rekonstruktion keinen Ausdruck. Ebenso wird auch die aufwendige symbolische Repräsentation, welche die Fugger in Augsburg wie auf ihren Schlössern betrieben, im Ehrenbuch kaum systematisch thematisiert. Die Demut der Fugger war freilich nur eine Stilisierung des Ehrenbuches. Wo es opportun war, konnte eine fuggerische Repräsentation andernorts selbstverständlich gerade die einzigartige Sonderstellung der Familie vermitteln, den Legenden von Macht und Reichtum Vorschub leisten. Ebenso konnte ein Jakob Fugger bei Gelegenheit den Kaiser durchaus an seine Abhängigkeit erinnern, wie in jenem bekannten Brief vom Jahr 1525: *Es ist auch wissentlich, und ligt am Tag das Euer kayserlichen Mayestät die Römisch Cron außer mein nicht hätten erlangen mögen […]*.[139] Im Ehrenbuch jedoch hätte dies unmittelbar der angestrebten Legitimität des Fuggerschen ›Herkommens‹ entgegengestanden[140].

Während der Bearbeitung des Ehrenbuches fielen nun textliche Elemente gegenüber der rein bildlichen Vermittlung zunehmend zurück. Das Familienbuch wandelte sich mehr und mehr zum Porträtbuch. Die Familiengeschichte der Fugger reduzierte sich auf die ganz schematische genealogische Reihe, auf die Summe der Heiratsallianzen und die durch sie konstituierte ständische Aufstiegsbewegung. Der Ausfall der narrativen Komponenten führte so in der Tendenz zu einer Verengung des ›Herkommens‹ auf eine Dynastiegeschichte, zu einer Reduktion der Erfolgsgeschichte der Fugger auf den sukzessiven Aufstieg auf der Leiter der Ständeordnung. Man wird diesen konzeptionellen Wandel kaum mehr ursächlich fassen können. Am ehesten wird er sich aus den Aporien der für das Ehrenbuch kennzeichnenden Doppelstruktur

---

[135] Entwurf, fol. 29v, wird der Titel *Junckherr* getilgt; ebenda, fol. 33r–33v, wird die Bezeichnung *Junckfraw* durch *frawlin* ersetzt. Letztere Änderung war geboten durch die Neutralisierung der Allianzporträts bezüglich des Personenstandes der unverheirateten Kinder. Sie entsprach jedoch auch ständespezifischem Gebrauch, da *frawlin* die Jungfrau von Stand bezeichnete; vgl. Eckart HENNING, Titulaturenkunde. Prolegomena einer ›neuen‹ Hilfswissenschaft für den Historiker, in: Bernhart JÄHNIG/Knut SCHULZ (Hg.), Festschrift zum 125jährigen Bestehen des Herold zu Berlin, Berlin 1994 (Herold-Studien 4), Berlin 1994, S. 293–310, hier S. 301.

[136] Deutsches Wörterbuch von GRIMM 3, Sp. 26; 30 (14.2), Sp. 1121; 10 (4.2), Sp. 1616; vgl. HENNING, Titulaturenkunde, S. 299: »Hochgeboren« als Attribut des nicht reichsständischen Grafen; »Hoch- und Wohlgeboren« des Grafen und Freiherren; »Hochwohlgeboren« des Ritters und nicht-titulierten Adeligen; »Wohlgeboren« allgemein für den Adeligen.

[137] Die im Bild in der Kostümausstattung angedeutete, 1548 erfolgte Nobilitierung des Georg von Stetten, Endfassung, fol. 31v, findet in der Namenslegende keinen Niederschlag, vermutlich ebenfalls wegen des innerstädtischen Verbots der Führung von Adelstiteln.

[138] Entwurf, fol. 4v, 30r.

[139] Endfassung, fol. 24v.

[140] Daß der erwähnte Brief im frühen 19. Jahrhundert durch den Fürsten Anselm Maria Fugger auf den freien Seiten der Endfassung abgeschrieben wurde, ist so auch Ausweis eines bemerkenswerten Wandels der Selbstwahrnehmung der Fugger bzw. einer Unkenntnis über die zentrale Aussage des Ehrenbuches; vgl. Endfassung, fol. 24r–25v.

von Familienbuch und Porträtbuch erklären lassen[141]. Im Ergebnis jedoch verstärkte er die im Ehrenbuch ohnehin angelegte Tendenz zur Nivellierung und Normalisierung der familiengeschichtlichen Tradition. Vermitteln insbesondere die biographischen Erläuterungen allzu deutlich einen defensiven Legitimationsbedarf, eine Sensibilität für die neuralgischen Punkte, so vermittelt die Ahnengalerie das ›Herkommen‹ der Fugger als eine hermetisch geschlossene Artikulation des fuggerischen Selbstverständnis. Das Ehrenbuch als Porträtreihe zeigt so als gegeben, was das Ehrenbuch als Familienbuch erst noch zu begründen sucht.

4.3 Normalität und Devianz

Wenn die Familiengeschichte der Fugger ihrem Status Legitimität verleihen sollte, mußten die einzelnen Familienmitglieder sich normenkonform verhalten haben. Wo es zu Abweichungen gekommen, wo gar die disziplinierende Macht des Hausvaters versagt hatte, machte die statuslegitimierende Funktion des ›Herkommens‹ eine nachträgliche Disziplinierung zumindest des historischen Wissens, eine Kanalisierung der Überlieferung notwendig. Die Vergangenheit des Ehrenbuches war auch insofern Produkt einer ganz spezifischen Bedürfnissen nach historischer Traditionsbildung verpflichteten Stilisierung[142].

4.3.1 Jakob Fuggers uneheliche Kinder

Für ein ›Herkommen‹, das als Summe legitimer Heiratsallianzen konstruiert war, mußten illegitime Verbindungen und insbesondere illegitime Kinder zumindest bedeutungslos, wenn nicht störend sein. Uneheliche Kinder waren grundsätzlich weniger Gegenstand einer moralischen Verurteilung, als vielmehr zunächst eines erbrechtlichen Ausschlusses. Sie konnten daher in Familienbüchern durchaus Erwähnung finden, wo sie für die individuelle Selbstwahrnehmung des Verfassers oder die kollektive seiner Familie Bedeutung hatten[143]. Ihre Behandlung in familiengeschichtlichen Aufzeichnungen ist somit jeweils dem spezifischen funktionalen und intentionalen Hintergrund geschuldet[144].

Das Fuggersche Ehrenbuch jedenfalls schloß uneheliche Kinder a priori aus der Überlieferung aus: […] *Also, das* […] *alle Eelich geborne Fugger, so vom anfang Jrer ankunft, zu Augspurg, bis auf das Tausennt funfhundert funfvndviertzigsten Jars, sambtlich vnd sonders, gesehen werden mögen,* […].[145] Auch wird jedes Familienmitglied in der Namenslegende seines Bildnisses als *Eelicher Son* oder *Eeliche Tochter* vorgestellt.

Ausgerechnet für Jakob Fugger den Reichen läßt sich nun aber ein uneheliches Kind nachweisen: Mechthild Belz, die spätere Gattin des Tübinger Professors und herzoglich württembergischen Leibarztes Johannes Widmann, war eine Mätresse des Kaufherren. Eine Tochter Mechthild aus dieser Verbindung heiratete den württembergischen Kanzler Gregor Lamparter, der Fugger gelegentlich als seinen *socer* bezeichnete und auch ganz erhebliche finanzielle Zuwendungen von diesem erhielt[146]. Hans Lamparter von Greifenstein († 1534/35), ein Sohn aus dieser Ehe, heiratete Regina Meuting, eine Tochter des Konrad Meuting und der Barbara Fugger, einer Schwester Jakobs des Reichen[147]. Der natürliche Enkel Jakob Fuggers wurde jedoch nicht nur mit einer legitim Nichte seines leiblichen Großvaters verheiratet, sondern erhielt auch selbst noch Zahlungen aus dessen Nachlaß[148]. Die unehelichen Nachkommen waren also auch bei Jakob Fugger durchaus noch einbezogen in den Kreis der hausväterlichen Versorgungspflichten. Für das Fuggersche Ehrenbuch jedoch existierten sie nicht: *Vnd dazumalen ist der gantz fuggerisch Mannstammen von der Lilienn, Dieweil die kinder herren Vlrichen fuggers was von Mansstammen gewesen hernach gantz abgestorben vnd Herr Jacob fugger gar kain kind gehabt, an Jm* (Georg Fugger) *vnnd seinen zwayen Sönen* […] *allain gestanden.*[149] Wie sie von der Erbfolge ausgeschlossen blieben, so standen uneheliche Kinder im Fuggerschen Ehrenbuch auch

---

[141] Vgl. Kap. 3.2.
[142] Vgl. zum folgenden DAVIS, Die Geister der Verstorbenen, S. 36 f.; Wolfgang Frhr. STROMER VON REICHENBACH, Das Schriftwesen der Nürnberger Wirtschaft vom 14. bis zum 16. Jahrhundert. Zur Geschichte oberdeutscher Handelsbücher, in: Beiträge zur Wirtschaftsgeschichte Nürnbergs (Beiträge zur Geschichte und Kultur der Stadt Nürnberg 11.1, 11.2), Nürnberg 1967, Bd. 2, S. 751–799, hier S. 785; WEIAND, ›Libri di famiglia‹, S. 122 f.
[143] Zur Stellung des unehelichen Kindes in der städtischen Gesellschaft des Spätmittelalters vgl. nur Erich MASCHKE, Die Familie in der deutschen Stadt des späten Mittelalters (Sitzungsberichte der Heidelberger Akademie der Wissenschaften, Phil.-Hist. Klasse 4), Heidelberg 1980, S. 43–45; vgl. den erhellenden Beispielfall BOCK, Chronik Eisenberger, S. 244.

[144] DAVIS, Die Geister der Verstorbenen, S. 37; KLAPISCH-ZUBER, Les généalogies, S. 121 f.
[145] Endfassung, fol. 5v.
[146] Laut SCHAD, Frauen des Hauses Fugger, S. 167 f., hatte Jakob Fugger mehrere natürliche Kinder; Katarina SIEH-BURENS, (Art.) Fugger, in: Augsburger Stadtlexikon (1998), S. 420 f., hier S. 421, nennt ihn im Zusammenhang mit seinem Erbe »kinderlos«.
[147] NEBINGER, Standesverhältnisse, S. 270 mit Anm. 67; GEFFCKEN, Soziale Schichtung, S. 203 (Tab. XXIII), 215 (Tab. XXIV); vgl. Endfassung, fol. 22v.
[148] PÖLNITZ, Anton Fugger 1, S. 391, 442.
[149] Entwurf, fol. 17r, über Georg Fugger; vgl. Endfassung, fol. 23v, das Allianzbildnis Jakob Fuggers: *Herr Jacob fugger, herren Jacoben fuggers Eelicher vnnd letster Sone, wellicher kain kind Eelichen ertzeuget hat.* Das Adverb *Eelichen* ist hier unspezifisch gebraucht; es steht ebenso bei den Angaben zur Kinderzahl anderer Fugger.

außerhalb der Grenzen der familiengeschichtlichen Erinnerung. Am ›Herkommen‹ der Fugger hatten sie nicht teil.

4.3.2 Sibylla Artzt und der Konflikt um ihre zweite Ehe

Ließen sich illegitime Nachkommen schlicht ignorieren, so machten andere Konfliktlagen einen erheblichen Aufwand der Verschleierung notwendig: Bereits sieben Wochen nach dem Tod Jakob Fuggers im Dezember 1525 verheiratete sich seine Witwe Sibylla Artzt erneut und zwar mit Konrad Rehlinger, einem Vertrauten ihres ersten Mannes, einem der Stiftungsexekutoren der Fuggerei, einem Anhänger der Reformation obendrein[150]. Der Fall erregte erhebliches Aufsehen, zumal Raymund Fugger der Witwe seines Onkels die Auszahlung der Erbschaft verweigerte[151]. Clemens Sender berichtet sogar, Raymund habe Sibylla und Konrad Rehlinger mit Gewalt aus dem Haus gewiesen. Brisanz gewann der Konflikt offenbar auch, weil er sich mit der Phase der Etablierung der Nachfolger Jakob Fuggers in der Firmenleitung überschnitt. Im November 1526 einigte man sich nach langem Rechtsstreit über das Erbe. Im Testament der Sibylla Artzt von 1540 wird die erste Ehe nicht einmal mehr erwähnt: *Sibilla artztin, weiland Wilhelm Artzts seligen eheliche verlassene Tochter und jetzo des Ehrbaren und Wohlgeachteten Chuonraten Rechlingers des Älteren, des Rats und Bürgers zu augsburg, eheliche Hausfrau bestimmt: […].*[152]

Sie starb 1546. Ihr zweiter Mann († 1556) wurde 1548 neben Anton Fugger einer der fünf Geheimen Räte des neuen Regiments[153], und so wird man sicher davon ausgehen können, daß die Angelegenheit bei der Erstellung des Ehrenbuches noch bekannt war. Tatsächlich hat sich der Zeichner der Entwürfe bei dem Allianzbildnis des Jakob Fugger und der Sibylla Artzt einen pikanten Spaß erlaubt: An den Oberkanten der Wappen ist das sonst durchgehend mit eingerolltem Blattwerk gestaltete Dekor zu kleinen Teufelchen ausgearbeitet[154]. In der Endfassung wurde dieses beredte Detail nicht übernommen[155]. Überhaupt fand diese zweite Ehe der Sibylla Artzt im Ehrenbuch keine Erwähnung[156].

Der Text des Schriftbandes der Frau lautet: *Fraw Sibilla Artztin Herren Jacoben fuggers Eelicher gemahl, stirbt Anno .1546.* Jakob Fugger steht im Profil mit dem Blick zu seiner Frau hin. Die linke Hand ist neben dem Körper in einer Heischebewegung nach vorn ausgestreckt. Die Rechte hält im Entwurf ein eingerolltes Schriftstück, in der Endfassung liegt sie am Schaubenkragen. Sibylla Artzt ist im Entwurf als ältere Frau mit einer Kugelhaube mit um den Hals gewickeltem Tuchende gezeigt. Physiognomie und altertümliche Kleidung kennzeichnen das Porträt als dem Alter zum Zeitpunkt des im Text vermerkten, erst ein oder zwei Jahre zurückliegenden Todes angepaßt. In der Endfassung hingegen wird Sibylla Artzt als jüngere Frau mit einer knappen Tuchhaube gezeigt, eher der Zeit ihrer ersten Eheschließung entsprechend. Die Physiognomie und Ausstattung ihres Porträts evozieren so eine Reduktion ihrer Lebensgeschichte zumindest um die letzten 20 Jahre, eine Ausblendung des Konflikts um ihre Person. Dementsprechend erwähnt die Kurzbiographie Jakob Fuggers im Entwurf lediglich die Heirat im Januar 1498, nicht aber das weitere Schicksal der Frau[157]. Hielt im Entwurf Jakob Fugger ein Schriftstück, Symbol der vertraglichen Rechtmäßigkeit der Eheschließung, so ist in der Endfassung der Figur der Frau ein Umschlag in die vor dem Bauch gefalteten Hände gegeben. Die Dokumentation der Legitimität der abgebildeten Verbindung wird so ihr zugeschrieben. Der Blick der Sibylla Artzt geht im Entwurf unbestimmt nach rechts aus dem Bild heraus, in der Endfassung jedoch eher aus den Augenwinkeln zum Betrachter. Auch die Vermittlung zum Betrachter ist hier also eine Aufgabe der Frauenfigur. So verschieben sich zwischen Entwurf und Endfassung die Gewichte innerhalb der abgebildeten Verbindung hin zu einer klaren Zuschreibung der Vermittlerrolle an die Frauenfigur. Sibylla Artzt zeigt dem Betrachter – der als ein Fugger zu denken ist – die Legitimität der im Bild dargestellten Verbindung. Die Verantwortung liegt auf ihrer Seite. Die Position Jakob Fuggers ist zurückgenommen auf eine souveräne Vermittlung der eherechtlichen Legitimität. Der Konflikt um die zweite Ehe der Sibylla Artzt, der die erste zwar nicht formal delegitimieren, aber doch zumindest entwerten konnte, wird so kaschiert durch die schematische Formalität des Allianzbildnisses. So wird die für den Status der Fugger problematische Wirkung des Erbkonflikts aufgehoben in der deutlichen Betonung der Integrität ihrer Position.

4.3.3 Markus Fugger und der Domkapitelstreit 1474–1478

Ganz anders gelagert, jedoch um so mehr von unmittelbarer Wirkung für den Status der Fugger war ein Konflikt, der sich in den Jahren 1474–1478 um Mar-

---

[150] SCHAD, Frauen des Hauses Fugger, S. 161–175.
[151] Vgl. PÖLNITZ, Anton Fugger 1, S. 66, 391.
[152] SCHAD, Frauen des Hauses Fugger, S. 175.
[153] SCHAD, Frauen des Hauses Fugger, S. 172.
[154] Entwurf, fol. 18v.
[155] Endfassung, fol. 23v.
[156] Ebenso die zweite Ehe der Veronika Gassner, in erster Ehe verheiratet mit Ulrich Fugger († 1525), mit Lukas von Stetten; vgl. Endfassung, fol. 32r.

[157] Entwurf, fol. 19r.

kus Fugger, einen älteren Bruder Jakobs des Reichen, entzündet hatte. Markus Fugger war Geistlicher, Licentiatus decretorum[158], Scriptor der Kurie und ein erfolgreicher Pfründensammler. Als Papst Sixtus IV. ihm 1474 eine Augsburger Domherrenpfründe zuerkannte, kam es zu langwierigen Auseinandersetzungen mit dem größtenteils vom schwäbischen Adel besetzten Domkapitel, das seit dem 14. Jahrhundert Augsburger Bürger ausschloß und nun auch Bürgerssöhne ohne eigenes Bürgerrecht fernzuhalten suchte[159]. Erst recht mußte dies natürlich für den Sohn einer aufstrebenden Weberfamilie gelten. Die Auseinandersetzungen um Markus Fugger fanden erst mit seinem Tod im Jahr 1478 ihren Abschluß. Um die Anwartschaften anderer Augsburger wurde in den folgenden Jahren weiterhin erbittert gestritten.

Im Entwurf des Fuggerschen Ehrenbuches ist er gemeinsam mit drei weiteren unverheiratet verstorbenen Brüdern auf einer Seite dargestellt, im ›Almutie‹ genannten Schultermantel[160] und Birett des Klerikers, wie seine Brüder nur mit einer ganz knappen Legende: *Herr Marx fugger, Herren Jacoben fuggers Eelicherr Sone, Jst ledig gestorben.* Die empfindliche Niederlage, die die Fugger mit dem erfolglosen Versuch eines Eindringens in das adelig dominierte Domstift hatten hinnehmen müssen, machte offenbar einen Ausgleich notwendig. Clemens Jäger formulierte daher einen ganz untypisch umfangreichen Text für das Schriftband in der Endfassung: *Herr Marx fugger, Herren Jacoben Fuggers Eelicher Sone, wirt geboren Anno .1448. Jst gaistlich, hat vmb das er ein Augspurger kind gewesen, durch eintrag des Bischofs vnd Capituls, auf den thumb nit komen mögen, litigiert vor dem Pabst, gewint auch etliche vrtail, vnd ist in disem handel vor austrag der sach, nit on argkwohn des Gifts, zu Rom gestorbenn.*[161]

Der Fall wird also nicht mehr – wie ursprünglich vorgesehen – durch strenge Orientierung am schematischen Formular der Schriftbandeinträge ausgegrenzt, sondern offen thematisiert. Es wird dabei nicht nur die Rechtmäßigkeit des Anspruchs und die juristische Unentschiedenheit des Streits unterstrichen, sondern sogar ein Giftmord als Schlußpunkt insinuiert. Die Gestaltung des Porträts unterstützt diese Interpretation der Ereignisse. Ist Markus Fugger im Entwurf noch neutral in einer dem Allianzbildnis analogen Körperhaltung mit einem Redegestus seinem Gegenüber, dem Bruder Peter, zugewandt, so hält er in der Endfassung vor dem Bauch ein offenes Buch. Dieses ist hier vielleicht als ein Gesetzbuch zu verstehen: Mit der rechten Hand zeigt Markus Fugger auf die aufgeschlagene Seite – ein bildlicher Hinweis auf die juristische Rechtmäßigkeit seiner Ansprüche. Während sein Gegenüber nun den Blick auf das Schriftband mit dem erwähnten Kommentar gerichtet hat und so die Aufmerksamkeit des Betrachters leitet, wird Markus Fugger mit nach rechts abgewandtem, traurigem Blick gezeigt. Der Trauergestus formuliert so das Eingeständnis einer ungerechtfertigten Niederlage.

In der nächsten Generation tritt erneut ein Geistlicher namens Markus Fugger auf[162]: Daß Georg Fugger seinen Erstgeborenen nach seinem zehn Jahre zuvor gestorbenen Bruder benannte und dieser früh die geistliche Laufbahn einschlug, wird man durchaus als strategische Maßnahme zur Revision einer empfindlichen Niederlage begreifen können. 1488 geboren, gewann Markus jr. seit 1503 zahlreiche Pfründen, darunter die Propsteien am Neumünster in Würzburg, an St. German und St. Moritz in Speyer, St. Stephan in Bamberg und St. Peter in Augsburg sowie die Dompropsteien in Regensburg und Passau. Kurz vor seinem Tod 1511 wurde er päpstlicher Scriptor und Protonotar[163]. Auch der jüngere Markus Fugger wird im Ehrenbuch in der kostbaren Almutie und mit schmalem Birett als vornehmer Kleriker gezeigt. Ist das Porträt im Entwurf noch unspezifisch dem Typus des Einzelbildnisses verpflichtet, so steht die Figur in der Endfassung in einem strengen Profil nach rechts gewandt, mit einem geöffneten Beutelbuch vor dem Bauch und einer Reitgerte. Das Buch dürfte hier nur unspezifisches Attribut eines Klerikers sein. Die Gerte jedoch zeigt den weitgereisten, erfolgreichen Kleriker: *Herr Marx fugger, Herren Georgen fuggers andrer eelicher Son, der gaistlich, vnd ein Probst zu Sanct Peter zu Augspurg, vnd an dem Pabstlichen Hof zu Rom in grossem treffenlichen ansehen gewesen, welcher Anno .1511. zu Rom gestorben ist.*[164]

Die Wendung der Figur nach rechts läßt sie im aufgeschlagenen Buch auf den früh verstorbenen Bruder Hans und den später ergänzten Peter blicken[165]. Diese

---

158 So zumindest NEBINGER/RIEBER, Genealogie, Taf. 2a.
159 Rolf KIESSLING, Bürgerliche Gesellschaft und Kirche in Augsburg im 14. und 15. Jahrhundert. Ein Beitrag zur Strukturanalyse der spätmittelalterlichen Stadt (Abh. zur Geschichte der Stadt Augsburg 19), Augsburg 1971 [Diss. phil. München 1969], S. 323–330; ROGGE, Für den Gemeinen Nutzen, S. 238–242; WÜST, Bild der Fugger, S. 75; zur aufstiegsstrategischen Funktion kirchlicher Karrieren vgl. Rudolf HOLBACH, Kirchen, Karrieren und soziale Mobilität zwischen Nicht-Adel und Adel, in: ANDERMANN/JOHANEK (Hg.), Zwischen Nicht-Adel und Adel, 2001, S. 311–360, hier S. 339–350.
160 Vgl. LMA 1 (1980), Sp. 452.
161 Entwurf, fol. 16r; Endfassung, fol. 19r; die Ergänzung von Hand C (Jäger); die Passage *nit on* […] *Gifts* von Hand C, jedoch wohl in einem weiteren Durchgang nachgetragen.
162 Entwurf, fol. 26r; Endfassung, fol. 37r.
163 NEBINGER/RIEBER, Genealogie, Taf. 4; PÖLNITZ, Anton Fugger 1, S. 24: »Die bemerkenswerte Präbendensammlung des jüngeren Markus übertraf die erstaunliche Pfründenhäufung seines gleichnamigen toten Oheims um ein Erkleckliches.«
164 Endfassung, fol. 37r.
165 Endfassung, fol. 36v; im Entwurf, fol. 25v, stehen zwei leere Wappenkartuschen des für Hans und Peter nachgetragenen Blatts.

beide wiederum weisen im Bild nach links, d.h. auf die recto-Seite, auf das Bild des Markus Fugger. Seine Wendung nach rechts (vom Betrachter aus links) könnte freilich auch seinen mehrere Seiten zuvor stehenden gleichnamigen Onkel meinen.

Sicher jedenfalls ist, daß dem Jüngeren gelang, was dem Älteren verwehrt geblieben war: Er erlangte hohes Ansehen an der Kurie, vor allem jedoch eine große Zahl unbestrittener Pfründen, darunter nicht nur auch solche in Domkapiteln, sondern gleich zwei Dompropsteien. Daß die wiederum deutlich vom Normaltyp abweichende Legende nicht etwa diese Prälaturen in Regensburg und Passau erwähnt, sondern die vergleichsweise weniger vornehme Pfründe im Augsburger Stift St. Peter, wird dem städtischen Gesichtskreis des Ehrenbuches geschuldet sein. Markus Fugger der Jüngere konnte die Ehrkränkung, die seiner Familie durch das Scheitern seines Onkels erwachsen war, ausgleichen. Das Ehrenbuch konnte die Niederlage des einen zugeben, da sie durch den Erfolg des anderen wettgemacht wurde. Eine ganz empfindliche Bruchstelle im ›Herkommen‹ der Fugger wurde so ausgeglichen.

4.3.4 Hieronymus Fugger

Ein Vetter des jüngeren Markus Fugger war Hieronymus Fugger (1499–1538)[166]. Der jüngste Sohn Ulrichs des Älteren[167] wurde schon von Jakob Fugger testamentarisch aus der aktiven Mitbestimmung im fuggerschen Handel ausgeschlossen. Bis zu seinem Tod lebte er als Junggeselle, allgemein bekannt für seine lebenslustige Freigiebigkeit. 1520 notierte Albrecht Dürer im Tagebuch seiner niederländischen Reise, daß Hieronymus Fugger ihm in Köln *den Wein geschenckt* habe[168]. Wilhelm Rem, dessen Frau Walburga Fugger eine Schwester Ulrichs des Älteren war, notiert zum Oktober 1526: *Anno d[omi]ni. 1526 im ottober das was ain burgers hochtzeit; und zu nacht bei dem nachttantz da kam der jeronius Fugger zu dem nachttantz und was fol wein und schnitt des Kristoff Herwart kellerin ain zopf ab mit sampt dem har und nam des Herwartz tochter bei der hand mit gewalt und tantzet mit ir über die benck.*[169] Hieronymus Fugger hatte also nicht nur mangelnde Selbstkontrolle im Alkoholkonsum an den Tag gelegt, sondern sich obendrein ehrverletzende Angriffe gegen die Dienerin und die Tochter eines Patriziers und mächtigen Kaufmanns[170] zu Schulden kommen lassen[171]. Der trinkfreudige Junggeselle wurde vor dem Rat verklagt und mußte sich mit den Geschädigten vergleichen.

Dargestellt wird Hieronymus Fugger im Entwurf wie in der Endfassung in einem prächtigen, geschlitzten und gepufften Kostüm, mit schweren Ketten nach adeliger Manier. Sein zweifelhafter Ruf war den Verantwortlichen des Ehrenbuches Anlaß zu einer spürbar apologetisch gehaltenen Erweiterung des üblichen Schriftbandtextes: *Diser Jheronimus fugger, ist ein freymiltiger Herr gegen menigclichen gewesen, Ein eer aller Reiter, Ein freye Tafel eerlichen gesellen hat er täglich gehalten, Vnd ob er schon etwas darinn zu milt gesehen worden, hat Er doch nicht vbel gehauset, sonder den armen dargegen vil guts bewisen, [...].*[172] So lautet der zunächst von Clemens Jäger in das überdimensionierte Schriftband eingetragene Text. Der Eintrag erinnert nicht zufällig an die Grabinschrift des Hieronymus in der Fuggerkapelle in St. Anna: GLORIA VERO EQVESTRI CAETERISQVE VIRTVTIBVS ORNATISSIMO / CVIVS LARGAS INTER OPES. ABSQVE CURIS ANXIISQVE NEGOTIIS / IVCVNDOS INTER AMICOS. IN OTIO HILARITER AC BENIGNE / VITAM TRADVCERE STVDIVM SVMMVM FVIT.[173]

Hans Jakob Fugger korrigierte nun den allzu defensiven Ton der Namenslegende: *[ ] hat Er doch ordenlich gehauset vnd den armen dargegen vil guts bewisen, [...].* Entsprechend der gewandelten Grundkonzeption des Ehrenbuches bemängelte er auch das umfangreiche Schriftband: *dise schrifft nicht in daß ein ander plat darfur.* Tatsächlich wurden in der Endfassung wie zu allen erwachsenen Fuggersöhnen Textseiten eingebunden[174]. Da die Ausführung der biographischen Einträge jedoch ausfiel, blieb für Hieronymus Fugger nur die auf das Grundschema reduzierte Namenslegende im auf Normalmaß verkleinerten Schriftband: *Der Wolgeboren Herr Jheronimus Fugger, Herren Vlrichen fuggers Eelicher vnd Jungster Sone, wellicher ledigs Stands zu Augspurg Anno .1538. gestorbenn ist.*[175]

Die Beeinträchtigung der Familienehre, wie sie von einem individuellen Fehlverhalten ausgehen konnte, wurde so durch den strikten Schematismus der sich mehr und mehr durchsetzenden Porträtbuch-Konzeption aus der Erinnerung eliminiert. Ungewiß muß bleiben, ob diese Stilisierung gezielt intendiert oder nur unwillkürliche Folge des allgemeinen Ausfalls der Textbestandteile war. Die Entwurfsfassung der Na-

---

[166] REINHARD (Hg.), Eliten, Nr. 244; LIEB, Fugger und Kunst II, S. 13–15, 328–332.
[167] NEBINGER/RIEBER, Genealogie, Taf. 3.
[168] LIEB, Fugger und Kunst II, S. 13; vgl. über die Gastfreundschaft Hieronymus Fuggers auch PÖLNITZ, Anton Fugger 2.I, S. 49.
[169] (Die) Chroniken. Augsburg 5, S. 241 f.; vgl. PÖLNITZ, Anton Fugger 1, S. 416.
[170] REINHARD (Hg.), Eliten, Nr. 401.
[171] Zur Disqualifizierung von Trunkenheit in Augsburger Chroniken des 16. Jahrhunderts vgl. MAUER, Georg Kölderer, S. 106.
[172] Entwurf, fol. 24v.
[173] LIEB, Fugger und Kunst II, S. 14.
[174] Endfassung, fol. 34v–36r.
[175] Endfassung, fol. 34r.

menslegende sollte jedoch nur unwesentlich umformuliert Eingang in die spätere Fuggerchronik finden: *Ein feiner, milter herr gegen menigelichen, auch ain ehr aller reuter ist diser Jheronimus Fugger gewesen, ein freye tafel ehrlicher gesellen hat er alle tag gehalden. Und ob er schon etwas zu herrlich und freymilt ist gesechen worden, so hat er doch ordenlich und nicht unloblich gehaust und dargegen den armen in vil weg alles guets bewisen.*[176]

Der konzeptionelle Dualismus von Porträtbuch und Familienbuch beinhaltet so zwei unterschiedliche Strategien zur positiven Stilisierung der Familiengeschichte: Während das Porträtbuch durch den formalen Schematismus der Darstellung Devianzen absolut auszugrenzen vermag, kann die narrative Chronik flexibel apologetisch vorgehen. Sie unterliegt dabei freilich der Notwendigkeit, die sensiblen Stellen durch erhöhte Aufmerksamkeit markieren zu müssen. Die defensive Reaktion verrät die Empfindlichkeiten.

4.3.5 Die verlorene Ehrbarkeit der Sibylla Fugger

Deutlich ist diese Ambivalenz bei dem doppelten Allianzbildnis der Schwester des Hans Jakob Fugger, Sibylla Fugger und ihrer zwei Männer Wilhelm Freiherr von Kuenring und Wilhelm Freiherr von Puchheim[177].

Die drei Wappen stehen fast auf gleicher Höhe im unteren Drittel der Seite, die außen stehenden Schilde der Männer leicht erhöht und dem der Frau zugeneigt. Zwischen dem Wappen der Frau und denen der Männer verschränken sich in der Endfassung jeweils Kordelenden. Im Gegensatz zu den tartschenförmig geschwungenen Schildformen der umgebenden Seiten erhöhen die schlichten Fünfeckschilde den Eindruck schematischer Strenge. Darüber steht zentral die Figur der Frau, neben ihr und ihr gegenüber deutlich erhöht auf der heraldisch rechten Seite der erste, auf der linken Seite der zweite Mann. Die Schriftbänder der Männerfiguren wölben sich das Bild nach oben abschließend im oberen Viertel. Das Schriftband der Frau ist deutlich verkleinert über ihrem Kopf zwischen den Köpfen der Männer eingeschoben.

Im Entwurf nun zeigt der erste Mann, Wilhelm von Kuenring, mit der erhobenen Linken auf das Schriftband der Frau, die Rechte hält den Schildrand. Der Blick geht aus den Augenwinkeln zum Betrachter. Die Aufmerksamkeit wird gelenkt auf einen ganz dem gewöhnlichen Muster entsprechenden Eintrag: *Fraw Sibilla Fuggerin, Herren Raymunden Fuggers Eeliche tochter, vnd zwayer freyherren von Könring vnd von Buchhain Eelicher Gemahel. Stirbt A*[nn]*o.* Sibylla

Fugger steht frontal im Bild, den Kopf leicht nach rechts gewandt, so daß der Blick aus den Augenwinkeln zum Betrachter geht. Sie trägt ein Kleid und ein am Bauch geschnürtes Ziermieder mit abgesetztem Bruststück, entsprechend der Bekleidung anderer Frauen ihrer Generation, zusätzlich jedoch eine Schaube; dazu zwei Ketten, das Haar in einem Haarnetz und das typische schmale Barett mit Schleifchen in der Krempe. Die Arme sind in einer Bewegung vor bzw. neben dem Bauch angewinkelt. Der Gesamteindruck, zumal der Mimik der Figur, ist der einer lebhaften jungen Frau. Der zweite Mann steht auf der Seite rechts neben ihr im Profil. Sein Blick geht zum ersten Mann. Die Linke greift zum Schwertgriff, die Rechte energisch nach dem linken Arm der Frau. Die Strukturierung des Bildes in Bezugslinien ist recht undeutlich. Während der zweite Mann sowohl auf den ersten als auch auf die Frau ausgerichtet ist, stehen die letzteren zum Betrachter hin orientiert. Die Figur des ersten Mannes vermittelt zwischen Betrachter und Bildebene. Eine schlüssige Verknüpfung der Parteien erfolgt nicht.

In der Endfassung ist der Figur der Frau durch ganz geringfügige Änderungen ein völlig anderer Ausdruck gegeben: Sie steht in einer strengen Frontalen, den Blick aus den Augenwinkeln nach unten links gesenkt, zum Oberkörper des zweiten Mannes. Die Hände liegen starr auf dem Bauch bzw. über dem Unterleib – eine betont schamhafte, schützende Geste. Eine weiße Tuchhaube ersetzt das Barett. Das der höfischen Damenmode der Zeit entsprechende Kostüm der Entwurfsfassung ist ersetzt durch ein schlichteres, dunkelblaues Kleid mit schwarz abgesetzter Brustpartie, dazu eine schmale Schaube. Diese für ihre Generation ganz altertümliche Ausstattung weist sie vielleicht als Witwe aus[178].

Die Schriftbänder der Männer lauten:
Der Wolgeboren Herr Wilhalm, freiherr von Könring, welcher mit fräwlin Sibilla fuggerin als Jr erster

---

[176] MEYER (Hg.), Chronik der Fugger, S. 24.
[177] Endfassung, fol. 54r; Entwurf, fol. 32v.

[178] Eine regelrechte Witwen- und weibliche Trauertracht ist erst seit dem 17. Jahrhundert sicher greifbar. Vorher dürfte sie der Kirchgangskleidung entsprochen haben, vielleicht gekennzeichnet durch gedeckte Farben; vgl. ZANDER-SEIDEL, Textiler Hausrat, S. 31, 266–272; BASTL, Adeliger Lebenslauf, S. 388; Gretel WAGNER, Beiträge zur Entwicklung der Trauertracht in Deutschland vom 13. bis zum 18. Jahrhundert, in: Waffen- und Kostümkunde 11 (1969), Heft 2, S. 89–105, hier S. 91 f., 94 f.; vgl. das Bildnis einer Witwe aus dem Umfeld des Wiener Hofes: HEINZ, Porträtbuch, Nr. 222 (Abb. 448, S. 298 f.): Die unbekannte Frau trägt eine Haube mit Kinnband, einen schwarzen Goller über einem weißen Rock, darunter ein dunkles Mieder und ein weißes Hemd, in den Händen einen Rosenkranz. Vgl. weiterhin das Bildnis der Margarethe von Österreich von einem niederländischen Anonymus: (Kat.) Kaiser Karl V., Nr. 28, S. 127; die Porträtbüste derselben von Conrad Meit, ebenda, Nr. 29, S. 127; das Bildnis der Maria von Ungarn, nach Tizian, ebenda, Nr. 48, S. 137 f.; die Bildnismedaille derselben, Ludwig Neufahrer zugeschrieben, ebenda, Nr. 50, S. 140.

Eegemahel, Anno .1539. zu Schmiha seinen beischlaf vnd hochtzeit gehalten, Aber Anno .1541. zu Seefeld in Got verschieden, vnnd kain kind eelichen mit Jr ertzeuget hat.

Der Wolgeboren Herr Wilhalm freiherr zu Buchain, welcher mit fraw Sibilla fuggerin, des wolgeboren herrn Wilhalmen Freiherren zu Könring seligen verlasne wittib A[nn]*o .1542 zu Wien seinen beischlaf vnd hochtzeit gehalten, vnd kaine kinder Eelichen mit Jr vberkomen hat, Stirbt 20 Januarij. Anno 1547.*

Im Entwurf hieß es für den zweiten Mann zunächst: *[…] vnd bis der Zeit kaine kinder eelichen mit Jr vberkomen hat. Stirbt Anno 15.* Hans Jakob Fugger strich den Hinweis *bis der Zeit* und ergänzte in der vorgesehenen Lücke das Todesdatum: *47 20 Jenner*. Die Entwurfsfassung wurde demnach vor, die Endfassung nach dem Tod Wilhelms von Puchheim erstellt. Der mit diesem Todesfall verbundene Statuswechsel der Sibylla Fugger wurde im Bild umgesetzt, indem sie nun als Witwe oder zumindest als ältere Frau dargestellt wurde.

In exemplarischer Prägnanz ist auf dieser Seite der Rechtscharakter der Eheschließung vermittelt: In den Schriftbändern wird die Frau zunächst als Tochter ihres Vaters gekennzeichnet. Im Schriftband des ersten Mannes ist die übliche Namensnennung des Vaters ersetzt durch die der Frau[179]. Im dritten Schriftband jedoch wird die Frau als Witwe dem ersten Mann zugeordnet. Ungleich deutlicher ist die Abfolge von Bezugsrichtungen im Bild. Die Frau selbst steht passiv bis zur Starrheit in der Mitte. Sie ist Objekt des Austauschs zwischen dem ersten und dem zweiten Mann. Abgebildet wird die Weitergabe der Munt über die Frau: Die Blicke der Männer treffen sich. Der erste Mann führt Sibylla Fugger mit der hinter ihrer rechten Schulter liegenden Hand dem zweiten Mann zu. Dieser nimmt sie mit einer greifenden Bewegung in Empfang.

Wenn es im Schriftband des ersten Mannes heißt, er habe *kain kind eelichen mit Jr ertzeuget*, so stimmt dies durchaus. Und doch gebar Sibylla Fugger im Frühjahr 1540 ein Kind. Der Vater freilich war nicht ihr frisch angetrauter Mann, sondern Marx Christoph Rehlinger, der Bruder der Anna Rehlinger und Schwager Anton Fuggers[180]. Wilhelm von Kuenring verstieß daraufhin seine Braut, behielt jedoch das Heiratsgut ein. Anton Fugger und sein Haus standen vor einem handfesten Skandal. Den Kindsvater verfolgte Anton Fugger bis nach Preußen. Er betrieb noch bis in das Jahr 1541 hinein am Hohenzollernhof die Inhaftierung Rehlingers. Das Kind verschwand nach kurzer Zeit aus der Überlieferung. Im Oktober 1541 verstarb Wilhelm von Kuenring. Zuvor hatte er Sibylla Fugger verziehen und sich testamentarisch mit den Fugger verglichen. Im November 1542 gelang es Anton Fugger, Sibylla Fugger erneut zu verheiraten und damit die Makel an ihrer Ehrbarkeit auszugleichen. Nach dem Tod Wilhelms von Puchheim blieb Sibylla Fugger Witwe. Als solche verstarb sie 1550 in Wien. Zumindest die Abbildung im Ehrenbuch legt die Vermutung nahe, nach der Wiedererlangung der Ehre sei eine dritte Heirat bewußt ausgeschlossen worden. Auch die gerichtlichen Auseinandersetzungen um die Regelung des Erbes aus der ersten, aufgehobenen Ehe zwischen dem Haus Fugger, vertreten unter anderem durch Hans Jakob, und den Brüdern Wilhelms von Kuenring kamen erst in diesem Jahr zu einem Abschluß. Der Fall war also mit Sicherheit bei der Abfassung des Fuggerschen Ehrenbuches noch präsent.

Die Darstellung im Ehrenbuch nun dokumentiert diese Episode nur insofern, als sie geprägt ist von dem merklichen Bemühen, sie ungeschehen zu machen. Der strenge Formalismus der Darstellung reduziert die Lebensgeschichte der Sibylla Fugger auf ihre Funktion als Tauschgegenstand zwischen Onkel, erstem Mann und zweitem Mann, sowie auf den Witwenstand als Endpunkt. Geriet die Heiratspolitik Anton Fuggers in eine Legitimitätskrise, so konnte in der Praxis nur ein erhöhter symbolischer – und vor allem materieller – Aufwand den Bruch vermeiden. In der historischen Rekonstruktion konnte die Formalisierung als Mittel der Steuerung des historischen Wissens herangezogen werden. Freilich drohte auch dem Bildnis als Medium des historischen Wissens die Ambivalenz einer apologetischen Stilisierung: Die Darstellung der Sibylla Fugger als Witwe, ihrem individuellen Personenstand zum Zeitpunkt der Bearbeitung entsprechend, durchbricht letztlich die Neutralität des Grundschemas, das eigentlich nur die Unterscheidung von Verheirateten und Unverheirateten, bei letzteren zusätzlich die von Lebenden, Verstorbenen oder Geistlichen kannte. Wie die unverheirateten Kinder als potentielle Heiratsobjekte und die unverheiratet Gestorbenen als uneingelöste Optionen dargestellt wurden, so wurde für Sibylla Fugger eine ganz individuelle Erwartungshaltung formuliert: Diese nämlich, daß sie für den legitimen wie illegitimen Austausch nicht mehr zur Verfügung stehe und der Skandal um ihre Person endgültig beendet sei.

Die Rückseiten frühneuzeitlicher Porträts enthalten vielfach Motive, die sich allegorisch auf die gezeigte Person beziehen lassen. Die Bearbeiter des Ehrenbuches werden so vielleicht nicht zufällig in die Bordüre der dem Bildnis der Sibylla Fugger gegenüberliegenden Seite ausgerechnet die ›Einkehr des verlorenen Sohnes‹ plaziert haben[181].

---

[179] Mit Blick auf das oben, Kap. 3.7.1, zur namentlichen Nennung der Frauen Gesagte ließe sich annehmen, daß hier die Devianz ihren Ausdruck findet in der geschärften Aufmerksamkeit für die deviante Person. Die im Entwurf zunächst gewählte Bezeichnung *Junckfraw* wurde zu *frawlin* neutralisiert.

[180] SCHAD, Frauen des Hauses Fugger, S. 175–183.

[181] Endfassung, fol. 53v.

Hingegen konnte die spätere Fuggerchronik durch schlichtes Verschweigen die Ehrbarkeit der Familiengeschichte stabilisieren. Sie berichtet ausführlich von den Eheschließungen der Sibylla, freilich ohne einen Hinweis auf die näheren Umstände. Einen Satz jedoch wird man auch hier als Reaktion auf den bestehenden Erklärungsbedarf werten können. Ausgerechnet für Sibylla Fugger beklagt die Fuggerchronik ganz richtig und doch nicht ganz korrekt: *Und sie hat mit disen iren beeden herrn kaine kinder hinterlassen noch erzeugen mögen.*[182]

4.3.6 Möglichkeiten der Normalisierung: Bemerkungen zu den Einträgen des 18. Jahrhunderts

Die konzeptionelle Reduktion des Ehrenbuches auf eine genealogisch strukturierte Reihe von Bildnissen mit formal strikt schematisierten Namenseinträgen blieb so in der Endfassung des 16. Jahrhunderts inkonsequent. Erst mit den wappenbuchartigen Einträgen des späten 18. Jahrhunderts konnte der regulierende Effekt der konzeptionellen Formalisierung auf das überlieferte historische Wissen ganz zum Tragen kommen, konnte die Reduktion auf die bloße Vermittlung legitimer Allianzen zu ihrem Ende geführt werden. Weder textliche noch bildliche Reaktionen auf historische Bruchstellen im ›Herkommen‹ der Familie sind in der nun gewonnenen Abfolge von Allianzwappen mit schematischen Namenseinträgen möglich. Die familiäre Vergangenheit als gelebte Geschichte ist tatsächlich nur mehr insofern relevant, als sie eine positiv statusrepräsentierende Funktion hat. Adelige und kirchliche Titel, die immer auch eine statusdefinierende Funktion für die Verwandtschaft des Trägers hatten, werden nun präzise aufgeführt. Devianzen aller Art fallen vollständig aus der Überlieferung. Sie hinterlassen nicht einmal mehr die verräterischen Spuren der defensiven Überreaktion.

So wird Maria Justina Fugger († 1732) als unverheiratet gestorben präsentiert, obwohl sie um 1690 einen gewissen Johann Jakob Linder aus Offenburg geheiratet hatte[183]. Maximilian Fugger, ein Sohn Hans Jakob Fuggers, beendete sein Leben mitnichten als Deutschordensritter und Komtur von Sterzing in Tirol, wie die Nachträge im Ehrenbuch behaupten, sondern resignierte seine Pfründe und heiratete Anna Freiin von Eckh[184]. Auch der Skandal um den offenbar debilen Hugo Friedrich und seine Frau Maria Theresia Fugger (aus der Antonlinie) bzw. um ihre zahlreichen Affären und den versuchten Giftmord an ihrem Gatten konnte in der Wappenreihe der *Genealogischen Deduction* keinen Niederschlag mehr finden[185]. Aus dem Wahrnehmungshorizont des Ehrenbuches heraus fielen ebenso die erbitterten Auseinandersetzungen im Hause Fugger um den Übertritt der Ursula Fugger und ihres Mannes Joachim Graf von Ortenburg zum Protestantismus im Jahr 1563, um das Heiratsgut der Ursula, dessen Auszahlung die Fugger verschleppten, und den Streit der Ortenburger mit Herzog Albrecht V. von Bayern, dessen enger Vertrauter Hans Jakob Fugger so gegen seine eigene Schwester stand[186]. Keine Rede ist von dem Konflikt um den Übertritt des Ulrich Fugger, eines jüngeren Bruders des Hans Jakob, zur Reformation, seine zeitweise Entmündigung und spätere Exilierung in Heidelberg[187].

Bei Anna Jakobäa Fugger (1547–1587), einer Tochter Georg Fuggers, wird im 18. Jahrhundert zwar korrekt die Eheschließung nachgetragen: *Ehegemahlin des Herrn Heinrich Grafens von Ortenburg.*[188] Nicht erwähnt wird jedoch, daß sie 1561 auf Betreiben des Petrus Canisius Nonne geworden und zuletzt Subpriorin des Klosters St. Katharina in Augsburg war, 1582 mit Hilfe ihres eben erwähnten Onkels Ulrich in einigermaßen melodramatischer Flucht zu diesem ins calvinistisch orientierte Heidelberg entwich und von ihm unterstützt gegen den erbitterten Widerstand ihrer Familie den protestantischen Ortenburger heiratete[189]. In den ›FVGGERORVM ET FVGGERARVM IMAGINES‹ von 1618 ist sie ausgelassen[190], aller Wahrscheinlichkeit nach, weil ihre zudem dem gegenreformatorischen Engagement der Fugger zuwiderlaufende Ehe einen empfindlichen Bruch in der Familiengeschichte darstellte. In der von Meyer edierten Fassung der Fuggerchronik vom Ende des 16. Jahrhunderts hingegen ist diese in den folgenden Jahren von den Geschwistern bis vor den Kaiser gebrachte Affäre in aller Neutralität geschildert: *Und als dise Anna Jacobina Fuggerin ein wenig zu iren jarn komen, da ist sy durch ir fraw muetter durch den jesuiter Peter Canisius in das closter zu sant Catharina in Augspurg komen und mit irem unwillen darein gethon worden. […] Und ist heraus komen mit hilf an ainem morgens anno 1582 auf 4. october. […] Und sie ist aus der statt*

---

[182] MEYER (Hg.), Chronik der Fugger, S. 36.
[183] Endfassung, fol. 119r; vgl. NEBINGER/RIEBER, Genealogie, Taf. 14; Stammtafeln des mediatisierten Hauses Fugger, 1904 (FA: handschriftlich aktualisierte Fassung), Taf. 7d; ebenda, Taf. 6, nennt den Bräutigam »James Jakob Binder von Offenburg«. Weitere Informationen über die Herkunft des Mannes waren auch im Fuggerarchiv nicht greifbar.
[184] Endfassung, fol. 91v; vgl. NEBINGER/RIEBER, Genealogie, Taf. 9.
[185] Endfassung, fol. 119v; vgl. SCHAD, Frauen des Hauses Fugger, S. 184–186.
[186] Endfassung, fol. 59r; vgl. SCHAD, Frauen des Hauses Fugger, S. 71–80; MAASEN, Hans Jakob Fugger, S. 36–38.
[187] Endfassung, fol. 55v; vgl. MAASEN, Hans Jakob Fugger, S. 35 f.
[188] Endfassung, fol. 103v.
[189] SCHAD, Frauen des Hauses Fugger, S. 111–130.
[190] LILL (Hg.), Fuggerorum Imagines, S. VIII.

Augspurg nach Haidelberg komen zu irem herrn vettern Ulrich Fugger genannt, welicher ires vatern brueder gewesen; der hat sie aldorten dem wolgebornen herrn herrn Hans[191] *grafen zu Ortenburg ehelichen vermechlt. Sie hat aber in disem ehelichen stand nicht lang gelebt und sie ist anno 1587 auf 8. februari in gott verschiden und daselbsten begraben worden: der gott ein freliche auferstehung verleichen well, amen!*[192] Die Neutralität der Erzählung, auch der wenig ehrerbietige Ton gegenüber dem *jesuiter* legen den Eindruck nahe, daß der Erzähler durchaus mit der entlaufenen Nonne sympathisiert. Das dem Fall innewohnende Konfliktpotential wird gänzlich reduziert auf die auch theologisch zu rechtfertigenden Qualen einer gegen den eigenen Willen ins Kloster Gebrachten. Ulrich Fugger, der Dissident der Familie, wird zum an Bruders Statt verantwortlich handelnden Vormund stilisiert. Die konfessionelle Ebene des Geschehens wird schlicht ausgelassen, ja: der Kovertitin wird sogar die Erlangung der Seligkeit gewünscht.

Der Fall der Anna Jakobäa Fugger markiert so drei Manipulationsmöglichkeiten historischen Wissens im Rahmen der Familienbuchschreibung: Devianzen können in dem formalisierten Schema einer Genealogie oder eines Wappenbuches schlicht ausfallen, wenn die Anlage ganz auf die bloße Vermittlung genealogischen Vernetzungswissens abgestellt ist. Sie können den absoluten Ausschluß aus dem Wahrnehmungshorizont provozieren, sobald narrativ-personengeschichtliche Komponenten an der Wissensvermittlung beteiligt sind. Oder sie können einer Normalisierung unterworfen werden, einer nachträglichen Anpassung an die gesellschaftlichen Handlungsnormen durch selektive Kanalisierung des historischen Wissens. Letzteres ist in einer narrativ breit angelegten Familiengeschichte wie der Fuggerchronik möglich, ebenso jedoch auch in einer seriellen Anlage wie im Allianzwappen des Hugo Friedrich und der Maria Theresia Fugger, von deren Lebensgeschichte eben nur jene Allianz blieb, die ihr Leben so unglücklich bestimmt hatte.

4.3.7 Der kaufmännische Aufstieg der Fugger – ein Werk von Männern?

Indes werden in der historischen Rekonstruktion des Ehrenbuches keineswegs nur individuelle Normenverstöße ausgeglichen. Die Stilisierung der Aufstiegsgeschichte der Fugger von der Lilie als kontinuierlicher Weg auf den ›gradus nobilitatis‹ legitimer sozialer Mobilität beruht auf einer dreistufigen Konzeption des kaufmännischen Werdegangs der Familie: Ist bis zu Jakob dem Älteren der kommende Erfolg in einer Aufwärtsbewegung vorgezeichnet, so kommt der präfigurierte Status der Fugger mit der Zentralgestalt Jakobs des Reichen zu seinem geschichtlichen Ausdruck. Anton Fugger schließlich führt den so angelegten Prozeß weiter.

Es entspricht nur dem Wahrnehmungshorizont familienhistorischen Denkens des 16. Jahrhunderts – und ist insofern vielleicht weniger Gegenstand gezielter Stilisierung als vielmehr unbewußter Reflex auf diskursive Vorprägungen –, wenn diese Erfolgsgeschichte erzählt wird als die Geschichte der Hausväter der Fugger. Schon beim Übergang vom Stammvater Hans Fugger auf den Sohn Jakob den Älteren[193] wird der Umstand ausgeblendet, daß nach dem Tod des Vaters 1408/09 bis zum Jahr 1436 für fast drei Jahrzehnte die Witwe Elisabeth Gfattermann die Geschäfte des jungen Hauses Fugger leitete, bevor ihre Söhne Andreas der Reiche und Jakob der Ältere in die Geschäftsführung eintraten[194].

Jakob Fugger der Ältere (1398–1469) heiratete Barbara Bäsinger, die Tochter des Münzmeisters Bäsinger, den das Ehrenbuch zunächst Jörg, dann Ulrich nennt, während die moderne Forschung einen Franz Bäsinger als ihren Vater führt[195]. Es wird nun nicht nur der Bankrott Bäsingers im Jahr 1444, in den die Fugger und andere Verwandte als Bürgen verwickelt waren, im Ehrenbuch gänzlich verschwiegen[196]. Verschwiegen wird auch der Umstand, daß seine Tochter nach dem Tod ihres Mannes 1469 die Geschäftsführung des Fuggerschen Handels übernahm und bis zum Eintritt ihrer Söhne Ulrich, Georg und Jakob innehatte. Obwohl Barbara Bäsinger erst 1497 starb, schreibt das Ehrenbuch über sie und ihren Mann: *Jn dem .1469. Jar, Hat Er die schuld der natur bezalet, vnnd in Got verschiden, Desgleichen sein Eeliche hausfraw nach Jm Jnn wenig Jaren auch, denen Got der allmechtig ein fröliche vrstend verleihen wolle, Amen.*[197] Ebenso wird auch in der Fuggerchronik die Zeit ihres Witwenstandes verkürzt: *Sie hat aber kaum fünf jar nach ires ehewirts absterben gelebt.*[198] Da die Fuggerchronik den Tod des Jakob auf 1473 verlegt, wohl nicht zufällig das Jahr der Wappenverleihung an die Fugger von der Lilie, wäre Barbara Bäsinger demnach im Jahr 1478 verstorben. 1478 jedoch resignierte ihr Sohn Jakob seine Pfründe und trat in die Firma ein. 1479 heiratete Ulrich Fugger und wurde so selbstän-

---

[191] Sic!
[192] MEYER (Hg.), Chronik der Fugger, S. 51.
[193] Entwurf, fol. 10r, 14r.
[194] PÖLNITZ, Die Fugger, S. 29; DERS., Jakob Fugger 1, S. 8; zur Geschichte der Elisabeth Gfattermann, der Clara Widolf und der Barbara Bäsinger vgl. auch SCHAD, Frauen des Hauses Fugger, S. 9–15.
[195] Endfassung, fol. 14v; NEBINGER/RIEBER, Genealogie, Taf. 2a; JANSEN, Anfänge, S. 26; PÖLNITZ, Jakob Fugger 1, S. 11 f.
[196] JANSEN, Anfänge, S. 26–28.
[197] Entwurf, fol. 14r.
[198] MEYER (Hg.), Chronik der Fugger, S. 18.

dig[199]. Das in der Fuggerchronik angegebene falsche Todesdatum der Mutter deckt sich also mit dem realen Zeitpunkt des Eintretens der Söhne in die Geschäftsführung. Die Lebensdaten der Eltern werden also nachträglich mit Zentralereignissen der Familiengeschichte in Deckung gebracht.

Schon Max Jansen hat seine Verwunderung geäußert über den Umstand, daß die Fuggerchronik die Bedeutung Barbara Bäsingers für den wirtschaftlichen Aufstieg der Fugger dergestalt ignoriert[200]. Auch das Fuggersche Ehrenbuch läßt alle geschäftlichen Entscheidungen nach dem Tod Jakobs des Älteren von den Brüdern Ulrich (* 1441) und Georg (* 1453) getroffen werden, bis hin zur Berufung des Jakob in die Handelsgesellschaft[201]. In den Augsburger Steuerbüchern werden die Witwe des älteren Jakob Fugger und ihre Söhne jedoch bis 1486 gemeinsam geführt[202]. Seit 1480 steuerte Ulrich Fugger, der älteste Sohn, selbständig. Mit 5067 fl. Vermögen steht er in diesem Jahr an 45. Stelle der Augsburger Vermögensstatistik, seine Mutter mit 10.000 fl. an 11. Stelle[203]. Noch 1504 wird das Witwengut neben dem Handel der Gebrüder Fugger gesondert geführt als eigenes Steuerkonto, in dem zum Teil die Töchter Jakobs des Älteren und ihre Männer steuerten[204]. Barbara Bäsinger vermehrte zwischen 1475 und 1486 das versteuerte Vermögen (nach der Berechnung von Geffcken) von 7971 fl. auf 13.200 fl. und hielt so den 13. Platz unter den Steuerzahlern Augsburgs[205]. 1498 ist allein das Witwengut der Verstorbenen mit 22.971 fl. das fünftgrößte Vermögen der Stadt. Dazu kommen Ulrich mit dem 8., Georg mit dem 11. und Jakob mit dem 15. Platz. Zumindest für die siebziger Jahre bis zur Mündigkeit ihrer Söhne wird man so eine maßgebliche Rolle der Witwe Jakobs des Älteren für die Entwicklung der Handelsgesellschaft annehmen müssen[206].

Wenn Ehrenbuch und Fuggerchronik gleichermaßen den wirtschaftlichen Aufstieg der Fugger auf die Söhne Ulrich und Jakob projizieren, wenn dabei zumindest die Fuggerchronik ein Maß an korrelierenden Abweichungen an den Tag legt, das durchaus den Verdacht einer gezielten Manipulation nahelegt, so zeugt dies von der grundsätzlichen Legitimitätsschwäche selbständiger wirtschaftlicher Betätigung von Witwen. Da der tugendhaften Kaufmannschaft eine zentrale legitimatorische Funktion für den Adel der Fugger zukam, hätte die ambivalente Stellung der selbständig wirtschaftenden Frau eine Bruchstelle in der Familiengeschichte bedeutet.

Eine solche war zwar in den oberdeutschen Städten des 16. Jahrhunderts durchaus möglich, sie wurde jedoch zumindest in Augsburg vielfach zu verhindern gesucht[207]. Durch testamentarische Verfügungen versuchten Männer, die Rechte ihrer Frauen gegenüber den Kindern und zumal gegenüber den nach dem Tod zu bestellenden Pflegern zu beschneiden. Erfolgte dies auch gegen etwaigen Widerstand der Frauen, so gab es umgekehrt Fälle, in denen Testatoren ihre Frauen ausdrücklich von der Bestellung eines Vermögenspflegers befreiten[208]. Die Vormundschaft über die Witwe war offenbar ein konfliktträchtiges Problem. Dies deutet wiederum auch eine einschlägige Bemerkung des Fuggerschen Ehrenbuches über Barbara Bäsinger an: *Nach seinem [Jakobs d. Ä.] absterben seind der fraw Fuggerin, allain von alters wegen, pfleger, Nemlich Jörg Becherer, der Zunfft von webern Puchsenmaister zu Pfleger gesetzt worden.*[209] Diese Bemerkung reagiert nur auf den ersten Blick auf etwaige Selbständigkeitsbedürfnisse der Barbara Bäsinger. Da die Söhne für die Geschäftsübernahme beim Tod des Vaters zu jung (bzw. unverheiratet und daher nicht selbständig geschäftsfähig) waren, hätte sich zwangsläufig die Frage nach der Beteiligung des Vermögenspflegers am Erfolg der Firma gestellt. So blieb ein Dilemma: Entweder der Witwe oder ihrem familienfremden Vormund wäre eine maßgebliche Rolle für das ›Herkommen‹ der Fugger zugekommen. Die doppelte Gefährdung der Legitimität führte zu einer Überblendung gegenläufiger Stilisierungen: Die Witwe Barbara Bäsinger war dem Ehrenbuch zufolge nicht selbständig geschäftlich tätig, doch sie war auch nicht unselbständig.

Mit dem Ausfall der biographischen Komponenten in der Endfassung schließlich wurde die Person der Barbara Bäsinger vollständig reduziert auf jene enge Bestimmung, auf die alle Frauen in der Ahnenreihe des Ehrenbuches beschränkt sind: *Fraw Barbara Bäsingerin, Vlrichen Bäsingers Muntzmaisters zu Augspurg Eeliche Tochter, vnnd Jacoben fuggers Eeliche Hausfraw.*[210]

---

[199] NEBINGER/RIEBER, Genealogie, Taf. 2a, 3.
[200] JANSEN, Anfänge, S. 27.
[201] Vgl. Entwurf, fol. 15r, 17r, 19r; MEYER (Hg.), Chronik der Fugger, S. 18 f., 26 f.
[202] GEFFCKEN, Soziale Schichtung, S. 136 f. (Tab. XVII), 147 (Tab. XVIII), 156 (Tab. XIX).
[203] GEFFCKEN, Soziale Schichtung, Tab. XVIII.
[204] GEFFCKEN, Soziale Schichtung, S. 186 (Tab. XXII).
[205] GEFFCKEN, Soziale Schichtung, Tab. XIV: Ulrich Fugger versteuert 1486 schon 9300 fl. und hält damit Platz 20 der Vermögenshierarchie.
[206] Die Wappenverleihung 1473 erfolgte deshalb an die unmündigen Söhne Jakobs d. Ä., weil seine Witwe als Frau nicht selbständig nobilitierbar war.
[207] Vgl. Mark HÄBERLEIN, Brüder, Freunde und Betrüger. Soziale Beziehungen, Normen und Konflikte in der Augsburger Kaufmannschaft um die Mitte des 16. Jahrhunderts (Studia Augustana 9), Berlin 1998, S. 368–371.
[208] SIEH-BURENS, Oligarchie, S. 58.
[209] Entwurf, fol. 14r; vgl. ähnlich MEYER (Hg.), Chronik der Fugger, S. 18.
[210] Endfassung, fol. 14v.

4.4 Die Fugger vom Reh im Fuggerschen Ehrenbuch

4.4.1 Die Grenzen der Erinnerung

Die Genealogie des Ehrenbuches beginnt mit dem Eintritt der Gebrüder Hans und Ulrich (Ulin) Fugger, Weber aus dem Dorf Graben, in die Stadt Augsburg im Jahr 1367/70. Die Übersiedlung des Letzteren wird ausdrücklich als Verdienst des Hans herausgestellt: *Inn dem .1382. Jar, Hat sich Vlrich fugger, welcher durch hilf seines bruders Hansen fuggers vorgemelt, alher in dise Stat kommen, zu Radigunda mundsamin, Eelichen verheirat, [...].*[211] Keine Erwähnung finden der Vater Hans der Ältere und ein dritter Bruder Klaus, die in Graben blieben[212]. Offenbar war die ländliche Vorgeschichte nicht von Interesse, war das ›Herkommen‹ der Fugger, was seinen Ursprung angeht, städtisch definiert[213]. Schon in der Vorrede heißt es über den nicht überlieferten, auch die kognatische Verwandtschaft erfassenden *Stammen*: *Erstlich habe Jch gedacht, das Eerlich vnnd gut were, wann Jch kondt oder möchte, den anfang vnd eintrit des fuggerischen Namens in die Stat Augspurg zuwegen pringen vnd bekom [...].*[214] Von diesem Anfangspunkt an erfaßt das Ehrenbuch das gesamte Haus Fugger in einer Vollständigkeit, die schon eine Generation später infolge der dynastischen Aufspaltung kaum mehr möglich gewesen wäre: Die Kupferstiche der ›FVGGERORVM ET FVGGERARVM IMAGINES‹ von 1618 beginnen erst bei Jakob dem Älteren und schließen so mit der gesamten Frühgeschichte auch den Zweig der Fugger vom Reh aus der Überlieferung aus.[215]

Wenig Relevanz für die weitere Familiengeschichte hatten im Ehrenbuch offenbar die Töchter Hans Fuggers: Sie wurden wohl fälschlich der ersten Ehe mit Clara Widolff zugerechnet und in einer ganz außergewöhnlichen Abwandlung des üblichen Bildaufbaus zu zweit mit dem Mann der älteren Tochter auf einer Seite abgehandelt[216].

Auf der Grenze des ›Herkommens‹ stehen auch Ulrich Fugger und seine Nachkommen[217]. Sie werden zwar noch erfaßt, dies aber nur mehr in einer summarischen Abhandlung des Ulrich und seiner Frau auf einer Seite und der fünf dem Verfasser bekannten Söhne auf einer zweiten Seite mit einer zusätzlichen Textseite. Die im Mannesstamm noch bis in die fünfte Generation, also in die Generation Anton und Raymund Fuggers[218] fortlaufende Genealogie dieses Zweigs hat für die traditionale Sinnbildung der Fugger nur noch wenig Relevanz. Ulrich hatte jedoch das klassische Warenzeichen der Fugger, den Dreispitz mit dem Ring, eingeführt und sich vielleicht damit einen Platz in der Familienerinnerung gesichert[219].

Nun heißt es über seine Nachfahren: *Ob aber diser Vlrich Fugger, mer oder minder, dann funf Sone gehabt hab, Jst nicht wol bewist, mag auch nicht erfaren werden. Dis alles Jst aus den alten Steurbuechern genomen, Aber was Kinder die Eelichen ertzeuget haben, nicht erlernet noch gesehen werden mag. Aber wol Zugedencken gewest, Demnach nicht von Jnen kommende, erfaren werden mogen, wie von den andern, das Sie on leibs Erben werden abgangen sein.*[220]

Man wird zweifellos davon ausgehen können, daß Clemens Jäger und Hans Jakob Fugger bei ihren Recherchen vielfach an die Grenzen des rekonstruierbaren Wissens stießen. Daß aber schon nach drei Generationen[221] der Kontakt soweit abgebrochen war, daß nicht einmal mehr rudimentär überlieferte Kenntnisse über die Nachkommen Ulrichs bestanden, kann nur als Ausdruck des Umstands begriffen werden, daß dieser Familienzweig ganz frühzeitig aus dem Gemeinschaftsgefühl der Fugger herausgefallen war. Ihre wirtschaftliche Erfolglosigkeit ließ die Nachkommen Ulrich Fuggers für die zusehends prosperierenden Vettern wie für die Umwelt uninteressant werden[222]. Ulrich Fugger war 1394 ermordet worden. Sein im Ehrenbuch nicht bekannter Sohn Konrad fiel bei der städtischen Tuchbeschau mit Fehlstücken auf und fallierte später, nachdem ein Kompagnon der Zollprellerei überführt worden war[223]. Zumindest diese üblen Wendungen in der Geschichte der armen Verwandten fielen wohl nicht ohne Grund aus dem historischen Wahrnehmungshorizont des Ehrenbuches. Die familiengeschichtliche Erinnerung war hierarchisiert nach der Relevanz und der positiven Verwertbarkeit für das ›Herkommen‹ der Fugger von der Lilie[224].

---

[211] Entwurf, fol. 11r.
[212] JANSEN, Anfänge, S. 8–10; NEBINGER/RIEBER, Genealogie, Taf. 1.
[213] Zur Bedeutung des ländlichen Herkunftsorts in städtischen Familienbüchern vgl. für Oberitalien KLAPISCH-ZUBER, Die Erfindung, S. 14–16.
[214] Endfassung, fol. 5r.
[215] Vgl. oben, Kap. 3.2.
[216] Endfassung, fol. 13r.
[217] Endfassung, fol. 11v–12v; vgl. NEBINGER/RIEBER, Genealogie, Taf. 1.
[218] NEBINGER/RIEBER, Genealogie, Taf. 1: Hans (?), Bürger in Augsburg (1422/28–1457/62).
[219] Endfassung, fol. 3r.
[220] Endfassung, fol. 12r.
[221] Freilich liegen zwischen dem Tod des letzten Ulrich-Nachkommens und dem Zeitpunkt der Recherchen gut 80 Jahre.
[222] Daß im übrigen ein begrenztes Interesse bei dem Bearbeiter des 16. Jahrhunderts eine herabgesetzte Motivation bei der Recherche bedingt haben mag, kommt hinzu.
[223] PÖLNITZ, Jakob Fugger 1, S. 8.
[224] Vgl. für die ›Stirps Rohrbach‹ MONNET, Les Rohrbach, S. 22 f.; über den Ausschluß verarmter oder entehrter Familienzweige aus der Erinnerung der Familienbuchschreibung KLAPISCH-ZUBER, Les généalogies, S. 122.

4.4.2 Die reichen und die armen Fugger

Die Teilung der Fugger in die beiden Zweige ›vom Reh‹ und ›von der Lilie‹ findet nur eine Generation später statt. Dennoch werden die Fugger vom Reh in ihrer Genealogie bis zur Entstehungszeit des Ehrenbuches aufgenommen. Auch sie werden jedoch mitnichten in der gleichen Weise dargestellt wie die Fugger von der Lilie. Schon in der Reihe von Herolds- und ganzseitigen Wappenbildern am Beginn der Handschrift wird zwischen den Fuggern von der Lilie und denen vom Reh ein deutliches Bedeutungsgefälle formuliert[225]. So verweist die Darstellung der Heroldsfigur mit dem Rehwappen deutlich auf einen Gegensatz zwischen den beiden Zweigen der Familie. In dem auf der gleichen Seite stehenden Widmungsgedicht, das auf die am Ende der Handschrift stehende Genealogie der Fugger vom Reh verweist, heißt es: […] *Jch wais nicht was Jch sagen soll / Jm anfang stond Jr sach gantz wol / Hantierten vast Jm gantzen Reich / Die Lilg dem Rech was vngeleich / Die Reichen fugger warens gnant / Aber Got Jn jr Glick umbwandt / Das Jn Jm handel ist miszlungen / Des traurt Jr Stamm durch alt vnd Jungen / Dargegen den von der Lilgen werdt / Jr glick an ehrn vnd gut gemert / Des preis Jch Jr freymiltigkait / Die altzeit durch barmhertzigkait / Mit hilf den meinen ist berait.*[226]

In der Entwurfsfassung ist der spöttische Ton noch wesentlich deutlicher. Die entscheidenden Zeilen lauten dort: *Die Reichen fugger warens gnant / Aber Got Jn Jr glick vmbwant / Vnd hat Jn das Deposuit gsungen / Das Jn Jm handel ist miszlungen / Dargegen den von der Lilgen werdt* […].[227] Aus der Sicht des Herolds wird hier das Verhältnis zwischen den beiden Zweigen der Familie formuliert, eben jene gegenläufige Bewegung sozialer Mobilität, wie sie in der Reihe der einleitenden Wappenbilder zu Beginn deutlich vermittelt wird.

Auch als Porträtbuch hat das Fuggersche Ehrenbuch eine eigentümliche Doppelstruktur: Nach der genealogischen Reihe der Fugger von der Lilie und dem im Anschluß daran freigehaltenen Raum für die Einträge kommender Generationen steht am Ende des Codex, wiederum beginnend in der dritten Generation, die Genealogie der Fugger vom Reh. Quasi spiegelbildlich verkehrt wiederholt sich hier nun die visuelle Vermittlung der Familiengeschichte: Wie in dem Abschnitt über die Fugger von der Lilie alles auf eine Vermittlung des ›Herkommens‹ als eine Geschichte stetigen Aufstiegs hin angelegt ist, so kehrt sich nun die Bewegung um. Nur Andreas Fugger und die Generation seiner Kinder werden im Bild gezeigt. Die Kostümierung und Ausstattung der Figuren dokumentiert dabei den überstürzten gesellschaftlichen Erfolg der Fugger vom Reh[228]. Die weiteren Nachkommen werden nur mehr mit Wappen und Allianzwappen gezeigt, ohne Schriftbänder für den erläuternden Text. Das für das Fuggersche Ehrenbuch typische Bildensemble aus Wappen, Porträt und Text ist damit aufgelöst, zurückgeführt auf den Typ des reinen Wappenbildes. Alles Bemühen um eine Variation des Ausdrucks geht verloren bei den letzten Generationen der Genealogie der Fugger vom Reh, für die unzählige Male das schablonenhaft gleiche Wappen auftaucht. In der inhaltlichen Aufteilung des Codex wiederholt sich so die Doppelstruktur der Herolds- und Wappenbilder an seinem Anfang.

Die Legende des Wappens der Fugger vom Reh zu Beginn des Ehrenbuches erläutert den Grund: *Das alt Fuggerisch wappen von dem Rech, welches Jacob Fugger für In vnnd alle seine Brueder, von Kaiser Friderichen hochloblicher gedechtnus zu Wien, loblichen erlangt vnnd ausgebracht hat. Anno .1462.*[229] Der Wappenschild ist in der Dekoration schlichter gehalten als jener des Lilienwappens[230]. Zudem ist das Wappen umgekehrt: Das Reh springt nach links. Die Umkehrung des Wappens ist aller Wahrscheinlichkeit nach als heraldischer Ausdruck einer Unterwerfung gegenüber der Lilie zu verstehen[231]. Bei dem Lilienwappen lautet die Legende: *Das recht alt Fuggerisch Wappen von der Lilgen, welchs der Ernuest Herr Vlrich fugger aus Vrsachen, das Jacob Fugger, das wappen mit dem Rech (es sey dann aus verachtung oder vergessenhait beschehen) allain auf seine Brueder, vnd nicht auf andre fugger, so geschwistergot kind mit Jm gewesen, erlangt vnnd aufgebracht hette, fur sich vnd seine brueder, Auch von kaiser fridrichen hochloblicher gedechtnus in der Stat Augspurg gantz gnedigclich erworben vnd damit begabt worden ist. Anno.1473.*[232]

Selbst im Allianzbildnis des Jakob Fugger vom Reh wird die Aufbringung des Rehwappens mit einem kritischen Unterton bedacht: *Herr Jacob fugger, Herren Andreas fuggers Eelicher Sone, welcher den Fuggerischen Wappenbrief von dem Rech, allain fur Jne, vnd seine Brueder, bey Kaiser friderichen hochloblicher gedechtnus, zu Wien aufgeprächt hat,* […].[233] Deutlicher noch wird der Verfasser in der biographischen Erläuterung zu Ulrich Fugger: *Hat auch, dieweil seine Vettern das Wappenn mit dem Rech fur sie allain aufgepracht hetten, welchs er fur ein verachtung gehalten, das fuggerisch Wappen mit der Lilien von*

---

[225] Vgl. Kap. 3.1.1.
[226] Endfassung, fol. 4r.
[227] Entwurf, fol. 2r; die Zeilen 13 f. (*Vnd* […] *miszlungen*) getilgt. Die Formulierung: *Vnd hat Jn das Deposuit gesungen* findet sich bei Clemens Jäger häufiger; vgl. ROTH, Clemens Jäger II, S. 100.
[228] Vgl. oben, Kap. 3.5.
[229] Endfassung, fol. 3v.
[230] Endfassung, fol. 6r.
[231] Vgl. Kap. 7.3.1 und 3.1.1.
[232] Endfassung, fol. 6r.
[233] Endfassung, fol. 172r.

Kaiser Friderichen etc., hochloblicher gedechtnus zu Augspurg Anno .1473. auf Jn vnd seine gebrueder, vnd derselben Erben, gnedigclich erlangt vnd aufgepracht.[234]

Jakob Fugger vom Reh, der jüngere Sohn des Andreas des Reichen, wird so zum Urheber der Spaltung der Familie stilisiert[235]. Bis in die Gestaltung seines Porträts wird er als stolz bis zur Überheblichkeit geschildert. Im Gegensatz zu seinem älteren Bruder Lukas wird ihm keine eigene Kurzbiographie zugestanden. Lukas Fugger hingegen wird grundsätzlich positiv bewertet: *Diser Lucas fugger hat ainen gewaltigen handel in grossem glauben vnd vertrawung von Venedig aus, auf Leiptzig vnd Seesteten, auch Niderland zu, mit Specerien, Seiden, vnd wullin gewand, sambt seiner Geselschaft vnd Söne, geubt vnd gehalten, […] vnd hat Jme sambt seiner geselschaft, dermassen Jnn dem handel so wol gelungen, das sie als die Reichisten fugger von menigclich beschrait vnd berueft gewesen sein. […].*[236]

Das risikofreudige Geschäftsgebahren Lukas Fuggers und seiner Partner wird keineswegs verurteilt. So heißt es bei der Todesnachricht ganz positiv: *Jnn dem .1439. Jar, ward er geborn, vnd als er funfvndfunfftzig Jar mit Got vnd eern erlebt, Jst er Anno .1494. aus diser welt verschaiden, Dem Got genedig sein wolle.*[237]

Ausführlich wird jedoch auch von seinem Bankrott erzählt: *Ein gar Schwerer vnfall* sei ihm geschehen, als er der Stadt Löwen einen hohen Kredit *auf Jnteresse* – d.h. gegen Zins – gegeben habe, den er trotz achtjähriger Prozesse nicht habe zurückerlangen können. Nach seinem Tod seien auch seine Söhne *in dergleichen vnfaell gefallen*. Und weiter: *Aus disem allem, ist diser Fuggerisch handel von dem Rech, schier gar erloschen vnd verdorbenn, vnd habent die kinder hernach handwercker lernen muessen. etc.*

Lukas Fugger hatte mit spekulativen Geschäften im weiträumigen Maßstab große Gewinne erzielt[238]. 1489 vermittelte er Kredite an den Erzherzog Sigmund und an Maximilian, den König und späteren Kaiser. Als die von den Habsburgern zur Bürgschaft gezwungene Stadt Löwen 1499 eine Rückzahlung verweigerte, platzte der Kredit. Das Engagement für das Erzhaus leitete so den Ruin der Fugger vom Reh ein[239]. Die Mitverantwortung des späteren Kaisers, der Zentralgestalt für die Selbstwahrnehmung der Fugger von der Lilie, am Zusammenbruch des Lukas Fugger vom Reh ist nun im Ehrenbuch vollständig eliminiert. Auch die Beteiligung der Fugger von der Lilie und anderer Augsburger Kaufleute an dem von Lukas Fugger vom Reh vermittelten Kredit wird verschwiegen. Der Fall der Fugger vom Reh kann und muß als *vnfall*, als grundloser Wechsel des geschäftlichen Glücks dargestellt werden. Schließlich wird Lukas Fugger der böse Willen anderer zum Verhängnis: *[…] Vnd Zudem, das Jme etlich zu vast zugesetzt, vnd nach seinem verderben getrachtet, […].*[240]

Werden Aufstieg und Fall des Lukas gleichermaßen als Wirken kaufmännischen Schicksals gezeigt, so ist der Bankrott des jüngeren Bruders Matthäus selbstverschuldet. Der geschäftliche Mißerfolg wird so zur moralischen Disqualifikation[241]: *[…] ist ein hinlessiger kaufman gewesen, ist Jm handel verarmet, das die kinder haben muessen handwerk lernen, Jst zu letst Jm Gartsee ertruncken.*[242]

Aufstieg und Fall der Fugger vom Reh werden so durchaus differenziert bewertet. Die Ambivalenz von kaufmännischer Risikofreudigkeit – von *grossem glauben vnd vertrawung* – einerseits und Fahrlässigkeit – dem Benehmen des *hinlessige[n] kaufman[s]* – andererseits verliert freilich ihre Neutralität im Vergleich mit dem auf gottesfürchtiger Demut und kaufmännischer Tugend beruhenden Erfolg der Fugger von der Lilie.

Die Kurzbiographie des Lukas Fugger enthält Passagen, die offenbar aus einer zunächst geplanten Kurzbiographie des Andreas Fugger übertragen wurden, ohne daß sie hinlänglich sprachlich und inhaltlich überarbeitet worden wären[243]. Aufstieg und Fall der Fugger vom Reh werden so komprimiert auf die eine Generation der Söhne Andreas' des Reichen: Sie mar-

---

[234] Entwurf, fol. 15r. Das Habsburgische Ehrenwerk, BaySB Cgm 895, fol. 319r–319v, schildert die Aufbringung des Lilienwappens durch Ulrich Fugger im Jahr 1473 neutral, ohne jede Erwähnung der Fugger vom Reh.

[235] Allianzbildnis: Endfassung, fol. 172r; zur Frage der Wappenaufbringung durch die Söhne des Andreas Fugger vgl. Endfassung, fol. 3v.

[236] Biographische Erläuterung: Endfassung, fol. 171r; Allianzbildnis: ebenda, fol. 170v.

[237] Endfassung, fol. 171r.

[238] Über die angebliche Geschäftspraxis der Fugger vom Reh vgl. JANSEN, Anfänge, S. 36–38; PÖLNITZ, Die Fugger, S. 35, nennt Lukas d. Ä. den »Glücksritter und Condottiere der oberdeutschen Wirtschaft«.

[239] PÖLNITZ, Die Fugger, S. 35; DERS., Jakob Fugger 2, S. 72; Max JANSEN, Jakob Fugger der Reiche. Studien und Quellen I. (Studien zur Fuggergeschichte 3), Leipzig 1910, S. 195; Gabriele von TRAUCHBURG-KUHNLE, Kooperation und Konkurrenz. Augsburger Kaufleute in Antwerpen, in: BURKHARDT (Hg.), Augsburger Handelshäuser, 1996, S. 210–223, hier S. 214 f.

[240] Endfassung, fol. 171r; undeutlich ist hier, auf welchen Fugger vom Reh sich die Passage bezieht. Es könnten sowohl Lukas d. Ä. als auch Lukas d. J. gemeint sein. Da der nächste Satz Matthäus Fugger als *sein Sone* einführt, ist auch denkbar, daß diese Passage wie der Absatz *Seinen Tail Erbguts* auf Andreas Fugger den Reichen zu beziehen ist.

[241] Über die ehrmindernde Wirkung des Bankrotts vgl. Mark HÄBERLEIN, Tod auf der Herrenstube: Ehre und Gewalt in der Augsburger Führungsschicht (1500–1620), in: BACKMANN u.a. (Hg.), Ehrkonzepte, 1998, S. 148–169, hier S. 165 f.; DERS., ›Tag und Nacht‹, S. 52, 56–58; DERS., Brüder, Freunde und Betrüger, S. 274–337.

[242] Endfassung, fol. 172v.

[243] Vgl. oben, Kap. 3.7.2.

kieren jeder für sich Aspekte des Scheiterns ihrer Familie. Während Jakob als die treibende Kraft hinter der Wappenverleihung für die Überheblichkeit der Neureichen steht, stehen Lukas für das Schicksal des risikobereiten Kaufmanns und Matthäus für die Ehrlosigkeit des schuldhaften Bankrotteurs.

Die bloße Existenz der Fugger vom Reh mußte für die spezifische Legitimationsstrategie des Ehrenbuches einen Schwachpunkt darstellen: Setzte der Aufstieg auf den ›gradus nobilitatis‹ des Tugendadels doch voraus, das die adelige Qualität bereits in den Vorfahren, und damit auch in den zeitgenössischen Verwandten, angelegt war. Die Dekadenz der Fugger vom Reh mußte also genealogisch möglichst weit entfernt von der Deszendenz der Fugger von der Lilie eingesetzt haben, nicht schon bei dem älteren Bruder des eigenen Stammvaters, sondern erst bei dessen Kindern. So steht der Vater Andreas der Reiche noch in der genealogischen Reihe derer von der Lilie und wird dabei auffällig neutral bewertet[244]. Erst seinen Söhnen werden Hoffart, Unvorsichtigkeit und Verschwendungssucht zugeschrieben, die klassischen Untugenden, deren Gegensätze die Fugger von der Lilie charakterisieren.

Die Fuggerchronik sieht den Konflikt zwischen Lilie und Reh schon bei den Söhnen des Hans Fugger angelegt: *Diser Andreas Fugger der hat sich aber gegen seinen brueder Jacoben Fugger nicht nach dem gebührlichen gehalten: dann nachdem es im in seinem handl so glücklich und wol ergangen, hat er etwas mer dann gegen got verantwortlich seinen brueder Jacoben Fugger verachtet.*[245] Auch sie läßt jedoch Jakob Fugger vom Reh das Wappen aufbringen: *Ob solliches aber aus verachtung oder vergessenhait geschehen oder nit, das ist der federn nicht zu befelen.*[246] Sie stellt jedoch Lukas und seine Nachkommen gegen die genealogische Reihenfolge an den Schluß ihrer Ausführungen über die Fugger vom Reh, um vor dem Kapitel über die Fugger von der Lilie mit dem Bericht über das geschäftliche und gesellschaftliche Scheitern des Rehzweiges schließen zu können[247]. Der Vergleich mit dem Status der Fugger von der Lilie fällt denn auch spöttisch aus: *Nun solten wir alle die schlösser, stett, dörfer und herrschaften, weliche dise Fugger von dem rech aigenthumblich gehabt, ordenlich nachainander setzen. So kinnen wir kains, so sie gehabt, fünden, als was iren thail erbguets in dem dorf zu Graben anbelofen hat. hiemit so wollen wir den Fuggerischen stam von dem rech entlichen beschlossen haben [...].*[248]

Noch Sigmund von Birken schildert 1668 den Gegensatz von Reh und Lilie als im Verhältnis der Brüder Andreas und Jakob angelegt: *Andreas, der ältere von denselben, als er durch Handelschaft sich bereichert, verachtete, als Esau, seinen Bruder Jacob, und machte sich breit damit, daß man ihn den Reichen Fugger nennett. [...] Aber seine Nachkommen, die Fuggere vom Reh, musten sich verdarben, hingegen den Stammen Jacobs in Aufnahm sehen.*[249]

Im Ehrenbuch dagegen muß das Episodische, Sprunghafte des Erfolgs der Fugger vom Reh betont werden. Jakob Fugger vom Reh habe das Wappen aufgebracht [...] *allain auf seine Brueder, vnd nicht auf andre fugger, so geschwistergot kind mit Jm gewesen,* [...].[250] Die Bezeichnung *geschwistergot kind* verweist auf die Zugehörigkeit der Söhne beider Zweige zu einer gemeinsamen Familie, insbesondere: zu der Gemeinschaft der Erben eines Familiengutes[251]. So heißt es in der Kurzbiographie des Lukas Fugger, jedoch offensichtlich auf seinen Vater Andreas bezogen: *Seinen Tail Erbguts, Nemlich Achtvndzwaintzig Tagwerck Wismads auf dem Lechfeld bey Graben gelegen, sambt andern guetern mer, hat er mit Jacoben fugger von der lilien seinem Bruder, vnZertailt lange Jar Jnnen gehalten, Bis zuletst, sie den Herren fuggern von der Lilien, gar Zukauffenn gegeben worden sind.*[252] Über Jakob den Älteren Fugger von der Lilie hingegen weiß der Entwurf des Ehrenbuches zu berichten: [...] *vnnd der auch die fuggerischen Gueter wol beyeinander gehalten hat.*[253] Dieser Hinweis steht recht isoliert im Anschluß an die kurze Charakterisierung des Jakob als *milt vnnd freuntlich, Aber den Jhenigen, so die billichait gehasset, vnd hochmut gegen Jme geubet, seer hert vnd streng* [...]. Die von Jakob und Andreas gemeinsam als Erbe ihres Vaters gehaltenen 28 Tagwerk *Wismads* werden bereits im Zusammenhang mit der Einwanderung des Hans Fugger nach Augsburg erwähnt[254]. Für diese wie für die Augsburgischen Besitzungen des Stammvaters heißt es weiter: *Welche baide Heuser sambt den guetern zu Graben gelegen, noch heuttigs tags Jnn der Herren fugger von der Lilien gewalt sein.*[255] Wohl wegen der

---

[244] Endfassung, fol. 13v, 168v–169r.
[245] MEYER (Hg.), Chronik der Fugger, S. 5.
[246] MEYER (Hg.), Chronik der Fugger, S. 7.
[247] MEYER (Hg.), Chronik der Fugger, S. 15–17.
[248] MEYER (Hg.), Chronik der Fugger, S. 17.
[249] BIRKEN, Spiegel der Ehren, S. 782.
[250] Endfassung, fol. 6r.
[251] Deutsches Wörterbuch von GRIMM 5 (4.1.2), Sp. 4004 f.
[252] Endfassung, fol. 171r; vgl. zur heterogenen Textstruktur Kap. 3.7.2; MEYER (Hg.), Chronik der Fugger, S. 16, hat eine korrigierte Formulierung: *Aber seinen thail erbguets zu Graben gelegen, nemblichen die 28 tagwerk wismats sambt andern güetern im dorf zu Graben hat er mit Jacob Fuggern, der ein Gasingerin [!] zu der ehe gehabt und seines vatern leiblicher brueder gewesen und hernach ein Fugger von der gilgen genannt worden, vil jar lang unzertailt ingehalten und regiern helfen, bis sie die zuletzt den herrn Fuggern von der gilgen gar zu kaufen geben und derselben aigenthumblich gar worden sein.*
[253] Endfassung, fol. 15r; Entwurf, fol. 14r.
[254] Endfassung, fol. 10r; Entwurf, fol. 10r.
[255] Endfassung, fol. 10v.

verunglückten Syntax aus dem Entwurf gestrichen wurde hier noch der ausdrückliche Hinweis: [...] *vnd Jnen vmb das sie von Jren eltern herruern, souil dester lieber haben.*²⁵⁶

Auch die städtischen Häuser seines Bruders Ulrich – bzw. die nach dem Brand des Jahres 1402 neu bebauten Hausstellen – werden im Ehrenbuch ausdrücklich als im Besitz der Fugger von der Lilie bezeichnet. Raymund Fugger, der Vater des Hans Jakob und Stammvater seines Zweigs, habe sie [...] *(wie noch vor augen gesehen) gantz kostlich vnd lustig, von newem erbawet.*²⁵⁷ Bei Raymund Fugger selbst heißt es, er habe die alten Häuser abreißen lassen und die Grundstücke [...] *zu guter gedechtnus des fuggerischen Namens, mit erbawung ainer gar lustigen vnnd kostlichen behausung auff sein aigen kosten gezieret* [...].²⁵⁸ Die Fuggerchronik berichtet sogar: *Hernach da hat er auch die drey heuser, in der Cleesattlergassen gelegen, welche vor jarn Ulrich Fugger verprunnen und lange zeit von den Fuggerischen schlechtlich sind erhalten worden, bis auf die letzt diser herr Raymundo Fugger etliche noch mer heuser, höf und gärten dortherumb darzue erkauft und dise darmit erweitert und ganz herrlich und costlich von neuem hat auferpauen lassen, wie dann vor augen gesehen wierd.*²⁵⁹

Die Erhaltung des Familiengutes wurde als zentrale Aufgabe der Familie gesehen. Der Besitz der alten Fugger in Graben und das gemeinsame Eigentum in Augsburg waren es, was die Nachfahren des Hans und des Ulrich, in der folgenden Generation die des Andreas und des Jakob, verband. Die Integration der Verwandtschaft war bestimmt durch das Stammhaus und das gemeinsame Erbe²⁶⁰. Verwandtschaft, Haus und gemeinsames Wappen standen in einem Wechselverhältnis²⁶¹. Indem die Söhne des Andreas das Rehwappen nur für sich und ihre Nachkommen erwarben, nicht jedoch für ihre Vettern, kündigten sie die Einheit der Familie auf. Noch in der gleichen Generation sollten sie gezwungen sein, ihren Anteil am Stammbesitz zu veräußern. Sie verloren so die legitime, gleichberechtigte Teilhabe an der Familiengeschichte, an der Familienehre. Indem die Fugger von der Lilie den Stammbesitz aufkauften, erlangten sie die alleinige Verfügung über die materiellen Substrate des ›Herkommens‹. Mit der Pflege selbst der Häuser des Ulrich Fugger – ausdrücklich *zu guter gedechtnus* – monopolisierten sie die Definitionshoheit über die Identität der Verwandtschaft. Die Kinder des Ulrich wurden so als irrelevanter Seitenzweig ausgrenzbar, gerade weil man in ihr Erbe eingetreten war. Die Fugger vom Reh hatten selbst ihre unmittelbare, selbständige Teilhabe an der Verwandtschaft schuldhaft verspielt. Die Erinnerung der Fugger war nicht mehr die ihre.

Der Nachvollzug der unterschiedlichen Entwicklung der Familienzweige in der Konzeption des Ehrenbuches ist auch rhetorische Stilisierung einer Familiengeschichte zum Exempel für das Auf und Ab der Zeiten, wie der Sinnspruch nahelegt, der in der Endfassung bei dem traurigen Herold der Fugger vom Reh steht: *Oportet fata sequi et rerum permutaciones / sapienter ferre Volubiles sunt prosperitates / humane & diurna pene opum ac divitiarum / duratio.*²⁶² Für das Heroldsbild mit dem Lilienwappen wählte man dementsprechend (leicht abweichende) Verse aus den Metamorphosen des Ovid: [...] *sic omnia / verti Cernimus at[que] alias assumere / robora gentes.*²⁶³

Ebenso wird in der Bordüre zu der biographischen Erläuterung Lukas Fuggers vom Reh²⁶⁴ die Devise der Ahnenprobe Hans Jakob Fuggers²⁶⁵ wieder aufgenommen: *Gott gibt / Gott nimbt.* Diese Demutsformel steht hier also nicht als Devise Hans Jakob Fuggers²⁶⁶, sondern als Hinweis auf die Wechselfälle der göttlichen Fügung.

Durch die Wappenverleihung an die Söhne des Andreas Fugger war noch im nachhinein die Ehre der Fugger von der Lilie in Frage gestellt. Die Stilisierung des Scheiterns der rivalisierenden Verwandtschaft stabilisierte daher das eigene ›Herkommen‹. Indem man die Fugger vom Reh in das Ehrenbuch aufnahm, dabei aber ihren Erfolg nur als Vorgeschichte ihres Scheiterns, dieses als schicksalhafte Folge ihres Hochmuts und diesen wiederum als ethisches Gegenstück der eigenen Großmütigkeit und Freigiebigkeit präsentierte, disqualifizierte man nicht nur die Rivalen noch im nachhinein, sondern erfuhr aus der Auseinandersetzung mit einer offenen Schwäche des eigenen Status zudem eine späte Genugtuung.

Nach dem Tod ihrer Mutter Elisabeth Gfattermann im Jahr 1436 hatten Andreas und Jakob Fugger noch bis 1454 einen gemeinsamen Haushalt geführt²⁶⁷. Nach der Trennung blieben beide Familienteile auch

---

²⁵⁶ Entwurf, fol. 10r.
²⁵⁷ Endfassung, fol. 11v; Entwurf, fol. 11r.
²⁵⁸ Entwurf, fol. 27r.
²⁵⁹ MEYER (Hg.), Chronik der Fugger, S. 34.
²⁶⁰ Zur identitätsstiftenden Funktion des Herkunfts- und Stammhauses vgl. für die oberitalienische Familienbuchschreibung KLAPISCH-ZUBER, Die Erfindung, S. 14–16; zur wechselseitigen Konstitution von Erbe und Geschlecht vgl. für Franken im 15. Jahrhundert MORSEL, Adelsgeschlecht als Repräsentation, S. 285 f.; zur Funktion des Wappens vgl. ebenda, S. 271–273.
²⁶¹ KLAPISCH-ZUBER, Die Erfindung, S. 12–14.
²⁶² Endfassung, fol. 4r; Herkunft unbekannt; im Entwurf, fol. 2r, nicht enthalten.
²⁶³ Endfassung, fol. 1v; Entwurf, fol. 1v, nachgetragen von Hand B (Clemens Jäger); vgl. P. Ovidii Nasonis Metamorphoses, ed. William S. ANDERSON (Bibliotheca Scriptorum Graecorum et Romanorum Teubneriana), ND der 5. Aufl., Stuttgart 1993, hier XV, 420–421, zu ergänzen (422): »concidere has«; 420: statt *omnia* steht bei Ovid: »tempora«.
²⁶⁴ Endfassung, fol. 169r.
²⁶⁵ Endfassung, fol. 7r.
²⁶⁶ Vgl. KOUTNÁ-KARG, Ehre der Fugger, S. 88 mit Anm. 3.
²⁶⁷ JANSEN, Anfänge, S. 24.

weiterhin geschäftlich eng verbunden. Entgegen der auch im Ehrenbuch kolportierten Behauptung von den *Reichen fugger*[268] läßt sich anhand der Augsburger Steuerbücher nachweisen, daß seit der Güterteilung des Jahres 1454 Jakob der Ältere durchgehend vermögender war als Andreas[269]. Noch 1486 versteuerten seine Witwe mit ihren Söhnen Georg und Jakob und ihr bereits selbständiger Sohn Ulrich zusammen einen höheren Betrag als die Gebrüder Lukas, Jakob und Matthäus Fugger vom Reh[270]. Lukas Fugger vom Reh versteuerte 1475 7748 fl. und war damit der 42. in der Vermögenshierarchie der Stadt[271]. 1492 versteuerte er gemeinsam mit mehreren verwandten oder verschwägerten Mitgesellschaftern ein Vermögen von 17.200 fl., das neunthöchste Steuerkonto[272]. Zu diesem Zeitpunkt, auf dem Höhepunkt der Vermögensentwicklung der Fugger vom Reh, wurden die Gebrüder Fugger von der Lilie zwar je für sich deutlich niedriger veranschlagt. Zusammengerechnet jedoch hielten sie mit 58.884 fl. ein Vermögen, das das der Vettern bei weitem übertraf[273].

1473 wurde Lukas Fugger vom Reh als Zwölfer der Weberzunft in den Großen Rat gewählt, 1487 als Zunftmeister in den Kleinen Rat, dem er bis 1496 als Zunftmeister bzw. alter Zunftmeister angehören sollte. 1490 bis 1494 amtierte er als Einnehmer der Stadt Augsburg und damit als Mitglied des die Geschicke der Stadt bestimmenden Dreizehner-Kollegiums[274]. Bis zum Eintritt des Hans Jakob Fugger in städtische Ämter fünfzig Jahre später sollte er damit der potenteste Vertreter der Fugger im städtischen Regiment bleiben.

Mit seiner zweiten Heirat mit Clara Conzelmann im Jahr 1488 gewann Lukas Fugger zudem *freuntschaft* mit den Familien mehrerer seiner Kollegen unter den Dreizehnern: Clara Conzelmann war die Witwe des Stephan Ridler[275], dessen Verwandter Hiltpold Ridler 1487–1506 als Baumeister und Bürgermeister amtierte[276]. Durch die Verheiratung seines Sohnes Lukas des Jüngeren mit Justina Ridler im Jahr 1489 gewannen die vom Reh auch selbst Heiratsverbindungen zu den Ridler[277]. Clara Conzelmann selbst stammte aus alter patrizischer Familie: Georg Conzelmann war in den Jahren 1489–1494 Siegler und damit ebenfalls Dreizehner[278].

Ein weiteres Mitglied des Dreizehner-Kollegiums war der reiche Kaufmann und Baumeister des Jahres 1503, Gastel (IV.) Haug, der bereits 1468 Ursula Fugger vom Reh, eine Schwester des Lukas, geheiratet hatte[279]. Gastel Haug wiederum war ein Sohn seines gleichnamigen Vaters und der Walburga Bäsinger. Beim Bankrott des Franz (bzw. Ulrich?) Bäsinger bürgten neben den Söhnen auch ein Haug – aller Wahrscheinlichkeit nach Gastel (IV.) – und der Ehemann der Barbara Bäsinger, Jakob der Ältere Fugger von der Lilie[280]. Eine Tochter des Gastel (IV.) Haug sollte später Anton (I.) Bimmel heiraten, den mächtigen Bau- und Bürgermeister der Reformationszeit.

Jakob Fugger vom Reh, der Bruder des älteren Lukas, heiratete Ursula Rem, die Tochter des Sigmund Rem und Schwester des Wilhelm Rem, jenes Chronisten und Faktors der Fugger von der Lilie in Mailand, der mit Walburga Fugger von der Lilie, einer Schwester Jakobs des Reichen, verheiratet war[281].

Matthäus Fugger vom Reh, der *hinlessige* Kaufmann, dessen Leben im Gardasee enden sollte, war verehelicht mit Helena Mülich, wohl einer Schwester des Chronisten Hektor Mülich[282]. Ein Marx Mülich war Mitgesellschafter des Lukas Fugger vom Reh[283]. Hektor Mülich jedoch war in zweiter Ehe verheiratet mit Anna Fugger von der Lilie, einer weiteren Schwester Jakobs des Reichen[284]. In erster Ehe (um 1460 geschlossen) hatte er Ottilia Conzelmann zur Frau gehabt, die Schwester des Sieglers Georg Conzelmann, aus jener Familie, mit der auch sein Schwager Lukas Fugger vom Reh in zweiter Ehe verbunden war. Georg Mülich, ein Sohn des Hektor Mülich und der Anna Fugger von der Lilie, heiratete 1487 Barbara Roggenburger, eine Tochter des Georg Roggenburger und der Felicitas Fugger vom Reh, auch sie eine Schwester des älteren Lukas[285].

---

[268] Endfassung, fol. 4r, 171r.
[269] JANSEN, Anfänge, S. 24 f., 31.
[270] GEFFCKEN, Soziale Schichtung, Tab. XIX: Witwe Jakob Fuggers von der Lilie: 13.200 fl.; Ulrich Fugger: 9300 fl.; dagegen Lukas Fugger vom Reh: 8638 fl.; Jakob Fugger vom Reh: 4100 fl.; Matthäus Fugger vom Reh: 3067 fl.; nicht erfaßt ist der in Nürnberg ansässige Hans Fugger, dessen Geschäftsanteil jedoch unter dem seiner drei älteren Brüder gelegen haben dürfte.
[271] GEFFCKEN, Soziale Schichtung, Tab. XVII.
[272] GEFFCKEN, Soziale Schichtung, Tab. XX.; ROGGE, Für den Gemeinen Nutzen, S. 112 mit Anm. 24.
[273] Ulrich Fugger: 16.971 fl.; Witwengut der 1497 verstorbenen Barbara Bäsinger: 15.971 fl.; Georg Fugger: 13.971 fl.; Jakob Fugger: 11.971 fl.
[274] Vgl. das Verzeichnis der Dreizehner aus der Weberzunft in der Weberchronik Clemens Jägers: (Die) Chroniken der schwäbischen Städte. Augsburg, Bd. 9, hg. von Friedrich ROTH (StChr. 34), Stuttgart-Gotha 1929, ND Göttingen 1966, S. 275 f.; vgl. außerdem JANSEN, Anfänge, S. 33–35; BÖHM, Reichsstadt, S. 375 f., gibt für das Einnehmeramt die Jahre 1492–1494; vgl. auch Endfassung, fol. 171r.
[275] GEFFCKEN, Soziale Schichtung, S. 157.
[276] BÖHM, Reichsstadt, S. 375 f.
[277] Vgl. Endfassung, fol. 174v; wo nicht anders angegeben, sei im folgenden für Belege auf die Kommentare im Teil II dieser Arbeit verwiesen.
[278] Vgl. Endfassung, fol. 170v; BÖHM, Reichsstadt, S. 375 f.
[279] Vgl. Endfassung, fol. 171v; Augsburger Stadtlexikon (1998), S. 478.
[280] Vgl. Endfassung, fol. 14v.
[281] Vgl. Endfassung, fol. 23r, 172r.
[282] Vgl. Endfassung, fol. 172v.
[283] Vgl. Endfassung, fol. 171r.
[284] Vgl. Endfassung, fol. 19v.
[285] Vgl. Endfassung, fol. 174r.

Mit der Ehe der Barbara Fugger vom Reh mit Thoman Grander ergab sich eine weitere Verbindung zu einem der aufstrebenden Handelshäuser Augsburgs. Thoman Grander wird auch im Ehrenbuch eigens hervorgehoben: *Thoman Grander, Burger, vnnd ein gwaltiger Kaufman zu Augspurg, hat etliche kinder mit fraw Barbara fuggerin Eelichenn ertzeuget.*[286] Ein Nikolaus Grander († 1457/63) war ein Schwestersohn Johanns des Älteren Meuting. Thomans Sohn Georg war schon 1495 Teilhaber der Fugger von der Lilie. In erster Ehe mit der Tochter Johanns des Jüngeren Meuting verheiratet, war Thoman Grander zeitweise als Faktor im Dienst der Meuting, mit denen auch die Fugger von der Lilie früh Kontakte hatten[287]. Unklar ist, ob nach seinem Tod die Söhne oder Lukas Fugger vom Reh seinen Handel weiterführten[288]. Andreas, der Älteste, sollte 1524 und 1525 als Vertreter Jakob Fuggers des Reichen in Venedig auftreten. Felicitas Grander, eine Tochter des Andreas, heiratete Bartholomäus V. Welser, der 1519–1553 als Oberhaupt des Hauses Welser wirken sollte.

Fugger vom Reh und Fugger von der Lilie bewegten sich in der dritten Augsburger Generation, jener der Kinder des Andreas und des Jakob des Älteren, mit ihren Heiratsverbindungen in einem gemeinsamen Umfeld, dem Milieu einer mehrheitlich nicht-patrizischen, aber in Ratsnähe agierenden kaufmännischen Oberschicht. Mehrfache Querverbindungen lassen dabei auf eine gemeinsame Familienstrategie oder zumindest korrelierende Interessen schließen. Jedenfalls gelang den Fugger vom Reh die Integration in die städtische Oberschicht keineswegs in einem geringeren Maße als den Fugger von der Lilie.

Zumindest für den Nürnberger Handel läßt sich im letzten Viertel des 15. Jahrhunderts auch eine enge geschäftliche Kooperation von Fugger vom Reh und Fugger von der Lilie nachweisen[289]. Daß Hans Fugger vom Reh, der jüngste der Andreassöhne und Nürnberger Vertreter der Fugger vom Reh, nach deren geschäftlichem Zusammenbruch 1496 in die Dienste der Fugger von der Lilie trat, wird insofern eher Ausdruck einer Kontinuität der Geschäftsbeziehungen sein[290].

Unterdessen hatte sich im letzten Jahrzehnt des 15. Jahrhunderts der rapide Anstieg des Handels der Fugger von der Lilie vollzogen. 1498 wurden allein als Witwengut der im Vorjahr verstorbenen Barbara Bäsinger 22.971 fl. versteuert. Dazu kamen die Brüder Ulrich mit 22.771 fl., Georg mit 18.971 fl. und Jakob mit 15.971 fl.[291]. 1504 schließlich versteuerten Jakob Fugger und Gebrüder mit 100.000 fl. das größte Vermögen der Stadt, hinzu kam mit 25.135 fl. als Witwengut der Mutter noch einmal der siebtgrößte Steuerposten[292]. 1510 sollten Jakob Fugger der Reiche und Verwandte 258.400 fl. versteuern[293]; 1516 gar Jakob allein 240.000 fl., die Söhne seiner Brüder Ulrich und Georg jeweils 100.000 fl.[294].

Die Fugger von der Lilie waren demnach nicht nur durchgehend die reicheren Fugger[295]. Ihr Aufstieg vollzog sich realiter auch mit eben jener Schnelligkeit, die das Ehrenbuch allein den Vettern mit dem Rehwappen anlastet. Innerhalb zweier Jahrzehnte zur reichsten Familie nicht nur der Stadt Augsburg, sondern des gesamten oberdeutschen Frühkapitalismus und zu einer europaweiten Machtstellung aufgestiegen, waren die Fugger von der Lilie die beste Widerlegung der von ihren Nachfahren ein halbes Jahrhundert später ventilierten Legitimationsstrategie. Der Aufstieg der Fugger vom Reh hingegen hatte bis zu ihrem zumindest auch durch die kaiserliche Finanzpolitik verursachten Zusammenbruch weit eher dem Bild eines sukzessiven Aufstiegs in die bestehenden (städtischen) Eliten entsprochen. Die Negativbewertung der Fugger vom Reh lebt von der Projektion der die gesellschaftliche Ordnung sprengenden Wirkung des Werdegangs der Fugger von der Lilie auf die verarmten Vettern[296].

4.4.3 Die Fugger vom Reh als Klientel der Fugger von der Lilie

Wenn das Ehrenbuch zu diesem Zweck ab der vierten *Linie* bzw. fünften Generation der Fugger vom Reh durch den Wechsel vom Porträt zum Wappen den Abstieg der Fugger vom Reh auch als bildliches Bedeutungsgefälle nachvollzieht, läuft es dabei der realen Statusentwicklung der Fugger vom Reh zuwider. Mit dem Bankrott der Firma Lukas Fugger und Gebrüder war zwar der selbständige kaufmännische, nicht aber der ständische Aufstieg der Fugger vom Reh beendet: Andreas Fugger, ein Sohn des Lukas, der in Diensten der Fugger von der Lilie stand, heiratete eine Tochter aus neapolitanischem Adel[297], seine

---

[286] Endfassung, fol. 170r.
[287] Vgl. Endfassung, fol. 13r, 22v.
[288] Vgl. Peter GEFFCKEN, (Art.) Grander, in: Augsburger Stadtlexikon (1998), S. 451 f.
[289] Götz Frhr. von PÖLNITZ, Die Fugger in Nürnberg, in: Beiträge zur Wirtschaftsgeschichte Nürnbergs, Bd. 1, 1967, S. 221–235, hier S. 224–226.
[290] Vgl. Endfassung, fol. 173v; PÖLNITZ, Fugger in Nürnberg, S. 227.
[291] GEFFCKEN, Soziale Schichtung, Tab. XXI.
[292] GEFFCKEN, Soziale Schichtung, Tab. XXII.
[293] GEFFCKEN, Soziale Schichtung, Tab. XXIII.
[294] GEFFCKEN, Soziale Schichtung, Tab. XXIV.
[295] Augsburger Stadtlexikon (1998), S. 420 f.
[296] Die Darstellung des Ehrenbuches wie die der Fuggerchronik sind insofern als Produkt einer weitgehenden Stilisierung zu sehen. Diese quellenkritische Einsicht fehlt weitgehend, wo diese Quellen für die Einschätzung der Fugger vom Reh herangezogen werden, so bei JANSEN, Anfänge, S. 24–26; PÖLNITZ, Anton Fugger 1, S. 7, 30; DERS., Die Fugger, S. 32–43.
[297] Endfassung, fol. 179v.

Schwester Margaretha einen Doktor der Rechte[298]. Sigmund Fugger, ein Sohn des Jakob Fugger vom Reh und Faktor der Höchstetter in Joachimstal, heiratete 1499 Elisabeth Blankenfeld, eine Tochter des Bürgermeisters von Berlin, Thomas Blankenfeld[299]. Die Blankenfeld waren 1474 nobilitiert worden[300]. Die Fuggerchronik nennt die Braut insofern zu Recht eine *junckfrawen von dem adl*[301]. Angesichts der politischen wie geschäftlichen Bedeutung der Verbindungen der Fugger von der Lilie zu den Blankenfeld in der Zeit Jakobs des Reichen und Antons und der Ansässigkeit von Vertretern der Familie in Nürnberg ist es zumindest auffällig, daß das Wappen der Berliner Bürgermeisterfamilie den Bearbeitern des Ehrenbuches angeblich nicht bekannt war[302]. Das Ehrenbuch erwähnt diese drei erfolgreichen Heiratsverbindungen durchaus. Während es jedoch in der Ahnenreihe der Fugger von der Lilie den mit dem jeweiligen Konnubium verbundenen gesellschaftlichen Erfolg im Bild sicherlich sorgfältig umgesetzt hätte, sind diese statusrelevanten Heiraten der Fugger vom Reh in keiner Weise aus dem Einerlei der Wappenreihe hervorgehoben.

Nicht berücksichtigt wird in der fünften *Linie*, unter den Großkindern des Hans Fugger vom Reh, auch die Wappenbesserung, die Gastel II. Fugger vom Reh, wohl 1528–1533 Faktor Anton Fuggers in Nürnberg, 1529 durch Ferdinand I. erlangt hatte[303]. Der ständische Aufstieg eines Fugger vom Reh lief also der Wahrnehmung des Ehrenbuches zuwider. Er wurde entweder überhaupt nicht erwähnt oder der Gesamtkonzeption entsprechend neutralisiert.

Kaufmännischer Erfolg hingegen blieb auch in den jüngeren Generationen thematisierbar: *Herr Bartholme Fugger, Lucassenn fuggers des Jungern eelicher Son, hat zu Craca in Polen, herren Paungratzen Gutthaeters eeliche Tochter, Anna genant, zu der Ee genomen, Jst zu ainer guten Hab, Jnn .18000. guldin wert, komen, hat auch etliche eeliche kinder verlassen, stirbt A[nn]o 1537. an dem Schlag.*[304] Dieser erfolgreiche Kaufmann aber verkehrte im Umfeld der reichen Vettern: Die Gutthäter, eine aus Kulmbach nach Krakau gegangene Familie, die dem Verfasser des Ehrenbuches offenkundig ein Begriff war, gehörten zum verwandtschaftlichen und geschäftlichen Umfeld der Thurzo. Bartholomäus Fugger vom Reh, dessen Söhne später bei den Gutthäter bleiben sollten[305], war Mitglied der Klientel der ungarisch-polnischen Verwandtschaft der Fugger von der Lilie. 1521 bis 1523 führte er gemeinsam mit Michael Meidel, Faktor im Montangeschäft der Thurzo, eine Handelsgesellschaft in Frankfurt am Main. Meidel war verheiratet mit der Tante des Bartholomäus, Barbara Fugger vom Reh[306]. Die Fuggerchronik bezeichnet diese Ehe als *verhilff irer brüeder und vettern* geschlossen[307] – ein recht präzises Indiz für die Kommunikationsstrukturen innerhalb der Klientelnetze der Thurzo und Fugger von der Lilie. Brüder und Vettern, also wohl die Söhne des älteren Lukas und seiner Brüder, vermittelten Verbindungen im Umfeld der Fugger von der Lilie. Sebastian Fugger vom Reh, ein Sohn des Matthäus, war seit 1509 Kämmerer im schlesischen Neisse. Neisse war dem Breslauer Fürstbischof Johannes V. Thurzo untertan. Seit 1514 wickelten die Fugger von der Lilie ihren Polenhandel über die bischöfliche Stadt ab, um das Stapelrecht von Breslau zu umgehen[308]. Hans d. J. Krug aus Nürnberg, ein Sohn des Goldschmieds Hans Krug und der Ursula Fugger vom Reh, wurde Münzmeister in der Kremnitz, der Kammergrafschaft der Thurzo[309]. Sein Bruder, der Goldschmied Ludwig Krug, war unter anderem für Jakob Fugger den Reichen tätig, aber auch für den mit den Fugger eng verbundenen Kardinal Albrecht von Brandenburg.

Töchter und Söhne des Hauses Fugger vom Reh wurden verheiratet an Geschäftspartner der Fugger von der Lilie, wie auch Ester Fugger, die Tochter des Hans Fugger vom Reh und Frau des Kaufmanns Lukas Sitzinger[310]. Eheverbindungen aus den ersten Generationen der Fugger vom Reh wurden geschäftlich mobi-

---

[298] Endfassung, fol. 180r.
[299] Endfassung, fol. 181r. Die erst in den Jahren nach 1510 wirksam werdende enge Kooperation der Blankenfeld mit den Fugger von der Lilie im Kontakt zum Hohenzollernhof wie zur römischen Kurie sollte nicht darüber hinwegtäuschen, daß Sigmund Fugger zum Zeitpunkt der Eheschließung als Mitarbeiter der Höchstetter unabhängig von den Augsburger Vettern handelte. Erst 1529 trat er mit der Vermittlung der Höchstetterschen Besitzungen in Joachimsthal an die Fugger von der Lilie als deren Kontaktmann hervor. Die Chronologie spricht insofern klar gegen eine kurzschlüssige Verknüpfung dieser Eheverbindung mit dem Klientelnetz der Fugger von der Lilie, wie z.B. bei PÖLNITZ, Jakob Fugger 2, S. 324. Eine Mobilisierung der bereits bestehenden Verbindung könnte jedoch zur Stabilität der Kooperation Fugger-Blankenfeld im Kontakt zum Hohenzollernhof, zu Kardinal Albrecht von Brandenburg und zur Kurie beigetragen haben.
[300] Hugo RACHEL/Johannes PAPRITZ/Paul WALLICH (Hg.), Berliner Großkaufleute und Kapitalisten, Bd. 1: Bis zum Ende des Dreißigjährigen Krieges (Veröff. des Vereins für Geschichte der Mark Brandenburg 32), 2. Aufl. Berlin 1967, S. 22.
[301] MEYER (Hg.), Chronik der Fugger, S. 8.
[302] Die Blankenfeld führten seit der Nobilitierung durch Friedrich III. die Trense eines Pferdezaumes zwischen zwei Sternen im Wappen; vgl. Wilhelm SCHNÖRING, Johannes Blankenfeld. Ein Lebensbild aus den Anfängen der Reformation (Schr. des Vereins für Reformationsgeschichte 86), Halle a.d. Saale 1905, S. 4.
[303] Vgl. Endfassung, fol. 200v: Gastel Fugger erhielt das Recht, zu dem Rehwappen einen goldenen, gekrönten Helm zu führen.

[304] Vgl. Endfassung, fol. 189r.
[305] Vgl. Endfassung, fol. 205v–206r.
[306] Vgl. Endfassung, fol. 178r.
[307] MEYER (Hg.), Chronik der Fugger, S. 14.
[308] Vgl. Endfassung, fol. 182r.
[309] Vgl. Endfassung, fol. 186r.
[310] Vgl. Endfassung, fol. 188v.

lisiert wie im Fall der Blankenfeld. Ähnliches gilt für Hans Roser, Schwiegersohn des älteren Lukas Fugger, der 1510 für die Fugger von der Lilie in Ungarn Geldgeschäfte erledigte[311], oder noch 1548 für den Übergang des Tiroler Handels der Fugger in den gemeinsamen Jenbacher Handel unter anderem mit den Nachkommen des Gastel Haug und den Erben des Anton Bimmel[312]. Auch werden Söhne der Fugger vom Reh an Geschäftspartner derer von der Lilie vermittelt, wie Hans Fugger, Sohn des älteren Gastel Fugger in Nürnberg, der in Antwerpen bei Lazarus Tucher tätig war[313]. Mehrere Söhne der Fugger vom Reh traten wie schon 1496 der in Nürnberg ansässig gewordene Bruder des älteren Lukas, Hans Fugger[314], und der nach Bari abgewanderte Andreas[315] als Faktoren in den Dienst der reichen Verwandtschaft. Ihre Schwestern wurden an Mitarbeiter verheiratet. Wie ihr Vater traten auch Hans der Jüngere[316] und Gastel der Ältere[317] als Faktoren in den Dienst der Fugger von der Lilie. Folgte letzterem auf seinem Nürnberger Posten wohl der eigenen Sohn Gastel der Jüngere[318], so ersterem seine Schwager Christoph Häring[319] und Jobst Zeller[320]. Daß die biographische Erläuterung zu Jakob Fugger dem Reichen ausgerechnet dem Streit um die Amtsführung Zellers und seine Entlassung breiten Raum einräumt[321], wird aus dem Umstand zu erklären sein, daß es sich hier nicht nur um einen geschäftsinternen, sondern auch um einen verwandtschaftlichen Konflikt handelte. Auch ein ebenfalls Hans genannter Sohn des älteren Wilhelm Fugger vom Reh war Mitarbeiter der Fugger von der Lilie[322], ebenso vielleicht sein Bruder Konrad[323]. Sein Vetter, der Gold- und Silberscheider Matthäus Fugger vom Reh, könnte 1550 das Silberbrenneramt im früheren fuggerschen Geschäftssitz Schwaz in Tirol innegehabt haben[324].

Wiederholt werden Töchter der Fugger vom Reh auch an Dienstleute der Fugger von der Lilie verheiratet. So war Sebastian Westernachner, ein Schwiegersohn des älteren Wilhelm Fugger, Kastner der Fugger von der Lilie in Kirchberg[325]. Georg Hauser, der Mann der Anna Fugger vom Reh, war Pfleger des Augsburger Katharinenklosters in (Bad) Wörishofen[326]. Das Kloster St. Katharina hatte enge Verbindungen zu den Fugger von der Lilie. Wiederholt wurden Töchter des Hauses darin untergebracht. Die Klosterkirche diente als Hauskirche der Fuggerhäuser. Auf das höfische Umfeld der Fugger von der Lilie verweist vielleicht auch die Eheschließung der Esther Fugger mit David Beier von Bellenhofen, Sekretär des Herzogs Johann Albrecht von Mecklenburg und Diener des Grafen Ludwig von Oettingen-Wallerstein[327].

Der Goldschmied Wilhelm der Ältere Fugger vom Reh, ein Sohn des Matthäus, heiratete Barbara Wanner, eine Tochter des Augsburger Stadtboten und Stadtsöldners Ulrich Wanner. In der zweiten Hälfte des 16. Jahrhunderts sind mehrfach Fugger-Mitarbeiter mit dem Familiennamen Wanner überliefert[328]. Wilhelm der Ältere hatte 1537 eine Einlage von immerhin 1013 fl. bei Anton Fugger. 1538 kaufte er bei ihm Schwazer Silber. Er führte auch wiederholt Aufträge der Fugger von der Lilie aus. Sein Sohn Wilhelm der Jüngere[329], sein Schwiegersohn Christoph Stern[330] und später auch der Schwiegersohn des jüngeren Wilhelm, Abraham Pfleger[331], betrieben ihre gemeinsame Goldschmiedewerkstatt in den Fuggerhäusern am Weinmarkt. Eine Tochter Christoph Sterns namens Euphrosina heiratete 1577 Hans Mehrer, einen Faktor der Fugger von der Lilie, eine andere namens Ursula einen Großsohn des Jakob Fugger vom Reh namens Stefan, der Ratsherr in Regensburg wurde[332]. Mehrer und Stefan Fugger vom Reh wiederum korrespondierten miteinander im Rahmen des Korrespondentennetzes der Fugger von der Lilie.

Ulrich Fugger vom Reh, ein Sohn des älteren Wilhelm und Schwager des Christoph Stern, brachte es 1575–1582 bis zum Bürgermeister von Augsburg[333]. Er stand dabei jedoch in enger Abhängigkeit von den Fugger von der Lilie, die ihn nicht nur finanziell und geschäftlich unterstützten, sondern offenbar auch für die Verheiratung seiner Kinder sorgten, wie die Fuggerchronik vermerkt: [...] *und vil kinder mit seiner ehewirtin erzeugt, dern dann noch etliche töchter anno 1599 vorhanden gewest, weliche zum thails der herrn Fugger diener von der gilgen vermehlet gewesen,* [...].[334]

---

[311] Vgl. Endfassung, fol. 177r.
[312] Vgl. Endfassung, fol. 171v.
[313] Vgl. Endfassung, fol. 201r.
[314] Vgl. Endfassung, fol. 173v.
[315] Vgl. Endfassung, fol. 179v.
[316] Vgl. Endfassung, fol. 188r.
[317] Vgl. Endfassung, fol. 185r.
[318] Vgl. Endfassung, fol. 200v; das Ehrenbuch nennt für ihn lediglich einen Aufenthalt in *Jndia* und eine Dienststellung bei einem nicht näher zu identifizierenden *Herren von der Kettin*.
[319] Vgl. Endfassung, fol. 186v.
[320] Vgl. Endfassung, fol. 187r.
[321] Entwurf, fol. 19r.
[322] Vgl. Endfassung, fol. 195v.
[323] Vgl. Endfassung, fol. 196v; MEYER (Hg.), Chronik der Fugger, S. 10, nennt ihn als in Venedig im Dienst der Fugger von der Lilie verstorben.
[324] Vgl. Endfassung, fol. 199r.
[325] Vgl. Endfassung, fol. 198r.
[326] Vgl. Endfassung, fol. 181v.
[327] Vgl. Endfassung, fol. 205r.
[328] Vgl. Endfassung, fol. 182v.
[329] Vgl. Endfassung, fol. 194r.
[330] Vgl. Endfassung, fol. 197v.
[331] Vgl. Endfassung, fol. 206v.
[332] Vgl. Endfassung, fol. 191v.
[333] Vgl. Endfassung, fol. 195r.
[334] MEYER (Hg.), Chronik der Fugger, S. 10.

Überhaupt unterstützten die Fugger von der Lilie durch die Finanzierung von Mitgiften die Heiratsverbindungen der Fugger vom Reh. So heißt es im Ehrenbuch über die Hochzeit der Veronika Fugger mit dem Spezereihändler Kaspar Ostermaier, der es bis zum Büchsenmeister der Kaufleutestube bringen sollte: *Caspar Ostermair, ein Specereikramer zu Augspurg, hat mit Junckfraw Veronica fuggerin, Anno .1545. hochtzeit gehalten, zu welchem verheiraten die Herren Fugger von der Lilien (wie dann auch andern mer, miltigclich bescheen) mit besonderer hilf der Heiratsteur, genaigt gewesen sein, hat auch etliche kinder eelichen mit Jr erzeuget.*[335]

In anderen Fällen vermittelten die von der Lilie Eintritte ins Kloster oder Spitalpfründen[336]. Wo es zu Notsituationen kam, griffen sie der Verwandtschaft auch durch direkte finanzielle Unterstützung unter die Arme, wie schon im Fall der Magdalena Fugger vom Reh, Tochter des älteren Lukas und Witwe des Hans Roser, der im Kriegsdienst Maximilians I. umgekommen war: *Fraw Magdalena Fuggerin, Herren Lucassen fuggers des Rats Eeliche tochter, vnd Hansen Rosers Eeliche Hausfraw, hat nach absterben Jres hauswirts, zu ergetzlichkait Jr, vnd Jrer kinder, vil hilf vnd gutthat, von den Fuggerischen von der Lilienn empfangenn.*[337]

Heinrich Dachs, der vermutlich nicht, wie das Ehrenbuch angibt, mit einer Tochter des älteren, sondern des jüngeren Lukas Fugger vom Reh verheiratet war[338], wandte sich noch 1554 mit der Bitte um finanzielle Unterstützung an Hans Jakob Fugger[339]. Mehrmals erhielten in der zweiten Hälfte des 16. Jahrhunderts Fugger vom Reh Zahlungen aus der Stiftung des Veit Hörl, Faktor der Fugger von der Lilie in Antwerpen, die von diesen verwaltet wurde[340]. In der Fuggerchronik heißt es so ganz zu Recht über die Nachkommen der Fugger vom Reh: [...] *und haben vil derselben kinder, wie zuvor gemelt, handwerk lernen müessen, welichen eben die herrn Fugger von der gilgen, weliche si in dem anfang verachtet, jederzeit tägliche handreichung und guete beförderung zue allen ehrn gethan haben.*[341]

Die Fugger vom Reh dienten als personelles Reservoir zur Rekrutierung von Mitarbeitern und politischen Repräsentanten ebenso wie zur Bereitstellung von Frauen zum Aufbau und zur Festigung von Allianzen durch Heiraten[342]. Sie waren Teil eines durch Dienstverhältnisse, Kapitalanlagen, Heiratsverbindungen, aber auch die Bildung von ganzen Faktoren-Dynastien geprägten, vertikal auf die Fugger von der Lilie hin gerichteten Netzwerkes, dessen Struktur und Reichweite noch kaum erforscht ist[343]. Das Ehrenbuch erfaßt nun dieses Klientelverhältnis nicht etwa systematisch. Nur gelegentlich bezieht es sich ausdrücklich auf Verbindungen der Fugger von der Lilie zu den verarmten Vettern. Doch das Bewußtsein um den Abstieg derer vom Reh von der geschäftlich wie gesellschaftlich gleichwertigen Stellung zu klientelistischer Abhängigkeit prägt seine Darstellung.

Das Ehrenbuch wird schließlich auch selbst Medium der Reproduktion dieses Klientelverhältnisses. So heißt es bei einem Allianzwappen, dessen weibliche Seite leer ist: *Andreas Fugger, Andreas Fuggers des alten Eelicher Sone, Jst noch ledigs Stands, wiewol redlich, aber der narungshalben gar nichts werdt.*[344] Der gleichnamige Vater des Andreas war nach seinem Bankrott aus Nürnberg nach St. Annaberg abgewandert, wo auch der Sohn lebte[345]. Ein ähnliches Urteil steht bei einem einzelnen Wappen: *Wolfgang Fugger, Gastel Fuggers des eltern eelicher Sone, ist ledigs stands, aber ein hinlessiger nichtiger mensch.*[346] Wolfgang Fugger vom Reh, dem Verfasser des bekannten Schreibmeisterbuches, ist als einziger zur Abfassungs-

---

[335] Endfassung, fol. 199v; vgl. z.B. ebenda, fol. 200r; vgl. MEYER (Hg.), Chronik der Fugger, S. 9, über die Kinder des Matthäus Fugger vom Reh: *Dise alle kinder haben die herrn Fugger von der gilgen wan sy sich verheurat, mit 300fl. oder etwas mer verehrt.*

[336] Vgl. Endfassung, fol. 184r, 190v.

[337] Endfassung, fol. 177r; vgl. MEYER (Hg.), Chronik der Fugger, S. 14: *Und haben seine weis und kinder vil armueten erliten. Und wo die herrn Fugger von der gilgen inen ir hilf nit bewisen, so heten sie noch mer unglueck leiden müessen.*

[338] Vgl. Endfassung, fol. 177v, 190r.

[339] Vgl. Endfassung, fol. 177v.

[340] Vgl. Endfassung, fol. 183r, 194v, 203v. Über Veit Hörl vgl. REINHARD (Hg.), Eliten, Nr. 401, 238; Hans LIERMANN, Zur Rechtsgeschichte der Fuggerschen Stiftungen, in: ZBLG 18 (1955), S. 395–407, hier S. 401.

[341] MEYER (Hg.), Chronik der Fugger, S. 17.

[342] Für den Bürgermeisters Ulrich Fugger vom Reh hat SIEH-BURENS, Oligarchie, S. 92 f., dies durchaus gesehen. Sie hielt ihn aber für einen Außenseiter, der nur um der Verwandtschaft Willen in das Fugger-Netzwerk eingebunden gewesen sei. Fest integriert sieht sie ihn über seine väterliche Verwandtschaft in eine Vernetzung der Familien des Augsburger Kunsthandwerks. Gerade diese jedoch wurden vielfach wiederum durch Auftragsvergaben an die Fugger von der Lilie gebunden; vgl. SIEH-BURENS, ebenda, S. 105 f.; PÖLNITZ, Anton Fugger 2.I, S. 279, und DERS., Fugger in Nürnberg, S. 234 f., hat aus dem Umstand, daß das Ehrenbuch, Endfassung, fol. 202r, nichts von einer Begründung eines Warschauer Zweigs der Fugger vom Reh weiß, schließen wollen, daß der Kontakt der Augsburger Fugger von der Lilie zu den Nürnberger Fugger vom Reh zur Zeit Hans Jakob Fuggers abgebrochen gewesen sei. Nachdem Richard KLIER, Nürnberger Fuggerstudien, in: Jb. für Fränkische Landesforschung 30 (1970), S. 253–272, hier S. 253–255, die Warschauer Familie Fukier/Fukierow überzeugend als erst im 17. Jahrhundert genealogisch-rekonstruktiv an die Fugger angesippt erwiesen hat, ist diese Argumentation hinfällig.

[343] Vgl. SIEH-BURENS, Oligarchie, S. 104 f.; Volker PRESS, Patronat und Klientel im Heiligen Römischen Reich, in: Antoni MACZAK (Hg.), Klientelsysteme in Europa der Frühen Neuzeit (Schr. des Historischen Kollegs, Kolloquien 9), München 1988, S. 19–46, hier S. 20.

[344] Endfassung, fol. 203v.

[345] Endfassung, fol. 187v.

[346] Endfassung, fol. 201v.

zeit lebenden und heiratsfähigen Person bei der Aufnahme in das Ehrenbuch die Abbildung mit einem Allianzwappen (bzw. -porträt) versagt geblieben. Seine 1547 gegen den testamentarischen Willen seiner Mutter geschlossene Ehe mit der verarmten und mutmaßlich der Prostitution nachgehenden Nürnberger Patrizierstochter Margaretha Tetzel wird im Ehrenbuch nicht erwähnt, ebenso mit gutem Grund nicht sein auch ansonsten bewegtes Leben. Auch Wolfgang Fuggers Familie jedoch blieb realiter im Einzugsbereich der Fugger von der Lilie: Ein Jahr vor seinem Tod im Jahr 1568 erhielt seine Frau eine Beihilfe für den Unterhalt ihrer Kinder. Seine unehrenhafte Lebensführung jedoch hatte ihn für das Klientelsystem der reichen Verwandtschaft und erst recht für ihr Ehrenbuch wertlos gemacht. Wenn das Ehrenbuch mit seiner Galerie von Ahnenbildern die Summe der Allianzen fixiert, die die verwandtschaftliche Vernetzung der Fugger von der Lilie ausmachen, dann dient sein zweiter Teil, der Abschnitt über die Fugger vom Reh, zumindest an dieser Stelle ganz deutlich als Dokumentation des zur Verfügung stehenden Potentials an Tauschobjekten. Wenn Verwandtschaft soziales Kapital ist, das es umzusetzen gilt, dann wird in diesen Fällen sein Wert taxiert und für zu gering befunden.

Wie sie mit dem Verkauf des Erbes den Anspruch auf eine autonome Teilhabe an der Geschichte der Familie verloren hatten, so hatten die Fugger vom Reh im Ehrenbuch auch keinen Anspruch mehr auf eine zukünftige Perspektive: Eine Fortsetzung ihrer Wappenreihe wurde zwar wie für die Porträtserie der Fugger von der Lilie[347] noch mit zahlreichen leeren Seiten ermöglicht[348]. Eine solche Fortsetzung unterblieb jedoch nicht nur. Vielmehr behandeln schon die ausgeführten Namenslegenden nur mehr die Gegenwart, ohne die Möglichkeit einer Aktualisierung zu lassen:

Hans Fugger, Wilhalmen Fuggers Eelicher Son, Jst noch ledig bey den Herren Fuggern von der Lilienn mit diensten zu Venedig.[349]

Andreas Fugger, [...] Jst auf Sanct Anna Berg zogen, da wonet er noch, hat etliche Eeliche kinder vberkomen.[350]

Das Interesse an den Fugger vom Reh beschränkte sich auf ihre Existenz und ihre untergeordnete Position. Abgesehen von ihrer Stilisierung zum negativen Gegenbild des eigenen ›Herkommens‹ hatten sie keine Relevanz für die Familiengeschichte der Fugger von der Lilie. Die Fugger vom Reh existierten in der Wahrnehmung des Ehrenbuches – und wohl auch der ihrer Zeit – nur noch als die armen Verwandten der mächtigen Fugger von der Lilie.

---

[347] Endfassung, fol. 130v–167v.
[348] Endfassung, fol. 211v–260v.
[349] Endfassung, fol. 195v.
[350] Endfassung, fol. 187v.

5 Die Bordüren der Textseiten

5.1 Die Groteskenornamente der Bordüren

Die Textseiten der biographischen Erläuterungen sind in der Endfassung geschmückt mit in den Rahmenmaßen schablonenhaft gleichen, in der Gestaltung jedoch unüberschaubar vielgestaltigen Bordüren[1]. Diese Textspiegelrahmungen stehen insofern in einem Zusammenhang zu dem vorgesehenen Text, als auf der jeweils ersten Textseite nach einem Allianzbildnis in der Rahmung die Wappen des eben vorgestellten Paares erscheinen. Putten oder junge Krieger als Wappenhalter stützen Schilde und/oder Helmzieren auf Helmen, die wie bei einer Helmschau auf Speeren oder Stangen angebracht sind[2]. Zu finden ist dies bis zu Hans Jakob Fugger und seinem Bruder Georg, nicht mehr bei den jüngeren, zum Entstehungszeitpunkt noch unverheirateten Geschwistern Christoph, Ulrich und Raymund oder den Söhnen Anton Fuggers. Nicht mit einem Wappen gekennzeichnet ist auch die erste Textseite nach dem Bildnis des Hieronymus Fugger, des ledig gebliebenen Cousins Raymunds und Antons[3]. Wiederum mit Wappen ausgestattet sind die beiden Textseiten der Genealogie der Fugger vom Reh[4].

Eine weitergehende Bezugnahme auf den zu erwartenden Textinhalt der Seiten war offenbar nicht möglich. Die Arbeitsabläufe der Bebilderung und der (letztlich größtenteils nicht durchgeführten) Übertragung des Textes lagen offenbar so weit auseinander, daß den Buchmalern nur die Möglichkeit einer freien Gestaltung der Bordüren blieb. Diese Auflösung der Beziehung von Bild und Text (als Illustration) entspricht nun ganz dem Trend in der zeitgenössischen Buchmalerei[5]. Schon seit dem 15. Jahrhundert wurde die Buchmalerei zudem mehr und mehr eine arbeitsteilige Reihenproduktion, was zu einer Beschränkung auf eine geringere Zahl »multivalenter« Bildmuster führte[6]. Die weitergetragenen Bildinhalte verloren ihre spezifische Bedeutung und wurden allgemeiner nutzbar. Bilder konnten so auch in neue Kontexte übertragen und neu kombiniert werden. Die Verwendung eines Bildes wurde freilich als zitierender Verweis auf seinen ursprünglichen Kontext selbst zum Zeichen[7]. Das Bild war so auch nicht mehr unbedingt Illustration zum Text. Die Ausstattung konnte schließlich jeden deutbaren inhaltlichen Wert verlieren gegenüber der reinen Vermittlung ihrer Kostbarkeit als Selbstzweck[8]. Kehrseite dieser Entwicklung war eine Differenzierung des Anspruchsniveaus hinsichtlich des künstlerischen und materiellen Aufwands. Materielle und künstlerische Unterschiede rühren nicht nur aus den unterschiedlichen Möglichkeiten der Auftraggeber und ihrer Künstler her, sondern markieren auch Bedeutungsdifferenzen: Je nach Stoff und Gebrauchssituation variiert das ästhetische und handwerkliche Niveau in spezifischer Weise[9]. Buchmalerei in der frühen Neuzeit ist insofern nicht allein ein Mittel der repräsentativen Ausschmückung[10].

Diese ornamentale Gestaltung orientiert sich stilistisch eng an der seit Beginn des 16. Jahrhunderts aus Italien in die deutsche und flämische Buchmalerei einfließenden Groteskenornamentik[11]. In der spielerisch-freien Gestaltung vegetabiler, tierischer und auch menschlicher Formen bildete die Groteske eine Formensprache heraus, die zumal mit ihrer Aufnahme erotischer Motive changierte zwischen rein dekorativer Funktion ohne inhaltlichen Eigenwert einerseits und einem ausgebildeten allegorischen und symbolischen Zeichencharakter andererseits[12]. Gekennzeichnet durch

---

[1] Vgl. Kap. 7.1.3 und 7.2.3.
[2] Endfassung, fol. 10r, 11v, 15r, 17v, 20v, 24r, 32v, 38r, 41r, 46r, 49r, 169r, 171r; im Entwurf, fol. 2v, sind die Quartierwappen des Wappens der Fugger von Kirchberg und Weißenhorn auf die vier Eckmedaillons der Rahmung verteilt. Analog gestaltet ist Endfassung, fol. 46r, die erste Textseite zu Hans Jakob Fugger, jedoch ist hier an Stelle des einen der beiden Doppellilienwappen das Wappen der Ursula von Harrach eingesetzt. In der Endfassung, fol. 27v, ist die letzte Textseite zu Jakob Fugger dem Reichen ebenfalls mit einer Wappendarstellung in der Rahmung ausgestattet.
[3] Endfassung, fol. 34r; da Hieronymus Fugger nicht verheiratet war, hätte hier nur das Fuggerwappen stehen können. Allerdings sind die Textseiten für ihn erst in Reaktion auf die Korrekturen im Entwurf eingefügt worden, insofern ist anzunehmen, daß man nachträglich eine Textseite ergänzte; vgl. Kap. 7.3.2.
[4] Endfassung, fol. 169r, 171r.
[5] KUNZE, Buchillustration 1, S. 8, 14.
[6] Norbert H. OTT, Überlieferung, Ikonographie – Anspruchsniveau, Gebrauchssituation. Methodisches zum Problem der Beziehungen zwischen Stoffen, Texten und Illustrationen in Handschriften des Spätmittelalters, in: GRENZMANN/STACKMANN (Hg.), Literatur und Laienbildung, 1984, S. 356–391, hier S. 357 f.
[7] OTT, Überlieferung, S. 363.
[8] So Dieter MERTENS als Diskussionsbeitrag zu OTT, Überlieferung, S. 389.
[9] OTT, Überlieferung, S. 365 f.
[10] So KUNZE, Buchillustration 1, S. 15 f., 499–501.
[11] Zur Groteskenornamentik vgl. KUNZE, Buchillustration 1, S. 131–141; Carsten-Peter WARNCKE, Die ornamentale Groteske in Deutschland 1500–1650, 2 Bde. (Quellen und Schriften zur bildenden Kunst 6), Berlin 1979, zumal 1, S. 15–30; André CHASTEL, Die Groteske. Streifzug durch eine zügellose Malerei (Wagenbach-Bibliothek 57), Berlin 1997.
[12] KUNZE, Buchillustration 1, S. 131–133, betont die dekorative Funktion und inhaltliche Entwertung als Züge der Renaissance-Ornamentik; CHASTEL, Groteske, S. 57–59, und WARNCKE, Die ornamentale Groteske 1, S. 86–88, betonen hingegen den semantischen Eigenwert als autonome, didaktisch-moralisierende Bildersprache in Anlehnung an die

diese Ambivalenz der Bedeutungsebenen fand die Groteske auch Eingang in die kirchliche Buchmalerei, dies auch in ihren erotisch-burlesken Spielarten.

Die Bordüren des Ehrenbuches stehen in der Gestaltung unmittelbar in der Tradition der kirchlichen Augsburger Buchmalerei des 15. Jahrhunderts[13], der für die deutsche Groteskenrezeption führenden Augsburger Druckgraphik des frühen 16. Jahrhunderts[14] und der profanen Wandmalerei des frühen 16. Jahrhunderts, wie sie etwa der ältere Breu in den Fuggerhäusern am Weinmarkt ausgeführt hatte[15]. Ähnliche Bordüren finden sich auch im Ehrenbuch der Herwart[16], im Consulatehrenbuch und im Vogteiehrenbuch[17]. Die Rahmungen des Fuggerschen Ehrenbuches stehen so im engen Zusammenhang der Kooperation Clemens Jägers mit der Werkstatt Jörg Breus des Jüngeren. Indem die Breu-Werkstatt zeitgenössisch neue italienische und flämische Einflüsse aufnahm, dokumentierte sie auch den ästhetischen Modernitätsanspruch ihrer Auftraggeber und ihres Augsburger Umfeldes[18].

An einer Tradition der sakralen Buchmalerei, an den ornamentalen Bordüren der Stundenbücher des 15. und frühen 16. Jahrhunderts orientierten sich die den Schriftspiegel an allen vier Seiten gleichförmig umfangenden Rahmungen des Ehrenbuches auch in ihrer formalen Gestaltung[19]. Wohl unter dem Einfluß der Titelseitengestaltung der zeitgenössischen Druckgraphik wurde in den Bordüren der Breuschen Ehrenbücher jedoch ein schablonenhaft regelmäßiger und in den Ausmessungen aller vier Seiten gleichförmiger Typ entwickelt[20].

Die Textseitenrahmungen des Ehrenbuches markieren so als Dekoration zunächst ein hohes Anspruchsniveau. Sie stellen das Ehrenbuch in den Kontext einer kostbaren, jedoch in erster Linie für den eigenen Gebrauch bestimmten Buchmalerei. Das Ehrenbuch als Großform der Familienbuchschreibung steht als Medium der Selbstverständigung und Memoria auch buchkünstlerisch in Affinität zum Stundenbuch als Medium der häuslichen Andacht, wie es im Umfeld des maximilianischen Hofes bekannt war[21].

Fraglich bleibt, inwieweit der Auftraggeber Hans Jakob Fugger bestimmend auf die Gestaltung der Bordüren eingewirkt haben könnte. In den überlieferten Entwürfen finden sich keinerlei Bemerkungen von seiner oder einer anderen Hand zur Gestaltung der Textrahmungen. Überhaupt sind in den Entwürfen nur bei zwei Seiten auch Füllungen der Rahmung skizziert[22], bei den anderen lediglich zur Begrenzung des Schriftspiegels die Umrisse eingezeichnet worden. Es ist jedoch vielleicht mehr als ein Zufall, daß diese beiden Entwürfe in der Endfassung ausgerechnet für die Rahmungen der ersten beiden Textseiten im Anschluß an das Allianzbildnis des Hans Jakob Fugger als Vorlage dienten[23]. So wurde die ganz außergewöhnliche Füllung der Medaillons in den Ecken mit den Wappenbestandteilen des Fuggerwappens auf der ersten seiner Textseiten im Babenhauser Codex übernommen[24]. Die seitlichen Bordüren der zweiten Seite übernehmen ihre Motive weitgehend ebenfalls von dieser ersten Entwurfsfassung: Sowohl der Putto am Brunnen[25], als auch der Glockenstuhl[26] und die Störche im Nest[27] finden sich in beiden Fassungen. Es werden also für die Bordüren der Kurzbiographie des Auftraggebers Hans Jakob Fugger zumindest partiell eben jene Motive genutzt, die dieser in den Entwürfen bereits zu Gesicht bekommen hatte. Dies vermag zwar kaum die Annahme eines eigenständigen konzeptionellen Interesses Hans Jakob Fuggers zu begründen, wohl aber die einer grundsätzlichen Übereinstimmung mit der von der Malerwerkstatt vorgeschlagenen stilistischen wie inhaltlichen Tendenz.

Sowohl das Storchennest[28], als auch das Kind bzw. der Putto am Brunnen[29], die – nicht in die Endfassung

---

entstehende Emblematik und das neu erwachte Interesse an der Hieroglyphik, geprägt durch die Kombination von Bildzitaten.

[13] Ernst Wilhelm BREDT, Der Handschriftenschmuck Augsburgs im XV. Jahrhundert (Studien zur Deutschen Kunstgeschichte 25), Straßburg 1900, S. 74–76, 84–86.

[14] WARNCKE, Die ornamentale Groteske 1, S. 17–19, über Hans Burgkmair d. Ä. und andere.

[15] Johannes WILHELM, Augsburger Wandmalerei 1368–1530 (Abh. zur Geschichte der Stadt Augsburg 29), Augsburg 1983, S. 336 f. mit Abb. 104–106.

[16] StadtA Augsburg Reichsstadt ›Schätze‹, Nr. 194b, S. 10–23, 198.

[17] BayNM, Nr. 5171, fol. 2r–48v; ab fol. 241r Textbordüren des 17. Jahrhunderts, die sich stilistisch an die des 16. Jahrhunderts anlehnen; BayNM, Nr. 5172, fol. 4r–11r, 31v–34r, 43r–43v, 53r, 61r–61v, 66r–72r, 76r–77v.

[18] Gesondert zu untersuchen wäre in diesem Zusammenhang freilich die skizzenhaft flüchtige Ausführung eines großen Teiles der Bordüren im Consulatehrenbuch und im Vogteiehrenbuch, die den Verdacht nahelegen, daß dem ästhetischen Anspruch nicht näher bestimmbare, situationsspezifische ökonomische oder zeitliche Zwänge zuwidergelaufen sein müssen.

[19] Zum Vergleich bieten sich zahlreiche Motive an, etwa bei John HARTHAN, Books of hours and their owners, London 1977, ND London 1988.

[20] Vgl. z.B. die zahlreichen Beispiele bei WARNCKE, Die ornamentale Groteske, Kat. Nr. 1–133.

[21] DAVIS, Die Geister der Verstorbenen, S. 37–39.

[22] Entwurf, fol. 2v–3r.

[23] Allianzbildnis: Endfassung, fol. 45v; Textseiten: Ebenda, fol. 46r–46v.

[24] Endfassung, fol. 46r.

[25] Entwurf, fol. 2v: seitlich rechts unten; Endfassung, fol. 46v: unten links und rechts.

[26] Entwurf: rechts oben; Endfassung: links und rechts mittig.

[27] Entwurf: links und rechts oben; Endfassung: links und rechts oben.

[28] Handwörterbuch des Deutschen Aberglaubens 8, Sp. 498–507.

[29] Handwörterbuch des Deutschen Aberglaubens 4, Sp. 1342–1360, hier Sp. 1351–1353, über den Brunnen als mythischen Herkunftsort der Kinder.

übernommenen – miteinander spielenden (oder Trauben essenden?) Hunde[30] und der Hirsch[31] verweisen auf das Bedeutungsfeld von Fruchtbarkeit und ehelicher Liebe und Treue. Nicht direkt übernommen wurden die in den ausgeführten Entwürfen in den oberen und unteren Leisten stehenden nicht-ornamental gestalteten Kinderspiele. Diese nehmen jedoch ein Sujet vorweg, das in der Endfassung in zahlreichen Motiven aufgegriffen werden sollte[32].

In den Bordüren der Endfassung fehlen auf keiner Seite die in den Ornamenten turnenden, balgenden, mit Lanzen turnierenden, reitenden, jagenden, singenden und spielenden Kinder und Putten. Wiederholt stehen Kinder oder Putten an einem Brunnen[33]. Sie spielen mit Hunden[34], Vögeln[35] oder anderen Tieren[36], fahren Schlitten[37] oder musizieren[38]. Einer der Putten läßt eine Gans Seifenblasen blasen, dabei steht die Devise: *HOMO BVLLA* – ein Motiv, das wiederholt auf Rückseiten und Deckeln zeitgenössischer Privatporträts als Vanitas-Allegorie nachweisbar ist[39]. Ein Kind spielt mit einer Kelle, in der zeitgenössischen Wahrnehmung möglicherweise als erotische Anspielung zu verstehen[40].

Auch andere Wesen bevölkern die Bordüren des Ehrenbuches. Und auch sie sind vielfach ambivalent zwischen rein dekorativer Ornamentik und allegorischer, symbolischer Bedeutung. Dies gilt zumal für die zahlreichen Satyrn oder Faungestalten, die als Stützen der ornamentalen Architektur über ihnen, als tanzende Paare, aber auch in eindeutig erotischen Verwicklungen und mit beeindruckenden Sexualorganen gezeigt werden[41]. Sie sind in der zeitgenössischen Kunst vielfach überliefert, so wiederum im Zusammenhang mit Privatporträts und Ehepaarbildnissen, aber auch in der sakralen Buchmalerei[42]. Verwandt sind die vielleicht eher frei stilisierten Sirenengestalten und andere reptilienartige Mischwesen mit menschlichem Oberkörper[43]. Ein erotisches Faszinosum, vielmehr: das Faszinosum der Grenzüberschreitung, mag von den Hermaphroditen ausgegangen sein, die auch im Fuggerschen Ehrenbuch nicht fehlen dürfen[44]. Sie entsprechen jedoch zunächst den dekorativen Gewohnheiten der Buchillustration der Renaissance, wie auch eine nackte Jungfrau und ein nacktes Paar in zärtlicher Umarmung[45]. Erotische Konnotationen ließen sich auch festmachen an den gelegentlich von Satyrn oder von Kindern gespielten Dudelsäcken[46].

Die mehrfach auftretenden Störche[47] mögen für Fruchtbarkeit und eheliche Liebe und Treue stehen, ebenso die Pfauen[48]. In der heraldischen Buchmalerei im Umfeld Maximilians I. konnte der Pfau jedoch auch als Zeichen der genealogischen Kontinuität stehen[49]. Der Pelikan, der zweimal in den Bordüren zu den Textseiten des Großvaters des Hans Jakob Fugger auftritt, mag für die aufopferungsvolle Liebe nicht nur Christi zu den Menschen, sondern auch des Vaters gegenüber seinen Kindern stehen[50]. Die Wachsamkeit des Hausvaters symbolisiert wie im Herwartschen Ehrenbuch auch hier der Kranich[51]. Gelegentlich befindet er sich jedoch in Ringkämpfen mit Putten oder Kindern, eine Szene, die wenig weise oder väterlich anmutet. Die an einer Stelle auftretenden Äffchen schließlich konnten zwar als Symbole für Triebhaftigkeit und insbesondere weibliche Sexualität stehen[52]. Sie waren in der zeitgenössischen Rahmenornamentik, zumal in Stundenbüchern, jedoch weit verbreitet, so daß ihnen kaum eine eigenständige symbolische Bedeutung zukommen wird. Ebenso könnten sie verweisen auf die Haltung exotischer Tiere als Repräsentationsobjekt bei den Oberschichten der oberdeutschen Städte[53]. Ähnliches gilt für Papageien, Kakadus und Nymphensittiche, wie sie die Bordüren teils stark

---

[30] Entwurf, fol. 3r: links unten; VAVRA, Neue Medien – Neue Inhalte, S. 340 f.; Doris KUTSCHBACH, Das irdische Paradies. Liebesgärten im späten Mittelalter, in: SCHUTTWOLF (Hg.), Jahreszeiten der Gefühle, Katalog, 1998, S. 82–92, hier S. 86.
[31] Entwurf, fol. 3r: rechts unten; vgl. Kap. 5.2.6.
[32] Vgl. Kap. 5.2.2.
[33] Endfassung, fol. 25r, 39v, 46v, 88r.
[34] Endfassung, fol. 26v, 43v.
[35] Endfassung, fol. 26r, 38v, 49v.
[36] Endfassung, fol. 33v: mit einem Bären; das Motiv ist deutlich nach der gleichen Vorlage gearbeitet wie mehrere Szenen in den Rahmungen von Consulat- und Vogteiehrenbuch; vgl. BayNM Nr. 5171, fol. 4r, 11v, 36r; BayNM Nr. 5172, fol. 4r, 68r.
[37] Endfassung, fol. 24r.
[38] Vgl. nur Endfassung, fol. 11v, 52r, und häufiger.
[39] Endfassung, fol. 17r; wo nicht anders angegeben wird im folgenden für Belege auf die Kommentare der Bildbeschreibungen in Kap. 8 verwiesen.
[40] Endfassung, fol. 26v; vgl. Kap. 5.2.2.
[41] Endfassung, fol. 17v, 21v–22r, 26v–27r, 33v, 38v, 41r, 43v, 46v, 47r, 53r, 66r, 68v, 83v, 86v, 171r.
[42] KOEPPLIN/FALK, Lucas Cranach 2, S. 585–604; DÜLBERG, Privatporträts, Nr. 339 f.; RAPP-BURI/STUCKY-SCHÜRER (Hg.), Zahm und wild, S. 54; KUTSCHBACH, Das irdische Paradies, S. 86.
[43] Endfassung, fol. 11v, 38v, 60r, 63r, 80v, 83r, 84r.
[44] Endfassung, fol. 39r.
[45] Endfassung, fol. 60r, 56v (links und rechts).
[46] Endfassung, fol. 11v, 2r, 47r.
[47] Endfassung, fol. 10v, 46v, 52v, 63v.
[48] Endfassung, fol. 16v, 24v, 103r; vgl. DÜLBERG, Privatporträts, S. 149; (Kat.) Elias Holl, Nr. 184, S. 310.
[49] MERTENS, Geschichte und Dynastie, S. 129.
[50] Endfassung, fol. 20v, 21v; vgl. DÜLBERG, Privatporträts, S. 76. Anläßlich der Wahl Karls V. zum deutschen König 1516/17 ließ ihm Maximilian I. mitteilen, er liebe ihn *als ein getreuer Großvater, der seine Kinder gleich dem Pelikan lieb hat*; vgl. PÖLNITZ, Jakob Fugger 1, S. 357. Der Pelikan, der sich die Brust aufhackt, um seine Jungen zu füttern, findet sich ganz ähnlich auch im Consulatehrenbuch, BayNM, Nr. 5171, fol. 32v, 44v.
[51] Endfassung, fol. 5v, 10v, 16v, 26v, 28v, 49v, 80r, 88v.
[52] Endfassung, fol. 69r; KUTSCHBACH, Das irdische Paradies, S. 86; WARNCKE, Die ornamentale Groteske 1, S. 68 f.
[53] Vgl. DORMEIER, Kurzweil, S. 182.

stiliert, teils sehr naturnah zeigen[54]. Semantisch ambivalent zwischen eingeschliffenem dekorativem Muster und allegorischer Bedeutung sind auch Hirsche[55] und Hasen in einem Erdbeerbeet[56].

In der Mehrdeutigkeit dieser Formensprache zwischen erotischer oder liebesallegorischer Konnotation und rein dekorativem Motivvorrat stehen die Groteskenornamente des Fuggerschen Ehrenbuches um so mehr, da ihre Schriftspiegel in der großen Mehrheit leer blieben, eine Beziehung zwischen Bild und Text also schlechterdings nicht gegeben sein kann. Der Kontext der Familienbuchschreibung läßt nun in seiner Affinität zum Stundenbuch zunächst eine vor allem dekorative Wirkung vermuten. Nun wird man die Ambivalenz von Dekorum und Bedeutung nie eindeutig auflösen können. In seiner inhaltlichen Orientierung auf die Verwandtschaft, die Familie und das normenkonforme Zusammenleben der Geschlechter jedoch böte ein Ehrenbuch einen potentiellen Text, auf den die Bildinhalte der Bordüren auch allegorisch beziehbar wären: Fruchtbarkeit, eheliche Treue und Liebe, die etwaigen symbolischen Kerngehalte der Motive, hätten ihre Entsprechung finden können in den exemplarischen und ethisch-legitimierenden Argumentationssträngen des Ehrenbuches. Die Groteskenornamente des Fuggerschen Ehrenbuches waren so vielleicht zugleich angemessene Ausstattung, symbolischer Fruchtbarkeitswunsch und allegorisches Exempel.

5.2 Nicht-ornamentale Szenen in den oberen und unteren Rahmenleisten

Wie die zur gleichen Zeit entstehende Emblematik, die allegorisch aufgeladene Kombination von Sinnbild *(pictura)*, devisenhafter Überschrift *(inscriptio)* und erläuterndem Epigramm *(subscriptio)*, wie sie Kunst und repräsentatives Kunsthandwerk bis ins 18. Jahrhundert auf vielfältige Weise weitertragen sollten, steht die ornamentale Ausstattung des Ehrenbuches vielleicht auch in der Tradition spätmittelalterlicher Formen der schriftlichen oder bildlichen Moraldidaxe[57]. Da das erste Emblembuch, der ›liber emblema-

tum‹ des Andreas Alciatus, erstmals 1531 in Augsburg erschien, mit einer Widmung an Konrad Peutinger und Holzschnitten der Breu-Werkstatt[58], und da Alciatus zu dieser Zeit Professor in Bourges war, wo ihn auch Hans Jakob Fugger hörte[59], könnte man sogar eine engere Verwandtschaft zwischen den Bildern des Ehrenbuches und dem Typ des Emblems vermuten. Die jüngere Forschung hat jedoch nachgewiesen, daß die Augsburger Ausgabe von Alciatus nicht autorisiert war. Alciatus hatte schon um 1521 die Herausgabe einer Sammlung von Epigrammen – wohlgemerkt: nur des Textes – geplant, die ohne seine Zustimmung von dem Drucker Heinrich Steiner mit Holzschnitten Breus des Älteren illustriert wurde. Erst diese von Alciatus in ihrer Ausführung scharf kritisierte Bebilderung schuf die Grundlage für die Formierung der Emblematik als charakteristischer Mischgattung von Text und Bild[60]. Das Emblem also war in seiner Genese zunächst ein reines Textmedium, während die Bilder des Ehrenbuches effektiv reine Bildmedien blieben. Die Breu-Werkstatt könnte freilich aus dem Erfahrungsstand der einschlägigen Buchillustrationen zumindest das Grundprinzip einer allegorischen oder exemplarischen Auflaldung von Bildinhalten und ganz unmittelbar einen Bestand an einschlägigen Motiven gewonnen haben.

In den oberen Leisten dieser Rahmungen, stellenweise auch in den unteren sowie gelegentlich im figürlichen Schmuck der seitlichen Bordüren, entfaltet sich nämlich ein umfangreicher Bildbestand an Motiven, deren Thematik und vielfache spätere Aufnahme in der frühneuzeitlichen Emblematik den Verdacht einer mehr als dekorativen Funktion nahelegen[61]. Statt der ornamentalen Füllung des Fonds sind sie mit räumlich ausgeführten Hintergründen gestaltet, die je nach Bildkontext variieren, in den allermeisten Fällen jedoch dem zeitgenössischen Muster einer idealen Land-

---

[54] Endfassung, fol. 5v, 24v, 27v, 33r, 41r, 43r, 48r. Die Fugger selbst pflegten als Besitz und als repräsentatives Geschenk exotische Tiere; vgl. KOUTNÁ-KARG, Ehre der Fugger, S. 94 f.

[55] Endfassung, fol. 21r.

[56] Endfassung, fol. 37r; vgl. DÜLBERG, Privatporträts, S. 149; LCI 2, Sp. 221–225; KUTSCHBACH, Das irdische Paradies, S. 86. Über die Erdbeere als marianische Symbolpflanze, aber auch als paradiesische Liebespflanze, zumal auf Braut- und Hochzeitsbildnissen vgl. RDK 5, Sp. 984–993.

[57] Vgl. KUNZE Buchillustration 1, S. 300–322; William S. HECKSCHER/Karl August WIRTH, (Art.) Emblem, Emblembuch, in: RDK 5, Sp. 85–228; Ingrid HÖPEL, Emblem und Sinnbild. Vom Kunstbuch zum Erbauungsbuch, Frankfurt am Main 1987; HENKEL/SCHÖNE (Hg.), Emblemata;

John LANDWEHR, German Emblem Books 1531–1888. A Bibliography (Bibliotheca Emblematica 5), Utrecht 1972.

[58] LANDWEHR, German Emblem Books, Nr. 23.

[59] MAASEN, Hans Jakob Fugger, S. 6.

[60] Johannes KÖHLER, Warum erschien der ›Emblematum liber‹ von Andreas Alciat 1531 in Augsburg?, in: Bernhard F. SCHOLZ/Michel BATH/David WESTON (Hg.), The European Emblem. Selected Papers from the Glasgow Conference 1987 (Symbola et Emblemata. Studies in Renaissance and Baroque Symbolism 2), Leiden-New York-Kopenhagen-Köln 1990, S. 19–32; John MANNING, A Bibliographical Approach to the Illustrations in 16th Century Editions of Alciato's Emblemata, in: Peter Maurice DALY (Hg.), Andreas Alciato and the Emblem Tradition. Essays in Honor of Virginia Woods Callahan (AMS Studies in the Emblem 4), New York 1989, S. 127–176, hier S. 127–129, 146 f.; Konrad HOFFMANN, Alciato and the historical Situation of Emblematics, in: Ebenda, S. 1–45; Hessel MIEDEMA, The Term ›emblema‹ in Alciati, in: Journal of the Warburg and Courtauld Institutes 31 (1968), S. 234–250.

[61] Endfassung, fol. 10r, 171r, haben in der oberen Leiste keine nicht-ornamentale Miniatur, statt dessen jeweils Wappen mit Wappenhaltern.

schaftsdarstellung mit fruchtbaren Wiesen, vereinzelten Bäumen oder einem Waldrand sowie Bergen und Siedlungen im Hintergrund entsprechen. Es handelt sich neben isoliert stehenden Motiven um mehrere Reihen, die in der Abfolge der Seiten nicht klar voneinander getrennt sind und in sich eine erzählerisch logische Reihenfolge nicht einhalten. Dies wird auf die Praxis der Bearbeitung zurückgehen, bei der offensichtlich die Rahmungen der Textseiten je nach Bedarf erstellt wurden, wie die auszufüllenden Lagen eben anfielen. Daher stehen die Bilder der einzelnen Reihen innerhalb der Lagenstruktur zwar durchaus grob zusammen und nicht etwa über die ganze Handschrift verteilt, wohl aber Motive aus verschiedenen Zusammenhängen direkt nebeneinander.

5.2.1 Jagdbilder

fol. 2r	Fuchsjagd mit Hunden
fol. 4v	Bärenjagd mit Büchse, Spieß und Hunden
fol. 5r	Eberjagd mit der Saufeder
fol. 5v	Hirschjagd mit der Büchse
fol. 10v	Dachsjagd mit Spieß und Hunden
fol. 11v	Vogeljagd mit dem Falken, mit der Büchse, mit der Leimrute
fol. 12r	Hirschjagd mit Hund und Spießen
fol. 15r	Ansitzjagd auf Vögel, mit einer Laubhütte und einem Lockvogel
fol. 15v	Fischfang mit Netzen und mit der Angel
fol. 18r	Vogelherd
fol. 20v	Hirschjagd zu Pferde, mit einem Spieß und Hunden
fol. 22r	Treibjagd auf Hasen
fol. 38r	Vogeljagd mit Netzen auf einem Acker
fol. 58r	Falkenjagd

Die Aufnahme einer ganz ausführlichen Serie von Jagddarstellungen[62] verweist deutlich auf den weiteren Kontext des Familienbuches. Die Jagd als herrschaftliches Privileg war eine bevorzugte Form des repräsentativen Konsums und als solche auch ein beliebter Gegenstand der Polemik[63]. Das Interesse städtischer wie ländlicher Oberschichten an der Jagd wurde vielfach in eigenen Handschriften und Drucken, aber auch in den Miniaturen von Stundenbüchern dokumentiert[64]. Die Aufnahme einer Reihe von Jagdszenen gab der Handschrift also ein prestigeträchtiges Gepränge[65]. Dementsprechend findet sich in den Jagdszenen ein Nebeneinander vornehmer Jäger und bäuerlicher Jagdknechte oder Treiber[66]. Die Jagdbilder transportieren so auch den Standesunterschied, der durch die Berechtigung zur Jagd konstituiert wurde.

Allegorisch verweisen die Jagdszenen vielfach auf das Themenfeld von Minne und Sexualität[67]. Es finden sich auch im Ehrenbuch Motive, die in der zeitgenössischen Symbolsprache erotische oder minneallegorische Konnotationen haben konnten. So war die Hirschjagd als Allegorie des Strebens nach ehelicher Treue und Liebe weit verbreitet[68], die Jagd auf Bären oder Eber als Symbol männlicher Sexualität und Kraft[69], die Hasenjagd als Symbol der Fruchtbarkeit, die Falkenzähmung als Allegorie auf die Unterordnung der Frau unter den Mann[70]. Der Vogelherd erinnert an die Narrenfallen der zeitgenössischen Kunst, die als Symbol für die Dummheit der von den erotischen Reizen der Frauen gefangenen Männer standen[71]. Der Vogelfänger stand etwa bei Pieter Bruegel für den listigen Teufel auf der Jagd nach den Seelen[72].

Die Eule als Lockvogel für die Krähenjagd stand als Symboltier der sündhaften Versuchung für die erotische Attraktion[73]. Während in der Gestaltung der Jagd-

---

[62] Vgl. Entwurf, fol. 3r: Kinder bei der Hirschjagd; vgl. DORMEIER, Kurzweil, S. 155 mit Abb. 6: Endfassung, fol. 58r; auch im Herwartschen Ehrenbuch finden sich Jagdszenen: StadtA Augsburg Reichsstadt ›Schätze‹, Nr. 194b, S. 16, 22; ebenso im Consulatehrenbuch, BayNM Nr. 5171, fol. 3v, 5r, 10r, 11v–12v, 14r, 16v, 26r, 31v, 45r–46v; und im Vogteiehrenbuch, BayNM Nr. 5172, fol. 5v, 7r, 11r, 32r, 61r, 77r–77v.

[63] Vgl. nur DORMEIER, Kurzweil, S. 152–156.

[64] KUNZE, Buchillustration 1, S. 15, 514–516; Wilhelm HANSEN, Kalenderminiaturen in Stundenbüchern. Mittelalterliches Leben im Jahreslauf, München 1984, S. 166, 170–172; vgl. KOEPPLIN/FALK, Lucas Cranach 1, S. 196, 199–206 mit Abb. 100–111 (S. 241–249), Kat.-Nr. 137–157.

[65] Vgl. die Jagdschilderungen und Jagdanleitungen im Familienbuch der Herren von Eptingen: CHRIST, Familienbuch von Eptingen, S. 321–330.

[66] Endfassung, fol. 5r, 11v (der Jäger mit der Leimrute im Hintergrund ist erkennbar niederen Standes im Vergleich zu dem vornehm gekleideten Mann mit dem Falken auf der Hand), 22r, 38r.

[67] HESS, Gothaer Liebespaar, S. 30–32.

[68] HESS, Gothaer Liebespaar, S. 32 f.; DÜLBERG, Privatporträts, S. 124 f.; RAPP-BURI/STUCKY-SCHÜRER (Hg.), Zahm und wild, S. 58, 159, 350–352; vgl. ebenda für die Jagd nach dem Einhorn, wie sie sich im Consulat- und Vogteiehrenbuch findet.

[69] RAPP-BURI/STUCKY-SCHÜRER (Hg.), Zahm und wild, S. 350–352; WARNCKE, Die ornamentale Groteske 1, S. 68; vgl. jedoch über den Bären als Inkarnation des Teufels Werner MEZGER, Narrenidee und Fastnachtsbrauch. Studien zum Fortleben des Mittelalters in der europäischen Festkultur (Konstanzer Bibliothek 15), Konstanz 1991 [Habilschr. Freiburg i.Br. 1989], S. 118.

[70] DÜLBERG, Gothaer Liebespaar, S. 128; HESS, Gothaer Liebespaar, S. 30–32.

[71] MEZGER, Narrenidee, S. 162.

[72] ›Pieter Bruegel invenit‹. Das druckgraphische Werk, Katalog Hamburg, Hamburg 2001, Nr. 5, S. 44: Der listige Vogelfänger (Insidiosus auceps).

[73] KUTSCHBACH, Das irdische Paradies, S. 86; Sandra HINDMAN, Pieter Bruegel's ›Children's Games‹, Folly, and Chance, in: The Art Bulletin 63,3 (1981), S. 447–475, hier S. 451; allgemein P. VANDENBROECK, Bubo Significans. Die Eule als Sinnbild von Schlechtigkeit und Torheit, vor allem in der niederländischen und deutschen Bilddarstel-

motive im Ehrenbuch ansonsten wenig auf eine minneallegorische oder sexuelle Konnotation verweist – so
sind durchgehend nur Männer im Bild zu sehen –, ist
im Hintergrund der Vogeljagdszene mit dem Lockvogel eine Bootsfahrt auf einem Weiher zu sehen. Man
wird dieses Motiv als Aufnahme des Maienkahnmotivs
der Monatsbilder sehen können, einer Szene, deren
allegorische Bedeutungsebene augenfällig ist[74]. Daß
das Wasser des Weihers sich bei näherem Hinsehen als
brauner Morast erweist, mag dieser moralischen Interpretation entsprechen. Das Nebeneinander beider Motive verweist im übrigen auf die Verwandtschaft von
Jagd- und Monatsdarstellungen, sowohl in ihren gemeinsamen Überlieferungszusammenhängen als auch
in ihren inhaltlichen Überschneidungen.

5.2.2 Kinderspiele und Puttenscherze

fol. 17r   Kinder spielen mit einem angebundenen
           Bären
fol. 25r   Ein Reigen von Putten unter Bäumen
fol. 25v   Kinder führen ein Dromedar
fol. 26r   Kinder führen einen Elefanten
fol. 26v   (oben) Balgende Kinder mit Kellen und
           Löffel
           (unten) Schlagballspiel
fol. 36r   Zwei Kinder tanzen zum Flötenspiel eines
           dritten
fol. 42r   Kinder auf einem Fackelumzug
fol. 42v   Kinder beim Büchsenschießen
fol. 53v   (unten) Tanzende Kinder auf einer Wiese
fol. 58v   Tanzende Putten und balgende Kinder
fol. 68r   Kinder auf der Schlittenfahrt
fol. 68v   Berittene Kinder mit Spießen, Büchsen und
           Arkebusen in der offenen Feldschlacht

Zu der umfangreichen Reihe von Kinderspielen und
Puttenscherzen[75] hinzuzuziehen sind die unzähligen
Kinder und Putten in den ornamentalen seitlichen und
unteren Rahmenleisten[76] und in den beiden ausgeführten Rahmungen in der Entwurfsfassung[77]:

fol. 2v   (oben) Spielende Kinder bzw. Putten
           (unten) Spielende Kinder
fol. 3r   (oben) Knabenturnier mit Windrädern/Kinder
           auf einem Schlitten, von einem Strauß gezogen
           (unten) Zwei Kinder jagen mit Spießen einen
           Hirsch

Die im Entwurf ausgeführte Hirschjagd von Kindern,
wie auch die in Consulat- und Vogteiehrenbuch gezeigten – zum Teil mit Fabelwesen grotesk stilisierten
– Kinderjagden stellen das Sujet der Kinderspiele und
Puttenscherze in eine enge Affinität zu dem der Jagdszenen.

Einige dieser Kinderspielmotive vollziehen Formen
des repräsentativen Konsums nach, so die Schlittenfahrt oder die Schießübungen. Jedoch dürften die Darstellungen mit einigen Ausnahmen, wie dem Schlagballspiel, nicht unmittelbar als Zeugnis kindlicher
Spielgewohnheiten heranzuziehen sein: Der Spazier-
gang mit Dromedaren und Elefanten oder die berittene
Feldschlacht sind in jedem Fall als Ergebnis dekorativer Stilisierung zu verstehen[78]. In dieser zum Teil
grotesk oder als Motiv der verkehrten Welt stilisierten
Form sind Kinderspiele und Puttenscherze ein belieb-
tes Motiv der Rahmungen von Stundenbüchern[79].

Motive der Torheit und Gedankenlosigkeit der Kinder fanden auch Verwendung auf den Rückseiten und
Deckeln von Privatporträts und in der Emblematik[80].
Zumal dort, wo die gezeigten Spiele eine Mimikry
einschlägiger erwachsener Verhaltensmuster darstellen, vermitteln Kinderspielmotive jedoch auch symbolische Bezüge auf Fruchtbarkeit, Ehe und Sexualität[81].
Fackelumzüge von Kindern, wie im Fuggerschen Ehrenbuch, verweisen auf mitsommernächtliche Braut-
werbungsspiele und Fruchtbarkeitsrituale[82] oder auf
die spielerische Mimikry repräsentativer Hochzeits-
prozessionen[83]. Balgende und ringende Kinder symbo-

In beiden Handschriften finden sich die Kinderspiele größtenteils in einem ornamentalen Zusammenhang. Thematisch fällt im Vergleich zum Fuggerschen Ehrenbuch die
Dominanz dreier Motive auf: Knabenturnier, Lanzenkampf
und Hasen- bzw. Hirschjagd mit einem Netz. Die Szenen
sind zum Teil bis in Einzelheiten redundant oder ähneln
solchen im Fuggerschen Ehrenbuch, was auf Mehrfachver-
wendung von Vorlagen schließen läßt.

[78] Im Gegensatz zum Fuggerschen Ehrenbuch bieten z.B.
Pieter Bruegels ›Kinderspiele‹ eine Unzahl realistischer
Spielszenarien, vgl. HINDMAN, ›Children's Games‹, zumal
S. 470–472.
[79] HANSEN, Kalenderminiaturen, S. 93 mit Taf. 71, dazu
S. 205–214; S. 98 mit Taf. 82–86, dazu S. 214 f.
[80] HINDMAN, ›Children's Games‹, S. 449, 463–465; DÜL-
BERG, Privatporträts, S. 158–160: Kinder mit Seifenblasen
als Vanitas-Allegorie; HENKEL/SCHÖNE (Hg.), Emblemata,
Sp. 960 f.: ringende Kinder als Zeichen kindischer Verrücktheit.
[81] HINDMAN, ›Children's Games‹, S. 449–451.
[82] HINDMAN, ›Children's Games‹, S. 453 f.
[83] Vgl. für die Szene in der Endfassung, fol. 42r, die ›Heim-
führung der Braut‹ in einem Stundenbuch von Simon Ben-

---

lung und bei Jheronimus Bosch I., in: Jaarboek van het Koninklijk Museum voor schone Kunsten Antwerpen 38
(1985), S. 19–136.
[74] Endfassung, fol. 15r: Ansitzjagd mit Lockvogel; ebenda,
fol. 32v: Monatsbild Mai.
[75] Vgl. DORMEIER, Kurzweil, S. 175, mit Abb. von Endfassung, fol. 42v, 68r.
[76] Vgl. Kap. 5.1.
[77] Vgl. auch die ganz ähnlichen Motive in den gleichzeitigen
Arbeiten Jägers und der Breu-Werkstatt: StadtA Augsburg
Reichsstadt ›Schätze‹, Nr. 194b, Herwartsches Ehrenbuch,
S. 11 f., 19; vgl. dazu (mit Abb.) WARNCKE, Die ornamentale Groteske 1, S. 68, Abb. 585–587; BayNM Nr. 5171,
Consulatehrenbuch, fol. 2v, 3v (oben u. unten), 4r–5r (oben
und unten), 10r, 11r–12v, 45r–46v, 48r; BayNM Nr. 5172,
Vogteiehrenbuch, fol. 4r–5r, 6r–7r, 31v, 67r, 69r, 70r–71v.

lisieren die Wahllosigkeit der erotischen Attraktion, dies zumal, wenn ihnen Löffel oder Kellen beigegeben sind, wie sie im Hochzeitsritual als Fruchtbarkeitsattribute bekannt waren[84]. Auch Kinder auf einem Schlitten in zärtlicher Umarmung und umrahmt von turnierenden Knaben mit Steckenpferden und Windradlanzen, wie im Entwurf des Ehrenbuches, könnten eine allegorische Bedeutungsebene gehabt haben in der doppelten Mimikry von Minne und männlicher Kampfbereitschaft[85].

Die Kinderspielszenen im Fuggerschen Ehrenbuch enthalten jedoch wenig konkrete Indizien. Die Ausschmückung der Bordüren mit Kinderspielen und Puttenscherzen entspringt wohl nicht einer gezielten allegorisch-symbolischen Gestaltungsabsicht. Unzweifelhaft jedoch lebte der dekorative Reiz des Sujets auch von den ihm eigenen symbolischen Konnotationen. Kinderspiele und Puttenscherze stehen so schon in den in ihnen angelegten Rezeptionsmöglichkeiten in der Ambivalenz zwischen dekorativer Funktion und Allegorie.

Sie stehen dabei in der Lagenstruktur der Handschrift zumindest zum Teil in der Nachbarschaft der Monatsbilder. Auch in Stundenbüchern standen Kinderspielszenen vielfach in direktem Zusammenhang mit Monatsbildern und Darstellungen der Lebensalter[86]. Übermut und Verrücktheit des Kindes wurden so dem Jahreslauf der Erwachsenenwelt gegenübergestellt[87]. Die Lebensalter des Menschen wurden neben den Fruchtbarkeitszyklus des Jahres gestellt.

5.2.3 Monatsbilder

fol. 24r   Monatsbild Januar (Wassermann)
fol. 24v   Monatsbild April (Stier)
fol. 27r   Monatsbild März (Widder)
fol. 27v   Monatsbild Februar (Fische)
fol. 32v   Monatsbild Mai (Zwillinge)
fol. 34v   Monatsbild Juni (Krebs)
fol. 38v   Monatsbild Juli (Löwe)
fol. 40r   Monatsbild August (Jungfrau)
fol. 41r   Monatsbild September (Waage)
fol. 41v   Monatsbild Oktober (Skorpion)
fol. 46r   Monatsbild November (Schütze)
fol. 46v   Monatsbild Dezember (Steinbock)

Einsetzend mit den Textseiten zu Jakob Fugger dem Reichen tritt neben die am Beginn der Handschrift stehenden Jagd- und Kinderspielszenen ein vollständiger Zyklus von Monatsbildern[88]. Das bekannte Motiv der Darstellung der Monate bzw. der Sternzeichen durch für sie typische Arbeiten oder gesellschaftliche Vorgänge, wie es sich vor allem in der Kalenderillustration und astronomischen Literatur seit dem frühen Mittelalter entwickelt hatte[89], wurde seit dem hohen Mittelalter auch im Kirchenbau, in Fresken, Glasmalerei, Mosaiken oder in der Portalplastik eingesetzt[90]. Auch in den Kalendarien liturgischer Handschriften setzte sich das Sujet durch[91]. Von hier aus strahlte es einerseits zurück in die profane Kunst, vor allem in die weltliche Wandmalerei[92], andererseits ging es seit dem späten 14. Jahrhundert ein in das Bildprogramm der Stundenbücher[93]. Während dort jedoch weitgehend Szenen aus dem höfischen Leben umgesetzt wurden, bezog sich seit dem Beginn des 16. Jahrhunderts zumal die flämische Buchmalerei verstärkt auf Motive aus dem bäuerlichen und dem städtisch-bürgerlichen Leben[94]. Monatsbilder wurden so Teil eines Standardrepertoires, das in Malanweisungen und Aufträgen selten spezifisch thematisiert wurde[95]. Sie dienten als Dekorum, als angemessene Ausstattung von repräsentativen oder der privaten Andacht dienenden Bilderhandschriften. Die dadurch bedingte Ablösung des Sujets von seinem Entstehungskontext setzt sich in der Kunst des 16. Jahrhunderts, vor allem jedoch im Kunsthandwerk, in Spielsteinen, Tellern und ähnlichem fort[96]. In ihrer dekorativen Funktion leben jedoch auch diese Umsetzungen noch von ihrem Aus-

---

ning, Brügge, 1. Hälfte des 16. Jh.: HANSEN, Kalenderminiaturen, S. 89, Abb. 63.
[84] Handwörterbuch des Deutschen Aberglaubens 5, Sp. 1317–1323; vgl. 4, Sp. 1241.
[85] Zum Knabenturnier mit Windradlanzen und Steckenpferden vgl. Lorenz WÜTHRICH, Windrädchen und Steckenpferd, Kinderturnier und Kampfspielzeug um 1500, in: Zs. für Schweizerische Archäologie und Kunstgeschichte 38 (1981), S. 279–289; Wüthrich argumentiert rein realienkundlich, ohne jeden Bezug zu etwaigen symbolisch-allegorischen Bedeutungsebenen.
[86] HINDMAN, ›Children's Games‹, S. 455–459, 473–475.
[87] Vgl. Endfassung, fol. 24–27, 41–42. Das Nebeneinander von Kinderspielen und Monatsbildern ist jedoch wiederum nicht strikt stilisiert, sondern nur angedeutet, eher Ergebnis eines Bearbeitungszusammenhangs als einer Gestaltungsabsicht, die sich freilich wechselseitig bedingen mögen.

[88] Der vorliegende Zyklus von Monatsbildern ist als einziger Aspekt des Fuggerschen Ehrenbuches in jüngerer Zeit Gegenstand einer eingehenderen Untersuchung gewesen; vgl. Heinrich DORMEIER, Bildersprache zwischen Tradition und Originalität. Das Sujet der Monatsbilder im Mittelalter, in: ›Kurzweil‹, Alltag und Festtag, 1994, S. 102–127, hier S. 119–121 mit Abb. 26–34; dort ist allerdings bei den Abbildungen und den Zuschreibungen eine Verwechslung aufgetreten: Das Sternzeichen März (Widder) hat nicht die Aussaat, sondern das Setzen von Rebstöcken als Motiv. Die Aussaat ist das Motiv des in der Handschrift folgenden Bildes: Februar (Fische).
[89] DORMEIER, Monatsbilder, S. 102–104; vgl. zum folgenden außerdem LCI 3, Sp. 274–279.
[90] DORMEIER, Monatsbilder, S. 104–106.
[91] DORMEIER, Monatsbilder, S. 108.
[92] DORMEIER, Monatsbilder, S. 111.
[93] DORMEIER, Monatsbilder, S. 111–113.
[94] DORMEIER, Monatsbilder, S. 114 f.
[95] LORENZ-SCHMIDT, Wert und Wandel, S. 242.
[96] DORMEIER, Monatsbilder, S. 121–123.

gangszusammenhang, der spätmittelalterlichen Buchmalerei als Auftragskunst der Oberschichten. Diese Entwicklung wurde prägend für die Umsetzung des Sujets in der oberdeutschen Kunst des frühen 16. Jahrhunderts, so in der nürnbergischen Buchmalerei und Buchillustration um Hans Sebald Beham und die Familie Glockendon, oder auch in den vier großen Tafelbildern aus der Werkstatt der Breus[97].

Die Monatsbilder des Fuggerschen Ehrenbuches sind ikonographisch wie stilistisch mit diesen Arbeiten eng verwandt[98]. Sie stehen nicht mehr im Kontext eines Kalendariums, sondern isoliert als ornamentale Ausstattung eines Familienbuches[99]. Die Verselbständigung des Monatsbildes als Bildgattung lebt in diesem Fall weniger von einer inhaltlichen Entwertung zum reinen Ziermotiv, als vielmehr erneut von der Nähe von Stundenbuch und Kalendarium einerseits und Familienbuch andererseits. Der Monatsbilderzyklus im Familienbuch stellt die Verwandtschaftsgruppe in den Kreislauf des Werdens und Vergehens des Jahreslaufs. Wie die zeitlose göttliche Ordnung sich immer wieder aus sich selbst heraus erneuert, so bildet die Genealogie eine zeitlose Abfolge, die sich in ihren Generationen immer neu reproduziert. Die Fruchtbarkeit der Natur, wie sie das Monatsbild zeigt, wird zum Reichtum eines Stammes.

Die göttliche Ordnung der Natur wurde wahrgenommen als begründet durch die Unterscheidung der Geschlechter wie der Stände. Der Monatsbilderzyklus des Fuggerschen Ehrenbuches transportiert daher in seinen Arbeitsdarstellungen Stereotypen der geschlechtsspezifischen, aber auch Motive einer ständespezifischen Rollenverteilung[100]. So ist es im Januar ein vornehmes Paar, das sich von einer Magd das Essen auftragen läßt. Die edle Frau ist ihrem elitären Weiblichkeitsideal entsprechend passiv, die Dienerin hingegen fleißig[101]. Zeigen die Bilder für Februar und März mit dem Beschneiden der Weidenbäume, der Aussaat und dem Pfählesetzen im Weingarten spezifisch männliche Arbeiten in Wald und Feld[102], so bringt der April mit dem Melken der Kühe, dem Buttermachen und der Wäsche typisch weibliche Arbeiten auf dem Hof[103]. Der Mann steht im Bildhintergrund im Tor des umzäunten Hofes, am Übergang zwischen dem Feld als der äußeren, männlichen Sphäre und dem Hof als der inneren Sphäre des häuslichen Wirtschaftens, der Sphäre der Frau. Im Juni-Bild arbeiten Mann und Frau bei der Schafschur zusammen. Eine Aufteilung der Arbeitsgänge ist nicht erkennbar. Dies spricht wie das im Hintergrund gegebene Ambiente für eine kleinbäuerliche Wirtschaft ohne professionalisierte Arbeitsabläufe[104]. Die Heumahd im Juli hingegen zeigt ein typisches Muster der Arbeitsteilung im Bild: Der Gebrauch der Sense als spezialisiertes, großformatiges Schnittwerkzeug wird dem Mann, das Aufnehmen des Heus als klassische Zuarbeit der Frau zugeschrieben[105]. Die kleinere Handsichel bei der Getreideernte im August hingegen wird von Männern und Frauen gleichermaßen benutzt[106]. Auffällig unterschiedlich jedoch sind die ruhenden Gestalten im Vespermotiv links im Bild gestaltet. Während die Männer raumgreifend ausgestreckt im Stroh liegen, sitzt die Frau zurückhaltend und aufrecht am Bildrand[107]. Das Pflügen und die Winteraussaat im September sind wiederum reine Männerarbeiten[108], ebenso die Weinlese im Oktober. Mit dem tiefen Schluck, den der Mann im Kelterbottich bei der Arbeit nimmt, erst recht jedoch mit seinem sich erbrechenden Kollegen neben dem Bottich thematisiert das Oktoberbild zudem ein zentrales Motiv der zeitgenössischen Männlichkeit und zumal der Kritik an überschüssiger Männlichkeit: Der übermäßige Alkoholgenuß als Spielfeld der männlichen Ehrkonkurrenz und der körperliche Kontrollverlust als seine entehrende Konsequenz waren im 16. Jahrhundert dem zunehmenden Disziplinierungsdruck der städtischen Obrigkeiten, aber auch didaktisch-moralisierenden Angriffen ausgesetzt[109]. Das Monatsbild für November zeigt die Flachsverarbeitung mit der Flachsbreche und dem Schwingscheit als Arbeit der Frauen links im Bild, rechts die Verhandlungen mit dem Grundherrn oder dem Aufkäufer als Aufgabe des Mannes[110]. Auch das Schweineschlachten im Dezember ist deutlich durch eine geschlechts-

---

[97] DORMEIER, Monatsbilder, S. 116–118.
[98] DORMEIER, Monatsbilder, S. 119.
[99] DORMEIER, Monatsbilder, S. 121.
[100] LORENZ-SCHMIDT, Wert und Wandel, S. 49 f., 239–241.
[101] LORENZ-SCHMIDT, Wert und Wandel, S. 229 f.
[102] LORENZ-SCHMIDT, Wert und Wandel, S. 59–61, 200, 211–213, 244.
[103] LORENZ-SCHMIDT, Wert und Wandel, S. 135–159, 211–213, 231 f.
[104] Die intensivierte Großherdenhaltung von Schafen wird nach LORENZ-SCHMIDT, Wert und Wandel, S. 137, in der Regel als männliche Betätigung dargestellt, da sie von professionalisierten Arbeitsabläufen geprägt war.
[105] Vgl. LORENZ-SCHMIDT, Wert und Wandel, S. 89–110.
[106] Nach LORENZ-SCHMIDT, Wert und Wandel, S. 76–78, zeigt sich die Arbeitsteilung in Abbildungen von Getreideerntearbeiten wenig ausgeprägt, abgesehen von der männlichen Monopolisierung der Handhabung von spezialisierten Großgeräten wie der Sense.
[107] Zur grundsätzlichen Unterscheidung von männlicher Aktivität und Präsenz im Bildraum und weiblicher Passivität und Bezogenheit auf den eigenen Körper vgl. LORENZ-SCHMIDT, Wert und Wandel, S. 205–207, 247–249.
[108] Vgl. LORENZ-SCHMIDT, Wert und Wandel, S. 59–61.
[109] ROPER, Männlichkeit, S. 157–159; B. Ann TLUSTY, Das ehrbare Verbrechen. Die Kontrolle über das Trinken in Augsburg in der frühen Neuzeit, in: ZHVS 85 (1992), S. 133–155; DIES., Crossing Gender Boundaries; Michael FRANK, Trunkene Männer und nüchterne Frauen. Zur Gefährdung von Geschlechterrollen durch Alkohol in der frühen Neuzeit, in: DINGES (Hg.), Hausväter – Priester – Kastraten, 1998, S. 187–212; vgl. Kap. 1.1.
[110] LORENZ-SCHMIDT, Wert und Wandel, S. 150–159, 209–211; vgl. jedoch auch ebenda, S. 207.

spezifische Arbeitsteilung geprägt. Während ein Mann das Schwein herantreibt, dem ein zweiter den betäubenden Schlag zu versetzen im Begriff ist, kauert eine Frau daneben und hält einen Tigel zum Auffangen des Blutes beim tödlichen Schnitt bereit. Ist die Schweinezucht eine vor allem weibliche Arbeit, so wird das Schlachten als spezialisierte und schwere körperliche Arbeit als männliche Tätigkeit abgebildet. Der Frau bleibt die unspezifische Zuarbeit und die weiblich besetzte Weiterverarbeitung (unter anderem mit dem aufgefangenen Blut)[111]. Zudem sind die Bewegungsabläufe im Bild wiederum ganz geschlechtsspezifisch stilisiert: Der raumgreifend ausholenden Bewegung des Mannes mit dem Beil steht die zusammengekauerte Haltung der Frau gegenüber.

Eine Sonderstellung nimmt gegenüber den aus dem landwirtschaftlichen Bereich entnommenen Motiven das Monatsbild für den Monat Mai ein. Statt einer Arbeitsszene aus dem bäuerlichen Leben zeigt das Ehrenbuch ein Motiv aus dem Kreis höfischer Vergnügungen, die Bootsfahrt mit dem Maienkahn. Ein vornehmes Paar sitzt im Boot. Am Heck badet ein nacktes Paar im Wasser, Zitat des Maienbades, eines in Literatur und Kunst vielfach aufgegriffenen Musters, das konnotiert wurde mit Fruchtbarkeit und Verjüngung. Im Bug steht ein Bootsmann mit einem langen Staken. Bei ihm sitzt ein Narr, der einen Pokal zu dem vornehmen Paar erhebt. Das Maienbadmotiv, erst recht jedoch die Gestalt des Narren im Boot markieren deutlich einen stereotypen Bildinhalt. Der Narr als Begleiter von Liebespaaren, zumal in Bordellszenen, und das Narrenschiff als Metapher für sündige Ausschweifung und verantwortungslose Verrücktheit waren den Zeitgenossen viel zu vertraut[112], als daß diese Darstellung wertfrei als Zeugnis elitären Zeitvertreibs – mit dem Narren als real anwesendem Unterhalter – hätte verstanden werden können. Der Narr im Boot war zweifellos ein topisches Motiv, nichtsdestotrotz kennzeichnete er eine moralische Disqualifikation[113].

Die Monatsbilder des Ehrenbuches stehen so in der langen Tradition einer weitgehend durch stereotype Muster geprägten Bildersprache. Ihre geschlechtsspezifischen Aspekte sind zweifellos weniger Ausfluß eines gezielten Gestaltungswillens, als vielmehr unwillkürliche Reproduktion der Wahrnehmungsstrukturen ihrer Zeit: Die Schöpfung ist geordnet durch eine Teilung der Geschlechterrollen. Ihre – und sei es nur: dekorative – bildliche Repräsentation muß daher in jedem Fall selbstverständlich diese Unterscheidung reproduzieren. Der zeitlose Ursprung hat eine Ordnung, und dies auch dort, wo ihre Abbildung dekorative Funktionen hatte.

5.2.4 Biblische und hagiographische Motive

A.) Allgemein

fol. 17v   St. Georg / Der Drachentöter
fol. 33v   Die Bekehrung des Paulus
fol. 35r   Das Martyrium des Hl. Edmund
fol. 81v   St. Georg / Der Drachentöter
fol. 86r   Jona und der Walfisch

Die Aufnahme biblischer und anderer religiöser Inhalte wird man zunächst als Folge einer recht wahllosen Ausstattung der Textrahmen mit gängigen Motiven interpretieren können. Für die Bekehrung des Paulus oder das Martyrium des Hl. Edmund wird dies auch die naheliegendste Erklärung bleiben. Letzteres zählte wie das bis auf die Krone als Attribut zum Verwechseln ähnliche Martyrium des Hl. Sebastian zum bevorzugten Bilderkreis der Habsburger[114]. Einen repräsentativen Wert wird der Ritterheilige St. Georg gehabt haben, der im Fuggerschen Ehrenbuch gleich mehrmals im Fußkampf mit dem Drachen abgebildet wird – eine Variante, die von städtischen Auftraggebern bevorzugt wurde[115].

Das Motiv ›Jona und der Walfisch‹ hingegen verweist deutlich auf eine typologisch-symbolische Bedeutungsebene: Der ins Meer geworfene, vom Wal verschluckte und wieder ausgespieene Jona wurde in der Kunst des Mittelalters als Präfiguration der Auferstehung, der Überwindung des Todes durch den Glau-

---

[111] LORENZ-SCHMIDT, Wert und Wandel, S. 209.
[112] MEZGER, Narrenidee, S. 31, 159–163, 309–323; Angelika GROSS, La folie. Wahnsinn und Narrheit im spätmittelalterlichen Text und Bild, Heidelberg 1990, S. 116–118; LCI 3, Sp. 314–318.
[113] DORMEIER, Kurzweil, S. 211–213, deutet das Maienkahn-Motiv im Fuggerschen Ehrenbuch wie in den großformatigen Monatsbildern der Breu-Werkstatt primär als Zeugnis von »heiterer Kurzweil, geselligem Zeitvertreib«, das allenfalls durch »einen selbstironisch-moralisierenden Zug ergänzt« worden sei. Daß der Narr im Boot allemal nur eine ironisierende Kritik artikuliert, steht außer Frage. Fraglich bleibt jedoch, ob der Maienkahn überhaupt Abbildung einer realen Form elitären Zeitvertreibs ist oder nicht vielmehr an sich zunächst Laster- oder Vanitasallegorie.

[114] Vgl. LCI 6, Sp. 107 f.; Simon LASCHITZER, Die Heiligen aus der ›Sipp-, Mag- und Schwägerschaft‹ des Kaisers Maximilian I., in: Jb. der Kunsthistorischen Sammlungen des Allerhöchsten Kaiserhauses 4 (1886), S. 70–288, 5 (1887), S. 117–262, hier 4, Taf. 23, 24, dazu S. 211; Jörgen BRACKER (Hg.), Die Hanse. Lebenswirklichkeit und Mythos, Katalog Hamburg, 2 Bde., Hamburg 1989, hier Bd. 2, Nr. 14.112, S. 299. Das Edmundmartyrium findet sich ähnlich auch in den Bordüren des Consulatehrenbuches, BayNM Nr. 5171, fol. 23v, und des Vogteiehrenbuches, BayNM Nr. 5172, fol. 9r. Wohl in Übernahme von Edmund konnte auch Sebastian mit Krone dargestellt werden; vgl. LCI 8, Sp. 318–323.
[115] Außer den beiden nicht-ornamentalen Miniaturen noch zweimal in seitlichen Bordüren: Endfassung, fol. 22r, links und rechts; vgl. LCI 6, Sp. 365–390, hier Sp. 376–378.

ben verstanden[116]. Die Szene verweist so auf eine ganze Reihe biblischer Szenen mit allegorischer Bedeutung. Diese Serie nimmt etwa ab dem Allianzbildnis Hans Jakob Fuggers in den Bordüren breiten Raum ein. In ihrer überwiegenden Mehrheit stehen diese Motive im Kontext zweier größerer Zyklen von Motiven aus dem Buch Genesis und dem Buch Exodus[117].

B.) Genesis (allgemein)

fol. 48r	Schöpfungsgeschichte/Der Garten Eden
fol. 49v	Der Sündenfall/Die Vertreibung aus dem Garten Eden
fol. 52r	Kain und Abel
fol. 52v	Die Arche Noah
fol. 60r	Sarai führt Abraham ihre Magd Hagar zu (?)
fol. 60v	Der Untergang von Sodom und Gomorrha/Lots Töchter täuschen ihren Vater
fol. 61r	Abraham will Isaak opfern
fol. 62v	Jakob sieht die Himmelsleiter
fol. 63r	Die Söhne Noahs sehen die Blöße ihres Vaters
fol. 63v	Der Turmbau zu Babel

C.) Joseph und seine Brüder

fol. 66r	Joseph in der Zisterne
fol. 69r	Die Söhne Jakobs vor ihrem Bruder Joseph
fol. 85v	Joseph bewirtet seine Brüder

D.) Exodus

fol. 80r	Die zweite Plage: Die Frösche
fol. 80v	Die zehnte Plage: Der Tod der Erstgeburt
fol. 84r	Die fünfte Plage: Die Viehseuche
fol. 87r	Der Zug durch das Rote Meer
fol. 88r	Moses in der Amalekiterschlacht
fol. 88v	Die Mannalese in der Wüste Sin
fol. 103r	Der Auszug aus Ägypten
fol. 169r	Moses und die Eherne Schlange[118]

Erzählt wird hier, wenn auch fragmentarisch, der Ursprungsmythos der jüdischen und christlichen Welt. Wenn für den frühneuzeitlichen Menschen seine Position in der Weltordnung primär begründet ist durch die Rückbindung an eine Tradition, d.h. an eine in die Zeit zurückreichende, aber in sich letztlich zeitlose Kontinuität, dann ist der Ursprungsmythos die Benennung des zeitlosen, absoluten Anfangs und des Werdens, das aus ihm entspringt[119]. Die Wiederholung des biblischen Ursprungsmythos im Rahmen eines frühneuzeitlichen Familienbuches funktioniert wie seine Rezitation im zyklisch wiederkehrenden Ritual der Jahreswende oder die alljährliche Verlesung von chronikalischen Aufzeichnungen oder Schwörformeln in Zünften, im Rat oder in der Gemeinde: Als Vergegenwärtigung des absoluten Anfangs, aus dem alles entspringt, auf den alles zurückgeht. Diese Vergegenwärtigung des Anfangs ist der integrative Kern, um den eine Gruppe sich konstituiert[120]. Wie im Familienbuch das ›Herkommen‹ der Verwandtschaftsgruppe reproduziert wird, so im Ursprungsmythos das ›Herkommen‹ einer Gesellschaft und letztlich der Welt. Deutlich steht dieses biblische ›Herkommen‹ in einzelnen Motiven in einer eschatologischen Dimension: Wie ›Jona und der Walfisch‹ galt auch ›Moses und die Eherne Schlange‹ als typologische Präfiguration der Erlösungstat Christi und der Auferstehung[121].

Das Widmungsgebet des Fuggerschen Ehrenbuches sucht denn auch nicht ohne Grund eben diesen alttestamentarischen Bezug: *Darumbe O Herr Allmechtiger Vater, der du dich nit allain dem Ertzuater Abraham, Sonder auch seines Samens ein getrewer Got zu sein, verhaissen, beruembt vnd angeboten hast. So bitt Ich O lieber Herr mein Got, das du mein vnd meines gantzen Geschlechts ein getrewer Got vnd Vater sein wollest, Alle vnd Jede meines Geschlechts, so die schuld der natur betzalt, vnd aus diser welt verschaiden seind, durch den Prunnen deiner gruntlosen barmhertzigkait, Inn der Schos und ruh Abrahe, Väterlichen erhalten.*[122]

In der Vorrede des Herwartschen Ehrenbuch geht Clemens Jäger ausdrücklich auf das Alte Testament als die Ursprungsgeschichte der Welt ein: *Dann zuuor ist gehört, das der hailig Man Moses, der erst Historischreiber gewesen ist, der aus gnad des hailigen*

---

[116] LCI 2, Sp. 414–421, hier Sp. 419–421; Lexikon der Kunst. Architektur, Bildende Kunst, Angewandte Kunst, Industrieformgestaltung, Kunsttheorie, Neubearbeitung, Bde. 1–7, Leipzig 1991, hier 3, Sp. 547 f.

[117] Die Motive ›Abraham opfert Isaak‹ und ›Jakob sieht die Himmelsleiter‹ finden sich auch im Consulatehrenbuch, BayNM, Nr. 5171, fol. 17r, 20v.

[118] Das Motiv ›Moses und die Eherne Schlange‹, Num 21,1–9, wird wegen des inhaltlichen Zusammenhangs hier den Szenen aus dem Buch Exodus zugeordnet.

[119] Jörn RÜSEN, Lebendige Geschichte. Grundzüge einer Historik III: Formen und Funktionen des historischen Wissens, Göttingen 1989, S. 43: »Der Ursprungsmythos dürfte eine besonders ›reine‹ Form dieses Typs sein, und es sind vor allem rituelle Handlungen des historischen Diskurses, in dem traditionale historische Orientierungen sozial realisiert werden.« Vgl. ebenda, S. 43–45.

[120] Mircea ELIADE, Der Mythos der ewigen Wiederkehr, Düsseldorf 1953, S. 38: »Der Mensch kann nichts anderes tun, als den Schöpfungsakt wiederholen; sein religiöser Kalender ruft im Laufe eines Jahres alle kosmogonischen Akte wieder ins Gedächtnis zurück, die ab origine stattgefunden haben. Tatsächlich wiederholt das heilige Jahr unaufhörlich die Erschaffung der Welt, der Mensch ist Zeitgenosse der Kosmogonie und der Anthropogonie, weil das Ritual ihn in die mythische Epoche des Anfangs versetzt.«

[121] LCI 1, Sp. 583–586.

[122] Endfassung, fol. 2r; im Anschluß steht hier noch eine Zeile aus Exodus 20,5 f., den 10 Geboten: *Vnd thu gnad an vil Tausenten die mich liebhaben, vnd meine Gebot haltenn*. Vgl. Kap. 4.1.4.

Gaists sein funff Buecher, welche nichts annders dann lautter Historien, Geschichten, vnnd Geschlechts Register Jnn sich halten, beschriben hat, Durch welche das herkommen der Wellt, wie die Ertzvätter vnnd herrlichen Männer Gottes, sampt Jren Kindern, vnnd kinds kindern ainander in der gepurt nachkumen vnnd gelebt haben, auch was wunderwerck Got der Allmechtig jederzeit durch Sy gewircket hat, clarlich gesehen vnnd vernomen wirt.[123]

Moses, der *erst Historischreiber*, verfaßt das *herkommen der Wellt* – eine Vorstellung, die sich von Eusebius und Isidor von Sevilla bis zu Lorenzo Valla, Enea Silvio Piccolomini und Jean Bodin durch die europäische Geistesgeschichte zieht[124]. Biblische Geschichte und profane Vergangenheit sind so gleichermaßen ›Herkommen‹, Ursprungserzählung der gegenwärtigen Welt. Dieses *herkommen der Wellt* ist es, das in den alttestamentarischen Bilderzyklen des Ehrenbuches dem ›Herkommen‹ der Fugger unterlegt wird. Es beginnt im Ehrenbuch mit der Erschaffung Evas aus der Rippe Adams, dem Sündenfall und der folgenden Vertreibung aus dem Paradies – jenen Szenen also, denen in der mittelalterlichen und frühneuzeitlichen Wahrnehmung zentrale Bedeutung für die Legitimation der Geschlechterhierarchie zukam[125]. Der verführte Adam wurde zum der ›Weibermacht‹ unterlegenen Pantoffelhelden[126]. Die Verführung Adams durch Eva begründete jedoch nicht nur die Unterordnung der sündigen Frau unter die Kontrolle des Mannes, sondern auch allgemein die Existenz von Herrschaft und sozialer Ungleichheit in der sündigen Welt[127]. Die gottgewollte Herrschaft wurde zudem legitimiert durch eine weitere Sünde der Erzväter: Noahs Trunkenheit und die Schamlosigkeit seines Sohnes Ham, der die Blöße des betrunkenen Vaters erblickte, begründeten die Knechtschaft der Nachkommen des Ham gegenüber jenen seiner schamhaften Brüder Sem und Japhet[128]. Mit dem Turmbau zu Babel enthält das Ehrenbuch der demütigen Fugger auch den Inbegriff der von Gott bestraften ›Superbia‹[129]. Der Brudermord des Kain an Abel als gewaltsame Errichtung einer Herrschaft wurde in Adelskritiken des 15. Jahrhunderts als Urbild des adeligen Eroberungsrechts, der nicht gottgewollten Herrschaft zitiert[130]. Die Fruchtbarkeit eines Stammes und seine Herrschaft in der Welt als göttlichen Segen und Konsequenz aus frommem Gottvertrauen begründete hingegen Abrahams Opfer[131]. Als Vorbild gottgewollten Aufstiegs im Herrscherdienst wurde Joseph, der Sohn des Jakob gesehen – ein Vorbild, wie geschaffen für die Fugger, dem das Ehrenbuch denn auch eine Serie von drei Miniaturen widmet[132]. Die biblischen Szenen in den Rahmenminiaturen thematisieren so auch die Frage der legitimen Herrschaft. Die ständische Hierarchie wird grundsätzlich als gottgewollt bestätigt. Gegen die aus Eroberungsrecht angemaßte Legitimität stellt das Ehrenbuch die gottgewollte Legitimität des aus der frommen Tugend und dem Herrscherdienst erwachsenen Adels.

Zugleich vermitteln diese Episoden auch Normen des tugendhaften Zusammenlebens von Mann und Frau und von Verwandten. Joseph und seine Brüder stehen eben auch für den Gegensatz von Verrat an der verwandtschaftlichen Solidarität und familiärer Treue. So trägt beim Auszug aus Ägypten eine vornehm gekleidete Frau eine Landsknechtstrommel, Indiz zumindest für ein ironisches Spiel mit den Geschlechterrollen. Ein bekanntes Opfer der ›Weibermacht‹ – oft abgebildet im Zusammenhang mit Ehepaarporträts – war wie Adam auch der von seinen Töchtern verführte Lot[133].

---

[123] StadtA Augsburg Reichsstadt ›Schätze‹, Nr. 194b, Herwartsches Ehrenbuch, S. 13 f.; vgl. ebenda, S. 10: *Vnnd das auch der hailig man Moses (nach Rechnung Eusebij vnd Diodorij Siculi) der erst so historien aus gnaden des hailigen Gaists beschriben, gewesen ist [...].*

[124] Uwe NEDDERMEYER, ›Darümb sollen die historien billich fürsten bücher sein und genennet werden‹. Universalhistorische Werke als Ratgeber der Fürsten im Mittelalter und in der frühen Neuzeit, in: GRELL u.a. (Hg.), Les princes, 1998, S. 66–108, hier S. 70 f.

[125] LCI 1, Sp. 41–70.

[126] Hermann PLEIJ, Arbeitsteilung in der Ehe. Literatur und soziale Wirklichkeit im Spätmittelalter, in: Maria E. MÜLLER (Hg.), Eheglück und Liebesjoch. Bilder von Liebe, Ehe und Familie in der Literatur des 15. und 16. Jahrhunderts (Ergebnisse der Frauenforschung 14), Weinheim-Basel 1988, S. 105–123, hier S. 110 f.; zur ›Weibermacht‹ allgemein vgl. Friedrich MAURER, Der Topos von den ›Minnesklaven‹. Zur Geschichte einer thematischen Gemeinschaft zwischen bildender Kunst und Dichtung im Mittelalter, in: Deutsche Vierteljahresschrift für Literaturwissenschaft und Geistesgeschichte 27 (1953), S. 182–206; LCI 3, Sp. 269 f.

[127] Klaus SCHREINER, ›Si homo non pecasset ...‹. Der Sündenfall Adams und Evas in seiner Bedeutung für die soziale, seelische und körperliche Verfaßtheit des Menschen, in: DERS./SCHNITZLER (Hg.), Gepeinigt, begehrt, vergessen, 1992, S. 41–84.

[128] SCHREINER, Legitimation, S. 397 f.; Klaus GRUBMÜLLER, Nôes Fluch. Zur Begründung von Herrschaft und Unfreiheit in mittelalterlicher Literatur, in: Dietrich HUSCHENBETT/Klaus MATZEL/Georg STEER/Norbert WAGNER (Hg.), MEDIUM AEVUM deutsch. Beiträge zur deutschen Literatur des hohen und späten Mittelalters, Festschrift für Kurt Ruh, Tübingen 1979, S. 99–120; JOUANNA, Legitimierung des Adels, S. 170; HONEMANN, Aspekte des ›Tugendadels‹, S. 278.

[129] Endfassung, fol. 63v.

[130] SCHREINER, Legitimation, S. 392–394.

[131] Gen. 22,16 f.: *Spruch des Herrn: Weil du das getan hast und deinen einzigen Sohn mir nicht vorenthalten hast, will ich dir Segen schenken in Fülle und deine Nachkommen zahlreich machen wie die Sterne am Himmel und den Sand am Meeresstrand. Deine Nachkommen sollen das Tor ihrer Feinde einnehmen.*

[132] SCHREINER, Sozialer Wandel, S. 253; vgl. WEIAND, ›Libri di famiglia‹, S. 101–103.

[133] KOEPPLIN/FALK, Lucas Cranach 2, S. 566–568, Nr. 458–461; DÜLBERG, Privatporträts, S. 170–172, Nr. 341; LCI 3, Sp. 107–112.

Ganz auf Normen des familiären Zusammenlebens bezogen ist auch die kleine Serie mit Szenen aus dem Gleichnis vom verlorenen Sohn:

E.) Der verlorene Sohn

fol. 21v   Der Abschied des verlorenen Sohnes
fol. 39v   Der verlorene Sohn mit den Dirnen
fol. 53v   Die Einkehr des verlorenen Sohnes

Der Sohn verläßt das Haus und die Herrschaft des Vaters. Er ergibt sich den Verlockungen der Sünde[134], kehrt jedoch reuig zurück in die göttliche Ordnung und die Gewalt des Hausvaters[135]. Die Normen des häuslichen Zusammenlebens und die Ordnung der Welt, Hausvaterschaft und Herrschaft stehen so in einer Wechselwirkung. Die legitime Herrschaft ist die Herrschaft aus göttlichem Willen. Und sie ist die Herrschaft des Mannes über die Frau, die Herrschaft des Hausvaters über seine Familie[136].

5.2.5 Antike Mythologie und Geschichte

fol. 21r   Atalanta und Hippomenes
fol. 39r   Triumph des Bacchus/des Apoll (?)
fol. 43r   Tod der Kleopatra
fol. 43v   Daphne verwandelt sich in einen Lorbeerbaum
fol. 47r   Orpheus und Eurydike (?)
fol. 50r   Laokoon und seine Söhne
fol. 50v   Marcus Curtius
fol. 53r   Satyrfamilie/Pan, Marica und ihr Sohn Latinus
fol. 56r   Pyramus und Thisbe
fol. 56v   Daphne verwandelt sich in einen Lorbeerbaum
fol. 65r   Aristoteles und Phyllis
fol. 65v   Herkules und Omphale
fol. 83r   Das Paris-Urteil
fol. 83v   Aktaion erblickt Diana im Bade
fol. 86v   Cephalus und Procris

Wie einige der biblischen Szenen für sich genommen als Exempel für Normen des zwischengeschlechtlichen, ehelichen und familiären Zusammenlebens stehen konnten, so vielfach auch die Bilder mit antikmythologischen Inhalten. Motive aus den Metamorphosen des Ovid, wie sie in der Literatur des 15. und 16. Jahrhunderts in christlicher Allegorese, aber auch als volkstümlicher Erzählstoff breit rezipiert wurden[137], aber auch solche aus Livius und der Aeneis stehen dabei neben Erzähltraditionen des Mittelalters.

Daß die Arbeitsweise der Breu-Werkstatt eher durch routinemäßige Nachlässigkeit bestimmt war, zeigt der Umstand, daß die Verwandlung der Daphne zweimal auftaucht und andere Szenen erheblich vom klassischen Muster abweichen wie etwa Atalanta und Hippomenes: Die in den Metamorphosen spielentscheidenden goldenen Äpfel sind im Bild nicht gegeben. Der Selbstmörder Pyramus wird mit einem Speer im Rücken dargestellt. Diese Beobachtungen verweisen auf den Umstand, daß man als Grundlage nicht antike oder rezente Texte, sondern abgewandelte Erzähltraditionen, verfälschte Erinnerungen und orale Überlieferungen anzunehmen haben wird.

Die Darstellung von Atalanta und Hippomenes wird reduziert auf den Sieg des Mannes im Wettlauf gegen die mit langem Kleid als Frau des 16. Jahrhunderts gezeigte Atalanta, auf die Überwindung der weiblichen Macht also. Die Macht und Lasterhaftigkeit der Frauen war personifiziert in der Gestalt der Kleopatra. Ihr Selbstmord durch den Biß einer Viper angesichts der drohenden Versklavung durch Octavian war so auch ein Akt der Wiederherstellung der göttlichen Ordnung[138]. Zum Kernbestand der sogenannten Weibermacht-Motive gehörte die auf dem liebestollen Aristoteles reitende Phyllis – eine Erzähltradition, die sich erst im Zuge der mittelalterlichen Rezeption des Alexander-Romans entwickelt hatte[139]. Wie das liebe Vieh

---

[134] Wenn die Prasserei mit den Dirnen an einem reich gedeckten Eßtisch unter freiem Himmel gezeigt wird, ist dies vielleicht Zitat eines Typus, der aus Liebesgärtlein-Darstellungen als Anspielung auf sündhafte Sexualität bekannt ist; vgl. z.B. Max LEHRS, Der Meister der Liebesgärten. Ein Beitrag zur Geschichte des ältesten Kupferstichs in den Niederlanden, Dresden 1893, Nr. 17, S. 21 mit Taf. X.

[135] Vgl. Ewald VETTER, Der verlorene Sohn (Lukas-Bücherei der christlichen Ikonographie 7), Düsseldorf 1955, S. XXIV f.

[136] Daß diese Herrschaft dauernd bedroht war, hatte die Affäre um Sibylla Fugger gezeigt; vgl. Kap. 4.3.5. Die Einkehr des verlorenen Sohnes steht so wohl nicht zufällig auf dem dem Allianzbildnis der verlorenen Tochter, Endfassung, fol. 54r, gegenüberliegenden Seite.

[137] Vgl. Bodo GUTHMÜLLER, Formen des Mythenverständnisses um 1500, in: Hartmut BOOCKMANN/Ludger GRENZMANN/Bernd MOELLER/Martin STAEHELIN (Hg.), Literatur, Musik und Kunst im Übergang vom Mittelalter zur Neuzeit. Bericht über Kolloquien der Kommission zur Erforschung der Kultur des Spätmittelalters 1989–1992 (Abh. der Akademie der Wissenschaften in Göttingen, Philol.-Hist. Klasse, 3. Folge 208), Göttingen 1995, S. 109–131; Ricarda LIVER, Mittelalterliche Gestaltung von antiken Erzählstoffen am Beispiel von Pyramus und Thisbe im lateinischen und romanischen Mittelalter, in: Willi ERZGRÄBER (Hg.), Kontinuität und Transformation der Antike im Mittelalter, Sigmaringen 1989, S. 315–326; Lutz RÖHRICH, Antike Motive in spätmittelalterlichen Erzählungen und Volksballaden, in: Ebenda, S. 327–344; Stephen ORGEL, The Example of Hercules, in: Walther KILLY (Hg.), Mythographie der frühen Neuzeit. Ihre Anwendung in den Künsten (Wolfenbütteler Forschungen 27), Wiesbaden 1984, S. 25–35.

[138] KNALL-BRSKOVSKY, Ethos und Bilderwelt, S. 494, zu: (Kat.) Adel im Wandel, Nr. 21.19; BORIN, Frauenbilder, S. 216.

[139] EdM 1, Sp. 786–788; RDK 1, Sp. 1027–1040; LCI 1, Sp. 182 f.

läßt sich der Weise auf einer umzäunten Wiese reiten – im Bereich der Frau ist der Mann willenlos. Der Unterwerfung des Philosophen durch die Reize einer jungen Frau entspricht die Überwältigung des Herkules durch die Prinzessin Omphale. Der Inbegriff männlicher Kraft wird nicht nur zum Sklaven, sondern läßt sich von seiner Herrin zur Teilnahme an der weiblichen Geselligkeit und am weiblichen Arbeitsleben in der Spinnstube abrichten. Das Schwert des Mannes wird ersetzt durch Spinnstab und Spinnrocken der Frau[140].

Demgegenüber werden die Frauen im Paris-Urteil der Kompetenz des Mannes unterworfen. Im Wettstreit um den Titel der Schönsten liefern sich die Göttinnen Hera, Athene und Venus[141] dem Urteil des Paris aus. Weibliche Lebensführung unterliegt der männlichen Deutungsmacht. Die Entscheidung des Mannes zwischen Tugend und Laster ist zugleich eine Entscheidung zwischen weiblichen Rollenerwartungen[142].

Normen des ehrbaren Umgangs der Geschlechter werden auch in der sich unmittelbar anschließenden Szene formuliert: Beim Anblick der nackten Diana im Bade verwandelt sich der Jäger Aktaion in einen Hirsch (und wird von seinen eigenen Hunden zerrissen). Die Scham der Frau straft hier durch die tödliche Metamorphose den schamlosen Mann. Daphnes Verwandlung in einen Lorbeerbaum unter dem Griff des Apollo hingegen rettet ihre Ehrbarkeit durch die Metamorphose der Frau[143].

Sinnbild für ehrbares weibliches Verhalten ist auch Thisbe, die sich beim Anblick ihres toten Geliebten Pyramus in sein Schwert stürzt. Die Liebe und Treue der beiden bis in den (letztlich unsinnigen) Tod wurde seit dem 15. Jahrhundert nicht mehr hauptsächlich als Negativexempel für blinde Leidenschaft, sondern als Idealbild der ehelichen Liebe gesehen[144].

Der ehelichen Treue der Thisbe steht die tödliche Eifersucht von Cephalus und Procris gegenüber, die sich gegenseitig des Ehebruchs verdächtigen. Schließlich erschießt Cephalus auf der Jagd die im Gebüsch verborgene Procris, ein Motiv, das etwa in Johannes Fischarts ›Philosophisch Ehezuchtbuechlein‹ von 1597 Aufnahme finden sollte zu dem Lehrsatz: *Das die Mann mit ihren Weibern nicht zu sehr eyfern sollen.*[145]

Andere Motive wie die Satyrfamilie an einem Fluß vor dem Hintergrund einer Stadt bleiben in ihrer Bedeutung undeutlich. Dieses Bild schließt zunächst an die zahlreichen Satyrn, Sirenen und Faunsgestalten in den ornamentalen Rahmenleisten an. Abweichend von der üblichen Ideallandschaft der Miniaturen des Ehrenbuches sind jedoch Fluß und Stadt im Hintergrund sorgfältig stilisiert. Es könnte sich bei den dargestellten um Pan, die Nymphe Marica und ihren gemeinsamen Sohn Latinus, den ›heros eponymos‹ der Latiner und somit Gründungsvater Roms handeln. Die Szene wäre somit ein Anklang an die trojanisch-römische Gründungsgeschichte der Aeneis. Als solcher stünde sie jedoch im Ehrenbuch isoliert.

Immerhin fände sie jedoch ihre Entsprechung nicht nur in einer Abbildung von Romulus und Remus mit der säugenden Lupa in den Bordüren des Consulatehrenbuches[146], sondern auch in zumindest einer weiteren Szene aus der römischen Frühgeschichte im Fuggerschen Ehrenbuch: In den Rahmungen der Textseiten zu Georg Fugger findet sich der Opfergang des Marcus Curtius, jenes römischen Jünglings, der nach Livius eine Erdspalte auf dem Capitol schloß, indem er in voller Rüstung in sie hineinritt[147]. Curtius, einer der sprichwörtlichen tugendhaften Römer, steht in der Lagenstruktur des Ehrenbuches auf einem Bogen[148] mit der Einkehr des verlorenen Sohnes, der eben erwähnten Satyrszene und einer Miniatur mit dem Bild des Laokoon und seiner Söhne. Die drei antiken Themen stehen so auffällig zusammen. Laokoon und seine

---

[140] KOEPPLIN/FALK, Lucas Cranach 2, S. 574–576, Nr. 437; PLEIJ, Arbeitsteilung, S. 115 f., übernimmt die zeitgenössisch vielfach vorkommende falsche Identifikation der Frau mit Iole; Dietz-Rüdiger MOSER, Schwänke und Pantoffelhelden, in: Fabula 13 (1972), S. 205–292, hier S. 206; Robert W. SCRIBNER, Vom Sakralbild zur sinnlichen Schau. Sinnliche Wahrnehmung und das Visuelle bei der Objektivierung des Frauenkörpers in Deutschland im 16. Jahrhundert, in: SCHREINER/SCHNITZLER (Hg.), Gepeinigt, begehrt, vergessen, 1992, S. 309–336, hier S. 319–323; BISCHOFF, Die Schwäche; zur Spinnerei als idealtypischer weiblicher Betätigung vgl. BORIN, Frauenbilder, S. 239.

[141] Das brennende Herz als Attribut der Venus, die hier außerdem mit einem großen Barett als Prostituierte gekennzeichnet ist, findet sich als Symbol für Liebeszauber und Leidenschaft häufiger, vgl. RAPP-BURI/STUCKY-SCHÜRER (Hg.), Zahm und wild, S. 239.

[142] Vgl. Annegret FRIEDRICH, Dekonstruktion des Mythos – Beispiel Parisurteil, in: BARTA u.a. (Hg.), Frauen, Bilder, Männer, Mythen, 1987, S. 304–321; RAPP-BURI/STUCKY-SCHÜRER (Hg.), Zahm und wild, S. 237–239; KOEPPLIN/FALK, Lucas Cranach 1, S. 211–213; 2, S. 613–631.

[143] Zur Verwendung im Zusammenhang mit Privatporträts vgl. DÜLBERG, Privatporträts, Nr. 320.

[144] LIVER, Mittelalterliche Gestaltung, S. 315–317; RÖHRICH, Antike Motive, S. 327–333; DÜLBERG, Gothaer Liebespaar, S. 130 f.

[145] Johannes FISCHART, Das Philosophisch Ehezuchtbuechlein oder die Vernunfft gemaese Naturgescheide Ehezucht, sampt der Kinderzucht: Aus [...] Plutarchi vernunfft gemaesen Ehegeboten vnnd allerley andern anmuetigen Gleichnuessen [...] der Authoren vnd Scribenten von allerley Nationen zusammengelesen, verteutscht [...] mit zugethaner Missiff vnnd Ehelicher schuldigkeit erinnerung [...] durch [...] Herrn Johann Fischarten genannt Mentzer, Straßburg 1597. [StUB Göttingen, 8° Pol. I, 7004]. Der Druck ist nicht paginiert. Das Motiv findet sich doppelt. Vgl.: VÖLKER-RASOR, Bilderpaare, S. 75–85.

[146] BayNM Nr. 5171, fol. 14v.

[147] Vgl. KOEPPLIN/FALK, Lucas Cranach 2, S. 608–610.

[148] Endfassung, fol. 50, 53, bilden den dritten Bogen eines Quinternionen: fol. 47–56; fol. 56, enthält Pyramus und Thisbe und die Verwandlung der Daphne.

Söhne sitzen auf einem Baumstamm in einer Wiesenlandschaft. Ihre Abwehr der Schlangen ist wenig expressiv, beinahe unbeholfen gestaltet, jedenfalls erkennbar nicht nach dem direkten Vorbild der 1506 wieder aufgefundenen römischen Skulpturengruppe. Der aufsehenerregende Fund war den Fuggern mit ihren römischen Verbindungen zweifellos bekannt. Das Opfer des Priesters als Strafe Apolls für seine Warnungen vor dem Trojanischen Pferd hatte in jedem Fall keine lange Bildtradition. Das Ehrenbuch greift hier ein neues, unverbrauchtes Muster auf. Es stellt diese Szene zusammen mit einem weiteren antiken Opfertod. Wie die Fugger in den Entstehungsjahren des Ehrenbuches in Augsburg angegriffen wurden wegen ihrer Parteinahme gegen die reformatorisch gesinnte Mehrheit, so fiel Laokoon, weil er vor den Feinden seiner Stadt warnte. Und wie die Fugger dem Gemeinen Nutzen dienten, so opferte sich Marcus Curtius für das Wohl Roms. Neben die allgemeine bildliche Reproduktion der göttlichen Ordnung tritt so ein ganz spezifisches Interesse der Fugger nach antiker Traditionsbildung.

5.2.6 Sonstiges

fol. 33r   Turnierszene: Gestech
fol. 46r   (unten) Pferderennen auf einer Wiese vor der Stadt
fol. 49r   Die Schlittenfahrt

fol. 16v   Herzog Ernst sieht am Strand ein Schiff aus Indien
fol. 35v   Cupido und die verheiratete Frau/Der Ehebruch/Balgende Kinder mit Stöcken
fol. 47v   Vier Hirsche unter Bäumen
fol. 81r   Das Meerwunder
fol. 82v   Das schlafende Königreich (aus: Die schlafende Schöne im Wald/Dornröschen) (?)

Einige weitere Szenen lassen sich zunächst als Darstellungen repräsentativen Konsums klassifizieren. Sie wiederholen Motive, die bereits im Zusammenhang mit den Kinderspielen und Puttenscherzen aufgetreten waren, so die Schlittenfahrt[149], eine Turnierszene[150] und ein Pferderennen[151]. Die mi-parti blau und gold gehaltenen Kostüme des Lanzenknechts bei dem rechten Turnierreiter, dessen Schabracke wie auch das gleichfarbige Kostüm des Pferdeknechts bei der Schlittenfahrt zitieren die Farben der Fugger, in denen Diener und Mitarbeiter bei repräsentativen Anlässen einheitlich auftraten[152].

Schon zu Beginn der Handschrift steht eine nicht sicher zu identifizierende Szene: Am baumbestandenen Meeresufer verhandelt da ein mit Barett und Schaube vornehm gekleideter Mann mit der Besatzung eines am Strand liegenden Schiffes. Hinter dem Herren steht eine zweite Person, anhand eines spitzen Bartes als Mann identifizierbar. Die Miniatur erinnert vage an Illustrationen zum ›Herzog Ernst‹, einem zeitgenössisch beliebten Helden- und Abenteuerroman, der 1476 in Augsburg bei Anton Sorg erstmals gedruckt worden war. Der vom Hof Kaiser Ottos vertriebene Bayernherzog Ernst trifft da in Begleitung seines Getreuen, des Grafen Wezilo, am Strand die Besatzung eines indischen Schiffes[153]. Nach dem Bericht der Fremden aus ihrer Heimat schließt er sich ihnen an, um mit ihrem König gegen die heidnischen Babylonier zu kämpfen. Die Buchmaler des Ehrenbuches nahmen hier offenbar ein populäres Erzählmotiv auf. Es wird sich dabei in der gegebenen Einzelstellung der Szene um kaum mehr handeln als das dekorative Zitat einer bekannten Heldenerzählung.

An späterer Stelle und in unmittelbarer Nachbarschaft sowohl zu dem umfassenden Exodus-Zyklus als auch zu antiken Motiven treten Motive aus der legendarischen Überlieferung auf. Neben der zweiten Fassung des St. Georg bzw. des Drachentöters, den man wegen seiner volkstümlichen Verbreitung und inhaltlichen Mehrdeutigkeit ebenfalls in diesen Kontext stellen könnte, steht da zunächst eine Aufnahme des von Albrecht Dürer bekannten Motivs des ›Meerwunders‹[154]. Im Vergleich zum Kupferstich Dürers ist die gegebene Szene nicht nur eingepaßt in den flachrechteckigen Rahmen der Bordüre und die übliche Ideallandschaft des Ehrenbuches, sondern auch seitenverkehrt wiedergegeben. Die Entführte ist nicht als verheiratete Frau, sondern als junge Nymphe oder Jungfrau mit offenem Haar gezeigt. Der alarmierte Mann am Ufer und das Seemonster entsprechen jedoch der

---

[149] Nach DORMEIER, Kurzweil, S. 188–190, waren die Fugger besondere Liebhaber dieses Oberschichtvergnügens.
[150] DORMEIER, Kurzweil, S. 201–204; ein ähnliches Turnier findet sich auch in den Bordüren des Consulatehrenbuches, BayNM Nr. 5171, fol. 43r (unten).
[151] Die Miniatur zeigt ein Pferderennen auf einer Wiese vor einer Stadt, wobei eine Augsburger Stadtpir die Wendemarke ziert. Bekannt ist, daß bei Turnieren und Wettrennen auf dem Fronhof ganz ähnliche Markierungen aufgestellt wurden; vgl. z.B. Abb. 113 in: Friedrich BLENDINGER/Wolfgang ZORN (Hg.), Augsburg. Geschichte in Bilddokumenten, München 1976. Das Pferderennen mit Reitern in mi-parti gehaltener Kleidung findet sich auch in den Bordüren von Consulat- und Vogteiehrenbuch, BayNM Nr. 5171, fol. 43r (oben); Nr. 5172, fol. 10r.
[152] KOUTNÁ-KARG, Die Ehre der Fugger, S. 93 f., 96.
[153] Vgl. das Faksimile der ersten Druckausgabe: Elisabeth GECK (Hg.), Herzog Ernst. Sankt Brandans Seefahrt, Hans Schiltbergers Reisebuch, Faksimile, Wiesbaden 1969 (unpaginiert) [fol. 35r]. Zum Text Karl BARTSCH (Hg.), Herzog Ernst, Wien 1869, S. 279–281.
[154] Endfassung, fol. 77–84, bilden einen Quaternio; die jeweils zweiten Blätter der beiden inneren Bögen, fol. 81, 82, haben folgende Motive: 81r: Meerwunder; 81v: St. Georg; 82v: Das schlafende Königreich; dazu, fol. 80–84, die ägyptischen Plagen, das Parisurteil und Aktaion.

Fassung Dürers, die insofern zweifellos direkte Vorlage war. Das Ehrenbuch übernimmt hier ein noch nicht abschließend identifiziertes und gedeutetes Motiv[155]: Wie sein weibliches Pendant, die ›Meerjungfrau‹, gehört es zunächst zum weiten Kreis der ›Wilden Leute‹. Konkret könnte der sagenhafte Raub der Langobardenprinzessin Theodelinde, Frau eines Merowingerkönigs, dargestellt sein, wie er im 15. und 16. Jahrhundert literarisch mehrmals überliefert ist, etwa bei Hans Sachs. Mit der Ansippung der Habsburger an die Merowinger gewann diese Sage an Bedeutung für die maximilianische Geschichtswahrnehmung. Auf diesen Komplex dürfte die Übernahme ins Fuggersche Ehrenbuch verweisen.

In der gleichen Lage der Handschrift folgt eine Miniatur, die in ihrer ikonographischen Auflösung undeutlich bleibt. Der vor seinem Thron schlafende König im Vordergrund und die auf einer Wiese vor einer Stadtmauer schlafenden Untertanen im Bildzentrum verweisen noch am ehesten auf ein bekanntes Märchenmotiv: Die ›Schlafende Schöne im Wald‹, das ›Dornröschen‹ bzw. das ›Schlafende Königreich‹[156]. Die Miniatur brächte gegebenenfalls jedoch eine für den Handlungsablauf der Erzählung nicht autonom aussagekräftige Szene in ganz isolierter Stellung. Deutlich freilich wären die erotisch-symbolischen Konnotationen des Motivs.

In einer der Miniaturen sind lediglich vier Rothirsche unter Bäumen zu sehen[157]. Hirsche tauchen auch gelegentlich als figürliche Beigaben in den ornamentalen seitlichen Randleisten auf. In der frühneuzeitlichen Ikonographie stehen Hirsche neben christlich-allegorischen Konnotationen[158] exemplarisch für das harmonische Zusammenleben der Eheleute und der Hausgemeinschaft, so auch auf der Rückseite von Privat- und Allianzporträts[159] oder in Johannes Fischarts ›Ehezuchtbuechlein‹: *Eheleute sollen einander sanfftmuetig vbersehen / gedulden vnd je eines deß andern buerde / faehl / vnd mengel guetig tragen, vnd thun wi die Hirtzen, welche auff daß sie samptlich vber das Moer schwimmen / legt je einer seinen kopff dem andern auff seinen Rucken / wechselen auch zu zeiten ab, daß der foerderst zum hindersten schwimmet, vnd also je einer nach dem andern fortan schat, biß sie samptlich mit solcher huelff vber das Moer kommen.*[160]

Sicher auf eine symbolische Bedeutungsebene schließen läßt eine weitere Miniatur, die in einer Rahmenleiste drei Szenen kombiniert[161]. Im Bildzentrum ist unter einem Baum eine Frau zu sehen, durch ihre Kugelhaube als verheiratet gekennzeichnet. Vor ihr legt ein Cupido mit dem Bogen auf sie an, um sie mit dem Pfeil der blinden Leidenschaft zu treffen. Rechts im Bild sitzt dieselbe Frau, identifizierbar anhand ihrer Kleidung, mit einem reich gekleideten Mann unter einem Baum. Das Liebespaar im Wald – außerhalb des Hauses als der Sphäre der ehrbaren Ehefrau, oft zusätzlich gekennzeichnet durch die Reisekleidung des Mannes oder sein Pferd im Hintergrund – war als Abbildung von Ehebruch oder Prostitution bekannt[162]. Die Kombination in einem szenischen Ablauf mit dem Cupido-Motiv in der Bildmitte läßt keinen Zweifel an einer solchen Interpretation. Links im Bild spielen in einer dritten Szene drei Kinder – in der alle drei Motive hinterfangenden idealen Landschaft sicherlich Fruchtbarkeit symbolisierend und wohl angelehnt an einschlägige Motive aus der 1542 in Paris erschienenen, von Alciatus autorisierten zweiten Ausgabe des ›emblematum liber‹: *Fruchtbarkeyt gar selbs schedlich.*[163] Die Neukombination von auch stilistisch disparaten Einzelmotiven dient hier zur Formulierung eines moralischen Urteils, einer Warnung vor der Treulosigkeit und blinden Leidenschaft der Frauen. Bei der Komposition eines neuen Bildes handelt es sich sicherlich um das Zeugnis einer bewußten Gestaltungsabsicht, keinesfalls um eine rein dekorative Übernahme mehrdeutiger oder bedeutungsloser Bildtraditionen.

5.2.7 Dekoration, Exemplum und Legitimation

Die Form, in der all diese Motive in den Miniaturen der Rahmenleisten zusammenstehen, wie sie zum Teil auch inhaltlich abgewandelt oder von ihrem Kontext isoliert werden, ist deutlicher Ausdruck der von Norbert H. Ott konstatierten Multivalenz frühneuzeitlicher Buchillustration[164]. Man wird die hier versuchte Unterscheidung mehrerer Zyklen nach inhaltlichen Gesichtspunkten wohl dahingehend relativieren müssen, daß diese Differenzierung nicht unbedingt der zeitgenössischen Wahrnehmung entsprechen muß. Antike Mythologie, die – vermittelt durch spätmittelalterliche

---

[155] Vgl. die Nachweise im Kommentar der Bildbeschreibung, Endfassung, fol. 81v.
[156] Vgl. Walter SCHERF, Das Märchenlexikon, 2 Bde., München 1995, hier 1, S. 172–177; 2, S. 1017–1019.
[157] Endfassung, fol. 47v.
[158] LCI 2, Sp. 286–289.
[159] DÜLBERG, Privatporträts, S. 124 f.
[160] FISCHART, Philosophisch Ehezuchtbuechlein (unpaginiert), [fol. 57]. Später im gleichen Band wird eine zweite Erklärung erwähnt. Demnach verstecken Dammhirsche ihre abgeworfenen Stangen vor schlechten Landbesitzern, bei guten jedoch lassen sie sie liegen, damit diese sie einsammeln und zu Arznei verarbeiten können. Ebenso sollen Hausherren ihr Gesinde gut behandeln, damit dieses sich treu und fleißig zeige. Die Illustration ist deckungsgleich mit jener zu der eben zitierten Stelle.
[161] Endfassung, fol. 35v.
[162] FALK/KOEPPLIN, Lucas Cranach 1, S. 149–156, 177 f.; Walter L. STRAUSS, The Intaglio Prints of Albrecht Dürer. Engravings, Etchings and Dry Points, New York 1977, Nr. 5.
[163] Andreas ALCIATUS, Emblematum libellus, Paris 1542, ND Darmstadt 1975, Nr. 39, S. 94 f.
[164] Vgl. ROHMANN, Clemens Jäger, S. 179–188.

literarische Umformung – als Gegenstand allegorischer Auslegung diente oder sogar selbstverständlich als real geschehene Geschichte wahrgenommen wurde, ebenso biblische Motive, die keinem Zweifel an ihrer authentischen Faktizität unterlagen, und legendarische Erzählstoffe bildeten gemeinsam einen großen Fundus von exemplarischem Wissen. Zudem bedingte die Ungebundenheit an einen Text eine besondere Offenheit der Gestaltungsmöglichkeiten.

Die Buchmaler reagierten auf dieses Fehlen einer geschlossenen Konzeption, indem sie in loser Folge verschiedene Motive und Themenkreise aneinanderreihten. Soweit sich die Bildinhalte einer Analyse ihrer Bedeutungsebenen erschließen, stehen dabei stereotype Muster der primär dekorativen Marginalienminiatur mit allenfalls möglicher und jedenfalls mehrdeutiger symbolischer oder allegorischer Interpretation neben sicher gezielt gewählten Motiven mit allegorisch-exemplarischer Bedeutung. Die Mehrdeutigkeit der Szenen zwischen Dekoration und bewußt gestalteter Bilddidaxe betrifft so gleichermaßen jedes einzelne Bild wie das gesamte Corpus.

Der spezifische inhaltliche und funktionale Hintergrund des Trägermediums, des Familienbuchs des Hans Jakob Fugger, veranlaßte die Buchmaler dabei jedoch zu einer Motivauswahl, die zumindest gewisse inhaltliche Ballungen erkennen läßt. Es dominieren zunächst Serien mit Jagd-, Kinderspiel- und Monatsbildern, bevor sich konkrete biblische und antike Motive durchsetzen. Der Gebrauchszusammenhang als häusliche Repräsentation der Familiengeschichte bedingte wie bei Braut- und Ehepaarbildern[165], oder auch bei kostbaren Wandteppichen, die als Brautgeschenk, Hochzeitsdekoration oder als häusliche Vermittlung des ›Herkommens‹ dienten[166], eine Häufung von Motiven mit erotischen, minneallegorischen oder geschlechterdidaktischen Konnotationen. Fruchtbarkeit und eheliche Treue werden thematisiert, aber auch die Weibermacht als Umkehrung der göttlichen Ordnung. Steht diese Bedeutungsebene in den Monatsbildern, Jagdszenen und Kinderspielen wie schon in den ornamentalen Grotesken der seitlichen und unteren Bordüren zumindest als Deutungsmöglichkeit neben der rein dekorativen Funktion, so gewinnt sie in der Auswahl der antiken und biblischen Motive eine gewisse Stringenz. Daß andererseits zentrale Motive der ›Weibermacht‹-Thematik nicht auftauchen[167], spricht eher für eine assoziative Kombination, denn für eine inhaltlich gezielte Gestaltung.

Die Unterordnung der Frau unter den Vater bzw. den Ehemann wurde als konstitutiver Kern der gesellschaftlichen Ordnung, ja: der göttlichen Ordnung des Kosmos begriffen. Jede Thematisierung der ›Weibermacht‹ als der Umkehrung dieses Verhältnisses und allgemeiner jede Thematisierung der ›verkehrten Welt‹ als der Umkehrung aller Hierarchien transportierte so auch die Warnung vor der Auflösung der göttlichen Ordnung. Die bildliche oder literarische Satire – wie die immer nur episodische, spielerische Rollenumkehr etwa in Fastnachtsritualen – trug so zur Reproduktion der gesellschaftlichen Herrschaftsverhältnisse bei[168]. So nimmt es nicht wunder, wenn die ›Weibermacht‹ vielfach thematisiert wurde in enger Verbindung mit Helden-, Abenteuer- und Herrscherstoffen, mit Motiven also, die legitimierende und exemplarische Bedeutung für die gesellschaftliche Ordnung hatten[169]. Auch tritt sie in Wandmalereien an oder in Rathäusern auf[170]. In einer erstaunlichen Konzentration finden sich ›Weibermacht‹ und ›verkehrte Welt‹ auch in den von Clemens Jäger und der Breu-Werkstatt für den Augsburger Rat erstellten Ehrenbüchern[171].

Die exemplarische Vermittlung von geschlechtsspezifischen Normen des ehelichen und häuslichen Zusammenlebens steht so auch in den Rahmenminiaturen des Fuggerschen Ehrenbuches in enger Verschränkung – vielfach im Nebeneinander verschiedener Deutungsmöglichkeiten eines Bildes – mit der Thematisierung legitimer Herrschaft und legitimen Adels. Tugend und Ehre, die Rollenverteilung von Mann und Frau und die gottgewollte Ordnung der Welt bedingen einander.

---

[165] Vgl. DÜLBERG, Privatporträts, z.B. S. 170–172.
[166] Vgl. RAPP-BURI/STUCKY-SCHÜRER (Hg.), Zahm und wild, zumal S. 52–54, 56–58, 82–84; MAURER, ›Minnesklaven‹, S. 182–184.
[167] Zu denken wäre etwa an Samson und Delilha, Salomons Götzendienst, David und Bathseba, Judith und Holofernes, Vergil im Korb, Szenen aus dem Artuskreis oder ähnliches; vgl. MAURER, ›Minnesklaven‹, S. 194–203.
[168] Merry E. WIESNER, Women and Gender in Early Modern Europe, Cambridge 1993, S. 252–255; Jacques REVEL, Geschlechterrollen in der Geschichtsschreibung, in: Michelle PERROT (Hg.), Geschlecht und Geschichte. Ist eine weibliche Geschichtsschreibung möglich?, Frankfurt am Main 1989, S. 95–120.
[169] Vgl. z.B. die bekannte Beschreibung des Interieurs des Wittenberger Schlosses durch den Magister Meinhart von 1507 oder das Bildprogramm des Brautbetts Herzogs Johanns von Sachsen; KOEPPLIN/FALK, Lucas Cranach 1, S. 213–215; 2, S. 562–564.
[170] So, freilich ohne Belege, HESS, Gothaer Liebespaar, S. 30.
[171] BayNM Nr. 5171, Consulatehrenbuch, fol. 22r: Einhornjagd; fol. 23v: Vergil im Korb; fol. 3v, 16r, 26r, 30v, 48r: Verkehrte Welt, u.a.: Hasen jagen Jäger, Kind reitet auf Schnecke. BayNM, Nr. 5172, Vogteiehrenbuch, fol. 5r: Frau versohlt Mann mit einem Besen; fol. 8v: Vergil im Korb / Kinder entzünden ihre Fackeln an der Scham der römischen Jungfrau; fol. 34r: Aristoteles und Phyllis; fol. 61r: Die Frau mit den Hosen / Der Hennentaster; fol. 71r–71v: Verkehrte Welt: Pelikane in der Schule, Wildschweine als Zugtiere. Zum Motiv des ›Vergil im Korb‹ vgl. Leander PETZOLDT, Virgilius Magus. Der Zauberer Virgil in der literarischen Tradition des Mittelalters, in: Ursula BRUNOLD-BIGLER/Hermann BAUSINGER (Hg.), Hören – Sagen – Lesen – Lernen. Bausteine zu einer Geschichte der kommunikativen Kultur, Festschrift für Rudolf Schenda, Bern-Berlin u.a. 1995, S. 549–568; zum ›Hennentaster‹ vgl. PLEIJ, Arbeitsteilung, S. 106–110.

Der bildliche Rekurs auf bekannte Muster der Herrschaftslegitimation formuliert dabei einen argumentativen Dreischritt: Mit dem Sündenfall sowie Noah und seinen Söhnen werden erstens zentrale Motive der Legitimation der bestehenden gesellschaftlichen Hierarchie aufgenommen. Das unsystematische Zitieren von Motiven der ›Weibermacht‹ verstärkt diese Tendenz. Das Ehrenbuch artikuliert so auch in seinen Rahmenmarginalien grundsätzlich eine Affirmation der ständischen Ordnung. Mit Kain und Abel, Abraham und Isaak und der Serie über Joseph und seine Brüder werden zweitens nicht-gottgewollte Gewaltherrschaft und gottgewollter gesellschaftlicher Aufstieg gegenübergestellt. Mit den antiken Motiven Laokoon und Marcus Curtius klingt drittens der Gemeine Nutzen als zentrales Argumentationsmuster des das Fuggersche Ehrenbuch bestimmenden Legitimationsdiskurses an.

Eine gezielte, programmatisch durchdachte Gestaltung dieser Reihe freilich wird sich schwerlich erweisen lassen, ebensowenig ein konzeptionelles Interesse des Auftraggebers. Vielmehr wird man die eher assoziative Motivauswahl der Buchmaler verantwortlich machen können für die Zusammenstellung einer Bildreihe, die neben dekorativen Funktionen zumindest auch die Möglichkeit einer exemplarischen und symbolisch-allegorischen Deutung bereithielt. Einzelne Motive weichen jedoch auffällig vom steroetypen Bestand der einschlägigen Themenkreise ab und legen so den Verdacht einer bewußten Gestaltungsabsicht nahe.

So boten die Rahmenminiaturen des Ehrenbuches in ihren Deutungsmöglichkeiten eine dem Bildprogramm der Allianzbildnisse und dem Argumentationsgang der Textbestandteile komplementäre Artikulation der Statuslegitimation und Statusreproduktion der Fugger. Die Textbordüren des Ehrenbuches stellen im Wortsinn die Familiengeschichte in einen Rahmen, den Rahmen des ›Herkommens der Welt‹. Die gottgewollte Ordnung der Welt, wie sie seit der Schöpfung bestand, die Fruchtbarkeit der Tugendhaften und Gottesfürchtigen, die Legitimität ihrer Herrschaft – daß die Fugger diesen Rahmen nicht gesprengt hatten, konnte auch aus den Miniaturen der Textbordüren gelesen werden. Es war die zentrale Aussage des Fuggerschen Ehrenbuches.

6 Ergebnisse

Das Fuggersche Ehrenbuch löst sich aus der typologischen Tradition des Familienbuches. Es steht am Übergang von der innerhalb der Verwandtschaftsgruppe betriebenen Vermittlung historischen Wissens zur Delegation dieser Aufgabe an professionalisierte Außenstehende.

Nicht etwa die Fugger von der Lilie als Gesamthaus ließen das Ehrenbuch anlegen. Es richtet sich vielmehr deutlich erkennbar zunächst an die Nachkommen des Raymund Fugger, an einen der beiden entstehenden Hauptzweige also. Erst im weiteren Sinne sollte es allen Mitgliedern des Hauses und ihrem verwandtschaftlichen wie sonstigen näheren Umfeld zugänglich sein. Mit fortschreitender Bearbeitung, unter dem Eindruck der inner- wie außerstädtischen Konflikte des Schmalkaldischen Krieges, weitete sich dabei der Horizont des Ehrenbuches von der konsequenten Orientierung auf die Stadt zu einer Neutralisierung und Ausweitung des Bezugsraumes.

Als Ehrenbuch des Raymundzweigs ist das Fuggersche Ehrenbuch zugleich auf die Person seines Auftraggebers, des ältesten Sohnes des Raymund, Hans Jakob Fugger hin fokussiert. Es ist auch Medium eines individuellen Gedenkens an seinen *Fundator*, vergleichbar der Memoria des *Fundators* einer liturgischen Stiftung. Wenn Hans Jakob Fugger so, wie mit der Anlage eines Familienbuches überhaupt, eine klassische Funktion des Familienoberhaupts für sich beansprucht, ist dies deutliches Indiz für seine prekäre Position als Anwärter auf die Nachfolge des ›Regierers‹ Anton Fugger als maßgeblicher politischer Vertreter seines Hauses in der Stadt und als Ältester eines der beiden sich mehr und mehr auseinanderentwickelnden Familienzweige. Das Ehrenbuch ist damit Indikator und selbst Medium der Desintegration des Gesamthauses Fugger.

Im Zuge der Bearbeitung des Ehrenbuches verschoben sich sukzessive die Gewichte von einer Synthese von Geschichtsschreibung und bildlicher Vermittlung hin zu einer Vernachlässigung des Textanteils und einer Konzentration auf die Erstellung einer Ahnengalerie in Buchform, von der Form des Familienbuches hin zu der eines Porträtbuches. Die Vermittlung historischer Sinnstiftung erfolgte nun nur mehr durch die bildliche Repräsentation der Heiratsallianzen des Hauses Fugger. Es wurde nicht mehr eine Familiengeschichte erzählt und mit Bildnissen illustriert, sondern in der seriellen Abfolge von konzeptionell immer gleichen Bildern die historische Überlieferung reduziert auf die Präsentation einer Summe legitimer Allianzen. Die offene, vielschichtige, zum Teil paradoxe Argumentation der Textbestandteile wurde zurückgenommen zugunsten einer beinahe hermetisch geschlossenen Konzeption.

Wenn Ehre symbolisch vermitteltes gesellschaftliches Kapital ist, so dient das *Buch der Eern*[1] der Dokumentation der legitimen Ansprüche auf gesellschaftliche Ressourcen. Die Ehre des Ehrenbuches ist die Tugend und Gottgefälligkeit jener langen Reihe von Vorfahren, die es abbildet. Die Ehre des Ehrenbuches ist das gottgewollte Eintreten der Fugger in den ihnen in ihrer Tugendhaftigkeit innewohnenden Adel. Die Ehre des Ehrenbuches ist jedoch nichtsdestotrotz schrittweise erworben, nicht etwa usurpiert oder angemaßt. Die Ehre des Ehrenbuches liegt schließlich begründet im spezifischen Herrscherdienst der Fugger und in der Kompetenz des Kaisers, gesellschaftlichen Status zuzuteilen. Die Ehre der Fugger, wie sie das Fuggersche Ehrenbuch formuliert, sprengt so nicht etwa die Grenzen der gesellschaftlichen Ordnung. Sie ist vielmehr begründet in demütiger Bescheidenheit und Normenkonformität. Tugendadel ist nicht etwa das Gegenteil von Altersadel. Er ist das Gegenteil von Leistungsadel. In der Aufnahme zeitgenössischer Argumentationsmuster zur Legitimation adeliger Herrschaft formuliert das Ehrenbuch demnach eine strikte Affirmation der ständischen Gesellschaft. Der Aufstieg der Fugger von der städtischen Kaufmannschaft zum Reichsgrafenstand – offenkundig Ergebnis einer generationenübergreifend erfolgreich verfolgten Familienstrategie –, die Stellung der Fugger als ›Sonderstruktur‹ zwischen städtischer und ständischer Ordnung wird so verschleiert durch die Stilisierung einer Normalität der Fugger.

Die Konstruktion der Familiengeschichte als kontinuierliche Aufstiegsgeschichte erforderte nicht nur im Ganzen, sondern auch in den Teilen erhebliche Eingriffe in das historische Wissen. Auch das Ehrenbuch der Fugger rekonstruiert eine Ursprungserzählung. Freilich ist es nicht die weit in die Vergangenheit zurückreichende Traditionsbildung adeliger oder patrizischer Geschlechter, sondern das spezifische ›Herkommen‹ einer Aufsteigerfamilie, die ihre Wurzeln nur innerhalb der zeitgenössischen Grenzen von gesellschaftlicher Legitimität und geschichtlicher Glaubwürdigkeit suchen konnte. Überzeugungskraft gewinnt die so gewonnene Familiengeschichte auch und vor allem durch die streng antithetische Parallelstellung der Geschichte der Fugger vom Reh, der Nachfahren des Andreas ›des Reichen‹ Fugger, die infolge eines unverschuldeten wirtschaftlichen Zusammenbruchs in eine klientelartige Abhängigkeit von den nunmehr ungleich reicheren und mächtigeren Vettern geraten waren. Die zeitgenössische Kritik an den Fuggern, an Kaufleuten wie an gesellschaftlichen Aufsteigern allgemein wurde projiziert auf die verarmten Verwandten – eine tiefgreifende

---

[1] Entwurf und Endfassung, fol. 2r.

Manipulation der historischen Wahrnehmung, die das Bild der Fugger vom Reh bis heute prägt.

Die Erinnerung der Fugger, wie sie das Ehrenbuch formuliert, war so ebenso konstruiert wie jede andere Geschichtswahrnehmung. Der zeitgenössisch übliche Weg der genealogischen Rekonstruktion eines adeligen ›Herkommens‹ war ihnen verbaut durch ihre gesellschaftliche Sonderstellung und die besondere Aufmerksamkeit, die sie in der Öffentlichkeit wie in ihrem Umfeld genossen. Ihre auf den ersten Blick ›modernere‹ Geschichtswahrnehmung war also Konsequenz sozialer Zwänge, nicht etwa geistesgeschichtlicher ›Fortschrittlichkeit‹.

Das Ehrenbuch formuliert das Selbstverständnis der Fugger zumindest auch für ein äußeres Publikum, und sei es nur das verwandtschaftliche Umfeld. Ob es nun hinter dieser Repräsentation von Tugend und Demut noch eine ›eigentliche‹ Selbstwahrnehmung gab, eine Ebene, auf der sich dann zweifellos wiederum Vorstellungen von Leistungsdenken und Stolz vermuten ließen – dies zu fragen hieße, das Wechselverhältnis von gesellschaftlicher Außenwahrnehmung und individueller Selbstwahrnehmung zu ignorieren. Kein Individuum und keine Identität existiert außerhalb seiner, bzw. ihrer Repräsentation. Das Bewußtsein eines Menschen oder einer Gruppe von sich selbst kennt nun immer Mehrdeutigkeiten und Widersprüche. Gesellschaftlicher Anspruch war für die Fugger von der Lilie vielleicht nur formulierbar als Demut vor dem Ratschluß Gottes – den man freilich gern für sich reklamierte. So läßt sich über die Selbstwahrnehmung der Fugger, wie sie sie in ihrem Ehrenbuch festhielten, nur dieses sagen: Ihren Aufstieg aus dem Weberhandwerk zu Weltgeltung und Hochadel hielten sie für geschehen [...] *on allen verdienst aus lautern gnaden vnnd guete* [...].[2]

---

[2] So im Eingangsgebet, Endfassung, fol. 3r.

Teil II:
Kommentar und Transkription

7 Beschreibung der Handschriften

7.1 Entwürfe:
Germanisches Nationalmuseum Nürnberg, Hs. 1668 (Bg. 3731) Fugger

7.1.1 Kodikologischer Befund

Die Handschrift besteht aus 41 Blättern in Großfolio bzw. Regalformat[1].

Die Blätter sind durchgehend von einem weißen, recht starken Papier mit der Augsburger ›Pir‹, dem Wappenzeichen der Stadt, als Wasserzeichen, wie es ganz ähnlich auch in der Babenhausener Handschrift des Fuggerschen Ehrenbuches Verwendung findet[2].

Von einer modernen Hand ist mit Blei jeweils recto in der rechten oberen Ecke eine korrekt durchlaufende Foliierung durchgeführt worden[3]. Bei der mit brauner Tinte durchgeführten Numerierung der Seiten handelt es sich nicht um eine durchlaufende Paginierung[4], sondern um Einträge einer der korrigierenden Hände, mit einiger Sicherheit der Schrift C[5], die mittels dieser Ziffern die gewünschte Reihenfolge der Seiten in der Endfassung vermerkte. Die Zahlen dieser *gefere*[n]

---

[1] Blätter ca. 49,8 cm hoch, 36,5 cm breit.

[2] Die bisherige Identifizierung mit dem Typ C. M. BRIQUET, Les filigranes. Dictionnaire historique des marques du papier dès leur apparition vers 1282 jusqu'en 1600, 2. Aufl. Leipzig 1923, ND Hildesheim-New York 1977, Nr. 2110, muß dahingehend relativiert werden, daß dieser zwischen zwei Kettlinien steht, das Zeichen also zwischen den Bindedrähten angebracht war, während das vorliegende Zeichen auf einer Kettlinie liegt. In dieser Form bietet Briquet die Augsburger Pir nur mit Beizeichen; vgl. ebenda, Nr. 2111, 2116, 2120, 2121, 2124, 2125. Zum Vergleich bieten sich insofern eher die in der Ausführung leicht abweichenden Typen 839, 840, 841, 880, 881 bei Gerhard PICCARD, Wasserzeichen Frucht (Die Wasserzeichenkartei Piccard im Hauptstaatsarchiv Stuttgart, Findbuch XIV) (Veröff. der Staatlichen Archivverwaltung Baden-Württemberg), Stuttgart 1983, an. Friedrich VON HÖSSLE, Die alten Papiermühlen der Freien Reichsstadt Augsburg, sowie alte Papiere und deren Wasserzeichen im Stadtarchiv und der Kreis- und Stadtbibliothek Augsburg, Augsburg 1907, Taf. I, datiert diesen Typ auf 1494–1562. Grundsätzliche Vorbehalte gegenüber einer vorschnellen Identifizierung von Wasserzeichen geäußert hat aufgrund einer Feinanalyse der Abläufe bei der Papierherstellung Theodor GERARDY, Datieren mit Hilfe von Wasserzeichen. Beispielhaft dargestellt an der Gesamtproduktion der Schaumburgischen Papiermühle Arensburg von 1604–1650 (Schaumburger Studien 4), Bückeburg 1964, S. 2–29. Eine Analyse des vorliegenden Papiers nach den ebenda, S. 29–57, entwickelten methodischen Vorgaben konnte infolge der Restaurierungsmaßnahmen nur bedingt durchgeführt werden. Jedenfalls liegt Papier aus mindestens zwei verschiedenen Chargen vor:
I. (z.B. Entwurf, fol. 20): Zeichen die sogenannte Stadtpir: 6,4 cm hoch, 3,0 cm (Zapfen)/3,2 cm (Fuß) breit; auf der fünften Kettlinie, ca. 21,5 cm von unten. Das Blatt hat acht (der Bogen demnach wohl 17) Normalfelder von ca. 4,1 cm. Das 3. Normalfeld hat 3,8 cm. Auf 100 mm ca. 83 Ripplinien.
II. (z.B. Entwurf, fol. 6): Zeichen dito, jedoch 6,0 cm hoch, 3,0/3,2 cm breit, auf der fünften Kettlinie. Ebenfalls acht Normalfelder von ca. 4,1 cm pro Blatt, jedoch ohne signifikante Abweichungen. Auf 100 mm ca. 72 Ripplinien.
Einzelne Blätter (z.B. Entwurf, fol. 34) sind aus deutlich schwererem Papier.
Zur ›Stadtpir‹ vgl. Friedrich ROTH, Das Aufkommen der neuen Augsburger Stadtpir mit dem Capitäl und Cisa- oder Cybele-Kopf um 1540, in: ZHVS 35 (1909), S. 115–128; Ulrich STOLL, Pinienzapfen und Zirbelnuß, in: ZHVS 79 (1985), S. 54–56; Peter JOHANEK, Geschichtsschreibung und Geschichtsüberlieferung in Augsburg am Ausgang des Mittelalters, in: Johannes JANOTA / Werner WILLIAMS-KRAPP (Hg.), Literarisches Leben in Augsburg während des 15. Jahrhunderts (Studia Augustana 7), Tübingen 1995, S. 160–182, hier S. 162–166; Augsburger Stadtlexikon (1998), S. 728 f.

[3] Mit Blei in der Form: *Bl.* mit Blattnummer. Die Hand ist eventuell identisch mit jener, die im Entwurf auf fol. 1r links oben die Signatur der Handschrift eingetragen hat.

[4] So, offensichtlich nach nicht einmal oberflächlicher Durchsicht, zuletzt Bernd MAYER, (Art.) Entwurf zum Fuggerschen Ehrenbuch, in: (Kat.) ›Kurzweil‹. Augsburger Patrizier, 1994, Nr. 14, S. 38 f.

[5] Zum paläographischen Befund vgl. Kap. 7.1.4.

folg, also: sicheren Folge, laufen nicht gleichmäßig aufsteigend durch, sondern zeigen Abweichungen, die mit den sonstigen Korrekturen im Zusammenhang stehen[6].

Das erste und letzte Blatt sind, zumal an ihren Außenseiten, erheblich verwittert. Dies legt die Vermutung nahe, daß die Handschrift zumindest zeitweise ohne Einband gewesen sein muß. Nachweisbar ist ein Einband aus schwarzer Pappe mit gelbem Schweinslederüberzug und grünen Bändern zum Verschluß[7]. Der heutige ist ein starker Pappeinband mit Leinenrücken und -ecken[8].

Die einzelnen Blätter sind bei einer modernen Restaurierung mit Papierstreifen zu Lagen von je vier, in der ersten Lage von sechs Folien, verklebt worden. Dabei sind durch Randbeschnitt an den Kanten und an dem wohl stark angegriffenen Bindungsfalz einzelne Einträge beschädigt worden. Auch durch die zur Bindung und zur Ausbesserung von Schäden an den Papierkanten aufgeklebten Papierstreifen sind Verluste eingetreten.

Die ursprüngliche Lagenstruktur und Bindung sind trotz der eingetretenen Zerstörung jedoch zumindest zum Teil rekonstruierbar anhand der Lage der Wasserzeichen und der Lage der Siebseiten der einzelnen Blätter mit Blick auf eine mögliche Zuordnung der zerschnittenen Blätter zueinander[9]. Freilich ist diesbezüglich Vorsicht angezeigt, da wahrscheinlich nur Teile der ursprünglichen Entwurfspapiere nachträglich zusammengestellt wurden. Vermutlich bestand die Handschrift auch ursprünglich nicht aus regelmäßigen Lagen. Eventuell wurde auch bei einer späteren (Neu-)Bindung die Reihenfolge der Seiten verändert.

Der Papierbefund im einzelnen:

Folio	Wasserzeichen ja/nein	Siebseite recto/verso
1	n	v
2	n	r
3	n	?
4	n	v
5	n	v
6	j	v
7	j	v
8	j	r
9	j	r
10	j	r
11	n	v
12	n	v
13	n	v
14	j	r
15	n	r
16	n	v
17	j (um 180° gedreht)	v
18	j (um 180° gedreht)	v
19	j (um 180° gedreht)	v
20	n	v
21	n	r
22	n	r
23	n	r
24	j (um 180° gedreht)	v
25	n	r
26	j (um 180° gedreht)	v
27	j (um 180° gedreht)	v
28	j	r
29	j	r
30	j	v
31	n	v
32	n	v
33	n	v
34	n (stärkeres Papier)	r
35	j	r
36	j	r
37	n	v
38	n	v
39	n	v
40	n	r
41	j (um 180° gedreht)	v

Wo sich nun anhand der Lage der Siebseite eines Blattes recto oder verso[10] und der Position des Wasserzei-

---

[6] Entwurf, fol. 8v, weist die Schrift C die Auslassung dieser und der folgenden Seite an: *Sollen Baide auszgelassen werden vnd geferer folg bl*[at] *13 Vnd 14 darauf geen.* Entsprechend werden die beiden Seiten mit den Vollporträts Hans Jakob Fuggers und seiner ersten Frau nicht gezählt, die nächstfolgenden jedoch, fol. 9v–10r, mit den Ziffern 13 und 14. Vgl. auch ebenda, fol. 15v–18r, und die entsprechend korrigierten Seiten in der Endfassung.

[7] Vgl. den Zettelkatalog: GNM. Eine aktuellere Katalogisierung der Handschrift ist nicht greifbar. In dem Ausstellungskatalog Fugger und Welser. Oberdeutsche Wirtschaft, Politik und Kultur im Spiegel zweier Geschlechter, Katalog Augsburg, Augsburg 1950, Nr. 377, S. 140 f., ist von einem Pergamenteinband die Rede. Vermutlich ist damit eine weitere Einbindung zwischen den beiden erwähnten dokumentiert. Der heutige Zustand wäre demnach ein Produkt erst der Zeit nach 1950. Augsburger Renaissance, Katalog Augsburg, Augsburg 1955, Nr. 91, S. 27, macht keine Angaben zum Einband.

[8] Hoch: 51,1cm; breit: 38,1 cm.

[9] Infolge der verschiedenen Restaurierungsmaßnahmen ist es nicht mehr möglich, zu einem präziseren Aufschluß zu kommen etwa durch einen Vergleich der Abstände der Kettlinien des bei ungetrennten Bögen anzunehmenden neunten Normalfeldes zum Mittelfalz bzw. zur inneren Schnittkante im Verhältnis zur Breite eines Normalfeldes.

[10] Sollten zwei Blätter ursprünglich einen Bogen gebildet haben, so muß die Siebseite bei beiden Blättern innerhalb des angenommenen Bogenzusammenhangs innen oder außen, d.h. auf einem der Blätter recto, auf dem anderen verso oder umgekehrt, liegen.

chens[11] zweier benachbarter oder möglicherweise ursprünglich zusammenliegender Blätter[12] die Vermutung eines Zusammenhangs ergibt, läßt sich in der Zusammenschau des Gesamtbefundes unter Einbezug der inhaltlichen Struktur und der Korrekturnotizen[13] hypothetisch ein Lagenbefund entwickeln[14].

Die ersten Seiten bis zum Beginn der genealogischen Reihe bilden im Entwurf wie in der Endfassung eine stilistische und inhaltliche Einheit. Dafür, daß fol. 10 einen Abschnitt markiert haben könnte, sprechen auch Korrekturnotizen von der Hand Hans Jakob Fuggers[15]. Wenn nun Siebseiten- und Wasserzeichenbefund der fol. 1 und 10 zusammenpassen, ist es möglich, daß sie gemeinsam den äußeren Bogen der ersten Lage gebildet haben könnten. Innerhalb dieser Lage könnten auch die fol. 3 und 8 zusammenpassen, was die Annahme nahelegt, es habe sich ursprünglich um einen Quinternio gehandelt. Freilich liegen die fol. 2, 4–7 und 9 unpassend beieinander. Jedoch findet sich auf fol. 5r die Korrekturnumerierung *8*, auf fol. 6r die *7*. Folgte man dieser Anweisung und kehrte die Reihenfolge um, so käme das Wappen der Fugger vom Reh[16] verso gegenüber dem der Fugger von der Lilie recto zum Stehen, eine Anordnung, die inhaltlich sinnvoll sein könnte[17]. Wären fol. 6 und 5 also vertauscht worden und zudem fol. 6 in sich verkehrt, so könnten sie ursprünglich als Bogen zusammengelegen haben. Auf fol. 7 ist die Seitennumerierung ebenfalls abweichend, dahingehend, daß recto eine *11*, verso eine *10* eingetragen ist. Wendet man die Seite, so daß die Ahnenproben des Hans Jakob Fugger und seiner Frau zusammenstehen[18], so könnten fol. 7 und 4 im ursprünglichen Bestand einen Bogen ergeben haben.

Kein Zusammenhang rekonstruieren läßt sich freilich für fol. 2 und 9, die inhaltlich zu eng eingebunden stehen in die gegebene Seitenabfolge, als daß der bloße Papierbefund konkretes Indiz für eine Verderbtheit der Lagenstruktur sein könnte.

Ebenso läßt sich für die Serie der Allianzbildnisse auf den nach fol. 10 folgenden Seiten mit Blick auf die genealogische Sukzession, deren Reihenfolge schon die Bearbeitung von Vorder- und Rückseite bestimmt, und ebenso mit Blick auf die zahlreichen konzeptionellen Modifikationen in dieser Passage anhand des Papierbefundes kein weiterreichender Aufschluß sicherstellen[19]. Diese Blätter könnten schon im Entstehungsprozeß getrennt bearbeitet worden sein.

Wie die erste Lage könnten fol. 20[20]–29[21] als Quinternio zusammengelegen haben, so daß fol. 24 und 25, fol. 23 und 26, fol. 22 und 27, fol. 21 und 28 sowie fol. 20 und 29 jeweils Bögen gebildet hätten. Freilich stimmen fol. 21 und 28 bezüglich des Papierbefundes nicht zusammen. Die fol. 24 und 25 passen zwar zusammen, 25 enthält jedoch Notizen, welche die Vermutung nahelegen, das heutige Blatt sei im Austausch gegen eine ursprüngliche Version ausgetauscht worden.

Fol. 30 und 31 werden eventuell auch ursprünglich als Einzelblätter erstellt worden sein.

Fol. 32–36 könnten als Binio mit einem eingelegten Blatt fol. 34 angesprochen werden.

Fol. 37–39 lassen sich nicht sicher zuordnen.

Die nachträglich eingefügten letzten Seiten könnten ursprünglich einen Bogen gebildet haben[22].

7.1.2 Inhalt

Die Handschrift enthält nach einem Titelblatt[23] zunächst Wappenbilder[24] mit Widmungsgedichten und eine Einleitung mit Vorrede und Widmungsgebet[25], dann Wappen, Ahnenproben und Vollporträts des *Fundators* Hans Jakob Fugger und seiner ersten Frau Ursula von Harrach[26], jeweils mit kurzen Legenden. Den Hauptteil bildet die mit halbfigurigen Porträts bebilderte Genealogie der Fugger von der Lilie, be-

---

[11] Da im Folioformat für jede Doppelseite ein Wasserzeichen anzunehmen ist, muß eines von zwei zusammenhängenden Blättern ein Wasserzeichen etwa in der Blattmitte tragen.

[12] Zu beachten sind jeweils ca. acht oder zehn Blätter, d.h. im Umfang einer Quaternionen- oder Quinternionenstruktur.

[13] Einzubeziehen sind vor allem jene Vermerke, die eine Änderung der Bildfolge intendieren, insbesondere die Seitennumerierungen. Eine Annäherung an den Lagenbefund bedarf einer Zusammenschau kodikologischer und inhaltlicher Beobachtungen.

[14] Auf die Formulierung einer Lagenformel nach Chroust wird mit Blick auf den hypothetischen Charakter dieser Rekonstruktion verzichtet.

[15] Entwurf, fol. 10r unten und vor allem fol. 10v oben: *diss blat soll leer pleiben [...] vnd solln disse figurn hineben gesetst werden, an dem vmbschlag dess entgegen steenden plats*.

[16] Entwurf, fol. 6r.

[17] Wappen der Fugger von der Lilie: Entwurf, fol. 5r. Eine solche Lagerung könnte die heraldische Umkehrung des Reh-Wappens erklären als Demutszeichen gegenüber dem Lilien-Wappen.

[18] Entwurf, fol. 7r, 8r; von den Ahnenproben stünde dann verso die des Mannes, recto die der Frau, entsprechend dem heraldischen Gebrauch. Unsicher bliebe freilich die Zuordnung des ganzseitigen Wappens der Frau, ebenda, fol. 7v, das gegebenenfalls recto mit einer Leerseite als Gegenüber (jetzt fol. 5v) gestanden hätte.

[19] Entwurf, fol. 11–19.

[20] Entwurf, bis fol. 20r, reicht die vierte Generation der Genealogie der Fugger.

[21] Entwurf, mit fol. 29r, beginnt die sechste Generation.

[22] Entwurf, fol. 40, 41.

[23] Entwurf, fol. 1r: Die Seite mit dem Porträt des Jesus Sirach und dem Vers *Respicite ad generationes* ist wohl noch am ehesten als solches anzusprechen. Dies freilich nicht im Sinne des für den zeitgenössischen Buchdruck typischen Titelblatts. Dieses für Clemens Jägers Ehrenbücher typische Motiv verweist eher auf den Typus des Frontispiz, der freilich eher verso in Ergänzung eines Titelblatts stehen würde; vgl. Kap. 4.1.1.

[24] Entwurf, fol. 1v–6r.

[25] Entwurf, fol. 2v–3r.

[26] Entwurf, fol. 7r–9r.

ginnend mit dem jüngeren Hans Fugger[27], seinem Bruder Ulrich und dessen Kindern[28]. Danach beschränken sich die genealogischen Ausführungen auf die agnatische Filiation der Fugger von der Lilie, bei den weiblichen Familienmitgliedern mit den jeweiligen Heiratspartnern. Die in der Babenhauser Fassung enthaltene und in den Entwürfen mehrmals in Querverweisen erwähnte[29] Genealogie der Fugger vom Reh ist nicht enthalten. Die Darstellung ist geordnet nach Generationen, hier jedoch *Linien* genannt, wobei Hans Fugger, der Vater der um 1370 von Graben nach Augsburg eingewanderten Brüder Hans und Ulrich, nicht erwähnt wird. Die Zählung der *Linien* im Fuggerschen Ehrenbuch ist daher relativ zur modernen Generationenzählung um eine Stelle verschoben[30]: Als zweite *Linie* folgen die Kinder Hans Fuggers[31], danach als dritte *Linie* die Kinder Jakobs des Älteren[32], wobei mehrere Kinder fälschlich zunächst den Söhnen Ulrich und Georg als Kinder zugeordnet wurden[33]. Als vierte *Linie* folgt dann mit den tatsächlichen Kindern des älteren Ulrich[34] und seines Bruders Georg[35] die nach heutiger Zählung fünfte Generation[36], danach die Kinder des Raymund[37] und des Anton Fugger[38] als fünfte *Linie*[39].

Dabei wird in der Regel jedes bekannte Mitglied der Familie und sein Heiratspartner bzw. seine Heiratspartnerin auf einer ganzen Seite mit Wappen, Halbporträt und kurzer Legende vorgestellt. Jung gestorbene bzw. ledig gebliebene Personen werden zum Teil allein, zum Teil zu mehreren auf einer Seite behandelt. Die bedeutendsten Männer der Familie werden zusätzlich mit ganzseitigen biographischen Erläuterungen behandelt: Hans[40], Ulrich[41], Jakob der Ältere[42], Ulrich ›der Ältere‹[43], Georg[44], Jakob der Reiche[45], Raymund[46], Anton[47] und Hans Jakob[48] selbst.

7.1.3 Kunsthistorischer Befund

Die Bildbeiträge sind als teils recht flüchtige, teils sorgfältigere Federzeichnungen mit brauner Tinte und verschieden breiten Federn ausgeführt. Unter den Federzeichnungen, vielfach diesen als Skizze vorgreifend, an anderer Stelle jedoch stark von der späteren Ausführung abweichend, sind in der gesamten Handschrift Vorzeichnungen mit Blei zu finden. Auf zahlreichen Seiten, sowohl recto als auch verso, sind mit Blei die äußeren Abmessungen der Bordüren der Textseiten angelegt. Diese und andere Bleiskizzen dokumentieren wohl frühere Planungsphasen der Arbeit einerseits und arbeitsteilige Abläufe innerhalb der Malerwerkstatt andererseits[49]. Die verschiedenen Ziffern und Zeichen, die sich jeweils am oberen und unteren Rand und oben bei der Bindungsfalz der Seiten finden, dürften der internen Kommunikation innerhalb der Malerwerkstatt und bei der Einbindung der einzelnen Teile gedient haben[50].

Bei dem ausgeführten Bildschmuck handelt es sich um vier Wappenbilder mit Wappenhalter, vier ganzseitige Wappenbilder, zwei vierahnige Ahnenproben, zwei ganzseitige Porträts in stehender Vollfigur, das Titelblatt mit einem Halbporträt ohne Wappen, acht ganzseitige Porträts von Einzelpersonen in Halbfigur über einem Wappen, 35 zum Teil unvollständige Doppelbildnisse über Allianzwappen[51], sechs Seiten mit drei oder mehr Personen in der Kombination von Wappen und Halbfigur sowie zwölf gerahmte Textseiten, von denen jedoch nur die ersten beiden mit ornamentalen Bordüren ausgeführt, die anderen lediglich in der Umrandung der Textrahmen angelegt sind[52]. Zwei Seiten sind ohne jeden Bildschmuck, sechs Seiten lediglich mit leergebliebenen Wappenschilden in Allianzstellung ausgestattet.

Signifikante stilistische und bildinhaltliche Unterschiede, die eine Differenzierung nach ausführenden Händen oder verschiedenen Bearbeitungszeitpunkten ermöglichten, werden kaum greifbar. Allenfalls die merklich zunehmende Einheitlichkeit der dargestellten

---

27 Entwurf, fol. 9v.
28 Entwurf, fol. 10v–11v.
29 Entwurf, fol. 2r, 12v, 14r.
30 Vgl. NEBINGER/RIEBER, Genealogie, Taf. 2a, 2b.
31 Entwurf, fol. 12r–14r.; für Andreas Fugger und seine Nachkommen, die Fugger vom Reh, wird ebenda, fol. 14r, auf den zweiten Teil des Ehrenbuchs verwiesen.
32 Entwurf, fol. 14v–20r.
33 Entwurf, fol. 15v–16r, 17v–18v. Dieser Irrtum wird bei der weiteren Bearbeitung korrigiert.
34 Entwurf, fol. 20v–24v.
35 Entwurf, fol. 25r bzw. 26r–28v.
36 Vgl. NEBINGER/RIEBER, Genealogie, Taf. 3, 4.
37 Entwurf, fol. 29r–35v.
38 Entwurf, fol. 36r–40v bzw. 41v.
39 Vgl. NEBINGER/RIEBER, Genealogie, Taf. 5, 16.
40 Entwurf, fol. 10r.
41 Entwurf, fol. 10v.
42 Entwurf, fol. 14r.
43 Entwurf, fol. 15r.
44 Entwurf, fol. 17r.
45 Entwurf, fol. 19r–19v.
46 Entwurf, fol. 27r.
47 Entwurf, fol. 28r.
48 Entwurf, fol. 30v.

49 Die Vorgabe der Textrahmungen könnte die Zusammenarbeit zwischen Zeichner und Schreiber erleichtert haben. Allerdings wäre in diesem Fall der Logik der Sache nach eher mit einer Vorgabe der Innen-, nicht der Außenkanten der Umrahmungen zu rechnen.
50 Auf Entwurf, fol. 24v, findet sich der einzige entzifferbare verbale Eintrag mit Blei: *nit so groß*, bezüglich des Schriftbandes. Dies dürfte sich zweifellos an einen ausführenden Künstler richten. Eine Aufschlüsselung und eventuelle Zuordnung der Vermerke konnte hier nicht geleistet werden. Sie hätte wohl auch nur Sinn im Rahmen einer Untersuchung der Werkstattverhältnisse Jörg Breus d. J.
51 Für diese aus dem heraldischen Typus des Allianzwappens und dem Typus des Ehepaarporträts zusammengesetzte Form wird im folgenden die Bezeichnung ›Allianzbildnis‹ benutzt.
52 Format: äußerer Rand ca. 41 cm hoch, 30,5 cm breit; innerer Rand ca. 32 cm hoch, 20 cm breit.

Kleidung und abnehmende Prägnanz der Konzeption der Allianzbildnisse in der fünften *Linie* mag hier angeführt werden. Im ganzen kommt technisch und stilistisch mehr und mehr eine Routinisierung zum Tragen: Die Ausführung verliert sowohl an Variationsbreite als auch an Sorgfalt. Dies dürfte zu einem Gutteil dem Umstand geschuldet sein, daß es sich hier mehrheitlich um fiktive Ehepaarbildnisse von zum Bearbeitungszeitpunkt Unverheirateten und/oder ebenso fiktive Erwachsenenporträts von Kindern und Jugendlichen handelt. Unterschiede in der Sorgfalt der Ausführung[53] mögen jedoch nicht nur der Entwurfssituation geschuldet, sondern auch auf verschiedene Bearbeiter und Bearbeitungszeitpunkte zurückzuführen sein.

Nachdem die Arbeiten am Ehrenbuch der Fugger zunächst Hans Burgkmair[54] und dann Christoph Amberger[55] zugesprochen worden waren, hat Heinrich Röttinger sie – wie andere Bilderhandschriften, für deren Text Clemens Jägers Beteiligung angenommen wird – der Werkstatt Jörg Breus des Jüngeren zugeschrieben[56].

7.1.4 Paläographischer Befund

Eine Unterscheidung der in der vorliegenden Handschrift zu findenden Schriften wird erheblich durch den Konzeptcharakter und den offenbar längeren Bearbeitungszeitraum erschwert. Möglicherweise von derselben Hand stammende Einträge können durch Benutzung verschiedener Tinten und Federn, durch verschiedene Bearbeitungsbedingungen und -zeitpunkte stark differieren. Die durchlaufend beteiligten Schriften werden auch dann mit eigenen Siglen geführt, wenn sie ganz eindeutig von ein und derselben Person stammen[57].

Schrift A:
Der gesamte Codex wird geprägt durch eine angesichts des längeren Bearbeitungszeitraumes und der Entwurfssituation erstaunlich homogene Haupthand. Diese hier A genannte Schrift ist eine Kanzleischrift, in Überschriften und in den Legenden der Schriftrahmen und Schriftbänder stärker frakturartig, im länger fließenden Text hier und da mit stärkeren kursiven Einflüssen[58]. Der fließende Text erweist sich auch orthographisch als deutlich heterogener: Im Umgang mit Groß- und Kleinschreibung (zumal von Eigen- und Nachnamen), Konsonantenhäufung (vor allem s/ss/sz/ß in verschiedenen Formen und Ligaturen und n/nn), der Wiedergabe von vokalischem und konsonantischem Lautwert (u/v, i/j), Nutzung von diakritischen Zeichen (vor allem bei der Umlautwiedergabe und der Unterscheidung von konsonantischem und vokalischem u/v) und der Interpunktion zeigt sich eine gewisse Flüchtigkeit im Vergleich mit den sorgfältigeren Überschriften und Legendeneinträgen. Die Einträge von A erfolgen durchgehend mit heute schwarzbrauner Tinte. Dies gilt auch für die Korrekturen und Nachträge in dieser Schrift, wie sie in der gesamten Handschrift auftreten.

Schrift B:
Für lateinische Einträge wird verschiedentlich eine humanistische Kanzleischrift genutzt[59]. Diese steht in so engem inhaltlichem und schreibtechnischem Zusammenhang zu den Einträgen in der Haupthand, daß eine Zuordnung dieser beiden Schriften zu einem Schreiber mehr als naheliegt. Einige Male findet sie auch Verwendung bei den Anweisungen zu den Wappentinkturen und in anderen Korrekturen[60]. Sie steht dabei im Kontext von Einträgen der kursiven Schrift C.

Schrift C:
Durch die gesamte Handschrift ziehen sich, meist in heute graubrauner Tinte, teils sehr ordentlich, teils flüchtiger geschrieben, Korrekturen und Vermerke einer kursiven Hand, meist mit runden, schwingenden und klaren Formen ausgesprochen aufrecht[61], gelegentlich aber auch stärker aufgelöst und rechtsgeneigt[62]. Unterscheiden lassen sich ein umfangreicher, paläographisch recht einheitlicher, eher an Formalien orientierter Bearbeitungsdurchgang und teils deutlich flüchtigere, meist kurze inhaltliche Korrekturen. Von

---

[53] Das immer wiederkehrende quadrierte Wappen der Fugger beispielsweise zeigt in seiner Ausführung im letzten Abschnitt deutliche Qualitätsunterschiede.

[54] Vgl. die Miszelle eines ›E.‹, Ein Fuggersches Geschlechtsbuch von H. Burgkmair, in: Anzeiger für Kunde der Deutschen Vorzeit. Organ des Germanischen Museums, NF 1 (1853), Sp. 12 f., und die daraus folgende Diskussion: Miszelle eines ›Su.‹, ebenda, Sp. 32 f., und Antwort des ›E.‹, ebenda, Fußnote zu Sp. 32.

[55] W. SCHMIDT, Notizen zu deutschen Malern, in: Repertorium für Kunstwissenschaft 19 (1896), S. 285–287.

[56] Heinrich RÖTTINGER, Breu-Studien, in: Jb. der Kunsthistorischen Sammlungen des Allerhöchsten Kaiserhauses in Wien 28 (1909/10), S. 31–92, hier S. 77, nennt den Gesellen C, stützt sich bei der Zuschreibung freilich lediglich auf Fotografien der beiden ausgeführten Ornamentrahmungen. Diese völlig unsichere Händescheidung verdiente mit Blick auf die hier angestellten Überlegungen zur Entstehungsgeschichte der Handschrift eine Neubewertung. Wenigstens die Zuschreibung zur Werkstatt des jüngeren Breu dürfte jedoch als gesichert gelten.

[57] Dies gilt auch für die Wiedergabe im Rahmen der Edition.

[58] So tauchen hier gehäuft kursive h-Minuskeln mit Ober- und Unterlängen, kursive f- und s-Minuskeln, ebensolche S-Majuskeln, stellenweise auch kursive e-Minuskeln, Endungskürzungen durch weit geschwungene Aufstriche oder auch kursive st-Ligaturen auf; besonders deutlich Entwurf, fol. 17r unten, aber auch z.B. fol. 11r.

[59] Entwurf, fol. 1r–1v, 3r, 11r.

[60] Entwurf, fol. 12v–13r, 26v, 27v; vgl. auch fol. 17v, 28v.

[61] Entwurf, fol. 4r–4v, 6v, 8v, 25r, 34v, 41r; mit deutlicherer Rechtsneigung auch die Farbanweisungen zu den Wappen.

[62] Entwurf, fol. 8r, und kleinere Korrekturen passim.

der Farbe der Tinte her dürfte auch die korrigierende Seitennumerierung von dieser Hand stammen[63].

Die Handschrift enthält mehrere Stellen, an denen die Schrift A in C übergeht oder zumindest diese beiden in unmittelbarer Nachbarschaft stehen[64]. Die Schriften A, B und C stammen demnach mit einiger Sicherheit von der Hand eines Schreibers. Dieser nutzt eine sichere, wenig kalligraphische, in den Überschriften stärker frakturmäßige Kanzleischrift A als Buchschrift für die deutschen sowie eine humanistische Schrift B für die lateinischen Einträge und ist mit seiner Kursiven C inhaltlich und formal maßgeblich an der Bearbeitung der Handschrift beteiligt. Als Schreiber der hier mit der Sigle C belegten Schrift ist in der Literatur Clemens Jäger identifiziert worden[65]. Diese tritt in Konzepten und Papieren Jägers tatsächlich immer wieder auf[66]. Dies hieße, daß dieser auch selbst der Schreiber der Haupthand A ist[67]. In Konzeptpapieren Jägers aus seinem Todesjahr 1561 stehen Schriften, die den Händen A, B und C der vorliegenden Handschrift entsprechen, in solchermaßen engem Bearbeitungszusammenhang nebeneinander, daß eine Beteiligung verschiedener Bearbeiter kaum denkbar scheint[68]. Alle drei Schriften A, B und C entsprechen den Vorgaben der zeitgenössischen Schreibmeister. Besonders die Kursive C steht den Schriften professioneller Augsburger Buchschreiber nahe[69].

Schrift D:

In heute grüngrauer Tinte ziehen sich durch den gesamten Codex einerseits zahlreiche kürzere Korrekturen und Ergänzungen[70], andererseits grundsätzlichere Bemerkungen zum Inhalt und Aufbau der geplanten Handschrift[71]. Sie sind geschrieben in einer schmucklosen Kursive, die Korrekturen eher sorgfältig, längere Bemerkungen hingegen eher flüchtig[72]. Schon Wilhelm Maasen hat diese Hand Hans Jakob Fugger zugeschrieben[73]. Dieser Befund läßt sich anhand von Autographen verifizieren[74].

---

63 Für diese Identifizierung spricht auch der Vergleich mit den graphisch ganz ähnlichen Paginierungen in zwei sicher von Jäger stammenden Handschriften: StB Augsburg 2° Cod. H. 7, Familienbuch der Rehlinger, 1559; BayHStA Kasten schwarz 7199 (Geheimes Staatsarchiv), Entwurfspapiere zu einem Ehrenbuch der Langenmantel.

64 Entwurf, fol. 7r, 8r; eindeutig fol. 16r, 28r, wo jeweils Nachträge sukzessive von der einen in die andere Schrift übergehen. Zum Vergleich bieten sich im übrigen schon die stärker kursivischen Ausprägungen von Hand A an.

65 DIRR, Clemens Jäger, S. 1–32, hier S. 17 f.; PÖLNITZ, Clemens Jäger, S. 91–101, hier S. 93 f.

66 Vgl. z.B. das eben erwähnte Familienbuch der Rehlinger (1559) oder die Jägerschen Papiere in BayHStA KÄÄ, Nr. 3165; dazu ROHMANN, Clemens Jäger, S. 253–256, 297–301.

67 Diese findet sich wiederum verschiedentlich in Prachtfassungen von Jäger zuschreibbaren Werken; vgl. nur die Abb. aus dem sogenannten Vogteiehrenbuch, in: BLENDINGER/ZORN (Hg.), Augsburg. Geschichte in Bilddokumenten, Abb. 172; aus dem Consulatehrenbuch, ebenda, Abb. 81; aus dem Ehrenbuch der Herwart, ebenda, Abb. 169; ebenfalls aus dem Ehrenbuch der Herwart, in: (Kat.) Elias Holl, Nr. 176, Taf. XLV; aus dem Consulatehrenbuch, in: RÖTTINGER, Breu-Studien, Fig. 30, 31; aus dem Zunftehrenbuch, in: 450 Jahre Staats- und Stadtbibliothek Augsburg. Kostbare Handschriften und alte Drucke, Katalog Augsburg, Augsburg 1987, Nr. 31 und Abb. 16, hier freilich falsch als Consulatehrenbuch bezeichnet. Aus dem Ehrenbuch der Herwart, dem Zunftehrenbuch, dem Stammbuch der Linck und dem sogenannten Ehrenbuch der Rehlinger vgl. (Kat.) ›Kurzweil‹ Augsburger Patrizier, Nr. 8, 11 f., 16. In der Literatur ist sie wiederholt Clemens Jäger zugewiesen worden, freilich ohne nähere paläographische Untersuchung, so BIEDERMANN, in: Welt im Umbruch 1, Nr. 162, S. 224; ebenso in: (Kat.) Elias Holl, Nr. 175, S. 305. Friedrich ROTH hingegen ging von der Zusammenarbeit Jägers mit einem Kunstschreiber aus; vgl. nur (Die) Chroniken. Augsburg 9, S. 37 f.; DERS., Clemens Jäger I, S. 43; II, S. 55. Friedrich BLENDINGER, (Art.) Clemens Jäger, in: NDB 10 (1974), S. 274, schließlich spricht von »anerkannten Kunstschreibern«, mit denen Jäger kooperiert habe. Deutlich von der vorliegenden Schrift A zu unterscheiden ist die sehr sorgfältige, kalligraphische Buchschrift in späteren Prachthandschriften Jägers, die sicherlich einem professionellen Schreiber zugeschrieben werden muß, so in der Münchener Hauptfassung des Habsburgischen Ehrenwerkes, BaySB, Cgm 895, 896, für die schon ROTH, Clemens Jäger II, S. 3 f., 55 f., einen Handwechsel nach fol. 12 festgestellt hat. Von der gleichen Hand ist das Ehrenbuch der Linck geschrieben: StB Augsburg, 2° Cod. Aug. 489.

68 In den Konzepten zu einem Ehrenbuch der Langenmantel, BaySB Cgm 2791, insbesondere fol. 46–53.

69 Vgl. Karin SCHNEIDER, Berufs- und Amateurschreiber. Zum Laien-Schreibbetrieb im spätmittelalterlichen Augsburg, in: JANOTA/WILLIAMS-KRAPP (Hg.), Literarisches Leben in Augsburg, 1995, S. 8–26. Vgl. das Schreibmeisterbuch des Wolfgang Fugger: Fritz FUNKE (Hg.), Wolfgang Fuggers Schreibbüchlein. ›Ein nutzlich vnd wolgegrundt Formular Manncherley schöner schriefften‹, Faksimile, Leipzig 1958, besonders S. 48–50 zur Kanzleischrift (vgl. Schrift A), 82–84 zur Humanistenschrift bzw. Rotunda (vgl. Schrift B); ebenda, S. 28: *Ein gemaine oder gelegte Current vnnd hanndtschrifft* (vgl. Schrift C). Vgl. allgemein Tamara N. TACENKO, Zur Geschichte der deutschen Kursive im 16. Jahrhundert. Bemerkungen zur Entwicklung dieser Schrift anhand von Dokumenten einer Sammlung aus St. Petersburg, in: Archiv für Diplomatik 38 (1992), S. 357–380, hier S. 360 f.

70 Entwurf, beginnend fol. 5r.

71 Entwurf, erstmals fol. 10r.

72 Die Silben -er und -en werden in weit geschwungenen Aufstrichen gekürzt, dies vielfach auch im Wort. ›Das‹ wird als *ds* oder *dz* mit weitem Abstrich gegeben, ›der‹ als *d* mit geschwungenem Aufstrich. Auffällig sind die Minuskel *t* ohne Oberlänge und die Gleichförmigkeit von *st*- und *ss*-Ligatur. Stellenweise wird der Einfluß der Rotunda prägend: Entwurf, fol. 7r, 8r, jeweils in den nachträglichen Devisen.

73 MAASEN, Hans Jakob Fugger, S. 70; JANSEN, Anfänge, S. 73; DIRR, Clemens Jäger, S. 17, wenig präzise; PÖLNITZ, Clemens Jäger, S. 94.

74 Zum Vergleich wurden herangezogen: für die deutsche Kursive FA 1.1.1,a–k, Briefe Hans Jakob Fuggers; für lateinische Einträge in Humanistenschrift FA 1.1.1,s, Briefe Hans Jakob Fuggers an Bonifatius Amerbach (Fotokopien der Originale der UB Basel); zu diesen vgl. die Abb. bei LEHMANN, Fuggerbibliotheken I, Taf. 14.

Vielfach finden sich diese Notizen in enger Abstimmung mit der Niederschrift des Haupttextes, zum Teil in von dieser gelassene Lücken hinein geschrieben[75]. Auch reagieren die Korrekturen von Hand C stellenweise ganz eindeutig auf Hinweise von D[76]. Die Hand D arbeitet demnach in enger Abstimmung mit dem Schreiber von A, B und C als der anderen für die Bearbeitung maßgeblichen Person.

Schrift E:
Im letzten Abschnitt der Genealogie der Fugger von der Lilie hat eine weitere Hand mit sehr undeutlicher, stark kürzender, die einzelnen Buchstaben stark verwischender Kursive nachträglich Heiratsverbindungen der dargestellten Kinder Raymund und Anton Fuggers eingetragen[77]. Die Nachträge reichen von 1548[78] bis 1560[79]. Die zweite Heirat des *Fundators* Hans Jakob Fugger mit Sidonia von Colaus im Jahr 1560 ist nicht mehr erwähnt, ebenso nicht die Heiraten der jüngsten Töchter Anton Fuggers, Maria und Veronika (beide 1566), deren Geburten während der ersten Bearbeitung der Handschrift nachgetragen worden waren[80]. Auch die Heirat des noch im Bild gegebenen Jakob[81] 1570 ist nicht erfaßt. Terminus ante quem der Schrift E ist demnach das Jahr 1560[82]. Zumindest einmal tritt diese Schrift jedoch auch am Beginn der Handschrift und vielleicht noch im Kontext der Korrekturen der Bearbeitungszeit auf[83]. An einer Stelle, für die Hochzeit der Barbara Fugger im Februar 1548, also während der abschließenden Endbearbeitung, geht ein Eintrag von E einem solchen von C voraus[84]. Auch der Eintrag über die Hochzeit der Ursula Fugger mit Joachim Graf von Ortenburg dürfte noch in den Zusammenhang der Nachtragsarbeiten des Jahres 1549 gehören[85]. Offenbar hat der Schreiber von E nach dem Ende der Bearbeitung des Fuggerschen Ehrenbuches noch bis 1560 in den Entwürfen von Fall zu Fall Aktualisierungen vorgenommen. Die Schrift E entspricht deutlich der von Clemens Jäger in Konzepten häufig verwendeten flüchtigen Kursive[86]. Sie kann ihm als Gebrauchsschrift neben den erwähnten Schriften A, B und C zugewiesen werden.

Schrift F:
Für die zahlreichen verschiedenen Einträge in Blei wurde hier die Sigle F vergeben. Diese Hand äußert sich nur an zwei Stellen in bemerkenswertem Umfang[87].

7.1.5 Provenienz

Paläographisch läßt sich demnach sicherstellen, daß die Entwurfspapiere nach Abschluß der Arbeiten im Besitz Clemens Jägers verblieben, der darin bis 1560 mit eigener Hand Nachträge machte[88].

Bei der Entstehung der sogenannten Fuggerchronik diente zumindest einmal eine Seite der Entwürfe zum Fuggerschen Ehrenbuch als Vorlage[89]. Dieser Abschnitt der ›Fuggerchronik‹ geht also entweder auf Clemens Jäger oder auf einen späteren Besitzer der Entwurfspapiere zum Fuggerschen Ehrenbuch zurück.

Auf der Titelseite der heutigen Handschrift[90] stehen am unteren Rand nebeneinander drei kleine Stempel, von denen der mittlere, ein Kreis mit einer Fraktur-

---

[75] Entwurf, fol. 3r, 7r, 8r, 17r, 27r, 30r, 32v; die Zahleneinträge in den Lücken, fol. 3r, 30v, 32v, lassen sich vom Tintenbefund wie vom Schreibzusammenhang her Hand D zuweisen.

[76] Deutlich wird dies, wenn Hand D auf Entwurf, fol. 15v–16r die falsche Zuschreibung der Kinder Jakobs d. Ä. zu Ulrich Fugger moniert, und Hand C die Korrekturen ausführt.

[77] Entwurf, erstmals fol. 34v, dann 35v, 36v–37v, 38v–39r, 40r; auch eine Notiz, fol. 10r, dürfte von Hand E stammen.

[78] Entwurf, fol. 34v; bemerkenswert hierbei, daß der Nachtrag in diesem Fall einer bereits nachträglich von Hand C festgehaltenen Verbindung gilt.

[79] Entwurf, fol. 37r.

[80] Von Hand C bzw. A; vgl. Entwurf, fol. 40r–40v.

[81] Entwurf, fol. 39v: 1570 mit Anna Ilsung von Tratzberg; vgl. hierzu und zum vorhergehenden NEBINGER/RIEBER, Genealogie, Taf. 5, 16.

[82] PÖLNITZ, Clemens Jäger, S. 96, betrachtet die auf den betreffenden Seiten im Vorhinein eingezeichneten Figuren fälschlich als im Zusammenhang mit den Nachträgen von Hand E stehend und bemerkt daher, das Fuggersche Ehrenbuch sei »in seinen Bildnissen auf den Stand des Jahres 1560 ergänzt« worden. Er kann dabei entweder Konzept und Endfassung nicht mehr als flüchtig miteinander verglichen oder muß die Nachträge des 18. Jh. in der Endfassung für zeitgenössische Aktualisierungen gehalten haben.

[83] Entwurf, fol. 10r.

[84] Entwurf, fol. 34v; Hand E notiert das Ereignis kurz im Schriftband, C formuliert über dem Schriftband den in der Endfassung aufgenommenen Text.

[85] Entwurf, fol. 35v, mit skizziertem Wappenschild. Die Streichung der Benennung der Antonkinder als unverheiratet dürfte sich nicht auf die tatsächlichen späteren Heiraten beziehen: Ebenda, fol. 36r zu 1551, fol. 36v zu 1549, fol. 37r zu 1560, fol. 37v zu 1553, fol. 38v zu 1555, fol. 39r zu 1555; vielmehr sollte der Text für spätere Heiraten offen gehalten werden, weshalb auch bei nicht oder erst nach 1560 verheirateten Kindern diese Änderung vorgenommen wird: Ebenda, fol. 38r, 39v.

[86] Vgl. BayHStA KÄA, Nr. 3165; Langenmantel-Konzepte in: BaySB Cgm 2791, fol. 46–53; reformationshistorische Aufzeichnungen in: BayHStA KÄA, Nr. 4249, fol. 44r–55v; Nachlaßpapiere Jägers: StaatsA Augsburg Reichsstadt Augsburg (MüB), Literalien, Nr. 105.

[87] Entwurf, fol. 24v, 41v; letzterer Eintrag freilich nicht mehr entzifferbar. Vgl. im übrigen die mehrmals vorliegende Bemerkung: *1 blat*, bzw. *2 blat*. Mit der Zuweisung soll hier ausdrücklich nicht die Identität der Urheber all dieser zum Teil nur einzelne Zeichen umfassenden Einträge behauptet werden.

[88] Einträge von Hand E.

[89] Vgl. Entwurf, fol. 24v: Hieronymus Fugger, mit MEYER (Hg.), Chronik der Fugger, S. 24; vgl. außerdem ebenda, S. 16, und Entwurf, fol. 10r, Endfassung, fol. 10r: über das Erbe Hans Fuggers in Graben. Zur Fuggerchronik vgl. ROHMANN, Clemens Jäger, S. 271–274, 311–316.

[90] Entwurf, fol. 1r.

Majuskel K, nicht zugeordnet werden konnte. Der rechte trägt über und unter einem Adler die Aufschrift ›Germanisches Nationalmuseum‹. Der linke Stempel zeigt in einem Wappen einen breiten Balken mit einer Rose. Es handelt sich um das Wappen des Freiherren Hans von Aufseß, des Gründers und ersten Leiters des Germanischen Nationalmuseums[91]. Der älteste handschriftliche Katalog der Museumsbibliothek erwähnt die Handschrift nicht[92]. Der erste gedruckte Katalog von 1855 führt sie als Arbeit Hans Jakob Fuggers[93]. Neben Revisionsvermerken mit Rotstift – diese datiert auf den 27. Juni 1859 – enthält der Katalog Einträge einer weiteren Revision mit Blei. Bei dieser wurde die Handschrift als aus der Aufseßschen Bibliothek übernommen verzeichnet.

Hans von Aufseß fügte in der Gründungsphase der Museumsbibliothek sukzessive Bestände seiner eigenen Sammlung in jene ein. 1852–55 wurde sie durch umfangreiche Käufe erweitert. Erst 1863/64 kam es nach mehrjährigen Verhandlungen zur vollständigen Übernahme der kompletten Bibliothek des Freiherrn von Aufseß in die Museumsbibliothek[94]. Die Entwurfshandschrift des Fuggerschen Ehrenbuches dürfte demnach bei Anlage des ersten handschriftlichen Katalogs noch Teil der Privatbibliothek gewesen sein. In einer Miszelle im ersten Band des Anzeigers für Kunde der deutschen Vorzeit des Germanischen Nationalmuseums von 1853 wird die Handschrift als in der ›freiherrlich von Aufsess'schen Kunstsammlung des Germanischen Museums‹ befindlich bezeichnet[95]. Sie dürfte in diesen Jahren in die Bibliothek des Museums integriert worden sein. Auf welchem Weg der Codex an Hans von Aufseß gekommen ist, ist nicht mehr nachvollziehbar.

7.2 Endfassung: Fugger-Museum Babenhausen, Nr. 544

7.2.1 Kodikologischer Befund

Der Codex besteht aus 261 Blättern in Großfolio- bzw. Regalformat[96], von einem weißen, schweren Papier mit dem Augsburger Pir als Wasserzeichen[97].

Er ist gebunden mit einem starken Einband, überzogen mit grünem Kalbsleder[98], vorn und hinten mit Golddruck von einem Rollenstempel an den Kanten und einer lilienförmigen Prägung in den Ecken, der Buchrücken mit rautenförmiger Goldprägung aufgeklebt auf die Bindung. Der heutige Einband ist eine Arbeit des 18. Jahrhunderts. Er steht vielleicht im Zusammenhang mit den gleichzeitigen Nachträgen. Wohl aus dem 16. Jahrhundert stammen die beiden Medaillons aus emailliertem Messing in Grubenschmelz auf der Vorder- und Rückseite mit den Wappen des Auftraggebers Hans Jakob Fugger und seiner ersten Frau Ursula von Harrach[99].

In den Buchdeckel eingeklebt ist vorn und hinten jeweils eine marmorierte Doppelseite als Vorsatz- bzw. Nachsatzblatt. Beide Bögen sind aus verschiedenen Einzelteilen verklebt[100].

---

[91] Elisabeth RÜCKER, Die Bibliothek, in: Bernward DENEKE/Rainer KASHNITZ (Hg.), Das Germanische Nationalmuseum in Nürnberg 1852–1977. Beiträge zu seiner Geschichte, München-Berlin 1978, S. 546–583, hier S. 547 f. Der erwähnte Museumsstempel ist ebenda, S. 552, der Zeit 1905–1939, in einer Variante 1956–1958, zugeordnet.

[92] Heute GNM 8° lk nur 57/22, 1+2.

[93] Bibliothek des Germanischen Nationalmuseums in Nürnberg, abgedruckt aus dem Ersten Band der Schriften des Germanischen Nationalmuseums, Nürnberg-Leipzig 1855, heute GNM 8° lk nur 57/21 (und weitere Exemplare, zum Teil mit handschriftlichen Ergänzungen und Korrekturen: 8° lk nur 57/23; 8° lk nur 57/24), S. 5.

[94] Vgl. RÜCKER, Die Bibliothek, S. 547–549.

[95] ›E.‹, Ein Fuggersches Geschlechterbuch.

[96] Durchschnittlich ca. 49,5 cm hoch und 37,0 cm breit. Die Einträge der Entstehungszeit beginnen auf dem zweiten Blatt recto. Das erste Blatt enthält einen Kaufvermerk des frühen 19. Jh.; die Blattzählung beginnt daher wie die Paginierung im Band erst mit dem zweiten Blatt. Das erste Blatt der Endfassung wird als fol. 0 geführt.

[97] Untersucht wurden Endfassung, fol. 85, 212. Das Wasserzeichen steht links auf der fünften Kettlinie: Augsburger Stadtpir, ca. 6,0 cm hoch und 3,3 (am Fuß) bzw. 3,0 (an der Traube) cm breit. Zum unteren Seitenrand ca. 21,5 cm, zum linken ca. 16,8 cm Abstand. Die Kettlinien bilden pro Bogen 17 Normalfelder mit 4,1 cm Breite, das linke Randfeld hat ca. 2,5 cm, die rechten Randfelder schwanken zwischen 2,4 und 3,1 cm Breite. Beide untersuchten Seiten hatten auf 100 mm ca. 95 Ripplinien. Einzelne Blätter, so Entwurf, fol. 0, 87, sind von deutlich stärkerem Papier und leicht abweichender Liniennetz-Struktur. Es handelt sich jedoch um einzelne Halbbögen ohne Wasserzeichen, so daß eine präzisere Zuordnung nicht möglich ist. Das Gros der Blätter entspricht demnach dem Papiertypus, der auch in der Nürnberger Handschrift Verwendung fand. Abweichungen im Detail sind mit Blick auf den Herstellungsprozeß nicht signifikant; vgl. Kap. 7.1.1.

[98] Ca. 50,0 cm hoch, 37,2 cm breit.

[99] Durchmesser ca. 15,5 cm außen, ca. 10,5 cm innen. Die Randleiste, in der die Medaillons mit jeweils drei Nieten im Einband befestigt sind, ist mit einem floralen Ornamentrahmen gearbeitet.

[100] Im Einbanddeckel vorn finden sich zwei Aufkleber, der eine oben links, der zweite unten zentraler, mit der Aufschrift: 1.) *Fürst Fugger-Babenhausen / 234*, die Ziffern handgeschrieben; 2.) *78 / Fürst Fugger Babenhausen / 1961*. Auf allen recto-Seiten, außer den ganz leer gebliebenen, steht unten zentral ein runder Stempelabdruck: *Fürstlich Fuggersche Bibliothek in Augsburg*.

Der Codex ist, zum Teil erheblich verwittert, mit Goldschnitt gearbeitet.

Die Lagenstruktur ist in den ersten Abschnitten der Handschrift aufgrund der erheblichen Beschädigung nur mehr mit Mühe nachzuvollziehen. Die Bindung ist zumindest einmal, vielleicht im Zusammenhang mit der Einbindung und/oder den Nachträgen des 18. Jahrhunderts, erneuert worden. Im einzelnen ergibt sich folgender Befund[101]:

fol. 0	Einzelblatt
fol. 1, 2	Einzelbogen
fol. 3–7	Binio, darin:
fol. 6	eingelegt
fol. 8–11	Binio
fol. 12–19	Quaternio
fol. 20, 21, 22	angeklebte Einzelblätter
fol. 23, 24	Einzelbogen
fol. 25, 26	Einzelbogen
fol. 27	einzelnes Blatt
fol. 28, 29	Einzelbogen
fol. 30–33	ursprünglich wohl Binio, im heutigen Zustand fol. 30, 33 Einzelblätter, angeklebt an einen Bogen: fol. 31, 32
fol. 34	im heutigen Zustand loses Einzelblatt
fol. 35–37	Binio, darin:
fol. 36	eingelegt
fol. 38, 46	Ein Bogen, darin eingelegt wie folgt:
fol. 39–42	Binio
fol. 43, 44, 45	drei einzelne Blätter
fol. 47–56	Quinternio
fol. 57–62	Ternio
fol. 63–66	Binio
fol. 67–70	Binio
fol. 71–76	Ternio
fol. 77–84	Quaternio
fol. 85, 86	einzelner Bogen, daran:
fol. 87	einzelnes Blatt, angeklebt
fol. 88–95	Quaternio
fol. 96–257	27 Ternionen
fol. 258–260	Binio

7.2.2 Inhalt

Die Handschrift beginnt mit einem Titelblatt[102], einem ganzseitigen Heroldsbild mit dem Wappen der Fugger von Kirchberg und Weißenhorn mit einem Widmungsspruch[103], einem Gebet[104], drei Wappenbildern mit den Hausmarken der Fugger und dem Wappen der Fugger vom Reh[105], einem zweiten ganzseitigen Heroldsbild mit dem Wappen der Fugger vom Reh und einem zugehörigen Widmungsvers als Verweis auf die Genealogie dieses Zweigs am Ende der Handschrift[106], einem Widmungsgebet und einer Vorrede[107] sowie einem Wappenbild mit dem Lilienwappen der Fugger[108]. Es folgen das Wappen und eine Ahnenprobe des *Fundators* Hans Jakob Fugger[109] und seiner ersten Frau, Ursula von Harrach[110]. Darauf beginnt mit Hans[111] und Ulrich Fugger[112] und ihren Frauen die bebilderte Genealogie. Wie im Entwurf ist also Hans Fugger, der Vater der um 1370 nach Augsburg eingewanderten Hans und Ulrich, nicht erfaßt, weshalb die Zählung der *Linien* gegenüber der modernen Generationenzählung um eine Ziffer verschoben ist[113]. Im Anschluß folgt zunächst knapp die Generation der Kinder Ulrichs[114], bevor mit den Kindern des Hans Fugger die *andere Linie* einsetzt[115]. Hier ist sogleich die dritte *Linie*, die Generation der Kinder Jakobs des Älteren, angeschlossen[116]. In der vierten *Linie* folgen dann die Kinder Ulrichs (des Älteren)[117] und Georg Fuggers[118]. Die Kinder des Raymund[119] und des Anton Fugger[120] bilden die fünfte *Linie*.

Nach einigen Leerseiten, die offensichtlich für mögliche weitere Kinder Antons vorgehalten wurden, folgen in der sechsten *Linie* zunächst die Kinder des Hans Jakob Fugger aus erster Ehe[121], wobei nach Abschluß der Entstehungsphase der Handschrift eingetretene Veränderungen im 18. Jahrhundert mit Text und Wappen, jedoch ohne Porträts, nachgetragen worden

---

[101] Lagenformel nach Chroust: $1^0 + I^2 + (II+1)^7 + II^{11} + IV^{19} + (II+3)^{22} + 2.I^{26} + (1+I)^{29} + (II+1)^{34} + (II+1)^{37} + (I+II+3)^{46} + V^{56} + III^{62} + 2.II^{70} + III^{76} + IV^{83} + (I+1)^{87} + IV^{95} + 27.III^{257} + II^{260}$.

[102] Endfassung, fol. 1r; ebenda, fol. 0r, ein Kaufvermerk aus dem Jahr 1811.

[103] Endfassung, fol. 1v.

[104] Endfassung, fol. 2r.

[105] Endfassung, fol. 2v–3v.

[106] Endfassung, fol. 4r; die Genealogie der Fugger vom Reh ebenda, ab fol. 168r.

[107] Endfassung, fol. 4v–5v.

[108] Endfassung, fol. 6r.

[109] Endfassung, fol. 6v–7r.

[110] Endfassung, fol. 7v–8r.

[111] Endfassung, fol. 9v; dazu biographische Erläuterungen, ebenda, fol. 10r–10v.

[112] Endfassung, fol. 11r; dazu biographische Erläuterungen, ebenda, fol. 11v–12r.

[113] Vgl. NEBINGER/RIEBER, Genealogie, Taf. 2. Der in Graben gebliebene Bruder Klaus ist nicht erfaßt.

[114] Endfassung, fol. 12v. Sie zählten zwar eigentlich ebenso zur zweiten *Linie*, d.h. dritten Generation, wurden aber wohl an dieser Stelle mit behandelt, da ihre weitere Deszendenz ohnehin nicht weiter verfolgt werden sollte; vgl. Kap. 4.4.1.

[115] Endfassung, fol. 13r–14v.

[116] Endfassung, fol. 14v: Jakob Fugger d. Ä. und Barbara Bäsinger; dazu ebenda, fol. 15r–15v, biographische Erläuterungen; ebenda, fol. 16r–28r, die Kinder Jakobs d. Ä.

[117] Endfassung, fol. 28v–34v; dazu biographische Erläuterungen, ebenda, fol. 34v–36r.

[118] Endfassung, fol. 36v–44v.

[119] Endfassung, fol. 44v–59r; ebenda, ab fol. 55v, sind dabei im 18. Jh. Nachträge ausgeführt worden.

[120] Endfassung, fol. 59v–70v.

[121] Endfassung, fol. 79r–93r.

sind[122]. Komplett nachträglich sind die in Gestalt beschrifteter Allianzwappen ausgeführten Einträge über die Kinder aus der zweiten Ehe des Hans Jakob[123]. Direkt daran anschließend folgen dann die Kinder Georg Fuggers, des Bruders des Hans Jakob, bis zum Ende der Entstehungsphase wiederum mit Bild, Wappen und Text, darüber hinaus in Nachträgen des 18. Jahrhunderts[124].

Die Nachkommenschaft Anton Fuggers über die Generation seiner Kinder hinaus und damit die Entwicklung eines der beiden Hauptzweige des Hauses Fugger von der Lilie ist nicht erfaßt, dagegen ist der Raymundzweig mit den Kindern des Hans Jakob und des Georg um eine Generation weiter geführt. Die weitere Nachkommenschaft Hans Jakob Fuggers, die Linie Pfirt-Taufkirchen des Hauses Fugger von der Lilie[125], ist nicht mehr erfaßt. Vielmehr schließt sich an die sechste *Linie* eine Genealogie des von Philipp Eduard Fugger[126], dem ältesten Sohn des Georg, begründeten Weißenhorner Astes an, mit älterem und jüngerem Zweig bis in die 13. Generation der Raymundlinie geführt[127]. Diese ist im Stil der bereits erwähnten Nachträge mit Wappenbildern bzw. Allianzwappen und Textlegenden ausgeführt.

Am Beginn der Handschrift wird mehrmals Bezug genommen auf einen Abschnitt über die Fugger vom Reh[128]. Tatsächlich enthält die vorliegende Handschrift als zweiten Hauptteil eine Genealogie dieses Zweiges bis zum Stand der Entstehungszeit. Nach einem Titelblatt[129] wird mit Verweis auf die *andere Linie* des ersten Teils das Allianzbildnis des Andreas ›des Reichen‹ Fugger und der Barbara Stammler wiederholt[130], um dann davon ausgehend die Genealogie seiner Nachkommen zu entwickeln. Dabei wird die Generation der Kinder des Andreas, die dritte *Linie*[131], noch mit Porträt, Wappen und Text gegeben, die folgenden Generationen nur mehr mit Wappen bzw. Allianzwappen und mit Texteinträgen ohne rahmenden Bandschmuck.

In der vierten *Linie* folgen die Kinder der Söhne Andreas des Reichen: die Kinder Lukas' des Älteren[132], Jakobs[133], Matthäus'[134] und Hans des Älteren[135].

Die fünfte *Linie* bilden die Kinder des Lukas des Jüngeren[136] und Andreas Fuggers zu Bari[137], der beiden Söhne des älteren Lukas, dann die Kindeskinder des Jakob[138]. Mit den Kindern des Wilhelm[139] und des Hieronymus[140] folgen die Neffen und Nichten Matthäus Fuggers vom Reh, darauf die des älteren Hans, die Kinder seiner Söhne Gastel[141] und Andreas[142].

In der sechsten *Linie* stehen dann die Kinder des Bartholomäus, eines Sohnes des jüngeren Lukas Fugger[143], und die der drei Söhne des älteren Wilhelm Fugger vom Reh[144]: Wilhelms des Jüngeren[145], Markus'[146] und Ulrichs[147].

In den Einträgen der ersten Bearbeitungsphase, mit Ausnahme der letzten Abschnitte der Genealogie der Fugger vom Reh, werden dabei alle bekannten Familienmitglieder und gegebenenfalls ihre Heiratspartner mit Porträt, Wappen und kurzer Legende vorgestellt. Jung oder ledig gestorbene und geistlich gewordene Personen werden zum Teil allein, zum Teil zu mehreren auf einer Seite behandelt[148]. Bei noch lebenden, zumal bei den zahlreichen zum Entstehungszeitpunkt noch jugendlichen Personen, wird der Anlage nach ein Allianzbildnis bzw. -wappen eingetragen, die Position des potentiellen Partners jedoch nur mit leerer Wappenkartusche und ebensolchem Schriftband angelegt.

Zusätzlich zu den beschrifteten Porträts und Wappen sind in der Fassung des 16. Jahrhunderts bei allen männlichen Nachkommen, soweit sie nicht jung oder ledig gestorben oder geistlich geworden waren, und bei allen zur Zeit der Entstehung noch unverheirateten Söhnen[149] gerahmte Textseiten angelegt worden, die

---

[122] Letzter zeitgenössischer Eintrag: Endfassung, fol. 87v: Victor Augustus Fugger; danach alle Einträge nachträglich.
[123] Endfassung, fol. 94r–101r.
[124] Endfassung, fol. 101v–113r.
[125] Vgl. NEBINGER/RIEBER, Genealogie, Taf. 9.
[126] Endfassung, fol. 102v.
[127] Endfassung, fol. 113v–130r; vgl. NEBINGER/RIEBER, Genealogie, Taf. 13–15.
[128] Endfassung, fol. 4r, mit Wappen und Widmungsvers; ebenda, fol. 13v, mit dem Allianzbildnis des Andreas Fugger und der Barbara Stammler.
[129] Endfassung, fol. 168r.
[130] Endfassung, fol. 168v; vgl. ebenda, fol. 13v; dazu die knappe biographische Erläuterung, ebenda, fol. 169r.
[131] Endfassung, fol. 169v–174r; die Reihenfolge der Söhne weicht dabei von der in der modernen Genealogie angenommenen ab: Lukas ›der Ältere‹ (fol. 170v–171r), Jakob (fol. 172r), Matthäus (fol. 172v) und Hans ›der Ältere‹ (fol. 173v). Entsprechend weichen die folgenden Generationen ab; vgl. NEBINGER/RIEBER, Genealogie, Taf. 1a.
[132] Endfassung, fol. 174v–180r; ab fol. 179r, aus zweiter Ehe.
[133] Endfassung, fol. 180v–181v.
[134] Endfassung, fol. 182r–184v.
[135] Endfassung, fol. 185r–188v; ab fol. 187v, aus zweiter Ehe.
[136] Endfassung, fol. 189r–190v.
[137] Endfassung, fol. 191r.
[138] Kinder des Sohnes Andreas: Endfassung, fol. 191v–192r; Kinder des Sohnes Sigmund: Ebenda, fol. 192v–193r.
[139] Endfassung, fol. 193v–198r.
[140] Endfassung, fol. 198v–200r.
[141] Endfassung, fol. 200v–203r.
[142] Endfassung, fol. 203v–205r.
[143] Endfassung, fol. 205v–206r; vgl. ebenda, fol. 189r.
[144] Ein Sohn des Matthäus Fugger; vgl. Endfassung, fol. 182v.
[145] Endfassung, fol. 206v–207v; vgl. ebenda, fol. 194r.
[146] Endfassung, fol. 208r–208v.
[147] Endfassung, fol. 209r–211r.
[148] Eine Ausnahme bildet Endfassung, fol. 201v.
[149] Philipp Eduard, der 1546 geborene Sohn Georg Fuggers, ist der letzte, für den dieses gilt: Endfassung, fol. 103r, noch mit einer leeren Textseite. Sein 1549 geborener Bruder Octavian Secundus, ebenda, fol. 104r, für den noch ein Allianzbildnis, jedoch keine Textseiten mehr angelegt worden sind, markiert auch insofern eine Grenze. Für Peter, den 1548 geborenen und kurz nach der Geburt gestorbenen letzten Sohn des Anton Fugger, sind keine Textsei-

für biographische Notizen und genealogische Fortsetzungen genutzt werden sollten. Für die Fugger vom Reh gilt dies lediglich für Andreas den Reichen[150] und Lukas den Älteren[151]. Die Zahl der eingefügten Seiten mit Bordürenrahmen für den Schriftblock schwankt: In der Regel wurden drei oder vier Seiten freigehalten, stellenweise nur eine oder zwei[152], bei Jakob dem Reichen jedoch acht[153], bei Anton und Raymund immerhin noch fünf[154]. Freilich sind diese Textseiten nur für Hans[155], Ulrich[156] und Jakob den Älteren[157], in der Genealogie der Fugger vom Reh nur sehr kurz für Andreas den Reichen[158] und ausführlicher für Lukas den Älteren[159], also nur in der ersten bis dritten *Linie*, ausgefüllt worden. Die im Entwurf enthaltenen weiteren Textkonzepte wurden nicht mehr übertragen. Für Ergänzungen wurden nur vereinzelt Textseiten genutzt, zunächst im Zuge der Nachträge des 18. Jahrhunderts lediglich für das Wappen der zweiten Frau des Hans Jakob Fugger[160], im 19. Jahrhundert für die Eintragung eines Briefes Jakob Fuggers des Reichen an Karl V.[161].

7.2.3 Kunsthistorischer Befund

Von den 520 (bzw. 522) Seiten des Codex sind 313 Seiten für Einträge genutzt worden, davon 59 erst im 18. Jahrhundert.

Im Bestand des 16. Jahrhunderts handelt es sich um zwei Titelblätter, davon eines mit einem Halbporträt, vier ganzseitige Wappenbilder, vier Wappenbilder mit Wappenhalter, zwei Ahnenproben, 91 gerahmte Textseiten, fünf doppelte Allianzbildnisse, 30 Allianzbildnisse, 26 unvollständige Allianzbildnisse, von denen zwei bereits zeitgenössisch vervollständigt worden sind, zwei Seiten mit zwei, eine mit drei und drei mit fünf Figuren und Wappen, elf einzelne Halbporträts mit Wappen, von denen eines zeitgenössisch ergänzt worden ist, 25 vollständige und 27 unvollständige Allianzwappen und 22 einzelne kleinere Wappenbilder. Ausgeführt sind diese Seiten als Federzeichnungen mit grauer und brauner Tinte, mehrheitlich mit Deck-, seltener mit Aquarellfarben, sowie mit Gold- und Silberhöhungen.

Im 18. Jahrhundert sind mit Tusche auf Bleiskizzen und Federzeichnungen 17 der unvollständigen Allianzbilder mit Wappen und Text ergänzt, außerdem 26 ganzseitige Wappenbilder, 22 Allianzwappen, fünf unvollständige Allianzwappen und sechs doppelte Allianzwappen hinzugefügt worden. Die Farbgebung ist nun deutlich schematischer. Gold und Silberhöhungen sind nicht mehr erfolgt.

Die Bordüren der Textseiten zeigen in ihren Abmessungen nur geringfügige Abweichungen[162]. Durch eine Verringerung der Rahmenmaße gegenüber der Entwurfsfassung (um senk- wie waagerecht je ca. 2 cm) wurde eine harmonischere Proportionierung von Bordüren und Schriftspiegel auf der Seite erreicht. Die in den Ausmaßen gleichförmige Gestaltung der Bordüren verweist wohl auf das Vorbild der Titelblatt-Illustration in der zeitgenössischen Druckgraphik[163].

Die gerahmten Textseiten enthalten in den Rahmungen oben und teilweise auch unten nicht-ornamentale Szenen. Es handelt sich um einen Zyklus von Jagdszenen, eine Reihe von Puttenscherzen und Kinderspielen, die sich auch in den seitlichen und unteren Rahmen fortsetzt, einen vollständigen Zyklus von Monatsbildern, eine Gruppe von Motiven aus dem Buch Exodus, eine Reihe von Motiven aus der Genesis und eine umfangreiche Sammlung von antik-mythologischen, antik-historischen, biblischen und volkstümlich-sagenhaften Szenen.

In den Ecken der Rahmungen stehen Medaillons. Sie enthalten zumeist im Profil gegebene Brustbilder und Köpfe. In der überwiegenden Mehrheit handelt es sich um wenige immer wiederkehrende Motive, oben vor allem heroische Männerköpfe mit Helmen, unten solche mit Kronen, Lorbeerkränzen oder Baretts. Seltener sind Abbildungen von Frauen und jungen Männern. Nur in Ausnahmefällen sind konkrete Identifikationen möglich. Die Vermutung liegt nahe, daß, abgesehen von wenigen Ausnahmen, bei der Gestaltung dieser Medaillons eine rein dekorative Übernahme nach dem Muster antiker Münzen oder Gemmen prägend war[164]. Vereinzelte Abweichungen, z.B. die gelegentliche Verwendung der Medaillons für Wappenbilder, verstärken diesen Eindruck eher. Ähnliche Lösungen mit Krieger- oder Heldenköpfen in Medaillons finden sich zeitgenössisch auch in der Titel-Illustration, etwa in Holzschnitten Heinrich Vogtherrs d. Ä.[165] oder Hans Burgkmairs d. Ä.[166]

---

ten freigehalten worden, jedoch folgt nach der ihn betreffenden Seite, ebenda, fol. 70v, ohnehin ein längerer Freiraum.
[150] Endfassung, fol. 169r, eine Seite.
[151] Endfassung, fol. 171r, eine Seite.
[152] So bei den Fugger vom Reh, oder auch bei Ulrich Fugger und seinen Söhnen, Endfassung, fol. 11v–12r, und den anderen Repräsentanten der ersten Generationen.
[153] Endfassung, fol. 24r–27v.
[154] Endfassung, fol. 41r–43r.
[155] Endfassung, fol. 10r–10v.
[156] Endfassung, fol. 11v–12r.
[157] Endfassung, fol. 15r–15v.
[158] Endfassung, fol. 169r.
[159] Endfassung, fol. 171r.
[160] Endfassung, fol. 46r.
[161] Endfassung, fol. 24r–25v.

[162] Durchschnittlich: außen 38,8 cm hoch, 27,2 cm breit; innen 28,7 cm hoch, 17,5 cm breit. Abstand zum unteren Seitenrand ca. 5,7 cm.
[163] Vgl. nur die zahlreichen Beispiele bei WARNCKE, Die ornamentale Groteske, Kat. Nr. 1–133.
[164] RÖTTINGER, Breu-Studien, S. 77.
[165] WARNCKE, Die ornamentale Groteske, Kat. Nr. 237–241; Bd. 2, S. 42.

Die ornamentalen Füllungen der seitlichen und unteren Bordüren sind geprägt durch immer wiederkehrende Motive: Putten, Fabelwesen, Vögel etc. in kandelaber- und blattwerkartigen Groteskenornamenten[167]. Vorlagen für diese Ornamente könnten die Künstler auf zeitgenössischen Musterblättern gefunden haben.

Seit Röttinger hat man einen Eintrag *L A* in einem der Medaillons als Monogramm eines Gesellen der Breu-Werkstatt lesen wollen[168]. Es wird sich hierbei jedoch eher um eine Ergänzung zu dem nach dem Typus antiker Kaiserbüsten mit Lorbeerkranz stilisierten Bildnis in dem Medaillon handeln: *Laureatus Augustus*[169].

Soweit dies ersichtlich ist, sind diese Rahmungen arbeitsteilig produziert worden. Farbanweisungen unter der Kolorierung lassen vermuten, daß diese nicht in einem Arbeitsgang mit den Federzeichnungen erfolgte[170]. In einigen Fällen ähneln sich Rahmungen verschiedener Seiten[171] oder die seitlichen Rahmenleisten einer Seite[172] bis zur Gleichförmigkeit.

Da die Textseiten zeitlich unabhängig von der geplanten Bearbeitung des Textes erstellt wurden und in der überwiegenden Mehrheit unausgefüllt blieben, ergab es sich zwangsläufig, daß die Bordüren der Textseiten ohne engeren Bezug zum Kontext gestaltet wurden. Eine Ausnahme bilden die jeweils ersten der den einzelnen männlichen Familienmitgliedern zugeordneten Textseiten bis einschließlich zu jenen Seiten, die den Allianzbildnissen Hans Jakob Fuggers und seines Bruders Georg folgen[173]. Ebenso sind in der Genealogie der Fugger vom Reh jeweils die Rahmungen der ersten Textseite durch die Einfügung der Wappen der zu behandelnden Paare auf den vorgesehenen Inhalt bezogen[174]. Zum Teil stehen Motive, die offen ersichtlich einem größeren Zyklus angehören, isoliert[175]. Wo die Szenen sich in größere Zyklen innerhalb der Handschrift einordnen lassen, fehlen einerseits ikonographisch zentrale Motive, sind andererseits die vorhandenen Bilder in ihrer Abfolge ungeordnet. Die Szenen der verschiedenen Zyklen stehen auch im Ganzen der Handschrift durcheinander[176].

Die Rahmungen der Textseiten wurden also allem Anschein nach erst nach der Erstellung der Bildseiten dort eingearbeitet, wo man sie im Rahmen der Konzeption benötigte. Wo vereinzelt Nachträge auf einzelnen Seiten eingefügt wurden, sind vielfach die Rückseiten mit Textrahmung ausgestattet, was die Vermutung nahelegt, daß hier einseitige Textseiten auf Vorrat bereitlagen. Die Streuung der Motive in den oberen und unteren Rahmenleisten mag jedoch umgekehrt auch daher rühren, daß hier und da zunächst die Bildseiten teilweise oder ganz ausgeführt wurden. Wo es vorgesehen war, wurden dann auf den losen Bögen und Blättern die Rahmungen ausgeführt, ohne weitere Rücksicht auf die Reihenfolge, vielmehr eben so, wie die Blätter bei der jeweiligen Bearbeitung vorlagen[177].

Die zahlreichen Wappen der Bildnisseiten zeigen bis in Einzelheiten des Dekors wie der bildlichen Gestaltung eine schablonenhafte Ähnlichkeit, die deutlich für eine serielle Fertigung spricht[178].

Auch Schriftbänder und Schriftrahmen entsprechen einander nicht nur im Format, sondern auch in der Ausgestaltung. In noch stärkerem Maße gilt dieser Befund für die Bearbeitung des 18. Jahrhunderts.

Die Porträts hingegen, zumal die Doppelbildnisse, weisen eine erhebliche Variationsbreite in der Charakterisierung der Personen, ihrer Stellung auf der Seite und zueinander sowie in ihrer Ausstattung mit Kleidung und Attributen auf. Dieser Befund überrascht um so mehr, als doch die immer gleiche Grundkonzeption wenig Spielraum zu eröffnen scheint[179]. Für die Generationen der Entstehungszeit des Fuggerschen Ehren-

---

166 WARNCKE, Die ornamentale Groteske, Kat. Nr. 1.
167 Eine Händescheidung ist hier nicht zu leisten. Zu verweisen ist diesbezüglich auf die Bemerkungen bei BIEDERMANN, in: (Kat.) Welt im Umbruch 1, Nr. 162, S. 225, und RÖTTINGER, Breu-Studien, S. 77; für zumindest eine Rahmung (Endfassung, fol. 49r) ist als Vorlage auf Arbeiten Hans Sebald Behams verwiesen worden: (Kat.) Fugger und Welser, Nr. 378; vgl. auch BIEDERMANN, ebenda; vgl. Kap. 5.1.
168 Endfassung, fol. 36r, unten links; RÖTTINGER, Breu-Studien, S. 71; LILL (Hg.), Fuggerorum Imagines, S. IV.
169 BIEDERMANN, in: (Kat.) Welt im Umbruch 1, Nr. 162, S. 225, liest: »Laureatus Augustae«.
170 Endfassung, fol. 10r–10v; RÖTTINGER, Breu-Studien, S. 77.
171 Vgl z.B. Endfassung, fol. 49v; Entwurf, fol. 2v.
172 Endfassung, fol. 21v, 39v, 43v, 53v.
173 Endfassung, fol. 46r, 49r.
174 Für die Söhne Antons, Hans Jakobs und Georgs war eine solche Zuordnung schon deshalb nicht möglich, weil sie noch unverheiratet waren. Die zuvor eingeführte Regel, die erste Textseite entsprechend zu gestalten, inspirierte bei den Bordüren der Textseiten zu den Söhnen Hans Jakobs jedoch vereinzelt zur Aufnahme von Phantasieschilden, die jeweils durch Putten gehalten werden: Endfassung, fol. 80v, 86v, 88v.

175 Endfassung, auf fol. 65v, finden sich in den seitlichen Rahmungen vier Sternzeichen, fortgesetzt wird diese Reihe jedoch nicht.
176 Ein Abgleich der Reihenfolge mit der Lagenstruktur der Handschrift erbrachte dabei keine näheren Hinweise auf die Verteilungskriterien oder auf eine Verderbtheit der Lagenstruktur.
177 Stellenweise ist die Zusammenhanglosigkeit der Ausführung freilich noch nicht einmal dadurch befriedigend zu erklären: Endfassung, fol. 24, das zweite Blatt eines Einzelbogens, hat recto das Monatsbild für Januar, verso das für April. Drei Seiten weiter folgen auf dem Einzelblatt, fol. 27, die Bilder für März (recto) und Februar (verso). Dazwischen steht ein Bogen nur mit Textrahmen, deren obere Leisten mit einer einheitlichen Reihe von Puttenscherzen gefüllt sind.
178 Vgl. Kap. 7.3.1.
179 SCHMIDT, Notizen zu deutschen Malern, S. 287, notiert: »Die Bildnisse selber [...] waren eine langweilige Aufgabe, und so wirkt das Ganze nicht sehr anmutend.«

buches ist dabei physiognomische Porträtähnlichkeit nachgewiesen worden[180]. Freilich war eine solche nicht zentrale Intention des Werkes, wurden doch die Bildnisse der zur Entstehungszeit noch jungen Kinder physiognomisch ganz frei, in Körperhaltung, Kostümierung und Ausstattung mit Beigaben jedoch ganz präzise als junge Erwachsene stilisiert.

Zumindest für den Stammvater Hans Fugger wird jedoch eigens auf die Authentizität einer Vorlage verwiesen: […] *vnd ist Hans Fugger d[er] j[unger] laut der tafl von Jm bschriben.*[181] Zwar wird es sich bei dieser ›Tafel‹ einer Person des 14. Jahrhunderts in keinem Fall um ein authentisches Porträt handeln. Auch die Bildnisse der frühen Generationen dürften demnach jedoch zum Teil nach Vorlagen gearbeitet worden sein[182]. Die Beschaffung dieser Vorlagen aus dem Kreis der Verwandtschaft dürfte für den Auftraggeber Hans Jakob Fugger einen erheblichen Aufwand notwendig gemacht haben. Unklar ist, ob die zeitgenössischen Familienmitglieder für ihre Bildnisse Modell saßen, oder frei bzw. aus dem Gedächtnis gearbeitet wurde[183].

Wappen und Porträts sind stilistisch von einer ganz erstaunlichen Homogenität. Lediglich einige wenige Nachträge heben sich in der im ganzen gröberen Arbeit, in der Farbgebung der Wappen, der Stilisierung der Figuren und zumal ihrer einheitlichen Ausstattung mit Attributen und Kleidung von dem Gros der Seiten ab[184].

Durchgehend fällt im Vergleich zu den Entwürfen auf, daß durch eine leichte Verkleinerung der Wappenschilde und eine sorgfältigere Proportionierung der einzelnen Bestandteile in ihrer Lage zueinander und im Bild ein harmonischer Gesamteindruck entsteht. Die Porträts sind auch meistenteils eher als Dreiviertelfiguren gezeigt, während in den Entwürfen durchgehend nur Halbfiguren skizziert worden waren[185].

Die Nachträge reichen bis weit in das Jahr 1549 hinein. Auch die erste Bearbeitung dürfte nicht wesentlich früher abgeschlossen worden sein. Der bisher fast durchweg als Maler des Ehrenbuches in Anspruch genommene Jörg Breu der Jüngere[186] jedoch starb bereits 1547. Die Arbeit muß also im weiteren Werkstattzusammenhang gesehen werden. Dieser freilich ist heute kaum mehr rekonstruierbar[187].

7.2.4 Paläographischer Befund

Der Codex steht in seiner Entstehung in engstem Zusammenhang mit den Entwürfen, wie sie heute in der Konzepthandschrift des Germanischen Nationalmuseums vorliegen. Die Siglenvergabe bei der Unterscheidung der beteiligten Schriften schließt daher folgerichtig an die paläographische Untersuchung der Entwürfe an[188].

Schrift A/B:
Die Haupthand der Endfassung entspricht der Schrift A der Entwürfe. Sie schreibt deutschen Text in einer Kanzleischrift, die im Vergleich zu den Entwürfen regelmäßiger und mit Anklängen an Frakturformen ausfällt. Kürzungen, Rechtschreibung und Schriftbild sind einheitlicher[189]. Bei längeren Texteinträgen wird ein deutlich größerer Schriftgrad gewählt. Die Einträge erfolgen in heute schwarzbrauner Tinte.

Für die vereinzelten lateinischen Einträge wird die aus dem Entwurf bekannte Schrift B, eine leicht kursivische Rotunda, genutzt. Sie steht wiederum in engstem Zusammenhang mit den Einträgen in A.

Schrift G:
Auf der zunächst als Vorsatzblatt leer gebliebenen oder zu einem späteren Zeitpunkt eingefügten ersten Seite des heutigen Codex ist im Jahr 1811 mit schwarzer Tinte in einer stark geschwungenen, kalligraphisch ausgeschmückten Kursive ein Kaufvermerk eingetragen worden[190]. Wie in dieser Notiz angekündigt, hat

---

[180] LILL (Hg.), Fuggerorum Imagines, S. IV, LIEB, Fugger und Kunst I, S. 280, vgl. dazu S. 268; PÖLNITZ, Clemens Jäger, S. 96; BIEDERMANN, in: (Kat.) Welt im Umbruch 1, Nr. 162, S. 224 f.

[181] Endfassung, fol. 9v; Entwurf, fol. 9v.

[182] Über Porträtsammlungen und Ahnengalerien der Fugger im 16. Jh. vgl. die zahlreichen Belege bei LILL (Hg.), Fuggerorum Imagines.

[183] BOCK, Chronik Eisenberger, S. 418 f. mit Anm. 1228, bezeichnet das Fuggersche Ehrenbuch als Beispiel für die getreue Verwendung von Porträtvorlagen in der Bebilderung von Familienbüchern. Diese als solche durchaus berechtigte Vermutung wäre freilich durch einen minutiösen Vergleich zu belegen.

[184] Es handelt sich um die Nachträge der abschließenden Bearbeitung 1548/49 der Endfassung: fol. 36v: Figur des Peter; fol. 57r: Wappen, vielleicht auch Figur des Mannes; fol. 59r: Wappen und Figur; fol. 70v: Figur; fol. 90r, 104r.

[185] Ganz deutlich bei dem Bild des Philipp vom Stain zu Jettingen: Entwurf, fol. 21v; Endfassung, fol. 29v.

[186] So noch MAYER, in: (Kat.) ›Kurzweil‹. Augsburger Patrizier, Nr. 14 f.; ebenso DORMEIER, Monatsbilder; RÖTTINGER, Breu-Studien, S. 77, hatte noch ausdrücklich die Beteiligung mehrerer Hände in einem Werkstattzusammenhang betont, für die Ornamentrahmen eine Zuweisung zu einzelnen von ihm nachgewiesenen Gesellen der Werkstatt versucht und Jörg Breu d. J. selbst dabei nicht entdecken können.

[187] Vgl. WILHELM, Augsburger Wandmalerei, S. 422–424, 580.

[188] Vgl. Kap. 7.1.4.

[189] Die kursiven Einflüsse, insbesondere in Kürzungen und Ligaturen, treten zurück. Die Kanzleischrift zeigt zumal in den ausgezeichneten Passagen frakturtypisch gebrochene Schäfte. Die Interpunktion wird dahingehend präzisiert, daß am Satzende in längeren Textpassagen mit größerer Regelmäßigkeit neben den in den Entwürfen fast durchgehend gebrauchten Schrägstrich im Mittelband der Punkt am Fuß des Mittelbandes mit anschließender Großschreibung tritt.

[190] Endfassung, fol. 0r.

die gleiche Hand, nun mit roter Tinte, unsystematisch Ergänzungen nachgetragen[191]. Wie auch durch paläographischen Vergleich gesichert werden kann, handelt es sich um einen Autographen des ersten Fürsten Fugger von Babenhausen, Anselm Maria (1766–1821)[192].

Schrift H:
Die Textnachträge des 18. Jahrhunderts stammen von einer zum Teil sehr eng an A orientierten[193], zum Teil aber auch deutlicher kalligraphisch spielenden[194] Kanzleischrift mit Frakturformen. Lateinische Begriffe und Standestitel werden in Rotunda gegeben, jedoch schreibtechnisch ganz eng im Kontext der anderen Einträge[195]. Diese erfolgen in heute schwarzbrauner Tinte, vielfach auf mit Blei vorgezeichneter doppelter Liniierung[196].

Schrift I:
Parallel zu den Nachträgen von H finden sich Einträge mit Blei von einer flüchtigen, steilen Kursiven[197]. Vielfach sind unter den von H ausgeführten Einträgen nur mehr Rasuren der Einträge von I erkennbar[198]. Es handelt sich dabei also um Anweisungen im Kontext der Arbeiten des 18. Jahrhunderts, die dann bei der künstlerischen Gestaltung und von dem Schreiber von H umgesetzt wurden. Andererseits stehen einzelne Einträge von I jedoch zeitlich eindeutig nach H, bzw. sind von H nicht mehr umgesetzt worden[199]. Der Schreiber von I muß also auch später noch Zugang zum Codex gehabt haben. Dies spricht für die Annahme, daß es sich bei dem Schreiber um eine Person aus dem Umfeld des Zweiges Kirchberg-Weißenhorn-Brandenburg, in dessen Besitz sich das Ehrenbuch im 18. Jahrhundert befand, gehandelt haben muß[200].

Schrift K:
Von einer gedrungenen, stellenweise sehr flüchtigen kursiven Hand sind an der Wende vom 18. zum 19. Jahrhundert vereinzelt Ergänzungen zu der Genealogie des Kirchberg-Weißenhornischen Zweiges der Fugger eingetragen worden[201]. Zumindest einer dieser Einträge[202] rückt die Einträge von K inhaltlich, zeitlich und stilistisch eng an die Schrift G heran[203]. Eine eindeutige Identifizierung scheint jedoch nicht möglich.

7.2.5 Zu den Nachträgen des 18. Jahrhunderts und zur Provenienz

Hans Jakob Fugger war zwar nachweislich selbst maßgeblich an der Planung und Konzeption beteiligt[204]. Ob aber der Codex letztlich tatsächlich in seine Hände gelangte, ist nicht gesichert. Unter den nach seinem Eintritt in die Dienste Herzog Albrechts V. von Bayern in dessen Hofbibliothek eingegangenen Beständen befand es sich offenbar nicht[205]. Wie bei Familienchroniken üblich[206], blieb das Ehrenbuch wohl als unveräußerlicher Besitz in der Verwandtschaft.

Überliefert ist die Handschrift nicht in der weit verzweigten Nachkommenschaft des Hans Jakob Fugger, der Pfirt-Taufkircher Linie des Raymundzweiges der Fugger von der Lilie[207], sondern in der seines jüngeren Bruders Georg, genauer: in der Weißenhorner Linie, der Nachkommenschaft des ältesten Sohnes des Georg[208]. Auf diese konzentriert sich jedenfalls die in der zweiten Hälfte des 18. Jahrhunderts nachgetragene *Genealogische Deduction Der Herren Grafen Fugger Weißenhorn-Kirchbergischen Astes Bis auf izige Zeiten*[209]. Erfaßt sind hier die Nachkommen des Philipp Eduard Fugger (1546–1618)[210], des Begründers des Weißenhorner Astes[211]. In sechs Generationen ist der Zweig der Grafen Fugger von Kirchberg und Weißenhorn vollständig aufgenommen, für die letzte, in der dreizehnten des Raymundzweiges, freilich weitgehend ohne Informationen über ihren Lebensweg.

---

[191] Endfassung, fol. 2r, 6v, 24r–25v.
[192] Vgl. NEBINGER/RIEBER, Genealogie, Taf. 38a; dieselbe Hand findet sich im Fuggerarchiv häufiger in Kaufvermerken und ergänzenden Notizen zu Handschriften der Fuggerchronik: FA, F 6 b, S. 1; F 6 d, S. 58, 62.
[193] Dies besonders auffällig bei Nachträgen zu Seiten der Erstfassung, fol. 79v, 87v.
[194] Z.B. Endfassung, fol. 92v.
[195] Endfassung, fol. 124v, 127v.
[196] Deutlich z.B. Endfassung, fol. 87v, 90r.
[197] Endfassung, fol. 79v, 85r, 87v, 90r, 91v–92r, 129r–130r.
[198] Z.B. Endfassung, fol. 87v, 90r, 91v–92r.
[199] Deutlich Endfassung, fol. 130r, mit einem Nachtrag zum Jahr 1788/89.
[200] Vgl. Kap. 7.2.5; NEBINGER/RIEBER, Genealogie, Taf. 15a; Johann Nepomuk Clemens August († 1781) kommt nicht in Frage, für seinen Sohn Anton Joseph (1750–1790) konnte ein paläographischer Vergleich nicht durchgeführt werden. Es könnte sich freilich bei dieser wie bei der folgenden Hand auch um einen Kanzlisten oder sonstigen Bediensteten oder um ein anderes Familienmitglied handeln. Für (Johann Nepomuk) Friedrich, den letzten Besitzer des Ehrenbuches aus seinem Zweig der Familie, war im Fuggerarchiv (FA 1.1.71.a–f) kein Autograph sicherzustellen.

[201] Endfassung, fol. 125r, 128r, 130r.
[202] Endfassung, fol. 125r, Nachtrag eines Sterbedatums zum Jahr 1805.
[203] Es wurde hier dennoch zunächst eine distinkte Siglenvergabe vorgezogen.
[204] Vgl. Kap. 7.1.4.
[205] Vgl. HARTIG, Gründung, S. 133 f., 193, 196 f., 201–203, 235; DERS., ebenda, S. 31–46, hat die Bibliothek Hans Jakob Fuggers als Gründungsbestand der Münchner Hofbibliothek gesichert; vgl. MAASEN, Hans Jakob Fugger, S. 30–44.
[206] Vgl. ROHMANN, Clemens Jäger, S. 148–154.
[207] Vgl. NEBINGER/RIEBER, Genealogie, Taf. 9.
[208] Vgl. NEBINGER/RIEBER, Genealogie, Taf. 13 f.
[209] Titel Endfassung: fol. 113v; fol. 113v–130r.
[210] Vgl. Endfassung, fol. 102v.
[211] NEBINGER/RIEBER, Genealogie, Taf. 13–15.

Wie nun der Codex an diesen Zweig gelangt ist, ist nicht zu ersehen. Nimmt man das Naheliegende als gegeben und Hans Jakob Fugger als den ersten Besitzer, so könnte das Ehrenbuch schon bei dessen Ausscheiden aus der Gesellschaft ›Anton Fugger und Bruders Söhne‹ nach 1563 und dem endgültigen Übertritt in herzoglich bayerische Dienste den Besitzer gewechselt haben[212]. Ebenso denkbar ist, daß Adam Franz Joseph Graf Fugger, Herr zu Kirchberg und Weißenhorn (1693–1761), als Senior der Raymundlinie[213] über das Ehrenbuch verfügt haben und dieses auf diesem Wege in sein Haus gebracht haben könnte. Die Nachträge jedenfalls erfassen seine Großkinder, die Kinder seines Sohnes Johann Nepomuk Clemens August, noch vollständig mit Geburtsdaten, nicht mehr jedoch ihren weiteren Werdegang.

Bereits erfaßt ist der Eintritt des Franz Karl in den Maltheser-Orden, jedoch ohne das Datum: 16. Juli 1782, und seinen späteren Aufstieg zum Komtur vom Hemmendorf[214]. Zahlreiche deutlich frühere Ereignisse sind nicht erfaßt, so der Tod des zweiten Mannes seiner Schwester Maria Isabella im Jahr 1778[215], der Tod seines Vaters Johann Nepomuk Clemens August im Jahr 1781[216], die Ernennung des Anton Joseph zum Kaiserlichen Kämmerer und die erste Heirat 1781, wie auch der Tod der ersten Frau 1783 und die zweite Heirat 1784[217]. In das gleiche Jahr fällt die ebenfalls nicht mehr erfaßte Hochzeit der Maria Aloisa Ansemina[218]. Auch die Wahl des Joseph Anselm zum Deutschordens-Komthur im Jahr 1785 ist nicht mehr erwähnt[219]. Die unidentifizierte Hand I, die mit Blei Anweisungen für die künstlerische Bearbeitung gab, trägt jedoch noch zum Jahr 1788 Ergänzungen ein[220].

Der Urheber oder Auftraggeber dieser Aktualisierung dürfte in der Familie zu suchen sein. In Frage käme für den Fall einer Datierung nach 1782 Anton Joseph (1750–1790). Freilich sind die Angaben gerade zu seiner Person eben ausgesprochen spärlich. Nähme man hingegen an, daß die Bezeichnung des Franz Karl als Malteser-Ritter Vorwegnahme eines vielleicht erst später mit der Volljährigkeit vollzogenen, aber frühzeitig ins Auge gefaßten Eintritts in den Orden sein kann und insofern als Terminus post quem nicht in Frage käme[221], so würde eine sichere Datierung der Nachtragsredaktion in die Zeit zwischen 1765 und 1778 möglich: Der Tod des ersten Mannes der Maria Isabella im Jahr 1765 ist im Ehrenbuch ohne sicheres Datum erfaßt, der des zweiten Mannes im Jahr 1778 nicht mehr[222]. Auftraggeber könnte dann der Vater der letzten zumindest personell vollständig erfaßten Generation, Johann Nepomuk Clemens August Fugger († 1781) gewesen sein[223]. Die an der Bearbeitung maßgeblich beteiligte unbekannte Hand I hätte dann zunächst in seinem Auftrag gearbeitet und die Handschrift auch nach seinem Tod noch für Nachträge zur Verfügung gehabt.

Sein Großsohn (Johann Nepomuk) Friedrich (1787–1846), ein Sohn des Anton Joseph[224], wiederum dürfte gemeint sein, wenn in dem Kaufvermerk des Fürsten Anselm Maria Fugger von dem *Herren Nepoten Grafen Johann Nepomuk Friderich Grafen zu Kirchberg und Weißenhorn* als Verkäufer die Rede ist[225].

Anselm Maria Fugger, seit 1803 Fürst von Babenhausen, zählte in der Antonlinie zur zwölften Generation[226], wie der Großvater des (Johann Nepomuk) Friedrich, Johann Nepomuk Clemens August, in der Raymundlinie. Dessen Sohn Anton Joseph heiratete in zweiter Ehe Euphemia, die Tochter des Anselm Maria (* 1763). Nach dem Tod des Anton Joseph wurde Anselm Maria 1792 gemeinsam mit seiner Schwester zum Vormund der Kinder bestellt. (Johann Nepomuk) Friedrich verkaufte also 1811 das Fuggersche Ehrenbuch seinem ehemaligen Vormund[227].

Fürst Anselm Maria Fugger entfaltete offenbar eine systematische Sammlertätigkeit in familienhistorischen Unterlagen[228]. Er dürfte auch die auszugsweise

---

[212] Die Fuggerchronik berichtet, Teile der Bibliothek Hans Jakobs seien an seinen Vetter Philipp Eduard gefallen; vgl. MEYER (Hg.), Chronik der Fugger, S. 41. Auch LEHMANN, Fuggerbibliotheken I, S. 223, vermutet, daß Teilbestände über die Söhne Hans Jakobs an Philipp Eduard gefallen sein könnten.

[213] Endfassung, fol. 124v.

[214] Endfassung, fol. 128v. Vgl. hierzu und zum folgenden Stammtafeln des mediatisierten Hauses Fugger, Taf. 7d; und Detlev SCHWENNICKE (Hg.), Europäische Stammtafeln. Stammtafeln zur Geschichte der Europäischen Staaten, NF IX: Familien des Früh- und Hochkapitalismus, Marburg 1987, Taf. 32–54, hier Taf. 40.

[215] Endfassung, fol. 127r.

[216] Endfassung, fol. 126v.

[217] Endfassung, fol. 128r; Stammtafeln des mediatisierten Hauses Fugger: 1. Maximiliane von Eptingen, Heirat 1781, † 20. Juni 1783; 2. Euphemia Fugger von Babenhausen, Heirat 1784; vgl. NEBINGER/RIEBER, Genealogie, Taf. 15a.

[218] Endfassung, fol. 129v; vgl. SCHWENNICKE (Hg.), Stammtafeln, Taf. 40.

[219] Endfassung, fol. 127v; vgl. Stammtafeln des mediatisierten Hauses Fugger, Taf. 7d.

[220] Endfassung, fol. 130r.

[221] Endfassung, fol. 128v.

[222] Endfassung, fol. 127r.

[223] Endfassung, fol. 126r.

[224] Vgl. Endfassung, fol. 128r. Bei NEBINGER/RIEBER, Genealogie, Taf. 15: Friedrich. Die Stammtafeln des mediatisierten Hauses Fugger, Taf. 7d, führt ihn als Johann Nepomuk Friedrich; ebenso SCHWENNICKE (Hg.), Stammtafeln, Taf. 40.

[225] Endfassung, fol. 0r.

[226] NEBINGER/RIEBER, Genealogie, Taf. 38a.

[227] Stammtafeln des mediatisierten Hauses Fugger, Taf. 7d; vgl. die Unterlagen über die Mündigsprechung FA 1.1.71. Zur Person vgl. ZORN, Anselm Maria Fugger.

[228] In einer der von ihm erworbenen Handschriften der Fuggerchronik vermerkt er: *Diese Chronik ist in Mancher Ruecksicht Wichtiger und uerständlicher als die von mir bishero erworbenen. ich habe Sie von einem duerftigen Mann, der Sie 1820 auf dem Prantelmarkt verkaufte*; FA F 6 b, S. 1.

Abschrift der Anfangspartien des Fuggerschen Ehrenbuches initiiert haben, die sich heute im Fuggerarchiv befindet[229].

Das Fuggersche Ehrenbuch verblieb im Besitz der Fürsten Fugger in Babenhausen, bis es in das Fugger-Museum, zunächst in Augsburg, dann in Babenhausen, eingegliedert wurde.

7.3 Datierung und Entstehungsprozeß

»Der Entwurf zum Ehrenbuch mit Federzeichnungen des jungen Breu befindet sich im Germanischen Nationalmuseum Nürnberg [...].«[230] So oder ähnlich äußert sich die jüngere Katalogliteratur über das Verhältnis der beiden vorliegenden Handschriften zueinander[231]. Aus einer eingehenderen Analyse des Wechselverhältnisses von Konzept und Endfassung können jedoch nähere Aufschlüsse gewonnen werden über die zeitliche Einordnung der beiden Codices im Verhältnis zueinander. Im Kontext der Lebensgeschichte der beteiligten Personen wird so auch deren Zusammenwirken bei der Erstellung des Ehrenbuches greifbar[232]. Der seltene Fall der Überlieferung einer familienhistorischen Prachthandschrift in Konzept und Endfassung und die dadurch mögliche Untersuchung des Entstehungsprozesses verspricht daher einen näheren Aufschluß über die spezifischen Bedingungen und Bedingtheiten der familiären Geschichtsschreibung im 15. und 16. Jahrhundert[233].

7.3.1 Zur heraldischen Gestaltung

Auffällig sind auf den Bildseiten der Entwurfspapiere die verschiedenen Formen der Wappenschilde. Zu Beginn der Handschrift kommen reich ornamentierte Roßstirnschilde in den Heroldsbildern[234] neben einfachen Dreiecksschilden in den ganzseitigen Wappenbildern mit Putto zur Verwendung[235]. Stehen in den reinen Wappenbildern und den Ahnenproben reich ornamentierte, vielfach papierheraldisch geschwungene fünfeckige Schilde[236] und einfache Tartschen[237] nebeneinander, so wird in der anschließenden Reihe von Porträts und Wappen für die frühen Generationen wiederum ein einfacher Dreiecksschild genutzt[238]. Einsetzend mit Jakob Fugger dem Älteren als dem direkten Vorfahren der Fugger von der Lilie, der 1473 das Lilienwappen für seine Familie erlangte[239], wird ein fünfeckiger, leicht geschwungener Schild in zwei Formen gebraucht, einerseits mit einer weiteren geschwungenen Spitze an der Oberkante und Rollwerk-

---

[229] FA 3. 4, Fasz. 1; von einer kursiven Hand des 19. Jh., erfaßt die Abschnitte bis zu Andreas dem Reichen Fugger vom Reh (fol. 13v) mit dessen Kurzbiographie (fol. 169r).

[230] BIEDERMANN, in: (Kat.) Welt im Umbruch 1, Nr. 162, S. 225.

[231] Der Vergleich von MAYER, in: (Kat.) ›Kurzweil‹. Augsburger Patrizier, Nr. 14 f., S. 38–41, scheitert an der Beschränkung auf eine Bildseite, die sich freilich, obwohl hier wohl eher mit Blick auf die Prominenz des Dargestellten ausgewählt, als für einen Vergleich durchaus tauglich erweist. Schon JANSEN, Anfänge, S. 73, hatte Bemerkungen zum Verhältnis zwischen den Handschriften gemacht; ›E.‹, Ein Fuggersches Geschlechtsbuch, wußte von der Endfassung nichts, nahm aber richtig an, daß es sich bei der Nürnberger Handschrift nur um einen Entwurf handele.

[232] Wenn dabei wiederholt aus dem Vorhandensein oder Fehlen von im Kontext relevanten Informationen in einer oder beiden Handschriften Rückschlüsse auf deren Datierung gezogen werden, dann nur unter dem ausdrücklichen Vorbehalt, daß ein Fehlen von Informationen, wenn überhaupt, dann nur ein schwaches Indiz sein kann. Erst in der Verknüpfung mehrerer Faktoren kann sich eine Annäherung ergeben.

[233] Einen ähnlichen Glücksfall der Überlieferung stellt das 1563–1565 entstandene Familienbuch des Veit Holzschuher in Nürnberg dar; vgl. HIRSCHMANN, Das Geschlechterbuch der Holzschuher, S. 105–107. Auch das in sechs Handschriften in verschiedenen Bearbeitungsstadien und Graden der buchkünstlerischen Gestaltung überlieferte Familienbuch der Thenn in Salzburg und Augsburg könnte in der Zusammenschau der Handschriften einen analytischen Zugriff auf den Entstehungsprozeß ermöglichen; vgl. (Kat.) 450 Jahre Staats- und Stadtbibliothek, Nr. 37; Ernst VON FRISCH, Das Stammbuch der Thennen von Salzburg. Eine Bilderchronik des 16. Jahrhunderts (Historische Bildkunde 4), Hamburg 1935; DERS., Zur Entstehungsgeschichte der Thenn-Chronik, in: Zs. für Deutsche Geistesgeschichte 1 (1935), S. 251–255; vgl. zukünftig auch Gregor ROHMANN, ›mit seer grosser muhe vnd schreiben an ferre Ort‹. Wissensproduktion und Wissensvernetzung in der deutschsprachigen Familienbuchschreibung des 16. Jahrhunderts, [erscheint] in: Birgit STUDT (Hg.), Haus- und Familienbücher in der städtischen Gesellschaft des Spätmittelalters und der frühen Neuzeit (Städteforschung), Münster 2004 [im Druck].

[234] Entwurf, fol. 1v; ebenso in den seitlichen Bordüren der Textseite, fol. 3r. Zum folgenden vgl. Maximilian GRITZNER, Handbuch der heraldischen Terminologie in zwölf, germanischen und romanischen Zungen, enthaltend zugleich die Haupt-Grundsätze der Wappenkunst (J. Siebmachers Großes und Allgemeines Wappenbuch, Einleitung, Abt. B), Nürnberg 1890, Taf. 1 und S. 3; VOLBORTH, Heraldik, S. 22.

[235] Entwurf, fol. 3v–4r; reicher ornamental dekoriert ebenda, fol. 2r.

[236] Auffällig die hierarchische Abstufung des Grades der Ornamentierung in den drei Familienwappen: Das gevierte Wappen der Fugger von Kirchberg und Weißenhorn des Hans Jakob Fugger, Entwurf, fol. 4v, und das seiner Frau, ebenda, fol. 7v, sind reich dekoriert; das Lilienwappen, ebenda, fol. 5r, ist deutlich einfacher gestaltet, das der Fugger vom Reh, ebenda, fol. 6r, gänzlich schmucklos.

[237] Bei den Ahnenwappen in den Ahnenproben des *Fundators* und seiner Frau, Entwurf, fol. 7r, 8r; dabei wurde bei der Ahnenprobe der Frau, fol. 8r, eine heraldische Differenzierung der Ahnenwappen vorgenommen, indem die Wappen der Großeltern väterlicherseits auf der Seite oben durch einen rollwerkverzierten Fünfeckschild von den einfacheren Tartschen der Großeltern mütterlicherseits abgehoben wurden.

[238] Entwurf, fol. 9v–13r, 16r, für die jung gestorbenen Kinder Jakob Fuggers, die hier jedoch fälschlich Ulrich zugeschrieben werden.

[239] Er selbst ist hier allerdings noch mit dem zweiten Hauszeichen der Fugger gegeben, das Lilienwappen erst bei seinen Kindern, Enrwurf, ab fol. 14v, verwendet.

dekor an den oberen Seiten²⁴⁰, andererseits mit einer geraden Oberkante, nur mit Blattwerk belegt²⁴¹. Ab dem Ende der dritten *Linie* wird dieser Schild bis zum Ende nur mehr für die Wappen der Einzelporträts verwendet²⁴². Für die Allianzbildnisse wird nun bis zum Schluß der Handschrift eine schablonenartige Kombination zweier zugewandter, fünfeckiger Tartschen mit Rollwerkdekor an der oberen Innenkante gebraucht²⁴³.

Die serielle Bearbeitung der Schildtypen wird hier deutlich erkennbar in dem Umstand, daß fast durchgehend der Schild der Frau etwas ungeschickt gegenüber dem des Mannes – zumeist erhöht²⁴⁴ – angesetzt ist.

Auf einigen im Zuge der Korrekturen nachträglich ergänzten, jedoch unvollendet gebliebenen Seiten stehen noch im heutigen Bestand allein leere Wappenschilde²⁴⁵. Zunächst wurde also der Schild auf der Seite eingezeichnet, dann die Figur an den Oberrand angeschlossen. Nur in wenigen Fällen reicht daher die Figur in den Bildraum des Wappens hinein, und wenn, dann nur in ganz vorsichtiger Überschneidung der Oberkante des Schildes²⁴⁶. Ebenso selten fehlt der in der Strichführung organische Anschluß der Figur an die Oberkante des Schildes²⁴⁷. Offenbar wurden zunächst die Wappenumrisse erstellt, erst später die Wappenbilder²⁴⁸ und die Porträts.

Die verschiedenen Typen von Wappenschilden markieren im Grad des Dekorums und der Wahl verschieden alter Schildtypen eine hierarchische und chronologisch-historisierende Abfolge, die den sozialen Aufstiegsprozeß der Fugger von der Lilie abbildet:

Vom einfachen Dreiecksschild über die gängige Tartsche zum reich dekorierten, rein papierheraldischen Schild, gipfelnd in dem Roßstirnschild der Heroldsbilder zu Beginn, wie er in der Kunst und Heraldik der italienischen Renaissance entwickelt worden war. Unterstützt wird diese Steigerung durch eine analoge Hierarchisierung der Helme über den ganzseitigen Wappenbildern und in den Ahnenproben²⁴⁹.

Auch in der Endfassung dürften Wappen und Porträts vielfach nicht gemeinsam erstellt worden sein²⁵⁰. In den ersten Abschnitten wurden die Schildformen aus den Entwürfen zunächst fast deckungsgleich übernommen. Die Konstitution einer heraldischen Hierarchie durch feine Abstufung des Dekorums und historisierende Auswahl der Schildformen wurde dabei verfeinert²⁵¹. In den Heroldsbildern zu Beginn wird deutlich zwischen dem Wappen der Fugger von der Lilie mit Roßstirnschild und dem der Fugger vom Reh mit Dreiecksschild unterschieden²⁵². Das schon in den Entwürfen angedeutete Gefälle in der Gestaltung der ganzseitigen Wappenseiten²⁵³ wird präzisiert²⁵⁴. Der

---

²⁴⁰ Entwurf, fol. 13v, 14v, 15v, 18r–18v.
²⁴¹ Entwurf, fol. 16v, 17v.
²⁴² Erstmals Entwurf, fol. 20r; dann ebenda.fol. 20v, 23r, 24v, 26r, 29r–29v, 35v (hier nachträglich ergänzt um einen ähnlichen, jedoch kleineren Schild).
²⁴³ Erstmals Entwurf, fol. 21r; danach durchgehend für alle Allianzbildnisse mit Ausnahme des doppelten Allianzbildnisses der Sibylla Fugger und ihrer zwei Männer, ebenda, fol. 32v: hier haben die Männer jeweils leicht tartschenförmige Schilde nach dem Muster des ansonsten prägenden Typus, jedoch kleiner, die Frau einen beidseitig symmetrisch geschwungenen, unten spitzen, fünfeckigen Schild.
²⁴⁴ Entwurf, fol. 22v, 23v, 24v, 27v, 31v–32r, 33v–34r, 35r, 36v, 37v, 38v–39v, 40v. Der Zeichner hatte offenbar Schwierigkeiten, die Schilde mit den Rollwerkspiralen in der Mitte waagerecht zusammentreffen zu lassen. In einigen Fällen führte dies auch zu verkürzten Proportionen des Wappens der Frau: Ebenda, fol. 21r, 30r, 36r; einmal tritt der entgegengesetzte Fall ein, daß das Wappen der Frau gegenüber dem des Mannes abfällt: Ebenda, fol. 22r; ebenda, fol. 31r, gelang die Zusammenführung nur unter Ausfall des Rollendekors beim Schild des Mannes.
²⁴⁵ Entwurf, fol. 25r–25v, 40r–41v.
²⁴⁶ Entwurf, fol. 2r, 16r, 22r, 23v–24r, 27v, 32v.
²⁴⁷ Deutlich Entwurf, fol. 27v, für die Figur des Anton Fugger.
²⁴⁸ Nur ganz selten ist bei der Erstellung der Wappenbilder das Blattwerk der Wappenschilde übermalt worden: Entwurf, fol. 27v, 28v.

²⁴⁹ Bürgerlicher Stechhelm: Entwurf, fol. 5r, 6r; adeliger Spangenhelm, gekrönt: Ebenda, fol. 6v–8r. Zum Helmkleinod als ständisch-spezifisches heraldisches Zeichen vgl. Jürgen ARNDT, Die Entwicklung der Wappenbriefe von 1350 bis 1806 unter besonderer Berücksichtigung der Palatinatswappenbriefe, in: Der Herold 7 (1970), S. 161–193, hier S. 182; Ottfried NEUBECKER, Heraldik zwischen Wappenpraxis und Wappengraphik. Wappenkunst bei Dürer und zu Dürers Zeit, in: Albrecht Dürers Umwelt. Festschrift zu seinem 500. Geburtstag (Nürnberger Forschungen 15), Nürnberg 1971, S. 193–219, hier S. 197; Ernst RIEDENAUER, Das Herzogtum Bayern und die kaiserlichen Standeserhebungen des späten Mittelalters, in: ZBLG 36 (1973), S. 600–644, hier S. 605.
²⁵⁰ Die Entwurfspapiere verweisen mit den Federzeichnungen der Wappen und den Tinkturanweisungen Jägers deutlich auf eine Aufteilung der Arbeitsgänge. Für die Bordüren der Textseiten hat schon RÖTTINGER, Breu-Studien, S. 77, auf die Arbeitsteiligkeit von Federzeichnungen und Farbgebung hingewiesen. Für die Porträts, deren Bearbeitung doch wohl weniger auf die flächige Ausmalung als vielmehr auf die Konturierung der Züge ihr handwerkliches Hauptaugenmerk legen mußte, scheint eine solche Aufteilung freilich weniger wahrscheinlich. Hier treten die Federzeichnungen auch gegenüber der Aquarell- bzw. Deckfarbenmalerei deutlich zurück.
²⁵¹ In den Ahnenproben des *Fundators* und seiner Frau, Endfassung, fol. 7r, 8r, wurden die Wappen stärker dekoriert; in der Ahnenprobe der Ursula von Harrach wurde das Wappen des Großvaters mütterlicherseits nicht nur gemäß eines Korrekturvermerks Hans Jakob Fuggers geviert, sondern auch statt mit einer Tartsche mit einem Fünfeckschild ausgestattet.
²⁵² Endfassung, fol. 1v, 4r, letzterer jedoch reich dekoriert; wo später in den Bordüren der Textseiten Roßstirnschilde auftreten, z.B. fol. 11v, 32v, dürfte dies eher einem Anklang an den ausgesprochen renaissancehaften Stil der Grotesken in den Rahmen entspringen, weniger einem Einbezug in die heraldische Kalkulation.
²⁵³ Entwurf: fol. 4v, 7v: Wappen des *Fundators* und seiner Frau; fol. 5r: Wappen der Fugger von der Lilie; fol. 6r: Wappen der Fugger vom Reh; erstere reich dekorierte Fünfeckschilde, letzteres ohne Dekorum. Die Differenzie-

einfache Dreiecksschild findet jedoch nur mehr für Hans Fugger und seine Frauen und für seinen Bruder Ulrich Fugger mit Frau und Söhnen Verwendung[255], außerdem vereinzelt bei der Zusammenstellung von mehr als zwei Wappen auf einer Seite[256]. Einsetzend schon mit Andreas Fugger dem Reichen[257] wird durchgehend für den gesamten Codex ein immer gleicher Schildtyp gebraucht, der fast deckungsgleich ist mit dem letzten in den Entwürfen. Dies gilt sowohl für die Bildnisse einzelner Personen wie für die Allianzbildnisse[258]. Bis zur Gestaltung des Blattwerkdekors wiederholt sich der immer gleiche Typ schablonenartig[259]. In den Allianzbildnissen und Allianzwappen werden die Schilde dabei leicht einander zugeneigt, sie berühren sich mit ihren spiralförmig eingerollten oberen Innenkanten jedoch nicht. Die Gestaltung ist überhaupt sorgfältiger abgestimmt als in den Entwürfen. Einzeln stehende Wappen stehen aufrecht auf der Symmetrieachse der Seite. Auch die Nachträge des 18. Jahrhunderts orientieren sich an diesem Typus[260].

Die bereits in den Entwürfen entwickelte Differenzierung der Wappenformen nach Grad des Dekors und verwendetem Schildtypus wurde also in der Endfassung übernommen. Hatte sich dabei in den Entwürfen bei der Gestaltung der langen Reihe von Wappen eine konzeptionelle Unsicherheit geäußert im Nebeneinander zweier Schildformen – einem halbrunden, fünfeckigen, leicht geschwungenen Schild[261] und einer fünfeckigen Tartsche[262] –, so wird diese nun aufgelöst in der durchgehenden Verwendung der Tartschenform. Man wird den Wechsel der in den Entwürfen verwendeten Schildtypen als Indiz für einen gestreckten Bearbeitungszeitraum werten können. Demnach wären die Seiten mit dem älteren Schildtypus vielleicht zu einem früheren Zeitpunkt entstanden, bevor sich in der Konzeption jene Wappenform durchsetzte, die dann in der Endfassung durchgehend Verwendung fand[263].

Wie für die Wappenkartuschen wurden auch für die immer wiederkehrenden Wappen der Fugger in der Endfassung offensichtlich Schablonen benutzt: Beim Wappen der Fugger von Kirchberg und Weißenhorn ist – wohl aufgrund einer fehlerhaften Schablone – in den Einträgen des 16. Jahrhunderts durchgehend die Teilung unterhalb der Mitte des Wappens angesetzt. Die am Ende der Handschrift immer wiederkehrenden Seiten mit dem Wappen der Fugger vom Reh gleichen sich bis in Einzelheiten. Auf eine routinisierte Gestaltung verweist auch der Umstand, daß bei den doppelten Bildnissen, die nicht tatsächlich Allianzen darstellen, sondern lediglich zwei Geschwister auf einer Seite behandeln, die im Allianzwappen übliche Umkehrung des Wappens des Mannes übernommen worden ist[264].

Bei den tatsächlichen Allianzen wurde die Umkehrung des Wappens des Mannes in Zuwendung zu dem der Frau in der Endfassung fast durchgehend[265], in den Entwürfen wesentlich weniger sorgfältig berücksichtigt[266].

---

rung der Helmformen konnte in der Endfassung zusätzlich farblich abgesetzt werden: Eiserner Stechhelm: fol. 3v, 6r; goldener, gekrönter Spangenhelm: fol. 6v–8r.

[254] Das Wappen der Fugger vom Reh, Endfassung, fol. 3v, wurde statt mit einem Fünfeckschild mit einem stärker tartschenförmigen Schild gegeben, wiederum ohne jedes Dekorum.

[255] Endfassung, fol. 9v, 11r, 12v.

[256] Endfassung. fol. 14r; in der Genealogie der Fugger vom Reh: Ebenda, fol. 170v, 173v; ähnlich dimensionierte Fünfeckschilde hätten kaum eine harmonische Gestaltung des Zusammenspiels von Halbfiguren, Wappen und Schriftbändern zugelassen. Auch, daß in der Textseitenrahmung der auf fol. 170v folgenden Textseite, fol. 171r, wiederum auf den Fünfeckschild zurückgegriffen wird, spricht für die Erklärung dieser Abweichung aus kompositorischen Gründen.

[257] Endfassung, fol. 13v.

[258] Eine strengere fünfeckige Schildform wurde für das Allianzporträt der Sibylla Fugger und ihrer zwei Männer, Endfassung, fol. 54r, gewählt, dies wie im Entwurf, fol. 32v, am ehesten im Zusammenhang mit der spezifischen Bildkonzeption dieser Seite, vgl. Kap. 4.3.5.

[259] Auch bei den reinen Wappenbildern im Abschnitt über die Fugger vom Reh, Endfassung, ab fol. 174v: Das Blattwerk an der oberen Schildkante läuft hier durchgehend bei allen Einzelwappen nach (heraldisch) rechts spiralförmig aus, entspricht also der Gestaltung des weiblichen Wappens im Allianzwappen.

[260] Erstmals Endfassung, fol. 91v; auch in den Allianzwappen stehen die Schilde hier zumeist aufrecht, wodurch die Anmutung schablonenhafter Starrheit deutlich verstärkt wird.

[261] Entwurf, bis fol. 18v, und danach in Einzelbildnissen.

[262] Entwurf, erstmals fol. 21r.

[263] Eine genauere Datierung dieser Differenz ist freilich nicht möglich. Daß es sich hierbei nur um eine wenig gravierende stilistische Marginalie handelt, zeigt der Umstand, daß in den Einzelbildnissen die erste Schildform weiter benutzt wurde, dies wohl, weil der im Umriß symmetrische frühe Typ zur harmonischen Gestaltung der Bilder besser geeignet war. Die Entwürfe zu den Einzelbildnissen stehen dreimal mit einem Allianzbildnis mit dem konkurrierenden Schildtyp zusammen auf einem Blatt: fol. 23r (Einzelbildnis) mit 23v; 24v mit 24r; 26r mit 26v. Dies spricht gegen die Möglichkeit einer Erstellung unabhängig von den Allianzbildnissen in ihrer direkten Nachbarschaft. Da zu den unverheiratet gestorbenen Familienmitgliedern vielleicht weniger historische Recherche notwendig war, könnten diese Seiten durchaus zu einem Zeitpunkt bearbeitet worden sein, zu dem andere Abschnitte noch weniger weit gediehen waren.

[264] Endfassung, fol. 18v.

[265] Nicht umgekehrt wurden die Hausmarken, z.B. die der Fugger, Endfassung, fol. 14v; nicht umgekehrt das Lilienwappen der Fugger: Ebenda, fol. 32r; nicht umgekehrt das Wappen der von Harrach, offenbar aus Unsicherheit in der Handhabung: Ebenda, fol. 8r, ebenso in den Entwürfen, fol. 8r; Umkehrung erfolgt im Medaillon auf der Rückseite des Einbandes. In den Nachträgen des 18. Jh. ist die Umkehrung häufiger gar nicht oder fehlerhaft durchgeführt, so Endfassung, fol. 121r: fälschlich Wappen der Frau umgekehrt.

[266] Entwurf, fol. 23v, korrigiert Jäger eine zunächst fehlerhafte Umkehrung; ebenda, fol. 26v, 27v.: Wappen der Fugger von Kirchberg und Weißenhorn nicht umgekehrt. Im letz-

Die Farbanweisungen zu den Wappen in den Entwürfen stammen von C, von Clemens Jäger, der als Ratsdiener tatsächlich wohl auch heraldische Aufgaben hatte, zumindest jedoch einschlägige Kenntnisse benötigte[267]. Diese Anweisungen wurden in der Endfassung penibel ausgeführt, bis hin zur farblichen Gestaltung des Blattwerkdekors[268].

7.3.2 Zur Datierung der Entwürfe

Die Entwürfe sind im Titel datiert auf das Jahr 1546[269]. In der Vorrede ist zunächst ebenfalls das Jahr 1546 genannt[270]. Diese Angabe ist jedoch durch Hans Jakob Fugger bei der Korrektur einmal auf 1545 zurückdatiert worden. Auf der gleichen Seite wird auch das Jahr 1547 genannt und durch biographische Daten zum Auftraggeber und seiner Frau spezifiziert[271]. Es wird auch auf die Ratsarchivalien als Quellen verwiesen, die Hans Jakob Fugger habe einsehen können, als er Mitglied des Kleinen Rats und Einnehmer der Stadt gewesen sei. Unbeschadet einer genaueren Klärung der Verfasserfrage wird damit ein längerer Bearbeitungszeitraum greifbar: Hans Jakob Fugger war 1542 bis 1546 (und später wieder 1548 bis 1565) im Kleinen Rat, 1544 bis 1546 Einnehmer der Stadt[272]. So ist denn auch in der Vorrede weiter von der Fertigstellung im Jahr 1547 nach einem vierjährigen Entstehungsprozeß die Rede[273].

Auf den letzten Seiten der Entwürfe sind die in den Jahren 1542 bis 1548 geborenen Kinder Anton Fuggers erfaßt. Der 1542 geborene Jakob ist noch ganz regulär mit einem Allianzbildnis verzeichnet[274]. Im Anschluß daran wurden zwei recto und verso mit leeren Wappenkartuschen ausgestattete weitere Blätter, wohl ein Bogen, für eventuelle weitere Geschwister eingebunden[275]. Tatsächlich wurden dann Maria (* 1542), Veronika (* 1545) und Peter (* Anfang März 1548) auf diesen Seiten nachgetragen[276]. Da Anna Rehlinger, die Frau des Anton, nach der Geburt des Peter im Kindbett verstarb und damit die Reihe abgeschlossen war, blieb die letzte der nachgetragenen Seiten leer[277]. Die Einarbeitung der leeren Seiten wird demnach vor, ihre Beschriftung zumindest, was Peter Fugger angeht, erst nach dem Tod der Anna Rehlinger im März 1548 erfolgt sein. Für die früher geborenen Kinder Antons scheint man bis zu diesem Nachtrag auf der Grundlage des Wissensstandes von 1542/43 gearbeitet zu haben[278].

Im zeitlichen Zusammenhang mit den anderen Korrekturen steht die nachgetragene Erwähnung der Hochzeit Barbara Fuggers, einer Tochter des Raymund, mit Ferdinand Freiherr von Vels am 8. Februar 1548 während des Geharnischten Reichstags zu Augsburg[279].

Das Allianzbildnis des Anton Fugger muß in Bild und Text vor dem März 1548 abgeschlossen gewesen sein, da der Tod seiner Frau Anna Rehlinger nicht mehr erwähnt ist[280]. Die biographische Erläuterung zur Person Anton Fuggers[281] berichtet jedoch in ihrem letzten Absatz von dessen Vermittlertätigkeit zwischen Karl V. einerseits und der Stadt Augsburg und anderen Städten des Schmalkaldischen Bundes andererseits eben während des Geharnischten Reichstages, der vom 1. September 1547 bis zum 30. Juni 1548 dauerte[282]. Die Heiraten der unter der Vormundschaft Anton Fuggers stehenden Kinder seines verstorbenen

---

teren Fall (Anton Fugger) Fehler in der Endfassung, fol. 40v, korrigiert.
[267] In den Konzepten Jägers zu einem Ehrenbuch der Langenmantel, BaySB Cgm 2791, fol. 20 f., 30 f., 60 f., finden sich skizzierte Stammtafeln mit Federzeichnungen von Wappen, bei denen zumindest die Beschriftung sicher von Jägers Hand stammt; ebenda, fol. 58 f., enthält auf der vorderen Umschlagseite des Bogens eine Wappenskizze mit Blei, die ebenfalls von Jäger stammen wird.
[268] Allerdings sind die Farbanweisungen in den Entwürfen keineswegs durchgehend, so daß man zusätzlich von anderweitigen Informationen als Grundlage der ausgeführten Tinkturen ausgehen muß.
[269] Entwurf, fol. 1r.
[270] Entwurf, fol. 2v.
[271] Entwurf, fol. 3r: [...] *welchs Jch mit hilff gotlicher gnaden, meines alters von Got, in dem 29, vnd meines lieben eerlichen vnd freundlichen gemahels in dem 23, vnd vnser baider haushaltung in des hailigen Eelichen Stands, Jn dem Sibenden Jarn, eben der Zeit als von der flaischwerdung Jhesu Christi vnsers ainigenn Hailands, 1547 Jar gezelet wurde,* [...] *gantz glucklich volfuert, geendet vnd beschlossen habe.*
[272] Vgl. REINHARD (Hg.), Eliten, S. 154.
[273] Entwurf, fol. 3r: [...] *vnd nachdem Jch in das viert Jar daran gearbait,* [...].
[274] Entwurf, fol. 39v.
[275] Entwurf, fol. 40r–41v; dazu Hand A, fol. 40r: *Dise leere Schilt auf Herren Anthonien fuggers kinder wartende,* und fol. 41v: *End herren Anthonien fuggers kinder.*
[276] Entwurf, fol. 40r–41r; vgl. NEBINGER/RIEBER, Genealogie, Taf. 16; PÖLNITZ, Anton Fugger 3.I, S. 118: Anna, die Frau Anton Fuggers, starb am 11.3.1548 im Kindbett, das Neugeborene, Peter, wohl bald danach. Nach SCHWENNICKE (Hg.), Stammtafeln, Taf. 34, wurde Peter am 11.3. geboren, die Mutter starb am 25.3.; die Fuggerchronik-Handschrift, BaySB Cgm 2276, fol. 63v, gibt als Todestag des Peter den achten Tag nach der Geburt, d.h. den 19.3.
[277] Entwurf, fol. 41v.
[278] Nicht mehr als ein unsicheres Indiz für eine Bearbeitung um 1547/48, zur Zeit des Geharnischten Reichstages, dürfte die auffällige spanische Tracht des Mannes auf fol. 38v der Entwürfe sein. Diese wurde in Augsburg wohl erst nach dem Schmalkaldischen Krieg breiter rezipiert, jedoch könnten gerade die Fugger wie auch Breu d. J. hier frühzeitig eine Vorreiterfunktion erfüllt haben.
[279] Entwurf, fol. 34v.
[280] Entwurf, fol. 27v.
[281] Entwurf, fol. 28r.
[282] Vgl. KIRCH, Fugger und der Schmalkaldische Krieg, S. 117–138; PÖLNITZ, Anton Fugger 2.II, S. 507–592; MOELLER, Reformation, S. 103–113.

Bruders Raymund, die hier kurz erwähnt werden[283], fallen zumindest zum Teil in die Jahre 1548 und 1549[284]. Paläographisch weist nichts auf eine Nachträglichkeit dieser Notiz. Die sie betreffenden Korrekturen stehen eindeutig im Zusammenhang mit der sonstigen Bearbeitung.

Wenn demnach einerseits die Bearbeitung der Genealogie mit Bild, Wappen und Text bereits 1542/43 zunächst abbricht, in den Korrekturen aber bis 1548 fortgesetzt wird, die biographischen Notizen jedoch noch das erste Halbjahr 1548 erfassen, andererseits die Korrekturen nicht nur bis 1548 Nachträge liefern, sondern auch die erst zu diesem Zeitpunkt entstandenen Teile des Haupttextes erfassen, ergibt sich für die Entstehung der Entwürfe folgendes Bild: Die heute vorliegende geschlossene Handschrift ist offensichtlich ein Konvolut von Konzeptpapieren aus den Jahren 1542/43 bis 1548, das erst zum Ende der Bearbeitung zusammengebracht und abschließend korrigiert wurde.

Der paläographische Befund ermöglicht eine weitere Präzisierung: Die beiden maßgeblich an der Korrektur beteiligten Schriften C und D, Clemens Jäger und Hans Jakob Fugger, finden sich, von zahlreichen weiteren Vermerken abgesehen, beide in jeweils recht einheitlichen Durchgängen in der gesamten Handschrift. Diese erfassen auch die sicher in das Jahr 1548 zu datierenden Passagen[285]. Zumindest für eine der Seiten der Entwürfe läßt sich dabei auch ein Terminus post quem der abschließenden Korrekturen festmachen: Zu dem doppelten Allianzbild der Sibylla Fugger vermerkte Hans Jakob Fugger unter anderem den Tod ihres zweiten Mannes am 20. Januar 1547. Die familienpolitisch eminent wichtige Statusänderung der Sibylla Fugger, die sich aus diesem Todesfall ergab[286], wurde in der Endfassung nicht nur mit einer Übertragung der Korrekturen, sondern auch mit einer grundlegenden Änderung der Bildkonzeption umgesetzt. Da die Korrekturen von D, des Auftraggebers Hans Jakob Fugger, relativ gleichmäßig durchlaufen, wird man annehmen können, daß die gesamte Neuaufnahme der Bearbeitung erst nach dem Januar 1547 erfolgte.

Offensichtlich ist also in den Jahren 1547 und 1548, während und nach dem Geharnischten Reichstag, eine Sammlung von Entwürfen zusammengefügt und von beiden Hauptbeteiligten abschließend überarbeitet worden. Der Tod der Anna Fugger, einer Tochter des Anton, zu Anfang des Jahres 1549 ist nicht mehr erfaßt[287]. Zu diesem Zeitpunkt dürfte die Bearbeitung demnach abgeschlossen gewesen sein[288].

Eine genauere Datierung einzelner Abschnitte ist zumindest in Ansätzen möglich: Die ersten Partien mit Titelblatt und Vorrede mögen ihrer Datierung entsprechend tatsächlich 1546/47 entstanden sein. Weiteren Anhalt für die Annahme einer Entstehung dieses Abschnitts in deutlicher Diskontinuität zum folgenden bietet die Verwechslung der Fuggerschen Warenzeichen in ihrer Zuschreibung zu Hans dem Jüngeren und Ulrich dem Älteren[289]: In der bebilderten Genealogie ist bei den Kindern des Ulrich diese Verwechslung bereits korrigiert.

Die biographischen Notizen zu Anton Fugger können in der vorliegenden Form erst 1548 entstanden sein. Die Kurzbiographien zu Jakob dem Älteren und seinem Sohn Jakob dem Reichen könnten ebenfalls unabhängig vom Entwurf der zugehörigen Allianzbildnisse entstanden sein: Die auf der Porträtseite ursprünglich falsche und bei der Bearbeitung korrigierte Benennung des Vaters der Barbara Bäsinger bei

---

[283] Entwurf, fol. 28r: *Vnd hat auch herrn Raymunden seines bruders kinder, mit Reilichen heiratguetern versehen, vnd hoch angepracht.*

[284] Vgl. NEBINGER/RIEBER, Genealogie, Taf. 5: Barbara Fugger heiratet 1548 Ferdinad Freiherr von Vels; Ursula Fugger heiratet 1549 Joachim Graf von Ortenburg; vgl. Entwurf, fol. 34v, 35v.

[285] Entwurf, fol. 28r, 34v, 41r; ebenda, fol. 19r–19v, die biographische Erläuterung zu Jakob Fugger dem Reichen hat neben den Korrekturen von Hand D lediglich solche von A, nicht jedoch von C, der sorgfältigen Kursive Clemens Jägers.

[286] Vgl. Kap. 4.3.5.

[287] Entwurf, fol. 36v; im Schriftband des Mannes ist eine Rasur feststellbar. Eventuell war hier die Verlobung mit Johann von Rechberg bereits eingetragen worden, als Anna während der Brautzeit starb.

[288] In den Grundzügen hat schon PÖLNITZ, Anton Fugger 2.II, S. 797 (Anm. zu S. 551), diese Datierung der Handschrift gesehen. Freilich richtete er sein Augenmerk nur auf den Eintrag im Entwurf, fol. 28r, nicht jedoch auf die weiteren Indizien, erst recht nicht auf einen Vergleich mit der Endfassung, weshalb seine Angaben zumal bezüglich des Endtermins und der präzisen Charakterisierung des Codex vage bleiben. Die von ihm als Indiz für eine Datierung in die zweite Hälfte des Jahres 1548 herangezogene Erwähnung der Spitalgründung in Waltenhausen gibt im übrigen keinen sicheren Aufschluß, da die Angaben zur Gründungsgeschichte widersprüchlich sind: Ebenda, 2.II, S. 587 f.: Hieronymus Fugger weist 1537 testamentarisch 20.000 fl. für eine Spitalgründung an. Erst 1547 wurde diese Verfügung umgesetzt, das Spital in Waltenhausen im Juli 1548 eingeweiht; andererseits ebenda, 2.I, S. 193: Bereits 1541 Kauf von Schloß Waltenhausen; ebenda, 2.I, S. 582: Im Juni 1543 Auszahlung der Almosenlegate Hieronymus Fuggers; ebenda, 2.II, S. 663, 815: Bereits im April 1546 und im Jahr 1547 Anton Fugger in Spitalangelegenheiten in Waltenhausen involviert. Man wird von einem längeren Entstehungsprozeß der Spitalstiftung ausgehen müssen. Im April 1546 muß es bereits Inhaber von Spitalpfründen gegeben haben, da Anton Fugger zu diesem Zeitpunkt die Nachlaßverwaltung eines im Spital Verstorbenen übernimmt. Für diese Annahme spricht auch, daß diese Hospitalstiftung bereits in dem in die frühe Bearbeitungsphase um 1545/46 zu datierenden Bildnis des Hieronymus Fugger (Entwurf, fol. 24v) erwähnt wird. Pölnitz' Datierung findet sich übrigens verborgen im unüberschaubar umfangreichen Anmerkungsapparat seiner fünfbändigen Monographie, so daß es kaum wunder nimmt, daß die Katalogliteratur der letzen Jahrzehnte sie durchgehend übersehen hat. Ohne Quellenangabe erwähnt diese Datierung auch RIEBER, Patriziat, S. 319.

[289] Entwurf, fol. 3v–4r.

Jakob dem Älteren, wie auch die falsche Benennung des Vaters bei Jakob dem Reichen, sind in den biographischen Erläuterungen korrekt[290]. Im Gegensatz zu der Kurzbiographie Anton Fuggers, bei der auch der Papierbefund auf eine mögliche nachträgliche Einarbeitung verweist, ist eine solche Abweichung hier kodikologisch nicht greifbar.

Die anfängliche irrtümliche Zuordnung mehrerer Kinder Jakob Fuggers als Kinder ihrer Geschwister Ulrich und Georg in der dritten *Linie*[291] einerseits und die im heutigen Codex daran anschließende Behandlung der tatsächlichen Nachkommen der beiden Genannten als vierte *Linie*[292] andererseits legen die Vermutung nahe, daß diese Abschnitte unabhängig voneinander entstanden sein müssen. Wenn dabei die fehlerhafte dritte *Linie* korrekt als die der Kinder Jakobs des Älteren angekündigt wird[293], ist weiterhin anzunehmen, daß dieser Abschnitt auch in sich nicht Ergebnis eines einzigen, einheitlichen Bearbeitungsschritts ist.

Bei der fiktiven Porträtierung potentieller Heiratspartner und jugendlicher Familienmitglieder am Ende der Handschrift ist anzunehmen, daß der Text der zugehörigen Legenden unabhängig von den Federzeichnungen entstanden sein könnte, dies zumindest dort, wo sich eine Porträtähnlichkeit nicht nachweisen läßt[294].

In Querverweisen wird dreimal auf die in den erhaltenen Entwürfen nicht enthaltene Genealogie der Fugger vom Reh verwiesen[295]. Auch enthält die Endfassung des Ehrenbuches zusätzlich zu den im Entwurf gegebenen fünf *Linien* mit den Kindern Hans Jakob Fuggers und seines Bruders Georg noch die sechste *Linie*, nach moderner Zählung die siebente Generation der Raymundlinie. Außerdem weicht die Endfassung hier und da in einer Form von den Entwürfen ab, welche die Existenz einer weiteren, heute verlorenen Vorlage wahrscheinlich macht: So dürfte das Allianzbildnis des Hans Jakob Fugger[296] nicht nach dem überlieferten Entwurf[297] gestaltet sein. Weiterhin ist der lateinische Sinnspruch, der bei dem Widmungsvers über die Fugger vom Reh ergänzt wurde, nicht in der Entwurfsfassung enthalten[298]. In Anbetracht dessen, auch mit Blick auf den langen Bearbeitungszeitraum, die verschiedenen Bearbeitungsschritte und die mutmaßlich beteiligte Mehrzahl von Buchmalern enthält die vorliegende Handschrift sicherlich nur einen fragmentarischen Überrest der viel umfangreicheren Entwurfspapiere[299]. In den Jahren 1548–1560, als Clemens Jäger die in seinem Besitz verbliebenen Papiere bezüglich der Konnubien der Antonskinder aktualisierte, müssen jedoch zumindest diese Lagen bereits in der heute vorliegenden Form zusammengelegen haben: Deutlich hat sich die Tinte seiner Nachträge auf den gegenüberliegenden Seiten abgedrückt[300].

Die vorliegenden Entwürfe gehen auch sicher auf frühere, nicht überlieferte Bearbeitungsstadien zurück: Gelegentlich enthalten sie Fehler, die nur durch unsorgfältiges Kopieren einer Vorlage erklärbar sind[301]. Andererseits ist bei der überwiegenden Mehrheit der Abbildungen ersichtlich, daß die überlieferten Konzeptpapiere tatsächlich die Vorlagen für die Porträts der Endfassung waren[302]. Es handelt sich bei den vorliegenden Entwürfen also um Zeugnisse einer Endredaktion.

7.3.3 Von der Konzeption zur Endfassung

Abgesehen von kleineren inhaltlichen Ergänzungen und der Korrektur der sachlichen Fehler sind es nun einerseits Ergänzungen aktueller Entwicklungen und offenbar während des Bearbeitungszeitraumes gewonnener Informationen, andererseits einige durchgehen-

---

[290] Entwurf: Jakob d. Ä.: Allianzbildnis, fol. 13v; Biographie, fol. 14r; Jakob der Reiche: Allianzbildnis, fol. 18v; Biographie, fol. 19r.

[291] Entwurf, fol. 14v–20r, ein Irrtum, der auf Initiative von Hand D hin korrigiert wird; vgl. den diesbezüglichen Eintrag ebenda, fol. 15v–16r.

[292] Entwurf, fol. 21r–28r.

[293] Entwurf, fol. 14v: *Anfang der dritten Linien, die do Jacoben fuggers kinder in sich heltet.*

[294] Die Figuren, Entwurf, fol. 36v, 38v, entsprechen einander nicht nur bis ins Detail, bei der Beschriftung ist dem Schreiber der Hand C auch ein vielsagender Fehler unterlaufen: Er verwechselte zunächst die Namen der gezeigten, Anna und Regina Fugger.

[295] Entwurf, fol. 2r, 12v, 14r.

[296] Endfassung, fol. 45v; daß anderweitige Vorlagen greifbar gewesen sein dürften, ist evident.

[297] Entwurf, fol. 30r.

[298] Endfassung, fol. 4r; Entwurf, fol. 2r.

[299] Vgl. Kap. 7.1.1. Dies hat schon JANSEN, Anfänge, S. 73, vermutet. Bemerkenswert bleibt die Einheitlichkeit des verwendeten Papiers.

[300] Entwurf, fol. 34r: Abdruck von 33v, ebenso fol. 36v von 37r, fol. 38r von 37v, fol. 39v von 40r.

[301] Entwurf, fol. 12r, steht bei Kunigunda Fugger zum Schluß: *Hec*, der anschließend eingeplante Quellenhinweis hat jedoch keinen Platz. Ebenda, fol. 15v: *vnnd kinder Eelichen mit Jr ertzeuget hat*: Es fehlt die übliche Lücke für die Kinderzahl.

[302] Es sind zwar im einzelnen durchaus gravierende Abweichungen in der Kostümierung der Personen, ihrer Ausstattung mit Attributen und ihrer Stellung im Bild und zueinander zu registrieren, ausschlaggebend sind doch aber eher die zum Teil ganz frappierenden Ähnlichkeiten. Einzelne Seiten wurden weitgehend unverändert übertragen, so Enfassung, fol. 14v (fol. 13v des Entwurfs), 28r (20r des Entwurfs), 31v (23v des Entwurfs) oder auch die zweite Fassung des Allianzbildnisses Andreas Fuggers des Reichen, fol. 168v (fol. 12v des Entwurfs). Dieser Befund gilt nicht für die Seiten, auf denen zum Entstehungszeitpunkt noch junge Personen abgebildet sind. Hier werden Formalisierung der Darstellung und schablonenhafte Routinisierung ins Extrem getrieben, die immer gleiche Kostümierung – in wenigen Grundtypen – bei freilich sorgfältig variierter Körperhaltung und Stellung der Figuren wiederholt.

de Änderungen, an denen D gelegen war. In den ersten Generationen dringt Hans Jakob Fugger auf eine Differenzierung der Benennung der Ehefrauen: Der Terminus *gemahel* wird zum Teil ersetzt durch *hausfraw*[303]. Auch werden die Bezeichnungen der Frauen als *junckfraw* oder *fraw* angepaßt bzw. vereinheitlicht, wo die Legenden für spätere Änderungen offen gehalten werden sollten[304]. Durchgehend redigiert der Auftraggeber den Text dahingehend neu, daß die Bezugnahme auf die Stadt Augsburg neutralisiert wird: Sorgfältig wird beinahe jedes *alhie* gestrichen und zumeist ersetzt durch die Formel *zu Augspurg* oder *in der Stat Augspurg*[305]. Auch dringt Hans Jakob Fugger verschiedentlich auf eine Präzisierung der ständischen Titulaturen und Attribute[306]. All diese Korrekturen werden in der Endfassung gewissenhaft berücksichtigt.

Die in der Korrektur durch Numerierung und zusätzliche Notizen festgelegte *gefähre Folge* der Seiten in den ersten Partien wurde in der Endfassung nicht korrekt umgesetzt. Zwar wurden Adresse, Vorrede und Gebet auf mehrere Seiten verteilt – eine Maßnahme, die dem wegen der verringerten Größe der Schriftspiegel und des größeren Schriftgrades vermehrten Platzbedarf geschuldet sein dürfte. Auch wurde das einleitende Gebet an eine prominentere Position gerückt. Statt aber, wie explizit angekündigt[307], nach Titel, Widmungsversen und Vorrede die Hausmarken und Wappen der Fugger chronologisch geordnet zu bringen, was tatsächlich in sich logisch schiene, stehen die Heroldsbilder mit den Widmungsversen, die ganzseitigen Wappen und die von Putten gehaltenen Hausmarken in einer wenig sinnvollen Reihenfolge. Diese kann nur dadurch bedingt sein, daß eine versuchte Korrektur an den technischen Sachzwängen scheiterte, weil die Bögen mit den Abbildungen zumindest zum Teil bereits vorlagen. Für diese Vermutung spricht vor allem die Lage des Einzelblattes fol. 6, das recto das Lilienwappen, verso das Wappen Hans Jakob Fuggers, das gevierte Wappen der Fugger von Kirchberg und Weißenhorn, zeigt. Diese Kombination auf Vorder- und Rückseite eines Blattes entspricht jener in der Vorlage, ergibt hier – bei umgestellten umgebenden Seiten – jedoch eine ganz unglücklich isolierte Stellung des recto gegebenen Wappenbildes. Naheliegend ist die Annahme, daß das vielleicht für Texteinträge leer gebliebene zweite Blatt dieses Bogens abgetrennt wurde[308], eine Versetzung der Seite aber nicht erfolgte, weil auch sie zwangsläufig neue Unklarheiten heraufbeschworen hätte. Zwar hätte man dann das Lilienwappen sinnvoller einsetzen können, dafür aber eine Isolierung des Wappens des *Fundators* von der folgenden Ahnenprobe in Kauf nehmen müssen. So blieb es bei der unglücklichen Seitenabfolge im ersten Abschnitt.

Für die Vermutung, daß die Arbeit an der Endfassung und die Bearbeitung der Entwürfe zeitlich parallel liefen, spricht auch eine weitere Beobachtung: Für Susanna Fugger, die Tochter des Raymund Fugger, war zunächst ein Allianzbildnis skizziert worden. Später jedoch hat C noch im Entwurf nachgetragen: *ist zechenJärig Gestorben*. In der Endfassung ist nun dem ursprünglichen Entwurf entsprechend ein Allianzbildnis angelegt, dann jedoch im Text die Korrektur umgesetzt worden, so daß ein ganz widersinniger Gesamteindruck entsteht[309]. Offenbar war die künstlerische Bearbeitung dieser Seite schon abgeschlossen, als der korrigierte Texteintrag erfolgte.

Freilich scheint die Bildbearbeitung noch nicht vollständig abgeschlossen gewesen zu sein, als die Korrekturen der Entwürfe umgesetzt werden mußten: Nach der Ahnenprobe der Ursula von Harrach sind zwei Seiten leer geblieben[310]. Auf diesen wären wohl die beiden Vollporträts des Stifters und seiner Frau gefolgt, die im Entwurf hier stehen und zu denen C vermerkt: *Sollen Baide auszgelassen werden vnd geferer folg bl*[at] *13 Vnd 14 darauf geen.*[311] Tatsächlich folgen nach den leeren Seiten die im Entwurf mit den Ziffern *13* und *14* bezeichneten Seiten mit dem doppelten Allianzbildnis des Hans Fugger[312] und der zugehörigen Kurzbiographie[313].

Entgegen der in den Entwürfen offenbar zunächst intendierten Kombination von Porträt, Wappen und Ahnenprobe des *Fundators* und seiner Frau, wohl jeweils in Allianzstellung[314], wurden so in der Endfassung jeweils Ahnenprobe und ganzseitiges Wappen

---

[303] Entwurf, fol. 13v, 14v, 15v, 16v, 17v–18r, 22r; wenn z.B. fol. 23v schon in der Erstfassung des Entwurfs *hausfraw* steht, muß dies nicht zwangsläufig auf eine spätere Bearbeitung der Seite hinweisen, die schon auf die Korrekturen reagiert hätte. An anderer Stelle, z.B. ebenda, fol. 27v, zu Anna Rehlinger, wurde die Bezeichnung *gemahel* stehen gelassen. Beide Begriffe waren offenbar spezifisch ständisch konnotiert und standen so auch in der Endfassung nebeneinander; vgl. Kap. 4.2.3.

[304] Bei den Kindern Antons ab fol. 35v.

[305] Entwurf, fol. 3v, 5r, 10r, 13v, 14r, 15r, 16v–18r, 19r, 23r, 24v, 26r–26v, 28r–28v (hier von Hand C); nicht korrigiert: Ebenda, fol. 10r–11r (hier zweimal).

[306] In aller Regel nur durch Streichungen markiert: Entwurf, fol. 4v, 7v, 12v, 13v, 16v, 20v, 26v, 27v, 29v, 30v–33v, 36v; Clemens Jäger notiert dazu zweimal, Hans Jakob Fugger fünfmal Korrekturen: fol. 30r, 34v von Hand C; fol. 24v, 27r, 28v, 30r–30v von Hand D; vgl. Kap. 4.2.3.

[307] Entwurf, fol. 4r–4v, 6v, jeweils in Notizen von Hand C.

[308] Mit Rahmen um den Schriftspiegel könnte es unschwer an anderer Stelle Verwendung gefunden haben.

[309] Endfassung, fol. 55r; Entwurf, fol. 33v.

[310] Endfassung, fol. 8v–9r; es handelt sich um die ersten zwei Blätter eines Binio bis fol. 11v.

[311] Entwurf, fol. 8v.

[312] Endfassnung, fol. 9v; Entwurf, fol. 9v.

[313] Diese freilich in der Endfassung auf zwei Textseiten: fol. 10r–10v; Entwurf, fol. 10r.

[314] Darauf läßt zumindest die hypothetische Rekonstruktion der Lagenstruktur der Entwürfe zu den fol. 6–9 schließen, vgl. Kap. 7.1.1.

kombiniert, wobei die einleitende Zusammenstellung von Wappen der Fugger vom Reh und Wappen der Fugger von der Lilie im Zuge der Bearbeitung nicht mehr übernommen werden konnte[315].

In den Entwürfen wurden wie erwähnt in der Reihe der Nachkommen Jakob Fuggers des Älteren[316] zunächst einige seiner Kinder den Söhnen Ulrich[317] und Georg[318], auf deren Allianzbildnisse die ihren unmittelbar folgten, zugeschrieben[319]. Diese Version hätte nicht nur die genealogische Reihung in Generationen durchbrochen, sie überrascht auch, da im unmittelbaren Anschluß, auf der verso-Seite des Porträts der jüngsten Tochter Jakobs des Älteren[320], die Reihe der tatsächlichen Kinder Georgs und Ulrichs folgt. Am ehesten wird es sich um einen fahrlässigen Fehler bei der Erstellung der Texteinträge in den Schriftbändern dieser Passage handeln: Anna Fugger bezeichnen die ursprünglichen Einträge im Schriftband des Porträts ihres Mannes als Tochter Ulrichs, in dem ihres eigenen Bildnisses als Tochter Georgs[321]. Barbara Bäsinger, die Frau des älteren Jakob, wird im Entwurf zunächst als Tochter eines Georg Bäsinger bezeichnet, dies dann korrigiert zu Ulrich[322]. Auch Hans Jakob Fugger unterlief in einer seiner Notizen in dieser Sache ein Mißgeschick: [...] *meines achtens seind dies all vl[richen] fuggers dochtern gewest*, schreibt er zunächst und korrigiert dann über der Zeile den Namen: *Jacob*.[323] Zum Teil berichtigt er auch selbst die Benennungen in den Schriftbändern, zum Teil erledigt dies Clemens Jäger. Bei der Korrektur in der Endfassung mußten Bögen aufgetrennt und einzelne Seiten nachgearbeitet werden, um die richtige Reihenfolge zu gewährleisten[324]. Außerdem wurde die Ballung von vier früh verstorbenen Söhnen auf einer Seite aufgelöst, indem diese auf zwei Seiten verteilt wurden[325]. Die Reihenfolge der Allianzbildnisse wurde der Korrekturnumerierung entsprechend geändert[326], und es wurden Textseiten eingebunden[327]. Auch hier dürfte demnach der Korrekturdurchgang erst erfolgt sein, als die Abbildungen zumindest in den Grundzügen bereits vorlagen.

Hans Jakob Fugger wünschte bezüglich dieses Abschnitts zunächst offenbar eine noch weitergehende Änderung: Die durch die Aufnahme der Kinder Ulrich Fuggers gegebene Abweichung von der üblichen Generationenfolge[328] wollte er zwar nicht konsequent bereinigen, aber doch immerhin die Reihenfolge dadurch sinnvoller gestalten, daß der gesamte Seitenast des Bruders des Hans Fugger verschoben werden sollte hinter die nächste Generation der Nachfahren des Hans[329]. Hier jedoch standen Jakob der Ältere und seine Kinder ebenso zusammen, die direkte Sukzession der Fugger von der Lilie also in organischer Verbindung[330]. Es blieb daher bei der alten Ordnung. Die Notizen Hans Jakobs wurden eigens gestrichen. Auch in der Numerierung der geplanten Seitenabfolge durch Clemens Jäger ist sein Änderungsvorschlag nicht mehr berücksichtigt.

Eine weitere Annäherung an den Entstehungsprozeß erlaubt der Blick auf eine dritte größere Korrektur in den Entwürfen. Am Ende des Abschnitts über die Kinder Georg Fuggers des Älteren notiert Hand C: *JCH Befünde aus vnserem Stammen dasz Geörg fugger noch einen erben mitt namen Petter so der jungst gewesen Gehabt hatt*.[331] Am Beginn der Partie findet sich in der heutigen Entwurfshandschrift eine Seite, auf der auf beiden Seiten lediglich leere Wappenkartuschen eingetragen sind. Darüber skizziert C ein Schriftband, beschriftet dies und bemerkt zusätzlich darunter: *Ich fünde Jm Original Vnder diser Zettl Zween Fugger gemalet darunder der eine ein Khräntzl one beygemaltem Zettl aufhat der Ander aber ein Paret Vnd Vber Jme ein Zettl gemalet aber nichts darinnen geschriben*.[332]

Was mit dem *Original* gemeint ist, wird klar beim Blick in die Endfassung. Hier war auf der entsprechenden Seite zunächst das ganzseitige Einzelbildnis eines jungen Mannes mit Lorbeerkranz gegeben. Die Seite ist heute als Einzelblatt eingelegt in einen Bogen, recto findet sich ein Textrahmen[333]. Die letzte

---

[315] Entwurf, fol. 5r, 6r, die gegenüber der ursprünglichen Lagerung wohl in der Reihenfolge vertauscht sind; Endfassung, fol. 3v, 6r, zwischen denen nun die Textseiten der Vorrede eingeschoben sind.
[316] Entwurf, fol. 13v.
[317] Entwurf, fol. 14v.
[318] Entwurf, fol. 16v.
[319] Entwurf, fol. 15v: Barbara als Tochter Ulrichs; ebenda, fol. 16r: Andreas, Hans, Markus und Peter als Söhne Ulrichs; ebenda, fol. 18r–18v: Walburga und Jakob als Kinder des Georg.
[320] Entwurf, fol. 20v.
[321] Entwurf, fol. 17v.
[322] Entwurf, fol. 13v.
[323] Entwurf, fol. 17v; weiterer Korrekturvermerk dazu von Hand D ebenda, fol. 15v–16r.
[324] Endfassung, fol. 20, 21, 22; vgl. Entwurf, fol. 15v–18r.
[325] Endfassung, fol. 18v–19r; Entwurf, fol. 16r.
[326] Entwurf, fol. 15v: in der Korrektur mit *28* markiert; fol. 16r: *25*; fol. 16v: *27*; fol. 17r: –; fol. 17v: *26*; fol. 18r: *29*; vgl. dazu die gestrichene Notiz von Hand D ebenda, fol. 17v: [...] *Solten derhalben alle vor dem Jörg fugger steen* [...]. In der Endfassung ist die Umstellung erfolgt;

vgl. fol. 18v–22v; die Entwürfe waren jedoch im einzelnen durchaus Vorlage der ausgeführten Allianzbildnisse.
[327] Entwurf: fol. 16v–18r; 20v–22r; 24r–27v.
[328] Entwurf: Kinder: fol. 11v; Vater: fol. 10v; vgl. Eintrag im Schriftfeld oben, Entwurf, fol. 10v: *Jetzund wirt, auf das die Ordnung dises fuggerischen Mansstammens, verstendig pleibe, Vlrich fugger sambt seinen kindern nacheinander gesetzt.*
[329] Vgl. seine Vermerke Entwurf, fol. 10r unten, 10v oben.
[330] Entwurf, fol. 13v; Text im Schriftfeld oben: *Jetzund volget Jacob fugger, sambt seinen kindern vnd / kinds kindern in guter ordnung der Lilgen, nacheinander.*
[331] Entwurf, fol. 28v.
[332] Entwurf, fol. 25r. Möglicherweise wurde für die Korrektur eine bereits bemalte Seite mit dem Bild des Hans Fugger durch die vorliegende Notiz ersetzt.
[333] Endfassung, fol. 36.

Seite vor dem erwähnten Bogen[334] ist ebenfalls ein Einzelblatt, dies mit der Darstellung des Hieronymus Fugger, die im Entwurf direkt vor der eben erwähnten, nur skizzierten Seite steht[335]. Auf dieser war im Entwurf der umfangreiche Texteintrag aufgefallen, und bei der Korrektur die Anlage einer gesonderten Textseite angeregt worden. In der Endfassung nun trägt die Figur des Hieronymus Fugger ein Barett. Naheliegend ist die Vermutung, daß diese beiden einzelnen Blätter ursprünglich einen Bogen bildeten und bereits bemalt waren, als es nun galt, den Änderungsanforderungen der Endredaktion gerecht zu werden. Die Notizen in den Entwürfen nehmen hier also direkt auf die in der Bearbeitung befindliche Endfassung Bezug[336]: Wappen und Porträts waren bereits vollendet, die Schriftbänder in Arbeit, der Text noch nicht eingetragen. Man trennte den Bogen auf und erlangte so die Möglichkeit, die erforderlichen Textseiten einzufügen. Da jedoch auch die folgenden Seiten bereits in Bearbeitung und daher nicht mehr frei manipulierbar waren, ließ sich die Abfolge der Kinder nur aufrechterhalten, indem man die zweite Seite in den nächsten Bogen einlegte und den zusätzlichen Sohn – ästhetisch reichlich unglücklich – neben dem Einzelporträt des Hans Fugger ergänzte. Andernfalls hätte man eine neue Seite anlegen müssen, für deren Rückseite keine Verwendung gewesen wäre, da doch der früh verstorbene Peter kaum Stoff zur Füllung einer Textseite bot. In das oben auf der Seite zentral eingezeichnete Schriftband übertrug Clemens Jäger genau den Text, den er in der Skizze des Entwurfs eingetragen hatte. Das zusätzlich knapp oberhalb der nachgetragenen Figur eingezeichnete Band jedoch blieb unausgefüllt.

Anzunehmen ist demnach, daß die Schriftbänder wohl unabhängig von der Anfertigung der Porträts und Wappen, in enger Abhängigkeit vom geplanten Text eingetragen wurden: In der Endfassung entspricht ihre Größe durchgehend dem Textumfang, auch dort, wo dieser zwischenzeitlich durch Nachträge verändert wurde[337].

Aus der eben erwähnten Einfügung ergab sich auf den folgenden Seiten eine ganze Reihe von Anschlußproblemen. Die Reihe der Kinder Georg Fuggers des Älteren hatte ursprünglich mit der nächsten Seite begonnen. Dies war dort auch schon in einem Schriftrahmen vermerkt worden, dessen Inhalt nun durch Rasur getilgt wurde[338]. Auch wurde durch die Einfügung eines weiteren Sohnes die Zählung der Kinder Georgs um eine Stelle verschoben. Es machte einige Mühe, hier zu einer zufriedenstellenden Lösung zu gelangen: Zwar wurden im Entwurf die Bezifferungen korrigiert[339], da in der Endfassung offenbar der Text der Schriftbänder aber schon eingetragen war, konnte dies nicht problemlos übernommen werden. Auf der ersten betreffenden Seite radierte man das Attribut *erster*, und verbesserte es – in der zu engen Lücke mit einiger Mühe – zu *andrer*[340]. Bei den folgenden Bildern führte man diese Änderung nicht mehr durch, so daß sie im heutigen Zustand eine fehlerhafte Zählung der Söhne aufweisen[341].

Die Bearbeitung der betroffenen Seiten sowohl in den Entwürfen als auch in der Endfassung hatte also bereits im Zuge der ersten Phase 1545/46 begonnen.

Die Entwurfspapiere enthalten zu Beginn jedoch auch Seiten, deren Korrekturnotizen eingetragen wurden, bevor die Arbeit an den entsprechenden Seiten der Endfassung begonnen hatte: *Aber dise ding werden, wie andrer, Jm rechten Buch, so es angefangen wirt, Jnn rechtem*[342] *vnd bester form guter ordnung nach gesetzt werden.*[343] Für die ersten Passagen, bis hin zu den Bildern und biographischen Erläuterungen zu Hans und Ulrich Fugger[344], wird man demnach einen Abschluß der Arbeiten vor der zweiten Bearbeitungsphase annehmen können.

Im Entwurf stehen Raymund und Ursula Fugger, Kinder des Raymund und somit Geschwister des Hans Jakob, zusammen auf einer analog zum Muster des Allianzbildnisses gestalteten Seite[345]. Vielleicht war das zunächst nur für den Mann bestimmte potentielle Allianzbildnis erst mit den Texteinträgen auf die Einfügung der Schwester umgewidmet worden. Die Korrekturanweisungen zielen jedoch deutlich auf eine Auflösung dieser Zusammenstellung. In der Endfassung ist nun für Raymund eine Seite enthalten, auf welcher der Name im Schriftband in eine deutlich zu kleine Lücke nachgetragen ist. Da offenbar die betreffende Partie der Endfassung bereits in Bearbeitung war[346], konnte die

---

[334] Endfassung, fol. 35, 38.
[335] Endfassung, fol. 34r; Entwurf, fol. 24v.
[336] Der Terminus *Original* scheint im Sprachgebrauch des 16. Jh. mehrdeutig: Der Salzburger Felix Guetrater nennt das von ihm angelegte Familienbuch 1627 *dißes Original und Hauspuech*; vgl. Franz MARTIN (Hg.), Das Hausbuech des Felix Guetrater 1596–1634, in: Mitt. der Gesellschaft für Salzburger Landeskunde 88/89 (1948/49), S. 1–50, hier S. 4; vgl. dazu TERSCH, Österreichische Selbstzeugnisse, S. 704–719. *Original* meint bei Guetrater also das Verzeichnis der verwandtschaftlichen Ursprünge. Deutsches Wörterbuch von GRIMM 13, Sp. 1347 f., gibt für *Original* nur das Bedeutungsfeld: Urschrift/Vorlage, im Gegensatz zu: Kopie/Abschrift. Im vorliegenden Fall ist das *Original* die ganz konkrete Vorlage, hier also die Endfassung bei der parallelen Bearbeitung von Entwurf und Endfassung.
[337] Vgl. Endfassung, fol. 34r; Entwurf, fol. 24v; vgl. auch Endfassung, fol. 30v; bei Unverheirateten wurde möglichst Schriftraum für Nachträge freigelassen.

[338] Endfassung, fol. 37r.
[339] Entwurf, fol. 26r–27v.
[340] Endfassung, fol. 37r.
[341] Endfassung, fol. 37v, 40v.
[342] Sic!
[343] So Hand C (Clemens Jäger), Entwurf, fol. 6v.
[344] Entwurf, bis einschließlich fol. 11r.
[345] Entwurf, fol. 35r; Endfassung, fol. 57v.
[346] Die betreffende Seite, Endfassung, fol. 57r, ist das erste Blatt des ersten Bogens eines Ternio bis fol. 62v.

jung verstorbene Ursula nicht mehr bruchlos auf einer eigenen Seite eingearbeitet werden. Sie fiel daher in der Endfassung ganz aus der Überlieferung aus[347].

Konzept und Endfassung wurden also parallel bearbeitet, dergestalt, daß in einem ersten Durchgang der Entwurf als Vorlage für die künstlerische Ausgestaltung diente und danach die Endfassung sukzessive anhand weiterer Korrekturen und Ergänzungen weiterbearbeitet wurde.

7.3.4 Kooperation und Koordination bei der Bearbeitung von Entwurf und Endfassung

Auch in einer Korrektur zum fließenden Text einer Kurzbiographie wird einmal auf das *Original* Bezug genommen[348]. Clemens Jäger notierte hier im Entwurf die Durchführung einer von Hans Jakob Fugger angewiesenen Textumstellung in der Endfassung, vielleicht zu dessen Information. Jägers Einträge wenden sich häufiger ausdrücklich an Hans Jakob Fugger, um ihm konzeptionelle Maßnahmen mitzuteilen[349] oder über den Fortgang der Bearbeitung der Endfassung Bericht zu erstatten[350]. Gelegentlich reagiert er auch auf Eintragungen seines Auftraggebers[351], oder vermittelt von diesem wohl mündlich geäußerte Wünsche an die Malerwerkstatt oder den Buchbinder[352]. Heraldische Anweisungen an die Buchmaler gibt er wohl aus eigener Verantwortung. Vom Auftraggeber angewiesene Überarbeitungen im Text nimmt Jäger oftmals selbst vor[353].

Hans Jakob Fugger korrigierte nicht nur vielfach direkt den Text[354]. Wenn sich letztlich eine strenge Doppelstruktur aus der Aneinanderreihung von Bildnissen und den eingefügten Kurzbiographien der erwachsenen Männer durchsetzte, so dürfte dies vor allem auf ihn zurückgehen[355]. Auch die antizipierende Ausstattung der Allianzbildnisse der noch Unverheirateten mit Bildern der potentiellen Ehepartner wurde wohl von ihm getilgt[356]. Gelegentlich reagiert der Auftraggeber auf schriftliche Anregungen Clemens Jägers[357]. Wiederholt spricht er ihn direkt an, so bei der Korrektur der Serie von Namensverwechslungen bei den Kindern Hans Fuggers: *Mich dunket die khinder alle seyen Jacoben fuggers obsten... khinder gwest darob merket Jn der vber... schrifft darauff*.[358]

Auch in die konzeptionelle Gestaltung des Textes greift Hans Jakob Fugger ein: *da solln die khinder bey diss vnd alln volgenden gnant werden daz man dester richer hernach mög darauss khom*.[359]

Auf konzeptionelle Korrekturen Hans Jakob Fuggers und Clemens Jägers finden sich nun auch Reaktionen der Malerwerkstatt und des Buchbinders. So enthalten die Entwürfe eine Fülle von Vermerken, die sich auf die Einarbeitung der Textseiten beziehen[360]. Auch in der Endfassung finden sich noch Markierungen, die wohl der Umsetzung dieser Anweisungen durch den Buchbinder dienten[361].

Die Streichung der überzähligen Figuren in den Allianzporträts wird man nur schwerlich einer bestimmten Hand zuweisen können, sie erfolgte jedoch in der Regel mit Blei, gelegentlich auf einschlägige Anweisungen Clemens Jägers oder Hans Jakob Fuggers reagierend[362]. Vermerke mit Blei beziehen sich in den Entwürfen durchgehend nur auf die künstlerische Ge-

---

[347] Nicht zu verwechseln mit der gleichnamigen Schwester: Entwurf, fol. 35v; auf diese Auslassung wird sich die moderne Ergänzung eines Ausrufezeichens zu der Korrekturnumerierung im Entwurf, fol. 36r, beziehen: *64/!*.

[348] Entwurf, fol. 11r (von Hand C): *Jst im Original ausgelassen*; vgl. die einschlägige Anweisung von Hand D und die Umstellungen im Text.

[349] Entwurf, fol. 4r–4v, 6v–7r, 8r.

[350] Entwurf, fol. 25r, 28r.

[351] Vgl. Entwurf, fol. 11r; ebenda, fol. 17v, bestätigt er eine genealogische Korrektur: *verum est*.

[352] Entwurf, fol. 8v, 26v, 27v, 35r: *diser soll allein steen*; ebenda, fol. 41r: *Dises plat sol für disen alein beleiben*.

[353] Entwurf, fol. 11r, 16r, 34v, 40r–40v; gelegentlich ergänzt Jäger auch Einträge Hans Jakob Fuggers: ebenda, fol. 10r, 16v.

[354] Entwurf, fol. 1v, 7v–8r, mit heraldischen Anweisungen, fol. 11r, 15r, 17r, 19r, 21r, 27r, 30v.

[355] Entwurf: fol. 24v: *dise schrifft nicht in daß ein ander plat darfur*; fol. 27r: *das blat hernach soll auch firm vnd leer pleiben fur den Ray*[munden] *fugger*; fol. 31r: *Last diss vnd allen nachvolgenden wider ein leer plat Jn allen nach vorr das ein entgegen*; fol. 28r: *Nota daz volgende platt soll fur dissen fugger pleiben leer steen*.

[356] Entwurf: fol. 34r: *allain das wappen*; fol. 35r: *diser soll allain steen*.

[357] Entwurf, fol. 7r, 8r, mit der Eintragung von Devisen nach dem Vorschlag Jägers; ebenda, fol. 17r, ergänzt er einen Nachtrag Jägers; ebenda, fol. 40r, notiert er auf die nachträglich eingebundenen Seiten die Töchter des Anton.

[358] Entwurf, fol. 15v–16r; vgl. ebenda, fol. 17v: [...] *Merket wol darauff das sy nit Vermengt werden* [...].

[359] Entwurf, fol. 15r; vgl. ebenda, fol. 11r: *Dise schrift deucht mich stende basz vnder Vlrich fuggers sünen*; ebenda, fol. 14r: *Der khinder namen solten gemelt werden*.

[360] Entwurf, fol. 30r: *2 blat*; ebenso oder ähnlich ebenda, fol. 9r, 10r, 31r, 32r, 34r, 35r, 36r, 37r, 38r, 39v; ähnlich schon ebenda, fol. 8r, offenbar im Zusammenhang mit den Umstellungen im ersten Abschnitt. Der überwiegende Teil der sonstigen Zahleneinträge mit Blei ist in seiner Bedeutung kaum mehr präzise zu greifen. Die Einträge, Entwurf, fol. 12v: *End/8*, und 13r: *anfang/9*, dürften Hinweise zur Lagenstruktur im Zusammenhang mit den Überlegungen zur Umstellung in der zweiten *Linie* sein. Auch ansonsten dürfte es sich um Buchbindermarkierungen handeln; vgl. insbesondere ebenda, ab fol. 29r.

[361] Endfassung, fol. 15r–16v, 18r, 34v; die anderen Bleimarginalien in der Babenhauser Handschrift, soweit sie nicht von der Hand I stammen, dürften wie diese der Bearbeitung des 18. Jh. zuzuschreiben sein. Zu vermuten ist dies für die Ziffernneinträge, die auf den ersten Seiten jeweils recto die Folienfolge fixieren, zunächst mit Ziffern, dann mit Buchstaben. Sicher ist dies für die Durchnumerierung der Kinder Hans Jakob Fuggers aus zweiter Ehe, ab fol. 90r, der Kinder Georgs, ab fol. 106v und der Kinder Philipp Eduards, ab fol. 114v.

[362] Entwurf: fol. 33v, 35r, mit Tinte; fol. 32r, 34r, 36r–37r, 38r–39v, mit Blei.

staltung oder eventuell auf Buchbindearbeiten an der Endfassung³⁶³. So kann man auch die Streichungen vielleicht auf die Breu-Werkstatt zurückführen. Ob Buchbindearbeiten innerhalb der Malerwerkstatt oder extern durch einen Spezialisten ausgeführt wurden, bleibt unklar. Freilich legt der gesamte hier skizzierte Entstehungsprozeß eine enge Absprache von Buchmalern und Buchbinder nahe.

Neben all diesen Zeugnissen der Kommunikation zwischen den Beteiligten darf man nun einerseits einen erheblichen Überlieferungsverlust für die schriftliche Konzeption, andererseits regen mündlichen Austausch annehmen. Die zahlreichen weiteren Differenzen zwischen Entwürfen und Endfassung wären andernfalls nicht zu erklären³⁶⁴. Deutlich genug jedoch lassen sich an den Entwürfen und ihrer Umsetzung in der Endfassung Grundzüge der Kommunikationsstrukturen zwischen den Beteiligten herausarbeiten. Dem expliziten direkten Austausch zwischen Hans Jakob Fugger und Clemens Jäger – nicht nur in den direkten Anreden³⁶⁵, sondern auch z.B. in Jägers Reaktionen auf Wünsche Fuggers³⁶⁶ – steht das bestenfalls reagierende Einwirken der mit der buchkünstlerischen Ausführung Betrauten gegenüber. Der Auftraggeber richtet sich nur selten direkt an die künstlerisch Ausführenden³⁶⁷. Eher ist es Clemens Jäger, der zwischen den Wünschen und Anweisungen des *Fundators* und ihrer Umsetzung vermittelt³⁶⁸. Die entstehende Prachthandschrift, der heutige Babenhausener Codex, dürfte dabei überwiegend in der Werkstatt verblieben sein. Die Entwurfspapiere waren nicht nur Vorlage, sondern auch Medium der Übermittlung des jeweils aktuellen Bearbeitungsstandes. In dieser Doppelfunktion gingen sie zwischen Fugger, Jäger und der Breu-Werkstatt hin und her. Die Texteinträge erfolgten dabei in der Regel in einem eigenen Arbeitsgang erst nach Erstellung der Bilder³⁶⁹.

Clemens Jäger war nicht nur für die historischen Recherchen sowie die Formulierung und graphische Ausführung der Textbestandteile zuständig, er koordinierte auch federführend die Bearbeitung, in konzeptioneller Abstimmung mit dem *Fundator*. Hans Jakob Fugger hatte Augsburg im Juni 1546 verlassen. Er kehrte im April 1547 für kurze Zeit und dauerhaft erst zu Beginn des Geharnischten Reichstages im September 1547 in die Stadt zurück³⁷⁰. Noch im August 1547 ist Jäger auch unabhängig von der Bearbeitung des Ehrenbuches als Korrespondent Hans Jakob Fuggers nachweisbar³⁷¹. Naheliegend ist die Annahme, daß erst mit der Rückkehr des Auftraggebers die abschließende Bearbeitung des bereits vor Ausbruch des Schmalkaldischen Krieges begonnenen Ehrenbuches erfolgte³⁷². Nach dessen Abschluß wurden die vorliegenden Entwürfe und die zumindest zum Teil bereits vorliegenden Partien der Endfassung überarbeitet und vervollständigt. Anschließend wurden die Einträge noch bis in das Jahr 1549 hinein fortgeführt.

Zum Abschluß der Arbeiten gestaltete sich die Absprache zwischen dem Auftraggeber und der Malerwerkstatt wohl einfacher: Die Nachträge des Jahres 1549 haben keine Texteinträge mehr. Clemens Jäger war zwar an ihrer Konzeption sicherlich noch beteiligt³⁷³. Die Beibehaltung der ikonographischen Konzeption mit Wappen, Halbfigur und Schriftband spricht auch durchaus für die Annahme, daß Texteinträge vorgesehen waren. Doch ist zumindest Jägers eigenhändige Beteiligung in der Endfassung hier ausgefallen.

7.3.5 Zur Datierung der Endfassung

Wenn in der Babenhausener Fassung im Titel vom Jahr 1545 die Rede ist³⁷⁴ und auch in der Vorrede zumindest einmal eine Datierung auf dieses Jahr gegeben

---

³⁶³ Vgl. Entwurf, fol. 24v: *nit so groß*, zum Schriftband des Hieronymus Fugger. Ein zweizeiliger Bleieintrag, ebenda, fol. 41v, ist durch Verwitterung nicht mehr lesbar.

³⁶⁴ Vgl. nur die erheblichen Änderungen im Text durch Clemens Jäger, die auf Absprachen mit Hans Jakob Fugger basieren werden, z.B. Entwurf, fol. 14r, 16r, 34v; oder die konzeptionellen Umstellungen einzelner Bildseiten, z.B. fol. 18v des Entwurfs mit 23v der Endfassung; fol. 32v des Entwurfs mit 54r der Endfassung; oder allgemein den konzeptionellen Wandlungsprozeß während der Bearbeitung.

³⁶⁵ Fugger an Jäger: Entwurf, fol. 10r–11r, 14r, 15r–16r, 17v, 27r, 40r; Jäger an Fugger: ebenda, fol. 4r–4v, 6v–7r, 8r, 25r, 28v, 40r.

³⁶⁶ Endwurf, fol. 11r, 15v, 26v, 40r–40v; umgekehrt reagiert Fugger auf Vorschläge Jägers: ebenda, fol. 7r, 8r, 40r.

³⁶⁷ Durchgehend können sich die künstlerischen und konzeptionellen Anweisungen auch an Jäger richten: Entwurf, fol. 10r–10v, 27r, 28r, 31r–31v, 34r, 35r.

³⁶⁸ Deutlich Entwurf, fol. 4r, 7r, 11r, 25r.

³⁶⁹ Für die Bearbeitung des Habsburgischen Ehrenwerks in den Jahren vor 1561 nimmt ROTH, Clemens Jäger II, S. 40 mit Anm. 1, an, daß erst die Bearbeitung der Textbestandteile und anschließend sukzessive die Illustrationen durch den Buchmaler erfolgt wären. Mit Blick auf die eindeutige Dominanz des Textes gegenüber den Bildern im Habsburgischen Ehrenwerk hat diese Vermutung einiges für sich.

³⁷⁰ MAASEN, Hans Jakob Fugger, S. 14 f.

³⁷¹ BayHStA KÄA 2104 (alte Signatur: Kasten schwarz 500/8), fol. 538 f.: Brief Jägers an Hans Jakob Fugger vom 23. 8.1547; vgl. ROHMANN, Clemens Jäger S. 263–267.

³⁷² An den vorliegenden Entwurfpapieren finden sich keine Spuren eines Transports über weitere Strecken, wie Falzen oder Beschädigungen. Diese Beobachtung dürfte freilich nur ein schwaches Indiz gegen einen Informationsaustausch zwischen Augsburg und den Aufenthaltsorten Hans Jakob Fuggers, Passau und Regensburg, sein.

³⁷³ Die nachgetragenen Porträts und Wappen, Endfassung, fol. 59r, 104r, stehen stilistisch und ikonographisch in deutlichem Zusammenhang mit der Einfügung des Peter Fugger, ebenda, fol. 36v, an der Jägers maßgebliche Beteiligung in den Entwürfen, fol. 25r–25v, 28v, belegt ist. Zumindest bei Peter Fugger ist in der Endfassung ein Schriftband noch eingezeichnet worden. Auch wenn dieses nicht mehr beschriftet wurde, verweist es doch auf die Nähe zum geplanten Texteintrag.

³⁷⁴ Endfassung, fol. 1r.

wird[375], tut dies der zeitlichen Abfolge von Konzept und Endfassung keinen Abbruch. Vielmehr dürfte auch hier eine längere Bearbeitungsdauer ab 1545 anzunehmen sein, dies zumal auch eine der ersten Textrahmungen in das Jahr 1545 datiert ist[376]. Die ersten Passagen auch der Endfassung, mindestens bis zum Beginn der langen Reihe von Allianzbildern, werden bereits vor der Unterbrechung der Bearbeitung zumindest im Bildbestand vorgelegen haben, ebenso Teile des folgenden, so z.B. jene Seiten, die in den Entwurfsnotizen als *Original* bereits erwähnt werden[377].

Der Tod der Anna Fugger, einer Tochter Antons, Anfang des Jahres 1549, der für die Entwürfe als Terminus ante quem angenommen werden kann, ist auch in der Endfassung nicht mehr erfaßt[378].

Die in den Bild- und Textentwürfen zu den Kindern Anton und Raymund Fuggers bei der abschließenden Redaktion der Entwürfe um die Mitte des Jahres 1548 notierten Änderungen sind in der vorliegenden Handschrift durchgehend berücksichtigt worden, dies jedoch eben erst in einem zusätzlichen Bearbeitungsschritt. Die Geburt des letzten Sohnes Anton Fuggers, Peter, am 11. März 1548 und sein Tod wohl am 19. März sowie der seiner Mutter im Kindbett am 25. März sind berücksichtigt, jedoch nicht nur ikonographisch in ganz singulärer Form, sondern auch stilistisch deutlich gröber, wohl erst nachträglich auf einer für weitere Kinder Anton Fuggers von vornherein eingebundenen Leerseite[379]. Für eine deutliche zeitliche Differenz spricht auch der Umstand, daß der Tod der Anna Rehlinger im offenbar schon vorliegenden Allianzbildnis des Anton Fugger und seiner Frau nicht mehr nachgetragen wurde oder werden konnte[380].

Die Heirat der Barbara Fugger mit Ferdinand von Vels am 8. Februar 1548 ist mit Text, Wappen und Bild dokumentiert. Jedoch ist dabei das Bild zunächst offenbar mit einer freien Stelle für den Mann angelegt gewesen[381]. Jedenfalls ist das Wappen deutlich erkennbar in eine ursprünglich leer angelegte Wappenkartusche nachgetragen worden. Vermutlich wurde auch das Porträt erst zu diesem Zeitpunkt ausgeführt.

Eine genauere Annäherung erlaubt der Blick auf die im Entwurf nicht überlieferte sechste *Linie*, die Kinder Hans Jakob und Georg Fuggers: Julius Octavian, ein Sohn des Georg, verstarb 1546 im Alter von zwei Jahren. Die Endfassung zeigt ihn als Jugendlichen, jedoch mit zum Gebet gefalteten Händen, ein Hinweis auf seinen Tod im Bearbeitungszeitraum[382]. Viktor Augustus, ein 1547 geborener Sohn des Hans Jakob, ist noch im Zuge der allgemeinen Bearbeitung mit Porträt, Wappen und Texteintrag aufgeführt[383], ebenso bei den Kindern des Georg die im gleichen Jahr geborene Anna Jakobäa[384]. Auch die nächstjüngere Schwester des Viktor Augustus, Justina Benigna (* 1548)[385], ist noch mit Bild und Wappen aufgenommen. Bei dieser jedoch sind die Schriftbänder erst im 18. Jahrhundert beschriftet worden.

Der nächstjüngere Sohn des Georg, Octavian Secundus (* 17. Januar 1549)[386], hat zwar ebenfalls noch Aufnahme gefunden, freilich wiederum zunächst, ohne daß die Beschriftung noch ausgeführt worden wäre, und stilistisch deutlich erst nachträglich: Das Wappen des Mannes weicht in Farbgebung und Gestaltung ab, die Halbfigur in der Körperhaltung, vor allem jedoch in der Kleidung. Diese entspricht weitgehend der Kleidung des nachgetragenen Halbporträts des Peter, Sohn des älteren Georg[387], und wiederholt sich annähernd deckungsgleich auf einer weiteren Seite: Bereits im Februar 1548 war es Anton Fugger gelungen, für Ursula, die Tochter seines Bruders Raymund, eine Heiratsabrede mit den reichsunmittelbaren Grafen von Ortenburg zu treffen. Am 23. August 1548 fand die Verlobung statt, im Mai 1549 die Hochzeit[388]. Auch diese Verbindung ist nun im Eh-

---

[375] Entwurf, fol. 2v: *bis auf das .1546. Jar Jnn bester form vnd ordnung nach*; Endfassung, fol. 5r: *bis auf das tausentfunfhundert funfundviertzigsten Jars, bester form vnd Ordnung nach*. Auch Entwurf, fol. 3r, ist an einer Stelle um ein Jahr zurückdatiert.

[376] Endfassung, fol. 4v.

[377] Endfassung, fol. 34, 36; vgl. Entwurf, fol. 24, 25.

[378] Endfassung, fol. 61v; da die Kurzbiographien der Entwurfsfassung nur für die ersten Generationen in die Endfassung übertragen wurden, sind die biographischen Einträge zu den Jahren 1548/49 nicht für die Datierung der Endfassung nutzbar.

[379] Entwurf, fol. 41r; Endfassung, fol. 70v; eingeplante Leerseiten: Endfassung, fol. 70v–78v.

[380] Endfassung, fol. 40v; ebenso nicht erwähnt im Entwurf, fol. 27v.

[381] Endfassung: fol. 57r; nicht mehr erfaßt sind der Tod der Susanna Fugger im Jahr 1548 (fol. 31v); ebenso der Tod des Hans Baumgartner (fol. 44r). Da jedoch auch deutlich frühere Ereignisse nicht erfaßt sind, wie der Tod des Ulrich Fugger im Jahr 1525 (fol. 32r) oder der Tod der Sibylla Fugger 1519 (fol. 30v), taugen diese Fälle nicht für eine Argumentation ex negativo. Offenbar fehlten hier und da Informationen über die Lebensdaten von Familienmitgliedern.

[382] Endfassung, fol. 102r.

[383] Endfassung, fol. 87v; das Wappen könnte allerdings farblich auch in den Kontext der Nachträge passen. Dieses einzelne Blatt weicht vom Papierbefund her von dem Gros der übrigen ab, so daß eine nachträgliche Einbindung denkbar erscheint. Andererseits hat es recto eine unbeschriftet gebliebene Textseite, deren Rahmung stilistisch wie ikonographisch deutlich in den Kontext der benachbarten Seiten gehört.

[384] Endfassung, fol. 103v.

[385] Endfassung, fol. 90r; ein genaueres Geburtsdatum ist nicht bekannt.

[386] Endfassung, fol. 104r; zum Geburtsdatum vgl. Norbert LIEB, Octavian Secundus Fugger (1549–1600) und die Kunst (Veröff. SFG 4/18, Studien zur Fuggergeschichte 27), Tübingen 1980, S. 1.

[387] Endfassung, fol. 36v.

[388] Vgl. SCHAD, Frauen des Hauses Fugger, S. 74 f.; das ebenda gegebene Datum der Hochzeit: 19.5.1549, stimmt nicht mit dem von Clemens Jäger (Hand E) in den Entwürfen, fol. 35v, nachgetragenen überein: 2.5.1549.

renbuch noch nachgetragen worden. Wie sonst auch war für die ledige Tochter ein Allianzbildnis angelegt worden, auf der Seite des Mannes aber zunächst die Wappenkartusche leer geblieben und mit dem in diesen Fällen üblichen dünnen Rautenmuster in Silberhöhung geziert worden[389]. Kurze Zeit später ist dann das Allianzbildnis mit Wappen und Halbfigur vollendet worden[390].

Noch frühestens in der zweiten Hälfte des Jahres 1548, aller Wahrscheinlichkeit nach jedoch erst nach der Hochzeit im Mai 1549 ist hier also an der Aktualisierung des Fuggerschen Ehrenbuches gearbeitet worden. Freilich blieb auch dieser Eintrag zunächst ohne Beschriftung.

Die wechselnden Datierungen auf das Jahr 1547 als Zeitpunkt der Fertigstellung und 1545/46 als Endpunkt der Bearbeitung[391] werden dabei vielleicht in bewußter Rückdatierung aus den Entwürfen übernommen, eher aber Ausdruck eines gestreckten Bearbeitungsganges auch der Endfassung sein. Die unregelmäßige Bindung der ersten Partien der heutigen Endfassung läßt den Schluß zu, man habe zunächst unsystematisch einzelne Teile der späteren Endfassung erarbeitet und zusammengestellt. Regelmäßiger wird die Bindung erst in der fünften Generation[392], also in jenem Bereich, mit dem die überlieferten Entwürfe abbrechen. Bei der weiteren Bearbeitung konnte man offensichtlich wesentlich systematischer vorgehen, wohl, weil sich mittlerweile die zunächst noch durchaus undeutliche Grundkonzeption verfestigt hatte: Die Abfolge von Bild- und Textseiten folgt nun einem festen Schema. Vielleicht waren auch die genealogisch-familiengeschichtlichen Recherchen abgeschlossen. Jedenfalls werden nun regelmäßig gebildete Ternionen in korrekter Reihenfolge bearbeitet.

Die künstlerischen Arbeiten an der Endfassung sind bereits vor der abschließenden Redaktion der Entwürfe im Jahr 1548 einmal vorläufig beendet gewesen. Sie umfassen zunächst noch Einträge bis zum Jahr 1547. Danach sind, zum Teil direkt basierend auf der um die Mitte des Jahres 1548 abgeschlossenen letzten Redaktion der Entwürfe, noch bis in das Jahr 1549 hinein Aktualisierungen nachgetragen worden. Diese bilden stilistisch einen geschlossenen eigenen Bestand.

Auch die Genealogie der Fugger vom Reh am Ende der Handschrift ist auf 1545 datiert[393]. Verschiedene Ereignisse des Jahres 1546 sind hier bereits nicht mehr erfaßt, so der Tod der Margaretha Kaltenhauser, Frau des Gastel Fugger, um die Jahreswende 1545/46[394], die Heirat der Margaretha Fugger, Tochter der Gastel, am 18. Oktober 1546[395] oder die Heirat des Wolfgang Fugger 1547[396].

Die Heirat der Veronika Fugger mit Kaspar Ostermair im Jahr 1545 jedoch ist bereits erwähnt, zudem mit der Bemerkung: […] *hat auch etliche kinder eelichen mit Jr ertzeuget*.[397] Diese Bemerkung dürfte jedoch eher Ausdruck einer Vorwegnahme des erwarteten Kindersegens als einer späteren Bearbeitung sein. Die Genealogie der Fugger vom Reh wurde offenbar allgemein mit geringerem Aufwand in der Recherche erarbeitet: Schon der Tod der Esther Fugger im Jahr 1541 ist nicht mehr erwähnt[398]. Gerade für die aus Augsburg abgewanderten Familienzweige fehlte es hier und da an gesicherten Informationen[399].

Die Genealogie der Fugger vom Reh dürfte demnach wohl mit dem ersten Bearbeitungsdurchgang bis 1546 fertiggestellt und danach nicht mehr aktualisiert worden sein. Für diese Annahme spricht auch der Umstand, daß das Allianzbildnis des Andreas ›des Reichen‹ in der Wiederaufnahme am Beginn der Genealogie der Fugger vom Reh nach Vorlage des Entwurfs für sein Bild zu Beginn der Genealogie der Fugger von der Lilie gearbeitet ist[400].

---

[389] Entwurf, fol. 35v, für Ursula Fugger zunächst ein Einzelbildnis; durch Skizzierung eines zusätzlichen Wappenschildes wurde bei der Korrektur jedoch ein Allianzbildnis gefordert.

[390] Endfassung, fol. 59r; gegen die Alternative, daß wie im Entwurf quasi im vorhinein, auf Vorrat, potentielle Heiratspartner oder weitere Nachkommen bereits mit Porträt eingetragen worden sein könnten, spricht zum einen, daß dies im analogen Fall der Anna Fugger, die im gleichen Zeitraum während ihrer Verlobungszeit verstarb, nicht der Fall ist (fol. 61v), zum anderen, daß diese in den Entwürfen häufige Vorgehensweise dort bei der Korrektur besonders ausdrücklich getilgt worden war (Entwürfe, fol. 33v–34r, 36r–37r, 38r–39v).

[391] Vgl. das Titelblatt, fol. 1r, und die Vorrede, fol. 4v–5v.

[392] Ab Endfassung, fol. 47.

[393] Endfassung, fol. 168r.

[394] Endfassung, fol. 185r; vgl. KLIER, Nürnberger Fuggerstudien, S. 271.

[395] Endfassung, fol. 203r; vgl. KLIER, Nürnberger Fuggerstudien, S. 266.

[396] Endfassung, fol. 201v.

[397] Endfassung, fol. 199v.

[398] Endfassung, fol. 188v; KLIER, Nürnberger Fuggerstudien, S. 271.

[399] Endfassung, fol. 181r: Wappen der Berliner Familie Blankenfeld; ebenda, fol. 182r: Name der Frau des in Breslau ansässigen Sebastian Fugger vom Reh.

[400] Endfassung, fol. 168v; der Entwurf, fol. 12v, war zumal für die Gestaltung der männlichen Figur erkennbar Vorlage. Die erste Fassung in der Endfassung, fol. 13v, entspricht mit der Figur der Frau deutlicher dem im Entwurf vorgeprägten Typ.

8 Transkription und Bildbeschreibungen

8.1 Vorbemerkung

Die vorliegende Arbeit beruht auf der Untersuchung zweier bisher nicht edierter Handschriften. Um die Verständlichkeit und Überprüfbarkeit des Gesagten zu gewährleisten, mußte daher der empirische Befund der Untersuchung in geeigneter Form zugänglich gemacht werden. Der sperrige Doppelcharakter des Ehrenbuches verbot dabei ein rein textorientiertes Vorgehen. Vielmehr sollten Bild und Text und ihr gegenseitiges Wechselverhältnis im Entstehungsprozeß des Ehrenbuches möglichst detailgenau dokumentiert werden. Es wurde daher ein Mischverfahren gewählt, bei dem Bildbeschreibungen und Textwiedergabe seitenweise, bei den wenigen mehrere Seiten umfassenden Partien abschnittsweise nebeneinander dokumentiert werden[1].

Auf eine kontaminierende Zusammenführung beider Überlieferungen wurde verzichtet, um einerseits die Vergleichbarkeit als Grundlage der Analyse zu gewährleisten, andererseits der Gleichrangigkeit des kunsthistorischen Befundes Rechnung zu tragen[2].

Der textkritische Apparat einschließlich aller kodikologischen Merkmale wird in den Fußnoten wiedergegeben: Alle in den Entwurfspapieren durchgeführten Korrekturen an Text und Bild werden unter Angabe der jeweils ausführenden Hand angemerkt, zusätzlich auch zum Verständnis notwendige sonstige Auffälligkeiten der Konzeptpapiere. Nur die Erstfassung des Textes der Hand A/B wird im Fließtext dokumentiert. Während der Erstbearbeitung vorgenommene Änderungen werden angemerkt, im Haupttext jedoch die korrigierte Version gegeben.

In der Transkription der Endfassung werden die Einträge der Hand A/B (um 1545/49) und die Einträge der Hand H (um 1778) im Haupttext wiedergegeben, letztere unterschieden durch spitze Klammern: <...>. Unleserliche und durch Beschnitt oder Überklebung zerstörte Passagen werden durch Punktierung ohne Klammer gekennzeichnet. Alle weiteren Einträge werden in die Fußnoten verwiesen. Bei der Wiedergabe der Texteinträge werden paläographische und orthographische Spezifika nicht angeglichen, sondern möglichst genau übernommen.

Die Schreibung von langem und rundem s wurde zu rundem s vereinheitlicht.

Diakritische Zeichen, bei denen es sich fast durchgehend um Häkchen oder Kringel handelt, werden bei u/v als u aufgelöst. Wo es sich deutlich erkennbar um Pünktchen handelt und durchgehend bei anderen Vokalen als u/v, werden sie als Umlaut: ü, ä, ö aufgelöst. Die seltene Überschreibung von e im Oberband wird angemerkt und mit ue, oe, ae wiedergegeben.

Die Interpunktion mit Punkten am Unterrand des Mittelbandes und schräglinken Virgeln im Mittelband wird heutigen Regeln entsprechend in Punkt und Komma aufgelöst. In den Nachträgen des 18. Jahrhunderts wird Interpunktion durch Doppelpunkt mit Punkt aufgelöst. Im Text des 16. Jahrhunderts durch Klammer und Doppelpunkt bezeichnete Interpolationen werden mit runden Klammern kenntlich gemacht.

Groß- und Kleinschreibung werden beibehalten. Insbesondere bei z/Z, f/F und j/J, ersteres auch in Binnenstellung, bleibt dabei ein Ermessensspielraum.

Abgesehen von Textabschnitten in gebundener Sprache werden die Zeilenumbrüche aufgelöst, jedoch durch schrägrechte Virgeln: / gekennzeichnet, Absätze durch doppelte schrägrechte Virgel: //. Gängige Endungs- und Konsonanten-Kürzungen durch Querstrich im Oberband oder geschwungene Auf- bzw. Abstriche, wie auch die häufige Kürzung von ›etc.‹ durch tironische Note ›et‹ und c werden in eckigen Klammern aufgelöst.

---

[1] Zum Vergleich bieten sich nur wenige Editionsunternehmen an: CHRIST, Familienbuch von Eptingen, wählt das Verfahren einer phänotypischen Abbildung der Entwicklungsschichten ihres Textes in der graphischen Gestalt der Transkription. Das Bemühen um eine ›authentische‹ Abbildung der Vorlage dürfte freilich den analytischen Zugang eher erschweren. Zu einer wirklichen Durchdringung des Befundes gelangt Christ nicht. ZAHND, Aufzeichnungen von Diesbach, unterscheidet Haupttext und Varianten klar durch die Aufteilung in Fließtext und Fußnoten, ohne die Transkription durch weiterreichende editorische Abstraktion in einem Apparat zu belasten. Für den Umgang mit einer vergleichbaren Gemengelage von Text und Bild vgl. Albert HÄMMERLE (Hg.), Deren von Stetten Geschlechterbuch (Stetten-Jb. 2), München 1955: Die Bildbestandteile werden einbezogen, dies jedoch nur ergänzend zur Textwiedergabe. DECKER-HAUFF/SEIGEL (Hg.), Chronik der Grafen von Zimmern, geben die Bildbestandteile als reine Illustration. Bei FINK, Schwarzsche Trachtenbücher, treten in einer kostümkundlichen Erfassung die Textbestandteile gegenüber der vollständigen Reproduktion der Bildseiten in den Hintergrund.

[2] Die vorliegende Transkription weicht insofern sowohl von den Vorgaben bei Johannes SCHULTZE, Richtlinien für die Textgestaltung bei Herausgabe von Quellen zur neueren deutschen Geschichte, in: BfdL 98 (1962), S. 1–11, ab, als auch von den Empfehlungen zur Edition frühneuzeitlicher Texte. Arbeitskreis ›Editionsprobleme der frühen Neuzeit‹ der Arbeitsgemeinschaft außeruniversitärer historischer Forschungseinrichtungen, in: AfR 72 (1981), S. 299–315. Vgl. außerdem Oskar REICHMANN, Zur Edition frühneuhochdeutscher Texte. Sprachgeschichtliche Perspektiven, in: Zs. für deutsche Philologie 97 (1978), S. 337–361; für die paläographische Bearbeitung Paul Arnold GRUN, Leseschlüssel zu unserer alten Schrift. Taschenbuch der deutschen (wie auch der humanistischen) Schriftkunde für Archivbenützer, insbesondere Sippen- und Heimatforscher, Studierende, Geistliche und Kirchenbuchführer, Görlitz 1935; TACENKO, Zur Geschichte der deutschen Kursive;

Hellmut GUTZWILLER, Die Entwicklung der Schrift in der Neuzeit, in: Archiv für Diplomatik 38 (1992), S. 381–488.

Die Bildbeschreibungen beschränken sich auf eine möglichst einheitliche Dokumentation der für den Fortgang entscheidenden Informationen. Zur Unterscheidung von der Textwiedergabe werden die Bildbeschreibungen in einem kleineren Schriftgrad zu Beginn der jeweiligen Seite behandelt.

Die Wappen werden vollständig blasoniert, jedoch nur in Ausnahmefällen ein heraldischer Nachweis gegeben[3]. Entsprechend dem heraldischen Gebrauch wird bei Wappenbeschreibungen aus der Blickrichtung des anzunehmenden Trägers operiert: Aus der Sicht des Betrachters werden demnach die Seitenangaben links und rechts umgekehrt. Auch die Porträtfiguren werden durchgehend aus der Perspektive des/der Beschriebenen behandelt. Die Position des jeweils besprochenen Gegenstands auf der Seite hingegen wird aus der Sicht des Betrachters angegeben. Wo Kollisionen dieser Ordnungsprinzipien drohten, wird die Perspektive gesondert vermerkt.

Die Untersuchung erforderte eine ausführliche kostümkundliche Erfassung. Die Darstellungen lassen jedoch nur im Ausnahmefall – und dies nur in der Endfassung – einen näheren Aufschluß über das Material zu. Bei der Bezeichnung der Kleidungsstücke wurden, soweit möglich, allgemeinverständliche Begriffe der historischen Terminologie vorgezogen, soweit diese nicht im allgemeinen wissenschaftlichen Gebrauch ist[4].

Um die Vergleichbarkeit zu gewährleisten, wird am Beginn jeder Seitenbeschreibung das Vergleichsstück in der jeweils anderen Handschrift vermerkt[5].

Zum Verständnis der genealogischen Sukzession wird jeweils das Allianzbildnis des Vaters[6] und gegebenenfalls die Kinderreihe des Betreffenden[7] vermerkt.

Außerdem werden die Bildbeschreibungen je nach Bedarf um einen Kommentar ergänzt[8]. Auch dabei konnte es nicht um die Bereitstellung eines umfassenden Nachweisapparates gehen, sondern nur um die Verzeichnung von zum Verständnis notwendigen Verweisen, von Differenzen zwischen den Informationen der vorliegenden Quelle und dem Forschungsstand sowie ikonographischen Belegen[9]. Ein systematischer personengeschichtlicher Nachweis erfolgte anhand der Genealogie von Nebinger und Rieber[10], der Prosopographie von Reinhard[11], der Genealogie von Schwennicke[12], des von Kneschke herausgegebenen Adelslexikons[13] und der zweiten Auflage des Augsburger Stadtlexikons[14].

Die Beschreibung jeder Seite beginnt mit einer Kopfzeile, in der die verschiedenen Foliierungen und Paginierungen vermerkt und eine kurze Inhaltsangabe gegeben wird. Für die Entwurfsfassung wird dabei entsprechend der korrekten modernen Foliierung in der Handschrift gezählt. Ergänzend werden in Klammern die Seitenziffern der Korrektur vermerkt. Wo diese Korrekturvermerke fehlen, wird dies durch einen Strich gekennzeichnet.

---

[3] Für die Blasonierung wurden folgende Hilfsmittel benutzt: Gustav A. SEYLER, Geschichte der Heraldik. Wappenwesen, Wappenkunst und Wappenwissenschaft (J. Siebmachers Großes und Allgemeines Wappenbuch A), Nürnberg 1885–1889, 2. Aufl. Nürnberg 1990; GRITZNER, Handbuch der heraldischen Terminologie; für die Hausmarken Jürgen ARNDT/Werner SEEGER (Bearb.), Wappenbilderordnung. Symbolarum Armorialium Ordo, hg. vom Herold, Verein für Heraldik, Genealogie und verwandte Wissenschaften zu Berlin, Bd. 2: Generalindex (J. Siebmachers Großes und Allgemeines Wappenbuch B II), Neustadt a. d. Aisch 1990, S. 380–387; Gert OSWALD (Hg.), Lexikon der Heraldik, Mannheim-Wien-Zürich 1984; VOLBORTH, Heraldik.

[4] Zu verweisen ist hier auf die Vorbehalte, die diesbezüglich verschiedentlich geäußert worden sind, zumal in dem Sammelband Terminologie und Typologie mittelalterlicher Sachgüter, 1988, hier zumal die Beiträge: VAVRA, Kritische Bemerkungen; WILCKENS, Terminologie und Typologie spätmittelalterlicher Kleidung; ZANDER-SEIDEL, Ständische Kleidung; Helga SCHÜPPERT, Bezeichnung, Bild und Sache. Überlegungen zur Kleidungsterminologie um 1500, S. 93–141; vgl. außerdem ZANDER-SEIDEL, Textiler Hausrat; Vocabulary of Basic Terms for Cataloguing Costume, ICOM International Committee for the Museums and Collections of Costume, in: Waffen- und Kostümkunde 24 (1982), S. 119–151; Harry KÜHNEL (Hg.), Bildwörterbuch der Kleidung und Rüstung. Vom alten Orient bis zum ausgehenden Mittelalter, Stuttgart 1992; Liselotte Constanze EISENBART, Kleiderordnungen der deutschen Städte zwischen 1350 und 1700 (Göttinger Bausteine zur Geschichtswissenschaft 32), Göttingen 1962; Sigrid FLAMAND-CHRISTENSEN, Die männliche Kleidung in der süddeutschen Renaissance (Kunstwissenschaftliche Studien 15), Berlin 1934; Paul POST, Das Kostüm der deutschen Renaissance 1480–1550, in: Anzeiger des Germanischen Nationalmuseums 1954–1559 (1960), S. 21–42.

[5] In runden Klammern in der ersten Zeile des Kommentars.
[6] In der Form: Vater: fol. ...
[7] In der Form: Kinder: fol. ...
[8] Aus Platzgründen weitgehend nur bei der Dokumentation der Endfassung in einer gesonderten Rubrik jeweils am Kopf zu jeder einzelnen Seite.
[9] Literaturhinweise werden dabei grundsätzlich nur mit Kurztiteln gegeben.
[10] NEBINGER/RIEBER, Genealogie, erfassen nicht den Zweig Fugger vom Reh (die S. XII. angekündigte eigene Bearbeitung ist nach dem Tod von Nebinger wie der ebenso angekündigte personengeschichtliche Textband Desiderat geblieben), ebenso nicht systematisch im Kindesalter verstorbene Nachkommen (S. XI). Freilich sind diesbezüglich hier und da durchaus Ausnahmen zu verzeichnen – z.B. Taf. 2b: Ursula (1461–62), die letzte Tochter Jakob Fuggers d. Ä. –, ohne daß die Auswahlprinzipien recht klar würden.
[11] REINHARD (Hg.), Eliten; bedingt durch die Beschränkung auf die Auswertung der Sekundärliteratur und augsburgischer Quellenbestände sind der Bearbeitung, soweit sich der für die Fugger erbrachte Befund verallgemeinern läßt, vielfach unverheiratet oder jung gestorbene Nachkommen entgangen. Diese sind freilich im Rahmen der angestrebten Verflechtungsanalyse auch kaum relevant.
[12] SCHWENNICKE (Hg.), Stammtafeln, Taf. 32–54, in vielem fehlerhaft, jedoch mit zahlreichen Ergänzungen zu NEBINGER/RIEBER, Genealogie. Ergänzend herangezogen wurden die Stammtafeln des mediatisierten Hauses Fugger.
[13] Ernst Heinrich KNESCHKE (Hg.), Neues Allgemeines Deutsches Adels-Lexikon, 9 Bde., 1859–1870, ND Leipzig 1927–1930.
[14] Augsburger Stadtlexikon (1998). Anderweitige Nachweise werden im Einzelfall angemerkt.

8.2 Entwürfe: Germanisches Nationalmuseum Nürnberg, Hs. 1668 (Bg. 3731) Fugger

fol. 1r (–): Titelblatt

(Endfassung: fol. 1r)

Oben ein laubwerkartig gerahmtes Schriftfeld[15]:

Hernach volget das gehaim Eernbuch / Mans Stammens vnd Namens, des Eer- / lichen vnd altloblichen Fuggerisch[e]n geschlechts. / aufgericht Anno .1546.[16]

Im Zentrum der Seite die Halbfigur eines frontal gezeigten älteren Mannes mit langem Haar und Bart im Ornat eines jüdischen Hohepriesters: Paramentenartiger Umhang, Dalmatik ›Ephod‹) und vor die Brust geschnürte Tasche mit zwölf Schmucksteinen, in der Orakelsteine (›Urim‹ und ›Tummim‹) aufbewahrt wurden. Auf den Saumborten des Umhangs skizzenartig Heilige und Bischöfe; der der Bischofsmitra ähnliche, um 90 Grad versetzte Kopfschmuck des Hohepriesters, mit einer liegenden Mondsichel über der Stirn sowie Blumenschmuck. Die Figur blickt leicht nach links unten aus dem Bild heraus, ihre rechte Hand zeigt auf nach rechts oben. Die Linke ist aufgestützt auf ein laubwerkartig gerahmtes Schriftfeld unten. Links und rechts neben dem Kopf die Namenslegende:

---

[15] Spätere bibliothekarische Vermerke: Oben links eine moderne Notiz der Signatur: ›Hs 1668 (Bg. 3731) Fugger‹; unten auf dem modern restaurierten Rand drei Stempel: 1. Ein kleiner Wappenschild, darin eine Rose in einem breiten Balken; 2. Ein ›K‹ in Fraktur in einem Kreis; 3. Ein rechteckiger Stempel mit einem Adler und über und unter dem Bild der Aufschrift: ›Germanisches / Nationalmuseum‹.

[16] Ab *aufgericht* kleiner in neuer Zeile.

Jhesus / Sirach.

Text im Schriftfeld unten[17]:

Respicite ad generationes antiquas, et videte, num / quis sperans in Dominum, confusus, aut in timore / illius permanens, derelictus sit. Eccles[iasticvs] *II. Cap*[itvlo].

fol. 1v (1): Heroldsbild mit Widmungsgedicht: Wappen der Fugger von Kirchberg und Weißenhorn

(Endfassung: fol. 1v)

Heroldsbild: die Seite eingenommen von einer auf einem angedeuteten Grasboden stehenden, leicht nach links gewandten Vollfigur als Wappenhalter: Ein älterer Mann mit kurzem Haar, aber langem Vollbart und einem Lorbeerkranz als Kopfschmuck, mit einem vor der Brust und an den Armen geschnürten Wams, darüber einem knielangen, an den Seiten geschlitzten, vorn geschlossenen Heroldsrock mit Pelzbesatz, darauf, wohl mi-parti, auf den kurzen Ärmeln und vor der Brust jeweils die doppelte Lilie des Wappens der Fugger von der Lilie, darunter gestreifte Strumpfhosen und Schnabelschuhe; der Kopf nach links gewandt, in Richtung des Schriftfeldes, der Blick aus den Augenwinkeln nach halblinks aus der Bildebene hinaus. Mit der Rechten über die Schulter hält er einen wie ein Heroldsstab ausgeführten, langstieligen Stempel mit dem Warenzeichen des Ulrich Fugger: einem eckigen Dreizack mit einem Kreis rechts am Schaft. Mit der Linken stützt er einen mit Roll- und Laubwerk verzierten Roßstirnschild mit dem Wappen der Fugger von Kirchberg und Weißenhorn: im jeweils gespaltenen ersten und vierten Feld die Doppellilie, im zweiten eine schrei-

---

[17] Von Hand B.

tende, gekrönte Mohrin mit offenem Haar und einer Mitra, im dritten drei Hifthörner pfahlweise[18].

Rechts oben ein Schriftfeld[19]:

Secht an das ist das Buch der Eern
Darinn verleibt vil Edler Herren
Die all dem fuggerischen Namen
Sein zugethon, vnd pracht zusamen
Durch ainen fugger auserkoren
Von der Lilgen wolgeboren
Welchem vergunt hat Got die gnad
Das Ers also geordnet hat
Auf das das fuggerisch Geschlecht
Jnn guter gedechtnus pleiben möcht
Derhalb Jm billich danck nachsagen
All die fuggerischen Namen tragen
Durch tugent vnd durch redlichkait
Vnd die milt holdseligkait
Hat Got die Lilgen hoch erhebt
Das sie jetzund in Eern lebt
Vnd andern vil guts mögen thon
Des preis Jch Got in himels Thron
Der wirt die Lilgen nicht verlon.

fol. 2r (2): Heroldsbild mit Widmungsgedicht: Wappen der Fugger vom Reh

(Endfassung: fol. 2r)

Heroldsbild: die Seite dominiert von einer von hinten rechts gezeigten Vollfigur – wiederum auf einem angedeuteten Grasboden stehend – als Wappenhalter: Ein älterer Mann mit ungepflegtem Vollbart, halblangen Haaren und einer fransig auslaufenden Zipfelmütze mit breit umgeschlagener Krempe, über einem Wams einem knielangen, an den Seiten geschlitzten, schräg gestreiften und pelzbesetzten Rock mit kurzen Ärmelansätzen, darunter längsgestreifte Strümpfe und Schnabelschuhe, hält mit der Rechten unter dem Schriftrahmen gesenkt einen einem Heroldsstab ähnlichen, langstieligen Stempel mit dem Warenzeichen des Hans Fugger: einem eckigen Dreizack; mit der Linken einen mit Rollwerk und Blattwerk verzierten Dreiecksschild mit dem Wappen der Fugger vom Reh: im ungeteilten Wappen die springende Rehhindin[20]; Blick nach links oben auf einen laubwerkartig und grotesk ornamentierten Schrifrahmen:

So merckt Jr Herren meine wort
Jn disem buch am letsten ort,
Da seind die fugger von dem Rech
Verleibet schon mit Jrem Geschlecht
Welch auch der Gilgen sein verwant
Mit Eern vnd freuntschaft wol bekant
Jch waißz nicht was Jch sagen sol
Jm anfang stond Jr sach gantz wol
Hantierten vast Jm gantzen Reich
Die Lilg dem Rech was vngeleich
Die Reichen fugger warens gnant
Aber Got Jn Jr glick vmbwant
Vnd hat Jn das Deposuit gsungen
Das Jn Jm handel ist miszlungen[21]
Dargegen den von der Lilgen werdt
Jr glick an Eern vnd gut gemert
Des preis Jch Jr freymiltigkait
Die altzeit durch barmhertzigkait
Mit hilff den meinen ist berait.

fol. 2v–3r (3–4): Adresse, Vorrede und Gebet

(Endfassung: fol. 4v–5v, 2r)

fol. 2v: Textseitenrahmung: in den Medaillons in den Ecken der Bordüren die Quartiere des Wappens der Fugger von Kirchberg und Weißenhorn: oben links und unten rechts die Doppellilie, oben rechts die gekrönte Jungfrau mit der Mitra, unten links drei Hifthörner. Im Rahmen außer Groteskenornamenten in den Seiten links ein klappernder Storch im Nest, darunter ein Geige spielendes nacktes Kind, rechts zwei klappernde Störche, darunter zwei ringende Putten, darunter zwei Putten an einem Brunnen; oben (von links) ein bis auf einen breitkrempigen Hut mit langer Feder nacktes Kind mit einer Angel und einem Eimer, ein gesatteltes Kind auf allen Vieren, auf das ein Putto steigt, und ein viertes Kind mit Krummschwert und Schild, dazwischen Vögel, Eichhörnchen und Hasen. Unten fünf mit

---

[18] Unter den Federzeichnungen Spuren von Bleistift-Vorzeichnungen.

[19] Links oben skizziert ein Schriftband mit Devise von Hand D (in humanistischer Kursive):
Jn speties Translata nouas sic omnia / Verti cernimus atq[ue] *alias assumere / robora gentes.*

[20] Unter den Federzeichnungen Bleiskizzen: ein Warenstempel, der nach oben links, wohl über die Schulter des Herolds weist, jedoch auch starke Spuren in der ausgeführten Ausrichtung des Stabes.

[21] Zwei Zeilen *Vnd [...] miszlungen* durch Unterstreichung getilgt; am Rand rechts senkrechter Strich mit Querstrichen, wohl Tilgungshinweis.

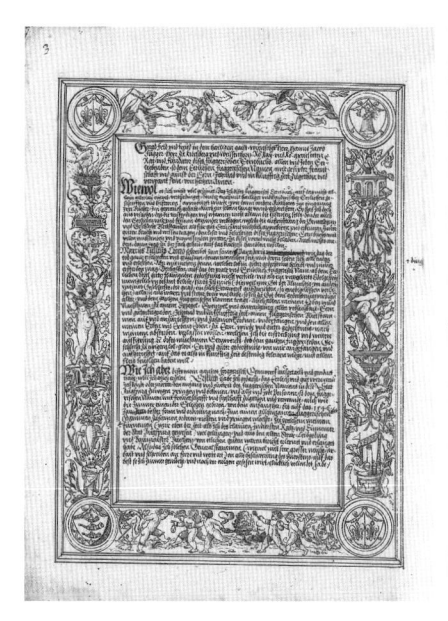

verschiedenen Kettchen und anderen Gegenständen spielende nackte Kinder auf einer Wiese[22].

fol. 3r: Textseitenrahmung: in den Medaillons in den Ecken des Rahmens lorbeerbekränzte, bärtige Männerköpfe, oben im Halb-, unten im Vollprofil, die Seitenleisten zeigen jeweils in Groteskenornamenten verschiedene Tiere: eine Elster, einen Papagei, Trauben essende Hunde, einen Hirsch, zwei Störche und jeweils ein von einem Putto gehaltener Roßstirnschild. Im Wappenschild beide Male das Wappen der Ursula von Harrach: Eine Kugel, aus der im Dreipaß drei Straußenfedern wachsen. Die entsprechende Helmzier auf einer jeweils von dem Putto gehaltenen Stange: links ein gekrönter Bügelhelm mit einem Flügel, darin das Wappenzeichen der Harrach, rechts ein gekrönter Bügelhelm mit gefiederten Hörnern. Oben (von links) ein Kind auf einem Steckenpferd mit einem Bienenkorb als Helm und einer Windradlanze, diesem fliegt ein Vogel mit einem Stöckchen in der erhobenen Kralle voraus; zwei sich umarmende nackte Kinder auf einem von einem straußenähnlichen Vogel gezogenen blumengeschmückten Schlitten, dem ein ein Stöckchen schwingender Hase folgt. Rechts läuft ein Kind ins Bild, ebenfalls mit einem Steckenpferd und einer Windradlanze, mit einem Kochkessel auf dem Kopf. Unten jagen zwei Kinder mit Hunden und Spießen einen Hirsch.

[fol. 2v] *Gnad frid vnd freud in dem hailigen gaist, wunschet Herr Hanns Jacob / fugger, Herr Zu kirchberg vnd Weissenhorn, Rö*[mischer] *Kay*[serlicher] *vnd Kö*[niglicher] *maiesteten* [etc.] */ Rat, vnd fundator dises Fuggerischen Eernbuchs allen vnd Jeden Eer- / liebenden, so dem Eerlichen fuggerischen Namen, mit gesipter freunt- / schaft vnd gunst der Eern, Jetzund vnd in kunfftig Zeit, Zugethon vnd / verwant sein, von hertzen Amen. //*[23]

Wiewol[24] *es sich nicht vbel geZimet, Das Jch dises fuggerisch Eernbuch, auf das nicht al- / lain allerlay einred, vertheding, Sonder auch mit hailiger vnd haidnischer Eerlichen ge- / schrifften vnd Historien,*

approbieret wurde, wie dann andere Authores Jm einganng / Jrer Bucher, Jm geprauch gehabt, durch ein schöne lange vorred, gezieret hette, So hab Jch doch / aus vrsachen, das die verstendigen vnd erfarnen, nicht allain die Historien selbs, Sonder auch / den Eerlichen nutz vnd from[m]*en, darunder verborgen, welche die aufrichtung der Genealogien / vnd Geschlecht Blutstam*[m]*en als fur gut Eerlich vnd nutzlich approbiren vnd erkennen, Zuuor / guten bericht vnd wissen tragen, den leser vnd besichtiger dises fuggerischen Eernbuchs, mit / vilen vmbstenden vnd vorwissenden worten, Jn diser vorred nicht beladen, Auch nichts an- / ders, dann was Zu der sach gehört, auf das kurtzest handln wollen. //*

Marcus Tullius Cicero[25] *schreibet Jnn seinen*[26] *Paradoxis vnd wunderred*[27]*, wie das der / tod gantz erschrocken vnd grausam, denen menschen seie, mit deren leben sich alle*[28] *enden / vnd erleschen, Aber mit nichten denen, welcher lob in guter gedechtnus beleibt, vnd nim*[m]*er / ersterben mag. Derhalben, auf das der vralt vnd Eerloblich fuggerisch Nam, ab dem Eer- / lichen Stul guter flam*[m]*enden gedechtnus nicht verfiele, vnd als ein vnpoliertes*[29] *Edelgestein / menigclich vnbekant belibe, Habe Jch mich (dieweil mir Got der Almechtig, vor andern / meines Geschlechts, die gnad, ein solch Eernwerck aufZurichten, so gnedigclichen verli- / hen) allain aus warer vnd steter trew vnd liebe, so Jch zu Got dem gedechtnuswirdig*[e]*n / alter, vnd dem gantzen fuggerischen Namen trage, Auch allen meinen Erben vnnd / Nachkomen, zu ainem Spiegel, Exempel vnd anraitzung aller redlichkait, Eern / vnd guten tugenden, Jetzund vnd in kunfftig Zeit, ainen fuggerischen Blutstam- / men auf vnd anzurichten, vnd zusamen*[30] *ordnen, vnderfangen, vnd den allen / meinen Erben vnd Erbens Erben, zu Eern, wirde vnd guter gedechtnus, nach / meinem absterben verlassen wollen, welchen Jch die erstrekkung vnd weitere / auffierung* [etc.] *dises muesamen Eernwercks, des*[31] *dem gantzen fuggerischen Ge- / schlecht zu ewigem lob, glori, Eer vnd guter gedechtnus, von mir angefangen vnd / aufgerichtet, auf das es also in kunfftig Zeit bestendig beleiben moge, mit allem / fleis beuolhen haben will. //*

---

[22] In den Rändern der Umrahmung unter den federgezeichneten Linien Bleiskizzen.
[23] Bis hier größer; links deutlicher Einzug; Leerzeile.
[24] Dies größer.
[25] Name größer.
[26] Zunächst: *seinem*; durch Überschreibung des letzten Bogens im Mittelband korrigiert.
[27] Zwei Worte gestrichen.
[28] Hierher am rechten Rand von Hand C: *ding*.
[29] *o* korrigiert.
[30] Über der Zeile: *zu*.
[31] *der* durch Überschreibung des letzten Buchstabens zu: *des*.

*Wie Jch aber*³² *dises mein gantzes fuggerisch Eernwerck aufgetailt vnd geordnet / habe, will Jch auch erZelen. Erstlich habe Jch gedacht, das Eerlich vnd gut were, wan / Jch kondt oder mochte, den anfang vnd eintrit des fuggerischen Namens in dise Stat / Augspurg zuwegen pringen vnd bekomen, vnd alle vnd Jede Personen, so dem fugge- / rischen Namen mit freuntschafft vnd sipschafft zugethon vnd verwandt, auch wie / die Jmmer einander Eelichen geboren, von dem anfang her, bis auf das .1546. / Jar Jnn*³³ *bester form vnd ordnung nach, Jnn ainen allgemainen*³⁴ *fuggerischen / Stammen zusamen ordnen, richten vnd pringen möchte, Zu welchem meinem /*³⁵ *furnemen (mir eben der Zeit als Jch des clainen Jnnersten Rats, vnd Einnemer / der Stat Augspurg gewesen) wol gelungen, vnd aus den alten Steur, Leibgeding / vnd Baumaister Buechern, von etlichen guten waren bericht erlernet vnd erlanget / habe, Also, das Jch solchen Generalstammen (wiewol mit seer grosser mühe, ar- / bait vnd schreiben an ferre vnd weite ort) on alle beschwerung des vncostens, auf das / best so Jch Jmmer gemocht, vnd noch vor augen gesehen wirt, glucklich vollendet habe. //*

[fol. 3r] *Zu dem andern*³⁶ *habe Jch Jnn*³⁷ *diss Eernbuch allain die Jhenigen, So dem / fuggerischen Geschlecht vom geplut mansstammens, Namens vnd sipschafft er- / boren, vnd sovil moglich wo Jeder gewonet, was sein stand vnd handlung gewes[e]n, / rechter ordnung nach mit wappen vnd geschrifften, verzaichnen vnd pringen / wollen, Vnd auf das Jedes dester verstendiger gesehen werde, habe Jch den gantzen / fuggerischen mansstammen, Jnn einen abgesenckten Stammen, fein or- / denlich gebracht, vnd in diss mein Eernwerck gelegt, Also, das ein Jeder Lesender / dises Eernbuchs, alle Eelich geborne fugger, so vom anfang Jrer ankunfft alhie*³⁸ *zu Augspurg, bis auff das 1546*³⁹ *Jar, sambtlich vnd sonders, gesehen / werden mögen, wie dann das gantz fuggerisch Eernwerck an Jm selbs, ainem / jeden, nach seinem begern vnd fragen, guten bericht vnd erkantnus, von sich geben / wirt, welchs Jch mit hilff gotlicher gnaden, meines alters von Got, in dem*⁴⁰ */ vnd meines lieben eerlichen vnd freuntlichen gemahels in dem*⁴¹ */ vnd vnser baider haushaltung des hailigen Eelichen Stands, Jn dem Sibenden / Jarn, eben der zeit als von der flaischwerdung Jhesu Christi vnsers ainigenn / Hailands .1547. Jar gezelet wurde, vnd nachdem Jch in das viert Jar daran / gearbait, gantz glucklich volfuert, geendet vnd beschlossen habe. Welchs Jch al- / lain dergestalt darumb gemeldet vnd beschriben, Auff das alle meine / Erben vnd Nachkomen, Jn ansehung meiner vilfeltigen, langen vnnd / muesamen arbait, Zu Eern dem gantzen fuggerischen namen, von mir / beschehen, Jngedenck, Vnd das vilernent fuggerisch Eernwerck, zu seiner zeit, / auf das die fuggerisch Eer vber lange Jar vnd kunfftig Zeit, in guter gedechtnus / beleibe, zu erstrecken vnd weiter aufzufiern, mir nachzuuolgen, dester basz ange- / raitzet werden, des Jch an alle Nachkomen des Eerlichen vnd altloblichen fugge- / rischen Geschlechts, nicht allain zu dem freuntlichisten begere, Sonder zu dem / allerfleissigisten sich in kunfftig Zeit darinn zuuben, gebeten haben will. / Der Almechtig ewig Got, wolle durch sein gnad vnd guete, des gantz fugge- / risch geschlecht, auff das es menigclich zu gutem gedienen, Jetzund vnd / in kunfftig Zeit, vor allem vbel gnedigclich behueten vnd bewaren. Amen. //*

*Gebet*⁴²*//*

*O Herr*⁴³ *Himlischer Vater, Almechtiger guetiger vnd getrewer Got, Der du mich*⁴⁴ */ sambt meinem*⁴⁵ *gantzen geschlecht on allen verdienst aus lautern gnaden vnnd / guete, in deinen väterlichen schutz vnd schirm genomen, vnd durch etlich hun- / dert Jar in Reichem*⁴⁶ *Eerlichem wesen hergepracht vnd erhalten hast,*⁴⁷ *vnd vns / von Jugent auf mit manigfaltiger benedeiung vnd gutthaten reichlich /*⁴⁸ *fursehen, Vnd letstlich vnser haubt aus dem staub erhebt, vnd andere Volcker / Zuregiern beruffen hast,*⁴⁹ *Darumb O Herr Allmechtiger Vater, der du dich / nit allain dem Ertzuater Abraham, Sonder auch seines Namens ein ge- / trewer Got zu sein verhaissen, beruembt, vnd angeboten hast, So bitt Jch, O*⁵⁰ */ lieber Herr mein Got, das du mein*⁵¹ *vnd meines*⁵² *gantzen Geschlechts ein ge- / trewer Got vnd Vater sein wollest, alle vnd Jede meines*⁵³ *geschlechts, so die / schuld der natur bezalt, vnd aus diser welt verschaiden seind, du wollest die*⁵⁴ */ durch den prunnen deiner gruntlosen barmhertzigkait, in der schosz vnd rw*⁵⁵ */ Abrahe, väterlichen erhalten. //*

---

³² Bis hier größer.
³³ Gestrichen.
³⁴ Hierher am Zeilenende von Hand C: *valet*.
³⁵ Vor dem folgenden Wort am Zeilenanfang ein Kreuz.
³⁶ Bis hier größer.
³⁷ Darüber von Hand C eine unleserliche, kurze Notiz.
³⁸ Gestrichen.
³⁹ Durch Überschreibung korrigiert zu: *1545*.
⁴⁰ In einem Freiraum von Hand D: *29*.
⁴¹ In einem Freiraum von Hand D: *23*.
⁴² Dies größer, zentriert.
⁴³ Dies größer.
⁴⁴ Durch Unterstreichung getilgt; darüber durchgestrichen: *vns*.
⁴⁵ Durch Unterstreichung getilgt; darüber durchgestrichen: *vnserm*.
⁴⁶ Unterstrichen (getilgt?).
⁴⁷ Unterstrichen (getilgt?).
⁴⁸ Vor dem nächsten Wort am Zeilenbeginn ein kleines Kreuz, kein Texteintrag.
⁴⁹ Ab *Vnd letstlich* durch Unterstreichung getilgt; dazu am Rand, wiederum gestrichen: *valet* (?).
⁵⁰ Die letzten beiden Wörter unterstrichen; darüber von Hand C, gestrichen: *wir dich* (?).
⁵¹ Unterstrichen; über der Zeile, wiederum gestrichen: *vnser*.
⁵² Unterstrichen; über der Zeile, wiederum gestrichen: *vnsers*.
⁵³ Unterstrichen; über der Zeile, wiederum gestrichen: *vnsers*.
⁵⁴ Diese drei Wörter gestrichen.
⁵⁵ Zu lesen: *ruh*.

Vnd aber lieber Herr aller hertzen des fugge- / rischen[56] *Geschlechts, so der Zeit leben, oder noch geboren werden, mit deinem hai- / ligen guten gaist stercken, das sie Erber vnd aufrichtig in allem Jrem thun vnd / lassen, vor deinen augen wandln, auf das wir in allen eern dir O Her*r *als / dem waren König der Eern, gantz gehorsam in allem guten erfunden werden, / durch deinen geliebten Son unsern Herren Jhesum Christum Amen.*[57] //

Das recht vralt fuggerisch zaichen, Welchs der Erber / vnd Furnem Hans fugger (der dann der erst fugger / in diser[59] *Stat Augspurg gewesen) gefieret vnnd ge- / prauchet hat. Anno. 1370.*

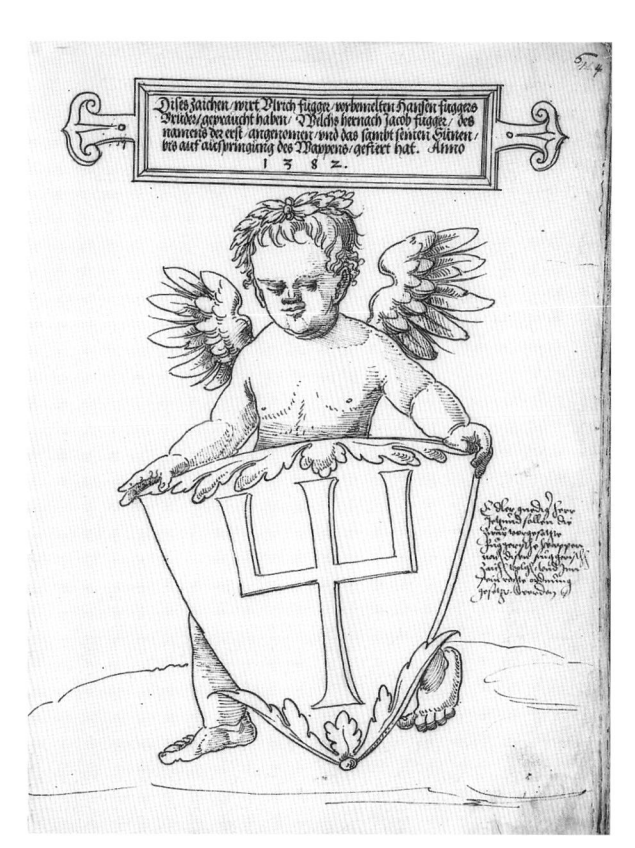

fol. 3v (5): Erstes Warenzeichen der Fugger

(Endfassung: fol. 2v) Der Ring war historisch erst Bestandteil der Hausmarke des Ulrich Fugger (vgl. fol. 4r). Die hier im Entwurf unterlaufene Verwechslung wurde in der Endfassung korrigiert.

Ein lorbeerbekränzter Putto als Wappenhalter, auf einem angedeuteten Grasboden in Schrittstellung nach links gewandt, stützt sich mit den Armen auf den auf dem Boden stehenden einfachen Dreiecksschild mit Blattwerkdekor, so daß nur Oberkörper und Füße zu sehen sind. Der linke Arm hält den Schild, der Zeigefinger der Linken ist abgespreizt, der rechte Arm ist gebeugt aufgestützt, so daß die Hand den Kopf am Hals stützt. Die Figur blickt im Vollprofil nach links. Im Wappenschild die bekannte Hausmarke der Fugger: ein eckiger Dreizack, heraldisch: ein Schaft mit schaftweise nach oben abgewinkelter Mittelkreuzsprosse, mit einem Ring neben dem Schaft links[58]. Über der Figur ein Schriftrahmen:

fol. 4r (6): Zweites Warenzeichen der Fugger

(Endfassung: fol. 3r)

Ein lorbeerbekränzter Putto als Wappenhalter; der auf dem angedeuteten Boden stehende, mit Blattwerk dekorierte Dreieckschild bedeckt Unterleib und Beine bis auf die Füße. Die Figur schreitet nach rechts vorn, ihr Blick ist nach unten links gesenkt. Beide Hände halten den Schild an seinen oberen Ecken. Im Wappenschild das Warenzeichen der Fugger ohne den Ring[60]. Über der Figur ein Schriftrahmen[61]:

Dises zaichen, wirt Vlrich fugger, vorbemelten Hansen fuggers / Bruder, geprauchet haben, Welchs hernach Jacob fugger, des / namens der erst, angenomen, vnd das sambt seinen Sünen, / bis auf auspringung des Wappens, gefiert hat. Anno 1382.

---

[56] Dies unterstrichen; darüber eine gestrichene Korrektur; rechts am Zeilenende von Hand C/B: *valet*.
[57] Hierher unter dem Schriftrahmen von Hand A (bis *Cap*. Hand B): *Exod*[vs] *20. Cap*[itvlo] / *Vnnd thu gnad an vil tausenten die mich liebhaben / vnd meine gebot halten.*
[58] Der Ring mit Blei durch Durchstreichung getilgt.

[59] Gestrichen, von Hand D unter der Zeile: *der*.
[60] Ring mit Blei nachgetragen. Wappen und Wappenhalter unter der Federzeichnung in Blei skizziert.
[61] Rechts neben dem Wappen von Hand C: *Edler gnedig*[er] *herr / Jetzund sollen die / zwai vorgesetzte / fuggerische Wappen / nach disen fuggerisch*[en] / *zaich*[en] *volg*[en], *vnd Jnn / ein rechte ordnung / gesetzt werden.*

fol. 4v (9): Wappen der Fugger von Kirchberg und Weißenhorn / Wappen Hans Jakob Fuggers

(Endfassung: fol. 6v)

Mit Blattwerk reich dekorierter Fünfeckschild mit dem quartierten Wappen der Grafen Fugger von der Lilie; die Helmzier auf Bügelhelmen: rechts ein gekrönter Helm mit Büffelhörnern, Büffelohren und zwischen den Hörnern der Lilie; links ein Mohrinnenrumpf mit langem Zopf und der Mitra als Kopfbedeckung, in die Helmdecke übergehend[62]; über dem Wappen ein Schriftrahmen[63]:

Des Edlen vnd Wolgeboren[64] Herrn Hans Jacob fuggers, Herr zu Kirchberg / vnd Weissenhorn, Rö[mi-scher] Kay[serlicher] vnd Kön[iglicher] m[aie-ste]t[en] Rat, fundator dises Eernbuchs, wapp[e]n, / welchs dem Eerlichen fuggerischn[65] Namen, zu Eern, durch die herrn Raymundum, An- / thonium vnd Jheronimum, die fugger, von dem allerdurchleuchtigist[e]n, grosmech- / tigisten Romischen Kaiser Carolo, des namens der funfft, zum gnedigisten Eer- / lichen erlangt vnd aufgepracht worden Anno .153..[66]

---

[62] Unter den Federzeichnungen Bleiskizzen.
[63] Rahmen deutlich zu klein für den ausgeführten Text, der daher im Schriftgrad von Zeile zu Zeile abnimmt und mit der letzten Zeile die untere Rahmung füllt.
[64] Vier Wörter gestrichen.
[65] Sic!
[66] Die letzte Ziffer offen. Unter dem Rahmen von Hand C: .... *sey A*[nn]*o. 36 aufgebracht worden.* Zwei Worte unleserlich; links neben dem Schriftrahmen von derselben Hand: *Darauff dan diße / zway fuggerisch*[en] *wappen / volgen werd*[en].

fol. 5r (8): Wappen der Fugger von der Lilie

(Endfassung: fol. 6r)

Ganzseitig das Wappen der Fugger von der Lilie von 1473; der Schild fünfeckig, leicht tartschenförmig und mit Blattwerk dekoriert. Im gespaltenen Schild die doppelte Lilie. Auf nach rechts gewandtem Stechhelm die Helmzier: Büffelohren und -hörner, dazwischen die Lilie[67]; über dem Wappenbild ein Schriftrahmen:

Das recht alt fuggerisch wappen von der Lilgen, welchs der Eern- / uest Herr Vlrich fugger aus vrsachen, das Jacob fugger, das wappen / mit dem Rech (es sey dann aus verachtung oder vergessenhait beschehen) / allain auf seine Brueder, vnd nicht auf andre fugger, so geschwistergot / kind mit Jm gewesen, erlanget, vnd aufgepracht hette, für sich vnnd / seine Brueder, Auch von Kaiser friderichen hochlöblicher gedechtnuss, / alhie zu[68] Augspurg gantz gnedigclich erworben, vnd damit begabet / worden ist. Anno .1473.

fol. 5v: (Leerseite)

---

[67] Unter den Federzeichnungen Bleiskizzen, u.a. eine senkrechte Symmetrieachse.
[68] Zwei Wörter gestrichen, unter der Zeile von Hand D: *Jn d*[er] *stat.*

fol. 6r (7): Wappen der Fugger vom Reh

(Endfassung: fol. 3v)

Ganzseitig das Wappen der Fugger vom Reh, heraldisch umgekehrt: im leicht tartschenförmigen Fünfeckschild ein nach links springendes Reh; als Helmzier auf einem nach links gewandten Stechhelm ein Rehrumpf auf einer Wulst; darüber ein Schriftrahmen:

Das alt fuggerisch Wappen von dem Rech, Welchs Jacob / fugger fur Jn vnnd alle seine Bruder, von Kaiser Frideri- / chen hochloblicher gedechtnus zu Wien, loblichenn / erlangt vnnd auszgepracht hat. Anno / .1462.[69]

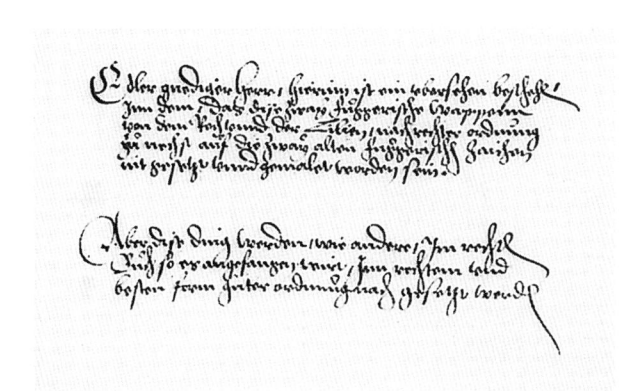

fol. 6v: (Leerseite)[70]

69 In der unteren Rahmenleiste ein gestrichener, unleserlicher Eintrag: *vor ... (?)*.
70 Seite leer bis auf einen Bearbeitungsvermerk von Hand C: *Edler gnediger Herr, hierinn ist ein vbersehen besceh[en] / jnn dem, Das dise zway fuggerische Wappenn / von dem*

fol. 7r (11): Ahnenprobe Hans Jakob Fuggers

(Endfassung: fol. 7r)

Eng den gesamten Raum der Seite ausfüllend ein Wappenmedaillon im Zentrum und vierpässig um dieses herum vier jeweils einander zugewandte tartschenförmige Schilde[71]; letztere haben jeweils Legenden in zugeordneten Schriftbändern, deren Enden miteinander verflochten sind. Außerdem verlaufen z.T. verknotete Bänder zwischen den Wappen und dem Medaillon im Zentrum. Unten ein weiteres Schriftband[72].

Im Zentrum ein reich dekorierter Fünfeckschild mit dem Wappen der Fugger von Kirchberg und Weißenhorn und folgender Umschrift im Medaillonrahmen, in Majuskeln:

† IOANNES IACOBVS FVGGERVS DOMINVS IN KIRCHBERG ET WEISSENHORN ROMANAE CAESARIAE ET REGIAE MAIESTATIS CONSILIARIVS HONESTI HVIVS OPERIS AVTHOR CVM BIGEMINO PROGENITOR[VM] SVOR[VM][73] STEMMATE[74] †

Rech vnnd der Lilien, nach erster ordnung / zu nechst auf die zway alten fuggerisch[en] Zaichen / nit gesetzt vnnd gemalet worden sein. //
Aber dise Ding werden, wie andrer, Jm recht[en] Buch so es angefangen wirt, Jnn rechtem vnd / bester form guter ordnung nach gesetzt werde[n].

71 Oben auf der Seite, mit den oberen Schriftbändern sich überschneidend, mit Feder ein leerer Schriftrahmen; Textseitenrahmung mit Blei skizziert; Symmetrieachse in Blei.
72 Unter diesem, durchgestrichen, von Hand C: *Jn diese Zetel mag E[dler] G[nediger] H[err] ein spruch aus d[er] h[eiligen] schrifft oder Ewer liberey / oder was euch sonst gefällig ist selbs verzaichnen.* In dem Schriftband von Hand D: *Gott Gibt / Gott Nimbt.*
73 Kürzungen durch Punkt im Mittelband.
74 Zwei Silben unter der Zeile.

Oben links das gespaltene Lilienwappen der Fugger, die Helmzier auf einem gekrönten Stechhelm, nach links umgekehrt; darüber ein Schriftband:

Herr Jörg fugger, Ein Vatters Vatter, Herrn Hans / Jacob Fuggers fundator dises Eernwercks

Oben rechts das Wappen der Imhof: der Seelöwe; dieser auch als Zier des Stechhelms; darüber das Schriftband:

Fraw Regina Jm Hof, Herrn Georgen fuggers Eelicher gemahel, vnnd / Herren Hansen Jacob fuggers fundators [etc.] *Vaters Muter.*

Unten links im geteilten, umgekehrten Wappen im oberen Feld ein gekrönter, nach links wachsender Löwe, im unteren drei Rosen (2.1), der Löwe auch auf dem gekrönten Stechhelm; der Text zum Großteil zerstört:

..... von Craca[75]*, Herrenn / ..... .ans Ja.... fundators* [etc.] *muter / Vater.*

Unten rechts ein helmloser Wappenschild mit einer Hausmarke: Ein Schragen mit Kopfkreuzsprosse rechts, hinterer Kopfabstrebe links und hinterer Fußstrebe links[76]; darüber die Legende:

fraw Magdalena Beckin von Craca, herrn Hansen / Turtzo Eelicher gemahel, herren Hanns / Jacob fuggers muter muter.

fol. 7v (10): Wappen der Ursula von Harrach

(Endfassung: fol. 7v) Zum Wappen vgl. fol. 3r

Mit Blattwerk dekorierter Fünfeckschild mit dem beschriebenen Wappen der Ursula von Harrach mit gekrönten Bügelhelmen, dazu den entsprechenden Helmzieren und blattwerkartig ausgestalteter Helmdecke; darüber ein Schriftrahmen:

Der Edlen vnd Tugentreichen[77] *frawen Vrsula, ein gebor- / ne von Harrach*[78]*, recht Erblich wappen, welchs sie mit rech- / tem Eerlichem Titel erlangt, vn[d] also loblich an sie komen ist.*[79]

fol. 8r (12): Ahnenprobe der Ursula von Harrach

(Endfassung: fol. 8v)

Seitenaufbau wie fol. 7r[80]; die beiden oberen Schilde fünfeckig mit Blattwerk, die unteren tartschenförmig; im Medaillon im Zentrum das Wappen derer von Harrach, dazu im Rahmen die Umschrift:

† DOMINA VRSVLA AB HARRACH DOMINI IOANNIS IACOBI FVGGERI OPERIS HVIVS FVNDATORIS LEGITIMA CONIVNX[81] *CVM BIGEMINO PROGENITARVM*[82] *SVARVM*[83] *STEMMATE. †*

Oben links das Wappen derer von Harrach, dazu die Legende:

---

[75] Dies gestrichen, darüber von Hand D: *betlahemsDorff*.
[76] Im Wappen von Hand C: *dise gantz feldung gelb*; in den Querbalken: *dise 2 zaich*[en] *schwartz*.
[77] Vier Wörter gestrichen, darüber von Hand C, gestrichen: *wolgeboren*.
[78] Das *a* der zweiten Silbe gestrichen; über der Zeile: *o*.
[79] Ab *welchs* gestrichen. Dazu z. T. durch Restaurierung ausgefallen Korrektur rechts neben dem Rahmen von Hand D: *welchs von dem wol / ...bornen h[er]n Leonhart[en] v... / harroch h[er]nn Zu Roraw.... vn zu vngern vnd behm... / m[aieste]t obrister kanzler Jrem / vatter an sy geerbt vnd / loblich v[ber]komen ist. vn* gestrichen.
[80] In Blei Symmetrieachse.
[81] VN: Schäfte zusammengezogen.
[82] A über der Zeile korrigiert: *O*.
[83] A über der Zeile: *O*.

Herr Leonhart von Harrach[84] *ein Vaters Vater, fraw Vrsula von / Harrach*[85]*, herrn Hans Jacob fuggers fundators* [etc.] *Eelicher gemahl.*

Oben rechts ein geviertes Wappen: im ersten und vierten Feld ein nach rechts steigender Bär, im zweiten und dritten je zwei abgewandte Schwanenköpfe, zwischen diesen ein langschäftiger Streitkolben; auf zwei gekrönten Bügelhelmen links ein Vogelflügel mit eingesetztem, nach links steigendem Bären, rechts die erwähnten Schwanenköpfe mit Streitkolben; dazu das Schriftband:

fraw Margaretha vom Schachen, herren Wolfgang Berners / vom Schachen Eeliche Tochter, ein Vaters Muter fraw Vr- / sula von Harrach, die do ist herren Hans Jacob fuggers / fundators Eelicher gemahel.

Unten links im ungeteilten Schild ein sein Rad aufstellender und nach links blickender Pfau; derselbe nach links schreitend als Zier des gekrönten Bügelhelmes[86]; Wappen demnach umgekehrt; im Schriftband:

Herrn[87] *Balthasar von Gleinitz, fraw / Vrsula von Harrach, herren Hans / Jacob fuggers fundators* [etc.] *Eelicher gemahel, Muters Vater.*

Unten rechts ein ungeteiltes Wappen mit einem nach rechts steigenden Widder. Dieser auch auf dem gekrönten Bügelhelm. Dazu die Legende:

fraw Barbara von Raming, herren Baltha- / sar von Glenitz Eelicher gemahel v[nd][88] *fraw / Vrsula von Harrach, herren Hanns / Jacob fuggers fundators* [etc.] *Eelicher / gemahel muter muter.*

Unten zentral ein Schriftband[89].

fol. 8v (–): Vollporträt des Hans Jakob Fugger

(Endfassung: –) Abb.: PÖLNITZ, Anton Fugger 2.II, nach S. 496. Zur Devise vgl. Ps. 31,1.

Auf einem skizzierten Erdboden eine männliche Vollfigur im Halbprofil von links, das linke Bein in Schrittstellung gebeugt, die Hand des an den Oberkörper angelegten linken Arms zeigt geöffnet nach links; der rechte Arm fällt neben dem Oberkörper leicht angewinkelt herab, so daß die Hand neben der Hüfte eine Nelke mit gewickeltem Stil hält. Der Blick geht nach links, d.h. zur gegenüberliegenden Seite. Der Mann hat einen langen, zweigeteilten Vollbart und halblange Haare. Er trägt ein pelzbesetztes Barett, über einem an den Oberarmen gepufften, geschlitzten und schleifchenverzierten, an den Unterarmen engen, vor der Brust geknöpften Wams mit knappem Schoß eine knielange, pelzbesetzte Schaube mit Hängeärmeln; unter dem Wams ein Hemd mit leichten Rüschen an Handgelenken und Hals, dazu eine geschlitzte, knielange spanische Hose (miparti?) mit ausgeprägter, durchschossener Schamkapsel, an den Knien doppelte Bänder, darunter Strümpfe und Kuhmaulschuhe. Um den Hals trägt er eine lange, doppelte Kette, am Gürtel links ein Schwert[90]; über der Figur ungerahmt die Legende[91]:

Herren Hans Jacob Fuggers Fundators [etc.] *ware / abcontrafectung.*[92]

Rechts neben dem Kopf des Porträts, also in Blickrichtung und Richtung der linken Hand:

INTE[93] *DOMINE SPERAVI*[94]

fol. 9r (–): Vollporträt der Ursula von Harrach

(Endfassung: –) Zur Devise vgl. Mt. 6,10.

Eine junge Frau im Dreiviertelprofil von links vorn, mit Blick auf den Betrachter; das lange Haar unter einer reich verzierten Haube, darüber ein blumen- und federngeschmücktes Barett; über einem Halshemd ein rechteckiges Bruststück zu dem weit ausgeschnittenen Kleid, dieses am Oberkörper und an den Unterarmen eng, an den Oberarmen weit und zerhauen, dazu schleifchenbesetzt. Es fällt weit bis auf den Boden. Um die Hüfte eine bis auf Fußhöhe hängende Kordel, an deren einem Ende eine Beuteltasche; am Hals eine enge Kette mit einem Anhänger, eine längere Perlenkette mit einem Medaillon und eine lange Gliederkette vor dem Bruststück; in den vor dem Bauch gefalteten Händen Handschuhe[95]; darüber ungerahmt:

---

[84] *a* über der Zeile: *o*.
[85] *a* über der Zeile: *o*.
[86] Links neben dem Wappenschild von Hand D: *soll 4tiert gemacht werden.*
[87] *n* überschrieben.
[88] *v* mit Kürzungsstrich; rechts am Rand von Hand C: *vnd.*
[89] Darunter von Hand C: *Desgleichen dafor auch also.* Im Schriftband von Hand D: *Alls Gott / Ergeben.* Rechts unter dem Wappen flüchtig von derselben Hand (in untypisch dunkler Tinte): *Nota ab dem von glenitz wappen / mit ainem quartiert*[en] *schilt wie / ...... / Jn Ehrn od*[er] *nicht ... od*[er] *Stain.*

[90] In Blei Textseitenrahmung.
[91] Rechts neben dem Porträt von Hand C: *Sollen Baide ausz- / gelassen / werde*[n], *vnd geferer folg bl*[at] *13 Vnd 14 / darauf geen.*
[92] Über der Zeile von Hand A: *Herr zu* [etc.].
[93] Sic!
[94] Auf dünner Bleilinierung.
[95] Mit Blei Textseitenrahmung; am oberen Seitenrand in Blei: *4 Blat.*

Fraw Vrsula von Harrach, Herren Han- / sen Jacob fuggers Eelicher Gemahel, / ware abcontrafectung.

Links neben der Figur, der Devise auf der Nebenseite zugeordnet:

FIAT VOLVN / TAS TVA[96]

fol. 9v (13): Hans Fugger, Clara Widolff und Elisabeth Gfattermann

Kinder: fol. 12v–13v
(Endfassung: fol. 9v)

Oben auf der Seite ein Schriftrahmen:

Hernach volget der abgesenckt mansstammen, des Eerlichen vnnd / altloblichen fuggerischen geschlechts, Vnd ist Hans fugger der / erst, laut der Tafel von Jm beschribenn.

Im Zentrum der Seite ein aufrecht stehender Dreieckschild mit dem ersten Warenzeichen der Fugger[97], darüber frontal als Halbfigur ein älterer Mann mit langem Bart und langen Haaren, auf dem Kopf ein Barett mit breit umgeschlagener Pelzkrempe. Er trägt ein weitärmeliges Wams, darüber einen pelzbesetzten, ärmellosen, schlichten Tappert. Der Blick geht nach halblinks. Die rechte Hand zeigt nach rechts, die linke ruht an der linken Kante des Schildes, eine geflochtene Kordel haltend.

Links unterhalb ein schräg rechts gestellter Dreiecksschild, darin eine Hausmarke[98]: Aus der Mitte einer Majuskel *W* ragt ein Schaft mit Kopf- und erhöhter Mittelkreuzsprosse. Oberhalb des Wappens, etwas nach links gerückt und im Halbprofil von rechts, eine Frau, deren Linke einen Handschuh o.ä. haltend auf dem Schild aufruht, während die Rechte eine Kette (einen Rosenkranz?) vor der Brust hält. Sie trägt eine nach hinten ausladende tuchähnliche Haube, die mit einer Kinnbinde am Hals geschlossen ist, ein hoch geschlossenes Kleid und einen vor der Brust mit einer Fibel geschlossenen Umhang.

Rechts ein schräg links geneigter Dreiecksschild mit einer Hausmarke: ein Schaft mit Sturzsparrenfuß, nach oben und unten angewinkelter Mittelkreuzsprosse und Kopfkreuzsprosse[99]; über dem Schild stark nach rechts versetzt, um dem Schild des Mannes auszuweichen, von vorn links im Halbprofil eine zweite Frauenfigur. Sie blickt nach rechts. Ihre Arme sind am Körper angewinkelt, so daß Unterarme und Hände vor dem Bauch auf dem Schild aufliegen. Sie trägt eine unter dem Kinn geschlossene Haube, ein hochgeschlossenes, am Oberkörper wohl in Mi-parti gedachtes Kleid und einen am Hals mit einer Fibel geschlossenen Umhang.

Die drei Wappen durch Bänder verbunden, die vom Wappen des Mannes ausgehend und hinter den beiden unteren Wappen hindurch laufend sich zwischen diesen in einem Knoten vereinigen; zusätzlich die Figuren durch ihre Gesten und Blickrichtungen aufeinander bezogen: Der Mann schaut nach links in Richtung seiner zweiten Frau, zeigt jedoch mit der Hand in Richtung des Schriftbandes der ersten. Die Frauen sind in Körperhaltung und Blickrichtung einander zugewandt[100].

Schriftband links:

Clara Widolffin Hansen fuggers erste / Eeliche hausfraw, mit dem sie zwo toch- / tern Eelich erzeuget hat.

Schriftband rechts:

Elisabeth Gfattermennin, Hansen fuggers / andere Eeliche hausfraw, mit dem Sie / funf Sun Eelichen erzeuget hat.

---

[96] Auf dünner Bleilinierung.
[97] Im Schild von Hand C: *Gantze feldung gelb*, im Zeichen: *durcheube schwartz* (?); im Blattwerk unten: *Rott*.
[98] Im Schild von Hand C: *feldung rott vebriges alles weisz*; zentral ein Ring nachgetragen, dazu die Bemerkung: *diser klain scheiblen auch weisz*, in dem Zeichen: *alles weisz*; im Blattwerk am Schild unten: *Gelb*.
[99] Im Schild von Hand C: *feldung schwartz, Vbriges weisz*, im Zeichen: *alles weisz*; an der Unterkante: *Gelb*.
[100] Textseitenrahmung in Blei; Skizzen unter den Federzeichnungen.

fol. 10r (14): Biographische Erläuterung:
Hans Fugger

(Endfassung: fol. 10r–10v)

Gerahmte Textseite; nur Randleisten und Medaillonränder, nicht die Ausmalung der Bordüre ausgeführt[101].

Es hat aus alten diser[102] Stat Augspurg Steur vnnd[103] / Burger Buecher, nicht clarer bericht, woher der erst fugger Hans genant / burtig gewesen sey, vernomen werden mogen, dann er das Burgerrecht al- / hie[104] nicht erkauft, sonder Eelichen erheirat hat, aber laut brieflicher vrkund / wirt souil verstanden, das er zu Graben[105] an der[106] Strasz, etliche gueter vnd .28. / tagwerck Wismads gehabt, vnd[107] seinen gefreunten, Jre Erbe bemelter gue- / ter daselbst, darzu erkauft hat, derhalben warhaftig zuerachten, das er da- / selbst her burtig musz gewesen sein.[108] //

Jnn dem .1370. Jar, als Herr Bartholme Riederer von[109] / herren, vnd herr Sibot Menchinger von der Gmaind alhie[110] Burgermai- / ster waren, hat er sich erstlich zu ainer Clara Widolffin genant, verhei- / rat, mit deren Er zwo tochtern[111] eelichen erzeuget hat,

welchen Er diser[112] / Stat geprauch nach, als er widerumb hat heiraten wollen, Heinrich Schmu- / cker vnnd Herman Preischuch, zu Pfleger gesetzet, die habent mit vermacht[e]m / gelt den zwayen Jren Pflegtöchtern, Jm .1389. Jar .30. guldin Leibge- / ding, das hundert vmb .5. guldin abzulösen, von ainem Erbern Rat al- / hie erkauffet.[113] //

Die ander sein Eeliche hausfraw, ist Elisabeth Gfater-[114] / mennin genant, Herren Hansen Gfatermans, welcher des Rats vnnd / Zunftmaister von Webern in .20. Jar gewesen ist, Eeliche tochter gewesen, / mit dero Er .5. kinder Eelichen erzeuget, vnd zway darunder Eelichen ver- / heirat hat. //

Anfencklich[115] ist Er mit der Widolffin vnderhalb hailig Creutzer Closter / mit haus gesessen, Aber nachmalen ist er mit dem andern seinem Ee- / weib der Gfatermennin, herein in seiner Schwiger haus bey Gegginger / Thor getzogen, vnd alda ein Zeit lang mit Jr gehauset, Nachmalen hat er / das haus bey dem Judenberg[116] erkauft, vnd alda gehauset, welche baide heu- / ser vnd gueter[117] zu Graben gelegen, noch heutigs tags in der Herrn fugger / von der Lilien gewalt sein, vnd Jnen vmb das sie von Jren eltern herruern, / souil dester lieber haben[118]. //

Von dem .1370. bis[119] auf das .1382.[120] Jar, hat Er den fuggerisch[e]n / namen in diser[121] Stat Augspurg in Eelichem Stand allain getragenn, / Vnd wirt in alten Steurbuechern warhafft zu vilmalen befundenn, / das er vber .3000. guldin, welchs dann derselben zeit, fur ein gar grosse / Reichtumb[122] geschetzt worden, reich gewesen ist. //

Diser Hans Fugger[123] Jst auch[124] ein Zwelffer vnd des grossen Rats ge- / wesen, vnd hat vngefarlich von dem .1370. bis in das .1409. Jar, thut / .39. Jar, mit den zwayen Eeweibern[125] hauszgehalten, vnd darnach sein le- / ben in Got geendet, dem Got der Almechtig gnedig vnnd barmhertzig sein wolle.[126] //

[101] Oben links am Seitenrand mit Blei: *2*.
[102] Gestrichen; über der Zeile von Hand D: *der*.
[103] Bis hierher größer.
[104] Gestrichen.
[105] Hierher am Rand von Hand D: *aim dorff*.
[106] Über der Zeile von Hand D: *obern*.
[107] Am Rand von Hand D: *von*.
[108] Hier anschließend von Hand D: *Das dan souil von alte leute erkhundigt hat mogen werden haben sy anZaig*[et] / *d*[az] *sey alZeit g*[e]*hort die fugger von graben / komen*; Hand C ergänzt weiter: *vnd daher burtig sein*.
[109] Bis hierher größer.
[110] Gestrichen; am Rand von Hand D: *zu augspurg*.
[111] Am Rand von Hand D (mit breiter Feder): *anna vnd / kunigunda / genandt*.
[112] Gestrichen, in der Zeile von Hand A: *der*.
[113] Von Hand D, gestrichen: *der*[en] *khind*[er] *namen soll*[en] *da gemelt werd*[en] *Jch bin Jn diss Jrrig*.
[114] Bis hierher größer.
[115] Dies größer.
[116] Hierzu am Rand von Hand A: *von Heinrichen / Grawen gurtlern / Anno 1397*. Am linken Seitenrand mit Tinte Zeigehand auf diese Notiz.
[117] Unterstrichen, dazu am Rand von Hand D: *sambt den guettern*.
[118] Ab *vnd* gestrichen; rechts von Hand E, gestrichen: *Hans Fugger / Jst ain ... / gewes*[en] *durch / Solch vil Jare / der Zunft und / zu lest des / kleinen Raths / gewes*[en]; nach *ain* ein Wort unleserlich; *gewes*[en] im Text gestrichen.
[119] Bis hierher größer.
[120] Über der Zeile von Hand C: *dut 12*.
[121] Gestrichen, am Rand von Hand A: *der*.
[122] Gestrichen, am Rand von Hand A: *hab*.
[123] Bis hierher größer.
[124] Über der Zeile von Hand D: *lange Zeit*.
[125] Am Rand von Hand A: *burgerlich*; dies gestrichen und von Hand C (?): *Jn der Statt / augspurg / burgerlich*.
[126] Von Hand D: *Amen*; in der unteren Rahmenleiste von derselben Hand: *Mich sech fur guet an Hannss fuggers doch-*

fol. 10v (15): Ulrich Fugger und
Radigunda Mundsam

Kinder: fol. 11v
(Endfassung: fol. 11r)

Oben ein Schriftrahmen[127]:

Jetzund wirt, auf das die Ordnung dises fugge / rischen Mansstammens, verstendig pleibe, Vl- / rich fugger, sambt seinen kindern nacheinan- / der gesetzt.

Darunter Doppelporträt mit Allianzwappen in der Form, die im folgenden bestimmend wird: zwei Wappenschilde in Allianz, leicht zueinander geneigt, durch sich verknotende Bänder miteinander verknüpft, darüber jeweils als Halbfigur einander zugewandt links der Mann, rechts die Frau; über den Köpfen der Personen Schriftbänder mit Legenden. Die Wappen in blattwerkverzierten Dreieckschilden.

Im linken Schild das zweite Warenzeichen der Fugger, der eckige Dreizack mit Ring[128], nicht umgekehrt; darüber im Halbprofil von rechts ein Mann mit üppigem Kinnbart, der leicht gesenkt nach links – zu seiner Frau hin – blickt. Er trägt eine Kappe mit einem Tuchfortsatz im Nacken, einen pelzbesetzten, ärmellosen Tappert und ein weites Wams mit an der Unterseite offenen, geschnürten Ärmeln über einem weiten Hemd. Mit der Rechten vor dem Bauch hält er Handschuhe, mit der erhobenen Linken einen Rosenkranz.

Im rechten Wappenschild eine Hausmarke: ein beidseitig nach unten angewinkelter Sparrenfußschaft, nach oben spitz abgewinkelt, mit Mittelkreuzsprosse und Kopfschragen[129]; die Frau im Halbprofil, nach rechts dem Mann zugewandt. Ihre Hände liegen vor dem Bauch an der Oberkante des Schildes auf einem aufgeschlagenen Buch. Sie trägt eine tuchähnliche Haube mit Kinnband, ein schlichtes, am Hals v-förmig ausgeschnittenes Mieder, darüber einen am Hals mit einer Fibel geschlossenen Umhang[130].

Schriftband links:

Vlrich Fugger, ein Bruder Hansen fuggers, welcher / funff Sun Eelichen vberkomen, die all heuszlich / alhie gewonet haben.

Schriftband rechts:

Radigunda Mundsamin, Vlrichenn / Fuggers Eeliche hausfraw.

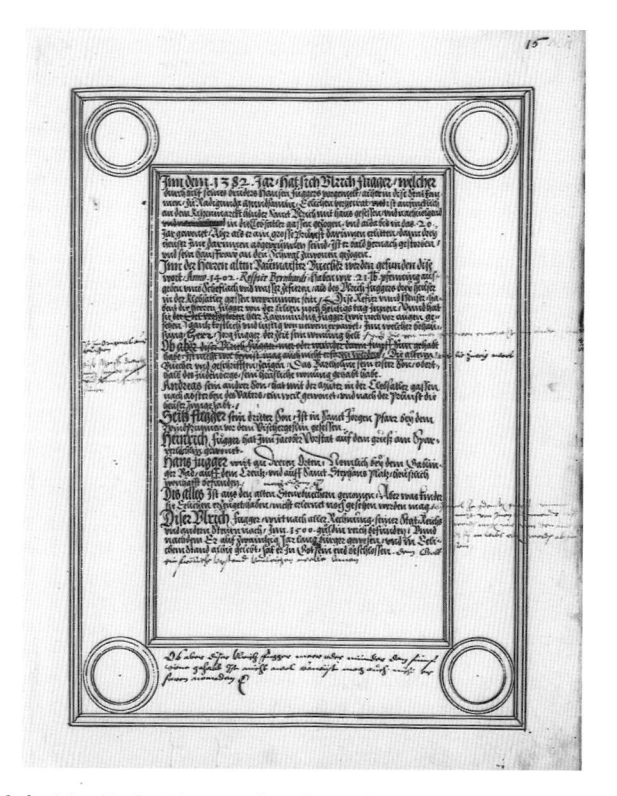

fol. 11r (16): Biographische Erläuterung:
Ulrich Fugger und seine Söhne

(Endfassung: fol. 11v–12r)

Textseite: Rahmen nur in den Randleisten, nicht in der Füllung ausgeführt.

Inn dem .1382. Jar, Hat sich Vlrich fugger, welcher[131] / *durch hilf seines bruders Hansen fuggers vorgemelt, alher in dise Stat kom- / men, zu Radigunda mundsamin, Eelichen verheirat, vnd*[132] *ist anfencklich / an dem Kitzenmarckt hinder Sanct Vlrich mit haus geses-*

---

tern vnd Sune / h[er]nach zu setze[n], wie die an deme plat uide[r] steen / vnd nachmallen, erst vlrichen fugger sein khind[er] also / d[az] der and[er] tail diss platthern, vnd danach Hannss fuggers / khind[er] mit 2 platthernn.

[127] Darüber von Hand D, gestrichen: *diss blat soll leer pleibe[n], damit mer Zu vbrige[n] so rihten mocht werde[n] / gesetz[et] wurde vnd solln diße figurn hineben gesetst werd[en], an den / vmbschlag dess entgegen steenden plats.*

[128] In das Wappen von Hand C: *Der gantz schült / gelb dasz Vbere / schwartz sambt dem / Ringlein*; an der Unterkante: *Rot*.

[129] Im Wappen von Hand C: *Der schült / gelb das Vbe / rige schwartz*; an der Unterkante: *Blau*.

[130] In Blei Textseitenrahmung.

[131] Bis hierher größer.

[132] Gestrichen.

sen, vnd nachuolgend / vnd nachuolgend¹³³ in die
Clebsatler gassen gezogen, vnd alda bis in das .20. /
jar gewonet, Aber als er ain grosse Prunst darinnen
erlitten, dann drey / heuser Jme darinnen abgeprunnen
seind, Jst er bald hernach gestorben, / vnd sein
hausfraw an den Schwal zuwonen gezogen. //

*Jnn der Herren alten Baumaister Buecher werden
gefunden dise¹³⁴ / wort, Anno .1402. Respice Bernhardi¹³⁵
haben wir .21 [lb.]¹³⁶ pfenning auf- / geben vmb
Scheflach vnd wasser zefieren, als des Vlrich fuggers
drey heuser / in der Klebsatler gassen verprunnen sein,
Dise Refier vnnd Heuser ha- / bent die herren fugger
von der Lilien noch heutigs tag Jnnen, Vnnd hat /
sie der Edel wolgeboren¹³⁷ herr Raymundus fugger (wie
noch vor augen ge- / sehen) gantz kostlich vnd lustig
von newem erpawet, Jnn welcher behau- / sung, Herr,
Jorg fugger der zeit sein wonung helt.¹³⁸ //*

*Ob aber¹³⁹ diser Vlrich fugger, mer oder minder
dann funff Sun gehabt / habe, Jst nicht wol bewist,
mag auch nicht erfaren werden.¹⁴⁰ Die altenn¹⁴¹ /
Buecher vnd geschrifften zeugen, Das Bartholme sein
erster Son obert- / halb des Judenbergs, sein heusliche
wonung gehabt habe. //*

*Andreas¹⁴² sein andrer Son, hat mit der muter in der
Clebsatler gassen / nach absterben des Vaters, ein weil
gewonet, vnd nach der Prunst die / heuser Jnngehabt. //*

*Seitz fugger¹⁴³ sein dritter Son, Jst in Sanct Jorgen
pfarr bey dem / Windprunnen vor dem Vischergeslin
gesessen. //*

*Heinrich¹⁴⁴ fugger hat Jnn Jacober Vorstat auf dem
griesz am Spar- / erbächlin gewonet. //*

*Hans Fugger¹⁴⁵ wirt an dreien Orten, Nemlich bey
dem Gablin- / ger Bad, auff dem Creutz, vnd auff Sanct
Stephans Platz, heuszlich / wonhafft befunden.¹⁴⁶ //*

*Dis alles¹⁴⁷ Jst aus den alten Steurbuechern genomen,
Aber was kinder / sie Eelichen erzeuget, haben,
nicht erlernet noch gesehen werden mag.¹⁴⁸ //*

*Diser Vlrich¹⁴⁹ fugger, wirt nach aller Rechnung,
seiner Stat, Reichs / vnd andern Steurn nach, Jnn
.1500. guldin reich befunden, Vnnd / nachdem Er auf
zwaintzig Jar lang burger gewesen, vnd in Eeli- / chem
Stand alhie gelebt, hat er Jn Got sein end beschlossen.¹⁵⁰ //*

fol. 11v (17): Die Söhne Ulrich Fuggers des
Älteren

Vater: fol. 10v
(Endfassung: fol. 12v)

Fünf Dreiecksschilde und Porträts in Halbfigur mit Schriftband
so auf der Seite angeordnet, daß vier in den Ecken, eines im
Zentrum stehen; die aufrechten Wappenschilde jeweils mit der
zweiten Hausmarke der Fugger, mit Ring¹⁵¹.

Links oben Bartholomäus etwas nach links gewandt, seine
Arme vor dem Bauch leicht verschränkt, so daß die Hände
erkennbar bleiben. Der verzerrte Blick geht nach links aus der
Bildebene heraus. Über halblangem Haar ein breitkrempiges
Pelzbarett mit einer großen Feder hinten, über einem Wams
eine kragenlose, weite, offene Jacke; im Schriftband:

---

¹³³ Zwei Wörter gestrichen.
¹³⁴ Bis hierher größer, von Wort zu Wort verringert.
¹³⁵ Ab *Anno* von Hand B.
¹³⁶ Kürzung: *lb* mit Querstrich durch die Oberlängen; zu lesen: Pfund.
¹³⁷ Drei Wörter gestrichen.
¹³⁸ Hier anschließend von Hand D: *vnd die mit mer gebewen erweit[er]t an baiden ...*
¹³⁹ Bis hierher größer.
¹⁴⁰ Dieser Satz im Text mit schwarzer Tinte gestrichen. Dazu links von Hand C: *Jst im Original aus / gelassen.* Darunter von Hand D, gestrichen: *Dise schrift deucht / mich stende basz / vnd[er] Vlrich fuggers / sünen.* Von Hand C mit Zeichen auf die Zielstelle: *wonhafft befunden,* der Satz am Seitenende wiederholt: *Ob aber diser Vlrich fugger meer oder münder dan fünf / sone gehabt Jst nicht wol bewüst mag auch nicht er / faren werden.*
¹⁴¹ Unterstrichen, am Rand von Hand C: *aber die zuuorig andere.*
¹⁴² Dies größer.
¹⁴³ Bis hierher größer.
¹⁴⁴ Dies größer.
¹⁴⁵ Bis hierher größer.
¹⁴⁶ Hierher die gestrichene Passage *Ob aber* versetzt, dazu von Hand C: *nach disem.*
¹⁴⁷ Bis hierher größer.
¹⁴⁸ Hier anschließend von Hand D: *ab[er] wol Zu gedenken gwest dennach / nicht von Jnen khommende erb... / werden mog[en] wer von dem and[ern] d[az] / sy on leibs erb[en] werd[en] abgang[en] sein.*
¹⁴⁹ Bis hierher größer.
¹⁵⁰ Von Hand C: *Dem Gott ein fröliche Vrstend Verleihen welle Amen.*
¹⁵¹ In Blei Textseitenrahmung skizziert.

Bartholme fugger Vlrichen fuggers Erster Son

Oben rechts Andreas Fugger, annähernd im Profil von links; der Blick nach vorn, d.h. zur Figur des Bartholomäus; der rechte Arm undeutlich, wohl unter dem offenen, schaubenartigen, jedoch kragenlosen Überrock verborgen, die auf den Schild aufgelegte Linke hält einen Umschlag. Er trägt einen kurzen Vollbart und halblange, in der Stirn kurze Haare, darauf einen flachen, runden, breitkrempigen Hut. Im Schriftband:

Andreas fugger, Vlrichen fuggers anderer Son.

Im Bildzentrum Seitz Fugger, leicht nach rechts gewandt, der Blick aus den Augenwinkeln nach links; über schulterlangem Haar eine Fellmütze, deren Krempe über den Ohren lang herabgezogen ist; unter einer kragenlosen Schaube ein Hemd und eine Schürze, die mit dünnen Trägern hinter dem Hals befestigt scheint. Aus dem Gürtel ragt der Knauf eines Dolches. Die Linke hält wohl ein Buch, die Rechte stützt sich auf ein Garnbündel. Im Schriftband:

Seitz Fugger, Vlrichen Fuggers dritter Son

Unten links Heinrich Fugger von rechts im Profil; um dem Wappenschild im Zentrum auszuweichen, ist die Figur deutlich aus der Achse des zugehörigen Schildes nach links verschoben, so daß die Rückenpartie hinter dem Schild herabhängt. Der rechte Arm ruht mit geöffneter Hand auf dem Wappenschild, die Linke ist greifend nach vorn geöffnet erhoben. Er trägt langes Haar und eine Kappe mit engem Nackenteil und Ohrenlaschen, über einem vor der Brust geknöpften Wams eine Schaube. Im Schriftband:

Heinrich fugger, Vlrichen fuggers vierter Son

Unten rechts im Profil von links, so daß der Blick jenen der eben beschriebenen Figur trifft, der fünfte Sohn Hans; linker Arm und Hand ruhen auf dem Schild, die Rechte ist in einer zeigenden Aufwärtsbewegung nach vorn gestreckt. Über halblangem, lockigem Haar ein Barett mit hinten breit hochgezogener Krempe; Wams und Schaube nur skizziert; am rechten Arm ein Dolchgriff angedeutet; im Schriftband:

Hanns fugger, Vlrichen fuggers funffter vnd / letster Sone.[152]

Am unteren Seitenende, zwischen den beiden unteren Wappenschilden ein Schriftfeld:

End der ersten lini[en].

fol. 12r (18): Heinrich Meuting und Anna Fugger; Kunigunda Fugger

Vater: fol. 9v
(Endfassung: fol. 13r)

Oben ein Schriftrahmen:

Anfang der andern Linien

Drei blattwerkgeschmückte Dreieckschilde und Porträts dergestalt angeordnet, daß oben ein Allianzbild, darunter, eingerückt zwischen die oberen Wappen, das fast zum Brustbild reduzierte dritte Porträt mit einem hinter dem unteren Schild durchlaufenden, links und rechts beschriebenen Schriftband gegeben ist; im Schild oben links ein nach links steigender, zungender, oberhalber Bär mit Halskette[153]. Der im Halbprofil nach links gewandte Mann blickt zur Frau; über einem Wams mit Schmuckschließen und ebensolchem Gürtel ein Umhang und darüber eine Gugel mit einer nach hinten lang auslaufenden Kapuze. Er hat einen Vollbart; die Arme am Körper angewinkelt, die Hände vor dem Bauch nach vorn geöffnet.

Der durch eine Kordel mit dem des Mannes verbundene Schild der Frau zeigt die fuggersche Hausmarke ohne den Ring[154]. Die Figur im Profil von links, ihr Blick geht nach rechts und trifft den des Mannes. Die Frau trägt das Haar unter einer eng anliegenden Haube, über dieser eine bis auf die Schultern reichende, den Hals und die Schultern eng umschließende, kapuzenartige Haube mit Kinnband. Unter einer Jacke mit weiten, halblangen, an den Säumen pelzbesetzten Ärmeln ist ein Hemd mit engeren Ärmeln erkennbar. Die Arme sind angewinkelt, jedoch in einer deutlichen Vorwärtsbewegung mit geöffneten Händen[155].

Schriftband oben links:

Heinrich[156] *Meiting, wellicher Hansen fuggers Eeliche Tochter / zu ainem Eelichen weib gehabt. HEC*[157] *LeibgedingBuch*[158].

Schriftband oben rechts:

---

[152] Zwischen den beiden unteren Schilden von Hand C: *Alle dise feldung / sollen gelb sein Vnd die / zaichen sambt den Ringlen / schwartz auch oben vnd wider / Pluemwerkh Rhot.*

[153] In der Figur von Hand C: *schwartz*, neben dem Ring der Halskette: *diser ring / weisz / Die Vberige / feldung / gelb*; in der Halskette: *Gelb*; an der Unterkante des Schildes: *Blab*.

[154] Im Schild von Hand C: *wie andrer*.

[155] In Blei Textseitenrahmung skizziert.

[156] Über dem Band eine gestrichene Notiz, wohl von Hand D.

[157] Dies zunächst in Kapitalis, dann gestrichen, von Hand C unter der Zeile: *hec*.

[158] *B* überschrieben über *b*.

Anna fuggerin Hansen fuggers Eeleipliche Tochter aus / seiner ersten hausfraw Eelich geboren[159].

Unten erneut das erste Zeichen der Fugger[160], darüber mit deutlich feinerem Federstrich das annähernd frontale Brustbild einer Jungfrau; ihr Blick nach vorn links aus der Bildebene heraus; ihre Rechte ruht auf dem Schildrand, während die nach oben geöffnete Linke mit leicht angewinkeltem Arm nach links weist. Im offenen, langen, lockigen Haar ein Blätterkranz; ein weit ausgeschnittenes Mieder mit halbrund abgesetztem Bruststück; im Schriftband links und rechts des Wappens:

Junckfraw Kunigunda, Hansenn / fuggers aus der Widolffin eelichen / erboren, andre vnd letste tochter, wel- / liche ledig gestorben, vnd habenn // baide Hannsen fuggers Tochtern, vber / Jr vermachte hab vnd mueterlich / Erb, hansen Schmucker vn[d] / Herman Breischuch Zu Pflegern gehabt. Hec[161]

fol. 12v (19): Andreas Fugger und Barbara Stammler

Vater: fol. 9v
(Endfassung: fol. 13v, 168v)

Oben ein Schriftrahmen:

Dieweil Andreas fugger der eltist Son Hansen fuggers gewe- / sen, musz Jch Jn (ob er schon der Lilien nicht zugehorig) auf / das der gesenckt Stammen auch verstendtlich pleib, vorsetzen.

Allianzbildnis: die Wappen in blattwerkgeschmückten Dreieckschilden, durch eine sich verknotende Kordel verbunden; links das erste Hauszeichen der Fugger[162]; darüber im Halbprofil von rechts ein vollbärtiger Mann; die Blickrichtung undeutlich skizziert, wohl nach links aus dem Bild heraus. Die rechte Hand liegt hinter dem Schildrand, die linke ist in Richtung der Frau greifend in Brusthöhe erhoben. Der Mann trägt eine Pelzkappe, deren seitliche Krempen mit einer Art Halstuch nach hinten gebunden sind, dazu über einem weiten Wams eine Schaube mit Pelzkragen und kurzen weiten Ärmelansätzen.

Rechts im ungeteilten Schild ein Baumstamm mit vier Aststümpfen[163]; darüber im Halbprofil von links eine Frau, den Blick nach vorn zum Mann hin; die Hände vor dem vorgewölbten Bauch ineinander gelegt, am linken Handgelenk ein Rosenkranz. Sie trägt eine am Hinterkopf kugelförmige Haube, bei der das hintere Tuchende breit um das Kinn gelegt und wohl auf Höhe des rechten Ohres befestigt ist, sowie ein Mieder mit weiten Ärmeln, die in engen Manschetten enden; Brust und Ausschnitt halbrund abgesetzt, dazu ein Kleid; im Ausschnitt ein Schmuckband erkennbar[164].

Schriftband links:

Andreas[165] *fugger, Hansen fuggers erster Son, Wellicher / neun kinder Eelichen erzeuget hat, von welchen Jnn dem / andern tail dises Eernbuchs gehandlet wirt.*

Schriftband rechts:

Fraw Barbara Stamlerin, herren[166] *Andreas- / sen Fuggers Eeliche hausfraw.*

fol. 13r (20): Michael, Peter und Hans Fugger

Vater: fol. 9v
(Endfassung: fol. 14r)

Drei blattwerkgeschmückte Dreieckschilde und Halbporträts so auf der Seite angeordnet, daß zwei oben nebeneinander und eines unten, z. T. in den Raum zwischen den oberen eingerückt, stehen: jeweils das erste Zeichen der Fugger[167]. Die Porträts zeigen junge Männer, jeweils mit langem, lockigem Haar und mit Blätterkränzen. Alle drei tragen jeweils ein an den Oberarmen gepufftes, geschlitztes und zerhauenes, an den Unterarmen enges, am Oberkörper geschlitztes und links zusätzlich zerhauenes Wams, darunter ein hochgeschlossenes, am Hals geschnürtes Hemd. Am Gürtel links ist jeweils ein Dolch erkennbar.

Die Figur oben links im Halbprofil von rechts; der Blick geht nach links zu der zweiten Person hin, der rechte Arm in der Hüfte aufgestützt, der linke leicht angewinkelt, greift jedoch nach vorn.

Die Figur oben rechts im Dreiviertelprofil von links; ihr Blick geht im Profil nach rechts zur ersten Figur. Die Arme angewinkelt, der rechte wohl abgespreizt, wobei die Hand den Dolchgriff hält. Linker Unterarm und linke Hand ruhen auf der Schildkante.

Die Figur unten frontal zum Betrachter; der leicht geneigte Kopf blickt nach links; der rechte Arm mit dem Handrücken in die Hüfte, der linke locker auf die äußere Kante des Wappenschildes gestützt[168].

---

[159] Durch Überschreibung aus *erboren*.
[160] Dazu von Hand C: *wie die Anderen*.
[161] Kein Freiraum.
[162] Dazu von Hand B/C: *Vt alia*.
[163] In dem Stamm von Hand C: *schwartz*, im Feld: *feldung Gelb / plummwerkh / oben vnd Vnten / Blab*.
[164] In Blei Textseitenrahmung; Bleiskizzen unter den Federzeichnungen; am unteren Seitenrand mit Blei: *end / 8*.
[165] Vor der Zeile auf Rasur: *H*.
[166] Dies gestrichen.
[167] Im Schild links oben von Hand B: *Vt Reliquo*.
[168] Federzeichnungen auf Bleiskizzen. In Blei Textseitenrah-

Schriftband oben links:

Michel fugger Hansen fuggers Eelicher / Son, ist ledig gestorben.

Schriftband oben rechts:

Peter fugger, Hansen Fuggers Eelich- / er Son, ist Jung gestorbenn.

Unten ist das Schriftband hinter dem Rücken der Figur hindurchgeführt und auf beiden Seiten beschrieben:

Hans fugger, Hansen // fuggers Eelicher // Son, ist in der Jugent // gestorbenn.

fol. 13v (21): Jakob Fugger der Ältere und Barbara Bäsinger

Vater: fol. 9v; Kinder: fol. 14v–20r
(Endfassung: fol. 14v)

Oben ein Schriftfeld:

Jetzund volget Jacob fugger, sambt seinen kindern vnd / kinds kindern in guter ordnung der Lilgen, nachein-and[er].

Darunter ein Allianzbildnis: die Wappen in einander zugeneigten, blattwerkgeschmückten Fünfeckschilden, wiederum durch eine sich verknotende Kordel verbunden; im linken Schild – nicht umgekehrt – das zweite Zeichen der Fugger (mit Ring), darüber im Halbprofil von rechts ein älterer Mann mit langem Vollbart und halblangen Haaren. Er trägt ein Barett mit breiter, pelzbesetzter Krempe, eine an den Bündchen pelzbesetzte Jacke und einen über der rechten Schulter geknöpften Radmantel. Der Blick geht nach links zu der Frau hin, die rechte Hand greift in den Bart, die linke nach vorn in Richtung der Frau.

Im rechten Schild als Hausmarke eine große Majuskel Z mit einer kleineren Majuskel B links oben[169]. Die Frau ist im Halbprofil von links gegeben, ihr Blick geht aus den Augenwinkeln zum Betrachter. Sie trägt eine Kugelhaube mit Kinnbinde, ein vor dem Bauch gegürtetes, halbärmeliges, am Hals ausgeschnittenes Kleid und einen fellgesäumten, vor der Brust geknöpften Umhang. Die rechte Hand hält den Umhang vor dem vorgestreckten Bauch, die linke liegt leicht ausgestreckt mit dem Handrücken hinter dem Schild auf[170].

Schriftband links:

Herr[171] *Jacob fugger, Hansen fuggers aus dem andern weib / so ein Gfattermennin gewesen, Eelichen geboren, wel- / licher ailf kinder Eelichen erzeuget hat.*

Schriftband rechts:

Fraw Barbara Bäsingerin, Herren[172] *Jorgen*[173] *Bäsin- / gers Muntzmaisters alhie*[174]*, Eeliche Tochter, vnd / Jacoben fuggers Eelicher gemahel.*[175]

Am unteren Seitenrand ein Schriftrahmen:

End der andern Linien

---

mung skizziert; unten auf der Seite mit Blei: *anfang / 9 (?)*; oben auf der Seite mit Blei, Schäfte verschränkt: *NB*.

[169] Dazu von Hand C: *die feldung schwartz / das zaichen weisz / sambt dem B die / Blumwerkh*[en] */ gelb*.
[170] Textseitenrahmung in Blei; Bleiskizzen.
[171] Dies gestrichen.
[172] Dies gestrichen.
[173] Dies gestrichen, über der Zeile von Hand C: *Vlrichen*. Rechts (z. T. überklebt) von Hand D: *vlric....*
[174] Schwarz gestrichen, am Rand von Hand D: *zu augspurg*.
[175] Letzter Buchstabe des vorletzten Wortes und das letzte Wort gestrichen; unter der Zeile von Hand D: *hausfraw*.

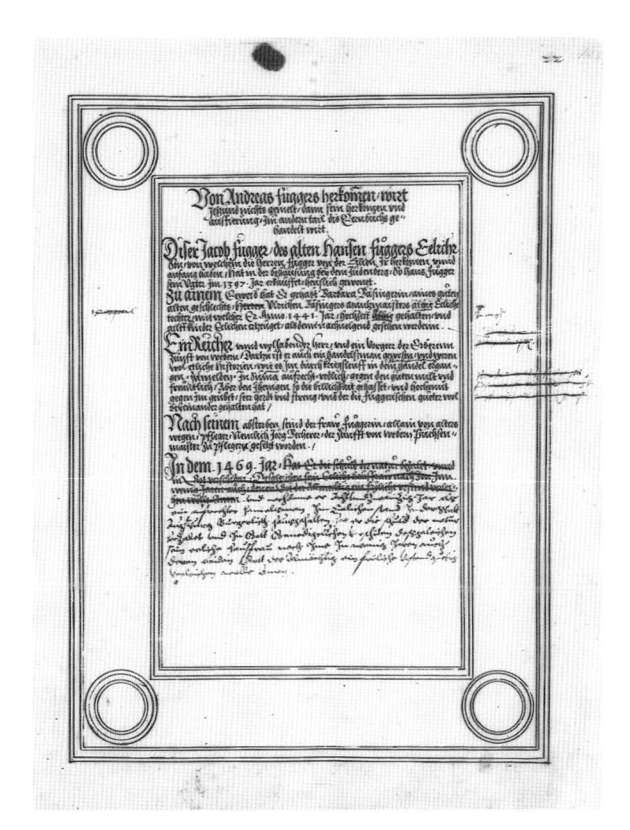

fol. 14r (22): Biographische Erläuterung:
Jakob Fugger der Ältere

(Endfassung: fol. 15r–15v)

Textseite: Rahmen nur in den Umrandungen ausgeführt.

Von Andreas fuggers herkom[m]en wirt[176] / jetzund nichts gemelt, dann sein herkomen vnd / auffierung Jm andern tail dis Eernbuchs ge- / handelt wirt. //

Diser Jacob fugger, des alten Hansen fuggers Eelichr[177] / Son, von welchem die Herren fugger von der Lilien Jr herkomen vnnd / anfang haben, Hat in der behausung bey dem Judenberg, So Hans fugger / sein Vater Jm .1397. Jar erkauffet, heuslich gewonet. //

Zu ainem[178] Eeweib hat er gehabt Barbara Bäsingerin, aines guten / alten geschlechts, Herren[179] Vlrichen Bäsingers muntzmaisters alhie[180] Eeliche / tochter, mit welcher er Anno .1441. Jar hochzeit alhie[181] gehalten, vnd / ailff kinder Eelichen ertzeuget, als denn nachuolgend gesehen werdenn[182]. //

Ein Reicher[183] vnnd wolhabender Herr, vnd ein Vorgeer der Erberenn / zunft von webern, Dartzu ist er auch ein handelszman gewesen, vnd weren / wol etliche Historien, wie es Jm durch kriegsleuff in dem[184] handel ergan- / gen, Zue[185] melden, Jn Sum[m]a aufrecht, redlich, gegen den guten milt vnd / freuntlich, Aber den Jhenigen so die billichkait gehasset, vnd hochmut / gegen Jm geubet, seer herdt vnd streng, vnd der die fuggerischen gueter wol / beyeinander gehalten hat.[186] //

Nach seinem[187] absterben seind der fraw Fuggerin, allain von alters / wegen, pfleger, Nemlich Jörg Becherer, der Zunfft von webern Puchsen- / maister zu Pflegern[188] gesetzt worden. //

Jn dem .1469. Jar,[189] Hat Er die schuld der natur bezalet, vnnd / in Got verschiden. Desgleichen sein Eeliche hausfraw nach Jm Jnn / wenig Jaren auch, denen Got der Allmechtig ein fröliche vrstend verlei- / hen wolle, Amen. //[190]

fol. 14v (23): Ulrich Fugger und
Veronika Lauginger

Vater: fol. 13v; Kinder: fol. 20v–24v
(Endfassung: fol. 16r)

---

176 Bis hierher größer. Absatz links und rechts eingezogen.
177 Sic! Bis hierher größer.
178 Bis hierher größer.
179 Gestrichen, am Rand eine wegen Streichung unleserliche Notiz.
180 Unterstrichen, über der Zeile von Hand D: *zu augspurg.*
181 Gestrichen, am Rand von Hand D: *zu augs[purg].*
182 Hierzu am Rand von Hand D, gestrichen: *D[er] khind[er] nam[en] / solt[en] gemelt werd[en].*
183 Bis hierher größer.
184 Über der Zeile von Hand C: *kaufmanns.*
185 Im Oberband: *e.*
186 Neben dem Absatz von Hand D, gestrichen: *Nota Jn d[er] vorlest .. solt Jr / find[en] ... diß[er] vber and[er] nach h[ern] / zunfftmaist[er] vnd e... gewest.*
187 Bis hierher größer.
188 Letzter Buchstabe gestrichen.
189 Bis hierher größer.
190 Absatz bis auf das Datum gestrichen, darunter im Anschluß von Hand C: *vnd nachdeme er AchtVndZwainZig Jar als / ein aufrechter handelesman Jm Eelichen stand Jn der Statt / Augspurg Burgerlich hausgehalten, hat er die schuld der natur / bezalet vnd jn Gott Genedigelichen Verschiden dessgleichen / sein eeliche hausfrau nach Jme Jn wenig Jarrn auch / denen baiden Gott der Almächtig ein fröliche Vrstend guetig / verleihen wolle Amen.*

Oben ein Schriftrahmen:

Anfang der dritten Linien, die do Ja- / coben fuggers kinder in sich heltet[191]

Allianzbildnis: die sich an den Oberkanten berührenden, blattwerkgeschmückten Fünfeckschilde mit sich verknotenden Kordeln verbunden; im linken Wappen das Lilienwappen der Fugger von der Lilie[192]; der Mann im Halbprofil von rechts: Er hat halblanges Haar, jedoch keinen Bart. Er trägt ein pelzbesetztes Barett und über einem vor der Brust geschnürten Wams eine Schaube mit halblangen, weiten Ärmeln und einem im Nacken breiten Pelzkragen. Die Arme angewinkelt; die rechte Hand hält in Bauchhöhe ein eingerolltes Schriftstück, während die Fingerspitzen der linken vor dem Bauch am Kragen der Schube liegen; der Blick nach vorn zur Frau hin gesenkt.

Im rechten Wappen ein erhobener Klauenflügel[193]; das Frauenporträt im Halbprofil von links. Sie trägt eine nach hinten weit ausladende Haube mit Kinnband, ein ausgeschnittenes Mieder mit rundem Bruststück über einem Hemd und einen vor der Brust mit einer Hakenschließe geschlossenen Umhang, außerdem im Ausschnitt eine grobgliedrige Kette. Ihre vor dem vorgewölbten Bauch gebetsartig aneinandergelegten Hände halten einen Rosenkranz. Der Blick geht nach vorn, jedoch an dem Mann vorbei[194].

Schriftband links:

Herr Vlrich fugger, Herren Jacob[en] fug- / gers erstgeborner Eelicher Sone, wel- / licher neun kinder eelichn[195] *erzeuget hat.*

Schriftband rechts:

Fraw Veronica Laugingerin, herren / Vlrichen fuggers Eelicher gemahl[196]

fol. 15r (24): Biographische Erläuterung: Ulrich Fugger

(Endfassung: fol. 16v–18r; Textübertragung nicht erfolgt)

Textseite: Rahmung nur in den Umrandungen ausgeführt[197].

Herr Vlrich fugger, Jacoben Fuggers erstgeborner Sone,[198] */ welcher sich zu Herr Hansen Laugingers tochter Anno .1479. Eelichen ver- / heirat, vnd alhie*[199] *hochzeit gehalten, Wolf Pfister vnd Jörg Muelich haben die / Praut zu Kirchen gefieret. Neun kinder hat er Eelichen erzeuget,*[200] *welche er den / merern tail vnder den Adel verheirat, vnd mit reichen heiratsguetern bersehen*[201] */ hat, Jm haus b*[202] *gewonet. //*

Diser Vlrich[203] *fugger, hat sich mit seinen Bruedern Jn ein geselschafft, / den handel zufieren, zusamen gethon, Vnd fiengent an mit Seidin, Specerey, / vnd wullin gewand zu handln, welches der Zeit der gröst handel gewesen, Vnnd / do es Jnen also glucklich begunte von state zugeen, Auch Endris, marx, Hans / vnd Peter*[204] *gestorben warent, da namen vnd berufften diser Vlrich vnd Jörg den / Jungsten bruder Jacob genant, zu sich in den handel, der ein Chorherr zu Herrie- / den*[205] *was, welcher Jnen gehorsamet, vnd die Pfrie[n]d renuncieret, vnd zu Jnen / alher kame,*[206] *Vnd hat sich des fuggerischen handels dermassen angenomenn, / das Jm alle fugger von der Lilien billich dancksagen*[207] *mögen, alsdann an sei- / nem ort daruon beschriben steet. //*

Dise vorgemelte[208] *drey Herrn vnd gebrueder, Vlrich, Georg vnd Jacob die fug- / ger, Habent sich auch, auff das Jr der Fuggerisch handel in kunfftig Zeit dester be- / stendiger beleiben möcht, dermassen verainet vnd verschriben, Nemlich, Das / Jre Erben vnd Nachkomen, was mansstam[m]ens vnd Namens aus Jnen ge- / boren, vnzertailt in dem handel beleiben,*

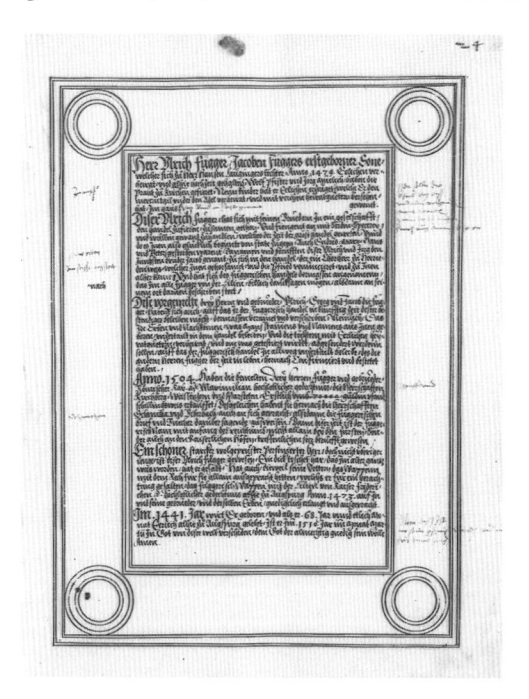

---

[191] Erstes *e* gestrichen, unter der Zeile: *a*.
[192] Im Blattwerk des Schildes oben und unten von Hand C: *Rot*; im linken Feld: *wie die ordiner[en] / farben / gelb vnd / blau abthailt*.
[193] Im Flügel von Hand C: *diser gantz fuer gelb*. Im Feld: *dise gantz feldung / schwartz dasz bluem / werrkh gelb*.
[194] Etwas nach unten versetzt Wappenschilde in Blei angelegt; Textseitenrahmung skizziert; Bleiskizzen.
[195] Sic!
[196] Letzter Buchstabe des vorletzten Wortes und das letzte Wort gestrichen; unter der Zeile von Hand D: *hausfraw*.
[197] Oben links am Rand mit Blei undeutlicher Vermerk in Form einer liegenden 8.
[198] Bis hierher größer.
[199] Durch Unterstreichung getilgt, am Rand von Hand D: *zu augs[purg]*.
[200] Hierher rechts in der Rahmung von Hand D: *da solln die / khind[er] bey diss / vnd alln volgend[en] / gnant werde[n] / d[az] man dester richer / h[er]nach mög darauss khom*.
[201] Sic!
[202] Hiernach eine längere Lücke, am Zeilenende von Hand A: *gewonet*. In dem Freiraum von Hand D: *on kind[er]n betagt gewont*.
[203] Bis hierher größer.
[204] Am Rand von Hand D: *one erben*.
[205] Am Rand von Hand D: *Jm stifft aichstett*.
[206] Im Wortzwischenraum eine Rasur.
[207] Am Rand von Hand A: *nach*; zu lesen: *dancknachsagen*.
[208] Bis hierher größer.

Vnd die töchtern mit Eerlichen hey- / ratguetern, verheirat, vnd one was getestiert wirdet, abgesondert werdenn / sollen, auff das der fuggerisch handel Jn allweg vnzertailt beleibe, des die / andern Herren fugger der Zeit in leben, hernach Confirmiert vnd bestetet / haben. //

Anno .1504.[209] *Haben die bemelten Drey Herren fugger vnd gebrueder, / Römischer Kay*[serlicher] *m*[aieste]*t Maximilian hochloblicher gedechtnus, die*[210] *Herrschaften / Kirchberg, Weissenhorn vnd Marsteten, Erstlich vmb .70000. guldin*[211] *pfand / schillingsweis erkauffet, Desgeleichen habent sie hernach die Herrschafften / Schmiha*[212] *vnd Biberbach, auch an sich gepracht, alszdann die fuggerischen / brief vnd Buecher daruber sagende, ausweisen, Dann diser Zeit ist der fugge- / risch Nam mit anfang der reichtumb, nicht allain bey den fursten, Son- / der auch an den kaiserlichen Hofen, treffenlichen seer berueft gewesen. //*

Ein schöner,[213] *starcker wolgeprufter Personierter Herr, doch nicht vberiger / lenge, ist diser Vlrich fugger gewesen, Ein dick toschet har, das Jm alter gantz / weis worden, hat er gehabt, Hat auch, dieweil seine Vettern das Wappenn / mit dem Rech fur sie allain aufgepracht hetten, welchs er fur ein verach- / tung gehalten, das fuggerisch Wappen mit der Lilien von Kaiser Frideri- / chen* [etc.] *hochloblicher gedechtnus alhie*[214] *zu Augspurg Anno .1473. auf Jn / vnd seine gebrueder, vnd derselben Erben, gnedigclich erlangt vnd aufgepracht. //*

Im .1441. Jar[215] *wirt Er geboren, vnd als er .68. Jar vnnd etlich mo- / nat Eerlich alhie zu Augspurg gelebet, Jst Er Jm*[m] *.1530. Jar im*[m] *Monat Mar- / tij Jn Got von diser welt verschiden, dem Got der almechtig gnedig sein wolle / Amen*[216]*. //*

fol. 15v (28): Konrad Meuting und Barbara Fugger

Vater: fol. 13v
(Endfassung: fol. 22v) Für das Wappen des Mannes vgl. fol. 12r

Allianzbildnis: die einander zugewandten, blattwerkgeschmückten Fünfeckschilde durch sich verschränkende Bänder miteinander verbunden; links ein oberhalber, nach links steigender, zungender Bär mit Halskette und Ring; darüber im Halbprofil von rechts ein bartloser Mann mit halblangen Haaren. Er trägt ein breitkrempiges Barett, ein vor der Brust locker geschnürtes Wams sowie eine Schaube mit weiten Ärmelschlitzen und breit umgeschlagenem Pelzkragen; die rechte Hand vor dem Bauch leicht nach oben geöffnet, die linke zeigt nach vorn links, in Richtung der Frau. Auch der Blick geht zu dieser hin.

Im rechten Schild das Lilienwappen der Fugger, darüber annähernd im Profil von links eine Frau mit wie zum Gebet vor dem Bauch gefalteten Händen. Sie trägt ein weitärmeliges, offenbar recht weit ausgeschnittenes Mieder, darüber einen vor der Brust geschlossenen Umhang und eine Haube mit Kinnband, deren um den Hals gewickeltes Ende über die rechte Schulter fällt. Der Blick der Frau trifft den des Mannes[217].

Schriftband links:

Herr Conrat Meiting, burger zu augspurg, wel- / licher Herrn Vlrich[218] *fuggers Eeliche tochter / zu der Ee gehabt, vnnd kinder Eelichen mit / Jr ertzeuget hat.*

Schriftband rechts:

Fraw Barbara fuggerin, Herrn Vlrichenn[219] */ fuggers Eeliche tochter, vnnd Herren / Conraden Meitings Eelicher gemahel.*[220]

---

[209] Bis hierher größer.
[210] Am Rand von Hand D: *graff vnd.*
[211] Ab *vmb* gestrichen.
[212] Unterstrichen, am Rand von Hand D: *Schmichen.*
[213] Bis hierher größer.
[214] Gestrichen.
[215] Bis hierher größer.
[216] Neben dem Absatz in der Rahmung von Hand D: *Nota dißer Jst / am stain gescnit*[en] *word*[en] */ vnd nit sein brud*[er] *Jorg.*

[217] Mit Blei Textseitenrahmung angelegt. In der rechten oberen Ecke, über den Falz hinweg auf der nächsten Seite links oben von Hand D, zum Teil überklebt: *Mich dunckel d*[ie] *// khind*[er] *alle seyen / Jac*[oben] *fuggers obsten... // khind*[er] *gwest darob / merket Jn d*[er] *vber... // schrifft darauff.*
[218] Gestrichen, am Rand von Hand D: *Jacoben.*
[219] Gestrichen, über der Zeile von Hand D: *Jacoben.*
[220] Der letzte Buchstabe des vorletzten Wortes und das letzte Wort gestrichen; unter der Zeile von Hand D: *hausfraw.*

fol. 16r (25): Andreas, Hans, Markus (Marx) und Peter Fugger

Vater: fol. 13v
(Endfassung: fol. 18v–19r)

Vier blattwerkgeschmückte Dreiecksschilde und Porträts vierpässig, die Schilde zeigen jeweils das Lilienwappen; links oben im Halbprofil von rechts ein jugendlicher Mann mit langem, lockigem Haar, darin ein geflochtenes Band mit Federschmuck über der Stirn. Er trägt ein Wams und einen links vor der Brust geknoteten, hüftlangen Radmantel. Der Blick geht nach vorn zur nebenstehenden Figur. Die Arme sind am Körper angewinkelt, die nach vorn gerichtete linke Hand hält locker eine Nelke, die rechte ruht auf der Schildkante; an der rechten Hüfte hinter dem Schild hervorragend eine Messerscheide und eine Beuteltasche.

Oben rechts ein junger Mann im Halbprofil von links; die Kleidung entspricht jener der ersten Figur. Die Linke liegt bei deutlich ausgestelltem Arm einen Schwertknauf haltend am Rand des Schildes, die Rechte hält nach vorn gestreckt das herunterhängende Ende des zugehörigen Schriftbands. Der Blick geht aus den Augenwinkeln zum Betrachter.

Unten links im Halbprofil von rechts ein etwas älterer, unrasierter Mann; er trägt schulterlanges, lockiges Haar unter einem Barett und einen hüftlangen Radmantel aus Pelz, eine sog. Almutie, wohl über einem Wams. Der Blick geht leicht nach oben; die Arme am Körper angewinkelt, die rechte Hand nach oben geöffnet vor dem Bauch, die linke greift in die auslaufenden Enden des zugehörigen Schriftbandes.

Unten rechts fast frontal ein weiterer junger Mann; dieser trägt halblanges Haar und eine an der Seite zu einem fransigen Zipfel geknotete Mütze mit Krempe vorn, ein hochgeschlossenes Wams mit abgesetztem, geschnürtem Bruststück und an der Unterseite längs geschlitzten Ärmeln, dazu eine dünne Kordel als Gürtel. Der Blick geht zum Betrachter. Der rechte Arm ist deutlich vom Körper abgespreizt in die Hüfte gestützt, der ausgestreckte linke greift nach dem lang herabgezogenen Ende des Schriftbandes[221].

Schriftband oben links:

Andreas fugger, Herren Vlrichen[222] *fuggers Ee- / licher Son, ist*[223] *Jung gestorbenn.*

Oben rechts:

Hans fugger, Herren Vlrichen[224] *fuggers Ee- / licher Son, ist in der Jugend*[225] *gestorbenn.*

Unten links:

Marx[226] *fugger, Herren Vlrichen*[227] *fuggers Eelicherr / Son*[228] *Jst ledig*[229] *gestorbenn.*

Unten rechts:

Peter fugger, Herren Vlrichen[230] *fuggers Eelicher Sone, ist auch in der Jugent*[231] *gestorbenn.*

fol. 16v (27): Georg Fugger und Regina Imhof

Vater: fol. 13v; Kinder: fol. 25r–28v
(Endfassung: fol. 20r)

Allianzbildnis: die einfachen Fünfeckschilde mit Blattwerk; links das Lilienwappen der Fugger, darüber im Halbprofil von rechts ein älterer Mann mit schulterlangen Locken und einem kurzen Vollbart. Er trägt ein Barett mit fellbesetzter Krempe, ein Hemd mit gefältetem Kragen, darüber ein Wams mit geschnürter Brust, eine mantelartige Schaube mit langen Ärmeln und weit über die Schulter ausladendem Pelzkragen. Die Linke hält in Bauchhöhe bei angewinkeltem Arm ein Schriftstück; der rechte Arm mit geöffneter Hand nach vorn, zur Frau hin ausgestreckt. Der leicht in den Nacken gelegte Kopf blickt nach vorn, ebenfalls zur Frau hin.

Im rechten Schild das Wappen der Imhof, der Seelöwe[232]. Darüber eine Frau im Halbprofil von links. Sie trägt eine Haube

---

[221] Mit Blei Textseitenrahmung angelegt.
[222] Gestrichen, über der Zeile von Hand C: *Jacoben.*
[223] Hierher über dem Schriftband von Hand A: *geboren Anno .1443. vnd Jm Gleger zu Venedig.*
[224] Gestrichen, über der Zeile von Hand C: *Jacoben.*
[225] Die letzten drei Wörter gestrichen; über dem Schriftband von Hand A: *geboren Anno .1445. vnd 16Järig Anno .1461. Auf Rasur.*
[226] Vor der Zeile von Hand A: *Herr.*
[227] Gestrichen, über der Zeile von Hand D: *Jacoben.*
[228] Nachgetragen: *e*; zu lesen: *Sone.*
[229] Die letzten beiden Wörter gestrichen, dafür von Hand A, flüchtig übergehend in Hand C, rechts neben und über dem Schriftband: *wirt geborn A[nn]o .1448. ist gaistlich, hat vmb d[az] er ein Augsp[vrgisch] kind / gewesen, durch eintrag des Bishofs vnd Capituls auf den thumb / nit komen möge[n], litigiret vor dem pabst, gewint auch etliche / vrtail vnd ist jn // disem handl / vor austrag / der sach[en] zu Rom / nit on arkhwon dess Gifts / gestorben.* Die Passage *nit [...] Gifts* von Hand C in einem Freiraum neben der sonstigen Ergänzung, durch eine Verbindungslinie zugeordnet. In der linken unteren Ecke mit Tinte eine Zeigehand.
[230] Gestrichen, über der Zeile von Hand D: *Jacob.*
[231] Hierzu oberhalb des Bandes von Hand A: *Jnn dem Leger zu / Nurmberg, Jn Marx / paumgartners behau / sung A[nno] .1473.*
[232] Im Wappen von Hand C: *die feldung / Roth, das Vbrige / alles gelb.*

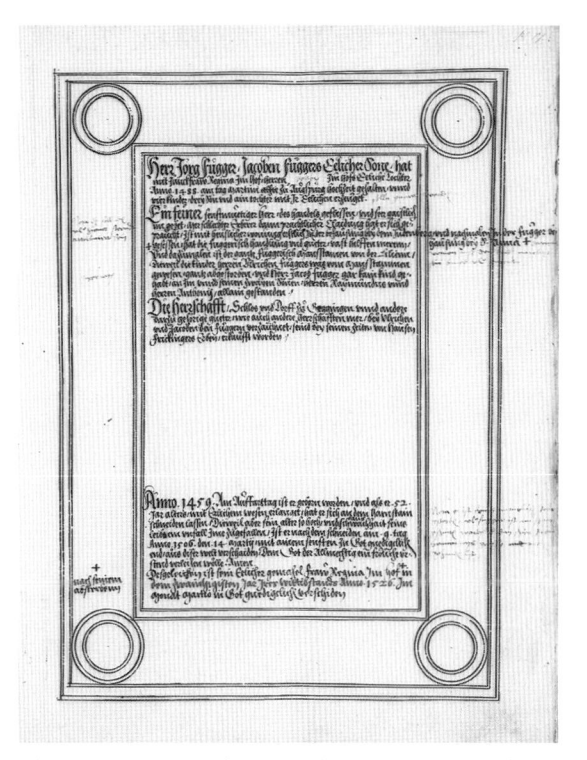

mit Kinnbinde, einen engen, am Hals hochgeschlossenen Goller, ein weitärmeliges, schlichtes Mieder, ein heller abgesetztes Kleid, darüber einen vor der Brust geschlossenen Umhang, um den Hals eine Kette mit eckigen, großen Gliedern[233]. Die Hände liegen mit leicht aneinandergelegten Fingerspitzen nach oben geöffnet auf dem Bauch.

Schriftband links:

Herr Georg fugger,[234] *durch welches Samen Got der / almechtig, den Eerliebenden fuggern Mansstammen / von der Lilgen, nicht allain erhalten, Sonnder / erhalten vnd gnedigclichen gemeret hat.*

Schriftband rechts:

Fraw Regina Jm Hof, Burgerin alhie[235]*, Herren / Georgen fuggers Eelicher Gemahel*[236]*.*

fol. 17r (–): Biographische Erläuterung: Georg Fugger

(Endfassung: fol. 20v–22r; Textübertragung nicht erfolgt)

Textseite: Rahmung nur in den Umrandungen ausgeführt.

Herr Jörg fugger, Jacoben fuggers eelicher Sone, hat[237] */ mit Junckfraw Regina Jm Hof, herren*[238] *Jm Hofs Eeliche Tochter / Anno .1488. am tag Martini alhie*[239] *Zu Augspurg hochZeit gehalten, vnnd / vier kinder, drey Son vnd ain tochter mit Jr Eelichen erzeuget*[240]*. //*

Ein feiner[241] *senftmuetiger Herr, des handels geflissen, vnd seer gaistlich / im gebet*[242]*, Mer schlechter Erberer dann prachtlicher Claidung hat er sich gepraucht, Jst mit heuslicher wonung erstlich*[243] */ gesessen, hat die fuggerisch handlung vnd gueter, vast helffen merenn, / Vnd dazumalen ist der gantz fuggerisch Mansstamen von der Lilienn, / Dieweil die kinder herren Vlrichen fuggers was vom Mansstammen / gewesen*[244]*, gantz abgestorben vnd Herr Jacob fugger gar kain kind ge- / habt, an Jm vnnd seinen zwayen Sönen, herren Raymundus vnnd / herren Anthonij, allain gestanden. //*

Die Herrschafft,[245] *Schlos vnd Dorff zu Geggingen*[246] *vnnd andere / darzu gehörige gueter, wie auch andere herschafften mer, bey Vlrichen / vnd Jacoben den fuggern verzaichnet, seind bey seinen Zeiten von Hansen / frickingers Erben, erkaufft worden. //*[247]

Anno .1459.[248] *Am Aufarttag ist er geborn worden, vnd als er .52. / Jar alters, mit Erlichem wesen erlan-*

---

233 Unter den Federzeichnungen Bleiskizzen; Textseitenrahmung mit Blei skizziert; oben rechts am Rand mit Blei eine liegende 8.
234 Hierher über dem Schriftband von Hand D: *Jacob*[en] *fuggers Eelich sun*; vor dem ersten Wort von Hand C: *herren*.
235 Gestrichen, über der Zeile von Hand D: *zu augs*[purg].
236 Der letzte Buchstabe des vorletzten Wortes und das letzte Wort gestrichen; unter der Zeile von Hand D: *hausfraw*.
237 Bis hierher größer.
238 In einen Freiraum von Hand D: *peter*.
239 Gestrichen.
240 Hier anschließend von Hand D: *solln gnannt werde*[n].
241 Bis hierher größer.
242 Die letzten fünf Wörter unterstrichen markiert, am Rand von Hand D: *Nota d*[az] *soll de*[m] */ vl*[rich] *hiruor steendt / attribuiret sein.*
243 Hier Freiraum von einer halben Zeile, in diesem und über den Rand des Schriftspiegels bis an den Seitenrand von Hand A: *Jn der behausung bey dem Judenberg vnd nachmalen jn der fugger... / hausung bey S*[ankt] *Anna*. Daran anschließend von Hand D, beschnitten: *darinn*[en] */ vorma*[l]*n auff den Rindsmarkt / sein brud*[er] *vl*[rich] *gwont.*
244 Am Rand von Hand D: *hernach.*
245 Bis hierher größer.
246 In der ersten Silbe *e* auf Rasur.
247 Im Schriftspiegel ab hier ein Drittel der Seite Freiraum.
248 Bis hierher größer.

get, hat er sich an dem Harnstain / schneiden lassen, Dieweil aber sein alter so hoch, vnd[249] *schwachhait seins / leibs*[250] *ein vnfall Jme zugefallen, Jst er nach dem schneiden am .9. tag / Anno .1506. den 14. martij, mit einem senften Jn Got gnedigclich*[en] */ end, aus diser welt verschaiden, Dem Got der Allmechtig ein frölich vr- / stend verleihen wölle. Amen.*[251] //

Desgeleichen ist sein Eelicher gemahel fraw Regina Jm Hof[252] *in / dem Zwaintzigisten Jar Jres wittibstands Anno .1526. Jm / monat martio in Got gnedigclich*[en] *verschiden* //

fol. 17v (26): Hektor Mülich und Anna Fugger

Vater: fol. 13v
(Endfassung: fol. 19v)

Allianzbildnis: die Wappen in einfachen, blattwerkgeschmückten Fünfeckschilden; links ein Anker[253]; darüber im Dreiviertelprofil von rechts ein bartloser Mann von ausgeprägt weicher, kraftloser Physiognomie. Er trägt das wohl schulterlange Haar unter einer weit in den Nacken gezogenen, breitkrempigen Fellmütze, über einem vor der Brust geschnürten, schlichten Wams eine Schaube mit langen Hängeärmeln und einem kleinen Pelzkragen. Der Blick geht vorwärts, zur Frau hin. Die Hände sind bei leicht angewinkelten Armen vor dem Körper geöffnet erhoben.

Rechts das Lilienwappen, darüber im Halbprofil von links eine Frau. Der Blick kreuzt den des Mannes und geht an diesem vorbei nach rechts aus dem Bild. Der linke Arm liegt angewinkelt hinter dem Schild auf, der rechte ebenso angewinkelt vor dem Bauch, so daß die Hand zwischen linkem Arm und Hüfte verborgen ist. Sie trägt eine schlichte, tuchartige Haube ohne Kinnband, ein Mieder mit einem durch breite Saumborten halbrund abgesetzten, eng ausgeschnittenen Bruststück und weiteren Ärmeln[254].

Schriftband links:

Herr Hector Muelich, des Rats alhie[255]*, wellicher / Herren Vlrichen*[256] *fuggers tochter zu ainem*[257] *Ee- / lichen gemahel*[258] *gehabt*[259] *vnd zehenn kinder / Eelichen mit Jr erZeuget hat. Stirbt A*[nn]*o*[260] *1490.*

Schriftband rechts:

Fraw Anna fuggerin, Herren Georgenn[261] */ fuggers Eeliche Tochter, vnnd Hector Mue- / lichs Eelicher Gemahel*[262]*. Jst geborn 1452*[263] */ Stirbt Anno .1485.*[264]

fol. 18r (29): Wilhelm Rem und Walpurga Fugger

Vater: fol. 13v
(Endfassung: fol. 23r)

Allianzbildnis: zwei sich verknotende Kordeln verbinden die beiden blattwerkgeschmückten Fünfeckschilde.

Links ein nach links drohender Stier[265]; darüber im Halbprofil von rechts ein bartloser Mann mit schulterlangem, gelocktem Haar. Er trägt eine barettartige Mütze mit Krempe im Nacken, ein am Hals mit einer Schleife geschnürtes Hemd, darüber ein kragenloses, vor dem Bauch geschnürtes Wams und eine Schaube mit schmalem Pelzkragen und Hängeärmeln; der Kopf etwas dem Betrachter zugeneigt, der Blick geht direkt zu diesem. Die vor dem Bauch geöffneten Hände gehen in Richtung der Rechten der Frau.

---

[249] Beim nächsten Wort über der Zeile von Hand A: *aus*.
[250] *s* aus: *e*.
[251] Zu diesem Absatz am Rand von Hand D, beschnitten: *Nota er ist kains namlich*[en] *tod*[es] */ gestorb*[en]*, vl*[rich] *fugger ist am stain / geschnit*[en] *word*[en] *d*[er] *dann schire Jn ein / hennen ays grosse mir noch / v*[or]*hande*[n] *ist; mir* gestrichen.
[252] Hierher am Rand von Hand A: *nach seinem / absterbenn*.
[253] Darin von Hand C: *die feldung gelb der / Ankher schwartz dasz / blumenwerrkh blau*.
[254] Mit Blei Textseitenrahmen angelegt; Bleiskizzen unter den Federzeichnungen. Auf der Seite oben rechts von Hand D: *An disen 2 blate*[n] *gedunket mich vast gehert wie / ... auch dan meins achtens seind dise all vl*[richen] *Jacob fugger / dochtern gwest. Solt*[en] *derhalb*[en] *alle vor d*[em] *Jörg / fugger steen Merket wol darauff d*[az] *sy / nit Vermengt werd*[en] *die vbe*[rig] *schrifften steen lass*[en]*; vl*[richen] *gestrichen; Solt*[en] *[...] steen* gestrichen; dazu von Hand B: *ver*[um] *est*.
[255] Gestrichen, über der Zeile in schwarzer Tinte von Hand C: *zue Augspurg*.
[256] Gestrichen, über der Zeile von Hand C: *Jacoben*.
[257] Der letzte Buchstabe mit *r* überschrieben.
[258] Gestrichen, über der Zeile von Hand D: *hausfraw*.
[259] Hierzu über dem Schriftband von Hand A: *vnd Anno .1468. alhie hochzeit miteinander*; *alhie hochzeit* gestrichen; in neuer Zeile von Hand C: *hochZeit gehalten*. An die erste Zeile angeschlossen von Hand C: *Zue Augspurg*.
[260] Gekürzt: *A°*.
[261] Gestrichen, über der Zeile von Hand C: *Jacoben*.
[262] Der letzte Buchstabe des vorherigen Wortes und dieses Wort gestrichen; unter der Zeile von Hand D: *hausfrav*; von Hand C über der Zeile: *hauszfraw*.
[263] Die letzten beiden Ziffern auf Rasur.
[264] Die letzte Ziffer überschrieben: 2; zu lesen: 1482. Der Eintrag ab *Jst* vielleicht Nachtrag.
[265] Dazu von Hand C: *die Veldung / Gelb der Ox schwartz die hörner / weisz Blumenwerrkh braun*.

Rechts das Lilienwappen; darüber im Halbprofil von links eine Frau mit einer Haube aus einem gefalteten Tuch, dessen langes Ende auf dem Kopf festgesteckt ist, einem hochgeschlossenen Hemd, darüber einem weitärmeligen, weit rechteckig ausgeschnittenen Kleid und einer weiten Schaube mit breit umgeschlagenem Kragen und halblangen, sehr weiten Ärmelansätzen; im Ausschnitt eine grobgliedrige, schwere Kette; der Bauch deutlich herausgestellt. Bei angewinkelten Armen stützt sich die rechte Hand leicht auf die innere Kante des Schildes, die linke liegt auf dem Bauch. Der Blick geht aus den Augenwinkeln zum Betrachter[266].

Schriftband links:

Herr Wilhalm Rem, Burger zu Augspurg, wel- / licher Herren Georgen[267] fuggers Eeliche tochter / zu der Ee gehabt, vnd mit der[268] zehenn kinder[269] Eelichen ertzeuget hat[270]. Stirbt A[nn]o[271] 1529.[272]

Schriftband rechts:

fraw Walpurga fuggerin, Herren Geor- / gen[273] fuggers Eeliche tochter, vnnd Herren / Wilhalm Remen Eelicher gemahel[274]. Jst geboren Anno.1457. Stirbt A[nn]o[275] 1500.[276]

[266] Wappenschilde mit Blei skizziert; mit Blei Textseitenrahmung angelegt.
[267] Gestrichen, über der Zeile von Hand C: *Vlrichen*; dies gestrichen, am Rand von derselben Hand: *Jacoben*.
[268] Hierher von Hand A/C über dem Schriftband: *Anno .1484. alhie hochzeit gehalten, auch*; *alhie* gestrichen; über der Zeile von Hand C: *zue Augspurg*.
[269] Diese beiden Wörter von Hand A nachgetragen; anschließend und vor der folgenden Zeile von derselben Hand: *mit- / einander*.
[270] Dies von Hand A durch Überschreiben: *haben*.
[271] Gekürzt: *A°*.
[272] Datum mit dünnerer Feder, wohl nachgetragen.
[273] Gestrichen, über der Zeile von Hand C: *vlrich[en]*; gestrichen, von gleicher Hand: *Jacoben*.

fol. 18v (30): Jakob Fugger und Sibylla Artzt

Vater: fol. 13v
(Endfassung: fol. 23v)

Allianzbildnis: das Blattwerkdekor an den oberen Außenkanten der Fünfeckschilde läuft in Teufels- oder Dämonenköpfe aus; links das Lilienwappen der Fugger, darüber annähernd im Profil von rechts der Mann, ohne Bart, die kurzen Haare unter einem Haarnetz; unter einer weiten Schaube mit breit umgeschlagenem Kragen und über die Arme gelegten Hängeärmeln ein Wams mit weiten, an den Bündchen zulaufenden Ärmeln, dazu um den Hals eine schwere Kette. Die rechte Hand hält vor der Brust ein eingerolltes Schriftstück; die geöffnete Linke mit abgespreiztem Daumen in Richtung der Frau ausgestreckt. Der etwas strenge Blick geht nach vorn, zur Frau hin.

Rechts im gespaltenen Schild ein nach rechts flugbereiter Adler[277]; darüber im Halbprofil von links eine Frau mit Kugelhaube, deren Kinnband rechts hinter der Schulter in einem Tuchende herabfällt, einem weit ausgeschnittenen, am Ausschnitt mit halbrundem Bruststück abgesetzten Mieder mit langen, weiten, an den Händen breit umgeschlagenen Ärmeln; darüber eine Schaube mit kurzen, sehr weiten Ärmelschlitzen und einem breit umgeschlagenen Kragen; über der Brust zwei lange, schwere Ketten. Der traurige Blick geht nach vorn, an dem Mann vorbei aus der Bildebene heraus. Die Hände liegen auf dem vorgewölbten Bauch übereinander, die linke ist in einer Zeigebewegung leicht angehoben[278].

[274] Das *r* des vorletzten Wortes und das letzte Wort gestrichen; rechts am Rand von Hand D: *hausfraw*.
[275] Gekürzt: *A°*.
[276] Daten mit dünnerer Feder von Hand A, wohl nachgetragen.
[277] Im Rankenschmuck des Schildes von Hand C oben: *Blau*, unten: *Blaw*. Im ersten Feld: *dise Veldung schwartz*, im zweiten: *dise Veldung gelb*, darunter: *der Vogl / Rot schna / bel vnd fues / gelb*.
[278] Mit Blei Skizzen und Textseitenrahmung.

Schriftband links:

Herr Jacob Fugger, Herren Georgen[279] Fug- / gers le-ster[280] Son, welcher kain kind Ee- / lichen ertzeuget hat.

Schriftband rechts:

Fraw Sibilla Artztin, Herren Jacob fug- / gers Eelicher Gemahel. Stirbt / Anno .1546.[281]

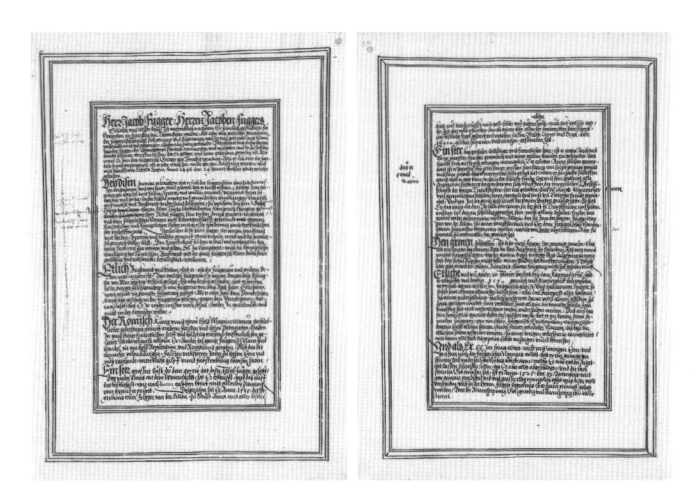

fol. 19r–19v (31–32): Biographische Erläuterung: Jakob Fugger

(Endfassung: fol. 24r–27v; Textübertragung nicht erfolgt) Zur Auseinandersetzung zwischen Jakob Fugger und der Trinkstubengesellschaft vgl. NEBINGER, Standesverhältnisse, S. 263, dem zufolge die Bitte um Erlaubnis zur Anbringung des Wappens an dem Gebäude der Trinkstube als »indirekter Antrag auf Aufnahme ins Patriziat aufgefaßt« werden kann; so jetzt auch MAUER, Patrizisches Bewußtsein, S. 175. Da die Herrentrinkstube keineswegs mit den Geschlechtern deckungsgleich war, Jakob Fugger sogar selbst 1516 gerade in Verteidigung ihres Kooptationsrechts bei Maximilian I. für die Trinkstubengesellschaft eintrat, vgl. ROGGE, Für den Gemeinen Nutzen, S. 210 und Anm. 381, dürfte diese Annahme zu überprüfen sein.

Zwei Textseiten: Rahmungen nur in der Umrandung, ohne die Medaillonrahmen ausgeführt.

[fol. 19r] *Herr Jacob Fugger, Herren Jacoben fuggers[282] / Eelicher vnd letster Sone, Jst anfencklich nach-dem Er zimlich gestudiert, Zu / Herrieden in frank-ken[283] ein Thumbherr worden, Als aber aus gotlichen genadenn / der fuggerisch handel sich gemeret vnd Zugenomen, vnd Jre vier gebrueder mit Name[n] / vorgemelt, mit tod abgangen, habent die Zwen gebrueder, Vlrich vnd Jorg, disen herren / Jacoben fugger, die Thumbherren Pfriend renunciern vnd aufgeben, vnd Jn Zu sich den / handel zufieren, beruffen lassen, des Er gethon, vnd Jnen gehorsam gewesen ist. Also / ward Er Jnn das fuggerisch Geleger gen Venedig verordnet.*

---

279 Gestrichen, über der Zeile von Hand A: *Jacoben*.
280 Sic!
281 Todesdatum nachgetragen.
282 Bis hierher größer.
283 Unterstrichen, dazu von Hand D: *vnd d[es] stiffts / aichstet ghorig*.

Wie er sich aber des handels so wol angenomen, ist er vber etlich Jar, wider her[284] gen Augspurg getzogen, vnd / mit Junckfraw Sibilla Artztin Anno .1498. den .29. Jenner hochzeit gantz eerlichn / gehalten. //

Bey disen[285] Zwaien gebruedern hat er sich des fuggerischen handels, dermas- / sen angenomen, vnd von Jnen souil erlernet, das er nicht allain (solchen Jren an- / gefangen handel mit Seidin, Specerey vnd wullin gewand) vermaint ferrer Zu- / treiben vnd heben, sonder sich[286] in merere vnd gewinlichere handlungen, Namlich / auf wechsel vnd Bergwerck, vnderstund zubegeben, zu welchem Jm herr Georg[287] / Turtzo von Craca[288], herren Alexi Turtzo Stathalters Jm Königreich Hungern ge- / bruder[289], zu welchem[290] Herr Vlrich fugger sein tochter Anna genant, verheirat, / vnd dem fuggerischen Namen mit Schwagerschafft gefreundt was[291], gegenn / Kaiserlichen vnd Königlichen Höfen mit grosser furderung gantz treffenlichen / seer verhofffen was. Derhalben diser Jacob fugger, der vorigen handlung / mit Seiden, Specerey vnd wullin gewand, etwas vrtrutz ward, vnd die Jmmer- / zu gemach fallen liesz, Den Kupferkauff zu dem ersten, vnd nachmalen das / gantz Berckwerck Jm newen vnd alten Sol Jn Hungaren, auch die Königclichn[292] / handlung Jm Tyrolischen Bergkwerck, hat der gantz fuggerisch Nam durch seine / anschläg vnd ratsamen besinligkait vberkomen. //

Etlich[293] Bergkwerck vnd Hitten, hat er, als die fuggeraw vnd andern Or- / ten mer, angericht, Jnn welcher fuggeraw Er ainen Amandus Kling- / ler von Vlm burtig, erstlich gesetzet, Als aber derselb gestorben, hat er Jobsten / Zeller burger Zu Nurmberg, so ain fuggerin von dem Rech zum Eelichenn / weib gehabt, in bemelte fuggeraw gesetzet, Als er aber Jnn dem Venedischen / Krieg, das geschutz in der Fuggeraw gelegen, gegen den Venetianern ver- / warloset, hat Er Jn weder wissen noch sehen, sonder Jn geurlaubt, vnd / nicht wider begnaden wollen. //

Der Römisch[294] König vnnd theur Held Maximilianus hochlob- / licher gedechtnus, sambt andern fuersten[295] vnd hohen Potentaten, Haben / Jn vmb seiner freuntlichen hilff vnd holdselig erbieten, treffenlich seer ge- / liebet, Dardurch nicht allain Er, Sonder der gantz fuggerisch Nam vnd / handel in ein hohe Repu-

---

284 Gestrichen.
285 Bis hierher größer.
286 Am Rand von Hand D: *nach baid[er] brued[er] / absterb[en]*.
287 Gestrichen, über der Zeile von Hand D: *hanns*.
288 Gestrichen, am Rand von Hand D: *von betlahemsdorff*.
289 Gestrichen, neben der Zeile von Hand D: *gevatt[er]*.
290 Gestrichen, von Hand D: *zu welches Sune / h[err] Jorgen genant*.
291 Gestrichen.
292 Sic!
293 Dies größer.
294 Bis hierher größer.
295 *e* im Oberband.

tation vnd Reichtumb geraten, Also das Sie / hernacher vilen Königen, fuersten²⁹⁶ vnd Herren Jnen zu hohen Eern vnd / nutz raichende mercklliche hilff vnnd furstreckung bewisen haben. //

Ein seer²⁹⁷ grossen lust zu dem gepew hat diser Jacob fugger gehabt, / Das vnder Haus an dem Weinmarckt, hat Er erkaufft, vnd das auff / das kostlichest, wie noch Jnnen gesehen wirt, mit allerlay Zierung[en] / vom grunnd erpawet. Desgleichen hat Er Anno .1515. die Be- / grebnus aller fugger von der Lilien, zu Sanct Anna mit aller kostlich- / [fol. 19v] *kait auf das zierlichst, mit gold, silber vnd gutem²⁹⁸ holtz, auch auf welsche art, / der zeit gar new erfunden, sambt ainer vber allen der beruembten kunstwerck, / seer kostliche Orgel gezieret vnd machen lassen, Welche Cappel vnd Orgel, vber / 16000. guldin Zupawen vnd machen, gestanden hat.* //

Ein seer²⁹⁹ burgerlicher holdseliger vnd freuntlicher Herr, ist er gegen Reich vnd / arm gewesen, sein har gewonlich mit ainer guldin hauben eingebunden, das / haubt frey auffrecht getragen, menigclich Eer erboten, Ainer solchen gewon- / hait ist er gewesen³⁰⁰, bey aller seiner grossen handlung, ein solchs gerings gemut / vnd sinn gehabt, Das er³⁰¹ mermalen selbs gesagt hat, wann er zu nachts schlaffen / gang, hab er gar kain hinderu[n]g des schlafs, sonder lege mit dem hemmet alle / sorg vnd anfechtung des handels von sich, Wirt³⁰² Jnn der burgerlichen Gesell-³⁰³ / schafft der herren Trinckstuben, seer lieb gehalten, Hat³⁰⁴ vil schöne Mumereyen / vnd gewonlichem Schlitenfaren, tantzen vnd sonst vil Eerlicher freude gema- / chet, Vnd wo Jm die gantz geselschaft der Herren Stuben geuolgt hette, So hat / Er das haus auf dem Berlach, darinnen sie der Zeit Jr Trinckstuben noch halten, / vnd zwey tail daran schuldig gewesen sein, nicht allain bezalen, sonder von / grund wider auferpawen wöllen, Allain das sie Jme der herren fugger Wap- / pen von der Lilien, zu ainer danckbarkait vnd Eer dem fuggerischen Namen / darein zumachen vergonnen wöllen, welchs von Jnen³⁰⁵ abgeschlagen, Aber sie / hernach zu mermalen seer gerewet hat //

Den armen³⁰⁶ zuhelffen, Jst diser Jacob fugger seer genaigt gewesen, Hat / als ein Senator des clainen Rats der Stat Augspurg, Jn sitzendem Rat, weg vnnd / mittel furgeschlagen, das der gmain Man in diser³⁰⁷ Stat Augspurg in ewig / Zeit das Schaf Roggen nicht vber ainen guldin het kauffen mogen, Welchs / aber aus einred der Göttin Auaritia, seinen furgang nicht hat gehaben mög[en] //

Etliche³⁰⁸ vnd vil gueter in Jacober Vorstat bey dem KappenZipffel, hat / er erkauffet, vnd darein³⁰⁹ gemach mit Maurwerck von newem / erpawet, des ein beschlossen fuggerisch gut ist, Vnd hausarmen Leuten, so / sonst Jnn offnem almusen, nicht sein, aber das Burgrecht alhie haben, / zu ainer vnderhaltung, Järlich[en] nicht mer dann vmb ainen guldin Zu / zins, gelihen wirdet, mit welchem Zins allain die bemelte heuser Jnn / kunfftig zeit mit wesenlichem wesen vnderhalten werden, Vnd auf das / sein freuntlich gemuet, dester basz gesehen werde, hat er an dreien Orten / bemelter fuggery, gar ein schön fuggerisch Epithauium, aufgerichtt, / darein nicht allain seinen, sonder seiner gebrueder Namen, die dan[n] vor / etlichen Jaren gestorben waren, Zu ainer ewigen gedechtnus einuerleibet, / wie dann alle sach dis gepews, solchs anzaigen vnnd beweisen. //

Vnd als Er³¹⁰ .66. jar seines alters, nicht mit wenigen Eern, vnd / grossem nutz des fuggerischen Namens, erlebt, hat er ein gewechs an³¹¹ / seinem leib vnderhalb des Nabels vberkomen, welchs Er aus rat der Artzet, / het lassen schneiden sollen, des Er aber alles abgeschlagen, vnd die sach / seinem Got beuolhen hat, Jst er Anno .1525. den .30. Decembris, mit / gar ainem gnedigen end, vnd grosser clag menigclich alhie³¹², aus diser welt / verschiden, vnd Jn der Herren fugger begrebnus, so er zuuor erbawt, gelegt / worden, Dem der Allmechtig ewig Got, genedig vnd barmhertzig sein wölle. / Amen. //

fol. 20r (33): Ursula Fugger

Vater: fol. 13v
(Endfassung: fol. 28r)

Im Zentrum der Seite ein einzelnes Porträt über einem Fünfeckschild, an dem links und rechts lose Kordeln herabhängen. Das Wappen ist das Lilienwappen der Fugger, darüber frontal das Porträt einer jungen Frau. Sie trägt ein geschnürtes Mieder mit halbrundem Bruststück und hochgeschlossenem, abgesetztem Ausschnitt, dazu ein schlichtes Kleid mit einer geknoteten Schärpe und langen, am Bund breit umgeschlagenen Trichterärmeln, eine grobgliedrige Kette und das Haar auf dem Kopf in Zöpfen mit eingeflochtenen Bändern festgesteckt. Mit etwas geneigtem Kopf geht der auffällig traurige Blick nach links. Mit der Linken greift sie leicht nach der Kante des Schildes, die Rechte hält sie bei leicht vom Körper entferntem, angewinkeltem Arm schwebend vor dem Bauch³¹³.

---

²⁹⁶ *e* im Oberband.
²⁹⁷ Bis hierher größer.
²⁹⁸ Über der Zeile von Hand A: *edlen*.
²⁹⁹ Bis hierher größer.
³⁰⁰ Am Rand von Hand A: *das er*.
³⁰¹ Zwei Wörter gestrichen, am Rand von Hand A: *vnd*.
³⁰² Am Rand von Hand A: *auch*.
³⁰³ Dies auf Rasur, vor dem *G*: *T*.
³⁰⁴ Am Rand von Hand A: *Jnen*.
³⁰⁵ Unterstrichen, am Rand von Hand D: *Jme*; zu lesen: welchs Jme von Jnen.
³⁰⁶ Bis hierher größer.
³⁰⁷ Gestrichen.
³⁰⁸ Dies größer.
³⁰⁹ In eine Lücke Zahl *110* nachgetragen.
³¹⁰ Bis hierher größer.
³¹¹ Überschrieben: *jn*.
³¹² Gestrichen.
³¹³ Federzeichnungen auf Bleiskizzen; mit Blei Textseitenrahmung angelegt.

Über der Figur ein Schriftband mit weit auslaufenden Enden:

Junckfraw Vrsula fuggerin, Herren Jacoben / fuggers letsts kind, ist in der Jugent ledig / gestorbenn.

Unter dem Wappen ein Schriftrahmen:

End der dritten Linien.

fol. 20v (34): Hans Fugger

Vater: fol. 14v
(Endfassung: fol. 28v)

Schriftrahmen oben:

Anfang der vierten Linien, Jnn welcher Herren / Vlrichen vnd Georgen der Fugger, kinder, ver- / leibet steen.

Einzelporträt: über dem Lilienwappen im Fünfeckschild mit herabhängenden losen Kordelenden etwas nach links gewandt ein jüngerer Mann mit ohrenlangem, lockigem Haar, darin ein Lorbeerkranz; unter einer weiten Schaube mit Hängeärmeln ein geschlitztes Wams mit mehrfach weit gepufften und geschlitzten Ärmeln und weitem, rundem Halsausschnitt, darunter ein leicht gekraustes Hemd; auf der Brust eine lange, grobgliedrige Kette. Der nach links gewandte Kopf blickt aus den Augenwinkeln zum Betrachter. Die linke Hand ruht auf dem Schildrand, die rechte greift bei am Körper angewinkeltem Arm zur Seite nach dem lang auslaufenden Zipfel des Schriftbandes[314].

Text im Schriftband:

Junckherr[315] *Hans fugger, Herren Vlrichenn*[316] */ erstgeborner Son, ist*[317] *Jung gestorbenn*

fol. 21r (35): Georg Thurzo und Anna Fugger

Vater: fol. 14v
(Endfassung: fol. 29r)

Allianzbildnis: die Wappen in tartschenförmigen Schilden mit spiralförmig dekorierten Kanten an der Innenseite; das linke Wappen geteilt: oben ein nach links wachsender, zungender, gekrönter Löwe, unten drei Rosen (2.1)[318]. Der Mann im Halbprofil von rechts trägt ein reich besticktes, wulstförmiges Haar-

---

[314] Textseitenrahmung mit Blei.
[315] Gestrichen.
[316] Von Hand C: *fuggers*.
[317] Unter der Zeile von Hand A, gestrichen: *zu Vlm*.
[318] Im oberen Feld von Hand C: *der / Löb gantz / gelb mitt / kron, vnd die / Veldung Rot*, im unteren Feld: *die Veldung gelb die / Rosen Rot der mitter / ring darinnen gelb / die folien Blau.*

netz, ein Wams mit Kragen und abgenähten Schließen vor der Brust und eine Schaube, an der an den Ärmeln und am Revers Knopfreihen angedeutet sind, dazu einen Gürtel, eine kürzere Perlen- sowie eine lange Gliederkette. Die linke Hand ruht am Schildrand, die rechte hält vor dem Bauch ein Zepter mit einer Kugel an der Spitze. Der Blick geht nach vorn, zur Frau hin.

Rechts das Lilienwappen, darüber im Halbprofil von links eine Frau mit einer schlichten Haube ohne Band, einem Halshemd unter einem Kleid mit an den Schultern gepufften, an den Bündchen breit umgeschlagenen, langen Trichterärmeln und einer ärmellosen Schaube; auf der Brust eine lange Gliederkette. Die Hände liegen vor dem vorgewölbten Bauch ineinander. Der Blick geht zum Betrachter[319].

Schriftband links:

Der Edel vnd Vest Herr Georg Turtzo von[320] / Konigclicher wirdin zu Hungern[321] Stathalter / zu Ofen[322] in dem Konigreich Hungern, welchr[323] alhie[324] gewonet, vnd[325] Herren Vlrichen fuggers / Eeliche tochter[326] gehabt, mit welcher Er funf / kinder Eelichen erzeuget hat. Stirbt A[nn]o[327] 1521.[328]

Schriftband rechts:

Fraw Anna fuggerin, Herren Vlrichen fuggers / eeliche tochter, vnd des Edlen vnd Vesten herren / Georgen Turtzo Eelicher Gemahel Stirbt / Anno .1535.[329]

fol. 21v (36): Philipp vom Stain zu Jettingen und Ursula Fugger

Vater: fol. 14v
(Endfassung: fol. 29v)

Allianzbildnis: die Schilde tartschenförmig mit spiralförmigem Abschluß an der Innenkante; im linken Schild drei liegende Wolfsangeln[330]; darüber im Halbprofil von rechts ein Mann im Vollharnisch mit Visierhelm; darauf ein Federbusch, das offene Visier in der Form eines Löwenrachens. Der Ritter trägt einen langen, zweigeteilten Schnurr- und Backenbart. Der Blick geht nach vorn, zur Frau hin. Die rechte Hand hält einen Schwertknauf, die linke eine Streitaxt.

Rechts über dem Lilienwappen im Halbprofil von links, den Kopf ins Vollprofil gewandt, die Frauenfigur mit einer schlichten Stirnhaube mit Wulst am Hinterkopf und Kinnband, einem Halshemd unter einem mit schmalem Stehkragen hochgeschlossenen Mieder mit Pelzbesatz an den Bündchen sowie einer Schaube mit weiten, halblangen Ärmeln und aufgestelltem Kragen; um den Hals eine enge Kette mit Medaillon, auf der Brust eine schwere Gliederkette. Die linke Hand liegt bei angewinkeltem Arm nach oben geöffnet auf der Kante des Schildes, die rechte hält vor dem vorgewölbten Bauch ein geschlossenes Buch. Der Blick trifft den des Mannes. Von den Schriftbändern hängen die Enden lang herab[331].

Schriftband links:

Der Edel vnd Gestreng Herr Philip vom Stain / zu Jetingen, Ritter, wellicher[332] Herren Vlrichenn / fuggers Eeliche tochter zu der Ee[333] gehalt[en][334] vnd[335] / etlich vil[336] kinder mit Jr Eelichen erzeuget hat / Stirbt zu Vlm Anno .1509.[337]

Schriftband rechts:

Fraw Vrsula fuggerin, Herren Vlrichenn / fuggers Eeliche tochter, vnd Herren Philipp[en] / vom Stain [etc.] Ritter, Eelicher Gemahel. / Stirbt Anno .1539.

fol. 22r (37): Walter Ehinger und Veronika Fugger

Vater: fol. 14v
(Endfassung: fol. 30r)

Allianzbildnis: Wappenschilde wie eben; im linken Wappen zwei gekreuzte Spitzhämmer[338]; darüber von rechts vorn ein Mann in einer sich abwendenden Bewegung nach rechts; der

---

[319] Textseitenrahmung mit Blei angelegt.
[320] Hier Freiraum; von Hand D: *betlahemsdorff.*
[321] Am Rand von Hand D: *Camergraff / auf d[er] Kremnitz.*
[322] Drei Wörter gestrichen.
[323] Sic! Angeschlossen von Hand D: *h[er]nach.*
[324] Gestrichen, über der Zeile von Hand D: *zu augspurg.*
[325] Über der Zeile von Hand A: *mit.*
[326] Hierher über dem Band von Hand A: *Anno .1497. hochtzeit gehalten*, das letzte Wort gestrichen.
[327] Gekürzt: *A°.*
[328] Datum vielleicht nachgetragen.
[329] Datum vielleicht nachgetragen.
[330] Dazu von Hand C: *die Veldung gelb / die harren Rot dasz / Pluemwerrkh Blau.*
[331] Textseitenrahmung in Blei angelegt. Oben rechts am Rand ein Vermerk mit Blei, bei der Neubindung überklebt. Oben rechts, z.T. überklebt, mit Blei eine liegende *8.*
[332] Über der Zeile von Hand A: *mit.*
[333] Drei Wörter gestrichen, über dem Schriftband von Hand A: *Anno .1503. hochzeit.*
[334] Dies auf Rasur von: *gehabt.*
[335] Hinter der Zeile: *.6.*
[336] Zwei Wörter gestrichen.
[337] Ort und Datum vielleicht nachgetragen. Die beiden letzten Ziffern auf Rasur.
[338] Dazu von Hand C: *die Veldung / Rott die eisen Eisenfarb / die stangen gelb vnd die / folien auch.*

178

Blick geht nach außen, von der Frau weg. Über ohrenlangem Haar und einem Vollbart trägt er ein Barett mit Krempe am Hinterkopf, ein hochgeschlossenes Hemd, ein vor der Brust schräg geschlitztes und senkrecht abgenähtes, an den Ärmeln mehrmals gepufftes und geschlitztes Wams, darüber eine weite, schwere Schaube; um den Hals, vorn in das Wams gesteckt, eine Kette. Die linke Hand greift nach dem rechten Revers der Schaube. Der linke Arm ist nicht durch den Ärmelschlitz der Schaube gesteckt, sondern unter ihr am Körper verborgen, so daß nur die auf dem Schildrand aufliegende Hand zu sehen ist.

Rechts über dem Lilienwappen im Halbprofil von links die Frau, den Kopf ganz ins Profil gewandt. Sie trägt eine Haube, bei der ein Tuchende über der Kinnbinde seitlich herabhängt, eine weite Schaube mit kurzen Ärmelschlitzen und ein offenbar rund hochgeschlossenes Mieder mit an den Ellenbogen gepufften Ärmeln. Um den Hals liegt eine schwere Kette. Die linke Hand ruht bei am Körper angewinkeltem Arm auf dem Schild, die rechte greift an den linken Unterarm, so daß der rechte Arm vor dem Bauch liegt. Der Blick geht nach vorn, zum Mann hin, den die Frau auch anzusprechen scheint[339].

Schriftband links:

Herr Walther Ehinger ein burger von Vlm, wel- / licher[340] *herren Vlrichen fuggers Eeliche tochter / zu der Ee*[341] *gehabt, vnnd etliche*[342] *kinder mit Jr / Eelichen ertzeuget hat. Stirbt A[nn]o*[343] *1520.*[344]

Schriftband rechts:

fraw Veronica fuggerin, Herren Vlrichen / fuggers Eeliche tochter, vnnd Walther / Ehingers Eelicher Gemahel[345]. *Stirbt / Anno .1521.*[346]

fol. 22v (38): Hans Marx von Bubenhofen und Sibylla Fugger

Vater: fol. 14v
(Endfassung: fol. 30v)

Allianzbildnis: Schilde wie eben; im linken Schild zwei dreifache Sparren[347], darüber im Halbprofil von rechts ein Mann mit Vollbart und ohrenlangen Haaren unter einem breiten Barett, an dessen Seiten über den Ohren jeweils Federbüsche. Er trägt ein hochgeschlossenes, kragenloses Hemd, ein längsgeschlitztes Wams mit weiten, schräggeschlitzten Ärmeln sowie eine Schaube mit Hängeärmeln, deren linker über den Arm gelegt ist, und kapuzenartig nach hinten umgeschlagenem Kragen; über dem Rand des Schildes unter dem Wams eine Schamkapsel; vor der Brust zwei schwere lange Ketten. Die rechte Hand ruht am Schwertgriff, die linke ist neben dem Körper offen erhoben. Der etwas in den Nacken gelegte Kopf blickt nach vorn, zur Frau hin.

Diese ist über dem Lilienwappen im Halbprofil von links gezeigt. Sie trägt ein Stirnhaube mit schmaler Kinnbinde, ein kragenloses Hemd, ein Mieder mit geschnürtem Bauch und reich besticktem, eckigem Brustteil sowie oben weit gepufften und geschlitzten, unten engen Ärmeln, dazu um die Hüfte eine geknotete Schärpe über einem weit fallenden Kleid, darüber eine ärmel- und kragenlose Schaube. Der etwas vorgestreckte Kopf blickt nach vorn, jedoch an dem Mann vorbei.

---

[339] Textseitenrahmung mit Blei; Federzeichnungen auf Bleiskizzen; oben links am Rand mit Blei: *8*.
[340] Über der Zeile von Hand A: *mit*.
[341] Drei Wörter gestrichen, über dem Schriftband von Hand A: *Anno .1504. hochzeit*.
[342] Gestrichen, über der Zeile von Hand C: *fünf*.
[343] Gekürzt: *A°*.
[344] Todesdatum vielleicht nachgetragen.
[345] Der letzte Buchstabe des vorletzten Wortes und das letzte Wort gestrichen, über der Zeile von Hand D: *hausfraw*.
[346] Datum vielleicht nachgetragen.
[347] Dazu von Hand C im Feld und in den Sparren jeweils: *weisz* bzw. *Rot*. Im Blattwerk: *Gelb*.

Der Bauch ist leicht vorgewölbt. Der linke Arm ist vom Körper abgespreizt und stützt sich auf den Rand des Schildes. Die rechte Hand greift in Bauchhöhe leicht nach vorn[348].

Schriftband links:

Der Edel vnd Vest Herr Hans Marx von Bubenhofen / welcher Herren Vlrichen fuggers Eeliche tochter zu / der Ee gehabt, Vnd als sein Vest das beischlaffenn / vnd hochtzeit mit benanter fuggerin Anno. 1512 / alhie[349] *zu Augspurg gehabt*[350] *hat, seind Jm die von / Augspurg mit zwaien der Stat fendlein in seinem / einreiten fur die Stat zu eern entgegen zogen, mit / welcher vorbenanter fuggerin, sein Vest, etliche*[351] */ kinder Eelichen erzeuget hat.*[352]

Schriftband rechts:

fraw Sibilla fuggerin, Herren Vlrich[e]n / fuggers Eeliche tochter, vnnd Herrenn / Hans Marxen von Bubenhofenn Ee- / licher Gemahel. Stirbt A[nn]o[353]

fol. 23r (39): Felicitas Fugger

Vater: fol. 14v
(Endfassung: fol. 31r)

Einzelporträt: über dem aufrechten Fünfeckschild mit dem Lilienwappen die Frau frontal gezeigt; sie trägt Ordenstracht: eine schleierartige Haube und einen vor der Brust mit einer Agraffe geschlossenen Umhang über einem nur angedeuteten Gewand. Vor dem Körper hält sie ein aufgeschlagenes großes Buch. Der Blick ist leicht nach links gesenkt[354]; über der Figur ein ausladendes Schriftband:

Junckfraw felicitas fuggerin, Herren Vlrich[e]n / fuggers eeliche tochter, ist Anno .1508. Jn Sant / Katherina Closter Sanct Dominici Ordenns[355] */ gaistlich worden. Stirbt Anno .1539.*

fol. 23v (40): Georg von Stetten und Susanna Fugger

Vater: fol. 14v
(Endfassung: fol. 31v)

Allianzbildnis: Schilde in Tartschenform; der linke Schild schräg rechts geteilt, darin ein oberhalber, nach links steigender Ziegenbock[356], darüber im Halbprofil von rechts der Mann, mit kurzen Haaren und Backenbart. Er trägt ein flaches, hutähnliches Barett mit schmaler Krempe, ein am Hals gekraustes Hemd, ein vor der Brust geknöpftes Wams mit mehrmals gepufften und geschlitzten Ärmeln sowie eine Schaube mit weiten Ärmelansätzen und einem schmalen, hochgestellten Kragen; vor der Brust eine schwere Kette mit eckigen Gliedern angedeutet. Die rechte Hand hält einen Umschlag vor dem Bauch, daneben die linke nach unten geöffnet in einer Bewegung nach vorn. Der Blick geht nach vorn, zur Frau hin.

Diese, über dem Lilienwappen im Halbprofil von links, den Kopf weiter ins Profil gewandt, trägt ein reich verziertes Haarnetz mit einem sternförmigen Medaillon über der Stirn, ein

---

[348] Textseitenrahmung in Blei skizziert; oben rechts am Rand mit Blei: *8.*
[349] Gestrichen.
[350] Gestrichen, über der Zeile von Hand C: *gehalten*.
[351] Gestrichen, im Anschluß von Hand A: *vier*.
[352] Letzte Zeile unter dem Schriftband.
[353] Gekürzt: *A°*. Freiraum.
[354] Federzeichnungen auf Bleiskizzen; Textseitenrahmung mit Blei; oben links ein nicht mehr lesbarer Vermerk mit Blei.
[355] Am Rand anschließend von Hand D: *zue augspurg*.
[356] Bei der Korrektur Schräglinksteilung skizziert, wie sie der heraldischen Umkehrung entspricht. Dazu links neben dem Schild, durch Seitenbeschnitt beschädigt, von Hand C: *d[er] Strich soll / also sein*. Im oberen Feld: *der Pock mitt sambt / den hornerrn Jn diser Veldung gelb*; im rechten Feld: *dise Veldung gelb*, das letzte gestrichen, darüber: *blaw*; unten: *dise Veldung / gelb vnd der Vberrest / an dem boekh Blau;* im Blattwerk: *Rosinfarb*.

Halshemd, ein rechteckig ausgeschnittenes Mieder mit halbrundem Bruststück und langen weiten Ärmeln, darüber eine Schaube mit schmalem Kragen und an den Schultern gepufften und weit geschnittenen Ärmelansätzen; vor der Brust eine kürzere Kette mit einem Medaillon und eine schwere Gliederkette. Der linke Arm ruht auf dem Schildrand, die rechte Hand greift das linke Handgelenk, so daß der rechte Arm angewinkelt vor dem Bauch liegt[357].

Schriftband links:

Herr Georg von Steten zu Bocksperg. [etc.] *burger zu Aug- / spurg, hat mit fraw Susanna fuggerin, Anno / 1516. alhie*[358] *zu Augspurg hochtzeit gehabt, vnnd / ein ainigen Son Georg genant, eelichen er- / zeuget hat*[359]*, welcher noch in leben ist, Stirbt / Anno.*[360]

Schriftband rechts:

Fraw Susanna fuggerin, herren Vlrichen / fuggers eeliche tochter, vnd herren Georgen / von Steten zu Bocksperg [etc.] *eeliche hausfraw*

fol. 24r (41): Ulrich Fugger und Veronika Gassner

Vater: fol. 14v
(Endfassung: fol. 32r; zusätzlich fol. 32v–33v für Texteinträge vorgesehen)

Allianzbildnis: Schilde tartschenförmig; links über dem Lilienwappen im Halbprofil von rechts der Mann, den Kopf annähernd ins Vollprofil gewandt. Er trägt einen ausgeprägten Backenbart, das Haar in einem Haarnetz, darüber ein Barett mit geschlitzter Krempe, ein am Hals gefälteltes Hemd, ein vor der Brust schräg rechts geschlitztes Wams mit mehrfach geschlitz-

ten und gepufften Ärmeln sowie eine Schaube mit schmalem, aufgestelltem Kragen und weiten, am Ellenbogen in engen Bündchen auslaufenden Ärmeln. Vor der Brust liegt eine schwere Gliederkette. Die Oberarme liegen am Körper an, so daß Unterarme und Hände in einer geöffneten Bewegung neben dem Körper nach vorn gestreckt sind. Die rechte Hand berührt dabei mit den Fingerspitzen fast die Rechte der Frau. Auch der Blick geht zu dieser hin.

Das rechte Wappen schräg rechts geteilt, in beiden Feldern jeweils eine Rose[361]; darüber im Halbprofil von links das Porträt der Frau. Sie trägt ein Haarnetz, ein am Hals gekraustes Hemd, ein halbrund ausgeschnittenes, in der Hüfte korsettartig enges Mieder mit breit umgeschlagenen Trichterärmeln und besticktem, halbrundem Bruststück, um die Hüfte eine rechts geknotete Schärpe, um den Hals eine schwere Kette aus eckigen Gliedern, am Mittelfinger der linken Hand ein Ring. Diese greift bei angewinkeltem Arm an die Oberkante des Schildes. Die rechte Hand liegt neben dem Körper, die innere Kante des Schildes streifend und von der Rechten des Mannes beinahe berührt. Der Bauch unter dem Kleid ist hinter dem Schild leicht betont. Der Blick geht aus den Augenwinkeln zum Betrachter[362].

Schriftband links:

Herr Vlrich fugger, herren Vlrichen fuggers / eelicher Son, hat hochtzeit alhie zu Augspurg / Anno .1516. gehalten, vnd kaine kinderr / eelichen ertzeuget, stirbt zu Schwatz / Anno. 15[363]

Schriftband rechts:

Fraw Veronica Gasznerin, herren Vlrich / en fuggers Eelicher Gemahel.[364]

fol. 24v (42): Hieronymus Fugger

Vater: fol. 14v
(Endfassung: fol. 34r; zusätzlich fol. 34v–36r für Texteinträge vorgesehen)

Einzelporträt: im Fünfeckschild das gevierte Wappen der Fugger von Kirchberg und Weißenhorn; darüber etwas aus der Frontalen nach links gewandt ein Mann mit langem Vollbart; über ohrenlangem, vollem Haar ein breites Barett mit geschlitzter Krempe, dazu ein Hemd mit leicht gekraustem Kragen und eine ausladende Schaube mit geschlitzten Hängeärmeln, darunter ein vor der Brust zerhauenes Wams mit weiten, geschlitzten Ärmeln mit Bündchen. Um den Hals liegen zwei lange, schwere Gliederketten mit einem Medaillon, am Gürtel ist ein Dolch erkennbar. Der Kopf ist nach links ins Halbprofil gewandt, der Blick geht nach links. Die rechte Hand ruht bei angewinkeltem Arm auf der Kante des Schildes, die linke ist mit zwei Fingern aufzeigend nach links erhoben, sie berührt beinahe das großflächige Schriftband, welches das obere Drittel der Seite einnimmt[365].

---

[357] Textseitenrahmung mit Blei; Skizzen unter den Federzeichnungen.
[358] Gestrichen.
[359] Gestrichen.
[360] Freiraum.
[361] Dazu im oberen Feld von Hand C: *dise halb Veldung gelb die Rosen schwartz / mitt gruenen platterrn dasz mitten darinnen / Gelb*; im unteren Feld: *dise halbe Veldung / schwartz die Rosen / gelb mitt gruenen / platterrn der Jnwen / dig Ring schwartz*; im Blattwerk: *Rosinfarb*.
[362] Federzeichnungen auf Bleiskizzen; Textseitenrahmung angelegt.
[363] Ziffern dünn gestrichen; Freiraum.
[364] In neuer Zeile anschließend von Hand C: *Stirbt A[nno]*.
[365] Über dem Schriftband von Hand D: *dise schrifft nicht in daß ein and[er] plat darfur*. Unter dem Schriftband mit

Schriftband:

Der Edel vnd Vest[366] *herr Jheronimus fugger, herren Vlrichen Fuggers eelicher vnd Jungster / Son, wellicher ledigs stands alhie*[367] *Anno .1538. gestorben*[368] *vnd ligt in der Herren fugger begreb- / nus zu Sanct Anna begraben, Diser Jheronimus fugger, ist ein freymilter Herr gegen menig- / clichen gewesen, Ein eer aller Reiter, Ein freye Tafel eerlich[e]n gesellen hat er täglich gehalt[en], / Vnd ob er schon etwas darinn zu milt gesehen worden, hat Er doch nicht vbel*[369] *gehauset, / sonder*[370] *den Armen dargegen vil guts bewisen, vnd in seinem Testament nach seinem / absterben, nicht allain den armen alhie, sonder auch den frembden, grosse geschefft ge- / thon, vnder denen das furnemest ist, das er Zwaintzig Tausent guldin an ein Hospital, / welches Herr Anthoni fugger nach seinem absterben, zu Waltenhausen aufgericht, / miltigclich geschaft hat.*

Am unteren Seitenrand ein Schriftrahmen:

End Herren Vlrichen fuggers kind[er].

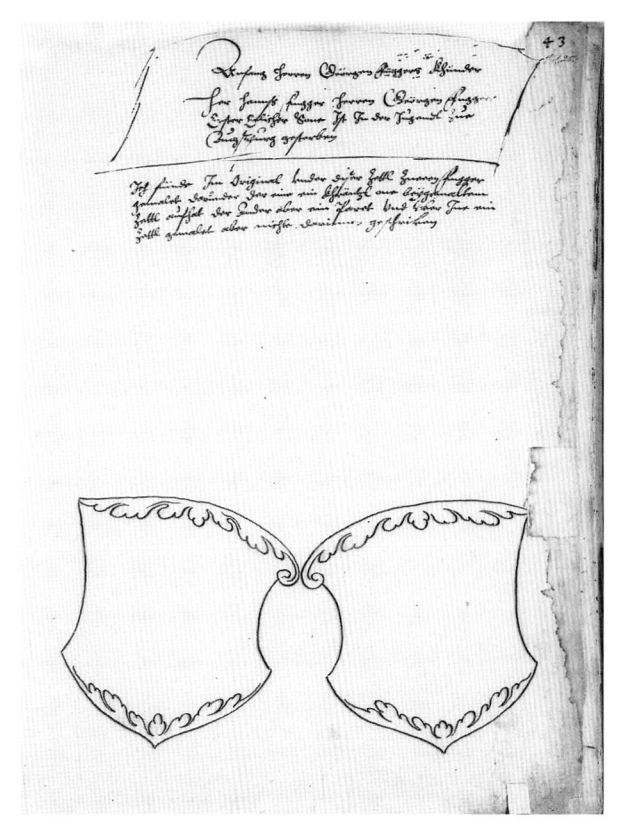

fol. 25r (43): (Zwei leere Wappenkartuschen in Allianzstellung)[371]

Vater: fol. 16v
(Endfassung: fol. 36v)

Schilde tartschenförmig mit Blattwerk.

fol. 25v (–): (Zwei leere Wappenkartuschen in Allianzstellung)[372]

Schilde tartschenförmig mit Blattwerk.

Blei von Hand F, mit einer Linie auf das Schriftband verweisend: *nit so groß*; Federzeichnungen auf Blei; Textseitenrahmung skizziert.

[366] Drei Wörter gestrichen, darüber von Hand D: *wolgeborn*.
[367] Gestrichen, am Rand von Hand D: *zu augspurg*.
[368] Hierher über dem Schriftband von Hand C: *Jst*.
[369] Zwei Wörter gestrichen, am Rand von Hand D: *ordenlich*.
[370] Gestrichen, am Rand von Hand D: *vnd*.

[371] Oben ein skizzierter Schriftrahmen, darin von Hand C: *Anfang Herren Geörgen fuggers Khünder // Herr Hanns fugger Herren Geörgen fuggers / Erster Eelicher Sone Jst Jn der Jugendt Zue / Augspurg gestorben*. Unter dem Rahmen: *Ich fünde Jm Original Vnder diser Zettl Zween Fugger / gemalet darunder der eine ein Khräntzl one beygemaltem / Zettl aufhat der Ander aber ein Paret Vnd vber Jne ein / Zettl gemalet aber nichts darinnen geschriben*; Bleistiftskizzen für Federzeichnungen und Textseitenrahmung.
[372] Bleistiftskizzen und Textseitenrahmung.

fol. 26r (44): Markus (Marx) Fugger

Vater: fol. 16v
(Endfassung: fol. 37r)

Schriftrahmen oben:

Anfang Herren Georgenn / Fuggers kinder[373]

Einzelbildnis: über dem blattwerkgeschmückten Fünfeckschild mit dem Lilienwappen etwas nach rechts gewandt ein junger Mann mit schulterlangen Locken unter einem breiten Barett; unter einem am Saum mit Zadeln besetzten Pelzüberwurf, einer sog. Almutie, sind lediglich die geknöpfte Halspartie und die sehr weiten unteren Ärmel eines Gewandes sichtbar. Es handelt sich um die Kleidung eines vornehmen Klerikers. Die Hände halten rechts vor dem Bauch auf den Schildrand aufgestützt ein aufgeschlagenes Buch. Der Blick geht aus den Augenwinkeln nach links[374]. Darüber ein in langen Bändern auslaufendes Schriftband:

Herr Marx fugger, Herren Georgen fuggers erster[375] *Eelicher Son / der gaistlich, vnd ein Probst zu Sanct Peter alhie*[376] *zu Augspurg, / vnd an dem Pabstlichen Hof zu Rom, in grossem treffenlichem / ansehen gewesen, welcher Anno .1511. zu Rom gestorbenn ist.*

fol. 26v (45): Raymund Fugger und Katharina Thurzo

Vater: fol. 16v; Kinder: fol. 29r–35v
(Endfassung: fol. 37v) Abb.: LIEB, Fugger und Kunst II, Abb. 68; zu den Wappen vgl. fol. 7r, 21r.

Allianzbildnis: Schilde tartschenförmig; links über dem nicht umgekehrten, gevierten Wappen der Fugger von Kirchberg und Weißenhorn im Halbprofil von rechts, den Kopf ins Vollprofil gewandt, ein Mann mit kurzen, welligen Haaren und einem kurzen Vollbart. Er trägt ein kleines Barett mit schmaler Krempe, ein am Hals und an den Handgelenken gekraustes Hemd, ein vorn geknöpftes Wams mit weiten oberen sowie gepufften und geschlitzten unteren Ärmeln, um die Hüfte eine links geknotete Schärpe und darüber eine Schaube mit breit in den Rücken fallendem Pelzkragen und Pelzfutter an den Ärmelschlitzen. Um den Hals liegen zwei schwere Gliederketten, die längere vor der Brust mit einem Medaillon. Die Arme sind angewinkelt, die rechte Hand hält seitlich neben dem Körper einen Siegelstempel, die linke faßt vor der Brust den Kragen der Schaube. Der Blick geht nach vorn, zur Frau hin.

Diese ist über dem Wappen der Thurzo[377] im Halbprofil von links gezeigt. Sie trägt eine am Hinterkopf ballonartige Haube mit Kinnbinde, eine geknöpfte Bluse mit einem kleinen Kragen und angedeuteter Krause an den Handgelenken, ein am Bauch geschnürtes Mieder mit schmalem, reich besticktem Bruststück und an den Ellenbogen gepufften und geschlitzten, engen Ärmeln, um die Hüfte eine rechts geknotete Schärpe; dazu eine halbärmelige Schaube mit Fellkragen; vor der Brust eine schwere Kette mit eckigen Gliedern und einem Medaillon. Der Bauch ist durch das Kleid leicht betont. An der rechten Hand ein Ring; der linke Unterarm ist angewinkelt auf dem Schildrand, der rechte in der Hüfte angelegt, so daß der nach vorn ausgestreckte Zeigefinger den rechten Arm des Mannes berührt[378].

Schriftband links:

Der Edel vnd[379] *Wolgeboren herr Raymundus fugger / Herren Georgen fuggers*[380] *anderer eelicher Sone, / welcher dreitzehen kinder eelichen ertzeuget hat, / wie sie dann an seinem ort in disem Buch / gesehenn werden.*

---

[373] Text unterstrichen.
[374] Textseitenrahmung und Skizzen mit Blei.
[375] Gestrichen, über der Zeile von Hand C: *anderer*.
[376] Gestrichen.
[377] Im unteren Feld von Hand B: *Vt supra*.
[378] Textseitenrahmung mit Blei.
[379] Zwei Wörter gestrichen.
[380] Hierher über dem Schriftband von Hand C: *halt solle dritter steen*.

Schriftband rechts:

*fraw Katherina Turtzinin, Herren Hansenn / Turtzo zu Craca*³⁸¹ *eeliche tochter, vnd des Edlenn / Wolgebornen*³⁸² *Herren Raymunden fuggers Ee- / licher Gemahel.*

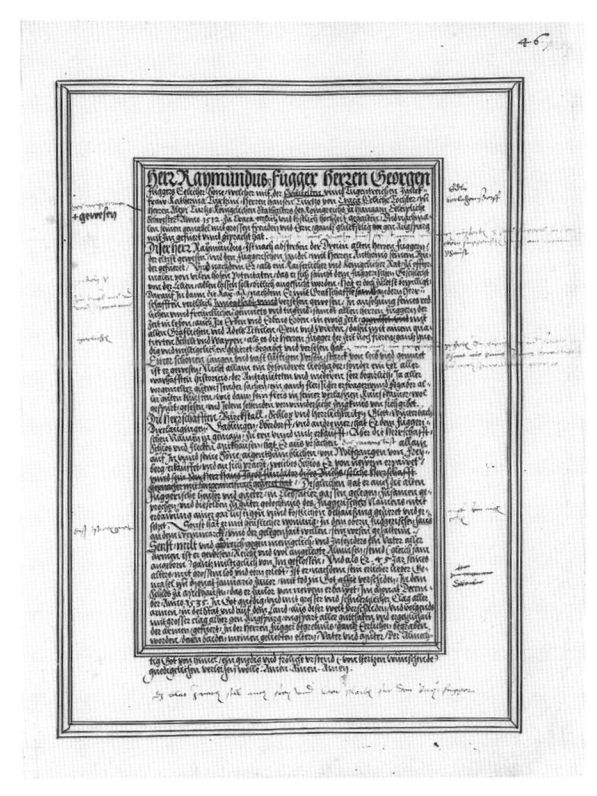

fol. 27r (46): Biographische Erläuterung:
Raymund Fugger

(Endfassung: fol. 38r–40r; Textübertragung nicht erfolgt)
Textseite: Rahmung in den Rändern angelegt.

*Herr Raymundus fugger, Herren Georgen*³⁸³ / *fuggers Eelicher Sone, welcher mit der Ernuesten*³⁸⁴ *vnnd Tugentreichen Junck- / fraw Katherina Turtzini, Herren hansen Turtzo von Craca*³⁸⁵ *Eeliche Tochter, vn[d]*³⁸⁶ / *Herren Alexi Turtzo, Königclichen Stathalters des Königreichs zu Hungarn Eeleipliche / Schwester*³⁸⁷, *Anno 1512. zu Craca, eerlich vnd kostlich hochzeit gehalten, Vnd nachma- / len seinen gemahel mit grossen freuden vnd Eern, gantz glucksselig her*³⁸⁸ *gen Augspurg / mit Jm gefuert vnnd gepracht hat.*³⁸⁹ //

---

381 Zwei Wörter gestrichen, von Hand D: *von bet / lahems / dorff.*
382 Vier Wörter gestrichen.
383 Bis hierher größer.
384 Durch Unterstreichung getilgt, am Rand von Hand D: *Edln* (Sic!).
385 Durch Unterstreichung getilgt, am Rand von Hand D: *bet-lahemsdorff.*
386 Am Rand von Hand D: *des wolgebornen.*
387 Am Rand von Hand A: *gewesen.*
388 Gestrichen.
389 Hier anschließend von Hand D: *erstlich Jn seines Vatters hauss bey St. Anna vnd nach absterben h[errn] Jac[ob] fuggers Jn dem / obren fuggerisch[en] hauss am weinm... / gehaust.*

*Diser Herr*³⁹⁰ *Raymundus, Jst nach absterben der Dreien alten Herren fuggern, / der eltist gewesen, vnd den fuggerischen handel, mit Herren Anthonio seinem Bru- / der gefueret, Vnd*³⁹¹ *nachdem Er, als ein Kaiserlicher vnd Königclicher Rat, zu offter- / malen von vilen hohen Potentaten, das er sich sambt dem fuggerischen Geschlecht / von der Lilien, adlen lassen solt, bitlich angesucht worden, Hat er doch zuletst bewilligt, / Darauf Jn dann die Kay[serliche] m[aieste]t*³⁹² *nachdem Er*³⁹³ *mit Graffschaffte[n] sambt*³⁹⁴ *andern Herr- / schafften reichlich Jnnegehabt vnnd*³⁹⁵ *versehen gewesen, Jn ansehung seines red- / lichen vnnd freuntlichen gemuets vnd tugend, sambt allen herren fuggern der / Zeit in leben, auch Jre Erben vnd Erbens Erben, in ewig Zeit, gegraefet*³⁹⁶ *vnd*³⁹⁷ *mit / allen Gräflichen vnd Adels Tituln, Eern vnd Wirden, datzu mit ainem qua- / tierten Schilt vnd Wappen, als es die Herren Fugger der Zeit noch fieren, gantz gne- / dig vnd miltigclichen gezieret, begabet vnd versehen hat.*³⁹⁸ //

*Einer schönen*³⁹⁹ *langen vnd vast lustigen Person, starck von leib vnd gemuet / ist er gewesen, Nicht allain ein besonderer liebhaber, sonder ein Eer aller / warhafften historicis, der Antiquiteten vnd medeyen seer begirlich, Ja aller / vorgemelter gutwissender sachen, ein gantz fleissiger erfrager, vnnd begaber al- / ler guten Kunsten, wie dann sein fleis in seiner verlasnen Kunstkamer, wol / gespurt, gesehen, vnd Jedem sehenden verwunderliche zeugknus von sich gibet.* //

*Die Herrschafften,*⁴⁰⁰ *Burckstall, Schlos vnd Herrlichkaiten Glett, Winterbach, / Dirrlaugingen, Gablingen, Oberdorff, vnd andre mer, hat Er dem fuggeri- / schen Namen in gemain, zu ern vnnd nutz erkaufft, Aber die Herrschafft, / Schlos vnd flecken mikhausen, hat Er aus vrsachen*⁴⁰¹ *allain / auf Jn vnnd seine Söne, aigenthumblichen, von Wolfgangen von frey- / berg, erkauffet, vnd an sich pracht, welches Schlos Er von newem*⁴⁰² *erpawet, / vnnd sein Son Herr Hans Jacob fundator dises Buchs, solche Herrschafft / hernacher mit langenmeisnach gezieret hat,*⁴⁰³ *Desgleichen hat er auch die alten / fuggerische heuser vnd gueter, in Clebsatler gassen gelegen, zusamen ge- / prochen, vnd*

---

390 Bis hierher größer.
391 *d* auf Rasur.
392 Hierher am Rand von Hand D: *Carol[us] V.*
393 Hierher von Hand D: *sein brud[er] an[thon] vnd / Vett[er] Jheronimus.*
394 Dies auf Rasur.
395 Zwei Wörter unterstrichen (getilgt).
396 *e* im Oberband.
397 Zwei Wörter gestrichen, von Hand D: *herliehe[n].*
398 Hier anschließend von Hand D: *Inen auch ain privileg[ium] gegebe[n] d[es] geleichen K[öni]gl[iche] m[aieste]t selbst be / khant nie keins zuuor bewilligt / hab noch zu willigen gedachte.*
399 Bis hierher größer.
400 Bis hierher größer.
401 In einen Freiraum von Hand D: *der pawenslust.*
402 Drei Wörter auf Rasur.
403 Ab *vnnd sein* gestrichen.

dieselben zu guter gedechtnus des fuggerischen Namens, mit / erbawung ainer gar lustigen vnnd kostlichen behausung[404] *gezieret vnd er- / setzet. Sonst hat er mit heuslicher wonung, Jn dem obern fuggerischen haus / an dem weinmarckt, vmb der gelegenhait willen, sein wesen gehaltenn.*[405] //

›*Senft, milt*[406] *vnd gabreich*[407], *gegen menigclich, vnd Jnsonders ein Vater aller / armen, ist er gewesen, Reiche vnd wol angelegte Almusen, seind (gleichsam / angeborn) gantz militigclich von Jm geflossen, Vnd als Er .45.*[408] *Jar seines / alters, mit grossem lob vnd eern erlebt, Jst er, nachdem sein erlicher lieber Ge- / mahel im[m] Monat Januario zuuor, mit tod in Got alhie*[409] *verschiden, Jn dem / Schlos zu mickhausen, das er zuuor von newem erbawet, Jm monat Decem- / ber, Anno .1535. Jn Got gnedig, vnd mit grosser vnd schmertzlicher Clag aller / armen, in der Stat vnd auf dem Land, aus diser welt verschaiden, vnd volgends / mit grosser clag alher gen Augspurg, ongspart aller gutthaten vnd ergetzlichait / der armen, gefuert, Jn der Herren fugger begrebnus, gantz Eerlichen begraben / worden, denen baiden meinen geliebten eltern, Vater vnd muter, Der Almech-*[410] *tig Got von himel, ein gnedig vnd fröliche vrstend (von hertzen wunschende) / gnedigclichen verleihen wolle. Amen. Amen. Amen.* //[411]

fol. 27v (47): Anton Fugger und Anna Rehlinger

Vater: fol. 16v; Kinder: fol. 36r–Ende.
(Endfassung: fol. 40v) Abb.: PÖLNITZ, Anton Fugger 2.II, nach S. 16; LIEB, Fugger und Kunst II, Abb. 274; Abbildung, Kommentar und Vergleich mit der entsprechenden Seite der Endfassung: MAYER, in: (Kat.) ›Kurzweil‹, Augsburger Patrizier, Nr. 14, S. 38 f.

Allianzbildnis: Schilde tartschenförmig; links über dem nicht umgekehrten Wappen der Fugger von Kirchberg und Weißenhorn im Halbprofil von rechts ein Mann mit langem, gerade geschnittenem Vollbart und ohrenlangem Haar unter einer Kalotte und einem flachen Barett mit schmaler Krempe. Er trägt ein vor der Brust geknöpftes, schlichtes Wams über einem Hemd mit Kragen und Bündchen sowie einen vor dem Bauch geschlossenen Überrock mit gepufften und geschlitzten, ellenbogenlangen Ärmeln, schmalem Revers und im Rücken breitem Kragen; um den Hals eine Kette aus eckigen Gliedern mit einem Anhänger. Die Hand des neben dem Körper nach vorn angewinkelten linken Armes hält Handschuhe, die rechte ist vor dem Bauch, etwas über dem Schildrand in der Schwebe, mit dem Zeigefinger aufzeigend. Der Blick geht zur Frau.

Im ungeteilten Wappen rechts zwei geschweifte Spitzen, die oben in Veilchen auslaufen[412]; das Porträt der Frau im Halbprofil von links. Sie trägt eine knappe, weiße, am Hinterkopf kugelförmige Stirnhaube ohne Kinnbinde, ein Hemd mit gekraustem Kragen und ebensolchen Ärmelenden, ein Mieder mit halbrund abgesetztem Bruststück und an den Handgelenken umgeschlagenen Ärmeln, dazu eine Schaube mit an den Schultern gepufften Ärmelansätzen; vor der Brust eine lange Gliederkette. Die linke Hand ruht bei etwas nach hinten gezogenem, angewinkeltem Arm auf dem Schild, die rechte weist mit zwei Fingern bei am Körper angelegtem Arm nach vorn. Sie befindet sich ganz in der Nähe der Linken des Mannes. Der Bauch ist unter dem Kleid leicht vorgewölbt. Der Blick geht aus den Augenwinkeln zum Betrachter[413].

Schriftband links:

Der Edel vnd[414] *Wolgeboren Herr Anthoni fugger, / welcher herren Georgen fuggers dritter*[415] *eelicher / Son gewesen, vnd diser Zeit noch in gluckseligem / leben, der auch etliche vil kinder eelichen er- / zeuget hat.*

Schriftband rechts:

fraw Anna Rechlingerin, Herren Hansenn / Rechlingers dazumal burger zu Augspurg / eeliche tochter, vnd des Edlen Wolgebornen[416] *her- / ren Anthoni Fuggers Eelicher Gemahel.*

---

[404] Hierher von Hand D: *auff sein aig*[en] */ kost*[en]*.
[405] Ab *Sonst* unterstrichen; dazu von Hand D: *diss Jst ob*[en] *gmelt.*
[406] Bis hierher größer.
[407] Über der Zeile von Hand A: *a.*
[408] Auf Rasur.
[409] Gestrichen; am Rand von Hand C, gestrichen: *Jm monat / December.*
[410] Ab hier zwei Zeilen unter der inneren Umrandung des Rahmens.
[411] In der Rahmung unter dem Text von Hand D: *d*[a]*z blat h*[er]*nach soll auch firm vnd leer pleib*[en] *fur den Ray-*[mund] *fugger.*
[412] Im Schild von Hand B: *Colores vibq Noti*; zu lesen: vbiq[ue].
[413] Textseitenrahmung mit Blei.
[414] Zwei Wörter gestrichen.
[415] Hierher über dem Schriftband von Hand C: *halt solle 4ter steen.*
[416] Drei Wörter gestrichen.

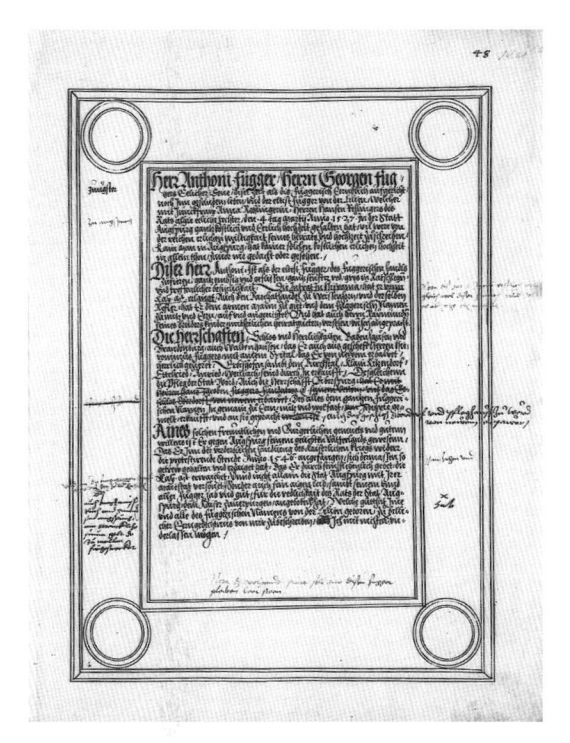

fol. 28r (48): Biographische Erläuterung:
Anton Fugger

(Endfassung: fol. 41r–43v; Text nicht übertragen) Vgl. PÖLNITZ, Anton Fugger 2.II, S. 550–552.

Textseite: Rahmung in den Randleisten und den Medaillonrändern angelegt.

Herr Anthoni fugger, Herrn Georgen fug-[417] */ gers Eelicher*[418] *Sone, diser Zeit als dis fuggerisch Eernbuch aufgericht, / noch Jnn gesunden leben, vnd der eltist fugger von der Lilien, Welcher mit Junckfraw Anna Rehlingerin, Herren Hansen Rehlingers des / Rats alhie*[419] *eeliche tochter, den .4. tag Martii Anno .1527. In der Statt / Augspurg gantz kostlich vnd Eerlich hochZeit gehalten hat, vil were von / der reichen erlichen miltigkait seines heirats vnd hochtzeit zuschreiben, / kain man in Augspurg, hat kainer solchen kostlichen erlichen hochZeit / in allem thon, zuuor nie gedacht oder gesehen.* //

Diser Herr[420] *Anthoni Jst als der eltest Fugger, des Fuggerischen handls / zufieren, gantz embsig vnd geflissen, gantz senfter red, gros in Ratschleg[e]n, / vnd treffenlicher besinlichkait, Die Jntrat Jn Hispania, hat er vonn / Kay[serlicher] m[aieste]t erlangt*[421]*, Auch den Barchathandel zu Weissenhorn, vnd derselben / Refier, hat Er dem armen mann zu gut, vnd dem fuggerisch[e]n Namen zu nutz vnd Eern, auf vnd angerichtet, Vnd hat auch herrn Raymund[e]n / seines bruders kinder, mit Reilichen heiratguetern versehen, vn[d] hoch angepracht.* //

Die Herrschaften[422]*, Schlos vnd Herrlichkaiten Babenhausen vnd / Brandenburg, auch Waltenhausen, das Er auch aus gescheft Herren Hie- / ronimus fuggers, mit ainem Spital, das Er von newem erbawet, / herrlich gezieret, Erbishofen sambt dem Burckstal, Klain Kitzendorf, / Ettelried, Anried, Weilbach, seind durch Jn erkaufft, Desgleichenn / die Pfleg der Stat Woerd*[423]*, Auch die Herschafft Biberspurg, hat Er mit / Herren Hans Jacoben fuggers fundators [etc.] seinem Vettern, vnd das Ge- / schlos Oberdorff, von newem erbawet*[424]*, Des alles dem gantzen fuggeri- / schen Namen, Jn gemain zu Eern, nutz vnd wolfart, von Jm,*[425] *wie ge- / melt, erkaufft, vnd an sie gepracht worden ist.*[426] //

Aines[427] *solchen freuntlichen vnd Burgerlichen gemuets vnd gutenn / willens ist Er gegen Augspurg seinem geliebten Vatterlands gewesenn, / Das Er Jnn der verderblichen handlung des Kaiserlichen Kriegs, widerr / die protestirende Stende Anno .1546. angefangen, sich dermassen so / getrew gehalten vnd erzaiget hat, Das Er durch sein*[428] *flehentlich gebet, die / Kay[serliche] m[aieste]t erwaichet, Vnnd nicht allain die Stat Augspurg mit Jrer / maiestat versoenet*[429]*, Sonder auch sein aigen leib, sambt seinem vnnd / aller fugger hab vnd gut, fur die redlichkait des Rats der Stat Aug- / spurg, dem Kaiser zuuerpurgen, angeboten*[430] *hat, Welche gutthat Jme / vnd alle des fuggerischen Namens von der Lilien geboren, zu billi- / cher Eerngedechtnus von mir zubeschreiben, hab*[431] *Jch mit nichten*[432] *vn- / derlassen mögen.*[433] //

fol. 28v (49): Hans Baumgartner und
Regina Fugger

Vater: fol. 16v
(Endfassung: fol. 44r)

Allianzbildnis: Schilde tartschenförmig, mit Blattwerk, jedoch ohne Rollwerk an den sich berührenden Innenkanten; das Wap-

---

[417] Bis hierher größer.
[418] Am Rand von Hand A: *jungster.*
[419] Gestrichen, am Rand von Hand D: *zu augspurg.*
[420] Bis hierher größer.
[421] Der gesamte Satz unterstrichen, am Rand, durch Seitenbeschnitt beschädigt, von Hand D: *Nota diss hat h*[err] *Jacob erstlich erl.... / gleichwol diser h*[er]*nach wid*[er] *Jch / es absehe ob*[en] *meld*[en].
[422] Bis hierher größer.
[423] *e* im Oberband.
[424] Ab *hat Er* gesamte Passage gestrichen; von Hand D am Rand: *pfleghauss Zu werd,* gestrichen.
[425] Zwei Wörter gestrichen.
[426] Zwei Wörter gestrichen. Der Eintrag bis zum Seitenrand fortgesetzt, von Hand A zu Hand C übergehend: *auch das geschlosz Dörndorf vnd pfleghausz Zu Wörd / von newem erpawet.*
[427] Dies größer.
[428] Am Rand von Hand D: *ansehen vnd.*
[429] *e* des Umlauts im Oberband. Am Rand von Hand D: *vnd an den furgenommen straff / ob so gross bey J*[rer] *m*[aieste]*t behalt*[en].
[430] Hierher am linken Rand von Hand C: *auch Burg*[er]*maist*[er] */ Raht vnd gemaind* [der] */ stat augspurg / ain merckliche / sum*[m]*a gelt do / zu mahlen / furgestrecket.*
[431] Gestrichen.
[432] Hierher am Rand von Hand D: *hab.*
[433] Unter dem Rahmen von Hand D: *Nota d*[a]*z volgende platt soll fur dissen fugger / pleiben leer steen.*

pen links gespalten mit Schildfuß, umgekehrt; das erste Feld geteilt: oben ein nach links scharrender Sittich, unten eine Lilie; im zweiten Feld ein nach rechts drohender Schwan; der Schildfuß schräg rechts geteilt; darauf ein nach links steigender Löwe; darüber im Halbprofil von rechts das Porträt eines glattrasierten Mannes, mit ohrenlangen Locken unter einem Barett mit doppeltem Kinnband. Über einem Hemd mit schmaler Fältung trägt er ein vor der Brust geschnürtes Wams mit weiten, zur Hand hin zulaufenden Ärmeln und eine Schaube mit weiten Ärmelansätzen und breitem Pelzkragen. Zwischen Hemd und Wams ist eine Kette aus rechteckigen Gliedern zu sehen. Der Blick geht nach vorn, zur Frau hin. Die rechte Hand, an deren Ring- und Zeigefinger je ein Ring erkennbar ist, ist nach oben geöffnet leicht zur Frau hin ausgestreckt, während der linke Unterarm angewinkelt auf dem Schildrand ruht.

Die Frau, über dem gespaltenen Lilienwappen, ist im Halbprofil von links, mit dem Kopf im Vollprofil gezeigt. Sie trägt eine einfache Stirnhaube ohne Kinnband, ein Hemd mit leichter Fältung, ein Mieder mit halbrund abgesetztem Bruststück und weiten, an den Bündchen zulaufenden Ärmeln sowie eine Schaube mit weiten, halblangen Ärmelansätzen und einem breitem Pelzkragen. Um den Hals liegen zwei schwere Ketten aus eckigen Gliedern. Der Blick geht vorwärts, zum Mann hin, die Rechte ist mit der Handfläche nach unten der rechten Hand des Mannes entgegengestreckt, während der linke Unterarm angewinkelt mit der leicht geballten Hand auf dem Schildrand aufliegt[434].

Schriftband links:

Der Edel vnd Vest Herr Hans Paungartner[435] */ Burger zu Augspurg, welcher mit*[436] *Regina fug- / gerin Anno .1512. alhie zu*[437] *Augspurg / hochtzeit gehabt, vnd miteinander .13. / kinder Eelichen erzeuget.*[438]

---

[434] Federzeichnungen auf Bleiskizzen; Textseitenrahmung mit Blei; oben rechts mit Blei: *6*.
[435] Über dem Band von Hand D: *von Paumgarten*.
[436] Hierher unter dem Text von Hand A: *junckfraw*.

Schriftband rechts:

Fraw Regina fuggerin, Herren Geor- / gen fuggers eeliche tochter, vnd herren / Hansen Paungartners eelicher gemahl.

Am unteren Seitenrand zwischen den unteren Spitzen der Wappen ein Schriftrahmen[439]:

End der vierten Linien

fol. 29r (50): Regina Fugger

Vater: fol. 26v
(Endfassung: fol. 44v)

Schriftrahmen oben:

Anfang der funften linie[n]

Darunter ein Einzelbildnis: Die gesamte Figur mit aufrechtem, blattwerkverziertem Fünfeckschild und Schriftband ist, relativ zum Schriftrahmen am Kopf der Seite, nach links aus der Achse verschoben.

Das Wappen ist das der Fugger von Kirchberg und Weißenhorn; darüber in einer leichten Wendung nach links das Porträt einer jungen Frau. Sie trägt ein über die Ohren gezogenes Haarnetz und ein flaches, schleifchenbesetztes Barett, ein am Hals gekraustes Hemd, ein rechteckig ausgeschnittenes Mieder mit rund abgesetzter, reich bestickter Brustpartie, enger Taille und breit umgeschlagenen Trichterärmeln, ein weit fallendes Kleid und eine schmale Kordel als Gürtel. Eng um den Hals eine Kette mit Anhänger, vor der Brust eine schwere Gliederkette in den Ausschnitt gesteckt. Der leicht nach links geneigte Kopf blickt nach vorn links aus der Bildebene heraus. Die

---

[437] Zwei Wörter gestrichen; über dem Band von Hand D: *Jn der stat.*
[438] Unter der Zeile von Hand C: *Stirbt A*[nno].
[439] Darunter von Hand C: *JCH Befünde aus vnserem Stammen dass Georg fugger noch ein erben / mitt namen Petter so der Jungst gewesen Gehabt hatt.* Dazu links Zeigehand und von Hand B: *Pro memoria.*

Linke faßt nach der Ecke des Schildes, die Rechte ruht vor dem Bauch mit den Fingerspitzen auf der Schildkante[440].

Schriftband:

Junckfraw Regina fuggerin, des Edlenn / vnd Wolgebornen[441] *Herren Raymunden fug- / gers eeliche tochter, welche gar Jung gestor- / ben ist.*

fol. 29v (51): Jakob Fugger

Vater: fol. 26v
(Endfassung: fol. 45r)

Einzelporträt: Schild wie eben; über dem Wappen der Fugger von Kirchberg und Weißenhorn frontal das Bild eines jungen Mannes mit ohrenlangen, vollen Locken und einem Lorbeerkranz. Er trägt ein am Hals und an den Handgelenken gefältetes Hemd, ein Wams mit gepufften und geschlitzten, an den Oberarmen weiten, an den Unterarmen eng anliegenden Ärmeln und eine schmale Schaube mit über die Schultern fallendem Kragen. Eine auffällig grobgliedrige Kette liegt vor der Brust; am linken Daumen ein Ring angedeutet. Der nach links geneigte Kopf blickt nach links zur Seite, dorthin zeigt auch mit leicht angewinkeltem Arm die erhobene Linke, die Bewegung geht also zum gegenüberliegenden Allianzbildnis (fol. 30r) hin; der rechte Arm angewinkelt und leicht vom Oberkörper abgespreizt, so daß die Hand angespannt mit den Spitzen von Zeige- und Mittelfinger den Schildrand berührt[442].

Darüber das Schriftband:

Junckherr[443] *Jacob Fugger, des Edlen vnd Wolgebornen*[444] *herren Raymunden fuggers anders eelichs kind, welcher in der Jugent in Got verschiden*

---

[440] Federzeichnungen auf Bleiskizzen; Textseitenrahmung mit Blei; oben links mit Blei: *6*.
[441] Vier Wörter gestrichen.
[442] Federzeichnungen auf Blei; Textseitenrahmung mit Blei; oben rechts am Rand mit Blei: *7*.
[443] Gestrichen.

fol. 30r (52): Hans Jakob Fugger und Ursula von Harrach

Vater: fol. 26v
(Endfassung: fol. 45v) Vgl. fol. 8v–9r

Allianzbildnis: Schilde tartschenförmig; links das umgekehrte Wappen der Fugger von Kirchberg und Weißenhorn; darüber im Halbprofil ein Mann mit zweigeteiltem, langen Vollbart und fast schulterlangen, glatten Haaren unter einem schmalen, schleifenbesetzten Barett. Die Halsfältung des Hemdes ist erkennbar, außerdem zwei Gliederketten vor der Brust. Die Ärmel des Wamses sind oben weit und geschlitzt, unten vierfach gepufft und geschlitzt, dabei zu den Bündchen hin enger. Darüber trägt er eine Schaube mit Pelzkragen. Der Blick geht nach vorn, jedoch über den Kopf der Frau hinweg. Die linke Hand hält neben dem Körper in Bauchhöhe nach vorn gestreckt ein paar Handschuhe, der rechte Arm ist mit nach vorn geöffneter Handfläche erhoben. Die skizzierten Gesichtszüge ähneln grob denen des Vollporträts am Beginn der Handschrift.

Rechts das Wappen derer von Harrach; darüber im Halbprofil von links das Bild einer jungen Frau. Aus dem Haarnetz fallen an den Ohren Löckchen, darüber ein flaches, schmales Barett mit Federbusch und Schleifchen auf der Krempe; über einem Hemd mit gefältetem Hals ein Mieder, das mit Schleifchen an der rechteckig abgesetzten Bauch- und Brustpartie des Mieders ansetzt, mit an den Ellenbogen und den Schultern gepufften, an den Armen zerhauenen Ärmeln, aus denen am Handgelenk kleine Krausen quellen; eng am Hals eine Kette mit Medaillon, darunter eine kürzere, eckige und eine sehr lange, feingliedrigere Kette. Durch das weit fallende Kleid werden Bauch und Steiß der Frau betont. Der Blick geht nach vorn, zum Mann hin. Ihm entgegen hält sie in der mit angewinkeltem Arm nach innen gedrehten rechten Hand eine Nelke, während die linke bei angewinkeltem Arm vor dem Bauch ruht. Auch hier ist eine

---

[444] Vier Wörter gestrichen.

188

Ähnlichkeit mit dem Vollporträt bis in Ausstattungsdetails gegeben[445].

Schriftband links:

Der Edel vnd Wolgeborn[446] Herr Hans Jacob fugger / fundator dises fuggerischen Eernbuchs, vnnd / des Wolgebornen[447] Herren Raymunden fug- / gers Eelicher Son, welcher[448] kinder / Eelichen ertzeuget hat.[449]

Schriftband rechts:

Die Edel vnd Vest[450] fraw Vrsula von Har- / rach, des Edlen vnd Vesten[451] Herren Leonharte[n] / von Harrach[452], Eeliche tochter, vnd Herren / Hans Jacoben fuggers fundators [etc.] Eelichr[453] / gemahel.[454]

**fol. 30v (53): Biographische Erläuterung:
Hans Jakob Fugger**

(Endfassung: fol. 46r–48r; Textübertragung nicht erfolgt)

Textseite: Rahmung in den Bordürenrändern angelegt; Schriftraum bis auf das obere Fünftel leer[455].

445 Federzeichnungen auf Bleiskizzen; Textseitenrahmung mit Blei; unten mittig mit Blei: *2 blat*; oben links am Rand mit Blei: *7*.
446 Vier Wörter gestrichen.
447 Zwei Wörter gestrichen; von Hand A unter der Zeile: *Edlen*, gestrichen.
448 Freiraum.
449 Unter der Zeile von Hand C: *Stirbt A*[nno].
450 Vier Wörter gestrichen; über der Zeile von Hand D: *wolgeboren*, gestrichen.
451 Drei Wörter gestrichen, über der Zeile von Hand C: *wolgebornen*; am rechten Seitenrand von Hand D: *wolgebornen*.
452 *a* der zweiten Silbe zu *o*; hierher am Rande von Hand D: *Zu / Rohraw*; davor: *Ro*, gestrichen.
453 Sic!
454 Dieses klein unter der Zeile; danach von Hand C: *Stirbt A*[nno].
455 Oben rechts am Rand mit Blei: *8*.

Herr Hans Jacob Fugger, Herren Ray-[456] / mundus fuggers Eelicher Sone, vnd Fundator dises gantzen / Fuggerischen Eernwercks, Hat seines alters von Got in dem / [457] Jar, mit der Edlen vnd Tugentreichen Junckfraw[458] Vrsu- / la,[459] Herren Leonharts von Harrach[460] Eeliche[461] Tochter, Jres alters / Jnn dem[462] Jar, Anno .1540. zu Roraw Jn Osterreich seine[n] / beyschlaf vnd hochzeit, gantz erlichen vnd kostlichen gehaltenn. //

**fol. 31r (54): Georg Fugger und
Ursula von Liechtenstein**

Vater: fol. 26v
(Endfassung: fol. 48v; zusätzlich fol. 49r–50v für Texteinträge vorgesehen)

Allianzbildnis: die Schilde tartschenförmig, rechts ohne, links mit Rollwerk, beide mit Blattwerk; links das Wappen der Fugger von Kirchberg und Weißenhorn, wiederum umgekehrt; darüber im Halbprofil von rechts das Porträt des Mannes mit kurzem, zweigeteilten Vollbart und kurzen Haaren, auf dem Kopf einem Barett mit schleifchenbesetzter Krempe und einem Medaillon mit Straußenfeder über dem rechten Ohr. Er trägt ein Hemd mit Fältung an Kragen und Bündchen, ein vielfach gepufftes und geschlitztes Wams und eine spanische ›Kappe‹, deren Ende über die rechte Schulter geworfen ist. Um den Hals liegen zwei schwere Gliederketten. Der Blick geht zur Frau hin, jedoch leicht nach oben. Die rechte Hand greift bei unter dem Mantel ange-

456 Bis hierher größer.
457 In Freiraum von Hand D: *24*.
458 *der [...] Junck* gestrichen.
459 Hierher am Rand von Hand D: *des wolgeborn*.
460 Hierher am Rand von Hand D: *freyh*[er]*rn zu Rohraw*.
461 In die Zeile von Hand D: *n*.
462 In Freiraum von Hand D: *18*.

winkeltem Arm den Säbelgriff an der rechten Hüfte, die linke ist bei an den Oberkörper angelegtem Oberarm erhoben und greift leicht nach der rechten Hand der Frau, die eine Nelke hält.

Im ungeteilten Wappen der Frau eine geschweifte, gestürzte Spitze; darüber der Oberkörper im Halbprofil von links, der Kopf im Vollprofil. Die Frau trägt ein flaches Barett mit schmaler Krempe und zwei Straußenfedern über dem linken Ohr, darunter ein Haarnetz; ein Hemd mit Krause an Hals und Bündchen, erstere perlenbesetzt; ein in der Taille eng geschnürtes Mieder mit halbrund abgesetztem, reich besticktem Bruststück, weit gepufften Ober- und engen, durchschossenen Unterarmen. Eine Kette mit Anhänger und eine schwere Gliederkette liegen vor der Brust. Der Bauch ist unter dem Kleid leicht betont. Am Zeigefinger der rechten Hand ist ein Ring erkennbar. Während die linke in die Hüfte gestützt ist, hält die rechte Hand mit dem Handrücken nach vorn eine Nelke dem Mann entgegen. Auch der Blick geht zum Mann hin, trifft dessen Blick jedoch nicht[463].

Schriftband links:

Der Edel vnd Wolgeboren[464] *Herr Georg Fugger, Herren Ray- / munden fuggers Eelicher Sone, welcher Anno .1542. / zu Trient, mit der Wolgebornen vnd gnedigen*[465] *Junckfrawen / Vrsula von Liechtenstain, des gnedigen vnd Wolgebornen*[466] */ Herren Wilhalm freyherren*[467] *von Liechtenstain Eeliche / tochter,*[468] *mit welcher sein gnad vnd*[469] *Herrlichkait*[470] */ kinder Eelichen erzeuget hat.*[471]

Schriftband rechts:

Die genedig vnd Wolgeboren[472] *fraw Vrsula von / Liechtenstain, ein Freyin*[473]*, herren Wilhalm / Freiherren*[474] *von Liechtenstain Eeliche tochter, / vnd Herren Georgen fuggers Eelicher gemahl.*[475]

fol. 31v (55): Johann Jakob von Mörsberg und Regina Fugger

Vater: fol. 26v
(Endfassung: fol. 51r)

Allianzbildnis: Schilde tartschenförmig mit Roll- und Blattwerk; das linke Wappen geviert: im ersten und vierten Feld je drei nach links gewandte Adler (2.1), im zweiten und dritten

---

463 Unter den beiden Wappen von Hand D: *Last diss vnd allen nachvolgenden wid*[er] *ei*[n] *leer plat / Jn allen nach vorr d*[a]*z ein entgegen; leer* über der Zeile; Federzeichnungen auf Bleiskizzen; Textseitenrahmung mit Blei; oben links am Rand mit Blei: *8*; unten mittig mit Blei: *2 Blat*.
464 Vier Wörter gestrichen.
465 *der* [...] *gnedigen* gestrichen.
466 Vier Wörter gestrichen.
467 Gestrichen.
468 Hierher von Hand D: *seinen beyschlaf vnd hochtzeit / ganz Ehelich gehalt*[en].
469 Zwei Wörter gestrichen.
470 Freiraum bis zum Zeilenende.
471 Im Anschluß von Hand C: *Stirbt A*[nno].
472 Drei Wörter gestrichen.
473 Zwei Wörter gestrichen.
474 Gestrichen.
475 Neben dem Schriftband im Anschluß von Hand C: *Stirbt A*[nno].

---

jeweils eine zweifache Schachung; darüber im Halbprofil von rechts das Porträt eines vollbärtigen Mannes mit eng anliegender Kalotte und einem Barett, das mit Schleifchen und Straußenfedern besetzt ist. Über einem an Hals und Händen gefälteten Hemd trägt er ein vor der Brust geknöpftes Wams mit weiten, schräggeschlitzten Ärmeln, die zu den Bündchen hin zulaufen, sowie eine Schaube mit Pelzkragen und weiten Ärmelausschnitten. Eine Kette aus eckigen Gliedern liegt vor der Brust. Beide Hände sind bei angewinkelten Armen in Brusthöhe vor dem Körper erhoben, die linke reicht der Frau einen Ring. Der Blick geht ebenfalls zur Frau hin.

Diese, über dem Wappen der Fugger von Kirchberg und Weißenhorn, im Halbprofil von links, trägt ein Haarnetz und ein flaches Barett mit Straußenfeder, ein Hemd mit leichter Halskrause, weiteren Ärmeln und gekrausten Bündchen sowie ein Mieder mit Schnürung in der Taille, reich besticktem Bruststück (›Gesperr‹) und oben engen, an den Gelenken breit umgeschlagenen Trichterärmeln. Um die Hüfte ist eine Schärpe geknotet, das Kleid fällt weit in Längsstreifen. Eng am Hals liegt eine Kette mit Anhänger, vor der Brust eine schwere Gliederkette. Der Blick trifft den des Mannes. Die rechte Hand streckt sich geöffnet der linken des Mannes entgegen, welche den Ring hält. Die linke Hand ruht zwischen Leistengegend und Schildrand[476].

Schriftband links:

Der Wolgeboren gnedig[477] *herr Hans Jacob, freiher*[r] */ zu Mersperg*[478] *vnd Boffort*[479]*, welcher mit Junckfraw*[480] */ Regina fuggerin Anno .1538. zu Weissen- /*

---

476 Am oberen Seitenrand von Hand D: *diss plat soll fur Jorgen fugger leer pleib*[en]. Federzeichnungen auf Bleiskizzen; Textseitenrahmung mit Blei; oben rechts am Rand Vermerk mit Blei, überklebt.
477 Gestrichen.
478 *e* der ersten Silbe zu *o*.
479 *o* der ersten Silbe zu *e*.
480 *Junck* gestrichen; von Hand C: *lin*, also: *frawlin*.

horn seinen beyschlaff vnd hochtzeit gehalten, / vnnd auch etliche kinder mit Jr Eelichenn / ertzeuget hat.[481]

Schriftband rechts:

Fraw Regina fuggerin, Herren Raymun- / den fuggers eeliche tochter, vnd des Wolgebor- / nen gnedigen[482] *Herren Hans Jacoben, freiherrn / zu Mersperg vnd Befort*[483]*, eelicher Gemahel.*[484]

hängt eine schwere Gliederkette. Der Blick trifft den des Mannes, die Hände sind ihm wie beschrieben zugewandt[485].

Schriftband links:

Der Edel vnd Wolgeboren[486] *Herr Christoff / fugger, Herren Raymunden Fuggers Ee- / licher Sone, der Zeit noch ledigs Stands.*[487]

fol. 32r (56): Christoph Fugger

Vater: fol. 26v
(Endfassung: fol. 51v)

Der Anlage nach ein Allianzbildnis; jedoch die Stelle der Frau nur mit dem Bildnis, einem leeren Wappenschild und einem leeren Schriftband angelegt; Schilde tartschenförmig; links das Wappen der Fugger von Kirchberg und Weißenhorn, umgekehrt; darüber im Dreiviertelprofil von rechts ein Mann mit längerem, zweigeteiltem Vollbart. Er trägt ein flaches Barett mit Straußenfedern und einen weiten Radmantel (›Kappe‹) mit Kapuze. Der Blick geht nach vorn, zur Frau hin. Die linke Hand faßt in Bauchhöhe die rechte der Frau, die rechte Hand ist in Brusthöhe nach der erhobenen linken der Frau ausgestreckt.

Die Frau im Dreiviertelprofil von links, mit dem Kopf im Profil. Sie trägt ein Haarnetz und ein breitkrempiges Barett mit reichem Blumenschmuck, ein mit einem schmalen Stehkragen hochgeschlossenes Hemd, ein Mieder mit Schnürung in der Taille und halbrund abgesetztem Bruststück, dazu breiten Saumborten an dem runden, weiten Ausschnitt und Trichterärmeln, dazu ein schlichtes, weit fallendes Kleid. Vor der Brust

fol. 32v (57): Sibylla Fugger, Wilhelm von Kuenring und Wilhelm von Puchheim

Vater: fol. 26v
(Endfassung: fol. 54r)

Doppeltes Allianzbildnis: Die Frau ist ins Zentrum des Bildes gerückt, so daß die Männer links und rechts von ihr leicht erhöht, mit nach innen geneigten Wappenschilden gezeigt werden. Die Schilde sind fünfeckig mit geschwungenen Konturen, symmetrisch zur Mittelachse der Seite. Die Schriftbänder über den Köpfen der Männer schließen die Seite nach oben ab, so daß für jenes der Frau nur ein geringer Raum unterhalb, zwischen den Köpfen der Figuren bleibt.

Links auf der Seite der erste Mann: Sein mit Herzschild geviertes Wappen ist umgekehrt; im ersten Feld auf einer neunmaligen waagerechten Teilung ein schräglinker Rautenkranz; das zweite Feld, gespalten, zeigt rechts drei schräglinke Balken, links am Spalt einen halbierten, gekrönten Adler; im dritten Feld ein quergestreifter, nach links steigender, gekrönter Löwe; im vierten ein Ring. Der Herzschild ist geviert. Der Mann, im Halbprofil von rechts mit schulterlangem Haar, einem langen

---

[481] Im Anschluß von Hand C: *Stirbt A[nno]*.
[482] Ab *vnd* gestrichen.
[483] *e* korrigiert aus *o*.
[484] Im Anschluß von Hand C: *Stirbt A[nno]*.
[485] Porträt der Frau mehrmals gestrichen. Oben links am Rand mit Blei: *9*; unten mittig mit Blei: *2 Blat*.
[486] Vier Wörter gestrichen.
[487] Ab *der Zeit* gestrichen.

Schnurr- und zweigeteilten Vollbart, trägt über einer engen Kalotte ein Barett mit seitlicher Krempe und Straußenfedern, ein Hemd mit schmaler Krause, ein Wams mit besticktem Halsausschnitt sowie gepufften und geschlitzten Ärmeln, darüber eine schmale Schaube mit geschlitzten, geschnürten, halblangen Ärmeln und einem Pelzkragen. Dazu eng am Hals eine Kette mit Anhänger und vor der Brust eine grobe Kette aus rechteckigen Gliedern. Die linke Hand faßt die Oberkante des Schildes, die rechte ist knapp neben der Schulter der Frau mit Zeige- und Mittelfinger in Brusthöhe erhoben, auf das Schriftband der Frau weisend. Der Blick geht aus den Augenwinkeln nach rechts, aus der Bildebene heraus, jedoch nicht zum Betrachter.

Das Wappen des zweiten Mannes, auf der Seite rechts, ist nicht umgekehrt und geviert mit Herzschild: im ersten und vierten Feld je drei Korngarben (2.1), im zweiten und dritten ein Balken, im Herzschild ein nach rechts steigender, gekrönter Löwe. Das Porträt, annähernd im Profil, zeigt den Mann mit kurzem Haar, einem Vollbart, einem Barett mit Straußenfeder, einem Hemd und vermutlich einem an den Armen geschlitzten Wams, darüber einem langen und weiten Radmantel (›Kappe‹), der über die linke Schulter geworfen ist. Die linke Hand faßt in Hüfthöhe den Griff des Säbels, der auch hinter der seitlichen Kante des Wappenschildes hervorragt. Die Rechte ergreift den linken Unterarm der Frau. Der Blick geht geradeaus, unbestimmt zum ersten Mann hin.

Die junge Frau, über dem Wappen der Fugger von Kirchberg und Weißenhorn, frontal mit leicht nach rechts gewandtem Kopf, trägt ein Haarnetz, ein Barett mit einem Medaillon über dem linken Ohr, ein Hemd mit schmaler Krause, ein Mieder mit geschnürtem Bauch- und rechteckig abgesetztem Bruststück sowie an den Schultern und Ellenbogen gepufften, an den Unterarmen geschlitzten und an den Handgelenken überlangen Ärmeln; darüber eine Schaube; am Hals eine kurze Kette mit Anhänger und eine schwere Gliederkette vor der Brust. Die Arme sind angewinkelt, so daß der rechte Unterarm vor dem Bauch liegt, der linke neben dem Oberkörper von der rechten Hand des zweiten Mannes gehalten wird. Der aufmerksame Blick geht leicht aus den Augenwinkeln zum Betrachter[488].

Schriftband links:

Der Wolgeboren gnedig[489] *Herr, Wilham, freiherr zu*[490] *Koen- / ring*[491] *welcher mit Junckfraw*[492] *Sibilla fuggerin, als Jr erster / Eegemahel, Anno .1539. zu Schmiha seinen beyschlaf / vnd hochtzeit gehalten, Aber Anno .15*[493] *zu*[494] */ in Got verschiden, vnd kain kind Eelichen mit Jr er- / zeuget hat. Stirbt Anno .15*[495]

Schriftband rechts:

Der Wolgeboren vnd gnedig[496] *Herr Wilham, frei- / herr zu Buchain, welcher mit fraw Sibilla fuggerin, des / wolgebornen gnedigen*[497] *Herren Wilhalmen, freiherren / zu Koenring*[498] *seligen verlasne wittib, Anno .1542. / zu*[499] *seinen beyschlaf vnd hochtzeit gehalten, / vnd bis der Zeit*[500] *kaine kinder Eelichen mit Jr vber- / komen hat. Stirbt Anno. 15*[501]

Schriftband Mitte:

Fraw Sibilla fuggerin, Herren Raymunden / Fuggers Eeliche tochter, vnd zwayer freyherren / von Könring vnd von Buchhain Eelicher Ge- / mahel.[502]

fol. 33r (58): Daniel Felix von Spaur und Veronika Fugger

Vater: fol. 26v
(Endfassung: fol. 54v)

Allianzbildnis: Schilde tartschenförmig, links mit Blattwerk; das Wappen des Mannes geviert und umgekehrt; das erste und vierte Feld senkrecht fünf- und waagerecht sechsfach geschacht, im zweiten und dritten Feld ein nach links steigender Löwe, in den Vorderpranken einen Deckelkelch haltend. Der Mann, im Dreiviertel- (Oberkörper) bzw. Vollprofil (Kopf) von rechts, hat einen Vollbart und ohrenlange Haare, ein Barett mit Krempe und Straußenfeder, ein Hemd mit Halsfältung, ein vor der Brust geknöpftes Wams mit geschlitztem Kragen, ebensolchen Unterarmen sowie weiten Oberarmen, darüber eine Schaube mit breit umgeschlagenem Kragen. Über der Brust von der rechten Schulter zum Knopfloch liegt eine Kordel. Der Blick geht zur Frau. Die rechte Hand ruht auf dem Schildrand, die linke vor dem Bauch reicht der Frau einen Umschlag.

---

[488] Federzeichnungen auf Blei; Textseitenrahmung mit Blei; oben rechts am Rand mit Blei, überklebt: *6* oder *0* (›16‹ bzw. ›10‹?).
[489] Gestrichen.
[490] Gestrichen, von Hand A über der Zeile: *von*.
[491] *e* des Umlauts im Oberband; hierher von Hand A: *zu Seefeld*.
[492] Gestrichen.
[493] In Freiraum von Hand D: *41*.
[494] In Freiraum von Hand D: *Seefeld*.
[495] Ab *Stirbt* gestrichen.
[496] Zwei Wörter gestrichen.
[497] Gestrichen.
[498] *e* des Umlauts im Oberband.
[499] In Freiraum von Hand D: *Wien*.
[500] Drei Wörter gestrichen.
[501] Nachgetragen von Hand D: *47 20 Jenner*.
[502] Hier von Hand C: *Stirbt A*[nno].

Die junge Frau, über dem Wappen der Fugger von Kirchberg und Weißenhorn, im Vollprofil, trägt ein Haarnetz und ein Barett mit Straußenfeder. Ihr Mieder ist bis über die Schultern ausgeschnitten, mit schräg geschlitzten Ärmeln; dazu ein mit hochgeschlossenem, perlenbesticktem Kragen gearbeitetes Hemd. Sie trägt eine kürzere und eine lange Gliederkette, letztere mit einem Anhänger. Am kleinen Finger der Linken ist ein Ring erkennbar. Die Hand des angewinkelten linken Armes greift nach der Gabe des Mannes, die rechte ist etwas darüber erhoben und weist auf den Mann. Der Blick geht unbestimmt auf seinen Oberkörper. Durch den Faltenwurf des Kleides werden Bauch und Steiß betont[503].

Schriftband links:

Der Wolgeboren gnedig[504] *Herr Daniel felix, freyher*[r] */ zu Spaur, vnd Erbschenck in der Grafschaft Tyrol*[505] */ welcher*[506] *mit Junckfraw*[507] *Veronica fuggerin / Anno .1542. zu Schmiha seinen beyschlaf / vnd hochtzeit gehalten, vnd etliche kinder mit / Jr Eelichen vberkomen hat. Stirbt / Anno .15*[508]

Schriftband rechts:

Fraw Veronica fuggerin, Herren Raymun- / den fuggers eeliche tochter, vnd des Wolgebor- / nen gnedigen[509] *Herren Daniel felix*[510] *zu Spaur, / Erbschenck in Tirol,*[511] *eelicher gemahel.*[512]

fol. 33v (59): Susanna Fugger

Vater: fol. 26v
(Endfassung: fol. 55r)

Der Anlage nach ein Allianzbildnis; Schilde tartschenförmig mit Roll- und Blattwerk. Der potentielle Mann ist im Porträt wiederum ausgeführt, Wappen und Schriftband sind leer. Das Bild zeigt im Halbprofil von rechts einen jungen Mann mit ohrenlangen, glatten Haaren und einem schmalen Barett mit einer Straußenfeder, einem Hemd mit gefältetem Kragen und einem längs abgenähten und schräg zerhauenen Wams, darüber einer Schaube mit langen, weiten Ärmelschlitzen; am Gürtel ein Schwert, um den Hals eine Kette aus sehr großen Gliedern. Der rechte Arm ruht angewinkelt auf dem Wappenschild, der linke ist nach vorn ausgestreckt, so daß die Hand im Bildzentrum die rechte der Frau ergreift. Der Blick geht aus den Augenwinkeln zur Frau[513].

Rechts über dem Wappen der Fugger von Kirchberg und Weißenhorn im Halbprofil von links ein junges Mädchen mit zwei langen Zöpfen im Rücken, einer barettartigen Kappe mit kleiner Feder rechts, einem am Hals gefälteten Hemd, einem schlichten, hochgeschlossenen, an den Ärmeln schräg gestreiften Mieder mit Manschetten an den Handgelenken und einem schlichten Kleid, dazu einer engen Perlen- und einer langen Gliederkette. Der Blick geht nach vorn, am Mann vorbei. Die Linke ruht vor dem Bauch, die Rechte liegt entspannt in der linken Hand des Mannes. Der Bauch ist leicht hervorgehoben[514].

Schriftband rechts:

Junckfraw[515] *Susanna fuggerin, Herren Ray- / munden Fuggers Eeliche tochter, der Zeit noch / vnuerheirat.*[516]

fol. 34r (60): Ulrich Fugger

Vater: fol. 26v
(Endfassung: fol. 55v; zusätzlich fol. 56r–56v für Texteinträge vorgesehen)

In der Anlage Allianzbildnis; der Mann mit Wappen und Text, die Frau nur im Bild mit leerer Wappenkartusche und leerem Schriftband[517] ausgeführt. Schilde tartschenförmig; über dem umgekehrten Wappen der Fugger von Kirchberg und Weißenhorn annähernd im Profil ein Mann mit kurzem Bart und kurzem Haupthaar. Er trägt ein flaches Barett mit Straußenfeder rechts, ein Hemd mit gefältetem Kragen und ebensolchen Bündchen, ein vor der Brust schräggeschlitztes Wams mit weiten, geschlitzten Oberarmen und engeren, mehrmals gepufften und geschlitzten Unterarmen, darüber eine Schaube mit Pelzkragen. Im Schoß ist eine Schamkapsel erkennbar; eine lange und eine fast bis auf den Bauch reichende Gliederkette mit einem Anhänger um den Hals, am Gürtel ein Säbelgriff. Der Blick geht zum Kopf der Frau. Die rechte Hand hält an der

---

[503] Federzeichnungen auf Bleiskizzen; Textseitenrahmung mit Blei; oben links in Blei: *6*.
[504] Gestrichen.
[505] Ab *der* mit dünnerer Feder (nachgetragen?).
[506] Letzte Silbe dünner.
[507] Gestrichen, am linken Rand von Hand D: *frawlin*.
[508] Freiraum.
[509] Gestrichen.
[510] Hierher unter der Zeile von Hand A: *freiherr*.
[511] Drei Wörter nachträglich?
[512] Unter der Zeile von Hand C: *Stirbt A*[nno].
[513] Figur und Wappenkartusche mehrmals durchgestrichen.

[514] Federzeichnungen auf Bleiskizzen; Textseitenrahmung.
[515] Gestrichen.
[516] Ab *der* gestrichen, anschließend von Hand D: *Jst Jn d*[er] *Jugend gestorb*[e]*n*; gestrichen, unterhalb von Hand C: *Jst zechenJärig Gestorben*.
[517] Im Schriftband Tintenabdruck des Nachtrags der gegenüberliegenden Seite (Entwurf, fol. 33v).

Oberkante des Schildes ein Paar Handschuhe, die linke faßt mit Daumen und Zeigefinger in Brusthöhe den herabfallenden Zipfel des Schriftbandes.

Die Frauenfigur steht im Halbprofil von links, eher etwas stärker dem Betrachter zugewandt. Sie trägt ein blumengeschmücktes Haarnetz, ein Hemd mit hochgeschlossenem Kragen und ein in der Taille vorn geschnürtes Mieder mit halbrund abgesetztem Bruststück, schmalen Saumborten am runden Ausschnitt und den trichterförmigen unteren Ärmeln, dazu ein weit und schlicht fallendes Kleid. Um die Hüfte liegt eine Schärpe, deren geknotetes Ende links in einer wehenden Bewegung absteht. Eine kurze Kette mit Anhänger und eine längere Kette, deren unteres Ende in den Ausschnitt fällt, liegen um den Hals. Die etwas vom Körper abgehoben angewinkelten Arme halten vor dem leicht betonten Bauch ein Tuch, wobei die rechte Hand etwas höher als die linke gehalten wird. Der Blick geht aus den Augenwinkeln zum Betrachter[518].

Schriftband links:

Herr Vlrich fugger, Herren Raymunden fuggers Eelicher Sone, der Zeit noch ledigs stands.[519]

fol. 34v (61): Barbara Fugger

Vater: fol. 26v
(Endfassung: fol. 57r)

In der Anlage Allianzbildnis; Schilde tartschenförmig. Das linke Wappen ist leer; darüber annähernd im Profil ein Mann mit ohrenlangen Locken und Backenbart und einem über dem rechten Ohr in einem Zipfel herabgezogenen Barett, in dem eine Straußenfeder steckt. Über einem Hemd mit perlenbesticktem Kragen trägt er ein an Brust, Armen und Hüfte schräggeschlitztes Wams und über die Schultern geworfen eine Schaube mit weiten Hängeärmeln. Eine lange Gliederkette läuft von der rechten Schulter über die Brust zur linken Achsel. Der Blick geht zur Frau. Die linke Hand ruht am Schwertgriff, die rechte ist mit gestrecktem Zeigefinger vor der Brust erhoben, sie zeigt nach oben auf das Schriftband[520].

Rechts das Wappen der Fugger von Kirchberg und Weißenhorn, darüber annähernd im Profil eine Frau mit im Nacken hochgestecktem Zopf, darauf einem flachen Barett mit Straußenfeder; unter einem hochgeschlossenen, an den Ärmeln schräggestreiften Mieder am Hals und an den Bündchen kleine Krausen erkennbar; die Oberarme weiter, die Unterarme eng; um die Hüfte eine rechts geknotete Schärpe; eine kurze und eine lange Gliederkette um den Hals. Mit der Linken hält die Frau bei angewinkelten Armen ein feines Tuch vor dem Bauch, mit der Rechten, etwas weiter vom Körper entfernt, eine verzierte Beuteltasche, die mit einer langen Kordel an der Schärpe befestigt ist. Durch den Faltenwurf des Kleides werden Bauch und Steiß betont. Der Blick trifft den des Mannes[521].

Schriftband rechts:

Junckfraw[522] *Barbara fuggerin, Her- / ren Raymunden fuggers Eeliche / tochter noch vnuerheirat*[523]

---

[518] Federzeichnungen auf Bleiskizze; Textseitenrahmung mit Blei; die Frauenfigur mit Blei gestrichen; oben auf der Seite mit Blei: *2*; unten auf der Seite mit Blei: *2 blat*. Unter dem rechten Wappen von Hand D: *allain d[a]z wappen*.

[519] Ab *der* gestrichen; im Raum der letzten Zeile und darunter Tintenabdrücke des Eintrags von Hand E (Entwurf, fol. 33v).

[520] Darin von Hand E: *Herr Ferdinand[us] Freyher zu felß. / Hohez[eit] 1548 / 8 februa[a]r*. Über dem Band von Hand C: *Der wolgeboren Herr Ferdinandus Freyherr zue Vels, / wellicher mitt freulein Barbara fuggerin Jn dem / grossen vnd Langkhwairigem Reichstag zue Augspurg / A[nno] 1548 gantz khostlich vnd herlich seinen beyschlaf / vnd hochzeit gehalten Graf Haug von Mondtfort / vnd graf Carl von Zollerrn haben die Praut gefürrt / vnd haben die fürsten vnd hochen Potentaten grose freud / gehabt*.

[521] Federzeichnung auf Blei; Textseitenrahmung mit Blei; oben rechts mit Blei: *12*.

[522] Gestrichen, über der Zeile von Hand C: *Fraw*.

[523] Zwei Wörter gestrichen, von Hand C über dem Schrift-

fol. 35r (62): Die Geschwister Raymund und Ursula Fugger

Vater: fol. 26v
(Endfassung: fol. 57v; zusätzlich fol. 58r–58v für Texteinträge vorgesehen) In der Endfassung ist die auf dieser Seite mit behandelte, jung gestorbene Ursula ausgefallen. Auch NEBINGER/ RIEBER, Genealogie, Taf. 5, erwähnen sie nicht; nicht zu verwechseln mit der gleichnamigen Schwester, fol. 35v.

In der Anlage Allianzbildnis, aber hier Bruder und Schwester zusammengestellt[524]; Schilde tartschenförmig; links umgekehrt das Wappen der Fugger von Kirchberg und Weißenhorn, darüber fast im Vollprofil der Mann mit schulterlangen, welligen Haaren, darin ein Lorbeerkranz; der gefältete Kragen des Hemdes erkennbar, außerdem ein vor der Brust geknöpftes Wams und eine Schaube mit pelerinenartigem Kragen und weiten Hängeärmeln; vor der Brust eine Kette aus eckigen Gliedern; am Gürtel ein Dolchgriff. Die linke Hand greift in Brusthöhe bei angewinkeltem Arm nach dem herabfallenden Zipfel des Schriftbandes, die rechte hält vor der rechten Hüfte einen Apfel. Der Blick geht nach vorn oben, zum Schriftband der Frau.

Diese, ebenfalls mit dem Wappen der Fugger von Kirchberg und Weißenhorn, hier jedoch nicht umgekehrt[525], annähernd im Linksprofil, entspricht in Haartracht und Kleidung weitgehend der Frau der vorhergehenden Seite (fol. 34v). Statt der Schärpe eine Schürze, die kürzere Kette hat ein Medaillon. Die linke Hand hält bei angewinkeltem Arm ein geschlossenes Büchlein, die rechte ist nach unten geöffnet in Hüfthöhe zum Mann hin ausgestreckt. Der Blick geht ebenfalls zu diesem[526].

Schriftband links:

Herr Raymundus fugger, herren / Raymunden fuggers des eltern / Eelicher Sone, der zeit noch le- / digs Stands[527].

Schriftband rechts:

Junckfraw Vrsula fuggerin, Herrenn / Raymunden fuggers letst vnd jungsts / kind, ist Junng gestorben.[528]

fol. 35v (63): Ursula Fugger

Vater: fol. 26v
(Endfassung: fol. 59r)

Einzelporträt: Fünfeckschild mit Roll- und Blattwerk; über dem Wappen der Fugger von Kirchberg und Weißenhorn[529] im Dreiviertelprofil von links eine jüngere Frau; die Haare in einem dicken Zopf hochgesteckt, darüber liegt ein Lorbeerkranz. Die Kleidung ähnelt jener der vorhergehenden Frauenfiguren: Unter einem hochgeschlossenen, schlichten Mieder mit oben weiten, schräggestreiften Ärmeln und einem weit fallenden Kleid sind an Händen und Hals schmale Fältungen sichtbar. Um die Hüfte liegt eine vor dem Bauch geknotete Schärpe; um den Hals und vor der Brust eine kürzere und eine lange Gliederkette. Die linke Hand liegt zwischen Hüfte und Wappen-

---

band: *vnd desz wolgebornen herren / Ferdinanden Freyherren zue Vels / eelicher gemachel. Ferdinanden*: letzte Silbe korrigiert zu: *Ferdinandi*.

[524] Wappen und Schriftband der Frau gestrichen; unter dem Wappen des Mannes von Hand C: *diser soll allain steen*.

[525] Dieses mehrmals gestrichen.

[526] Federzeichnung auf Bleiskizze; Textseitenrahmung mit Blei; oben links am Rand mit Blei: *12*; oben auf der Seite mittig mit Blei: *2*; unten mittig: *2 blat*.

[527] Ab *der zeit* gestrichen.

[528] Das gesamte Schriftband mehrmals gestrichen.

[529] Links neben dem Wappen eine weitere fünfeckige Wappenkartusche nach dem Muster der nebenstehenden, jedoch kleiner und skizzenhaft; darüber von Hand E: *Joach[im] graff zu ortenburg / H[o]chzeit Anno 1549 am 2. May*.

schild, die rechte hält bei in der Hüfte angewinkeltem Arm ein Paar Handschuhe. Durch das Kleid ist der Steiß leicht betont. Der Blick geht nach vorn[530]. Die lang auslaufenden Enden des Schriftbandes füllen den oberen Bildraum aus.

Schriftband:

Junckfraw Vrsula fuggerin, Herren Rai- / munden fuggers letst vnd jungsts[531] kind / ist noch ledigs Stands[532]

Am unteren Seitenrand ein Schriftrahmen:

End Herren Raymunden fuggers kinder.

fol. 36r (64[533]): Markus (Marx) Fugger

Vater: fol. 27v
(Endfassung: fol. 59v; zusätzlich fol. 60r–61r für Texteinträge vorgesehen)

Schriftrahmen oben:

Anfang Herren Anthonien Fuggers Kinder.

Allianzbildnis konzipiert; die Seite der Frau nur im Porträt mit leerer Wappenkartusche und leerem Schriftband[534]; Schilde tartschenförmig wie zuvor, mit Blatt- und Rollwerk; links das umgekehrte Wappen der Fugger von Kirchberg und Weißenhorn; darüber annähernd im Profil ein junger Mann mit ohrenlangen, glatten Haaren, einem schmalen Barett, am Hals gekraustem Hemd, einem schlichten, längsgestreiften, vor der Brust geschnürten Wams und einer Schaube mit nur am Hals umgeschlagenem Kragen und halblangen, weiten Ärmelschlitzen. Auf dem Kragen liegt eine schwere Gliederkette mit einem Anhänger auf; von der Beinkleidung lediglich eine Schamkapsel erkennbar. Die Linke ruht auf dem Knauf des am Gürtel befestigten Schwertes, die Rechte ist neben dem Körper mit angewinkeltem Arm erhoben, so daß die Handfläche dem Betrachter zugewandt ist. Der Blick geht zur Frau.

Diese, im Dreiviertelprofil von links, trägt eine barettähnliche, schleifchenbesetzte Mütze, im Rücken ein langer Zopf erkennbar. Das Hemd hat einen engen Stehkragen und kleine Fältungen an den Bündchen, darüber ein am Bauch geschnürtes und an der Brust rechteckig abgesetztes Mieder mit Saumborten am weiten Ausschnitt, durchschossenen engen Unter- und weiteren Oberarmen, dazu ein schlichtes Kleid; ein schmales Band um die Hüfte, an dem links hinter dem Schild vielleicht eine Tasche zu denken ist; vor der Brust eine schwere Kette aus eckigen Gliedern. Der Blick geht nach vorn, an dem des Mannes vorbei. Der linke Arm ist in die Hüfte gestützt, der rechte vor dem Körper angewinkelt, so daß die Hand mit dem Zeigefinger auf den eigenen Kopf zeigt[535].

Schriftband links:

Herr Marx fugger, Herren Anthonien / Fuggers erster Eelicher Sone, der zeit / noch ledigs Stands.[536]

fol. 36v (65): Regina (Anna) Fugger

Vater: fol. 27v
(Endfassung: fol. 61v) Vgl. fol. 38v

---

530 Federzeichnung mit Blei skizziert; dabei zunächst unter den ausgeführten Schilden auf der Seite halblinks eine Kartusche skizziert, später dann der rechte, auf der Mitte der Seite liegende ausgeführt und schließlich ebenfalls auf Bleiskizzen, der linke nachgetragen; Textseitenrahmung mit Blei vorangelegt; oben links am Rand: *13*; oben mittig mit Blei: *2*.
531 Hierher, durch Seitenbeschnitt beschädigt, von Hand D: *Jn leben gliben.*
532 Unter der Zeile Rasur.
533 Unter der Ziffer: *!* (modern).
534 Im Schriftband von Hand E: *Sibila Gräfin Von Eberstein.*
535 Die Frauengestalt mit Blei einmal durchgestrichen; Textseitenrahmung mit Blei skizziert; oben links am Rand mit Blei: *13*; unten mittig, undeutlich: *1 blat.*
536 Ab *der zeit* gestrichen; unter der Zeile von Hand E: *Hochzeit 1 Martij Anno 1557.*

Allianzbildnis konzipiert; der Mann nur im Bild ausgeführt; Wappen und Schriftband leer[537]; Schilde tartschenförmig mit Blatt- und Rollwerk; der jugendliche Mann im Halbprofil von rechts mit ohrenlangen Haaren und einem weich aufliegenden Barett mit schleifenbesetzter Krempe. Das vor dem Bauch geschnürte Wams hat einen geschlitzten Kragen und ebensolche untere Ärmel, die Oberarme weit gepufft; darüber eine Schaube mit Hängeärmeln. Die Linke hält neben dem Körper nach vorn gestreckt den linken Hängeärmel, die Rechte liegt vor dem Bauch auf dem Knauf des Schwertgriffes. Um den Hals liegt eine schwere Gliederkette. Der Blick geht geradeaus zur Frau[538].

Diese, über dem Wappen der Fugger von Kirchberg und Weißenhorn, im Halbprofil von links, trägt einen flachen Hut mit Straußenfeder über einem Haarnetz, ein Hemd mit gekrausten Kragen und Bündchen, darüber ein rechteckig ausgeschnittenes Mieder mit abgesetzten Borten am Bauch und an den Oberarmen zweimal gepufften, an den Unterarmen geschlitzten und mehrmals gepufften Ärmeln. Das Kleid fällt schlicht. Eng am Hals eine Gliederkette mit Anhänger, auf der Brust eine schwere Kette aus rechteckigen Gliedern. Die linke Hand greift eine um die Hüfte liegende Schärpe, die rechte zeigt vor dem Bauch nach unten, auf den Berührungspunkt der beiden Wappen. Der Blick geht aus den Augenwinkeln zum Betrachter[539].

Schriftband rechts:

Junckfraw[540] *Regina*[541] *fuggerin, Herren / Anthonien Fuggers Eeliche tochter / der Zeit noch vnuerheirat.*[542]

fol. 37r (66): Hans Fugger

Vater: fol. 27v
(Endfassung: fol. 62r; zusätzlich fol. 62v–63v für Texteinträge vorgesehen)

Allianzbildnis konzipiert; Wappen und Schriftband[543] der Frau leer; Schilde tartschenförmig mit Blatt- und Rollwerk; links über dem umgekehrten Wappen der Fugger von Kirchberg und Weißenhorn im Halbprofil von rechts ein junger, bartloser Mann mit ohrenlangen Locken und einem Barett mit zwei Straußenfedern, einem an Hals und Händen leicht gefälteten Hemd, einem vor der Brust geknöpften, schlichten Wams und einer ausladenden Schaube mit halblangen, breitgeschlitzten Ärmelansätzen. Über den Kragen der Schaube ist eine schwere Kette gelegt. Die rechte Hand zeigt bei angewinkeltem Arm in Bauchhöhe mit dem Zeigefinger nach oben, die linke hält vor dem Bauch einen Dolch. Der Blick, leicht aus den Augenwinkeln, trifft den der Frau.

Diese ist mit dem Körper im Halb- und dem Kopf in Vollprofil gegeben. Über einem Haarnetz trägt sie ein flaches, hutartiges Barett mit Straußenfeder. Ihr Hemd läßt mit seinem runden Ausschnitt den Hals frei, darüber trägt sie ein Mieder mit schleifchenbesetztem Ausschnitt und rechteckigem Bruststück sowie gepufften, weiten Ober- und engen Unterarmen und ein weit fallendes Kleid; um die Hüfte eine rechts geknotete Schärpe; ein perlenbesticktes Halsband und eine lange Gliederkette als Schmuck. Bauch und Steiß sind deutlich hervorgehoben. Der Blick geht geradeaus und trifft den des Mannes. Die linke Hand liegt bei angewinkeltem Arm zwischen Oberschenkel und Schildrand, die rechte hält bei ausgestrecktem Arm in Bauchhöhe neben dem Körper ein zusammengefaltetes Tuch[544].

Schriftband links:

Herr Hans fugger, Herren Anthonien / fuggers, anderer Eelicher Sone, der / zeit noch ledig.[545]

fol. 37v (67): Katharina Fugger

Vater: fol. 27v
(Endfassung: fol. 64r)

Allianzbildnis konzipiert; Wappen und Schriftband[546] des Mannes freigelassen; Schilde tartschenförmig mit Blatt- und Rollwerk; der Mann im Halbprofil von rechts. Auf kurzem Haar trägt er etwas seitlich ein Barett mit Straußenfeder und durchbrochener Krempe; über einem Hemd mit gefältetem Kragen und Bündchen ein aufwendig zerhauenes und geschlitztes Wams; um den Hals eine grobgliedrige Kette, rechts am Gürtel ein Dolch, links ein Schwert, auf dessen Knauf vor dem Bauch die rechte Hand ruht. Die linke greift in Gesichtshöhe nach dem herabfallenden Ende des Schriftbands. Der Blick geht aus den Augenwinkeln nach rechts vorn aus der Bildebene heraus[547].

---

[537] Im Schriftband des Mannes Tintenabdruck des Nachtrages von Hand E auf Entwurf, fol. 37r.
[538] Bildnis gestrichen.
[539] Textseitenrahmung mit Blei skizziert; oben mittig mit Blei, undeutlich: *an* (?).
[540] Gestrichen.
[541] Gestrichen, über der Zeile von Hand A: *Anna*.
[542] Ab *der zeit* gestrichen.
[543] Im Schriftband von Hand E: *Fraw Elisabet Nothaffti*[n] *Von / Vmmberg.*
[544] Frauengestalt mit Blei gestrichen; Federzeichnung auf Bleiskizze; Textseitenrahmung mit Blei; in der Mitte oben mit Blei: *an / 3*; unten auf der Seite mittig mit Blei: *1 balt* (sic!).
[545] Ab *der* gestrichen. Unter der Zeile von Hand E: *hochzeit .1560.*
[546] Im Schriftband von Hand E: *Hanns Jacob graff Von Montfurt / H*[och]*zeit 1553 am 9. Jen*[n]*er.*
[547] Figur mit Blei gestrichen.

Die Frau, über dem Wappen der Fugger von Kirchberg und Weißenhorn im Viertelprofil von links, trägt ein Haarnetz und ein über dem rechten Ohr herabhängendes Barett mit Schleifchen- und Blumenbesatz sowie einer Straußenfeder über dem linken Ohr; über einem Hemd mit schmaler Fältung ein rechteckig mit breiten Saumborten ausgeschnittenes Mieder, dessen Ärmel am Oberarm weit gepufft, am Unterarm mehrmals gepufft und geschlitzt sind. Um die Hüfte liegt über dem schlichten Kleid eine links geknotete Schärpe, um den Hals eine kurze und auf der Brust eine lange Gliederkette. Der rechte Arm liegt vor dem Bauch, so daß die Hand an der linken Hüfte ruht, verdeckt von der die Schärpe mit den Fingerspitzen berührenden Hand des linken Armes, der neben dem Körper angewinkelt ist. Der Blick geht nach rechts aus der Bildebene heraus[548].

Schriftband rechts:

Junckfraw[549] *Katharina fuggerin, / herren Anthonien fuggers eeliche / tochter, noch vnuerheirat*[550].

fol. 38r (68): Hieronymus Fugger

Vater: fol. 27v
(Endfassung: fol. 64v; zusätzlich fol. 65r–66r für Texteinträge vorgesehen)

Allianzbildnis konzipiert; Wappenkartusche und Schriftband der Frauenfigur leer[551]; Schilde tartschenförmig mit Blatt- und Rollwerk. Der Mann, über dem umgekehrten Wappen der Fugger von Kirchberg und Weißenhorn, im Halbprofil, den Kopf ins Vollprofil gewandt, trägt ein Barett mit Federbusch über dem linken, abgewandten Ohr, ein Hemd mit gefältetem Stehkragen, ein vor der Brust geschnürtes Wams mit schmalen Längsstreifen am Oberkörper und an den engen Ärmeln sowie eine Schaube mit breiten Ärmelschlitzen; über dem am Rücken breiter umgeschlagenen Kragen der Schaube eine schwere Kette, am Gürtel ein Dolch. Von der Beinkleidung ist eine Schamkapsel erkennbar. Die Armhaltung ist geöffnet, so daß die rechte Hand bei ausgestrecktem Arm über der äußeren Kante des Schildes schwebt, während die linke nach vorn offen in Brusthöhe der Frau hingestreckt ist. Auch der Blick geht zu ihr hin. Der Mund ist klagend geöffnet.

Die junge Frau im Halbprofil von links fällt mit dem Oberkörper deutlich zurück. Dadurch der Bauch außergewöhnlich hervorgehoben. Sie trägt ein Haarnetz und einen Lorbeerkranz, ein Hemd mit Fältung an Hals und Händen, ein Mieder mit breiten Saumborten am Bauch und dem runden, weiten Ausschnitt, Trichterärmeln und halbrund abgesetzter Brustpartie, dazu ein schlicht fallendes Kleid. Um die Hüfte eine Kordel, am Hals eine kurze und eine lange, in den Ausschnitt des Kleides fallende Kette; der etwas nach vorn geneigte Kopf blickt nach unten links. Die linke Hand ist bei angewinkeltem Arm in Bauchhöhe neben dem Körper aufgespreizt. Die rechte Hand schwebt frei vor dem Bauch. Die Hände vervollständigen den Gesamteindruck eines Zurückweichens der Figur, das mit der expressiven Haltung des Mannes korrespondiert[552].

Schriftband links:

Herr Jheronimus fugger, Herren Anthonien fuggers dritter Eelicher Sone, der Zeit noch ledigs Stands.[553]

---

548 Textseitenrahmung mit Blei skizziert. Oben auf der Seite mittig mit Blei: *an / 4*.
549 Gestrichen.
550 Zwei Wörter gestrichen.
551 Frauenfigur mit Blei gestrichen; im und über dem Schriftband der Frau Tintenabdruck des Eintrags von Hand E auf Entwurf, fol. 37v.

552 Federzeichnung auf Bleiskizze; Textseitenrahmung in Blei vorangelegt; oben mittig mit Blei: *an / 5*; unten mittig mit Blei: *1 blat*; im Bereich der Schriftbänder Tintenabdrücke der Nachträge auf Entwurf, fol. 37v.
553 Ab *der* gestrichen.

Schriftband rechts:

Junckfraw[556] *Regina fuggerin, herren / Anthonien fuggers eeliche tochter / noch vnuerheirat.*[557]

fol. 38v (69): Regina Fugger

Vater: fol. 27v
(Endfassung: fol. 66v) Vgl. fol. 36v

Allianzbildnis konzipiert; Schilde tartschenförmig mit Blatt- und Rollwerk; Links über leerer Wappenkartusche und unter leerem Schriftband[554] annähernd im Profil das Porträt eines Mannes in spanischer Tracht. Er trägt einen runden Hut mit Straußenfeder, darunter kurze Haare mit Koteletten, über einem Hemd ein vor der Brust geschlitztes Wams mit fein abgenähten Ärmeln, einen hüftlangen Radmantel mit Kapuze (›Kappe‹), darunter vielleicht Pluderhosen; unter der Kapuze eine grobgliedrige Kette; rechts ein Schwertgriff; die rechte Hand in Hüfthöhe bei angewinkeltem Arm mit den Fingern nach unten geöffnet, so daß diese einen Stab berühren, den die linke in Brusthöhe in einigem Abstand vor dem Körper hält. Der Blick geht geradeaus, zur Frau hin.

Die Gestalt einer jungen Frau ist, über dem Wappen von Kirchberg und Weißenhorn, im Halbprofil von links gegeben. Sie trägt ein flaches Barett mit Straußenfeder über einem Haarnetz, ein Hemd mit gefälteten Kragen und Bündchen, ein mit breiter Borte rechteckig ausgeschnittenes, an den Oberarmen zweimal weit gepufftes, an den Unterarmen mehrmals gepufftes und geschlitztes Mieder und ein weit fallendes, am Gesäß ausladendes Kleid, dazu eine links geknotete Schärpe; vor der Brust eine kurze und eine lange Gliederkette, letztere mit einem Anhänger. Während der linke Arm etwas vom Körper abgespreizt angewinkelt ist, so daß die Hand hinter dem Schildrand liegt, ist die rechte bei angewinkeltem Arm in Bauchhöhe neben dem Körper nach vorn gestreckt, in Richtung des von dem Mann gehaltenen Stabes. Der Blick der Frau geht aus den Augenwinkeln zum Betrachter[555].

fol. 39r (70): Susanna Fugger

Vater: fol. 27v
(Endfassung: fol. 67r)

Allianzbildnis konzipiert; Schilde tartschenförmig mit Blatt- und Rollwerk; der Mann nur im Bild gegeben, mit leerem Wappen und leerem Schriftband[558]. Im Halbprofil von rechts, mit kurzem Haar, einem Barett mit durchbrochener Krempe und langer Feder, trägt er über einem hochgeschlossenen Hemd ein rechteckig weit ausgeschnittenes, an den Armen schräggeschlitztes Wams und eine Schaube mit Schnürung am Kragen, einem Pelerinenkragen und kurzen Hängeärmeln; vor der Brust eine grobe Gliederkette, am Gürtel ein Schwertgriff. Der etwas vorgestreckte Kopf blickt nach vorn links, zur Frau hin. Die rechte Hand hebt in einer ausholenden Armbewegung das Barett, der linke Arm ist am Körper anliegend angewinkelt, so daß in Hüfthöhe in der nach oben geöffneten Hand die Rechte der Frau liegt.

Diese, über dem Wappen der Fugger von Kirchberg und Weißenhorn, im Halb-, der Kopf im Vollprofil von links, trägt ein Haarnetz, ein flaches, kleines Barett mit Straußenfeder, ein Hemd mit leichter Fältung, ein mit breiten Saumborten rechteckig ausgeschnittenes Mieder mit doppelt gepufften Ober- und mehrfach gepufften und geschlitzten Unterarmen und ein weit fallendes Kleid, dazu eine links geknotete Schärpe; vor der Brust eine kurze und eine lange, schwere Gliederkette. Der linke Arm ist in die Hüfte gestützt, die Hand umfaßt die Schärpe. Der Rechte ist leicht gebeugt nach vorn gestreckt, so daß die Hand in der des Mannes ruht. Bauch und Steiß sind durch

---

[554] Im Schriftband von Hand E: *wolff dietrich graff zu harrdeG / H*[och]*z*[eit] *1555* [am] *5 augusti.*

[555] Die männliche Figur mit Blei gestrichen; Federzeichnung auf Blei; Textseitenrahmung in Blei vorangelegt; oben mittig mit Blei: *an / 6.*

[556] Gestrichen.

[557] Zwei Wörter gestrichen.

[558] Darin von Hand E: *Balthassar Trautßon freyher zu / vnd pechestain, H*[ochzeit] *anno 1555* [am] *5. august.* Bei *zu* Freiraum.

den Faltenwurf des Kleides betont. Der Blick geht geradeaus, zum Mann hin⁵⁵⁹.

Schriftband rechts:

*Susanna fuggerin, Herren Antho- / nien fuggers Eeliche tochter, der / zeit noch vnuerheirat.*⁵⁶⁰

fol. 39v (71⁵⁶¹): Jakob Fugger

Vater: fol. 27v
(Endfassung: fol. 67v; zusätzlich fol. 68r–69r für Texteinträge vorgesehen)

Allianzbildnis konzipiert; zur Frauenfigur Wappenkartusche und Schriftband leer; Schilde tartschenförmig mit Blatt- und Rollwerk; der jugendliche Mann im Halbprofil von rechts über dem umgekehrten Wappen der Fugger von Kirchberg und Weißenhorn, sein Haar in der Stirn kurzgeschnitten, über den Ohren lockig. Darüber trägt er ein Barett mit schmaler Krempe rechts und langer Straußenfeder links; ein Hemd mit gefältetem Kragen, ein vor der Brust geschnürtes Wams mit engen, längsgestreiften Ärmeln und eine Schaube mit gepufften Oberarmen und Hängeärmeln sowie einem im Rücken umgeschlagenen Kragen; im Schoß eine Schamkapsel; über dem Kragen der Schaube eine schwere Kette; die Hände vor dem Bauch nach unten gerichtet zusammengeführt, so daß sich die Spitzen der gespreizten Daumen und Finger berühren. Der Blick geht bei sprechend geöffnetem Mund aus den Augenwinkeln nach links, zur Frauengestalt hin.

Diese, im Halbprofil von links, den Kopf ins Vollprofil gewandt, trägt ein Haarnetz, ein Barett mit durchbrochener Krempe und reichem Federschmuck, ein Hemd, dessen runder Aus-

---

⁵⁵⁹ Mann mit Blei gestrichen; Federzeichnung auf Bleiskizze; Textseitenrahmung; oben mittig mit Blei: *an / 7.*
⁵⁶⁰ Ab *der zeit* dünn gestrichen.
⁵⁶¹ Ziffer zweimal untereinander von derselben Hand eingetragen.

schnitt den Hals freigibt für ein vielleicht besticktes Halsband mit einem Anhänger, ein mit breiten Saumborten rechteckig ausgeschnittenes Mieder mit vielfach schräggeschlitzten Ärmeln und ein schlicht fallendes Kleid, dazu eine lange Gliederkette vor der Brust. Die Hände sind bei angewinkelten Armen vor dem leicht betonten Bauch übereinander gelegt. Der Blick geht geradeaus, zum Mann hin⁵⁶².

Schriftband links:

*Herr Jacob fugger, Herren Anthonien / Fuggers vierter Eelicher Sone, der Zeit / noch ledigs Stands.*⁵⁶³

Unter den beiden Wappenschilden ein Schriftrahmen⁵⁶⁴:

End der funften Linien.

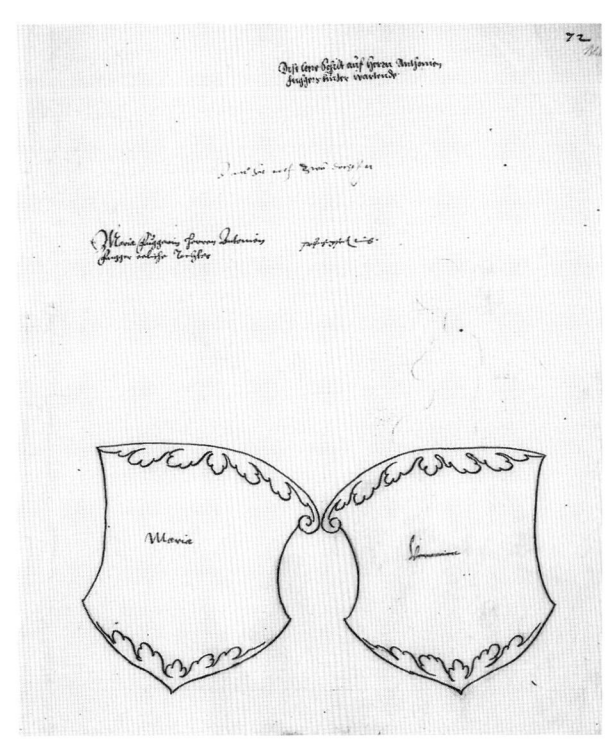

fol. 40r (72): (Zwei leere Wappenkartuschen in Allianzstellung)⁵⁶⁵

Vater: fol. 27v
(Endfassung: fol. 69v)

Schilde tartschenförmig mit Blatt- und Rollwerk.

---

⁵⁶² Frauenfigur mit Blei gestrichen; Federzeichnung auf Bleiskizze; Textseitenrahmung mit Blei; oben auf der Seite mittig mit Blei: *an / 8.*; unten auf der Seite: *1 blat*; im Bereich des linken Schriftbandes Spuren von Tintenabdruck des Eintrags von Hand E auf Entwurf, fol. 40r.
⁵⁶³ Ab *der* gestrichen.
⁵⁶⁴ Dieser mit Blei gestrichen, darunter mit Blei stark verwischt: *1 blat.*
⁵⁶⁵ Textseitenrahmung mit Blei vorangelegt; über dem rechten Schild mit Blei der Umriß einer Frauenfigur skizziert; von Hand A am oberen Seitenrand: *Dise leere Schilt auf Herren Anthonien / fuggers kinder wartende.* Darunter von Hand D: *H[err] ant[h]o[ni] hat noch zw[e]n docht[er]n*; links über dem Wappen von Hand C: *Maria fuggerin herren Anthonien / fugger eeliche Tochter*, dazu im Wappen: *Maria*; im rechten Wappen von Hand C: *Veronica*, dies gestrichen. Über den beiden Wappen im Zentrum von Hand E: *pet[er] ist gestorb[en] jung.*

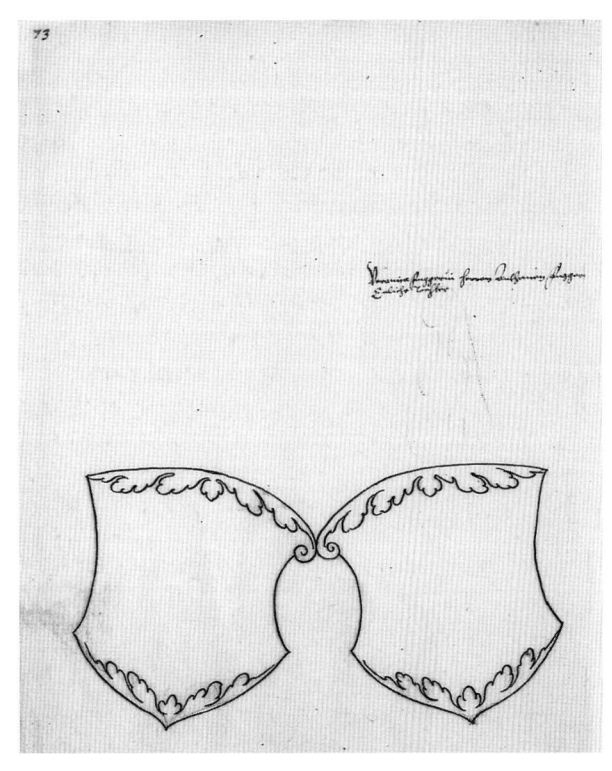

fol. 40v (73): (Zwei leere Wapppenkartuschen in Allianzstellung)⁵⁶⁶

Vater: fol. 27v
(Endfassung: fol. 70r)

Schilde tartschenförmig mit Blatt- und Rollwerk.

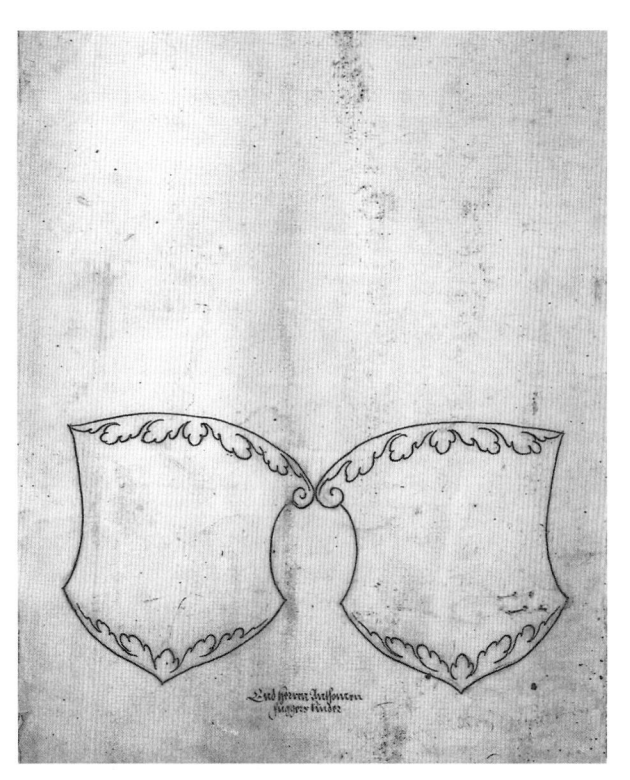

fol. 41v (–): (Zwei leere Wappenkartuschen in Allianzstellung)⁵⁶⁸

Schilde tartschenförmig mit Blatt- und Rollwerk.

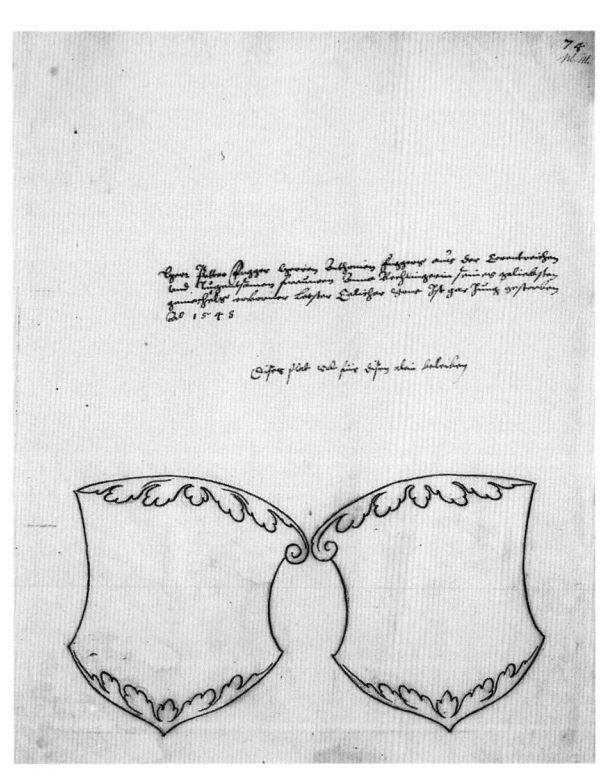

fol. 41r (74): (Zwei leere Wappenkartuschen in Allianzstellung)⁵⁶⁷

Vater: fol. 27v
(Endfassung: fol. 70v)

Schilde tartschenförmig mit Blatt- und Rollwerk.

---

⁵⁶⁶ Rechts mit Blei die Umrisse einer Frauenfigur skizziert; darüber von Hand C: *Veronica fuggerin herren Anthonien Fuggers / Eeliche Tochter.*

⁵⁶⁷ Zentral auf der Seite von Hand C: *Herr Petter Fugger herren Anthonien fuggers aus der Eerentreichen / vnd Tugentsamen frauwen Anna Rehlingerin seines geliebsten / gemachels erborner Letster Eelicher Sone Jst gar Jung gestorben / A[nno] 1548.* Darunter von Hand C: *Dises plat sol für disen alein beleiben.* Federzeichnung auf Bleiskizze. Textseitenrahmung mit Blei skizziert. Unten mit Blei von Hand F: *notab*[ene].

⁵⁶⁸ Unten zentral von Hand A: *End herren Anthonien / fuggers kinder.* Unten rechts auf der erheblich verwitterten Seite ein nicht mehr lesbarer, zweizeiliger Vermerk von Hand F mit Blei.

8.3 Endfassung:
Fugger-Museum Babenhausen, Nr. 544

fol. 0r: (Leerseite)[569]

fol. 0v: (Leerseite)

fol. 1r: Titelblatt

(Entwurf: fol. 1r) Vgl. (Art.) Hoherpriester, in: LCI 2, Sp. 306 f.; (Art.) Ephod, in: LCI 1, Sp. 653 f.; (Art.) Sirach (Buch), in: LThK 9, Sp. 792 f.; (Art.) Jesus Sirach, in: RGG 3, Sp. 653–655.; (Art.) Hohepriester, in: LThK 5, Sp. 437 f.; (Art.) Ephod, in: LThK 3, Sp. 924 f.; (Art.) Urim und Tummim, in: LThK 10, Sp. 560; (Art.) Hoherpriester, jüdischer, in: RGG 3, Sp. 427 f.; (Art.) Ephod, in: RGG 2, Sp. 521 f.; (Art.) Urim und Tummim, in: RGG 6, Sp. 1193 f.

Der Vers im unteren Schriftrahmen: Jesus Sirach 2,10 f.: *Schaut auf die früheren Generationen und seht: Wer hat auf den Herrn vertraut und ist dabei zuschanden geworden? Wer hoffte auf ihn und wurde verlassen? Wer rief ihn an, und er erhörte ihn nicht?*

Oben ein blattwerkartig gerahmtes Schriftfeld:

Hernach volget das gehaim Eernbuch Mans / stam-[m]ens vnd Namens des Eerlichen vnd altlob- / lichen Fuggerischen Geschlechts. aufgericht A[nno] .1545.

Im Zentrum der Seite frontal die Halbfigur eines älteren Mannes mit langem Haar und Bart, im Ornat eines jüdischen Hohepriesters: mit einem außen purpurnen, innen grünen, paramentenartigen Umhang mit goldenen Borten, einer roten Dalmatik (›Ephod‹) und einer vor die Brust geschnürten Tasche mit zwölf rechteckigen Juwelen, in der Orakelsteine (›Urim‹ und ›Tummim‹) aufbewahrt wurden. Er trägt einen der Mitra des Bischofs ähnlichen Kopfschmuck, um 90 Grad versetzt, mit einer Mondsichel über der Stirn und Blumenschmuck; an Daumen, Ring- und kleinen Fingern beider Hände Ringe. Der Blick geht undeutlich zum Betrachter. Die rechte Hand zeigt auf nach rechts oben, die linke ist aufgestützt auf ein gerahmtes Schriftfeld unten; rechts und links neben dem Kopf eine Namenslegende:

Jhesus / Sirach

---

[569] Eintrag von Hand G:
Dieses schöne und wichtige Familien Dokument wurde mir von meinem / Herrn Nepoten Grafen Johann Nepomuk Friderich Grafen / zu Kirchberg und Weißenhorn gegen eine andere Ihme ange- / nehme aufgaabe, zur vermehrung meiner Sammlung von Familien / Alterthümer gefälligst abgegeben [Sieb]ten August 1811 //
Anselm Maria Fugger Fürst zu / Babenhausen //
Die Ansichten des Edlen verehrungs würdigen Johann Jacob / sind zu ehrwürdig, und zu ermunternd das ich nicht obwohlen / nicht von seinem Blute abstam[m]end mich nichs [sic!] solte angefeuret / finden einige erfindliche Abgänge zu ergänzen, und auf die Große / zahl unbenuzter Blätter dasjenige einzutragen was / mir würdig scheinet der Vergeßenheit entzogen zu werden. Meine / Laage und viele sonstige Geschäfte gestatten mir nicht / einen Systematischen Nachtrag auf zustellen sondern ich mus mich begnügen, in unserm Konvulsivischen Zeitalter zu leisten / was der Augenblick gestattet.

Schriftfeld unten[570]:

RESPICITE AD GENERATIONES ANTI- / QVAS[571] *ET VIDETE*[572] *NVM QVIS SPERANS IN DO- / MINVM CONFVSVS AVT IN TIMORE ILLIVS / PERMANENS DERELICTVS SIT. ECCLE[SIASTI-CVS]. II.*

fol. 1v (S. 2): Heroldsbild mit Widmungsgedicht: Wappen der Fugger von Kirchberg und Weißenhorn

(Entwurf: fol. 1v) Zur lateinischen Devise vgl. P. OVIDII Nasonis Metamorphoses, XV,418–422 (Die Lehren des Pythagoras: Die Übertragung der Macht): *Desinet ante dies et in alto Phoebus anhelos / aequore tinguet equos, quam consequar omnia verbis / in species translata novas: sic tempora verti / cernimus atque illas adsumere robora gentes, / concidere has; […].*

Das Wappen der Grafschaft Kirchberg zeigte ursprünglich wohl eine Jungfrau, vgl. z.B. die Abb. bei DECKER-HAUFF/SEIGEL (Hg.), Chronik der Grafen von Zimmern 1, S. 193; 3, S. 217, 253; im Fuggerschen Ehrenbuch ist die Figur anhand der Hautfarbe und des Ohrrings eindeutig als ›Mohrin‹ zu blasonieren, vgl. z.B. SIEBMACHERS Wappenbuch, I.3.III.a, S. 76 f. und Taf. 94; vgl. unten, fol. 113v.

Im Bild rechts, leicht nach links gewandt, eine Vollfigur als Wappenhalter: ein älterer Mann mit kurzem, grauem Haar und einem langen, zweigeteilten Vollbart sowie einem Lorbeerkranz als Kopfschmuck, in einem vor der Brust und an den Armen geschnürten, roten Wams; darunter ein weißes Hemd, darüber ein knielanger an den Seiten geschlitzter, vorn geschlossener Heroldsrock mit grünen Fransen, auf dem, mi-parti in gold und blau, sowohl auf den kurzen Ärmeln als auch vor der Brust die doppelte Lilie des Wappens der Fugger von der Lilie erscheint; darunter mi-parti blau und gelb gestreifte Strumpfhosen und schwarze Schnabelschuhe. Er blickt nach links in Richtung des Schriftfeldes und hält mit der Rechten über die Schulter einen wie ein Heroldsstab gestalteten, langstieligen Stempel mit dem jüngeren Warenzeichen der Fugger: einem Schaft mit schaftweise nach oben abgewinkelter Mittelkreuzsprosse (Dreizack) mit Ring links. Mit der Linken stützt er einen blatt- und rollwerkgeschmückten Roßstirnschild mit dem Wappen der Fugger von Kirchberg und Weißenhorn: das Wappen geviert von dem Lilienwappen der Fugger, dem Wappen von Kirchberg und dem von Weißenhorn. Im gespaltenen ersten und vierten Feld in gold und blau mit verwechselten Farben die Doppellilie, im zweiten in silber eine schreitende, gekrönte Mohrin mit offenem, schwarzem Haar, eine Mitra tragend, im dritten Feld in rot drei liegende Hifthörner pfahlweise. Die Figur steht in einer Landschaft, auf einem Weg, der nach rechts im Bildhintergrund zu einer Burg auf einem Felsen hinführt.

Links oben eingerückt ein Schriftband[573]:

*In Speties translata nouas sic omnia
verti Cernimus atq[ue] alias assummere
robora gentes.*

---

[570] Kapitalis.
[571] *VA*: Schäfte Ligatur.
[572] *TE*: Schäfte Ligatur.
[573] Text von Hand B.

Schriftfeld rechts:

SEcht an das ist das Buch der Eern
Darinn verleibt vil Edler Herren
Die all dem fuggerischen Namen
Sein zugethon vnd pracht zusamen
Durch ainen fugger auserkoren
Von der Lilgen wolgeboren
Welchem vergunt hat Got die gnad
Das ers also geordnet hat
Auf das des fuggerisch Geschlecht
Inn guter gedechtnus pleiben möcht
Derhalb Im billich danck nachsagen
All die fuggerischen Namen tragen
Durch tugent vnd durch redligkait
Vnd die milt holdseligkait
Hat Got die Lilgen hoch erhebt
Das die Jetzund in eern lebt
Vnd andern vil guts mögen thon
Des preis Ich Got Jnn Himels Thron
Der wirt die Lilgen nicht verlon.

fol. 2r (S. 3): Widmungsgebet

(Entwurf: fol. 3r) Zu *Vnd letstlich* [...] vgl. 1 Sam. 2,8: *Er richtet den Dürftigen auf aus dem Staube, / aus dem Kot erhebt er den Armen, / daß er sie setze neben die Fürsten / und ihnen den Erdenthron gebe*; Ps. 113,7: [...] *der aus dem Staub den Geringen aufrichtet, / aus dem Kot den Armen erhebt, / daß er ihn setze neben Fürsten, / neben die Fürsten seines Volkes* [...]; Lk. 1,46–58, hier 52: *Er stürzt die Mächtigen vom Thron und erhöht die Niedrigen.*

Zum abschließenden Bibelvers vgl. BINDSEIL/NIEMEYER (Hg.), Luthers Bibelübersetzung: 2 Mos. 20,6: *Und thu Barmherzigkeit an vielen tausenten, die mich liebhaben, und meine Gebot halten*; Ex. 20,5 f.: *Du sollst dich nicht vor anderen Göttern niederwerfen und dich nicht verpflichten, ihnen zu dienen. Denn ich, der Herr, dein Gott, bin ein eifersüchtiger Gott: Bei denen, die mir feind sind, verfolge ich die Schuld der Väter an den Söhnen, an der dritten und vierten Generation; bei denen, die mich lieben und auf meine Gebote achten, erweise ich Tausenden meine Huld.*

Textseitenrahmung: in den Seiten Grotesken mit Kandelaberfüllungen, Masken, ringenden und musizierenden Putten, unten mit Trompete und Dudelsack spielenden Satyrn und aus Hörnern springenden Ziegenböcken; in den Eckmedaillons oben zwei antikisierende Frauenköpfe im Profil, unten ebensolche Männerköpfe, mit Lorbeer bekränzt; oben in der Miniatur eine Jagdszene: In einer Wald- und Feldlandschaft ein Jäger mit Hunden bei der Jagd nach zwei Füchsen; im Hintergrund ein Gebirge[574].

Gebet. //[575]

O Herr Himlischer Vater, Allmechtiger guetiger vnd getrewerr / Got, Der du mich sambt meinem gantzen Geschlecht, on allenn / verdienst, aus lautern gnaden vnd guete, Inn deinen Väterlichen / schutz vnd schirm, *genomen, vnd durch etlich hundert Jar, Jn / reichem Eerlichem wesen hergebracht, vnnd erhalten hast, vnnd / vns von Jugent auf, mit manigfaltiger benedeiung vnd guttha- / ten, reichlich fursehen. Vnd letstlich vnser Haubt aus dem Staub / erhebt, vnd andere Völcker Zuregiern, beruffen hast*[576]. *Darumbe / O Herr Allmechtiger Vater, der du dich nit allain dem Ertzuater / Abraham, Sonder auch seines Samens ein getrewer Got zu sein, / verhaissen, beruembt vnd angeboten hast. So bitt Ich O lieber / Herr mein Got, das du mein vnd meines gantzen Geschlechts / ein getrewer Got vnd Vater sein wollest, Alle vnd Jede meines / Geschlechts, so die schuld der natur betzalt, vnd aus diser welt ver- / schaiden seind, durch den Prunnen deiner gruntlosen barm- / hertzigkait, Inn der Schos vnd rw Abrahe, Väterlichen erhalten. / Vnnd aber lieber Herr aller hertzen des fuggerischen Geschlechts, so / der Zeit leben, oder noch erboren werden, mit deinem hailigenn / guten gaist␣stercken, das Sie Erber vnd aufrichtig Inn allem / Irem thun vnd lassen, vor deinen augen wandlen, Auf das / wir Inn allen Eern dir O Herr, als dem waren König der eern / gantz gehorsam Inn allem guten erfunden werden, durch / deinen geliebten Son vnsern Herren Jhesum Christum. Amen. //*

EXOD[VS] XX. CAP[ITVLO][577] //

Vnd thu gnad an vil Tausenten / die mich liebhabenn, vnd mei- / ne Gebot haltenn.[578] //

fol. 2v (S. 4): Erstes Warenzeichen der Fugger

(Entwurf: fol. 3v–4r)

Unter einem Schriftfeld oben wird die Seite eingenommen von einem Putto als Wappenhalter, mit ins Profil gewandtem Kopf. Er hält mit der Rechten einen mit rotem Blattwerk verzierten Dreieckschild. Die nach links schreitenden Beine sind so durch den Schild verdeckt, daß nur die Füße sichtbar sind. Der linke Arm nach vorn ausgestreckt, die gold-rot-schwarz gefiederten Flügel aufgespreizt. Er trägt eine blaue Tunika mit goldener Schärpe und roten Rüschen, im kurzen, braunen Haar einen Lorbeerkranz mit roten Beeren. Die Figur steht in einer Wiesenlandschaft zwischen zwei Wegen, deren linker zu einem Schloß im linken Bildhintergrund, der rechte zu einer Burg weit im rechten Hintergrund führt; im Wappen auf goldenem Grund das erste Warenzeichen der Fugger: ein Schaft mit schaftweise nach oben abgewinkelter Mittelkreuzsprosse (Dreizack).

Schriftfeld oben:

Das recht vralt fuggerisch zaichen welchs der Erber vnd / Furnem Hans Fugger, der dan[n] der erst fugger

---

[574] Am Unterrand zentral von moderner Hand mit Blei: *2*.
[575] Zentriert.
[576] *vnd* [...] *hast* mit roter Tinte unterstrichen; zu *Völcker* von Hand G unter dem Schriftspiegel: *Solte hierinn nicht eine Art v*[on] *Prophezeihung liegen? oder / jacob geglaubt haben wir würden ein Reich in Ame- / rika Stiften? Da andere Völcker eine fremde / Nation bedeutet.*
[577] Kapitalis.
[578] Dies größer, Fraktur.

in der Stat / Augspurg gewesen, gefiert vnd geprauchet hat. Anno.1370.

fol. 3r (S. 5): Zweites Warenzeichen der Fugger

(Entwurf: fol. 3v–4r) Das Schloß im Bildhintergrund ist identifizierbar als Schloß Oberndorf; vgl. z.B. die Zeichnung von Jost Amman, Abb.: LIEB, Fugger und Kunst II, Taf. 160.

Unter einem Schriftrahmen oben wird die Seite eingenommen von einem Putto als Wappenhalter. Er ist leicht nach rechts ins Profil gewandt. Die bis auf die nackten Füße durch den blattwerkverzierten Dreieckschild verdeckten Beine sind deutlich in einer laufenden Bewegung nach rechts begriffen. Die linke Hand hält mit den Fingerspitzen den auf dem Boden stehenden Schild, die rechte ist nach rechts zeigend neben der Hüfte leicht erhoben; der Blick aus den Augenwinkeln nach links unten gesenkt. Die rot-blau-schwarz gefiederten Flügel sind gespreizt. Der Putto trägt ein weißes, kurzärmeliges Hemdchen, ein hellblaues Kleidchen mit goldenen Trägern, um den Hals eine goldene Kette mit Anhänger, im kurzen, braunen Haar einen Lorbeerkranz mit roten Beeren. Er steht an einem Weg, der im Bildhintergrund rechts zu einem Schloß führt, links zu einer Burgruine auf einem Felsen. Im Wappenschild schwarz in gold das jüngere Warenzeichen der Fugger: ein Schaft mit schaftweise nach oben abgewinkelter Mittelkreuzsprosse (Dreizack) mit einem Ring links neben dem unteren senkrechten Balken[579].

Schriftrahmen oben:

Dieses zaichen wirt Vlrich fugger vorbemelte[n] Hansen fug- / gers bruder, geprauchet haben, welchs hernach Jacob fuggr[580] */ des namens der erst, angenomen vnd das sambt seinen Söne[n] / bis auf auspringung des wappens gefiert hat. Anno .1382.*

fol. 3v (S. 6): Wappen der Fugger vom Reh

(Entwurf: fol. 6r) Zur Person: Jakob Fugger, Sohn des Andreas Fugger des Reichen; vgl. NEBINGER/RIEBER, Genealogie, Taf. 1a. In der Literatur herrscht Unsicherheit über die Frage, welcher der Söhne Andreas Fuggers als Ältester das Wappen erworben habe: PÖLNITZ, Die Fugger, S. 32: Lukas; DERS., Fugger in Nürnberg: Andreas im Jahr 1452 [!]; JANSEN, Anfänge, S. 33: Jakob; SCHWENNICKE (Hg.), Stammtafeln, Taf. 33: Lukas; MEYER (Hg.), Chronik der Fugger, S. 7: Jakob im Jahr 1482; LIEB, Fugger und Kunst I, S. 15: Die Söhne des Andreas Fugger 1462; vgl. fol. 6r, 172r; Entwurf, fol. 15r.

Als ganzseitiges Wappenbild das Wappen der Fugger vom Reh; Schild tartschenförmig geschwungen, ohne Blattwerk. Das Wappen ist heraldisch umgekehrt. Gold in damasziertem blau eine nach links springende Rehhindin; die Helmzier ein Rehrumpf mit einer Wulst auf einem Stechhelm; darüber ein Schriftrahmen:

Das alt Fuggerisch wappen von dem Rech, welches Jacob Fugger / für In vnnd alle seine Brueder, von Kaiser Friderichen hoch- / loblicher gedechtnus zu Wien, loblichen erlangt vnnd aus- / gebracht hat. Anno .1462.

fol. 4r (S. 7): Heroldsbild mit Widmungsgedicht: Wappen der Fugger vom Reh

(Entwurf: fol. 2r) Herkunft der lateinischen Devise nicht bekannt.

Im Bild rechts als Vollfigur von hinten rechts ein älterer Mann mit dunklem Vollbart, halblangen Haaren und einer fransig auslaufenden Kappe, einem knielangen, an den Seiten geschlitzten, gold und blau schräggestreiften und mit roten Fransen besetzten Heroldsrock mit kurzen Ärmeln, darunter ein in den gleichen Farben längsgestreiftes Wams, einen blau und gelb längsgestreiften und einen gelben Strumpf und mi-parti rote und schwarze Schnabelschuhe tragend. Er hält mit der Rechten unter dem Schriftrahmen gesenkt einen einem Heroldsstab ähnlichen, langstieligen Stempel mit dem ersten Warenzeichen der Fugger, mit der Linken einen an den Kanten mit goldenem Blatt- und Rollwerk verzierten, geschwungenen Dreickschild mit dem Wappen der Fugger vom Reh, hier nicht umgekehrt: Gold in damasziertem blau ein Reh. Der melancholische Blick des Wappenhalters geht unbestimmt nach rechts. Die Figur steht wiederum in einer Wiesenlandschaft, hier nun an einem durch das Bild fließenden Fluß, der sie von einer Burg im Hintergrund links trennt[581].

Schriftband oben rechts[582]:

Oportet fata sequi et rerum permutaciones pacienter ferre Volubiles sunt prosperitates humane [et][583] *diurna pene opum ac divitiarum duratio*[584]*.*

Schriftrahmen oben links:

So merckt Jr herren meine wort
Inn disem Buch am letsten Ort
Da seind die Fugger von dem Rech
Verleibet schon mit Jrem Geschlecht
Welch auch der Lilgen sein verwandt
Mit ehrn vnd freuntschaft wol bekant
Jch wais nicht was Jch sagen soll
Jm anfang stond Jr sach gantz wol
Hantierten vast Jm gantzen Reich
Die Lilg dem Rech was vngeleich
Die Reichen fugger warens gnant
Aber Got Jn Jr Glick umbwandt
Das Jn Jm handel ist miszlungen
Des traurt Jr Stam[m] durch alt vnd Jungen
Dargegen den von der Lilgen werdt
Jr glick an ehrn vnd gut gemert
Des preis Jch Jr freymiltigkait
Die altzeit durch barmhertzigkait
Mit hilf den meinen ist berait.

---

[579] Unten zentral von moderner Hand in Blei: *3*.
[580] Sic!
[581] Unten zentral von moderner Hand in Blei: *4*. Oben links die Paginierung wiederholt: *7*.
[582] Von Hand B.
[583] Ligatur: *&*.
[584] Rechtsbündig.

fol. 4v–5v (S. 8–10): Adresse und Vorrede

(Entwurf: fol. 2v–3r) Zu fol. 4v, Abs. 3: *Marcus Tullius Cicero* […] vgl. SCHNEIDER (Hg.), M. Tulii Ciceronis, S. 35 f., § 18: *Mors terribilis iis, quorum cum vita omnia extinguuntur, non iis, quorum laus emori non potest, exilium autem illis, quibus quasi circumscriptus est habitandi locus, non iis, qui omnem orbem terrarum unam urbem esse ducunt.* Behandelt wird das Paradoxon: *Die Tugend ist zur Glückseligkeit ausreichend.*

Zu fol. 5r, Abs. 2: Hans Jakob Fugger war 1542–1546 (und 1548–1565) im Kleinen Rat, 1544–1546 Einnehmer der Stadt; vgl. REINHARD (Hg.), Eliten, Nr. 243.

fol. 4v: Textseitenrahmung: in den Eckmedaillons oben zwei Männerköpfe, der linke mit geflügeltem Helm, vielleicht Merkur, unten bärtige Männerköpfe mit Lorbeerkranz; oben in einer Wald- und Wiesenlandschaft vor einem Gebirge eine Jagdszene: im Bildzentrum ein nach links springender Bär, von einem Hund im Rücken angegriffen. Von rechts läuft ein Mann mit einem weiteren Hund ins Bild. Links zielt ein zweiter Mann mit einer Flinte auf den ihn angreifenden Bären; in den Seiten und unten Grotesken mit einem Adler links, einer Eule rechts, unten mit spielenden Putten und einem Löwenmaul; links und rechts oben in der Rahmung je eine Jahreszahl.

Links: *.1545.*

Rechts: *M.D.XLV.*

fol. 5r: Textseitenrahmung: in den Medaillons Männerköpfe mit Helmen oben, Lorbeerkränzen unten; in den Seiten und unten Grotesken mit Blumenmotiven, Trompeten und Harnischteilen, links oben drei Kraniche, rechts zwei tanzende Putten; oben wiederum in einer Wald- und Wiesenlandschaft eine Jagdszene: Rechts besteigt ein Mann in vornehmer Kleidung – ein Degen, hellviolette Strümpfe und geschlitzte und gepluderte Hosen – ein Pferd, links geht ein mit hohen Stiefeln und einem derben Wams gekleideter Jäger mit einer Saufeder gegen einen ihn anspringenden Eber an; im Hintergrund rechts eine Burg; unten in der Rahmung ein Schriftzug in einer von zwei in Schnecken auslaufenden Engelsrümpfen, links dem einer geflügelten nackten Jungfrau, rechts dem eines geflügelten nackten Mannes, gehaltenen Schrifttafel[585]:

Laus Deo.

fol. 5v: Textseitenrahmung: in den Medaillons Männerköpfe, oben mit Helmen, unten mit Lorbeerkränzen; in den Seiten jeweils Grotesken mit Harnischteilen, einer Trommel und Pfeil und Bogen, unten seitlich jeweils zwei tanzende Putten, oben links ein Kranich, rechts zwei Papageien; oben eine Jagdszene: In einer Waldlandschaft legt ein knieender Jäger in hohen Stiefeln, roter Hose und grauem Wams mit der Büchse auf einen Rothirsch an. Hinter ihm rechts ist sein Pferd angebunden; zwischen den Bäumen links hinter dem Hirsch eine Hirschkuh; im Hintergrund eine Burg auf einem Fels.

[fol. 4v] *Gnad Frid vnd Freud Jn dem hailigen*[586] / *gaist wünschet Herr Hans Jacob fugger, Herr zu Kirchberg / vnd Weissenhoren, Römischer Kaiserlicher vnd Königclicherr / Majesteten. [etc.] Rat. vnd fundator dises fuggerischen Eeren- / buchs, allen vnd Jeden Eerliebenden, So dem Eerlichenn / fuggerischen Namen, mit gesipter freuntschafft vnnd / gunst der Eern, Jetzund vnd Jnn kunfftig Zeit Zugethon / vnnd verwandt sein, von hertzenn, Amenn. //*[587]

Wiewol[588] *es sich nicht vbel gezim[m]et*[589]*, Das Jch dises Fuggerisch Eern- / buch, auf das nicht allain allerlay einred, verthedinget, Sonnder / auch mit hailiger vnd Haidnischer Eerlichen geschriften vnnd / historien approbieret wurde, wie dann andere Authores Jm / eingang Irer Buecher, Jm gebrauch gehabt, durch ein schöne / lange Vorred, getzieret hette, So hab Jch doch aus vrsachen, das / die verstendigen vnd erfarnen, nicht allain die Historien / selbs, sonder auch den eerlichen nutz vnd from[m]en, darunder / verborgen, welche die aufrichtung der Genealogien vnd Ge- / schlecht Blutstammen, als fur gut, eerlich vnd nutzlich ap- / probiern vnd erkennen, Zuuor guten bericht vnd wissenn / tragen, den Leser vnd besichtiger dises Fuggerischen Eernbuchs, / mit vilen vmbstenden vnd vorwissenden worten, in diser / Vorred nicht beladen, auch nichts anders, dann was Zu der sach / gehört, auf das kurtzest handlen wollen. //*

Marcus Tullius Cicero[590] *Schreibet in seinen Paradoxis, / wie das der Tod gantz erschrocken vnd grausam denen men- / schen seye, mit deren leben sich alle ding enden vnd erleschen, / Aber mit nichten denen, welcher lob in guter gedechtnus be- / leibt, vnd nim[m]er ersterben mag, Derhalben, auf das der Vralt / vnd Eerloblich Fuggerisch Nam, ab dem Eerlichen Stul gu- / ter flammenden gedechtnus, nicht verfiele, vnnd als ein / vnpoliertes Edelgestein, menigclich vnbekant belibe, Habe / Jch mich (dieweil mir Got der Almechtig, vor andern mei- / nes Geschlechts, die gnad, ein solch Eernwerck aufzurichten, so gnedigclichen verlihen) allain aus warer vnd steter trew /* [fol. 5r] *vnnd liebe, so Jch Zu Got, dem gedechtnus wurdigen alter, vnd / dem gantzen fuggerischen Namen trage, Auch allen meinen / Erben vnnd Nachkomen Zu ainem Spiegel, Exempel vnnd / anraitzung aller redligkait, eern vnd guten tugenden, Jetz- / und vnnd Jnn kunftig Zeit, ainen fuggerischen Plutstam- / men auf vnd anZurichten, vnnd Zusamen Zuordnen, vn- / derfangen, vnd den allen meinen Erben vnd Erbens Erben, / zu Eern, Wirde, vnnd guter Gedechtnus, nach meinem ab- / sterben verlassen wollen, Welchen Jch die erstreckung, vnd wei- / tere ausfuerung [etc.] dises mhuesamen Eernwercks, des dem / gantzen fuggerischen Geschlechte, Zu ewigem Lob, glori, Eer, / vnd / guter gedechtnus, von mir angefangen, vnd auffgerichtet, / auf das es also in kunftig Zeit bestendig beleiben möge, mit / allem fleis beuolhen haben will. //*

---

[585] Unten zentral mit Blei von moderner Hand: *5*; oben links Paginierung wiederholt: *9*.
[586] Zeile größer.
[587] Absatz links eingerückt.
[588] Dies größer.
[589] Sic!
[590] Bis hierher größer.

Wie Jch aber[591] *dises mein gantzes Fuggerisch Eernwerck auf- / getailt vnnd geordnet habe, will Jch auch ertzelen. Erstlich / habe Jch gedacht, das Eerlich vnnd gut were, wann Jch kondt oder / möchte, den anfang vnd eintrit des fuggerischen Namens in die / Stat Augspurg zuwegen pringen vnd bekomen, vnd alle vnd / Jede Personen, so dem fuggerischen Namen mit freuntschaft vnd / Sipschaft zugethon vnd verwandt, auch wie die Jmmer einan- / der Eelichen geboren, von dem anfang her, bis auf das Tausent- / funfhundert funfvndviertzigisten Jars, bester form vnd Ordnu[n]g / nach, Jnn ainen algemainen fuggerischen Stammen Zu- / samen ordnen, richte*[592] *vnd pringen möchte. Zu welchem mei- / nem furnemen (mir eben der Zeit, als Jch des clainen Jnner- / sten Rats, vnd Einnemer der Stat Augspurg gewesen)*[593] *wol ge- / lungen, Vnd aus den alten Steur, Leibgeding, vnd Baumaister / Buechern, von etlichen guten waren bericht, erlernet vnd erlan- / get habe, Also, das Jch solchen Generalstammen (wiewol mit / seer grosser muhe, arbait vnd schreiben an ferre vnd weite Ort) / on alle beschwerung des vnkostens, auf das best so Jch Jmmer ge- / möcht, vnd noch vor augen gesehen wirt, glucklich vollendet / habe. //*

[fol. 5v] Zu dem andern[594] *Habe Jch Jnn dis Eernbuch allain die Jhenig[e]n, / so dem fuggerischen Geschlecht vom geblut Mansstammens, Na- / mens, vnd Sipschaft, erboren, vnd souil möglich, wo Jeder gewonet, / was sein Stand vnd handlung gewesen, rechter Ordnung nach, mit / Wappen vnd Geschriften, verzaichnen vnd pringen wöllen. Vnd auf / das Jedes dester verstendiger gesehen werde, Habe Jch den gantzenn / fuggerischen Mansstammen, Jnn einen abgesenckten Stam[m]en, / fein ordenlich gebracht, vnd Jnn dis mein Eernwerck gelegt, Also, / das ein Jeder Lesender dises Eernbuchs, alle Eelich geborne Fugger, / so vom anfang Jrer ankunft, zu Augspurg, bis auf das Tausennt,*[595] */ funfhundert funfvndviertzigisten Jars, sambtlich vnd sonders, / gesehen werden mögen, wie dann das gantz fuggerisch Eernwer- / ck an Jm selbs, ainem Jeden nach seinem begern vnd fragen, guten / bericht vnd erkantnus, von sich geben wirt, welchs Jch mit hilff / götlicher gnaden, meines alters von Got Jn dem NeunvndZwain- / tzigisten, vnd meines lieben Eerlichen vnd freuntlichen Gema- / hels, Jn dem DreivndZwaintzigisten, vnd vnser baider haushal- / tung des hailigen Eelichen Stands, Jn dem Sibenden Jarn, eben / der Zeit, als von der flaischwerdung Jhesu Christi vnsers ainigen / Hailands Tausent funfhundert Sibenvndviertzig Jare gezelet / wurde, Vnd nachdem Jch Jnn das viert Jar daran gearbait, gantz / glucklich volfuert, geendet vnd beschlossen habe. Welch Jch allain / dergestalt darumb gemeldet vnd beschriben, Auf das alle meine / Erben vnd Nachkomen, Jn ansehung meiner vilfältigen, langen / vnd mhuesamen arbait, Zu Eern dem gantzen fuggerischen Name[n], / von mir beschehen, Jngedenck, Vnd das vileruent fuggerisch Eer- / werck, zu seiner Zeit, auf das die fuggerisch Eer, vber lange Jar vnd / kunftig zeit, Jnn guter gedechtnus beleibe, zuerstrecken, vn[d] weiter / aufzufueren, mir nachzuuolgen, desterbasz angeraitzet werden, / des Jch an alle Nachkomen des Eerlichen vnd altloblichen Fugge- / rischen Geschlechts, nicht allain zu dem freuntlichisten begere, / Sonder Zu dem allerfleissigisten sich in kunftig Zeit darinnen / zuuben, gebeten haben will. Der Allmechtig ewig Got, wölle / durch sein gnad vnd guete, des gantz fuggerisch Geschlecht, auf / das es menigclich, zu gutem gedienen, Jetzund vnd Jn kunfftig / zeit, vor allem vbel gnedigclich behueten vnnd bewaren. Amen. //*

fol. 6r (S. 11): Wappen der Fugger von der Lilie

(Entwurf: fol. 5r)

Die Seite zeigt einen reich geschwungenen Fünfeckschild ohne Blattwerk mit dem Wappen der Fugger von der Lilie: im von gold und blau gespaltenen Schild mit verwechselten Farben die doppelte Lilie. Ein grauer Stechhelm trägt die Helmzier: von gold und blau gespaltene Büffelohren und -hörner, dazwischen mit verwechselten Farben eine gespaltene Lilie; die Helmdecke in blau und gold floral; darüber ein Schriftrahmen[596]:

Das recht alt Fuggerisch Wappen von der Lilgen, welchs der Ernuest Herr Vl- / rich fugger aus vrsachen, das Jacob Fugger, das wappen mit dem Rech (es sey / dann aus verachtung oder vergessenhait beschehen) allain auf seine Brueder, / vnd nicht auf andre fugger, so geschwistergot kind mit Jm gewesen, erlanget vnnd / aufgebracht hette, fur sich vn[d] seine brueder, Auch von kaiser fridriche[n] hochloblicher gedecht[nus][597] */ in der Stat Augspurg gantz gnedigclich erwerbe[n] vn[d] damit begabt worden ist. Anno.1473.*

fol. 6v (S. 12): Wappen Hans Jakob Fuggers

(Entwurf: fol. 4v) Zum Wappen vgl. fol. 1v.

Die Seite eingenommen von einem mit Blatt- und Rollwerk verzierten und geschwungenen Fünfeckschild mit dem Wappen der Fugger von Kirchberg und Weißenhorn seit der Erhebung in den Grafenstand; die Helmzier getragen von goldenen Bügelhelmen: rechts ein gekrönter Helm mit der Helmzier des Lilienwappens; links der Rumpf einer Mohrin mit langem Zopf und der Mitra als Kopfbedeckung, in die Helmdecke übergehend; über dem Wappen ein Schriftrahmen[598]:

---

[591] Bis hierher größer.
[592] Sic!
[593] Klammer: Sic!
[594] Bis hierher größer.
[595] Interpunktion: Sic!
[596] Unten zentral von moderner Hand in Blei: *6*.
[597] Kürzungszeichen fehlt.
[598] Unter dem Wappen in roter Tinte von Hand G, z.T. überklebt: *Der Römische König Ferdinand hat durch ein Privilegium de 1535 der Familie gestattet das Selbe / ungeach-*

Herrn Hans Jacob Fuggers Herr zu Kirchberg vnd Weissenhorn, Rö[mischer] Kay[serlicher] vnd Kö[niglicher] M[aieste]t[en] Rat / Fundator dises Eernbuchs, wappen, welchs dem ehrlichen Fuggerischen Namen, Zu / eern, durch die Herrn Raymundu[m], Anthoniu[m] vnd Hieronimu[m], die fugger, vo[n] dem Allerdur- / chleuchtigste[n] grosmechtigste[n] Rö[mischen] Kaiser Carolo, des namens der funft, zum gnedigsten eer- / lichen erlangt vnnd ausgebracht worden. Anno. 1530.[599]

fol. 7r (S. 13): Ahnenprobe Hans Jakob Fuggers

(Entwurf: fol. 7r) Die Hausmarke im Wappen unten rechts im Vergleich zum Entwurf verändert; zum Typus der vierahnigen Ahnenprobe vgl. LUETGENDORFF-LEINBURG, Familiengeschichte, zumal S. 172–174; VEIT, Der stiftsmäßige Adel, S. 11–22; KLOCKE, Deutsche Ahnenprobe, S. 133–139.

Eng den gesamten Raum der Seite ausfüllend ein Wappenmedaillon im Zentrum und vier um dieses herum gruppierte, einander zugewandte Wappen in den Ecken. Letztere haben jeweils Legenden in zugeordneten Schriftbändern, deren Enden oben miteinander verflochten sind. Die Wappen sind durch verflochtene Kordeln in ihren Farben miteinander und mit dem Medaillon im Bildzentrum verbunden. Die Schilde in den Ecken sind tartschenförmig; im Medaillon ein reich geschwungener Fünfeckschild mit Rollwerk; am unteren Rand zwischen den Wappen zusätzlich ein Schriftband[600]; im Medaillon vor hellviolettem Hintergrund das Wappen der Fugger von Kirchberg und Weißenhorn, mit der Umschrift im Medaillonrahmen[601]:

†IOHANNES[602] IACOBVS FVGGERVS DOMINVS IN KIRCHBERG[603] ET WEISSENHORN[604] ROMANAE CAESARIAE ET REGIAE M[AIESTAT]IS[605] CONSIL[IVS] HONEST[I] HVIVS OPERIS AVTOR CVM BIGEMINO PROGENITOR[ORVM] SVOR[VM] STEM[M]ATE†

Oben links das umgekehrte, von blau und gold gespaltene Lilienwappen der Fugger, mit einem gekrönten, grauen Bügelhelm und der entsprechenden Zier. Dazu das Schriftband:

Herr Georg Fugger ein Vaters Vater herren Hans Jacob / fuggers, Fundators dises Eernwercks.

Oben rechts im ungeteilten Wappen gold auf rot ein steigender Seelöwe; dieser auch als Zier des grauen Stechhelms; dazu das Schriftband:

    tet des damals noch bestehenden Einlöösungs Recht des Hauses Oestreich auf die Grafschaften Kirchberg und / ...stetten dennoch selbst wann von dem Einlöösungs Recht solte gebrauch gemacht worden sayn, sowohl das / Wappen, als die Titelführung von diesen Grafschaften beibehalten könne.

[599] Letzte Ziffer mit hellerer Tinte nachgetragen.
[600] Unten zentral mit Blei: 7.
[601] Kapitalis.
[602] NN: Schäfte verschränkt.
[603] HB: Schäfte verschränkt.
[604] WE: Schäfte verschränkt.
[605] Über der Zeile in Minuskeln: tis.

Fraw Regina Jm Hof Herren Georgen Fuggers eelicher gemahel / vnd herrn Hansen Jacob Fuggers fundators [etc.]. Vaters muter.

Das Wappen unten links geteilt, umgekehrt; oben gold in rot ein nach links wachsender, gekrönter Löwe, unten rot in gold drei Rosen (2.1). Der gekrönte, silberne Bügelhelm hat einen goldenen, gekrönten Löwenrumpf; Schriftband:

Herr Hans Turtzo von Bethlahemsdorf herrn / Hans Jacob fuggers fundators [etc.] Muter / Vater.[606]

Im Wappen unten rechts eine Hausmarke: schwarz in gold ein Schragen mit Kopfkreuzsprosse links und vorderer Fußstrebe links; Schriftband:

Fraw Magdalena Beckin von Craca herrn Hansen[607] */ Turtzo eelicher gemahel, vnd Herrn Hans / Jacoben fuggers Muter Muter.*

Schriftband unten: *Got gibt / Got nimbt*

fol. 7v (S. 14): Wappen der Ursula von Harrach

(Entwurf: fol. 7v)

Ganzseitig ein an der Oberkante mit Rollwerk, an der Unterkante mit goldenem Blattwerk geschmückter, geschwungener Fünfeckschild: in rot ein goldener Ball mit silbernen Straußenfedern im Dreipaß. Die untere Feder ist hier nach rechts gewandt, das Wappen demnach nicht umgekehrt. Dazu zwei gekrönte, goldene Bügelhelme: rechts ein Vogelflügel, darauf der Ball mit Straußenfedern, die Helmdecke rot und silber; links schwarze, gefiederte Hörner, die Helmdecke gold und schwarz; darüber ein Schriftrahmen:

Frawen Ursula, ein geborne von Harroch recht erblich wappen, welch- / es von dem Wolgebornen Herren Leonharten von Harroch, herren zu Ro- / raw, Rö[mischer] zu Hungern vn[d] Boheim Kö[niglicher] M[aieste]t[608] *Obristen Cantzler, Jrem Herren / Vatter, an Sie geerbt, vnnd loblich komen ist.*

fol. 8r (S. 15): Ahnenprobe der Ursula von Harrach

(Entwurf: fol. 8r) Vgl. fol. 7r

Um ein Medaillon mit Wappen im Zentrum sind in den Seitenecken vier Wappen positioniert: Schild unten rechts auf der Seite tartschenförmig, ansonsten geschwungene Fünfeckschilde mit Rollwerk; im Medaillon im Zentrum auf blauem Grund das Wappen derer von Harrach, dazu im Rahmen die Umschrift[609]:

† DOMINA VRSVLA AB HARROCH DOMINI IOANNIS IACOBI FVGGERI OPERIS HVIVS FVNDATORIS LEGITIMA CONIVX CVM BIGEMINO PROGENITORV[M] SVOR[VM][610] STEMMATE. †

[606] In neuer Zeile rechtsbündig.
[607] Durch die Windung des Schriftbandes Zeilenverband aufgelöst; bis auf den ersten Buchstaben versetzt nach unten.
[608] t hochgestellt.
[609] Kapitalis.
[610] Sic!

Oben links das Wappen derer von Harrach mit Helmzieren, nicht umgekehrt; dazu das Schriftband:

Herr Lienhart von Harroch ein Vaters Vater, Fraw Vrsula von Har- / roch Herren Hans Jacob fuggers fundators [etc.] eelicher gemahel.

Oben rechts ein geviertes Wappen: im ersten und vierten Feld schwarz in gold ein steigender Bär, im zweiten und dritten je zwei goldene Schwanenköpfe, am Spalt von blau und rot gespiegelt, zwischen diesen auf dem Spalt ein langschäftiger Streitkolben. Die zwei gekrönten Bügelhelme haben rechts einen goldenen Vogelflügel, darin der schwarze, steigende Bär, links die erwähnten Schwanenköpfe mit Streitkolben; dazu das Schriftband:

Fraw Margahretha vom Schachen herrn Wolfgang Bernard / vom Schachen eeliche tochter, Vaters Mutter fraw Vrsu- / la von Harroch, die do ist herren Hans Jacob Fuggers fun- / dators Eelicher Gemahel.

Unten links ein geviertes Wappen: im ersten und vierten Feld in silber nach rechts ein radschlagender Pfau, im zweiten silber in rot mit schwarzen Hörnern ein nach rechts steigender Geißbock, das dritte Feld von silber und schwarz gespalten, jeweils mit einer Raute in verwechselten Farben; das Wappen nicht umgekehrt; darüber zwei goldene, gekrönte Bügelhelme, rechts mit einem stehenden Pfau, links mit einem Geißenrumpf; Schriftband:

Herr Balthasar von Gleinitz / fraw Vrsule von Harroch her- / ren Hans Jacoben fuggers fun- / dators [etc.] Eelicher gemahel, / Mutters Vatter.

Unten rechts silber in rot mit goldenen Hörnern und Hufen ein steigender Widder; dieser auch auf dem gekrönten grauen Bügelhelm. Dazu das Schriftband:

Fraw Barbara von Raming / herrn Balthasars von Glein- / itz eelicher gemahel, vn[d] fraw / Vrsule von Harroch, herre[n] Hans / Jacob fuggers fundators [etc.] eeliche[n] / gemahels Muter Mutter.

Schriftband unten zentral: *Alles Gott / Ergeben*

fol. 8v: (Leerseite)

fol. 9r: (Leerseite)

fol. 9v (S. 18): Hans Fugger, Clara Widolff und Elisabeth Gfattermann

Kinder: fol. 13r–14v
(Entwurf: fol. 9v) NEBINGER/RIEBER, Genealogie, Taf. 2a: Hans d. J., Sohn des Hans d. Ä., 1370 Bürger von Augsburg, heiratet Clara Widolff 1367, Elisabeth Gfattermann vor 1380, † 1408/09. Wenn die 2. Ehe vor 1380 geschlossen wurde, können Anna (NEBINGER/RIEBER, Genealogie, Taf. 2a: * ca. 1386) und wohl auch Kunigunda nicht Töchter aus 1. Ehe sein, wie fol. 13r angegeben ist. SCHWENNICKE (Hg.), Stammtafeln, Taf. 32: Elisabeth Gfattermann, † 1436. Abb.: (Kat.) Fugger und Welser, Abb. Nr. 12 (zu Nr. 378); (Kat.) Welt im Umbruch 1, Nr. 162; SCHAD, Frauen des Hauses Fugger, nach S. 24; SCHWEINBERGER (Hg.), 2000 Jahre Augsburg, S. 50; HERRE, Fugger in ihrer Zeit, S. 6.

Schriftrahmen oben:

Hernach volgt der abgesenckt Mansstam[m]en des Eerlichen vn[d] altlob- / liche[n] fuggerische[n] gschlechts, vn[d] ist Hans fugger d[er] j[unger] laut d[er] tafl von Jm bschrib[en].

Darunter im Zentrum der Seite ein aufrecht stehender Dreieckschild mit rotem Blattwerk, darin schwarz in gold die erste Hausmarke der Fugger; darüber als frontale Halbfigur ein älterer Mann mit langem, grauem Bart und ebensolchem Haupthaar, auf dem Kopf ein schwarzes Barett mit brauner Pelzkrempe. Er trägt ein weites, an den Ärmeln unterhalb aufgeschnittenes, violettes Wams, darüber einen pelzbesetzten, schwarzen Tappert. Der Blick geht nach links aus der Bildebene heraus, die rechte Hand zeigt nach rechts auf das Schriftband links oben, die linke ruht an der linken Kante des Schildes und hält einen roten Rosenkranz mit schwarzer Quaste; an Zeige- und Ringfinger der rechten Hand zwei goldene Ringe.

Links unterhalb ein leicht schräg links gestellter Dreieckschild mit goldenem Blattwerk, darin silber in rot eine Hausmarke: Aus der Mitte eines Majuskel-W ragt ein Schaft mit Kopf und erhöhter Mittelkreuzsprosse; unter dem W ein kleiner Ring; oberhalb des Wappens, im Halbprofil von rechts, eine reifere Frau, deren Hände vor dem vorgewölbten Bauch zusammengeführt sind. Sie trägt eine weiße, tuchähnliche, mit einer Kinnbinde am Hals geschlossene Kopfhaube, ein schlichtes, mit goldenen Schließen hoch geschlossenes, braunrotes Kleid, eine schwarze Schürze und einen vor der Brust mit einer goldenen Fibel geschlossenen, schwarzen Mantel. An Zeige- und Ringfinger der rechten Hand sind zwei goldene Ringe erkennbar.

Rechts ein schräg rechts geneigter, mit goldenem Blattwerk verzierter Dreieckschild mit einer Hausmarke: silber in schwarz ein Schaft mit Sturzsparrenfuß, nach oben und unten spitz angewinkelter Kreuzsprosse und Kopfkreuzsprosse; über dem Wappenschild etwas nach rechts versetzt, um dem Schild des Mannes auszuweichen, von vorn links im Halbprofil eine zweite, jüngere Frau. Sie blickt nach rechts, ihre Arme sind am Körper angelegt, so daß der linke Unterarm mit ausgestrecktem Zeigefinger auf dem Schild aufliegt, der rechte Arm entspannt angewinkelt vor dem Bauch liegt. Sie trägt eine unter dem Kinn geschlossene, weiße Haube, ein hochgeschlossenes, in mi-parti schwarz und weiß schräggeschnittenes Kleid mit goldenen Knöpfen, einen grünen Gürtel sowie einen am Hals mit einer Fibel geschlossenen, braunen Mantel; an beiden Ringfingern goldene Ringe. Die Blicke der beiden Frauen treffen sich.

Die drei Wappen und Porträts sind durch eine Kordel verbunden, deren Enden vom Wappen des Mannes ausgehend und hinter den beiden unteren Wappen hindurchlaufend sich zwischen diesen in einem Knoten vereinigen.

Schriftband links:

Clara Widolffin Hansen fuggers erste / Eeliche hausfraw, mit dem sie zwo / Töchtern eelichen ertzeuget hatt.

Schriftband rechts:

Elisabet Gfattermenin Hansen Fuggers / andere Eeliche hausfraw, mit dem sie / fünf Sön eelichen ertzeuget hatt.

fol. 10r–10v (S. 19–20): Biographische Erläuterung: Hans Fugger

(Entwurf: fol. 10r) JANSEN, Anfänge, S. 10, 16, 19 f., hat anhand der Steuerleistung Hans Fuggers wahrscheinlich gemacht, daß dieser, vielleicht als Vertreter seines Vaters, als Tuchhändler nach Augsburg eingewandert sei. Für das Todesjahr errechnet Jansen ein Vermögen von 1920 fl. SCHWENNICKE (Hg.), Stammtafeln, Taf. 32: Eltern des Hans: Hans in Graben/Lechfeld und Maria Meissner aus Kirchheim/Schwaben.

fol. 10r: Textseitenrahmung: in den Eckmedaillons oben links ein Männerkopf mit Löwenmaulhaube (Herkules?), rechts einer mit Helm, unten zwei lorbeerbekränzte Männerköpfe; im Rahmen Grotesken, darin oben ein blattwerkgeschmückter, geschwungener Dreieckschild mit der ersten Hausmarke der Fugger, links ein solcher mit der Hausmarke der Widolff, rechts einer mit jener der Gfattermann; als Wappenhalter oben zwei Putten, in den Seiten Landsknechtsfiguren; unten in der Rahmenleiste ein Adler.

fol. 10v: Textseitenrahmung: in den Medaillons wiederum oben zwei behelmte Männerköpfe, deren rechter mit geflügeltem Helm (Merkur oder Hermes?), unten zwei lorbeerbekränzte; in den Grotesken links eine Geige und eine Harfe, darüber zwei Kraniche, rechts ein Bogen und ein Pfeilköcher, darüber zwei Störche; in der unteren Leiste, von zwei auf Pfauen reitenden Putten gehalten, ein Wappenschild mit der Hausmarke des Hans Fugger; oben eine Jagdszene: Zwei Männer in Jagdkleidung, der eine mit einer Schaufel, der andere mit einem Spieß, jagen mit Hunden einen Dachs. Im Hintergrund der Wald- und Wiesenlandschaft eine Burg auf einem Hügel[611].

[fol. 10r] *Es hat aus alten der Stat Augspurg Steur*[612] */ vnnd Burger Buecher, nicht clarer bericht, woher der erst fugger / Hans genant, burtig gewesen sey, vernomen werden mögen, / dann Er das Burgerrecht nicht erkauft, Sonder Eelichenn er- / heurat hat, Aber laut brieflicher vrkund, wirt souil verstanden, / das Er Zu Graben aim Dorf an der Obern Strass etliche Gueter / vnd AchtvndZwaintzig Tagwerck Wismads gehabt, vnnd vonn / seinen gefreunten, Jre Erbe bemelter Gueter daselbst, dartzu er- / kauft hat, Derhalben warhafftig Zuerachten, das er daselbsther / burtig mus gewesen sein, Dann souil von alten Leuten erkun- / digt hat mögen werden, Haben Sie antzaigt, das Sie alltzeit / ghört, das die fugger von Graben komen, vn[d] daher burtig seien. //*

Jnn dem .1370. Jar.[613] *Als Herr Bartholme Riederer von / Herren, vnd Herr Sibot Menchinger aus der erbern Zunfft der / Saltzfertigern von der Gemaind, Burgermaister zu Augspurg / waren, Hat er sich erstlich zu ainer Clara Widolffin genant, / verheirat, mit deren Er zwo Töchtern Anna vnd Kunigunda / genant, eelichen ertzeuget hat. Welchen er der Stat gebrauch nach / als Er widerumb hat heiraten wollen, Heinrich Schmucker / vnd Herman Breischuch, zu Pflegern gesetzet, Die habent mit vermachtem gelt, den zwayen Jren Pflegtöchtern, Jm / 1389. Jar, dreissig guldin Leibgeding, das hundert vmb / funf guldin abzulösen, von ainem Erbern Rat zu Aug- / spurg erkauffet. //*

Die ander[614] *sein Eeliche Hausfraw Jst Elisabeth Gfattermen- / nin genant, Herren Hansen Gfattermans, welcher des Rats, vn[d] / Zunfftmaister von Webern Jnn zwaintzig Jar gewesen ist, Ee- / liche Tochter gewesen, mit dero er funf kinder Eelichen erzeuget, / vnd zway darunder Eelichen verheirat hat. //*

[fol. 10v] *Anfencklich*[615] *Jst Er mit der Widolffin vnderhalb hailig Creutzer / Closter, mit haus gesessen. Aber nachmalen ist Er mit dem andern / seinem Eeweib der Gfattermännin, herein Jnn seiner Schwiger / haus bey Gegginger Thor getzogen, vnnd alda ein Zeitlang mit Jr / gehauset, Nachmalen hat er das Haus bey dem Judenberg vonn / Heinrichen Grawen Girtlern, Anno.1397 erkauft, vnd alda / gehauset. Welche baide Heuser sambt den Guetern zu Graben ge- / legen, noch heuttigs tags Jnn der Herren fugger von der Lilien / gewalt sein. //*

Von dem .1370.[616] *Bis auf das .1382.*[617] *Thut .12.*[618] */ Jar, hat Er den fuggerischen Namen in der Stat Augspurg Jn / Eelichem Stand allain getragen. Vnd wirt jnn alten Steur- / buechern warhaft Zu vilmalen befunden, das er vber Dreitau- / sent guldin, welchs dann derselben zeit, für ein gar grosse hab / geschetzt worden, reich gewesen ist. //*

Diser[619] *Hans Fugger Jst auch lange Zeit ein Zwelffer vnnd des / grossen Rats gewesen. Vnd hat vngefarlich von dem .1370. bis / Jnn das .1409. Jar, Thut Neunvnddreissig Jar, mit den zwai- / en Eeweibern Jnn der Stat Augspurg Burgerlich hausgehalten, / vnnd darnach sein leben daselbst Jnn Got gnedigclich geendet, / Dem Got der Allmechtig gnedig vnd barmhertzig sein wölle Amen. //*

fol. 11r (S. 21): Ulrich Fugger und Radigunda Mundsam

Kinder: fol. 12v
(Entwurf: fol. 10v) NEBINGER/RIEBER, Genealogie, Taf. 2b: Ulrich (I.), † 1394; Name der Frau: Agnes Steiger, diese in 2. Ehe verheiratet mit N. Wunsam, Bürger zu Augsburg; JANSEN, Anfänge, S. 8: Ulrich, † 1394 durch Totschlag; ebenda, S. 20: Name der Frau: Agnes Steiger; SCHWENNICKE (Hg.), Stammtafeln, Taf. 32: Name der Frau: Anna Steiger, * 1351/57, heiratet in 2. Ehe 1395/96 N. Wunsam, Bürger zu Augsburg.

Schriftrahmen oben:

Jetzund wirt, auf das die Ordnung dises Fuggerischen / Mansstammens verstendig pleibe, Vlrich Fugger sa- / mbt Seinen Kindern Nacheinannder Gesetzet.

---

[611] Am oberen Seitenrand ein unleserlicher Vermerk mit Blei.
[612] Bis hierher größer.
[613] Bis hierher größer.
[614] Bis hierher größer.
[615] Dies größer.
[616] Bis hierher größer.
[617] Zahl größer.
[618] Zahl größer.
[619] Dies größer.

Darunter Allianzbildnis: die Dreieckschilde durch eine sich verknotende Kordel miteinander verbunden; im mit rotem Blattwerk geschmückten Schild links schwarz in gold das zweite Warenzeichen der Fugger; darüber im Halbprofil von rechts ein Mann mit zweigeteiltem Vollbart, der nach links zu seiner Frau blickt. Er trägt eine schwarze, im Nacken weit herabgezogene Mütze, einen mit braunem Pelz besetzten, weinroten Tappert und ein weites, schwarzes, am Hals geschnürtes Wams, darunter wohl ein weißes Hemd. Mit der Rechten vor dem Bauch hält er ein zusammengelegtes Tuch, die Linke ist erhoben und zeigt im Bildzentrum auf die Frau.

Im mit blauem Blattwerk geschmückten Wappenschild rechts auf der Seite schwarz auf gold eine Hausmarke: ein beidseitig nach unten angewinkelter Sparrenfußschaft, nach oben spitz abgewinkelt, mit Mittelkreuzsprosse und Kopfschragen. Die reife Frau im Halbprofil ist nach rechts zum Mann hin gewandt. Ihre linke Hand ruht bei am Körper angewinkeltem Arm auf der Schildkante, die rechte Hand hält bei angewinkeltem Arm vor der Hüfte ein geschlossenes Buch. Sie trägt eine weiße, weit nach hinten ausladende Tuchhaube mit Kinnband, ein violettschwarzes Kleid mit schwarzen Borten und rotem Bruststück sowie halblangen, engen Ärmeln, darüber einen am Hals mit einer goldenen Fibel geschlossenen Mantel. Am Gürtel hängt eine weiße Beuteltasche[620].

Schriftband links:

Vlrich Fugger, ein Bruder Hansenn / Fuggers, welcher fünf Söne Eeli- / chen vberkomen, die all heuslich / alhie gewonet haben.

Schriftband rechts:

Radigunda Mundsamin Vlrichen / Fuggers Eeliche Hausfraw.

fol. 11v–12r (S. 22–23): Biographische Erläuterung: Ulrich Fugger und seine Söhne

(Entwurf: fol. 11r) NEBINGER/RIEBER, Genealogie, Taf. 2b, geben nur drei Söhne Hans, Ulrich und Conrad und eine Tochter Agnes, mit Verweis auf das Achtbuch der Stadt Augsburg; so auch JANSEN, Anfänge, S. 21 f.; dort jedoch auch Hinweise auf die einschlägigen Einträge in den Steuerbüchern, aus denen die Version der vorliegenden Handschrift und der Fuggerchronik sich speist. Ebenda, S. 8: Hans und Ulrich Fugger hatten einen weiteren Bruder Klaus, der in Graben blieb; ebenda, S. 22 f.: Bartholomäus vielleicht ein Sohn dieses Klaus. Ebenda, S. 20–22: Die drei Brüder stehen offenbar in enger Verbindung: Die Mutter siedelt nach dem Tod Ulrichs in die Nachbarschaft der Gfattermanns, der Familie der Frau des Hans; die Söhne des Ulrich 1398, der erwähnte Bartholomäus 1428 in dessen Haushalt nachweisbar. Die Söhne Hans und Konrad treiben später selbständig Tuchhandel. PÖLNITZ, Jakob Fugger 1, S. 8: Der Sohn Hans falliert infolge von Zollbetrug seines Mitgesellschafters, der Sohn Konrad verarmt als handwerkender Weber. SCHWENNICKE (Hg.), Stammtafeln, Taf. 32, führt als Söhne des Hans, Sohn des Ulrich: 1. Heinrich: * 1398/1404, † 1428, heiratet um 1422 Dorothea Sälg, Kaufherr, Vater eines Sohnes Heinrich: * 1426/28, † 1457/62, heiratet N.N. 1456/57; 2. Bartholomäus: † 1428.

fol. 11v: Textseitenrahmung: in den Medaillons oben links ein bärtiger Männerkopf mit einem Turban, rechts ein Männerkopf mit Helm, unten ebensolche mit Lorbeerkränzen; in den Grotesken links, von einem jungen Mann gehalten, ein mit Blatt- und Rollwerk geschmückter Roßstirnschild mit der Hausmarke des Ulrich Fugger, rechts, von einer Jungfrau gehalten, ein Schild mit der Hausmarke der Frau; dazu unten und seitlich in Schlangenschwänzen auslaufende Faunswesen; oben eine Jagdszene: Die Vogeljagd. In der Mitte legt ein Mann mit einer Büchse auf auf einem frisch eingesäten Feld sitzende Vögel an, rechts daneben hält ein vornehm gekleideter Mann – mit Degen, oberschenkellangen, gepluderten Hosen, roten Strümpfen und Schnabelschuhen, dazu einem Reitrock – einen Falken auf der Hand. Zu seinen Füßen hockt ein Hund; im Hintergrund rechts ein Jäger mit einer Leimrute. Die Szene ist gezeigt an einem Waldrand, im Hintergrund eine Burg.

fol. 12r: Textseitenrahmung: in den Medaillons links oben ein bärtiger Männerkopf, sonst Männerköpfe mit Lorbeerkränzen; die Grotesken mit exotischen Vögeln, Putten mit Dudelsack und Geige sowie Sirenengestalten seitlich und mit Lanzen kämpfenden Putten unten; oben eine Jagdszene; in der Bildmitte ein Fluß, in dem zwei von Hunden angegriffene Hirsche schwimmen; links im Bild am Ufer zwischen Bäumen ein Pferd angebunden, davor ein Jäger, am anderen Ufer rechts im Bild senkt ein Jäger seine Lanze gegen die Hirsche; im Hintergrund eine Burg[621].

[fol. 11v] *Jnn dem .1382. Jar Hat sich Vlrich Fugger wel-*[622] */ cher durch Hilff seines Bruders Hansen fuggers forgemelt Jnn die Stat Augspurg komen, Zu Radigunda Mundsamin Eelichenn / verheirat. Jst anfencklich an dem kitzenmarckt hinder Sant Vl- / rich mit haus gesessen, Vnd nachuolgend Jn die Cleesatlerr / Gassen getzogen, vnd alda bis Jnn das zwaintzigist Jar gewonet, / Aber Als Er ain grosse prunst darinnen erlitten, dann / drey Heuser Jme darinn abgeprunnen seind, Jst Er bald her- / nach gestorben, vnd sein hausfraw an den Schwal Zuwonen, / getzogen. //*

Jnn der Herren[623] *Alten Baumeister Buecher, werden gefunde[n] / dise wort .Anno*[624] *.1402. Respice Bernhardi*[625] *haben wir AinvndZwain- / tzig pfund pfenning ausgeben vmb Schefflach vnnd wasser / zefueren, als des Vlrich Fuggers drey Heuser Jnn der Cleesatlerr / Gassen verbrunnen sein. Dise Refier vnd Heuser habend / die Herren fugger von der Lilien noch heuttigs tags Jnnen. Vnd / hat Sie Herr Raymundus Fugger (wie noch vor augen gesehen) / gantz kostlich vnd lustig, von newem erbawet. Jn welcher / Behausung Herr Georg fugger, der Zeit sein wonung helt, vnd / die mit mer gebewen erweitert an baiden seitten. //*

Jtem die[626] *Alten Buecher vnd geschriften zeugen, Das Bartholme / sein erster Son, oberthalb des Judenbergs, sein heusliche wonung / gehabt habe, //*

---

[620] Am oberen Seitenrand zentral mit Blei: *a*.

[621] Am oberen Seitenrand mit Blei: *b*.
[622] Bis hierher größer.
[623] Bis hierher größer.
[624] Von Hand B.
[625] Zwei Wörter von Hand B.
[626] Bis hierher größer.

*Andreas*⁶²⁷ *Sein andrer Son, hat mit der Muter Jnn der Clee- / satler Gassen, nach absterben des Vaters, ein weil gewonet, vnd / nach der prunst die heuser Jngehabt. //*

*Seitz Fugger*⁶²⁸ *Sein dritter Son, Jst Jnn Sanct Georgenn / Pfarr bey dem Windprunnen vor dem Vischergäslin gesessen. //*

[fol. 12r] *Heinrich Fugger*⁶²⁹ *Hat Jnn Jacober Vorstat auf dem Gries / am Sparrerlechlin gewonet. //*

*Hans Fugger*⁶³⁰ *wirt an dreyen Orten, Nemlich bey dem / Gablinger Bad, auf dem Creutz, vnd Sanct Steffans Platz, / heuslich wonhaft befunden. //*

*Ob aber*⁶³¹ *diser Vlrich Fugger, mer oder minder, dann funf / Sone gehabt hab, Jst nicht wol bewist, mag auch nicht / erfaren werden. //*

*Dis alles*⁶³² *Jst aus den alten Steurbuechern genomen, / Aber was kinder die Eelichen ertzeuget haben, nicht erlernet / noch gesehen werden mag. Aber wol Zugedencken gewest, Dem- / nach nicht von Jnen kom[m]ende, erfaren werden mogen, / wie von den andern, das Sie on leibs Erben werden abgan- / gen sein. //*

*Diser Vlrich Fugger,*⁶³³ *wirt nach aller Rechnung, sei- / ner stat, Reichs, vnnd ander Steurn nach, Jnn fnuftzehen*⁶³⁴ */ hundert guldin Reich, befunden. Vnd nachdem Er auff / zwaintzig Jarlang, Jnn der Stat Augspurg Burger gewe- / sen, vnd Jnn Eelichem Stand eerlich gelebt, hat er Jn Gott / sein end beschlossen. Dem Got ein fröliche vrstend verleihen / wölle. Amen.*⁶³⁵ *//*

fol. 12v (S. 24): Die Söhne Ulrich Fuggers des Älteren

Vater: fol. 11r
(Entwurf: fol. 11v) Vgl. fol. 11v–12r

Auf der Seite sind fünf Einzelbildnisse – jeweils aus mit rotem Blattwerk geschmücktem Dreiecksschild und Halbporträt – dergestalt angeordnet, daß um eines im Zentrum sich die vier weiteren in den Ecken gruppieren. Diese vier sind etwas zur Seitenmitte hin geneigt. Zwischen den Schilden verläuft eine schwarze Kordel; im Wappen jeweils gold in schwarz die zweite Hausmarke der Fugger⁶³⁶.

Darüber oben links im Halbprofil von rechts ein Mann mit grauem Vollbart und längerem Haupthaar, darauf eine schwarze Kalotte. Er trägt ein violettes Wams und einen schwarzen Radmantel, der auf der rechten Schulter geschlossen ist. Der Blick geht nach vorn, zur zweiten Figur hin, auf diese zeigt auch die bei angewinkeltem Arm auf dem Schildrand liegende rechte Hand, während die linke vor der Brust einen schwarzen Hut hält; darüber das Schriftband:

Bartholme Fugger, Vlrichen Fuggers erster Sone.

Oben rechts über dem Schild im Halbprofil von links ein Mann mit braungrauem Vollbart, einer schwarzen, barettartigen Mütze und einem rotbraunen, schoßlangen Reitrock mit schwarzem Kragen und grauem Pelzbesatz an der Unterkante; am Gürtel ein Schwert. Der Blick trifft den der linken oberen Figur. Die rechte Hand ist bei am Körper angewinkeltem Arm gespreizt in Schulterhöhe erhoben, die linke ruht bei angewinkeltem Arm an der Hüfte auf dem Schildrand. Schriftband oben rechts:

Andreas Fugger, Vlrichen fuggers anderer Sone.

Im Bildzentrum ein Halbporträt frontal gegeben: ein jüngerer, bartloser Mann mit schulterlangem, braunem Haar, einem violetten, flachen Hut, einer violetten Schaube mit im Rücken breit umgeschlagenem Kragen und weiten Ärmelschlitzen und einem weitgeschnittenen, schwarzen Wams darunter. Der Blick geht aus den Augenwinkeln nach links. Die Hände hält er bei angewinkelten Armen vor dem Bauch, so daß der Zeigefinger der rechten in die geöffnete linke weist; darüber das Schriftband:

Seitz fugger Vlrichen Fuggers Dritter Sone.

Unten links im Halbprofil von rechts, den Kopf ins Profil gewandt, ein bartloser Mann mit schulterlangem, dunklem Haar. Er trägt ein rotbraunes Barett mit hinten hochgeschlagener Krempe, eine ebensolche Schaube mit schwarz abgesetzten Borten an Ärmeln und Kragen sowie Hängeärmeln, ein blaues Wams und ein weißes Hemd. Der Mund ist sprechend geöffnet. Der Blick geht nach vorn aufwärts, zur Figur im Bildzentrum hin. Der rechte Arm liegt angewinkelt vor dem Bauch, so daß die Hand unter der Schaube liegt, die linke Hand ist bei am Körper angewinkeltem Arm mit zwei ausgestreckten Fingern vor dem Gesicht erhoben, so daß sie auf die Figur in der Mitte verweist; Schriftband unten links:

Heinrich fugger, Vlrichen Fuggers vierter Sone.

Unten rechts, etwas nach rechts aus der Achse des Wappenschildes gerückt, im Halbprofil von links ein bartloser, junger Mann mit vollem, ohrenlangem, braunem Haar, einem schwarzen Barett, einem weißen Hemd, einem violetten, vor der Brust schwarz geschnürten Wams und einer außen schwarzen, innen braunroten Schaube mit im Rücken breit umgeschlagenem Kragen und weiten Ärmelschlitzen. Der etwas gesenkte Blick geht nach vorn, zu der Figur unten links im Bild. Die linke Hand ruht auf dem Schildrand, die rechte zeigt bei in der Hüfte angewinkeltem Arm mit Zeige- und Mittelfinger nach vorn, auf den Schild im Bildzentrum; darüber das Schriftband:

Hans Fugger, Vlrichen fuggers funf[f]ter vnd letster Sone.

Unten zwischen den unteren Schilden, an den Kanten von diesen verdeckt, ein Schriftrahmen:

End der ersten Linien.

---

[627] Dies größer.
[628] Bis hierher größer.
[629] Bis hierher größer.
[630] Bis hierher größer.
[631] Bis hierher größer.
[632] Bis hierher größer.
[633] Bis hierher größer.
[634] Sic!
[635] Im Schriftspiegel hier noch Raum für ca. sieben Zeilen.
[636] Am oberen Seitenrand zentral: *b*.

fol. 13r (S. 25): Heinrich Meuting und Anna Fugger; Kunigunda Fugger

Vater: fol. 9v
(Entwurf: fol. 12r) NEBINGER/RIEBER, Genealogie, Taf. 2a: Anna, * ca. 1386, † nach 1396, verheiratet mit Conrad Meuting, Weber und Zwölfer der Weberzunft; JANSEN, Anfänge, S. 14, unter Verweis auf die Fuggerchronik und das Leibgedingbuch zum Jahr 1389: Name des Mannes: Conrad Meiting. Wenn die 2. Ehe des Hans Fugger vor 1380 geschlossen wurde, vgl. fol. 9v, und die Geburtsdaten bei Nebinger/Rieber stimmen, können Anna und Kunigunda nicht Töchter aus 1. Ehe sein. SCHWENNICKE (Hg.), Stammtafeln, Taf. 32: Conrad Meiting, † 1385/86, Heirat um 1384, dies wohl Verwechslung mit dem Mann der Barbara; vgl. fol. 22v; zur Familie des Mannes vgl. Augsburger Stadtlexikon (1998), S. 653 f.

Oben auf der Seite ein Schriftrahmen:

Anfang der andern Linien.

Oben ein Allianzbild, darunter ein drittes Porträt eingerückt zwischen die oberen Wappen, mit einem hinter dem unteren Schild durchlaufenden, links und rechts beschriebenen, breiten Schriftband. Der Schild oben links mit blauem Blattwerk zeigt schwarz in gold einen nach links steigenden, oberhalben Bären mit einer goldenen Halskette mit silbernem Ring. Der im Halbprofil nach links gewandte Mann hat einen braunen Vollbart. Sein Blick geht nach links zur Frau hin. Er trägt über einem grünen, vor der Brust geknöpften Wams einen hellvioletten Umhang und darüber eine blaue Gugel mit einer nach hinten lang auslaufenden Kapuze. Ein breiter, goldener Gürtel mit Dolchgriff ist erkennbar. Die Arme sind angewinkelt, so daß die rechte Hand in der Hüfte zum Liegen kommt, die linke neben dem Körper in Brusthöhe geöffnet nach dem herabhängenden Ende des Schriftbandes greift; am Zeigefinger der rechten Hand ein goldener Ring.

Der mit rotem Blattwerk umrandete Schild der Frau zeigt schwarz in gold die ältere Hausmarke der Fugger. Die Figur ist im Halbprofil von links gezeigt, ihr Blick trifft den des Mannes. Die Frau trägt das Haar unter einer weit über die Schultern fallenden Haube aus weißem Tuch mit goldenen Borten, die den Hals bedeckt, das Kinn jedoch frei läßt. Unter einem violetten Überrock mit weiten, halblangen Ärmeln und grauem Pelzbesatz sind grüne Ärmel mit goldenen Borten erkennbar. Um den Hals trägt sie eine längere, goldene Kette mit einem Anhänger; am Ringfinger der linken und an Zeige- und Ringfinger der rechten Hand Ringe. Die linke Hand greift vor dem leicht vorgewölbten Bauch nach dem Schildrand, die rechte ist bei angewinkeltem Arm vor der Brust geöffnet in einer nach links weisenden Bewegung.

Unten der mit rotem Blattwerk umrandete Schild mit dem ersten Warenzeichen der Fugger, schwarz in gold; darüber leicht aus der Frontalen nach links gewandt das Halbporträt einer jungen Frau. Sie trägt das rotbraune, lange Haar im Rücken in Zöpfen, darauf eine graue, goldbestickte Kappe. Das rote Kleid mit weitem, schwarz abgesetztem Ausschnitt läßt den Blick frei auf ein weißes, goldbesticktes Bruststück und ein weißes Hemd mit ebenfalls weitem Ausschnitt. Die engen, unterhalb geschlitzten Ärmel des Kleides lassen die Unterarme frei. Um den Hals liegt eine lange, goldene Gliederkette. Der Oberkörper fällt deutlich in den Rücken. Die Arme sind angewinkelt, so daß die Hände vor dem Bauch auf der Schildkante aufliegen. Der melancholische Blick geht nach halblinks aus der Bildebene hinaus[637].

Schriftband oben links:

Heinrich Meiting, wellicher Hansen fuggers / Eeliche Tochter zu ainem Eelichen weib / gehabt. Hec Leibgeding Buch.

Schriftband oben rechts:

Anna fuggerin Hansen fuggers Eeleipliche / Tochter, aus seiner erste[n] hausfraw eelich geborn.

Schriftband unten:

Junckfraw Kunigunda, Han- / sen Fuggers aus der Widolffin / Eelichen erboren, andre vnd / letste Tochter, wellicheledig / gestorben, Vnd haben baide //

Hansen fuggers Toechtern[638] vber Jr / vermachte hab vnd Mueterlich / Erb Hansen Schmucker vnnd / Herman Breischuch zu Pfle- / gern gehabt. Hec.[639]

fol. 13v (S. 26): Andreas ›der Reiche‹ Fugger und Barbara Stammler

Vater: fol. 9v; vgl. fol. 168v
(Entwurf: fol. 12v) NEBINGER/RIEBER, Genealogie, Taf. 2a: Andreas, * 1394/95, † 1457/58; Barbara Stammler, * 1415/20, † 1476; SCHWENNICKE (Hg.), Stammtafeln, Taf. 32: Andreas, * 15.4.1397, † 23.3.1459, heiratet 23.3.1431 Barbara Stammler vom Ast; zur Familie der Frau vgl. Augsburger Stadtlexikon (1998), S. 843 f.

Schriftrahmen oben:

Dieweil Andreas fugger, der eltist Son Hansen fuggers gewesen / mus Jch Jn (ob er schon der Lilien nicht zugehörig) auf das der / gesenckt Stammen auch verstendtlich pleib, vorsetzenn.

Allianzbildnis: links im mit rotem Blattwerk und Rollwerk an der Innenkante verzierten Fünfeckschild schwarz in gold das erste Zeichen der Fugger; darüber im Halbprofil von rechts ein Mann mit langem, grauem Vollbart und schulterlangem, grauem Haupthaar. Der Mann trägt ein schwarzes Barett, dazu über einem schwarzen Wams eine schwarze Schaube mit weinrotem Kragen und Hängeärmeln. Am Daumen der rechten Hand ein Siegelring. Der Blick geht nach vorn, zur Frau hin. Die rechte Hand hält bei angewinkeltem Arm mit dem Handrücken auf dem Schildrand aufliegend ein zusammengelegtes Schriftstück, die linke ist bei angewinkeltem Arm in Brusthöhe mit dem Zeigefinger nach oben auf das Schriftband der Frau weisend erhoben[640].

Rechts im mit blauem Blattwerk und Rollwerk an der Innenkante verzierten Fünfeckschild schwarz in gold ein schwarzer Baumstamm (›Brand‹); darüber im Halbprofil von links eine jüngere Frau, deren Blick nach vorn, zu dem Mann hin geht. Sie trägt eine weiße Kugelhaube mit Kinnband, dessen langes Ende um den Kopf gewickelt ist, ein braunes, weit ausgeschnittenes Kleid mit weitem, schwarz abgesetztem Ausschnitt, kleinem, goldenem Bruststück und halblangen, engen, an den Ellenbogen unterhalb geschlitzten Ärmeln, darunter ein kragenloses, schwarz gekeiteltes Hemd. Um die Hüfte liegt eine Kordel, an der Seite ist eine Beuteltasche befestigt. Von der rechten

---

[637] Mit Blindgriffel senkrechte Symmetrieachse vorgezeichnet; am oberen Seitenrand zentral in Blei: *c*.
[638] *e* des Umlauts im Oberband.
[639] Kein Freiraum.
[640] Im Bereich des Rückens Wassserschaden.

Hand zur linken liegt über dem deutlich vorgewölbten Bauch ein weißes Tuch. Der rechte Arm hängt entspannt neben dem Körper. Der linke Arm ist neben dem leicht zurückgelehnten Oberkörper angewinkelt, so daß die Hand das Tuch vor dem Bauch hält; am Ringfinger der linken Hand ein Ring[641].

Schriftband links:

Andreas fugger, Hansen Fuggers erster So- / ne, wellicher Neun kinder Eelichen ertzeuget / hat, von welchen Jn dem andern tail dises / Eernbuchs gehandelt wirt.

Schriftband rechts:

Fraw Barbara Stam[m]lerin, Andreas / fuggers Eeliche hausfraw.

fol. 14r (S. 27): Michael, Peter und Hans Fugger

Vater: fol. 9v
(Entwurf: fol. 13r) NEBINGER/RIEBER, Genealogie, Taf. 2a: Hans, † vor 1394; Michael, † nach 1398; Peter, † nach 1398.

Drei Dreieckschilde und Halbporträts sind so auf der Seite angeordnet, daß zwei oben nebeneinander und eines unten, z.T. in den Raum zwischen den oberen eingerückt, stehen. Das Schriftband des unteren Porträts ist links und rechts hinter dem Wappenschild hindurchgeführt. Die an den Ecken jeweils mit rotem Blatt- und Rollwerk verzierten Wappenschilde enthalten schwarz in gold das zweite Hauszeichen der Fugger. Die Porträts zeigen junge Männer, jeweils mit schulterlangem, glattem, blondem Haar und schräg darin Lorbeerkränzen. Alle drei tragen schoßlange, an den Schultern weit ausgeschnittene Wämse mit halblangen, gepufften, geschlitzten und zerhauenen Ärmeln, am Oberkörper geschlitzt und links zusätzlich zerhauen, in mi-parti links violett und weiß gestreift, rechts rot, darunter hochgeschlossene, braune Hemden; am Gürtel jeweils ein Dolchgriff.

Die Figur oben links ist im Halbprofil von rechts gezeigt. Der Blick geht nach links zu der zweiten Person hin. Der rechte Arm greift in der Hüfte angewinkelt nach vorn, die linke Hand greift bei angewinkeltem Arm vor dem Bauch nach der Schildkante.

Die Figur oben links ist im Vollprofil von links gezeigt, ihr Blick geht nach rechts zur ersten Figur hin. Die Linke ruht bei angewinkeltem Arm auf dem Schildrand, die Rechte ist bei angewinkeltem Arm in Brusthöhe vor dem Körper nach oben geöffnet.

Die Figur unten steht frontal zum Betrachter. Der leicht geneigte Kopf blickt nach links aus der Bildebene heraus. Der rechte Arm ist mit dem Handrücken in die Hüfte, der linke ebenfalls angewinkelt locker auf die Oberkante des Wappenschildes gestützt[642].

Schriftband links oben:

Michel Fugger, Hansen Fuggers Eeli- / her[643] Sone, Jst ledig gestorbenn.

Schriftband rechts oben:

Peter Fugger, Hansen Fuggers Eelicher / Sone, Jst Jung Gestorbenn.

---

[641] Am oberen Seitenrand zentral mit Blei: *d.*
[642] Mit Blindgriffel die Symmetrieachse der Seite vorgezeichnet; am oberen Seitenrand zentral: *e.*
[643] Sic!

Schriftband unten links und rechts, hinter dem Wappenschild durchgezogen:

Hans Fugger, Hansen / Fuggers Eelicher //
Sone, Jst Jnn der Ju- / gent gestorbenn.

fol. 14v (S. 28): Jakob Fugger der Ältere und Barbara Bäsinger

Vater: fol. 9v; Kinder: fol. 16r–28r
(Entwurf: fol. 13v) NEBINGER/RIEBER, Genealogie, Taf. 2a: Jakob, * 1398, † 1469; Barbara Bäsinger, † 1497; SCHWENNICKE (Hg.), Stammtafeln, Taf. 32: Ulrich Bäsinger, Münzmeister zu Augsburg, später zu Schwaz in Tirol; JANSEN, Anfänge, S. 26: Vater der Braut: Franz Bäsinger, 1444 Bankrott und Abwanderung nach Schwaz.

Schriftrahmen oben:

Jetzund volget Jacob fugger sambt seine[n] kindern / vn[d] kindskindern i[n] guter Ordnu[n]g d[er] Lilge[n] nachainand[er].

Darunter ein Allianzbildnis: Ab hier tritt als Schildform in der gesamten Handschrift nur mehr der eben bereits beschriebene Fünfeckschild mit Blattwerk und Rollen an der oberen Innenkante auf. Die einander zugeneigten Wappen wiederum durch eine sich verknotende Kordel verbunden; im rechten, mit rotem Blattwerk umrandeten Schild schwarz in gold das jüngere Warenzeichen der Fugger, nicht umgekehrt; darüber im Halbprofil von rechts ein älterer Mann mit langem, braunem Vollbart und kinnlangen, glatten Haaren. Er trägt einen schwarzen, flachen Hut mit grauer Hutschnur, ein violettes Wams mit braunen Pelzbündchen und -kragen und einen über der rechten Schulter geknöpften, schwarzen Radmantel. Der Blick geht nach links, zu der Frau hin. Die Arme sind am Körper seitlich angewinkelt, so daß die Hände in einer geöffneten Haltung vor der Brust ausgestreckt sind. Die Linke weist mit Zeige- und Mittelfinger auf die Frau; an Daumen und Zeigefinger der rechten Hand Ringe.

Im rechten, gold umrandeten Schild als Hausmarke silber in schwarz ein Majuskel-Z mit einem kleineren Majuskel-B links oben; die Frau ist im Halbprofil von links gegeben, ihr Blick geht geradeaus, nach rechts aus der Bildebene heraus. Sie trägt eine schlichte Kugelhaube mit einer Kinnbinde, die unter dem Ohr mit einer goldenen Fibel festgesteckt ist, ein rotes Kleid mit grauem Pelzbesatz am Ausschnitt und einen vor der Brust geknöpften, schlichten, hellgrauen Mantel. Die Hände sind bei am Körper angewinkelten Armen vor dem Bauch in einer leicht geöffneten Bewegung nach vorn begriffen; an Zeige- und Ringfinger der Linken je ein goldener Ring[644].

Schriftband links:

Jacob Fugger, Hansen fuggers aus dem an- / dern weib, so ein Gfattermennin gewesen, / Eelichen geboren, wellicher Ailff kinderr / Eelichenn Ertzeuget hatt.

Schriftband rechts:

Fraw Barbara Bäsingerin, Vlrichen / Bäsingers Muntzmaisters zu Augspurg / Eeliche Tochter, vnnd Jacoben fuggers / Eeliche Hausfraw.

---

[644] Am oberen Seitenrand zentral mit Blei: *f.*

Schriftrahmen unten:

End der anderen Linienn.

fol. 15r–15v (S. 29–30): Biographische Erläuterung: Jakob Fugger der Ältere

(Entwurf: fol. 14r) HÜTT, Albrecht Dürer 2, S. 1656 f.: Devise Kaiser Maximilians I., z.B. an der Ehrenpforte: *Halt Maß*; vgl. auch (Kat.) Kaiser Karl V., Nr. 7 (Jakob Cornelisz van Oostsamen): *Halt Maes*.

fol. 15r: Textseitenrahmung: in den Medaillons links oben ein Männerkopf mit einer blau-roten Mütze, rechts oben einer mit einem goldenen Helm mit blauem Schmuck, unten zwei Männerköpfe mit Lorbeerkranz; in den aus stilisierten Brustharnischen mit Masken entwickelten floralen, seitlichen Grotesken und oben je einem Kakadu; links ein Jüngling mit einem blattwerkgeschmückten, geschwungenen Dreieckschild mit dem zweiten Warenzeichen der Fugger, rechts ein solcher mit dem Zeichen der Bäsinger, unten im Blattwerk mit Ziegenmasken zwei tanzende Putten; oben eine Jagdszene: Die Ansitzjagd auf Vögel. Im Bildzentrum eine Laubhütte als Versteck des Jägers, daneben am Boden eine Eule als Lockvogel. Aus dem Laub ragt eine aus zwei Stöcken konstruierte Vogelfalle; um das Versteck herum in der Luft mehrere Krähen. Links im Hintergrund tritt ein Hirsch aus einem Wald heraus, dahinter auf einem Berg eine Burg; rechts im Hintergrund auf einem Weiher mit auffällig braunem Wasser zwei Boote, darin jeweils eine Person[645].

fol. 15v: Textseitenrahmung: in den Medaillons wiederum bärtige Männerköpfe mit Helmen oben und bartlose mit Lorbeerkränzen unten; in der oberen Rahmung: Der Fischfang an einem Mühlteich: links eine Wassermühle mit Wirtschaftsgebäuden, im Bildzentrum ein Teich, in dem zwei Bäche von rechts zusammenfließen, darin zwei bis auf Lendentücher nackte Männer beim Fischfang mit Netzen; rechts am Ufer ein mit blauen Hosen, rotem Wams und ebensolchem Hut bekleideter Mann mit einer Angel; im Hintergrund auf einer Anhöhe eine Siedlung, von der auf einem Weg ein Pferdegespann zu der Mühle fährt; in den Rahmungen seitlich groteske Kandelaberbildungen mit phantastischen Masken und je einem Putto, oben links und rechts je ein Schriftrahmen mit einem Sinnspruch:

Leid meid. // Halt masz.

In der unteren Rahmenleiste Grotesken mit zwei mit schweren Beidhändern fechtenden Putten unter einem Baum.

Von Andreas Fuggers herkomen, wirt[646] */ jetzund nichts gemelt, dann sein herkomen / vnnd auffierung, Jm andern tail dis Eern- / buchs gehandelt wirt. //*[647]

Diser Jacob fugger, des alten Hansen Fuggers Eelicher[648] */ Sone, von welchem die Herren fugger von der Lilien Jr herkomen / vnd anfang haben. Hat Jnn der behausung bey dem Juden- / berg, So Hans fugger sein Vater Jm .1397. Jar erkauffet, heusz- / lich gewonet. //*

Zu ainem[649] *Eeweib hat Er gehabt Barbara Bäsingerin, aines / guten alten Geschlechts, Vlrichen Bäsingers Muentzmaisters*[650] *Zu / Augspurg Eeliche Tochter, Mit welcher Er Anno .1441. Jar hoch- / tzeit zu Augspurg gehalten, vnd ailf kinder Eelichen ertzeuget, / als dann die, nachuolgend Jedes an seinem Ort gesehen werden. //*

Ein Reicher[651] *vnd wolhabender Herr, vnd ein Vorgeer der Erbern / Zunft von Webern, dartzu auch ein handelsman ist Er gewesen, / Vnd weren wol etliche Historien, wie es Jm durch Kriegsleufft / Jnn dem Kaufmanshandel ergangen, zumelden. Jn Sum- / ma aufrecht, redlich, gegen den guten milt vnnd freuntlich, / Aber den Jhenigen, so die billichait gehasset, vnd hochmut gegen / Jme geubet, seer hert vnd streng ist Er gewesen, vnnd der auch / die fuggerischen Gueter wol beyeinander gehalten hat. //*

Nach seinem[652] *Absterben seind der fraw Fuggerin, allain von / alters wegen, Pfleger, Nemlich Georg Becherer, der Zunft vonn / Webern Buchsenmaister, zu Pfleger gesetzet worden. //*

Jnn dem .1469. Jar,[653] *Vnd nachdem Er Achtvndzwain- / tzig Jar als ein aufrechter handelsman, Jnn Eelichem Stand /* [fol. 15v] *Jnn der Stat Augspurg Burgerlich hausgehalten, hat Er die schu- / ld der Natur betzalet, vnd Jnn Got gnedigclich verschiden. Desz- / gleichen sein Eeliche hausfraw nach Jme Jnn wenig Jarn auch, / denen baiden Got der Almechtig ein fröliche vrstend guetig ver- / leihen wölle. Amen. //*[654]

fol. 16r (S. 31): Ulrich ›der Ältere‹ Fugger und Veronika Lauginger

Vater: fol. 14v; Kinder: fol. 28v–34r

(Entwurf: fol. 14v) REINHARD (Hg.), Eliten, Nr. 252; laut NEBINGER/RIEBER, Genealogie, Taf. 3, hatte Ulrich noch eine Tochter Sibylla: * 1487, † 1487. Die Reihenfolge seiner Kinder in der vorliegenden Handschrift weicht auch von der dort gegebenen Reihe ab; Ulrich, * 1441, † 1510; Veronika Lauginger, † 1507; ebenso SCHWENNICKE (Hg.), Stammtafeln, Taf. 34; zur Familie der Frau vgl. Augsburger Stadtlexikon (1998), S. 602.

Schriftrahmen oben:

Anfang der dritten Linien, Die do Ja- / coben fuggers kinder Jnn sich haltet.

Allianzbildnis: Die Wappenschilde sind mit einer sich verknotenden blauen Kordel verbunden. Der linke Schild mit rotem Blattwerk zeigt das umgekehrte Wappen der Fugger von der Lilie. Der ältere, bei offenbar starkem Bartwuchs glattrasierte Mann ist im Halbprofil von rechts gegeben. Er hat ohrenlanges, graues Haar, trägt ein breites, schwarzes Barett mit brauner

---

[645] Am oberen Seitenrand zentral in Blei: *daf* (?).
[646] Bis hierher größer.
[647] Absatz zentriert; Einzug links und rechts; Leerzeile.
[648] Bis hierher größer.
[649] Bis hierher größer.
[650] *e* des Umlauts im Oberband.
[651] Bis hierher größer.
[652] Bis hierher größer.
[653] Bis hierher größer.
[654] Anschließend überwiegender Teil der Seite leer geblieben.

Pelzkrempe und über einem vor der Brust geschnürten, rubinroten, vielleicht samtenen Wams und einem weißen Hemd eine Schaube mit weiten Ärmelschlitzen und breit umgeschlagenem, braunem Pelzkragen. Die Arme sind am Körper angewinkelt, die rechte Hand liegt vor dem Bauch auf dem Schildrand, die linke ist vor der Brust leicht erhoben und greift nach dem herabfallenden Zipfel des Schriftbandes. An Daumen und Zeigefinger der linken und kleinem Finger der rechten Hand sind Ringe erkennbar, um den Hals eine goldene Gliederkette. Der Blick geht aus den Augenwinkeln zum Betrachter.

Der rechte Wappenschild ist gold umrandet: im Wappen gold in schwarz ein erhobener Klauenflügel; das Porträt einer reifen Frau im Halbprofil von links. Sie trägt eine nach hinten ausladende, weiße Tuchhaube mit Kinnband, ein schlichtes, schwarzes Kleid, einen weißen Goller und einen vor der Brust mit einer goldenen Fibel geschlossenen, schwarzen, grün gefütterten Mantel, am Hals eine goldene Kette; an Ring-, Zeige- und kleinem Finger der linken Hand goldene Ringe. Ihr linker Arm ist neben dem Körper angewinkelt, so daß die Hand unter dem Mantel hervor in einer unbestimmt greifenden Bewegung nach vorn gerichtet ist, ihre rechte Hand liegt unter dem Mantel locker an der Hüfte. Der Blick geht leicht aus den Augenwinkeln zum Mann[655].

Schriftband links:

Herr Vlrich Fugger, Herren Jacobe[n] Fug- / gers erstgeborener Eelicher Sone, welcher / Neun kinder Eelichen ertzeuget hat.

Schriftband rechts:

Fraw Veronica Laugingerin, Herrn / Vlrichen Fuggers Eeliche hausfraw.

fol. 16v (S. 32): (Leere Textseite)

(Entwurf: fol. 15r, mit dem Text, für den diese und die folgenden Textseiten vorgesehen waren) Zum Motiv in der oberen Rahmenleiste vgl. GECK (Hg.), Herzog Ernst, die Illustration zu: *Wie hertzog ernst eins tags mit seinen aller liebsten dienern bei dem gestat des mörs gieng spacziren da sahe er ein kel*; vgl. dazu EdM 6, Sp. 939–942; VL 3, Sp. 1170–1191.

Textseitenrahmung: in den Medaillons wiederum oben behelmte und bärtige, unten bartlose Männerköpfe mit um die Stirn gebundenen Tüchern; in den Groteskenornamenten unten zwei mit Hellebarden kämpfende nackte Kinder und zwei Vögel, in den seitlichen Kandelaberbildungen links ein nacktes Kind mit einem blauen und goldenen Rundschild und auf einem Spieß einem Stechhelm mit der Helmzier der Fugger von der Lilie, rechts ein ebensolches mit einem schwarzen und goldenen Rundschild und auf einem Spieß einem Stechhelm mit einer goldenen Klaue als Helmzier; darüber links zwei Pfauen, rechts zwei Kraniche mit Fischen in den Krallen; oben im Rahmen wohl eine Szene aus dem ›Herzog Ernst‹: Herzog Ernst und sein Getreuer Graf Wezilo treffen am Strand auf ein Schiff mit Indern. An einem Meeresstrand zwischen Bäumen steht ein Mann in brauner Schaube und schwarzem Barett: Herzog Ernst. Er spricht mit der Besatzung eines Handelsschiffes. Seine Hände sind vor dem Körper auf das Schiff weisend erhoben. Auf dem Schiff sind zwischen Warenbündeln zwei Männer zu sehen: einer mit einem Spieß in der linken und auf das Land weisender rechter Hand sowie ein zweiter, der mit Stauarbeiten beschäftigt ist. Links hinter dem Mann an Land tritt eine Person mit blonden Haaren und blondem Bart unter einer blauen Kappe und in einem roten Mantel – der Graf Wezilo – hinzu; im Hintergrund mit gesetzten Segeln zwei weitere Schiffe[656].

fol. 17r (S. 33): (Leere Textseite)

Zum Motiv in der linken Rahmenseite und der Devise vgl. DÜLBERG, Privatporträts, S. 97, 158–160: Der Putto mit den Seifenblasen in Verbindung mit der Devise *homo bulla*, oder auch diese allein stehend, ist eine auf den Rückseiten oder Deckeln von Ehepaarbildnissen des 16. Jahrhundert wiederholt auftretende Vanitas-Allegorie.

Textseitenrahmung: in den Medaillons die üblichen Männerköpfe, oben bärtig und behelmt, unten links mit Stirnband im langen, blonden Haar, rechts ohne Kopfbedeckung mit langem Vollbart; in den seitlichen Grotesken oben jeweils ein Schriftfeld, darin mit je einem Wort pro Seite die Devise:

HOMO // BVLLA

Darunter links ein Putto, der eine Gans Seifenblasen blasen läßt. Rechts hält ein Putto einen Gänserich an den gespreizten Flügeln. Darunter phantastische menschenähnliche Figuren, unten in der Rahmung zwei in blattwerkumrankte Schnecken auslaufende Puttenrümpfe mit erhobenen Keulen und Steinen, oben in der Rahmung eine Kinderspielszene: Zwei nur mit Leibchen bekleidete, mit Knüppeln bewaffnete Kinder necken einen an einen Baum geketteten Bären mit Äpfeln. Das Kind in der Bildmitte streckt dem Tier einen Apfel hin, das Kind rechts holt zum Wurf aus; die Szene vor einer Gebirgskulisse und einem Gehöft im Hintergrund.

fol. 17v (S. 34): (Leere Textseite)

Zum Motiv in der Rahmung oben vgl. fol. 22r, 81v; vgl. LCI 6, Sp. 371–389 (St. Georg); RDK 4, Sp. 342–366, hier Sp. 345–347 (Drachenkampf).

Textseitenrahmung: in den Medaillons oben bärtige Männerköpfe mit Helmen, die als Helmzier Greifenköpfe tragen, unten links ein bärtiger, kurzhaariger Mann, rechts ein Kopf mit strähnigem Haar, einer Mütze und Blätterkranz; in den Seiten Kandelaber und Walzen, dazu je zwei auf Flöten und Geigen musizierende Putten, links eine nackte Jungfrau im Tanz mit einem Satyrn, rechts zwei Hermaphroditen mit Faunshörnern, unten ein Doppeladler; in der oberen Rahmung: St. Georg bzw. der Drachentöter; im Zentrum ein nur mit einem Fell bekleideter Mann mit Keule im Kampf mit einem dreiköpfigen Drachen, rechts hinter ihm zwischen Bäumen liegend eine nackte, gefesselte Jungfrau.

fol. 18r (S. 35): (Leere Textseite)

Textseitenrahmung: in den Medaillons oben links ein bärtiger Kopf mit Merkurshelm, rechts einer mit einem schwarzen Barett über einer schwarzen Kopfhaube, unten lorbeerbekränzte Köpfe, links mit Bart; in den seitlichen Bordüren Grotesken mit Walzen, Masken und Blattwerk, darin je ein nacktes Kind, unten zwei Kinder beim Kampf mit Stöcken; oben im Rahmen eine Jagdszene: Der Vogelherd; ein Haus mit eingezäuntem

---

[655] In Blei Textseitenrahmung skizziert; am oberen Seitenrand in Blei: *o*.

[656] Am oberen Seitenrand zentral mit Blei: *daf* oder *das*.

Garten am Waldrand; auf den Beeten des Gartens ist ein Vogelherd aufgespannt zum Fangen der durch die Saat angelockten Vögel. Zwei Männer, der eine mit einer Axt – vielleicht zum Auslösen der Falle –, nähern sich von rechts[657].

fol. 18v (S. 36): Andreas und Hans Fugger

Vater: fol. 14v
(Entwurf: fol. 16r) NEBINGER/RIEBER, Genealogie, Taf. 2a.

Nach dem Grundmuster des Allianzbildnisses sind auf dieser Seite zwei Wappen mit Halbfigur und Schriftband nebeneinander gestellt. Dabei ist auch die im Allianzwappen übliche Umkehrung des rechten Wappens übernommen: Beide jeweils mit rotem Blattwerk umrandete Wappen zeigen die Doppellilie der Fugger, jedoch sind die Tinkturen im (her.) rechten Wappen vertauscht. Es stehen hier jedoch zwei Brüder zusammen. Die beiden jugendlichen Männer tragen jeweils ein graues Wams mit hellviolett abgesetzter Brustpartie und ebensolchen Unterarmen, im Schoß mit grünen Streifen und – rechts erkennbar – einer Schamkapsel sowie einen gelben, hüftlangen, über der linken Schulter gebundenen Radmantel mit blauen Zierborten; im ohrenlangen, braunen Haar ein graues, wulstiges Stirnband, an dem über der Stirn ein federgeschmücktes Diadem angebracht ist. Beide greifen bei angewinkeltem Arm mit der Linken das Schwert am Gürtel. Die linke Figur ist fast frontal gezeigt, der traurige Blick ist leicht nach links gewandt und geht bei leicht angewinkeltem Kopf aus den Augenwinkeln zur rechten Figur hin. Die rechte Hand ist in die Hüfte gestützt. Die rechte Figur steht im Halbprofil von links. Der Blick ist gesenkt auf ein geschlossenes Buch, das die rechte Hand vor dem Bauch aufgestützt hält.

Schriftband links:

Andreas fugger, Herrn Jacoben fuggers / Eelicher Son, Jst geboren Anno.1443. / vnd Jm Gleger zu Venedig Jung ge- / storben.

Schriftband rechts:

Hans Fugger, Herren Jacoben fug- / gers Eelicher Son, Jst geboren Anno / 1445. vnnd 16. Järig Anno .1461. / gestorben.

fol. 19r (S. 37): Markus (Marx) und Peter Fugger

Vater: fol. 14v
(Entwurf: fol. 16r) NEBINGER/RIEBER, Genealogie, Taf. 2a: Peter, * 1450, † 1473; Marcus, * 1448, † 1478 Rom; SCHWENNICKE (Hg.), Stammtafeln, Taf. 34: Markus, 1475 Propst der Alten Kapelle zu Regensburg, 1477 Propst zu St. Johann in Freising; vgl. Clemens SENDER, in: (Die) Chroniken. Augsburg 4, S. 43 f.; ROGGE, Für den Gemeinen Nutzen, S. 238–242; KIESSLING, Bürgerliche Gesellschaft, S. 323–343; BÖHM, Reichsstadt, S. 29–33; zur Kleidung des Klerikers vgl. LMA 1, Sp. 452.

Die Konzeption der Seite entspricht der vorhergehenden. Im Bild links im Halbprofil von rechts, den Kopf jedoch annähernd ins Halblinksprofil abgewandt, ein jüngerer Mann mit ohrenlangem, krausem, dunklem Haar, einem schwarzen Barett, einem schwarzen Gewand über einem weißen Priesterrock mit braunen Kragen und Ärmeln, darüber einem silbergrauen, hüftlangen Pelzüberwurf mit braunen Quasten, einer Almutie. Am Zeigefinger der rechten Hand ist ein goldener Ring erkennbar. Der Blick ist nach rechts unten gesenkt. Die Rechte zeigt vor dem Bauch in ein aufgeschlagenes Buch, das die Linke hält; das Schriftband der Textlänge entsprechend größer als normal.

Links im Vollprofil ein junger Mann mit glattem, schulterlangem, braunem Haar, darin ein graues, wulstartiges Stirnband mit federgeschmücktem Diadem über der Stirn. Er trägt ein graues Wams mit Stehkragen und einen schlicht geschnittenen, violetten Rock mit langen Ärmeln; am Gürtel ein Schwert, auf dessen Knauf bei am Körper angewinkeltem Arm die rechte Hand ruht. Die Linke liegt mit ausgestrecktem Zeigefinger auf dem Schildrand. Der Blick geht nach vorn, zum Bruder[658].

Schriftband links:

Herr Marx fugger, Herren Jacoben Fuggers Ee- / licher Sone, wirt geboren Anno.1448. Jst gaist- / lich, hat vmb das er ein Augspurger kind gewesen, / durch eintrag des Bischofs vnd Capituls, auf den Thumb / nit komen mögen, litigiert vor dem Pa- / bst, gewint auch etliche vrtail, vnd ist in disem / handel vor austrag der sach, nit on argkwohn / des gifts, zu Rom gestorbenn.

Schriftband rechts:

Peter fugger, Herren Jacoben fuggers Ee- / licher Sone, Jst auch in der Jugent Jn dem / Leger zu Nurmberg, in Martin Paungart- / ners behausung Anno .1473. gestorben.

fol. 19v (S. 38): Hektor Mülich und Anna Fugger

Vater: fol. 14v
(Entwurf: fol. 17v) NEBINGER/RIEBER, Genealogie, Taf. 2a: Hector Mülich, * ca. 1415, † 1490; Anna, * 1444, † 1485; SCHWENNICKE (Hg.), Stammtafeln, Taf. 34: Heirat 1468; WEBER, Geschichtsschreibung, S. 47–49; Hektor Mülich in 1. Ehe verheiratet mit Ottilia Conzelmann († 1466/73); vgl. fol. 170v, 172v: Matthäus Fugger vom Reh heiratet Helena Mülich, die Schwester des Hektor; GEFFCKEN, Soziale Schichtung, Tab. XIX, S. 159: Georg, ein Sohn aus 1. Ehe, heiratet 1487 Barbara Roggenburger, Tochter des Georg und der Felicitas Fugger vom Reh; vgl. allgemein Augsburger Stadtlexikon (1998), S. 663 f.

Allianzbildnis: Die Wappenschilde sind durch eine sich verschlingende, grüne Kordel miteinander verbunden; im mit blauem Blattwerk verzierten Wappen links im Bild schwarz in gold ein Anker; darüber im Halbprofil von rechts der Mann mit halblangem, krausem, grauem Haar. Er ist unrasiert. Die Hände sind bei angewinkelten Armen vor dem Bauch nach vorn ausgestreckt. Der Blick geht aus den Augenwinkeln nach vorn, zum Schriftband über dem Kopf der Frau. Er trägt ein schwarzes Barett mit einer hinten herabgezogenen Krempe, über einem weißen Hemd ein vor der Brust geschnürtes, schwarzes Wams und eine rotbraune Schaube mit schwarzem, breit umgeschlagenem Kragen und engen Ärmelschnitten, in denen ein schwarzes Futter erkennbar ist. Am kleinen Finger der linken Hand steckt ein Ring.

---

[657] Am oberen Seitenrand zentral: *daf* oder *das*.

[658] In Blei Textseitenrahmung skizziert.

Rechts über dem mit rotem Blattwerk versehenen Lilienwappen die Frauenfigur im Halbprofil von links. Sie trägt eine weiße Stirnhaube ohne Kinnband mit einer deutlichen Wulst am Hinterkopf, ein weit ausgeschnittenes, weißes Hemd und ebenso weit ausgeschnittenes, violettes Kleid mit grünen Borten am Ausschnitt, der das halbrund schwarz und gold abgesetzte Bruststück freiläßt, sowie grün umgeschlagenen Trichterärmeln, dazu einen schmalen, schwarz-goldenen Gürtel. Um den Hals liegt im Ausschnitt eine lange, goldene Kette. Der leicht gesenkte Blick geht nach vorn, zum Mann hin. Bei wohl auf der Schildkante aufliegendem Unterarm liegt die linke Hand auf dem Bauch, die rechte in Gürtelhöhe mit nach links oben weisendem Zeigefinger. Die Figur neigt sich leicht nach hinten, so daß der Bauch betont ist. Am kleinen Finger der linken Hand steckt ein goldener Ring.

Schriftband links:

Herr Hector Muelich, des Rats zu Augspurg, wellicher / herrn Jacoben fuggers Tochter, zu ainer eelichen haus- / frawen gehabt, vnd Anno .1468. miteinander zu / Augspurg hochtzeit gehalten, vnd zehen kinder Eeli- / chen mit Jr ertzeuget hat. Stirbt Anno .1490.

Schriftband rechts:

Fraw Anna fuggerin, herren Jacobenn / Fuggers eeliche tochter, vnnd Hector Mue- / lichs eeliche hausfraw, Jst geboren .1452. / Stirbt Anno .1482.

fol. 20r (S. 39): Georg Fugger und Regina Imhof

Vater: fol. 14v; Kinder: fol. 36v–44r
(Entwurf: fol. 16v) Zum Wappen der Frau vgl. fol. 7r; NEBINGER/RIEBER, Genealogie, Taf. 4: Georg, * 1453, † 1506; Regina Imhof, * 1465/68, † 1526; REINHARD (Hg.), Eliten, Nr. 240; zur Familie der Frau vgl. Augsburger Stadtlexikon (1998), S. 527 f.

Allianzbildnis: die Wappen durch eine sich verknotende, rote Kordel mit goldenen und blauen Quasten verbunden; auf der Seite links das Lilienwappen der Fugger mit rotem Blattwerk, darüber im Halbprofil von rechts der Mann mit halblangem, braunem Haupthaar und einem ausgeprägten Vollbart. Er trägt ein schwarzes Barett, ein Hemd mit gefältetem Kragen, darüber ein vor der Brust geknöpftes, weinrotes Wams und einen schwarzen Rock mit langen Ärmeln und weit über die Schulter ausladendem Kragen. Die Linke ruht vor dem Bauch am Schildrand, der rechte Arm mit geöffneter Hand ist nach vorn, zur Frau hin ausgestreckt. An Daumen und Zeigefinger der Rechten sind goldene Ringe erkennbar. Vor der Brust liegt eine lange Goldkette. Der Blick geht aus den Augenwinkeln zur Frau hin.

Im gold umrandeten Schild auf der Seite rechts gold in rot das Wappen der Imhof, der Seelöwe; darüber eine junge Frau im Halbprofil von links. Sie trägt eine weiße Stirnhaube mit Wulst am Hinterkopf und Kinnbinde mit Goldborte, einen schmalen, am Hals hochgeschlossenen, weißen Goller, ein schwarzes und violettes Kleid mit einem goldenen Gürtel, darüber einen vor der Brust mit einer goldenen Agraffe geschlossenen Mantel, um den Hals eine goldene Kette. Die Hände sind vor dem vorgewölbten Bauch gefaltet[659].

Schriftband links:

Herr Georg Fugger, herren Jacoben fuggers eelicher / Son, durch welches Samen Got der Almechtig den / Eerliebenden fuggern Mansstam[m]en von der Lil- / gen, nicht allain erhalten, Sonder erhaltenn / vnnd gnedigclichenn gemeret hat.

Schriftband rechts:

Fraw Regina Jm Hof, burgerin zu Auspurg[660] */ herrn Georgen Fuggers eeliche Hausfraw.*

fol. 20v (S. 40): (Leere Textseite)

(Entwurf: fol. 17r, mit Text, für den diese und die folgenden Seiten vorgesehen waren)

Textseitenrahmung: in den Medaillons oben links ein gekrönter, bärtiger, oben rechts ein behelmter, bartloser Männerkopf, unten solche mit Lorbeerkränzen; in den floralen Ornamenten links ein Putto mit antikischer Rüstung in gold und blau, mit der Rechten einen an der Innenseite roten Rundschild stützend, mit der Linken einen Stab haltend, auf dem ein schwarzer Stechhelm mit der Helmzier des Lilienwappens angebracht ist; rechts ein Putto in einem kurzen Rock in rot und gold, einen innen blauen Schild auf den Rücken gebunden, auf einem über die Schulter liegenden Stab ein schwarzer Stechhelm mit dem Seelöwen der Imhof als Zier; unten in der Rahmung ein seine Jungen mit dem eigenen Fleisch fütternder Pelikan; oben eine Jagdszene in der üblichen Wald- und Wiesenlandschaft: Ein berittener Mann in rotem Reitrock und ebensolchem Hut, mit einem Spieß bewaffnet, jagt mit zwei Hunden einen Rothirsch in ein zwischen zwei Bäumen gespanntes Netz links im Bild.

fol. 21r (S. 41): (Leere Textseite)

Zur Szene in der Rahmung oben vgl. ROSCHER (Hg.), Mythologie 1.I, Sp. 664–668.

Textseitenrahmung: in den Medaillons oben bärtige Männerköpfe mit geschmückten Helmen, unten zwei gekrönte, bartlose Männerköpfe; in den seitlichen Rahmen Kandelaberbildungen und Blattwerk, dazu oben links eine Laute und eine Geige, rechts eine Geige und eine Harfe, in der Mitte auf beiden Seiten je zwei Hirsche, in der unteren Leiste ein in Blattwerk auslaufender, stilisierter Doppeladler; oben eine Szene aus den Metamorphosen des Ovid: Atalanta und Hippomenes; im Hintergrund eine Siedlung und ein Gebirge, links ein Meer mit einem schief im Wind liegenden Schiff; im Vordergrund zwischen Bäumen links ein bärtiger Mann mit Schwert an der Seite, grauer Kleidung und einem goldenen Umhang und eine Frau in einem blauen Kleid, die Eltern der Atalanta. Rechts läuft ein Mann mit einem roten Wams und blauen Hosen in die Bildmitte, eine Frau in grauem Kleid folgt ihm: Hippomenes, der Atalanta in einem Wettrennen um ihre Hand besiegt. Nicht zu sehen sind die für den Verlauf der Handlung bei Ovid ausschlaggebenden goldenen Äpfel. Auffällig ist auch das tänzerisch abgespreizte linke Bein des Vaters. Die Miniatur ist auch stilistisch erkennbar ungelenk.

---

[659] In Blei Textseitenrahmung skizziert.

[660] Sic!

fol. 21v (S. 42): (Leere Textseite)

Zur Miniatur in der Rahmung oben vgl. LCI 4, Sp. 172–174; VETTER, Der verlorene Sohn, Taf. 19: Die vorliegende Miniatur ist sehr getreu gearbeitet nach Vorlage eines Kupferstichs von Hans Sebald Beham aus dem Jahr 1540; vgl. fol. 39v, 53v.

Textseitenrahmung: in den Medaillons oben links ein Männerkopf mit einer turbanähnlichen Bedeckung, rechts ein bärtiger mit einer Zipfelmütze, unten links eine Frau oder ein Jüngling mit langem Haar und einer einfachen runden Mütze, rechts ein bartloser Mann mit herausgestreckter Zunge und einem runden, hochgestellten Hut. Die Seiten der Rahmung sind in diesem Fall schablonenhaft ähnlich: Oben jeweils der Pelikan – links mit offener Brust –, darunter jeweils ein das Schwert ziehender Putto und im unteren Register je zwei um einen Kandelaber tanzende Putten; in der unteren Leiste Faunsgestalten und eine Sirene; oben in der Rahmung ein neutestamentarisches Motiv: Der Abschied des verlorenen Sohnes. Vor einer befestigten Stadt an einem Grenzstein ein bärtiger Mann mit braunem Rock, blauen Hosen und einer braunen Kappe, dessen rechte Hand die Rechte eines vor ihm stehenden Mannes in braunroter Kleidung, die Linke am Schwertknauf, greift; hinter der linken Gestalt, dem Vater, ein weiterer Mann in rotem Wams und Hosen und einem blauen Rock, der zweite Sohn. Im Mittelgrund sind auf einem zu einer Siedlung rechts im Hintergrund führenden Weg zwei Männer auf dem Marsch zu sehen.

fol. 22r (S. 43): (Leere Textseite)

Zum Motiv in den seitlichen Bordüren vgl. fol. 17v, 81v.

Textseitenrahmung: in den Medaillons links oben ein Frauenkopf mit Krone und weißem Schleier, rechts ein Jüngling mit einem goldenen Helm, unten zwei lorbeerbekränzte Männerköpfe; in den blattwerkartigen Grotesken an den Seiten auf mittlerer Höhe links eine betont jugendliche Drachentöterfigur, darunter zwei aneinander gefesselte Satyrn, rechts ebenfalls ein Drachentöter, jedoch mit langem Bart, einer Keule und einem Fell als Kleidung, unten eine weibliche und eine männliche Satyrnsgestalt; in der unteren Leiste zwei Putten auf geflügelten Pferderümpfen, die in beblätterte Drachenschwänze auslaufen; in der Rahmung oben eine Jagdszene: Treibjagd auf Hasen. Im Vordergrund fliehen Hasen vor einem berittenen Mann in rotem Rock und einem Hund in einen Wald hinein. Dort links und im Bildzentrum zwei Treiber, der eine mit einem angeleinten Hund, der andere mit einem Spieß; im Hintergrund Berge und eine Burg.

fol. 22v (S. 44): Conrad Meuting und Barbara Fugger

Vater: fol. 14v
(Entwurf: fol. 15v) NEBINGER/RIEBER, Genealogie, Taf. 2a: Conrad Meuting d. J., * 1448, † 1534; Barbara, * 1455, † 1533. REINHARD (Hg.), Eliten, Nr. 814; SCHWENNICKE (Hg.), Stammtafeln, Taf. 34: Conrad Meuting als Agent der Fugger in Tirol tätig; Augsburger Stadtlexikon (1998), S. 633 f.: Konrad d. J. Meuting ab 1496 Faktor der Fugger von der Lilie in Hohenkirchen, Antwerpen und Innsbruck; sein Bruder Lukas († 1535) ebenfalls Faktor der Fugger von der Lilie; zur Verbindung mit den Fugger vom Reh und den Grander vgl. unten, fol. 170r.

Allianzbildnis: die Wappen durch eine sich verschränkende Kordel verbunden; im linken, rot verzierten Schild schwarz in gold ein oberhalber nach links steigender Bär mit goldener Halskette, daran ein silberner Ring; darüber im Halbprofil von rechts ein bartloser Mann mit schulterlangen, braunen Haaren. Er trägt ein breitkrempiges Barett, über einem weißen Hemd ein vor der Brust schwarz geschnürtes, violettes Wams mit schwarz abgesetztem Rand und eine schwarze Schaube mit weiten Ärmelschlitzen und nach hinten breit umgeschlagenem Kragen. Um den Hals liegt eine dünne Goldkette; an Ring- und Zeigefinger der rechten Hand zwei goldene Ringe. Diese ruht bei angewinkeltem Arm auf dem Schildrand. Die Linke zeigt, ein Paar grauer und gelber Handschuhe haltend, mit Zeige- und Mittelfinger nach vorn links in Richtung der Frau. Auch der Blick geht zu dieser hin.

Im rechten Schild mit rotem Blattwerk das Lilienwappen der Fugger, darüber annähernd im Profil von links eine Frau, die Hände vor dem vorgewölbten Bauch ineinander gelegt. Sie trägt ein weitärmeliges schwarzes Kleid, darüber einen vor der Brust geschlossenen, schwarzen, violett gefütterten Mantel und eine weiße Haube mit Wulst am Hinterkopf und Kinnband, dessen um den Hals gewickeltes Ende über die rechte Schulter fällt. Vor der Brust liegt eine lange Goldkette. Der Blick der Frau trifft den des Mannes.

Schriftband links:

Herr Conrat Meiting, burger zu Augspurg, wel- / licher Herren Jacoben fuggers eeliche tochter zu / der Ee gehabt, vnd kinder eelich[e]n mit Jr erzeuget hat.

Schriftband rechts:

Fraw Barbara Fuggerin Herren Jacobenn / fuggers Eeliche tochter, vnnd Herrenn / Cunraden Meitings eeliche hausfraw.

fol. 23r (S. 45): Wilhelm Rem und Walburga Fugger

Vater: fol. 14v
(Entwurf: fol. 18r) NEBINGER/RIEBER, Genealogie, Taf. 2a: Wilhelm Rem, * 1462, † 1529; Walburga, * 1457, † 1500; SCHWENNICKE (Hg.), Stammtafeln, Taf. 34: Heirat 1485; Schwennicke verwechselt diese mit Walburga Fugger vom Reh; vgl. unten fol. 173r. Vgl. (Die) Chroniken. Augsburg 5, S. III–284; Augsburger Stadtlexikon (1998), S. 742 f.; REINHARD (Hg.), Eliten, Nr. 1054: Wilhelm Rem war 1493 Faktor der Fugger von der Lilie in Mailand. JANSEN, Anfänge, S. 60 f.; KRAMER-SCHLETTE, Vier Augsburger Chronisten, S. 12, 68–76; vgl. unten fol. 172r: Ursula Rem, eine Schwester des Wilhelm, heiratet Jakob Fugger vom Reh.

Allianzbildnis: Eine sich verknotende, grüne Kordel verbindet die beiden Wappen. Im Wappen auf der Seite links – mit violettem Blattwerk – schwarz in gold mit silbernen Hörnern und ebensolcher Zunge ein nach links drohender Stier; darüber im Halbprofil von rechts ein bartloser Mann mit schulterlangem, braunem, krausem Haar. Er trägt ein Barett, ein weißes Hemd, darüber ein kragenloses, vor dem Bauch geknöpftes, schwarzes Wams mit grünen Ärmeln sowie eine schwarze Schaube mit schmalem Kragen und längeren, weiten Hängeärmeln. Um den Hals liegt eine goldene Kette; an Daumen und Zeigefinger der rechten Hand Goldringe. Der Kopf ist etwas dem Betrachter zugewandt, der Blick geht aus den Augenwinkeln deutlich zu diesem. Die Arme sind am Körper angewinkelt. Die Linke ruht auf dem goldenen Knauf des Schwertes, die Rechte weist in

Bauchhöhe mit dem Zeigefinger auf die vor dem Bauch liegende rechte Hand der Frau.

Im rechten Schild mit rotem Blattwerk das Lilienwappen; darüber im Halbprofil von links eine junge Frau mit einer weißen Haube, bei der ein gefaltetes Tuch mit goldenen Schließen auf dem Kopf festgesteckt ist, einem hochgeschlossenen Hemd mit schwarz besticktem Stehkragen, einem weitärmeligen, weinroten Kleid mit schwarzen Borten und Umschlägen an den Trichterärmeln, darüber einer weiten, schwarzen Schaube mit violettem Kragen und Futter. Um die Hüfte liegt ein goldbestickter Gürtel, vor der Brust eine grobgliedrige Kette mit Anhänger. Am linken Zeigefinger sind zwei, am rechten ein Goldring erkennbar. Die Arme sind leicht angewinkelt, der Oberkörper zurückgelegt, so daß der Bauch auffällig betont wird. Die rechte Hand hält sie seitlich am Bauch, die linke liegt halb hinter dem Schild auf dem Bauch. Der Blick geht leicht gesenkt zum Mann[661].

Schriftband links:

Herr Wilhalm Rem, Burger zu Augspurg, wellicher / herren Jacoben fuggers eeliche tochter, zu der Ee gehabt, vnd mit der Anno .1484. zu Augspurg hoch- / tzeit gehalten, auch zehen kinder miteinander / Eelichen ertzeuget haben. Stirbt Anno .1529.

Schriftband rechts[662]:

Fraw Walpurga fuggerin, Herrn Jacoben / fuggers Eeliche tochter, vnd Herren Wil- / halm Remen Eeliche hausfraw. Jst / geborenn Anno.1457. stirbt A[nno] 1500.

fol. 23v (S. 46): Jakob Fugger ›der Reiche‹ und Sibylla Artzt

Vater: fol. 14v
(Entwurf: fol. 18v) Das Porträt des Mannes folgt weitgehend dem bekannten Holzschnitt Hans Burgkmairs, um 1511; vgl. etwa LIEB, Fugger und Kunst I, S. 268 mit Abb. 278; NEBINGER/RIEBER, Genealogie, Taf. 2: Jakob, * 1459, † 1525, bis 1478 Canonicus des Stifts Herrieden (resign.), heiratet 1498 Sibylla Arzt: * ca. 1480, † 1546; sie heiratet 1526 in 2. Ehe Conrad Rehlinger d. Ä.; vgl. REINHARD (Hg.), Eliten, Nr. 245; SCHAD, Frauen des Hauses Fugger, S. 161–163; JANSEN, Jakob Fugger; PÖLNITZ, Jakob Fugger; zur Familie der Frau vgl. Augsburger Stadtlexikon (1998), S. 245 f.

Allianzbildnis: die Wappen verbunden durch sich verknotende, rote Kordeln; auf der Seite links das umgekehrte Lilienwappen der Fugger mit rotem Blattwerk, darüber annähernd im Profil von rechts der Mann, ohne Bart, die kurzen Haare unter einer goldbraunen Haarhaube; unter einer weiten, schwarzen Schaube mit breitem Kragen ein schwarzes, vor der Brust golden geknöpftes Wams mit weiten Ärmeln, dazu um den Hals zwei lange Ketten. Die rechte Hand, an deren Daumen, Zeige- und Ringfinger Ringe stecken, hält er bei am Körper angewinkeltem Arm vor der Brust. Die leicht nach oben geöffnete Linke, an deren Ringfinger ein Ring zu erkennen ist, ist nach vorn, in Richtung der Frau ausgestreckt. Der Blick geht zur Frau.

[661] In Blei Textseitenrahmung angelegt; über den Schriftbändern Rasur einer höheren Anlage.
[662] Rasur eines Bleistifteintrags.

Das mit blauem Blattwerk umrandete Wappen der Frau gespalten von schwarz und rot, am Spalt rechts ein flugbereiter, roter Falke mit goldenen Krallen und Fang; darüber im Halbprofil von links eine junge Frau. Sie trägt eine einfache, weiße Stirnhaube mit Wulst am Hinterkopf, ohne Kinnband, ein weit ausgeschnittenes, am Ausschnitt und den Bündchen mit einer goldenen Borte abgesetztes Hemd. Ein schwarzes, am Bauch geschnürtes Kleid mit breit umgeschlagenen Trichterärmeln öffnet den Blick auf ein mit gold besticktes, halbrundes Bruststück. Darüber eine schwarze Schaube mit breit über die Schultern umgeschlagenem Kragen und grünem Futter; ein goldener Gürtel erkennbar; über der Brust eine lange Kette; an kleinem und Ringfinger der rechten Hand und am Ringfinger der linken Goldringe. Der etwas vorwitzige Blick geht aus den Augenwinkeln zum Betrachter hin. Die Arme sind angewinkelt, die Hände liegen vor dem vorgewölbten Bauch ineinander, einen Umschlag haltend.

Schriftband links:

Herr Jacob fugger, herren Jacoben fug- / gers Eelicher vnnd letster Sone, wel- / licher kain kind Eelichen ertzeuget hat.

Schriftband rechts:

Fraw Sibilla Artztin Herren Jacoben / fuggers Eelicher gemahl, stirbt Anno / .1546.

fol. 24r (S. 47): (Leere Textseite[663])

(Entwurf: fol. 19r–19v, mit dem für diese und die folgenden Seiten vorgesehenen Text) Zur Miniatur in der Rahmung oben vgl. mit Abb.: DORMEIER, Monatsbilder, S. 118–120. Zu dem

[663] Auf dieser und den drei folgenden ursprünglich leer gebliebenen Seiten von Hand G in roter Tinte ein längerer Text (Darin durch Punktierung hervorgehobene Stellen unterstrichen; humanistische Kursive mit Wellenlinie unterstrichen); die Passage *(Frantz I. […])* dürfte interpoliert sein:
[fol. 24r] *das Original Portrait dieses Merkwürdigen Man- / nes nebst im Rücken Auf das Holtz gefaßter Aufschrift / A[nno] 1517 A E + 45 Jacob / Fugger Augustanus Paul Veronens / fecit. besizze ich unter mehr alten Original Familien / Abbildungen. //*
Merkwürdiger Brief von Herrn Jacoben an / Karl den Vten //
Allerdurchlauchtigster Grosmächtigster / Romischer Kaiser, Allergnädigster Herr //
Euer kaiserlichen Mayestät tragen unge- / zweifelt guet wissen, wie Jch und meine Vetter / bishero dem haus Ostreich ergeben und zue des / selben Wolfart, und aufnehmen in aller unterthä- / nigkait zu dienen geneigt sein: dadurch wir und / auch mit Weylundt Kayser Maximilian hoch / löblichester Gedächtniß Euur Kaiserlichen May / yestät Anherr eingelassen, und seiner Maye- / stät zu unterthänigem Gefallen zu Förderung / und Erlangung Für Euur Kayserlichen Ma- / yestät, die Römische Kron uns gegen etliche / Fürsten die Ihr trauen, und Glauben auf / [fol. 24v] *Mich und vielleicht sonst auf niemandt sezzen wollten, / verschrieben, auch nachmahls auf Euerer kaiserlichen / Mayestät verordneten Kommißarien Handlung / Zu Vollziehung obgemeldter furgenommen Sachen / eine trefentliche Summa Geldes darge- / strekt, die ich nicht allain bei mir und meinen Vet- / tern, sondern auch bei andern meinen gueten / Herren und Freunden mit großen Schaden / aufgebracht, damit solch löblich fürnemen / Euur Kayserlichen Mayestät zu hocher Ehren und Wolfart Fürgang gewinne. //*

von Hand G hier eingetragenen Brief Jakob Fuggers an Karl V. von 1523 vgl. PÖLNITZ, Jakob Fugger 1, S. 518 f.; 2, S. 506 f.; BURKHARDT, Handelsgeist, S. 23; JANSEN, Jakob Fugger, S. 242–244; vollständig zitiert ebenda, S. 250 f.; Edition: GREIFF (Hg.), Kayser Carolus, S. 49–51.

Textseitenrahmung: in den Medaillons oben links eine Frau mit einer rot-gelben Haube und einem Harnisch (Jeanne d'Arc?); oben rechts ein Männerkopf mit Helm, unten zwei Männerköpfe mit Lorbeerkränzen, rechts mit Bart; in den seitlichen Rahmen Kandelaber und Blattwerk, dazu in der Mitte links ein Putto in antiker Rüstung in grün, rot und gold, einen Schild mit dem Lilienwappen mit der Linken, mit der Rechten auf einer Stange einen Stechhelm mit der zugehörigen Helmzier haltend; rechts ein ebenso kostümierter Putto, im Schild das eben beschriebene Wappen der Artzt, am Stechhelm ein roter Falkenrumpf; in der unteren Leiste in floralen Ornamenten eine Schlittenfahrt: Ein nacktes, gekröntes Kind sitzt im Schlitten, der von zwei bekleideten Kindern gezogen, von einem geschoben wird. Ein viertes Kind läuft mit einer Peitsche nebenher; oben ein Monatsbild: Januar (Wassermann). Links oberhalb des linken oberen Medaillons das Sternzeichen in Gestalt eines Mannes mit einem Wasserkrug, aus dem Wasser auf die Hände eines sich darunter im Bild an einem Feuer wärmenden Mannes läuft.

Es ist auch wissentlich, und ligt am Tag das / Eurer kayserlichen Mayestät die Römisch / Cron außer mein nicht hätten erlangen / mögen; Wie ich dann solches <u>alles</u> mit aller / Euurer Kayserlichen Mayestät Handprif / tun anZaigen kann: so hab ich auch hierinn main / aigen Nutz nit angesehen, dann wa ich von / dem Haus Oestraich absteen, und Frankreich / [fol. 25r] *fürdern hätte wollen, wolt ich groß Guet und Gellt / wie mir dann angebotten worden (Frantz I. hat mit denen vorteilhaftesten Anträgen GeschäftsLeute an / Jacob Fugger abgeordnet) erlangt haben. Was / Euuer Kaiserlichen Mayestät und dem Hauß / Oestreich Nachtheil daraus entstanden wäre, / das haben Eurer Kaiserlichen Mayestät aus / hohem Verstand wol zu erwegen. //*
Dieweil wir dann Eurer kayserlichen Maye- / stät über die <u>Summa</u> Gellts so Eurer Kayserliche / Mayestät mit mir auf gehaltenem Reichstag / zu Wormbs berechnet, und mich auf die Graff- / schafft Tigrol verwiesen, dero ich noch nit zu / Ende vergnügt bin, schuldig blieben, wie dann / solches mit Herrn Värgaß Trasorier berech- / net ist, bis zu Ausgang des Monaths <u>Augusti</u> / des 15ten und 21ten Jars in Zwayen Contracten / benanntlich bey <u>152.</u> V. ducaten Zu sampt denn / Intereßen so sich von der selben Zeit darauf / zu rechnen gebürt, dann ich warlich von / [fol. 25v] *solchen aufgebrachtem Gellt selbst Jntereßen / Zalen mueß, umb welche <u>Summa</u> Sich auch die / drey Treßoriers, und in sonderheit Herr Vergas / nach bester Formb verschrieben haben; von denen ich bißhero nichts bekommen hab mögen, / dann Sy Zaigen an wie Jnen das Einkommen, / aus Jren Handen genommen sey, deßhalben Sy / bisher nichts wißen Zu Zalen; dem allem nach / so ist an Eurer Kayserlichen Mayestät mein / unterthänigst anruefen, und bitten, Sie welle / sollich meine getreue unterthänige dienst, die / Eurer Kayserlichen Mayestät zu hocher Wolfahrt / erschaffen seye, gnediclich bedenken, und mit / Herrn Vergaß oder in ander weg verschaffen und ver- / ordnen, das mir sollich mein anliegend Sum[m]a Gelts / sambt dem Jntereße ohne langern VerZug ent- / richt und bezalt werde, darumb Eurer Kaiserlichen / Mayestät zu verdienen will ich in aller Unterthänig- / keit alle Zeit erfunden werden und thue mich hir- / mit E[urer] K[aiserlichen] M[aiestet] unterthenig beuelchen //*
A[nno] 1523. / E[eurer] K[aiserlichen] M[aiestet] / underthenigister / Jacob Fugger.

Im Bildzentrum sitzt in einem Haus ein vornehm gekleidetes Paar bei Tisch, eine Magd trägt auf. Im Hintergrund rechts wärmt sich ein weiterer Mann an einem Kachelofen.

fol. 24v (S. 48): (Leere Textseite)

Zur Miniatur in der Rahmung oben vgl. DORMEIER, Monatsbilder, S. 118 f.

Textseitenrahmung: in den Medaillons oben bärtige Männerköpfe mit bunten Helmen, unten bartlose mit Lorbeerkränzen; in den seitlichen Randleisten antikisch stilisierte Harnischteile und Visierhelme, darunter jeweils zwei un- bzw. knapp bekleidet tanzende Kinder, oben je ein Kakadu; in der unteren Leiste zwei Kinder, eines nackt, eines mit Wams und kurzer Hose bekleidet, im Spiel mit einem Pfau; oben in der Rahmung ein Monatsbild: April (Stier). Links oben in einer Wolke wiederum das Sternzeichen, darunter liegt ein Hund auf einem umzäunten Gehöft, das das Bildzentrum einnimmt; halblinks Krüge; im Zentrum eine kniende Frau, die an einem Wassertrog eine Kuh melkt; halbrechts eine ältere Frau mit Kopfhaube bei der Arbeit mit dem Butterfaß; rechts noch weitere Arbeitsgeräte. Im Hintergrund im Bildzentrum steht im Tor der Umzäunung ein Mann.

fol. 25r (S. 49): (Leere Textseite)

Textseitenrahmung: im linken oberen Medaillon ein bärtiger Männerkopf mit einem silbernen Helm und den Schultern eines Harnischs, rechts oben ein Mann mit Schnurrbart und Turban, unten links ein Mann mit langen, dunklen Haaren, darin ein gelb-rot geflochtenes Stirnband, unten rechts ein älterer, bärtiger Mann mit einer grau-gelben Kappe. Letzterer ist im Gegensatz zu den sonst im Profil gegebenen Köpfen der Medaillons dem Betrachter im Einviertelprofil zugewandt. In den seitlichen Rahmenleisten Blattwerk, welches oben in Straußenfedern ausläuft, Masken und Kandelaber, darin auf halber Höhe jeweils ein mit einem Drachen kämpfendes, nacktes Kind, in der unteren Leiste zwei Putten an einem Brunnen; oben in einer Wiesenlandschaft mit einem Gebirge im Hintergrund unter Bäumen drei tanzende Putten, die beiden äußeren jeweils mit einem Stock in den Händen.

fol. 25v (S. 50): (Leere Textseite)

Textseitenrahmung: in den Medaillons oben Männerköpfe mit Helm und Harnisch, unten links eine Jungfrau mit einem grünen, Diadem-besetzten Stirnband im langen, blonden Haar, rechts ein schnurrbärtiger Mann mit einem Diadem-geschmückten Stirnband im schulterlangen, grauen Haar; in den seitlichen Grotesken mit Blattwerk und Masken im mittleren Register jeweils zwei nackte Kinder im Spiel mit einem Strauß, in der unteren Leiste zwei Putten mit Fackeln; in der oberen Rahmung eine Kinderspielszene: Drei unbekleidete Kinder, eines mit einem auf den Rücken geschobenen roten Hut, führen mit Ruten in den Händen ein Dromedar durch eine Wald- und Wiesenlandschaft; im Hintergrund eine Gebirgskette.

fol. 26r (S. 51): (Leere Textseite[664])

Textseitenrahmung: in den Medaillons oben links ein bärtiger Männerkopf mit federgeschmücktem Hut, rechts ein älterer,

---
[664] Diese und die folgenden Seiten leer; ohne Nachträge.

bärtiger Mann mit einer roten Mütze mit breiter, blauer Krempe, unten zwei gekrönte Männerköpfe; in den seitlichen Rahmenleisten Grotesken jeweils mit stilisierten Harnischteilen und Waffen oben, darunter jeweils ein Putto auf einem kräftigen Roß, dazu Vögel; unten in den Seiten je zwei Roßstirnschilde mit antikisierendem Schildschmuck; im unteren Rahmen zwischen Blattwerkornamenten mit Masken eine Kinderspielszene unter Bäumen: im Bildzentrum zwei unbekleidete Kinder ringend, links und rechts davon, ihre Spieße über den beiden anderen kreuzend, ein weiteres nacktes und ein mit einer roten Tunika bekleidetes Kind. Oben führt ein nacktes Kind einen Elefanten, auf dessen Rücken ein Haus steht, von rechts nach links durch eine Wald- und Wiesenlandschaft, hinter dem Tier folgen zwei weitere, mit Leibchen bekleidete Kinder mit Fanfaren. Alle drei Kinder tragen Weidenruten mit sich.

fol. 26v (S. 52): (Leere Textseite)

Textseitenrahmung: im linken oberen Medaillon ein bärtiger Mann mit goldenem und silbernem Helm, rechts ein bärtiger Mann mit einer grauen Kappe, unten links ein gekröntes Männerhaupt, rechts ein langhaariger Jüngling mit Stirnband und Diadem; in den Groteskenornamenten mit Rollwerk, Kandelabern und Blattwerk an den Seiten in der Mitte links ein hockender Putto mit einem Hündchen, rechts einer mit einer Schöpfkelle und einem Löffel, aus dem er ißt; darunter jeweils zwei Kraniche und Faunsrümpfe, oben beidseitig stilisierte Festungen; in der oberen Leiste vier unbekleidete Kinder, offensichtlich bei einer Balgerei: Eines krabbelt gerade nach links, ein anderes liegt auf dem Rücken und schlägt mit einem langen Löffel nach einem dritten, welches über ihm zwischen seinen Beinen steht. Ein viertes Kind sitzt eine Pfanne und eine Schöpfkelle haltend rechts daneben. Die Szene spielt wiederum unter drei Bäumen vor einem Gebirgshintergrund. Unten eine weitere nicht-ornamentale Miniatur: vier Kinder in einer Wiesenlandschaft beim Schlagballspiel; vor einem Gehöft im Hintergrund steht links eines mit einem gepolsterten Wams und einer auf den Boden gestützten Keule, davor setzt eines – bis auf eine Umhängetasche nackt – mit Keule und Ball zum Schlag an. Rechts macht sich ein drittes Kind, bekleidet mit grauen Kniebundhosen, einem blauen Wams und rotem Hut mit Federschmuck sowie zwei Fäustlingen als Fanghilfe zum Fangen des Balls bereit. Dahinter wirft ein nacktes Kind einen Ball nach links.

fol. 27r (S. 53): (Leere Textseite)

Zur Miniatur in der Rahmung oben vgl. DORMEIER, Monatsbilder, S. 119 mit Abb.; Dormeier verwechselt hier die Sternzeichen bzw. Monate: Die Pfähle setzenden Männer haben das Sternzeichen ›Widder‹, die ›Fische‹ stehen bei der von ihm dem Monat März zugeordneten Szene, fol. 27v.

Textseitenrahmung: in den Medaillons oben links ein bartloser, gekrönter, rechts ein vollbärtiger, langhaariger und gekrönter, unten zwei lorbeerbekränzte Männerköpfe; in der ornamentalen Rahmung unten zwischen geflügelten Frauenrümpfen zwei mit Spießen kämpfende Kinder, seitlich je zwei Hermaphroditenrümpfe, darüber je ein phantastisch bunt gefiederter Reiher, darüber noch Kandelaber- und Blattwerkornamente mit Masken, darin links zwei gekreuzte Schwerter, rechts Pfeil und Bogen; oben ein Monatsbild: März (Widder). Zwei bäuerlich gekleidete Männer setzen im Bildzentrum an einem Waldrand in der linken Bildhälfte Pfähle, vielleicht für Rebstöcke, ein dritter trägt von rechts auf einem Weg, der von einem Gehöft im Hintergrund herführt, weitere Pfähle heran.

fol. 27v (S. 54): (Leere Textseite)

Zur Miniatur in der Rahmung oben vgl. DORMEIER, Monatsbilder, S. 119 mit Abb.; vgl. fol. 27r.

Textseitenrahmung: im linken oberen Medaillon ein bärtiger Männerkopf mit braunem, dichtem Haar, im rechten der Kopf einer blonden Frau, unten bärtige Männer mit Lorbeerkränzen; in den Seitenrahmen links in der Mitte das Lilienwappen der Fugger, rechts das Wappen der Artzt, darüber je zwei Kakadus und Kandelaber- und Blattwerkornamente, in der unteren Leiste Blattwerk und Drachenschwänze mit zwei mit Schwertern kämpfenden Putten; oben das Monatsbild Februar (Fische): vor einer ummauerten Siedlung im Hintergrund am rechten Bildrand ein Gehöft, im Vordergrund ein Acker, auf dem ein Mann aus einem Sälaken Saat ausstreut. Links im Mittelgrund beschneidet ein weiterer Mann mit einem Beil Weidenbäume.

fol. 28r (S. 55): Ursula Fugger

Vater: fol. 14v
(Entwurf: fol. 20r) NEBINGER/RIEBER, Genealogie, Taf. 2:
* 1461, † 1462.

Im Zentrum der Seite ein einzelnes Wappen mit Porträt; das Wappen ist das Lilienwappen der Fugger mit rotem Blattwerk und seitlich lose herabhängenden Kordeln, darüber frontal das Porträt einer jungen Frau. Sie trägt ein weißes Hemd mit Goldstickereien am Stehkragen und weiten, an den Bündchen gebauschten Ärmeln, ein weit rechteckig ausgeschnittenes, rotes, am Ausschnitt und den Trichterärmeln schwarz abgesetztes Kleid mit goldenen Schließen vor dem Bauch; dazu eine lange Kette. Das Haar ist auf dem Kopf in Zöpfen festgesteckt und mit einem Haarnetz bedeckt, darauf ein Lorbeerkranz. Bei etwas nach rechts gewandtem Kopf geht der Blick aus den Augenwinkeln nach links. Die Hände halten bei leicht ausgestellten Armen vor dem Bauch ein weißes Tuch. Am Ringfinger der Linken sind drei, am kleinen und Zeigefinger der Linken und am Zeigefinger der Rechten je ein Ring erkennbar; über der Figur ein Schriftband mit weit auslaufenden Enden[665]:

Junckfraw Vrsula fuggerin, Herren Jacoben Fug- / gers letsts kind, Jst in der Jugent ledig gestorbenn.

Unter dem Wappen, z.T. von diesem verdeckt, ein Schriftrahmen:

End der drittenn Linien.

fol. 28v (S. 56): Hans Fugger

Vater: fol. 16r
(Entwurf: fol. 20v) NEBINGER/RIEBER, Genealogie, Taf. 3:
* 1483, † vor 1515; REINHARD (Hg.), Eliten, Nr. 252, erwähnt ihn nicht.

Schriftrahmen oben:

Anfang der vierten Linien, Jnn welcher / Herren Vlrichen vnnd Georgenn der / Fugger kinder, Verleibet stehenn.

---

[665] In Blei Textseitenrahmung.

Einzelporträt: über dem Lilienwappen mit rotem Blattwerk und seitlich lose herabhängenden Kordeln frontal ein jugendlicher Mann mit ohrenlangem, braunem Haar, darin ein Lorbeerkranz. Er trägt unter einer weiten, braunen Schaube mit schwarz abgesetzten Borten ein rotes Wams mit weit gepufften und geschlitzten Ärmeln und ebensolchem Kragen. Am linken Zeigefinger ist ein Siegelring erkennbar, vor der Brust liegen eine kürzere und eine längere Kette, letztere mit einem Anhänger. Der Blick geht aus den Augenwinkeln nach links. Die linke Hand ruht leicht oberhalb des Schildrands, die rechte greift vor der Brust an das Revers der Schaube.

Text im Schriftband:

Hans fugger, Herren Vlrichen fuggers Erstge- / borner Son, Jst zu Vlm jung gestorbenn.

fol. 29r (S. 57): Georg Thurzo und Anna Fugger

Vater: fol. 16r
(Entwurf: fol. 21r) NEBINGER/RIEBER, Genealogie, Taf. 3: Georg Thurzo von Bethlemfalva, * 1467 Krakau, † 1521 Augsburg; Kaufmann und Ratsherr in Krakau, ab 1489 Bürgerrecht in Nürnberg, 1497–1517 Montanunternehmer in Neusohl (Slowakei), wohnhaft in Augsburg seit 1517/19; Anna, * 1481, † 1535.

Allianzbildnis: die Wappen durch eine Kordel verbunden. Das linke Wappen – mit blauem Blattwerk – ist geteilt: oben gold in rot ein nach links wachsender, gekrönter Löwe, unten in gold drei rote Rosen (2.1). Der Mann, im Halbprofil von rechts, hat eine auffallend dunkle Gesichtsfarbe. Er trägte ein reich bestickte, goldene Haarhaube, über einem weißen Hemd ein rotes Wams mit breitem Stehkragen und goldenen Schließen vor der Brust, eine schwarze Schaube mit braunem Pelzbesatz, an der an den Ärmeln und am Revers goldene Knopfreihen angesetzt sind. Am Daumen der rechten Hand ist ein juwelenbesetzter, am Mittelfinger ein schlichterer Ring zu sehen, um den Hals zwei goldene Ketten. Die Hände halten bei angewinkelten Armen vor dem Bauch ein schwarzes Zepter mit einer schwarzgoldenen Kugel an der Spitze. Der Blick geht nach vorn, zur Frau hin.

Rechts das Lilienwappen mit rotem Blattwerk, darüber im Halbprofil von links eine Frau mit hinten voluminös ausgestopfter Stirnhaube, einem am Hals leicht gekrausten, weißen Hemd, darüber einem an der Brust schwarz abgesetzten, roten Mieder unter einem Kleid mit dunkelvioletten, schwarz umgeschlagenen Trichterärmeln, dazu einer schwarzen Schaube mit im Rücken breitem Pelzkragen. Sie trägt eine kürzere und eine lange goldene Kette sowie am rechten Ringfinger einen Goldring. Die Hände hält sie vor dem Bauch ineinanderliegend. Der Blick geht nach rechts am Mann vorbei aus dem Bild heraus[666].

Schriftband links:

Der Edel vnd Vest Herr Georg Turtzo von Betlahe- / msdorf, königclicher wirdin zu Hungern Camergraf / auf der Cremnitz, in dem Konigreich Hungern, welcher / hernach zu Augspurg gewonet, vnd mit Herren Vl- / richen fuggers eeliche tochter, Anno .1497. hochtzeit / gehabt, mit welcher Er funf kinder Eelichenn er- / tzeuget hat. Stirbt Anno .1521.

Schriftband rechts:

Fraw Anna fuggerin, Herren Vlrichen / fuggers Eeliche Tochter, vnd des Edlen / vnd Vesten Herren Georgen Turtzo / Eelicher gemahel, stirbt A[nno] 1535.

fol. 29v (S. 58): Philipp vom Stain zu Jettingen und Ursula Fugger

Vater: fol. 16r
(Entwurf: fol. 21v) NEBINGER/RIEBER, Genealogie, Taf. 3: Philipp vom Stain, Herr zu Jettingen etc., 1499–1509 Stadtsöldner von Augsburg, 1507–1509 Pfleger der Herrschaft Kirchberg, † 1509; Ursula, * 1485, † 1539; SCHWENNICKE (Hg.), Stammtafeln, Taf. 34: Philipp vom Stain, 1507–1509 Pfandherr von Kirchberg; BÖHM, Reichsstadt, S. 158: Philipp vom Stain 1501 als am höchsten Besoldeter (150 fl.) unter den Botengängern des Rates; noch KNESCHKE (Hg.), Adelslexikon 8, S. 593–595, erwähnt die betont ritterlich-militärische Orientierung des weit verzweigten Hauses vom Stain. Vgl. fol. 127r.

Allianzbildnis: Die Porträts stehen auf dieser Seite fast in Dreiviertelfigur; die Wappen durch eine Kordel verbunden; im linken Schild mit blauem Blattwerk schwarz in gold drei Wolfsangeln pfahlweise. Darüber im Halbprofil von rechts ein Mann im Vollharnisch mit straußenfedergeschmücktem Visierhelm. Am Gürtel hängt ein Dolch. Der Harnisch ist im Schoß mit ausgeprägter Schamkapsel gearbeitet. Der Ritter trägt einen langen Schnurr- und Backenbart. Um den Hals liegen zwei goldene Gliederketten. Sein Blick geht nach vorn, zur Frau hin. Die Hände sind nicht gerüstet. Die Rechte hält bei angewinkeltem Arm eine wohl hinter dem Schild aufgestützte Streitaxt, die Linke greift den Schwertgriff in der Hüfte.

Rechts über dem Lilienwappen mit rotem Blattwerk im Halbprofil von links, den Kopf ins Vollprofil gewandt, eine jüngere Frau mit einer Haube mit Kinnband und Wulst am Hinterkopf, einem am Hals leicht gekrausten, weißen Hemd, dazu einem weit ausgeschnittenen, blau-rosa changierenden, wohl seidenen Kleid mit schwarzer Brustpartie und grünen Manschetten an den Ärmeln, darüber einer schwarzen Schaube mit breit umgeschlagenem, braunem Kragen. Auf der Brust liegt eine schwere, lange Gliederkette; am Zeige- und Ringfinger der linken Hand je ein goldener Ring. Die Hände halten bei angewinkelten Armen vor dem vorgewölbten Bauch ein aufgeschlagenes Buch. Der Blick trifft direkt den des Mannes.

Schriftband links:

Der Edel vnd Gestreng Herr Philip vom Stain zu / Jetingen, Ritter, wellicher mit Herren Vlrichen fug- / gers Eeliche[667] Tochter Anno .1503. hochtzeit gehalten, / vnnd Sechs kinder mit Jr Eelichenn ertzeuget / hat. Stirbt zu Vlm Anno .1509.

Schriftband rechts:

Fraw Vrsula fuggerin, herren Vlri / chen fuggers Eeliche Tochter, vnd her / ren Philippen vom Stain Ritters [etc.] / Eelicher gemahel. Stirbt A[nno] 1539.

---

[666] In Blei Textseitenrahmung.

[667] Sic!

fol. 30r (S. 59): Walter Ehinger und Veronika Fugger

Vater: fol. 16r
(Entwurf: fol. 22r) NEBINGER/RIEBER, Genealogie, Taf. 3: Walter Ehinger, † 1519, Patrizier in Ulm; Veronika, * 1488, † 1521 in Ulm; ebenda und bei SCHWENNICKE (Hg.), Stammtafeln, Taf. 34, ist vor Veronika noch eine in vorliegender Handschrift nicht erfaßte Schwester Sibylla (* /† 1487) erwähnt. Zur Familie des Mannes vgl. STEUER, Außenverflechtung, S. 35; KNESCHKE (Hg.), Adelslexikon 3, S. 44 f.; Augsburger Stadtlexikon (1998), S. 374.

Allianzbildnis: die Schilde durch eine Kordel verknüpft; im linken, mit goldenem Blattwerk versehenen Wappen in rot zwei gekreuzte, goldene Spitzhämmer mit silbernen Köpfen; darüber leicht von rechts der Mann mit kurzem Haar und dichtem Vollbart. Er trägt ein flaches Barett, ein braunes, vor der Brust mit goldenen Knöpfen geschlossenes Wams, darüber einen braunen, im Schoß schwarz gefütterten Reitrock, zu dem auch die mehrfach gepufften und geschlitzten unteren Ärmel gehören dürften, dazu einen weiten, schweren, blauen Überrock mit schwarzem Kragen und gepufften, halben Ärmeln. Um den Hals, vorn in den Ausschnitt fallend, liegt eine Kette. An beiden Ringfingern sind Ringe erkennbar. Die linke Hand hält bei leicht abgespreiztem Arm vor dem Bauch das hinter dem Schild hängende Schwert, der rechte Arm hängt neben dem Körper herab, die Hand hält in Hüfthöhe einen Handschuh. Der Blick geht aus den Augenwinkeln zur Frau hin.

Rechts über dem rot umrandeten Lilienwappen im Halbprofil von links die Frau. Sie trägt eine weiße Stirnhaube mit ausladender Wulst hinten, bei der ein Tuchende über der breiten Kinnbinde seitlich herabhängt, eine braune Schaube mit schwarzem Kragen und engen Ärmelschlitzen, darunter ein hellviolettes Kleid mit an den Ellenbogen gepufften Ärmeln, roten Saumborten und halbrundem, grünem Bruststück, darunter ein weißes Hemd; um den Hals eine Kette; am rechten Ringfinger zwei Ringe, am linken einen. Die Hände liegen mit gekreuzten Unterarmen auf dem Bauch, die rechte hält ebenfalls einen Handschuh. Der Blick geht nach vorn, zum Mann hin[668].

Schriftband links:

Herr Walther Ehinger ein burger von Vlm, / wellicher mit herren Vlrichen Fuggers Ee / liche Tochter Anno .1504. hochtzeit geha- / bt, vnnd funf kinder mit Jr Eelichenn / ertzeugt hat. Stirbt Anno .1520.

Schriftband rechts:

Fraw Veronica Fuggerin herrn Vlrich[e]n / fuggers eeliche tochter, vnd Walther Ehin- / gers eeliche hausfraw. stirbt A[nno]. 1521.

fol. 30v (S. 60): Hans Marx von Bubenhofen und Sibylla Fugger

Vater: fol. 16r
(Entwurf: fol. 22v) NEBINGER/RIEBER, Genealogie, Taf. 3: Hans Marx von Bubenhofen, † 1558, ab 1512 Obervogt zu Weißenhorn; Sibylla, * 1493, † 1519. Zur Familie des Mannes vgl. KNESCHKE (Hg.), Adelslexikon 2, S. 114 f.

Allianzbildnis: die Schilde durch eine Kordel verbunden; im linken, mit goldenem Blattwerk verzierten Schild rot auf silber zwei vierfache Sturzsparren, darüber im Vollprofil von rechts ein Mann mit Vollbart und kurzen, dunklen Haaren unter einem mit einer Straußenfeder geschmückten Barett. Er trägt ein hochgeschlossenes, rotes, vor der Brust und im Schoß längsgeschlitztes Wams mit weiß schräggeschlitzten Ärmeln und eine dunkelblaue Schaube mit grün-weiß abgesetzten Borten und kapuzenartig nach hinten umgeschlagenem Kragen mit roten Quasten. Im Schoß ist eine Schamkapsel sichtbar. Über die Brust und unter dem rechten Arm hindurch ist eine lange goldene Kette geführt. Am rechten Daumen ist ein Ring erkennbar. Die linke Hand ruht auf dem Schildrand, die rechte zeigt bei am Körper angewinkeltem Arm in Brusthöhe auf die Frau. Der Blick geht vorwärts, zur Frau hin.

Diese ist – über dem Lilienwappen mit rotem Blattwerk – im Halbprofil von links gezeigt. Sie trägt eine Haube mit schmaler Halsbinde und dicker Wulst am Hinterkopf, ein Hemd mit gekraustem Kragen, ein weißes Mieder mit wohl in Goldbrokat abgesetztem Ausschnitt, an den Schultern gepufften, weiß durchschossenen Ärmeln, um die Hüfte geknotet eine grüne, seidene Schärpe, darüber einen schweren, dunkelblauen Überrock. An beiden Ringfingern sind Ringe erkennbar, vor der Brust fällt eine lange, goldene Kette in den Ausschnitt. Der Blick geht leicht aus den Augenwinkeln zum Mann hin. Die linke Hand ruht bei leicht angewinkeltem Arm auf dem Rand des Schildes, die rechte Hand liegt vor dem Bauch.

Schriftband links:

Der Edel vnd Vest Herr Hans Marx von Bubenhofen, / welcher Herren Vlrichen Fuggers eeliche Tochter zu / der Ee gehabt, Vnd als sein Vest das beischlaffen vn[d] / hochtzeit mit benanter fuggerin Anno .1512. zu / Augspurg gehalten hat, seind Jm die von Augspurg / mit zwaien der Stat fendlein in seinem einreiten / fur die Stat zu eeren entgegen zogen, mit welcher / vorbenanter fuggerin sein Vest vier kinder Ee- / lichen ertzeuget hat. Stirbt Anno.[669]

Schriftband rechts:

Fraw Sibilla fuggerin, Herren Vlri- / chen fuggers eeliche Tochter, vnd Her- / ren Hans Marxen von Bubenhofen / Eelicher gemahel Stirbt Anno.[670]

fol. 31r (S. 61): Felicitas Fugger

Vater: fol. 16r
(Entwurf: fol. 23r) NEBINGER/RIEBER, Genealogie, Taf. 3: * 1495, † 1539. REINHARD (Hg.), Eliten, Nr. 252, erwähnt sie nicht. Abb. und Kommentierung bei SCHAD, Frauen des Hauses Fugger, S. 110–112.

Einzelporträt: Über dem Lilienwappen mit rotem Blattwerk und seitlich herabhängenden Kordelenden ist eine junge Frau frontal gezeigt. In der Rechten vor dem Bauch hält sie bei angewinkeltem Arm ein geschlossenes Beutelbuch, aus der Linken, die sie neben der Hüfte hält, fallen Goldstücke. Sie trägt Ordenstracht: Einen schwarzen Schleier mit weiß abgesetzter Borte, ein weißes Gewand mit einer schwarzen Stola vor der Brust und einen vor der Brust mit einer goldenen, blumenförmigen

---

[668] In Blei Textseitenrahmung skizziert.

[669] Freiraum.
[670] Freiraum.

Agraffe geschlossenen, schwarzen Umhang. Der Blick geht aus den Augenwinkeln nach rechts; darüber ein ausladendes Schriftband[671]:

Junckfraw Felicitas Fuggerin, Herren Vlrichn[672] Fuggers / Eeliche Tochter, Jst Anno .1508. Jn Sanct Katherina Clo- / ster Sanct Dominici Ordens gaistlich wordenn. / Stirbt Anno .1539.

fol. 31v (S. 62): Georg von Stetten und Susanna Fugger

Vater: fol. 16r
(Entwurf: fol. 23v) NEBINGER/RIEBER, Genealogie, Taf. 3: Georg von Stetten, * 1489, † 1562; Susanna, * 1467, † 1548; REINHARD (Hg.), Eliten, Nr. 1353: 1538 Aufnahme in die Geschlechter; HÄBERLEIN, Sozialer Wandel, S. 91: Das Heiratsgut aus dieser Eheschließung ermöglicht Georg von Stetten den Rückzug aus dem Handel und den Erwerb des Schlosses Boxberg, 1548 Erhebung in den Adel durch Karl V.

Allianzbildnis: die Schilde durch eine Kordel verbunden. Der linke Schild ist mit violettem Blattwerk umrandet. Das hier umgekehrte Wappen schräg links blau und gold geteilt, darin mit verwechselten Farben ein oberhalber, nach links steigender Gemsbock; darüber im Halbprofil von rechts der Mann, mit kurzen, braunen Haaren und ausgeprägtem Backenbart. Er trägt ein flaches, hutähnliches Barett, ein vor der Brust geknöpftes, braunes Wams mit schmalem Stehkragen, weiten oberen und engen unteren Ärmeln sowie eine schwarze Schaube mit einem schmalen, hochgestellten Kragen und weiten Ärmelschnitten. Vor der Brust liegen zwei Ketten, die untere mit einem Anhänger. An Daumen, Zeige-, Ring- und kleinem Finger der rechten Hand und am Zeigefinger der linken sind Ringe erkennbar. Die Arme sind am Körper angewinkelt. Die Rechte hält er geöffnet neben der Hüfte oberhalb des Schildes, die Linke ist in Brusthöhe nach vorn geöffnet erhoben. Der Blick geht nach vorn, zum Gesicht der Frau.

Diese ist – über dem rot umrandeten Lilienwappen – im Halbprofil von links dargestellt. Sie trägt eine goldene Haarhaube mit einem Medaillon über der Stirn, ein Hemd mit leichtem Stehkragen, darüber ein rechteckig ausgeschnittenes, blaues Kleid mit schwarz abgesetzten Trichterärmeln und schwarzgoldenem, rechteckigem Bruststück, dazu eine schwarze Schaube mit schmalem Kragen und an den Schultern gepufften und weit geschnittenen Ärmelansätzen. Um die Hüfte liegt ein goldener Gürtel. An Ring- und kleinem Finger der linken Hand sind zwei Goldringe zu sehen. Am Hals eine kurze Kette, vor der Brust eine schwere Gliederkette mit Anhänger. Die Hände schlüpfen vor dem herausgestellten Bauch ineinandergelegt in die Ärmel des Kleides. Der etwas gesenkte Blick geht nach vorn, jedoch an dem Mann vorbei.

Schriftband links:

Herr Georg von Steten zu Bocksperg [etc.] burger / zu Augspurg, hat mit fraw Susanna fuggerin / Anno .1516. zu Augspurg hochtzeit gehabt, / vnd ein ainigen Son Georg genant, eelichen / ertzeuget, welcher noch in leben ist. Stirbt / .Anno.[673]

Schriftband rechts:

Fraw Susanna fuggerin, Herren Vlri- / chen fuggers eeliche Tochter, vnd herrn / Georgen von Steten zu Bocksperg. [etc.] / eeliche hausfraw, Stirbt A[nno].[674]

fol. 32r (S. 63): Ulrich Fugger und Veronika Gassner

Vater: fol. 16r
(Entwurf: fol. 24r) NEBINGER/RIEBER, Genealogie, Taf. 3: Ulrich (II.), * 1490, † 1525; seinem Alter entsprechend wird er ebenda nicht wie hier am Ende seiner Geschwisterreihe, sondern an sechster Stelle, zwischen Veronika und Sibylla eingeordnet. REINHARD (Hg.), Eliten, Nr. 253: Veronika Gassner, * 1498, † 1554, heiratet 1525 in 2. Ehe Lukas von Stetten; vgl. REINHARD (Hg.), Eliten, Nr. 1356: * 1493, † 1545, 1538 Patrizier, Bruder des Georg I. von Stetten; vgl. fol. 31v; HÄBERLEIN, Sozialer Wandel, S. 92 f.: Ihr Vermögen ermöglicht ihr und ihrem zweiten Mann den Übergang in den Müßiggang. Nach dem Tod des Lukas von Stetten wird die Witwe unter Pflegschaft gestellt.

Allianzbildnis: links über dem hier nicht umgekehrten Lilienwappen, mit rotem Blattwerk, im Halbprofil von rechts der Mann. Er trägt einen Backenbart, das dunkelblonde Haar in einer goldgewirkten Haarhaube, darüber ein Barett mit geschlitzter Krempe, ein am Hals gefälteltes Hemd, ein schwarzes, im Schoß längsgeschlitztes Wams und eine blaue Schaube mit schmalem Kragen und abgenähten Borten. Um den Hals liegen zwei goldene Ketten; am kleinen und am Zeigefinger der rechten Hand zwei goldene Ringe. Die Oberarme liegen neben dem Körper an, so daß die Hände vor dem Körper eine goldene Kette halten. Am Gürtel ist ein Schwertknauf erkennbar. Der ernste Blick geht zur Frau hin.

Das Wappen rechts mit violettem Blattwerk: Von schwarz und gold schräg rechts geteilt, in beiden Feldern mit verwechselten Farben und grünen Blättern je eine Rose. Darüber im Halbprofil von links das Porträt einer jüngeren Frau. Sie trägt ein goldgewirktes Haarnetz, ein weißes Halshemd, ein weit ausgeschnittenes, rotes Kleid mit grünen, seidenen Doppelborten am runden Ausschnitt, darin ein goldgewirktes Bruststück. Eine lange Kette und ein schmales, schwarzes Band hängen vor der Brust in den Ausschnitt; an Zeige- und Ringfinger der linken Hand zwei Ringe. Die Hände liegen bei leicht vom Körper abgehaltenen, angewinkelten Armen vor dem Bauch ineinander. Der deutlich passive Blick geht nach vorn, an dem Mann vorbei.

Schriftband links:

Herr Vlrich Fugger, Herrn Vlrichen fuggers / eelicher Son, hat hochtzeit zu Augspurg An- / no .1516. gehalten, vnd kaine kinder Ee- / lichen ertzeuget. Stirbt zu Schwatz / .Anno.[675]

Schriftband rechts:

Fraw Veronica Gasznerin, Herrn / Vlrichen fuggers Eelicher gemahl. / Stirbt Anno.[676]

---

[671] In Blei Textseitenrahmung.
[672] Sic!
[673] Freiraum.
[674] Freiraum.
[675] Freiraum.
[676] Freiraum.

fol. 32v (S. 64): (Leere Textseite)

(Entwurf: für diese und die folgenden zwei Textseiten kein Text enthalten) Zur Miniatur im oberen Rahmen vgl. mit Abb. DORMEIER, Monatsbilder, S. 119 f., und DERS., Kurzweil, S. 214.

Textseitenrahmung: im Medaillon oben links ein Frauenkopf mit blauer Mütze und rotem Gewand, rechts ein bärtiger Mann mit Turban, unten links eine Frau mit einem blau-goldenen Haarnetz, aus dem hinten ein blonder Zopf ragt, rechts ein Männerkopf mit spitzem Bart, rotem Helm und Harnisch; im Blattwerk der linken Ornamentleiste ein Jüngling als Halter eines Roßstirnschildes mit dem Lilienwappen der Fugger und einer Stange, auf der ein Stechhelm mit der entsprechenden Helmzier steckt; rechts ebenso ein Wappenhalter mit einem Roßstirnschild mit dem Wappen der Gassner, dazu auf dem Stechhelm als Helmzier gold und schwarz gespaltene Hörner mit aufgetragenen Rosen; in der unteren Leiste im Blattwerk ein Putto mit Posaune; oben ein Monatsbild: Mai (Zwillinge); links am Bildrand in einer Wolke das Sternzeichen. Im Zentrum sitzen in einem Boot ein vornehm gekleidetes Paar und ein Narr, der einen Pokal erhebt. Hinter ihnen, vorne im Boot, steht ein Bootsmann mit einem Staken; am Heck des Bootes ein nacktes Paar im Wasser.

fol. 33r (S. 65): (Leere Textseite)

Zur Miniatur in der Rahmung oben vgl mit Abb. DORMEIER, Kurzweil, S. 205.

Textseitenrahmung: in den Medaillons oben zwei gekrönte Männerköpfe, der linke bärtig, beide mit Harnischschultern, unten zwei bärtige Männer mit schwarzen Baretts, weißen Hemden und goldenen Ketten; links im Blattwerk der Rahmung in der Mitte ein mit einem Bären ringendes, nacktes Kind, oben und unten exotisch bunte Vögel; rechts in der Mitte ein sehr naturalistisch gegebener goldgelber Nymphensittich, der eine Nuß hält; unten in einem überdimensionierten Erdbeerbeet zentral zwei tollende Hasen, rechts und links davon Kinder in stilisierten Harnischen mit Windradlanzen. Oben eine Turnierszene: links am Bildrand ein Wald; auf der Wiese im Zentrum zwei Ritter beim Anreiten zum Gestech mit jeweils einem Knappen, der im Laufen die Lanze stützt. Links sind Pferdedecke und Kleidung des Knappen gold und rot gestreift, rechts gold und blau; im Hintergrund eine Siedlung.

fol. 33v (S. 66): (Leere Textseite)

Zur Miniatur in der Rahmung oben vgl. LCI 8, Sp. 128–147.

Textseitenrahmung: in den Medaillons oben links ein Männerkopf mit grünem Stirnband, oben rechts ein gekrönter Männerkopf, unten links einer mit einem rot geflügelten Helm, unten rechts mit blau geflügeltem Helm; in den blattwerk- und kandelaberartigen Ornamenten der Seiten links in der Mitte ein nacktes Kind mit Hellebarde, Helm und Schwert, rechts eines mit einem Spieß; darunter Faunsgestalten, links hermaphroditisch, rechts weiblich; unten jagen in einer Blumenwiese zwischen überdimensionalen Blumen zwei mit Spießen bewaffnete, nackte Kinder mit zwei Hunden einen Hasen in ein zwischen Pfählen gespanntes Fangnetz. In der oberen Rahmenleiste: Die Bekehrung des Paulus. In der linken Ecke fällt aus einer Wolke ein strahlendes Licht; darunter Saulus/Paulus im Sturz von seinem Pferd. Ein zweiter Mann sitzt auf einem hinten einknickenden Pferd. Rechts liegt ein Mann auf dem Rücken am Boden, ein weiterer Mann versucht mit einer Lanze, das gestürzte Pferd des Gefallenen zu bändigen.

fol. 34r (S. 67): Hieronymus Fugger

Vater: fol. 16r
(Entwurf: fol. 24v) NEBINGER/RIEBER, Genealogie, Taf. 3: * 1499, † 1538; REINHARD (Hg.), Eliten, Nr. 244; jedoch ebenda, Nr. 252, nicht erfaßt; Hieronymus zählt mit seinen Vettern Anton und Raymund zu den Empfängern der Wappenbesserung und Erhebung in den Grafenstand von 1530.

Einzelporträt: im Schild – mit rotem Blattwerk und ohne Kordeln – das quartierte Wappen der Fugger von Kirchberg und Weißenhorn; darüber im Halbprofil von links ein Mann mit langem, braunblondem Vollbart und kurzem Haar unter einem flachen Barett. Er trägt ein Hemd mit gefältetem Kragen, ein vielfach weiß zerhauenes und geschlitztes, schwarzes Wams und über die Schultern gelegt eine schwarze Schaube. Schräg über die Brust von der rechten Schulter unter dem linken Arm hindurch liegen zwei grobgliedrige, goldene Ketten. Der Blick geht aus den Augenwinkeln zum Betrachter. Die linke Hand greift in der Hüfte die Scheide des Schwerts, die rechte greift bei angewinkeltem Arm in Bauchhöhe nach vorn. An ihrem Daumen und Ringfinger sind Ringe erkennbar[677].

Schriftband oben:

Der Wolgeboren Herr Jheronimus Fugger, Herren / Vlrichen fuggers Eelicher vnd Jungster Sone, wel- / licher ledigs Stands zu Augspurg Anno .1538. / gestorbenn ist.

Unten ein weiterer Schriftrahmen, die Rahmenleiste zum Teil von dem Wappen verdeckt:

End Herren Vlrichen Fuggers kinder.

fol. 34v (S. 68): (Leere Textseite)

Diese und die drei folgenden Textseiten wohl für den im Entwurf des Porträts (Entwurf, fol. 24v) enthaltenen zusätzlichen Text vorgesehen. Zur Miniatur im Rahmen oben vgl. DORMEIER, Monatsbilder, S. 120.

Textseitenrahmung: in den Medaillons oben links und rechts und unten rechts behelmte Männerköpfe, oben rechts mit Bart, unten links ein gekrönter Männerkopf; die seitlichen Ornamente mit Blattwerk und Kandelaberbildungen, darin in der Mitte je zwei buntgefiederte Reiher; darüber wachsen aus dem Ornament Schlangen mit Fauns- bzw. Ziegenköpfen. Unten wächst das Blattwerk aus den Posaunen zweier sich gegenüberstehender, grünhaariger Kinder. Oben ein Monatsbild: Juni (Krebs); links oberhalb des Medaillons in einer Wolke das Tierkreiszeichen; vor einem Haus am rechten Bildrand eine Frau und ein Mann bei der Schafschur, umgeben von mehreren Schafen; im Hintergrund hinter einem Wiesenhügel ein weiteres Gebäude[678].

---

[677] In Blei Textseitenrahmung.
[678] Am oberen Seitenrand zentral mit Blei ein undeutlicher Buchstabe.

fol. 35r (S. 69): (Leere Textseite)

Zur Szene in der oberen Rahmenleiste vgl. LCI 6, Sp. 107 f.: Der Hl. Edmund u.a. in der ›Sipp-, Mag-, und Schwägerschaft Kaiser Maximilians I.‹ aufgeführt; (Kat.) BRACKER (Hg.), Die Hanse 2, S. 299; anhand der Krone des Opfers zu unterscheiden von dem Martyrium des Hl. Sebastian; vgl. LCI 8, Sp. 318–323.

Textseitenrahmung: in den Medaillons vier behelmte Männerköpfe, links jeweils mit Bart; in den seitlichen Ornamentrahmen Blattwerk, das aus antikisch stilisierten Brustharnischen wächst und oben in Helmen ausläuft; darunter Pfeilköcher, links eine Landsknechtstrommel und rechts eine Armbrust, in der Mitte jeweils zwei unbekleidete Kinder, links mit einem Hündchen; darunter jeweils eine Textkartusche, deren Inhalt zusammengenommen eine Devise ergibt:

Alles mit // guten eeren.

Unten zwei Raubvögel, deren Schwänze in Blattwerk auslaufen; in der oberen Leiste: das Martyrium des Hl. Edmund. Links an einem Baum steht mit gefesselten Händen und freiem Oberkörper Edmund als bärtiger Mann mit Krone. Im Zentrum legt ein Mann mit Pfeil und Bogen auf ihn an. Ein dritter Mann mit einem Spieß steht links daneben. Ein vierter bricht rechts hinter dem Schützen über dem Knie einen Stock; im Mittelgrund eine Burg und eine Siedlung mit Kirchturm, im Hintergrund ein Gebirge.

fol. 35v (S. 70): (Leere Textseite)

Zur Miniatur in der oberen Rahmung: Das Liebespaar unter einem Baum bzw. im Wald bildet ein zeitgenössisch gern variiertes Sujet. Die Haube der verheirateten Frau, die Reisekleidung des Mannes, oft auch ein Pferd im Hintergrund und das Ambiente außerhalb des Hauses kennzeichnen die Szene deutlich als Ehebruchdarstellung; vgl. z.B. KOEPPLIN/FALK, Lucas Cranach 1, S. 149–156, und Kat. Nr. 78–84; STRAUSS, Intaglio Prints of Albrecht Dürer, Nr. 5. Hingegen bei ALCIATUS, Emblematum Libellus, Nr. 61: Ein Liebespaar unter einem Apfelbaum als Zeichen der Venus, d.h. der Lust, mit einem Hund als Zeichen der Treue: *Einer erbaren frawen trewe.* […] *damit Venus offt hat geband / Zwen gmahel in lieb, trew und zucht.* Für die Interpretation als Ehebruchszene spricht jedoch auch die mittlere, d.h. erste Szene mit derselben Frauenfigur – deutlich gekennzeichnet durch das Kostüm – und Cupido als Personifikation der unvernünftigen Leidenschaft. Eher unsicher bleibt die Bedeutung der Kindersspielszene rechts: Ähnliches findet sich bei ALCIATUS, Emblematum Libellus, Nr. 39, S. 94 f.: Kinder mit Steinschleudern unter einem Nußbaum: *in fertilitatem sibi ipsi damnosam*, bzw. *Fruchtbarkeyt gar selbs schedlich.* Die drei Szenen fügen sich so zu einer moralisierenden Warnung vor unkontrollierter Sexualität.

Textseitenrahmung: in den Medaillons oben behelmte Männerköpfe, links bärtig, unten links ein lorbeerbekränzter und bärtiger, unten rechts ein gekrönter, schnurrbärtiger Männerkopf; in den Seiten reiche Blattwerkornamente, die aus von Puttenrümpfen gestützten Podesten entwickelt sind; in der Mitte je ein Putto mit einem auf den Boden gestützten Helm und einem Wimpel an einer Stange: links gold auf blau eine Mondsichel, rechts weinrot tingiert. Unten wächst aus einer dreiköpfigen Löwenmaske symmetrisch Blattwerk, in dessen Ranken je ein Putto an einer Blüte riecht. In der oberen Leiste drei thematisch aufeinander bezogene Einzelszenen: Im Zentrum eine Frau in einem braunen Kleid und grauer Kugelhaube an einem Baum sitzend, vor ihr Cupido mit verbundenen Augen mit dem Bogen auf sie anlegend; links die gleiche Frau in rotbraunem Kleid mit einem bärtigen Mann unter einem Baum sitzend; rechts drei – im Vergleich überdimensionierte – spielende Kinder: eines mit einem Stock; eines wohl mit einem Rechen; ein drittes rechts unter einem Baum biegt den Rücken zu einer Brücke durch.

fol. 36r (S. 71): (Leere Textseite)

Zum Monogramm im Medaillon unten links vgl. RÖTTINGER, Breu-Studien, S. 77; (Kat.) Welt im Umbruch 1, Nr. 162: Es handelt sich evtl. um ein Künstlermonogramm, oder aber um einen Zusatz zu dem lorbeerbekränzten Kopf im Medaillon: *L*[aureatus] *A*[ugustus].

Textseitenrahmung: in den Medaillons oben behelmte und bärtige, unten lorbeerbekränzte Männerköpfe, unten links neben dem Kopf die Buchstaben:

L A

In den seitlichen Blattwerkornamenten auf mittlerer Höhe links ein Putto mit einem Wimpel: erneut gold auf blau eine Mondsichel; rechts ebenfalls ein Putto; unten zwei stilisierte Vögel an einem goldenen Pokal; oben in einer Wiesenlandschaft unter Bäumen drei spielende, nackte Kinder. Im Bildzentrum sitzt eines auf einer Flöte spielend auf einem roten Kissen, links und rechts davon tanzen zwei weitere mit goldenen Bändern an Händen und Füßen. Im Hintergrund links und rechts je eine Burg bzw. ein Schloß.

fol. 36v (S. 72): Hans (und Peter) Fugger

Vater: fol. 20r
(Entwurf: fol. 25r–25v; vgl. fol. 28v) NEBINGER/RIEBER, Genealogie, Taf. 4: Hans, * 1487; dort auch der Bruder Peter (* 1495, † jung) erwähnt, der im Entwurf nachgetragen ist. Das zweite, unbeschriftete Porträt auf dieser Seite dürfte ihn meinen.

Die Seite zunächst als Einzelporträt angelegt; später ist dann zu dem zentralen Ensemble aus Wappen, Halbfigur und außergewöhnlich großem Schriftband rechts ein weiteres mit schräggestelltem Wappen und einem hinter den Kopf der Figur eingerückten Schriftband ergänzt worden. Dabei ist die seitlich lose vom ersten Wappen herabhängende Kordel mit dem neuen Wappen zum Teil übermalt worden.

Die erste Figur ist über dem mit rotem Blattwerk geschmückten Lilienwappen der Fugger frontal gegeben. Es handelt sich um einen jungen Mann mit halblangen, dunkelblonden Locken, darin einem Lorbeerkranz. Er trägt über einem weißen Hemd mit leicht gefältetem Kragen und Bündchen ein rotes Wams mit vielfach gepufften und geschlitzten Ärmeln und eine braune Schaube mit schwarzen Borten, lang angesetzten Ärmelschnitten und auf den Schultern breit umgeschlagenem Kragen. Im Schoß ist von den roten Beinkleidern eine Schamkapsel angedeutet; am Hals eine kurze und auf der Brust eine lange, geknotete Goldkette. Die rechte Hand ruht bei am Körper angewinkeltem Arm auf dem Schildrand, die linke ist mit zwei Fingern nach links oben weisend erhoben. Der etwas gesenkte Blick geht nach rechts vorn aus der Bildebene heraus.

Schriftband oben:

Anfang Herren Georgenn Fuggers Kinder.[679] //

---

[679] Diese Zeile größer, am oberen Rand des Schriftbandes, danach Leerzeile; der übrige Text kleiner, eingerückt und zentriert.

Herr Hans Fugger, Herren Georgen fuggers / erster Eelicher Sone, Jst Jnn der Jugennt / zu Augspurg gestorben.

Das zweite Wappen ist etwas kleiner und nach links dem ersten zugeneigt. Es ist ebenfalls das Lilienwappen der Fugger mit rotem Blattwerk; darüber im Halbprofil von links ein junger Mann mit ohrenlangem, braunem Haar, darauf einem kleinen Barett mit goldenen Schleifchen in der Krempe. Er trägt ein weißes Hemd mit Fältung an Hals und Bündchen, ein weinrotes Wams mit einer schwarz-goldenen Zierleiste vor der Brust und einem schmalen Kragen sowie eine schwarze Schaube mit Hängeärmeln, goldenen Stickereien an den stark aufgepufften Schultern und goldener Borte am Kragen. Am Hals sind ein kurzes, goldenes Halsband und eine längere, doppelte Kette, am kleinen Finger der rechten ein und am Zeigefinger der linken Hand zwei Ringe zu sehen. Die linke Hand greift bei leicht angewinkeltem Arm die Oberkante des Schildes, der rechte Arm weicht der – ihn überschneidenden – erhobenen Hand der ersten Person aus und ist daher deutlich verkürzt am Körper angewinkelt gezeigt, so daß die nach oben geöffnete Hand vor der Brust nach links weist. Der Blick geht nach rechts aus der Bildebene heraus. Das hinter dem Kopf eingerückte Schriftband ist unbeschrieben.

fol. 37r (S. 73): Markus (Marx) Fugger

Vater: fol. 20r
(Entwurf: fol. 26r) NEBINGER/RIEBER, Genealogie, Taf. 4: * 1488, † 1511 Rom; Canonicus, später Propst von St. Johann/Würzburg 1503, Dompropst/Passau 1503, Archidiakon Zum Hl. Grabe/Liegnitz 1504, Propst St. German und Moritz/Speyer 1505, Canonicus St. Stephan/Bamberg 1505 (1510 bestätigt), Canonicus St. Peter/Augsburg 1506, Päpstl. Scriptor und Protonotar 1511; vgl. fol. 19r; zur Kleidung des vornehmen Klerikers vgl. LMA 1, Sp. 452.

Oben auf der Seite ein unbeschriebener Schriftrahmen[680]; darunter ein Einzelbildnis; über dem rot umrandeten Schild mit dem doppelten Lilienwappen im Vollprofil von links ein Mann in der Kleidung eines vornehmen Klerikers: das schulterlange, dunkle Haupthaar unter einer schwarzen Kalotte und einem schwarzen Barett; unter einer grauen Almutie aus rechteckigen Pelzflecken mit Quasten an den Borten ist lediglich die Halspartie eines braunen Gewandes sichtbar. Die Arme sind unter dem Pelz am Körper angelegt und halten mit gelben Handschuhen links vor dem Bauch ein aufgeschlagenes Beutelbuch, rechts etwas darüber eine Reitgerte. Der Blick geht nach vorn, d.h im Bild nach rechts; zwischen Schriftrahmen und Figur ein Schriftband[681]:

Herr Marx fugger, Herren Georgen fuggers andrer[682] eelicher / Son, der gaistlich, vnd ein Probst zu Sanct Peter zu Aug- / spurg, vnd an dem Pabstlichen Hof zu Rom in grossem / treffenlichem ansehen gewesen, welcher Anno .1511. / zu Rom gestorben ist.

---

[680] Darin Rasur.
[681] Textseitenrahmung in Blei; am oberen Bildrand zentral mit Blei ein undeutlicher Vermerk.
[682] Dies auf Rasur, in einer zu engen Lücke.

fol. 37v (S. 74): Raymund Fugger und Katharina Thurzo

Vater: fol. 20r; Kinder: fol. 44v–59r
(Entwurf: fol. 26v) NEBINGER/RIEBER, Genealogie, Taf. 4 f.: Raymund, * 1489, † 1535; Heirat 1513 in Krakau; Katharina Thurzo von Bethlemfalva, * nach 1488, † 1535, Tochter des Johann Thurzo, Montanunternehmer zu Neusohl (Slowakei), Ratsherr in Krakau, 1505 Freiherr; REINHARD (Hg.), Eliten, Nr. 250; zum Wappen der Frau vgl. fol. 29r.

Allianzbildnis: die Wappen mit einer grünen Kordel verbunden; links das umgekehrte Wappen der Fugger von Kirchberg und Weißenhorn mit rotem Blattwerk; darüber im Halbprofil von rechts, den Kopf ins Vollprofil gewandt, ein Mann mit kurzen, dunklen Haaren und einem kurzen Vollbart. Er trägt ein kleines Barett mit schmaler Krempe, ein am Hals und an den Handgelenken gekraustes Hemd, ein vorn golden geknöpftes, violettes Wams mit mehrfach gepufften und geschlitzten unteren Ärmeln, um die Hüfte eine links geknotete, hellgrüne, seidene Schärpe und eine schwarze Schaube mit breit in den Rücken fallendem, braunem Pelzkragen mit Quasten. Um den Hals liegen zwei schwere Goldketten. Die Arme sind am Körper angewinkelt. Die rechte Hand, an deren Ringfinger zwei Goldringe zu erkennen sind, hält seitlich neben dem Körper wohl einen Siegelstempel, die linke, am Ringfinger ebenfalls mit einem Ring, faßt vor der Brust den Kragen der Schaube. Der Blick geht nach vorn, zur Frau hin.

Diese ist über dem mit blauem Blattwerk verzierten Wappen der Thurzo im Halbprofil von links gezeigt. Sie trägt eine weiße, am Hinterkopf in einer breiten Wulst ausgestopfte Stirnhaube, ein golden geknöpftes Hemd mit einem schmalen Kragen, ein blaues Kleid mit seidenem, grün, orange und blau changierendem Bauch und Bruststück, an den Ellenbogen gepufften und geschlitzten, blauen Ärmeln und rosé umgeschlagenen Manschetten; darüber eine dunkelblaue Schaube mit violettem Futter und im Rücken breit umgeschlagenen Kragen. Vor der Brust liegt eine Kette. Am Ringfinger der linken Hand ist ein Ring erkennbar. Diese ruht bei leicht angewinkeltem Arm auf dem Schildrand, die Rechte ist in der Hüfte angelegt, so daß der nach vorn aufwärts ausgestreckte Zeigefinger auf das Gesicht des Mannes zeigt. Der Oberkörper ist zurückgelegt, so daß der Bauch betont wird.

Schriftband links:

Der Wolgeboren Herr Raymundus fugger, herrn / Georgen fuggers anderer Eelicher Sone, welcher / 13. kinder eelichen ertzeuget hat, wie sie dann / an seinem ort in disem Buch gesehen werden.

Schriftband rechts:

Fraw Katherina Turtzinin, herren Hansen / Turtzo von Betlahemsdorf eeliche Tochter / Herrn Raymunden fuggers eelicher gemahl.

fol. 38r (S. 75): (Leere Textseite)

(Entwurf: fol. 27r)

Textseitenrahmung: in den Medaillons oben links ein bärtiger, oben rechts ein bartloser, unten zwei lorbeerbekränzte, bartlose Männerköpfe; in den seitlichen Groteskenrahmen im unteren Drittel links ein Tambourin und eine Triangel, rechts eine Landsknechtstrommel und eine schwarze Panflöte, darüber links zwei Putten, der eine stehend, der andere zu seinen Füßen kriechend. Der Stehende hält einen Stab, auf den ein gekrönter, grauer Bügelhelm mit der Helmzier des Fuggerwappens gesteckt ist. Rechts auf gleicher Höhe zwei sich umarmende Putten, deren einer an einer Stange einen gekrönten Bügelhelm mit einem goldenen, gekrönten Löwenrumpf, der Helmzier der Thurzo, hält; oben eine Jagdszene: Vogeljagd mit Netzen. Im Hintergrund eine Siedlung mit Kirche, über die Äcker im Vordergrund reitet von links ein Mann zu Pferde mit mehreren Hunden, die tiefliegende Vögel jagen. Rechts ziehen zwei bäuerlich gekleidete Männer zu Fuß ein Netz über einen wohl frisch eingesäten Acker, zu ihren Füßen ein Hund, der Vögel in das Netz treibt[683].

fol. 38v (S. 76): (Leere Textseite)

Zur Szene in der oberen Rahmung vgl. DORMEIER, Monatsbilder, S. 120.

Textseitenrahmung: in den Medaillons oben zwei vollbärtige Männer mit Turbanen, unten zwei lorbeerbekränzte Frauenbüsten. Die seitlichen Blattwerkornamente mit Masken und Kandelaberbildungen stehen unten auf sirenenartigen, gekrönten Rümpfen, links weiblich, rechts männlich; in der Mitte links und rechts je zwei Putten; unten im Blattwerk auf einer Wiese zwei unbekleidete Kinder mit Spießen im Kampf mit einem Kranich. Oben ein Monatsbild: Juli (Löwe). Links oben neben dem Medaillon das Sternzeichen, darunter liegt am Bildrand ein Mann im Heu, vor ihm ein Krug; vor dem Hintergrund eines umzäunten Dorfes auf einer Wiese links zwei Männer mit Hüten, Stiefeln und losen Wämsen mit Sensen beim Mähen des Grases, rechts zwei Frauen in dreiviertellangen Kleidern mit Sonnenhüten beim Aufnehmen und Wenden des Heus mit Harke und Heugabel.

fol. 39r (S. 77): (Leere Textseite)

Zur Miniatur in der Rahmung oben vgl. RDK 1, Sp. 801–810, hier Sp. 804; vgl. auch ebenda, Sp. 1330–1339, hier Sp. 1333 (Triumph des Bacchus/Bacchuszug).

Textseitenrahmung: im linken oberen Medaillon ein gekrönter Frauenkopf, in den anderen ebensolche ohne Krone, mit Haarnetzen bzw. unten rechts einer Haube; in den Seiten und unten Blattwerk, darin seitlich in der Mitte je ein Hermaphrodit, darunter Blattwerkornamente, die in Vogelgestalten übergehen. Die seitlichen und unteren Rahmen sind bis auf die Farbgebung annähernd symmetrisch. Oben eine antikische Allegorie: Der Triumph des Bacchus (des Apoll?). In einem blau-goldenen Triumphwagen sitzt ein Mann mit einer blauen Toga, auf dem Kopf einen breiten Lorbeerkranz, in der Hand ein Zepter. Der Wagen wird nach links geschoben von einem Kind in einer antikischen Rüstung, gezogen von einem Kentauren, der auf einer am Bauch aufgestützten Fiedel spielt; im Hintergrund rechts auf einem Felsvorsprung eine Burg, links im Hintergrund eine Siedlung auf einem Berg.

fol. 39v (S. 78): (Leere Textseite)

Zur Szene im Rahmen oben vgl. LCI 4, Sp. 172–174; vgl. fol. 21v, 53v. Der deutlich identifizierte Kopf im Medaillon

[683] Oben zentral von moderner Hand: *38*. (mit Unterstreichung).

oben links ließe alternativ auch denken an eine Zuschreibung: Moses heiratet Sephora (Ex. 2,15–22); vgl. LCI 3, Sp. 282–297. Ganz unklar wäre dann jedoch die Identifikation der Personen im Bild. Eher dürfte das Motiv im Medaillon hier wie sonst auch isoliert stehen.

Textseitenrahmung: in den Medaillons oben links ein Frauenkopf, oben rechts ein Mann mit Bart und Hörnern, wohl Moses. Beide Köpfe sind mit Blickkontakt aufeinander bezogen. Unten zwei bartlose Männerköpfe mit Lorbeerkränzen; die Seitenrahmungen mit Blattwerk, unten eingearbeitet ein Brunnen, an dem zwei Kinder mit Querflöte und Landsknechtstrommel musizieren, dazu rechts und links je zwei ringende Kinder; oben eine neutestamentarische Szene: Der verlorene Sohn mit den Dirnen. Auf einer Wiese an einem Bach sitzt auf einer Bank an einem gedeckten Tisch ein vornehmes Paar mit dem Rücken zum Betrachter. Der Mann umarmt die Frau. Seitlich rechts ein weiterer Mann in rotem Wams: der verlorene Sohn, zwischen zwei jungen Frauen. Er wendet sich der links neben ihm Sitzenden, die seinen Bart krault, zu und umarmt sie, zugleich greift er nach dem Arm der Frau rechts neben ihm. Bei ihnen sitzt noch ein Querflöte spielender Mann; im Hintergrund rechts auf einem Felsen eine Burg.

fol. 40r (S. 79): (Leere Textseite)

Zur Szene im Rahmen oben vgl. mit Abb. DORMEIER, Monatsbilder, S. 120.

Textseitenrahmung: Das rechte obere Medaillon zeigt einen Mann mit Lorbeerkranz, die drei anderen solche mit Kronen. In den Grotesken mit Blatt- und Rollwerk, Fackeln, Ziegen- und Pferdeköpfen seitlich in der Mitte jeweils ein stilisiertes Kastell, darüber je ein nacktes Kind, unten zwei raufende nackte Kinder; oben das Monatsbild August (Jungfrau): links oben das Sternzeichen, daneben ein Mann und eine Frau beim Kornschneiden mit Sicheln, in der Mitte und rechts drei Männer und eine Frau beim Vespermahl. Während die Männer raumgreifend entspannt im Stroh lagern, sitzt die Frau auffällig aufrecht und steif da.

fol. 40v (S. 80): Anton Fugger und Anna Rehlinger

Vater: fol. 20r; Kinder: fol. 59v–70v
(Entwurf: fol. 27v) NEBINGER/RIEBER, Genealogie, Taf. 4, 16: Anton, * 1493, † 1560; Anna Rehlinger, * 1505, † 1548, Tochter des Hans Rehlinger, Patrizier in Augsburg; REINHARD (Hg.), Eliten, Nr. 238 (Anton Fugger); Nr. 1014 (Hans Rehlinger); PÖLNITZ(/KELLENBENZ), Anton Fugger; Abb.: LIEB, Fugger und Kunst II, Abb. 274; Abb., Kommentar und Vergleich mit der entsprechenden Seite des Entwurfs: MAYER, in: (Kat.) ›Kurzweil‹. Augsburger Patrizier, Nr. 14, S. 38 f.

Allianzbildnis: die Wappen durch eine rote Kordel verbunden; links über dem umgekehrten Wappen der Fugger von Kirchberg und Weißenhorn im Halbprofil von rechts ein Mann mit langem, dunklem und grauem Vollbart und ebensolchem, ohrenlangem Haar unter einer schwarzen Kalotte und einem flachen, schwarzen Barett mit schmaler Krempe. Er trägt ein vor der Brust mit goldenen Knöpfen geknöpftes, schwarzes Wams über einem Hemd mit leicht gekraustem Kragen und gepufften und geschlitzten Oberarmen sowie eine schwarze Schaube mit schmalem Revers und im Rücken breitem, braunem Pelzkragen. Um den Hals liegt eine Kette; am Ring- und Zeigefinger der rechten Hand und am Daumen der linken Ringe erkennbar. Bei neben dem Körper nach vorn angewinkeltem Arm hält die Linke vor dem Bauch ein gefaltetes Schriftstück. Die Rechte ist bei am Körper angewinkeltem Arm in Bauchhöhe etwas über dem Schildrand in der Schwebe gehalten. Der Blick geht leicht aus den Augenwinkeln zur Frau hin.

Im Wappen rechts silber in blau zwei geschweifte Spitzen, die oben in silbernen und goldenen Veilchen auslaufen. Das Porträt der Frau ist im Halbprofil von links gegeben. Sie trägt eine einfache Stirnhaube ohne Kinnbinde mit Kugelwulst am Hinterkopf, ein weißes Hemd mit leicht gekraustem Kragen, dazu ein violettes Kleid mit schwarzen Saumborten, rundem Ausschnitt, blauer Bauch- und gold abgesetzter Brustpartie, darüber eine schwarze Schaube mit an den Schultern gepufften Ärmelansätzen und schmalem Revers. Vor der Brust liegen eine lange und eine kürzere Gliederkette. An Ring- und Mittelfinger der rechten und an Zeige- und Ringfinger der linken Hand sind Ringe erkennbar. Die linke Hand schwebt bei nach hinten angewinkeltem Arm über dem Schild, die rechte weist mit zwei Fingern bei neben dem Körper angelegtem Arm nach vorn auf die Linke des Mannes. Der Bauch ist vorgewölbt. Der Blick des etwas vorgeschobenen Kopfes geht nach vorn, jedoch an dem des Mannes vorbei[684].

Schriftband links:

Der Wolgeboren Herr Anthoni Fugger, welcher / Herren Georgen fuggers dritter Eelicher Sone / gewesen, vnd diser zeit noch in glucks elige[m] leben, / der auch etliche vil kinder eelichen ertzeuget hat.

Schriftband rechts:

Fraw Anna Rechlingerin, Herren Han- / sen Rechlingers, datzumal burger tzu / Augspurg eeliche tochter vnd Herren / Anthonien fuggers eelicher gemahel.

fol. 41r (S. 81): (Leere Textseite)

(Entwurf: fol. 28r) Zur Szene im Rahmen oben vgl. mit Abb. DORMEIER, Monatsbilder, S. 120.

Textseitenrahmung: oben in den Medaillons bärtige Männer mit Baretts, unten Männer mit Lorbeerkränzen; in den Blattwerkornamenten seitlich unten je zwei sich umarmende Fauns- und Sirenengestalten, je eine männlich, eine weiblich, darüber in der Mitte links ein nacktes Kind mit einer Stange, darauf ein gekrönter, grauer Bügelhelm mit der Helmzier der Fugger, rechts eines mit einem grauen Stechhelm auf der Stange, darauf blau und silber gevierte Hörner mit aufgesetzten Veilchen, dazu eine blau-silberne Helmdecke, die Helmzier der Rehlinger; unten im Blattwerk an einem Brunnen zwei Kinder mit Schwertern; oben das Monatsbild September (Waage): links oben das Sternzeichen. Im Zentrum pflügt ein Bauer mit einem von zwei Pferden gezogenen Räderpflug, ein anderer bringt dahinter Saat aus; im Hintergrund rechts ein Gehöft, in der Bildmitte eine Burg auf einem Berg.

fol. 41v (S. 82): (Leere Textseite)

Zur Szene im Rahmen oben vgl. mit Abb. DORMEIER, Monatsbilder, S. 120 f.

---

[684] Mit Blei Textseitenrahmung.

Textseitenrahmung: im Medaillon oben links ein Frauenkopf mit langen, dunklen Haaren und einem geflochtenen Stirnband, oben rechts ein Mann mit einer über den Ohren mit langen Zipfeln gearbeiteten Mütze, unten lorbeerbekränzte Männerköpfe; in den seitlichen Ornamentrahmen Blattwerk, Kindergesichter mit Flügeln, darüber je eine Landsknechtstrommel und eine Panflöte, dann Brustharnische mit gekreuzten Streitäxten links bzw. Morgensternen rechts, oben Helme mit bunten Straußenfedern; im Blattwerk der unteren Leiste eine Löwenmaske und mit Stöcken kämpfende Kinder; oben das Monatsbild Oktober (Skorpion): Die Weinverarbeitung in einem Steinhaus. Links steht ein Mann trinkend in einem Kelterbottich, links außen unterhalb des Sternzeichens liegt ein zweiter und übergibt sich. Ein weiterer Mann im Zentrum trägt mit seinem Tragekorb auf dem Rücken frisch geerntete Trauben herein. Rechts füllt ein vierter Mann gekelterten Most in Fässer.

fol. 42r (S. 83): (Leere Textseite)

Textseitenrahmung: in den oberen Medaillons bärtige Männerköpfe mit Helm und Harnisch, unten links ein ›Mohr‹, unten rechts ein bartloser Männerkopf; in den floralen Ornamenten seitlich in der Mitte je ein Flöte spielender Putto, unten zwischen zwei Ziegenköpfen im Blattwerk vier nackte Kinder eng beieinander sitzend mit einem Spielbrett; oben in der Rahmung ein nächtlicher Fackelumzug auf einem städtischen Platz: Vorweg gehen links zwei Kinder mit Laute und Flöte, dann folgen jeweils in Paaren sechs Kinder mit Fackeln an langen Stangen.

fol. 42v (S. 84): (Leere Textseite)

Textseitenrahmung: in den oberen Medaillons links ein bärtiger Mann mit einem Helm mit auffällig breitem Schirm vorn und Harnisch, rechts einer mit ausgeprägtem Bart im offenen Visierhelm und Harnisch; unten links ein schnurrbärtiger Mann mit einem Turban, rechts einer mit roter Schirmmütze; in den annähernd symmetrischen Blattwerkornamenten seitlich je ein nacktes Kind mit einer Armbrust, unten zwei Kinder, die an dem aus zwei Fischköpfen wachsenden Blattwerk reißen; oben zwei nackte Kinder beim Büchsenschießen. Eines sitzt im Bildzentrum und stopft seinen Vorderlader, ein zweites steht rechts daneben und schießt auf eine links stehende, runde Zielscheibe. Rauch und Mündungsfeuer schießen aus Lauf und Zündschloß; die Szene auf einer Wiese an einem See, im Hintergrund Hügel.

fol. 43r (S. 85): (Leere Textseite)

Zur Szene oben vgl. BORIN, Frauenbilder, S. 216; KNALLBRSKOWSKY, Ethos und Bilderwelt, S. 494.

Textseitenrahmung: im Medaillon links oben ein bärtiger Mann mit einem runden, blau-roten Hut, rechts ein schnurrbärtiger mit einem roten und goldenen Helm, unten links ein lorbeerbekränzter Männerkopf, links ein bärtiger mit langen Haaren und Stirnband; in den grotesken Ornamentleisten seitlich Masken und je ein tanzendes Kind, unten zwei Putten im Kampf mit einem ins Blattwerk eingearbeiteten Papagei; in der oberen Rahmenleiste: Der Tod der Kleopatra. Im Zentrum fließt ein Bach in einen Fluß, darüber führt links ein Weg zu einem Tor in einer Befestigung hinten links; im Hintergrund rechts eine zweite Siedlung. Im Vordergrund sitzt an einer Ruine eine Frau halb entblößt in einem roten Gewand. Zu ihren Füßen stehen zwei angekettete Truhen, auf die sie die rechte Hand legt. Die

Linke hält eine blau-gelbe Viper, die in ihre linke Brust beißt. Der Kopf ist klagend auf die Schulter gelegt.

fol. 43v (S. 86): (Leere Textseite)

Zur Miniatur oben vgl. HENKEL/SCHÖNE (Hg.), Emblemata, Sp. 1742 f.; RDK 1, Sp. 801–810, hier Sp. 803 f.; vgl. fol. 56r.

Textseitenrahmung: in den Medaillons vier Frauenköpfe mit verschiedenen Haarnetzen und -bändern; in den symmetrischen Blattwerkornamenten an den Seiten Masken und in der Mitte je ein Putto mit einem Schoßhund, unten je zwei nackte Kinder und Faunsgestalten; oben in der Miniatur eine Szene aus den Metamorphosen des Ovid: Die Verwandlung der Daphne in einen Lorbeerbaum. Links führt ein Weg, der im Hintergrund zu einer Siedlung hingeht, mit einer Brücke über einen Bach; halbrechts im Hintergrund eine weitere Siedlung; im Zentrum die sich zu einem Baum verwandelnde Daphne, rechts dabei Apollo als nackter, antikischer Jüngling, erschrocken zurückweichend.

fol. 44r (S. 87): Hans (II.) Baumgartner und Regina Fugger

Vater: fol. 20r

(Entwurf: fol. 28v) NEBINGER/RIEBER, Genealogie, Taf. 4: Hans Baumgartner, * 1488, † 1549, 1538 Aufnahme in die Geschlechter; Regina, * 1499, † 1553; sie wäre demnach mit zwölf Jahren verheiratet worden: PÖLNITZ, Jakob Fugger 2, S. 244, erwähnt sie schon für Februar 1511 als verheiratet. REINHARD (Hg.), Eliten, Nr. 37: Hans Baumgartner, * 1487; BÖHM, Reichsstadt, S. 77–79.

Allianzbildnis: die Wappen durch eine grüne Kordel verbunden, diese zusätzlich durch eine Öse am Rahmen des Schriftfeldes unten auf der Seite geführt; das violett gerandete Wappen auf der Seite links, umgekehrt zu denken, ist geteilt und oberhalb gespalten; das erste Quartier geteilt: oben grün in silber nach links gewandt ein scharrender Sittich mit rotem Schnabel, Krallen und Halsring, unten silber auf schwarz eine Lilie; im zweiten Feld silber in rot ein nach rechts drohender Schwan; das untere Quartier schräg rechts gold und blau geteilt; darin mit verwechselten Farben ein nach links steigender Löwe. Über dem Wappen im Halbprofil von rechts das Porträt eines bartlosen Mannes mit ohrenlangen, blonden Locken unter einem flachen Barett mit doppeltem Hutband. Über einem Hemd mit schmaler Krause trägt er ein vor der Brust golden geknöpftes, dunkelbraunes Wams mit weiten, zur Hand hin zulaufenden Ärmeln sowie eine schwarze Schaube mit breitem Kragen. Die Arme sind durch die Hängeärmel gesteckt und leicht angewinkelt. Vor der Brust liegt eine goldene Kette. Der Blick geht aus den Augenwinkeln zur Frau hin. Die rechte Hand, an deren Ringfinger ein Ring erkennbar ist, greift in eine rote Börse, die die linke, an deren Daumen zwei Ringe erkennbar sind, vor dem Bauch hält.

Die Frau, über dem Lilienwappen mit rotem Blattwerk, ist im Halbprofil von links, mit dem Kopf im Vollprofil gegeben. Sie trägt eine einfache, weiße, am Hinterkopf kugelförmig ausgestopfte Stirnhaube ohne Kinnband, ein Hemd mit schmalem Stehkragen und weiten Bündchen, ein violettes Kleid mit schwarz abgesetzter Brust- und Bauchpartie und ebensolchen Umschlägen an den Trichterärmeln sowie eine schmale, schwarze Schaube. Um den Hals liegt eine Kette. An Zeige- und Ringfinger der linken Hand sind Ringe erkennbar. Der Blick geht nach vorn, zum Mann hin. Die rechte Hand ruht bei vor dem Bauch angewinkeltem Arm auf dem leicht ausgestellten Bauch, verdeckt vom linken Unterarm, während die linke in Bauchhöhe bei leicht angewinkeltem Arm nach oben geöffnet vorgestreckt ist[685].

Schriftband links:

Der Edel vnd Vest Herr Hans Paungartner von / Paungarten, burger zu Augspurg, welcher mit Jun- / ckfraw Regina fuggerin Anno .1512. Jnn der / Stat Augspurg hochtzeit gehabt, vnd mitein- / ander dreitzehen kinder Eelichen ertzeuget, / Stirbt Anno.[686]

Schriftband rechts:

Fraw Regina Fuggerin, Herren Georgen / Fuggers Eeliche Tochter, vnd Herrenn / Hannsen Paungartners Eelicher Gemahel, Stirbt Anno.[687]

Schriftrahmen unten.

End der vierten Linien.

fol. 44v (S. 88): Regina Fugger

Vater: fol. 37v

(Entwurf: fol. 29r) Bei NEBINGER/RIEBER, Genealogie, Taf. 5, und REINHARD (Hg.), Eliten, Nr. 250, nicht erfaßt; erfaßt bei SCHWENNICKE (Hg.), Stammtafeln, Taf. 35: * 8.XII.1513.

Schriftrahmen oben:

Anfang der funften Linien.

Einzelporträt: über dem Wappen der Fugger von Kirchberg und Weißenhorn – mit rotem Blattwerk und seitlich schwingenden, roten Kordelenden – frontal eine junge Frau in schlichtem, weinrotem Kleid mit schwarzer Borte am weiten Ausschnitt und den Bündchen, darunter ein weißes, kragenloses Hemd; das blonde Haar in einem goldgewirkten Haarnetz mit einem Diadem auf der Stirn. Um den Hals liegt eine Kette. Am Ringfinger der linken Hand sind zwei Ringe zu sehen. Die Arme sind vor dem Bauch waagerecht verschränkt. Der gesenkte Blick geht nach unten rechts.

Schriftband oben:

Junckfraw Regina Fuggerin Herren Ray / munden Fuggers Eeliche Tochter, welche / gar Jung gestorbenn ist.

fol. 45r (S. 89): Jakob Fugger

Vater: fol. 37r

(Entwurf: fol. 29v) Bei NEBINGER/RIEBER, Genealogie, Taf. 5; und REINHARD (Hg.), Eliten, Nr. 250, nicht erfaßt; erfaßt bei SCHWENNICKE (Hg.), Stammtafeln, Taf. 35: * 23.IX.1515, † 10.XII.1518.

Einzelporträt: über dem Wappen der Fugger von Kirchberg und Weißenhorn, mit rotem Blattwerk und seitlich schwingenden Kordelenden, im Halbprofil von links das Bild eines jungen Mannes mit ohrenlangem, braunem Haar und einem Lorbeerkranz. Er trägt ein am Hals gekraustes Hemd, ein rotes Wams

---

[685] In Blei Textseitenrahmung.
[686] Freiraum.
[687] Freiraum.

mit vielfach gepufften und geschlitzten Ärmeln sowie eine violette Schaube mit breit über die Schultern fallendem Kragen und lang angeschnittenen Ärmelschlitzen. Eine Kette liegt um den Hals. An Zeige- und Ringfinger der rechten und am Ringfinger der linken Hand trägt er Goldringe. Der etwas geneigte Kopf blickt nach vorn, d.h. im Bild nach rechts, dorthin zeigt auch mit angewinkeltem Arm die schwach erhobene Linke, während der rechte Arm etwas vom Oberkörper abgespreizt ist, so daß die ein eingerolltes Schriftstück fassende Hand über dem Schildrand hängt[688].

Darüber das Schriftband:

Jacob Fugger, Herren Raymunden fuggers / anders Eelichs kind, welcher in der Jugent / Jnn Got verschidenn.

fol. 45v (S. 90): Hans Jakob Fugger und Ursula von Harrach

Vater: fol. 37r; Kinder: fol. 79r–101r
(Entwurf: fol. 30r) NEBINGER/RIEBER, Genealogie, Taf. 5, 9: Johann Jakob, * 1516, † 1576 [!] [tatsächlich: 14.7.1575]; Ursula von Harrach, * 1522, † 1554; Heirat 1540; in 2. Ehe 1560 Sidonia Wazler von Colaus († 1573); REINHARD (Hg.), Eliten, Nr. 243; MAASEN, Hans Jakob Fugger; KELLENBENZ, Hans Jakob Fugger; Abb.: LEHMANN, Fuggerbibliotheken I, Taf. 13; zum Wappen der Frau vgl. fol. 7v.

Allianzbildnis: Die die Schilde verknüpfende Kordel bildet hier im Bildzentrum eine Doppelschlinge. Beide Porträts sind beinahe als Dreiviertelfiguren ausgeführt. Im Schild links das umgekehrte Wappen der Fugger von Kirchberg und Weißenhorn mit rotem Blattwerk; darüber im Halbprofil ein Mann mit dünnem, langem Vollbart und ohrenlangem, dunklem Haar unter einem schmalen, dunkelblauen, mit goldenen Schleifen besetzten Barett. Die Fältung des Hemdes ist erkennbar, außerdem zwei Goldketten vor der Brust. Das weinrote Wams ist vor der Brust geknöpft und im Schoß offenbar recht lang. An den Bündchen und der Knopfleiste hat es goldene Stickereien; darüber eine schwarze Schaube mit halblangen Ärmelansätzen, Hängeärmeln und im Nacken breit umgeschlagenem Pelzkragen. Der Blick geht aus den Augenwinkeln zur Frau hin. Die Arme sind am Körper angewinkelt. Die linke Hand hält neben dem Körper ein Paar Handschuhe, die rechte etwas darunter den Knauf eines Siegelstempels. Am rechten Ringfinger und am linken Daumen sind Goldringe erkennbar; links am Gürtel der Griff eines Schwertes.

Rechts mit goldenem Blattwerk das Wappen derer von Harrach; darüber im Halbprofil von links das Bild einer jungen Frau. Aus dem goldgewirkten Haarnetz fallen an den Ohren Löckchen, darüber trägt sie ein schwarzes, flaches Barett mit Straußenfeder und goldenen Schleifchen auf der Krempe, dazu über einem Halshemd ein weit ausgeschnittenes, schwarzes Kleid, ein am Bauch weinrotes, samtenes Mieder mit goldenem Bruststück und Schleifchenbesatz mit goldenen Borten und durchschossenen sowie an den Ellenbogen gepufften und geschlitzten Ärmeln, aus denen am Handgelenk kleine Krausen fallen; dazu einen schmalen, goldenen Gürtel; eng am Hals eine Kette mit Anhänger, darunter eine kürzere und eine lange, feingliedrigere Kette. Am Kleinen und Ringfinger der rechten und am Kleinen und Mittelfinger der linken Hand sind Ringe erkennbar. Der Blick geht nach vorn, zum Mann hin. Ihm entgegen hält sie in der nach innen gedrehten rechten Hand vor der Brust einen Apfel oder Ball, während die linke bei leicht vom Körper abgespreiztem Arm vor dem Bauch ruht. Der Oberkörper ist ins Hohlkreuz zurückgebogen, so daß der Bauch auffällig betont wird.

Schriftband links:

Herr Hans Jacob fugger, Fundator dises / fuggerischen Eernbuchs, vnnd Herren / Raymunden fuggers Eelicher Sone, / welcher[689] *kinder eelichen ertzeuget / hat. Stirbt Anno.*[690]

Schriftband rechts:

Fraw Vrsula von Harroch, des Wolge- / bornen herren Leonharten von Harroch / zu Roraw eeliche tochter, vnd herrn Hans / Jacoben fuggers fundators [etc.] eelicher gemahel. / Stirbt Anno.[691]

fol. 46r (S. 91): (Leere Textseite) (Sidonia von Colaus, gen. Wazler)

(Entwurf: fol. 30v) Zum Monatsbild in der oberen Bordüre vgl. mit Abb. DORMEIER, Monatsbilder, S. 120 f.; zur Familie der Frau KNESCHKE (Hg.), Adelslexikon 2, S. 309.

Textseitenrahmung mit späterem Nachtrag: in den Medaillons des Rahmens Wappen: oben links die Doppellilie der Fugger, unten links die gekrönte ›Mohrin‹ mit der Mitra der Grafschaft Kirchberg, hier nach links gewandt, rechts die drei Hifthörner der Herrschaft Weißenhorn, im ganzen also das Wappen Hans Jakob Fuggers; oben rechts das Wappen der von Harrach; in der seitlichen Rahmung aus Blattwerk, Kandelabern, Masken sowie links männlichen und rechts weiblichen geflügelten, menschlichen Rümpfen links ein nacktes Kind mit zwei aufgespießten, goldenen Bügelhelmen, der linke gekrönt mit der Helmzier des Fuggerwappens, der rechte mit dem ›Mohrinnen‹-Rumpf des Kirchberger Wappens; rechts in der Seite ein Kind mit einem Leibchen, auf den Stangen links ein goldener, gekrönter Bügelhelm mit rotem Vogelflügel, darin der goldene Ball mit den dreipässigen Pfauenfedern, rechts ein gekrönter, goldener Bügelhelm mit schwarzen, gefiederten Hörnern, den beiden Helmkleinoden der von Harrach; im unteren Rahmen eine nicht-ornamentale Miniatur: auf einer von Bäumen umstandenen Wiese vor einer Stadt im Hintergrund ein Pferderennen. Drei Pferde werden ohne Sattel von Harlekinen ähnlich gekleideten Reitern geritten, ein viertes ohne Reiter folgt. Links ist auf einer Säule als Wendemarke in Grün der Pir, das Augsburger Stadtzeichen, aufgebaut, dahinter am Waldrand eine rote Fahne. Oben in der Rahmung das Monatsbild für November (Schütze): Das Sternzeichen ist hier oben rechts in der Ecke gegeben, darunter im Bildzentrum vor einem Gehöft eine ältere Frau bei der Arbeit mit der Flachsbreche, eine jüngere beim Flachsklopfen mit dem sog. Schwingscheit. Links mit Flachsbündeln gefüllte Säcke, davor ein Mann in bäuerlicher, jedoch bunter Kleidung sowie ein zweiter in Schaube und Barett, vielleicht der Bauer und der Grundherr oder Aufkäufer.

Im Schriftraum ist im 18. Jahrhundert ein Wappen nachgetragen worden: rot und silber schrägrechts geteilt; darüber ein silberner Bügelhelm mit goldener Kette, darauf als Zier ein

---

[688] In Blei Textseitenrahmung.

[689] Freiraum.
[690] Freiraum.
[691] Freiraum.

schrägrechts rot und silber geteilter Vogelflug; darüber ein Schriftband mit einem Eintrag:

<*Sidonia wazlerin von ColauS / eine Tochter des Georg wazler und der / praxedis von Montani 2te gemahlin des / Johann Jacob fugger. verm*[ählt] *A*[nno] *1560. † 1573.*>[692]

fol. 46v (S. 92): (Leere Textseite)

Zum Monatsbild im oberen Rahmen vgl. DORMEIER, Monatsbilder, S. 120 f. mit Abb.; für die seitlichen Bordüren vgl. Entwurf, fol. 2v.

Textseitenrahmung: in den oberen Medaillons bärtige Männer mit Helm und Harnisch, unten bartlose Männer mit Lorbeerkranz; im Blattwerk der Bordüren seitlich jeweils oben zwei Störche im Nest, darunter je ein Putto beim Glockenläuten in stilisierten Glockentürmen und unten je ein Putto an einem Brunnen, im Blattwerk des unteren Rahmens zwei nackte Kinder im Kampf mit langen Spießen; oben das Monatsbild Dezember (Steinbock): das Sternzeichen links in der oberen Ecke. Auf dem Hof eines Gehöfts treibt ein Mann von links ein Schwein heran. Vor einem großen Bottich steht in der Bildmitte ein zweiter Mann bereit, um mit der stumpfen Seite eines Beils einen Betäubungsschlag auszuführen. Links hockt eine Frau mit einem langstieligen Tiegel, in dem nach dem Abstechen das Blut aufgefangen werden soll.

fol. 47r (S. 93): (Leere Textseite)

Zur Szene in der Rahmung oben vgl. ROSCHER (Hg.), Mythologie 1.I, Sp. 548–551 (Aristaios), 1421–1423 (Eurydike); 2.I, Sp. 1058–1207 (Orpheus); vgl. (Kat.) (Les) Metamorphoses d'Orphee, Nr. 22, 25, 37, mit Vergleichsstücken des 18. Jahrhunderts.

Textseitenrahmung: in den oberen Medaillons bärtige Männerköpfe mit Helmen, unten solche mit Lorbeerkränzen, links mit langem, dunklem Haar und ohne Bart, rechts mit langem Haar und Bart; in den seitlichen Blattwerkornamenten Masken und Kindergesichter, dazu in der Mitte je ein tanzendes, nacktes Kind, unten zwei mit Flöte und Dudelsack musizierende und zwei tanzende Faunsgestalten; oben vielleicht eine Szene aus der antiken Mythologie: Orpheus und Eurydike. Rechts vor dem Hintergrund einer Stadt liegt unter Bäumen eine unbekleidete Frau mit einem grauen Tuch bedeckt: Eurydike, die nach einem Schlangenbiß stirbt (?). Links läuft dieselbe Frau in eine graue und orange-rote Wolke hinein, gefolgt von einem nur mit einem Schurz bekleideten Mann: Orpheus, der ihr in die Unterwelt folgt.

fol. 47v (S. 94): (Leere Textseite)

In der Emblematik des späteren 16. und 17. Jahrhunderts standen den Hirsche neben christlichen Konnotationen auch für das harmonische Zusammenleben der Eheleute bzw. der Hausgemeinschaft, so z.B. mehrmals bei FISCHART, Philosophisch Ehezuchtbuechlein.

Textseitenrahmung: in den oberen Medaillons bärtige Männerköpfe mit Helmen, in den unteren bartlose mit Lorbeerkränzen,

---

[692] Zeile kleiner.

davon der linke ein Afrikaner mit einem goldenen Ohrring; in den Seitenornamenten auf Podesten oben je ein tanzendes, nacktes Kind, unten je ein Paar aus Löwe und Bär als Halter einer stilisierten Eiche, aus der das Blattwerk entwickelt ist, in der unteren Leiste Putten als Halter der Medaillons und zentral zwei Steinböcke an einem Baumstamm steigend; in der oberen Leiste unter Bäumen vier Rothirsche; im Hintergrund eine Hügellandschaft.

fol. 48r (S. 95): (Leere Textseite)

Zur Miniatur oben in der Rahmung Gen. 1, 2,18–25; 3,1–7; vgl. LCI 1, Sp. 41–70; die Fortsetzung fol. 49v.

Textseitenrahmung: in den Medaillons oben zwei Frauenköpfe, links mit einem Haarnetz, rechts mit einem Kopftuch, unten zwei lorbeerbekränzte, bartlose Männerköpfe; in den Blattwerkbordüren seitlich in der Mitte je ein Putto mit Schwert am Gürtel und einem Kanarienvogel in der Hand, unten zwei Kinder im Kampf mit langen Lanzen; in den seitlichen Bordüren oben links und rechts je eine Kartusche mit einer Devise:

Messig // Bstendig

Oben eine Sequenz von Szenen aus der Genesis: Die Schöpfungsgeschichte/Der Sündenfall. Rechts Himmel – mit Mondsichel und Sternen – und Erde, auf dieser ein Hirsch, Bäume und eine Wiese, die Schöpfung der Tiere und Pflanzen. In der Bildmitte erschafft Gott, als bärtiger Mann mit blau-rotem Gewand und strahlendem Nimbus, aus der Rippe des schlafenden Adam Eva; rechts im Hintergrund Adam und Eva mit der Schlange am Baum der Erkenntnis.

fol. 48v (S. 96): Georg Fugger und Ursula von Liechtenstein

Vater: fol. 37r; Kinder: fol. 101v–113r

(Entwurf: fol. 31r) NEBINGER/RIEBER, Genealogie, Taf. 5, 13: Georg, * 1518, † 1569; Ursula von Liechtenstein, † 1573; REINHARD (Hg.), Eliten, Nr. 241; KNESCHKE (Hg.), Adelslexikon 5, S. 512–534, jedoch mit abweichendem heraldischen Befund für die Familie der Frau; SCHAD, Frauen des Hauses Fugger, S. 30–32; Augsburger Stadtlexikon (1998), S. 422: Wilhelm von Liechtenstein, Landeshauptmann von Südtirol.

Allianzbildnis: Die Wappen sind durch eine Kordel verbunden; links mit rotem Blattwerk das umgekehrte Wappen der Fugger von Kirchberg und Weißenhorn; darüber im Halbprofil von rechts das Porträt des Mannes mit dunklem Vollbart und kurzem, dunklem Haupthaar; auf dem Kopf ein schwarzes, flaches Barett mit goldenen Schleifen in der Krempe und einem Medaillon mit Straußenfeder über dem rechten Ohr. Er trägt ein Hemd mit Fältung an Kragen und Bündchen, ein an den Armen vielfach gepufftes und geschlitztes grünes Wams mit goldenen Knöpfen, und eine schwarze Schaube mit weiten Ärmelansätzen. Um den Hals liegen zwei Goldketten; am Ringfinger der rechten und am Daumen der linken Hand Goldringe. Der Blick geht zu dem der Frau hin. Die rechte Hand greift den Säbelgriff an der rechten Hüfte, die linke ist bei an den Oberkörper angelegtem Oberarm erhoben und greift leicht nach einer Nelke, die die Frau in der Rechten hält.

Im gold gerandeten Wappen rechts silber in blau eine geschweifte, gestürzte Spitze; darüber im Halbprofil von links die Frau mit einem flachen Barett mit schmaler Krempe, goldenem Schleifchenbesatz und zwei Straußenfedern über dem linken

Ohr, darunter ein goldgewirktes Haarnetz. Sie trägt ein weißes Halshemd mit Fältung an Hals und Bündchen sowie ein in der Taille eng geschnürtes, rotes Kleid mit golden abgesetztem Bauch und ebensolcher Brustpartie, schwarzen Saumborten an dem weiten Ausschnitt und an den Bündchen sowie durchschossenen Ärmeln, eine grüne Schärpe um die Hüfte. Zwei Ketten liegen um den Hals. Während die linke, an deren Ringfinger zwei Goldringe erkennbar sind, bei leicht angewinkeltem Arm über der Oberkante des Schildes in Hüfthöhe schwebt, hält die rechte Hand bei am Körper angewinkeltem Arm vor dem Bauch eine Nelke, nach der der Mann greift. Der Blick trifft ebenfalls den des Mannes. Der Bauch ist stark betont.

Schriftband links:

Herr Georg Fugger, Herren Raymunden Fug- / gers Eelicher Sone, welcher A[nno] .1542. zu Trient / mit Junckfraw Vrsula von Liechtenstain, Her- / ren Wilhalm von Liechtenstain eeliche tochter, / seinen beischlaf vnd hochzeit gantz eerlich ge- / halten, mit welcher sein herrlichait[693] */ kinder Eelichen ertzeuget hat. Stirbt A[nno]*[694]

Schriftband rechts:

Fraw Vrsula von Liechtenstain, Herren / Wilhalm von Liechtenstains eeliche tochter / vnd Herren Georgen fuggers Eelicher ge- / mahel, Stirbt Anno.[695]

fol. 49r (S. 97): (Leere Textseite)

(Entwurf: für diese und die folgenden Leerseiten kein Text enthalten) Zur Miniatur in der oberen Bordüre vgl. Abb. bei DORMEIER, Kurzweil, S. 189. Für die ornamentalen Bordüren dieser Seite sind als Vorlage Arbeiten Hans Sebald Behams nachgewiesen worden; vgl. (Kat.) Fugger und Welser, Nr. 378.

Textseitenrahmung: in den Medaillons oben zwei Männerköpfe mit bunt gearbeiteten Helmen, rechts mit Bart, unten links eine dunkelhaarige Frau mit Lorbeerkranz, unten rechts ein bärtiger Mann mit ebensolchem; im in Phantasieköpfen auslaufenden Blattwerk der unteren Rahmung zwei mit langen Spießen kämpfende, nackte Kinder, in der linken seitlichen Bordüre mittig ein nacktes Kind mit einem Roßstirnschild, von dem die Innenseite mit der Griffschlinge gezeigt ist, sowie zwei Stangen, auf denen goldene Bügelhelme stecken: links ein gekrönter Helm mit der bekannten Helmzier des Fuggerwappens, rechts die Helmzier des Weißenhorner Wappens; rechts im Blattwerk der Rahmung ein Kind, das mit der Rechten einen Roßstirnschild mit dem Wappen der Ursula von Liechtenstein stützt, mit der Linken über dem Kopf einen goldenen, gekrönten Bügelhelm mit der zugehörigen Helmzier, einem Federbusch aus vier Straußenfedern, wechselweise blau und silber; unten in den seitlichen Rahmen noch je zwei an den Kanten eingerollte Roßstirnschilde in blau und gold; in der oberen Rahmung eine Miniatur: Die Schlittenfahrt. Vor einer städtischen Häuserkulisse fährt ein vornehmer Mann mit gepufften, oberschenkellangen Hosen, hüftlangem Überrock, federgeschmücktem Barett und Säbel am Gürtel mit einem reich geschmückten, von einem Pferd gezogenen Schlitten durchs Bild. Vor dem Pferd läuft ein weiterer Mann, gekleidet in Wams, Pluderhosen und Strümpfen mi-parti gestreift in blau und gold, den Farben der Fugger.

fol. 49v (S. 98): (Leere Textseite)

Zur Miniatur in der Rahmung oben Gen. 3,1–24; vgl. LCI 1, Sp. 41–70. Die Darstellung schließt an an fol. 48r.

Textseitenrahmung: oben in den Medaillons bärtige Männer mit Turbanen, unten links ein bärtiger Mann, rechts ein bartloser Mann mit Lorbeerkranz; in den seitlichen Blattwerkbordüren unten je ein mit einem Wams mit Hängeärmeln bekleidetes Kind, links frontal, rechts in Rückenansicht, in der Mitte je ein Putto mit Hellebarde und Schwert, darüber je zwei Wappenschilde unter einer goldenen Krone; unten im Blattwerk mit Masken ein Putto mit Spieß im Kampf mit zwei Kranichen; oben eine Szene aus der Genesis: Der Sündenfall/Die Vertreibung aus dem Paradies. Links auf einem Felsen ein Tier; im Zentrum reicht Eva Adam unter dem Baum der Erkenntnis, an dem sich die Schlange herabwindet, den Apfel. Rechts im Hintergrund die Vertreibung aus dem Paradies: Mit einer weit ausholenden Bewegung schwingt der Erzengel sein Schwert. Adam und Eva laufen hastig nach rechts.

fol. 50r (S. 99): (Leere Textseite)

Zur Miniatur in der Rahmung oben LIMC 6.1, S. 196–201; LdK 4, S. 223 f.

Textseitenrahmung: in den Medaillons oben gekrönte, bärtige Männerköpfe, unten ein bärtiger und ein bartloser Mann; in den seitlichen Bordüren akanthusartiges Blattwerk, darin in mittlerer Höhe je ein Kind in antikischem Brustharnisch, darunter je ein roter Greifvogel; in der unteren Rahmenleiste zwei auf Hörnern blasende Kinder, auf Lindwürmern reitend; in der oberen eine Szene aus der antiken Mythologie: Laokoon und seine Söhne. In einer Wiesenlandschaft auf einem Baumstamm sitzen Laokoon und seine Söhne, von den Schlangen umschlungen.

fol. 50v (S. 100): (Leere Textseite)

Zur Miniatur in der Rahmung oben vgl. RE 4, Sp. 1864 f.; KOEPPLIN/FALK, Lucas Cranach 2, S. 608–610, Nr. 518.

Textseitenrahmung: in den Medaillons Männerköpfe, bis auf einen schnurrbärtigen links unten ohne Gesichtshaar. In den seitlichen Bordüren wächst das akanthusartige Blattwerk hier aus Gefäßen, die offenbar antiken Kratern nachempfunden sind: An den Wandungen außen sind figürliche Reliefs angedeutet. Im mittleren Register der seitlichen Bordüren links zwei sich liebevoll umarmende, rechts zwei balgende Kinder; das Blattwerk schließt oben ab mit Engelsköpfen. In der untere Leiste zwei auf in Blattwerkschnecken auslaufenden Pferderümpfen reitende Putten; oben eine Szene aus der antiken Legende: Der Opfergang des Marcus Curtius. Vor der Kulisse einer frühneuzeitlichen Stadt reitet ein behaarnischter Mann mit seinem Pferd in ein Loch im Straßenpflaster hinein. Rechts stehen vier bewaffnete Männer, links ein mit schmalem Hut, grüner ›Kappe‹ und gepufften Hosen nach der spanischen Mode gekleideter Mann und drei ebenso höfisch-vornehm gekleidete Frauen.

---

[693] Freiraum.
[694] Freiraum.
[695] Freiraum.

fol. 51r (S. 101): Johann Jakob von Mörsberg und Regina Fugger

Vater: fol. 37v
(Entwurf: fol. 31v) NEBINGER/RIEBER, Genealogie, Taf. 5: Regina, * 1519, † 1550; SCHWENNICKE (Hg.), Stammtafeln, Taf. 35: Johann Jakob von Mörsberg, † nach 18.I.1588; vgl. KNESCHKE (Hg.), Adelslexikon 6, S. 323 f.

Allianzbildnis: Die Wappen sind durch eine rote und blaue Kordel miteinander verbunden. Das linke Wappen mit goldenem Blattwerk ist geviert und offensichtlich umgekehrt. Es zeigt im ersten und vierten Feld gold in blau je drei nach links drohende Adler, im zweiten und dritten jeweils eine dreifache Schachung von silber und rot; darüber im Halbprofil von rechts das Porträt eines Mannes mit langem, graubraunem Voll- und Schnurrbart, eng anliegender Kopfhaube über dem kurzen Haar und einem schwarzen Barett, an dem Schleifchen und eine Straußenfeder zu erkennen sind. Über einem an Hals und Händen leicht gekrausten Hemd trägt er ein an den Ärmeln geschlitztes und gepufftes, schwarzes Wams und eine schwarze Schaube mit schmalem Kragen. Zwei schwere Goldketten liegen vor der Brust. An der rechten Hand sind an Ring- und Mittelfinger Ringe erkennbar. Die Arme sind am Körper angewinkelt, die Hände halten vor dem Bauch das Schwert, die rechte an der Scheide, die linke etwas darüber am Knauf des Griffes. Der Blick geht zur Frau hin.

Diese, über dem Wappen der Fugger von Kirchberg und Weißenhorn mit rotem Blattwerk, ist im Halbprofil von links gezeigt. Sie trägt ein goldgewirktes Haarnetz und ein flaches Barett mit Straußenfeder und goldenen Schleifchen, ein Halshemd und ein violettes Kleid mit weiten oberen und engen unteren Ärmeln sowie schwarzen Saumborten am weiten Ausschnitt, den engen Bündchen und dem rot und gold gestreiften Bruststück. Um die Hüfte ist eine goldene Kordel geknotet, eng am Hals liegt eine Kette mit Anhänger, vor der Brust zwei schwere Gliederketten. Am Mittelfinger der rechten und an Zeige- und Mittelfinger der linken Hand sind Ringe erkennbar. Der Blick trifft den des Mannes. Die Arme sind am Körper angewinkelt, die linke Hand ruht einen Handschuh haltend auf der Hüfte, die rechte liegt etwas darüber auf dem deutlich vorgewölbten Bauch[696].

Schriftband links:

Der Wolgeboren Herr Hans Jacob, freiherr zu / Mersberg vnd Beffort, welcher mit frawlin Re- / gina Fuggerin, Anno .1538. zu Weissen / horn seinen beischlaf vnd hochtzeit gehalten, / vnd auch etliche kinder mit Jr Eelichenn / ertzeuget hat. Stirbt Anno.[697]

Schriftband rechts:

Fraw Regina fuggerin, Herren Raymun- / den Fuggers eeliche Tochter, herren Hans / Jacoben, Freiherren zu Mörsperg vnnd / Beffort Eelicher gemahel. Stirbt A[nno].[698]

fol. 51v (S. 102): Christoph Fugger

Vater: fol. 37v
(Entwurf: fol. 32r) NEBINGER/RIEBER, Genealogie, Taf. 5: * 1520, † 1579; REINHARD (Hg.), Eliten, Nr. 239.

Der Anlage nach ein Allianzbildnis; jedoch ist nur der Mann mit Schriftband, Porträt und Wappen ausgeführt, für die Frau lediglich eine leere Wappenkartusche mit goldenem Blattwerk und silberner Damaszierung eingezeichnet. Auch die obligatorische Kordel zwischen den Wappen fehlt. Das ausgeführte Wappen ist, umgekehrt und mit rotem Blattwerk, das der Fugger von Kirchberg und Weißenhorn; darüber im Dreiviertelprofil von rechts ein Mann mit langem, blondem, zweigeteiltem Vollbart und kurzem, blondem Haar. Er trägt ein flaches, breites Barett mit Straußenfeder, ein schwarzes, geschlitztes und zerhauenes, an den Armen mehrfach gepufftes und geschlitztes Wams, darunter ein weißes Halshemd und darüber eine schwarze Schaube. Im Schoß ist eine weiß durchschossene Schamkapsel erkennbar. An Zeige- und Ringfinger der rechten Hand sind Ringe, vor der Brust zwei lange Ketten erkennbar. Die linke Hand greift in der Hüfte an den Schwertgriff, die rechte ist bei angewinkeltem Arm in der Hüfte aufgestützt. Der Blick geht nach vorn, zur potentiellen Position der Frau hin.

Schriftband links:

Herr Christof fugger Herren Raymundenn / fuggers Eelicher Sone. <*geb*[oren] *1520. † .1579. Ledig.*>[699]

fol. 52r (S. 103): (Leere Textseite)

(Entwurf: für diese und die folgenden Leerseiten kein Text enthalten) Zur Miniatur in der Rahmung oben vgl. Gen. 4,1–16; LCI 1, Sp. 5–10.

Textseitenrahmung: in den oberen Medaillons bärtige Männerköpfe mit Helmen, in den unteren solche mit Lorbeerkränzen, links bartlos, rechts mit einem Schnurrbart; im Blatt- und Rollwerk der seitlichen Bordüren links unten Hammelköpfe, darüber links ein flötender, rechts ein auf einer Landsknechtstrommel spielender Putto; unten im Blattwerk ein Reigen von fünf nackten Kindern; oben in der Rahmung zwei Szenen aus der Genesis: Kain und Abel. Links im Mittelgrund auf einer Wiese ein brennender Opferaltar; daneben stehen zwei Männer, Kain und Abel, gekleidet in eine blaue bzw. eine rote Tunika. Sie blicken nach rechts, wo im Bildzentrum unter einem Baum Kain, bis auf einen roten Umhang nackt, sich gerade mit einer Keule in der Hand über Abel, in einem gelbbraunen Umhang, beugt. Der letztere sucht sich mit dem Arm zu schützen. Im Hintergrund ein Gebirge[700].

fol. 52v (S. 104): (Leere Textseite)

Zur Miniatur in der Rahmung oben Gen. 6,13–8,23; vgl. LCI 1, Sp. 178–180.

Textseitenrahmung: in den Medaillons oben links ein bartloser Mann mit einem römischen, goldenen Helm, rechts ein bärtiger Mann mit einem Helm mit Widderhörnern an der Seite, unten zwei lorbeerbekränzte Männerköpfe; in den Seiten Blattwerk, das sich aus je zwei blauen Phantasiegeschöpfen unten entwickelt, darin in der Mitte jeweils auf einer Lampe tanzende Putten, im oberen Register je ein stilisiertes Haus, in der unteren Bordüre im Blattwerk zwei Putten, einen Storch neckend; oben eine Szene aus der Genesis: Die Arche Noah. Im Zentrum unter einem Regenhimmel auf dem grauen Meer die Arche, rechts und links Landspitzen, auf der rechten drängen sich Menschen. Vor der

---

[696] Mit Blindgriffel Textseitenrahmung.
[697] Freiraum.
[698] Freiraum.
[699] Schriftband größer angelegt.
[700] Am oberen Seitenrand in Blei zentral: *d.*

Arche links schwimmt ein Mensch im Wasser. Links aus den Wolken fliegt die Taube mit dem Ölzweig zur Arche zurück.

fol. 53r (S. 105): (Leere Textseite)

Zur Miniatur oben vgl. STRAUSS, Intaglio Prints of Albrecht Dürer, Nr. 43: Satyr Family, monogrammierter und datierter (1505) Kupferstich; vgl. KAUFMANN, The Noble Savage, Nr. 31, S. 42 f. (Dürer); Nr. 67; denkbar wäre eine Identifikation als Pan und die Nymphe Marica; vgl. Vergil, Aeneis 7,45–47, dazu: ROSCHER (Hg.), Mythologie, 2.II, Sp. 1904–1915 (Latinus), 2373–2375 (Marica). Das Kind des Pan und der Marica war Latinus, der König und ›heros eponymos‹ der Latiner, auf dessen Erlaubnis hin sich die Trojaner unter Aeneas in Latium ansiedelten.

Textseitenrahmung: in den Medaillons oben links ein junger Mann mit Helm, rechts ein bärtiger Mann mit Mütze, unten links ein Mann mit kurzen, blonden Haaren und ebensolchem Bart, links ein Mann mit Turban, Vollbart und langem Schnurrbart; in den Blattwerk-Bordüren seitlich unten je zwei weibliche Gestalten mit affenartigen Unterleibern, darüber jeweils auf einem Podest ein Putto, in der unteren Bordüre ebenfalls zwei Putten; oben: Eine Satyrfamilie (Pan und Marica?). Links ein Fluß, an dessen anderem Ufer eine Stadt, im Hintergrund ein Gebirge. Rechts sitzen unter zum Teil morschen Bäumen eine Faunsgestalt, die auf einer Flöte spielt, und eine Nymphe, mit der erhobenen Rechten einen Speer oder Stock haltend, mit einem Säugling auf den Knien.

fol. 53v (S. 106): (Leere Textseite)

Zur Miniatur in der Rahmung oben Lk. 15,11–32, hier 15–19; vgl. LCI 4, Sp. 172–174; VETTER, Der verlorene Sohn, Taf. 14: Vorlage für die Szene ist ein Kupferstich Hans Sebald Behams von 1538; vgl. fol. 21v, 39v.

Textseitenrahmung: in den Medaillons oben links ein bärtiger Mann mit Mütze, rechts eine Frau mit blondem Haar unter einem Haarnetz, links unten ein Mann mit Backenbart und kurzem, braunem Haar, rechts ein Mann mit rotem Haarband; in den seitlichen Bordüren Blattwerk mit je einem Putto unten, darüber Masken, Pferde und Stiere, jeweils ornamental stilisiert; in der unteren Leiste ohne ornamentalen Hintergrund ein Reigen mit Bändern tanzender Kinder und zwei mit Flöte und Geige musizierende Kinder; oben in der Rahmung: Die Einkehr des verlorenen Sohnes. Im Hintergrund ein Gehöft und Berge, im Vordergrund kniet unter morschen Baumstümpfen zwischen drei Schweinen ein bärtiger Mann in einem roten Wams und hellgrauen, zerrissenen Hosen, mit einem Stock in der Rechten.

fol. 54r (S. 107): Sibylla Fugger, Wilhelm von Kuenring und Wilhelm von Puchheim

Vater: fol. 37v
(Entwurf: fol. 32v) NEBINGER/RIEBER, Genealogie, Taf. 5: Sibylla, * 1522, † 1550. Abb.: (Kat.) Adel im Wandel, S. 376; SCHAD, Frauen des Hauses Fugger, nach S. 176, vgl. ebenda, S. 175–177.

Doppeltes Allianzbildnis: Die Wappen sind in blattwerkverzierten, in sich und gemeinsam zur Mittelachse symmetrischen, strengen Fünfeckschilden gegeben. Die Frau ist etwas kleiner ins Zentrum des Bildes gerückt, so daß die Männer links und rechts von ihr auf gleicher Höhe mit nach innen geneigten Wappen gezeigt werden. Die Schriftbänder über den Köpfen der Männer schließen die Seite nach oben ab, so daß für jenes der Frau nur ein geringerer Raum unterhalb, zwischen den Köpfen der Figuren bleibt. Das Wappen der Frau ist mit dem auf der Seite links stehenden durch eine blaue, mit dem auf der Seite rechts durch eine rote Kordel verknüpft.

Links der erste Mann: Sein umgekehrtes, mit Herzschild geviertes Wappen, violett gerandet, ist im ersten Feld neunfach von gold und schwarz geteilt, darauf ein schräglinker, grüner Rautenkranz. Das zweite Feld ist gespalten von rechts drei schräglinken, roten Balken in silber und links am Spalt schwarz in gold einem halbierten, gekrönten Adler; im dritten Feld in rot ein dreifach gold und schwarz geteilter, nach links steigender, gekrönter Löwe; im vierten in silber ein roter Ring. Der Herzschild ist von blau und silber geviert. Der Mann im Halbprofil von rechts, mit goldgewirkter Haarhaube, einem langen Schnurr- und zweigeteilten Vollbart, einem Barett mit Straußenfeder und goldenen Schleifchen, einem Halshemd, einem weinroten, vor der Brust geschnürten Wams mit mehrfach gepufften und geschlitzten Ärmeln über im Schoß erkennbaren rubinroten Beinkleidern mit Schamkapsel, darüber eine schwarze Schaube mit braunem Pelzkragen und halblangen, geschlitzten und schleifchenverzierten Ärmeln; vor der Brust eine lange, geknotete Kette. Die linke Hand, an deren Kleinem, Ring- und Zeigefinger goldene Ringe erkennbar sind, faßt bei angewinkeltem Arm die Oberkante des Schildes, die rechte greift in Brusthöhe hinter die rechte Schulter der Frau. Der Blick geht geradeaus, zum zweiten Mann hin.

Der golden gerandete Schild des zweiten Mannes, auf der Seite rechts, ist geviert mit Herzschild: Im ersten und vierten Feld in schwarz je drei goldene Korngarben (2.1), im zweiten und dritten ein roter Balken in silber, im Herzschild silber in rot ein nach rechts steigender, golden gekrönter Löwe; das Porträt des Mannes, annähernd im Profil, mit kurzem, dunklem Haar, einem Vollbart, einem schwarzen Barett mit Straußenfeder und Goldschleifen, einem weißen Hemd, einem blauen, an den Armen geschlitzten Wams, darüber einem weiten, schwarzen Radmantel, der über die linke Schulter geworfen ist. Im Schoß ist von der Beinbekleidung eine blaue Schamkapsel erkennbar. Die Arme sind am Körper angewinkelt. Die linke Hand faßt den Schwertgriff am Gürtel, die rechte ergreift etwas darüber den linken Unterarm der Frau. Am Daumen der Rechten und am Mittelfinger der Linken trägt er je einen goldenen Ring. Der strenge Blick geht geradeaus, zum ersten Mann hin.

Die Frau ist über dem Wappen der Fugger von Kirchberg und Weißenhorn frontal dargestellt. Sie trägt eine weiße, am Hinterkopf breit ausgestopfte Haube, ein Halshemd mit gefälteten Bündchen, ein violettes Kleid mit schwarzen Streifen und Saumborten und an den Schultern gepufften Ärmeln, darüber eine schmale, ärmellose, schwarze Schaube; am Hals eine kurze Kette, eine schwere Gliederkette vor der Brust; an Mittel- und kleinem Finger der rechten Hand und an Zeige- und kleinem Finger der linken Hand sind Ringe erkennbar. Der sehr passive Blick geht aus den Augenwinkeln nach rechts aus der Bildebene heraus. Die rechte Hand liegt bei angewinkeltem Arm vor dem leicht betonten Bauch, die linke bei leicht angewinkeltem Arm hinter der Oberkante des Schildes vor der Leistengegend[701].

Schriftband links:

---

[701] Mit Blindgriffel Textseitenrahmung; oben am Rand, durch Beschnitt zerstört, ein Wort mit Blei.

Der Wolgeboren Herr Wilhalm, freiherr von Kön- / ring, welcher mit fräwlin Sibilla fuggerin als / Jr erster Eegemahel, Anno .1539. zu Schmiha / seinen beischlaf vnd hochzeit gehalten, Aber An- / no .1541. zu Seefeld in Got verschieden, vnnd / kain kind eelichen mit Jr ertzeuget hat.

Schriftband rechts:

Der Wolgeborn Herr Wilhalm freiherr zu Bu- / chain, welcher mit fraw Sibilla fuggerin, des / wolgebornen herrn Wilhalmen Freiherren zu / könring selige[n] verlasne wittib A[nno]. 1542. zu / Wien seinen beischlaf vn[d] hochzeit gehalten, / vnd kaine kinder Eelichen mit Jr vberkome[n] / hat, Stirbt. 20. Januarij. Anno .1547.

Schriftband zentral:

Fraw Sibilla Fuggerin, Herren Raimund[e]n / fuggers Eeliche tochter, vnd zwaier freiher- / ren, von Könring vnd von Buchain Eeli- / cher Gemahel, Stirbt Anno.[702]

fol. 54v (S. 108): Daniel Felix von Spaur und Veronika Fugger

Vater: fol. 37v

(Entwurf: fol. 33r) NEBINGER/RIEBER, Genealogie, Taf. 5: Daniel Felix von Spaur, † 1567; Veronika, * 1524, † 1558; SCHWENNICKE (Hg.), Stammtafeln, Taf. 35: Heirat in Augsburg; KNESCHKE (Hg.), Adelslexikon 8, S. 547–549; vgl. fol. 70r.

Allianzbildnis: Zwischen den Wappen verschränkt sich eine blaue Kordel. Das Wappen links, mit goldenem Blattwerk, ist geviert, das Wappen der Spaur als Erbschenken von Tirol: das erste und vierte Feld senkrecht fünf- und waagerecht sechsfach von silber und blau schacht, darauf ein roter Balken; im zweiten und dritten Feld rot auf silber ein nach links steigender, doppelt geschweifter Löwe, in den Vorderpranken einen goldenen Deckelkelch haltend. Der Mann im Dreiviertel- (Oberkörper) bzw. Vollprofil (Kopf) von rechts, trägt einen braunen Vollbart und ohrenlange Haare, ein schwarzes Barett mit Goldschleifen an der Krempe und einer Straußenfeder, ein Hemd mit Fältung an Hals und Bündchen, ein vor der Brust und an den Armen vielfach geschlitztes und gepufftes, violettes Wams mit gleichfarbigem Schoßteil, darüber eine schwarze Schaube mit Pelerinenkragen. Über der Brust liegen zwei lange, dünne Ketten. Am Daumen der rechten und an Ring- und Zeigefinger der linken Hand sind goldene Ringe erkennbar. Der Blick geht zur Frau. Die Arme sind neben dem Körper angewinkelt. Er hält die rechte Hand über dem Schildrand in der Schwebe, die linke vor dem Bauch mit einem Paar Handschuhe.

Die Frau ist über dem Wappen der Fugger von Kirchberg und Weißenhorn mit rotem Blattwerk im Halbprofil von links gegeben. Sie trägt ein goldgewirktes Haarnetz und ein rotes, schleifchenbesetztes Barett mit Straußenfeder. Ihr rotes Kleid ist bis über die Schultern ausgeschnitten, mit geschlitzten und gepufften Ärmeln, goldbestickten Borten und ebensolcher Bauchpartie. Darunter ein mit perlenbesticktem Stehkragen und Krausen an den Bündchen gearbeitetes Hemd. Um die Hüfte liegt eine blaue Schärpe. Sie trägt eine kürzere und eine lange Gliederkette, dazu an Ring- und Zeigefinger der linken Hand je einen und am Ringfinger der rechten zwei goldene Ringe. Die Hände liegen bei angewinkelten Armen vor dem herausgestellten Bauch übereinander. Der Blick geht unbestimmt nach rechts aus dem Bild heraus.

Schriftband links:

Der Wolgeboren herr Daniel felix freiherr zu Spaur / vnd Erbschenck Jnn der Grafschaft Tirol, welcher / mit frawlin Veronica fuggerin Anno .1542. zu / Schmiha seinen beischlaf vnd hochzeit gehaltenn, / vnd etliche kinder mit Jr Eelichenn vberkomen. / Stirbt Anno.[703]

Schriftband rechts:

Fraw Veronica fuggerin Herren Raimunden / fuggers Eeliche Tochter, vnd des wolgeborne[n] / herren Daniel felix freiherren zu Spaur, Erb- / schenck[e]n in Tirol Eelicher gemahel. Stirbt / Anno.[704]

fol. 55r (S. 109): Susanna Fugger

Vater: fol. 37v

(Entwurf: fol. 33v) NEBINGER/RIEBER, Genealogie, Taf. 5: * 1525, † 1535; REINHARD (Hg.), Eliten, Nr. 250: nicht erfaßt. Der Sterbeeintrag im Schriftband muß innerhalb der ersten Bearbeitungsphase, jedoch nach der Bilderstellung erfolgt sein, da sonst nicht die unpassende Form eines Allianzbildnisses gewählt worden wäre. Im Entwurf ist das Sterbedatum nachträglich.

Der Konzeption nach Allianzbildnis; allerdings ist die Position des Mannes lediglich mit einer leeren Wappenkartusche in Silber mit goldenem Blattwerk ausgeführt; rechts das Wappen der Fugger von Kirchberg und Weißenhorn mit rotem Blattwerk, darüber im Halbprofil von links ein junges Mädchen in einem roten Kleid mit schwarzen Schrägstreifen an den oben weiteren Ärmeln und schwarz abgesetzter Brustpartie, die in einen schwarzen Saum am Hals übergeht, darunter einem Halshemd mit gekrausten Bündchen. Das Haar trägt sie unter einem goldgewirkten Haarnetz, darauf ein schmales, flaches Barett mit einer kleinen Feder. Um den Hals liegt eine lange, dünne Kette, am Ringfinger der linken und am Zeigefinger der rechten Hand sind Ringe erkennbar. Die Arme sind am Körper angewinkelt, die Rechte liegt auf dem Bauch auf, die Linke hält etwas davor eine Nelke. Der Bauch ist durch den Faltenwurf des Kleides deutlich betont. Der lebendige Blick geht aus den Augenwinkeln zum Betrachter[705].

Schriftband rechts:

Susanna Fuggerin herren Raymunden Fug- / gers Eeliche Tochter, ist zeheniärig gestorben.

fol. 55v (S. 110): Ulrich Fugger

Vater: fol. 37v

(Entwurf: fol. 34r) NEBINGER/RIEBER, Genealogie, Taf. 5.

Der Konzeption nach ein Allianzbildnis; jedoch ist die Seite der Frau nur in einer leeren Wappenkartusche mit goldenem Blattwerk ausgeführt. Links über dem umgekehrten Wappen der

---

[702] Freiraum.
[703] Freiraum.
[704] Freiraum.
[705] Mit Blindgriffel Textseitenrahmung.

Fugger von Kirchberg und Weißenhorn im Halbprofil von rechts ein Mann mit betont kindlicher Physiognomie. Er hat ohrenlange, braune Haare unter einem schleifenbesetzten, schwarzen Barett mit einer Straußenfeder, ein weißes Halshemd mit gefälteten Bündchen, ein rotes, vor der Brust schräg geschlitztes Wams und eine rotbraune Schaube mit schwarzem Revers, Stehkragen und weiten, geschlitzten Oberarmen, im Schoß eine Schamkapsel; an Ring- und Mittelfinger beider Hände Ringe, um den Hals eine kurze und eine längere Gliederkette. Die rechte Hand ruht bei leicht angewinkeltem Arm auf der Oberkante des Schildes, die linke greift vor dem Bauch mit den Fingerspitzen nach dem rechten Revers der Schaube. Der Blick geht nach vorn, zur potentiellen Position der Frau hin.

Schriftband links:

Herr Vlrich fugger, Herren Raymundenn / Fuggers des eltern Eelicher Sone. <geb[oren] *1526. / †.1584. Ledig*>

fol. 56r (S. 111): (Leere Textseite)

Zur Miniatur in der Rahmung oben HENKEL/SCHÖNE (Hg.), Emblemata, Sp. 1591.

Textseitenrahmung: im Medaillon oben links ein bärtiger Mann mit rotem, böhmischem Hut, oben rechts ein Frauenkopf mit Haarnetz und goldenem Stirnband mit einem Diadem über der Stirn, unten links ein Mann mit einem blauen Helm, rechts eine Frau mit turbanartigem Kopfputz und ausgeprägter Nase; in den seitlichen Rahmen Grotesken mit Blattwerk, Architekturteilen und Glöckchen, darin unten jeweils zwei von dem Blattwerk essende Hunde, darüber je ein Putto, links mit einem werkzeugähnlichen, gedrechselten Stab an der inneren Randleiste der Bordüre bohrend, rechts mit einer Gans balgend; in der unteren Leiste ein Putto mit einer Laute; oben in der Rahmung eine Szene aus den Metamorphosen des Ovid: Pyramus und Thisbe. Ein Brunnen mit steinerner Einfassung an einem Waldrand, in dem Wald links im Bild zwei Löwen. Vor dem Brunnen liegt Pyramus, hier ganz widersinnig mit einem Spieß im Rücken. Hinter ihm steht Thisbe, in rotem Kostüm mit wehklagend zum Himmel erhobenen Händen; rechts neben ihr am Boden ihr blutbefleckter Schleier. Im Hintergrund auf einem Berg eine Burg und rechts eine befestigte Stadt mit einem hohen Turm: Babylon.

fol. 56v (S. 112): (Leere Textseite)

Zur Miniatur in der Rahmung oben HENKEL/SCHÖNE (Hg.), Emblemata, Sp. 1742; vgl. fol. 43v.

Textseitenrahmung: in den Medaillons oben bärtige Männerköpfe mit Helm und Harnisch, unten links ein bartloser Mann mit einer roten Mütze mit blauer Krempe, rechts ein Junge ohne Kopfbedeckung. Die Grotesken in den seitlichen Rahmen entwickeln sich jeweils aus einem Kandelaber, der von je einem nackten Menschenpaar gehalten wird, links sich umarmend und mit der Hand an die eigenen Genitalien greifend, rechts in einer zärtlichen Umarmung; darüber auf aus Blättern gebildeten Podesten je ein Putto, rechts einer mit einem Schoßhund, links mit einem Stock in einer tänzelnden Bewegung; darüber noch je zwei Vögel; im Blattwerk der unteren Bordüre drei tanzende Putten; oben in der Rahmung erneut: Die Verwandlung der Daphne in einen Lorbeerbaum. In der Bildmitte Daphne als nackte Frau, aus deren ausgestreckten Armen eine Baumkrone wächst. Aus einem Wald heraus tritt von links Apoll ebenfalls unbekleidet mit Pfeil und Bogen zu ihr heran; im Hintergrund eine Stadt auf einem Berg.

fol. 57r (S. 113): Ferdinand von Vels und Barbara Fugger

Vater: fol. 37v
(Entwurf: fol. 34v) NEBINGER/RIEBER, Genealogie, Taf. 5: Ferdinand von Vels, † 1558; Barbara, * 1527, † 1573.

Der Konzeption nach ein Allianzwappen mit lediglich in der leeren Wappenkartusche angelegter Seite des Mannes; deutlich erkennbar ist das Wappen auf dem für die leeren Schilde typischen dünnen silbernen Rautenmuster mit goldenem Blattwerk nachgetragen. Das Schriftband des Mannes ist vergleichsweise groß dimensioniert, damit dem Text angepaßt. Auch die hellgrüne Kordel zwischen den Wappen weicht stilistisch deutlich von der Hauptbearbeitungsphase ab.

Auf der Seite links ein geviertes und wohl umgekehrtes Wappen: im ersten und vierten Feld silber in rot eine gold gekrönte Säule; im zweiten Feld in schwarz ein silberner Balken, darin ein rotes Tatzenkreuz; im dritten Feld ein silberner Balken in schwarz, darin ein rotes Veilchen mit goldenem Herz; darüber im Halbprofil von rechts ein Mann mit kurzem, blondem Vollbart und Haupthaar, einem schmalen, goldschleifenbesetzten Barett mit Straußenfeder, einem Hemd mit goldbesetztem Stehkragen, einem roten, vor der Brust geknöpften Wams mit mehrfach geschlitzten und mit schwarzen Borten gepufften Ärmeln, darüber einer schwarzen Schaube mit breitem, im Nacken herabhängendem Pelzkragen und weiten, geschlitzten Oberarmen. Vor der Brust liegen zwei schwere Goldketten mit Anhängern, am Ringfinger der rechten Hand ist ein Goldring, am Daumen der linken ein Siegelring erkennbar. Die Hände sind bei angewinkelten Armen vor dem Bauch erhoben, die rechte hält ein Paar Handschuhe, die linke greift etwas darüber nach dem herabhängenden Zipfel des Schriftbandes. Der Blick geht zur Frau.

Diese, über dem Wappen der Fugger von Kirchberg und Weißenhorn mit rotem Blattwerk, ist im Halbprofil von links gegeben. Sie trägt das Haar unter einem goldgewirkten Haarnetz, darauf ein schmales Barett mit kleiner Feder, ein Hemd mit Fältung an Hals und Bündchen, ein braunrotes, an den Ärmeln schwarz schräggestreiftes, mit breiten schwarzen Borten am Bauch und Hals hochgeschlossenes Kleid. Vor der Brust liegt eine lange Goldkette. Der rechte Arm liegt angewinkelt vor dem Bauch, der linke etwas darunter an der Hüfte, eine Straußenfeder haltend. Trotz des leicht nach vorn fallenden Oberkörpers ist der Bauch betont. Der Blick geht vorwärts, an dem des Mannes vorbei nach rechts aus dem Bild[706].

Schriftband links:

Der Wolgeboren Herr ferdinandus Freiherr zu Fels, wel- / cher mit frewlin Barbara fuggerin, Jnn dem / grossen vnd langkwirigen Reichstag zu Aug- / spurg, Anno 1548. gantz kostlich vnd herrlich / seinen Beischlaf vnnd hochtzeit gehalten, Graf / Haug von Montfort, vnd Graf Carl von Zollern / haben die praut gefuert, vnd haben die fursten / vnd hohen Potentaten grosse freud gehabt.

---

[706] Mit Blindgriffel Textseitenrahmung.

Schriftband rechts:

Fraw Barbara Fuggerin, Herren Raymun- / den fuggers Eeliche Tochter, vnd des Wolge- / bornen Herren ferdinandi freiherren zu / fels Eelicher gemahel. <*geb*[oren] *1527. / verm*[ählt] *1548. † .1573.*>

fol. 57v (S. 114): Raymund Fugger

Vater: fol. 37v
(Entwurf: fol. 35r; die ebenda erwähnte Schwester Ursula hier nicht erwähnt) NEBINGER/RIEBER, Genealogie, Taf. 5: * 1528, † 1569; die im Entwurf erwähnte Schwester Ursula († als Kind) dort nicht erfaßt; REINHARD (Hg.), Eliten, Nr. 250: beide nicht erfaßt.

Der Konzeption nach als Allianzbildnis ausgeführt; jedoch ist auf der Seite der Frau lediglich eine leere Wappenkartusche mit goldenem Blattwerk ausgeführt. Auf der Seite links das Wappen der Fugger von Kirchberg und Weißenhorn – umgekehrt und mit rotem Blattwerk –, darüber im Halbprofil von rechts, den Kopf ins Profil gewandt, ein junger Mann mit graubraunem, kürzerem Haar und einem zweigeteilten Kinnbart, darüber einem schwarzen Barett mit goldenen Schleifchen und Straußenfeder. Er trägt ein rotes Wams mit geschlitzter Brust und schlichten, engen Ärmeln. Im Schoß ist von der Beinkleidung eine rote Schamkapsel erkennbar. Darüber eine weinrote Schaube mit schwarzem Kragen und halblangen, sehr weiten und geschlitzten Oberarmen; am Gürtel ein Schwert. Eine Kette liegt um den Hals, eine zweite quer über die Brust, unter der linken Achsel hindurch; am Ringfinger der rechten Hand ein Goldring, am Daumen der linken ein Ring mit einem grünen Stein. Die Arme sind am Körper angewinkelt. Die rechte Hand hält in Bauchhöhe das Revers der Schaube; die Linke in Brusthöhe vor dem Körper eine mit einem goldenen Stab eingefaßte Nelke.

Schriftband links:

Herr Reimu[n]*d*[707] *fugger, Herren Raymundenn / Fuggers Eelicher Sone,* <*geb*[oren] *1528. / † .1569. Ledig.*>

fol. 58r (S. 115): (Leere Textseite)

Zur Miniatur im Rahmen oben vgl. DORMEIER, Kurzweil, Abb. 6, S. 155.

Textseitenrahmung: in den Medaillons oben links und unten rechts bärtige Männer mit Mützen, oben rechts einer mit einem Turban, unten links ein bartloser Mann mit einem Lorbeerkranz; im Blattwerk der seitlichen Bordüren Rollwerk und Kandelaberbildungen, dazu in der Mitte je ein Putto mit Krügen, in der unteren Leiste im Blattwerk eingearbeitet menschliche Rümpfe, links männlich, rechts weiblich; oben in der Rahmung eine Jagdszene: Die Falkenjagd. Im Mittelgrund links reitet auf einer Wiese ein Mann mit einem Falken auf der Hand, ein weiterer hockt im Zentrum vor einem weiteren Falken, um ihm einen Beutevogel abzunehmen, rechts steht ein weiterer Mann mit einem Falken auf der Hand. Alle drei sind vornehm gekleidet und jeweils mit einer Falknertasche ausgestattet. In der Luft Falken beim Schlagen von Beute; rechts am Rand ein Gewässer, auf dem eine Ente schwimmt; im Hintergrund links die Kirche eines Dorfes, zentral eine Burg auf einem Hügel, rechts ein Berg.

---

[707] Dies in eine zu kleine Lücke von Hand A.

fol. 58v (S. 116): (Leere Textseite)

Textseitenrahmung: oben in den Medaillons Männerköpfe mit Helmen, der rechte mit Bart, unten bartlose mit Kronen; in den seitlichen Bordüren Blattwerk mit Masken und Kandelaberbildungen, oben jeweils in einen Federbusch auslaufend, in der Mitte je ein Putto, links mit einer Trompete, rechts mit einem Horn musizierend; in der unteren Bordüre Blattwerk, das sich mit Drachenköpfen und Fischschwänzen aus einer Herme entwickelt; in der oberen Leiste auf einer Wiese unter einem Baum rechts ein Reigen von drei tanzenden Putten und links zwei ringende nackte Kinder; im Hintergrund links eine Burg auf einem Felsen.

fol. 59r (S. 117): Joachim von Ortenburg und Ursula Fugger

Vater: fol. 37v
(Entwurf: fol. 35v) Diese nicht zu verwechseln mit der gleichnamigen, früh verstorbenen Schwester, Entwurf, fol. 35r; NEBINGER/RIEBER, Genealogie, Taf. 5: Joachim Graf von Ortenburg, † 1600; Ursula, * 1530, † 1570; SCHAD, Frauen des Hauses Fugger, S. 74 f.: Heiratsbrief vom 16.2.1548, Verlobung am 23.8.1548, Trauung am 19.5.1549. Im Entwurf nennt Hand E (Clemens Jäger) den 2.5.1549 als Hochzeitstag. KNESCHKE (Hg.), Adelslexikon 6, S. 617–619; vgl. zum Mann THEOBALD, Joachim von Ortenburg; vgl. fol. 103v.

Allianzbildnis: jedoch die Seite zunächst nur auf der Seite der Frau, mit leerer Wappenkartusche für den Mann, ausgeführt. Das Wappen des Mannes ist auf dem für die leeren Schilde typischen silbernen Rautenmuster mit goldenem Blattwerk nachgetragen. Auch ist das Schriftband stilistisch abgesetzt von dem der Frau. Es ist auch erst im 18. Jahrhundert beschriftet worden. Die sonst übliche Kordel zwischen den Wappenschilden fehlt hier. Das Wappen des Mannes ist geviert und umgekehrt: im ersten und vierten Feld silber in rot ein schrägrechter Balken mit Wechselzinnen; im zweiten und dritten rot auf silber eine geschweifte Spitze, darauf aufwärtige Adlerflügel in verwechselten Farben; darüber im Halbprofil von rechts, den Kopf ins Vollprofil gewandt, ein junger Mann mit kurzem, dunklem Haar, einem schmalen Barett mit dunkler Feder und goldenen Schleifen. Er trägt ein weinrotes Wams mit goldenen Borten über einem weißen Hemd mit Fältung an Hals und Bündchen, darüber eine schwarze Schaube mit goldenen Zierborten, gepufften Ärmelansätzen und Hängeärmeln sowie einem braunen Pelzkragen. Am Hals liegen zwei Goldketten, am Mittelfinger der rechten Hand ist ein Ring erkennbar. Die Arme sind am Körper angewinkelt. Die Linke hält in Brusthöhe vor dem Körper einen Ring, die Rechte etwas darunter ein Paar Handschuhe. Der Blick geht geradeaus, zur Frau hin.

Diese ist über dem Wappen der Fugger von Kirchberg und Weißenhorn mit rotem Blattwerk im Halbprofil von links, der Kopf ganz im Profil, gezeigt. Sie trägt ein weinrotes, weit fallendes Kleid mit schwarzen Schrägstreifen an den Ärmeln, schwarz abgesetzter Brust- und Bauchpartie und einer breiten, schwarzen Saumborte am hochgeschlossenen Ausschnitt, darunter ein Halshemd mit Krausen an den Bündchen; das Haar unter einem goldbraunen Haarnetz und einem schleifchenbesetzten Barett mit einer kleinen Feder. Um den Hals liegt eine längere goldene Kette. Der linke Arm hängt leicht angewinkelt neben dem Körper, so daß die Hand halb hinter dem Schild verborgen ist, der rechte liegt angewinkelt vor dem deutlich vorgeschobenen Bauch. Der Blick trifft den des Mannes.

Schriftband links:

<*Joachim Graf von Ortenburg / Heirathet Ursula Gräfin von / Fugger.*>

Schriftband rechts:

Vrsula Fuggerin Herren Raymunde[n] *fuggers / Eeliche Tochter vnd letsts kind.* <*geb*[oren] *1530 / Ehegemahlin des Herrn Joachim / Grafens von Ortenburg.* † *1570.*>

Schriftfeld unten:

End Herren Raymunden Fuggers kinder.

fol. 59v (S. 118): Markus (Marx) Fugger und Sibylla von Eberstein

Vater: fol. 40v

(Entwurf: fol. 36r) NEBINGER/RIEBER, Genealogie, Taf. 16: Marx, * 1529, † 1597; Sibylla von Eberstein, * 1531, † 1589; SCHWENNICKE (Hg.), Stammtafeln, Taf. 42: Markus zu Nordendorf (heiratet in 2. Ehe Anna Freiin Egkh von Hungersbach, * 1547, † 1615); REINHARD (Hg.), Eliten, Nr. 246; zur Familie der Frau KNESCHKE (Hg.), Adelslexikon 3, S. 6.

Schriftfeld oben:

Anfang Herren Anthonien Fuggers Kinder.

Darunter in der Konzeption ein Allianzbildnis, jedoch ursprünglich die Seite der Frau nur mit einer leeren Wappenkartusche mit goldenem Blattwerk und silbernem Rautenmuster ausgeführt. Diese ist im 18. Jahrhundert nachträglich mit einem Wappen ausgefüllt, darüber ein Schriftband mit Texteintrag angelegt worden. Auf der Seite links das umgekehrte Wappen der Fugger von Kirchberg und Weißenhorn mit rotem Blattwerk, darüber im Halbprofil von rechts ein junger Mann mit ohrenlangem, braunem Haar, einem flachen, schmalen Barett, einem Halshemd, einem schlichten, schwarzen Wams und einer violetten Schaube mit nur am Hals umgeschlagenem, schwarzem Kragen und schwarzen Zierborten. Auf der Brust liegen zwei Ketten, die längere mit einem Anhänger; am Zeigefinger der linken Hand ein Ring. Von der Beinkleidung ist lediglich im Schoß eine schwarze Schamkapsel erkennbar. Die linke Hand ruht bei am Körper angewinkeltem Arm auf dem Knauf des am Gürtel befestigten Schwertes, die rechte ist bei leicht abgespreiztem Arm in die Hüfte gestützt. Der Blick geht zum potentiellen Platz der Frauengestalt hin.

Rechts ein geviertes Wappen, darin im ersten und vierten Feld in silber eine rote Rose mit grünen Blättern, im zweiten und dritten in gold auf Boden ein stehender Eber; zwei gekrönte, goldene Bügelhelme mit Halskette darüber, der erste mit weißen Hörnern, die mit grün beblätterten Ästen belegt sind, dazwischen die rote Rose, der zweite mit einem goldenen Bischofsrumpf, darauf ein stehender Eber; darüber nachträglich ein Schriftband eingezeichnet.

Schriftband links:

Herr Marx fugger, Herren Anthonien Fug- / gers erster Eelicher Sone. <*stiftete die / Norndorfische Linie. er starb .1597.*>

Schriftband rechts:

<*Sibilla Gräfin von Eberstein, Herrn / Wilhelms von Eberstein und der / Johanna von Hanau Tochter, gemahlin / Des Marx Fugger zu Norndorf. / verm*[ählt] *1557.* † *.1589.*>

fol. 60r (S. 119): (Leere Textseite)

Zur Miniatur in der oberen Rahmung vgl. Gen. 16,1–16; LCI 1, Sp. 79 f.; die Zuschreibung bleibt hypothetisch.

Textseitenrahmung: in den Medaillons Männerköpfe, oben links ein schnurrbärtiger mit einer diademverzierten Mütze, oben rechts ein bärtiger mit einer weit in den Nacken fallenden Kappe, unten links ein bärtiger mit einem Stirnband, rechts ein bartloser mit einem Lorbeerkranz; in den grotesk-ornamentalen seitlichen Bordüren jeweils von unten Wagenräder, Walzen, geflügelte, weibliche Rümpfe, darüber im mittleren Register links ein Cupido, rechts eine nur mit einem vor der Scham gehaltenen Schleier bekleidete Jungfrau, im oberen Abschluß gekreuzte Hellebarden; in der unteren Leiste auf in Blattwerkschwänzen auslaufenden Pferden reitende Putten im Gestech; oben wohl eine Szene aus der Genesis: Sarai führt Abraham ihre Magd Hagar zu (?). In einem Haus sitzt rechts ein Paar auf einer Bank. Mit verhülltem Gesicht und Körper nähert sich von links eine wohl weibliche Gestalt. Sie hält die Rechte vor dem Gesicht, mit der Linken vor dem Bauch eine Öllampe. Die Frau auf der Bank greift mit der linken Hand an den rechten Arm des Mannes, mit der rechten zeigt sie vor der Brust nach links, wohl auf den Mann. Der Mann auf der Bank trägt ein langes, rotes Gewand und eine blaue Kappe, deren Stoffende lang im Nakken herabfällt, wie sie an anderer Stelle im Ehrenbuch alttestamentarische Figuren tragen. Links im Hintergrund vor der Tür eine Burg, rechts ein Baum, dahinter verdeckt schemenhaft eine weitere Gestalt.

fol. 60v (S. 120): (Leere Textseite)

Zur Miniatur in der Rahmung oben Gen. 19,1–38; vgl. LCI 3, Sp. 107–112.

Textseitenrahmung: in den Medaillons oben bartlose Männerköpfe mit Helmen, unten solche mit Lorbeerkränzen und langen Bärten. In den seitlichen Bordüren Grotesken mit einem Löwen links unten und einem Bären rechts, darüber Walzenbildungen, Blattwerk und je ein Putto mit einem Wimpel und einem Schild; unten im Blattwerk zwei Putten mit Schwertern und Lanzen; oben im Rahmen zwei Szenen aus der Genesis: Der Untergang von Sodom und Gomorrha/Lots Töchter täuschen ihren Vater. Links und zentral im Hintergrund zwei brennende Städte; ein Weg, an dem zur Salzsäule erstarrt Lots Frau steht, führt von der einen Stadt heran nach rechts vorn, wo an einem Waldrand zwei Frauen und ein Mann sitzen: Lot und seine Töchter; der Mann mit Bart, rotem Wams und blauer Kappe, deren Tuch im Nacken weit herabhängt. Die eine sitzt bei ihrem Vater, hat ihr Bein entblößt und reicht ihm einen Krug, die zweite, links davor, greift in einen Korb.

fol. 61r (S. 121): (Leere Textseite)

Zur Miniatur in der Rahmung oben Gen. 22,1–19; vgl. LCI 1, Sp. 20–35.

Textseitenrahmung: in den oberen Medaillons bärtige Männer mit Helm, links unten ein bartloser Mann mit Lorbeerkranz, rechts einer mit einer roten Mütze; im Blattwerk der seitlichen Bordüren unten links eine männliche, rechts eine weibliche

Sirenengestalt, darüber in der Mitte je ein tanzendes, unbekleidetes Kind und oben je eines mit zwei Wimpeln; im unteren Rahmen im Blattwerk ein Reigen von nackten Kindern; oben in der Rahmung eine weitere Szene aus der Genesis: Die Opferung des Isaak durch Abraham. Im Zentrum hockt vor einem brennenden Opferaltar Isaak, über ihm steht Abraham als bärtiger Mann mit einem Schwert. Er wendet sich um nach links, wo aus einer Wolke heraus der Engel nach dem Schwert greift; unten links vor einem Wald ein Widder, den Abraham ersatzweise opfern wird; im Hintergrund links und rechts Siedlungen.

fol. 61v (S. 122): Johann von Rechberg und Anna Fugger

Vater: fol. 40v
(Entwurf: fol. 36v) NEBINGER/RIEBER, Genealogie, Taf. 16; PÖLNITZ, Anton Fugger 2.II, S. 118: Anna, † Anfang 1549.

Der Konzeption nach ein Allianzbildnis, jedoch für den potentiellen Mann lediglich mit einer leeren Wappenkartusche mit goldenem Blattwerk und silberner Rautung ausgeführt. In diese ist nachträglich das Wappen des Mannes nachgetragen, außerdem darüber ein Schriftband eingezeichnet und von Hand H beschriftet worden. Das Wappen des Mannes ist ungeteilt, es zeigt rot in gold zwei abgewandte, steigende Löwen mit verschränkten Schweifen, darüber ein blauer Bügelhelm mit einer goldenen Halskette und goldenem Hirschrumpf als Zier.

Auf der Seite rechts ist – über dem Wappen der Fugger von Kirchberg und Weißenhorn mit rotem Blattwerk – im Halbprofil von links eine junge Frau gezeigt. Sie trägt das Haar in einem braunen und goldenen Haarnetz, darüber ein flaches, kleines Barett mit goldenen Schleifen, ein Halshemd mit weiten, an den Bündchen gefälteten Ärmeln, ein weinrotes Kleid mit schwarzem Bruststück, schwarzen Zierborten am schulterweiten Ausschnitt sowie schwarzen Umschlägen und grünem Futter an den Trichterärmeln. Eine lange Kette hängt um den Hals. Am Ring- und kleinen Finger der Rechten sind Ringe zu sehen. Die Hände sind bei angewinkelten Armen vor dem vorgewölbten Bauch gefaltet. Der Blick geht aus den Augenwinkeln zum Betrachter.

Schriftband links:

<Johann Fr[ei]h[err] von Rechberg zu Hohenrechberg / war versprochen mit Anna Fuggerin die im / Brautstand gestorben.>

Schriftband rechts:

Anna fuggerin, herren Anthonien fuggers / Eeliche Tochter. <gebohren 1530. sie war / Ehelich versprochen mit H[err]n Johann von Rech- / berg zu hohen Rechberg. starb aber während ihrem / Brautstand 1549.>

fol. 62r (S. 123): Hans Fugger und Elisabeth Nothafft von Weissenstein

Vater: fol. 40v
(Entwurf: fol. 37r) NEBINGER/RIEBER, Genealogie, Taf. 16: Elisabeth Nothafft von Weissenstein, * 1539; SCHWENNICKE (Hg.), Stammtafeln, Taf. 42: Heirat in München; REINHARD (Hg.), Eliten, Nr. 242; KNESCHKE (Hg.), Adelslexikon 6, S. 540 f.

Als Allianzbildnis angelegt, die Seite der Frau zunächst nur mit einer leeren Wappenkartusche mit goldem Blattwerk und silbernem Rautenmuster ausgeführt; in diese ist nachträglich ein Wappen nachgetragen, außerdem darüber ein Schriftband eingezeichnet und dieses von H beschriftet. Links, über dem umgekehrten Wappen der Fugger von Kirchberg und Weißenhorn mit rotem Blattwerk, im Profil von links, der Körper eher im Halbprofil, ein jüngerer Mann mit halblangen, glatten, blonden Haaren, darauf ein schmales, flaches Barett. Er trägt ein weißes Halshemd, ein schlichtgeschnittenes, rotes Wams sowie eine weinrote Schaube mit schmalem, schwarzem Kragen und schwarz abgesetzten Schultern und Ärmelschnitten. Über dem Kragen liegt um den Hals eine goldene Kette. Die linke Hand hält vor dem Bauch einen weißen Umschlag, die rechte ist in Brusthöhe bei leicht angewinkeltem Arm nach oben geöffnet vorgestreckt, der potentiellen Frau entgegen. Auch der Blick geht zu ihr. Am Zeigefinger der Linken ist ein goldener Ring erkennbar.

Rechts in die Kartusche eingezeichnet im ungeteilten Wappen in gold ein blauer Balken; darüber ein blauer, goldbesetzter Bügelhelm mit goldener Kette und Medaillon. Als Zier hat er auf einer Wulst Hörner mit dem blauen Balken auf gold und dazwischen eine hockende, weiße, graugesprenkelte Bracke mit rotem Halsband.

Schriftband links:

Herr Hans fugger, herren Anthonien fug- / gers Eelicher Sone. <gebohren .1531. / Stifter der Kirchheimischen Linie. † 1598.>

Schriftband rechts:

<Elisabetha Nothaftin von weissenstein. / Eine Tochter des Sebastian und der / Felicitas von Baumgarten gemahlin / des Johann Fugger. verm[ählt] 1560. / † . 1582.>

fol. 62v (S. 124): (Leere Textseite)

Zur Miniatur in der oberen Rahmung Gen. 28,10–22; vgl. LCI 2, Sp. 283 f.

Textseitenrahmung: im Medaillon oben links ein bärtiger Mann mit geflügeltem Helm, oben rechts ebenfalls ein bärtiger Mann mit Helm, unten zwei bartlose Männer mit barettähnlichen Mützen; in den Bordüren seitlich Blattwerk mit Kandelaberbildungen, das unten jeweils aus den erhobenen Pranken eines frontal hockenden Löwen entwickelt ist; darüber im mittleren Register je ein Putto mit einer Lanze und Pfeil und Bogen links sowie einem gezückten Schwert rechts; darüber links ein Nymphensittich, rechts ein Kuckuck; in der unteren Bordüre im Blattwerk Engelsköpfe und zwei Greifen an einem goldenen Pokal; oben in der Rahmung eine Szene aus der Genesis: Jakob sieht die Himmelsleiter. Im Bildzentrum liegt ein bärtiger Mann an einen Fels gelehnt, hinter dem eine Quelle entspringt; rechts im Hintergrund ein Wald. Der Mann hält sich mit der Rechten den Kopf und blickt nach links oben, wo aus einem Loch in einer Wolke heraus Gott die Engel empfängt, die auf einer Leiter zu ihm heraufsteigen; im Hintergrund links eine Wiesenlandschaft.

fol. 63r (S. 125): (Leere Textseite)

Zur Miniatur in der Rahmung oben Gen. 9,18–27; vgl. LCI 4 (Nachträge), Sp. 611–620.

Texseitenrahmung: im linken oberen Medaillon ein schnurrbärtiger Mann mit grünem Hut, rechts ein bärtiger Mann mit einer weißen Kappe mit rotem Stirnband und weit in den Nacken herabhängendem Tuch, unten zwei bartlose Männer mit Lorbeerkränzen. Das Blattwerk in den seitlichen Bordüren entwickelt sich unten aus je zwei Karyatiden-ähnlichen Frauenrümpfen, links nackt, rechts bekleidet und mit Kopfhauben, darüber auf einem Kandelaber stehend je ein Putto mit zwei Schilden, dazu Masken; unten im maskenbesetzten Blattwerk zwei Putten im Kampf mit Lanzen; oben eine Szene aus dem Buch Genesis: Sem, Ham und Japhet erblicken die Blöße des schlafenden Noah. Noah liegt, mit einem Turban als Kopfbedeckung, vor seinem rechts im Bild stehenden Zelt, den Kopf in die linke Hand gestützt. Im Bildzentrum dahinter stehen die Söhne: Sem und Japhet wenden sich ab, das Gewand des Schlafenden zurechtziehend, Ham blickt auf die – im Bild verdeckte – Blöße des Vaters; rechts hinter dem Zelt ein baumbestandener Fels in einer Wiesenlandschaft.

fol. 63v (S. 126): (Leere Textseite)

Zur Miniatur in der Rahmung oben Gen. 11,1–9; LCI 1, Sp. 236–238.

Textseitenrahmung: in den oberen Medaillons bärtige Männer mit Helmen, unten links ein bartloser Mann mit Lorbeerkranz, unten rechts eine gekrönte Frau; in den seitlichen Bordüren Blattwerk mit Rollen und Kandelaberbildungen, darin in der Mitte je ein tanzendes, nacktes Kind, darüber je zwei Störche, im Abschluß Hausmodelle; in der unteren Leiste im aus einem Pokal mit einem Engelskopf entwickelten Blattwerk zwei streitende Raben; oben in der Rahmung eine Szene aus der Genesis: Der Turmbau zu Babel. Vor dem Hintergrund einer mittelalterlichen Stadt erhebt sich im Bildzentrum ein spiralförmiger Turm. Bauarbeiter sind zu sehen, dazu im Vorder- und Mittelgrund links mehrere beobachtende Personen.

fol. 64r (S. 127): Jakob von Montfort und Katharina Fugger

Vater: fol. 40v
(Entwurf: fol. 37v) NEBINGER/RIEBER, Genealogie, Taf. 16: Jakob von Montfort, † 1573; KNESCHKE (Hg.), Adelslexikon 6, S. 344–346.

Der Konzeption nach Allianzbildnis, jedoch zunächst auf der Seite des Mannes lediglich mit einer leeren Wappenkartusche mit goldenem Blattwerk und silbernem Rautenmuster; in diese nachträglich ein Wappen eingetragen: im ungeteilten Schild rot auf silber eine Kirchenfahne. Der Bügelhelm mit Kette hat als Helmzier eine rote Mitra mit goldener Borte; darüber ein roter Wappenmantel und ein Wimpel, der rot in silber mit rotem Haupt das Wappen wiederholt; dazu ebenfalls nachträglich ein Schriftband eingezeichnet.
Rechts über dem Wappen der Fugger von Kirchberg und Weißenhorn, mit rotem Blattwerk, im Halbprofil von links, den Kopf ins Profil gewandt, eine junge Frau: Sie trägt ein weißes Halshemd mit golden abgesetztem Stehkragen und ebensolcher breiter Knopfleiste, ein rotes, schulterweit ausgeschnittenes Kleid mit schwarzen Saumborten am Ausschnitt und den grün gefütterten Trichterärmeln, darunter ein am Bauch grünes, goldbesticktes Bruststück; die Haare in einem gold-braunen Haarnetz, darüber ein flaches, schmales Barett mit Goldschleifchen. Bis auf den Bauch hängt eine sehr lange Goldkette. Die Arme sind angewinkelt. Die linke Hand hält vor dem leicht herausgestellten Bauch, von der rechten gestützt, ein Nelkensträußchen an einem goldenen Stab. Der Blick geht geradeaus, zur Position des potentiellen Mannes hin[708].

Schriftband links:

<*Jacob graf von Montfort Heir*[atet] *1553 / Katharina fuggerin.*>

Schriftband rechts:

Katherina Fuggerin, Herren Anthonien / fuggers Eeliche tochter. <*geboheren 1532. / ward 1553. vermahlt mit Jacob / grafen von Montfort, und † 1585.*>

fol. 64v (S. 128): Hieronymus Fugger

Vater: fol. 40v
(Entwurf: fol. 38r) NEBINGER/RIEBER, Genealogie, Taf. 16.

Der Konzeption nach ein Allianzbildnis; freilich ist die Seite der Frau nur in einer leeren Wappenkartusche mit silbernem Rautenmuster und goldenem Blattwerk ausgeführt. Auf der Seite links das umgekehrte Wappen der Fugger von Kirchberg und Weißenhorn mit rotem Blattwerk; darüber im Halbprofil von rechts ein jugendlicher Mann mit ohrenlangem, braunem Haar, einem schmalen, schleifchenbesetzten Barett, an Hals und Bündchen gefältelten Halshemd, einem schlichten, roten Wams und, erkennbar im Schoß an der Schamkapsel, ebensolcher Beinkleidung; darüber einer dunkleren, roten Schaube mit schmalem, schwarzem Kragen und ebensolchen Borten an den Ärmelschnitten. Um die Hüfte ist ein schmaler Gürtel, vielleicht mit einem Dolch, angedeutet. Über dem Schaubenkragen liegt um den Hals eine Goldkette; an Ring- und Zeigefinger beider Hände goldene Ringe; die Rechte liegt bei leicht angewinkeltem Arm unbestimmt auf dem Rand des Schildes, die Linke ist in Höhe des Schoßes neben dem Körper gehalten. Der Blick ist leicht gesenkt zur Position der potentiellen Frau gerichtet.

Schriftband links:

Herr Jheronimus Fugger, Herren Antho- / nien Fuggers dritter eelicher Sone. <*geb*[oren] *1533 / Sarb*[709] *Ledigen stands zu oberdorf 1573. / und ward in der schloss Kirche zu / Babenhausen begraben.*>

fol. 65r (S. 129): (Leere Textseite)

Zur Miniatur in der Rahmung oben vgl. LCI 1, Sp. 182 f.; EdM 1, Sp. 786–788; RDK 1, Sp. 1027–140.

Textseitenrahmung: in den Medaillons oben links ein bärtiger, barhäuptiger Männerkopf, oben rechts eine blonde Frau. Die Büsten wiederholen die Köpfe der Figuren in der Szene in der oberen Bordüre. Unten links ein bärtiger Mann, rechts ein bartloser Mann mit kurzem, blondem Haar; in den seitlichen Ornamentrahmen Blattwerk mit Walzen und Masken, darin in

---

[708] Mit Blei Textseitenrahmung.
[709] Sic!

der Mitte links ein auf einer Fiedel und rechts ein auf einer Orgel musizierender Putto; unten Blattwerk, das sich mit Masken aus einer Harnischbrust entwickelt; oben eine Szene aus der antiken Überlieferung: Aristoteles und Phyllis. In der Bildmitte Phyllis als weiß gewandete junge Frau mit einer Peitsche, die auf Aristoteles als langbärtigem, älterem Mann mit rotem Gewand reitet; die Szene auf einer umzäunten, baumbestandenen Weide, im Hintergrund Hügel.

fol. 65v (S. 130): (Leere Textseite)

Zur Miniatur in der Rahmung oben ROSCHER (Hg.), Mythologie I.II, Sp. 2847; MOSER, Pantoffelhelden, S. 206; BISCHOFF, Die Schwäche; PLEIJ, Arbeitsteilung, S. 115 f., spricht die Frau fälschlich als Iole an. Auffällig ist in der vorliegenden Fassung die sitzende, der stehenden Frau untergeordnete Position des Herkules, die Kombination von männlich-heroischer Kopfbedeckung und weiblicher Schürze und die Positionierung des weiblichen Spinnstabes zwischen den Beinen des Mannes, in einem Raum also, der phallisch konnotiert und dem Schwert vorbehalten war.

Textseitenrahmung: in den Medaillons oben kurzhaarige, blonde Männerköpfe, unten gekrönte Männerköpfe mit Vogelschnäbeln; in den grotesken Rahmenornamenten seitlich oben jeweils ein Adler, darunter links ein Kind, das mit verbundenen Händen kniend aus einem am Boden stehenden Wasserglas zu trinken versucht, rechts ein auf allen Vieren hockendes Kind, beide als Träger der Podeste und des Blattwerks über ihnen; unten in den Seiten je zwei von Greifvögeln gehaltene Dreieckschilde mit den Sternzeichen: Skorpion und Wassermann (links), Waage und Stier (rechts); in der unteren Leiste aus dem Blattwerk gebildete Phantasiewesen mit menschlichen Köpfen; oben eine Szene aus der antiken Mythologie: Herkules und Omphale. In einem pilasterbegrenzten Raum mit Bänken an den Wänden – wie in einem Thronsaal – sitzt auf einem Hocker Herkules mit einem Löwenfell auf dem Kopf und einer blauen Schürze, in der ausgestreckten Linken hält er zwischen den Beinen eine Spindel, mit der Rechten nach unten rechts den Spinnrocken. Hinter ihm liegt am Boden ein Hund. Vor ihm steht eine Frau in einem grünen, vornehmen Kleid, die Königin Omphale.

fol. 66r (S. 131): (Leere Textseite)

Zur Miniatur in der Rahmung oben Gen. 37,1–36; LCI 2, Sp. 423–434; vgl. fol. 69r, 85v.

Textseitenrahmung: in den Medaillons oben behelmte Männerköpfe, rechts mit Bart, unten links ein lorbeerbekränzter Männerkopf, rechts einer mit rotem Barett. Das Blattwerk in den seitlichen Bordüren ist unten aus den aufgereckten Armen breitbeinig hockender Satyrn entwickelt, darüber in der Mitte links ein tanzender Putto, rechts ein auf einem Steckenpferd reitender; im Blattwerk der unteren Rahmung vier auf zu Pflanzen stilisierten Pfeifen spielende Putten an einem Feuer; oben eine Szene aus der Genesis: Josef in der Zisterne wird von seinen Brüdern an die Ismaeliter verkauft. Auf einer Wiese an einem Wald im Bild rechts stehen mehrere biblisch-orientalisch gekleidete Männer um eine Zisterne, links wohl die Brüder Josefs, rechts die ismaelitischen Kaufleute. Ein junger Mann, Josef, wird an Seilen aus der Zisterne herausgezogen; im Hintergrund links eine Stadt.

fol. 66v (S. 132): Wolfgang Dietrich von Hardeck und Regina Fugger

Vater: fol. 40v
(Entwurf: fol. 38v) NEBINGER/RIEBER, Genealogie, Taf. 16: Wolfgang Dietrich Graf von Hardegg, † 1565; Regina, † 1584; KNESCHKE (Hg.), Adelslexikon 4, S. 195 f.

Der Konzeption nach ein Allianzbildnis; jedoch die Position des Mannes nur mit einer leeren Wappenkartusche mit silberner Rautung und goldenem Blattwerk ausgeführt. Nachträglich ist diese ausgefüllt, darüber auch ein Schriftband eingezeichnet und von Hand H beschriftet worden. Das Wappen des Mannes ist geteilt und oberhalb gespalten mit Herzschild. Das erste Quartier gespalten, rechts gold in blau ein nach links an einer goldenen Säule steigender Löwe, links in gold drei rote, schräglinke Balken; das zweite Feld gespalten von rechts einem roter Adler in silber und links rot in silber zwei Pfählen, im Schildfuß rot in silber eine geschweifte Spitze zum Herz, rechts davon ein goldener Adler, in der Spitze ein Harnischarm mit Lanze, links ein rotes Kleeblattkreuz; im Herzschild in silber eine schwarze Ente auf Boden; dazu vier Helme: der erste ein gekrönter Bügelhelm mit Halskette, die Zier ein goldener Vogelflug mit zwei Schrägbalken gespiegelt; der zweite ein Bügelhelm mit Halskette, als Zier ein pfauenfedergeschmücktes Schirmbrett mit dem Wappen des zweiten Feldes, hier heraldisch korrekt; der dritte Helm ein gekrönter Bügelhelm mit Halskette, als Zier ein blauer Flügel mit schrägrechtem Balken; an vierter Stelle ein gekrönter Bügelhelm mit Halskette, darauf ein geteilter Flügel: oben ein roter Ball in gold, unten von silber und rot geschacht.

Rechts über dem mit rotem Blattwerk verzierten Wappen der Fugger von Kirchberg und Weißenhorn im Halbprofil von links eine junge Frau. Sie trägt das Haar unter einem goldgewirkten Haarnetz, darauf ein schmales, flaches Barett mit Goldschleifchen, ein Halshemd mit gold abgesetztem Stehkragen, einer ebensolchen breiten Knopfleiste und Fältung an den Bündchen, darüber ein schulterweit ausgeschnittenes, rotes Kleid mit schwarzen Zierborten am Ausschnitt und den grün gefütterten Trichterärmeln, grünem Bauch und goldenem Bruststück; um den Hals eine lange Goldkette; die Hände bei kaum angewinkelten Armen vor dem deutlich vorgewölbten Bauch gesenkt und mit aneinandergelegten Fingerspitzen zusammengeführt. Der Blick geht zur Position des potentiellen Mannes.

Schriftband links:

<Wolfgang Dietrich Graf von / Hardeck. Heirathet 1555 Regina / Fuggerin.>

Schriftband rechts:

Regina fuggerin, Herren Anthonienn / Fuggers Eeliche Tochter. <geb[oren] 1537., / heir[atet] 1555. herrn wolfgang Dietrich / Grafen von Hardeck.>

fol. 67r (S. 133): Balthasar von Trautson und Susanna Fugger

Vater: fol. 40v
(Entwurf: fol. 39r) NEBINGER/RIEBER, Genealogie, Taf. 16: Balthasar Trautson, Freiherr von Matrai, Kaiserl. Mundschenk; Susanna, * 1539; SCHWENNICKE (Hg.), Stammtafeln, Taf. 42: Balthasar Trautson, † 1590/97; KNESCHKE (Hg.), Adelslexikon 9, S. 258 f.

Der Konzeption nach Allianzbildnis; jedoch für den Mann zunächst nur ein leerer Wappenschild mit goldenem Blattwerk und silberner Rautung angelegt. Erst nachträglich ist in diesen ein Wappen eingezeichnet, darüber ein Schriftband nachgetragen und von H beschriftet worden. Das Wappen ist geviert mit Herzschild. Im ersten Feld in gold ein schwarzer, gekrönter Doppeladler, auf der Brust ein goldenes R; im zweiten Feld in rot ein silberner Balken, darin auf silbernem Dreiberg ein silberner, nach rechts blickender Falke, im dritten in silber auf schwarzem Dreiberg ein nach links schreitender, schwarzer Hahn mit rotem Kamm und Krallen; im vierten Quartier in gold ein oberhalber, schwarzer Steinbock in einem Flammenkranz, mit silbernen Hörnern; im Herzschild in blau ein silbernes, stehendes Hufeisen; darüber fünf Bügelhelme mit Halsketten. Der erste ist bekrönt, er hat als Zier den bekrönten Doppeladler mit dem R, der zweite hat, ebenfalls bekrönt, den Hahn, der dritte eine Krone und als Zier den Falken auf Dreiberg, der vierte auf schwarzem Dreiberg einen zweifach blau und weiß geteilten Kolbenstab mit drei schwarzen Straußenfedern, der fünfte den Rumpf eines schwarzen Steinbocks mit silbernen Hörnern und Flammenkranz.

Auf der Seite rechts über dem Wappen der Fugger von Kirchberg und Weißenhorn mit rotem Blattwerk im Halbprofil von links eine junge Frau: Sie trägt das Haar unter einem goldgewirkten Haarnetz, darüber ein schmales, schwarzes Barett mit goldenen Schleifchen, ein Halshemd mit gold abgesetztem Stehkragen, ebensolcher Knopfleiste und Bündchen, ein schulterweit ausgeschnittenes Kleid in rot mit schwarzen Zierborten an den Schultern und den Enden der grün gefütterten Trichterärmel, grüner Bauchpartie und goldenem Bruststück; vor der Brust eine schwere und lange Goldkette; an Ring- und Zeigefinger der linken Hand goldene Ringe. Die Hände liegen bei abgespreizt angewinkelten Armen vor dem vorgeschobenen Bauch ineinander. Der gesenkte Blick geht aus den Augenwinkeln nach links, zum Betrachter[710].

Schriftband links:

<*Herr Balthasar Freyherr von / Trautson. heir*[atet] *Susanna Fuggerin.*>

Schriftband rechts:

Susanna Fuggerin, Herren Anthonien fug- / gers Eeliche Tochter. <*gebohren 1537. / Heir*[atet] *h*[er]*r*[n] *balthasar v*[on] *Trautson † 1588.*>

fol. 67v (S. 134): Jakob Fugger und Anna Ilsung von Tratzberg

Vater: fol. 40v
(Entwurf: fol. 39v) NEBINGER/RIEBER, Genealogie, Taf. 16, 36; KNESCHKE (Hg.), Adelslexikon 4, S. 570; Augsburger Stadtlexikon (1998), S. 526 f.

Der Konzeption nach ein Allianzbildnis; die Seite der Frau jedoch zunächst nur mit einer leeren Wappenkartusche mit goldenem Blattwerk und silbernem Rautenmuster ausgeführt; links über dem umgekehrten Wappen der Fugger von Kirchberg und Weißenhorn, mit rotem Blattwerk, im Halbprofil von rechts ein junger Mann mit ohrenlangen, blonden Locken, darüber einem schwarzen, goldschleifchenbesetzten Barett, dazu einem Halshemd mit gefälteten Bündchen, einem schlicht geschnittenen, roten Wams und einer weinroten Schaube mit schmalem, schwarzem Kragen und schwarzen Saumborten an Schultern und Ärmelschlitzen. Über dem Kragen der Schaube liegt um den Hals eine Goldkette; an Ring- und Zeigefinger der rechten und Daumen der linken Hand Ringe. Die Arme sind am Körper angewinkelt. Die linke Hand ist in Brusthöhe neben dem Körper nach vorn geöffnet erhoben, die rechte hält etwas darunter neben dem Körper ein eingerolltes Schriftstück. Der Blick geht zur Position der potentiellen Frau.

Rechts in der Wappenkartusche nachgetragen ein geteiltes Wappen; oben in rot ein silberner, doppelter Sturzsparren, unten derselbe in grau; der Bügelhelm bekrönt und mit goldener Halskette, er hat eine rot und silber gespaltene Helmdecke und als Kleinod tannenbesetzte Hörner, von silbernen Sparren in rot und grau geteilt; darüber ein Schriftband nachgetragen und von Hand H ausgefüllt[711].

Schriftband links:

Herr Jacob Fugger, Herren Anthonien Fuggers / vierter eelicher Sone. <*geb*[oren] *1542 urheber / der wöllenburg- und Babenhausischen / Linie Heürathet Anna Jllsungin / von Trazberg. † 1598.*>

Schriftband rechts:

<*Anna Jllsungin von Trazberg toch- / ter des Georg und der Anna Löblin / gemahlin des Jacob Fugger verm*[ählt] */ 1570. † . 1601.*>

fol. 68r (S. 135): (Leere Textseite)

Textseitenrahmung: im oberen rechten Medaillon ein alter Mann mit langem, weißem Bart, ähnlich der Aristoteles-Figur von fol. 65r; ansonsten bärtige Männerköpfe mit verschiedenen Helmen; in den seitlichen Bordüren Blattwerk mit Walzen unten und bärtigen Masken oben, dazwischen je zwei balgende, nackte Kinder, in der unteren Rahmung im mit einer Sonnenmaske und phantastischen Köpfen gebildeten Blattwerk zwei berittene, jedoch nur mit Helmen und Schilden bekleidete Kinder beim Gestech; oben in der Rahmung eine Schlittenfahrt-Szene: In einer winterlichen Landschaft auf einem See vor der Silhouette einer Stadt sitzen bzw. stehen drei nackte Kinder auf einem von einem federgeschmückten Pferd gezogenen Schlitten. Vorweg und hinterher laufen zwei weitere nackte Kinder, das hintere mit einer Fahne.

fol. 68v (S. 136): (Leere Textseite)

Textseitenrahmung: in den Medaillons behelmte Männerköpfe, oben mit, unten ohne Bart. In den seitlichen Ornamentrahmen entwickelt sich das Blattwerk jeweils aus dem trichterförmig offenen Hals eines kopflosen, auf dem unteren Medaillon stehenden Vogels, darüber auf Podesten jeweils ein bis auf einen Helm nacktes Kind auf einem steigenden Pferd, schwertschwingend; in der unteren Leiste Blattwerk mit Teufelsmasken und je einer weiblichen und männlichen Karyatidengestalt mit Fackel; oben elf bis auf Helme nackte Kinder zu Pferde mit Schwertern, Trompeten und Arkebusen in einer offenen Feldschlacht.

---

[710] Textseitenrahmung in Blei.

[711] Am oberen Seitenrand ein Wort mit Blei, durch Beschnitt zerstört.

fol. 69r (S. 137): (Leere Textseite)

Zur Miniatur in der Rahmung oben Gen. 42 f.; vgl. LCI 2, Sp. 424–434; vgl. fol. 66r, 85v.

Textseitenrahmung: in den Medaillons oben links ein gekrönter Männerkopf, oben rechts ein bärtiger älterer Mann mit einem orientalisch anmutenden Helm, unten links eine Frau mit einer goldenen Haube mit Diadem, rechts eine Frau oder ein junger, langhaariger Mann mit einem goldgeschmückten Helm; das Blattwerk in den seitlichen Bordüren unten aus maskenbesetzten Krügen entwickelt, darüber weitere Masken, in der Mitte je ein nacktes Kind als Fackelträger, oben Körbe mit Blumen; in der unteren Leiste zwei Meerkatzen, von den Ranken des Blattwerks essend; oben eine Szene aus der Genesis: Die Söhne Jakobs vor ihrem Bruder Joseph. Auf einer offenen, säulenbestandenen Veranda vor einem Fluß im Hintergrund – dem Nil – empfängt Joseph mit der bei alttestamentarischen Gestalten typischen, im Nacken lang herabhängenden Kappe auf einem Thron sitzend fünf von links herantretende Männer, deren vorderster im Begriff ist, in die Knie zu gehen. Am Thron steht eine weitere Person mit einer zwischen der Gruppe und dem Mann auf dem Thron vermittelnden Körperhaltung, wohl der Hausverwalter Josephs.

fol. 69v (S. 138): Michael von Eizing und Maria Fugger

Vater: fol. 40v
(Entwurf: fol. 40r) NEBINGER/RIEBER, Genealogie, Taf. 16: Michael von Eitzing, * 1540, † 1593; Heirat 1566; KNESCHKE (Hg.), Adelslexikon 3, S. 78.

Der Konzeption nach ein Allianzbildnis; die Seite des Mannes zunächst nur mit einer leeren Wappenkartusche mit silbernem Rautenmuster und goldenem Blattwerk ausgeführt; erst nachträglich ist das Wappen ausgeführt, dazu auch ein Schriftband angelegt und von Hand H beschriftet worden. Das Wappen ist geviert, die Umkehrung wohl nicht korrekt durchgeführt: Das erste Feld schrägrechts geteilt von schwarz und rot, auf der Teilung drei silberne Straußenfedern; im zweiten und dritten Quartier jeweils in blau ein roter Hut und darüber ein silberner, springender Lachs; das vierte Feld von einem silbernen Schrägrechtsbalken in schwarz und rot geteilt; zwei graue Bügelhelme mit goldenen Halsketten darüber: Der erste hat auf einer schwarzroten Wulst schwarze Büffelohren und in rot und schwarz gespaltene Hörner mit je drei silbernen Straußenfedern. Der zweite hat einen roten Hut und darüber einen silbernen, springenden Lachs.

Rechts über dem Wappen der Fugger von Kirchberg und Weißenhorn, mit rotem Blattwerk, im Profil von links eine junge Frau: Sie trägt das Haar unter einem goldenen Haarnetz mit einem Diadem über der Stirn, ein Hemd mit gold abgesetztem Stehkragen und ebensolcher Knopfleiste, ein rotes Kleid mit schwarzen Zierborten am schulterweiten Ausschnitt und den grün gefütterten Trichterärmeln, grüne Bauchpartie und goldenem, vielleicht brokatenem Bruststück. Um den Hals liegt eine lange, schwere Goldkette; an beiden Ringfingern Goldringe, am Zeigefinger der linken Hand ein juwelenbesetzter Ring. Die Linke liegt bei leicht angewinkeltem Arm auf der Oberkante des Schildes, die Rechte mit waagerechtem Unterarm vor dem erkennbar vorgewölbten Bauch. Der Blick geht zur Position des potentiellen Mannes.

Schriftband links:

<*Michael von Eizing Heirathet / Maria Gräfin von Fugger*>

Schriftband rechts:

Maria fuggerin, Herren Anthonien Fug- / gers eeliche Tochter, <geb[oren] *1543. Ehe- / gemahlin des Michael von / Eizing. † .1583.>*

fol. 70r (S. 139): Gaudenz von Spaur und Veronika Fugger

Vater: fol. 40v
(Entwurf: fol. 40v) NEBINGER/RIEBER, Genealogie, Taf. 16: Gaudenz von Spaur, † 1587; Heirat 1566; vgl. fol. 54v.

Der Konzeption nach ein Allianzbildnis; jedoch zunächst die Seite des Mannes lediglich mit einer leeren Wappenkartusche mit goldenem Blattwerk und silbernem Rautenmuster ausgeführt. Nachträglich ist dann das Wappen ausgeführt und darüber ein Schriftband eingetragen, dieses auch von H beschriftet worden. Das Wappen des Mannes ist geviert und vielleicht fehlerhaft: im ersten und vierten Feld in silber ein nach links schreitender, golden gekrönter, roter Löwe, einen goldenen Deckelkelch haltend, das Wappen der Erbschenken von Tirol; im zweiten und dritten blau auf silber eine senkrecht sieben-, waagerecht fünffache Schachung, darauf ein roter Balken; dazu zwei gekrönte Bügelhelme mit goldenen Ketten: der erste mit einem roten Löwenrumpf mit Deckelkelch, der zweite mit einer Fürstenkrone und zwei Hellebarden; beide Helme mit innen blauen und außen roten Helmdecken.

Rechts über dem Wappen der Fugger von Kirchberg und Weißenhorn, mit rotem Blattwerk, annähernd frontal eine junge Frau; die Haare in einem goldgewirkten Haarnetz mit einem Diadem über der Stirn, das Hemd mit goldenem Stehkragen, ebensolcher Knopfleiste und gefälteten Bündchen an den weiten Ärmeln, das Kleid wiederum rot mit schwarzen Zierborten am schulterweiten Ausschnitt und den Trichterärmeln, letztere innen grün gefüttert, ebenso der Bauch grün, das Bruststück golden bestickt. Bis vor den Bauch hängt eine lange Goldkette. Die linke Hand liegt bei angewinkeltem und leicht vom Oberkörper abgespreiztem Arm vor dem Bauch, die rechte hält bei am Körper angewinkeltem Arm in Brusthöhe eine Nelke an einem Goldstab zum Gesicht hin. Dieses ist auffällig abgewandt, der Blick geht aus den Augenwinkeln nach links aus dem Bild heraus.

Schriftband links:

<*Gaudenz Freyherr von Spauer / Heirathet Veronica Gräfin von Fugger.*>

Schriftband rechts:

Veronica Fuggerin, Herren Anthonien Fug- / gers Eeliche Tochter. <geb[oren] *1545. Ehege- / mahlin des Gaudenz Freyherrn / von Spauer. † 1590.>*

fol. 70v (S. 140): Peter Fugger

Vater: fol. 40v
(Entwurf: fol. 41r) NEBINGER/RIEBER, Genealogie, Taf. 16, und REINHARD (Hg.), Eliten, Nr. 238, erwähnen diesen kurz nach der Geburt gestorbenen Sohn des Anton nicht; auffällig die im

Kontext singuläre Darstellungsweise; nach PÖLNITZ, Anton Fugger 3.I, S. 118, starb Anna Rehlinger am 11.3.1548 im Kindbett. SCHWENNICKE (Hg.), Stammtafeln, Taf. 34, gibt hingegen als Tag der Geburt den 11.3., als Todestag der Mutter den 25.3.1548. MEYER (Hg.), Chronik der Fugger, erwähnt ihn nicht. Die Fuggerchronik-Handschrift BaySB Cgm 2276, fol. 63v, gibt an, Peter sei am achten Tag nach der Geburt gestorben, das hieße am 19.3.1548.

Einzelbildnis: über dem mit einer seitlich lose herabhängenden grünen Kordel und rotem Blattwerk versehenen Wappen der Fugger von Kirchberg und Weißenhorn ist frontal ein Kind gezeigt. Es trägt das lockige dunkelblonde Haar etwas länger, schräg darin einen Lorbeerkranz, dazu ein rotes, ärmelloses Wams mit ausgefranstem Armansatz und Schoß, darunter ein hellblaues Leibchen mit weit gepufften Oberarmen und engen, dunkelblau abgesetzten Unterarmen mit goldenen Manschetten. Um den Hals liegen zwei goldene Ketten. Die Hände sind vor der Brust mit zusammengelegten Fingerspitzen zum Gebet zusammengeführt. Rot-gold-schwarze Flügel und die Beterhaltung weisen das Kind als Engel, d.h. als getauft gestorben aus, ebenso ein rotes Kreuz über seinem Kopf; darüber ein ausladendes Schriftband. Am Unterrand der Seite ist nachträglich ein Schriftrahmen eingezeichnet und von H beschriftet worden.

Schriftband oben:

Herr Peter fugger, Herren Anthonien fuggers, aus der Eernt- / reichen vnnd Tugentsamen frawen Anna Rechlingerin / seines geliebten Gemahels erborner letster Eelicher Sone, / ist gar Jung gestorben. Anno. 1548.

Schriftrahmen unten:

<*Ende Herrn Antons Fugger / Kinder.*>

fol. 71r–78v (S. 141–156): (16 leere Seiten[712])

fol. 79r (S. 157): Sigmund von Lamberg und Eleonora Siguna Fugger

Vater: fol. 45v
(Entwurf: die Generation VII der Genealogie der Fugger, d.h. die sechste *Linie* des Fuggerschen Ehrenbuches, ist nicht mehr erfaßt.) NEBINGER/RIEBER, Genealogie, Taf. 9: Sigmund von Lamberg, * 1537, † 1619; KNESCHKE (Hg.), Adelslexikon 5, S. 357–360: Sigmund von Lamberg heiratet in 2. Ehe Anna-Maria von Meggau.

Schriftfeld oben:

Anfang der sechsten Linien, mit Herrenn / Hans Jacob Fuggers Fundators kinder anfahende.

Der Konzeption nach ein Allianzbildnis; jedoch die Seite des Mannes zunächst nur mit einer leeren Wappenkartusche mit goldenem Blattwerk und silbernem Rautenmuster ausgeführt. In diese ist nachträglich ein Wappen eingetragen, darüber ein Schriftband eingezeichnet und von H beschriftet worden. Das Wappen des Mannes ist geviert und nicht umgekehrt. Es ist im ersten und vierten Feld gespalten, rechts mit einer dreifachen Teilung in blau und silber und links rot, im zweiten und dritten Feld in gold eine nach rechts springende schwarze Bracke mit goldenem Halsband; darüber zwei bekrönte Bügelhelme mit Goldkette: als Zier des ersten Hörner, mit grünen Federn besetzt und gespalten in zweifach geteilt von blau und silber rechts und rot links. Der zweite Helm hat die springende Bracke als Vollfigur.

Rechts über dem Wappen der Fugger von Kirchberg und Weißenhorn, mit rotem Blattwerk, im Halbprofil von links die Gestalt einer jungen Frau; sie trägt das blonde Haar in einem goldgewirkten Haarnetz, darüber ein weinrotes, schmales Barett mit zwei Straußenfedern, ein weißes Halshemd mit gefälteten Bündchen, ein Kleid aus weinrotem Damast mit einer mit blauen Seidenborten abgesetzten Brustpartie sowie hellblau changierenden und dunkelblau abgesetzten, gepufften und an den engen Unterarmen durchschossenen Ärmeln. Um die Hüfte liegt eine grüne Seidenschärpe; am Hals eine Goldkette mit Anhänger, vor der Brust ein längere Goldkette. Die rechte Hand liegt bei abgespreizt angewinkeltem Arm vor dem leicht vorgewölbten Bauch, die behandschuhte linke ist bei angewinkeltem Arm in die Hüfte gestützt und hält einen zweiten Handschuh. Der Blick geht nach vorn, zur Position des potentiellen Mannes hin.

Schriftband links:

<*Sigmund Freyherr von Lamberg / Heirathet 1558 Eleonora Siguna / Gräfin von Fugger.*>

Schriftband rechts:

Leonora Sigunna, Herren Hans Jacoben / Fuggers fundators [etc.] *erstgeborn*[e] *eeliche / tochter.* <*geb*[oren] *1541. Ehegemahlin des H*[er]*r*[n] */ Sigmund von Lamberg verm*[ählt] *1558.* † *1576.*>

fol. 79v (S. 158): Sigmund Friedrich Fugger

Vater: fol. 45v
NEBINGER/RIEBER, Genealogie, Taf. 9.

Der Konzeption nach ein Allianzbildnis; jedoch ist die Seite der Frau nur mit einer leeren Wappenkartusche mit goldenem Blattwerk und silberner Rautung ausgeführt. Links über dem umgekehrten Wappen der Fugger von Kirchberg und Weißenhorn, mit rotem Blattwerk, im Halbprofil von rechts ein jugendlicher Mann, das ohrenlange, volle, blonde Haar unter einem schmalen, mit goldenen Schleifchen besetzten Barett mit Straußenfeder. Er trägt ein weißes Halshemd mit gefälteten Bündchen, ein rotes, vor der Brust geknöpftes Wams mit geschlitzten und gepufften Ärmeln, darüber eine schwarze Schaube mit halblangen, geschlitzten und mit goldenen Schleifchen verzierten Ärmeln und einem schmalen, geschlitzten Kragen; am Gürtel ein Schwertgriff; um den Hals zwei goldene Ketten. Die rechte Hand schwebt bei fast ausgestrecktem Arm leicht über dem Schildrand, die linke hält bei angewinkeltem Arm in Brusthöhe neben dem Körper ein Paar Handschuhe. Der Blick geht nach vorn, zur Position der potentiellen Gattin hin. Gekreuzt hinter dem Wappen, somit links und rechts hinter der Halbfigur herausragend, sind ein silberner Bischofsstab mit goldener Krümme, ein silberner Engelskopf mit einer blauen und goldenen Mitra und ein silbernes Schwert mit goldenem Griff nachgetragen.

Schriftband links[713]:

---

[712] Fol. 77r, 78r (S. 153, 155): Textseitenrahmungen mit Blei.

[713] Rechts neben dem Schriftband mit Blei von Hand I: *NB bischoff zu Regenspurg.*

Herr Sigmund Friderich fugger, Herrenn / Hans Jacoben fuggers Fundators [etc.] *Eelicher / Sone.* <geb[oren] *1542. ward Domdechant zu / Salzburg und Paßau, wie auch Domprobst zu / Regenspurg, und 1598 Bischoff allda †. 1600.*>

fol. 80r (S. 159): (Leere Textseite)

Zur Miniatur in der Rahmung oben Ex. 7,26–8,11; vgl. LCI 3, Sp. 442 f.

Textseitenrahmung: in den Medaillons oben bärtige Männer mit Turbanen, unten links ein bärtiger Mann mit Hörnern, die vom Hinterkopf nach vorn wachsen – wohl eine Aufnahme der Moses-Figur in der Szene oben –, rechts ein bartloser Mann mit Lorbeerkranz; in den seitlichen Bordüren Blattwerk mit Masken und in der Mitte mit je einem Putto mit Schwert und Hellebarde, in der unteren Leiste Blattwerk mit Masken, darin ein Putto mit Lanze im Kampf mit zwei Kranichen. Die Miniatur im oberen Rahmen zeigt eine Szene aus dem Buch Exodus: Die zweite der Ägyptischen Plagen, die Frösche. In einem Raum mit mehreren Fenstern sitzen auf einer gepolsterten Bank der Pharao und seine Frau. Überall im Raum sind grüne Frösche zu sehen. Von links tritt ein rotgewandeter Mann – wohl Aaron – herein, rechts steht ein blaugewandeter Mann, wohl Moses.

fol. 80v (S. 160): (Leere Textseite)

Zur Miniatur in der Rahmung oben Ex. 11,1–13,16; vgl. LCI 3, Sp. 442 f.; Zur Verfluchungsgeste des Moses vgl. die Abb. (12. Jh.): SCHMITT, La raison, S. 279.

Textseitenrahmung: in den Medaillons oben bartlose Männerköpfe mit Helmen, unten solche mit langen Bärten und Lorbeerkränzen; in den seitlichen Bordüren Blattwerk mit Walzen, unten entwickelt aus je einer geflügelten Sirenengestalt, darüber in der Mitte je ein Putto mit Schild und Lanze, in der unteren Bordüre zwei Putten auf Pferderümpfen, die in beblätterte Schwänze auslaufen, im Kampf mit Lanzen; in der oberen Rahmenleiste eine weitere Szene aus dem Buch Exodus: Die zehnte der Ägyptischen Plagen, der Tod der Erstgeborenen. Links auf einem Thron der Pharao mit einer Krone, davor in blauem Gewand und mit kleinen Hörnern Moses, in rotem Gewand und ebensolcher Mütze Aaron; von der erhobenen Rechten des Moses gehen Strahlen zum Pharao hin – eine Verbildlichung des Fluches. In der Landschaft rechts und im Hintergrund liegen mehrere Personen und ein Rind tot bzw. sterbend; im Hintergrund rechts eine Siedlung.

fol. 81r (S. 161): (Leere Textseite)

Zur Miniatur in der Rahmung oben vgl. PANOFSKY, Albrecht Dürer 1, S. 73, Nr. 178; 2, Taf. 107; STRAUSS, Intaglio Prints of Albrecht Dürer, Nr. 23; HAUG, in: VL 6, Sp. 293–297; ANZELEWSKY, Dürer-Studien, S. 45–56; nach Anzelewsky handelt es sich bei Dürers ›Meerwunder‹ wahrscheinlich um die Entführung der Langobardenprinzessin Theodelinde, Frau eines Merowingerkönigs, durch einen Wassermann. Die Konjunktur der Theodelinde-Erzählung zur Zeit Dürers entwickelte sich im Umfeld der maximilianischen Repräsentationskultur. Vgl. hingegen (Kat.) Die wilden Leute, Nr. 6, wo ›Meerwunder‹ als spätmittelalterliche Bezeichnung für den ›Wassermann‹ angenommen wird. Auch St. Brandan begegnet auf seiner ›navigatio‹ einem ›Meerwunder‹, einem Mischwesen aus Frau und Fisch; vgl. PIETRZIK, Brandan-Legende, S. 60. Die vorliegende Fassung ist gegenüber dem Dürer-Druck spiegelverkehrt angelegt. Die Entführte ist nicht, wie bei Dürer, eine verheiratete Frau, sondern eine Nymphe oder Jungfrau. Die Stadt- bzw. Burgansicht im Hintergrund fehlt. Statt dessen ist die Szene in die für die szenischen Miniaturen des Ehrenbuches typische Ideallandschaft verlegt. Insbesondere die Gestaltung des Mannes am Ufer erinnert jedoch stark an die Dürersche Fassung, auch ist eine anderweitige Bildtradition dieses Motivs nicht bekannt.

Textseitenrahmung: in den Medaillons oben Männerköpfe mit Helmen, unten solche mit Lorbeerkränzen; in den seitlichen Bordüren unten Kastelle, aus denen sich das Blattwerk entwickelt, darüber in der Mitte jeweils ein mit einem Leibchen bekleideter Putto mit einer Gans; in der unteren Leiste zwei geflügelte, in beblätterte Schwänze auslaufende Pferde; oben ›Das Meerwunder‹, ähnlich dem Kupferstich Dürers: in der Bildmitte ein Fluß zwischen baumbestandenen Ufern rechts und links; im Fluß ein Gehörnter mit Fischschwanz, mit der Linken eine unbekleidete, blonde, junge Frau haltend, die auf ihm reitet. Mit der Rechten hält er einen Schildkrötenpanzer als Schild. Am Ufer rechts eilt ein Mann mit erhobenen Händen heran.

fol. 81v (S. 162): (Leere Textseite)

Zum Motiv der oberen Rahmung vgl. fol. 17v, 22r.

Textseitenrahmung: im linken oberen Medaillon ein beharnischter, bärtiger Mann, rechts ein Mann mit Bart und einer roten Mütze mit gelber Krempe, unten zwei Männerköpfe mit Lorbeerkränzen; in der Rahmung seitlich Blattwerk, das aus Pokalen entwickelt ist, darüber je ein Putto, im oberen Abschluß je zwei Vögel, in der unteren Leiste Blattwerk mit Masken, darin zwei Putten; in der oberen Bordüre eine Miniatur: Der Drachentöter. Links an einem Baum eine nackte Jungfrau, in der Bildmitte ein dreiköpfiger, hellroter und grüner Drache, rechts mit Krummschwert und Schild in einer antikischen Rüstung der Drachentöter; im Hintergrund vor einem Gebirge Häuser.

fol. 82r (S. 163): Karl Fugger und Johanna Störck

Vater: fol. 45v

NEBINGER/RIEBER, Genealogie, Taf. 9: Name der Frau: Anna Starkh; REINHARD (Hg.), Eliten, Nr. 243: Anna Starck.

Der Konzeption nach ein Allianzbildnis; die Seite der Frau zunächst nur mit einer leeren Wappenkartusche mit goldenem Blattwerk und silbernem Rautenmuster ausgeführt; links über dem umgekehrten und rot beblätterten Wappen der Fugger von Kirchberg und Weißenhorn, mit rotem Blattwerk, im Halbprofil von rechts, den Kopf ins Vollprofil gewandt, ein junger Mann mit blondem, ohrenlangem Haar, darauf einem schmalen, schwarzen Barett mit goldenen Schleifchen und einer Straußenfeder. Er trägt ein weißes Halshemd mit gefälteten Bündchen, ein rotes Wams mit geschlitzten und gepufften Ärmeln sowie eine schwarze Schaube mit schmalem Kragen und weiten, geschlitzten und mit Goldschleifchen besetzten, ellenbogenlangen Ärmelansätzen. Am Gürtel ist links ein Säbelgriff erkennbar; im Schoß die ausgeprägte, zerhauene Schamkapsel der Beinkleidung. Die Arme sind in Bauchhöhe neben dem Körper angewinkelt, so daß die Hände nach innen geöffnet in einer Vorwärtsbewegung scheinen; an Ring- und Zeigefinger der rechten Hand Goldringe, am Daumen der linken ein juwelenbesetzter Ring, am Hals zwei längere Ketten. Der Blick geht nach vorn, zur Position der potentiellen Frau hin.

Für diese ist ein Wappen und darüber ein Schriftband mit Eintrag nachgetragen. Das Wappen ist geviert: im ersten und vierten Quartier in silbernem Kürsch ein roter Pfahl; das zweite und dritte von schwarz und silber geteilt, darin auf grünem Dreiberg mit verwechselten Farben ein sich aufschwingender Storch. Der gekrönte Bügelhelm mit goldener Halskette hat eine innen silberne, außen rot und schwarz gespaltene Helmdecke und als Zier den silber und schwarz geteilten, sich aufschwingenden Storch mit einem goldenen Ring im Schnabel[714].

Schriftband links:

Herr Carolus Fugger, Herren Hans Jaco- / ben Fuggers fundators [etc.] *Eelicher Son, / <geb[oren] 1543. war erstlich König Philipps / des 2.ten in Spanien Mundschenck und / Hauptmann bey der gardi, hernach / Obrister über 4000 mann. – 1580.>*

Schriftband rechts:

<Johanna Störckin Ehegemahlin des / Carl Fugger. Heirathet nach deßen Tod / Ludwig Grafen von Biglia.>

fol. 82v (S. 164): (Leere Textseite)

Zur Miniatur in der Rahmung oben vgl. SCHERF, Märchenlexikon 1, S. 172–177; 2, S. 1017–1019. Die Zuschreibung bleibt hypothetisch, da eine Bildtradition nicht bekannt ist.

Textseitenrahmung: in den Medaillons oben bärtige Männerköpfe mit Helmen, unten solche mit Lorbeerkränzen; in den seitlichen Ornamentrahmen Blattwerk, darin in mittlerer Höhe je ein Putto, oben auslaufend in eine Harnischbrust, links mit gekreuzten Morgensternen, rechts mit Adlerköpfen hinterlegt; in der unteren Bordüre Blattwerk mit Masken und einem Engelskopf, darin zwei nackte Kinder im Kampf mit Stöcken; oben in der Rahmung eine Miniatur, wohl mit einem Märchenmotiv: links neben und hinter dem Medaillon ein Thron, ein gekrönter König liegt schlafend davor. In der Bildmitte und links liegen auf einer Wiese vor einer Burg und einem Gehöft im Mittelgrund drei schlafende oder tote Männer; im Hintergrund ein Gebirge angedeutet. Die Szene wird noch am ehesten in den Kontext einer Erzählung nach dem Muster der ›Schlafenden Schönen im Wald‹, des ›Dornröschens‹, gehören. Freilich steht sie in der vorliegenden Handschrift völlig isoliert.

fol. 83r (S. 165): (Leere Textseite)

Zur Miniatur in der Rahmung oben vgl. HENKEL/SCHÖNE (Hg.), Emblemata, Sp. 1677 f.

Textseitenrahmung: in den Medaillons oben links ein bartloser Mann mit einer Löwenkopfhaube, rechts ein solcher mit einem blauen Helm auf langem, dunklem Haar, unten links ein Mann mit langem, blondem Haar, darin ein rotes Stirnband. Der Kopf blickt auffällig nach oben. Rechts ein bärtiger Mann mit einer roten Zipfelmütze mit violetter Krempe; in den seitlichen Bordüren unten je zwei Vogelgestalten mit gekrönten, bärtigen Männerköpfen, darüber Blattwerk mit Masken, darin in mittlerer Höhe je ein Putto mit einem Tuch; in der unteren Leiste Blattwerk mit Vögeln, darin nackte Kinder, die einen heraldisch

---

[714] Mit Blei Textseitenrahmung.

stilisierten Adler an Seilen fangen; oben eine Szene aus der antiken Mythologie: Das Urteil des Paris. Links an einem Baum lehnt ein liegender Mann in Wams und spanischen Hosen: Paris; bei ihm ein Hund. Über ihm schwebt Merkur mit seinem geflügelten Helm. In der Linken hält er eine Kugel, mit seinem Stab in der Rechten stößt er den Liegenden an. Im Bildzentrum stehen drei nackte Frauen, Hera, Athene und Venus: Die erste, mit einer Krone und einem Zepter, hat ihre Hand an die Scham gelegt; die zweite hält ein Buch und eine Lanze, die dritte ist mit schwarzem Barett und einem brennenden Herz in der Hand gezeigt; rechts weitere Bäume, im Hintergrund Berge und Häuser.

fol. 83v (S. 166): (Leere Textseite)

Zur Miniatur in der Rahmung oben vgl. HENKEL/SCHÖNE (Hg.), Emblemata, Sp. 1623.

Textseitenrahmung: oben in den Medaillons Männerköpfe mit Helmen, links mit herausgestreckter Zunge, rechts mit blondem Bart und einer schnabelförmig krummen Nase, unten links ein weißbärtiger Männerkopf mit Lorbeerkranz, unten rechts ein Frauenkopf mit dem Haar in einem Haarnetz; in den seitlichen Ornamentrahmen unten je zwei Pegasus-Gestalten, zwischen denen sich das Blattwerk entfaltet, darüber auf Podesten links ein nacktes Kind mit mehreren Krügen, rechts eines mit einem Schwert, oben im Blattwerk Vogelmasken; in der unteren Rahmung ein von einem Paar von in Blattwerk auslaufenden Sirenengestalten gehaltenes Haus; oben eine Szene aus der antiken Mythologie: Aktaion erblickt Diana im Bade. Links unter einem Baum mit einem Wanderstock Aktaion als Hirschköpfiger, rechts in einer Grotte ein Bad, die Quelle Parthenios, darin die nackte Diana mit drei ebenso unbekleideten Begleiterinnen; im Hintergrund eine Brücke über einen Fluß und am anderen Ufer eine Burg.

fol. 84r (S. 167): (Leere Textseite)

Zur Miniatur in der Rahmung oben Ex. 9,1–12; vgl. LCI 3, Sp. 442 f.

Textseitenrahmung: in den Medaillons oben links ein bärtiger Mann mit einer Krone mit langer Tuchschleppe hinten, wohl der Pharao; rechts ein bärtiger Mann mit Hörnern, Moses; unten links ein Frauenkopf mit langen, dunklen Haaren und einem Stirnband, rechts ein lorbeerbekränzter Mann; in den seitlichen Bordüren das Blattwerk jeweils aus gekrönten Sirenengestalten – links männlich mit grauem Bart, rechts weiblich – entwickelt, die ihre Doppelschwänze mit verschränkten Armen am Körper halten, darüber in der Mitte je ein tanzendes, nacktes Kind unter einem Baldachin, in der unteren Leiste Blattwerk mit Vögeln und einer Katzenmaske; oben in der Rahmung eine Szene aus dem Buch Exodus: Die fünfte der Ägyptischen Plagen, die Viehseuche. Links stehen der Pharao, erkennbar an seiner Krone mit Tuchhaube, und wohl Aaron, davor mit ausgebreiteten Armen, in der rechten seinen Stab angedeutet, Moses mit den Hörnern; ausgehend von einer Wolke rechts oben ein Strahlenkranz, darunter verendendes Vieh und ein sterbender Mann.

fol. 84v (S. 168): Alexander Augustus Fugger

Vater: fol. 45v
NEBINGER/RIEBER, Genealogie, Taf. 9, SCHWENNICKE (Hg.), Stammtafeln, Taf. 35, und REINHARD (Hg.), Eliten, Nr. 243, erwähnen diesen nicht.

Einzelbildnis: über dem Wappen der Fugger von Kirchberg und Weißenhorn, rot beblättert und mit seitlich in der Luft schwebenden Kordelenden, annähernd frontal, den Kopf jedoch ins Profil nach rechts gewandt, ein junger Mann mit dunklem, lockigem, ohrenlangem Haar unter einem schmalen, mit goldenen Schleifchen besetzten Barett mit Straußenfeder. Er trägt ein rotes, vor der Brust golden geknöpftes, an den Armen gepufftes und geschlitztes Wams mit goldgestickten Zierborten und offensichtlich ebenso rote spanische Hosen, von denen jedoch im Schoß nur die Schamkapsel erkennbar ist; darunter ein weißes Halshemd mit goldbesticktem Stehkragen und gefälteten Bündchen; dazu eine schwarze Schaube mit schmalem, stehendem Kragen und weit geschlitzten, mit goldenen Schleifchen besetzten, halblangen Ärmeln; am Daumen der rechten und am Ringfinger der linken Hand goldene Ringe; vor der Brust eine goldene Kette. Die Linke stützt sich bei verkrampft abgespreiztem Arm leicht auf die äußere Oberkante des Schildes, die Rechte hält bei eng am Körper angewinkeltem Ober- und in Hüfthöhe abgespreiztem Unterarm ein eingerolltes Schriftstück. Der Blick geht nach links.

Schriftband oben:

Herr Alexander Augustus Fugger, Herren Hanns Jacoben / Fuggers Fundators. [etc.] *Eelicher Sone, Jst Jung ge- / storbenn.*

fol. 85r (S. 169): Alexander Secundus Fugger

Vater: fol. 45v
NEBINGER/RIEBER, Genealogie, Taf. 9: Propst zu Freising und Metz; SCHWENNICKE (Hg.), Stammtafeln, Taf. 35: 1563/64 Dompropst zu Mainz, resign.

Der Anlage nach ein Allianzbildnis; die Seite der Frau nur mit einer leeren Wappenkartusche mit goldenem Blattwerk und silbernem Rautenmuster ausgeführt; links das umgekehrte Wappen der Fugger von Kirchberg und Weißenhorn, mit rotem Blattwerk, darüber im Halbprofil von rechts das Porträt eines jugendlichen Mannes mit krausen, blonden, ohrenlangen Haaren unter einem schmalen, schwarzen Barett mit goldenen Schleifchen und einer Straußenfeder. Er trägt ein weißes Halshemd mit goldbesticktem Stehkragen, ein vor der Brust geknöpftes, rotes Wams mit goldenen Zierborten an der Knopfleiste und am Hals sowie geschlitzten und gepufften Ärmeln, dazu wohl eine rote Hose, jedenfalls mit einer roten Schamkapsel; außerdem eine schwarze Schaube mit schmalem Stehkragen und weit geschlitzten, halben Ärmeln mit Goldschleifchen; am Ringfinger der rechten Hand ein juwelenbesetzter Ring, um den Hals zwei Goldketten. Der linke Arm ist nicht durch den Schaubenärmel geführt, sondern liegt unter der Schaube am Körper an, die Hand greift in der Hüfte nach der Schwertscheide, während die rechte bei leicht vom Körper abgespreiztem, angewinkeltem Arm vor dem Bauch den Schwertknauf faßt. Der Blick geht leicht aus den Augenwinkeln zur Position der potentiellen Frau hin[715].

Schriftband links:

Herr Alexander Secundus Fugger, her- / ren Hansen Jacoben fuggers fundators [etc.] */ eelicher Sone.*

---

[715] Textseitenrahmung mit Blindgriffel.
[716] Rechts neben dem Schriftband mit Blei von Hand I: *NB thumprobst zu Maintz, frisingen / vndt probst zu Sant Victor bi Maintz.*

<*geb*[*oren*] *1546 Domprobst / zu Freising, und Probst zu St. Victor / nächst Maynz. † 1612.>*[716]

fol. 85v (S. 170): (Leere Textseite)

Zur Miniatur in der Rahmung oben Gen. 43,16–34; vgl. LCI 2, Sp. 424–434; vgl. fol. 66r, 69r.

Textseitenrahmung: in den oberen Medaillons bärtige Männerköpfe mit Harnischschultern, unten zwei lorbeerbekränzte, bartlose Männerköpfe, davon der rechte mit auffällig grober Physiognomie; in den seitlichen Bordüren Blattwerk mit tischartigen Podesten unten und Hermen darüber, auf deren Köpfen je ein nacktes Kind im Handstand; in der unteren Leiste Blattwerk mit Masken, darin ein sitzendes und zwei weitere handstehende Kinder; in der oberen Rahmung eine Szene aus der Genesis: Josef bewirtet seine Brüder. In einem Raum mit Fenstern und Pilastern an den Außenwänden sitzen zwei Männer mit orientalisch spitzen Kappen, der eine mit einem Zepter in der Hand, an einem Tisch. Auf dem Tisch ist ein Lamm angerichtet. Hinter dem Tisch stehen drei weitere Männer. Von vorn treten zwei heran, der vordere hält einen Stab. Der hintere ist auf den Tisch gestützt, die sitzenden Personen ihm zugewandt; hinten links eine Stadt oder Burg auf einem Hügel.

fol. 86r (S. 171): (Leere Textseite)

Zur Miniatur in der Rahmung oben vgl. Jon. 1,3–2,11; LCI 2, Sp. 414–421.

Textseitenrahmung: in den oberen Medaillons gekrönte, bartlose Männerköpfe, unten links ein kurzhaariger, bartloser Männerkopf mit traurigem Blick, rechts ein ebensolcher mit einer schwarzen Mütze; in der seitlichen Bordüre Blattwerk, darin in der Mitte links ein nacktes Kind mit einem Ball, rechts eines mit einer Harfe, oben im Abschluß jeweils Pfeil und Bogen und ein Helm; in der unteren Leiste aus einer Harnischbrust entwickeltes Blattwerk; in der oberen Rahmenleiste eine biblische Szene: Jona und der Walfisch. Rechts im Bild eine antike Stadt mit Tempel und Statuen, wohl Ninive. Links auf dem Meer ein kleines Boot mit fünf Insassen, die einen sechsten Mann ins Meer zu werfen im Begriff sind. Davor mit geöffnetem Schlund ein großer, grüner Fisch; links im Hintergrund Berge.

fol. 86v (S. 172): (Leere Textseite)

Zur Miniatur in der Rahmung oben vgl. P. OVIDII Nasonis Metamorphoses, VII,796–798; HENKEL/SCHÖNE (Hg.), Emblemata, Sp. 1592; RDK 3, Sp. 390–394.

Textseitenrahmung: in den Medaillons oben bärtige Männerköpfe, ebenso unten rechts, jedoch mit einer blauen Mütze, unten links ein bartloser Mann mit kurzem, dunklem Haar; in den seitlichen Rahmen unten jeweils aus von einem hellvioletten und einem grünen Vogel gehaltenen Kandelabern entwickeltes Blattwerk mit Sonnenmasken, darin in der Mitte jeweils ein mit Helm und Rundschild angetaner Putto, darüber je drei weitere Rundschilde; in der unteren Leiste zentral eine Sirenengestalt, seitlich dazu zwei in Blattwerk auslaufende Greifen; oben eine Szene aus den Metamorphosen: Cephalus und Procris. Links unter einem Baum sitzt auf einem Stein im Schilfgras Procris als unbekleidete Frau, hinter ihr ein steinerner Bogen. Rechts auf einer weiten Wiese steht König Cephalus mit roter Tunica, Krone und dunklem Bart und zielt mit Pfeil und Bogen auf die eigene Frau; im Hintergrund ein flach ansteigender Berg.

fol. 87r (S. 173): (Leere Textseite)

Zur Miniatur in der Rahmung oben Ex. 14,19–31; vgl. LCI 2, Sp. 282–297.

Textseitenrahmung: im linken oberen Medaillon ein orientalischer Männerkopf mit langem, dunklen Schnurrbart und langer Haarsträhne, darüber einem Turban; rechts ein Mann mit blauem Barett und braunem Wams, unten ein Mann mit schulterlangem, braunem Haar und Stirnband, rechts eine Frau mit langen, braunen Locken und einem Lorbeerkranz; in den seitlichen Bordüren Blattwerk, das unten aus Rollwerk und Tonnen entwickelt ist, darin in mittlerer Höhe je ein Putto, links mit einem Jagdhorn, rechts mit einer Fiedel, darüber phantastische Roßstirnschilde und Hellebarden; in der unteren Leiste akanthusartiges Blattwerk mit tanzenden Putten; oben eine Szene aus dem Buch Exodus: Der Zug durch das Rote Meer. Links ziehen unter der Führung des Moses – mit Hörnern, rotem Gewand und Stab – die Israeliten zwischen den Wasserwänden aus dem Meer heraus, rechts versinkt der als König mit blauem Reitrock dargestellte Pharao mit seinem Pferd im Meer, dazu andere Männer, einer mit einer roten Fahne mit goldenen Sternen und Mondsichel; im Hintergrund ein Schiff.

fol. 87v (S. 174): Viktor Augustus Fugger

Vater: fol. 45v
NEBINGER/RIEBER, Genealogie, Taf. 9.

Der Konzeption nach ein Allianzbildnis; jedoch ist für die Frau erneut nur eine leere Wappenkartusche mit goldenem Blattwerk und silberner Rautung eingezeichnet; auf der Seite links das Wappen der Fugger von Kirchberg und Weißenhorn, umgekehrt und mit rotem Blattwerk, darüber im Halbprofil von rechts ein junger Mann mit ohrenlangem, blondem Haar unter einem schwarzen, schmalen Barett mit Straußenfeder. Er trägt ein graues Halshemd mit gefälteten Bündchen, ein rotes Wams mit kurzem Schoß und vielfach gepufften und geschlitzten Ärmeln. Von der Hose ist eine rote Schamkapsel erkennbar, darüber eine knielange, schwarze Schaube mit weiten, geschlitzten und mit goldenen Schleifchen verzierten halblangen Ärmeln. Vor der Brust liegt eine lange Kette mit Anhänger. Die rechte Hand hält bei neben dem Körper hängendem Arm ein eingerolltes Schriftstück, die linke ist bei angewinkeltem Arm in Bauchhöhe nach vorn ausgestreckt und nach oben geöffnet. Sie berührt fast das herabhängende Ende des Schriftbandes. Der Blick geht zur Position der potentiellen Frau hin.

Schriftband links:

Herr Victor Augustus fugger, herrn Hans / Jacoben Fuggers fundators [etc.] *eelicher Sone, / <geb*[oren]
1547. Domprost[717] *zu Regenspurg, und / Domherr zu Paßau. Maximilian des 2ten. / Röm*[ischen] *Kaisers geistlicher Raths Präsident. / † . zu Wien .1586.>*[718]

---

[717] Sic!
[718] Rechts neben dem Schriftband mit Blei von Hand I: *NB: thumprobst zu regenspurg, thumherr / zu Paszau undt Herr zu Richberg in austrich.*

fol. 88r (S. 175): (Leere Textseite)

Zur Miniatur in der Rahmung oben Ex. 17,8–16; LCI 3, Sp. 282–297.

Textseitenrahmung: im Medaillon oben links ein bärtiger Mann mit schwarzem Hut, rechts ein bartloser Mann mit Lorbeerkranz, unten links ein bartloser Männerkopf mit einem schwarzen Barett, rechts ein bärtiger mit einer blau-gelben Mütze; in den seitlichen Bordüren Blattwerk, darin in der Mitte je ein Putto; in der unteren Leiste zentral ein Brunnen mit einer goldenen Brunnenfigur, dazu seitlich nackte Kinder auf in Blattwerk auslaufenden Pferden; oben in der Rahmung eine Miniatur mit einer Szene aus dem Buch Exodus: Moses in der Schlacht gegen die Amalekiter. Links oben in einer Wolke Gott mit segnend ausgestreckten Händen, darunter und in der Bildmitte die aufeinanderstoßenden Heere nach Art von Landsknechtsheeren mit großen Kreuzbannern, im Vordergrund rechts vor einem Waldstück Moses, Aaron und Hur. Letztere stützen mit einem Stein und ihren Händen den erhobenen Arm des Moses; im Hintergrund rechts Bäume.

fol. 88v (S. 176): (Leere Textseite)

Zur Miniatur in der Rahmung oben Ex. 16,1–36; LCI 3, Sp. 282–297.

Textseitenrahmung: in den oberen Medaillons behelmte Männerköpfe, links mit Bart, in den unteren bartlose mit Lorbeerkränzen, rechts der eines Jünglings; in den seitlichen Bordüren Blattwerk mit Roßstirnschilden und Masken, darin auf kandelaberartigen Podesten in der Mitte links ein Putto mit einem Schild und einem Bogen, rechts einer mit einem Stock; in der unteren Leiste ein Pokal, dazu seitlich Putten, die zwei drohende Ganter an den Flügeln ziehen; oben in der Rahmung eine Szene aus dem Buch Exodus: Die Mannalese in der Wüste Sin. Links im Hintergrund und rechts Zelte; davor links Moses mit seinem erhobenen Stab; im Bildzentrum regnen aus einer Wolke braune Flocken. Darunter hocken und knien zwei Frauen am Boden, die das Manna in Körbe sammeln. Dahinter stehen eine weitere Frau und ein Mann, der sein Gewand aufhält; im Hintergrund rechts zwei Männer abgewandt vor einem Zelt.

fol. 89r–89v (S. 177–178): (zwei leere Seiten)

fol. 90r (S. 179): Friedrich von Hollnegg und Justina Benigna Fugger

Vater: fol. 45v
NEBINGER/RIEBER, Genealogie, Taf. 9: Friedrich von Hollnach und Kainach, Heirat 1573; SCHWENNICKE (Hg.), Stammtafeln, Taf. 35: Heirat 1.10.1573, † des Mannes 1593.

Der Konzeption nach ein Allianzbildnis; jedoch ist die Seite des Mannes zunächst leer geblieben. Das Schriftband der Frau ist im Zuge der ersten Bearbeitung gemalt, jedoch erst nachträglich von H beschriftet worden. Nachträglich sind auch das Wappen des Mannes – wohl bis auf die Wappenkartusche mit goldenem Blattwerk, jedoch ohne silbernes Rautenmuster – und Ausführung und Beschriftung seines Schriftbandes. Das Wappen des Mannes ist geviert mit Herzschild: im ersten und vierten Feld in gold ein silberner, auffliegender Reiher; im zweiten und dritten in silber ein schräglinker, schwarzer Rautenbalken; im Herzschild in rot ein goldener Spiegel; darüber drei gekrönte

Bügelhelme: Der erste hat als Zier den goldenen Spiegel mit einem Kranz aus roten und grünen Federn, der zweite den auffliegenden Reiher, der dritte eine geschweifte, silberne Spitze, gekrönt und mit einem Busch von fünf Straußenfedern in gold, grau und silber.

Rechts mit rotem Blattwerk das Wappen der Fugger von Kirchberg und Weißenhorn, darüber im Halbprofil von links eine junge Frau. Sie trägt das Haar in einem goldgewirkten Haarnetz, darüber ein flaches, schwarzes Barett mit goldenen Schleifchen und einer kleinen Feder. Ein mit Goldfäden durchwebtes, weißes Hemd mit schmalem, goldenem Stehkragen und goldener Knopfleiste, an den Bündchen mit kleiner Fältung, ist sichtbar unter einem wohl brokatenen, violettroten Kleid mit breiten, goldenen Saumborten am schulterweiten Ausschnitt und längs der durchschossenen Arme. Um die Hüfte liegt eine blaue Schärpe, vor der Brust eine lange Goldkette mit Anhänger. Am Zeigefinger der linken und am Ringfinger der rechten Hand sind Ringe erkennbar. Die Arme sind angewinkelt. Die linke Hand hält vor dem Bauch ein zusammengelegtes Tuch, die rechte liegt darüber locker auf dem Bauch. Durch die zurückgelegte Körperhaltung und die in der Taille deutlich angehobene Gürtellinie wird der Bauch deutlich betont. Der Blick geht unbestimmt nach vorn, zur Position des potentiellen Mannes hin[719].

Schriftband links:

<*Friderich von Hollnegg Ehelicher / gemahl der Justina Benigna Gräfin / von Fugger.*>[720]

Schriftband rechts:

<*Justina Benigna Fuggerin des Hans Jacob / Fugger und der ursula von Harrach, / Eheliche Tochter geb*[oren] *1548. Ehegemah*[l][721] */ des Friderich von Hollnegg verm*[ählt] */ 1572. † 1600.*>[722]

fol. 90v–91r (S. 180–181): (zwei leere Seiten)

fol. 91v (S. 182): Maximilian Fugger

Vater: fol. 45v
NEBINGER/RIEBER, Genealogie, Taf. 9: Maximilian resignierte von seiner Pfründe und heiratete Anna Freiin von Eckh, * 1547; SCHWENNICKE (Hg.), Stammtafeln, Taf. 35.

Wappenbild: Die Seite wird eingenommen von einem ganzseitigen Wappen, darüber ein Schriftband. Das Wappen ist das der Fugger von Kirchberg und Weißenhorn mit rotem Blattwerk, hinterlegt mit einem silbernen Schild mit silbernem Blattwerk, darin schwarz in silber das Tatzenkreuz des deutschen Ordens; darüber zwei goldene Bügelhelme mit den Kleinoden des Lilienwappens der Fugger und des Wappens von Kirchberg[723].

Schriftband oben:

---

[719] Mit Blindgriffel Textseitenrahmung; am oberen Seitenrand halbrechts mit Blei ein Kreuz.
[720] Darüber Rasur eines Eintrags von Hand I mit Blei.
[721] ›l‹ mit Punkt gekürzt.
[722] Darüber von Hand I mit Blei: *Justina benigna tochter Herren / hans jacob fuggers mit Ursula von Harrach.*
[723] Zwischen Schriftband und Wappen Rasur, z.T. übermalt, von Hand I mit Blei: *Maximilian fugger ein Sohn herrn hans jacob fugger / ursula von Harrach deutschordensritter vnd / Comthur … sterzin…n in Tirol.*

<*Maximilian Fugger ein Sohn des / Hans Jacob und der Ursula von Har- / rach geb*[oren] *1550. Deütsch ordens Ritter / und Commenthur zu Sterzingen in / Tyrol † 1588.*>

fol. 92r (S. 183): Ferdinand Fugger

Vater: fol. 45v
NEBINGER/RIEBER, Genealogie, Taf. 9: Kgl. Spanischer Oberst.

Wappenbild: wiederum ein ganzseitiges Wappen mit einem Schriftband darüber; das Wappen ist das der Fugger von Kirchberg und Weißenhorn mit rotem Blattwerk und den eben beschriebenen Helmzieren, hinterlegt mit einem silbernen Schild mit silbernem Blattwerk, darin ein goldgerandetes, weinrotes Tatzenkreuz[724].

Schriftband:

<*Ferdinand Fugger ein Sohn des / Hans Jacob Fugger und der Ursula von Har- / rach geb*[oren] *1552. Ritter des H*[eiligen] *Stephans / orden zu Florenz. † 1580. Ledigen / Stands.*>

fol. 92v (S. 184): Johanna Jakobäa Fugger

Vater: fol. 45v
NEBINGER/RIEBER, Genealogie, Taf. 9, SCHWENNICKE (Hg.), Stammtafeln, Taf. 35, und REINHARD (Hg.), Eliten, Nr. 243, erwähnen diese wohl jung gestorbene Tochter nicht.

Wappenbild: über dem die Mitte der Seite einnehmenden Wappen der Fugger von Kirchberg und Weißenhorn mit rotem Blattwerk und den beschriebenen Helmzieren ein Schriftband.

Schriftband:

<*Johanna Jacobea Fuggerin / Eheliche Tochter des Hans Jacob / und der Ursula von Harrach geb*[oren] */ 1553. † .*>[725]

fol. 93r (S. 185): Severin Fugger und Catharina von Helfenstein

Vater: fol. 45v
NEBINGER/RIEBER, Genealogie, Taf. 9: Heirat 1583, Catharina von Helfenstein, * 1563, † nach 1616; SCHWENNICKE (Hg.), Stammtafeln, Taf. 35: Catharina von Helfenstein, † 1627; Severin, Herzogl. Bayer. Mundschenk; vgl. fol. 96r, 106r; KNESCHKE (Hg.), Adelslexikon 4, S. 290: Der Elefant im ersten und vierten Quartier des Wappens der Frau ist einwärts schreitend, demnach hier korrekt, in den beiden folgenden Fällen abweichend.

Allianzwappen: zwei Wappen in Allianzstellung mit Helmzieren, darüber Schriftbänder; darunter noch ein Schriftrahmen; links das Wappen der Fugger von Kirchberg und Weißenhorn mit rotem Blattwerk und den erwähnten Helmzieren; rechts im gevierten Wappen mit blauem Blattwerk im ersten und vierten Feld in rot ein silberner Elefant auf goldenem Boden, im ersten

---

[724] Zwischen Schriftband und Wappen Rasur eines Bleieintrags von Hand I, sehr undeutlich.
[725] Freiraum.

Feld nach links, im vierten nach rechts stehend; das zweite und dritte Feld in gold mit einem roten, schräglinken, angehackten Balken; zwei silberne Bügelhelme: Der erste mit silberner und roter Decke und einem silbernen Elefantenrumpf, der zweite mit goldener und roter Decke und einem silbernen Schwanenrumpf mit einem roten Joch, darauf zwei Pfauenfedern; unter den Wappen noch ein Schriftrahmen[726].

Schriftband links:

<*Severin Fugger Ehelicher Sohn des / Hans Jacob und der ursula von Har- / rach geb[oren] 1551. Wilhelm des 5.ten Her- / zogs in Bairen Stadtpfleger zu / Fridberg. Heirathet Catharina Grä- / fin von Helfenstein. † . 1601.*>

Schriftband rechts:

<*Catharina Gräfin von Helfen- / stein des Ulrichs, und der Catha- / rina von Montfort Tochter / Ehegemahlin des Herrn Severin / Fugger.*>

Schriftrahmen unten:

<*Ende des Herrn Hans Jacob / Fuggers Kinder aus 1.ter Ehe.*>

fol. 93v (S. 186): (Leerseite)

fol. 94r (S. 187): Christoph von Welsberg und Adelbertha Fugger

Vater: fol. 45v; Mutter: fol. 46r
NEBINGER/RIEBER, Genealogie, Taf. 9: Christoph Freiherr von Welsberg, * 1556, † 1634; Adelberta, * 1560, Heirat 1582; KNESCHKE (Hg.), Adelslexikon 9, S. 523–524; vgl. fol. 124r, 126r.

Schriftrahmen oben:

<*Des Johann Jacob Fuggers / Kinder aus der 2ten Ehe mit der / Sidonia von Colaus.*>

Darunter ein Allianzwappen: Das Wappen des Mannes im linken Schild, mit blauem Blattwerk, ist geviert mit Herzschild: im ersten und vierten Feld in schwarz ein goldener, steigender Löwe, einwärts gewandt; im zweiten und dritten Feld in rot ein silberner Doppelsturzsparren; der Herzschild von silber und schwarz geviert; dazu drei gekrönte, silberne Bügelhelme: der erste mit von silber und schwarz gevierten Hörnern, der zweite mit einem schwarzen Vogelflügel, darin in gold der steigende Löwe, der dritte mit einer roten Spitze mit einem silbernen Doppelsturzsparren, auf beiden Seiten und an der Spitze mit je drei silbernen Straußenfedern besetzt. Das Wappen der Frau ist das der Fugger von Kirchberg und Weißenhorn mit rotem Blattwerk und den üblichen Helmzieren[727].

Schriftband links:

<*Christoph Freyherrn von Welsperg / Heirathet Adelberta Gräfin von / Fugger.*>

Schriftband rechts:

---

[726] Unter beiden Schriftbändern Spuren von Rasuren von Bleieinträgen von Hand I.
[727] Unten rechts ein zweizeiliger, unleserlicher Bleivermerk.

<*Adelberta Fuggerin Eheliche Toch- / ter des Joh[ann] Jacob Fugger und der / Sidonia von Colaus geb[oren] 1560. Ehegemahlin / des Herrn Christoph Freyherrn von / Welsperg. † . 1611.*>

fol. 94v (S. 188): (Leerseite)

fol. 95r (S. 189): Alexius Fugger und Anna Maria von Gumppenberg

Vater: fol. 45v; Mutter: fol. 46r
NEBINGER/RIEBER, Genealogie, Taf. 9: Alexius, † 1623; Anna Maria von Gumppenberg, * 1570, † 1613; Heirat 1593; KNESCHKE (Hg.), Adelslexikon 4, S. 101 f.; vgl. fol. 98r.

Allianzwappen: auf der Seite links in der bekannten Form das Wappen der Fugger von Kirchberg und Weißenhorn; rechts das Wappen der Frau mit blauem Blattwerk und geviert: das erste und vierte Feld in rot mit einem silbernen, schrägrechten Balken, darin drei ausgebrochene Seerosenblätter; das zweite und dritte Feld ebenso, mit je drei Seerosenblättern; dazu zwei goldene Bügelhelme, der erste mit silbernen, angehackten Hörnern, der zweite gekrönt und mit einem Vogelflug, in rot schrägrechts geteilt von einem silbernen Balken, darin drei Seerosenblätter[728].

Schriftband links:

<*Alexius Fugger Ehelicher Sohn des / Johann Jacob und der Sidonia v[on] Colaus / geb[oren] 1562. Heirathet Anna Maria / von Gumppenberg. † .*>[729]

Schriftband rechts:

<*Anna Maria von Gumppenberg / Tochter des Johann Ludwigs, und der / M[aria] Elisabetha von Seibolstorf. Ehege- / mahlin des Alexius Graf Fuggers.*>

fol. 95v (S. 190): (Leerseite)

fol. 96r (S. 191): Joachim Fugger und Maria Magdalena von Helfenstein

Vater: fol. 45v; Mutter: fol. 46r
NEBINGER/RIEBER, Genealogie, Taf. 9: Heirat 1590; Maria Magdalena von Helfenstein, * 1570, † 1613; SCHWENNICKE (Hg.), Stammtafeln, Taf. 35: Lebensdaten der Frau, * 1562, † 1622; vgl. fol. 93r, 106r; das Wappen der Frau hier offenbar fehlerhaft.

Allianzwappen: auf der Seite links in der bekannten Form das Wappen der Fugger von Kirchberg und Weißenhorn, rechts mit blauem Blattwerk das Wappen der Helfenstein: ein gevierter Schild, im ersten und vierten Feld in gold ein nach links schreitender, silberner Elefant; im zweiten und dritten in gold ein schräglinker, angehackter Balken; dazu zwei goldene Bügelhelme, der erste mit einem silbernen Elefantenrumpf, der zweite mit einem silbernen Schwanenrumpf mit rotem Joch, darauf zwei Pfauenfedern[730].

---

[728] Mit Blei Textseitenrahmung; unten rechts zweizeiliger Vermerk mit Blei, unleserlich.
[729] Freiraum.
[730] Mit Blei Textseitenrahmung; unten rechts mit Blei: *3*.

Schriftband links:

<*Joachim Fugger Ehelicher Sohn des / Johann Jacob und der Sidonia von Colaus / geb*[*oren*] *1563. Wilhelm Herzogs in Bairen / Rath und Kämerer, wie auch Regierungs / Präsident und Hauptmann zu Burghau- / sen. Heirathet Maria Magdalena von / Helfenstein.*>

Schriftband rechts:

<*Maria Magdalena von Helfenstein Ehe- / liche gemahlin des Joachim Graf / Fuggers.*>

fol. 96v (S. 192): (Leerseite)

fol. 97r (S. 193): Alexander von Sprinzenstein und Aemilia Fugger

Vater: fol. 45v; Mutter: fol. 46r
NEBINGER/RIEBER, Genealogie, Taf. 9: Alexander von Sprinzenstein, * 1540, † 1597, Kaiserl. Hofrat und Statthalter in Niederösterreich; Heirat 1582; KNESCHKE (Hg.), Adelslexikon 8, S. 578 f.

Allianzwappen: das Wappen des Mannes mit goldenem Blattwerk und geviert mit Herzschild; im ersten Feld in silber ein oberhalber, nach links steigender, schwarzer Adler mit goldener Krone; im zweiten blau in gold zwei schrägrechte Balken, im dritten Feld in rot drei silberne Mäuse (senkrecht 2.1); im vierten in blau auf grünem Boden ein silberner Berg, darauf eine silberne Möwe; im Herzschild ein oberhalber Stier im Visier, silber in rot; drei goldene, gekrönte Bügelhelme: der erste mit einem silbernen Stierrumpf, der zweite mit außen blauer und innen silberner Decke und der silbernen Möwe auf Berg, der dritte mit außen schwarzer und innen goldener Helmdecke und dem oberhalben, gekrönten Adler; rechts in der bekannten Form das Wappen der Fugger von Kirchberg und Weißenhorn[731].

Schriftband links:

<*Alexander Freyherr von Sprin- / zenstein Heirathet Aemilia Gräfin / von Fugger.*>

Schriftband rechts:

<*Aemilia Fuggerin Eheliche Tochter / des Johann Jacob und der Sidonia / von Colaus geb*[*oren*] *1564. Ehegemahlin des Herrn Alexander Freyherrn / von Sprinzenstein. † . 1611.*>

fol. 97v (S. 194): (Leerseite)

fol. 98r (S. 195): Albrecht Fugger und Anna Katharina von Gumppenberg

Vater: fol. 45v; Mutter: fol. 46r
NEBINGER/RIEBER, Genealogie, Taf. 9: Albrecht, † 1624; Anna Catharina von Gumppenberg, * 1581, † 1661; vgl. fol. 95r.

Allianzwappen: für den Mann das Wappen der Fugger von Kirchberg und Weißenhorn in der bekannten Form, für die Frau das der Freiherren von Gumppenberg in der bekannten Form[732].

Schriftband links:

<*Albert Fugger Ehelicher Sohn des Joh*[*ann*] */ Jacob und der Sidonia von Colaus. / geb*[*oren*] *1563. Heirathet Anna Katharina / Freyin von Gumppenberg.*>

Schriftband rechts:

<*Anna Katharina Freyin von Gumppen- / berg Tochter des Johann Ludwig, und der / Maria Elisabetha von Seibolsdorf. Ehege- / mahlin des Albert Graf Fuggers / verm*[*ählt*] *1600.*>

fol. 98v (S. 196): (Leerseite)

fol. 99r (S. 197): Alphonsus Fugger

Vater: fol. 45v; Mutter: fol. 46r
NEBINGER/RIEBER, Genealogie, Taf. 9, und REINHARD (Hg.), Eliten, Nr. 243, erwähnen diesen jung gestorbenen Sohn nicht; SCHWENNICKE (Hg.), Stammtafeln, Taf. 35: * 1567.

Wappenbild: Die Bildmitte wird eingenommen von dem Wappen der Fugger von Kirchberg und Weißenhorn in der bekannten Form[733].

Schriftband oben:

<*Alphonsus Fugger Ehelicher Sohn / des Johann Jacob und der Sidonia von / Colaus, geb*[*oren*] *1567. †.1569.*>

fol. 99v (S. 198): Bernhard von Herberstein und Konstantia Fugger

Vater: fol. 45v; Mutter: fol. 46r
NEBINGER/RIEBER, Genealogie, Taf. 9: Bernhard Freiherr von Herberstein, † 1624, Oberstallmeister des Erzherzogs Ferdinand; SCHWENNICKE (Hg.), Stammtafeln, Taf. 35: Kaiserl. Oberthofmarschall; KNESCHKE (Hg.), Adelslexikon 4, S. 318–321.

Der Anlage nach ein Allianzwappen; jedoch das Wappen des Mannes lediglich im Umriß mit Blei skizziert, das der Frau ungewöhnlich schräg gestellt; oben zentral ein umfangreicheres Schriftband. Das Wappen der Frau ist das der Fugger von Kirchberg und Weißenhorn in der bekannten Form[734].

Schriftband oben:

<*Bernardin Freyherr von Hörmanstein / Heirathet Konstantia Gräfin von / Fugger. // Konstantia Fuggerin Eheliche Tochter des / Johann Jacob und der Sidonia von Colaus / geb*[*oren*] *1568. Eheliche gemahlin des Herrn / Bernardin Freyherrn von Hörmanstein / verm*[*ählt*] *1592. † . 1594.*>

---

[731] Auf der Seite unten rechts mit Blei: *4*.

[732] Am unteren Seitenrand rechts mit Blei: *5*.

[733] Am unteren Seitenrand rechts mit Blei: *6*.

[734] Am unteren Seitenrand links mit Blei: *7*.

fol. 100r (S. 199): Konstantin Fugger und Anna Münch von Münchsdorf

Vater: fol. 45v; Mutter: fol. 46r
NEBINGER/RIEBER, Genealogie, Taf. 9 f.; SCHWENNICKE (Hg.), Stammtafeln, Taf. 35, 36: Anna Maria Münich von Münchhausen, in 1. Ehe verheiratet mit Hans Warmund von Pienzenau.

Allianzwappen: auf der Seite links das der Fugger von Kirchberg und Weißenhorn in der bekannten Form, rechts auf der Seite das Wappen der Frau, mit goldenem Blattwerk: in damasziertem Silber ein stehender Barfüßermönch; derselbe auch als Zier des gekrönten, silbernen Bügelhelmes mit goldener Kette[735].

Schriftband links:

<Konstantin Fugger Ehelicher Sohn des / Johann Jacob und der Sidonia von / Colaus geb[oren] 1569. Hofmeister der Erz- / herzogin Anna von öesterreich. Regierungs / präsident von Landshut. Heir[atet] Anna / Münchin von Münchsdorf. †. 1627. drey / von seinen Söhnen haben drey Linien, / Göttersdorf, Simmetingen, und Adelshofen / errichtet.>

Schriftband rechts:

<Anna Münchin von Münchsdorf und / Münchhausen Tochter des Klemens und / der Katharina von Berwang Ehege- / mahlin des Konstantin Graf Fuggers / verm[ählt] 1597.>

fol. 100v (S. 200): Trajanus Fugger und Regina von Freyberg

Vater: fol. 45v; Mutter: fol. 46r
NEBINGER/RIEBER, Genealogie, Taf. 9: Heirat 1596; KNESCHKE (Hg.), Adelslexikon 3, S. 338–340; vgl. fol. 115v.

Allianzwappen: Das Wappen des Mannes ist das der Fugger von Kirchberg und Weißenhorn in der bekannten Form. Das der Frau mit goldenem Blattwerk, geteilt von silber und blau, im unteren Feld drei goldene Bälle (2.1); als Helmzier des gekrönten Bügelhelmes ein Busch von fünf silbernen Straußenfedern[736].

Schriftband links:

<Trajanus Fugger Ehelicher Sohn des / Johann Jacob und der Sidonia von / Colaus. geb[oren] 1571. Heirah[tet] Regina von / Freyberg. †. 1609.>

Schriftband rechts:

<Regina von Freyberg in Achstetten / Tochter des Johann Georg und der / Sabina von Freyberg Eisenberg Ehe- / gemahlin des Trajanus Graf Fuggers.>

fol. 101r (S. 201): Matthias Fugger und Anna Jakobäa von Kögeritz

Vater: fol. 45v; Mutter: fol. 46r
NEBINGER/RIEBER, Genealogie, Taf. 9; REINHARD (Hg.), Eliten, Nr. 243: Mattheus; SCHWENNICKE (Hg.), Stammtafeln, Taf. 35: Er † 1603; Sie † 1600.

Allianzwappen: für den Mann das Wappen der Fugger von Kirchberg und Weißenhorn in der bekannten Form; für die Frau mit goldenem Blattwerk ein von silber und blau gespaltenes Wappen, darauf drei goldene Lilien (2.1, so daß die untere auf dem Spalt liegt); dazu ein gekrönter Bügelhelm mit einer goldenen Lilie und blauen Hörnern[737].

Schriftband links:

<Mathias Fugger Ehelicher Sohn des / Johann Jacob und der Sidonia v[on] Colaus / geb[oren] 1572. Heirathet. Anna Jacobea / von Kögeritz. † 1600.>

Schriftband rechts:

<Anna Jacobea von Kögeritz Eheliche / gemahlin des Mathias Graf Fuggers / verm[ählt][738] 1599.>

Schriftrahmen unten:

<Ende des Herrn Hans Jacob / Fuggers Kinder aus 2.ter Ehe.>

fol. 101v (S. 202): Jakob Villinger von Schönberg und Sidonia Isabella Fugger

Vater: fol. 48v
NEBINGER/RIEBER, Genealogie, Taf. 13: Jacob Villinger, Freiherr zu Schönenberg und Seyfriedsberg, † 1599; KNESCHKE (Hg.), Adelslexikon 9, S. 392.

Schriftrahmen oben:

Anfang Herren Georgen Fuggers kinder

Der Konzeption nach ein Allianzbildnis; zunächst für den Mann lediglich eine leere Wappenkartusche mit goldenem Blattwerk und silbernem Rautenmuster angelegt; nachträglich ist dann über dieser ein Schriftband eingezeichnet und beschriftet, auch das der Frau ergänzt worden. Das Wappen des Mannes ist leer geblieben.

Das Wappen der Frau ist das der Fugger von Kirchberg und Weißenhorn in der bekannten Form; darüber im Halbprofil von links eine junge Frau. Das blonde Haar fällt in Löckchen aus einem goldbraunen Haarnetz, darüber ein schmales, schwarzes Barett mit goldenen Schleifchen und einer Straußenfeder, ein aufwendig gearbeitetes, golddurchwirktes Halshemd mit goldenem Stehkragen und ebensolcher Knopfleiste, ein schulterweit ausgeschnittenes, schwarzes Kleid mit breiten, goldenen Zierborten am Ausschnitt, den Bündchen und längs der Ärmel, letztere außerdem schräg geschlitzt. Um den Hals liegen eine dünne, kurze und eine längere Goldkette. Die Arme sind am Körper angewinkelt. Die Hände liegen vor dem etwas vorgewölbten Bauch, die rechte leicht oberhalb der linken. Letztere hält ein Paar Handschuhe, erstere vor der Brust eine mit einem goldenen Stab eingefaßte Nelke. Der Blick geht aus den Augenwinkeln zum Betrachter.

---

[735] Unten rechts, neben Abriß an der Ecke, demnach neueren Datums, mit Blei: *8.*
[736] Unten links mit Blei: *9.*
[737] Mit Blei Textseitenrahmung; unten rechts mit Blei: *10.*
[738] Ohne Kürzungszeichen.

Schriftband links:

<*Jacob Villinger Freyherr von / Schönberg Heirathet Sidonia / Jsabella Gräfin von Fugger.*>

Schriftband rechts:

Sidonia Jsabella, Herren Georgen fuggers / Eeliche tochter. <geb[oren] 1543. Ehegemahlin / des Herrn Jacob Villinger Freyherrns / von Schönberg. verm[ählt] 1565. † . 1601.>

fol. 102r (S. 203): Julius Octavianus Fugger

Vater: fol. 48v
NEBINGER/RIEBER, Genealogie, Taf. 13, und REINHARD (Hg.), Eliten, Nr. 241, erwähnen ihn nicht; SCHWENNICKE (Hg.), Stammtafeln, Taf. 39: * 1544, † 1546.

Einzelbildnis: im Bildzentrum das Wappen der Fugger von Kirchberg und Weißenhorn in der bekannten Form mit seitlich frei schwebenden Kordelenden; darüber im Halbprofil von links das Porträt eines Jungen mit ohrenlangem, braunem Haar, schräg darauf einem Lorbeerkranz. Er trägt ein weißes Hemd mit goldbesticktem Stehkragen und gefälteten Bündchen, ein gelbes Wams mit schwarzen Zierborten und blau unterfütterten Schlitzungen am Schoß und den mehrfach gepufften Ärmeln, dazu ebensolche Hosen mit Schamkapsel; darüber eine schwarze Schaube mit Pelerinenkragen und in weiten Falten geschnittenen, halblangen Ärmelansätzen; vor der Brust eine goldene Gliederkette. Der andächtige Blick geht geradeaus, nach rechts aus der Bildebene heraus. Die Hände sind vor dem Körper zum Gebet zusammengeführt[739].

Schriftband:

Herr Julius Octauianus fugger, Herrenn / Georgen Fuggers Eelicher Sone, Jst Jn / der Jugent gestorben.

fol. 102v (S. 204): Philipp Eduard Fugger und Maria Magdalena von Königseck

Vater: fol. 48v; Kinder: fol. 113v–116v
NEBINGER/RIEBER, Genealogie, Taf. 13 f.; REINHARD (Hg.), Eliten, Nr. 249; BASTL, Tagebuch; KNESCHKE (Hg.), Adelslexikon 4, S. 196–198; vgl. fol. 123r.

Der Konzeption nach ein Allianzbildnis; die Seite der Frau zunächst nur mit einer leeren Wappenkartusche in der bekannten Form ausgeführt. Nachträglich ist in diese ein Wappen eingetragen, auch darüber ein Schriftband angelegt und beschriftet worden.

Über dem umgekehrten Wappen der Fugger von Kirchberg und Weißenhorn in der bekannten Form im Halbprofil von rechts das Porträt eines jungen, bartlosen Mannes mit recht kurzen, vollen, braunen Haaren, einem schmalen, flachen Barett mit Goldschleifchen und Straußenfeder, einem weißen Hemd mit Stehkragen und gefälteten Bündchen, einem gelben Wams mit schwarzen Zierleisten und blau unterlegter Schlitzung am Schoß und den mehrfach gepufften Ärmeln, dazu einer schwarzen Schaube mit schmalem Stehkragen und halblangen, weit geschnittenen Ärmelansätzen. Er trägt eine lange Goldket-

---

[739] Mit Blei Textseitenrahmung.

te vor der Brust, am Daumen der linken Hand einen Ring. Die Arme sind angewinkelt. Die rechte Hand hält vor der Hüfte den Säbelgriff, die linke ist in der Hüfte nach vorn ausgestreckt. Der Blick geht nach vorn, zur Position der potentiellen Frau hin.

Das Wappen der Frau ist ungeteilt, rot in gold schräglinks gerautet, dazu ein goldener, gekrönter Bügelhelm mit einem Busch von fünf roten Straußenfedern.

Schriftband links:

Herr Philippus Eduardus Fugger, Herrn / Georgen Fuggers Eelicher Sone. <geb[oren] 1546. / Graf und Herr zu Kirchberg und / Weißenhorn Heirathet Maria Magd[alena] / Freyin von Königseck † .1618.>

Schriftband rechts:

<*Maria Magdalena Freyin von Königs- / eck des Johann Jacob und der Eli- / sabetha gräfin von Montfort Toch- / ter Ehegemahlin des Philipp Eduard / Fugger. verm[ählt] 1573. † . 1592.*>

fol. 103r (S. 205): (Leere Textseite)

Zur Miniatur in der Rahmung oben Ex. 12,30–40; vgl. LCI 3, Sp. 282–297.

Textseitenrahmung: im oberen linken Medaillon ein bärtiger Mann mit Lorbeerkranz, rechts ein Mann mit einem langen Schnurrbart, unten links ein solcher mit einer roten Mütze, rechts ein bärtiger Mann mit einer braunen Mütze; in den seitlichen Bordüren Blattwerk mit geflügelten Helmen im oberen Abschluß, darin in mittlerer Höhe links und rechts je ein nacktes Kind, unten zwei natürlich gegebene Pfauen im aus einer Löwenmaske entwickelten Blattwerk; oben in der Rahmung eine Szene aus dem Buch Exodus: Der Auszug aus Ägypten. Links im Bild ein Wald, davor Moses mit Hörnern, in der Hand den Stab und gekleidet in einen kurzen Radmantel. Mit der erhobenen Linken greift er in das Astwerk eines Baumes. Rechts in einer Gruppe Männer und Frauen, zum Teil mit Wanderstöcken, der Großteil jedoch vornehm gekleidet; eine Frau hat eine Landsknechtstrommel umgebunden; im Hintergrund eine Stadt vor einer Gebirgskulisse.

fol. 103v (S. 206): Heinrich Graf von Ortenburg und Anna Jakobäa Fugger

Vater: fol. 48v
NEBINGER/RIEBER, Genealogie, Taf. 13: Heinrich X., Graf von Ortenburg, * 1556, † 1603; Anna Jacobäa, † 1587, Heirat 1585; SCHAD, Frauen des Hauses Fugger, S. 111–113; vgl. fol. 59r.

Der Konzeption nach ein Allianzbildnis; die Seite des Mannes zunächst nur mit einer leeren Wappenkartusche in der bekannten Form ausgeführt; in diese nachträglich ein Wappen eingetragen, darüber auch ein Schriftband angelegt und beschriftet. Das Wappen des Mannes ist geviert und umgekehrt: das erste und vierte Feld in rot mit einem silbernen, beidseitig links geasteten, schrägrechten Balken; im zweiten und dritten Feld in silber eine rote, geschweifte Spitze, darin mit verwechselten Farben drei gegengestellte Vogelflügel; dazu drei goldene, gekrönte Bügelhelme: der erste mit einem radschlagenden Pfau; der zweite mit Halskette und als Zier einem schwarzen Flügel besät mit silbernen Lindenblättern; der dritte ebenfalls mit Halskette und einem von rot und silber gespaltenen Flug mit einem goldenen, sechszackigen Stern.

Das Wappen der Frau ist das der Fugger von Kirchberg und Weißenhorn in der bekannten Form; darüber im Vollprofil von links eine junge Frau: das Haar unter einem goldgewirkten Haarnetz, darauf ein schmales, schwarzes Barett mit Goldschleifchen und einer Straußenfeder, ein weißes, mit Goldfäden besticktes Hemd mit goldgerandetem Stehkragen und gefälteten Bündchen, darüber ein schulterweit ausgeschnittenes, schwarzes Kleid mit breiten Goldborten am Ausschnitt, den Bündchen und längs der schräggeschlitzten Ärmel. Sie trägt um den Hals eine kürzere und eine lange Goldkette. Bauch und Steiß sind deutlich betont. Die Hände halten vor dem Bauch ein zusammengelegtes, goldbesticktes Tuch. Der Mund ist wie zum Sprechen geöffnet. Der Blick geht nach vorn, zur Position des potentiellen Mannes hin.

Schriftband links:

<Heinrich Graf von Orten- / burg Heirathet Anna Jacobea / Gräfin von Fugger.>

Schriftband rechts:

Anna Jacoba, Herren Georgenn / fuggers Eeliche Tochter. <geb[oren] 1547 / Ehegemahlin des Herrn Heinrich / Grafens von Ortenburg.>

fol. 104r (S. 207): Octavian Secundus Fugger und Maria Jakobäa Fugger

Vater: fol. 48v

NEBINGER/RIEBER, Genealogie, Taf. 13, 24: Maria Jakobäa war eine Tochter des Hans (1531–1598), des zweiten Sohnes des Anton: * 1562; vgl. fol. 62r; REINHARD (Hg.), Eliten, Nr. 248; LIEB, Octavian Secundus Fugger.

Der Anlage nach ein Allianzbildnis; stilistisch weicht die Seite jedoch erheblich von dem sonstigen ersten Bearbeitungsdurchgang ab: die Stelle der Frau zunächst nur in der leeren Wappenkartusche ohne das silberne Rautenmuster ausgeführt. Das Wappen des Mannes in der bekannten Form das der Fugger von Kirchberg und Weißenhorn, umgekehrt; das Porträt im Halbprofil von rechts, mit dem Kopf weiter zum Betrachter gewandt. Der junge Mann hat kurze, blonde Haare, ein schwarzes Barett mit goldenen Schleifchen und einer schwarzen, goldbesetzten Feder, ein weißes Halshemd mit gefälteten Bündchen, ein dunkelrotes, vor der Brust golden geknöpftes Wams mit weinrot unterlegten, schrägen Schlitzen an Brust und Armen und schwarz-goldenen Zierborten längs der unteren Ärmel, darüber eine kurze, schwarze Schaube mit goldenen Saumborten, gold und schwarz gestreiften, weiten, halblangen Ärmelansätzen und einem breit über die Schulter fallenden, braunen Pelzkragen. Vor der Brust liegen eine kürzere und eine längere Goldkette, die letztere mit einem Anhänger. Um die Hüfte ist eine rote Schärpe geknotet, links am Gürtel ein Säbelgriff erkennbar. Die Arme sind leicht am Körper angewinkelt. Die rechte Hand hält in Hüfthöhe neben dem Körper ein eingerolltes Schriftstück, die linke ist in Bauchhöhe neben dem Körper etwas nach vorn erhoben. Der skeptische Blick geht aus den Augenwinkeln zum Betrachter. Das Schriftband über dem Porträt ist zunächst zwar eingezeichnet, jedoch nicht mehr beschriftet worden. Dies ist erst im Zuge der Nachträge durch Hand H erfolgt.

Nachträglich in die leere Wappenkartusche auf der Seite rechts ein Wappen eingezeichnet, in diesem Fall erneut, jedoch nicht umgekehrt, das Wappen der Fugger von Kirchberg und Weißenhorn mit den entsprechenden Helmzieren und hier mit dem vorgegebenen goldenen Blattwerk, darüber ein Schriftband angelegt und dieses beschriftet[740].

Schriftband links:

<Octavian Secundus Fugger Ehelicher Sohn / des Georg und der Ursula von Lichten- / stein, geb[oren] 1549. Kaiser Rudolph des 2.ten / Rath und Stadtpfleger zu Augspurg. / Heirathet Maria Jacobea Fuggerin. †. 1600.>

Schriftband rechts:

<Maria Jacobea Fuggerin Tochter / des Johann und der Elisabetha Nothaf- / tin von Weißenstein Ehegemahlin / des Octavian Secundus Fugger / verm[ählt] 1579. †.1588.>

fol. 104v (S. 208): (Leerseite)

fol. 105r[741] (S. 209): Julius Maximilian Fugger

Vater: fol. 48v

Bei NEBINGER/RIEBER, Genealogie, Taf. 13, und REINHARD (Hg.), Eliten, Nr. 241, nicht erfaßt, wohl aber bei SCHWENNICKE (Hg.), Stammtafeln, Taf. 39.

Wappenbild: Wappen der Fugger von Kirchberg und Weißenhorn in der bekannten Form, darüber ein Schriftband[742].

Schriftband oben:

<Julius Maximilian Fugger / Ehelicher Sohn des Georg und / der Ursula von Lichtenstein. / geb[oren] 1550. †. 1563.>

fol. 105v (S. 210): (Leerseite)

fol. 106r (S. 211): Anton Fugger, Barbara von Helfenstein und Ursula Truchseß von Höfingen

Vater: fol. 48v

NEBINGER/RIEBER, Genealogie, Taf. 13: 1. Heirat: 1578: Barbara Gräfin von Helfenstein, * 1552, † 1605; 2. Heirat 1607: Ursula Truchseß von Höfingen, † 1650; zur ersten Frau vgl. fol. 93r, 96r.

Doppeltes Allianzwappen: drei Wappen so auf der Seite angeordnet, daß oben unter einem Schriftband das des Mannes steht, darunter nebeneinander die der beiden Frauen mit Schriftbändern jeweils unter den Wappenschilden; oben das Wappen der Fugger von Kirchberg und Weißenhorn in der bekannten Form mit entsprechenden Helmzieren; an zweiter Stelle links auf der Seite mit blauem Blattwerk das gevierte, umgekehrte Wappen derer von Helfenstein, hier mit im ersten und vierten Feld nach links schreitendem, silbernem Elefanten, im zweiten und dritten

---

[740] Mit Blei Textseitenrahmung.
[741] Ab hier bis fol. 130r: Wappen und Einträge vollständig Bearbeitung des 18. Jahrhunderts.
[742] Auf der Seite unten rechts mit Blei: 6; ab hier bis fol. 211r durchgehend recto mit Blindgriffel oder Blei Textseitenrahmung.

in gold mit einem roten, beiderseits angehackten, schräglinken Balken und den entsprechenden Helmzieren; an dritter Stelle mit blauem Blattwerk im ungeteilten Schild in silber ein schwarzer, steigender Löwe, die Mähne mit silbernen Hermelinschwänzchen bestreut, mit goldener Krone; dazu ein gekrönter Bügelhelm mit goldener Kette und dem beschriebenen Löwen als Kleinod.

Schriftband oben:

<*Anton Fugger Graf und Herr zu Kirch- / berg und Weißenhorn Ehelicher Sohn des / Georg und der Ursula von Lichtenstein geb*[*oren*] */ 1552. Friderichs des 3.ten Churfürsten v*[*on*] *Pfalz. / und Ferdinands Erzherzogs von öesterreich Rath. / 1^stens Barbara Gräfin von Helfenstein. 2.^tens / ursula Truchseßin von Höfingen. †. 1616.*>

Schriftband unten links:

<*Barbara Gräfin von Helfenstein Ulrichs / und der Catharina von Montfort Eheliche ge- / mahlin des Herrn Anton Fuggers. †. 1608.*>

Schriftband unten rechts:

<*Ursula Truchseßin von Höfingen des Wilhelms / und der Theodora Etzrerin Tochter. 2.te Eheliche / gemahlin des Herrn Anton Fugger verm*[*ählt*] *1608.*>

fol. 106v (S. 212): (Leerseite[743])

fol. 107r (S. 213): Raymund Fugger und Juliana von Heydorf

Vater: fol. 48v
NEBINGER/RIEBER, Genealogie, Taf. 13: Juliana von Heudorf, * 1559; SCHWENNICKE (Hg.), Stammtafeln, Taf. 39, ordnet die Tochter Anna Katharina aus dieser Ehe falsch als eine weitere Tochter des Georg Fugger ein: * 1584, † 1635, heiratet 1608 Christoph Fugger, einen Sohn des Octavian Secundus. Zur Familie der Frau vgl. KNESCHKE (Hg.), Adelslexikon 4, S. 361.

Allianzwappen: das Wappen des Mannes das der Fugger von Kirchberg und Weißenhorn in der bekannten Form, umgekehrt; das der Frau, mit blauem Blattwerk, ist geviert mit Herzschild: das erste und vierte Feld gespalten von rot und silber, in rot jeweils drei silberne Pfeile pfahlweise, im ersten Feld schräg links, im zweiten schrägrechts; im zweiten und dritten Feld in silber ein roter Adler mit goldener Krone; im Herzschild drei Jesus-Monogramme (2.1), darunter drei aufstrebende Pfeile; dazu drei graue Bügelhelme: der erste gekrönt, mit einem Busch aus fünf silbernen Straußenfedern, darin die drei schwarzen Pfeile; der zweite und dritte mit einem von rot und silber gespaltenen Königsrumpf, darauf ein Busch von sieben roten und silbernen Straußenfedern[744].

Schriftband links:

<*Raymund Fugger Ehelicher Sohn / des Georg und der Ursula von Lich- / tenstein. geb*[*oren*] *1553. Heirathet Juliana / von Heydorf. †. 1606.*>

Schriftband rechts:

<*Juliana von Heydorf Christoph / Friderichs und der Helena Catharina / wotschin von Zwingenberg Tochter / Ehegemahlin des Raymund Fugger verm*[*ählt*] */ 1583. †. 1611.*>

fol. 107v (S. 214): (Leerseite)

fol. 108r (S. 215): Maria Virginia Fugger

Vater: fol. 48v
NEBINGER/RIEBER, Genealogie, Taf. 13, und REINHARD (Hg.), Eliten, Nr. 241, nicht erfaßt; erfaßt bei SCHWENNICKE (Hg.), Stammtafeln, Taf. 39.

Wappenbild: das Wappen der Fugger von Kirchberg und Weißenhorn in der bekannten Form[745].

Schriftband oben:

<*Maria Virginia Fuggerin Eheliche / Tochter des Georg und der Ursula von / Lichtenstein. geb*[*oren*] *1555. † 1556. den / 10.ten Januarij.*>

fol. 108v (S. 216): (Leerseite)

fol. 109r (S. 217): Albertus Fugger

Vater: fol. 48v
NEBINGER/RIEBER, Genealogie, Taf. 13, und REINHARD (Hg.), Eliten, Nr. 241, nicht erfaßt; erfaßt bei SCHWENNICKE (Hg.), Stammtafeln, Taf. 39.

Wappenbild: das Wappen der Fugger von Kirchberg und Weißenhorn in der bekannten Form[746].

Schriftband oben:

<*Albertus Fugger Ehelicher / Sohn des Georg und der ursula / von Lichtenstein geb*[*oren*] *1557. †.1565.*>

fol. 109v (S. 218): (Leerseite)

fol. 110r (S. 219): Mechthildis Fugger

Vater: fol. 48v
NEBINGER/RIEBER, Genealogie, Taf. 13, und REINHARD (Hg.), Eliten, Nr. 241, nicht erfaßt; erfaßt bei SCHWENNICKE (Hg.), Stammtafeln, Taf. 39.

Wappenbild: das Wappen der Fugger von Kirchberg und Weißenhorn in der bekannten Form[747].

Schriftband oben:

<*Mechtildis Fuggerin Eheliche Toch- / ter des Georg und der ursula von / Lichtenstein geb*[*oren*] *1558. †.1569.*>

---

[743] Unten rechts mit Blei: *4*.
[744] Oben zentral in Blei ein Schriftband angelegt, von den ausgeführten links und rechts verdeckt.
[745] Unten rechts mit Blei: *9*.
[746] Unten rechts mit Blei: *10*.
[747] Unten rechts mit Blei: *11*.

fol. 110v (S. 220): (Leerseite)

fol. 111r (S. 221): Maria Fugger

Vater: fol. 48v

NEBINGER/RIEBER, Genealogie, Taf. 13: Klosterfrau zu Holzen, unter diesem Geburtsdatum, jedoch ohne Todesdatum; REINHARD (Hg.), Eliten, Nr. 241, nicht erfaßt; SCHWENNICKE (Hg.), Stammtafeln, Taf. 39: * /† 10.1.1560; SCHAD, Frauen des Hauses Fugger, S. 131f.: vier Geschwister Maria Secunda, Albert, Mechthild und eine weitere Maria als Kind zur Erziehung in das Kloster Holzen gegeben, wo letztere wohl noch als Kind verstarb. Die Benennung einer Maria Secunda setzt voraus, daß zuvor bereits ein Kind namens Maria jung verstorben sein muß. Es könnte sich dabei um die ebenfalls früh verstorbene Maria Virginia handeln (fol. 108r). Demnach hätte es drei Schwestern mit dem Namen Maria gegeben, von denen keine überlebt hätte.

Wappenbild: das Wappen der Fugger von Kirchberg und Weißenhorn in der bekannten Form[748].

Schriftband oben:

<Maria Fuggerin Eheliche Tochter / des Georg und der Ursula von Lich- / tenstein geb[oren] .1560. † den 1.ten / Tag nach ihrer geburt.>

fol. 111v (S. 222): (Leerseite)

fol. 112r (S. 223): Ursula Fugger, Caspar von Megau und Johann Jakob Löwel von Grienburg

Vater: fol. 48v

NEBINGER/RIEBER, Genealogie, Taf. 13: Caspar von Megau, † 1588; 2. Ehe 1590: Hans Jacob Loebl von Greinburg: † 1602. Zur Familie des ersten Mann vgl. KNESCHKE (Hg.), Adelslexikon 6, S. 214.

Doppeltes Allianzwappen: drei Wappen so auf der Seite angeordnet, daß eines oben zentral mit Schriftband darüber, zwei darunter links und rechts mit Schriftbändern unterhalb stehen. Das Wappen oben, das der Frau, ist das der Fugger von Kirchberg und Weißenhorn in der bekannten Form. An zweiter Stelle, auf der Seite links, das des ersten Mannes, mit blauem Blattwerk: im ungeteilten Schild in rot drei goldene Schaufeln, dazu ein goldener, gekrönter Bügelhelm mit einem Busch aus sieben dreifach rot umwickelten Pfauenfedern; an dritter Stelle, mit blauem Blattwerk, ein geviertes Wappen: das erste und vierte Feld von gold und schwarz gespalten, darin mit verwechselten Farben eine gekappte Weide und ein sechszackiger Stern; im zweiten und dritten Feld in rot eine silberne Taube auf gekrümmtem, goldenem Ast; dazu zwei gekrönte Bügelhelme: der erste mit von gold und silber gevierten Hörnern und einem sechszackigen Stern, der zweite mit von rot und gold gespaltenen Hörnern, darin die silberne Taube auf dem goldenen, gekrümmten Ast[749].

Schriftband oben:

<Ursula Fuggerin Eheliche Tochter des / Georg und der ursula von Lichtenstein / geb[oren] 1562. Eheliche gemahlin 1.^{tens} des / Herrn Caspar Freyherrn von Megau. 2.^{tens} / des Johann Jacob Löwel Freyherrn von Grien- / burg. † . 1602.>

Schriftband unten links:

<Caspar Freyherr von Megau. Heirathet / ursula Gräfin von Fugger. 1585.>

Schriftband unten rechts:

<Johann Jacob Löwel Freyherr von Grienburg / 2ter Ehelicher gemahl der Ursula Gräfin v[on] Fugger.>

fol. 112v (S. 224): (Leerseite)

fol. 113r (S. 225): Johann Georg Fugger

Vater: fol. 48v

NEBINGER/RIEBER, Genealogie, Taf. 13, und REINHARD (Hg.), Eliten, Nr. 241, nicht erfaßt; erfaßt bei SCHWENNICKE (Hg.), Stammtafeln, Taf. 39: † 1585, Alcala/Spanien.

Wappenbild: das Wappen der Fugger von Kirchberg und Weißenhorn in der bekannten Form; darunter ein Schriftrahmen[750].

Schriftband oben:

<Johann Georg Fugger Ehelicher / Sohn des Georg und der ursula von / Lichtenstein geb[oren] 1566. † . 1585.>

Schriftrahmen unten:

<Ende des Herrn Georg Fuggers / Kinder.>

fol. 113v (S. 226): Genealogie der Grafen Fugger zu Kirchberg-Weißenhorn-Brandenburg: Christina Fugger

Vater: fol. 102v

Das auf dieser Seite erstmals auftretende Wappen wird im folgenden als jüngeres der Fugger von Kirchberg und Weißenhorn bezeichnet, da es in der Kirchberg-Weißenhornischen Linie des Raymundzweigs geführt wurde. Das bisher aufgetretene, von dem Lilienwappen der Fugger sowie den Wappen der Grafschaft Kirchberg und der Herrschaft Weißenhorn gevierte Wappen wird im folgenden als älteres der Fugger von Kirchberg und Weißenhorn bezeichnet, um es einerseits von dem eben erwähnten zu unterscheiden, andererseits dem Umstand Rechnung zu tragen, daß die Fugger von der Lilie neben den jeweils spezifischen Titeln in allen Verzweigungen den der Grafen von Kirchberg und Weißenhorn führten. Entsprechend werden in vorliegender Handschrift bei Heiratsverbindungen mit dem Antonzweig durchgehend nicht die Wappen der einzelnen Zweige, sondern das angestammte ältere Wappen der Gesamtfamilie gebraucht. Vgl. zu den Wappen der einzelnen Äste SIEBMACHERS Wappenbuch 6,2, Taf. 67; 1,3,IIIa, S. 77, Taf. 94; 2,1, S. 11, Taf. 5; 2,6, S. 2, Taf. 3; zur Person: NEBINGER/RIEBER, Genealogie, Taf. 14, und REINHARD (Hg.), Eliten, Nr. 249 erwähnen diese Tochter nicht; SCHWENNICKE (Hg.), Stammtafeln, Taf. 39: * 28.12.1573, † 28.2.1574.

Schriftfeld oben:

---

[748] Unten rechts mit Blei: *12*.
[749] Unten rechts im Schriftband mit Blei: *13*.
[750] Unten rechts mit Blei: *14*.

<Genealogische Deduction⁷⁵¹ / Der Herrn Grafen Fugger / Weißenhorn-Kirchbergischen Astes / Bis auf izige Zeiten.>

Darunter ein Wappenbild mit rotem Blattwerk; das Wappen ist das der Fugger von Kirchberg, Weißenhorn und Brandenburg, geviert und in den Quartieren gespalten von dem der Fugger von Kirchberg und Weißenhorn und dem der Herrschaft Brandenburg an der Iller: im ersten Feld rechts die Doppellilie, links ein nach links steigender, gekrönter, goldener Löwe in rot; im zweiten Feld das rechte Quartier gespalten, rechts am Spalt halbiert ein Adler, links in silber ein schwarzer Balken, im linken Quartier die Mohrin mit der Mitra; das dritte Feld gespalten in rechts rot mit drei silbernen Hifthörnern, links gold mit drei roten Rosen (2.1); im vierten Feld rechts in silber ein nach links steigender, schwarzer Steinbock, links die Doppellilie; dazu folgende Kleinode: erstens ein goldener Bügelhelm mit einem gerumpften Steinbock; zweitens ein ebensolcher mit goldenem Löwenrumpf; drittens ein gekrönter, goldener Bügelhelm mit dem Rumpf eines gekrönten Adlers; viertens die gespaltenen Hörner und die Doppellilie der Fugger auf einem gekrönten, goldenen Bügelhelm; fünftens der Mohrinnenrumpf mit der Mitra.

Schriftband oben:

<Christina Fuggerin des Philipp / Eduard und der Maria Magdalena / von Königseck Tochter geb[oren] 1573. / † . 1574.>

fol. 114r (S. 227): Barbara Fugger, Philipp Fugger und Ulrich von Oettingen

Vater: fol. 102v
NEBINGER/RIEBER, Genealogie, Taf. 14, 21: Philipp, Herr zu Biberbach, Ratsherr in Augsburg, zuvor Propst von St. Moritz ebenda, * 1567, † 1601, war der dritte Sohn des Markus (1529–1597), der wiederum der erste Sohn des Anton war; vgl. fol. 59v. Laut MEYER (Hg.), Chronik der Fugger, S. 75, war Philipp von Papst Gregor XIII. (1572–1585) zum Kardinal erhoben worden. NEBINGER/RIEBER, Genealogie, Taf. 14, 21: Ulrich Graf zu Oettingen-Wallerstein, * 1578, † 1608; SCHWENNICKE (Hg.), Stammtafeln, Taf. 39: † 1605; KNESCHKE (Hg.), Adelslexikon 6, S. 582–584. Vgl. zum Wappen Genealogisches Handbuch Bayern 12, S. 259 (in der Helmzier leicht abweichend).

Doppeltes Allianzwappen: das Wappen der Frau, oben zentral, ist das jüngere Wappen der Fugger von Kirchberg und Weißenhorn, das des ersten Mannes das ältere in der bekannten Form, nicht umgekehrt. Unten links auf der Seite, an der dritten Stelle mit blauem Blattwerk, ein ungeteiltes Wappen mit Herzschild: Eisenhutfeh von gold und rot, darin ein blauer Herzschild, bedeckt von einem silbernen Schragen; dazu ein goldener Bügelhelm, darauf als Zier ein goldener, rot zungender Brackenrumpf, das Ohr in rot mit dem silbernen Schragen⁷⁵².

Schriftband oben:

<Barbara Fuggerin des Philipp Eduard / und der Maria Magdalena v[on] Königseck / Tochter. geb[oren] 1577. wurde 1594. vermählt / mit Philipp Fugger. und nach deßen Tod / mit ulrich Graf von Oettingen 1604. / † . 1605.>

Schriftband unten links:

<Philipp Graf Fugger Heirathet / Barbara Gräfin v[on] Fugger.>

Schriftband unten rechts:

<Ulrich Graf von Oettingen Heirathet / 1604. Barbara Gräfin v[on] Fugger.>

fol. 114v (S. 228): Karl Fugger

Vater: fol. 102v
NEBINGER/RIEBER, Genealogie, Taf. 14: * 1587, † 1642; SCHWENNICKE (Hg.), Stammtafeln, Taf. 39: Karl Albrecht.

Wappenbild: das jüngere Wappen der Fugger von Kirchberg und Weißenhorn in der bekannten Form⁷⁵³.

Schriftband oben:

<Carl Graf von Fugger Ehelicher Sohn / des Philipp Eduard und der Maria Magda- / lena von Königseck geb[oren] 1581. Reichs / Raths Präsident zu Speyer. Kaiserl[icher] Rath, / auch Kamerer Pabst Paulus des 5.ᵗᵉⁿ Dom- / herr zu Kostanz⁷⁵⁴, Dechant zu Salzburg. † . 1642.>

fol. 115r (S. 229): Philipp Adam von Freyberg und Anna Sophia Fugger

Vater: fol. 102v
NEBINGER/RIEBER, Genealogie, Taf. 14: Philipp Adam von Freyberg, * 1568; Anna Sophia, † 1643; KNESCHKE (Hg.), Adelslexikon 3, S. 338–340; vgl. fol. 100v.

Allianzwappen: das Wappen des Mannes, mit rotem Blattwerk, von silber und blau geteilt, im unteren Feld mit drei goldenen Bällen (2.1); dazu ein gekrönter, grauer Bügelhelm mit goldener Kette, als Zier ein Busch von fünf silbernen Straußenfedern. Das Wappen der Frau ist das jüngere der Fugger von Kirchberg und Weißenhorn in der bekannten Form⁷⁵⁵.

Schriftband links:

<Philipp Adam Freyherr von Freyberg / in Achstetten Heirathet 1612. / Anna Sophia Gräfin von Fugger.>⁷⁵⁶

Schriftband rechts:

<Anna Sophia Fuggerin des Philipp / Eduard und der Maria Magdalena von / Königseck Tochter geb[oren] 1585. Ehege- / mahlin des Herrn Philipp Adam Frey- / herrn zu Freyberg in Achstetten. verm[ählt] 1612. † .⁷⁵⁷>

---

⁷⁵¹ Rotunda.
⁷⁵² Oben zentral ein Schriftband mit Blei, unten zwei Wappenumrisse zentraler und höher als die ausgeführten.
⁷⁵³ Unten links mit Blei: 3.
⁷⁵⁴ Sic!
⁷⁵⁵ Unten links mit Blei: 4.
⁷⁵⁶ Unter dem Eintrag Rasur eines Bleieintrags von Hand I.
⁷⁵⁷ Freiraum.

fol. 115v (S. 230): Friedrich Fugger

Vater: fol. 102v
NEBINGER/RIEBER, Genealogie, Taf. 14.

Wappenbild: das jüngere Wappen der Fugger von Kirchberg und Weißenhorn in der bekannten Form.

Schriftband oben:

<*Friderich Graf Fugger / Ehelicher Sohn des Philipp Eduard / und der Maria Magdalena von Königs- / eck geb*[oren] *1586.* † *. 1654. Ledig.*>

fol. 116r (S. 231): Johann Christoph von Preysing und Justina Fugger

Vater: fol. 102v
NEBINGER/RIEBER, Genealogie, Taf. 14: Johann Christoph Freiherr von Preising, * 1576, † 1633; Justina, † 1660; Heirat 1625; KNESCHKE (Hg.), Adelslexikon 7, S. 249–251.

Allianzwappen: das Wappen des Mannes, mit blauem Blattwerk, geteilt von rot und silbernem Mauerwerk mit Zinnenschnitt; dazu ein Bügelhelm mit goldener Kette und Krone, als Zier Hörner, gespalten von silber und schwarz und besetzt mit Blättern in verwechselter Farbe, dazwischen ein grüner Papagei mit silbernem Schnabel, rotem Halsband und goldener Krone. Die Frau hat das jüngere Wappen der Fugger von Kirchberg und Weißenhorn in der bekannten Form.

Schriftband links:

<*N.*[758] *Freyherr von Preising / Heirathet Justina Gräfin von / Fugger.*>

Schriftband rechts:

<*Justina Fuggerin des Philipp / Eduard und der Maria Magdalena / von Königseck Tochter geb*[oren] *1588. / Ehegemahlin N.*[759] *Freyherren von / Preising* † *zu Innsprug.*>

fol. 116v (S. 232): Hugo Fugger und Maria Juliana Vöhlin von Frickenhausen

Vater: fol. 102v
NEBINGER/RIEBER, Genealogie, Taf. 14: Maria Juliana Vöhlin von Frickenhausen, Freiin von Illertissen und Neuburg, * 1594; SCHWENNICKE (Hg.), Stammtafeln, Taf. 39: Hugo, † 1589; vgl. ebenda, Taf. 155–158. Zur Familie der Frau vgl. BRUNNER, Vöhlin von Frickenhausen; WESTERMANN, Vöhlin zu Memmingen; SCHELLER, Streit, S. 263 f.; RIEDENAUER, Herzogtum Bayern, S. 620; Augsburger Stadtlexikon (1998), S. 901.

Allianzwappen: das jüngere Wappen der Fugger von Kirchberg und Weißenhorn in der bekannten Form, nicht umgekehrt; das Wappen der Frau, mit blauem Blattwerk, ist geviert und in den Quartieren gespalten: im ersten und vierten Feld rechts in silber ein schwarzer Balken, darin drei silberne P, links in rot ein nach links steigender, goldener Löwe; im zweiten und dritten Feld rechts in gold ein an einer Lanze steigender, nackter Mohr, links in schwarz ein silberner Balken; die beiden gekrönten Bügelhelme mit goldenen Ketten: rechts ein Doppelflug, der vordere silber mit einem schwarzen Balken, darin drei P, der hintere mit einem goldenen Löwen in rot; links goldene Hörner und ein Mohrenrumpf.

Schriftband rechts:

<*Hugo Fugger Graf von Kirch- / berg und Weißenhorn Ehelicher Sohn / des Philipp Eduard und der Maria / Magdalena von Königseck geb*[oren] *1589. / Heirathet 1618 Maria Juliana Vöhlin / von Frickenhausen.* † *. 1627.*>

Schriftband links:

<*Maria Juliana Vöhlin Freyin v*[on] */ Frickenhausen Tochter des Carl / und der Maria von Roth Ehege / mahlin des Hugo Grafens Fugger. / verm*[ählt] *1618.* † *.1653.*>

fol. 117r (S. 233): Veit Ernst von Rechberg und Maria Magdalena Fugger

Vater: fol. 116v
NEBINGER/RIEBER, Genealogie, Taf. 14: Veit Ernst I. von Rechberg, Herr zu Osterberg, † 1671; KNESCHKE (Hg.), Adelslexikon 7, S. 374–376; vgl. fol. 117v.

Allianzwappen: im Wappen des Mannes, mit rotem Blattwerk, rot in gold zwei steigende Löwen, abgewandt mit verschränkten Schweifen, dazu ein Bügelhelm mit goldener Kette, darauf ein steigender Rehbockrumpf mit rotem Geweih. Das Wappen der Frau ist das jüngere der Fugger von Kirchberg und Weißenhorn in der bekannten Form.

Schriftband links:

<*Veit Ernst Freyherr von Rech- / berg zu Hochen Rechberg Erzher- / zogl*[icher] *Rath und Käm*[m]*erer, wie auch Landvogt der Marggrafschaft Bur- / gau Heirathet M*[aria] *Magd*[alena] *Gräfin*[760] */ von Fugger.*>

Schriftband rechts:

<*Maria Magdalena Fuggerin Ehe- / liche Tochter des Hugo und der M*[aria] */ Juliana Vöhlin geb*[oren] *1621. Ehege- / mahlin des Herrn Veit Ernsts Freyh*[errn] */ von Rechberg. verm*[ählt] *1644.* † *. 1671.*>[761]

fol. 117v (S. 234): Bero von Rechberg und Maria Franziska Fugger

Vater: fol. 116v
NEBINGER/RIEBER, Genealogie, Taf. 14: Bero II. von Rechberg, Herr zu Osterberg, † 1667; Maria Francisca, † 1672; SCHWENNICKE (Hg.), Stammtafeln, Taf. 39: Sie * 1629; vgl. fol. 117r: Um die Doppelhochzeit Fugger/Rechberg auf einem Blatt behandeln zu können, ist hier die Geburtsreihenfolge der Kinder durchbrochen: Maria Francisca (* 1625) müßte eigentlich nach Albrecht (* 1624, fol. 118v) stehen.

Allianzwappen: die Wappen wie eben beschrieben.

---

[758] Für: ›Nominatus‹.
[759] Für: ›Nominatus‹.
[760] Auf Rasur eines Bleivermerks von Hand I.
[761] Auf Rasur eines Bleieintrags von Hand I: *fuggerin*.

Schriftband links:

<*Bero Freyherr von Rechberg / Heirathet Maria Francisca / Gräfin von Fugger.*>[762]

Schriftband rechts:

<*Maria Francisca Fuggerin / Eheliche Tochter des Hugo und der / M[aria] Juliana Vöhlin. eheliche gemah- / lin des Herrn Bero Freyherrn von*[763] / *Rechberg. geb[oren] 1625. verm[ählt] 1645.*>

fol. 118r (S. 235): Karl Philipp Fugger und Margaretha Ursula von Pappenheim

Vater: fol. 116v; Kinder: fol. 119r–119v
NEBINGER/RIEBER, Genealogie, Taf. 14: Heirat 1640; SCHWENNICKE (Hg.), Stammtafeln, Taf. 39: Heirat 1648; Carl Philipp, 1640–1648 Domherr zu Passau, resign.; KNESCHKE (Hg.), Adelslexikon 7, S. 52–54: Marschälle von Pappenheim.

Allianzwappen: Das Wappen des Mannes ist das jüngere der Fugger von Kirchberg und Weißenhorn in der bekannten Form, nicht umgekehrt. Das der Frau ist geviert: im ersten und vierten Feld von schwarz und silber geteilt, darin rote gekreuzte Säbel; im zweiten und dritten Feld in grau blaues Feh, sturzspitzweise; dazu zwei goldene, gekrönte Bügelhelme: der erste mit zwei gekreuzten Lanzen, daran Wimpel mit dem Wappen der Hauptstelle; der zweite mit einem goldenen, gekrönten, armlosen Mohrinnenrumpf mit zwei langen Zöpfen.

Schriftband links:

<*Carl Philipp Fugger Graf zu Kirch- / berg und Weißenhorn Ehelicher / Sohn des Hugo und der M[aria] Juliana / Vöhlin geb[oren] 1622. Heirathet ursula / Margaretha von Pappenheim. † . 1654.*>[764]

Schriftband rechts:

<*Margaretha ursula Freyin von / Pappenheim Eheliche gemahlin des / Carl Philipp Graf Fugger.*>[765]

fol. 118v (S. 236): Albert Fugger, Maria Franziska Fugger und Maria Dorothea von Schauenburg

Vater: fol. 116v; Kinder: fol. 120r–124r
NEBINGER/RIEBER, Genealogie, Taf. 14, 15, 25, 33: Albrecht (Albert), † 1692, Oberstjägermeister der vorderösterreichischen Lande; 1. Heirat 1650: Maria Francisca (1629–1673), Tochter des Grafen Otto Heinrich Fugger, Kaiserl. General-Feldzeugmeister, Gouverneur von Augsburg (1592–1644), und seiner zweiten Frau Maria Elisabeth Gräfin Truchseß von Waldburg zu Zeil; Otto Heinrich war der zweite Sohn des Christoph Fugger (1566–1615), dieser der zweite Sohn des Hans (1531–1598), dessen Vater Anton (1493–1560) war; vgl. fol. 62v; 2. Heirat 1676: Dorothea von Schauenburg (1646–1691); SCHWENNICKE (Hg.), Stammtafeln, Taf. 39: 2. Heirat 1674, Sie: * 1642. Zu den Kindern vgl. ab fol. 120r: nach SCHWENNICKE, ebenda, Taf. 40, und NEBINGER/RIEBER, Genealogie, Taf. 15, hatten Albert und seine erste Frau noch einen Sohn Viktor Leopold (1660–1670).

Doppeltes Allianzwappen: für den Mann oben zentral das jüngere Wappen der Fugger von Kirchberg und Weißenhorn in der bekannten Form, nicht umgekehrt; das der ersten Frau unten links auf der Seite ist das ältere der Fugger von Kirchberg und Weißenhorn in der bekannten Form. Im Wappen der zweiten Frau, mit blauem Blattwerk, auf der Seite unten rechts in gold ein silberner Schild abgeteilt mit einem blauen äußeren Wolkenschnitt, darüber ein roter Schragen; dazu ein Bügelhelm mit goldener Halskette und außen blauer, innen silberner Helmdecke. Die Zier darauf ist ein gekrönter, silberner Männerrumpf mit Hörnern an den Schultern, diese gespalten von rot und blau und außen besetzt mit je drei silbernen Bällen, der Rumpf mit dem roten Schragen.

Schriftband oben[766]:

<*Albert Fugger Graf von Kirchberg und / Weißenhorn Ehelicher Sohn des Hugo / und der Maria Juliana Vöhlin geb[oren] 1624 / Kaiser Ferdinand des 3.ten und Leopold / des 1.ten Kämerer und obrist Jägermeister / der Marggrafschaft Burgau. hatte zwo ge- / mahlinen: 1.^tens Maria Francisca Gräfin / v[on] Fugger. 2.^tens M[aria] Dorothea Freyin / von Schauenburg. † .*[767]>

Über die ganze Breite des unteren Seitenrandes ein zusammenhängendes, in der Mitte durch eine doppelte Falz geteiltes Schriftband, darin links:

<*Maria Francisca Fuggerin des Otto Heinrich / Fugger in Kirchheim und der M[aria] Elisab[etha] Truchseßin / in Waldburg Tochter. Ehe[liche] gemahl[in] des H[errn] Albert Fugger. † . 1674.*>

darin rechts:

<*M[aria] Doroth[ea] Freyin v[on] Schauenburg des Joh[ann] Reinhard / und der Anna walburga Freyin von wachenheim / Tochter Ehel[iche] gemahl[in] des Herrn Albert Fugger verm[ählt] 1674.*>

fol. 119r (S. 237): Maria Justina Fugger

Vater: fol. 118r
NEBINGER/RIEBER, Genealogie, Taf. 14: Maria Justina, † 1732, heiratet ca. 1690 Johann Jacob Linder aus Offenburg; SCHWENNICKE (Hg.), Stammtafeln, Taf. 39: Heirat Biberbach, 1.10.1690; Stammtafeln des mediatisierten Hauses Fugger, Taf. 6: James Jacob Binder von Offenburg.

Wappenbild: das jüngere Wappen der Fugger von Kirchberg und Weißenhorn in der bekannten Form.

Schriftband oben:

<*Maria Justina Fuggerin Eheliche / Tochter des Carl Philipp und der Mar- / garetha ursula Freyin von Pappen- / heim. geb[oren] 1653.*[768]>

---

[762] Hiernach Rasur eines Bleieintrags von Hand I: *Rechberg*.
[763] Auf Rasur eines Bleieintrags von Hand I: *fuggerin*.
[764] Auf Rasur eines Bleieintrags von Hand I.
[765] Auf Rasur eines Bleieintrags von Hand I.

[766] Darunter mit Blei skizziert.
[767] Freiraum.
[768] Freiraum.

fol. 119v (S. 238): Hugo Friedrich Fugger und Maria Theresia Fugger

Vater: fol. 118r

NEBINGER/RIEBER, Genealogie, Taf. 14, 36, 37: (Maria) Theresia (1655–1696) war die Tochter des Johann Franz zu Babenhausen (1613–1668), dieser der zweite Sohn des Johann (d. Ä.) zu Babenhausen, später zu Boos (1583–1633), dieser der zweite Sohn des Jakob (1542–1598), des vierten Sohnes Anton Fuggers; vgl. fol. 67v; SCHWENNICKE (Hg.), Stammtafeln, Taf. 39: Heirat 1678; vgl. SCHAD, Frauen des Hauses Fugger, S. 184–186.

Allianzwappen: Das Wappen des Mannes ist das jüngere der Fugger von Kirchberg und Weißenhorn, nicht umgekehrt. Das der Frau ist das ältere der Fugger von Kirchberg und Weißenhorn, beide in der bekannten Form.

Schriftband links:

<*Hugo Friderich Fugger Graf von / Kirchberg und Weißenhorn des Karl / Philipp und der Margaretha ursula freyin / von Pappenheim ehelicher Sohn. geb*[oren] / *1649. Heirathet Maria Theresia Gräfin / von Fugger. † . 1690. ohne erben.*>

Schriftband rechts:

<*Maria Theresia Fuggerin des Johann / Franz Fugger in Babenhausen und der / Maria Kordula von Vöhlin Tochter Ehe- / liche gemahlin des Herrn Hugo Fride-*[769] / *rich Fugger. † .*[770]>

fol. 120r (S. 239): Hugo Otto, Ferdinand Sigmund, Johann Eduard und Ferdinand Eusebius Fugger

Vater: fol. 118v

NEBINGER/RIEBER, Genealogie, Taf. 15, erwähnt diese wohl jung gestorbenen Söhne des Albrecht nicht; erwähnt: SCHWENNICKE (Hg.), Stammtafeln, Taf. 40.

Ein Wappen im Bildzentrum, darum in den Ecken gruppiert vier Schriftbänder; das Wappen ist das jüngere der Fugger von Kirchberg und Weißenhorn in der bekannten Form[771].

Schriftband oben links:

<*Hugo Otto*[772] *Graf Fugger des Albert / und der Maria Francisca Fuggerin / Ehelicher Sohn. geb*[oren] *1652. † .*[773]>

Schriftband oben rechts:

<*Ferdinand Sigmund*[774] *Graf Fugger / des Albert und der Maria Francisca / Fuggerin Ehelicher Sohn. geb*[oren] *1654. / † . 1655.*>

Schriftband unten links:

<*Johann Eduard*[775] *Graf Fugger des / Albert und der Maria Francisca / Fuggerin Ehelicher Sohn geb*[oren] / *1653. † .*[776]>

Schriftband unten rechts:

<*Ferdinand Eusebius*[777] *Graf Fugger / des Albert und der Maria Francisca / Fuggerin Ehelicher Sohn geb*[oren] *1656. † .*[778]>

fol. 120v (S. 240): Maria Eleonora, Maria Elisabetha und Maria Viktoria Fugger

Vater: fol. 118v

NEBINGER/RIEBER, Genealogie, Taf. 15, erwähnt nur die dritte dieser Töchter: (Maria) Viktoria, * 1659, † 1706; vollständig erfaßt bei SCHWENNICKE (Hg.), Stammtafeln, Taf. 40.

Im Bildzentrum ein Wappen, darum gruppiert drei Schriftbänder, zwei oben links und rechts, eines unten zentral; das Wappen ist das jüngere der Fugger von Kirchberg und Weißenhorn in der bekannten Form[779].

Schriftband oben links:

<*Maria Eleonora*[780] *Fuggerin des Albert / und der Maria Francisca Fuggerin / Eheliche Tochter geb*[oren] *1657. † . 1658.*>

Schriftband oben rechts:

<*Maria Elisabetha*[781] *Fuggerin des Albert / und der Maria Francisca Fuggerin / Eheliche Tochter. geb*[oren] *1658. † . 1659.*>

Schriftband unten:

<*Maria Victoria*[782] *Fuggerin des Albert / und der Maria Francisca Fuggerin / Eheliche Tochter. geb*[oren] *1659. † .*[783]>

fol. 121r (S. 241): Franz Sigmund Joseph Fugger und Maria Anna Theresia von Muggenthal

Vater: fol. 118v; Kind: fol. 124v

NEBINGER/RIEBER, Genealogie, Taf. 13, 15 f., 23: Maria Theresia Gräfin von Muggenthal, * 1666; ihre Mutter, Maria Anna Margaretha Fugger (1640–1687) war eine Tochter des Maximilian Fugger zu Oberndorf (1608–1669), dieser wiederum ein Sohn des Anton zu Oberndorf (1563–1616) und der Elisabetha zu Kirchberg, einer Tochter des Octavian Secundus Fugger

---

[769] Auf Rasur eines Bleivermerks von Hand I: *fuggerin*.
[770] Freiraum.
[771] Unter den Zeichnungen Bleiskizzen.
[772] Auf Rasur eines Bleivermerks von Hand I: *Hugo Otto*.
[773] Freiraum.
[774] Auf Rasur eines Bleivermerks von Hand I: *Ferdinand Sigmund*.
[775] Auf Rasur eines Bleivermerks von Hand I: *Johann Eduard*.
[776] Freiraum.
[777] Auf Rasur eines Bleivermerks von Hand I: *Ferdinand Eusebius*.
[778] Kein Freiraum.
[779] Etwas niedriger Wappenumriß in Blei.
[780] Auf Rasur eines Bleivermerks von Hand I.
[781] Auf Rasur eines Bleivermerks von Hand I: *Elsabetha*.
[782] Auf Rasur eines Bleivermerks von Hand I.
[783] Freiraum.

(1549–1600), der wiederum selbst mit einer Fuggerin aus dem Antonzweig verheiratet war; vgl. fol. 104r. Der Vater des Anton zu Oberndorf war Marx (1529–1597), der älteste Sohn des Anton (1493–1560); vgl. fol. 59v; SCHWENNICKE (Hg.), Stammtafeln, Taf. 40: Franz Sigismund, Kaiserl. Kämmerer, kurbayer. Kämmerer und Geheimer Rat. Zur Familie der Frau KNESCHKE (Hg.), Adelslexikon 6, S. 375 f.; außer dem hier, fol. 124v, gegebenen Sohn erwähnt SCHWENNICKE, ebenda, noch zwei weitere Kinder des Franz Sigmund Joseph: Adam Franz Joseph Anton, Cajetan Maria Joseph.

Allianzwappen: Das Wappen des Mannes ist das jüngere der Fugger von Kirchberg und Weißenhorn in der bekannten Form, nicht umgekehrt. Das Wappen der Frau, mit blauem Blattwerk, ist geviert mit Herzschild: im ersten und vierten Feld in gold ein nach links springender Fuchs, im zweiten und dritten drei schwarze Hirschstangen pfahlweise; im Herzschild in silber ein rotes Hirschhaupt; dasselbe auch als Zier des goldenen, gekrönten Bügelhelmes; dessen Helmdecke schwarz und gold.

Schriftband links:

<*Franz Sigmund Joseph*[784] *Fugger Graf / zu Kirchberg und weißenhorn des Albert / und der Maria Francisca Fuggerin / Ehelicher Sohn. geb*[oren] *1661. Heirathet / Maria Anna Theresia Gräfin von / Muggenthal zu waal.* † *. 1720>*

Schriftband rechts:

<*Maria Anna Theresia Gräfin von / Muggenthal, des Konrad Sigmund und / der Maria Anna Gräfin Fuggerin / Tochter Eheliche gemahlin des Franz / Sigmund Joseph Fugger. verm*[ählt][785] *1691.*[786] */* † *. 1721.>*

fol. 121v (S. 242): Otto Hermann Ignaz, Franz Ferdinand Anton und Anna Johanna Franziska Fugger

Vater: fol. 118v

NEBINGER/RIEBER, Genealogie, Taf. 15, erwähnt wiederum nur das dritte Kind: Anna Johanna Francisca und einen weiteren Sohn: Viktor Leopold, * 1660, † 1670; SCHWENNICKE (Hg.), Stammtafeln, Taf. 40, erfaßt diese vier und noch einen weiteren Sohn Franz Anton, * 1664, der jedoch mit dem hier gegebenen Franz Ferdinand Anton identisch sein dürfte.

Ein Wappen im Zentrum, darum gruppiert drei Schriftbänder, zwei oben links und rechts, eines unten zentral; das Wappen ist das jüngere der Fugger von Kirchberg und Weißenhorn in der bekannten Form[787].

Schriftband oben links:

<*Otto Hermann Ignaz*[788] *Graf Fugger / des Albert und der Maria Francisca / Fuggerin Ehelicher Sohn. geb*[oren] *1663. /* † *. 1670.>*

Schriftband oben rechts:

<*Franz Ferdinand Anton*[789] *Graf / Fugger des Albert / und der Maria / Francisca Fuggerin Ehelicher / Sohn geb*[oren] *1664.* † *.*[790]*>*

Schriftband unten:

<*Anna Johanna Francisca*[791] *Fuggerin / des Albert und der Maria Francis*[ca] */ Fuggerin Eheliche Tochter. geb*[oren] */ 1665. Stift Dame zu Buchau.* † *. 1700.>*

fol. 122r (S. 243): Tiberius Albert Fugger

Vater: fol. 118v
NEBINGER/RIEBER, Genealogie, Taf. 15: † 1710.

Wappenbild: im Zentrum das jüngere Wappen der Fugger von Kirchberg und Weißenhorn in der bekannten Form, hinterlegt mit einem silbernen Schild mit dem Tatzenkreuz des Deutschen Ordens, darauf die fünf Helmkleinode des Fuggerwappens.

Schriftband oben:

<*Tiberius*[792] *Albert Fugger Graf / von Kirchberg und Weißenhorn des / Albert und der Maria Francisca / Fuggerin Ehelicher Sohn. geb*[oren] */ 1666. Deutsch ordens Ritter.* † *.*[793]*>*

fol. 122v (S. 244): Margaretha Elisabeth Juliana, Idda Magdalena Theresia, Christoph Anton Dominicus und Bonaventura Fugger

Vater: fol. 118v
NEBINGER/RIEBER, Genealogie, Taf. 15, erwähnt nur das vierte der hier aufgeführten Kinder: Bonaventura (1673–1698), verlobt mit Maria Theresia geb. Freiin Reichlin von Meldegg, verwitwete Freifrau von Rechberg (* 1674); SCHWENNICKE (Hg.), Stammtafeln, Taf. 40: Christoph Anton Dominicus, * /† 1673; dort nicht erfaßt: Margaretha Elisabeth Juliana, dafür jedoch: Kind † klein.

Im Zentrum das jüngere Wappen der Fugger von Kirchberg und Weißenhorn in der bekannten Form, darum in den Ecken gruppiert vier Schriftbänder[794].

Schriftband oben links:

<*Margaretha*[795] *Elisabetha Juliana Fuggerin / des Albert und der Maria Francisca / Fuggerin Eheliche Tochter. geb*[oren] */ 1668.* † *.*[796]*>*

Schriftband oben rechts:

<*Jdda*[797] *Magdalena Theresia Fuggerin / des Albert und der Maria Francisca / Fuggerin Eheliche Tochter. geb*[oren] */ 1669.* † *. 1671.*[798]*>*

---

[784] Auf Rasur eines Bleivermerks von Hand I.
[785] Kein Kürzungszeichen.
[786] Auf Rasur eines Bleivermerks von Hand I.
[787] Oben zentral zwischen den ausgeführten Positionen Schriftband mit Blei skizziert.
[788] Auf Rasur eines Bleivermerks von Hand I.
[789] Auf Rasur eines Bleivermerks von Hand I.
[790] Freiraum.
[791] Auf Rasur eines Bleivermerks von Hand I.
[792] Auf Rasur eines Bleivermerks von Hand I: *Tiberius*.
[793] Kurzer Freiraum bis zum Zeilenende.
[794] Unter den Schriftbändern Bleiskizzen.
[795] Auf Rasur eines Bleieintrags von Hand I: *Margaretha*.
[796] Diese und zwei weitere Zeilen mit Blei vorliniert.

Schriftband unten links:

<*Christoph*[799] *Anton Dominicus Graf / Fugger des Albert und der Maria / Francisca Fuggerin Ehelicher Sohn / geb*[oren] *1671.* †. *e*[odem] *a*[nno][800]>

Schriftband unten rechts:

<*Bonaventura*[801] *Graf Fugger des / Albert und der M*[aria] *Francisca Fuggerin / Ehelicher Sohn. geb*[oren] *1673.* †. *1698.*>

fol. 123r (S. 245): Paris Georg Fugger und Anna Eleonora von Königseck

Vater: fol. 118v

NEBINGER/RIEBER, Genealogie, Taf. 15: der älteste erwachsen gewordene Sohn des Albert, Heirat 1671: Anna Eleonore Gräfin von Königsegg, † 1715; der Bruder Viktor Leopold (1660–1670), der ebenda, und bei SCHWENNICKE (Hg.), Stammtafeln, Taf. 40, erwähnt ist, taucht in der vorliegenden Handschrift nicht auf. Zur Familie der Frau vgl. KNESCHKE (Hg.), Adelslexikon 4, S. 196–198; vgl. fol. 102v.

Allianzwappen: Das Wappen des Mannes ist das jüngere der Fugger von Kirchberg und Weißenhorn in der bekannten Form, nicht umgekehrt. Das der Frau ist mit blauem Blattwerk versehen und ungeteilt: gold und rote, schräglinke Rautung, dazu ein goldener, gekrönter Bügelhelm mit einem Busch von fünf roten Straußenfedern[802].

Schriftband links:

<*Paris Georg Graf Fugger von / Kirchberg und Weißenhorn des / Albert und der M*[aria] *Francisca Fug- / gerin Ehelicher Sohn. geb*[oren] *1651. / Heirathet Anna Leonora Gräfin / v*[on] *Königseck in aulendorf.* †. *1698. / ohne Erben.*>

Schriftband rechts:

<*Anna Leonora Gräfin von Königs- / eck des Johann Georg und der Leonora / Gräfin von Hohen-Embs Tochter. / Eheliche gemahlin des Herrn Paris / Georg Graf Fugger.*>

fol. 123v (S. 246): Maria Theresia, Maria Eleonora und Johann Ludwig Fugger

Vater: fol. 118v

NEBINGER/RIEBER, Genealogie, Taf. 15, und SCHWENNICKE (Hg.), Stammtafeln, Taf. 40, erwähnen diese drei jung gestorbenen Kinder nicht.

Im Zentrum das jüngere Wappen der Fugger von Kirchberg und Weißenhorn in der bekannten Form, darum dreipässig gruppiert drei Schriftbänder, zwei oben links und rechts, eines unten zentral.

Schriftband oben links:

<*Maria Theresia Fuggerin des / Albert und der Maria Dorothea von / Schauenburg. Eheliche Tochter. / geb*[oren] *1678.* †. *e*[odem] *a*[nno].[803]>

Schriftband oben rechts:

<*Maria Eleonora*[804] *Fuggerin des / Albert und der Maria Dorothea von / Schauenburg Eheliche Tochter / geb*[oren] *1679.* †. *e*[odem] *a*[nno].[805]>

Schriftband unten:

<*Johann Ludwig*[806] *Graf Fugger / des Albert und der M*[aria] *Dorothea / von Schauenburg Ehelicher Sohn / geb*[oren] *1675.* †. *1676.*>

fol. 124r (S. 247): Rupert Anton Christoph Fugger und Maria Anna Martina von Welsberg

Vater: fol. 118v

NEBINGER/RIEBER, Genealogie, Taf. 15: Anton Rupert Christoph heiratet Maria Anna Gräfin von Welsberg, * 1683, † 1770; vgl. fol. 94r, 126r.

Allianzwappen: Das Wappen des Mannes ist das jüngere der Fugger von Kirchberg und Weißenhorn in der bekannten Form, nicht umgekehrt. Das der Frau, mit blauem Blattwerk, ist geviert mit Herzschild: im ersten und vierten Feld gold in schwarz ein steigender, zweischweifiger Löwe, einwärts gewandt; das zweite und dritte Quartier mit einem dreifachen, silbernen Sparren in rot. Der Herzschild ist von silber und schwarz geviert; dazu drei goldene, bekrönte Bügelhelme: der erste mit von silber und schwarz gevierten Hörnern, der zweite mit einem schwarzen Flügel, darin ein goldener, steigender Löwe, der dritte mit einer roten, von einem silbernen Doppelsparren geteilten Spitze, an den Außenseiten und oben mit je drei silbernen Straußenfedern besetzt[807].

Schriftband links:

<*Rupert Anton Christoph Fugger Graf / von Kirchberg und Weißenhorn, Herr zu / Kirchberg* [etc.] *des Albert und der Maria / Dorothea von Schauenburg Ehelicher / Sohn geb*[oren] *1683. Kaiserl*[icher] *Käm*[m]*erer, Heirathet / 1710. Maria Anna Martina Gräfin von / Welsperg.* †. *1746. ohne Erben.*>

Schriftband rechts:

<*Maria Anna Martina Gräfin von / Welsperg des Guidobald und der M*[aria] */ ursula von Spauer Tochter. Ehegemahlin / des Herrn Rupert Anton Christoph Graf / Fuggers. verm*[ählt] *1710.* †. *17..*[808]>

---

[797] Auf Rasur eines Bleivermerks von Hand I: *Jdda*.
[798] Mit der angefangenen zwei Zeilen frei.
[799] Auf Rasur eines Bleivermerks von Hand I.
[800] Die letzten zwei Buchstaben in Rotunda.
[801] Auf Rasur eines Bleivermerks von Hand I: *Bonafentura*.
[802] Unter den Zeichnungen Bleiskizzen; im Wappen der Frau die Rautung zunächst schräg rechts skizziert.

[803] Rotunda.
[804] Auf Rasur eines Bleivermerks von Hand I: *Maria Eleo-*[nora].
[805] Rotunda.
[806] Auf Rasur eines Bleivermerks von Hand I.
[807] Unter den Zeichnungen Bleiskizzen.
[808] Freiraum.

fol. 124v (S. 248): Adam Franz Joseph Fugger und Maria Isabella Antonia von Schönberg

Vater: fol. 121r; Kinder: fol. 125r–127v
NEBINGER/RIEBER, Genealogie, Taf. 15: Heirat 1718; SCHWENNICKE (Hg.), Stammtafeln, Taf. 40, gibt zwei weitere Kinder des Franz Sigmund: Adam Franz Joseph Anton, * 2.12.1696; Cajetan Maria Joseph, * 16.9.1697. Die Auflösung der Abkürzung: *St. K. O.* bleibt fraglich.

Allianzwappen: Das Wappen des Mannes ist das jüngere der Fugger von Kirchberg und Weißenhorn in der bekannten Form, nicht umgekehrt. Das der Frau ist mit blauem Blattwerk versehen und geviert: im ersten und vierten Feld in rot auf goldenem Dreiberg ein silbernes Kreuz, flankiert von zwei silbernen Lilien; im zweiten und dritten Quartier in silber ein roter, steigender Löwe; dazu zwei gekrönte, goldene Bügelhelme: der erste mit von gold, rot und silber gevierten Hörnern, darin ein goldenes Kreuz; der zweite mit dem roten, steigenden Löwen.

Schriftband links:

<*Adam Franz Joseph Fugger Graf / von Kirchberg und Weißenhorn des Herrn / Franz Sigmund Joseph und der Maria / Anna Theresia Gräfin von Muggenthal / Ehelicher Sohn geb*[oren] *1695. Kaiserl*[icher] *Chur- / Cöllnisch- und Churbairischer Käm*[m]*erer, des / Chur-Cöllnischen Ritter-Ordens Groß- / Kreuz, der Raymund's Linie Senior*[809]*, und / 2.*[ter] *Stiftungs-Administrator.*[810] *†. 1761.*>

Schriftband rechts:

<*Maria Jsabella Antönia*[811] *Freyin von / Schönberg auf Frauenthurn des Joh*[ann] */ Andreas, und der Maria Anna Gielin / Freyin von Gielsperg Tochter geb*[oren] */ 1693. S*[ank]*t K*[...][812] *O*[rdens] *Dame.*[813] *Ehegemahlin / des Herrn Adam Franz Joseph / Graf Fuggers. Verm*[ählt] *17..*[814] *†. 1762.*>

fol. 125r (S. 249): Maria Anna Fugger

Vater: fol. 124v
NEBINGER/RIEBER, Genealogie, Taf. 15: Franziskanerin in Markdorf; SCHWENNICKE (Hg.), Stammtafeln, Taf. 40: † 1805.

Wappenbild: Das Wappen ist das jüngere der Fugger von Kirchberg und Weißenhorn in der bekannten Form[815].

Schriftband oben:

<*Maria Anna Gräfin von Fugger / des Adam Franz Joseph, und der / Maria Jsabella Antonia Freyin von / Schönberg Eheliche Tochter. geb*[oren] *1719.*>[816]

fol. 125v (S. 250): Franz (von Paula) Fugger

Vater: fol. 124v
NEBINGER/RIEBER, Genealogie, Taf. 15: † 1757, Deutschordens-Ritter, K. K. Hauptmann; SCHWENNICKE (Hg.), Stammtafeln, Taf. 40: 1745 Deutschordens-Ritter.

Wappenbild: Das jüngere Wappen der Fugger von Kirchberg und Weißenhorn in der bekannten Form ist hinterlegt mit dem Kreuz des Deutschen Ordens in silbernem Schild; darauf die Helmzieren der Fugger.

Schriftband oben:

<*Franz von Paula Fugger, Graf / von Kirchberg und Weißenhorn des / Herrn Adam Franz Joseph und der / Maria Jsabella Antonia Freyin von / Schönberg Ehelicher Sohn, geb*[oren] *1720.*[817] */ Deutsch Ordens Ritter. †.17..*[818]>

fol. 126r (S. 251): Karl Albert Franz Adam Fugger

Vater: fol. 124v
NEBINGER/RIEBER, Genealogie, Taf. 15: † 1762; SCHWENNICKE, Stammtafeln, Taf. 40: * 1723, 1738 Malteserordens-Ritter.

Wappenbild: Das Wappen ist das jüngere der Fugger von Kirchberg und Weißenhorn in der bekannten Form, hinterlegt mit einem silbernen Malteserkreuz. Die Helmzieren sind die üblichen.

Schriftband oben:

<*Karl Albert Franz Adam Fugger / Graf von Kirchberg und Weißenhorn des / Herrn Adam Franz Joseph und der Maria / Jsabella Antonia Freyin von Schönberg / Ehelicher Sohn geb*[oren] *1721. Maltheser Ritter,*[819] */ und Kommenthur zu Bruchsal und Kron- / weißenburg. †. 17..*[820]>

fol. 126v (S. 252): Johann Nepomuk Klemens August Fugger und Maria Anna Walburga von Welsberg

Vater: fol. 124v; Kinder: fol. 128r–130r
NEBINGER/RIEBER, Genealogie, Taf. 15: Johann Nepomuk, Heirat 1749, † 1781; Maria Anna Gräfin von Welsberg, * 1729, † 1809; SCHWENNICKE (Hg.), Stammtafeln, Taf. 40, gibt als Eltern der Frau: Karl Guidobald Graf von Welsberg, Herr zu Langenstein und Violanta Gräfin Fugger von Wellenburg; vgl. ebenda, Taf. 52. Zum Wappen der Frau vgl. fol. 94r, 124r.

Allianzwappen: Das Wappen des Mannes ist das jüngere der Fugger von Kirchberg und Weißenhorn in der bekannten Form, nicht umgekehrt. Das der Frau ist das der Grafen von Welsberg.

Schriftband links:

<*Johann Nepomuck Klemens August / Fugger Graf von Kirchberg und weißen- / horn* [etc.] *des Herrn Adam Franz Joseph / und der Maria Isabella Antonia*

---

[809] Rotunda.
[810] Rotunda.
[811] Sic!
[812] Auflösung unklar.
[813] Rotunda.
[814] Freiraum.
[815] Oberhalb des ausgeführten Wappens eines mit Blei skizziert.
[816] Unter der Zeile im Schriftband von Hand K in schwarzer Tinte: *Gestorben den 30. Jany. 1805.*

[817] Auf Rasur eines Bleivermerks von Hand I.
[818] Freiraum.
[819] Auf Rasur eines Bleivermerks von Hand I: *Maltheser.*
[820] Freiraum.

Freyin / von Schönberg Ehelicher Sohn geb[oren] 1724. / beeder R[ömischer] K[aiserlicher] [und] K[öniglicher] [und] U[ngarischer] K[öniglicher] M[aiesteten] Kämerer. Hei- / rathet Maria Anna Walburga Gräfin / von Welsperg.>

Schriftband rechts:

<Maria Anna Walburga Gräfin von / welsperg des Joseph,[821] *und der Gabriela / Gräfin von Sprinzenstein Tochter / geb[oren] 1729. Ehegemahlin des Herrn / Johann Nepomuck Klemens August / Grafen Fuggers verm[ählt] 17..*[822]*>*

fol. 127r (S. 253): Maria Isabella Fugger, Franz Xaver vom Stain und Johann Ernst Amandus von Landsee

Vater: fol. 124v

NEBINGER/RIEBER, Genealogie, Taf. 15: Isabella, Gräfin von Fugger, † 1799; 1. Heirat 1751: Franz Xaver vom Stain zum Rechtenstein (1703–1765); zur Familie KNESCHKE (Hg.), Adelslexikon 8, S. 593–595; vgl. fol. 29v; 2. Heirat (Zeitpunkt?): Johann Ernst Amandus Freiherr Dietrich von Berg zu Landsee, Herr zu Berg und Hochstraß (1712–1778); KNESCHKE (Hg.), Adelslexikon 2, S. 491 f.

Doppeltes Allianzwappen: auf der Seite oben das jüngere Wappen der Fugger von Kirchberg und Weißenhorn in der bekannten Form; die Wappen der Männer mit blauem Blattwerk und nicht umgekehrt; das des ersten Mannes geviert: im ersten und vierten Feld in gold drei schwarze Wolfsangeln pfahlweise, im zweiten und dritten in gold schrägrechts ein dreifach silber und rot gerauteter Balken; dazu drei goldene Bügelhelme: der erste mit einer goldenen, aufwärtigen Wolfsangel mit gekrönten und mit einer Pfauenfeder besetzten Spitzen; der zweite gekrönt, dazu mit einem Busch aus zwei mal drei Pfauenfedern und einer Lanze, daran ein von rot mit silberner Schachung und gold gespaltener Wimpel; der dritte mit einem goldenen Flügel, darin schrägrechts ein dreifach rot und silber gerauteter Balken. Das Wappen des zweiten Mannes ist geviert: im ersten und vierten Feld in rot auf grünem Boden einwärts gewandt ein von blau und gold gespaltener, gerumpfter Mann mit zwei silbernen Harpunen in den erhobenen Händen; das zweite und dritte Feld geviert von rot und silber, darin je vier Lilien mit verwechselten Farben; dazu zwei goldene Helme, der erste bekrönt mit dem erwähnten Mannsrumpf mit einer silbernen Harpune in der erhobenen Linken; der zweite Helm mit einem Flügel, geviert wie die zweite Stelle und mit Straußenfedern.

Schriftband oben:

<Maria Jsabella[823] *Gräfin von Fugger / des Herrn Franz Adam Joseph, und der / Maria Jsabella Antonia Freyin von / Schönberg Eheliche Tochter. geb[oren] 1725. / Heirathet 1.*ᵗᵉⁿˢ *Herrn Franz Xavier / Freyh[errn] von Stein zum Rechtenstein. / 2.*ᵗᵉⁿˢ *Herrn N.*[824] *Freyherrn v[on] Landsee.>*

---

[821] Auf Rasur eines Bleivermerks von Hand I.
[822] Freiraum.
[823] Auf Rasur eines Bleivermerks von Hand I: *Isabella*.
[824] Für: ›Nominatus‹.

Schriftband unten links:

<Franz Xavier Freyherr von Stein zum / Rechtenstein, K[aiserlicher] [und] K[öniglicher] Kämerer und General / Feld-Wachtmeister. Heirathet / Maria Jsabella Gräfin von Fugger. † . 176..[825]*>*

Schriftband unten rechts:

<N.[826] *Freyherr von Landsee. Heirathet / Maria Jsabella Gräfin v[on] Fugger.>*

fol. 127v (S. 254): Joseph Anselm Fugger

Vater: fol. 124v
NEBINGER/RIEBER, Genealogie, Taf. 15: † 1793; SCHWENNICKE, Stammtafeln, Taf. 40: Ratsgebietiger der Deutschordens-Ballei Franken.

Wappenbild: das jüngere Wappen der Fugger von Kirchberg und Weißenhorn in der bekannten Form, hinterlegt mit einem silbernen Schild mit dem Kreuz des Deutschen Ordens; dazu die Helmzieren des Fuggerwappens.

Schriftband oben:

<Joseph Anselm Fugger Graf von / Kirchberg und Weißenhorn des Herrn / Franz Adam Joseph und der Maria / Jsabella Antonia Freyin von Schönberg / Ehelicher Sohn geb[oren] 1733. Deutsch- / ordens Ritter, wie auch Herzogl[ich] Wür-[827] */ tenberg[ischer] Kämerer und Obrist wacht- / meister der Garde*[828] *zu pferdt.>*

fol. 128r (S. 255): Anton Joseph Fugger

Vater: fol. 126v
NEBINGER/RIEBER, Genealogie, Taf. 15, 38a: Anton, * 1750, † 1790, verheiratet in 1. Ehe mit Maximiliane Freiin von Eptingen († 1783), in 2. Ehe (seit 1784) mit Euphemia Gräfin Fugger von Babenhausen (1762–1835), in zwölfter Generation des Antonzweiges; vgl. SCHWENNICKE (Hg.), Stammtafeln, Taf. 40.

Der Anlage nach ein Allianzwappen; jedoch ist nur das Wappen des Mannes ausgeführt[829]. Es ist das jüngere der Fugger von Kirchberg und Weißenhorn in der bekannten Form, nicht umgekehrt.

Schriftband links:

*<Anton Joseph Fugger Graf von / Kirchberg und Weißenhorn des Johann / Nepomuck Klemens August und der Maria / Anna Walburga Gräfin von Welsperg / Ehelicher Sohn. geb[oren] 1750. den 1.*ᵗᵉⁿ */ Merz.>*[830]

---

[825] Freiraum.
[826] Für: ›Nominatus‹.
[827] Auf Rasur eines Bleivermerks von Hand I.
[828] Rotunda.
[829] Stelle der Frau nur mit Bleiskizzen von Wappenumriß und Schriftband, darin von Hand I: *lehr gelaßen*.
[830] Von Hand K: *gestorben † den 7.ten Hornung / 1790 – A[nno] d[omini] …* (Ein Wort unleserlich).

fol. 128v (S. 256): Franz Karl Fugger

Vater: fol. 126v

NEBINGER/RIEBER, Genealogie, Taf. 15: † 1793; SCHWENNICKE, Stammtafeln, Taf. 40: 1782 Maltheserordens-Ritter, später Komtur zu Hemmendorf.

Wappenbild: das jüngere Wappen der Fugger von Kirchberg und Weißenhorn in der bekannten Form, hinterlegt mit dem silbernen Malteserkreuz.

Schriftband oben:

<*Franz Karl Fugger Graf von Kirch- / berg und Weißenhorn*[831] *des Johann / Nepomuck Klemens August und der / Maria Anna Walburga Gräfin von / Welsperg Ehelicher Sohn geb*[oren] *1751. / den 1.ten Aug*[ust] *Maltheser Ritter.*>

fol. 129r (S. 257): Maria Idda Fugger

Vater: fol. 126v

NEBINGER/RIEBER, Genealogie, Taf. 15: Ida, † 1817; Stammtafel des mediatisierten Hauses Fugger, Taf. 7: heiratet Carl Guido von Starhemberg (* 17.2.1756).

Der Anlage nach ein Allianzwappen; jedoch nur die Seite der Frau ausgeführt[832]; das Wappen ist das jüngere der Fugger von Kirchberg und Weißenhorn in der bekannten Form.

Schriftband rechts:

<*Maria Idda Gräfin von Fugger / des Johann Nepomuck Klemens August / und der Maria Anna Walburga Grä- / fin von Welsperg Eheliche Tochter geb*[oren] */ 1754. den 30. Merz.*>

fol. 129v (S. 258): Maria Aloisia Anselmina Fugger

Vater: fol. 126v

NEBINGER/RIEBER, Genealogie, Taf. 15: Aloysia, † 1799, heiratet Emanuel Max Graf von Starhemberg (1752–1814), K. K. Oberstlt.; SCHWENNICKE (Hg.), Stammtafeln, Taf. 40: Heirat 21.9.1784.

Der Anlage nach ein Allianzwappen, jedoch nur die Seite der Frau ausgeführt[833]; das Wappen ist das jüngere der Fugger von Kirchberg und Weißenhorn in der bekannten Form.

Schriftband rechts:

<*Maria Aloisia Anselmina*[834] *Gräfin von / Fugger des Johann Nepomuck Klemens / August und der Maria Anna Wal- / burga Gräfin von Welsperg Ehe- / liche Tochter geb*[oren] *1756. den 18. Febr*[uar].>

fol. 130r (S. 259): Philippus Rerius Fugger

Vater: fol. 126v

NEBINGER/RIEBER, Genealogie, Taf. 15: Philipp Anton von Fugger, * 1760, † 1788, K. K. Hauptmann

Der Anlage nach ein Allianzwappen; jedoch nur die Seite des Mannes ausgeführt[835]; das Wappen ist das jüngere der Fugger zu Kirchberg und Weißenhorn in der bekannten Form, nicht umgekehrt[836].

Schriftband links:

<*Philippus Rerius Fugger Graf von / Kirchberg*[837] *und Weißenhorn des Joh*[ann] */ Nepomuck Klemens August und der M*[aria] */ Anna Walburga Gräfin von Welsperg / Ehelicher Sohn geb*[oren] *1760. den 12. Octob*[er].>[838]

fol. 130v–167v (S. 260–334): (Leere Seiten)

fol. 168r (S. 335)[839]: Genealogie der Fugger vom Reh / Titelblatt[840]

NEBINGER/RIEBER, Genealogie, Taf. 1a, verzeichnen lediglich die verheirateten männlichen Vertreter der Fugger vom Reh bis in die dritte Generation. Die ebenda, S. XII, angekündigte Genealogie der Fugger vom Reh ist nicht erschienen. Im folgenden werden, wo es notwendig und möglich ist, zusätzliche Informationen und Nachweise hinzugezogen, zumal mit Blick auf Abweichungen einerseits und Beziehungen zu den Fugger von der Lilie andererseits. Eine genealogische Übersicht bietet MEYER (Hg.), Chronik der Fugger, nach S. 95. Diese stützt sich freilich vollends auf die fragwürdige Edition, in deren Anhang sie steht, kann daher auch bestenfalls als Übersicht hilfreich sein. Daß sie sich weitestgehend mit der in vorliegender Handschrift gegebenen Reihung deckt, ergibt sich aus der engen Verwandtschaft von Fuggerchronik und Ehrenbuch. Vgl. über die Fugger vom Reh LIEB, Fugger und Kunst I, S. 16–24, 315–324; ebenda, S. 16, ebenfalls eine Stammtafel. Die bei Lieb häufige Datierung »† nach 1545« bezieht sich offenbar auf das von ihm angenommene Entstehungsdatum der vorliegenden Handschrift, in der die betreffenden Personen noch als lebend erfaßt sind. Sie wäre demnach im Einzelfall zu überprüfen. Erhebliche Abweichungen und zahlreiche Fehler weist die Stammtafel der Fugger vom Reh bei SCHWENNICKE (Hg.), Stammtafeln, Taf. 33, auf. PÖLNITZ, Anton Fugger, führt drei männliche Mitglieder der Familie Fugger vom Reh, die ansonsten nicht nachweisbar sind. Ebenda: 2.I, S. 452 f., 521 f.: Augustin Fugger, um 1541 in Nürnberg, vom Rat ins Voigtland geschickt; 2.I, S. 567; 2.II, S. 605: Ottmar Fugger und seine

---

[831] Auf Rasur eines Bleivermerks von Hand I.
[832] Stelle des Mannes nur mit Bleiskizzen von Wappenumriß und Schriftband; darin von Hand I, undeutlich: *Lehr gelaße*[n] */ ist zunächst mit grafen ... und / dann gelohbet grafen ...berg.*
[833] Stelle des Mannes nur in Bleiskizzen mit Wappenumriß und Schriftband; darin von Hand I: *lehr gelaße*[n]; darunter Rasur eines zweizeiligen Bleivermerks von derselben Hand.
[834] Auf Rasur eines Bleivermerks von Hand I.
[835] Stelle der Frau nur in Bleiskizzen mit Wappenumriß und Schriftband; darin von Hand I: *lehr gelassen / ist gestorben den 20t*[e]*n august / 1788, in hungarn.* Ab *ist* deutlich dunkler, wohl ein anderer Eintrag, aber sicher von gleicher Hand.
[836] Am unteren Seitenrand rechts mit Blei: *132.*
[837] Auf Rasur eines Bleivermerks von Hand I.
[838] Darunter von Hand K: *gestorben den 20t*[e]*n August 1789. / wärende dem*[e] *Turkenkrieg in Ungarn.*
[839] Paginierung eingerückt neben Eintrag mit Blei rechts am Blattrand, der ihr demnach zeitlich vorhergeht: *87.*
[840] Ab hier bis zum Ende durchgehend künstlerischer Stil und Schrift entsprechend der ersten Bearbeitungsphase.

Frau Anna, 1543 und 1544 in Rechtsstreitigkeiten mit Jakob Fugger vom Reh und in einem Prozeß in Rottweil; 3.I, S. 214: Gallus Fugger, 1551 Schlossergeselle in Nürnberg.

Die Seite ist eingenommen von einem großen, breitrechteckigen Schriftrahmen mit Groteskenornamenten: Blattwerk, Masken, unten ein Dreieckschild mit dem ersten Warenzeichen der Fugger, gehalten von einer gehörnten Löwenmaske, oben geflügelte, in Schlangenschwänze auslaufende menschliche Rümpfe mit Fackeln als Wappenhalter eines mit Rollwerk verzierten Dreieckschildes mit dem Wappen der Fugger vom Reh, darüber ein Engelskopf; in dem Schriftrahmen der Text:

Hernach volget das ander tail / dises Fuggerschen Eernbuchs, / welches tail das Fuggerisch Ge- / schlecht von dem Rech Mansz / Stammens vnd Namens in gu- / ter Ordnung Jnn sich hellt. / .1545.[841]

fol. 168v (S. 336): Andreas ›der Reiche‹ Fugger und Barbara Stammler

Vater: fol. 9v; Kinder: fol. 169v–174r
(Entwurf: fol. 12v) Die Seite wiederholt fol. 13v, jedoch ist hier anachronistisch schon das erst 1462 aufgebrachte Rehwappen genutzt.

Schriftrahmen oben:

Anfang in der andern Linie[n].

Darunter ein Allianzbildnis: Die Fünfeckschilde in der bekannten Form sind durch eine rote, breite Kordel verbunden, deren Enden verschlungen sind. Das Wappen des Mannes, auf der Seite links, ist das der Fugger vom Reh, umgekehrt und mit goldenem Blattwerk. Darüber im Halbprofil von rechts ein älterer Mann mit längerem, zweigeteiltem, dunkelgrauem Vollbart und ebensolchen ohrenlangen Haaren, mit einem schwarzen Hut mit vorn hochgeschlagener Krempe und einem breiten, schwarzen Kinnband, das hinten über die Krempe gezogen ist; ein schwarzer Kragen sichtbar, darüber ein blaues Wams mit goldbraun abgesetzten Bündchen, Kragen und Schlitzen an der Oberseite der Ärmel. Auf der rechten Schulter ist mit zwei goldenen Knöpfen ein schwarzer Radmantel geschlossen. Die Arme sind am Körper angewinkelt, so daß die Hände in Brusthöhe erhoben sind. Die Rechte ist leicht geschlossen, die Linke nach oben geöffnet zur Frau hin ausgestreckt; an Ring- und Zeigefinger der rechten Hand und an Daumen und Zeigefinger der linken goldene Ringe; der Blick geht zur Frau.

Das Wappen der Frau, mit rotem Blattwerk, zeigt in gold einen schwarzen Stamm (Brand); darüber im Halbprofil von links das Halbporträt einer jungen Frau. Sie trägt ihre weiße Haube mit hinten auf dem Kopf hochgeschlagenem Tuch, ein blaues Kleid mit geschlitzten Ärmeln und rot-schwarz geschnürtem Bauch, darunter ein weißes Hemd, dazu eine schwarze Schürze und einen schwarz gesäumten, hellvioletten Goller, der vor der Brust mit spitzen Zipfeln zusammenläuft. Am Gürtel der Schürze hängt eine braune Tasche, am Hals eine goldene Kette mit einem Anhänger. Am Ringfinger der linken Hand steckt ein Ring. Die Arme sind angewinkelt. Die linke Hand ruht auf dem Bauch, die rechte ist leicht vorgestreckt und reicht der Linken des Mannes einen juwelenbesetzten Ring. Der unbestimmte Blick trifft wohl den des Mannes. Durch die Körperhaltung ist der Bauch deutlich betont.

[841] Zahl größer und zentriert.

Schriftband links:

Herr Andreas Fugger, Hansen Fuggers / des Namens der erst, eelicher Sone / hat nachuolgende kinder Eelichen / .ertzeuget.[842]

Schriftband rechts:

Fraw Barbara Stamlerin, Herren Vlri- / chen Stamlers Eeliche tochter, vnd her- / ren Andreas fuggers eelicher gemahel.

fol. 169r (S. 337): Biographische Erläuterung: Andreas Fugger

Die Devise in den seitlichen Bordüren entspricht der auf fol. 7r. Zur Miniatur in der Rahmung oben vgl. Num 21,1–9; LCI 1, Sp. 583–586; RDK 4, Sp. 817–837.

Textseitenrahmung: in den Medaillons oben bärtige Männer mit antikischen Helmen, unten Männer mit Lorbeerkränzen; in der Rahmung oben eine biblische Szene: Moses und die Eherne Schlange. Vor dem Hintergrund eines Heerlagers im Zentrum mehrere Personen, die vor einem Kreuz knien bzw. liegen; um den Kreuzbalken windet sich eine blaue Schlange, dazu weitere am Boden zwischen den Personen. Links drei Männer mit hohen, spitzen Hüten: Der erste hat einen blauen und roten Gegenstand in der Hand; rechts Moses als gehörnter Mann in einer roten Schaube und grünem Wams, mit dem Stab in der Linken, mit der Rechten auf das Kreuz weisend; in den seitlichen Bordüren Blattwerk- und Kandelaberbildungen mit greifvogelköpfigen und geflügelten Menschenleibern oben, dazu bärtigen Masken, in der Mitte links ein Putto als Wappenhalter eines Dreieckschildes mit dem umgekehrten Wappen der Fugger vom Reh, rechts ebenso ein Putto mit einem Dreieckschild mit dem Wappen der Stammler; darunter in der Rahmung je zwei kleine Täfelchen mit je einem Wort, zusammengenommen:

got / gibt // got / nimbt

Im Schriftraum:

Andreas Fugger Hansen Fuggers des Na-[843] */ mens der erst, erstgeborner Eelicher Sone, wellicher mit Junck- / fraw Barbara Stamlerin, Vlrichen Stamlers Eeliche tochter / Anno 14*[844] *den Monat*[845] *zu Augspurg / Eelichen hochtzeit gehalten hat.*

fol. 169v (S. 338): Anna Fugger

Vater: fol. 168v
NEBINGER/RIEBER, Genealogie, Taf. 1, nicht erfaßt; SCHWENNICKE (Hg.), Stammtafeln, Taf. 33: Nonne zu Holzen. Das Kloster Holzen nahm im 16. Jahrhundert wiederholt Töchter des Hauses Fugger von der Lilie auf. Der Kontakt ist jedoch erst zur Zeit Jakobs des Reichen greifbar; vgl. SCHAD, Frauen des Hauses Fugger, S. 39, 107, 131 f., 134, 168. Anna Fugger vom Reh dürfte mithin die erste Fuggerin gewesen sein, die in dieses Kloster eintrat.

[842] Zentriert.
[843] Bis hierher größer.
[844] Freiraum.
[845] Freiraum.

Schriftrahmen oben:

Anfang der drittenn Linien, mit Herren / Andreas Fuggers Kinder anfahende.

Darunter ein Einzelporträt: über dem Wappen der Fugger vom Reh – mit goldenem Blattwerk – leicht nach links gewandt eine Frau in der Tracht der Benediktinerinnen: ein schwarzes Gewand, ein schwarzer, über die Schultern hängender Schleier über einer weißen, eng anliegenden Haube. Die Arme sind angewinkelt. Sie hält mit der Linken ein aufgeschlagenes, großes Buch vor dem Bauch, auf welches sie mit der Rechten leicht darüber verweist. Der Blick geht aus den Augenwinkeln nach links, seitlich aus der Bildebene heraus.

Schriftband oben:

Junckfraw Anna, Herren Andreas Fuggers erste Eeliche / tochter, ist gaistlich worden, vnd in dem Closter zu dem / dem[846] *Holtz Benedicter Ordens Conuentualis gewesenn, / hat auch Jr leben darinn geendet.*

fol. 170r (S. 339): Thoman Grander und Barbara Fugger

Vater: fol. 168v

NEBINGER/RIEBER, Genealogie, Taf. 1: nicht erfaßt; SCHWENNICKE (Hg.), Stammtafeln, Taf. 33: erfaßt; LIEB, Fugger und Kunst I, S. 324: Thoman Grander, † 1500; REINHARD (Hg.), Eliten: Die Söhne Andreas (Nr. 297), Georg (II.) (Nr. 298), Lukas (Nr. 299) und Thomas (II.) (Nr. 300) aus dieser Ehe bildeten gemeinsam 1470–1503 eine Handelsgesellschaft. Sie hatten Einlagen, Kontrakte und Konnubien mit verschiedenen Familien bzw. Handelsgesellschaften Augsburgs. Andreas Grander heiratete Afra Rehlinger. Seine Tochter Felicitas heiratete Bartholomäus V. Welser (1481–1561, 1519–1553 Oberhaupt des Hauses Welser); zu diesem vgl. REINHARD (Hg.), Eliten, Nr. 1423; PÖLNITZ, Jakob Fugger 2, S. 525 f.; S. 552 f.: Andreas Grander vertrat 1524/25 Jakob Fugger in Venedig; vgl. dagegen Augsburger Stadtlexikon (1998), S. 451 f.: Thomas I. Grander, wohl ein Sohn des Nikolaus I. Grander (vor 1428–1457/63), der ein Schwestersohn Johann d. Ä. Meuting und Teilhaber der Meuting gewesen war, 1444 Faktor der Meuting, heiratet 1449 in 1. Ehe eine Tochter Johanns d. J. Meuting, in 2. Ehe 1453/54 Barbara Fugger (zu den Meuting vgl. fol. 13r, 22v); nach dem Tod Thomas I. Grander (1470) wird die Firma zunächst von Lukas Fugger vom Reh (fol. 170v) weitergeführt. 1478 Thomas II. Grander als Faktor der Fugger vom Reh in Mailand überliefert, 1484 erhält Andreas Grander Prokura von Lukas Fugger vom Reh. Ein Teil des Granderschen Erbes geht an die Fugger vom Reh. Ab 1491 eine eigene Handelsgesellschaft Thomas II. Granders nachweisbar, ab 1503 eine eigene Firma Andreas Granders.

Allianzbildnis: die Wappen durch eine rote Kordel verbunden und mit goldenem Blattwerk; das Wappen des Mannes gespalten von rot und silber, darauf ein silberner Balken mit drei purpurnen Rosen mit goldenem Kern; das Porträt darüber im Halbprofil von rechts: ein Mann mit ohrenlangem, krausem, dunklem Haar, darauf einem breiten Barett mit aufgestellter Krempe, dazu ein schwarzes, vor der Brust rot geschnürtes Wams mit weiten, zu den Bündchen eng zulaufenden Ärmeln, schwarzem Beinkleid, darüber eine purpurrote Schaube mit breit über die Schulter fallendem Kragen und weit geschnittenen Ärmelschlitzen; am Hals eine goldene Kette, am Ringfinger der linken und am Zeigefinger der rechten Hand je ein Goldring. Die Arme sind am Körper angewinkelt. Die rechte Hand ruht auf der Oberkante des Schildes, die linke greift in der Hüfte den Knauf des Schwertes. Der Blick geht aus den Augenwinkeln nach halbrechts an der Frau vorbei aus der Bildebene heraus. Das Schriftband des Mannes ist deutlich größer als das der Frau.

Diese, über dem Wappen der Fugger vom Reh, im Halbprofil, den Kopf ins Vollprofil gewandt, trägt eine weiße Haube mit Kinnband und breiter Wulst hinten, ein weißes Hemd mit schwarz abgesetztem Stehkragen, ein blaues Kleid mit schwarzer Zierborte am schulterweiten Ausschnitt, breit umgeschlagenen Trichterärmeln und roter, halbrund abgesetzter Brustpartie, darüber eine schwarze Schürze. Vor der Brust fällt eine lange, dünne Goldkette in den Ausschnitt; am Zeigefinger der rechten Hand und am Ringfinger der linken je ein Ring. Mimik und Haltung zeigen sie deutlich als sprechend. Der Blick geht zum Mann hin. Die rechte Hand ist bei am Körper angewinkeltem Arm mit erhobenem Zeigefinger in Brusthöhe neben dem Körper erhoben und zeigt so auf den Kopf und das Schriftband des Mannes. Die Linke ruht bei leicht zurückgezogenem, angewinkeltem Arm mit auffällig abgespreiztem Zeigefinger auf der Oberkante des Schildes. Der Bauch ist durch die ins Hohlkreuz fallende Körperhaltung betont.

Schriftband links:

Herr Thoman Grander, Burger, vnnd / ein gwaltiger Kaufman zu Augspurg, / hat etliche kinder mit fraw Barbara / fuggerin Eelichenn ertzeuget.

Schriftband rechts:

Fraw Barbara fuggerin, Herren / Andreas Fuggers Eeliche Tochter, / vnd Herren Thoman Granders / Eeliche Hausfraw.

fol. 170v (S. 340): Lukas Fugger der Ältere, Anna Doninger und Clara Conzelmann

Vater: fol. 168v; Kinder: fol. 174v–180r

NEBINGER/RIEBER, Genealogie, Taf. 1: Lucas, * 1439, † 1494; 1. Frau: Anna Dauninger; MEYER (Hg.), Chronik der Fugger, S. 12: Anna Doninger aus Donauwörth; JANSEN, Anfänge, S. 43: Anna Einhartinger; SCHWENNICKE (Hg.), Stammtafeln, Taf. 33: Anna Einhartinger; Lukas, † 1511 in Graben; BÖHM, Reichsstadt, S. 375 f.: Lukas Fugger vom Reh 1492–1494 Einnehmer und Dreizehner; Georg Conzelmann 1489–1494 Siegler und Dreizehner; zur Familie der zweiten Frau vgl. LANGENMANTEL, Historie des Regiments, S. 13–15, 37 f., Taf. C: Die Conzelmann stellten 1356 mit Georg und 1359 mit Konrad einen Stadtpfleger, gingen 1368 unter die Geschlechter; vgl. Augsburger Stadtlexikon (1998), S. 574: Konrad Conzelmann 1356 Stadtpfleger, Jacob Conzelmann 1353 Stadtpfleger, Ulrich Conzelmann 1395 Stadtpfleger; Peter Conzelmann, Vater des Georg, 1442 Dreizehner; vgl. fol. 19v: Hektor Mülich heiratet in 1. Ehe Ottilia Conzelmann, in 2. Ehe Anna Fugger von der Lilie; seine Schwester oder Tochter Helena heiratet Matthäus Fugger vom Reh (vgl. fol. 172v). LIEB, Fugger und Kunst I, S. 17: Lukas Fugger vom Reh zieht sich um 1504 nach Graben zurück; ebenda, S. 15, 315 f.: † 1512. Die Unsicherheit über das Todesdatum speist sich offenbar aus einer Verwechs-

---

[846] Sic!

lung Lukas d. Ä. mit seinem Sohn Lukas d. J.; vgl. fol. 174v. Die Angaben über die Kinder des Lukas Fugger vom Reh bei JANSEN, Anfänge, S. 43, nach den städtischen Archivalien weichen stark von den vorliegenden ab (fol. 174v–180r): (aus 1. Ehe:) Hans († vor 1512, heiratet Justina Ridler), Matthäus († vor 1503, heiratet Helena Mülich, vgl. fol. 172v, demnach wäre der Bruder des Lukas mit dieser verheiratet gewesen), Apollonia (Konventualin in St. Maria May), Barbara (heiratet Michael Meidel), Magdalena (heiratet Hans Raiser), Lukas († 1501), Anna (heiratet Anton König), Felicitas (heiratet Christoph Müller, † 1512), Markus († 1512); (aus 2. Ehe:) Stephan, Ägidius. Wiederum stark abweichend SCHWENNICKE (Hg.), Stammtafeln, Taf. 33: (aus 1. Ehe:) Lukas d. J. († 1512, heiratet Justina Ridler), Appolonia (Nonne zu Maria May), Barbara (heiratet Michael Meidel), Magdalena (* 1472, heiratet Hans Raiser), Felicitas (* 1473, † 1512, heiratet Christoph Müller, Teilhaber der Fugger vom Reh in Antwerpen und Löwen), Anna (heiratet Anton König), Marcus († 1512, bis 1494 in Venedig); (aus 2. Ehe:) Stephan, Aegidius, Andreas, Margaretha († nach 1521, heiratet Hans Portner, Dr. u. j.). Zur Ämterlaufbahn des älteren Lukas Fugger vom Reh vgl. (Die) Chroniken. Augsburg 9, S. 275 f.

Doppeltes Allianzbildnis: drei blattwerkverzierte Dreieckschilde und Porträts einander so zugeordnet, daß zentral das Wappen des Mannes steht, darüber dessen Halbporträt und links und rechts seitlich darunter die der Frauen. Die Schriftbänder über den Köpfen entwickeln eine harmonische Gesamtbewegung, in der die inneren Kanten der äußeren Bänder links und rechts neben dem Kopf des Mannes so an das mittlere anschließen, daß alle drei zusammen die Seite nach oben abschließen. Die drei Wappen sind durch eine von dem des Mannes zu den beiden anderen verlaufende und sich dann zwischen diesen verschränkende Kordel miteinander verbunden. Alle Wappen haben goldenes Blattwerk. Das Wappen des Mannes ist das der Fugger vom Reh, nicht umgekehrt. Darüber frontal in Halbfigur das Porträt eines älteren Mannes mit langem, dunkelgrauem Bart, ebensolchen ohrenlangen Haaren, einem schwarzen Barett, einem schlichten, weitgeschnittenen, weinroten Reitrock und einem schwarzen, vor der Brust geknöpften Mantel; am Gürtel ein Dolch und eine kleine Börse; an Ringfinger und Daumen der linken und an Daumen und Zeigefinger der rechten Hand Ringe; um den Hals eine goldene Kette. Die Arme sind angewinkelt. Der Blick geht nach unten rechts zur ersten Frau hin, über deren Kopf auch die rechte Hand in einer greifenden Bewegung in Hüfthöhe verharrt. Die linke Hand zeigt auf ihrer Seite in gleicher Höhe nach außen, auf das nahe Schriftband der zweiten Frau.

Das Wappen der ersten Frau, auf der Seite unten links, ist geviert: im ersten Feld von schwarz und silber, im vierten von silber und schwarz geteilt, im zweiten und dritten schwarz; darüber im Halbprofil von rechts eine junge Frau mit einer weißen Haube mit Kinnbinde, deren Tuchende über der rechten Brust herabfällt, einem schlichten, weinroten Kleid mit schwarzen Zierborten an der hochgeschlossenen Brust und Pelzbesatz an den Bündchen, darüber einem schwarzen Umhang, der vor der Brust mit einer goldenen Fibel geschlossen ist; am Hals eine goldene Kette, an Mittel- und Ringfinger der rechten Hand zwei Ringe. Die Arme sind angewinkelt, die Hände sind vor dem Bauch mit zusammengelegten Fingerspitzen zum Gebet zusammengeführt. Der Blick geht nach links vorn, zur zweiten Frau hin.

Diese hat ein ungeteiltes Wappen: In silber ein flugbereiter, schwarzer Adler. Darüber im Halbprofil von links eine eher junge Frau mit einer nach hinten weit ausladenden Tuchhaube, einem blauen Kleid und einem schwarzen Umhang, der ebenfalls vor der Brust mit einer Goldfibel geschlossen ist; an den Händen fingerlose Handschuhe. Der Blick geht unbestimmt nach vorn, an der ersten Frau vorbei aus der Bildebene heraus. Die ebenfalls bei angewinkelten Armen mit ausgestreckten Fingern vor der Brust zum Gebet zusammengeführten Hände halten einen roten Paternoster.

Schriftband oben:

Herr Lucas Fugger, Herren Andreus Fuggers erstge- / borner Son, hat zway Eeliche weiber gehabt.

Schriftband links:

Fraw Anna Doningerin, Her- / ren Lucassen Fuggers erste / Eeliche hausfraw.

Schriftband rechts:

Fraw Clara Contzelmennin, bur- / gerin von geschlechten zu Aug- / spurg, Herren Lucassen Fuggers / andere Eeliche hausfraw.

fol. 171r (S. 341): Biographische Erläuterung: Lukas Fugger

Vgl. JANSEN, Anfänge, S. 33–43. Zwei Passagen dieses Textes lassen sich textkritisch als Fragmente einer Kurzbiographie Andreas des Reichen, vgl. fol. 169r, identifizieren: 1. *Seinen Tail Erbguts […] worden sind*; 2. *vnd auch sein Sone Matheus fugger […]*. Bei 2. ist der Umfang des interpolierten Textes undeutlich. Beide Passagen sind jedoch sinnvoll nur auf Andreas, nicht auf seinen Sohn Lukas d. Ä. beziehbar.

Textseitenrahmung: in den Medaillons oben links ein rotbärtiger, beharnischter Mann, rechts ein bärtiger Mann mit auffällig orange-grünem Helm, unten links ein Mann mit Bart und einem Blumenkranz im Haar, rechts ein solcher mit Eichenlaub; in den Bordüren unten Blattwerk mit zwei um eine Pfanne mit zwei Schöpflöffeln raufende Putten, daneben je ein weiterer hockender Putto; seitlich Blattwerk, das unten jeweils aus auf Säulenstümpfen hockenden Satyrn entwickelt ist, darin in mittlerer Höhe je ein Putto als Wappenhalter eines Fünfeckschildes, links mit dem Wappen der Doninger, rechts dem der Conzelmann; in der oberen Bordüre im Blattwerk zwei mit Stecken bewaffnete Putten als Halter eines Fünfeckschildes mit dem Wappen der Fugger vom Reh.

Herr Lucas Fugger,[847] *Andreas Fuggers Eelicher Sone, welcher / zway Eeweiber, ein Doningerin, vnd ein Contzelmennin, Zu der Ee / gehabt, vnd mit Jnen baiden etliche vil kinder eelichen vberkomen vnd / ertzeuget hat, wie Sie dann hernach gesehen werden. //*

Diser[848] *Lucas fugger hat ainen gewaltigen handel in grossem glaub[e]n / vnd vertrawung von Venedig aus, auf Leiptzig vnd Seesteten, auch Ni- / derland zu, mit Specerien, Seiden, vnd wullin gewand, sambt seiner Ge- / selschaft vnd Söne, geubt vnd gehalten, Hans Keller, Marx muelich, vnd marx / zimmerman, warent seine Principal fierer vnd mithandler, vn[d] hat Jme /*

---

[847] Bis hierher größer.
[848] Dies größer.

sambt seiner Geselschaft, dermassen Jnn dem handel so wol gelungen, das Sie / als die Reichisten fugger von menigclich beschrait vnd berueft gewesen sein. //

Seinen[849] *Tail Erbguts, Nemlich Achtvndzwainzig Tagwercks Wisma- / ds auf dem Lechfeld bey Graben gelegen, sambt andern guetern mer, hat er / mit Jacoben fugger von der lilien seinem Bruder, vnZertailt lange Jar Jnnen / gehalten, Bis zuletst, sie den Herren fuggern von der Lilien, gar Zukauffenn / gegeben worden sind. //*

Ein gar[850] *Schwerer vnfall, ist Zu letst auf Jn gewachsen, Er hatte der Stat / Leuen in Braband, in dreyen Posten, Zehentausent zwaihundert Neunvnd- / viertzig guldin, vnd dreitzehen Stiber, auf gnugsame verschreibung, Jn wel- / cher Burgermaister, Rat vnd Gemaind, sambt aller Jrer Rent, Zins, Vngellt, / vnd einkomen, auch allen freihaiten, Recht, vnd gerechtigkaiten verleibt, / auch die Herren des Rats mit Namen benant, vnd Sechsvndzwaintzig reich / Burger dartzu zeburgen gesetzt, auf Jnteresse furgestreckt vnd gelihen, / Er mochte aber onangesehen seiner brief vnd Sigil, in langen vnd vil / Jaren, kain beZalung von Jnen bekomen, Vnd als er durch vil muhe, / arbait vnd vnkosten, Jn acht Jar, durch Zwing vnd Peen, nichts erlan- / gen kunde, Jst die sach zu letst, an das Kaiserlich Chamergericht gewachs[e]n, / daran die Sach so lang gehangen, das schier noch halb sovil darauf gang[e]n ist, vnd gar wenig haubtguts daran erlangt hat. Dise handlung / hat vast zu seinem abnemen gedienet. Dann nach seinem absterbenn / sein Son auch Lucas genant, so ein Ridlerin Zu der Ee gehabt, hernacher / auch in dergleichen vnfaell*[851] *gefallen, Vnd Zudem, das Jme etlich zu vast / zugesetzt, vnd nach seinem verderben getrachtet, vnd auch sein Sone Ma- / theus fugger in dem Gartsee ertruncken, Aus disem allem, ist diser / Fuggerisch handel von dem Rech, schier gar erloschen vnd verdorbenn, / vnd habent die kinder hernach handwercker lernen muessen.* [etc.] //

Das Haus[852] *Bey der Wag am Weinmarckt, welches Marx Oheim / besitzet, hat er Anno .1480. von newem erbawet, Zehen Jar ist er new / vnd alter Zunftmaister von Webern, vnd gemainer Stat Einnemer, / Siben Jar, vnd Zuvor Siben Jar ein Ratgeb gewesen, also das er Jn vier- / vndzwaintzig Jar den Rat Zu Augspurg in eerliche[m] wesen besessen hat. //*

Jnn[853] *dem .1439. Jar, ward er geborn, vnd als er funfvndfunfftzig / Jar mit Got vnd eern erlebt, Jst er Anno .1494. aus diser welt ver- / schaiden, Dem Got genedig sein wolle. Amen. //*

---

[849] Dies größer.
[850] Bis hierher größer.
[851] Im Umlaut *e* im Oberband.
[852] Bis hierher größer.
[853] Dies größer.

fol. 171v (S. 342): Gastel (IV.) Haug und Ursula Fugger

Vater: fol. 168v

NEBINGER/RIEBER, Genealogie, Taf. 1, nicht erfaßt; SCHWENNICKE (Hg.), Stammtafeln, Taf. 33: Ursula, † 1526, heiratet 1504 N.N., offenbar eine Verwechslung; REINHARD (Hg.), Eliten, Nr. 371: Gastel II. Haug, Mitglied des Großen Rats, Zwölfer und Zunftmeister der Salzfertigerzunft, * vor 1442, † 1510, Heirat 1468; Augsburger Stadtlexikon (1998), S. 478: Gastel IV. Haug (um 1445–1510); zur wirtschaftlichen Stellung und Kooperation mit Lukas Fugger vom Reh vgl. ebenda; BÖHM, Reichsstadt, S. 375 f.: 1503 Baumeister der Stadt und Dreizehner; Eltern: Gastel I. und Walburga Bäsinger; vgl. fol. 14v: Jakob d. Ä. Fugger von der Lilie heiratet Barbara Bäsinger; JANSEN, Anfänge, S. 26–28: Beim Bankrott des Franz (Ulrich?) Bäsinger, Vater der Barbara, bürgten dessen Brüder, Jakob d. Ä. Fugger und ein Haug gemeinsam; REINHARD (Hg.), Eliten, Nr. 365: Anton I. Haug (1474–1549), ein Sohn des Gastel II., ist 1537 Testamentszeuge des Hieronymus Fugger von der Lilie; vgl. fol. 34r; Barbara Haug, eine Tochter des Gastel II. Haug und der Barbara Fugger vom Reh, heiratete Anton I. Bimmel, 1518–1531 Weberzunftmeister, 1528–1531 Bau- bzw. Bürgermeister; vgl. REINHARD (Hg.), Eliten, Nr. 85; Augsburger Stadtlexikon (1998), S. 293. Über die Kooperation der Fugger von der Lilie mit den Haug im Tiroler Montangeschäft ab 1548 und die Gründung der gemeinsamen Jenbacher Handels der Häuser Fugger, Haug, Langnauer und Katzpeck vgl. SCHEUERMANN, Fugger als Montanindustrielle; UNGER, Fugger in Hall i. T., S. 128. Anton Haug, Hans Langnauer und Ulrich Linck hatten als Erben den Handel der Gebrüder Bimmel weitergeführt, für den sie als Faktoren tätig gewesen waren; vgl. allgemein MEILINGER, Der Warenhandel; HASSLER, Der Ausgang.

Allianzbildnis: die Fünfeckschilde durch eine rote Kordel miteinander verbunden und beide mit goldenem Blattwerk; das Wappen des Mannes geteilt von rot und silber, darin mit verwechselten Farben ein oberhalber Elefant; darüber im Halbprofil von rechts das Porträt des Mannes, mit dem Kopf ins Profil gewandt. Er trägt das schwarze, glatte Haar schulterlang, darauf ein Barett mit breiter Pelzkrempe, dazu ein Hemd mit feinem Stehkragen in rosa, ein blaues, vor der Brust geknöpftes Wams und eine dunkelblaue Schaube mit breit in den Rücken fallendem, braunem Pelzkragen und Hängeärmeln an den weiten Ärmelschlitzen, deren rechter über den Arm gelegt ist; am Hals eine goldene Kette, am rechten Ringfinger und am linken Daumen Goldringe. Der rechte Arm ist neben dem Körper angewinkelt, die Hand in Brusthöhe mit zwei Fingern gestreckt erhoben. Die linke Hand hält in ähnlicher Haltung und Position weiter vorn ein Paar Handschuhe. Der Blick geht geradeaus zur Frau hin.

Diese über dem Wappen der Fugger vom Reh im Vollprofil von links trägt eine weiße, am Hinterkopf ausgestopfte Stirnhaube ohne Kinnband, ein weit rund ausgeschnittenes, rot besticktes Hemd, ein rubinrotes Kleid mit schwarzen Borten an den engen, an den Ellenbogen geschlitzten Ärmeln und dem schulterweiten Ausschnitt sowie dem gold-schwarzen Bruststück; vor der Brust eine lange Goldkette. Die Arme sind am Körper angewinkelt, die Hände in Bauchhöhe, jedoch weiter vor dem Körper ineinandergelegt. Der Blick trifft den des Mannes, der Mund ist zum Sprechen geöffnet; durch die Körperhaltung der Frau Bauch und Steiß deutlich betont; das Schriftband des Mannes deutlich größer als das der Frau.

Schriftband links:

Herr Gastel Haug des Rats, vnd ein habhaf- / ter vnd reicher kaufman zu Augspurg, hat / mit fraw Vrsula Fuggerin, etliche vnd / vil kinder, Eelichen ertzeuget.

Schriftband rechts:

Fraw Vrsula Fuggerin, herrn Andreas / Fuggers Eeliche Tochter, vnd Herren / Gastel Haugen eeliche hausfraw.

fol. 172r (S. 343): Jakob Fugger vom Reh und Ursula Rem

Vater: fol. 168v; Kinder: fol. 180v–181v
NEBINGER/RIEBER, Genealogie, Taf. 1, führen ihn als letzten der vier Söhne des Andreas, † vor 1505; vgl. JANSEN, Anfänge, S. 43 f.; LIEB, Fugger und Kunst I, S. 15: * um 1430, † nach 1503; ebenda, S. 16, 315: Heirat 1483; SCHWENNICKE (Hg.), Stammtafeln, Taf. 33: Heirat 1483, † 1518 Kaufbeuren. REINHARD (Hg.), Eliten, Nr. 1054: Ursula Rem war die Schwester des Wilhelm Rem, Faktor der Fugger von der Lilie in Mailand 1493, seit 1485 verheiratet mit Walburga Fugger, der Schwester Jakobs des Reichen; vgl. fol. 23r; zur Frage der Wappenaufbringung vgl. fol. 3v.

Allianzwappen: die Wappen durch eine rote Kordel mit goldenen Quasten verbunden; das Wappen des Mannes, das der Fugger vom Reh, umgekehrt und mit goldenem Blattwerk; darüber im Halbprofil von links ein Mann mit grauschwarzem, zweigeteiltem Kinnbart und kurzem Schnurrbart, das Haupthaar unter einer goldenen Haube, darauf ein schwarzes Barett, dazu ein weißes und violettes Hemd, ein schlichtes rubinrotes Wams, vor der Brust geschnürt, sowie eine schwarze Schaube mit breitem, braunem Pelzkragen und braunem Innenfutter, wie an den aufgeschlagenen, kleinen Ärmelschlitzen zu sehen ist; am linken Daumen und rechten Ringfinger je ein, am rechten Zeigefinger zwei Goldringe. Um den Hals liegen zwei goldene Ketten. Die Arme sind angewinkelt, die Hände greifen vor der Brust an das Revers der Schaube. Der Blick geht aus den Augenwinkeln zur Frau hin.

Diese führt im rot beblätterten Wappen in gold einen drohenden schwarzen Stier mit silbernen Hörnern und roter Zunge; darüber das Porträt im Halbprofil von links. Die Frau trägt eine schlichte, weiße Stirnhaube ohne Kinnband, jedoch mit Kugelwulst am Hinterkopf, ein schlichtes, kragenloses Hemd, ein grünes Kleid mit schwarzen Borten an den Trichterärmeln und dem halbrunden, schulterweiten Ausschnitt, darin ein rot und gold abgesetztes Bruststück. Um den Hals liegt eine lange, goldene Kette, an Ring- und Zeigefinger der rechten Hand stecken Goldringe. Die Arme sind angewinkelt, die Hände liegen übereinander vor dem Bauch. Der Blick geht aus den Augenwinkeln nach links, am Betrachter vorbei aus dem Bild heraus; wiederum das Schriftband des Mannes deutlich größer als das der Frau.

Schriftband links:

Herr Jacob fugger, Herren Andreas fuggers Ee- / licher Sone, welcher den Fuggerischen Wappen- / brief von dem Rech, allain fur Jne, vnd seine / Brueder, bey Kaiser friderichen hochloblicher / gedechtnus, zu Wien aufgepracht hat, vnd / auch etliche kinder verlassen.

Schriftband rechts:

Fraw Vrsula Remin, Sigismunden / Remen Eeliche Tochter, vnd Herren / Jacoben fuggers eeliche hausfraw.

fol. 172v (S. 344): Matthäus Fugger und Helena Mülich

Vater: fol. 168v; Kinder: fol. 182r–184v
NEBINGER/RIEBER, Genealogie, Taf. 1; JANSEN, Anfänge, S. 44: heiratet N.N.; in der biographischen Erläuterung zu Lukas Fugger d. Ä. (fol. 171r) wird dieser als ein Sohn ebendessen genannt, eine Verwechslung, die wohl aus der Übertragung von Textbausteinen aus einer älteren Fassung der Kurzbiographie des Andreas Fugger vom Reh in die seines Sohnes Lukas herrührt. Der entsprechende Befund bei NEBINGER/RIEBER und JANSEN, ebenda, S. 43, wie auch bei LIEB, Fugger und Kunst I, S. 15, 21, dürfte demnach unrichtig sein. Es liegt vielmehr eine Verwechslung vor mit dem gleichnamigen Sohn des Lukas Fugger d. Ä.; vgl. fol. 175v; SCHWENNICKE (Hg.), Stammtafeln, Taf. 33: Heirat 1470, † 1489; Helena Mülich, † 1503. Ein Marx Mülich war Mitgesellschafter des älteren Lukas Fugger vom Reh; vgl. fol. 171r; JANSEN, Anfänge, S. 42 f.: Hektor Mülich, ein Bruder der Helena, heiratet Anna Fugger von der Lilie; vgl. fol. 19v; GEFFCKEN, Soziale Schichtung, Tab. XVIII, S. 149: Helena Mülich als Tochter eines Hektor Mülich. Laut MEYER (Hg.), Chronik der Fugger, S. 8 f., ertrank Matthäus Fugger im Comer See. Die ebenda gegebene Kinderliste weicht erheblich von dem Befund des Ehrenbuches ab (vgl. fol. 182r–184v): Catharina (heiratet Sebastian Westernachner), Sibylla (Ordensfrau zu Stern), Wilhelm I. (heiratet Barbara Wanner), Hieronymus (heiratet Walburga Erhartin).

Allianzbildnis: die Wappen durch eine grüne Kordel verbunden; das Wappen des Mannes ist das umgekehrte der Fugger vom Reh in der bekannten Form. Darüber im Halbprofil von rechts das Porträt eines jungen Mannes mit schulterlangem, braunem Haar und unregelmäßigem Bartwuchs an den Wangen. Er trägt einen schwarzen Filzhut mit einer gold und blau geflochtenen Kordel als Band, ein weißes Hemd mit schmalem Kragen, ein schlicht geschnittenes, rotes Wams und eine schwarze, weit geschnittene Schaube mit Hängeärmeln und breit in den Rücken fallendem Kragen. Die Arme sind angewinkelt. Die linke Hand ist am Bauch in das geöffnete Wams geschoben, die rechte knapp darunter in einer aufzeigenden Geste über der Oberkante des Schildes gehalten. An Zeige- und Ringfinger der letzteren sind goldene Ringe erkennbar. Der Blick geht vorwärts, jedoch an der Frau vorbei aus dem Bild heraus.

Das Wappen der Frau mit rotem Blattwerk zeigt in gold einen schwarzen Anker; die Frau im Halbprofil von links, der Kopf ins Profil gewandt. Eine weiße, am Hinterkopf dick ausgestopfte Haube mit Kinnband umschließt den Kopf, an der linken Seite hängt ein Tuchende herab. Sie trägt ein hoch geschlossenes, weißes Hemd, ein weit ausgeschnittenes, weinrotes Kleid mit breiten, schwarzen Zierborten und einen vor der Brust mit einer goldenen Fibel geschlossenen, schwarzen Umhang. Um den Hals liegt eine lange, goldene Kette. Am Mittelfinger der rechten Hand trägt sie zwei Goldringe. Die Arme sind angewinkelt, die Hände liegen vor dem Bauch ineinander. Der lebhafte Blick geht zum Mann hin. Das Schriftband des Mannes ist deutlich größer als das der Frau.

Schriftband links:

Matheus Fugger, Herren Andreas fuggers Eeli- / cher Sone, ist ein hinlessiger kaufman gewesen, / ist Jm handel verarmet, das die kinder haben / muessen Handwerck lernen, Jst zu letst / Jm Gartsee ertruncken.

Schriftband rechts:

Fraw Helena Muelichin, Burgerin / zu Augspurg, Matheus fuggers Ee- / liche hausfraw.

fol. 173r (S. 345): Conrad Schneider und Walpurga Fugger

Vater: fol. 168v

NEBINGER/RIEBER, Genealogie, Taf. 1: nicht erfaßt; SCHWENNICKE (Hg.), Stammtafeln, Taf. 33: Warburg, * 1457, † 1500; Conrad Schneider, † 1484; Sie in 2. Ehe verheiratet mit Wilhelm Rem; Schwennicke verwechselt Walpurga Fugger vom Reh mit der gleichnamigen Fuggerin von der Lilie; vgl. fol. 23r; PÖLNITZ, Jakob Fugger 2, S. 263: Walburga Fugger vom Reh trat nach dem Tod ihres Mannes in das Augsburger Kloster St. Martin des dritten Ordens des Hl. Franziskus ein; vgl. fol. 184r: ebenso Helena Fugger vom Reh, die Tochter ihres Bruders.

Allianzbildnis: die Schilde durch eine grüne Kordel mit roten Quasten verbunden und mit goldenem Blattwerk; das Wappen des Mannes zeigt in schwarz einen goldenen Pferdelauf mit blauen Hufen; darüber, leicht nach links gewandt, den Kopf nach rechts geneigt, ein jugendlich wirkender Mann, jedoch mit grauem, lockigem, ohrenlangem Haar unter einem schwarzen Barett. Er trägt ein weiter ausgeschnittenes, weißes Hemd, ein ebenso weit ausgeschnittenes, violettes Wams mit rot und schwarz gestreift abgesetzter Bauchpartie. Im Schoß ist eine violette Schamkapsel angedeutet; darüber eine schwarze, schlicht und weit geschnittene Schaube. Am Gürtel links hängt ein Schwert; am Ringfinger der rechten Hand ein Goldring, am Daumen der linken ein juwelenbesetzter Ring. Der gesenkte Blick des lächelnden Gesichts geht aus den Augenwinkeln nach unten links, zum Wappen der Frau. Die Arme sind am Körper angewinkelt. Die rechte Hand greift vor der Brust an das Revers der Schaube, die linke ist mit angewinkeltem Arm neben dem Körper erhoben und hält so in Brusthöhe ein Paar Handschuhe.

Die Frau über dem Wappen der Fugger vom Reh im Halbprofil von links, trägt eine weiße, am Hinterkopf dick ausgepolsterte Stirnhaube ohne Kinnband, ein schlichtes, weißes Hemd, ein weinrotes Kleid mit schwarzen Zierborten an den Trichterärmeln und dem halbrunden, schulterweiten Ausschnitt, dazu ein ebenso weinrotes, mit gold rechteckig abgesetztes Bruststück. Die Ärmel des Kleides sind innen grün gefüttert. In den Ausschnitt fällt eine lange, goldene Kette; an beiden Ringfingern Goldringe, am linken Zeigefinger ein juwelenbesetzter Ring. Die Arme sind angewinkelt, die Hände vor dem leicht vorgestreckten Bauch locker ineinandergelegt. Der Blick des merklich vorgeschobenen Kopfes geht nach vorn, an dem Mann vorbei aus der Bildebene heraus.

Schriftband links:

Conrat Schneider ein Kaufman, vnd der / Welser Diener, auch Burger zu Augspurg / hat kaine kinder hinder Jme verlassen.

Schriftband rechts:

Fraw Walpurga fuggerin, Herren Andreas / fuggers Eeliche Tochter, vnd Conradenn / Schneiders Eeliche hausfraw, Jst nach ab- / sterben Jres hauswirts, Jnn das Closter zu / Sant Martin zu Augspurg komen, vn[d] / darinnen gestorben.

fol. 173v (S. 346): Hans Fugger, Ester Oschenlauer und Veronika Ramung, gen. Sporer

Vater: fol. 168v; Kinder: fol. 185r–188v

NEBINGER/RIEBER, Genealogie, Taf. 1, führen ihn als den zweiten der vier Söhne des Andreas, † vor 1512; Name der ersten Frau: Ester Osterlauer; PÖLNITZ, Jakob Fugger 2, S. 36: Faktor der Fugger von der Lilie in der Fuggerau (1496–1501), auf den dann seine Schwiegersöhne Christoph Häring und Jobst Zeller gefolgt wären; vgl. fol. 186v–187r; Pölnitz gibt dazu auch vorliegende Handschrift als Quelle an. REINHARD (Hg.), Eliten, Nr. 252: Hans Fugger vom Reh war 1496–1501 Faktor Ulrich Fuggers in Nürnberg und in der Fuggerau. Auch der gleichnamige Sohn des Hans stand in Diensten der Fugger von der Lilie; vgl. fol. 188r; vgl. allgemein PÖLNITZ, Fugger in Nürnberg; LIEB, Fugger und Kunst I, S. 15, 316 f.: * 1443, † 1503, 1473 nach Nürnberg übergesiedelt; HALLER, Größe und Quellen, S. 155: 1474 Nürnberger Bürgerrecht, † Anfang 1501 (mit Beleg aus dem Nürnberger Totenbuch), Gewerbe des Vaters der ersten Frau: Blechschmied; JANSEN, Anfänge, S. 44 f., erwähnt zunächst selbständige Geschäfte, dann eine Dienststellung des Hans d. Ä. in Tirol, später die Tätigkeit in Nürnberg. Als Namen der Frauen gibt er an: 1. Christine Eschenloher, 2. Veronika Ramung. Zusätzlich zu den hier (fol. 187v–188v) genannten Kindern aus 2. Ehe, Andreas, Hans und Esther, führt er: Susanna, Felix. Die Kinderreihe aus 1. Ehe entspricht der vorliegenden (fol. 185r–187v). Präzisen Aufschluß bietet KLIER, Nürnberger Fuggerstudien, S. 260–262, 271: Erste Frau: Christina Eschenloher, † 1487; Kinder aus 1. Ehe: Magdalena, Ursula, Klara, Helena, Gastel; 2. Frau: Veronika Ramung, Tochter des Niklas Ramung, gen. Engelhart von Nördlingen, nach ihrem Stiefvater genannt Sporer; Kinder aus 2. Ehe: Esther, Susanna († 1505), Felicitas (heiratet Lienhard Schreyber, dieser † 1519), Andreas, Hans; vgl. abweichend: SCHWENNICKE (Hg.), Stammtafeln, Taf. 33; REINHARD (Hg.), Eliten, Nr. 371 (Gastel Haug).

Doppeltes Allianzbildnis: die Dreieckschilde durch eine rote Kordel mit grünen Quasten verbunden; das Wappen des Mannes im Bildzentrum das der Fugger vom Reh in der bekannten Form, darüber frontal das Porträt eines jungen Mannes. Er trägt ohrenlange, braune Locken, ein breit ausladendes, braunes Barett, dessen Krempe über den Ohren herabgezogen ist, ein weißes Hemd, ein rotes Wams mit weinrot abgesetzten Ärmeln und eine schwarze Schaube mit braunem Pelzkragen; um den Hals eine goldene Kette, am rechten Zeigefinger und am linken Ringfinger Ringe. Die Arme sind angewinkelt. Die linke Hand ist mit den Fingergelenken auf die Oberkante des Schildes gelegt, die rechte neben dem Körper in Brusthöhe erhoben, mit dem Zeigefinger auf das Schriftband darüber weisend.

Auf der Seite links darunter, mit rotem Blattwerk, das Wappen der ersten Frau: in gold ein hoher, spitzer Hut, schwarz mit roter Krempe; darüber im Halbprofil von rechts das Porträt einer jungen Frau. Sie trägt eine nach hinten weit ausladende Tuchhaube mit Kinnbinde, ein rubinrotes Kleid mit braun umgeschlagenen Bündchen, vielleicht einen weißen Goller oder ein weißes Hemd, darüber jedenfalls einen schwarzen, vor der Brust mit einer goldenen Agraffe geschlossenen Mantel. An beiden Zeigefingern und am linken Ringfinger stecken goldene Ringe. Die linke Hand ist bei angewinkeltem Arm in Brusthöhe neben dem Körper erhoben, auf Wappen und Gestalt des Mannes weisend. Die Rechte hält in Bauchhöhe nach vorn gestreckt einen Paternoster. Der Blick geht leicht aus den Augenwinkeln ebenfalls nach vorn zur zweiten Frau.

Deren Schild mit hellviolettem Blattwerk, das Wappen gespalten: im ersten Feld in gold zwei gekreuzte Säbel auf schwarzem Dreiberg, im zweiten in schwarz drei goldene Sporen pfahlweise; darüber im Halbprofil von links das Porträt der Frau: Sie trägt eine weiße Stirnhaube mit dicker Wulst am Hinterkopf und Kinnband, ein weißes Hemd mit hochgeschlossenem Kragen, ein blaues Kleid mit halbrundem Ausschnitt, darin ein gold besticktes Bruststück, sowie einen schwarzen Mantel, der vor der Brust mit einer goldenen Fibel geschlossen ist. Um die Hüfte liegt eine schmale, schwarze Kordel; vor der Brust eine lange, goldene Kette. Die Hände halten bei angewinkelten Armen vor dem hier deutlich betonten Bauch ein aufgeschlagenes Buch. Der etwas unbestimmte Blick geht vorwärts, zu der ersten Frau hin.

Schriftband oben:

Hans fugger ist zu Nurnberg ein kaufman gewe- / sen, vnd hat alda gewonet, vnd daselbst zu Nurm- / berg zway Eeweiber gehabt, mit denen Er vil / kinder gehabt, die auch Eelich verheirat seind.

Schriftband links:

Fraw Hester Oschenlawerin / aines Seidenkramers tochter / zu Nurmberg, Hansen fuggers / erste Eeliche hausfraw.

Schriftband rechts:

Fraw Veronica Sporerin vonn / Nordlingen buertig[854]*, Hansen / fuggers anndere Eeliche hausfraw.*

fol. 174r (S. 347): Georg Roggenburger und Felicitas Fugger

Vater: fol. 168v

NEBINGER/RIEBER, Genealogie, Taf. 1: nicht erfaßt; 1509/10 war ein Sebastian Roggenburger Faktor der Fugger von der Lilie in Venedig; vgl. JANSEN, Jakob Fugger, S. 68; PÖLNITZ, Jakob Fugger 2, S. 236. Weitere Verbindungen der Familie zu den Fugger von der Lilie vermutet JANSEN, Anfänge, S. 25, 61. GEFFCKEN, Soziale Schichtung, Tab. XIX, S. 159: Eine Tochter aus dieser Ehe: Barbara, heiratet 1487 Georg Mülich, Sohn des Hektor Mülich und seiner zweiten Frau Ottilia Conzelmann; vgl. fol. 19v.

Allianzbildnis: die Wappen durch eine rote Kordel verbunden; auf der Seite links mit rotem Blattwerk das Wappen des Mannes, wohl umgekehrt: in gold ein schräglinker, schwarzer Balken, darin drei goldene Roggengarben; darüber im Halbprofil von rechts das Porträt des Mannes, mit kurzem, braunem Haupthaar, markantem, kurzgeschnittenem Vollbart und langem Schnurrbart, darüber einer schwarzen Kopfhaube mit spitzen Ohrenklappen und einem schwarzen Barett. Er trägt ein weißes Hemd mit gefältetem Kragen, ein hellviolettes, vor der Brust geschnürtes Wams mit reicher, schwarz unterfütterter Schlitzung und mehrfach gepufften und geschlitzten Ärmeln; im Schoß eine Schamkapsel; darüber eine schwarze Schaube mit weit in den Rücken fallendem Kragen und weit geschnittenen halblangen Ärmelansätzen. Vor der Brust fällt in den weiten Ausschnitt des Wamses eine lange Goldkette; am Daumen der linken Hand ein juwelenbesetzter Ring; am Gürtel ein Schwert, an dessen Knauf die linke Hand bei angewinkeltem Arm ruht. Die Rechte ist bei angewinkeltem Arm knapp oberhalb des Schildrandes in die Hüfte gestützt. Der strenge Blick geht nach vorn, zur Frau hin.

Das Wappen der Frau ist das der Fugger vom Reh in der bekannten Form. Im Vollprofil von links, trägt sie ein goldbraunes Haarnetz, ein flaches, schwarzes, mit goldenen Schleifchen besetztes Barett, ein weißes Hemd mit goldenem Kragen, ein dunkelrotes, am Bauch schwarz und gold geschnürtes Kleid mit schwarzen Borten an den Trichterärmeln und dem schulterweiten Ausschnitt und einer schwarzen Schleife am Steiß, dazu ein goldgewirktes, halbrund abgesetztes Bruststück. Die Ärmel des Kleides sind hellviolett gefüttert. Um den Hals liegt eine längere, goldene Kette, am rechten Ring- und linken Zeigefinger sind je zwei, am linken Ringfinger ein Ring erkennbar. Die Arme sind am Körper angewinkelt, die rechte Hand ruht vor dem vorgewölbten Bauch, die linke ist davor leicht nach vorn geöffnet, sie weist so auf die am Schwertknauf ruhende Linke des Mannes. Der Blick trifft den des Mannes.

Schriftband links:

Junckherr Georg Roggenburger von Vlm / burtig, ein kaufman vnd Burger zu Aug- / spurg hat etliche kinder eelichen ertzeuget.

Schriftband rechts:

Fraw Felicitas Fuggerin, Herren Andreas / fuggers Eeliche vnd letste tochter, vnnd / Georgen Roggenburgers Eeliche haus- / fraw.[855]

Schriftfeld unten:

End der dritten Linien.

fol. 174v (S. 348): Lukas der Jüngere Fugger und Justina Ridler

Vater: fol. 170v; Kinder: fol. 189r–190v

NEBINGER/RIEBER, Genealogie, Taf. 1; MEYER (Hg.), Chronik der Fugger, S. 13: * 1489; JANSEN, Anfänge, S. 43: Lukas d. J. † 1501, nicht er, sondern sein Bruder Hans (vgl. fol. 176r) heiratet Justina Ridler; LIEB, Fugger und Kunst I, S. 15, 316: † vor 1512. Die Familie Ridler (Riedler) stellte mit Gabriel († 1470) 1429–1461 und Hilpolt († 1507/08) 1486–1502 Stadtpfleger bzw. Bürgermeister; vgl. GEFFCKEN, (Art.) Stadtpflegerliste; BÖHM, Reichsstadt, S. 375 f.; REINHARD (Hg.), Eliten, Nr. 325, 1072–1075: mehrfach Konnubium mit Familien des Patriziats und der zünftischen Oberschicht, z.B. Rehlinger, Pfister, Hofmair, Welser, Gossembrot, Hämmerlin. Der Vater der Justina, Franz Riedler, ist offenbar nicht identisch mit dem gleichnamigen Bruder des Hilpolt, eventuell ein Bruder von dessen Vater Bartholomäus, damit auch des Stadtpflegers Gabriel I. Ridler; vgl. Augsburger Stadtlexikon (1998), S. 752.

---

[854] Im Umlaut *e* im Oberband.

[855] Rechtsbündig.

Ab dieser Seite werden die Personen nur mehr mit Wappen bzw. Allianzwappen vorgestellt, ohne Porträts und Schriftbänder, der Text vielmehr über den Wappen ungerahmt gegeben.

Schriftfeld oben:

Anfang der vierten Linien.

Darunter ein Allianzwappen: die Wappen durch eine grüne Kordel verbunden und mit goldenem Blattwerk. Das Wappen des Mannes ist das der Fugger vom Reh in der bekannten Form, umgekehrt. Das der Frau hat in rot einen schrägrechten, silbernen Balken, darin eine schwarzer, aufwärtiger Bolzen.

Links:

Lucas Fugger der Junger, Lucassen / Fuggers des Rats eelicher Sone, welch- / er mit Junckfraw Justina Ridlerin / Anno .1489. sein hochtzeit zu Aug- / spurg gehabt, vnd etliche kinder Ee- / lichen mit Jr Ertzeuget.

Rechts:

Fraw Justina Ridlerin, Herren / Frantz Ridlers Burgers zu Aug- / spurg eeliche tochter, vnd Lucassen / Fuggers Eeliche hausfraw.

fol. 175r (S. 350[856]): Markus (Marx) Fugger

Vater: fol. 170v
Bei NEBINGER/RIEBER, Genealogie, Taf. 1, und SCHWENNICKE (Hg.), Stammtafeln, Taf. 33, nicht erfaßt.

Wappenbild: in der Mitte der Seite das Wappen der Fugger vom Reh in der bekannten Form, hinterlegt mit einer seitlich lose herabhängenden, roten Kordel ohne Quasten. Darüber die Beschriftung:

Marx Fugger Lucassen Fuggers des / Rats eelicher Sone, ist Jung gestorben.

fol. 175v (S. 351): Matthäus Fugger

Vater: fol. 170v
Bei NEBINGER/RIEBER, Genealogie, Taf. 1, und SCHWENNICKE (Hg.), Stammtafeln, Taf. 33: nicht erfaßt. LIEB, Fugger und Kunst I, S. 21, verwechselt diesen mit dem gleichnamigen Sohn des Andreas Fugger vom Reh; vgl. fol. 171r, 172v; dort weitere Angaben zur Identifikation.

Wappenbild wie eben[857].

Matheus Fugger, Herren Lucassenn / Fuggers des Rats Eelicher Sone, Jst / Jnn der Jugent gestorbenn.

fol. 176r (S. 352): Hans Fugger

Vater: fol. 170v
Bei NEBINGER/RIEBER, Genealogie, Taf. 1, und SCHWENNICKE (Hg.), Stammtafeln, Taf. 33, nicht erfaßt. JANSEN, Anfänge, S. 43: Dieser, nicht sein Bruder Lukas, heiratet Justina Ridler; vgl. fol. 174v.

Wappenbild wie eben[858].

Hans Fugger, herren Lucassen Fuggers / des Rats Eelicher Sone, Jst vnuerheirat / gestorben.

fol. 176v (S. 353): Anton König und Anna Fugger

Vater: fol. 170v
Bei NEBINGER/RIEBER, Genealogie, Taf. 1, und SCHWENNICKE (Hg.), Stammtafeln, Taf. 33: nicht erfaßt. MEYER (Hg.), Chronik der Fugger, S. 13: Anthon Kinigsburger erhält seine Zollstelle auf Vermittlung seines Schwiegervaters Lukas Fugger vom Reh. Laut REINHARD (Hg.), Eliten, Nr. 245 (Jakob Fugger der Reiche), heiratete Regina Artzt, die Schwester der Sibylla Artzt, Frau des Jakob Fugger, in 2. Ehe einen Georg Königsberger. MEYER (Hg.), Chronik der Fugger, S. 31: Raymund Fugger kauft nach dem Tod Jakob Fuggers des Reichen die Häuser Georg Kinigsbergers am Weinmarkt und baut sie zu seiner Residenz aus. REINHARD (Hg.), Eliten, Nr. 252: Ein N. Königsberger ist als Depositenschuldner Jakob Fuggers, aber auch 1502 als Geschäftspartner des Ulrich Fugger in Neusohl nachweisbar. GEFFCKEN, Soziale Schichtung, Tab. XVIII f., nennt jedoch für 1480 und 1486 unter den Steuerkonten auch einen Ulrich Künig und seinen Sohn Anton Künig. Um diesen wird es sich hier eher handeln als umd ein Mitglied der Familie Königsburger.

Allianzwappen: die Wappen durch eine rote Kordel verbunden und mit goldenem Blattwerk; im Wappen des Mannes schwarz auf silber eine Hausmarke: Ein Schragen mit zum Dreieck geschlossenem Fuß, Mittelsprosse und spitz abgewinkeltem rechtem Kopf. Parallel dazu verläuft durch die Mitte ein Querbalken, außerdem ist am rechten oberen Ende ein Fortsatz senkrecht nach unten angesetzt. Das Wappen der Frau ist das der Fugger vom Reh in der bekannten Form.

Links:

Anthoni König Zolner vnter dem / Rotenthor zu Augspurg, hat mit / fraw Anna fuggerin, Lucassen / Fuggers des Rats eeliche Tochter, auch / etliche kinder Eelichen ertzeuget.

Rechts:

Fraw Anna Fuggerin, Herren Lu- / cassen Fuggers des Rats eeliche toch- / ter, vnnd Anthonien Koenigs[859] Ee- / liche hausfraw.

fol. 177r (S. 354): Hans Roser und Magdalena Fugger

Vater: fol. 170v
NEBINGER/RIEBER, Genealogie, Taf. 1, nicht erfaßt; SCHWENNICKE (Hg.), Stammtafeln, Taf. 33: Hans Raiser; LIEB, Fugger und Kunst I, S. 15, 18, 316: Magdalena, * 1472; Hans Raiser, in 1. Ehe verheiratet mit Veronika Rephun († 1493); JANSEN, Jakob Fugger, S. 69: Hans Raiser 1510 in Wien und Graz als Partner bei Finanztransaktionen der Fugger von der Lilie in Ofen bzw. Buda; BÖHM, Reichsstadt, S. 158: 1501 findet sich ein Hans Raiser unter den besoldeten Botengängern des Rates,

---

[856] Bei der Paginierung die Ziffer ›349‹ nicht vergeben; mit *350* weitergezählt.
[857] Mit Blindgriffel senkrecht Symmetrieachse.
[858] Mit Blindgriffel senkrecht Symmetrieachse.
[859] Im Umlaut *e* im Oberband.

neben V. Wanner, vgl. fol. 182v, und Philipp vom Stain zu Jettingen, vgl. fol. 29v.

Allianzwappen: die Wappen durch eine grüne Kordel mit roten Quasten verbunden; der Schild des Mannes mit rotem Blattwerk, das wohl nicht umgekehrte Wappen gespalten: das erste Feld schwarz in gold mit einem schrägrechten Balken, darin drei goldene Rosen; das zweite Feld gold in schwarz mit zwei Sparren. Das Wappen der Frau ist das der Fugger vom Reh in der bekannten Form.

Links:

Hans Roser Burger zu Augspurg, / hat mit fraw Magdalena fug- / gerin, Herren Lucassen Fuggers / des Rats eeliche tochter, etliche vil / kinder gehabt, Jst in welschenn / Landen, in Konig Maximilians / diensten, vmbkomen, vnd haben / sein hausfraw vnd kinder, vil / armut geliten.

Rechts:

Fraw Magdalena Fuggerin, Herren / Lucassen fuggers des Rats Eeliche toch- / ter, vnd Hansen Rosers Eeliche Haus- / fraw, hat nach absterben Jres hauswirts, / zu ergetzligkait Jr, vnd Jrer kinder, vil / hilf vnd gutthat, von den Fuggerisch[e]n / von der Lilienn empfangenn.

fol. 177v (S. 355): Heinrich Dachs und Felicitas Fugger

Vater: fol. 170v

NEBINGER/RIEBER, Genealogie, Taf. 1: nicht erfaßt; LIEB, Fugger und Kunst I, S. 15, 316: Felicitas, * 1473; Name des Mannes: Christoph Müller; mit Heinrich Dachs wäre demnach die gleichnamige Tochter des jüngeren Lukas, vgl. fol. 190r, verheiratet gewesen; so auch SCHWENNICKE (Hg.), Stammtafeln, Taf. 33; PÖLNITZ, Anton Fugger 2.I, S. 423: 1538 wird ein Legat aus dem Testament des Hieronymus Fugger von der Lilie (vgl. fol. 34r) an Heinrich Dachs und seine Frau ausgezahlt; ebenda, 3.I, S. 717: 1554 wendet sich Heinrich Dachs in einer Supplik mit der Bitte um finanzielle Unterstützung an Hans Jakob Fugger. Wenn es sich 1554 noch um den hier zur Rede stehenden Heinrich Dachs handeln sollte, spräche dies zweifellos für Liebs Annahme. Denkbar ist jedoch auch, daß es sich bei dem Bittsteller um einen gleichnamigen Sohn gehandelt haben könnte; LANGENMANTEL, Historie des Regiments, S. 37 f.: Die Dachs spalteten sich 1368 in einen patrizischen und einen zünftischen Zweig, vgl. auch die Taf. C mit dem Wappen der Dachs, deckungsgleich mit dem hier gegebenen; ebenda, S. 16 f.: 1343 stellten sie mit Conrad Dachs, 1355 und 1365 mit Hans Dachs Stadtpfleger; vgl. aber Augsburger Stadtlexikon (1998), S. 339: die zünftische und die patrizische Familie Dachs nicht miteinander verwandt. REINHARD (Hg.), Eliten, Nr. 670: Georg Dachs heiratet 1551 Sibylla Langenmantel, Tochter Joachims I. (Bürgermeister 1548–1559, Geheimer Rat 1556–1559); ebenda, Nr. 1253: Ursula Dachs heiratet Ulrich II. Stenglin, Mitglied der Kaufleutestube; die Stenglin zählten zu den Mehrern, vgl. ebenda, Nr. 1610–1612; MEYER (Hg.), Chronik der Fugger, S. 14: Heinrich Dachs stand zunächst als Söldner in Diensten Maximilians I. in den Niederlanden; ebenda, S. 14: Der *einlasz* war eine Pforte in der Stadtmauer zwischen Klincker- und Wertachbrückentor, die nach Toresschluß für verspätete Passanten gegen Entgelt geöffnet wurde. Heinrich Dachs dürfte hier als Torwächter gedient haben; vgl. Deutsches Rechtswörterbuch 2, Sp. 1415 f.

Allianzwappen: die Wappen mit goldenem Blattwerk und durch eine grüne Kordel verbunden; das Wappen des Mannes umgekehrt: in blau ein nach links steigender Dachs. Das Wappen der Frau ist das der Fugger vom Reh in der bekannten Form.

Links:

Heinrich Dachs Burger, vnd ein / besolter Diener zu Rosz, der Stat zu / Augspurg, hat auch etliche kinder / eelichen ertzeuget, Zuletst ist Er / auf den einlasz zukomen, verordnet / worden.

Rechts:

Felicitas[860] fuggerin, Herren Lucassen / Fuggers des Rats Eeliche Tochter, vnd / Heinrichen Dachsen Eeliche hausfraw / Stirbt Anno .1546.

fol. 178r (S. 356): Michael Meidel und Barbara Fugger

Vater: fol. 170v

NEBINGER/RIEBER, Genealogie, Taf. 1: nicht erfaßt; PÖLNITZ, Jakob Fugger 2, S. 107, 437: Michael Meidel führte 1521–1523 mit Bartholomäus Fugger vom Reh, dem Schwiegersohn des Pankraz Guttäter von Krakau (vgl. fol. 189r), eine Handelsgesellschaft in Frankfurt am Main; ebenda, S. 291: 1513 zahlte Jakob der Reiche 300 fl. an die Frau des Michael Meidel.

Allianzwappen: die Wappen mit goldenem Blattwerk und durch eine blaue Kordel verbunden; das Wappen des Mannes umgekehrt: in rot auf grünem Dreiberg ein nach links steigender, schwarzer Steinbock. Das Wappen der Frau ist das der Fugger vom Reh in der bekannten Form.

Links:

Junckherr Michael Meidel von / Craca, Herren Georgen Turtzo / Diener Jm Berckwerck, hat kaine / kinder verlassen.

Rechts:

Fraw Barbara Fuggerin, Herren Lu- / cassen Fuggers des Rats eeliche tochter / vnd Michaeln Meidels eeliche haus- / fraw.

fol. 178v (S. 357): Appolonia Fugger

Vater: fol. 170v

Bei NEBINGER/RIEBER, Genealogie, Taf. 1, und MEYER (Hg.), Chronik der Fugger, S. 14, nicht erfaßt; SCHWENNICKE (Hg.), Stammtafeln, Taf. 33: erfaßt; NYBERG, Dokumente und Untersuchungen 2, Nr. 232 (Profeßliste des Klosters Maihingen), Nr. 54 (S. 200): Profeß 1499 (erschlossen); † 1532 Dez. 4; vgl. ebenda, S. 215 f.: Unklar bleibt, wer mit dem hier als Stifter eines Annenreliquiars genannten Alexander Fugger gemeint ist. Es handelt sich vielleicht um einen Lesefehler: Andreas Fugger; vgl. fol. 179v, 180v, 187v.

Wappenbild: Das Wappen ist das der Fugger vom Reh in der bekannten Form, hinterlegt mit einer roten Kordel[861].

---

[860] Vor der Zeile von Hand A: *F*[raw].

Junckfraw Appolonia fuggerin, Herren / Lucassen fuggers des Rats Eeliche vnnd / letste Dochter, von der ersten frawen er- / boren, Jst zu Maria May zu Mainin- / gen Jm Closter Sanct Brigita Ordens / gaistlich worden, auch in bemeltem / Closter Jr leben geendet.

Darunter ein Schriftrahmen mit einem Engelskopf im oberen Blattwerk:

End Herren Lucassen Fuggers Kinder / von der ersten frawen erborenn.

fol. 179r (S. 358): Aegidius (Gilg) Fugger

Vater: fol. 170v
Bei NEBINGER/RIEBER, Genealogie, Taf. 1, und MEYER (Hg.), Chronik der Fugger, S. 15, nicht erfaßt; SCHWENNICKE (Hg.), Stammtafeln, Taf. 33: Aegidius; JANSEN, Anfänge, S. 43: Aegidius.

Schriftrahmen oben:

Anfang Herren Lucassen Fuggers Kinder von / der andern frawen Eelichenn ertzeuget.

Wappenbild wie eben, mit einer grünen Kordel hinterlegt.

Gilg Fugger, Herren Lucassen Fuggers des / Rats Eelicher Sone, ist Jung gestorbenn.

fol. 179v (S. 359): Andreas Fugger und Cassandra Arcamone

Vater: fol. 170v; Kind: fol. 191r
NEBINGER/RIEBER, Genealogie, Taf. 1: Cassandra Artamena; MEYER (Hg.), Chronik der Fugger, S. 15: Arzamanna; SCHWENNICKE (Hg.), Stammtafeln, Taf. 33: (Andreas), ohne Angaben zur Frau.

Allianzwappen: die Wappen mit goldenem Blattwerk und durch eine violette Kordel verbunden; das Wappen des Mannes das der Fugger vom Reh in der bekannten Form, umgekehrt; das der Frau mit Schildhaupt: in diesem in silber ein roter Steg, darin drei goldene Seerosenblätter; darunter acht Mal von blau und silber geteilt.

Links:

Herr Andreas Fugger, herrn Lucassn / Fuggers des Rats eelicher Sone, Jst in / dem handel der Herren fugger in / das Königreich Neapels geschickt wor- / den, alda Er aines Freiherren tochter / Cassandra genant, zu der Ee vberko- / men, vnd mit Jr ainen Son, zu Bari / in Neapels wonhaft, noch in lebenn / Eelichen vberkomen.

Rechts:

Fraw Cassandra ein geborne freyin / des geschlechts Arcamone, vonn der / Stat Neapolis, Herren Andreas / Fuggers Burgers zu Augspurg Ee- / licher gemahel.

fol. 180r (S. 360): Wolfgang Portner und Margaretha Fugger

Vater: fol. 170v
NEBINGER/RIEBER, Genealogie, Taf. 1: nicht erfaßt; SCHWENNICKE (Hg.), Stammtafeln, Taf. 33: Margaretha, † nach 1521, heiratet Hans Wolfgang Portner, Dr. u. j., † 1518 in Regensburg; LANGENMANTEL, Historie des Regiments, S. 13–15, Taf. B: Eine Familie Portner mit dem hier verwendeten Wappen stellt 1323–1340 mit Johann und Heinrich mehrmals Stadtpfleger; ebenda, S. 37 f. (über die Zunftverfassung von 1368): nicht erwähnt. Ein Heinrich Portner hatte 1392 angeblich die Landvogtei Augsburg inne, vgl. StB Augsburg 2° Cod. H. 17, Vogteiehrenbuch, fol. 81r. GEFFCKEN, Soziale Schichtung, S. 225, hat Heinrich Portner als historisch nicht greifbare Erfindung Clemens Jägers ausgeschieden, die Familie Portner jedoch nachgewiesen; vgl. allgemein Augsburger Stadtlexikon (1998), S. 722.

Allianzwappen: die Schilde mit goldenem Blattwerk und durch eine rote Kordel verbunden; im umgekehrten Wappen des Mannes in silber drei linksgerichtete, rote Schlüssel pfahlweise. Das Wappen der Frau ist das der Fugger vom Reh in der bekannten Form.

Links:

Der Erwirdig vnd Hochgelert Herr / Wolfgang Portner, Doctor vnd Tabu- / lier Jm gaistlichen Rechten, Jst zu / Regenspurg gesessen, hat etliche kin- / der verlassen.

Rechts:

Fraw Margaretha Fuggerin, Herren / Lucassen fuggers des Rats, Eelichs, vn[d] / von der andern frawen, letsts kind, her- / ren Wolfgangen Portners Eeliche / hausfraw.

Schriftrahmen unten:

End Herren Lucassen Fuggers des / Rats Eelichen kinder.

fol. 180v (S. 361): Andreas Fugger und Dorothea Köplin

Vater: fol. 172r; Kinder: fol. 191v–192r
NEBINGER/RIEBER, Genealogie, Taf. 1, führen den Vater, Jakob, erst als vierten der Söhne Andreas ›des Reichen‹, somit auch die folgenden Generationen in entsprechend abweichender Reihenfolge. Die Familie Jakob Fuggers vom Reh war in Kaufbeuren ansässig. AIGN, Ketzel, S. 103–105: Im Tanzstatut von 1521 sind die Köplin nicht unter den Nürnberger Geschlechtern oder der Ehrbarkeit erwähnt; LIEB, Fugger und Kunst I, S. 16: Die Nachkommen dieser Ehe erlangten in Regensburg Anschluß an die Ratsgeschlechter; Andreas, * 1472/77; Name der Frau: Barbara; ebenda, S. 16, 316: Statt der hier (fol. 191v–192r) verzeichneten Söhne Stephan und Paulus führt LIEB folgende Kinder: Ursula (heiratet Hans Thuner), Andreas (heiratet Euphrosina Stängl), Stephan.

Schriftrahmen oben:

Anfang Herrn Jacobe[n] Fuggers kinder.

---

[861] Umriß des Textblocks mit Blei/Blindgriffel skizziert.

Darunter ein Allianzwappen: die Wappen durch eine blaue Kordel mit grünen Quasten verbunden. Das des Mannes ist das der Fugger vom Reh in der bekannten Form, umgekehrt; das der Frau mit rotem Blattwerk: auf schwarzem Dreiberg in gold ein drohender, schwarzer Hahn mit rotem Auge.

Links:

Herr Andreas fugger, Herren Jacobn / Fuggers erster Eelicher Sone, zu Regen- / spurg wonhaft, hat aines Burgers Toch- / ter von Nurmberg, des Geschlechts ein / Koeplin[862]*, mit der Er etliche kinder Ee- / lichen ertzeuget vnd vberkomen hat.*

Rechts:

Fraw Dorothea Koeplin[863]*, Georgen / Koeplins*[864] *burgers zu Nurmberg Ee- / liche Tochter, vnd Herren Andreas / Fuggers Eeliche hausfraw.*

fol. 181r (S. 362): Sigmund Fugger und Elisabeth Blankenfeld

Vater: fol. 172r; Kinder: fol. 192v–193r
NEBINGER/RIEBER, Genealogie, Taf. 1; Schwennicke (Hg.), Stammtafeln, Taf. 33, erwähnt die Eheschließung nicht; PÖLNITZ, Jakob Fugger 2, S. 324: Heirat 1499. Sigmund war Faktor der Höchstetter in Joachimsthal und vermittelte 1529 den Verkauf der dortigen Bergwerksanteile an die Fugger von der Lilie; vgl. WERNER, Das fremde Kapital, S. 13; PÖLNITZ, Jakob Fugger 1, S. 307: Elisabeth Blankenfeld war eine Tochter des Bürgermeisters von Berlin, Thomas Blankenfeld; ebenda, S. 305–307; II, S. 324: Ihr Bruder Johannes wurde mit finanzieller Unterstützung Jakobs des Reichen Bischof von Reval und Erzbischof von Riga (1524). Als Prokurator des Deutschen Ordens in Rom fungierte er seit 1513/14 als Mittelsmann zwischen den Hohenzollern, der Kurie und Jakob Fugger, insbesondere im Zusammenhang mit der Erhebung Albrechts von Brandenburg zum Erzbischof von Magdeburg und Mainz sowie Administrator von Halberstadt und den Verhandlungen über den Petersablaß 1517. Eine weitere Tochter des Thomas Blankenfeld namens Margarethe oder Katharina war die Mätresse des Kurfürsten Joachim I. Nestor von Brandenburg (1499–1535). Die Blankenfeld unterhielten enge Geschäftsverbindungen zur Leipziger Faktorei der Fugger von der Lilie; vgl. ebenda, II, S. 324. Ein Kaufmann Paul Blankenfeld erscheint noch 1533 unter den Schuldnern der Fugger in Leipzig; vgl. PÖLNITZ, Anton Fugger 1, S. 626. HALLER, Größe und Quellen, S. 119, 164: Auch in Nürnberg waren Mitglieder der Familie als vermögende Bürger ansässig; vgl. SCHNÖRING, Johannes Blankenfeld; RACHEL u.a. (Hg.), Berliner Großkaufleute, S. 20–43, und Taf. I; HEINRICH, Neue Kirchenordnung; angesichts der Bedeutung der Blankenfeld auch als Geschäftspartner der Fugger ist der Umstand, daß im Fuggerschen Ehrenbuch ihr Wappen nicht aufgenommen wurde, zumindest bemerkenswert.

Der Konzeption nach ein Allianzwappen; allerdings für die Frau nur eine leere Wappenkartusche mit goldenem Blattwerk und silbernem Rautenmuster angelegt, aber nicht ausgefüllt; die Schilde verbunden durch eine grüne Kordel; das Wappen des Mannes das der Fugger vom Reh in der bekannten Form, umgekehrt.

Links:

Sigmund Fugger, wonhaft Jm / Joachims Thal, hat des geschlechts / ein Blanckenfelderin zu der Ee / gehabt, vnd mit der etliche kinder / ertzeuget.

Rechts:

Fraw Elisabeth Blanckenfelderin / von Berlin aus der Brandenbur- / gischen Marck bürtig, Sigmund[e]n / fuggers Eeliche hausfraw.

fol. 181v (S. 363): Georg Hauser und Anna Fugger

Vater: fol. 172r
NEBINGER/RIEBER, Genealogie, Taf. 1: nicht erfaßt; SCHWENNICKE (Hg.), Stammtafeln, Taf. 33: erfaßt. Das Kloster St. Katharina hatte enge Verbindungen zu den Fuggern von der Lilie: Wiederholt wurden Töchter des Hauses darin untergebracht. Die Klosterkirche diente als Hauskirche der Fuggerhäuser, vgl. SCHAD, Frauen des Hauses Fugger, S. 107–109, 110 f., 118 f., 133–135, 185 f.

Allianzwappen: die Wappen mit goldenem Blattwerk und durch eine rote Kordel verbunden; das Wappen des Mannes umgekehrt: in blau ein goldener, schräglinker Balken, darin drei blaue, sechszackige Sterne. Das Wappen der Frau ist das der Fugger vom Reh in der bekannten Form.

Links:

Junckherr Georg Hauser, Pfleger / vnd Ambtman. Sanct Kathari- / na Closter zu Augspurg zu We- / rishofen, hat kain kind verlassen.

Rechts:

Fraw Anna Fuggerin, Jacoben fuggers / Eeliche vnd letste Tochter, Junckherr / Georgen Hausers eeliche hausfraw.

Schriftrahmen unten:

End Jacoben Fuggers Kinder.

fol. 182r (S. 364): Sebastian Fugger und N. N.

Vater: fol. 172v
NEBINGER/RIEBER, Genealogie, Taf. 1, und SCHWENNICKE (Hg.), Stammtafeln, Taf. 33: Name der Frau unbekannt; MEYER (Hg.), Chronik der Fugger, S. 9 f.: nicht erwähnt; FINK, Bergwerksunternehmungen, S. 338: Sebastian war 1519 Kämmerer in Neisse; GRÜNHAGEN (Hg.), Urkunden der Stadt Brieg, Nr. 1231: *Bast*[ian] *Fugker* bereits 1509 als Kämmerer genannt. Als solcher wird er gemeinsam mit Jakob dem Reichen in einer Schuldurkunde des Breslauer Fürstbischofs Johannes V. Thurzo erwähnt. Die Fugger von der Lilie umgingen seit 1514 das Stapelrecht in Breslau, indem sie ihre Warentransporte über das dem mit ihnen verschwägerten Fürstbischof untertane Neisse umleiteten, vgl. PÖLNITZ, Jakob Fugger 1, S. 318.

Schriftrahmen oben:

Anfang Matheus Fuggers Kinder.

---

[862] *e* des ersten Vokals im Oberband.
[863] *e* des ersten Vokals im Oberband.
[864] *e* des ersten Vokals im Oberband.

Darunter der Konzeption nach ein Allianzwappen; Schild der Frau nur als leere Kartusche mit goldenem Blattwerk und silbernem Rautenmuster angelegt; die Wappen durch eine grüne Kordel verbunden. Das des Mannes ist das der Fugger vom Reh in der bekannten Form, umgekehrt.

Links:

Sebastian fugger, Matheus fuggers / erstgeborner Sone, hat sich zu Pres- / law Jnn der Schlesien verheiratt, / vnd alda gewonet, vnd ist daselbst / mit weib vnd kinden gestorbenn.

Rechts:

Fraw[865] *von Preslaw / aus der Schlesien, Sebastian fug- / gers Eeliche Hausfraw.*

fol. 182v (S. 365): Wilhelm (I.) Fugger und Barbara Wanner

Vater: fol. 172v; Kinder: fol. 193v–198r
NEBINGER/RIEBER, Genealogie, Taf. 1: Barbara Wohner; SCHWENNICKE (Hg.), Stammtafeln, Taf. 33: Barbara Wanner, Heirat 1499; LIEB, Fugger und Kunst I, S. 15: * 1473, † 1540, Heirat 1499; S. 22: Wohnung im alten Fuggerhaus am Judenberg; S. 319: Die Witwe des Wilhelm hatte 1546 1200 fl. Schulden bei Anton Fugger; REINHARD (Hg.), Eliten, Nr. 254: Heirat vor 1541 [!], † 1543; Wilhelm Fugger vom Reh legt 1537 1013 fl. bei Anton Fugger ein, kauft 1538 Schwazer Silber von demselben. Vgl. über ihn SELING, Augsburger Goldschmiede 3, Nr. 523; BÖHM, Reichsstadt, S. 158: ein V. Wanner 1501 besoldeter Botengänger des Ausburger Rates, gemeinsam mit Hans Raiser (vgl. fol. 177r) und Philipp vom Stain zu Jettingen (vgl. fol. 29v); ein M. Wanner gehörte während des Schmalkaldischen Krieges zum Korrespondentennetz des Hans Jakob Fugger, vgl. BayHStA KÄA 2098, fol. 306. Ein Andreas Wanner († 1619) war Vogt der Fuggerschen Reichspflege zu Donauwörth; vgl. das von diesem begonnene Familienbuch (1594–1678) BaySB Oefeleana, Nr. 242.

Allianzwappen: die Schilde durch eine rubinrote Kordel verbunden; das Wappen des Mannes ist das der Fugger vom Reh in der bekannten Form, umgekehrt. Das der Frau, mit goldenem Blattwerk, ist gespalten von schwarz und silber, darin rechts eine Streitaxt, links ein rotes Kreuz.

Links:

Wilhalm Fugger, Matheus Fuggers / Eelicher Sone, Burger vnnd Gold- / schmid zu Augspurg, hat etliche vil / kinder verlassen.

Rechts:

Fraw Barbara Wannerin, Vlrichen / Wanners Statsoeldners[866] *Eeliche Toch- / ter, vnd Wilhalmen Fuggers eeliche / hausfraw.*

---

[865] Freiraum.
[866] Im Umlaut e im Oberband.

fol. 183r (S. 366): Hieronymus Fugger und Walpurga Erhard

Vater: fol. 172v; Kinder: fol. 198v–200r
NEBINGER/RIEBER, Genealogie, Taf. 1; Schwennicke (Hg.), Stammtafeln, Taf. 33; LIEB, Fugger und Kunst I, S. 15: Hieronimus, * 1475, Heirat 1492/95; S. 21 f., 318: 1527 hatte Walpurga Erhartin eine geringfügige Einlage bei den Fugger von der Lilie; PÖLNITZ, Jakob Fugger 1, S. 27, und LIEB, ebenda, S. 49, 334–336: Vater der Braut war der Maler Michael Erhard, der u.a. 1485/86 Aufträge Jakobs des Reichen für Altarstiftungen in St. Ulrich erledigte. LIEB, ebenda, S. 204 f., 221 f.: Eine andere Tochter des Michael Erhard heiratet Adolf Daucher, der bereits den erwähnten Auftrag mitbearbeitet hatte und maßgeblich an der Ausstattung der Fuggerkapelle in St. Anna (1519) beteiligt war. Die Daucher blieben den Fugger von der Lilie eng verbunden: Noch 1568 erhielt eine Tochter Adolf Dauchers d. J. eine Aussteuerbeihilfe aus der von den Fugger verwalteten Veit Hörlschen Stiftung. Abb.: LIEB, ebenda, Abb. 6.

Allianzwappen: die Schilde verbunden durch eine grüne Kordel mit roten Quasten; das Wappen des Mannes das der Fugger vom Reh in der bekannten Form, umgekehrt; das der Frau, mit goldenem Blattwerk, geteilt: oben in blau ein roter Vogelflug mit Händen, die ineinandergelegt drei Kornhalme halten; unten dreimal geteilt von silber und rot.

Links:

Jheronimus Fugger, Matheus Fug- / gers Eelicher Sone, Burger vnd ein / Kirsner zu Augspurg, hat etliche / kinder Eelich verlassenn.

Rechts:

Fraw Walpurga Erhartin, Michael / Erharts Bildhawers von Vlm eeliche / tochter, vnd Jheronimus Fuggers / Eeliche hausfraw.

fol. 183v (S. 367): Matthäus Fugger

Vater: fol. 172v
NEBINGER/RIEBER, Genealogie, Taf. 1, SCHWENNICKE (Hg.), Stammtafeln, Taf. 33, und REINHARD (Hg.), Eliten, Nr. 254: nicht erfaßt; MEYER (Hg.), Chronik der Fugger: nicht erwähnt.

Wappenbild: Das Wappen ist das der Fugger vom Reh in der bekannten Form, hinterlegt mit einer rubinroten, quastenlosen Kordel.

Matheus Fugger, Matheus Fuggers Eeli- / cher Sone, Jst Jm krieg todt belibenn.

fol. 184r (S. 368): Helena Fugger

Vater: fol. 172v
NEBINGER/RIEBER, Genealogie, Taf. 1, und REINHARD (Hg.), Eliten, Nr. 254: nicht erfaßt; SCHWENNICKE (Hg.), Stammtafeln, Taf. 33: Sibylla; MEYER (Hg.), Chronik der Fugger, S. 9: Sibilla. Der Eintritt ins Kloster erfolgt demnach unter Vermittlung durch die Fugger von der Lilie. Die Benennung ist offenbar eine Verwechslung mit der Schwester, vgl. fol. 184v; zum Klostereintritt vgl. fol. 173r: Walburga Fugger vom Reh, die Schwester des Vaters.

Wappenbild wie eben; der Schild hinterlegt mit einer roten Kordel.

Junckfraw Helena Fuggerin, Matheus / Fuggers Eeliche Tochter, Jst ein Closter- / fraw zum Stern, der dritten Regel San- / cti Francisci gewesen.

fol. 184v (S. 369): Hans Merner und Sibylla Fugger

Vater: fol. 172v
NEBINGER/RIEBER, Genealogie, Taf. 1, SCHWENNICKE (Hg.), Stammtafeln, Taf. 33 und REINHARD (Hg.), Eliten, Nr. 254: nicht erfaßt; vgl. fol. 184r.

Allianzwappen: die Wappen durch eine violette Kordel verbunden und mit goldenem Blattwerk; das Wappen des Mannes umgekehrt: in rot auf goldenem Dreiberg eine nach links wachsende, silberne Wildkatze; das Wappen der Frau das der Fugger vom Reh in der bekannten Form.

Links:

Hans Merner wonhaft zu Ditmarin- / gen, hat mit Sibilla Fuggerin Ma- / theus fuggers Eeliche Tochter, etliche / kinder Eelichen verlassenn.

Rechts:

Sibilla Fuggerin, Matheus Fuggers / Eeliche Tochter, vnnd Hansen Mer- / ners Eeliche Hausfraw.

Darunter ein Schriftrahmen:

End Matheus Fuggers Eelicher kinder.

fol. 185r (S. 370): Gastel der Ältere Fugger und Margaretha Kaltenhauser

Vater: fol. 173v; Kinder: fol. 200v–203r
NEBINGER/RIEBER, Genealogie, Taf. 1; LIEB, Fugger und Kunst I, S. 15, 19, 317: Gastel I. (* 1475, † 1519): 1503 in Ungarn und 1506 in Venedig für die Fugger von der Lilie tätig. Wohl die Witwe dieses Gastel, und nicht, wie Lieb meint, die des Gastel II., nennt Anton Fugger in seinem Titulaturbuch *meine freundliche liebe schwägerin*; JAEGER, Schreib- und Rechenmeister, S. 75 f.: † 1539; dort für 1546 auch ein weiterer Sohn Christoph belegt (vgl. fol. 200v–203r); KLIER, Nürnberger Fuggerstudien, S. 271, führt Gastel als den jüngsten Sohn aus 1. Ehe des Hans d. Ä.; ebenda, S. 263 f.: 1506 im Freundeskreis Albrecht Dürers, 1519 Genannter des Äußeren Rates, 1522–1538 Faktor der Fugger von der Lilie, † 1539 in Frankfurt; Heirat 1514: Margaretha († 1545/46), Tochter des vermögenden Tuchmachers Andreas Kaltenhauser; ebenda, S. 265 f.: Der Sohn Gastel II. (fol. 200v) ist laut KLIER nur in der vorliegenden Handschrift erwähnt, archivalisch nicht belegt. Im Testament des Gastel I. belegt ist jedoch der hier nicht erwähnte Sohn Christoph († 1568 ledig in Antwerpen). Zur Familie der Frau vgl. HALLER, Größe und Quellen, S. 132 f.

Schriftrahmen oben:

Anfang Hansen Fuggers kinder.

Darunter ein Allianzwappen: die Schilde mit goldenem Blattwerk und durch eine grüne Kordel verbunden; auf der Seite links für den Mann das Wappen der Fugger vom Reh in der üblichen Form, umgekehrt; im Wappen der Frau in blau zwei gekreuzte, silberne Hellebarden, darauf in gold ein Taufbecken.

Links:

Gastel Fugger, Hansen Fuggers aus / der ersten Frawen geboren, Eelicher / Sone, wonhaft vnd Burger zu Nurm- / berg, hat etliche kinder eelichen verlas- / sen, Stirbt A[nno] 1519. zu Franckfort.

Rechts:

Fraw Margaretha Kaltenhauserin, / Endrissen Kaltenhausers Burgers / zu Nurmberg Eeliche Tochter, / vnnd Gastel fuggers Eeliche hausfraw.

fol. 185v (S. 371): Thomas Schentz und Magdalena Fugger

Vater: fol. 173v
NEBINGER/RIEBER, Genealogie, Taf. 1: nicht erfaßt; Schwennicke (Hg.), Stammtafeln, Taf. 33: Heirat 1492; KLIER, Nürnberger Fuggerstudien, S. 262: Thomas Schentz, Sohn des Michael Schentz von Isny, der seit 1484 unter Nürnberger Geleit Handel trieb, jedoch erst 1492 das Bürgerrecht erwarb, später Stadtamtmann in Nürnberg; Thomas Schentz geriet 1496/97 in Zahlungsschwierigkeiten. 1498 ist ein gleichnamiger Bürger der Stadt Prag als Prager Vertreter eines Kaufmannes aus Isny nachweisbar.

Allianzwappen: die Schilde mit goldenem Blattwerk versehen und durch eine rote Kordel miteinander verbunden; im Wappen des Mannes, vielleicht umgekehrt zu denken, schwarz auf silber eine Hausmarke: ein Ringkopfschaft mit schräglinker, schaftweise nach oben und unten abgewinkelter Mittelkreuzstrebe; das Wappen der Frau das der Fugger vom Reh in der bekannten Form.

Links:

Thoman Schentz, Kaufman vnd / Burger zu Nurmberg, hat etliche / kinder mit fraw Magdalena / Fuggerin, Hansen Fuggers Eeliche / Tochter, eelichen verlassen, Hat fal- / liert, Stirbt Jm ellend.

Rechts:

Fraw Magdalena Fuggerin, Hansen / Fuggers Eeliche tochter, vnd Thoma / Schentzen Eeliche Hausfraw.

fol. 186r (S. 372): Hans Krug und Ursula Fugger

Vater: fol. 173v
NEBINGER/RIEBER, Genealogie, Taf. 1: nicht erfaßt; KLIER, Nürnberger Fuggerstudien, S. 262, 271; SCHWENNICKE (Hg.), Stammtafeln, Taf. 33: Ursula † 1494 [!]; LIEB, Fugger und Kunst I, S. 15, 19, 317: * 1472, Heirat 1494; KOEPPLIN/FALK, Lucas Cranach 1, S. 84 f.: Hans Krug produziert 1507/08 Bildnismedaillen für Kurfürst Friedrich von Sachsen. Hans d. J. Krug, ein Sohn aus dieser Ehe, starb 1529 als Münzmeister in der Kremnitz, der Kammergrafschaft der Thurzo. Ein anderer Sohn war der bekannte Goldschmied Ludwig Krug, der u.a. für den Nürnberger Rat Präsente für Jakob den Reichen herstellte und maßgeblichen Anteil an den Goldschmiedearbeiten für das Hallesche Heiltum des eng mit den Fuggern von der Lilie kooperierenden Kardinals Albrecht von Brandenburg hatte, vgl. KOHLHAUSEN, Nürnberger Goldschmiede, S. 357–406.

Allianzwappen: die Schilde mit goldenem Blattwerk versehen und durch eine rote Kordel verbunden; im Wappen des Mannes in schwarz ein goldener Krug, darin drei rote Stielrosen mit grünen Stielen; das Wappen der Frau das der Fugger vom Reh in der bekannten Form.

Links:

Hans Krug Probiermaister in der / Gold vnd Silbergeschaw vnd Burger / zu Nurmberg, hat mit Fraw Vrsu- / la fuggerin etliche kinder Eelich / verlassen.

Rechts:

Fraw Vrsula fuggerin, Hansen / fuggers Eeliche Tochter, / vnnd Hansen Krugs eeliche hausfraw.

fol. 186v (S. 373): Christoph Häring und Klara Fugger

Vater: fol. 173v
NEBINGER/RIEBER, Genealogie, Taf. 1: nicht erfaßt; REINHARD (Hg.), Eliten, Nr. 252, 245: Christoph Hering war 1505–1510 Vertreter der Fugger von der Lilie in Ungarn und 1510–1515 Faktor Jakob Fuggers in der Fuggerau. Vgl. KLIER, Nürnberger Fuggerstudien, S. 263; PÖLNITZ, Jakob Fugger 2, S. 36, 76; SCHEUERMANN, Fugger als Montanindustrielle, S. 209, 462, 474: Zwei Brüder Wolfgang (1576– ca. 1590) und Stephan (1586–1623) als Faktoren der Fugger bzw. der Jenbacher Gesellschaft in Schwaz.

Der Konzeption nach ein Allianzwappen; jedoch die mit goldenem Blattwerk und silbernem Rautenmuster angelegte Wappenkartusche des Mannes leer geblieben; die Schilde durch eine violette Kordel verbunden; für die Frau das Wappen der Fugger vom Reh in der bekannten Form.

Links:

Christof Haering[867] *von Villach Jnn / Kerndten, wonhaft Jnn der Fug- / geraw daselbst, hat mit Clara fug- / gerin, Hansen fuggers eeliche tochter / etliche kinder Eelichen ertzeuget.*

Rechts:

Fraw Clara fuggerin, Hansen fug- / gers Eeliche tochter, vnd Christoffen / Haerings[868] *Eeliche hausfraw.*

fol. 187r (S. 374): Jobst Zeller und Helena Fugger

Vater: fol. 173v
NEBINGER/RIEBER, Genealogie, Taf. 1: nicht erfaßt; REINHARD (Hg.), Eliten, Nr. 245, 252: Jobst Zeller war 1504–1512 Faktor in der Fuggerau, 1521 Depositenschuldner der Gesellschaft. PÖLNITZ, Jakob Fugger 2, S. 36, 76, 190, 461: Jobst Zeller war nach einem Überfall venezianischer Truppen auf Fuggerau bei Jakob Fugger wegen angeblicher Feigheit in Ungnade gefallen. PÖLNITZ nimmt an, daß die Übernahme der Pflegschaft über das in Bambergischem Besitz befindliche Wolfsberg in Kärnten nicht ohne eine vorherige Aussöhnung mit Jakob Fugger denkbar ist. Vgl. MEYER (Hg.), Chronik der Fugger, S. 11; KLIER, Nürnberger Fuggerstudien, S. 263; über die Auseinandersetzung zwischen Jobst Zeller und Jakob Fugger dem Reichen vgl. Entwurf, fol. 19r.

---

[867] Im Umlaut *e* im Oberband.
[868] Im Umlaut *e* im Oberband.

Allianzwappen: die Schilde mit goldenem Blattwerk versehen und durch eine rote Kordel verbunden; im wohl umgekehrten Wappen des Mannes silber und gold in schwarz von rechts ein rechter Schwertarm; das Wappen der Frau das der Fugger vom Reh in der bekannten Form.

Links:

Junckherr Jobst Zeller, burtig von / Nurmberg, Jst durch Herren Jacoben / Fugger von der Lilien, in die fugge- / raw in Kerndten verordnet, vnnd / von dannen zogen, pfleger zu Wolfs- / berg worden, hat mit Helena Fugge- / rin, Hansen fuggers eeliche tochter, / etliche vil kinder eelichen ertzeuget.

Rechts:

Fraw Helena Fuggerin, Hansenn / Fuggers Eeliche tochter, vnd Junck- / herrn Jobst Zellers eeliche hausfraw.

Darunter ein Schriftrahmen:

End Hansen Fuggers Kinder von / der erstenn Frawen erborenn.

fol. 187v (S. 375): Andreas Fugger und Anna Reichel

Vater: fol. 173v; Kinder: fol. 203v–205r
NEBINGER/RIEBER, Genealogie, Taf. 1; Schwennicke (Hg.), Stammtafeln, Taf. 33; LIEB, Fugger und Kunst I, S. 20 f., 318: * 1477, † vor 1565; KLIER, Nürnberger Fuggerstudien, S. 265: Heirat 1524: Anna Reich, Tochter des Thomas Reich; Handel mit St. Annaberg, falliert 1527, † St. Annaberg. WERNER, Das fremde Kapital, S. 9 f., führt außer den hier gegebenen Kindern (fol. 203v–205r) noch einen Sohn Jakob, außerdem die Tochter Esther als Großtochter.

Schriftrahmen oben:

Anfang Hansen Fuggers Kinder von der / andern frawen ertzeuget.

Darunter ein Allianzwappen: die Schilde mit goldenem Blattwerk versehen und durch eine grüne Kordel verbunden; das Wappen des Mannes ist das der Fugger vom Reh in der bekannten Form, umgekehrt; das Wappen der Frau durch zwei geschweifte Spitzen in rot und silber geteilt, an denselben und der Gegenspitze Lilien in verwechselten Farben.

Links:

Andreas Fugger, Hansen Fuggers Ee- / licher Son, ein Burger zu Nurmberg / hat Jm kaufmanshandel falliertt, / Jst auf Sanct Anna Berg zogen, da / wonet er noch, hat etliche Eeliche / kinder vberkomen.

Rechts:

Fraw Anna Reichlin, Thoman / Reichels Burgers zu Nurmberg / Eeliche Tochter, vnd Andreas / fuggers Eeliche hausfraw.

fol. 188r (S. 376): Hans Fugger

Vater: fol. 173v

NEBINGER/RIEBER, Genealogie, Taf. 1: in Diensten der Fugger von der Lilie in Fuggerau in Kärnten; PÖLNITZ, Jakob Fugger 2, S. 36, identifiziert den Fuggerauer Faktor Hans Fugger vom Reh als den Vater des hier genannten; vgl. fol. 173v; JANSEN, Jakob Fugger, S. 65, und KLIER, Nürnberger Fuggerstudien, S. 265: 1524 und 1526/27 als Vertreter der Fugger von der Lilie in Rom; vgl. LIEB, Fugger und Kunst I, S. 316; PÖLNITZ, Anton Fugger 2.I, S. 452: Hans Fugger vom Reh († 1538), verheiratet mit: 1. Christina N.N., 2. Appolonia N.N.; eine Tochter aus 1. Ehe: Margarethe, heiratet vor 1539 Matthias Waffler. Ein Sohn aus 2. Ehe namens Hans verläßt 1539 dreizehnjährig Nürnberg ohne bekannten Verbleib.

Wappenbild: das Wappen der Fugger vom Reh in der bekannten Form, hinterlegt mit einer roten Kordel.

Hans Fugger, Hansen Fuggers Eelicher / Son, Jst Jnn der Herren fugger von der / Lilien dienst gewesen, vnd darinnen / ledig gestorben.

fol. 188v (S. 377): Lukas (I.) Sitzinger und Ester Fugger

Vater: fol. 173v

NEBINGER/RIEBER, Genealogie, Taf. 1: nicht erfaßt; SCHWENNICKE (Hg.), Stammtafeln, Taf. 33: Esther, † 1541; Heirat 1510; REINHARD (Hg.), Eliten, Nr. 238: Lukas (I.) Sitzinger legte 1527 in Nürnberg 581 fl. bei Anton Fugger ein; Ulrich III. Sitzinger (1512–1549), ein Sohn aus dieser Ehe, hatte 1533 eine Einlage von 2000 fl. bei Anton Fugger, war auch als Teilhaber der Fröschelmoser-Gesellschaft im Tiroler Montangeschäft aktiv; vgl. REINHARD (Hg.), Eliten, Nr. 1216. Auch Wilhelm (I.) Sitzinger († 1541), ein Bruder des Lukas (I.), hatte Geschäftskontakte zu Anton Fugger; vgl. ebenda, Nr. 1217. KLIER, Nürnberger Fuggerstudien, S. 265: Zur Hochzeit, die auf der Trinkstube des Nürnberger Rates gehalten wurde, war auch Jakob Fugger der Reiche geladen. JAEGER, Schreib- und Rechenmeister, S. 82 und Anm. 215: Ein Lukas Sitzinger, vielleicht ein Sohn aus dieser Ehe, war nach 1568 Vormund der Kinder des Wolfgang Fugger vom Reh (vgl. fol. 201v). SCHWENNICKE, ebenda, und KLIER, Nürnberger Fuggerstudien, S. 265, 271, geben außer den hier erwähnten zwei weitere Kinder des Hans d. Ä. Fugger vom Reh: Susanna († 1505), Felicitas (heiratet Lienhard Schreyber, dieser † 1519/20).

Allianzwappen: die Schilde mit goldenem Blattwerk versehen und verbunden durch eine grüne Kordel; das Wappen des Mannes umgekehrt und schräg links von rot und silber geteilt, darauf ein nach links blickender, vollbärtiger Mann mit rotem Wams und silbernem, böhmischem Hut; das Wappen der Frau das der Fugger vom Reh in der bekannten Form.

Links:

Lucas Sitzinger, Burger vnd ein / statlicher kaufman zu Augspurg / hat mit Fraw Hester Fuggerin / etliche kinder eelichen ertzeugett, / vnnd vberkomen.

Rechts:

Fraw Hester fuggerin, Hansenn / Fuggers letste vnd eeliche tochter, / vnd Lucassen Sitzingers Eeliche / hausfraw.

Darunter ein Schriftrahmen:

End der Vierten Linien.

fol. 189r (S. 378): Bartholomäus Fugger und Anna Guttäter

Vater: fol. 174v; Kinder: fol. 205v–206r

Die Kinder der fünften Linie, d.h. nach moderner Zählung: der sechsten Generation, des Hauses Fugger vom Reh sind bei NEBINGER/RIEBER, Genealogie, nicht mehr erfaßt. Die Guttäter, aus Kulmbach nach Krakau zugewandert, gehörten zum Umfeld der Thurzo: Stenzel Guttäter, der Bruder der Anna, war verheiratet mit Ursula Krupeck, der Tochter des Konrad Krupeck d. Ä. und Schwester Konrad Krupecks d. J. Konrad d. Ä. war verheiratet mit Margaretha Thurzo, der Schwester des älteren Alexi Thurzo. Nach ihrem Tod kam es 1534–1538 zu längeren Auseinandersetzungen zwischen Guttäter, den Krupecks sowie ihren Schwägern Hans und Jost Schilling einerseits und Anton Fugger andererseits um Erbteile aus Einlagen der Thurzo in der Firma Fugger, die von gemeinsamen Unternehmungen in Ungarn und den Heiratsverbindungen der Fugger und Thurzo herrührten; vgl. PÖLNITZ, Anton Fugger 1, S. 308 f.; 2.I, S. 44, 54–63; DERS., Jakob Fugger 1, S. 104, 502; ebenda 2, S. 107, 473: Bartholomäus Fugger vom Reh unterhielt 1521–1523 gemeinsam mit dem Faktor der Thurzo Michael Meidel (fol. 178r) eine Handelsgesellschaft in Frankfurt am Main. Seit 1524 war er Schöffe am Stadtgericht in Krakau. Im Gegensatz zu den hier (fol. 205v–206r) gegebenen zwei Söhnen Bartholomäus d. J. und Lukas erwähnt PÖLNITZ vier Kinder aus dieser Ehe.

Schriftrahmen oben:

Anfang der funften Linienn.

Allianzwappen: die Schilde mit goldenem Blattwerk versehen und durch eine rote Kordel verbunden; das Wappen des Mannes das der Fugger vom Reh in der bekannten Form, umgekehrt; im Wappen der Frau in schwarz eine rote Mauer mit dreifachem Zinnenschnitt, darüber ein golden gekleideter Wächter mit silberner Hellebarde und ebensolcher Feder am Barett.

Links:

Herr Bartholme Fugger, Lucassenn / fuggers des Jungern eelicher Son, hat / zu Craca in Polen, herren Paungratz[en] / Gutthaeters[869] *eeliche Tochter, Anna ge- / nant, zu der Ee genomen, Jst zu ainer / guten Hab, Jnn .18000. guldin wert / komen, hat auch etliche eeliche kinder / verlassen, Stirbt A[nno] 1537. an dem Schlag.*

Rechts:

Fraw Anna Gutthaetterin,[870] *Herren / Paungratzen Gutthaetters*[871] *von Craca / Eeliche tochter, vnd herren Bartholme / Fuggers eeliche hausfraw, Stirbt / Anno .1542.*

---

[869] Im Umlaut *e* im Oberband.
[870] Im Umlaut *e* im Oberband.
[871] Im Umlaut *e* im Oberband.

fol. 189v (S. 379): Justina Fugger

Vater: fol. 174v

Wappenbild: das Wappen der Fugger vom Reh in der bekannten Form hinterlegt mit einer grünen Kordel.

Junckfra[872] Justina Fuggerin, Herren / Lucassen Fuggers Eeliche Tochter, Jst / gar Jung gestorben.

fol. 190r (S. 380): Felicitas Fugger

Vater: fol. 174v

Laut LIEB, Fugger und Kunst I, S. 316, war diese, nicht die gleichnamige Schwester ihres Vaters (fol. 177v, vgl. ebenda), die Frau des Heinrich Dachs.

Wappenbild wie eben, mit roter Kordel.

Junckfraw Felicitas Fuggerin, Herren / Lucassen fuggers Eeliche Tochter, Jst vn- / uerheirat Jnn Gott verschidenn.

fol. 190v (S. 381): Andreas Frey und Justina Fugger

Vater: fol. 174v

LIEB, Fugger und Kunst I, S. 15, 18, 316: Justina, * 1490, Heirat vor 1512; SELING, Augsburger Goldschmiede 3, Nr. 553: Endris (I.) Frey, Goldschmied, seit 1523 Mitglied der Salzfertigerzunft, † 1530; da Frey seit 1504 Steuern zahlte, könnte die Heirat bereits in diesem Jahr erfolgt sein. Ebenda, Nr. 559: Endris (II.) Frey, † nach 1540, könnte ein Sohn aus dieser Ehe sein; PÖLNITZ, Anton Fugger 2.I, S. 383: Justina Fugger vom Reh 1537 verheiratet mit dem Würzburger Goldschmied Lorenz Schwab; ebenda, 2.II, S. 598 f., 651: Anton Fugger bemühte sich 1544/45 um eine Pfründe im Würzburger Vierzehn Nothelfer-Spital für die verwitwete Justina Fugger vom Reh.

Allianzwappen: die Schilde durch eine violette Kordel verbunden; der Schild des Mannes mit blauem Blattwerk geschmückt, im Wappen in gold ein roter Pfahl; das Wappen der Frau das der Fugger vom Reh in der bekannten Form.

Links:

Andreas Frey, Burger vnnd Gold- / schmid zu Augspurg, hat mit fraw / Justina Fuggerin etliche Eeliche / kinder ertzeuget, Stirbt zu Aug- / spurg Anno .1535.

Rechts:

Fraw Justina fuggerin, Lucassen / fuggers Eeliche vnd letste Tochter, / vnd Andreas Freyenn Eeliche / hausfraw.

Darunter ein Schriftrahmen:

End Lucassen fuggers des Jungeren / Eelicher Kinder.

fol. 191r (S. 382): Gabriel Fugger

Vater: fol. 179v

Schriftrahmen oben:

Anfang Andreas Fuggers zu Bari Jn / Neapolis eelicher kinder.

Darunter der Konzeption nach ein Allianzwappen; die Seite der Frau nur mit einer leeren Wappenkartusche mit goldenem Blattwerk und silbernem Rautenmuster ausgeführt; die Schilde durch eine rote Kordel verbunden; das Wappen des Mannes das der Fugger vom Reh in der bekannten Form, umgekehrt.

Links:

Junckherr Gabriel Fugger, Herren / Andreas Fuggers, vnnd Frawen / Cassandra seines Eegemahels, / eelicher Sone.

Darunter ein Schriftrahmen:

End Andreas Fuggers zu Bari Jn / Neapolis Eelicher kinder.

fol. 191v (S. 383): Stephan Fugger

Vater: fol. 180v

LIEB, Fugger und Kunst I, S. 15 f., 23, 320–322: Stephan Fugger vom Reh († 1602) heiratet 1564 Ursula Stern, eine Tochter des Christoph Stern und der Ursula Fugger vom Reh, Tochter des Wilhelm (fol. 197v). Eine Schwester der Braut heiratet Hans Mehrer, Faktor der Fugger von der Lilie. Als Ratsherr in Regensburg gehörte Stephan über Hans Mehrer zum Korrespondentennetz der Fugger von der Lilie.

Schriftrahmen oben:

Anfang Andreas fuggers zu Regen- / spurg Eelicher kinder.

Darunter der Anlage nach ein Allianzwappen; die Seite der Frau nur mit einer leeren Wappenkartusche mit goldenem Blattwerk und silbernem Rautenmuster ausgeführt; die Schilde durch eine violette Kordel verbunden; das Wappen des Mannes das der Fugger vom Reh in der bekannten Form, umgekehrt.

Links:

Stephan Fugger, Herren Andreas / Fuggers, wonhaft zu Regenn- / spurg Eelicher Sone.

fol. 192r (S. 384): Paulus Fugger [Sohn des Andreas Fugger]

Vater: fol. 180v

Wappenbild: das Wappen der Fugger vom Reh in der bekannten Form, hinterlegt mit einer roten Kordel.

Paulus Fugger, Andreas Fuggers zu Regen- / spurg Eelicher Sone, Jst jung gestorbenn.

Schriftrahmen unten:

End Andreassen Fuggers zu Regen- / spurg Eelicher Kinder.

---

[872] Sic!

fol. 192v (S. 385): Paulus Fugger [Sohn des Sigmund Fugger]

Vater: fol. 181r

Schriftrahmen oben:

Anfang Sigmunden Fuggers / Eelicher kinder.

Wappenbild: das Wappen der Fugger vom Reh in der bekannten Form, hinterlegt mit einer grünen Kordel.

Paulus fugger, Sigmunden Fuggers Ee- / licher Sone, Jst Jnn der Jugent gestorben.

fol. 193r (S. 386): Ursula Fugger

Vater: fol. 181r

Wappenbild wie eben, mit einer roten Kordel.

Vrsula fuggerin, Sigmunden Fuggers / Eeliche tochter, Jst vnuerheirat gestorben.

Schriftrahmen unten:

End Sigmunden Fuggers Kinder.

fol. 193v (S. 387): Matthäus Fugger

Vater: fol. 182v
REINHARD (Hg.), Eliten, Nr. 254: nicht erfaßt.

Schriftrahmen oben:

Anfang Wilhalmen Fuggers kinder.

Wappenbild wie eben, mit grüner Kordel.

Matheus Fugger, Wilhalmen fuggers Eelicher / Sone, Stirbt Jnn der Jugent.

fol. 194r (S. 388): Wilhelm (II.) Fugger und Magdalena Boss

Vater: fol. 182v; Kinder: fol. 206v–207v
REINHARD (Hg.), Eliten, Nr. 254: nicht erfaßt; LIEB, Fugger und Kunst I, S. 22, 319, 321: Wilhelm Fugger vom Reh, sein Schwager Christoph Stern (fol. 197v) und sein Schwiegersohn Abraham Pfleger, der Mann der Magdalena (fol. 206v), betrieben gemeinsam ihre Werkstatt in den Fuggerhäusern am Augsburger Weinmarkt. 1539 fertigte er Kannen und Becher für die Fugger von der Lilie; Heirat laut LIEB erst 1552; Magdalena Boss heiratet in 2. Ehe den Goldschmied Georg Siebeneich. SELING, Augsburger Goldschmiede 3, Nr. 609: Name der Frau: Anna Hierlinger; ebenda, Nr. 535 (Melchior I. Boss), Nr. 601 (Melchior II. Boss): Goldschmiede und Münzmeister, aus Nördlingen nach Augsburg eingewandert, † 1531 (Vater) bzw. 1565 (Sohn); Magdalena Boss war wohl eine Tochter des Melchior II., SELING gibt jedoch keinen weiteren Aufschluß. Ebenda, Nr. 628 (Jerg Siebenaich): ebenfalls kein weiterer Befund; vgl. SIEH-BURENS, Oligarchie, S. 108.

Allianzwappen: die Wappen durch eine rote Kordel verbunden; als Wappen des Mannes das der Fugger vom Reh in der bekannten Form, umgekehrt; der Schild der Frau mit goldenem Blattwerk, im Wappen in schwarz ein geschweifter, goldener Sparren mit drei goldenen Bällen (2.1).

Links:

Wilhalm Fugger, Wilhalmen Fuggers / des alten Eelicher Sone, Stirbt Anno / .1543.

Rechts:

Fraw Magdalena Boessin[873], *Melchior Bossen / Muntzmaisters zu Augspurg Eeliche tochter, / vnd Wilhalmen Fuggers eeliche hausfraw.*

fol. 194v (S. 389): Markus (Marx) Fugger und Anna Mair

Vater: fol. 182v; Kinder: fol. 208r–208v
MEYER (Hg.), Chronik der Fugger, S. 10, führt diesen als einen Sohn des Ulrich (fol. 195r). PÖLNITZ/KELLENBENZ, Anton Fugger 3.II, S. 115, 517: 1557 in Turmhaft; LIEB, Fugger und Kunst I, S. 15, 22, 319: Marx (I.) (1525–1569), 1538/39 1038 fl. Schulden bei Anton Fugger, 1546 und 1553 unter den »bösen Schuldnern«. Statt der hier (fol. 208r–208v) gegebenen Kinder gibt LIEB einen Sohn: Marx (II.), Goldschmied, † nach 1583. Dieser erhielt bei seiner Eheschließung mit der Tochter des Olmützer Kürschners Sebastian Weißhepel (1581) auf Vermittlung des Markus Fugger von der Lilie (fol. 59v) eine Heiratsbeisteuer von 15 fl. aus der Veit Hörlschen Stiftung. SELING, Augsburger Goldschmiede 3, Nr. 648: Marx Fugger; der Sohn Marx II. bei Seling nicht nachweisbar.

Allianzwappen: die Wappen verbunden durch eine rote Kordel mit schwarzen Quasten; als Wappen des Mannes das der Fugger vom Reh in der bekannten Form, umgekehrt; im mit goldenem Blattwerk versehenen Wappen der Frau schwarz in silber eine Hausmarke: ein Schaft mit vorderer Oberkopfabstrebe und Mittelkreuzsprosse, an dieser rechts eine abgewinkelte Sichel, links ein sechszackiger Stern.

Links:

Marx Fugger ein Goldschmid vnnd / Burger zu Augspurg, Wilhalme[n] Fug- / gers Eelicher Sone, hat etliche kinder / vberkomen.

Rechts:

Anna Mairin, Georgen Mairs des Wein- / schencken zu Augspurg, Eeliche Tochter / vnd Marxen fuggers eeliche hausfraw.

fol. 195r (S. 390): Ulrich Fugger und Susanna Moll

Vater: fol. 182v; Kinder: fol. 209r–211r
REINHARD (Hg.), Eliten, Nr. 251: Ulrich Fugger vom Reh (1524–1586) war 1570–1582 für die Gemeinde im Kleinen Rat, 1575–1582 Steuerherr und Bürgermeister. Die ebenda gegebene Liste der Kinder: Barbara, Sabina, Veronika, Felicitas, stimmt nicht mit der Reihe in vorliegender Handschrift überein; vgl. fol. 209r–Ende: Regina, Veronika, Susanna, Helena, Anna; LIEB, Fugger und Kunst I, S. 24, 323 f.: Ulrich verkaufte 1583 sein Haus bei St. Katharina für 2600 fl. an die Fugger von der Lilie. Er erhielt häufiger finanzielle Zuwendungen von diesen und hatte mehrfach geschäftliche Verbindungen zum bayeri-

---

[873] Im Umlaut *e* im Oberband.

schen Hof; MEYER (Hg.), Chronik der Fugger, S. 10, führt Marx Fugger (fol. 194v) als einen Sohn des Ulrich und vermerkt zu den Töchtern: […], *weliche zum thails der herrn Fugger diener von der gilgen vermehlet gewesen,* […]. Vgl. SIEH-BURENS, Oligarchie, S. 92 f., 106.

Allianzwappen: die Schilde durch eine schwarze Kordel mit grünen Quasten verbunden; als Wappen des Mannes das der Fugger vom Reh in der bekannten Form, umgekehrt; der Schild der Frau mit rotem Blattwerk; im Wappen schwarz in gold ein aufgerichteter, rabenköpfiger Bär mit einer Hellebarde.

Links:

Vlrich fugger ein Kirsner, Wilhal- / men Fuggers Eelicher Sone, Hat / auch etliche kinder vberkomen.

Rechts:

Susanna Moellin[874]*, Hansen Mollen des / Schlossers zu Augspurg Eeliche tochter, / vnd Vlrichen Fuggers eeliche hausfraw.*

fol. 195v (S. 391): Hans Fugger

Vater: fol. 182v

REINHARD (Hg.), Eliten, Nr. 254: erfaßt; PÖLNITZ, Anton Fugger 3.I, S. 575: 1548 ein Hans Fugger (vom Reh) fuggerischer Pfleger zu Taufers in Tirol; MEYER (Hg.), Chronik der Fugger, S. 10: † in Diensten der Fugger von der Lilie.

Der Anlage nach ein Allianzwappen; die Seite der Frau nur mit einer leeren Wappenkartusche mit goldenem Blattwerk und silbernem Rautenmuster angelegt; die Schilde verbunden durch eine rote Kordel; als Wappen des Mannes das der Fugger vom Reh in der bekannten Form, umgekehrt.

Links:

Hans Fugger, Wilhalmen Fuggers / Eelicher Son, Jst noch ledig bey den / Herren Fuggern von der Lilienn / mit diensten zu Venedig.

fol. 196r (S. 392): Hieronymus Fugger

Vater: fol. 182v

REINHARD (Hg.), Eliten, Nr. 254: nicht erfaßt.

Wappenbild: Das Wappen der Fugger vom Reh ist mit einer roten Kordel hinterlegt.

Jheronimus Fugger, Wilhalmen Fuggers / Eelicher Sone, Jst in der Jugent gestorben.

fol. 196v (S. 393): Conrad Fugger

Vater: fol. 182v

REINHARD (Hg.), Eliten, Nr. 254: erfaßt; SELING, Augsburger Goldschmiede 3: nicht erfaßt; LIEB, Fugger und Kunst II, S. 15, 22, 319; MEYER (Hg.), Chronik der Fugger, S. 10: † in Diensten der Fugger von der Lilie in Venedig.

Wappenbild wie eben, mit roter Kordel.

Conrat Fugger, Wilhalmen fuggers Eelicher / Sone, ein Goldschmid gesell, Jst als Er dem / Handtwerck nachgewandert, Jnn der frembde / gestorben.

fol. 197r (S. 394): Helena Fugger

Vater: fol. 182v

REINHARD (Hg.), Eliten, Nr. 254: nicht erfaßt.

Wappenbild wie eben, mit violetter Kordel.

Helena Fuggerin, Wilhalmen fuggers Ee- / liche Tochter, Jst gar Jung gestorbenn.

fol. 197v (S. 395): Christoph Stern und Barbara Fugger

Vater: fol. 182v

SELING, Augsburger Goldschmiede 3, Nr. 599: 1567–1569 Mitglied des Großen Rates; dieser ist identisch mit REINHARD (Hg.), Eliten, Nr. 1263: Mitglied der Kaufleutezunft († 1577; Heirat vor 1565 N.N.); 1569 ein Ulrich Fugger Pfleger der Töchter des Erwähnten; SIEH-BURENS, Oligarchie, S. 108, und LIEB, Fugger und Kunst I, S. 22 f., 319–323: Barbara, * 1505, Heirat 1531; Christoph Stern, sein Schwager Wilhelm Fugger vom Reh (fol. 194r) und dessen Schwiegersohn Abraham Pfleger (vgl. fol. 206v) betrieben gemeinsam eine Goldschmiedewerkstatt in den Fuggerhäusern am Weinmarkt. Eine Tochter aus dieser Ehe namens Euphrosina heiratete 1577 Hans Mehrer, einen Angestellten der Fugger von der Lilie, eine andere namens Ursula Stefan Fugger vom Reh, Ratsherr in Regensburg, aus der Nachkommenschaft des Andreas Fugger vom Reh (fol. 180v). Mehrer und Stefan Fugger vom Reh waren miteinander im Rahmen des Korrespondentennetzes der Firma Fugger tätig. Christoph Stern war 1555 Vormund der Kinder des Sebastian Westernachner und seiner Frau Katharina Fugger vom Reh, der Schwester der Barbara (fol. 198r). Als solcher verkaufte er gemeinsam mit der verwitweten Katharina ein Haus in Oberkirchberg, wo Westernachner als Kastner angestellt gewesen war, an Hans Jakob Fugger; PÖLNITZ, Jakob Fugger 2, S. 251: 1572 verkaufen Christoph Stern und seine Frau ein Haus bei St. Katharinen für 2000 fl. an die Antonsöhne Marx, Hans und Jakob Fugger; SELING, Augsburger Goldschmiede 3, Nr. 527, S. 593, 672, 714: über den Vater Hans I. Stern, den Bruder Hans II. und dessen Söhne Hans III. (?) und Tobias.

Allianzwappen: die Schilde mit goldenem Blattwerk verziert und verbunden durch eine rote Kordel; das Wappen des Mannes wohl umgekehrt und gespalten: rechts am Spalt silber in schwarz ein sechszackiger Stern, links am Spalt in silber ein schwarzer Adler, gold bewehrt mit roter Zunge und nach links blickend; als Wappen der Frau das der Fugger vom Reh in der bekannten Form.

Links:

Christof Stern, ein Goldschmid, vnnd / beruembter Goldarbaiter, auch burger / zu Augspurg, hat etliche kinder eelichen / ertzeuget.

Rechts:

Barbara Fuggerin, Wilhalmen / fuggers eeliche Tochter, vnd Chri- / stophen Sterns eeliche hausfraw.

---

[874] Im Umlaut *e* im Oberband.

fol. 198r (S. 396): Sebastian Westernachner und Katharina Fugger

Vater: fol. 182v

REINHARD (Hg.), Eliten, Nr. 254: nicht erfaßt; Schwennicke (Hg.), Stammtafeln, Taf. 33, wohl nach MEYER (Hg.), Chronik der Fugger, S. 9: Katharina als Tochter des Matthäus Fugger (fol. 172v), der nach der hier gegebenen Fassung ihr Großvater war. Der Kastner ist ein grundherrschaftlicher Amtsträger, dem häufig die niedere Gerichtsbarkeit, vor allem jedoch die Verwaltung der Kastengefälle, verschiedener Geldabgaben, oblag, vgl. Deutsches Rechtswörterbuch 7, Sp. 517 f., 545 f.; LIEB, Fugger und Kunst I, S. 321: Christoph Stern (vgl. fol. 197v) 1555 nach dem Tod des Sebastian Westernachner Pfleger der Kinder aus dieser Ehe; PÖLNITZ, Anton Fugger 1, S. 532: Sebastian Westernachner tätigt 1541 für die Fugger von der Lilie Immobilienkäufe in Oberkirchberg; Ebenda, 3.I, S. 717: 1554 erwirbt Hans Jakob Fugger von der Witwe des Sebastian Westernachner einen Garten bei dem Kastnerhaus in Oberkirchberg.

Allianzwappen: die Schilde mit goldenem Blattwerk und verbunden durch eine grüne Kordel mit roten Quasten; das Wappen des Mannes umgekehrt: mit goldenem Schildhaupt schräg links von rot und blau geteilt, auf der Teilung läuft ein silberner Windhund; als Wappen der Frau das der Fugger vom Reh in der bekannten Form.

Links:

Junckherr Sebastian Westernachner, / der Herren Fugger von der Lilienn / Castner zu Kirchberg, hat auch etliche / kinder eelichen gehabt.

Rechts:

Katherina Fuggerin, Wilhalmenn / Fuggers eeliche Tochter vnd Junckherr / Sebastians Westernachers Castners / zu Kirchberg eeliche Hausfraw.

Unten ein Schriftrahmen:

End Wilhalmen Fuggers des eltern, vnd / Goldschmids Eelicher kinder.

fol. 198v (S. 397): Wolfgang Fugger

Vater: fol. 183r

LIEB, Fugger und Kunst I, S. 22, 318 f., verwechselt diesen mit dem gleichnamigen Sohn des Gastel (I.) (fol. 201v); Abzug nach Tunis: 1521; vgl. aber ebenda, S. 16: Goldschmied, 1495–1535; SELING, Augsburger Goldschmiede 3: nicht erwähnt; PÖLNITZ, Anton Fugger 2.I, S. 382 f.: Ein Wolfgang Fugger vom Reh resigniert 1538 [!] 27.II. eine Pfründe an St. Moritz zu Augsburg.

Schriftrahmen oben:

Anfang Jheronimus Fuggers des eltern / vnd kirsners Eelicher kinder.

Darunter ein Wappenbild: das Wappen der Fugger vom Reh in der bekannten Form, hinterlegt mit einer roten Kordel.

Wolfgang Fugger, Jheronimus Fuggers des / Kirsners Eelicher Son, Jst anfangs gaistlich / gewesen, nachmals ein Goldschmid worden, / vnd zuletst mit Kay[serlicher] M[aieste]t fur Thunis Jn krieg / zogen, alda er gestorben ist. A[nno] 1535.

fol. 199r (S. 398): Matthäus Fugger

Vater: fol. 183r

LIEB, Fugger und Kunst I, S. 15, 22, 319: * 1495/96; SELING, Augsburger Goldschmiede 3, Nr. 544; PÖLNITZ, Anton Fugger 3.I, S. 603: 1550 ist ein Matthäus Fugger (oder Fieger?) Verwalter des Silberbrenneramtes in Schwaz/Tirol.

Der Anlage nach ein Allianzwappen; die Seite der Frau nur in einer leeren Wappenkartusche mit silbernem Rautenmuster und goldenem Blattwerk ausgeführt; die Schilde mit einer roten Kordel verbunden; als Wappen des Mannes das der Fugger vom Reh in der bekannten Form, umgekehrt.

Links:

Matheus Fugger, Jheronimus Fug- / gers des Kirsners eelicher Sone, Jst / ein Gold vnd Silberschaider.

fol. 199v (S. 399): Caspar Ostermair und Veronika Fugger

Vater: fol. 183r

REINHARD (Hg.), Eliten, Nr. 916: Kaspar Ostermair († 1587) war 1546–1587 Mitglied der Kaufleutestube, 1549 für die Gemeinde, und 1564–1587 für die Kaufleute im Großen Rat, 1564–1577 und 1585–1587 Beisitzer, 1576–1584 Büchsenmeister der Kaufleutestube; ebenda, Nr. 917: Matthäus Ostermair († 1589), Mitglied des Großen Rates für die Kaufleute 1588–1589, war vielleicht ein Kind aus dieser Ehe; MEYER (Hg.), Chronik der Fugger, S. 10: Name des Mannes: Hans Ostermair.

Allianzwappen: die Wappen durch eine blaßrosa Kordel verbunden; das des Mannes mit goldenem Blattwerk versehen und umgekehrt: in gold ein blauer, nach links gewandter Mannsrumpf mit Gugel; als Wappen der Frau das der Fugger vom Reh in der bekannten Form.

Links:

Caspar Ostermair, ein Specereikramer zu / Augspurg, hat mit Junckfraw Veronica fug- / gerin, Anno .1545. hochtzeit gehalten, zu / welchem verheiraten die Herren Fugger von / der Lilien (wie dann auch andern mer, / miltiglich beschehen) mit besonderer hilf / der Heiratsteur, genaigt gewesen sein, hat / auch etliche kinder eelichen mit Jr ertzeuget.

Rechts:

Fraw Veronica Fuggerin, Jheronimus / Fuggers Eeliche tochter, vnnd Caspar / Ostermairs Eeliche hausfraw.

fol. 200r (S. 400): Ursula Fugger

Vater: fol. 183r

MEYER (Hg.), Chronik der Fugger, S. 10: unter Vermittlung der Fugger von der Lilie an Hans Hofmann aus Nürnberg verheiratet, † in Dresden.

Der Anlage nach ein Allianzwappen; die Seite des Mannes nur mit einer leeren Wappenkartusche mit goldenem Blattwerk und silbernem Rautenmuster ausgeführt; die Schilde verbunden durch eine rote Kordel mit blauen Quasten; für die Frau das Wappen der Fugger vom Reh in der bekannten Form.

Rechts:

Vrsula Fuggerin, Jheronimus Fug- / gers Eeliche Tochter.

Schriftrahmen unten:

End Jheronimus fuggers des Kirs- / ners Eelicher kinder.

fol. 200v (S. 401): Gastel Fugger der Jüngere

Vater: fol. 185r
KLIER, Nürnberger Fuggerstudien, S. 266, nennt diesen archivalisch nicht belegt, führt statt dessen einen weiteren Sohn Christoph. Vgl. dagegen REINHARD (Hg.), Eliten, Nr. 238 (Anton Fugger): Gastel d. J. Fugger vom Reh war 1528–1535 Faktor Anton Fuggers in Nürnberg und hatte 1533 ein Depositum von 5007 fl. in der Firma; LIEB, Fugger und Kunst I, S. 19, 317: 1519–1539 Mitglied des Großen Rates in Nürnberg; diverse Einlagen bei den Fugger von der Lilie; 1529 Wappenbesserung durch Ferdinand I.: ein goldener, gekrönter Helm; WERNER, Das fremde Kapital, S. 10: um 1535 führende Rolle im Nürnberger Kupferhandel, hält 1540 diverse Kuxe in St. Annaberg. Zum Namen des erwähnten Dienstherren führt KNESCHKE (Hg.), Adelslexikon 5, S. 82, lediglich ein Kölner Patriziergeschlecht: von der Ketten.

Schriftrahmen oben:

Anfang Gastel Fuggers Kinder.

Darunter der Konzeption nach ein Allianzwappen; die Seite der Frau nur mit einer leeren Wappenkartusche mit goldenem Blattwerk und silbernem Muster ausgeführt; die Schilde durch eine blaue Kordel mit violetten Quasten verbunden; als Wappen des Mannes das der Fugger vom Reh in der bekannten Form, umgekehrt.

Links:

Gastel Fugger der Junger, Gastel / Fuggers des eltern eelicher Sone, Jst / in Jndia gewesen, Jetzund dem Her- / ren von der Kettin mit dienstenn verwandt.

fol. 201r (S. 402): Hans Fugger

Vater: fol. 185r
KLIER, Nürnberger Fuggerstudien, S. 266: 1541 Aufgabe des Nürnbergischen Bürgerrechts; † 1565 ledig; laut REINHARD (Hg.), Eliten, Nr. 238, tätigte Lazarus Tucher, der Dienstherr des Hans Fugger, in Antwerpen und Spanien wiederholt Geldgeschäfte mit den Fugger.

Der Konzeption nach Allianzwappen; die Seite der Frau bis auf eine Wappenkartusche mit goldenem Blattwerk und silbernem Rautenmuster leer; die Schilde durch eine rote Kordel mit grünen Quasten verbunden; für den Mann das Wappen der Fugger vom Reh in der bekannten Form, umgekehrt.

Links:

Hans Fugger, Gastel Fuggers des / eltern Eelicher Sone, der zeit zu An- / torf bey Latzaro Tucher mit diensten / verpflicht.

fol. 201v (S. 403): Wolfgang Fugger

Vater: fol. 185r
LIEB, Fugger und Kunst I, S. 15, 20, 318 f., verwechselt diesen mit dem gleichnamigen Sohn des Hieronymus (fol. 198v). Zur Person vgl. JAEGER, Schreib- und Rechenmeister, S. 75–82, und KLIER, Nürnberger Fuggerstudien, S. 267–271: (Jaeger bezeichnet diesen fälschlich als aus patrizischem Geschlecht) 1539 Haftstrafe wegen Trunkenheit und Unzucht auf offener Straße; auch später wiederholt Prozesse und Schlichtungen des Rates; 1545 Prozeß der Mutter gegen die Witwe des Patriziers Sigmund Tetzel, die demnach Kuppelei mit ihren Töchtern betrieb; in ihrem Haus verkehrten Wolfgang und Christoph Fugger vom Reh. 1547 Heirat mit Margarethe Tetzel, einer der Töchter, nach dem Tod der eigenen Mutter, die in ihrem Testament 1545 für den Fall, daß er dieselbige heiraten sollte, die Beschränkung auf das Pflichtteil angedroht hatte. Trotz der Erbschaft der Mutter und der vorhergehenden des Vaters (1539) verschlechterte sich die wirtschaftliche Situation zusehends. Der Versuch, mit der Herausgabe des bekannten Schreibmeisterbuches von 1553 Verbindlichkeiten u.a. bei dem Verleger zu bedienen, scheiterte. Noch im gleichen Jahr erklärte Wolfgang seine Zahlungsunfähigkeit und siedelte mit Erlaubnis des Rates nach Passau über. Wiederholten Bemühungen seiner Gläubiger und des Rates entzog er sich in den folgenden Jahren. 1562 mußte seine Frau den Rat bitten, ihn zur Rückkehr nach Nürnberg aufzufordern. Erst 1564 ist er wieder in der Stadt gesichert; † 1568. Margarethe Tetzel blieb in den Jahren der Exilierung ihres Mannes in Nürnberg, gebar jedoch auch in dieser Zeit noch vier Kinder; Kinder aus dieser Ehe: Helena (* 1547), Wolfgang (* 1548), Gastel (* 1549, verläßt Nürnberg), Margaretha (* 1551), Georg (* 1552), Johannes (* 1553), Margaretha (* 1554, heiratet 1572 den Kaufmann Stephan Schall aus Bamberg), Sebastian (* 1556, 1574 auf Initiative seiner Familie in Turmhaft wegen Gewalttätigkeit und Diebstahl), Katharina (* 1559), Johann Christoph (* 1561; 1575–1579 Studium in Altdorf; 1586–1611 Kanzleischreiber am Kaiserhof in Prag; Nürnberger Agent ebenda; heiratet 1603 Regina Greiner, Witwe des Christoph Buroner aus Augsburg; 1611 Leiter der städtischen Registratur in Nürnberg; † 1612), Carolus (* 1563; Studium in Altdorf; † 1563 in den Niederlanden im Krieg). 1576 beklagte sich die Witwe des Wolfgang Fugger beim Rat über Spottlieder über ihre Armut. LIEB, Fugger und Kunst I, S. 20: 1567 erhielt die Frau des Wolfgang eine Beihilfe von 67 fl. von den Fugger von der Lilie. Später begab sie sich nach Prag in die Obhut ihres Sohnes Johann Christoph. Vgl. FUNKE (Hg.), Wolfgang Fuggers Schreibbüchlein.

Wappenbild: das Wappen der Fugger vom Reh, hinterlegt mit einer grünen Kordel.

Wolfgang Fugger, Gastel Fuggers des / eltern eelicher Sone, ist ledigs stands, / aber ein hinlessiger nichtiger mensch.

fol. 202r (S. 404): Georg Fugger

Vater: fol. 185r
PÖLNITZ, Jakob Fugger 1, S. 325; 2, S. 342: 1515 Abwanderung von Nürnberg nach Krakau, dort Begründung eines polnischen Zweigs ›Fukier‹. Auch LIEB, Fugger und Kunst I, S. 21, erwähnt für 1515 einen Georg Fugger in Krakau; überzeugend widerlegt von KLIER, Nürnberger Fuggerstudien, S. 253–260: Der Begründer der Warschauer ›Fugger‹ war nicht dieser, sondern ein mit den Fugger nicht verwandter Georg Focker aus

Nürnberg. Die angebliche Verwandtschaft der Warschauer ›Fugger‹ mit den Augsburger Fugger ist Ergebnis einer späteren Ansippung.

Wappenbild wie eben, mit roter Kordel.

Georg Fugger Gastel fuggers Eelicher / Sone, Jst Jung gestorbenn.

fol. 202v (S. 405): Katharina Fugger

Vater: fol. 185r

Wappenbild wie eben, mit grüner Kordel.

Katherina Fuggerin, Gastel Fuggers Ee- / liche tochter, Jst zwelfiaerig[875] *gestorbenn.*

fol. 203r (S. 406): Margaretha Fugger

Vater: fol. 185r
KLIER, Nürnberger Fuggerstudien, S. 266 f.: 1546 Heirat mit Georg Mörtel, Sohn des Lienhard Mörtel († 1550), der als Montanunternehmer und Metallhändler in Tirol aktiv war; Margaretha, † 1556; eine Tochter Barbara aus dieser Ehe heiratet 1573 den Panzermacher Hans Schürstab.

Der Anlage nach ein Allianzwappen; auf der Seite des Mannes lediglich eine leere Wappenkartusche mit goldenem Blattwerk und silbernem Rautenmuster angelegt; die Schilde durch eine blaßrosa Kordel mit grünen Quasten verbunden; als Wappen der Frau das der Fugger vom Reh in der bekannten Form.

Rechts:

Margaretha Fuggerin, Gastel Fug- / gers Eeliche tochter.

Schriftrahmen unten:

End Gastel Fuggers Eelicher kinder.

fol. 203v (S. 407): Andreas Fugger

Vater: fol. 187v
WERNER, Das fremde Kapital, S. 10: 1548 Heirat mit Judith Bayer, Tochter des Heinrich Bayer aus Joachimsthal; LIEB, Fugger und Kunst I, S. 21: 1548 Heirat mit N.N. in Joachimsthal; eine Tochter Magdalena aus dieser Ehe heiratet 1567 den Maler Georg Richter aus Freiberg/Sachsen († 1610); ebenda, S. 318: 1565 erhielt Andreas eine Spende von 45 fl. aus der Veit Hörlschen Stiftung, die von den Fugger von der Lilie verwaltet wurde.

Schriftrahmen oben:

Anfang Andreas Fuggers auf Sanct / Anna Berg Eelicher kinder.

Darunter der Anlage nach ein Allianzbildnis; die Seite der Frau nur mit einer leeren Wappenkartusche mit goldenem Blattwerk und silbernem Rautenmuster ausgeführt; die Schilde durch eine rote Kordel mit grünen Quasten verbunden; für den Mann das Wappen der Fugger vom Reh in der bekannten Form, umgekehrt.

Links:

Andreas Fugger, Andreas Fuggers / des alten Eelicher Sone, Jst noch / ledigs Stands, wiewol redlich, / aber der narungshalben gar nichts / werdt.

fol. 204r (S. 408): Anna Fugger

Vater: fol. 187v

Der Anlage nach ein Allianzwappen; die Seite des Mannes nur mit einer leeren Wappenkartusche mit goldenem Blattwerk und silbernem Rautenmuster angelegt; für die Frau das Wappen der Fugger vom Reh in der bekannten Form; die Schilde verbunden durch eine blaßrosa Kordel mit roten Quasten.

Rechts:

Anna Fuggerin, Andreas Fuggers Ee- / liche tochter.

fol. 204v (S. 409): Veronika Fugger

Vater: fol. 187v

Der Anlage nach ein Allianzwappen; die Seite des Mannes nur mit einer leeren Wappenkartusche in der bekannten Form angelegt; die Wappen durch eine rote Kordel mit blauen Quasten verbunden; für die Frau das Wappen der Fugger vom Reh in der bekannten Form.

Rechts:

Veronica Fuggerin, Andreas Fuggers / Eeliche tochter.

fol. 205r (S. 410): Esther Fugger

Vater: fol. 187v
WERNER, Das fremde Kapital, S. 10: heiratet 1561 David Beier, Sekretär Herzogs Johann Albrecht von Mecklenburg; WERNER führt diese als Tochter des Andreas d. J., vgl. fol. 203v, was unwahrscheinlich sein dürfte. FINK, Bergwerksunternehmungen, S. 339: Esther, † 1616 in Breslau, verheiratet mit David Beyer von Bellenhofen; LIEB, Fugger und Kunst I, S. 20 f.: David Bair, »Diener« des Grafen Ludwig von Oettingen; vgl. fol. 114r: Barbara Fugger, Tochter des Philipp Eduard Fugger von der Lilie, heiratet 1594 in 2. Ehe Ulrich Graf von Oettingen (* 1578, † 1608); NEBINGER/RIEBER, Genealogie, Taf. 21: Elisabeth, Tochter des Markus Fugger (fol. 59v) heiratet 1589 Wilhelm Graf zu Oettingen-Wallerstein (1570–1600); HOPF, Historisch-Genealogischer Atlas: Die Brüder Ulrich und Wilhelm III. waren Söhne des Wilhelm II. von Oettingen-Wallerstein († 1602); Ludwig XVI. von Oettingen (Oettinger Linie) war ein Bruder des Friedrich VIII. von Oettingen-Wallerstein, des Vaters des Wilhelm II. Friedrich und Ludwig waren die Begründer der neuzeitlichen Hauptlinien des Hauses Oettingen-Wallerstein; vgl. KNESCHKE (Hg.), Adelslexikon 6, S. 582f.

Der Konzeption nach ein Allianzwappen; die Seite des Mannes nur mit einer leeren Wappenkartusche in der bekannten Form angelegt; die Schilde verbunden durch eine rote Kordel mit violetten Quasten; als Wappen der Frau das der Fugger vom Reh in der bekannten Form.

---

[875] Sic! Im Umlaut *e* im Oberband.

Rechts:

Hester Fuggerin, Andreas Fuggers / Eeliche tochter.

Schriftrahmen unten:

End Andreas Fuggers Eelicher kinder / vnd End der funften Linien.

fol. 205v (S. 411): Bartholomäus Fugger

Vater: fol. 189r

Über die Verbindung zu den Guttäter in Krakau vgl. fol. 189r, 206r; PÖLNITZ, Jakob Fugger 2, S. 107: Bartholomäus d. J., † 1576; seit 1547 Schöffe am deutschen Gericht zu Krakau; statt der hier erwähnten zwei Söhne des Bartholomäus d. Ä. vier Kinder gezählt.

Schriftrahmen oben:

Anfang Bartholme Fuggers Eelicher / kinder, vnd anfang der sechsten Linien.

Darunter der Konzeption nach ein Allianzwappen; die Seite der Frau lediglich mit einer leeren Wappenkartusche in der bekannten Form; die Schilde verbunden durch eine blaßviolette Kordel; als Wappen des Mannes das der Fugger vom Reh in der bekannten Form, umgekehrt.

Links:

Bartholme Fugger, herren Bartholme / Fuggers eelicher Sone, Jst bey Herrenn / Stentzel Gutthaeter[876] zu Craca sich hal- / tende.

fol. 206r (S. 412): Lukas Fugger

Vater: fol. 189r

Über die Verbindung zu den Guttäter in Krakau vgl. fol. 189r, 205v.

Der Anlage nach ein Allianzwappen; die Seite der Frau nur mit einer leeren Wappenkartusche in der bekannten Form angelegt; die Schilde verbunden durch eine blaßviolette Kordel; als Wappen des Mannes das der Fugger vom Reh in der bekannten Form, umgekehrt.

Links:

Lucas Fugger, Herren Bartholme Fug- / gers eelicher Sone, Jst zu Craca bey sei- / nem Vettern, herren Stentzel Gutthae- / ter[877] wonhaft.

Schriftrahmen unten:

End herrn Bartholme fuggers eelicher kinder.

fol. 206v (S. 413): Magdalena Fugger

Vater: fol. 194r

LIEB, Fugger und Kunst I, S. 321: heiratet vor 1580/81 Abraham Pfleger, Goldschmied; dieser betrieb gemeinsam mit dem Vater seiner Frau und dessen Schwager Christoph Stern (fol. 197v) eine Werkstatt in den Fuggerhäusern am Weinmarkt in Augsburg. SELING, Augsburger Goldschmiede 3, Nr. 706: Meister vor 1558, † 1605, Vater des Hans IV. Pfleger; ebenda, Nr. 1028: † 1615.

Schriftrahmen oben:

Anfang Wilhalmen Fuggers des Gold- / schmids Eelicher kinder.

Darunter der Anlage nach ein Allianzwappen; die Seite des Mannes nur mit einer leeren Wappenkartusche in der bekannten Form angelegt; die Schilde verbunden durch eine rote Kordel mit grünen Quasten; als Wappen der Frau das der Fugger vom Reh in der bekannten Form.

Rechts:

Magdalena Fuggerin, Wilhalmen Fuggers / des Goldschmids Eeliche tochter.

fol. 207r (S. 414): Barbara Fugger

Vater: fol. 194r

Vielleicht ist diese die von LIEB, Fugger und Kunst I, S. 23, als Tochter des Christoph Stern (fol. 197v) vermutete Barbara Fugger, die verheiratet war mit dem Goldschmied Marx Grundler († 1596). Eine Frau gleichen Namens heiratet 1569 in 1. Ehe Matthäus Vogelmair, 1590 in 2. Ehe Christoph Winkelhofer. Vgl. SELING, Augsburger Goldschmiede 3, Nr. 720: Marx I. Grundler, Meister vor 1560, † 1596; ebenda, Nr. 1064, 1107: seine Söhne Marx II. und Michael.

Der Anlage nach ein Allianzwappen; die Seite des Mannes nur mit einer leeren Wappenkartusche in der bekannten Form angelegt; die Schilde verbunden durch eine grüne Kordel mit violetten Quasten; als Wappen der Frau das der Fugger vom Reh in der bekannten Form.

Rechts:

Barbara Fuggerin, Wilhalmen Fuggers / des Goldschmids Eeliche tochter.

fol. 207v (S. 415): Anna Fugger [Tochter Wilhelm Fuggers vom Reh]

Vater: fol. 194r

Der Anlage nach ein Allianzwappen; die Seite des Mannes nur mit einer leeren Wappenkartusche in der bekannten Form angelegt; die Schilde verbunden durch eine rote Kordel mit violetten Quasten; als Wappen der Frau das der Fugger vom Reh in der bekannten Form.

Rechts:

Anna Fuggerin, Wilhalmen Fuggers / des Goldschmids Eeliche tochter.

Schriftrahmen unten:

End Wilhalmen Fuggers Eelicher kinder.

---

[876] Im Umlaut *e* im Oberband.
[877] Im Umlaut *e* im Oberband.

fol. 208r (S. 416): Anna Fugger [Tochter des Markus (Marx) Fugger vom Reh]

Vater: fol. 194v
LIEB, Fugger und Kunst I, S. 15, 22: führt statt der hier gegeben zwei Töchter des Marx (I.) Fugger vom Reh einen Sohn Marx (II.), Goldschmied, † nach 1583; dieser bei SELING, Augsburger Goldschmiede 3, nicht nachweisbar.

Schriftrahmen oben:

Anfang Marxen Fuggers Eelicher kinder.

Der Anlage nach ein Allianzwappen; die Seite des Mannes nur mit einer leeren Wappenkartusche in der bekannten Form ausgeführt; die Schilde verbunden mit einer roten Kordel mit grünen Quasten; als Wappen der Frau das der Fugger vom Reh in der bekannten Form.

Rechts:

Anna Fuggerin, Marxen Fuggers Ee- / liche tochter.

fol. 208v (S. 417): Maria Jacoba Fugger

Vater: fol. 194v

Der Konzeption nach ein Allianzwappen; die Seite des Mannes nur mit einer leeren Wappenkartusche in der bekannten Form angelegt; die Schilde durch eine grüne Kordel verbunden; als Wappen der Frau das der Fugger vom Reh in der bekannten Form.

Rechts:

Maria Jacoba Fuggerin, Marxenn / Fuggers Eeliche tochter.

Schriftrahmen unten:

End Marxen Fuggers Eelicher Kinder.

fol. 209r (S. 418): Regina Fugger

Vater: fol. 195r
REINHARD (Hg.), Eliten, Nr. 251: nicht erfaßt.

Schriftrahmen oben:

Anfang Vlrichen Fuggers des Kirsners / Eelicher kinder.

Darunter der Anlage nach ein Allianzwappen; die Seite des Mannes nur mit einer leeren Wappenkartusche in der bekannten Form angelegt; die Schilde durch eine blaue Kordel mit violetten Quasten verbunden; als Wappen der Frau das der Fugger vom Reh in der bekannten Form.

Rechts:

Regina Fuggerin, Vlrichen Fuggers des / Kirsners Eeliche tochter.

fol. 209v (S. 419): Veronika Fugger

Vater: fol. 195r
REINHARD (Hg.), Eliten, Nr. 251: erfaßt.

Der Konzeption nach ein Allianzwappen; die Seite des Mannes mit einer leeren Wappenkartusche in der bekannten Form ausgeführt; die Schilde durch eine grüne Kordel mit violetten Quasten verbunden; als Wappen der Frau das der Fugger vom Reh in der bekannten Form.

Rechts:

Veronica Fuggerin, Vlrichen Fuggers des / Kirsners Eeliche tochter.

fol. 210r (S. 420): Susanna Fugger

Vater: fol. 195r
REINHARD (Hg.), Eliten, Nr. 251: nicht erfaßt.

Wappenbild: das Wappen der Fugger vom Reh in der bekannten Form, hinterlegt mit einer blaßvioletten Kordel[878].

Susanna Fuggerin, Vlrichen Fuggers des / Kirsners Eeliche tochter. Jst Jung gestorben.

fol. 210v (S. 421): Helena Fugger

Vater: fol. 195r
REINHARD (Hg.), Eliten, Nr. 251: nicht erfaßt.

Anlage eines Allianzwappens; die Schilde durch eine hellviolette Kordel mit roten Quasten verbunden; als Wappen der Frau das der Fugger vom Reh in der bekannten Form.

Rechts:

Helena Fuggerin, Vlrichen Fuggers des / Kirsners Eeliche tochter.

fol. 211r (S. 422): Anna Fugger

Vater: fol. 195r
REINHARD (Hg.), Eliten, Nr. 251: nicht erfaßt.

Anlage eines Allianzwappens; die Schilde durch eine rubinrote Kordel verbunden; als Wappen der Frau das der Fugger vom Reh in der bekannten Form[879].

Rechts:

Anna Fuggerin, Vlrichen Fuggers des / Kirsners Eeliche Tochter.

fol. 211v–260v: (Leere Seiten[880])

---

[878] Symmetrieachse mit Blindgriffel/Blei.
[879] Symmetrieachse mit Blindgriffel/Blei; unten rechts von moderner Hand: *165*.
[880] Ohne Paginierung; Textseitenrahmung recto bis fol. 233r.

Anhang

Abkürzungs- und Siglenverzeichnis

Abh.	Abhandlungen	Kön.	Könige
Abt(h).	Abt(h)eilung	LCI	Lexikon der christlichen Ikonographie
ADB	Allgemeine Deutsche Biographie	LdK	Lekikon der Kunst
AfR	Archiv für Reformationsgeschichte	LIMC	Lexicon Iconographicum Mythologiae Classicae
AKG	Archiv für Kulturgeschichte		
Aufl.	Auflage	Lk.	Lukas
BayHStA	Bayerisches Hauptstaatsarchiv, München	LMA	Lexikon der Mittelalters
BayNM	Bayerisches Nationalmuseum, München	LThK	Lexikon für Theologie und Kirche, 2. und 3. Aufl.
BaySB	Bayerische Staatsbibliothek, München		
Bd(e).	Band (Bände)	masch.	maschinenschriftlich(e)
Bearb.	Bearbeiter	MGH	Monumenta Germaniae Historica
bearb.	bearbeitet	MIÖG	Mitteilungen des Instituts für Österreichische Geschichtsforschung
BfdL	Blätter für deutsche Landesgeschichte		
Cgm	Codex germanicus monacensis [Bestand: BaySB]	Mitt.	Mitteilungen
		Mos.	Moses
d. Ä.	der Ältere	MPI G	Max-Planck-Institut für Geschichte
d. J.	der Jüngere	MüB	Münchener Bestand [Bestand: StaatsA Augsburg]
EdM	Enzyklopädie des Märchens		
EWA	Evangelisches Wesensarchiv [Bestand: StadtA Augsburg]	MVGN	Mitteilungen des Vereins für Geschichte der Stadt Nürnberg
Ex.	Exodus	ND	Nachdruck; Neudruck
FA	Fürstlich und Gräflich Fugger'sches Familien- und Stiftungsarchiv, Dillingen a.d. Donau	NDB	Neue Deutsche Biographie
		NF	Neue Folge
		Num.	Numeri
FamA	Familienarchiv	Ps.	Psalmen
fl.	Gulden (florenus)	QuF	Quellen und Forschungen
fol.	Folio	r	recto
Frhr.	Freiherr	RDK	Reallexikon zur deutschen Kunstgeschichte
gen.	genannt	RE	Pauly's Realenzyklopädie der Classischen Altertumswissenschaft
Gen.	Genesis		
GffG	Gesellschaft für fränkische Geschichte	RGG	(Die) Religion in Geschichte und Gegenwart, 3. Aufl.
GNM	Germanisches Nationalmuseum, Nürnberg, Bibliothek		
		Sam.	Samuel
GWU	Geschichte in Wissenschaft und Unterricht	Schr.	Schriften
Hg., hg.	Herausgeber, herausgegeben	SchR	Schriftenreihe
HZ	Historische Zeitschrift	SFG	Schwäbische Forschungsgemeinschaft (der Kommission für bayerische Landesgeschichte bei der Bayerischen Akademie der Wissenschaften)
Jb.	Jahrbuch		
Jh.	Jahrhundert(s)		
Jon.	Jona		
KÄA	Kurbayern Äußeres Archiv [Bestand: BayHStA]	StaatsA	Staatsarchiv
		StadtA	Stadtarchiv
Kat.	Katalog	StB	Staats- und Stadtbibliothek

StChr.	Die Chroniken der Deutschen Städte vom 14. bis ins 16. Jahrhundert	VuF	Vorträge und Forschungen
StUB	Staats- und Universitätsbibliothek	ZBLG	Zeitschrift für bayerische Landesgeschichte
UB	Universitätsbibliothek	ZfG	Zeitschrift für Geschichtswissenschaft
v	verso	ZGO	Zeitschrift für Geschichte des Oberrheins
Veröff.	Veröffentlichung(en)	ZHF	Zeitschrift für Historische Forschung
VL	Die Deutsche Literatur des Mittelalters. Verfasserlexikon, 2. Aufl.	ZHVS	Zeitschrift des Historischen Vereins für Schwaben (und Neuburg)
VSWG	Vierteljahrschrift für Sozial- und Wirtschaftsgeschichte	Zs.	Zeitschrift
		ZWLG	Zeitschrift für württembergische Landesgeschichte

Quellen- und Literaturverzeichnis

Ungedruckte Quellen

Augsburg, Staatsarchiv (StaatsA Augsburg)

Reichsstadt Augsburg Literalien (MüB), Nr. 105: Nachlaß Clemens Jäger

Augsburg, Staats- und Stadtbibliothek (StB Augsburg)

2° Cod. Aug. 199: Zunftehrenbuch, 1545
2° Cod. Aug. 489: Ehrenbuch der Linck
4° Cod. Aug. 74: Collectanea varia, darin u.a.: Familienbuch der Ehinger, Fuggerchronik
2° Cod. H. 7: ›Von Ankunft des Vralten Adelichen Geschlechts der Herren Rehlinger‹, Clemens Jäger, 1559
2° Cod. H. 17: Vogteiehrenbuch, Abschrift durch Johann Georg und Johann Gottfried Morell, 1760–1770
2° Cod. S. 97: Stamm und Geschlecht der Occo, 1634/35

Augsburg, Stadtarchiv (StadtA Augsburg)

Reichsstadt ›Schätze‹, Nr. 24: Genealogia Pistoriana, 1626–1645
Reichsstadt ›Schätze‹, Nr. 194b: Ehrenbuch der Herwart

Aystetten, Familienarchiv von Stetten

Archiv-Nr. 239: Ehrenbuch des Christoph von Stetten

Babenhausen, Fugger-Museum

Nr. 544: ›Das gehaim Eernbuch Mans stammens vnd Namens des Eerlichen vnd altloblichen Fuggerischen Geschlechts. aufgericht A[nno] .1545.‹ [Endfassung]

Dillingen a.d. Donau, Fürstlich und Gräflich Fugger'sches Familien- und Stiftungsarchiv (FA)

F 6 b: Fuggerchronik (um 1600)
F 6 d: Fuggerchronik (datiert: 1634)
1.1.1, a–k, s: Briefe Hans Jakob Fuggers
1.1.71, a–f.: Johann Nepomuk Fugger
3.4: Abschriften aus dem Fuggerschen Ehrenbuch, 19. Jh.

München, Bayerisches Nationalmuseum, Bibliothek (BayNM)

Nr. 5171: Consulatehrenbuch, 1545/46
Nr. 5172: Vogteiehrenbuch, 1545/46

München, Bayerische Staatsbibliothek (BaySB)

Cgm 895, 896: Habsburgisches Ehrenwerk (2 Bde.)
Cgm 2276: Fuggerchronik
Cgm 2791: Clemens Jäger, Konzepte für ein Familienbuch der Langenmantel
Cgm 3138: Fuggerchronik
Oefeleana, Nr. 242: Familienbuch des Andreas Wanner, Reichspflegevogt zu Donauwörth, 1594–1678

München, Bayerisches Hauptstaatsarchiv (BayHStA)

Kasten schwarz, Nr. 7199 (Geheimes Staatsarchiv): Clemens Jäger: Konzeptpapiere zu einem Familienbuch der Langenmantel
KÄA, Nr. 2098: Schmalkaldische Bundessachen, Anno 1546, Tom. XIII
KÄA, Nr. 2104: Schmalkaldische Kriegssachen, Anno 1546/1547, Tom. XIX
KÄA, Nr. 3165: Reichstagshandlungen 1548–1552
KÄA, Nr. 4249: Religionis Acta des Römischen Reichs Anno 1551–1557, Tom. IV

Nürnberg, Germanisches Nationalmuseum, Bibliothek (GNM)

Hs. 1668 (Bg. 3731) Fugger: ›Das gehaim Eernbuch Mans Stammens vnd Namens des Eerlichen vnd altloblichen Fuggerischen geschlechts. aufgericht Anno 1546‹ [Entwürfe]

Gedruckte Quellen

AMMAN, Jost, Gynaeceum, Siue THEATRVM MVLIERVM. IN QVO PRAECIPVARVM OMNIVM PER EVROPAM IN PRIMIS, [...] foemineos habitus videre est [...] expressos à IODOCO AMANO. ADDITIS AD SINGVLAS FIGVRAS SINGVLIS octostichis FRANCISCI MODII BRVG. [...]. M.D.LXXXVI. Francoforti. [StUB Göttingen, 8° Stat. 2537]

–, Im Frauenzimmer wirt vermeldt von allerley schoenen Kleidungen vnnd Trachten der Weiber hohes vnd niders Stands [...] durch den weitberuehmbten Jost Amman [...] gerissen. Sampt einer kurtzen Beschreibung durch den wolgelehrten Thrasibulum Torrentinum Mutistariensem allen ehrliebsamen Frauwen vnd Jungfrauwen zu Ehren in Rheimen verfaßt. M.D.LXXXVI. Getruckt zu Frankfurt am Mayen [...]. [StUB Göttingen, 4° Bibl. Uff. 487]

BIRKEN, Sigmund von, Spiegel der Ehren des Hoechstloeblichsten Kayser- und koeniglichen Erzhauses Oesterreich oder Ausführliche GeschichtSchrift [...]. Erstlich vor mehr als C Jahren verfasset, Durch Den Wohlgebornen Herrn Herrn Johann Jacob Fugger, Herrn zu Kirchberg und Weissenhorn, [...] Nunmehr aber auf Roem. Kaeys. Mai. allergnaedigsten Befehl [...] Durch Sigmund von Birken [...] Nürnberg [...] ANNO CHRISTI MCDLXVIII. [Mikrofilm-Ausgabe: Yale University Library, Collection of German Baroque Literature 126, No. 539]

FISCHART, Johannes, Das Philosophisch Ehezuchtbuechlein oder die Vernunfft gemaese Naturgescheide Ehezucht, sampt der Kinderzucht. Aus [...] Plutarchi vernunfft gemaesen Ehegebotten vnnd allerley andern anmuetigen Gleichnuessen [...] der Authoren vnnd Scribenten von allerley Nationen zusammengelesen, verteutscht [...] mit zugethaner Missiff vnnd Ehelicher schuldigkeit erinnerung [...] durch [...] Herrn Johann Fischarten genannt Mentzer, Straßburg 1597. [StUB Göttingen, 8° Pol. I, 7004]

FVGGERORVM ET FVGGERARVM QVAE IN FAMILIA NATAE, QVAEVE IN FAMILIAM TRANSIERVNT. QVOT EXTANT AERE EXPRESSAE IMAGINES. // OPVS QVOD ILLVSTRIVM DOMINORVM FVGGERORVM, BARONVM IN KHIERCHBERG ET WEISSENHORN, SVMPTV, ANNOS ABHINC XXVI. DOMINICVS CVSTODIS ANTWERPIANVS E SVO DIAGRAMMATE IN AERE INCISVM EDIDIT NVNQVE LVCAS ET VVOLFGANGVS KILIANI FRATRES, CHALCOGRAPHI AVGVSTANI, GENEALOGIA FVGGARICAE PROSAPIAE PER ALIVM FIDELITER COLLECTA ET DE NOVO ADICTA, AMPLIARVNT, DENVO PROPONITVR. [...], AVGVSTAE VINDELICORVM MDCXIIX [...]. [StUB Göttingen, 2° H. Bav. I, 6060]

GRÜNHAGEN, Colmar (Hg.), Urkunden der Stadt Brieg. Urkundliche und chronikalische Nachrichten über die Stadt Brieg, die dortigen Klöster, die Stadt- und Stiftsgüter bis zum Jahre 1550 (Codex diplomaticus Silesiae 9), Breslau 1870.

P. OVIDII Nasonis Metamorphoses, ed. William S. ANDERSON (Bibliotheca Scriptorum Graecorum et Romanorum Teubneriana), ND der 5. Aufl., Stuttgart 1993.

Quelleneditionen

ALCIATUS, Andreas, Emblematum Libellus, Paris 1542, ND Darmstadt 1975.

AMBURGER, Hannah S. M., Die Familiengeschichte der Koeler. Ein Beitrag zur Autobiographie des 16. Jahrhunderts, in: MVGN 30 (1931), S. 153–288.

BARTSCH, Karl (Hg.), Herzog Ernst, Wien 1869.

Biblia Sacra iuxta Latinam vulgatam versionem ad codicem fidem iussu Pauli P. P. VI. cura et studio monachorum abbatiae Pontificae Sancti Hieronymi in Urbe ordinis sancti Benedicti edita, Vol. XII: Sapientia Salominis. Liber Hiesu filii Sirach, Romae MDCCCCLXIIII.

CHRIST, Dorothea A., Das Familienbuch der Herren von Eptingen. Kommentar und Transkription (QuF zur Geschichte und Landeskunde des Kantons Basel-Landschaft 41), Liestal 1992 [Diss. phil. Basel 1991].

(Die) Chroniken der schwäbischen Städte. Augsburg, Bd. 4, hg. von Friedrich ROTH (StChr. 23), Leipzig 1894, ND Göttingen 1966.

(Die) Chroniken der schwäbischen Städte. Augsburg, Bd. 5, hg. von Friedrich ROTH (StChr. 25), Leipzig 1896, ND Göttingen 1966.

(Die) Chroniken der schwäbischen Städte. Augsburg, Bd. 9, hg. von Friedrich ROTH (StChr. 34), Stuttgart-Gotha 1929, ND Göttingen 1966.

DECKER-HAUFF, Hansmartin / SEIGEL, Rudolf (Hg.), Die Chronik der Grafen von Zimmern. Handschriften 580 und 581 der Fürstlich Fürstenbergischen Hofbibliothek Donaueschingen, 3 Bde., Sigmaringen 1964–1967.

ERNST, Viktor (Hg.), Briefwechsel des Herzogs Christoph von Württemberg, 4 Bde., Stuttgart 1899–1907.

FÖRSTEMANN, Karl-Eduard (Hg.), Urkundenbuch zu der Geschichte des Reichstages zu Augsburg im Jahre 1530, Bd. 2, Halle 1835, ND Osnabrück 1966.

FUNKE, Fritz (Hg.), Wolfgang Fuggers Schreibbüchlein. ›Ein nutzlich vnd wolgegrundt Formular Manncherley schöner schrieften‹, Faksimile, Leipzig 1958.

GECK, Elisabeth (Hg.), Herzog Ernst. Sankt Brandans Seefahrt, Hans Schiltbergers Reisebuch, Faksimile, Wiesbaden 1969.

GREIFF, B[enedikt] (Hg.), Was Kayser Carolus dem Vten die Römisch Künglich Wal cost im 1520 Jar, in: 34. Jahres-Bericht des Historischen Kreis-Vereins im

Regierungsbezirke von Schwaben und Neuburg für das Jahr 1868, Augsburg 1869, S. 9–50.
GÜNTER, Hans (Hg.), Gerwig Blarer, Abt von Weingarten 1520–1567. Briefe und Akten, 2 Bde. (Württembergische Geschichtsquellen 16, 17), Stuttgart 1914–1921.
HÄMMERLE, Albert (Hg.), Die Hochzeitsbücher der Augsburger Bürgerstube und Kaufleutestube bis zum Ende der Reichsfreiheit, München 1936.
–, Deren von Stetten Geschlechterbuch (Stetten-Jb. 2), München 1955
JOETZE, Franz (Hg.), Brief eines Lindauers aus Venezuela vom Jahr 1535, in: Forschungen zur Geschichte Bayerns 15 (1905), S. 271–278.
KRAFT, Wilhelm (Hg.), Die Eichstätter Bischofschronik des Grafen Wilhelm Werner von Zimmern (Veröff. der GffG, Fränkische Chroniken 3), Würzburg 1956.
MARTIN, Franz (Hg.), Das Hausbuch des Felix Guetrater 1596–1634, in: Mitt. der Gesellschaft für Salzburger Landeskunde 88/89 (1948/49), S. 1–50.
MEYER, Christian (Hg.), Chronik der Familie Fugger vom Jahr 1599, München 1902.
Nuntiaturberichte aus Deutschland 1560–1572 nebst ergänzenden Actenstücken, Bd. 1: Die Nuntien Hosius und Delfino 1560–1561, bearb. von S. STEINHERZ (Nuntiaturberichte aus Deutschland nebst ergänzenden Actenstücken, hg. von der Historischen Commission der Kayserlichen Akademie der Wissenschaften, Zweite Abth., 1), Wien 1897.
SCHNEIDER, Max (Hg.), M. Tulii Ciceronis Paradoxa ad M. Brutum, Leipzig 1891.

Lexikalische Hilfsmittel, Inventare u.ä.

ARNDT, Jürgen/SEEGER, Werner (Bearb.), Wappenbilderordnung. Symbolorum Armoralium Ordo, hg. vom Herold, Verein für Heraldik, Genealogie und verwandte Wissenschaften zu Berlin, Bd. 2: Generalindex (J. Siebmachers Großes und Allgemeines Wappenbuch B II), Neustadt a. d. Aisch 1990.
Allgemeine Deutsche Biographie, Bde. 1–55 (1875–1910), Registerband, ND 1967.
Augsburger Stadtlexikon – Geschichte, Gesellschaft, Kultur, Recht, Wirtschaft, hg. von Wolfram BAER u.a., Augsburg 1985.
Augsburger Stadtlexikon, hg. von Günther GRÜNSTEUDEL/Günter HÄGELE/Rudolf FRANKENBERGER in Zusammenarbeit mit Wolfram BAER u.a., 2. Aufl. Augsburg 1998.
BAUMANN-ZWIRNER, Ingrid, Der Wortschatz Augsburger Volksbuchdrucke der Inkunabelzeit im Vergleich mit dem südwestdeutscher Paralleldrucke (Europäische Hochschulschriften, Reihe 1: Deutsche Sprache und Literatur 1215), Frankfurt am Main u.a. 1991 [Diss. phil. München 1987].
Bibliothek des Germanischen Nationalmuseums in Nürnberg, abgedruckt aus dem Ersten Band der Schriften des Germanischen Nationalmuseums, Nürnberg-Leipzig 1855.
BRIQUET, C.M., Les filigranes. Dictionnaire historique des marques du papier dès leur apparition vers 1282 jusqu' én 1600, 2. Aufl. Leipzig 1923, ND Hildesheim-New York 1977.
BRUNNER, Otto/CONZE, Werner/KOSELLECK, Reinhart (Hg.), Geschichtliche Grundbegriffe. Historisches Lexikon zur politisch-sozialen Sprache in Deutschland, 7 Bde., 2 Bde. Register, Stuttgart 1972–1992, 1997.
(Die) Deutsche Literatur des Mittelalters. Verfasserlexikon, Bde. 1–9, 2. Aufl. Berlin u.a. 1978–1995. [und weitere Lieferungen]
Deutsches Rechtswörterbuch. Wörterbuch der älteren Deutschen Rechtssprache, Bde. 1–9, Berlin-Heidelberg 1914–1996.
Deutsches Wörterbuch von Jacob GRIMM/Wilhelm GRIMM, Bde. 1–16 (32 Teilbde.), Leipzig 1854–1954; Bd. 17 (33): Quellenverzeichnis, Leipzig 1910, ND München 1984.
Enzyklopädie des Märchens. Handwörterbuch zur historischen und vergleichenden Erzählforschung, begründet von Kurt RANKE, hg. von Rolf Wilhelm BREDNICH/Hermann BAUSINGER, Bde. 1–9, Berlin 1977–1997. [und weitere Lieferungen]
Genealogisches Handbuch des in Bayern immatrikulierten Adels, Bde. 1–17, München 1950–1952.
GRITZNER, Maximilian, Handbuch der heraldischen Terminologie in zwölf, germanischen und romanischen Zungen, enthaltend zugleich die Haupt-Grundsätze der Wappenkunst (J. Siebmachers Großes und Allgemeines Wappenbuch, Einleitung, Abt. B), Nürnberg 1890.
GRUN, Paul Arnold, Leseschlüssel zu unserer alten Schrift. Taschenbuch der deutschen (wie auch der humanistischen) Schriftkunde für Archivbenutzer, insbesondere Sippen- und Heimatforscher, Studierende, Geistliche und Kirchenbuchführer, Görlitz 1935.
Handwörterbuch des Deutschen Aberglaubens (Handwörterbuch zur Deutschen Volkskunde, Abt. 1: Aberglauben), hg. von Hans BÄCHTOLD-STÄUBLI/Eduard HOFFMANN-KRAGER, 10 Bde., Berlin-Leipzig 1927–1942, ND Berlin-New York 1987.
HENKEL, Arthur/SCHÖNE, Albrecht (Hg.), Emblemata. Handbuch zur Sinnbildkunst des 16. und 17. Jahrhunderts, Stuttgart 1967.
HÖSSLE, Friedrich von, Die alten Papiermühlen der Freien Reichsstadt Augsburg, sowie alte Papiere und deren Wasserzeichen im Stadtarchiv und der Kreis- und Stadtbibliothek Augsburg, Augsburg 1907.

HOPF, Karl, Historisch-Genealogischer Atlas seit Christi Geburt bis auf unsere Zeit, Abth. I: Deutschland, Bd. 1, Gotha 1958.

KNESCHKE, Ernst Heinrich (Hg.), Neues Allgemeines Deutsches Adelslexikon, 9 Bde., 1859–1870, ND Leipzig 1927–1930.

KÜHNEL, Harry (Hg.), Bildwörterbuch der Kleidung und Rüstung. Vom alten Orient bis zum ausgehenden Mittelalter, Stuttgart 1992.

LEXER, Matthias, Mittelhochdeutsches Handwörterbuch, 3 Bde., Leipzig 1869–1878.

Lexicon Iconographicum Mythologiae Classicae, Bde. 1–8, Zürich-München 1981–1997.

Lexikon der christlichen Ikonographie, Bde. 1–8, Sonderausgabe Rom u. a. 1990.

Lexikon der Kunst. Architektur, Bildende Kunst, Angewandte Kunst, Industrieformgestaltung, Kunsttheorie, Neubearbeitung, Bde. 1–7, Leipzig 1991.

Lexikon des Mittelalters, Bde. 1–9, München-(Zürich) 1980–1998.

Lexikon für Theologie und Kirche, 2. Aufl., Bde. 1–10 (1957–1965), 4 Bde. Supplement (1967); 3. Aufl., Bde. 1–7 (1993–1998).

LURKER, Manfred (Hg.), Wörterbuch der Symbolik, 5. Aufl. Stuttgart 1991.

NEBINGER, Gerhart/RIEBER, Albrecht, Genealogie des Hauses Fugger von der Lilie (Veröff. der SFG 4/17, Studien zur Fuggergeschichte 26), Tübingen 1978.

Neue Deutsche Biographie, Bde. 1–19 (1953–1999). [und weitere Lieferungen]

OSWALD, Gert (Hg.), Lexikon der Heraldik, Mannheim-Wien-Zürich 1984.

PAULY'S Realenzyklopädie der Classischen Altertumswissenschaft. Neue Bearbeitung, hg. von Georg WISSOWA, 1. Reihe: Bde. 1–24.1 (1894–1963); 2. Reihe: Bde. 1–19 (1914–1972); Supplement, Bde. 1–15 (1903–1978).

PICCARD, Gerhard, Wasserzeichen Frucht. (Die Wasserzeichenkartei Piccard im Hauptstaatsarchiv Stuttgart, Findbuch XIV) (Veröff. der Staatlichen Archivverwaltung Baden-Württemberg), Stuttgart 1983.

Reallexikon zur deutschen Kunstgeschichte, Bde. 1–8 (1937–1987). [und weitere Lieferungen]

(Die) Religion in Geschichte und Gegenwart. Handwörterbuch für Theologie und Religionswissenschaft, 3. Aufl., Bde. 1–7, Tübingen 1957–1962, Registerband 1965.

REINHARD, Wolfgang (Hg.), Augsburger Eliten des 16. Jahrhunderts. Prosopographie wirtschaftlicher und politischer Führungsgruppen 1500–1620, Berlin 1996.

ROSCHER, W. H. (Hg.), Ausführliches Lexikon der Griechischen und Römischen Mythologie, 6 Bde., Leipzig 1884–1937.

SCHERF, Walter, Das Märchenlexikon, 2 Bde., München 1995.

SCHWENNICKE, Detlev (Hg.), Europäische Stammtafeln. Stammtafeln zur Geschichte der Europäischen Staaten, NF IX: Familien des Früh- und Hochkapitalismus, Marburg 1987.

SIEBMACHERS Großes und Allgemeines Wappenbuch, Bd. 1, Abth. 3: Hoher Adel III.a: Die Fürsten des Heiligen Römischen Reiches, A–L, Nürnberg 1887; Bd. 2, Abth. 1: Der Adel des Königreiches Bayern, Nürnberg 1856; Bd. 2, Abth. 6: Der Adel in Baden, Nürnberg 1878; Bd. 6, Abth. 2: Abgestorbener Württembergischer Adel, Nürnberg 1911.

Stammtafeln des mediatisierten Hauses Fugger, 1904. [FA: handschriftlich aktualisierte Fassung]

Vocabulary of Basic Terms for Cataloguing Costume, ICOM International Committee for the Museums and Collections of Costume, in: Waffen- und Kostümkunde 24 (1982), S. 119–151.

Literaturverzeichnis

(Katalog- und Lexikonartikel sind nur in Einzelfällen gesondert aufgeführt.)

450 Jahre Staats- und Stadtbibliothek Augsburg. Kostbare Handschriften und alte Drucke, Katalog Augsburg, Augsburg 1987.

Adel im Wandel. Politik – Kultur – Konfession, 1500–1700, Katalog Rosenburg, Wien 1990.

AIGN, Theodor, Die Ketzel. Ein Nürnberger Handelsherren- und Jerusalempilgergeschlecht (Freie Schriftenfolge der Gesellschaft für Familienforschung in Franken 12), Neustadt a.d. Aisch 1961.

ALFING, Sabine, Weibliche Lebenswelten und die Normen der Ehre, in: DIES./SCHEDENSACK (Hg.), Frauenalltag, 1994, S. 17–185.

– /SCHEDENSACK, Christine (Hg.), Frauenalltag im frühneuzeitlichen Münster, Bielefeld 1994.

ALTHOFF, Gerd, Studien zur habsburgischen Merowingersage, in: MIÖG 87 (1979), S. 71–100.

–, Genealogische und andere Fiktionen in mittelalterlicher Historiographie, in: Fälschungen im Mittelalter, Bd. 1, 1986, S. 417–441.

ANDERMANN, Kurt (Hg.), Historiographie am Oberrhein im späten Mittelalter und der frühen Neuzeit (Oberrheinische Studien 7), Sigmaringen 1988.

–, Zwischen Zunft und Patriziat. Beobachtungen zur sozialen Mobilität in oberdeutschen Städten des späten Mittelalters, in: DERS./JOHANEK (Hg.), Zwischen Nicht-Adel und Adel, 2001, S. 361–382.

– /JOHANEK, Peter (Hg.), Zwischen Nicht-Adel und Adel (VuF 53), Stuttgart 2001.

ANZELEWSKY, Fedja, Dürer-Studien. Untersuchungen zu den ikonographischen und geistesgeschichtlichen Grundlagen seiner Werke zwischen den beiden Italienreisen (Jahresgabe des Deutschen Vereins für Kunstwissenschaft), Berlin 1983.

ARNDT, Jürgen, Die Entwicklung der Wappenbriefe von 1350 bis 1806 unter besonderer Berücksichtigung der Palatinatswappenbriefe, in: Der Herold 7 (1970), S. 161–193.

ARNOLD, Werner, Büchermäzene der frühen Neuzeit in Deutschland, in: DINKELACKER u.a. (Hg.), ›Ja muz ich sunder riuwe sin‹, 1990, S. 1–28.

ASSMANN, Jan, Das kulturelle Gedächtnis. Schrift, Erinnerung und politische Identität in frühen Hochkulturen, München 1992.

Augsburger Renaissance, Katalog Augsburg, Augsburg 1955.

BACKMANN, Sibylle/KÜNAST, Hans-Jörg: Einführung, in: DIES. u.a. (Hg.), Ehrkonzepte, 1998, S. 13–23.

BACKMANN, Sibylle/KÜNAST, Hans-Jörg/ULLMANN, Sabine/TLUSTY, B. Ann (Hg.), Ehrkonzepte in der Frühen Neuzeit. Identitäten und Abgrenzungen (Colloquia Augustana 8), Berlin 1998.

BARTA, Ilsebill u.a. (Hg.), Frauen, Bilder, Männer, Mythen, Kunsthistorische Beiträge, Berlin 1987. [Ergebnisse der 3. Kunsthistorikerinnentagung, Wien 1986]

BARTELMESS, Albert, Lebensbeschreibung des Hans Rieter von Kornburg (1522–1584) und seine beiden Kopial- und Stammbücher, in: MVGN 56 (1969), S. 360–383.

BASTL, Beatrix, Das Tagebuch des Philipp Eduard Fugger (1560–1569) als Quelle zur Fuggergeschichte. Edition und Darstellung (Veröff. der SFG 4/21, Studien zur Fuggergeschichte 30), Tübingen 1987.

–, Adeliger Lebenslauf. Die Riten um Leben und Sterben in der frühen Neuzeit, in: (Kat.) Adel im Wandel, 1990, S. 377–389.

BAUER, Clemens, Konrad Peutingers Gutachten zur Monopolfrage. Eine Untersuchung zur Wandlung der Wirtschaftsanschauungen im Zeitalter der Reformation, in: AfR 45 (1954), S. 1–43, 145–196.

BECHT, Hans-Peter (Hg.), Pforzheim im Mittelalter. Studien zur Geschichte einer landesherrlichen Stadt (Pforzheimer Geschichtsblätter 6), Sigmaringen 1983.

Beiträge zur Schweizerischen Bibliotheks-, Buch- und Gelehrtengeschichte. Festschrift für Karl Schwarber, Basel 1949.

Beiträge zur Wirtschaftsgeschichte Nürnbergs, 2 Bde. (Beiträge zur Geschichte und Kultur der Stadt Nürnberg 11.1, 11.2), Nürnberg 1967.

BIEDERMANN, Rolf, (Art.) Das Geheim Ehrenbuch des Fuggerischen Geschlechts, in: (Kat.) Welt im Umbruch, Bd. 1, 1980, Nr. 162, S. 224 f.

BINDSEIL, Heinrich Ernst/NIEMEYER, Hermann Agathon (Hg.), Dr. Martin Luthers Bibelübersetzung, nach der letzten Originalausgabe kritisch bearbeitet, Teil 1: Die fünf Bücher Mose, Halle 1845.

BISCHOFF, Cordula, Die Schwäche des starken Geschlechts. Herkules und Omphale und die Liebe in bildlichen Darstellungen des 16. bis 18. Jahrhunderts, in: DINGES (Hg.), Hausväter – Priester – Kastraten, 1998, S. 153–186.

BIZZOCCHI, Roberto, La culture généalogique dans l'Italie de seizième siècle, in: Annales E.S.C. 46 (1991), S. 789–805.

BLENDINGER, Friedrich, (Art.) Clemens Jäger, in: NDB 10 (1974), S. 274 f.

– /ZORN, Wolfgang (Hg.), Augsburg. Geschichte in Bilddokumenten, München 1976.

BLICKLE, Peter (Hg.), Politische Kultur in Oberschwaben, Tübingen 1993.

BOCK, Hartmut, Die Verlobung Eppstein-Eppstein 1494 und das ›Gothaer Liebespaar‹, in: Mainzer Zs., Mittelrheinisches Jb. für Archäologie, Kunst und Geschichte 87/88, 1992/93 (1995), S. 157–182.

–, Die Chronik Eisenberger. Edition und Kommentar. Bebilderte Geschichte einer Beamtenfamilie der deutschen Renaissance – Aufstieg in den Wetterauer Niederadel und das Frankfurter Patriziat (Schr. des Historischen Museums Frankfurt am Main 22), Frankfurt am Main 2001.

–, Goldene Ketten und Wappenhelme. Distinktion zwischen Patriziat und Adel in der frühen Neuzeit, [erscheint] in: FÜSSEL/WELLER (Hg.), Ordnung und Distinktion, 2004.

BÖHM, Christoph, Die Reichsstadt Augsburg und Kaiser Maximilian I. Untersuchungen zum Beziehungsgeflecht zwischen Reichsstadt und Herrscher an der Wende zur Neuzeit (Abh. zur Geschichte der Stadt Augsburg 36), Sigmaringen 1998.

BÖNSCH, Annemarie, Adelige Bekleidungsformen zwischen 1500 und 1700, in: (Kat.) Adel im Wandel, 1990, S. 169–193.

BOOCKMANN, Hartmut, Spätmittelalterliche deutsche Stadt-Tyrannen, in: BfDL 119 (1983), S. 73–91.

–, Leben und Sterben in einer spätmittelalterlichen Stadt. Über ein Göttinger Testament des 15. Jahrhunderts, Göttingen 1983.

– /GRENZMANN, Ludger/MOELLER, Bernd/STAEHELIN, Martin (Hg.), Literatur, Musik und Kunst im Übergang vom Mittelalter zur Neuzeit. Bericht über Kolloquien der Kommission zur Erforschung der Kultur des Spätmittelalters 1989–1992 (Abh. der Akademie der Wissenschaften in Göttingen, Philol.-Hist. Klasse, 3. Folge 208), Göttingen 1995.

BORGOLTE, Michael (Hg.), Stiftungen und Stiftungswirklichkeiten. Vom Mittelalter bis zur Gegenwart (StiftungsGeschichten 1), Berlin 2000.

BORIN, Françoise, Frauenbilder, in: DUBY/PERROT (Hg.), Geschichte der Frauen, Bd. 3: Frühe Neuzeit, hg. von Arlette FARGE/Natalie Zemon DAVIS, 1997, S. 211–271.

BOTT, Gerhard (Hg.), Wenzel Jamnitzer und die Nürnberger Goldschmiedekunst 1500–1700: Goldschmiedearbeiten, Entwürfe, Modelle, Medaillen, Ornamentstiche, Schmuck, Porträts, Katalog Nürnberg, München 1985.

BOURDIEU, Pierre, Entwurf einer Theorie der Praxis auf der ethnologischen Grundlage der kabylischen Gesellschaft, Frankfurt am Main 1976.

BRACKER, Jörgen (Hg.), Die Hanse. Lebenswirklichkeit und Mythos, Katalog Hamburg, 2. Bde., Hamburg 1989.

BREDT, Ernst Wilhelm, Der Handschriftenschmuck Augsburgs im XV. Jahrhundert (Studien zur Deutschen Kunstgeschichte 25), Straßburg 1900.

BREMMER, Jan/ROODENBURG, Herman (Hg.), A Cultural History of Gesture. From Antiquity to the Present Day, 3. Aufl. Oxford 1994.

BRUNNER, L., Die Vöhlin von Frickenhausen. Freiherren von Illertissen und Neuburg an der Kammel, in: ZHVS 2 (1875), S. 259–375.

BRUNOLD-BIGLER, Ursula/BAUSINGER, Hermann (Hg.), Hören – Sagen – Lesen – Lernen. Bausteine zu einer Geschichte der kommunikativen Kultur, Festschrift für Rudolf Schenda, Bern-Berlin u.a. 1995.

BULST, Neithard, Kleidung als sozialer Konfliktstoff. Probleme kleidergesetzlicher Normierung im sozialen Gefüge, in: DERS./JÜTTE (Hg.), Zwischen Sein und Schein, 1993, S. 32–46.

– /JÜTTE, Robert (Hg.), Zwischen Sein und Schein. Kleidung und Identität in der ständischen Gesellschaft, Saeculum 44/1, Sonderheft 1 (1993).

BURGHARTZ, Susanna, Rechte Jungfrauen oder unverschämte Töchter? Zur weiblichen Ehre im 16. Jahrhundert, in: HAUSEN/WUNDER (Hg.), Frauengeschichte – Geschlechtergeschichte, 1992, S. 173–183.

–, Geschlecht – Körper – Ehre. Überlegungen zur weiblichen Ehre in der frühen Neuzeit am Beispiel der Basler Ehegerichtsprotokolle, in: SCHREINER/SCHWERHOFF (Hg.), Verletzte Ehre, 1995, S. 214–234.

BURKHARDT, Johannes, Handelsgeist und Kunstinteresse in der Fuggergeschichte, in: DERS. (Hg.), Anton Fugger (1493–1560), 1994, S. 19–33.

– (Hg.), Anton Fugger (1493–1560). Vorträge und Dokumentation zum fünfhundertjährigen Jubiläum (Veröff. der SFG 4/27, Studien zur Fuggergeschichte 27), Weißenhorn 1994.

– Einführung, in: DERS. (Hg.), Augsburger Handelshäuser, 1996, S. 11–28.

– (Hg.), Augsburger Handelshäuser im Wandel des historischen Urteils (Colloquia Augustana 3), Berlin 1996.

–, Luther und die Augsburger Handelsgesellschaften, in: GIER/SCHWARZ (Hg.), Reformation und Reichsstadt, 1996, S. 50–64.

CHASTEL, André, Die Groteske. Streifzug durch eine zügellose Malerei (Wagenbach-Bibliothek 57), Berlin 1997.

CONTAMINE, Philippe, Noblesse et service: L'idée et la réalité dans la France de la fin du moyen âge, in: OEXLE/PARAVICINI (Hg.), Nobilitas, 1997, S. 299–311.

DALLAPIAZZA, Michael, Minne, hûsêre und das ehlich leben. Zur Konstitution bürgerlicher Lebensmuster in spätmittelalterlichen und frühhumanistischen Didaktiken, Frankfurt am Main 1981.

DALY, Peter Maurice (Hg.), Andreas Alciato and the Emblem Tradition. Essays in Honor of Virginia Woods Callahan (AMS Studies in the Emblem 4), New York 1989.

DAVIS, Natalie Zemon, Gender and Genre. Women as Historical Writers 1400–1820, in: LABALME (Hg.), Beyond their Sex, 1984, S. 153–182.

–, Die Geister der Verstorbenen. Verwandtschaftsgrade und die Sorge um die Nachkommen, Veränderungen des Familienlebens in der frühen Neuzeit, in: DIES., Frauen und Gesellschaft am Beginn der Neuzeit, 1989, S. 19–51.

–, Frauen und Gesellschaft am Beginn der Neuzeit. Studien über Familie, Religion und die Wandlungsfähigkeit des sozialen Körpers, Berlin 1986, 2. Aufl. Frankfurt am Main 1989.

DENEKE, Bernward/KASHNITZ, Rainer (Hg.), Das Germanische Nationalmuseum in Nürnberg 1852–1977. Beiträge zu seiner Geschichte, München-Berlin 1978.

Die wilden Leute des Mittelalters, bearb. von Lise Lotte MÖLLER, Katalog Hamburg, Hamburg 1963.

DINGES, Martin, Die Ehre als Thema der Stadtgeschichte. Eine Semantik im Übergang vom Ancien Régime zur Moderne, in: ZHF 16 (1989), S. 409–440.

–, Der ›feine Unterschied‹. Die soziale Funktion der Kleidung in der höfischen Gesellschaft, in: ZHF 19 (1992), S. 49–76.

–, Die Ehre als Thema der historischen Anthropologie. Bemerkungen zur Wissenschaftsgeschichte und zur Konzeptualisierung, in: SCHREINER/SCHWERHOFF (Hg.), Verletzte Ehre, 1995, S. 29–62.

–, Ehre und Geschlecht in der frühen Neuzeit, in: BACKMANN u.a. (Hg.), Ehrkonzepte, 1998, S. 123–147.

– (Hg.), Hausväter – Priester – Kastraten. Zur Konstruktion von Männlichkeit in Spätmittelalter und Früher Neuzeit, Göttingen 1998.

DINKELACKER, Wolfgang u.a. (Hg.), ›Ja muz ich sunder riuwe sin‹. Festschrift für Karl Stackmann zum 15. Februar 1990, Göttingen 1990.

DIRLMEIER, Ulf, Merkmale sozialen Aufstiegs und der Zuordnung zur Führungsschicht in süddeutschen Städten des Spätmittelalters, in: BECHT (Hg.), Pforzheim im Mittelalter, 1983, S. 77–106.

DIRR, Pius, Clemens Jäger und seine Augsburger Ehrenbücher und Zunftchroniken. Zur Kenntnis der Historiographie des 16. Jahrhunderts, in: ZHVS 36 (1910), S. 1–32.

DORMEIER, Heinrich, Bildersprache zwischen Tradition und Originalität. Das Sujet der Monatsbilder im Mittelalter, in: ›Kurzweil‹, Alltag und Festtag, 1994, S. 102–127.

–, Kurzweil und Selbstdarstellung. Die ›Wirklichkeit‹ der Augsburger Monatsbilder, in: Ebenda, S. 148–221.

DROSTE, Heiko, Schreiben über Lüneburg. Wandel von Funktion und Gebrauchssituation der Lüneburger Historiographie (1350–1639) (Veröff. der Historischen Kommission für Niedersachsen und Bremen 195), Hannover 2000 [Diss. phil. Hamburg 1994].

DUBY, Georges/PERROT, Michelle (Hg.), Geschichte der Frauen, 5 Bde., Frankfurt am Main 1997.

DÜLBERG, Angelica, Privatporträts. Geschichte und Ikonologie einer Gattung im 15. und 16. Jahrhundert, Berlin 1990 [Diss. phil. Köln 1985].

–, Das Gothaer Liebespaar. Braut- und Hochzeitsbildnisse des 15. Jahrhunderts, in: SCHUTTWOLF (Hg.), Jahreszeiten der Gefühle, Katalog, 1998, S. 126–136.

DÜLMEN, Richard van, Fest der Liebe. Heirat und Ehe in der Frühen Neuzeit, in: DERS., Gesellschaft der Frühen Neuzeit, 1993, S. 194–235.

–, Norbert Elias und der Prozeß der Zivilisation. Die Zivilisationstheorie im Lichte der historischen Forschung, in: Ebenda, S. 361–371.

–, Gesellschaft der Frühen Neuzeit. Kulturelles Handeln und sozialer Prozeß. Beiträge zur historischen Kulturforschung (Kulturstudien 28), Wien-Köln-Weimar 1993.

DU MORTIER, Bianca M., Zur Symbolik und Bedeutung von Hochzeitshandschuhen, in: VÖLGER/WELCK (Hg.), Die Braut, 1985, Bd. 1, S. 336–343.

›E.‹, Ein Fuggersches Geschlechtsbuch von H. Burgkmair, in: Anzeiger für Kunde der deutschen Vorzeit. Organ des Germanischen Nationalmuseums, NF 1 (1853), Sp. 12 f. [vgl. Miszelle eines ›SU.‹, ebenda, Sp. 32 f., und Antwort des ›E.‹ auf gleicher Seite]

EHBRECHT, Winfried, ›Uppe dat sulch grot vorderfnisse jo nicht meer enscheghe‹. Konsens und Konflikt als eine Leitfrage städtischer Historiographie, nicht nur im Hanseraum, in: JOHANEK (Hg.), Städtische Geschichtsschreibung, 2000, S. 51–109.

EIFERT, Christiane u.a. (Hg.), Was sind Frauen? Was sind Männer? Geschlechterkonstruktion im historischen Wandel, Frankfurt am Main 1996.

EISENBART, Liselotte Constanze, Kleiderordnungen der deutschen Städte zwischen 1350 und 1700 (Göttinger Bausteine zur Geschichtswissenschaft 32), Göttingen 1962.

ELIADE, Mircea, Der Mythos der ewigen Wiederkehr, Düsseldorf 1953.

ELIAS, Norbert, Über den Prozeß der Zivilisation. Soziogenetische und psychogenetische Untersuchungen, Bd. 1: Wandlungen des Verhaltens in den weltlichen Oberschichten des Abendlandes; Bd. 2: Wandlungen der Gesellschaft. Entwurf einer Theorie der Zivilisation, 14. Aufl. Frankfurt am Main 1989.

Elias Holl und das Augsburger Rathaus, hg. von Wolfram BAER, Katalog Augsburg, Regensburg 1985.

ELM, Kaspar/GÖNNER, Eberhard/HILLENBRAND, Eugen u.a. (Hg.), Landesgeschichte und Stadtgeschichte, Festschrift für Otto Herding, Stuttgart 1977.

Empfehlungen zur Edition frühneuzeitlicher Texte. Arbeitskreis ›Editionsprobleme der frühen Neuzeit‹ der Arbeitsgemeinschaft außeruniversitärer historischer Forschungseinrichtungen, in: AfR 72 (1981), S. 299–315.

ENDRES, Rudolf, Adel und Patriziat in Oberdeutschland, in: SCHULZE (Hg.), Ständische Gesellschaft und soziale Mobilität, 1988, S. 221–238.

–, (Hg.), Nürnberg und Bern. Zwei Reichsstädte und ihre Landgebiete (Erlanger Forschungen A 46), Erlangen 1990.

ERZGRÄBER, Willi (Hg.), Kontinuität und Transformation der Antike im Mittelalter, Sigmaringen 1989.

Fälschungen im Mittelalter. Internationaler Kongreß der Monumenta Germaniae Historica, Bd. 1–3 (Schr. der MGH 33.1–33.3), München 1986.

FALK, Tilman, Hans Burgkmair. Studien zu Leben und Werk des Augsburger Malers, München 1968.

FELLNER, Sabine, Das adelige Porträt. Zwischen Typus und Individualität, in: (Kat.) Adel im Wandel, 1990, S. 498–519.

FINK, August, Die Schwarzschen Trachtenbücher, Berlin 1963.

FINK, E., Die Bergwerksunternehmungen der Fugger in Schlesien, in: Zs. des Vereins für Geschichte und Altertum Schlesiens 28 (1894), S. 294–340.

FLAMAND-CHRISTENSEN, Sigrid, Die männliche Kleidung in der süddeutschen Renaissance (Kunstwissenschaftliche Studien 15), Berlin 1934.

FLEISCHMANN, Suzanne, On the Representation of History and Fiction in the Middle Ages, in: History and Theory 22 (1983), S. 278–310.

FOUQUET, Gerhard, Die Affäre Niklas Muffel. Die Hinrichtung eines Nürnberger Patriziers im Jahr 1469, in: VSWG 83 (1996), S. 459–500.

–, Stadt-Adel. Chancen und Risiken sozialer Mobilität im späten Mittelalter, in: SCHULZ (Hg.), Sozialer Aufstieg, 2002, S. 171–192.

FRANK, Michael, Trunkene Männer und nüchterne Frauen. Zur Gefährdung von Geschlechterrollen durch Alkohol in der frühen Neuzeit, in: DINGES (Hg.), Hausväter – Priester – Kastraten, 1998, S. 187–212.

FRIEDHUBER, Inge, Der ›Fuggerische Ehrenspiegel‹ als Quelle zur Geschichte Maximilians I. Ein Beitrag zur Kritik der Geschichtswerke Clemens Jägers und Sigmund von Birkens, in: MIÖG 81 (1973), S. 101–138.

FRIEDRICH, Annegret, Dekonstruktion des Mythos – Beispiel Parisurteil, in: BARTA u.a. (Hg.), Frauen, Bilder, Männer, Mythen, 1987, S. 304–321.

FRISCH, Ernst von, Das Stammbuch der Thennen von Salzburg. Eine Bilderchronik des 16. Jahrhunderts (Historische Bildkunde 4), Hamburg 1935.

–, Zur Entstehungsgeschichte der Thenn-Chronik, in: Zs. für Deutsche Geistesgeschichte 1 (1935), S. 251–255.

FUCHS, Thomas, Fürstliche Erinnerungspolitik und Geschichtsschreibung im frühneuzeitlichen Hessen, in: RÖSENER (Hg.), Adelige und bürgerliche Erinnerungskulturen, 2000, S. 205–226.

FÜSSEL, Marian/WELLER, Thomas (Hg.), Ordnung und Distinktion. Praktiken sozialer Repräsentation in der ständischen Gesellschaft, [erscheint] Münster 2004.

Fugger und Welser. Oberdeutsche Wirtschaft, Politik und Kultur im Spiegel zweier Geschlechter, Katalog Augsburg, Augsburg 1950.

GAGNÉR, Sten/SCHLOSSER, Hans/WIEGAND, Wolfgang u.a. (Hg.), Festschrift für Hermann Krause, Köln-Wien 1975.

GARNIER, François, Le langage de l'image au moyen âge, 2 Bde., Paris 1989.

GEBELE, Eduard, Eine vergessene Augsburger Familienchronik, in: Alt-Augsburg 1 (1937), Heft 2, S. 28–30.

GEFFCKEN, Friedrich Peter, Soziale Schichtung in Augsburg 1396–1521, München 1995 [Diss. phil. München 1983].

–, (Art.) Clemens Jäger, in: Augsburger Stadtlexikon, 2. Aufl. 1998, S. 533.

–, (Art.) Mehrer, in: Ebenda, S. 647 f.

–, (Art.) Grander, in: Ebenda, S. 451 f.

–, (Art.) Stadtpflegerliste, in: Augsburger Stadtlexikon, 1985, S. 353–359.

GERARDY, Theodor, Datieren mit Hilfe von Wasserzeichen. Beispielhaft dargestellt an der Gesamtproduktion der Schaumburgischen Papiermühle Arensburg von 1604–1650 (Schaumburger Studien 4), Bückeburg 1964.

GIER, Helmut/SCHWARZ, Reinhard (Hg.), Reformation und Reichsstadt. Luther in Augsburg, Augsburg 1996.

GRÄBNER, Walther, Über Ursprung und Art bildlicher Darstellungen von Stammtafel und Ahnentafel mit besonderer Berücksichtigung der deutschen genealogischen Kunst des 16. bis 19. Jahrhunderts, Görlitz 1902 [Diss. phil. Jena 1901].

GRAF, Klaus, Gmünder Chroniken im 16. Jahrhundert. Texte und Untersuchungen zur Geschichtsschreibung der Reichsstadt Schwäbisch Gmünd, Schwäbisch Gmünd 1984.

–, Exemplarische Geschichten. Thomas Lirers ›Schwäbische Chronik‹ und die ›Gmünder Kaiserchronik‹ (Forschungen zur Geschichte der älteren deutschen Literatur 7), München 1987 [Diss. phil. Tübingen 1985].

GRAF, Wilhelm, Dr. Christoph Scheurl von Nürnberg (Beiträge zur Kulturgeschichte des Mittelalters und der Renaissance 43), Leipzig-Berlin 1930, ND Hildesheim 1972.

GRELL, Chantal/PARAVICINI, Werner/VOSS, Jürgen (Hg.), Les princes et l'histoire du XIVe au XVIIIe siècle. Actes du colloque organisé par l'Université de Versailles-Saint Quentin et l'Institut Historique Allemand (Pariser Historische Studien 47), Paris-Versailles 1996, Bonn 1998.

GRENZMANN, Ludger/STACKMANN, Karl (Hg.), Literatur und Laienbildung im Spätmittelalter und in der Reformationszeit (Germanistische Symposien, Berichtsbände 5), Stuttgart 1984.

GRIECO, Sarah F. Matthews, Körper, äußere Erscheinung und Sexualität, in: DUBY/PERROT (Hg.), Geschichte der Frauen, Bd. 3: Frühe Neuzeit, hg. von Arlette FARGE/Natalie Zemon DAVIS, 1997, S. 61–102.

GROEBNER, Valentin, Das Gesicht wahren. Abgeschnittene Nasen, abgeschnittene Ehre in der spätmittelalterlichen Stadt, in: SCHREINER/SCHWERHOFF (Hg.), Verletzte Ehre, 1995, S. 361–380.

–, Die Kleider des Körpers des Kaufmanns. Zum ›Trachtenbuch‹ eines Augsburger Bürgers im 16. Jahrhundert, in: ZHF 25 (1998), S. 323–358.

GROSS, Angelika, La folie. Wahnsinn und Narrheit im spätmittelalterlichen Text und Bild, Heidelberg 1990.

GRUBMÜLLER, Klaus, Nôes Fluch. Zur Begründung von Herrschaft und Unfreiheit in mittelalterlicher Literatur, in: HUSCHENBETT u.a. (Hg.), MEDIUM AEVUM deutsch, 1979, S. 99–120.

GUTHMÜLLER, Bodo, Formen des Mythenverständnisses um 1500, in: BOOCKMANN u.a. (Hg.), Literatur, Musik und Kunst im Übergang vom Mittelalter zur Neuzeit, 1995, S. 109–131.

GUTZWILLER, Hellmut, Die Entwicklung der Schrift in der Neuzeit, in: Archiv für Diplomatik 38 (1992), S. 381–488.

HÄBERLEIN, Mark, ›Die Tag und Nacht auf Fürkauff trachten‹. Augsburger Großkaufleute des 16. und beginnenden 17. Jahrhunderts in der Beurteilung ihrer Zeitgenossen und Mitbürger, in: BURKHARDT (Hg.), Augsburger Handelshäuser, 1996, S. 46–68.

–, Tod auf der Herrenstube: Ehre und Gewalt in der Augsburger Führungsschicht (1500–1620), in: BACKMANN u.a. (Hg.), Ehrkonzepte, 1998, S. 148–169.

–, Brüder, Freunde und Betrüger. Soziale Beziehungen, Normen und Konflikte in der Augsburger Kaufmannschaft um die Mitte des 16. Jahrhunderts (Studia Augustana 9), Berlin 1998.

–, Sozialer Wandel in der Augsburger Führungsschicht des 16. und frühen 17. Jahrhunderts, in: SCHULZ (Hg.), Sozialer Aufstieg, 2002, S. 73–96.

HALLER VON HALLERSTEIN, Helmut Frhr., Größe und Quellen des Vermögens von Hundert Nürnberger Bürgern um 1500, in: Beiträge zur Wirtschaftsgeschichte Nürnbergs, Bd. 1 (1967), S. 117–176.

–, Nürnberger Geschlechterbücher, in: MVGN 65 (1978), S. 212–235.

HAMPE, Theodor, Allgäuer Studien zur Kunst und Kultur der Renaissance, in: Mitt. aus dem Germanischen Nationalmuseum 1918/1919, S. 36–38, 82–84.

HANSEN, Wilhelm, Kalenderminiaturen der Stundenbücher. Mittelalterliches Leben im Jahreslauf, München 1984.

HARTHAN, John, Books of hours and their owners, London 1977, ND London 1988.

HARTIG, Otto, Die Gründung der Münchener Hofbibliothek durch Albrecht V. und Johann Jacob Fugger (Abh. der Bayerischen Akademie der Wissenschaften 28/3), München 1917.

HARZEN, E., Kaiser Maximilians des I. Stammbaum und dessen ›zotende Mendel‹, in: Deutsches Kunstblatt V, Heft 27 (1854), S. 238–240.

HASSLER, Friedrich, Der Ausgang der Augsburger Handelsgesellschaft David Haug, Hans Langnauer und Mitverwandte (1577–1606) (Abh. zur Geschichte der Stadt Augsburg 1), Augsburg 1928.

HAUSEN, Karin/WUNDER, Heide (Hg.), Frauengeschichte – Geschlechtergeschichte (Geschichte und Geschlechter 1), Frankfurt am Main 1992.

HECKSCHER, William S./WIRTH, Karl August (Art.), Emblem, Emblembuch, in: RDK 5 (1967), Sp. 85–228.

HEINRICH, Gerd, Neue Kirchenordnung und ›stille‹ Reformation, in: Jb. für Berlin-Brandenburgische Kirchengeschichte 57 (1989), S. 65–98.

HEINZ, Günther, Das Porträtbuch des Hieronimus Beck von Leopoldsdorf, in: Jb. der Kunsthistorischen Sammlungen Wien 71 (1975), S. 165–305.

HENNING, Eckart, Titulaturenkunde. Prolegomena einer ›neuen‹ Hilfswissenschaft für den Historiker, in: JÄHNIG/SCHULZ (Hg.), Festschrift zum 125jährigen Bestehen des Herold zu Berlin, 1994, S. 293–310.

HERRE, Franz, Die Fugger in ihrer Zeit, Augsburg 1985.

HESS, Daniel, Das Gothaer Liebespaar. Ein ungleiches Paar im Gewand höfischer Minne, Frankfurt am Main 1996.

HILLENBRAND, Eugen, Die Chronik der Konstanzer Patrizierfamilie Schulthaiss, in: ELM u.a. (Hg.), Festschrift für Otto Herding, 1977, S. 341–360.

HINDMAN, Sandra, Pieter Bruegel's ›Children's Games‹. Folly and Chance, in: The Art Bulletin 63,3 (1981), S. 447–475.

HINZ, Bertold, Studien zur Geschichte des Ehepaarbildnisses, in: Marburger Jb. für Kunstwissenschaft 19 (1974), S. 139–218.

HIPPER, Richard, Die Beziehungen der Faktoren Georg und Christoph Hörmann zu den Fuggern (ZHVS, Beilage 46), Augsburg 1926.

HIRSCHMANN, Georg, 600 Jahre Genealogie in Nürnberg, in: Blätter für fränkische Familienkunde 8 (1965), S. 173–184.

–, Das Geschlechterbuch der Familie Holzschuher im Stadtarchiv Nürnberg, in: Genealogisches Jb. 19 (1979) (Festschrift zum 75jährigen Bestehen der Zentralstelle für Personen- und Familiengeschichte, Teil 1), S. 105–119.

HÖPEL, Ingrid, Emblem und Sinnbild. Vom Kunstbuch zum Erbauungsbuch, Frankfurt am Main 1987.

HOFFMANN, Konrad, Alciato and the historical Situation of Emblematics, in: DALY (Hg.), Andreas Alciato and the Emblem Tradition, 1989, S. 1–45.

HOFMANN, Werner (Hg.), Köpfe der Lutherzeit, Katalog Hamburg, Hamburg 1983.

HOHENDAHL, Peter Uwe/LÜTZELER, Paul Michael (Hg.), Legitimationskrisen des deutschen Adels 1200–1900 (Literaturwissenschaft und Sozialwissenschaften 11), Stuttgart 1979.

HOLBACH, Rudolf, Kirchen, Karrieren und soziale Mobilität zwischen Nicht-Adel und Adel, in: ANDERMANN/JOHANEK (Hg.), Zwischen Nicht-Adel und Adel, 2001, S. 311–360.

HONEMANN, Volker, Aspekte des ›Tugendadels‹ im europäischen Spätmittelalter, in: GRENZMANN/STACKMANN (Hg.), Literatur und Laienbildung, 1984, S. 274–288.

–, Gesellschaftliche Mobilität in Dichtungen des deutschen Mittelalters, in: ANDERMANN/JOHANEK (Hg.), Zwischen Nicht-Adel und Adel, 2001, S. 27–48.

HÜTT, Wolfgang, Albrecht Dürer 1471–1528. Das gesamte graphische Werk, Druckgraphik, 2 Bde., München 1970.

HUSCHENBETT, Dietrich/MATZEL, Klaus/STEER, Georg/WAGNER, Norbert (Hg.), MEDIUM AEVUM deutsch. Beiträge zur deutschen Literatur des hohen und späten Mittelalters, Festschrift für Kurt Ruh, Tübingen 1979.

JACOB-FRIESEN, Holger, Das Hausbuch der Herren von Hallwill. Beschreibung, Datierung und Deutung der beiden Fassungen in Zürich und Basel, in: Basler Zs. für Geschichte und Altertumskunde 94 (1994), S. 29–74.

JAEGER, Adolf, Stellung und Tätigkeit der Schreib- und Rechenmeister in Nürnberg im ausgehenden Mittelalter und zur Zeit der Renaissance. Ein Beitrag zur Geschichte eines ringenden und strebenden Mittelstandes aus der Zeit der Blüte und des beginnenden Verfalls der Reichsstadt, Diss. phil. masch. Erlangen 1925.

JÄHNIG, Bernhart/SCHULZ, Knut (Hg.), Festschrift zum 125jährigen Bestehen des Herold zu Berlin (Herold-Studien 4), Berlin 1994.

JANOTA, Johannes/WILLIAMS-KRAPP, Werner (Hg.), Literarisches Leben in Augsburg während des 15. Jahrhunderts (Studia Augustana 7), Tübingen 1995.

JANSEN, Max, Die Anfänge der Fugger (bis 1494) (Studien zur Fuggergeschichte 1), Leipzig 1907.

–, Jakob Fugger der Reiche. Studien und Quellen I. (Studien zur Fuggergeschichte 3), Leipzig 1910.

JARITZ, Gerhard, Kleidung und Prestigekonkurrenz. Unterschiedliche Identitäten in der städtischen Gesellschaft unter Normierungszwängen, in: BULST/JÜTTE (Hg.), Zwischen Sein und Schein, 1993, S. 8–31.

JENNY, Beat Rudolf, Graf Froben Christoph von Zimmern. Geschichtsschreiber, Erzähler, Landesherr, Ein Beitrag zur Geschichte des deutschen Humanismus, Lindau-Konstanz 1959.

JEROUSCHEK, Günter, Rezension: SCHRÖTER, ›Wo zwei zusammenkommen‹, in: Zs. der Savigny-Stiftung für Rechtsgeschichte, Germanistische Abt. 108 (1991), S. 462–464.

JOHANEK, Peter, Geschichtsschreibung und Geschichtsüberlieferung in Augsburg am Ausgang des Mittelalters, in: JANOTA/WILLIAMS-KRAPP (Hg.), Literarisches Leben in Augsburg, 1995, S. 160–182.

– (Hg.), Städtische Geschichtsschreibung im Spätmittelalter und in der Frühneuzeit (Städteforschungen A 47), Köln-Wien-Weimar 2000.

JOUANNA, Arlette, Die Legitimierung des Adels und die Erhebung in den Adelsstand in Frankreich (16. bis 18. Jahrhundert), in: SCHULZE (Hg.), Ständische Gesellschaft und soziale Mobilität, 1988, S. 165–178.

JÜTTE, Robert, Household and Family Life in late 16th Century Cologne. The Weinsberg Family, in: 16th Century Journal 17 (1986), S. 165–182.

KÄSTNER, Hannes, Die Autobiographie Melchior Schedels (1516–1571) aus Nürnberg, in: ROLOFF (Hg.), Editionsdesiderate zur Frühen Neuzeit, 1997, S. 995–1003.

Kaiser Karl V. (1500–1558). Macht und Ohnmacht Europas, Katalog Bonn, Bonn-Wien 2000.

KAMMEL, Frank Matthias/GRIES, Carola Bettina (Hg.), Begegnungen mit alten Meistern. Altdeutsche Tafelmalerei auf dem Prüfstand, Nürnberg 2000.

KAUFMANN, Lynn Frier, The Noble Savage. Satyrs and Satyr Families in Renaissance Art (Studies in Renaissance Art and History 2), Ann Arbor 1979.

KELLENBENZ, Hermann, Hans Jakob Fugger (Handelsherr, Humanist, Diplomat), in: LAYER (Hg.), Lebensbilder, Bd. 12, 1980, S. 48–104.

KESSLER-AURISCH, Helga, Hochzeitsmode als Spiegel der sozialen Wirklichkeit, in: VÖLGER/WELCK (Hg.), Die Braut, 1985, Bd. 1, S. 316–329.

KIESSLING, Rolf, Bürgerliche Gesellschaft und Kirche in Augsburg im 14. und 15. Jahrhundert. Ein Beitrag zur Strukturanalyse der spätmittelalterlichen Stadt (Abh. zur Geschichte der Stadt Augsburg 19), Augsburg 1971 [Diss. phil. München 1969].

–, Städtischer Republikanismus. Regimentsformen des Bürgertums in oberschwäbischen Stadtstaaten im ausgehenden Mittelalter und der beginnenden Frühneuzeit, in: BLICKLE (Hg.), Politische Kultur in Oberschwaben, 1993, S. 175–205.

–, Problematik und zeitgenössische Kritik des Verlagssystems, in: BURKHARDT (Hg.), Augsburger Handelshäuser, 1996, S. 175–190.

KILLY, Walther (Hg.), Mythographie der frühen Neuzeit. Ihre Anwendung in den Künsten (Wolfenbütteler Forschungen 27), Wiesbaden 1984.

KIRCH, Hermann Joseph, Die Fugger und der Schmalkaldische Krieg (Studien zur Fuggergeschichte 5), München-Leipzig 1915.

KLAPISCH-ZUBER, Christiane, L'invention du passé familial à Florence (XIVe–XVe siècles), in: Temps, memoire, tradition au moyen âge, 1983, S. 95–118.

–, Les généalogies florentines du XIVe et du XVe siècles, in: Le modèle familial européen, 1986, S. 101–131.

–, Die Erfindung der Familientradition, in: DIES., Das Haus, der Name, der Brautschatz, 1995, S. 7–23.

–, Das Haus, der Name, die Person, in: DIES., Das Haus, der Name, der Brautschatz, 1995, S. 24–51.

–, Das Haus, der Name, der Brautschatz. Strategien und Rituale im gesellschaftlichen Leben der Renaissance (Geschichte und Geschlechter 7), Frankfurt am Main-New York 1995.

KLIER, Richard, Nürnberger Fuggerstudien, in: Jb. für Fränkische Landesforschung 30 (1970), S. 253–272.

KLOCKE, Friedrich von, Die Gestaltung der deutschen Ahnenprobe im 13., 14. und 15. Jahrhundert, in: Familie, Sippe und Volk 4/12 (1938), S. 133–139.

KNALL-BRSKOWSKY, Ulrike, Ethos und Bilderwelt des Adels, in: (Kat.) Adel im Wandel, 1990, S. 481–497.

KÖHLER, Johannes, Warum erschien der ›Emblematum liber‹ von Andreas Alciat 1531 in Augsburg?, in: SCHOLZ u.a. (Hg.), The European Emblem, 1990, S. 19–32.

KOEPPLIN, Dietmar/FALK, Tilman, Lucas Cranach. Gemälde, Zeichnungen, Druckgraphik, 2 Bde., Basel-Stuttgart 1974–1976.

KOHLHAUSEN, Heinrich, Nürnberger Goldschmiede des Mittelalters und der Dürerzeit, 1240–1540, Berlin 1968.

KOUTNÁ-KARG, Dana, Die Ehre der Fugger. Zum Selbstverständnis einer Familie, in: BURKHARDT (Hg.), Augsburger Handelshäuser, 1996, S. 87–106.

KRAMER-SCHLETTE, Carola, Vier Augsburger Chronisten der Reformationszeit. Die Behandlung und Deutung der Zeitgeschichte bei Clemens Sender, Wilhelm Rem, Georg Preu und Paul Hector Mair (Kieler Historische Studien 421), Lübeck-Hamburg 1970.

KUNZE, Horst, Geschichte der Buchillustration in Deutschland. Das 16. und 17. Jahrhundert, Bde. 1–2, Leipzig 1993.

›Kurzweil viel ohn' Maß und Ziel‹. Augsburger Patrizier und ihre Feste zwischen Mittelalter und Neuzeit, hg. von Pia Maria GRÜBNER, Katalog Augsburg, München 1994.

›Kurzweil viel ohn' Maß und Ziel‹. Alltag und Festtag auf den Augsburger Monatsbildern der Renaissance, hg. vom Deutschen Historischen Museum Berlin. Mit Beiträgen von Hartmut BOOCKMANN u.a., München 1994.

KUTSCHBACH, Doris, Das irdische Paradies. Liebesgärten im späten Mittelalter, in: SCHUTTWOLF (Hg.), Jahreszeiten der Gefühle, Katalog, 1998, S. 82–92.

LABALME, Patricia H. (Hg.), Beyond their Sex. Learned Women of the European Past, New York 1984.

LANDFESTER, Rüdiger, ›Historia magistra vitae‹. Untersuchungen zur humanistischen Geschichtstheorie des 14. bis 16. Jahrhunderts (Travaux d'humanisme et renaissance 123), Genf 1972.

LANDWEHR, John, German Emblem Books 1531–1888. A Bibliography (Bibliotheca Emblematica 5), Utrecht 1972.

LANGENMANTEL, David, Historie des Regiments Jn des Heil. Roem. Reichs Stadt Augspurg, Frankfurt-Leipzig 1725.

LANZINNER, Maximilian, Fürst, Räte und Landstände. Die Entstehung der Zentralbehörden in Bayern 1511–1598 (Veröff. des MPI G 61), Göttingen 1980.

LAQUEUR, Thomas, Auf den Leib geschrieben. Die Inszenierung der Geschlechter von der Antike bis Freud, Frankfurt am Main-New York 1992.

LASCHITZER, Simon, Die Heiligen aus der ›Sipp-, Mag- und Schwägerschaft‹ des Kaisers Maximilian I., in: Jb. der Kunsthistorischen Sammlungen des Allerhöchsten Kaiserhauses 4 (1886), S. 70–288; 5 (1887), S. 117–262.

LAYER, Adolf (Hg.), Lebensbilder aus dem Bayerischen Schwaben, Bd. 12 (Veröff. der SFG 3/12), Weißenhorn 1980.

LEHMANN, Paul, Eine Geschichte der alten Fuggerbibliotheken, 2 Bde.; I. Teil; II. Teil: Quellen und Rekonstruktionen (Veröff. der SFG 4/3, 4/5, Studien zur Fuggergeschichte 12, 15), Tübingen 1956, 1960.

LEHRS, Max, Der Meister der Liebesgärten. Ein Beitrag zur Geschichte des ältesten Kupferstichs in den Niederlanden, Dresden 1893.

Le modèle familial européen. Normes, déviances, contrôle du pouvoir. Actes des séminaires organisés par l'École française de Rome et l'Università di Roma (1984) (Collection de l'École française de Rome), Rom 1986.

LIEB, Norbert, Die Fugger und die Kunst im Zeitalter der Spätgotik und der Frühen Renaissance (Veröff. der SFG 4/1, Studien zur Fuggergeschichte 10), München 1952. [Teil I]

–, Die Fugger und die Kunst im Zeitalter der Hohen Renaissance (Veröff. der SFG 4/4, Studien zur Fuggergeschichte 14), München 1958. [Teil II]

–, Octavian Secundus Fugger (1549–1600) und die Kunst (Veröff. der SFG 4/18, Studien zur Fuggergeschichte 27), Tübingen 1980.

LIEBERICH, Heinz, Rittermäßigkeit und bürgerliche Gleichheit. Anmerkungen zur gesellschaftlichen Stellung des Bürgers im Mittelalter, in: GAGNÉR u.a. (Hg.), Festschrift Hermann Krause, 1975, S. 66–93.

LIERMANN, Hans, Zur Rechtsgeschichte der Fuggerschen Stiftungen, in: ZBLG 18 (1955), S. 395–407.

LILL, Georg (Hg.), Fuggerorum et Fuggerarum Imagines. Tomus Secundus, 1618–1938, 322 Porträts auf 179 Kupferdrucktafeln. Im Auftrage des fürstlich und gräflich Fuggerschen Familienseniorats, Augsburg 1938.

LIND, K., Die Chronik der Familie Beck von Leopoldsdorf, in: Blätter des Vereins für Landeskunde in Niederösterreich NF 9 (1875), S. 129–134, 221–223, 329–339 [Teil I]; 10 (1876), S. 96–101, 210–218 [Teil II]; 11 (1877), S. 131–142 [Teil III].

LIVER, Ricarda, Mittelalterliche Gestaltung von antiken Erzählstoffen am Beispiel von Pyramus und Thisbe im lateinischen und romanischen Mittelalter, in: ERZGRÄBER (Hg.), Kontinuität und Transformation, 1989, S. 315–326.

LÖCHER, Kurt, Das Bildnis in ganzer Figur. Quellen und Entwicklung, in: Zs. für Schweizerische Archäologie und Kunstgeschichte 42 (1985), S. 74–82.

LÖFFELHOLZ VON KOLBERG, Eugen Frhr., Dr. Christoph II. Scheurls Hochzeit mit Katharina Fütterin am 29. August 1519, in: MVGN 3 (1881), S. 155–168.

LORENZ-SCHMIDT, Sabine, Vom Wert und Wandel weiblicher Arbeit. Geschlechtsspezifische Arbeitsteilung in der Landwirtschaft in Bildern des Spätmittelalters und der Frühneuzeit (VSWG, Beiheft 137), Stuttgart 1998 [Diss. phil. Hamburg 1995].

LUETGENDORFF-LEINBURG, Willibald Leo von, Familiengeschichte, Stammbaum und Ahnenprobe: Kurzgefaßte Anleitung für Familienforscher, 2. Aufl. Frankfurt am Main 1910.

MAASEN, Wilhelm, Hans Jakob Fugger (1516–1575). Ein Beitrag zur Geschichte des 16. Jahrhunderts, hg. von Paul RUF (Historische Forschungen und Quellen 5), München 1922.

MACHILEK, Franz, Frömmigkeitsformen des spätmittelalterlichen Adels am Beispiel Frankens, in: SCHREINER (Hg.), Laienfrömmigkeit im späten Mittelalter, 1992, S. 157–189.

MACZAK, Antoni (Hg.), Klientelsysteme im Europa der Frühen Neuzeit (Schr. des Historischen Kollegs, Kolloquien 9), München 1988.

MANDROU, Robert, Die Fugger als Grundbesitzer in Schwaben, 1560–1618. Eine Fallstudie sozioökonomischen Verhaltens am Ende des 16. Jahrhunderts. Übersetzt von Eckart BIRNSTIEL (Veröff. des MPI G 136; Veröff. der SFG 4/26, Studien zur Fuggergeschichte 35), Göttingen 1997.

MANN, Thomas, Die Buddenbrooks. Verfall einer Familie (Gesammelte Werke 1), Frankfurt am Main 1990.

MANNING, John, A Bibliographical Approach to the Illustrations in 16th Century Editions of Alciato's Emblemata, in: DALY (Hg.), Andreas Alciato and the Emblem Tradition, 1989, S. 127–176.

MARQUARD, Odo/STIERLE, Karlheinz (Hg.), Identität, (Poetik und Hermeneutik 8) München 1979.

MASCHKE, Erich, Die Familie in der deutschen Stadt des späten Mittelalters (Sitzungsberichte der Heidelberger Akademie der Wissenschaften, Phil.-Hist. Klasse 4), Heidelberg 1980.

MATTHES, Olaf/STEINERT, Arne (Hg.), Museum, Musen, Meer. Jörgen Bracker zum 65. Geburtstag, Hamburg 2001.

MAUER, Benedikt, Patrizisches Bewußtsein in Augsburger Chroniken, Wappen- und Ehrenbüchern, in: RÖSENER (Hg.), Adelige und bürgerliche Erinnerungskulturen, 2000, S. 163–176.

–, ›Gemain Geschrey‹ und ›teglich Reden‹. Georg Kölderer – ein Augsburger Chronist des konfessionellen Zeitalters (Veröff. der SFG 1/29), Augsburg 2001.

MAURER, Friedrich, Der Topos von den ›Minnesklaven‹. Zur Geschichte einer thematischen Gemeinschaft zwischen bildender Kunst und Dichtung im Mittelalter, in: Deutsche Vierteljahresschrift für Literaturwissenschaft und Geistesgeschichte 27 (1953), S. 182–206.

MAURER, Hans-Martin/QUARTHAL, Franz (Hg.), Speculum Sueviae. Beiträge zu den historischen Hilfswissenschaften und zur geschichtlichen Landeskunde Südwestdeutschlands. Festschrift für Hansmartin Decker-Hauff, 2 Bde. (ZWLG 40/41, 1981/82), Stuttgart 1982.

MEILINGER, Johannes, Der Warenhandel der Augsburger Handelsgesellschaft Anton Haug, Hans Langnauer, Ulrich Linck und Mitverwandte 1532–1562, Gräfenheinichen 1911 [Diss. phil. Leipzig 1911].

MEISEN, Karl, Liebespfänder in mittelalterlicher und neuerer Zeit, in: Rheinisches Jb. für Volkskunde 4 (1953), S 142–204.

MELVILLE, Gert, Troja: Die integrative Wiege europäischer Mächte im ausgehenden Mittelalter, in: SEIBT/EBERHARDT (Hg.), Europa 1500, 1987, S. 415–432.

–, Vorfahren und Vorgänger. Spätmittelalterliche Genealogien als dynastische Legitimation zur Herrschaft, in: SCHULER (Hg.), Die Familie als historischer und sozialer Verband, 1987, S. 203–310.

MERTENS, Dieter, Geschichte und Dynastie – Zu Methode und Ziel der ›Fürstlichen Chronik‹ Jacob Mennels, in: ANDERMANN (Hg.), Historiographie am Oberrhein, 1988, S. 121–153.

MERTENS, Veronika, Mi-parti als Zeichen. Zur Bedeutung von geteiltem Kleid und geteilter Gestalt in der Ständetracht, in literarischen und bildnerischen Quellen sowie im Fastnachtsbrauch vom Mittelalter bis zur Gegenwart (Kulturgeschichtliche Forschungen 1), Remscheid 1983.

(Les) Metamorphoses d'Orphee, Katalog Tourcoing-Straßburg-Ixelles, hg. von Catherine CAMBOULIVES/Michèle LAVALLÉE, Tourcoing 1994.

MEZGER, Werner, Narrenidee und Fastnachtsbrauch. Studien zum Fortleben des Mittelalters in der europäischen Festkultur (Konstanzer Bibliothek 15), Konstanz 1991 [Habilschrift Freiburg i. Br. 1989].

MIEDEMA, Hessel, The Term ›emblema‹ in Alciati, in: Journal of the Warburg and Courtauld Institutes 31 (1968), S. 234–250.

MISCH, Georg, Geschichte der Autobiographie, 4 Bde., Frankfurt am Main 1949–1969.

MÖBIUS, Helga, Die Moralisierung des Körpers. Frauenbilder und Männerwünsche im frühneuzeitlichen Holland, in: BARTA u.a. (Hg.), Frauen, Bilder, Männer, Mythen, 1987, S. 69–83.

MOEGLIN, Jean Marie, Fürstliche Ehre und verletzte Ehre der Fürsten im spätmittelalterlichen deutschen Reich, in: SCHREINER/SCHWERHOFF (Hg.), Verletzte Ehre, 1995, S. 77–91.

MOELLER, Bernd, Das Zeitalter der Reformation, (Deutsche Geschichte, Sonderausgabe 2) Göttingen 1985.

MÖLLER, Karl/NEUBECKER, Ottfried, (Art.) Ahnentafel, in: RDK 1 (1937), Sp. 227–233.

MÖRKE, Olaf, Die Fugger im 16. Jahrhundert. Städtische Elite oder Sonderstruktur?, in: AfR 74 (1983), S. 141–162.

MONNET, Pierre, Les Rohrbach de Francfort: Pouvoirs, affaires et parenté a l'aube de la renaissance allemande (Travaux d'humanisme et renaissance 317), Genf 1997.

–, La ville et le nom. Le livre des Melem, une source pour l'histoire privée des élites francofortois à la fin du moyen âge, in: Journal des Savants 1999, S. 491–538.

MORAW, Ursula, Die Gegenwartschronistik in Deutschland im 15. und 16. Jahrhundert, Heidelberg 1966 [Diss. phil. Heidelberg 1963].

MORSEL, Joseph, Die Erfindung des Adels. Zur Soziogenese des Adels am Ende des Mittelalters. Das Beispiel Franken, in: OEXLE/PARAVICINI (Hg.), Nobilitas, 1997, S. 312–375.

–, Adelsgeschlecht als Repräsentation. Beobachtungen zur adeligen Verwandtschaftspraxis im spätmittelalterlichen und frühneuzeitlichen Franken, in: OEXLE/HÜLSEN-ESCH (Hg.), Die Repräsentation der Gruppen, 1998, S. 259–325.

MOSER, Dietz-Rüdiger, Schwänke und Pantoffelhelden, in: Fabula 13 (1972), S. 205–292.

MÜLLER, Jan Dirk, Volksbuch/Prosaroman im 15./16. Jahrhundert – Perspektiven der Forschung, in: Internationales Archiv für Sozialgeschichte der deutschen Literatur, Sonderheft 1, Tübingen 1985, S. 1–128.

MÜLLER, Johannes, Die Ehinger von Konstanz, in: ZGO 59, NF 20 (1905), S. 19–40.

–, Der Anteil der Familien Ehinger-Güttingen von Konstanz und der Österreicher Ehinger von Ulm an den überseeischen Unternehmungen der Welser, in: VSWG 22 (1930), S. 373–387.

MÜLLER, Maria E. (Hg.), Eheglück und Liebesjoch. Bilder von Liebe, Ehe und Familie in der Literatur des 15. und 16. Jahrhunderts (Ergebnisse der Frauenforschung 14), Weinheim-Basel 1988.

NEBINGER, Gerhart, Die Standesverhältnisse des Hauses Fugger (von der Lilie) im 15. und 16. Jahrhundert, in: Blätter des Bayerischen Landesvereins für Familienkunde 49 (1986), Heft 9/10, S. 261–276.

NEDDERMEYER, Uwe, ›Darümb sollen die historien billich fürsten bücher sein und genennet werden‹. Universalhistorische Werke als Ratgeber der Fürsten im Mittelalter und in der frühen Neuzeit, in: GRELL u.a. (Hg.), Les princes, 1998, S. 66–108.

NEUBECKER, Ottfried, Heraldik zwischen Wappenpraxis und Wappengraphik. Wappenkunst bei Dürer und zu Dürers Zeit, in: Albrecht Dürers Umwelt. Festschrift zum 500. Geburtstag (Nürnberger Forschungen 15), Nürnberg 1971, S. 193–219.

NIENHOLDT, Eva, Die bürgerliche Tracht in Nürnberg und Augsburg von Anfang des 15. bis zur Mitte des 16. Jahrhunderts (ca. 1420–1550). Ein Beitrag zur Kostümgeschichte, Leipzig 1925.

NIKOL, Hans, Die Herren von Sauerzapf. Geschichte eines Hammerherrengeschlechts der Oberpfalz, in: Verhandlungen des Historischen Vereins für die Oberpfalz und Regensburg 114 (1974), S. 127–215.

NOFLATSCHER, Heinz, Funktionseliten an den Habsburgerhöfen um 1500, in: SCHULZ (Hg.), Sozialer Aufstieg, 2002, S. 291–314.

NYBERG, Tore, Dokumente und Untersuchungen zur inneren Geschichte der drei Birgittenklöster Bayerns 1420–1570, 2 Bde. (Quellen und Erörterungen zur Bayerischen Geschichte, NF 26), München 1972/74.

OEXLE, Otto Gerhard, Adel, Memoria und kulturelles Gedächtnis. Bemerkungen zur Memorial-Kapelle der Fugger in Augsburg, in: GRELL u.a. (Hg.), Les princes, 1998, S. 339–357.

– /PARAVICINI, Werner (Hg.), Nobilitas. Funktion und Repräsentation des Adels in Alteuropa (Veröff. des MPI G 133), Göttingen 1997.

– /HÜLSEN-ESCH, Andrea von (Hg.), Die Repräsentation der Gruppen. Texte – Bilder – Objekte (Veröff. des MPI G 141), Göttingen 1998.

OPITZ, Claudia, Mutterschaft und Vaterschaft im 14. und 15. Jahrhundert, in: HAUSEN/WUNDER (Hg.), Frauengeschichte – Geschlechtergeschichte, 1992, S. 137–153.

ORGEL, Stephen, The Example of Hercules, in: KILLY (Hg.), Mythographie der frühen Neuzeit, 1984, S. 25–35.

OTT, Norbert H., Überlieferung, Ikonographie – Anspruchsniveau, Gebrauchssituation. Methodisches zum Problem der Beziehungen zwischen Stoffen, Texten und Illustrationen in Handschriften des Spätmittelalters, in: GRENZMANN/STACKMANN (Hg.), Literatur und Laienbildung, 1984, S. 356–391.

–, Der Körper als konkrete Hülle des Abstrakten. Zum Wandel der Rechtsgebärde im Spätmittelalter, in: SCHREINER/SCHNITZLER (Hg.), Gepeinigt, begehrt, vergessen, 1992, S. 223–241.

PANOFSKY, Erwin, Albrecht Dürer, 2 Bde., 3. Aufl. Princeton 1948.

PARAVICINI, Werner, Gruppe und Person. Repräsentation durch Wappen im späteren Mittelalter, in: OEXLE/HÜLSEN-ESCH (Hg.), Die Repräsentation der Gruppen, 1998, S. 327–389.

PATZE, Hans (Hg.), Geschichtsschreibung und Geschichtsbewußtsein im Spätmittelalter (VuF 31), Sigmaringen 1987.

PERROT, Michelle (Hg.), Geschlecht und Geschichte. Ist eine weibliche Geschichtsschreibung möglich?, Frankfurt am Main 1989.

PETERSOHN, Jürgen, Die Vita des Aufsteigers. Sichtweisen gesellschaftlichen Erfolgs in der Biographik des Quattrocento, in: HZ 250 (1990), S. 1–31.

PETZOLDT, Leander, Virgilius Magus. Der Zauberer Virgil in der literarischen Tradition des Mittelalters, in: BRUNOLD-BIGLER/BAUSINGER (Hg.), Hören – Sagen – Lesen – Lernen, 1995, S. 549–568.

›Pieter Bruegel invenit‹. Das druckgraphische Werk, Katalog Hamburg, Hamburg 2001.

PIETRZIK, Dominik, Die Brandan-Legende. Ausgewählte Motive der frühneuhochdeutschen sogenannten ›Reise‹-Version, Frankfurt am Main-Berlin 1999 [Diss. phil. Hamburg 1998].

PLEIJ, Hermann, Arbeitsteilung in der Ehe. Literatur und soziale Wirklichkeit im Spätmittelalter, in: MÜLLER (Hg.), Eheglück und Liebesjoch, 1988, S. 105–123.

PÖLNITZ, Götz Frhr. von, Clemens Jäger, der Verfasser der Fuggerchronik, in: HZ 164 (1941), S. 91–101.

–, Jakob Fugger. Bd. 1: Kaiser, Kirche und Kapital in der oberdeutschen Renaissance; Bd. 2: Quellen und Erläuterungen, Tübingen 1949, 1951.

– (Hg.), Lebensbilder aus dem Bayerischen Schwaben, Bde. 1–2 (Veröff. der SFG 3/1–2) München 1952/53.

–, Anton Fugger, 1. Bd. 1453–1535; 2. Bd. 1536–1548 (Teil I: 1536–1543); 2. Bd. 1536–1548 (Teil II: 1544–1548); 3. Bd. 1548–1560 (Teil I: 1548–1554) (Veröff. der SFG 4/6, 4/8, 4/11, 4/13, Studien zur Fuggergeschichte 13, 17, 20, 22), Tübingen 1958–1971.

– /KELLENBENZ, Hermann, Anton Fugger, 3. Bd. 1548–1560, Teil II: 1555–1560. Die letzten Jahre Anton Fuggers, Anton Fuggers Persönlichkeit und Werk (Veröff. der SFG 4/20, Studien zur Fuggergeschichte 29), Tübingen 1986.

–, Die Fuggersche Generalrechnung von 1563, in: Kyklos. Internationale Zs. für Sozialwissenschaft 20 (1967), S. 355–370.

–, Die Fugger in Nürnberg, in: Beiträge zur Wirtschaftsgeschichte Nürnbergs, Bd. 1, 1967, S. 221–235.

–, Die Fugger, 4. Aufl. Tübingen 1981.

POST, Paul, Das Kostüm der deutschen Renaissance 1480–1550, in: Anzeiger des Germanischen Nationalmuseums 1554–1559 (1960), S. 21–42.

PRESS, Volker, Patronat und Klientel im Heiligen Römischen Reich, in: MACZAK (Hg.), Klientelsysteme, 1988, S. 19–46.

PUFF, Helmut, Die Ehre der Ehe – Beobachtungen zum Konzept der Ehre in der Frühen Neuzeit an Johannes Fischarts ›Philosophisch Ehzuchtbüchlein‹ (1578) und anderen Ehelehren des 16. Jahrhunderts, in: BACKMANN u.a. (Hg.), Ehrkonzepte, 1998, S. 99–119.

RACHEL, Hugo/PAPRITZ, Johannes/WALLICH, Paul (Hg.), Berliner Großkaufleute und Kapitalisten, Bd. 1: Bis zum Ende des Dreißigjährigen Krieges (Veröff. des Vereins für Geschichte der Mark Brandenburg 32), 2. Aufl. Berlin 1967.

RAPP-BURI, Anna/STUCKY-SCHÜRER, Monica (Hg.), Zahm und wild. Basler und Straßburger Bildteppiche des 15. Jahrhunderts, 3. Aufl. Mainz 1993.

RAU, Susanne, Geschichte und Konfession. Städtische Geschichtsschreibung und Erinnerungskultur im Zeitalter von Reformation und Konfessionalisierung in Bremen, Breslau, Hamburg und Köln (Hamburger Veröff. zur Geschichte Mittel- und Osteuropas 9), Hamburg-München 2002 [Diss. phil. Hamburg 2001].

REICHMANN, Oskar, Zur Edition frühneuhochdeutscher Texte. Sprachgeschichtliche Perspektiven, in: Zs. für Deutsche Philologie 97 (1978), S. 337–361.

REINLE, Christine, Wappengenossen und Landleute. Der bayerische Niederadel zwischen Aufstieg und Ausgrenzung, in: ANDERMANN/JOHANEK (Hg.), Zwischen Nicht-Adel und Adel, 2001, S. 105–156.

–, Spätmittelalterliche Landesverwaltung als Karrieresprungbrett? Das Beispiel Bayern auf dem Prüfstand, in: SCHULZ (Hg.), Sozialer Aufstieg, 2002, S. 221–242.

REVEL, Jacques, Geschlechterrollen in der Geschichtsschreibung, in: PERROT (Hg.), Geschlecht und Geschichte, 1989, S. 95–120.

RIEBER, Albrecht, Das Patriziat von Ulm, Augsburg, Ravensburg, Memmingen und Biberach, in: RÖSSLER (Hg.), Deutsches Patriziat, 1968, S. 299–351.

RIEDENAUER, Ernst, Das Herzogtum Bayern und die kaiserlichen Standeserhebungen des späten Mittelalters, in: ZBLG 36 (1973), S. 600–644.

RIEDMANN, Josef, Geschichte Tirols, Wien 1982.

RÖHRICH, Lutz, Antike Motive in spätmittelalterlichen Erzählungen und Volksballaden, in: ERZGRÄBER (Hg.), Kontinuität und Transformation, 1989, S. 327–344.

RÖSENER, Werner (Hg.), Adelige und bürgerliche Erinnerungskulturen des Spätmittelalters und der Frühen Neuzeit (Formen der Erinnerung 8), Göttingen 2000.

RÖSSLER, Helmuth (Hg.), Deutsches Patriziat (Deutsche Führungsschichten in der Neuzeit 3), Limburg a.d. Lahn 1968.

RÖTTINGER, Heinrich, Breu-Studien, in: Jb. der Kunsthistorischen Sammlungen des Allerhöchsten Kaiserhauses in Wien 28 (1909/10), S. 31–92.

ROGGE, Jörg, Ehrverletzungen und Entehrungen in politischen Konflikten in spätmittelalterlichen Städten, in: SCHREINER/SCHWERHOFF (Hg.), Verletzte Ehre, 1995, S. 110–143.

–, Für den Gemeinen Nutzen. Politisches Handeln und Politikverständnis von Rat und Bürgerschaft in Augsburg im Spätmittelalter (Studia Augustana 6), Tübingen 1996 [Diss. phil. Bielefeld 1993].

ROHMANN, Gregor, Der Lügner durchschaut die Wahrheit. Verwandtschaft, Status und historisches Wissen bei Hermann von Weinsberg, in: Jb. des Kölnischen Geschichtsvereins 71 (2000), S. 43–76.

–, ›Herkommen‹ als Kostümgeschichte: Die Porträts im Ehrenbuch der Fugger (1542–1549), in: Waffen- und Kostümkunde 43 (2001), Heft 1, S. 11–31.

–, ›Eines Erbaren Raths gehorsamer amptman‹. Clemens Jäger und die Geschichtsschreibung des 16. Jahrhunderts (Veröff. der SFG 1/28), Augsburg 2001.

–, Gab es in Hamburg ein ›Patriziat‹? Beobachtungen zum ›Slechtbok‹ der Moller vom Hirsch, in: MATTHES/STEINERT (Hg.), Museum, Musen, Meer, 2001, S. 138–168.

–, Rezension: ANDERMANN/JOHANEK (Hg.), Zwischen Nicht-Adel und Adel, 2001, in: ZfG 50 (2002), Heft 8, S. 747–749.

–, ›mit seer grosser muhe vnd schreiben an ferre Ort‹. Wissensproduktion und Wissensvernetzung in der deutschsprachigen Familienbuchschreibung des 16. Jahrhunderts, [erscheint] in: Birgit STUDT (Hg.), Haus- und Familienbücher in der städtischen Gesellschaft des Spätmittelalters und der frühen Neuzeit (Städteforschung), Münster 2004. [im Druck]

ROLOFF, Hans-Gert (Hg.), Editionsdesiderate zur Frühen Neuzeit. Beiträge zur Tagung der Kommission für die Edition von Texten der Frühen Neuzeit, Bd. 2 (Chloe. Beihefte zum Daphnis 25), Amsterdam-Atlanta 1997.

ROPER, Lyndal, The Holy Household. Women and Morals in Reformation Augsburg, Oxford 1989.

–, Will and Honour: Sex, Words and Power in Augsburg Criminal Trials, in: Radical History Review 43 (1989), S. 45–71; auch in: DIES., Oedipus and the Devil, 1994, S. 53–77.

–, ›Wille‹ und ›Ehre‹: Sexualität, Sprache und Macht in Augsburger Kriminalprozessen, in: WUNDER/VANJA (Hg.), Wandel der Geschlechterbeziehungen, 1991, S. 180–197.

–, Männlichkeit und männliche Ehre, in: HAUSEN/WUNDER (Hg.), Frauengeschichte – Geschlechtergeschichte, 1992, S. 154–171.

–, Was there a Crisis in Gender Relations in 16th Century Germany?, in: DIES., Oedipus and the Devil, 1994, S. 36–52.

–, Introduction, in: Ebenda, S. 1–34.

–, Oedipus and the Devil. Witchcraft, Sexuality and Religion in Early Modern Europe, London-New York 1994.

–, Das fromme Haus. Frauen und Moral in der Reformation, Frankfurt am Main 1995.

–, Ödipus und der Teufel. Körper und Psyche in der Frühneuzeit, Frankfurt am Main 1995.

ROTH, Friedrich, Das Aufkommen der neuen Augsburger Stadtpir mit dem Capital und Cisa- oder Cybele-Kopf um 1540, in: ZHVS 35 (1909), S. 115–128.

–, Clemens Jäger, nacheinander Schuster und Ratsherr, Stadtarchivar und Ratsdiener, Zolleinnehmer und Zolltechniker in Augsburg – der Verfasser des Habsburgisch-Oesterreichischen Ehrenwerks, in: ZHVS 46 (1926), S. 1–75 [Teil I]; 47 (1927), S. 1–105 [Teil II].

RÜCKER, Elisabeth, Die Bibliothek, in: DENEKE/KASHNITZ (Hg.), Das Germanische Nationalmuseum in Nürnberg, 1978, S. 546–583.

RÜSEN, Jörn, Lebendige Geschichte. Grundzüge einer Historik III: Formen und Funktionen des historischen Wissens, Göttingen 1989

SAHM, Heike, Dürers kleinere Texte: Konventionen als Spielraum für Individualität (Hermaea NF 97), Tübingen 2002 [Diss. phil. Tübingen 1997].

SCHAD, Martha, Die Frauen des Hauses Fugger von der Lilie (15.-17. Jahrhundert). Augsburg – Ortenburg – Trient (Veröff. der SFG 4/22, Studien zur Fuggergeschichte 31), Tübingen 1989.

SCHELLER, Benjamin, ›Damit dannocht etwas umb das gelt und des stifters willen beschech …‹. Der Streit um den Stiftungsvollzug der Vöhlinschen Prädikatur bei St. Martin in Memmingen nach der Reformation (1526–1543), in: BORGOLTE (Hg.), Stiftungen und Stiftungswirklichkeiten, 2000, S. 257–278.

SCHEUERMANN, Ludwig, Die Fugger als Montanindustrielle in Tirol und Kärnten. Ein Beitrag zur Wirtschaftsgeschichte des 16. und 17. Jahrhunderts (Studien zur Fuggergeschichte 8), München-Leipzig 1929.

SCHMIDT, Heinrich, Die Deutschen Städtechroniken als Spiegel des bürgerlichen Selbstverständnisses im Mittelalter (SchR der Historischen Kommission bei der Bayerischen Akademie der Wissenschaften 3), Göttingen 1958 [Diss. phil. Göttingen 1954].

SCHMIDT, Heinrich R., Hausväter vor Gericht. Der Patriarchalismus als zweischneidiges Schwert, in: DINGES (Hg.), Hausväter – Priester – Kastraten, 1998, S. 212–236.

SCHMIDT, W., Notizen zu deutschen Malern, in: Repertorium für Kunstwissenschaft 19 (1896), S. 285–287.

SCHMIDT-WIEGAND, Ruth, Hochzeit, Vertragsehe und Ehevertrag in Mitteleuropa, in: VÖLGER/WELCK (Hg.), Die Braut, 1985, Bd. 1, S. 264–273.

SCHMITT, Jean-Claude, La raison des gestes dans l'Occident médiéval, Paris 1990.

SCHNEIDER, Karin, Berufs- und Amateurschreiber. Zum Laien-Schreibbetrieb im spätmittelalterlichen Augsburg, in: JANOTA/WILLIAMS-KRAPP (Hg.), Literarisches Leben in Augsburg, 1995, S. 8–26.

SCHNÖRING, Wilhelm, Johannes Blankenfeld. Ein Lebensbild aus den Anfängen der Reformation (Schr. des Vereins für Reformationsgeschichte 86), Halle a.d. Saale 1905.

SCHOLZ, Bernard F./BATH, Michael/WESTON, David (Hg.), The European Emblem. Selected Papers from the Glasgow Conference 1987 (Symbola et Emblemata. Studies in Renaissance and Baroque Symbolism 2), Leiden-New York-Kopenhagen-Köln 1990.

SCHRAMM, Percy Ernst/FILLITZ, Hans, Denkmale der deutschen Kaiser und Könige, Bd. II: Ein Beitrag zur Herrschergeschichte von Rudolf I. bis Maximilian I. 1273–1519 (Veröff. des Zentralinstituts für Kunstgeschichte 7), München 1978.

SCHREINER, Klaus, Sozialer Wandel im Geschichtsdenken und in der Geschichtsschreibung des späten Mittelalters, in: PATZE (Hg.), Geschichtsschreibung und Geschichtsbewußtsein, 1987, S. 237–286.

– (Hg.), Laienfrömmigkeit im späten Mittelalter (Schr. des Historischen Kollegs 20), München 1992.

–, ›Si homo non pecasset …‹. Der Sündenfall Adams und Evas in seiner Bedeutung für die soziale, seelische und körperliche Verfaßtheit des Menschen, in: DERS./SCHNITZLER (Hg.), Gepeinigt, begehrt, vergessen, 1992, S. 41–84.

– /SCHNITZLER, Norbert (Hg.), Gepeinigt, begehrt, vergessen. Symbolik und Sozialbezug des Körpers im späten Mittelalter und der frühen Neuzeit, München 1992.

– /SCHWERHOFF, Gerd, Verletzte Ehre. Überlegungen zu einem Forschungskonzept, in: DIES. (Hg.), Verletzte Ehre, 1995, S. 1–28.

– /SCHWERHOFF, Gerd (Hg.), Verletzte Ehre. Ehrkonflikte in Gesellschaften des Mittelalters und der Frühneuzeit (Norm und Struktur. Studien zum sozialen Wandel im Mittelalter und der Frühneuzeit 5), Köln 1995.

–, Religiöse, historische und rechtliche Legitimation spätmittelalterlicher Adelsherrschaft, in: OEXLE/PARAVICINI (Hg.), Nobilitas, 1997, S. 376–430.

SCHRÖTER, Michael, ›Wo zwei zusammenkommen in rechter Ehe …‹. Sozial- und psychogenetische Studien über Eheschließungsvorgänge vom 12. bis 15. Jahrhundert. Mit einem Vorwort von Norbert ELIAS, Frankfurt am Main 1990.

SCHÜPPERT, Helga, Bezeichnung, Bild und Sache. Überlegungen zur Kleidungsterminologie um 1500, in: Terminologie und Typologie mittelalterlicher Sachgüter, 1988, S. 93–141.

SCHÜRMEYER, Walter, (Art.) Ahnengalerie, in: RDK 1 (1937), Sp. 221–227.

SCHULER, Peter Johannes (Hg.), Die Familie als sozialer und historischer Verband. Untersuchungen zum Spätmittelalter und der frühen Neuzeit, Sigmaringen 1987.

SCHULTZE, Johannes, Richtlinien für die Textgestaltung bei Herausgabe von Quellen zur neueren deutschen Geschichte, in: BfdL 98 (1962), S. 1–11.

SCHULZ, Günther (Hg.), Sozialer Aufstieg. Funktionseliten im Spätmittelalter und in der frühen Neuzeit. Büdinger Forschungen zur Sozialgeschichte 2000 und 2001 (Deutsche Führungsschichten der Neuzeit 25), München 2002.

SCHULZE, Winfried (Hg.), Ständische Gesellschaft und soziale Mobilität (Schr. des Historischen Kollegs, Kolloquien 12), München 1988.

SCHUSTER, Peter, Ehre und Recht. Überlegungen zu einer Begriffs- und Sozialgeschichte zweier Grundbegriffe der mittelalterlichen Gesellschaft, in: BACKMANN u.a. (Hg.), Ehrkonzepte, 1998, S. 40–66.

SCHUTTWOLF, Allmuth (Hg.), Jahreszeiten der Gefühle. Das Gothaer Liebespaar und die Minne im Spätmittelalter. Mit Beiträgen von Angelica DÜLBERG u.a., Katalog Gotha, Ostfildern 1998.

SCHWEINBERGER, Willy (Hg.), 2000 Jahre Augsburg. Das Buch zum Jubiläum, Augsburg 1984.

SCHWINEKÖPER, Berent, Der Handschuh im Recht, Ämterwesen, Brauch und Volksglauben (Neue Deutsche Forschungen, Abt. Mittelalterliche Geschichte 5), Berlin 1938.

SCRIBNER, Robert W., Vom Sakralbild zur sinnlichen Schau. Sinnliche Wahrnehmung und das Visuelle bei der Objektivierung des Frauenkörpers in Deutschland im 16. Jahrhundert, in: SCHREINER/SCHNITZLER (Hg.), Gepeinigt, begehrt, vergessen, 1992, S. 309–336

SEIBT, Ferdinand/EBERHARD, Winfried (Hg.), Europa 1500. Integrationsprozesse im Widerstreit: Staaten, Regionen, Personenverbände, Christenheit, Stuttgart 1987.

SEIGEL, Rudolf, Zur Geschichtsschreibung beim schwäbischen Adel in der Zeit des Humanismus. Aus den Vorarbeiten zur Textausgabe der Hauschronik der Grafen von Zollern, in: MAURER/QUARTHAL (Hg.), Speculum Sueviae, Bd. 1, 1982, S. 93–118.

SELING, Helmut, Die Kunst der Augsburger Goldschmiede 1529–1868, 3 Bde., 1 Supplement, München 1980–1994.

SEYLER, Gustav A., Geschichte der Heraldik. Wappenwesen, Wappenkunst und Wappenwissenschaft (J. Siebmaches Großes und Allgemeines Wappenbuch A), Nürnberg 1885–1889, 2. Aufl. Nürnberg 1990.

SIEH-BURENS, Katarina, Die Augsburger Stadtverfassung um 1500, in: ZHVS 77 (1983), S. 125–149.

–, Oligarchie, Konfession und Politik im 16. Jahrhundert. Zur sozialen Verflechtung der Augsburger Bürgermeister und Stadtpfleger 1518–1618 (Schr. der Philosophischen Fakultäten der Universität Augsburg 29), München 1986.

SOLY, H., The ›Betrayal‹ of the 16th Century Bourgeoisie: A Myth?, in: Acta Historiae Neerlandicae 8 (1975), S. 31–49.

SPICER, Joaneath, The Renaissance Elbow, in: BREMMER/ROODENBURG (Hg.), A Cultural History of Gesture, 3. Aufl. 1994, S. 84–128.

SPIESS, Karl-Heinz, Familie und Verwandtschaft im deutschen Hochadel des Spätmittelalters (13. bis 16. Jahrhundert) (VSWG, Beiheft 111), Stuttgart 1993.

–, Aufstieg in den Adel und Kriterien der Adelszugehörigkeit im Spätmittelalter, in: ANDERMANN/JOHANEK (Hg.), Zwischen Adel und Nicht-Adel, 2001, S. 1–26.

STAUB, Martial, Zwischen Denkmal und Dokument. Nürnberger Geschlechterbücher und das Wissen von der Vergangenheit, in: DERS./VOGEL (Hg.), Wissen und Gesellschaft, 1999, S. 83–104.

– /VOGEL, Klaus A. (Hg.), Wissen und Gesellschaft in Nürnberg um 1500 (Pirckheimer-Jb. 14), Nürnberg 1999.

STEUER, Peter, Die Außenverflechtung der Augsburger Oligarchie von 1500–1620. Studien zur sozialen Verflechtung der politischen Führungsschichten der Reichsstadt Augsburg (Materialien zur Geschichte des bayerischen Schwaben 10), Augsburg 1988.

STOLL, Ulrich, Pinienzapfen und Zirbelnuß, in: ZHVS 79 (1985), S. 54–56.

STOLLBERG-RILINGER, Barbara, Gut vor Ehre oder Ehre vor Gut? Zur sozialen Distinktion zwischen Adels- und Kaufmannsstand in der Ständeliteratur der Frühneuzeit, in: BURKHARDT (Hg.), Augsburger Handelshäuser, 1996, S. 32–45.

STRAUSS, Walther L., The Intaglio Prints of Albrecht Dürer. Engravings, Etchings and Dry Points, New York 1977.

STROMER VON REICHENBACH, Wolfgang Frhr., Das Schriftwesen der Nürnberger Wirtschaft vom 14. bis zum 16. Jahrhundert. Zur Geschichte oberdeutscher Handelsbücher, in: Beiträge zur Wirtschaftsgeschichte Nürnbergs, Bd. 2, 1967, S. 751–799.

STUDT, Birgit, Fürstenhof und Geschichte. Legitimation durch Überlieferung (Norm und Struktur 2), Köln-Weimar-Wien 1992.

–, Der Hausvater. Haus und Gedächtnis bei Hermann von Weinsberg, in: Rheinische Vierteljahrsblätter 61 (1997), S. 135–160.

SU. (Miszelle), in: Anzeiger für Kunde der deutschen Vorzeit. Organ des Germanischen Nationalmuseums, NF 1 (1853), Sp. 32 f.

TACENKO, Tamara N., Zur Geschichte der deutschen Kursive im 16. Jahrhundert. Bemerkungen zur Entwicklung dieser Schrift anhand von Dokumenten einer Sammlung aus St. Petersburg, in: Archiv für Diplomatik 38 (1992), S. 357–380.

Temps, mémoire, tradition au moyen âge. Actes du XIIIe congres de la société des historiens mediévistes de l'enseignement superieur public, 1982, Aix-en-Provence 1983.

Terminologie und Typologie mittelalterlicher Sachgüter: Das Beispiel der Kleidung (Österreichische Akademie der Wissenschaften, Phil.-Hist. Klasse, Sitzungsberichte 511; Veröff. des Instituts für mittelalterliche Realienkunde Österreichs 10), Wien 1988.

TERSCH, Harald, Österreichische Selbstzeugnisse des Spätmittelalters und der frühen Neuzeit (1400–1650). Eine Darstellung in Einzelbeiträgen, Wien-Köln-Weimar 1998.

THEOBALD, Leonhard, Joachim von Ortenburg und die Durchführung der Reformation in seiner Grafschaft, (Einzelarbeiten aus der Kirchengeschichte Bayerns 6), München 1927.

THIEL, Erika, Geschichte des Kostüms. Die europäische Mode von den Anfängen bis zur Gegenwart, Berlin 1963, 6. Aufl. Berlin 1997.

TIETZ-STRÖDEL, Marion, Die Fuggerei in Augsburg. Studien zur Entwicklung des sozialen Stiftungsbaus im 15. und 16. Jahrhundert (Veröff. der SFG 4/19, Studien zur Fuggergeschichte 28), Tübingen 1982.

TLUSTY, B. Ann, Das ehrbare Verbrechen. Die Kontrolle über das Trinken in Augsburg in der frühen Neuzeit, in: ZHVS 85 (1992), S. 133–155.

–, Crossing Gender Boundaries: Women as Drunkards in Early Modern Augsburg, in: BACKMANN u.a. (Hg.), Ehrkonzepte, 1998, S. 185–198.

TRAUCHBURG-KUHNLE, Gabriele von, Kooperation und Konkurrenz. Augsburger Kaufleute in Antwerpen, in: BURKHARDT (Hg.), Augsburger Handelshäuser, 1996, S. 210–223.

UNGER, Eike Eberhard, Die Fugger in Hall i. T. (Veröff. der SFG 4/10, Studien zur Fuggergeschichte 19), Tübingen 1967.

VANDENBROECK, P., Bubo significans. Die Eule als Sinnbild von Schlechtigkeit und Torheit, vor allem in der niederländischen und deutschen Bilddarstellung und bei Jheronimus Bosch I., in: Jaarboek van het Koninklijk Museum voor schone Kunsten Antwerpen 38 (1985), S. 19–136.

VANSINA, Jan, Oral Tradition as History, Wisconsin-London 1985.

VAVRA, Elisabeth, Kritische Bemerkungen zur Kostümliteratur, in: Terminologie und Typologie mittelalterlicher Sachgüter, 1988, S. 21–46.

–, Neue Medien – Neue Inhalte. Zur Entwicklung der Druckgraphik im 15. Jahrhundert, in: Kommunikation und Alltag in Spätmittelalter und früher Neuzeit (Veröff. des Instituts für Realienkunde des Mittelalters und der Frühen Neuzeit 15), Wien 1992, S. 339–378.

VEIT, Andreas Ludwig, Der stiftsmäßige deutsche Adel im Bilde seiner Ahnenproben, Freiburg i. Br. 1935.

VETTER, Ewald, Der verlorene Sohn (Lukas-Bücherei der christlichen Ikonographie 7), Düsseldorf 1955.

VÖLGER, Gisela/WELCK, Karin von (Hg.), Die Braut: geliebt, verkauft, getauscht, geraubt. Zur Rolle der Frau im Kulturvergleich, Katalog Köln, 2 Bde., Köln 1985.

VÖLKEL, Markus, Der alte und der neue Adel. Johannes Engerds panegyrische Symbiose von Fugger und Montfort, in: BURKHARDT (Hg.), Augsburger Handelshäuser, 1996, S. 107–117.

VÖLKER-RASOR, Anette, Bilderpaare – Paarbilder. Die Ehe in Autobiographien des 16. Jahrhunderts (Rombach Wissenschaft, Historiae 2), Freiburg i. Br. 1993.

VOLBORTH, Carl Alexander von, Heraldik. Eine Einführung in die Welt der Wappen, 2. Aufl. Stuttgart-Zürich 1992.

WAGNER, Gretel, Beiträge zur Entwicklung der Trauertracht in Deutschland vom 13. bis zum 18. Jahrhundert, in: Waffen- und Kostümkunde 11 (1969), Heft 2, S. 89–105.

WALTHER, Gerrit, Adel und Antike. Zur politischen Bedeutung gelehrter Kultur für die Führungselite der frühen Neuzeit, in: HZ 266 (1998), S. 359–385.

WARNCKE, Carsten-Peter, Die ornamentale Groteske in Deutschland 1500–1650, 2 Bde. (Quellen und Schr. zur Bildenden Kunst 6), Berlin 1979.

WEBER, Dieter, Geschichtsschreibung in Augsburg. Hektor Mühlich und die reichsstädtische Chronistik des Spätmittelalters (Abh. zur Geschichte der Stadt Augsburg 30), Augsburg 1984.

WEBER, Wolfgang, Honor, fama, gloria. Wahrnehmungen und Funktionszuschreibungen der Ehre in der Herrschaftslehre des 17. Jahrhunderts, in: BACKMANN u.a. (Hg.), Ehrkonzepte, 1998, S. 70–98.

WEIAND, Christof, ›Libri di famiglia‹ und Autobiographien in Italien zwischen Tre- und Cinquecento. Studien zur Entwicklung des Schreibens über sich selbst (Romanica et comparatistica 19), Tübingen 1993 [Habilschrift Mainz 1990].

WEINRICH, Harald, Identität und Ehre, in: MARQUARD/STIERLE (Hg.), Identität, 1979, S. 642–644.

Welt im Umbruch. Augsburg zwischen Renaissance und Barock, 3 Bde., Katalog Augsburg, Augsburg 1980.

WERNER, Theodor Gustav, Das fremde Kapital im Annaberger Bergbau und Metallhandel, in: Neues Archiv für sächsische Geschichte und Altertumskunde 57 (1937), S. 113–179; 58 (1937), S. 1–47.

WESTERMANN, A., Die Vöhlin zu Memmingen, in: Memminger Geschichtsblätter 9 (1923), S. 43–45.

WETSCHEREK, Hugo, Hartmann Schedels Liber genealogiae et rerum familiarum. Ein unpubliziertes Manuskript aus Fuggerbesitz (Antiquariat Inlibris 8), Wien 2000.

WIESNER, Merry E., Women and Gender in Early Modern Europe, Cambridge 1993.

WILCKENS, Leonie von, Das ›historische‹ Kostüm im 16. Jahrhundert, in: Waffen- und Kostümkunde 2 (1961), S. 28–47.

–, Schmuck auf Nürnberger Bildnissen und in Nürnberger Nachlaßinventaren, in: BOTT (Hg.): Wenzel Jamnitzer, Katalog, 1985, S. 87–105.

–, Terminologie und Typologie spätmittelalterlicher Kleidung. Hinweise und Erläuterungen, in: Terminologie und Typologie mittelalterlicher Sachgüter, 1988, S. 47–58.

WILHELM, Johannes, Augsburger Wandmalerei 1368–1530 (Abh. zur Geschichte der Stadt Augsburg 29), Augsburg 1983.

WILLIAMS, Gerhild S., Adelsdarstellung und adeliges Selbstverständnis im Spätmittelalter. Politische und soziale Reflexionen in den Werken J. Rothes und U. Füetrers, in: HOHENDAHL/LÜTZELER (Hg.), Legitimationskrisen des deutschen Adel, 1979, S. 45–60.

WOLF, Gerhard, Von der Chronik zum Weltbuch. Sinn und Anspruch südwestdeutscher Hauschroniken am Ausgang des Mittelalters (QuF zur Literatur- und Kulturgeschichte 18), Berlin-New York 2002.

WÜST, Wolfgang, Das Bild der Fugger in der Reichsstadt Augsburg und in der Reiseliteratur, in: BURKHARDT (Hg.), Augsburger Handelshäuser, 1996, S. 69–86.

WÜTHRICH, Lorenz, Windrädchen und Steckenpferd, Kinderturnier und Kampfspielzeug um 1500, in: Zs. für Schweizerische Archäologie und Kunstgeschichte 38 (1981), S. 279–289.

WUNDER, Heide, Wie wird man ein Mann? Befunde am Beginn der Neuzeit (15. bis 17. Jahrhundert), in: EIFERT u.a. (Hg.), Was sind Frauen? Was sind Männer? 1996, S. 122–155.

– /VANJA, Christina (Hg.), Wandel der Geschlechterbeziehungen zu Beginn der Neuzeit, Frankfurt am Main 1991.

ZAHND, Urs Martin, Die autobiographischen Aufzeichnungen Ludwigs von Diesbach. Studien zur spätmittelalterlichen Selbstdarstellung im oberdeutschen und schweizerischen Raume (Schr. der Berner Burgerbibliothek 1986), Bern 1986.

–, Einige Bemerkungen zu spätmittelalterlichen Familienbüchern aus Nürnberg und Bern, in: ENDRES (Hg.), Nürnberg und Bern, 1990, S. 7–37.

ZANDER-SEIDEL, Jutta, Ständische Kleidung in der mittelalterlichen und frühneuzeitlichen Stadt, in: Terminologie und Typologie mittelalterlicher Sachgüter, 1988, S. 59–75.

–, Textiler Hausrat. Kleidung und Haustextilien in Nürnberg von 1500 bis 1650 (Kunstwissenschaftliche Studien 59), München 1990.

–, ›... er sei danne fünftzick iar oder dar uber‹. Zur Kleidung des Alters im Mittelalter und in der frühen Neuzeit, in: KAMMEL/GRIES (Hg.), Begegnungen mit alten Meistern, 2000, S. 277–288.

ZORN, Wolfgang, Fürst Anselm Maria Fugger zu Babenhausen. 1766–1821, in: PÖLNITZ (Hg.), Lebensbilder, Bd. 2, 1953, S. 329–348.

ZOTZ, Thomas, Der Stadtadel im spätmittelalterlichen Deutschland und seine Erinnerungskultur, in: RÖSENER (Hg.) Adelige und bürgerliche Erinnerungskulturen, 2000, S. 145–161.

ZUNKEL, Friedrich, (Art.) Ehre, Reputation, in: BRUNNER u.a. (Hg.), Geschichtliche Grundbegriffe, Bd. 2, 1975, S. 1–63.

Personen- und Ortsregister

Nicht eigens verzeichnet wurden die Familiennamen Fugger und Fugger von der Lilie. Die Verzeichnung der Mitglieder des Hauses Fugger orientiert sich an der genealogischen Zuordnung bei NEBINGER/RIEBER, Genealogie. Frauen werden soweit bekannt unter ihren Geburtsnamen verzeichnet. Gleichnamige Kinder einer Familie werden durch Angabe des Vaters und gegebenenfalls Großvaters genauer bestimmt. Namensvarianten werden in Klammern aufgeführt, unsichere Zuordnungen mit Fragezeichen gekennzeichnet. Die Ortsbezeichnungen Kirchberg und Weißenhorn wurde nur dann aufgenommen, wenn sie nicht als reine Namensbestandteile der Fugger von der Lilie auftreten. Gleiches gilt für Ortsnamen als Bestandteile adeliger Familien- oder Personennamen. Innerstädtische Ortsangaben wurden nur im Fall von Augsburg gesondert aufgeführt. Biblische Gestalten und Orte, Heilige, antike und legendarische Gestalten werden in einfache Anführungszeichen gesetzt, soweit es sich nicht um zitierte Schriftsteller oder Gelehrte handelt. Seitenzahlen mit Sternchen beziehen sich auf Nennung allein in den Fußnoten.

›Aaron‹ 245 f., 248
›Abel‹ siehe: ›Kain und Abel‹
›Abraham‹ 110 f., 117, 154 f., 202, 238 f.
Achstetten 252, 257
›Adam und Eva‹ 110 f., 117, 232
Adelshofen 252
Adler, die 58
– Philipp 58
›Aeneas‹ 27, 234
Ägypten 110 f., 114*, 245, 247 f.
›Aktaion‹ 112 f., 114*, 246
Alcala (Spanien) 256
Alciatus, Andreas 104, 115, 225
›Alexander der Große‹ 112
Alpen 15 f.
Altdorf 285
Altsohl 75, 174
›Amalek‹ 110, 248
Amberger, Christoph 125
Amerbach, Bonifatius 126*
Amerika 29, 74*, 202
Amman, Jost 14, 64*, 203
Annaberg (Sachsen) 95, 100, 279, 285
Anried 185
Antwerpen 18, 41, 98 f., 217, 268, 278, 285
Aperger, Andreas 41
›Apollo‹ 112–114, 226, 229, 236
Arc, Jean d' (Johanna von Orleans) 219
Arcamone, Cassandra 79*, 96, 275, 281
›Aristaios‹ 231
›Aristoteles‹ 12 f., 112, 116, 241
›Artus, König‹ 116*
Artzt, die 12, 218
– Regina 273
– Sibylla 56, 82, 173–175, 218 f., 273
– Wilhelm 82
›Atalanta und Hippomenes‹ 12, 216
›Athene‹ 113, 246
Aufseß, Hans Frhr. von 128
Augsburg 1, 10–14, 16, 17*, 18–24, 28–30, 31*, 33–36, 38, 41, 53, 55, 57, 58*, 61, 64*, 65–67, 70–84, 87–89, 91 f., 94–96, 98 f., 102, 104, 114, 116, 118, 121, 128, 136, 139, 142, 146, 148, 154, 156, 161, 166 f.*, 169, 170*, 171, 172*, 173–175, 177*, 179 f., 181*, 182–186, 193*, 203, 205, 207–209, 212, 215–217, 221–223, 226–229, 235 f., 254, 257, 259, 267, 269–277, 281–286
– Cleesatler-Gasse 67*, 79, 94, 163, 183 f., 209
– Fronhof 114*
– Fuggerei 15, 70 f., 74, 82, 175
– Gablinger Bad 163, 210
– Gögginger Tor 161, 208
– Gries 163, 210
– Jakobervorstadt 163, 175, 210
– Judenberg 161, 163, 167, 171*, 208 f., 213, 277
– Kappenzipfel 175
– Kitzenmarkt 162, 209
– Klinkertor 274
– Kreuz, auf dem 163, 210
– Hl. Kreuz, Kloster 161, 208
– Perlach 175
– Rindsmarkt 171*
– Rothentor 273
– St. Anna 16, 17*, 70, 84, 171*, 175, 181, 183*, 277
– St. Georg 163, 210
– St. Katharinen, Kloster 87, 98, 179, 222 f., 276, 282 f.
– St. Martin, Kloster 271
– St. Moritz 257, 284
– St. Peter 73, 83 f., 182, 226
– St. Stefansplatz 163, 210
– St. Ulrich 162, 209, 277
– Sparrerbächlein 163, 210
– Vischergässlein 163, 210
– Weinmarkt 16, 70*, 98, 102, 175, 183*, 184, 269, 273, 282 f., 287
– Wertachbrucker Tor 24, 274
– Windbrunnen 163, 210
Aulendorf 262

Babenhausen 1, 31, 40*, 48, 102, 121, 128, 134–136, 146, 185, 240, 242, 260, 264 siehe auch: Fugger von B.-Wellenburg
›Babylon‹ 110 f., 114, 236, 240
›Bacchus‹ 112, 227
Baden, Maria Jacobäa von (Herzogin von Bayern) 59*
Bad Wörishofen siehe: Wörishofen
Bäsinger, Barbara 58*, 70, 88 f., 93*, 95 f., 129*, 140, 143, 166 f., 212, 269
– Ulrich (Franz? / Georg?) 58*, 88 f., 95, 140, 143, 166 f., 212, 269
– Walburga 95, 269
Baldung, Caspar 29
– Hans, gen. Grien 29*
Bamberg 83, 226, 279, 285
Bari 79*, 98, 130, 275, 281
›Bathseba‹ 16*
Baumgartner (von Baumgarten), die 12
– Felicitas 239
– Hans 13*, 45*, 79, 147*, 185 f., 229
– Martin (Markus?) 170*, 215

Bayer, Judith 286
– Heinrich 286
Bayern (Land) 12 f., 19–21, 23, 35, 59*, 114, 135, 249, 260, 263, 282
– (Haus) 11–13, 20 f., 36
– Albrecht V., Herzog von 19–22, 87, 134
– Wilhelm V., Herzog von 250 f.
Becherer, Georg 89, 167, 213
Beck, Magdalena 158, 206
Beck (von Leopoldsdorf), die 30, 76, 85*
– Hieronymus Frhr. 30, 85*
– Konrad 30
– Markus 30
Beham, Barthel 59*
– Hans Sebald 108, 132*, 217, 232, 234
Beier (von Bellenhofen), David 98, 286 f.
Bellenhofen 286
Belz, Mechthild 81
Benning, Simon 106 f.*
Berg 264
Berlin 97, 148*, 276
Berwang, Katharina von 252
Bethlehemsdorf 37, 78, 174*, 177*, 206, 221
Biberbach 76, 169, 185, 257, 259
– Matthäus von 29
Biglia, Ludwig Graf von 246
Bimmel, die 24, 269
– Anton (I.) 95, 98, 269
– Veronika 33
Binder siehe: Linder
Birken, Sigmund von 4*, 15, 17 f., 76, 93
Blankenfeld, die 97 f., 148*, 276
– Elisabeth 97, 276
– Johannes 276
– Margaretha (Katharina?) 276
– Paul 276
– Thomas 97, 276
Blarer, Gerwig 16
Bodin, Jean 111
Böhmen 158, 206
Bologna 18 f.
Boos 260
Boss, Magdalena 282
– Melchior (I.) 282
– Melchior (II.) 282
Bourges 18, 104
Boxberg 180, 222
Bozen 15
Brabant 268
Brandan, St. 245
Brandenburg/Iller 134, 185, 257
Brandenburg, Mark 276
Brandenburg, Haus 86, 276; siehe auch: Zollern, Grafen von
– Albrecht von 97, 276, 278

– Joachim I. Nestor, Kurfürst von 276
Breischuh (Preischuch), Hermann 161, 165, 208, 211
Bremen 19
Breslau 97, 148*, 276, 286
Breu, die 104, 106*, 108, 112, 116, 132, 145 f.
– Agnes 42
– Jörg (Georg) d. Ä. 14, 42*, 57*, 102, 104
– Jörg (Georg) d. J. 56*, 102, 124 f., 133, 136, 139
Brieg 276
Britannien, Anna von 46*
Brixen 13*, 72
Bruchsal 263
Bruegel, Pieter 105, 106*
Brügge 107*
Brüssel 19
Bubenhofen, von, die 222
– Hans Marx Frhr. 56, 58*, 62, 78 f., 178 f., 222
Buchheim, Wilhelm Frhr. von 52*, 59*, 87–89, 190 f., 234 f.
Buda 273
Burgau 258 f.
Burghausen 251
Burgkmair, Hans d. Ä. 40*, 55, 57*, 125, 131, 218
Burgund, Maria von 19, 46*, 50*
Buroner, Christoph 285

Canisius, Petrus 87 f.
›Cephalus und Prokris‹ 112 f., 247 f.
Cicero, Marcus Tullius 68, 153, 282
Colaus, von siehe: Wazler von Colaus
Comer See 270
Conzelmann, die 267
– Clara 52 f., 58*, 95, 267
– Georg (I.) 95, 267
– Georg 267
– Jakob 267
– Konrad 267
– Ottilia 95, 168, 173, 215
– Peter 267
– Ulrich 267
Cornelisz van Oostsamen, Jakob 213
Cranach, die 49, 59*
– Lukas d. Ä. 57, 59*, 225
– Lukas d. J. 59*
›Cupido‹ 114 f.
›Curtius, Marcus‹ 112 f., 127, 232
Custos, Dominicus 41
Cyprianus, Thascius Caecilius (Bischof von Karthago) 68

Dachs, die 274
– Conrad 274

– Georg 274
– Hans 274
– Heinrich 99, 274, 280
– Ursula 274
›Daphne‹ 112 f., 229, 236
Daucher, die 78
– Adolf d. Ä. 277
– Adolf d. J. 277
›David‹ 116*
Delfino, Zaccaria 20
›Delilha‹ 116*
Deutschland, Nord- 27
– Ober- 8, 27, 103
›Diana‹ 112 f., 246
Dietrich von Berg zu Landsee, Johann Ernst Amandus Frhr. 264
Diodor siehe: Siculus, Diodorus
Dirrlaugingen 183
Ditmaringen 278
Donaueschingen 57*
Donauwörth 29, 185, 267, 277
Doninger, Anna (Einhartinger?) 52 f., 267 f.
Donner (Präzeptor) 23
›Dornröschen‹ 114 f., 246
Dresden 284
Dürer, Albrecht 84, 114 f., 225, 234, 245, 278

Eberstein, Grafen von, die 29, 238
– Bernhard IV. 29
– Sibylla 29*, 195*, 238
– Wilhelm 238
Eck, Johannes 15, 73
›Edmund, Hl.‹ 109, 225
Eckh, Anna Freiin von 87, 249
Egkh von Hungersbach, Anna Freiin von 87, 238
Ehinger, die 28, 56*, 222
– Walter 56, 58*, 177 f., 222
Eichstätt 168*, 174*
Eisenberger, die 42*, 44*
Eizing, Michael von 243
Engelhart von Nördlingen siehe: Ramung, Niklas
Engherd, Johannes 17 f.
England 14*
Eptingen, Frhrn. von, die 105*
– Maximiliane Freiin von 135*, 264
Erbishofen 185
Erhard, Michael 277
– Walburga 270, 277
›Ernst, Herzog‹ 114
Eschenlauer siehe: Oschenlauer
Ettelried 185
Etzer, Theodora 255
Eusebius von Caesarea 111
›Eurydike‹ 112, 231

Fischart, Johannes 113, 115, 231
Fieger (?), Matthäus 284
Flandern (Seestädte) 92, 102, 268
Florenz 249
Focker, Georg 285 f.
Franken 174, 264
Frankfurt am Main 27, 35*, 44*, 54*, 97, 274, 280
Frankreich (Land) 9, 274
– Haus 219
– Franz I., König von 218 f.*
Frauenthurn 263
Freiberg (Sachsen) 286
Freising 215, 247
Frey, Andreas d. Ä. 281
– Andreas d. J. 281

Freyberg, Johann Georg von 252
– Philipp Adam von 257
– Regina von 252
– Sabina 252
– Wolfgang 183
Frickinger, Hans 171
Friedberg 250
Fröschelmoser, die 280
Fürstenberg, Grafen von, die 29
Fugger
– Agnes 209
– Andreas (Sohn Ulrichs, Großsohn Hans' d. Ä.) 53, 163 f., 210 f.
– Andreas (Sohn Jakobs d. Ä.) 143*, 168, 170, 215
– Anna (Tochter Hans' d. J.) 42*, 45*, 61*, 90, 161*, 165, 207 f., 211
– Anna (Tochter Jakobs d. Ä.) 95, 143, 172, 215 f., 267, 270
– Barbara 58*, 81, 143*, 169, 211, 217
– Bartholomäus (Sohn Klaus' in Graben?) 209
– Bartholomäus (Sohn Ulrichs, Großsohn Hans' d. Ä.) 163 f., 209
– Bartholomäus (Sohn Hans', Großsohn Ulrichs) 209
– Hans d. Ä. 90, 124, 129, 207 f.
– Hans d. J. 40*, 42*, 61, 63*, 66*, 70, 75*, 77 f., 88, 90, 93, 124, 127*, 129, 131, 133, 138, 140, 142–144, 155, 160–162, 164–166, 202 f., 207–209, 211–213, 266
– Hans (Sohn Hans' d. J.) 165 f., 212
– Hans (Sohn Ulrichs, Großsohn Hans' d. Ä.) 53, 163 f., 209 f.
– Hans (Sohn Jakobs d. Ä.) 83*, 143*, 168, 170, 215
– Hans (Nachkomme Ulrichs) 90*
– Heinrich (Sohn Ulrichs, Großsohn Hans' d. Ä.) 163 f., 210
– Heinrich (Sohn Hans', Großsohn Ulrichs) 209
– Jakob d. Ä. 18, 39 f.*, 41, 42*, 63*, 64–66, 67*, 70, 72, 75, 83, 88–90, 93–95, 124, 127, 129, 131, 136*, 140 f., 143, 155, 166–176, 203, 212–220, 269
– Klaus 90, 209
– Konrad (Sohn Ulrichs, Großsohn Hans' d. Ä.?) 90, 209
– Kunigunda (Tochter Hans' d. J.) 42*, 44 f.*, 61*, 90, 141*, 161*, 164, 207 f., 211
– Markus (Marx) d. Ä. (Sohn Jakobs d. Ä.) 46*, 66, 72, 82 f., 143*, 168, 170, 215
– Peter (Sohn Jakobs d. Ä.) 83, 143*, 168, 170, 215
– Seitz (Sohn Ulrichs, Großsohn Hans' d. Ä.) 54, 163 f., 210
– Ulrich (Sohn Hans' d. Ä.) 40*, 42*, 44*, 53 f., 61, 67*, 70, 75, 78, 90, 94, 124, 129, 131, 138*, 143 f., 151, 155, 162–164, 203, 208 f.
– Ulrich (Sohn Ulrichs, Großsohn Hans' d. Ä.?) 209
– Ursula (Tochter Jakobs d. Ä.) 61 f.*, 175 f., 220
– Walburga (Tochter Jakobs d. Ä.) 65, 84, 95, 143*, 172, 217 f., 270 f.

Fugger von der Lilie
– Anna (Tochter Ulrichs d. Ä.) 12*, 37, 58*, 64*, 174, 176 f., 221
– Anton (Sohn Georgs) 12 f., 15 f., 18–23, 29 f., 31*, 32, 36 f., 40 f., 48, 57, 58*, 59, 61*, 62 f., 64*, 65 f., 69–71, 75–78, 82, 86–88, 90, 97 f., 101, 118, 124, 127–131, 132*, 135, 137*, 139–141, 142*, 147, 156, 171, 181, 183, 184 f., 195–200, 206, 224, 227 f., 238–244, 254, 258–261, 264, 277, 280–283, 285
– Felicitas 57*, 179, 222 f.
– Georg (Sohn Jakobs d. Ä.) 15, 18, 23, 36, 38*, 39, 40*–42*, 61*, 65, 70, 73, 75 f., 81, 83, 88 f., 95 f., 124, 129, 141, 143 f., 158, 168–174, 176, 181–186, 206, 216, 220, 225–229
– Hans (Sohn Ulrichs d. Ä.) 51, 176, 220 f.
– Hans (Sohn Georgs) 42*, 45*, 144, 181*, 225 f.
– Hieronymus (Sohn Ulrichs d. Ä.) 15, 18*, 32, 36, 40*, 45*, 57, 61*, 62, 66 f., 70, 76 f., 84 f., 101, 127*, 140*, 144, 146, 156, 180 f., 183*, 185, 206, 224, 269
– Jakob der Reiche 13–15, 17 f., 23, 36, 38*, 40 f.*, 55 f., 57 f.*, 61, 62*, 70–76, 78–81, 83 f., 88 f., 95–98, 101, 107, 131, 140 f., 143, 168, 171, 173–175, 185*, 218 f., 266 f., 270, 273 f., 276–278, 281
– Markus (Marx) d. J. (Sohn Georgs) 18, 46*, 66, 73, 83 f., 182, 226
– Peter (Sohn Georgs) 39, 42*, 45*, 143 f., 147, 186*, 225 f.
– Raymund (Sohn Georgs) 12 f., 15 f., 18, 20, 23, 31 f., 36–38, 40*, 41 f., 45, 48, 57, 58*, 59, 62, 63*, 70, 72, 75–77, 79, 82, 85, 90, 94, 101, 118, 124, 127, 129–131, 134* f., 140, 142, 147, 156, 163, 171, 182 f., 185–195, 206, 209, 224, 226, 229–238, 263, 273
– Regina (Tochter Georgs) 13*, 185 f., 229
– Sibylla (Tochter Ulrichs d. Ä.?) 213, 222 f.
– Sibylla (Tochter Ulrichs d. Ä.) 58*, 66, 147*, 178 f., 222
– Susanna (Tochter Ulrichs d. Ä.) 59, 65*, 147*, 179 f., 223
– Ulrich d. Ä. (Sohn Jakobs d. Ä.) 13*, 23, 37, 38*, 40 f.*, 51, 61, 66 f., 70, 72, 75 f., 78, 84, 88 f., 91, 95 f., 124, 127, 129, 136*, 140 f., 143, 145*, 156, 167–170, 174, 176–181, 205, 213 f., 220–224, 271, 273
– Ulrich (Sohn Ulrichs d. Ä.) 57, 62, 67, 82*, 147*, 180, 223
– Ursula (Tochter Ulrichs d. Ä.) 12, 13*, 58*, 177, 221
– Veronika (Tochter Ulrichs d. Ä.) 58 f.*, 177 f., 222 f.
Fugger von Kirchberg und Weißenhorn, Grafen (Raymund-Linie)
– Barbara (Tochter Raymunds) 30*, 46, 57*, 62*, 66, 127, 139, 140*, 147, 193, 236 f.
– Christoph (Sohn Raymunds) 45, 59*, 79*, 101, 190, 233

– Georg (Sohn Raymunds, Begründer der Hauptlinie Weißenhorn) 13*, 20 f., 33, 38, 39*, 41*, 42, 51 f., 59 f., 62, 63*–65*, 69, 79 f., 87, 100, 113, 130, 132, 134, 141, 145*, 147, 188 f., 209, 231 f., 252–256
– Hans Jakob (Sohn Raymunds, Begründer der Hauptlinie Pfirt-Taufkirchen) 13 f., 17–23, 27–40, 45*, 47*–49*, 52, 57, 59 f., 61*, 62 f., 64*, 66 f., 69–77, 79 f., 84–87, 90, 94 f., 99, 101–104, 110, 116, 118, 122*, 123 f., 126–135, 136 f.*, 139–147, 153, 156–159, 185, 187 f., 201*, 202, 204–207, 230 f., 244–253, 274, 277, 283 f.
– Jakob (Sohn Raymunds) 18, 45*, 187, 229 f.
– Raymund (Sohn Raymunds) 62 f.*, 69, 101, 144, 194, 237
– Regina (Tochter Raymunds) 51, 58 f.*, 186 f.
– Regina (Tochter Raymunds) 12, 29*, 62, 189 f., 233
– Sibylla (Tochter Raymunds) 50, 52*, 59*, 85–87, 112, 137 f.*, 140, 190 f., 234 f.
– Susanna (Tochter Raymunds) 45, 62*, 142, 192, 235
– Ulrich (Sohn Raymunds) 62 f.*, 87 f., 101, 192 f., 235 f.
– Ursula (Tochter Raymunds) 69, 144 f., 194, 237
– Ursula (Tochter Raymunds) 12, 44*, 50*, 62, 69, 87, 127, 140*, 147 f.*, 194 f., 237 f.
– Veronika (Tochter Raymunds) 58 f.*, 191 f., 235
Fugger von Kirchberg und Weißenhorn, Grafen zu Pfirt-Taufkirchen (Raymund-Linie, Hauptlinie Pfirt-Taufkirchen)
– Adelberta 66*, 250
– Aemilia 251
– Albrecht (Albert) 66, 251
– Alexander Augustus 45*, 51, 63*, 69, 246 f.
– Alexander Secundus 45*, 51, 69, 247
– Alexius 250
– Alphonsus 251
– Eleonora Siguna 30*, 244
– Ferdinand 249
– Joachim 30*, 250 f.
– Johanna Jacobäa 249
– Justina Benigna 30, 147, 248 f.
– Karl 245 f.
– Konstantia 30*, 251 f.
– Konstantin 252
– Matthias 252
– Maximilian 87, 249
– Michael 165 f., 212
– Peter 165 f., 212
– Severin 30*, 249 f.
– Sigmund Friedrich 18, 79*, 244 f.
– Trajanus 252
– Viktor Augustus 69, 130*, 147, 248
Fugger von Kirchberg und Weißenhorn, Grafen von Kirchberg-Weißenhorn-Brandenburg (Raymund-Linie, Hauptlinie Weißenhorn)
– Adam Franz Joseph Anton 261, 263
– Albert (Sohn Georgs) 255

– Albrecht (Albert; Sohn Hugos) 259–262
– Anna Jacobäa 87 f., 147, 253 f.
– Anna Johanna Francisca 261
– Anna Katharina 255
– Anna Sophia 257
– Anton (Sohn Georgs) 41, 254 f.
– Anton Joseph 134*, 135, 264
– Barbara (Tochter Philipp Eduards) 257, 286
– Bonaventura 261 f.
– Cajetan Maria Joseph 261, 263
– Christina 256 f.
– Christoph (Sohn Octavian Secundus') 255
– Christoph Anton Dominicus 261 f.
– Elisabetha 260
– Ferdinand 41*
– Ferdinand Eusebius 260
– Ferdinand Sigmund 260
– Franz (von Paula) 263
– Franz Adam Joseph 135, 260, 263 f.
– Franz Ferdinand Anton 261
– Franz Karl 135, 265
– Franz Sigmund Joseph 260 f., 263
– Friedrich 258
– Hugo 258 f.
– Hugo Friedrich 87 f., 260 f.
– Hugo Otto 260
– Idda Magdalena Theresia 261
– Johann Eduard 260
– Johann Georg 256
– Johann Ludwig 262
– Johann Nepomuk Clemens August 134*, 135, 263–265
– Johann Nepomuk Friedrich 134*, 135, 201*
– Joseph Anselm 135, 264
– Julius Maximilian 254
– Julius Octavian 63*, 69, 147, 253
– Justina 258
– Karl Albert Franz Adam 263
– Karl Albrecht 257
– Karl Philipp 29*, 259 f.
– Margaretha Elisabetha Juliana 261
– Maria 69, 256
– Maria Aloisia Anselmina 135, 265
– Maria Anna 263
– Maria Eleonora (Tochter Albrechts und Maria Franziskas) 260
– Maria Eleonora (Tochter Albrechts und Maria Dorotheas von Schauenburg) 262
– Maria Elisabetha 260
– Maria Franziska 258
– Maria Idda 265
– Maria Isabella 135, 264
– Maria Justina 87, 259
– Maria Magdalena 258
– Maria Secunda 69, 256
– Maria Theresia 262
– Maria Victoria 260
– Maria Virginia 69, 255
– Mechthildis 255
– Octavian Secundus 14, 20, 26*, 39 f.*, 40 f., 59*, 69, 130*, 147, 254 f., 260
– Otto Hermann Ignaz 261
– Paris Georg 262
– Philipp Anton (Philipp Rerius) 265
– Philipp Eduard 20, 29*, 38, 39*, 41 f., 63*, 130, 134, 135*, 145*, 253, 257–259, 286
– Raymund (Sohn Georgs) 41*, 255
– Rupert Anton Christoph 262
– Sidonia Isabella 252 f.
– Tiberius Albert 261
– Ursula (Tochter Georgs) 13*, 256
– Viktor Leopold 259, 262

Fugger von Kirchberg und Weißenhorn, Grafen (Anton-Linie)
– Anna (Tochter Antons) 63*, 140, 142*, 147 f., 195 f., 239
– Hans (Sohn Antons, Begründer der Hauptlinie Kirchheim-Glött) 20, 40, 196, 239, 254, 259, 283
– Hieronymus (Sohn Antons) 62*, 197, 240 f.
– Jakob (Sohn Antons, Begründer der Hauptlinie Babenhausen-Wellenburg) 12 f.*, 29*, 62*, 127, 139, 199, 242, 260, 283
– Katharina (Tochter Antons) 17, 29*, 196 f., 240
– Maria (Tochter Antons) 62*, 127, 139, 199*, 243
– Markus (Marx) (Sohn Antons, Begründer der Hauptlinie Wörth) 14, 20, 29*, 41, 62*, 195, 238, 258, 261, 282 f., 286
– Peter (Sohn Antons) 62 f.*, 66 f., 69, 130*, 133*, 139, 146*, 147, 200*, 243 f.
– Regina (Tochter Antons) 63*, 141*, 195, 198, 241
– Susanna (Tochter Antons) 30*, 45, 198 f., 241 f.
– Veronika (Tochter Antons) 45*, 127, 139, 199 f.*, 243

Fugger von Kirchberg und Weißenhorn, Grafen zu Babenhausen-Wellenburg (Anton-Linie, Hauptlinie Babenhausen-Wellenburg)
– Anselm Maria Fürst 74*, 80*, 133–135, 201*
– Euphemia 135, 264
– Johann Franz I. (Sohn Jakobs) 260
– Johann Franz II. (Sohn Johann Franz' I.) 260 f.
– Maria Theresia (Tochter Johann Franz' I.) 87 f., 260 f.
– Sibylla (Tochter Jakobs) 29*
– Violanta 263

Fugger von Kirchberg und Weißenhorn, Grafen zu Kirchheim-Glött (Anton-Linie, Hauptlinie Kirchheim-Glött)
– Christoph (Sohn Hans') 259
– Maria Franziska (Tochter Ottheinrichs) 259–262
– Maria Jacobäa (Tochter Hans') 254
– Ottheinrich (Sohn Christophs) 41*, 259

Fugger von Kirchberg und Weißenhorn, Grafen zu Wörth (Anton-Linie, Hauptlinie Wörth)
– Anton (Sohn Markus') 7, 29*, 260
– Elisabeth (Tochter Markus') 286
– Maria Anna Margaretha (Tochter Maximilians) 260 f.
– Maximilian (Sohn Antons, Großsohn Markus') 260
– Philipp (Sohn Markus') 257

Fugger vom Reh 31 f., 35, 44, 60 f., 62 f.*, 66*, 67, 73, 79*, 80, 90–101, 118 f., 123 f., 129–132, 137 f., 141, 143, 148, 152, 156 f., 169, 174, 203, 217, 265–288
– Aegidius (Sohn Lukas' d. Ä.) 268, 275
– Alexander (Andreas?) 274
– Andreas der Reiche 40*, 56, 60, 67, 79*, 88, 91–95, 124*, 130 f., 136, 138, 141, 148, 165, 167, 203, 211–213, 266–272, 275
– Andreas (Sohn Lukas' d. Ä.) 79*, 96, 98, 130, 268, 275, 281
– Andreas (Sohn Jakobs) 65*, 130*, 275, 281, 283
– Andreas (Sohn Andreas', Großsohn Jakobs) 275
– Andreas (Sohn Hans') 99 f., 130, 271, 279, 286 f.
– Andreas (Sohn Andreas', Großsohn Hans') 99, 286
– Anna (Tochter Andreas' des Reichen) 266 f.
– Anna (Tochter Lukas' d. Ä.) 267, 273
– Anna (Frau Ottmars, Geburtsname unbekannt) 265 f.
– Anna (Tochter Ulrichs) 98, 282, 288
– Anna (Tochter Andreas', Großtochter Hans') 286
– Anna (Tochter Wilhelms d. J.) 287
– Anna (Tochter Markus') 288
– Appolonia (Tochter Lukas' d. Ä.) 267 f., 274 f.
– Appolonia (Frau Hans' d. J., Geburtsname unbekannt) 280
– Augustin 265
– Barbara (Tochter Andreas' des Reichen) 39*, 96, 267; siehe auch: Fugger vom Reh, Ursula
– Barbara (Tochter Lukas' d. Ä.) 97, 267, 274
– Barbara (Tochter Wilhelms d. Ä.) 283
– Barbara (Tochter Wilhelms d. J.) 287
– Barbara (Barbara Stern?) 287
– Barbara (Tochter Ulrichs) 282
– Bartholomäus d. Ä. 97, 130, 274, 280, 287
– Bartholomäus d. J. 280, 287
– Carolus 285
– Christina (Frau Hans' d. J., Geburtsname unbekannt) 280
– Christoph 279, 285
– Esther (Tochter Hans') 97, 148, 271, 280
– Esther (Tochter Andreas', Großtochter Hans') 98, 279, 286 f.
– Felicitas (Tochter Andreas' des Reichen) 60, 95, 215, 272
– Felicitas (Tochter Lukas' d. Ä.) 268, 274, 281
– Felicitas (Tochter Hans') 271, 280
– Felicitas (Tochter Lukas' d. J.) 274, 281
– Felicitas (Tochter Ulrichs?) 282
– Felix 271
– Gabriel 281
– Gallus 266
– Gastel (Sohn Hans') 98 f., 130, 148, 271, 278, 284–286
– Gastel (Sohn Gastels) 97 f., 278, 285
– Gastel (Sohn Wolfgangs) 285
– Georg 285 f.
– Hans (Sohn Andreas' des Reichen) 60 f., 95*, 97, 130, 271 f., 278–280
– Hans (Sohn Lukas' d. Ä.) 98, 267 f., 272 f.
– Hans (Sohn Hans', Großsohn Andreas' des Reichen) 98, 271, 280
– Hans (Sohn Hans', Großsohn Hans') 280
– Hans (Sohn Wilhelms) 98, 100, 283
– Hans (Sohn Gastels) 98, 285
– Helena (Tochter Hans') 271, 279
– Helena (Tochter Matthäus') 271, 277
– Helena (Tochter Wilhelms) 283
– Helena (Tochter Wolfgangs) 285
– Helena (Tochter Ulrichs) 282, 288
– Hieronymus (Sohn Matthäus') 130, 270, 277, 284 f.
– Hieronymus (Sohn Wilhelms) 283
– Jakob (Sohn Andreas' des Reichen) 60 f., 91–93, 95, 97 f., 130, 156 f., 203, 205, 217, 270, 275 f.
– Jakob (Sohn Andreas', Großsohn Hans') 279
– Jakob (?) 266
– Johann Christoph 285
– Justina (Tochter Lukas' d. J.) 281
– Katharina (Tochter Matthäus') 270
– Katharina (Tochter Wilhelms) 283 f.
– Katharina (Tochter Gastels) 286
– Katharina (Tochter Wolfgangs) 285
– Klara 271, 279
– Konrad 98, 283
– Lukas d. Ä. 40*, 52 f., 58*, 60 f., 67, 70, 92–96, 98 f., 130 f., 203, 267–270, 272–275
– Lukas d. J. 65*, 92*, 95, 97, 99, 130, 267–269, 272 f., 280 f.
– Lukas (Sohn Bartholomäus') 280, 287
– Magdalena (Tochter Lukas' d. Ä.) 99, 267 f., 273
– Magdalena (Tochter Hans') 271, 278
– Magdalena (Tochter Wilhelms) 282, 287
– Magdalena (Tochter Andreas') 286
– Margaretha (Tochter Lukas' d. Ä.) 97, 268, 275
– Margarethe (Tochter Hans') 280
– Margarethe (Tochter Gastels) 148, 286
– Margarethe (Tochter Wolfgangs) 285
– Maria Jacoba 288
– Markus (Sohn Lukas' d. Ä.) 267 f., 273
– Markus (Sohn Markus') 282, 288

– Markus (Sohn Wilhelms) 130, 282 f., 288
– Matthäus (Sohn Andreas' des Reichen) 60 f., 67*, 92 f., 95, 97 f., 99*, 130, 215, 267–271, 273, 276–278, 284
– Matthäus (Sohn Matthäus') 277
– Matthäus (Sohn Lukas' d. Ä.) 270, 273
– Matthäus (Sohn Wilhelms) 98, 282
– Matthäus (Sohn Hieronymus') 284
– Ottmar 265
– Paulus (Sohn Andreas') 275, 281
– Paulus (Sohn Sigmunds) 282
– Regina 282, 288
– Sabina 288
– Sebastian (Sohn Matthäus') 97, 148*, 276 f.
– Sebastian (Sohn Wolfgangs) 285
– Sibylla 270, 277 f.
– Sigmund 97, 130*, 276, 282
– Stephan (Sohn Lukas' d. Ä.) 268
– Stephan (Sohn Andreas') 98, 275, 281, 283
– Susanna (Tochter Hans') 271, 280
– Susanna (Tochter Ulrichs) 282, 288
– Ulrich 98, 99*, 130, 282 f., 288
– Ursula (Barbara? Tochter Andreas' des Reichen) 95, 269 f.
– Ursula (Tochter Hans') 97, 271, 278 f.
– Ursula (Tochter Andreas') 275
– Ursula (Tochter Sigmunds) 282
– Ursula (Tochter Wilhelms) 281
– Ursula (Tochter Hieronymus') 284 f.
– Veronika (Tochter Hieronymus') 65*, 99, 148, 284
– Veronika (Tochter Ulrichs) 282, 288
– Veronika (Tochter Andreas') 286
– Walburga 217 f., 271, 277
– Wilhelm d. Ä. 98, 100, 130, 270, 277, 281–284
– Wilhelm d. J. 98, 130, 282 f., 287
– Wolfgang (Sohn Hieronymus') 284 f.
– Wolfgang (Sohn Gastels) 99 f., 126*, 148, 280, 284 f.
– Wolfgang (Sohn Wolfgangs, Großsohn Gastels) 285
Fuggerau 174, 271, 279 f.
Fukier/Fukierow 99*, 285 f.; siehe auch: Focker, Georg

Gabelkover, Oswald 29
Gablingen 183
Gardasee 60, 67*, 92, 95, 269–271
Gasser, Achilles Pirmin 19
Gassner, die 222 f.
– Veronika 57*, 59, 82*, 180, 223
Geizkofler, die 29
– Lukas 29
›Georg, Hl.‹ 109 f., 114, 214

Geroldseck, Frhrn. von, die 29
Gfattermann, die 13, 208 f.
– Elisabeth 88, 94, 160 f., 166, 207–209, 212
– Hans 161, 208
Giel von Gielsberg, Maria Anna Freiin von 263
Gleinitz, Balthasar von 159, 207
Glockendon, die 108
Glött 183
Gögginen 171
Gossembrot, die 272
Göttersdorf 252
Graben 77, 90, 93 f., 124, 127*, 161, 207 f., 267, 269
Grander, die 217
– Andreas 96, 267
– Felicitas 96, 267
– Georg (II.) 96, 267
– Lukas 267
– Nikolaus (I.) 96, 267
– Thoman (I.) 39*, 60, 96, 267
– Thoman (II.) 267
Granvella, Antoine Perrenot de, Bischof, Kardinal 19
Graw, Heinrich 161*, 208
Graz 273
Gregor XIII., Papst 257
Greiner, Regina 285
Grundler, Michael 287
– Marx (I.) 287
– Marx (II.) 287
Guetrater, Felix 144*
Gumppenberg, Frhrn. von, die 251
– Anna Katharina von 66, 251
– Anna Maria von 250
– Johann Ludwig von 66, 250 f.
Guttäter, die 97, 280, 287
– Anna 97, 280
– Pankraz 97, 274
– Stenzel 280, 287

Habsburger, die siehe: Österreich, Haus
Hämmerlin, die 272
›Hagar‹ 110, 238
Häring, Cristoph 98, 271, 279
– Stephan 279
– Wolfgang 279
Hainhofen 33
Haintzel, Hieronymus 19
– Johann Baptist 19
Halberstadt 276
Halle/Saale 278
Haller, Bartholomäus 41
›Ham‹ siehe: ›Sem, Ham und Japhet‹
Hamburg 31*
Hanau, Johanna von 238
Hardeck, Wolfgang Dietrich Graf von 198*, 241
Harrach, Grafen von, die 29, 34*, 187, 230
– Barbara 30
– Leonhard 19, 158*, 159, 187 f., 206 f., 230
– Ursula 19, 32–34, 47 f.*, 50*, 57, 58*, 59, 62, 122*, 123, 128 f., 137*, 142, 153, 158*, 160, 187 f., 205–207, 230, 244–250
Haug, die 269 f.
– Anton 269
– Barbara 269
– Gastel 95, 269 f.
– Gastel (IV.) 60 f., 95, 98, 269, 271
Hauser, Georg 98, 276

Heidelberg 64*, 87 f.
Helfenstein, Grafen von, die 29
– Barbara 254
– Catharina 30*, 249 f.
– Maria Magdalena 30*, 250 f.
– Ulrich 250, 255
Helmschmied, Coloman 42*
Hemmendorf 135, 265
›Hera‹ 113, 246
Herberstein, Bernhard von 30*, 251 f.
– Sigmund von 30, 76 f.
Herbrot, Jakob 11, 19, 24, 33*, 68
›Herkules‹ 57*, 112 f., 208, 241
Herold, Johannes Basilius 30
Herrieden 168, 174, 218 f.
Herwarth, die 24, 33, 35, 44, 68, 76, 102 f., 105 f.*, 110, 126*
– Christoph 84
– Georg 24, 33 f.
Heydorf, Christoph Friedrich von 255
– Juliana von 255
Hierlinger, Anna 282
›Hippomenes‹ siehe: ›Atalanta und Hippomenes‹
Hochstraß 264
Höchstetter, die 97, 276
– Ambrosius 15
Hörl, Veit 99, 277, 282, 286
Hörmann, die 29
– Georg 18*, 19, 29
Hofmair, die 272
Hofmann, Hans 284
Hohenembs, Leonora Gräfin von 262
Hohenkirchen 217
Hohenzollern siehe: Brandenburg, Haus; Zollern, Grafen von
Hollnegg und Kainach, Friedrich von 30, 248 f.
›Holofernes‹ 116*
Holzen, Kloster 69*, 266 f.
Holzschuher, die 136*
– Lazarus 34*
– Veit 136*
Hundt, Wiguleus 19
›Hur‹ 248
Hutten, Ulrich von 15

Illertissen 258
Ilsung (von Tratzberg), die 12
– Anna 12 f.*, 127*, 242
– Georg 12*, 242
Imhof, die 29*, 58*, 170
– Regina 58*, 61*, 158, 170 f.
Indien 98*, 114, 285
Ingolstadt 17
Innsbruck 11, 13, 217, 259
›Iole‹ siehe: ›Omphale‹
›Isaak‹ 110, 117, 239
Isidor (von Sevilla) 111
Isny 278
Israel 248
Italien 22, 102
›Itha, Hl.‹ 17

Jäger, Clemens 21*, 24 f., 27, 30, 36, 38–41, 63*, 65, 68, 69*, 71, 76–78, 84, 90, 91*, 94, 102, 106*, 110, 116, 123*, 125–127, 137 f.*, 139–141, 142*, 143–146, 147*, 275
– Hans 24
›Jakob‹ 110 f., 239, 243
›Japhet‹ siehe: ›Sem, Ham und Japhet‹
Jenbach 98, 269, 279

›Jesus Sirach‹ 68, 123*, 151, 200
Joachimsthal 97, 276, 286
Jörger, die 30
– Christoph 30
›Jona‹ 109, 247
›Josef (und seine Brüder)‹ 110 f., 117, 241, 243, 247
›Judith‹ 116*
Julius II., Papst 17*

Kärnten 279
›Kain und Abel‹ 110 f., 117, 233
Kaltenhauser, die 278
– Andreas 278
– Margaretha 148, 278, 285
Karl der Große 27
Katzpeck, die 269
Kaufbeuren 29, 275
Keller, Hans 268
Kettin (Ketten), von der, die 98*, 285
Ketzel, die 43*
Kilian, Lukas 41
– Wolfgang 41
Kirchberg 17, 31, 76, 98, 134 f., 153, 156, 169, 201, 206*, 221, 230, 253, 257, 260
– Ober- 283 f.
– Grafen von 17, 38
Kirchheim 40, 208, 239, 259
Kitzendorf, Klein- 185
›Kleopatra‹ 112, 228 f.
Klingler, Amandus 174
Kögeritz, Anna Jacobäa von 252
Koeler, die 73 f.
– Hieronymus 54*, 73 f.
Köln 27, 263, 285
König (Königsburger), Anton 267 f., 273
– Ulrich 273
Königsberger, die 273
– Georg 273
Königseck, Frhrn. von 29
– Johann Jakob 253
– Maria Magdalena 29*, 253, 257–259
Königsegg, Grafen von, die 262
– Anna Eleonore 262 f.
– Johann Georg 262
Köplin (Koeppel), die 275
– Dorothea (Barbara?) 65*, 275 f.
– Georg 275 f.
Konstanz 16, 73, 257
Krakau 79, 97, 158, 174, 183, 206, 221, 226, 274, 280, 285–287
Kremnitz 37*, 78, 97, 177, 221, 278
Kron, Heinrich 20
Kronweißenburg 263
Krug, Hans d. Ä. 97, 278 f.
– Hans d. J. 97, 278
– Ludwig 97, 278
Krupeck, die 280
– Konrad d. Ä. 280
– Konrad d. J. 280
– Ursula 280
Kuenring, Wilhelm Frhr. von 13, 52*, 59*, 85–87, 190, 234 f.
Kulmbach 97, 280

Lamberg, Joseph Frhr. von 30, 76
– Sigmund Frhr. von 35*, 244
Lamparter, Gregor 81
– (von Greifenstein), Hans 81
Landau 64*

Landauer Altar, Meister des 64*
Landsee, Frhr. von (Vorname unbekannt) 264
Landshut 252
Langenmantel vom doppelten R, die 24, 76, 126 f.*, 139
Langenmantel vom Sparren, Joachim (I.) 274
– Sibylla 274
Langenmeissnach siehe: Mickhausen
Langenstein 263
Langnauer, die 269
– Hans 269
›Laokoon‹ 112–114, 117, 232
›Latinus‹ 12 f., 234
Lauginger 58*, 213
– Hans 168
– Veronika 58*, 167 f., 213 f.
Lazius, Wolfgang 29
Lechfeld 93, 207, 269
Leipzig 92, 268, 276
Liechtenstein, Frhrn. von, die 231
– Ursula 13*, 52, 65*, 188 f., 231 f.
– Wilhelm 189, 231
Liegnitz 226
Linck, die 24, 46*, 68, 79, 126*
– Ulrich 7*, 269
Lindau 29
Linder (Binder?), Johann Jakob 86, 259
Livius, Titus 112 f.
Löblin, Anna 242
Löwel von Grienburg, Hans Jakob 13*, 256
Löwen 92, 268 f.
›Lot (und seine Töchter)‹ 110 f., 238 f.
Luther, Martin 15, 73, 74*, 202

Magdeburg 276
Maihingen, Kloster St. Maria May 268, 274 f.
Mailand 217, 267, 270
Mainz 247, 276
Mair, Anna 282
– Georg 282
– Konrad 20
›Marica‹ 12 f., 234
Maro, Publius Vergilius 112, 116*, 234
Marstetten 76, 169
Matrai 241
Meckau, Melchior von 72
Mecklenburg, Johann Albrecht Herzog von 98, 286
Megau, (Hans) Caspar von 13*, 256
Mehrer, Hans 98, 281, 283
Meidel, Michael 97, 267 f., 274, 280
Meinhart, Magister 116*
Meissner, Maria 208
Meit, Conrad 85*
Melanchthon, Philipp 73
Melem, die 44*, 54*
Memmingen 11, 16
Menchinger, Sibot 161, 208
Mengen 30
›Merkur‹ 246
Merner, Hans 278
Merowinger, die 115
Metz 247
Meuting, die 96, 267
– Heinrich (Konrad?) 42*, 164, 211
– Johann d. Ä. 96, 267

– Johann d. J. 96, 267
– Konrad 58*, 81, 169, 211, 217
– Lukas 217
– Regina 81
Mickhausen 37, 70, 79, 183 f.
Minchwitz, Anna von 53*
Mörsperg und Beffort, Frhrn. von, die 29
– Johann Jakob 12 f., 29*, 59*, 62, 189 f., 233
Mörtel, Barbara 286
– Georg 286
– Lienhard 286
Moll, Hans 283
– Susanna 282 f.
Montani, Praxedis von 230 f.
Montfort, Grafen von, die 16–18, 29
– Barbara 7, 29*
– Catharina 250, 255
– Elisabetha 254
– Hugo X. 30
– Hugo XIV. 66, 78, 193, 236
– (Hans) Jakob 17, 29*, 196*, 240
– Johann IV. 29*
– Wolf 13*
›Moses‹ 110, 226, 245 f., 248, 253 f., 266
Mülich, die 215
– Georg 78, 95, 168, 215, 272
– Helena 60, 95, 215, 268, 270
– Hektor 78, 95, 172, 215 f., 267, 270, 272
– Marx 95, 268, 270
Müller, Christoph 268, 274
Münch von Münchsdorf (von Münchhausen?), Anna 252
– Clemens 252
München 11, 19 f., 134*
Muffel, Niklas 22*
Muggenthal, von, die 260 f.
– Konrad Sigmund 261
– Maria Theresia 260 f., 263
Mundsam (Wunsam), Radigunda (Steiger, Agnes/Anna?) 42*, 90, 162–164, 208 f.

Naso, Publius Ovidius 74, 94, 112, 201, 216, 229, 236, 248
Neapel 96, 275, 281
Neisse 97, 276
Neuburg 258
Neufahrer, Ludwig 85
Neukomm, Titus 28
Neusohl 75, 174, 221, 226, 273
Niederlande 84, 92, 268, 274, 285
›Ninive‹ 247
›Noah‹ 27, 110 f., 117, 233 f., 240
Nördlingen 271 f., 282
Nordendorf/Norndorf 238
Nothafft von Weißenstein, Elisabeth 196*, 239, 255
– Sebastian 239
Nürnberg 1, 7, 11, 15, 22*, 29, 34*, 39 f., 41, 43, 57 f., 60, 64*, 73, 95*, 97 f., 99*, 108, 121, 136, 151, 170*, 174, 215, 221, 266, 271 f., 275 f., 278–280, 284–286

Oberndorf 31, 183, 185, 203, 240, 260
Oberndorf-Donnersberg, Wolf von 31*
Oberrhein 19
Occo, die 28

Ochsenhausen 16
›Octavian Augustus‹ 112
Österreich 13, 30, 76, 188, 248*, 255
– Nieder- 30
– Vorder- 259
– Haus 11–13, 17, 21, 24 f., 30, 36, 38, 46*, 50*, 76, 92, 109, 115, 126*, 146*, 206*, 218 f., 258, 262, 264
– Anna, Erzherzogin 252
– Elisabeth von, Königin von Polen 59*
– Ferdinand I., Erzherzog, Kg., Ks. 15, 18, 23, 30, 97, 205 f., 285
– Ferdinand, Erzherzog (von Tirol) 251, 255
– Ferdinand III., Ks. 259
– Friedrich III., Ks. 92, 156 f., 169, 203, 205, 270
– Karl V., Ks. 11, 15, 18–20, 23, 32, 71, 76, 80, 103*, 131, 139, 156, 183*, 185, 206, 218 f.*, 223, 284
– Leopold I., Ks. 259
– Margaretha 85*
– Maximilian I., Ks. 15 f., 17*, 27, 45 f.*, 50*, 57 f., 64*, 75 f., 79*, 92, 102 f., 115, 169, 174, 213, 218 f., 225, 245, 274
– Maximilian II., Ks. 248
– Philipp II., Kg. von Spanien 246
– Rudolf II., 23, 254
– Sigmund, Erzherzog 92
Österreicher, Georg 24
Oettingen-Wallerstein, Friedrich VIII. Graf von 286
– Ludwig XVI. 98, 286
– Ulrich 257, 286
– Wilhelm II. 286
– Wilhelm III. 286
Ofen 177, 273
Offenburg 86, 259
Oheim, Marx 269
Olmütz 282
›Omphale‹ 57*, 112 f., 241
›Orpheus‹ 112, 231
Ortenburg, Heinrich Graf von 87 f., 253
– Joachim 12, 59*, 62, 65*, 69, 87, 127, 140*, 147, 194 f.*, 237 f.
Oschenlauer (Osterlauer/Eschenlauer?), Ester (Christina?) 271 f.
Osterberg 258 f.
Ostermaier, Caspar (Hans?) 65*, 99, 148, 284
– Matthäus 284
Otmarshausen 33
›Otto, Ks.‹ 114
Ovid siehe: Naso, Publius Ovidius

Padua 18
›Pan‹ 112 f., 234
Pappenheim, Marschälle von, die 29, 259 f.
– Margaretha Ursula 29*, 259–261
– Matthäus 29
Paris 115
›Paris (Urteil des)‹ 112 f., 124*, 246
Passau 19, 35, 83 f., 146*, 226, 245, 248, 259, 285
›Paulus‹ siehe: ›Saulus/Paulus‹

Paulus V., Papst 257
Pechstein 198*
Peutinger, Konrad 15, 71, 104
Pfalz, Friedrich III. von der, Kurfürst 255
– Philipp der Aufrichtige von der, Graf 64*
Pfirt 130, 134
Pfister, die 24, 39, 68, 79, 272
– Wolf 78, 168
Pfleger, Abraham 98, 282 f., 287
– Hans (IV.) 283
›Phyllis‹ 112, 116 f., 241
Piccolomini, Enea Silvio 111
Polen 37, 59*, 97, 280
Portner, die 275
– Johann 275
– Hans Wolfgang 268, 275
– Heinrich (I.) 275
– Heinrich (II.) 275
Prag 11, 278, 285
Preischuh siehe: Breischuh
Preußen 86; siehe auch: Brandenburg
Preysing, Johann Christoph von 258
›Priamus‹ 27
›Procris‹ siehe: ›Cephalus und Procris‹
›Pyramus und Thisbe‹ 112 f., 236
Pythagoras 201

Radziwill, Barbara, Königin von Polen 59*
Raiser, Hans siehe: Roser, Hans
Raming, Barbara von 159, 207
Rammingen, Jakob von 29, 38
Ramung, Niklas, gen. Engelhart von Nördlingen 271
– Veronika, gen. Sporer 271 f.
Rechberg (zu Hohenrechberg), von, die 261
– Bero 258 f.
– Johann 140*, 239
– Veit Ernst 258
Regensburg 19, 23, 35, 83 f., 98, 146*, 215, 244 f., 248, 275, 281
Rehlinger, die 12, 24, 37*, 126*, 272
– Afra 267
– Anna 12, 48, 58*, 65, 78, 86, 139, 142*, 147, 184 f., 200*, 227 f., 244
– Konrad 82, 218
– Hans 65, 184 f., 227
– Heinrich 18
– Marx Christoph 86
Reich (Reichel), Anna 279
– Thomas 279
Reichlin zu Meldegg, Maria Theresia Freiin 261
Reihing, Barbara 29*
Rem, Sigismund 95, 270
– Ursula 95, 217, 270
– Wilhelm 14, 50*, 57, 64*, 65, 84, 95, 172, 217 f., 270 f.
›Remus‹ siehe: ›Romulus und Remus‹
Rephun, Veronika 273
Reval 276
Richberg 248*
Richter, Georg 286
Ridler (Riedler), die 272
– Bartholomäus 272
– Franz (I.) 272 f.
– Franz (II.) 272
– Gabriel 272

– Hilpolt 95, 272
– Justina 65*, 95, 267–269, 272 f.
– Stephan 95
Riederer, Bartholomäus 161, 208
Rieter von Kornburg, Hans 39*, 64*
Riga 276
Roggenburger, Barbara 95, 215, 272
– Georg 61, 95, 215, 272
– Sebastian 272
Rohrbach, die 35*, 90*
Rom 14*, 20, 27, 72, 83, 113 f., 153, 156, 169, 170*, 174, 182, 215, 226, 276, 280
›Romulus und Remus‹ 113
Rorau 158*, 188, 206, 230
Roser (Raiser), Hans 98, 267 f., 273 f., 277
Roth, Maria von 258
Rottweil 266

Sachs, Hans 115
Sachsen 279, 286
– Friedrich, Kurfürst von 279
– Georg, Herzog von 15
– Johann, Herzog von 116*
Sälg, Dorothea 209
›Salomon‹ 116*
Salzburg 136*, 144*, 245, 257
›Samson‹ 116*
›Sarai‹ 110, 238
›Saulus/Paulus‹ 109, 223
Sauerzapf, Jakob 28
Schachen, Margaretha vom 159, 207
– Wolfgang Bernhard vom 159, 207
Schall, Bernhard 285
Schauenburg, Johann Reinhard von 259
– Maria Dorothea Freiin von 259, 262
Schedel, Hartmann 29, 43*
– Melchior 29*
Schentz, Michael 278
– Thomas 278
Scheurl, Christoph 7
Schilling, Hans 280
– Johannes 24
– Jost 280
Schlesien 97, 276
Schmalkalden 13, 18 f., 36, 71, 73, 118, 139, 146
Schmiechen 76, 86, 169, 191 f., 234 f.
Schmidtmayer, Christina 64*
Schmucker, Heinrich (Hans?) 161, 165, 208, 211
Schneider, Conrad 61, 271
Schönberg, Johann Andreas Frhr. von 263 f.
– Maria Isabella Antonia Freiin von 263 f.
Schönenberg 252 f.
Schreyber, Lienhard 271, 280
Schürstab, Hans 286
Schulthaiss, die 73*
Schwab, Lorenz 281
Schwaben 13, 29 f., 35, 83, 208
Schwarz, Matthäus 28, 54*
– Ulrich 24
Schwaz 15, 98, 212, 277, 279, 284
Schweiz 19
›Sebastian, Hl.‹ 109, 225
Seefeld 86, 191*, 234 f.

Seibolsdorf, Maria Elisabetha von 66, 250 f.
Seitz, die 24
– Mang (Magnus) 11
Seissenegger, Jakob 33
Seld, Georg Sigmund 19, 33
›Sem, Ham und Japhet‹ 110 f., 240
Sender, Clemens 14 f., 82, 215
›Sephora‹ 226
Seyfriedsberg 252 f.
Siculus, Diodorus 111*
Siebeneich, Georg 282
Simmetingen 252
›Sin‹, Wüste 110, 248
Sitzinger, Lukas (I.) 97, 280
– Lukas (II.) 280
– Ulrich (III.) 280
– Wilhelm (I.) 280
Sixtus IV., Papst 83
Slowakei 221, 226
›Sodom und Gomorrha‹ 110, 238
Sorg, Anton 114
Spanien 19, 75, 139, 185, 249, 257, 285; siehe auch: Österreich, Karl V. von; Philipp II. von
Spaur, Daniel Felix von 13*, 59*, 78, 191 f., 235
– Gaudenz 243
– Maria Ursula 262
Speyer 83, 226, 257
Sporer, die siehe: Ramung, Veronika
Sprinzenstein, Alexander Frhr. von 251
– Gabriela Gräfin von 264
Stängl, Euphrosina 275
Stain, vom, die 221
– Franz Xaver Frhr. zum Rechtenstain 264
– Philipp zu Jettingen 13, 56, 58*, 79, 133*, 177, 221, 274, 277
Stammler (vom Ast), die 211
– Barbara 58*, 130, 165, 211 f., 266–272
– Ulrich 266
Starck siehe: Störck
Starhemberg, Carl Guido Graf von 265
– Emanuel Max 265
Steiger, Anna/Agnes siehe: Mundsam, Radigunda
Steiner, Heinrich 104
Stenglin, die 274
– Ulrich (II.) 274
Stern, Kloster 270, 277
Stern, Barbara (?) 287
– Christoph 98, 281–284, 287
– Euphrosina 98, 283
– Hans (I.) 283
– Hans (II.) 283
– Hans (III.) (?) 283
– Tobias 283
– Ursula 98, 281, 283
Sterzing 29, 87, 249
Stetten, von, die 24, 33*, 46*
– Christoph 33*, 46*
– Georg (I.) 56 f., 62, 65*, 79 f.*, 179*, 223
– Georg (II.) 180, 223
– Lukas 82*, 223
Störck (Starck), Johanna 245 f.
Straßburg 11
Sulzer, die 24

Taufers 283
Taufkirchen 20, 130, 134

Tengen, Georg von 29
Tetzel, Margarethe 100, 285
– Sigmund 285
Thenn, die 24, 136*
›Theodelinde‹ 115, 245
›Thisbe‹ siehe: ›Pyramus und Thisbe‹
Thuner, Hans 275
Thurzo, die 37, 97, 182, 278, 280
– Alexi 37, 174, 183, 280
– Georg 12*, 37, 56, 58*, 62, 64*, 78 f., 174, 176 f., 221, 274
– Hans (Johann) 183, 206, 226
– Johannes (V.), Bischof von Breslau 97, 276
– Katharina 37, 48, 58*, 158, 182 f.
– Margaretha 280
Tirol 13 f., 23, 30, 35, 75, 77, 87, 98, 174, 192, 212, 217, 219*, 231, 235, 243, 249, 269, 271, 280, 283 f., 286
Tiziano Vecellio 85*
Trajan, röm. Ks. 27
Trautson, Balthasar von 13*, 30*, 198*, 241 f.
– Johann 30
Trient 13*, 189, 232
›Troja‹ 113 f., 234
Truchseß von Höfingen, Ursula 254 f.
– Wilhelm 254 f.
Truchsessen von Waldburg, die 29
– Georg 29
– Hans 30
– Maria Elisabeth 41*, 259
– Otto, Bischof von Augsburg 19
Tucher, Berthold 64*
– Lazarus 98, 285
Tübingen 81
Türkei 30, 266*
Tunis 284

Ulm 11, 31, 56*, 58*, 60, 71, 174, 176*, 178, 203, 221 f., 272, 277
Ungarn 30, 37, 75, 78 f., 98, 158*, 174, 177, 183, 206, 221, 264, 266*, 278–280
– Ladislaus, König von 37*
– Maria von 85*

Valla, Lorenzo 111
Vargas, Francisco, kaiserlicher Rat 219*
Vels, Frhrn. von, die 30
– Ferdinand 13*, 30*, 62*, 66, 139, 140*, 147, 193 f.*, 236 f.
Venedig 14*, 92, 96, 98*, 100, 170*, 174, 215, 267, 272, 279, 283
›Venus‹ 113, 246
Vergil siehe: Maro, Publius Vergilius
Villach 279
Villinger von Schönberg, Jakob 252 f.
Vöhlin von Frickenhausen, Carl 258
– Maria Juliana 258 f.
– Maria Kordula 260
Vogelmair, Matthäus 287
Vogtherr, Heinrich d. Ä. 131
Voigtland 265

Waltenhausen 70, 140*, 181, 185
Wachenheim, Anna Walburga Freiin von 259

Waffler, Matthias 280
Wanner (Wohner), die 98
– Andreas 29, 277
– Barbara 98, 270, 277
– M. 277
– Ulrich 98, 274, 277
Warmund von Pienzenau, Hans 252
Warschau 99*, 285 f.
Wazler von Colaus, Georg 230 f.
– Sidonia 20, 66, 127, 230 f., 249–252
Weilbach 185
Weingarten 16
Weinsberg, Hermann (von) 28*, 54*
Weißenhorn 17, 66, 71, 75 f., 130, 134 f., 153, 156, 169, 185, 189 f., 201, 222, 230, 232 f., 253, 257
Weißkepel, Sebastian 283
Wellenburg 242, 263
Welsberg, Christoph Frhr. von 66*, 250
– Guidobald 262
– Karl Guidobald Graf (Joseph?) von 263
– Maria Anna Martina Gräfin 262
– Maria Anna Walburga Gräfin von 264, 264 f.
Welser, die 11 f., 18, 24, 36, 267, 271 f.
– Bartholomäus (V.) 96, 267
Westernachner, Sebastian 98, 270, 283, 284
›Wezilo, Graf‹ 114, 214
Widmann, Johannes 81
– Mechthild 81
Widolff, die 208
– Clara 58*, 66*, 90, 160 f., 207 f., 211
Wien 11, 20, 29, 64*, 85*, 86, 91, 157, 191*, 203, 234 f., 270, 273
Wildenstein (auf Wildbach), Sarah von 30
– Susanna 30
– Friedrich 30
Winkelhofer, Cristoph 287
Winterbach 183
Wittenberg 19, 116*
Wörishofen 98, 276
Wohner siehe: Wanner
Wolf, Hieronymus 19
Wolfsberg 279
Worms 219*
Wotsch von Zwingenberg, Helena Katharina von 255
Württemberg 29, 81, 257, 264
– Christoph, Herzog von 16
Würzburg 31*, 83, 226, 281
Wunsam siehe: Mundsam, Radigunda

Zasius, Johann Ulrich 19, 22
Zeil 259
Zeller, Jobst 98, 174, 271, 279
Zimmermann, Marx 268
Zimmern, Grafen von 29, 57, 59*, 201
– Froben Christoph 29
Zollern, Grafen von 29; siehe auch: Brandenburg, Haus
– Eitelfriedrich I. 30*
– Karl 66, 78, 193*, 236
Zwichem, Viglius van 19